U0944151

文化市场执法办案常用手册

中国法制出版社
CHINA LEGAL PUBLISHING HOUSE

图书在版编目（CIP）数据

文化市场执法办案常用手册／中国法制出版社编
．—北京：中国法制出版社，2023.3
（执法办案便携手册）
ISBN 978-7-5216-3260-6

Ⅰ．①文…　Ⅱ．①中…　Ⅲ．①文化市场-行政执法-中国-手册　Ⅳ．①D922.16-62

中国国家版本馆 CIP 数据核字（2023）第 023840 号

责任编辑：欧　丹　　封面设计：蒋　怡

文化市场执法办案常用手册
WENHUA SHICHANG ZHIFA BAN'AN CHANGYONG SHOUCE

经销/新华书店
印刷/三河市紫恒印装有限公司
开本/880 毫米×1230 毫米　64 开　　印张／18.75　字数／834 千
版次/2023 年 3 月第 1 版　　2023 年 3 月第 1 次印刷

中国法制出版社出版
书号 ISBN 978-7-5216-3260-6　　定价：58.00 元

北京市西城区西便门西里甲 16 号西便门办公区
邮政编码：100053　　传真：010-63141600
网址：http：//www.zgfzs.com　　编辑部电话：010-63141675
市场营销部电话：010-63141612　　印务部电话：010-63141606

（如有印装质量问题，请与本社印务部联系。）

目　录

综　合

一、法律法规

二、相关解释

三、办案规范

出版发行

一、法律法规

二、相关解释

三、办案规范

文物保护

一、法律法规

二、相关解释

三、办案规范

娱乐、演艺活动

一、法律法规

二、办案规范

互联网和网络游戏

一、法律法规

二、相关解释

三、办案规范

综　合

一、法律法规

中华人民共和国行政处罚法

· 1996 年 3 月 17 日第八届全国人民代表大会第四次会议通过
· 根据 2009 年 8 月 27 日第十一届全国人民代表大会常务委员会第十次会议《关于修改部分法律的决定》第一次修正
· 根据 2017 年 9 月 1 日第十二届全国人民代表大会常务委员会第二十九次会议《关于修改〈中华人民共和国法官法〉等八部法律的决定》第二次修正
· 2021 年 1 月 22 日第十三届全国人民代表大会常务委员会第二十五次会议修订
· 2021 年 1 月 22 日中华人民共和国主席令第 70 号公布
· 自 2021 年 7 月 15 日起施行

第一章　总　则

第一条　**【立法目的】*** 为了规范行政处罚的设定和实施，保障和监督行政机关有效实施行政管理，维护公共利益和社会秩序，保护公民、法人或者其他组织的合法权益，根据宪法，制定本法。

第二条　**【行政处罚的定义】** 行政处罚是指行政机关依法对违反行政管理秩序的公民、法人或者其他组织，以减损权益或者增加义务的方式予以惩戒的行为。

---

* 条文主旨为编者所加，全书同。

第三条 【**适用范围**】行政处罚的设定和实施，适用本法。

第四条 【**适用对象**】公民、法人或者其他组织违反行政管理秩序的行为，应当给予行政处罚的，依照本法由法律、法规、规章规定，并由行政机关依照本法规定的程序实施。

第五条 【**适用原则**】行政处罚遵循公正、公开的原则。

设定和实施行政处罚必须以事实为依据，与违法行为的事实、性质、情节以及社会危害程度相当。

对违法行为给予行政处罚的规定必须公布；未经公布的，不得作为行政处罚的依据。

第六条 【**适用目的**】实施行政处罚，纠正违法行为，应当坚持处罚与教育相结合，教育公民、法人或者其他组织自觉守法。

第七条 【**被处罚者权利**】公民、法人或者其他组织对行政机关所给予的行政处罚，享有陈述权、申辩权；对行政处罚不服的，有权依法申请行政复议或者提起行政诉讼。

公民、法人或者其他组织因行政机关违法给予行政处罚受到损害的，有权依法提出赔偿要求。

第八条 【**被处罚者承担的其他法律责任**】公民、法人或者其他组织因违法行为受到行政处罚，其违法行为对他人造成损害的，应当依法承担民事责任。

违法行为构成犯罪，应当依法追究刑事责任的，不得以行政处罚代替刑事处罚。

第二章　行政处罚的种类和设定

第九条 【**处罚的种类**】行政处罚的种类：

（一）警告、通报批评；

（二）罚款、没收违法所得、没收非法财物；

（三）暂扣许可证件、降低资质等级、吊销许可证件；

（四）限制开展生产经营活动、责令停产停业、责令关闭、限制从业；

（五）行政拘留；

（六）法律、行政法规规定的其他行政处罚。

第十条　【法律对处罚的设定】法律可以设定各种行政处罚。

限制人身自由的行政处罚，只能由法律设定。

第十一条　【行政法规对处罚的设定】行政法规可以设定除限制人身自由以外的行政处罚。

法律对违法行为已经作出行政处罚规定，行政法规需要作出具体规定的，必须在法律规定的给予行政处罚的行为、种类和幅度的范围内规定。

法律对违法行为未作出行政处罚规定，行政法规为实施法律，可以补充设定行政处罚。拟补充设定行政处罚的，应当通过听证会、论证会等形式广泛听取意见，并向制定机关作出书面说明。行政法规报送备案时，应当说明补充设定行政处罚的情况。

第十二条　【地方性法规对处罚的设定】地方性法规可以设定除限制人身自由、吊销营业执照以外的行政处罚。

法律、行政法规对违法行为已经作出行政处罚规定，地方性法规需要作出具体规定的，必须在法律、行政法规规定的给予行政处罚的行为、种类和幅度的范围内规定。

法律、行政法规对违法行为未作出行政处罚规定，地方性法规为实施法律、行政法规，可以补充设定行政处罚。拟补充设定行政处罚的，应当通过听证会、论证会等形式广泛听取意见，并向制定机关作出书面说明。地方性法规报送备案时，应当说明补充设定行政处罚的情况。

第十三条　【国务院部门规章对处罚的设定】国务院部门规章可以在法律、行政法规规定的给予行政处罚的行为、种类和幅度的范围内作出具体规定。

尚未制定法律、行政法规的，国务院部门规章对违反行政管理秩序的行为，可以设定警告、通报批评或者一定数额罚款的行政处罚。罚款的限额由国务院规定。

第十四条　【地方政府规章对处罚的设定】地方政府规章可以在法律、法规规定的给予行政处罚的行为、种类和幅度的范围内作出具体规定。

尚未制定法律、法规的，地方政府规章对违反行政管理秩序的行为，可以设定警告、通报批评或者一定数额罚款的行政处罚。罚款的限额由省、自治区、直辖市人民代表大会常务委员会规定。

第十五条　【对行政处罚定期评估】国务院部门和省、自治区、直辖市人民政府及其有关部门应当定期组织评估行政处罚的实施情况和必要性，对不适当的行政处罚事项及种类、罚款数额等，应当提出修改或者废止的建议。

第十六条　【其他规范性文件不得设定处罚】除法律、法规、规章外，其他规范性文件不得设定行政处罚。

第三章　行政处罚的实施机关

第十七条　【处罚的实施】行政处罚由具有行政处罚权的行政机关在法定职权范围内实施。

第十八条　【处罚的权限】国家在城市管理、市场监管、生态环境、文化市场、交通运输、应急管理、农业等领域推行建立综合行政执法制度，相对集中行政处罚权。

国务院或者省、自治区、直辖市人民政府可以决定一个行政机关行使有关行政机关的行政处罚权。

限制人身自由的行政处罚权只能由公安机关和法律规定的其他机关行使。

第十九条　【授权实施处罚】法律、法规授权的具有管理公共事务职能的组织可以在法定授权范围内实施行政处罚。

第二十条　【委托实施处罚】行政机关依照法律、法规、规章的规定，可以在其法定权限内书面委托符合本法第二十一条规定条件的组织实施行政处罚。行政机关不得委托其他组织或者个人实施行政处罚。

委托书应当载明委托的具体事项、权限、期限等内容。委托行政机关和受委托组织应当将委托书向社会公布。

委托行政机关对受委托组织实施行政处罚的行为应当负责监督，并对该行为的后果承担法律责任。

受委托组织在委托范围内，以委托行政机关名义实施行政处罚；不得再委托其他组织或者个人实施行政处罚。

第二十一条　【受托组织的条件】受委托组织必须符合以下条件：

（一）依法成立并具有管理公共事务职能；

（二）有熟悉有关法律、法规、规章和业务并取得行政执法资格的工作人员；

（三）需要进行技术检查或者技术鉴定的，应当有条件组织进行相应的技术检查或者技术鉴定。

第四章　行政处罚的管辖和适用

第二十二条　【地域管辖】行政处罚由违法行为发生地的行政机关管辖。法律、行政法规、部门规章另有规定的，从其规定。

第二十三条　【级别管辖】行政处罚由县级以上地方人民政府具有行政处罚权的行政机关管辖。法律、行政法规另有规定的，从其规定。

第二十四条　【行政处罚权的承接】省、自治区、直辖市根据当地实际情况，可以决定将基层管理迫切需要的县级人民政府部门的行政处罚权交由能够有效承接的乡镇人民政府、街道办事处行使，并定期组织评估。决定应当公布。

承接行政处罚权的乡镇人民政府、街道办事处应当加强执法能力建设，按照规定范围、依照法定程序实施行政处罚。

有关地方人民政府及其部门应当加强组织协调、业务指导、执法监督，建立健全行政处罚协调配合机制，完善评议、考核制度。

第二十五条　【共同管辖及指定管辖】两个以上行政机关都

有管辖权的，由最先立案的行政机关管辖。

对管辖发生争议的，应当协商解决，协商不成的，报请共同的上一级行政机关指定管辖；也可以直接由共同的上一级行政机关指定管辖。

第二十六条　【行政协助】行政机关因实施行政处罚的需要，可以向有关机关提出协助请求。协助事项属于被请求机关职权范围内的，应当依法予以协助。

第二十七条　【刑事责任优先】违法行为涉嫌犯罪的，行政机关应当及时将案件移送司法机关，依法追究刑事责任。对依法不需要追究刑事责任或者免予刑事处罚，但应当给予行政处罚的，司法机关应当及时将案件移送有关行政机关。

行政处罚实施机关与司法机关之间应当加强协调配合，建立健全案件移送制度，加强证据材料移交、接收衔接，完善案件处理信息通报机制。

第二十八条　【责令改正与责令退赔】行政机关实施行政处罚时，应当责令当事人改正或者限期改正违法行为。

当事人有违法所得，除依法应当退赔的外，应当予以没收。违法所得是指实施违法行为所取得的款项。法律、行政法规、部门规章对违法所得的计算另有规定的，从其规定。

第二十九条　【一事不二罚】对当事人的同一个违法行为，不得给予两次以上罚款的行政处罚。同一个违法行为违反多个法律规范应当给予罚款处罚的，按照罚款数额高的规定处罚。

第三十条　【未成年人处罚的限制】不满十四周岁的未成年人有违法行为的，不予行政处罚，责令监护人加以管教；已满十四周岁不满十八周岁的未成年人有违法行为的，应当从轻或者减轻行政处罚。

第三十一条　【精神病人及限制性精神病人处罚的限制】精神病人、智力残疾人在不能辨认或者不能控制自己行为时有违法行为的，不予行政处罚，但应当责令其监护人严加看管和治疗。间歇性精神病人在精神正常时有违法行为的，应当给予行政处罚。

尚未完全丧失辨认或者控制自己行为能力的精神病人、智力残疾人有违法行为的，可以从轻或者减轻行政处罚。

第三十二条　【从轻、减轻处罚的情形】当事人有下列情形之一，应当从轻或者减轻行政处罚：

（一）主动消除或者减轻违法行为危害后果的；

（二）受他人胁迫或者诱骗实施违法行为的；

（三）主动供述行政机关尚未掌握的违法行为的；

（四）配合行政机关查处违法行为有立功表现的；

（五）法律、法规、规章规定其他应当从轻或者减轻行政处罚的。

第三十三条　【不予行政处罚的条件】违法行为轻微并及时改正，没有造成危害后果的，不予行政处罚。初次违法且危害后果轻微并及时改正的，可以不予行政处罚。

当事人有证据足以证明没有主观过错的，不予行政处罚。法律、行政法规另有规定的，从其规定。

对当事人的违法行为依法不予行政处罚的，行政机关应当对当事人进行教育。

第三十四条　【行政处罚裁量基准】行政机关可以依法制定行政处罚裁量基准，规范行使行政处罚裁量权。行政处罚裁量基准应当向社会公布。

第三十五条　【刑罚的折抵】违法行为构成犯罪，人民法院判处拘役或者有期徒刑时，行政机关已经给予当事人行政拘留的，应当依法折抵相应刑期。

违法行为构成犯罪，人民法院判处罚金时，行政机关已经给予当事人罚款的，应当折抵相应罚金；行政机关尚未给予当事人罚款的，不再给予罚款。

第三十六条　【处罚的时效】违法行为在二年内未被发现的，不再给予行政处罚；涉及公民生命健康安全、金融安全且有危害后果的，上述期限延长至五年。法律另有规定的除外。

前款规定的期限，从违法行为发生之日起计算；违法行为有连续或者继续状态的，从行为终了之日起计算。

第三十七条　【法不溯及既往】实施行政处罚，适用违法行为发生时的法律、法规、规章的规定。但是，作出行政处罚决定时，法律、法规、规章已被修改或者废止，且新的规定处罚较轻或者不认为是违法的，适用新的规定。

第三十八条　【行政处罚无效】行政处罚没有依据或者实施主体不具有行政主体资格的，行政处罚无效。

违反法定程序构成重大且明显违法的，行政处罚无效。

第五章　行政处罚的决定

第一节　一般规定

第三十九条　【信息公示】行政处罚的实施机关、立案依据、实施程序和救济渠道等信息应当公示。

第四十条　【处罚的前提】公民、法人或者其他组织违反行政管理秩序的行为，依法应当给予行政处罚的，行政机关必须查明事实；违法事实不清、证据不足的，不得给予行政处罚。

第四十一条　【信息化手段的运用】行政机关依照法律、行政法规规定利用电子技术监控设备收集、固定违法事实的，应当经过法制和技术审核，确保电子技术监控设备符合标准、设置合理、标志明显，设置地点应当向社会公布。

电子技术监控设备记录违法事实应当真实、清晰、完整、准确。行政机关应当审核记录内容是否符合要求；未经审核或者经审核不符合要求的，不得作为行政处罚的证据。

行政机关应当及时告知当事人违法事实，并采取信息化手段或者其他措施，为当事人查询、陈述和申辩提供便利。不得限制或者变相限制当事人享有的陈述权、申辩权。

第四十二条　【执法人员要求】行政处罚应当由具有行政执法资格的执法人员实施。执法人员不得少于两人，法律另有规定的除外。

执法人员应当文明执法，尊重和保护当事人合法权益。

第四十三条　【回避】执法人员与案件有直接利害关系或者有其他关系可能影响公正执法的，应当回避。

当事人认为执法人员与案件有直接利害关系或者有其他关系可能影响公正执法的，有权申请回避。

当事人提出回避申请的，行政机关应当依法审查，由行政机关负责人决定。决定作出之前，不停止调查。

第四十四条　【告知义务】行政机关在作出行政处罚决定之前，应当告知当事人拟作出的行政处罚内容及事实、理由、依据，并告知当事人依法享有的陈述、申辩、要求听证等权利。

第四十五条　【当事人的陈述权和申辩权】当事人有权进行陈述和申辩。行政机关必须充分听取当事人的意见，对当事人提出的事实、理由和证据，应当进行复核；当事人提出的事实、理由或者证据成立的，行政机关应当采纳。

行政机关不得因当事人陈述、申辩而给予更重的处罚。

第四十六条　【证据】证据包括：

（一）书证；

（二）物证；

（三）视听资料；

（四）电子数据；

（五）证人证言；

（六）当事人的陈述；

（七）鉴定意见；

（八）勘验笔录、现场笔录。

证据必须经查证属实，方可作为认定案件事实的根据。

以非法手段取得的证据，不得作为认定案件事实的根据。

第四十七条　【执法全过程记录制度】行政机关应当依法以文字、音像等形式，对行政处罚的启动、调查取证、审核、决定、送达、执行等进行全过程记录，归档保存。

第四十八条　【行政处罚决定公示制度】具有一定社会影响的行政处罚决定应当依法公开。

公开的行政处罚决定被依法变更、撤销、确认违法或者确认无效的，行政机关应当在三日内撤回行政处罚决定信息并公开说明理由。

第四十九条　【应急处罚】发生重大传染病疫情等突发事件，为了控制、减轻和消除突发事件引起的社会危害，行政机关对违反突发事件应对措施的行为，依法快速、从重处罚。

第五十条　【保密义务】行政机关及其工作人员对实施行政处罚过程中知悉的国家秘密、商业秘密或者个人隐私，应当依法予以保密。

第二节　简易程序

第五十一条　【当场处罚的情形】违法事实确凿并有法定依据，对公民处以二百元以下、对法人或者其他组织处以三千元以下罚款或者警告的行政处罚的，可以当场作出行政处罚决定。法律另有规定的，从其规定。

第五十二条　【当场处罚的程序】执法人员当场作出行政处罚决定的，应当向当事人出示执法证件，填写预定格式、编有号码的行政处罚决定书，并当场交付当事人。当事人拒绝签收的，应当在行政处罚决定书上注明。

前款规定的行政处罚决定书应当载明当事人的违法行为，行政处罚的种类和依据、罚款数额、时间、地点，申请行政复议、提起行政诉讼的途径和期限以及行政机关名称，并由执法人员签名或者盖章。

执法人员当场作出的行政处罚决定，应当报所属行政机关备案。

第五十三条　【当场处罚的履行】对当场作出的行政处罚决定，当事人应当依照本法第六十七条至第六十九条的规定履行。

第三节 普通程序

第五十四条 【调查取证与立案】 除本法第五十一条规定的可以当场作出的行政处罚外，行政机关发现公民、法人或者其他组织有依法应当给予行政处罚的行为的，必须全面、客观、公正地调查，收集有关证据；必要时，依照法律、法规的规定，可以进行检查。

符合立案标准的，行政机关应当及时立案。

第五十五条 【出示证件与协助调查】 执法人员在调查或者进行检查时，应当主动向当事人或者有关人员出示执法证件。当事人或者有关人员有权要求执法人员出示执法证件。执法人员不出示执法证件的，当事人或者有关人员有权拒绝接受调查或者检查。

当事人或者有关人员应当如实回答询问，并协助调查或者检查，不得拒绝或者阻挠。询问或者检查应当制作笔录。

第五十六条 【证据的收集原则】 行政机关在收集证据时，可以采取抽样取证的方法；在证据可能灭失或者以后难以取得的情况下，经行政机关负责人批准，可以先行登记保存，并应当在七日内及时作出处理决定，在此期间，当事人或者有关人员不得销毁或者转移证据。

第五十七条 【处罚决定】 调查终结，行政机关负责人应当对调查结果进行审查，根据不同情况，分别作出如下决定：

（一）确有应受行政处罚的违法行为的，根据情节轻重及具体情况，作出行政处罚决定；

（二）违法行为轻微，依法可以不予行政处罚的，不予行政处罚；

（三）违法事实不能成立的，不予行政处罚；

（四）违法行为涉嫌犯罪的，移送司法机关。

对情节复杂或者重大违法行为给予行政处罚，行政机关负责人应当集体讨论决定。

第五十八条　【法制审核】有下列情形之一，在行政机关负责人作出行政处罚的决定之前，应当由从事行政处罚决定法制审核的人员进行法制审核；未经法制审核或者审核未通过的，不得作出决定：

（一）涉及重大公共利益的；

（二）直接关系当事人或者第三人重大权益，经过听证程序的；

（三）案件情况疑难复杂、涉及多个法律关系的；

（四）法律、法规规定应当进行法制审核的其他情形。

行政机关中初次从事行政处罚决定法制审核的人员，应当通过国家统一法律职业资格考试取得法律职业资格。

第五十九条　【行政处罚决定书的内容】行政机关依照本法第五十七条的规定给予行政处罚，应当制作行政处罚决定书。行政处罚决定书应当载明下列事项：

（一）当事人的姓名或者名称、地址；

（二）违反法律、法规、规章的事实和证据；

（三）行政处罚的种类和依据；

（四）行政处罚的履行方式和期限；

（五）申请行政复议、提起行政诉讼的途径和期限；

（六）作出行政处罚决定的行政机关名称和作出决定的日期。

行政处罚决定书必须盖有作出行政处罚决定的行政机关的印章。

第六十条　【决定期限】行政机关应当自行政处罚案件立案之日起九十日内作出行政处罚决定。法律、法规、规章另有规定的，从其规定。

第六十一条　【送达】行政处罚决定书应当在宣告后当场交付当事人；当事人不在场的，行政机关应当在七日内依照《中华人民共和国民事诉讼法》的有关规定，将行政处罚决定书送达当事人。

当事人同意并签订确认书的，行政机关可以采用传真、电子邮件等方式，将行政处罚决定书等送达当事人。

第六十二条　【处罚的成立条件】行政机关及其执法人员在作出行政处罚决定之前，未依照本法第四十四条、第四十五条的规定向当事人告知拟作出的行政处罚内容及事实、理由、依据，或者拒绝听取当事人的陈述、申辩，不得作出行政处罚决定；当事人明确放弃陈述或者申辩权利的除外。

第四节　听证程序

第六十三条　【听证权】行政机关拟作出下列行政处罚决定，应当告知当事人有要求听证的权利，当事人要求听证的，行政机关应当组织听证：

（一）较大数额罚款；

（二）没收较大数额违法所得、没收较大价值非法财物；

（三）降低资质等级、吊销许可证件；

（四）责令停产停业、责令关闭、限制从业；

（五）其他较重的行政处罚；

（六）法律、法规、规章规定的其他情形。

当事人不承担行政机关组织听证的费用。

第六十四条　【听证程序】听证应当依照以下程序组织：

（一）当事人要求听证的，应当在行政机关告知后五日内提出；

（二）行政机关应当在举行听证的七日前，通知当事人及有关人员听证的时间、地点；

（三）除涉及国家秘密、商业秘密或者个人隐私依法予以保密外，听证公开举行；

（四）听证由行政机关指定的非本案调查人员主持；当事人认为主持人与本案有直接利害关系的，有权申请回避；

（五）当事人可以亲自参加听证，也可以委托一至二人代理；

（六）当事人及其代理人无正当理由拒不出席听证或者未经许可中途退出听证的，视为放弃听证权利，行政机关终止听证；

（七）举行听证时，调查人员提出当事人违法的事实、证据和行政处罚建议，当事人进行申辩和质证；

（八）听证应当制作笔录。笔录应当交当事人或者其代理人核对无误后签字或者盖章。当事人或者其代理人拒绝签字或者盖章的，由听证主持人在笔录中注明。

第六十五条　【听证笔录】听证结束后，行政机关应当根据听证笔录，依照本法第五十七条的规定，作出决定。

第六章　行政处罚的执行

第六十六条　【履行义务及分期履行】行政处罚决定依法作出后，当事人应当在行政处罚决定书载明的期限内，予以履行。

当事人确有经济困难，需要延期或者分期缴纳罚款的，经当事人申请和行政机关批准，可以暂缓或者分期缴纳。

第六十七条　【罚缴分离原则】作出罚款决定的行政机关应当与收缴罚款的机构分离。

除依照本法第六十八条、第六十九条的规定当场收缴的罚款外，作出行政处罚决定的行政机关及其执法人员不得自行收缴罚款。

当事人应当自收到行政处罚决定书之日起十五日内，到指定的银行或者通过电子支付系统缴纳罚款。银行应当收受罚款，并将罚款直接上缴国库。

第六十八条　【当场收缴罚款范围】依照本法第五十一条的规定当场作出行政处罚决定，有下列情形之一，执法人员可以当场收缴罚款：

（一）依法给予一百元以下罚款的；

（二）不当场收缴事后难以执行的。

第六十九条　【边远地区当场收缴罚款】在边远、水上、交通不便地区，行政机关及其执法人员依照本法第五十一条、第五十七条的规定作出罚款决定后，当事人到指定的银行或者通过电子支付系统缴纳罚款确有困难，经当事人提出，行政机关及其执法人员可以当场收缴罚款。

第七十条　【罚款票据】行政机关及其执法人员当场收缴罚款的，必须向当事人出具国务院财政部门或者省、自治区、直辖市人民政府财政部门统一制发的专用票据；不出具财政部门统一制发的专用票据的，当事人有权拒绝缴纳罚款。

第七十一条　【罚款交纳期】执法人员当场收缴的罚款，应当自收缴罚款之日起二日内，交至行政机关；在水上当场收缴的罚款，应当自抵岸之日起二日内交至行政机关；行政机关应当在二日内将罚款缴付指定的银行。

第七十二条　【执行措施】当事人逾期不履行行政处罚决定的，作出行政处罚决定的行政机关可以采取下列措施：

（一）到期不缴纳罚款的，每日按罚款数额的百分之三加处罚款，加处罚款的数额不得超出罚款的数额；

（二）根据法律规定，将查封、扣押的财物拍卖、依法处理或者将冻结的存款、汇款划拨抵缴罚款；

（三）根据法律规定，采取其他行政强制执行方式；

（四）依照《中华人民共和国行政强制法》的规定申请人民法院强制执行。

行政机关批准延期、分期缴纳罚款的，申请人民法院强制执行的期限，自暂缓或者分期缴纳罚款期限结束之日起计算。

第七十三条　【不停止执行及暂缓执行】当事人对行政处罚决定不服，申请行政复议或者提起行政诉讼的，行政处罚不停止执行，法律另有规定的除外。

当事人对限制人身自由的行政处罚决定不服，申请行政复议或者提起行政诉讼的，可以向作出决定的机关提出暂缓执行申请。符合法律规定情形的，应当暂缓执行。

当事人申请行政复议或者提起行政诉讼的，加处罚款的数额在行政复议或者行政诉讼期间不予计算。

第七十四条　【没收的非法财物的处理】 除依法应当予以销毁的物品外，依法没收的非法财物必须按照国家规定公开拍卖或者按照国家有关规定处理。

罚款、没收的违法所得或者没收非法财物拍卖的款项，必须全部上缴国库，任何行政机关或者个人不得以任何形式截留、私分或者变相私分。

罚款、没收的违法所得或者没收非法财物拍卖的款项，不得同作出行政处罚决定的行政机关及其工作人员的考核、考评直接或者变相挂钩。除依法应当退还、退赔的外，财政部门不得以任何形式向作出行政处罚决定的行政机关返还罚款、没收的违法所得或者没收非法财物拍卖的款项。

第七十五条　【监督检查】 行政机关应当建立健全对行政处罚的监督制度。县级以上人民政府应当定期组织开展行政执法评议、考核，加强对行政处罚的监督检查，规范和保障行政处罚的实施。

行政机关实施行政处罚应当接受社会监督。公民、法人或者其他组织对行政机关实施行政处罚的行为，有权申诉或者检举；行政机关应当认真审查，发现有错误的，应当主动改正。

第七章　法律责任

第七十六条　【上级行政机关的监督】 行政机关实施行政处罚，有下列情形之一，由上级行政机关或者有关机关责令改正，对直接负责的主管人员和其他直接责任人员依法给予处分：

（一）没有法定的行政处罚依据的；

（二）擅自改变行政处罚种类、幅度的；

（三）违反法定的行政处罚程序的；

（四）违反本法第二十条关于委托处罚的规定的；

（五）执法人员未取得执法证件的。

行政机关对符合立案标准的案件不及时立案的，依照前款规定予以处理。

第七十七条　【当事人的拒绝处罚权及检举权】行政机关对当事人进行处罚不使用罚款、没收财物单据或者使用非法定部门制发的罚款、没收财物单据的，当事人有权拒绝，并有权予以检举，由上级行政机关或者有关机关对使用的非法单据予以收缴销毁，对直接负责的主管人员和其他直接责任人员依法给予处分。

第七十八条　【自行收缴罚款的处理】行政机关违反本法第六十七条的规定自行收缴罚款的，财政部门违反本法第七十四条的规定向行政机关返还罚款、没收的违法所得或者拍卖款项的，由上级行政机关或者有关机关责令改正，对直接负责的主管人员和其他直接责任人员依法给予处分。

第七十九条　【私分罚没财物的处理】行政机关截留、私分或者变相私分罚款、没收的违法所得或者财物的，由财政部门或者有关机关予以追缴，对直接负责的主管人员和其他直接责任人员依法给予处分；情节严重构成犯罪的，依法追究刑事责任。

执法人员利用职务上的便利，索取或者收受他人财物、将收缴罚款据为己有，构成犯罪的，依法追究刑事责任；情节轻微不构成犯罪的，依法给予处分。

第八十条　【行政机关的赔偿责任及对有关人员的处理】行政机关使用或者损毁查封、扣押的财物，对当事人造成损失的，应当依法予以赔偿，对直接负责的主管人员和其他直接责任人员依法给予处分。

第八十一条　【违法实行检查或执行措施的赔偿责任】行政机关违法实施检查措施或者执行措施，给公民人身或者财产造成损害、给法人或者其他组织造成损失的，应当依法予以赔偿，对直接负责的主管人员和其他直接责任人员依法给予处分；情节严重构成犯罪的，依法追究刑事责任。

第八十二条　【以行代刑的责任】行政机关对应当依法移交司法机关追究刑事责任的案件不移交，以行政处罚代替刑事处罚，由上级行政机关或者有关机关责令改正，对直接负责的主管人员和其他直接责任人员依法给予处分；情节严重构成犯罪的，依法追究刑事责任。

第八十三条　【失职责任】行政机关对应当予以制止和处罚的违法行为不予制止、处罚，致使公民、法人或者其他组织的合法权益、公共利益和社会秩序遭受损害的，对直接负责的主管人员和其他直接责任人员依法给予处分；情节严重构成犯罪的，依法追究刑事责任。

第八章　附　则

第八十四条　【属地原则】外国人、无国籍人、外国组织在中华人民共和国领域内有违法行为，应当给予行政处罚的，适用本法，法律另有规定的除外。

第八十五条　【工作日】本法中“二日”“三日”“五日”“七日”的规定是指工作日，不含法定节假日。

第八十六条　【施行日期】本法自 2021 年 7 月 15 日起施行。

中华人民共和国行政强制法

· 2011 年 6 月 30 日第十一届全国人民代表大会常务委员会第二十一次会议通过

· 2011 年 6 月 30 日中华人民共和国主席令第 49 号公布

· 自 2012 年 1 月 1 日起施行

第一章　总　则

第一条　【立法目的】为了规范行政强制的设定和实施，保障和监督行政机关依法履行职责，维护公共利益和社会秩序，保护公民、法人和其他组织的合法权益，根据宪法，制定本法。

第二条　【行政强制的定义】 本法所称行政强制，包括行政强制措施和行政强制执行。

行政强制措施，是指行政机关在行政管理过程中，为制止违法行为、防止证据损毁、避免危害发生、控制危险扩大等情形，依法对公民的人身自由实施暂时性限制，或者对公民、法人或者其他组织的财物实施暂时性控制的行为。

行政强制执行，是指行政机关或者行政机关申请人民法院，对不履行行政决定的公民、法人或者其他组织，依法强制履行义务的行为。

第三条　【适用范围】 行政强制的设定和实施，适用本法。

发生或者即将发生自然灾害、事故灾难、公共卫生事件或者社会安全事件等突发事件，行政机关采取应急措施或者临时措施，依照有关法律、行政法规的规定执行。

行政机关采取金融业审慎监管措施、进出境货物强制性技术监控措施，依照有关法律、行政法规的规定执行。

第四条　【合法性原则】 行政强制的设定和实施，应当依照法定的权限、范围、条件和程序。

第五条　【适当原则】 行政强制的设定和实施，应当适当。采用非强制手段可以达到行政管理目的的，不得设定和实施行政强制。

第六条　【教育与强制相结合原则】 实施行政强制，应当坚持教育与强制相结合。

第七条　【不得利用行政强制谋利】 行政机关及其工作人员不得利用行政强制权为单位或者个人谋取利益。

第八条　【相对人的权利与救济】 公民、法人或者其他组织对行政机关实施行政强制，享有陈述权、申辩权；有权依法申请行政复议或者提起行政诉讼；因行政机关违法实施行政强制受到损害的，有权依法要求赔偿。

公民、法人或者其他组织因人民法院在强制执行中有违法行为或者扩大强制执行范围受到损害的，有权依法要求赔偿。

第二章　行政强制的种类和设定

第九条　【行政强制措施种类】行政强制措施的种类：

（一）限制公民人身自由；

（二）查封场所、设施或者财物；

（三）扣押财物；

（四）冻结存款、汇款；

（五）其他行政强制措施。

第十条　【行政强制措施设定权】行政强制措施由法律设定。

尚未制定法律，且属于国务院行政管理职权事项的，行政法规可以设定除本法第九条第一项、第四项和应当由法律规定的行政强制措施以外的其他行政强制措施。

尚未制定法律、行政法规，且属于地方性事务的，地方性法规可以设定本法第九条第二项、第三项的行政强制措施。

法律、法规以外的其他规范性文件不得设定行政强制措施。

第十一条　【行政强制措施设定的统一性】法律对行政强制措施的对象、条件、种类作了规定的，行政法规、地方性法规不得作出扩大规定。

法律中未设定行政强制措施的，行政法规、地方性法规不得设定行政强制措施。但是，法律规定特定事项由行政法规规定具体管理措施的，行政法规可以设定除本法第九条第一项、第四项和应当由法律规定的行政强制措施以外的其他行政强制措施。

第十二条　【行政强制执行方式】行政强制执行的方式：

（一）加处罚款或者滞纳金；

（二）划拨存款、汇款；

（三）拍卖或者依法处理查封、扣押的场所、设施或者财物；

（四）排除妨碍、恢复原状；

（五）代履行；

（六）其他强制执行方式。

第十三条　【行政强制执行设定权】 行政强制执行由法律设定。

法律没有规定行政机关强制执行的，作出行政决定的行政机关应当申请人民法院强制执行。

第十四条　【听取社会意见、说明必要性及影响】 起草法律草案、法规草案，拟设定行政强制的，起草单位应当采取听证会、论证会等形式听取意见，并向制定机关说明设定该行政强制的必要性、可能产生的影响以及听取和采纳意见的情况。

第十五条　【已设定的行政强制的评价制度】 行政强制的设定机关应当定期对其设定的行政强制进行评价，并对不适当的行政强制及时予以修改或者废止。

行政强制的实施机关可以对已设定的行政强制的实施情况及存在的必要性适时进行评价，并将意见报告该行政强制的设定机关。

公民、法人或者其他组织可以向行政强制的设定机关和实施机关就行政强制的设定和实施提出意见和建议。有关机关应当认真研究论证，并以适当方式予以反馈。

第三章　行政强制措施实施程序

第一节　一般规定

第十六条　【实施行政强制措施的条件】 行政机关履行行政管理职责，依照法律、法规的规定，实施行政强制措施。

违法行为情节显著轻微或者没有明显社会危害的，可以不采取行政强制措施。

第十七条　【行政强制措施的实施主体】 行政强制措施由法律、法规规定的行政机关在法定职权范围内实施。行政强制措施权不得委托。

依据《中华人民共和国行政处罚法》的规定行使相对集中行政处罚权的行政机关，可以实施法律、法规规定的与行政处罚权有关的行政强制措施。

行政强制措施应当由行政机关具备资格的行政执法人员实施，其他人员不得实施。

第十八条　【一般程序】行政机关实施行政强制措施应当遵守下列规定：

（一）实施前须向行政机关负责人报告并经批准；

（二）由两名以上行政执法人员实施；

（三）出示执法身份证件；

（四）通知当事人到场；

（五）当场告知当事人采取行政强制措施的理由、依据以及当事人依法享有的权利、救济途径；

（六）听取当事人的陈述和申辩；

（七）制作现场笔录；

（八）现场笔录由当事人和行政执法人员签名或者盖章，当事人拒绝的，在笔录中予以注明；

（九）当事人不到场的，邀请见证人到场，由见证人和行政执法人员在现场笔录上签名或者盖章；

（十）法律、法规规定的其他程序。

第十九条　【情况紧急时的程序】情况紧急，需要当场实施行政强制措施的，行政执法人员应当在二十四小时内向行政机关负责人报告，并补办批准手续。行政机关负责人认为不应当采取行政强制措施的，应当立即解除。

第二十条　【限制人身自由行政强制措施的程序】依照法律规定实施限制公民人身自由的行政强制措施，除应当履行本法第十八条规定的程序外，还应当遵守下列规定：

（一）当场告知或者实施行政强制措施后立即通知当事人家属实施行政强制措施的行政机关、地点和期限；

（二）在紧急情况下当场实施行政强制措施的，在返回行政机关后，立即向行政机关负责人报告并补办批准手续；

（三）法律规定的其他程序。

实施限制人身自由的行政强制措施不得超过法定期限。实施行政强制措施的目的已经达到或者条件已经消失，应当立即解除。

第二十一条　【涉嫌犯罪案件的移送】违法行为涉嫌犯罪应当移送司法机关的，行政机关应当将查封、扣押、冻结的财物一并移送，并书面告知当事人。

第二节　查封、扣押

第二十二条　【查封、扣押实施主体】查封、扣押应当由法律、法规规定的行政机关实施，其他任何行政机关或者组织不得实施。

第二十三条　【查封、扣押对象】查封、扣押限于涉案的场所、设施或者财物，不得查封、扣押与违法行为无关的场所、设施或者财物；不得查封、扣押公民个人及其所扶养家属的生活必需品。

当事人的场所、设施或者财物已被其他国家机关依法查封的，不得重复查封。

第二十四条　【查封、扣押实施程序】行政机关决定实施查封、扣押的，应当履行本法第十八条规定的程序，制作并当场交付查封、扣押决定书和清单。

查封、扣押决定书应当载明下列事项：

（一）当事人的姓名或者名称、地址；

（二）查封、扣押的理由、依据和期限；

（三）查封、扣押场所、设施或者财物的名称、数量等；

（四）申请行政复议或者提起行政诉讼的途径和期限；

（五）行政机关的名称、印章和日期。

查封、扣押清单一式二份，由当事人和行政机关分别保存。

第二十五条　【查封、扣押期限】查封、扣押的期限不得超过三十日；情况复杂的，经行政机关负责人批准，可以延长，但是延长期限不得超过三十日。法律、行政法规另有规定的除外。

延长查封、扣押的决定应当及时书面告知当事人，并说明理由。

对物品需要进行检测、检验、检疫或者技术鉴定的，查封、扣押的期间不包括检测、检验、检疫或者技术鉴定的期间。检测、检验、检疫或者技术鉴定的期间应当明确，并书面告知当事人。检测、检验、检疫或者技术鉴定的费用由行政机关承担。

第二十六条　【对查封、扣押财产的保管】对查封、扣押的场所、设施或者财物，行政机关应当妥善保管，不得使用或者损毁；造成损失的，应当承担赔偿责任。

对查封的场所、设施或者财物，行政机关可以委托第三人保管，第三人不得损毁或者擅自转移、处置。因第三人的原因造成的损失，行政机关先行赔付后，有权向第三人追偿。

因查封、扣押发生的保管费用由行政机关承担。

第二十七条　【查封、扣押后的处理】行政机关采取查封、扣押措施后，应当及时查清事实，在本法第二十五条规定的期限内作出处理决定。对违法事实清楚，依法应当没收的非法财物予以没收；法律、行政法规规定应当销毁的，依法销毁；应当解除查封、扣押的，作出解除查封、扣押的决定。

第二十八条　【解除查封、扣押的情形】有下列情形之一的，行政机关应当及时作出解除查封、扣押决定：

（一）当事人没有违法行为；

（二）查封、扣押的场所、设施或者财物与违法行为无关；

（三）行政机关对违法行为已经作出处理决定，不再需要查封、扣押；

（四）查封、扣押期限已经届满；

（五）其他不再需要采取查封、扣押措施的情形。

解除查封、扣押应当立即退还财物；已将鲜活物品或者其他不易保管的财物拍卖或者变卖的，退还拍卖或者变卖所得款项。变卖价格明显低于市场价格，给当事人造成损失的，应当给予补偿。

第三节　冻　结

第二十九条　【冻结的实施主体、数额限制、不得重复冻结】冻结存款、汇款应当由法律规定的行政机关实施，不得委托给其他行政机关或者组织；其他任何行政机关或者组织不得冻结存款、汇款。

冻结存款、汇款的数额应当与违法行为涉及的金额相当；已被其他国家机关依法冻结的，不得重复冻结。

第三十条　【冻结的程序、金融机构的配合义务】行政机关依照法律规定决定实施冻结存款、汇款的，应当履行本法第十八条第一项、第二项、第三项、第七项规定的程序，并向金融机构交付冻结通知书。

金融机构接到行政机关依法作出的冻结通知书后，应当立即予以冻结，不得拖延，不得在冻结前向当事人泄露信息。

法律规定以外的行政机关或者组织要求冻结当事人存款、汇款的，金融机构应当拒绝。

第三十一条　【冻结决定书交付期限及内容】依照法律规定冻结存款、汇款的，作出决定的行政机关应当在三日内向当事人交付冻结决定书。冻结决定书应当载明下列事项：

（一）当事人的姓名或者名称、地址；

（二）冻结的理由、依据和期限；

（三）冻结的账号和数额；

（四）申请行政复议或者提起行政诉讼的途径和期限；

（五）行政机关的名称、印章和日期。

第三十二条　【冻结期限及其延长】自冻结存款、汇款之日起三十日内，行政机关应当作出处理决定或者作出解除冻结决定；情况复杂的，经行政机关负责人批准，可以延长，但是延长期限不得超过三十日。法律另有规定的除外。

延长冻结的决定应当及时书面告知当事人，并说明理由。

第三十三条　【解除冻结的情形】有下列情形之一的，行政机关应当及时作出解除冻结决定：

（一）当事人没有违法行为；

（二）冻结的存款、汇款与违法行为无关；

（三）行政机关对违法行为已经作出处理决定，不再需要冻结；

（四）冻结期限已经届满；

（五）其他不再需要采取冻结措施的情形。

行政机关作出解除冻结决定的，应当及时通知金融机构和当事人。金融机构接到通知后，应当立即解除冻结。

行政机关逾期未作出处理决定或者解除冻结决定的，金融机构应当自冻结期满之日起解除冻结。

第四章　行政机关强制执行程序

第一节　一般规定

第三十四条　【行政机关强制执行】行政机关依法作出行政决定后，当事人在行政机关决定的期限内不履行义务的，具有行政强制执行权的行政机关依照本章规定强制执行。

第三十五条　【催告】行政机关作出强制执行决定前，应当事先催告当事人履行义务。催告应当以书面形式作出，并载明下列事项：

（一）履行义务的期限；

（二）履行义务的方式；

（三）涉及金钱给付的，应当有明确的金额和给付方式；

（四）当事人依法享有的陈述权和申辩权。

第三十六条　【陈述、申辩权】当事人收到催告书后有权进行陈述和申辩。行政机关应当充分听取当事人的意见，对当事人提出的事实、理由和证据，应当进行记录、复核。当事人提出的事实、理由或者证据成立的，行政机关应当采纳。

第三十七条　【强制执行决定】 经催告，当事人逾期仍不履行行政决定，且无正当理由的，行政机关可以作出强制执行决定。

强制执行决定应当以书面形式作出，并载明下列事项：

（一）当事人的姓名或者名称、地址；

（二）强制执行的理由和依据；

（三）强制执行的方式和时间；

（四）申请行政复议或者提起行政诉讼的途径和期限；

（五）行政机关的名称、印章和日期。

在催告期间，对有证据证明有转移或者隐匿财物迹象的，行政机关可以作出立即强制执行决定。

第三十八条　【催告书、行政强制决定书送达】 催告书、行政强制执行决定书应当直接送达当事人。当事人拒绝接收或者无法直接送达当事人的，应当依照《中华人民共和国民事诉讼法》的有关规定送达。

第三十九条　【中止执行】 有下列情形之一的，中止执行：

（一）当事人履行行政决定确有困难或者暂无履行能力的；

（二）第三人对执行标的主张权利，确有理由的；

（三）执行可能造成难以弥补的损失，且中止执行不损害公共利益的；

（四）行政机关认为需要中止执行的其他情形。

中止执行的情形消失后，行政机关应当恢复执行。对没有明显社会危害，当事人确无能力履行，中止执行满三年未恢复执行的，行政机关不再执行。

第四十条　【终结执行】 有下列情形之一的，终结执行：

（一）公民死亡，无遗产可供执行，又无义务承受人的；

（二）法人或者其他组织终止，无财产可供执行，又无义务承受人的；

（三）执行标的灭失的；

（四）据以执行的行政决定被撤销的；

（五）行政机关认为需要终结执行的其他情形。

第四十一条　【执行回转】在执行中或者执行完毕后，据以执行的行政决定被撤销、变更，或者执行错误的，应当恢复原状或者退还财物；不能恢复原状或者退还财物的，依法给予赔偿。

第四十二条　【执行和解】实施行政强制执行，行政机关可以在不损害公共利益和他人合法权益的情况下，与当事人达成执行协议。执行协议可以约定分阶段履行；当事人采取补救措施的，可以减免加处的罚款或者滞纳金。

执行协议应当履行。当事人不履行执行协议的，行政机关应当恢复强制执行。

第四十三条　【文明执法】行政机关不得在夜间或者法定节假日实施行政强制执行。但是，情况紧急的除外。

行政机关不得对居民生活采取停止供水、供电、供热、供燃气等方式迫使当事人履行相关行政决定。

第四十四条　【强制拆除】对违法的建筑物、构筑物、设施等需要强制拆除的，应当由行政机关予以公告，限期当事人自行拆除。当事人在法定期限内不申请行政复议或者提起行政诉讼，又不拆除的，行政机关可以依法强制拆除。

第二节　金钱给付义务的执行

第四十五条　【加处罚款或滞纳金】行政机关依法作出金钱给付义务的行政决定，当事人逾期不履行的，行政机关可以依法加处罚款或者滞纳金。加处罚款或者滞纳金的标准应当告知当事人。

加处罚款或者滞纳金的数额不得超出金钱给付义务的数额。

第四十六条　【金钱给付义务的直接强制执行】行政机关依照本法第四十五条规定实施加处罚款或者滞纳金超过三十日，经催告当事人仍不履行的，具有行政强制执行权的行政机关可以强制执行。

行政机关实施强制执行前，需要采取查封、扣押、冻结措施的，依照本法第三章规定办理。

没有行政强制执行权的行政机关应当申请人民法院强制执行。但是，当事人在法定期限内不申请行政复议或者提起行政诉讼，经催告仍不履行的，在实施行政管理过程中已经采取查封、扣押措施的行政机关，可以将查封、扣押的财物依法拍卖抵缴罚款。

第四十七条　【划拨存款、汇款】划拨存款、汇款应当由法律规定的行政机关决定，并书面通知金融机构。金融机构接到行政机关依法作出划拨存款、汇款的决定后，应当立即划拨。

法律规定以外的行政机关或者组织要求划拨当事人存款、汇款的，金融机构应当拒绝。

第四十八条　【委托拍卖】依法拍卖财物，由行政机关委托拍卖机构依照《中华人民共和国拍卖法》的规定办理。

第四十九条　【划拨的存款、汇款的管理】划拨的存款、汇款以及拍卖和依法处理所得的款项应当上缴国库或者划入财政专户。任何行政机关或者个人不得以任何形式截留、私分或者变相私分。

第三节　代履行

第五十条　【代履行】行政机关依法作出要求当事人履行排除妨碍、恢复原状等义务的行政决定，当事人逾期不履行，经催告仍不履行，其后果已经或者将危害交通安全、造成环境污染或者破坏自然资源的，行政机关可以代履行，或者委托没有利害关系的第三人代履行。

第五十一条　【实施程序、费用、手段】代履行应当遵守下列规定：

（一）代履行前送达决定书，代履行决定书应当载明当事人的姓名或者名称、地址，代履行的理由和依据、方式和时间、标的、费用预算以及代履行人；

（二）代履行三日前，催告当事人履行，当事人履行的，停止代履行；

（三）代履行时，作出决定的行政机关应当派员到场监督；

（四）代履行完毕，行政机关到场监督的工作人员、代履行人和当事人或者见证人应当在执行文书上签名或者盖章。

代履行的费用按照成本合理确定，由当事人承担。但是，法律另有规定的除外。

代履行不得采用暴力、胁迫以及其他非法方式。

第五十二条　【立即实施代履行】需要立即清除道路、河道、航道或者公共场所的遗洒物、障碍物或者污染物，当事人不能清除的，行政机关可以决定立即实施代履行；当事人不在场的，行政机关应当在事后立即通知当事人，并依法作出处理。

第五章　申请人民法院强制执行

第五十三条　【非诉行政执行】当事人在法定期限内不申请行政复议或者提起行政诉讼，又不履行行政决定的，没有行政强制执行权的行政机关可以自期限届满之日起三个月内，依照本章规定申请人民法院强制执行。

第五十四条　【催告与执行管辖】行政机关申请人民法院强制执行前，应当催告当事人履行义务。催告书送达十日后当事人仍未履行义务的，行政机关可以向所在地有管辖权的人民法院申请强制执行；执行对象是不动产的，向不动产所在地有管辖权的人民法院申请强制执行。

第五十五条　【申请执行的材料】行政机关向人民法院申请强制执行，应当提供下列材料：

（一）强制执行申请书；

（二）行政决定书及作出决定的事实、理由和依据；

（三）当事人的意见及行政机关催告情况；

（四）申请强制执行标的情况；

（五）法律、行政法规规定的其他材料。

强制执行申请书应当由行政机关负责人签名，加盖行政机关的印章，并注明日期。

第五十六条　【申请受理与救济】人民法院接到行政机关强制执行的申请，应当在五日内受理。

行政机关对人民法院不予受理的裁定有异议的，可以在十五日内向上一级人民法院申请复议，上一级人民法院应当自收到复议申请之日起十五日内作出是否受理的裁定。

第五十七条　【书面审查】人民法院对行政机关强制执行的申请进行书面审查，对符合本法第五十五条规定，且行政决定具备法定执行效力的，除本法第五十八条规定的情形外，人民法院应当自受理之日起七日内作出执行裁定。

第五十八条　【实质审查】人民法院发现有下列情形之一的，在作出裁定前可以听取被执行人和行政机关的意见：

（一）明显缺乏事实根据的；

（二）明显缺乏法律、法规依据的；

（三）其他明显违法并损害被执行人合法权益的。

人民法院应当自受理之日起三十日内作出是否执行的裁定。裁定不予执行的，应当说明理由，并在五日内将不予执行的裁定送达行政机关。

行政机关对人民法院不予执行的裁定有异议的，可以自收到裁定之日起十五日内向上一级人民法院申请复议，上一级人民法院应当自收到复议申请之日起三十日内作出是否执行的裁定。

第五十九条　【申请立即执行】因情况紧急，为保障公共安全，行政机关可以申请人民法院立即执行。经人民法院院长批准，人民法院应当自作出执行裁定之日起五日内执行。

第六十条　【执行费用】行政机关申请人民法院强制执行，不缴纳申请费。强制执行的费用由被执行人承担。

人民法院以划拨、拍卖方式强制执行的，可以在划拨、拍卖后将强制执行的费用扣除。

依法拍卖财物，由人民法院委托拍卖机构依照《中华人民共和国拍卖法》的规定办理。

划拨的存款、汇款以及拍卖和依法处理所得的款项应当上缴国库或者划入财政专户，不得以任何形式截留、私分或者变相私分。

第六章　法律责任

第六十一条　【实施行政强制违法责任】行政机关实施行政强制，有下列情形之一的，由上级行政机关或者有关部门责令改正，对直接负责的主管人员和其他直接责任人员依法给予处分：

（一）没有法律、法规依据的；

（二）改变行政强制对象、条件、方式的；

（三）违反法定程序实施行政强制的；

（四）违反本法规定，在夜间或者法定节假日实施行政强制执行的；

（五）对居民生活采取停止供水、供电、供热、供燃气等方式迫使当事人履行相关行政决定的；

（六）有其他违法实施行政强制情形的。

第六十二条　【违法查封、扣押、冻结的责任】违反本法规定，行政机关有下列情形之一的，由上级行政机关或者有关部门责令改正，对直接负责的主管人员和其他直接责任人员依法给予处分：

（一）扩大查封、扣押、冻结范围的；

（二）使用或者损毁查封、扣押场所、设施或者财物的；

（三）在查封、扣押法定期间不作出处理决定或者未依法及时解除查封、扣押的；

（四）在冻结存款、汇款法定期间不作出处理决定或者未依法及时解除冻结的。

第六十三条　【截留、私分或变相私分查封、扣押的财物、划拨的存款、汇款和拍卖、依法处理所得款项的法律责任】行政机关将查封、扣押的财物或者划拨的存款、汇款以及拍卖和依法处理所得的款项，截留、私分或者变相私分的，由财政部门或者有关部门予以追缴；对直接负责的主管人员和其他直接责任人员依法给予记大过、降级、撤职或者开除的处分。

行政机关工作人员利用职务上的便利，将查封、扣押的场所、设施或者财物据为己有的，由上级行政机关或者有关部门责令改正，依法给予记大过、降级、撤职或者开除的处分。

第六十四条　【利用行政强制权谋利的法律责任】行政机关及其工作人员利用行政强制权为单位或者个人谋取利益的，由上级行政机关或者有关部门责令改正，对直接负责的主管人员和其他直接责任人员依法给予处分。

第六十五条　【金融机构违反冻结、划拨规定的法律责任】违反本法规定，金融机构有下列行为之一的，由金融业监督管理机构责令改正，对直接负责的主管人员和其他直接责任人员依法给予处分：

（一）在冻结前向当事人泄露信息的；

（二）对应当立即冻结、划拨的存款、汇款不冻结或者不划拨，致使存款、汇款转移的；

（三）将不应当冻结、划拨的存款、汇款予以冻结或者划拨的；

（四）未及时解除冻结存款、汇款的。

第六十六条　【执行款项未划入规定账户的法律责任】违反本法规定，金融机构将款项划入国库或者财政专户以外的其他账户的，由金融业监督管理机构责令改正，并处以违法划拨款项二倍的罚款；对直接负责的主管人员和其他直接责任人员依法给予处分。

违反本法规定，行政机关、人民法院指令金融机构将款项划入国库或者财政专户以外的其他账户的，对直接负责的主管人员和其他直接责任人员依法给予处分。

第六十七条　【人民法院及其工作人员强制执行违法的责任】人民法院及其工作人员在强制执行中有违法行为或者扩大强制执行范围的，对直接负责的主管人员和其他直接责任人员依法给予处分。

第六十八条　【赔偿和刑事责任】违反本法规定，给公民、法人或者其他组织造成损失的，依法给予赔偿。

违反本法规定，构成犯罪的，依法追究刑事责任。

第七章　附　则

第六十九条　【期限的界定】本法中十日以内期限的规定是指工作日，不含法定节假日。

第七十条　【法律、行政法规授权的组织实施行政强制受本法调整】法律、行政法规授权的具有管理公共事务职能的组织在法定授权范围内，以自己的名义实施行政强制，适用本法有关行政机关的规定。

第七十一条　【施行时间】本法自2012年1月1日起施行。

中华人民共和国行政许可法

· 2003年8月27日第十届全国人民代表大会常务委员会第四次会议通过

· 根据2019年4月23日第十三届全国人民代表大会常务委员会第十次会议《关于修改〈中华人民共和国建筑法〉等八部法律的决定》修正

第一章　总　则

第一条　【立法目的】为了规范行政许可的设定和实施，保护公民、法人和其他组织的合法权益，维护公共利益和社会秩序，保障和监督行政机关有效实施行政管理，根据宪法，制定本法。

第二条　【行政许可的含义】本法所称行政许可，是指行政机关根据公民、法人或者其他组织的申请，经依法审查，准予其从事特定活动的行为。

第三条 【适用范围】行政许可的设定和实施，适用本法。

有关行政机关对其他机关或者对其直接管理的事业单位的人事、财务、外事等事项的审批，不适用本法。

第四条 【合法原则】设定和实施行政许可，应当依照法定的权限、范围、条件和程序。

第五条 【公开、公平、公正原则】设定和实施行政许可，应当遵循公开、公平、公正、非歧视的原则。

有关行政许可的规定应当公布；未经公布的，不得作为实施行政许可的依据。行政许可的实施和结果，除涉及国家秘密、商业秘密或者个人隐私的外，应当公开。未经申请人同意，行政机关及其工作人员、参与专家评审等的人员不得披露申请人提交的商业秘密、未披露信息或者保密商务信息，法律另有规定或者涉及国家安全、重大社会公共利益的除外；行政机关依法公开申请人前述信息的，允许申请人在合理期限内提出异议。

符合法定条件、标准的，申请人有依法取得行政许可的平等权利，行政机关不得歧视任何人。

第六条 【便民原则】实施行政许可，应当遵循便民的原则，提高办事效率，提供优质服务。

第七条 【陈述权、申辩权和救济权】公民、法人或者其他组织对行政机关实施行政许可，享有陈述权、申辩权；有权依法申请行政复议或者提起行政诉讼；其合法权益因行政机关违法实施行政许可受到损害的，有权依法要求赔偿。

第八条 【信赖保护原则】公民、法人或者其他组织依法取得的行政许可受法律保护，行政机关不得擅自改变已经生效的行政许可。

行政许可所依据的法律、法规、规章修改或者废止，或者准予行政许可所依据的客观情况发生重大变化的，为了公共利益的需要，行政机关可以依法变更或者撤回已经生效的行政许可。由此给公民、法人或者其他组织造成财产损失的，行政机关应当依法给予补偿。

第九条　【行政许可的转让】依法取得的行政许可，除法律、法规规定依照法定条件和程序可以转让的外，不得转让。

第十条　【行政许可监督】县级以上人民政府应当建立健全对行政机关实施行政许可的监督制度，加强对行政机关实施行政许可的监督检查。

行政机关应当对公民、法人或者其他组织从事行政许可事项的活动实施有效监督。

第二章　行政许可的设定

第十一条　【行政许可设定原则】设定行政许可，应当遵循经济和社会发展规律，有利于发挥公民、法人或者其他组织的积极性、主动性，维护公共利益和社会秩序，促进经济、社会和生态环境协调发展。

第十二条　【行政许可的设定事项】下列事项可以设定行政许可：

（一）直接涉及国家安全、公共安全、经济宏观调控、生态环境保护以及直接关系人身健康、生命财产安全等特定活动，需要按照法定条件予以批准的事项；

（二）有限自然资源开发利用、公共资源配置以及直接关系公共利益的特定行业的市场准入等，需要赋予特定权利的事项；

（三）提供公众服务并且直接关系公共利益的职业、行业，需要确定具备特殊信誉、特殊条件或者特殊技能等资格、资质的事项；

（四）直接关系公共安全、人身健康、生命财产安全的重要设备、设施、产品、物品，需要按照技术标准、技术规范，通过检验、检测、检疫等方式进行审定的事项；

（五）企业或者其他组织的设立等，需要确定主体资格的事项；

（六）法律、行政法规规定可以设定行政许可的其他事项。

第十三条　【不设定行政许可的事项】 本法第十二条所列事项，通过下列方式能够予以规范的，可以不设行政许可：

（一）公民、法人或者其他组织能够自主决定的；

（二）市场竞争机制能够有效调节的；

（三）行业组织或者中介机构能够自律管理的；

（四）行政机关采用事后监督等其他行政管理方式能够解决的。

第十四条　【法律、行政法规、国务院决定的行政许可设定权】 本法第十二条所列事项，法律可以设定行政许可。尚未制定法律的，行政法规可以设定行政许可。

必要时，国务院可以采用发布决定的方式设定行政许可。实施后，除临时性行政许可事项外，国务院应当及时提请全国人民代表大会及其常务委员会制定法律，或者自行制定行政法规。

第十五条　【地方性法规、省级政府规章的行政许可设定权】 本法第十二条所列事项，尚未制定法律、行政法规的，地方性法规可以设定行政许可；尚未制定法律、行政法规和地方性法规的，因行政管理的需要，确需立即实施行政许可的，省、自治区、直辖市人民政府规章可以设定临时性的行政许可。临时性的行政许可实施满一年需要继续实施的，应当提请本级人民代表大会及其常务委员会制定地方性法规。

地方性法规和省、自治区、直辖市人民政府规章，不得设定应当由国家统一确定的公民、法人或者其他组织的资格、资质的行政许可；不得设定企业或者其他组织的设立登记及其前置性行政许可。其设定的行政许可，不得限制其他地区的个人或者企业到本地区从事生产经营和提供服务，不得限制其他地区的商品进入本地区市场。

第十六条　【行政许可规定权】 行政法规可以在法律设定的行政许可事项范围内，对实施该行政许可作出具体规定。

地方性法规可以在法律、行政法规设定的行政许可事项范围内，对实施该行政许可作出具体规定。

规章可以在上位法设定的行政许可事项范围内，对实施该行政许可作出具体规定。

法规、规章对实施上位法设定的行政许可作出的具体规定，不得增设行政许可；对行政许可条件作出的具体规定，不得增设违反上位法的其他条件。

第十七条　【行政许可设立禁止】除本法第十四条、第十五条规定的外，其他规范性文件一律不得设定行政许可。

第十八条　【行政许可应当明确规定的事项】设定行政许可，应当规定行政许可的实施机关、条件、程序、期限。

第十九条　【设定行政许可应当听取意见、说明理由】起草法律草案、法规草案和省、自治区、直辖市人民政府规章草案，拟设定行政许可的，起草单位应当采取听证会、论证会等形式听取意见，并向制定机关说明设定该行政许可的必要性、对经济和社会可能产生的影响以及听取和采纳意见的情况。

第二十条　【行政许可评价制度】行政许可的设定机关应当定期对其设定的行政许可进行评价；对已设定的行政许可，认为通过本法第十三条所列方式能够解决的，应当对设定该行政许可的规定及时予以修改或者废止。

行政许可的实施机关可以对已设定的行政许可的实施情况及存在的必要性适时进行评价，并将意见报告该行政许可的设定机关。

公民、法人或者其他组织可以向行政许可的设定机关和实施机关就行政许可的设定和实施提出意见和建议。

第二十一条　【停止实施行政许可】省、自治区、直辖市人民政府对行政法规设定的有关经济事务的行政许可，根据本行政区域经济和社会发展情况，认为通过本法第十三条所列方式能够解决的，报国务院批准后，可以在本行政区域内停止实施该行政许可。

第三章　行政许可的实施机关

第二十二条　【行政许可实施主体的一般规定】行政许可由具有行政许可权的行政机关在其法定职权范围内实施。

第二十三条　【法律、法规授权组织实施行政许可】法律、法规授权的具有管理公共事务职能的组织，在法定授权范围内，以自己的名义实施行政许可。被授权的组织适用本法有关行政机关的规定。

第二十四条　【委托实施行政许可的主体】行政机关在其法定职权范围内，依照法律、法规、规章的规定，可以委托其他行政机关实施行政许可。委托机关应当将受委托行政机关和受委托实施行政许可的内容予以公告。

委托行政机关对受委托行政机关实施行政许可的行为应当负责监督，并对该行为的后果承担法律责任。

受委托行政机关在委托范围内，以委托行政机关名义实施行政许可；不得再委托其他组织或者个人实施行政许可。

第二十五条　【相对集中行政许可权】经国务院批准，省、自治区、直辖市人民政府根据精简、统一、效能的原则，可以决定一个行政机关行使有关行政机关的行政许可权。

第二十六条　【一个窗口对外、统一办理或者联合办理、集中办理】行政许可需要行政机关内设的多个机构办理的，该行政机关应当确定一个机构统一受理行政许可申请，统一送达行政许可决定。

行政许可依法由地方人民政府两个以上部门分别实施的，本级人民政府可以确定一个部门受理行政许可申请并转告有关部门分别提出意见后统一办理，或者组织有关部门联合办理、集中办理。

第二十七条　【行政机关及其工作人员的纪律约束】行政机关实施行政许可，不得向申请人提出购买指定商品、接受有偿服务等不正当要求。

行政机关工作人员办理行政许可，不得索取或者收受申请人的财物，不得谋取其他利益。

第二十八条　【授权专业组织实施的指导性规定】对直接关系公共安全、人身健康、生命财产安全的设备、设施、产品、物品的检验、检测、检疫，除法律、行政法规规定由行政机关实施的外，应当逐步由符合法定条件的专业技术组织实施。专业技术组织及其有关人员对所实施的检验、检测、检疫结论承担法律责任。

第四章　行政许可的实施程序

第一节　申请与受理

第二十九条　【行政许可申请】公民、法人或者其他组织从事特定活动，依法需要取得行政许可的，应当向行政机关提出申请。申请书需要采用格式文本的，行政机关应当向申请人提供行政许可申请书格式文本。申请书格式文本中不得包含与申请行政许可事项没有直接关系的内容。

申请人可以委托代理人提出行政许可申请。但是，依法应当由申请人到行政机关办公场所提出行政许可申请的除外。

行政许可申请可以通过信函、电报、电传、传真、电子数据交换和电子邮件等方式提出。

第三十条　【行政机关公示义务】行政机关应当将法律、法规、规章规定的有关行政许可的事项、依据、条件、数量、程序、期限以及需要提交的全部材料的目录和申请书示范文本等在办公场所公示。

申请人要求行政机关对公示内容予以说明、解释的，行政机关应当说明、解释，提供准确、可靠的信息。

第三十一条　【申请人提交真实材料、反映真实情况义务】

申请人申请行政许可，应当如实向行政机关提交有关材料和反映真实情况，并对其申请材料实质内容的真实性负责。行政机关不得要求申请人提交与其申请的行政许可事项无关的技术资料和其他材料。

行政机关及其工作人员不得以转让技术作为取得行政许可的条件；不得在实施行政许可的过程中，直接或者间接地要求转让技术。

第三十二条　【行政许可申请的处理】行政机关对申请人提出的行政许可申请，应当根据下列情况分别作出处理：

（一）申请事项依法不需要取得行政许可的，应当即时告知申请人不受理；

（二）申请事项依法不属于本行政机关职权范围的，应当即时作出不予受理的决定，并告知申请人向有关行政机关申请；

（三）申请材料存在可以当场更正的错误的，应当允许申请人当场更正；

（四）申请材料不齐全或者不符合法定形式的，应当当场或者在 5 日内一次告知申请人需要补正的全部内容，逾期不告知的，自收到申请材料之日起即为受理；

（五）申请事项属于本行政机关职权范围，申请材料齐全、符合法定形式，或者申请人按照本行政机关的要求提交全部补正申请材料的，应当受理行政许可申请。

行政机关受理或者不予受理行政许可申请，应当出具加盖本行政机关专用印章和注明日期的书面凭证。

第三十三条　【鼓励行政机关发展电子政务实施行政许可】行政机关应当建立和完善有关制度，推行电子政务，在行政机关的网站上公布行政许可事项，方便申请人采取数据电文等方式提出行政许可申请；应当与其他行政机关共享有关行政许可信息，提高办事效率。

第二节　审查与决定

第三十四条　【审查行政许可材料】 行政机关应当对申请人提交的申请材料进行审查。

申请人提交的申请材料齐全、符合法定形式，行政机关能够当场作出决定的，应当当场作出书面的行政许可决定。

根据法定条件和程序，需要对申请材料的实质内容进行核实的，行政机关应当指派两名以上工作人员进行核查。

第三十五条　【多层级行政机关实施行政许可的审查程序】 依法应当先经下级行政机关审查后报上级行政机关决定的行政许可，下级行政机关应当在法定期限内将初步审查意见和全部申请材料直接报送上级行政机关。上级行政机关不得要求申请人重复提供申请材料。

第三十六条　【直接关系他人重大利益的行政许可审查程序】 行政机关对行政许可申请进行审查时，发现行政许可事项直接关系他人重大利益的，应当告知该利害关系人。申请人、利害关系人有权进行陈述和申辩。行政机关应当听取申请人、利害关系人的意见。

第三十七条　【行政机关依法作出行政许可决定】 行政机关对行政许可申请进行审查后，除当场作出行政许可决定的外，应当在法定期限内按照规定程序作出行政许可决定。

第三十八条　【行政机关许可和不予许可应当履行的义务】 申请人的申请符合法定条件、标准的，行政机关应当依法作出准予行政许可的书面决定。

行政机关依法作出不予行政许可的书面决定的，应当说明理由，并告知申请人享有依法申请行政复议或者提起行政诉讼的权利。

第三十九条　【颁发行政许可证件】 行政机关作出准予行政许可的决定，需要颁发行政许可证件的，应当向申请人颁发加盖本行政机关印章的下列行政许可证件：

许可证、执照或者其他许可证书；

资格证、资质证或者其他合格证书；

行政机关的批准文件或者证明文件；

法律、法规规定的其他行政许可证件。

机关实施检验、检测、检疫的，可以在检验、检测、检设备、设施、产品、物品上加贴标签或者加盖检验、检印章。

十条　【准予行政许可决定的公开义务】行政机关作出政许可决定，应当予以公开，公众有权查阅。

十一条　【行政许可的地域效力】法律、行政法规设定可，其适用范围没有地域限制的，申请人取得的行政许范围内有效。

第三节　期　限

十二条　【行政许可一般期限】除可以当场作出行政许外，行政机关应当自受理行政许可申请之日起 20 日内作许可决定。20 日内不能作出决定的，经本行政机关负责人可以延长 10 日，并应当将延长期限的理由告知申请人。但法律、法规另有规定的，依照其规定。

依照本法第二十六条的规定，行政许可采取统一办理或者联办理、集中办理的，办理的时间不得超过 45 日；45 日内不能办结的，经本级人民政府负责人批准，可以延长 15 日，并应当将延长期限的理由告知申请人。

第四十三条　【多层级许可的审查期限】依法应当先经下级行政机关审查后报上级行政机关决定的行政许可，下级行政机关应当自其受理行政许可申请之日起 20 日内审查完毕。但是，法律、法规另有规定的，依照其规定。

第四十四条　【许可证章颁发期限】行政机关作出准予行政许可的决定，应当自作出决定之日起 10 日内向申请人颁发、送达行政许可证件，或者加贴标签、加盖检验、检测、检疫印章。

第四十五条　【不纳入许可期限的事项】行政机关作出行政许可决定，依法需要听证、招标、拍卖、检验、检测、检疫、鉴定和专家评审的，所需时间不计算在本节规定的期限内。行政机关应当将所需时间书面告知申请人。

第四节　听　证

第四十六条　【行政机关主动举行听证的行政许可事项】法律、法规、规章规定实施行政许可应当听证的事项，或者行政机关认为需要听证的其他涉及公共利益的重大行政许可事项，行政机关应当向社会公告，并举行听证。

第四十七条　【行政机关应申请举行听证的行政许可事项】行政许可直接涉及申请人与他人之间重大利益关系的，行政机关在作出行政许可决定前，应当告知申请人、利害关系人享有要求听证的权利；申请人、利害关系人在被告知听证权利之日起5日内提出听证申请的，行政机关应当在20日内组织听证。

申请人、利害关系人不承担行政机关组织听证的费用。

第四十八条　【行政许可听证程序规则】听证按照下列程序进行：

（一）行政机关应当于举行听证的7日前将举行听证的时间、地点通知申请人、利害关系人，必要时予以公告；

（二）听证应当公开举行；

（三）行政机关应当指定审查该行政许可申请的工作人员以外的人员为听证主持人，申请人、利害关系人认为主持人与该行政许可事项有直接利害关系的，有权申请回避；

（四）举行听证时，审查该行政许可申请的工作人员应当提供审查意见的证据、理由，申请人、利害关系人可以提出证据，并进行申辩和质证；

（五）听证应当制作笔录，听证笔录应当交听证参加人确认无误后签字或者盖章。

行政机关应当根据听证笔录，作出行政许可决定。

第五节　变更与延续

第四十九条　【变更行政许可的程序】 被许可人要求变更行政许可事项的，应当向作出行政许可决定的行政机关提出申请；符合法定条件、标准的，行政机关应当依法办理变更手续。

第五十条　【延续行政许可的程序】 被许可人需要延续依法取得的行政许可的有效期的，应当在该行政许可有效期届满30日前向作出行政许可决定的行政机关提出申请。但是，法律、法规、规章另有规定的，依照其规定。

行政机关应当根据被许可人的申请，在该行政许可有效期届满前作出是否准予延续的决定；逾期未作决定的，视为准予延续。

第六节　特别规定

第五十一条　【其他规定适用规则】 实施行政许可的程序，本节有规定的，适用本节规定；本节没有规定的，适用本章其他有关规定。

第五十二条　【国务院实施行政许可程序】 国务院实施行政许可的程序，适用有关法律、行政法规的规定。

第五十三条　【通过招标拍卖作出行政许可决定】 实施本法第十二条第二项所列事项的行政许可的，行政机关应当通过招标、拍卖等公平竞争的方式作出决定。但是，法律、行政法规另有规定的，依照其规定。

行政机关通过招标、拍卖等方式作出行政许可决定的具体程序，依照有关法律、行政法规的规定。

行政机关按照招标、拍卖程序确定中标人、买受人后，应当作出准予行政许可的决定，并依法向中标人、买受人颁发行政许可证件。

行政机关违反本条规定，不采用招标、拍卖方式，或者违反招标、拍卖程序，损害申请人合法权益的，申请人可以依法申请行政复议或者提起行政诉讼。

第五十四条　【通过考试考核方式作出行政许可决定】实施本法第十二条第三项所列事项的行政许可，赋予公民特定资格，依法应当举行国家考试的，行政机关根据考试成绩和其他法定条件作出行政许可决定；赋予法人或者其他组织特定的资格、资质的，行政机关根据申请人的专业人员构成、技术条件、经营业绩和管理水平等的考核结果作出行政许可决定。但是，法律、行政法规另有规定的，依照其规定。

公民特定资格的考试依法由行政机关或者行业组织实施，公开举行。行政机关或者行业组织应当事先公布资格考试的报名条件、报考办法、考试科目以及考试大纲。但是，不得组织强制性的资格考试的考前培训，不得指定教材或者其他助考材料。

第五十五条　【根据技术标准、技术规范作出行政许可决定】实施本法第十二条第四项所列事项的行政许可的，应当按照技术标准、技术规范依法进行检验、检测、检疫，行政机关根据检验、检测、检疫的结果作出行政许可决定。

行政机关实施检验、检测、检疫，应当自受理申请之日起5日内指派两名以上工作人员按照技术标准、技术规范进行检验、检测、检疫。不需要对检验、检测、检疫结果作进一步技术分析即可认定设备、设施、产品、物品是否符合技术标准、技术规范的，行政机关应当当场作出行政许可决定。

行政机关根据检验、检测、检疫结果，作出不予行政许可决定的，应当书面说明不予行政许可所依据的技术标准、技术规范。

第五十六条　【当场许可的特别规定】实施本法第十二条第五项所列事项的行政许可，申请人提交的申请材料齐全、符合法定形式的，行政机关应当当场予以登记。需要对申请材料的实质内容进行核实的，行政机关依照本法第三十四条第三款的规定办理。

第五十七条　【有数量限制的行政许可】有数量限制的行政许可，两个或者两个以上申请人的申请均符合法定条件、标准的，行政机关应当根据受理行政许可申请的先后顺序作出准予行政许可的决定。但是，法律、行政法规另有规定的，依照其规定。

第五章 行政许可的费用

第五十八条 【收费原则和经费保障】行政机关实施行政许可和对行政许可事项进行监督检查，不得收取任何费用。但是，法律、行政法规另有规定的，依照其规定。

行政机关提供行政许可申请书格式文本，不得收费。

行政机关实施行政许可所需经费应当列入本行政机关的预算，由本级财政予以保障，按照批准的预算予以核拨。

第五十九条 【收费规则以及对收费所得款项的处理】行政机关实施行政许可，依照法律、行政法规收取费用的，应当按照公布的法定项目和标准收费；所收取的费用必须全部上缴国库，任何机关或者个人不得以任何形式截留、挪用、私分或者变相私分。财政部门不得以任何形式向行政机关返还或者变相返还实施行政许可所收取的费用。

第六章 监督检查

第六十条 【行政许可层级监督】上级行政机关应当加强对下级行政机关实施行政许可的监督检查，及时纠正行政许可实施中的违法行为。

第六十一条 【书面检查原则】行政机关应当建立健全监督制度，通过核查反映被许可人从事行政许可事项活动情况的有关材料，履行监督责任。

行政机关依法对被许可人从事行政许可事项的活动进行监督检查时，应当将监督检查的情况和处理结果予以记录，由监督检查人员签字后归档。公众有权查阅行政机关监督检查记录。

行政机关应当创造条件，实现与被许可人、其他有关行政机关的计算机档案系统互联，核查被许可人从事行政许可事项活动情况。

第六十二条　【抽样检查、检验、检测和实地检查、定期检验权适用的情形及程序】行政机关可以对被许可人生产经营的产品依法进行抽样检查、检验、检测，对其生产经营场所依法进行实地检查。检查时，行政机关可以依法查阅或者要求被许可人报送有关材料；被许可人应当如实提供有关情况和材料。

行政机关根据法律、行政法规的规定，对直接关系公共安全、人身健康、生命财产安全的重要设备、设施进行定期检验。对检验合格的，行政机关应当发给相应的证明文件。

第六十三条　【行政机关实施监督检查时应当遵守的纪律】行政机关实施监督检查，不得妨碍被许可人正常的生产经营活动，不得索取或者收受被许可人的财物，不得谋取其他利益。

第六十四条　【行政许可监督检查的属地管辖与协作】被许可人在作出行政许可决定的行政机关管辖区域外违法从事行政许可事项活动的，违法行为发生地的行政机关应当依法将被许可人的违法事实、处理结果抄告作出行政许可决定的行政机关。

第六十五条　【个人、组织对违法从事行政许可活动的监督】个人和组织发现违法从事行政许可事项的活动，有权向行政机关举报，行政机关应当及时核实、处理。

第六十六条　【依法开发利用资源】被许可人未依法履行开发利用自然资源义务或者未依法履行利用公共资源义务的，行政机关应当责令限期改正；被许可人在规定期限内不改正的，行政机关应当依照有关法律、行政法规的规定予以处理。

第六十七条　【特定行业市场准入被许可人的义务和法律责任】取得直接关系公共利益的特定行业的市场准入行政许可的被许可人，应当按照国家规定的服务标准、资费标准和行政机关依法规定的条件，向用户提供安全、方便、稳定和价格合理的服务，并履行普遍服务的义务；未经作出行政许可决定的行政机关批准，不得擅自停业、歇业。

被许可人不履行前款规定的义务的，行政机关应当责令限期改正，或者依法采取有效措施督促其履行义务。

第六十八条　【自检制度】对直接关系公共安全、人身健康、生命财产安全的重要设备、设施，行政机关应当督促设计、建造、安装和使用单位建立相应的自检制度。

行政机关在监督检查时，发现直接关系公共安全、人身健康、生命财产安全的重要设备、设施存在安全隐患的，应当责令停止建造、安装和使用，并责令设计、建造、安装和使用单位立即改正。

第六十九条　【撤销行政许可的情形】有下列情形之一的，作出行政许可决定的行政机关或者其上级行政机关，根据利害关系人的请求或者依据职权，可以撤销行政许可：

（一）行政机关工作人员滥用职权、玩忽职守作出准予行政许可决定的；

（二）超越法定职权作出准予行政许可决定的；

（三）违反法定程序作出准予行政许可决定的；

（四）对不具备申请资格或者不符合法定条件的申请人准予行政许可的；

（五）依法可以撤销行政许可的其他情形。

被许可人以欺骗、贿赂等不正当手段取得行政许可的，应当予以撤销。

依照前两款的规定撤销行政许可，可能对公共利益造成重大损害的，不予撤销。

依照本条第一款的规定撤销行政许可，被许可人的合法权益受到损害的，行政机关应当依法给予赔偿。依照本条第二款的规定撤销行政许可的，被许可人基于行政许可取得的利益不受保护。

第七十条　【注销行政许可的情形】有下列情形之一的，行政机关应当依法办理有关行政许可的注销手续：

（一）行政许可有效期届满未延续的；

（二）赋予公民特定资格的行政许可，该公民死亡或者丧失行为能力的；

（三）法人或者其他组织依法终止的；

（四）行政许可依法被撤销、撤回，或者行政许可证件依法被吊销的；

（五）因不可抗力导致行政许可事项无法实施的；

（六）法律、法规规定的应当注销行政许可的其他情形。

第七章　法律责任

第七十一条　【规范性文件违法设定行政许可的法律责任】 违反本法第十七条规定设定的行政许可，有关机关应当责令设定该行政许可的机关改正，或者依法予以撤销。

第七十二条　【行政机关及其工作人员违反行政许可程序应当承担的法律责任】 行政机关及其工作人员违反本法的规定，有下列情形之一的，由其上级行政机关或者监察机关责令改正；情节严重的，对直接负责的主管人员和其他直接责任人员依法给予行政处分：

（一）对符合法定条件的行政许可申请不予受理的；

（二）不在办公场所公示依法应当公示的材料的；

（三）在受理、审查、决定行政许可过程中，未向申请人、利害关系人履行法定告知义务的；

（四）申请人提交的申请材料不齐全、不符合法定形式，不一次告知申请人必须补正的全部内容的；

（五）违法披露申请人提交的商业秘密、未披露信息或者保密商务信息的；

（六）以转让技术作为取得行政许可的条件，或者在实施行政许可的过程中直接或者间接地要求转让技术的；

（七）未依法说明不受理行政许可申请或者不予行政许可的理由的；

（八）依法应当举行听证而不举行听证的。

第七十三条 【行政机关工作人员索取或者收受他人财物及利益应当承担的法律责任】行政机关工作人员办理行政许可、实施监督检查，索取或者收受他人财物或者谋取其他利益，构成犯罪的，依法追究刑事责任；尚不构成犯罪的，依法给予行政处分。

第七十四条 【行政机关及其工作人员实体违法的法律责任】行政机关实施行政许可，有下列情形之一的，由其上级行政机关或者监察机关责令改正，对直接负责的主管人员和其他直接责任人员依法给予行政处分；构成犯罪的，依法追究刑事责任：

（一）对不符合法定条件的申请人准予行政许可或者超越法定职权作出准予行政许可决定的；

（二）对符合法定条件的申请人不予行政许可或者不在法定期限内作出准予行政许可决定的；

（三）依法应当根据招标、拍卖结果或者考试成绩择优作出准予行政许可决定，未经招标、拍卖或者考试，或者不根据招标、拍卖结果或者考试成绩择优作出准予行政许可决定的。

第七十五条 【行政机关及其工作人员违反收费规定的法律责任】行政机关实施行政许可，擅自收费或者不按照法定项目和标准收费的，由其上级行政机关或者监察机关责令退还非法收取的费用；对直接负责的主管人员和其他直接责任人员依法给予行政处分。

截留、挪用、私分或者变相私分实施行政许可依法收取的费用的，予以追缴；对直接负责的主管人员和其他直接责任人员依法给予行政处分；构成犯罪的，依法追究刑事责任。

第七十六条 【行政机关违法实施许可的赔偿责任】行政机关违法实施行政许可，给当事人的合法权益造成损害的，应当依照国家赔偿法的规定给予赔偿。

第七十七条 【行政机关不依法履行监督责任或者监督不力的法律责任】行政机关不依法履行监督职责或者监督不力，造成严重后果的，由其上级行政机关或者监察机关责令改正，对直接负责的主管人员和其他直接责任人员依法给予行政处分；构成犯罪的，依法追究刑事责任。

第七十八条　【申请人申请不实应承担的法律责任】行政许可申请人隐瞒有关情况或者提供虚假材料申请行政许可的，行政机关不予受理或者不予行政许可，并给予警告；行政许可申请属于直接关系公共安全、人身健康、生命财产安全事项的，申请人在一年内不得再次申请该行政许可。

第七十九条　【申请人以欺骗、贿赂等不正当手段取得行政许可应当承担的法律责任】被许可人以欺骗、贿赂等不正当手段取得行政许可的，行政机关应当依法给予行政处罚；取得的行政许可属于直接关系公共安全、人身健康、生命财产安全事项的，申请人在3年内不得再次申请该行政许可；构成犯罪的，依法追究刑事责任。

第八十条　【被许可人违法从事行政许可活动的法律责任】被许可人有下列行为之一的，行政机关应当依法给予行政处罚；构成犯罪的，依法追究刑事责任：

（一）涂改、倒卖、出租、出借行政许可证件，或者以其他形式非法转让行政许可的；

（二）超越行政许可范围进行活动的；

（三）向负责监督检查的行政机关隐瞒有关情况、提供虚假材料或者拒绝提供反映其活动情况的真实材料的；

（四）法律、法规、规章规定的其他违法行为。

第八十一条　【公民、法人或者其他组织未经行政许可从事应当取得行政许可活动的法律责任】公民、法人或者其他组织未经行政许可，擅自从事依法应当取得行政许可的活动的，行政机关应当依法采取措施予以制止，并依法给予行政处罚；构成犯罪的，依法追究刑事责任。

第八章　附　则

第八十二条　【行政许可的期限计算】本法规定的行政机关

实施行政许可的期限以工作日计算，不含法定节假日。

第八十三条　【施行日期及对现行行政许可进行清理的规定】本法自2004年7月1日起施行。

本法施行前有关行政许可的规定，制定机关应当依照本法规定予以清理；不符合本法规定的，自本法施行之日起停止执行。

中华人民共和国行政复议法

· 1999年4月29日第九届全国人民代表大会常务委员会第九次会议通过

· 根据2009年8月27日第十一届全国人民代表大会常务委员会第十次会议《关于修改部分法律的决定》第一次修正

· 根据2017年9月1日第十二届全国人民代表大会常务委员会第二十九次会议《关于修改〈中华人民共和国法官法〉等八部法律的决定》第二次修正

第一章　总　则

第一条　【立法目的】为了防止和纠正违法的或者不当的具体行政行为，保护公民、法人和其他组织的合法权益，保障和监督行政机关依法行使职权，根据宪法，制定本法。

第二条　【适用范围】公民、法人或者其他组织认为具体行政行为侵犯其合法权益，向行政机关提出行政复议申请，行政机关受理行政复议申请、作出行政复议决定，适用本法。

第三条　【复议机关及其职责】依照本法履行行政复议职责的行政机关是行政复议机关。行政复议机关负责法制工作的机构具体办理行政复议事项，履行下列职责：

（一）受理行政复议申请；

（二）向有关组织和人员调查取证，查阅文件和资料；

（三）审查申请行政复议的具体行政行为是否合法与适当，拟订行政复议决定；

（四）处理或者转送对本法第七条所列有关规定的审查申请；

（五）对行政机关违反本法规定的行为依照规定的权限和程序提出处理建议；

（六）办理因不服行政复议决定提起行政诉讼的应诉事项；

（七）法律、法规规定的其他职责。

行政机关中初次从事行政复议的人员，应当通过国家统一法律职业资格考试取得法律职业资格。

第四条　【复议原则】行政复议机关履行行政复议职责，应当遵循合法、公正、公开、及时、便民的原则，坚持有错必纠，保障法律、法规的正确实施。

第五条　【对复议不服的诉讼】公民、法人或者其他组织对行政复议决定不服的，可以依照行政诉讼法的规定向人民法院提起行政诉讼，但是法律规定行政复议决定为最终裁决的除外。

第二章　行政复议范围

第六条　【复议范围】有下列情形之一的，公民、法人或者其他组织可以依照本法申请行政复议：

（一）对行政机关作出的警告、罚款、没收违法所得、没收非法财物、责令停产停业、暂扣或者吊销许可证、暂扣或者吊销执照、行政拘留等行政处罚决定不服的；

（二）对行政机关作出的限制人身自由或者查封、扣押、冻结财产等行政强制措施决定不服的；

（三）对行政机关作出的有关许可证、执照、资质证、资格证等证书变更、中止、撤销的决定不服的；

（四）对行政机关作出的关于确认土地、矿藏、水流、森林、山岭、草原、荒地、滩涂、海域等自然资源的所有权或者使用权的决定不服的；

（五）认为行政机关侵犯合法的经营自主权的；

（六）认为行政机关变更或者废止农业承包合同，侵犯其合法权益的；

（七）认为行政机关违法集资、征收财物、摊派费用或者违法要求履行其他义务的；

（八）认为符合法定条件，申请行政机关颁发许可证、执照、资质证、资格证等证书，或者申请行政机关审批、登记有关事项，行政机关没有依法办理的；

（九）申请行政机关履行保护人身权利、财产权利、受教育权利的法定职责，行政机关没有依法履行的；

（十）申请行政机关依法发放抚恤金、社会保险金或者最低生活保障费，行政机关没有依法发放的；

（十一）认为行政机关的其他具体行政行为侵犯其合法权益的。

第七条　【规定的审查】公民、法人或者其他组织认为行政机关的具体行政行为所依据的下列规定不合法，在对具体行政行为申请行政复议时，可以一并向行政复议机关提出对该规定的审查申请：

（一）国务院部门的规定；

（二）县级以上地方各级人民政府及其工作部门的规定；

（三）乡、镇人民政府的规定。

前款所列规定不含国务院部、委员会规章和地方人民政府规章。规章的审查依照法律、行政法规办理。

第八条　【不能提起复议的事项】不服行政机关作出的行政处分或者其他人事处理决定的，依照有关法律、行政法规的规定提出申诉。

不服行政机关对民事纠纷作出的调解或者其他处理，依法申请仲裁或者向人民法院提起诉讼。

第三章　行政复议申请

第九条　【申请复议的期限】公民、法人或者其他组织认为具体行政行为侵犯其合法权益的，可以自知道该具体行政行为之日起60日内提出行政复议申请；但是法律规定的申请期限超过60日的除外。

因不可抗力或者其他正当理由耽误法定申请期限的，申请期限自障碍消除之日起继续计算。

第十条　【复议申请人】依照本法申请行政复议的公民、法人或者其他组织是申请人。

有权申请行政复议的公民死亡的，其近亲属可以申请行政复议。有权申请行政复议的公民为无民事行为能力人或者限制民事行为能力人的，其法定代理人可以代为申请行政复议。有权申请行政复议的法人或者其他组织终止的，承受其权利的法人或者其他组织可以申请行政复议。

同申请行政复议的具体行政行为有利害关系的其他公民、法人或者其他组织，可以作为第三人参加行政复议。

公民、法人或者其他组织对行政机关的具体行政行为不服申请行政复议的，作出具体行政行为的行政机关是被申请人。

申请人、第三人可以委托代理人代为参加行政复议。

第十一条　【复议申请】申请人申请行政复议，可以书面申请，也可以口头申请；口头申请的，行政复议机关应当当场记录申请人的基本情况、行政复议请求、申请行政复议的主要事实、理由和时间。

第十二条　【部门具体行政行为的复议机关】对县级以上地方各级人民政府工作部门的具体行政行为不服的，由申请人选择，可以向该部门的本级人民政府申请行政复议，也可以向上一级主管部门申请行政复议。

对海关、金融、国税、外汇管理等实行垂直领导的行政机关和国家安全机关的具体行政行为不服的，向上一级主管部门申请行政复议。

第十三条　【对其他行政机关具体行政行为不服的复议申请】对地方各级人民政府的具体行政行为不服的，向上一级地方人民政府申请行政复议。

对省、自治区人民政府依法设立的派出机关所属的县级地方人民政府的具体行政行为不服的，向该派出机关申请行政复议。

第十四条　【对国务院部门或省、自治区、直辖市政府具体行政行为不服的复议】对国务院部门或者省、自治区、直辖市人民政府的具体行政行为不服的，向作出该具体行政行为的国务院部门或者省、自治区、直辖市人民政府申请行政复议。对行政复议决定不服的，可以向人民法院提起行政诉讼；也可以向国务院申请裁决，国务院依照本法的规定作出最终裁决。

第十五条　【其他机关具体行政行为的复议机关】对本法第十二条、第十三条、第十四条规定以外的其他行政机关、组织的具体行政行为不服的，按照下列规定申请行政复议：

（一）对县级以上地方人民政府依法设立的派出机关的具体行政行为不服的，向设立该派出机关的人民政府申请行政复议；

（二）对政府工作部门依法设立的派出机构依照法律、法规或者规章规定，以自己的名义作出的具体行政行为不服的，向设立该派出机构的部门或者该部门的本级地方人民政府申请行政复议；

（三）对法律、法规授权的组织的具体行政行为不服的，分别向直接管理该组织的地方人民政府、地方人民政府工作部门或者国务院部门申请行政复议；

（四）对两个或者两个以上行政机关以共同的名义作出的具体行政行为不服的，向其共同上一级行政机关申请行政复议；

（五）对被撤销的行政机关在撤销前所作出的具体行政行为不服的，向继续行使其职权的行政机关的上一级行政机关申请行政复议。

有前款所列情形之一的，申请人也可以向具体行政行为发生地的县级地方人民政府提出行政复议申请，由接受申请的县级地方人民政府依照本法第十八条的规定办理。

第十六条　【复议与诉讼的选择】公民、法人或者其他组织申请行政复议，行政复议机关已经依法受理的，或者法律、法规规定应当先向行政复议机关申请行政复议、对行政复议决定不服再向人民法院提起行政诉讼的，在法定行政复议期限内不得向人民法院提起行政诉讼。

公民、法人或者其他组织向人民法院提起行政诉讼，人民法院已经依法受理的，不得申请行政复议。

第四章　行政复议受理

第十七条　【复议的受理】行政复议机关收到行政复议申请后，应当在5日内进行审查，对不符合本法规定的行政复议申请，决定不予受理，并书面告知申请人；对符合本法规定，但是不属于本机关受理的行政复议申请，应当告知申请人向有关行政复议机关提出。

除前款规定外，行政复议申请自行政复议机关负责法制工作的机构收到之日起即为受理。

第十八条　【复议申请的转送】依照本法第十五条第二款的规定接受行政复议申请的县级地方人民政府，对依照本法第十五条第一款的规定属于其他行政复议机关受理的行政复议申请，应当自接到该行政复议申请之日起7日内，转送有关行政复议机关，并告知申请人。接受转送的行政复议机关应当依照本法第十七条的规定办理。

第十九条　【复议前置的规定】法律、法规规定应当先向行政复议机关申请行政复议、对行政复议决定不服再向人民法院提起行政诉讼的，行政复议机关决定不予受理或者受理后超过行政复议期限不作答复的，公民、法人或者其他组织可以自收到不予受理决定书之日起或者行政复议期满之日起 15 日内，依法向人民法院提起行政诉讼。

第二十条　【上级机关责令受理及直接受理】公民、法人或者其他组织依法提出行政复议申请，行政复议机关无正当理由不予受理的，上级行政机关应当责令其受理；必要时，上级行政机关也可以直接受理。

第二十一条　【复议停止执行的情形】行政复议期间具体行政行为不停止执行；但是，有下列情形之一的，可以停止执行：

（一）被申请人认为需要停止执行的；

（二）行政复议机关认为需要停止执行的；

（三）申请人申请停止执行，行政复议机关认为其要求合理，决定停止执行的；

（四）法律规定停止执行的。

第五章　行政复议决定

第二十二条　【书面审查原则及例外】行政复议原则上采取书面审查的办法，但是申请人提出要求或者行政复议机关负责法制工作的机构认为有必要时，可以向有关组织和人员调查情况，听取申请人、被申请人和第三人的意见。

第二十三条　【复议程序事项】行政复议机关负责法制工作的机构应当自行政复议申请受理之日起 7 日内，将行政复议申请书副本或者行政复议申请笔录复印件发送被申请人。被申请人应当自收到申请书副本或者申请笔录复印件之日起 10 日内，提出书面答复，并提交当初作出具体行政行为的证据、依据和其他有关材料。

申请人、第三人可以查阅被申请人提出的书面答复、作出具体行政行为的证据、依据和其他有关材料，除涉及国家秘密、商业秘密或者个人隐私外，行政复议机关不得拒绝。

第二十四条　【被申请人不得自行取证】在行政复议过程

中，被申请人不得自行向申请人和其他有关组织或者个人收集证据。

第二十五条　【申请的撤回】 行政复议决定作出前，申请人要求撤回行政复议申请的，经说明理由，可以撤回；撤回行政复议申请的，行政复议终止。

第二十六条　【复议机关对规定的处理】 申请人在申请行政复议时，一并提出对本法第七条所列有关规定的审查申请的，行政复议机关对该规定有权处理的，应当在 30 日内依法处理；无权处理的，应当在 7 日内按照法定程序转送有权处理的行政机关依法处理，有权处理的行政机关应当在 60 日内依法处理。处理期间，中止对具体行政行为的审查。

第二十七条　【对具体行政行为依据的审查】 行政复议机关在对被申请人作出的具体行政行为进行审查时，认为其依据不合法，本机关有权处理的，应当在 30 日内依法处理；无权处理的，应当在 7 日内按照法定程序转送有权处理的国家机关依法处理。处理期间，中止对具体行政行为的审查。

第二十八条　【复议决定的作出】 行政复议机关负责法制工作的机构应当对被申请人作出的具体行政行为进行审查，提出意见，经行政复议机关的负责人同意或者集体讨论通过后，按照下列规定作出行政复议决定：

（一）具体行政行为认定事实清楚，证据确凿，适用依据正确，程序合法，内容适当的，决定维持；

（二）被申请人不履行法定职责的，决定其在一定期限内履行；

（三）具体行政行为有下列情形之一的，决定撤销、变更或者确认该具体行政行为违法；决定撤销或者确认该具体行政行为违法的，可以责令被申请人在一定期限内重新作出具体行政行为：

1. 主要事实不清、证据不足的；
2. 适用依据错误的；
3. 违反法定程序的；

4. 超越或者滥用职权的；

5. 具体行政行为明显不当的。

（四）被申请人不按照本法第二十三条的规定提出书面答复、提交当初作出具体行政行为的证据、依据和其他有关材料的，视为该具体行政行为没有证据、依据，决定撤销该具体行政行为。

行政复议机关责令被申请人重新作出具体行政行为的，被申请人不得以同一的事实和理由作出与原具体行政行为相同或者基本相同的具体行政行为。

第二十九条　【行政赔偿】申请人在申请行政复议时可以一并提出行政赔偿请求，行政复议机关对符合国家赔偿法的有关规定应当给予赔偿的，在决定撤销、变更具体行政行为或者确认具体行政行为违法时，应当同时决定被申请人依法给予赔偿。

申请人在申请行政复议时没有提出行政赔偿请求的，行政复议机关在依法决定撤销或者变更罚款，撤销违法集资、没收财物、征收财物、摊派费用以及对财产的查封、扣押、冻结等具体行政行为时，应当同时责令被申请人返还财产，解除对财产的查封、扣押、冻结措施，或者赔偿相应的价款。

第三十条　【对侵犯自然资源所有权或使用权行为的先行复议原则】公民、法人或者其他组织认为行政机关的具体行政行为侵犯其已经依法取得的土地、矿藏、水流、森林、山岭、草原、荒地、滩涂、海域等自然资源的所有权或者使用权的，应当先申请行政复议；对行政复议决定不服的，可以依法向人民法院提起行政诉讼。

根据国务院或者省、自治区、直辖市人民政府对行政区划的勘定、调整或者征收土地的决定，省、自治区、直辖市人民政府确认土地、矿藏、水流、森林、山岭、草原、荒地、滩涂、海域等自然资源的所有权或者使用权的行政复议决定为最终裁决。

第三十一条　【复议决定期限】行政复议机关应当自受理申请之日起 60 日内作出行政复议决定；但是法律规定的行政复议期限少于 60 日的除外。情况复杂，不能在规定期限内作出行政复议决定的，经行政复议机关的负责人批准，可以适当延长，并告知申请人和被申请人；但是延长期限最多不超过 30 日。

行政复议机关作出行政复议决定，应当制作行政复议决定书，并加盖印章。

行政复议决定书一经送达，即发生法律效力。

第三十二条　【复议决定的履行】被申请人应当履行行政复议决定。

被申请人不履行或者无正当理由拖延履行行政复议决定的，行政复议机关或者有关上级行政机关应当责令其限期履行。

第三十三条　【不履行复议决定的处理】申请人逾期不起诉又不履行行政复议决定的，或者不履行最终裁决的行政复议决定的，按照下列规定分别处理：

（一）维持具体行政行为的行政复议决定，由作出具体行政行为的行政机关依法强制执行，或者申请人民法院强制执行；

（二）变更具体行政行为的行政复议决定，由行政复议机关依法强制执行，或者申请人民法院强制执行。

第六章　法律责任

第三十四条　【复议机关不依法履行职责的处罚】行政复议机关违反本法规定，无正当理由不予受理依法提出的行政复议申请或者不按照规定转送行政复议申请的，或者在法定期限内不作出行政复议决定的，对直接负责的主管人员和其他直接责任人员依法给予警告、记过、记大过的行政处分；经责令受理仍不受理或者不按照规定转送行政复议申请，造成严重后果的，依法给予降级、撤职、开除的行政处分。

第三十五条　【渎职处罚】行政复议机关工作人员在行政复议活动中，徇私舞弊或者有其他渎职、失职行为的，依法给予警告、记过、记大过的行政处分；情节严重的，依法给予降级、撤职、开除的行政处分；构成犯罪的，依法追究刑事责任。

第三十六条　【被申请人不提交答复、资料和阻碍他人复议申请的处罚】被申请人违反本法规定，不提出书面答复或者不提交作出具体行政行为的证据、依据和其他有关材料，或者阻挠、变相阻挠公民、法人或者其他组织依法申请行政复议的，对直接负责的主管人员和其他直接责任人员依法给予警告、记过、记大过的行政处分；进行报复陷害的，依法给予降级、撤职、开除的行政处分；构成犯罪的，依法追究刑事责任。

第三十七条　【不履行、迟延履行复议决定的处罚】被申请人不履行或者无正当理由拖延履行行政复议决定的，对直接负责的主管人员和其他直接责任人员依法给予警告、记过、记大过的行政处分；经责令履行仍拒不履行的，依法给予降级、撤职、开除的行政处分。

第三十八条　【复议机关的建议权】行政复议机关负责法制工作的机构发现有无正当理由不予受理行政复议申请、不按照规定期限作出行政复议决定、徇私舞弊、对申请人打击报复或者不履行行政复议决定等情形的，应当向有关行政机关提出建议，有关行政机关应当依照本法和有关法律、行政法规的规定作出处理。

第七章　附　则

第三十九条　【复议费用】行政复议机关受理行政复议申请，不得向申请人收取任何费用。行政复议活动所需经费，应当列入本机关的行政经费，由本级财政予以保障。

第四十条　【期间计算和文书送达】行政复议期间的计算和行政复议文书的送达，依照民事诉讼法关于期间、送达的规定执行。

本法关于行政复议期间有关“5 日”、“7 日”的规定是指工作日，不含节假日。

第四十一条　【适用范围补充规定】外国人、无国籍人、外国组织在中华人民共和国境内申请行政复议，适用本法。

第四十二条　【法律冲突的解决】本法施行前公布的法律有关行政复议的规定与本法的规定不一致的，以本法的规定为准。

第四十三条　【生效日期】本法自1999年10月1日起施行。1990年12月24日国务院发布、1994年10月9日国务院修订发布的《行政复议条例》同时废止。

中华人民共和国行政复议法实施条例

· 2007年5月23日国务院第177次常务会议通过
· 2007年5月29日中华人民共和国国务院令第499号公布
· 自2007年8月1日起施行

第一章　总　则

第一条　为了进一步发挥行政复议制度在解决行政争议、建设法治政府、构建社会主义和谐社会中的作用，根据《中华人民共和国行政复议法》（以下简称行政复议法），制定本条例。

第二条　各级行政复议机关应当认真履行行政复议职责，领导并支持本机关负责法制工作的机构（以下简称行政复议机构）依法办理行政复议事项，并依照有关规定配备、充实、调剂专职行政复议人员，保证行政复议机构的办案能力与工作任务相适应。

第三条　行政复议机构除应当依照行政复议法第三条的规定履行职责外，还应当履行下列职责：

（一）依照行政复议法第十八条的规定转送有关行政复议申请；

（二）办理行政复议法第二十九条规定的行政赔偿等事项；

（三）按照职责权限，督促行政复议申请的受理和行政复议决定的履行；

（四）办理行政复议、行政应诉案件统计和重大行政复议决定备案事项；

（五）办理或者组织办理未经行政复议直接提起行政诉讼的行政应诉事项；

（六）研究行政复议工作中发现的问题，及时向有关机关提出改进建议，重大问题及时向行政复议机关报告。

第四条 专职行政复议人员应当具备与履行行政复议职责相适应的品行、专业知识和业务能力，并取得相应资格。具体办法由国务院法制机构会同国务院有关部门规定。

第二章 行政复议申请

第一节 申请人

第五条 依照行政复议法和本条例的规定申请行政复议的公民、法人或者其他组织为申请人。

第六条 合伙企业申请行政复议的，应当以核准登记的企业为申请人，由执行合伙事务的合伙人代表该企业参加行政复议；其他合伙组织申请行政复议的，由合伙人共同申请行政复议。

前款规定以外的不具备法人资格的其他组织申请行政复议的，由该组织的主要负责人代表该组织参加行政复议；没有主要负责人的，由共同推选的其他成员代表该组织参加行政复议。

第七条 股份制企业的股东大会、股东代表大会、董事会认为行政机关作出的具体行政行为侵犯企业合法权益的，可以以企业的名义申请行政复议。

第八条 同一行政复议案件申请人超过5人的，推选1至5名代表参加行政复议。

第九条 行政复议期间，行政复议机构认为申请人以外的公民、法人或者其他组织与被审查的具体行政行为有利害关系的，可以通知其作为第三人参加行政复议。

行政复议期间，申请人以外的公民、法人或者其他组织与被审查的具体行政行为有利害关系的，可以向行政复议机构申请作为第三人参加行政复议。

第三人不参加行政复议，不影响行政复议案件的审理。

第十条 申请人、第三人可以委托1至2名代理人参加行政复议。申请人、第三人委托代理人的，应当向行政复议机构提交授权委托书。授权委托书应当载明委托事项、权限和期限。公民在特殊情况下无法书面委托的，可以口头委托。口头委托的，行政复议机构应当核实并记录在卷。申请人、第三人解除或者变更委托的，应当书面报告行政复议机构。

第二节 被申请人

第十一条 公民、法人或者其他组织对行政机关的具体行政行为不服，依照行政复议法和本条例的规定申请行政复议的，作出该具体行政行为的行政机关为被申请人。

第十二条 行政机关与法律、法规授权的组织以共同的名义作出具体行政行为的，行政机关和法律、法规授权的组织为共同被申请人。

行政机关与其他组织以共同名义作出具体行政行为的，行政机关为被申请人。

第十三条 下级行政机关依照法律、法规、规章规定，经上级行政机关批准作出具体行政行为的，批准机关为被申请人。

第十四条 行政机关设立的派出机构、内设机构或者其他组织，未经法律、法规授权，对外以自己名义作出具体行政行为的，该行政机关为被申请人。

第三节 行政复议申请期限

第十五条 行政复议法第九条第一款规定的行政复议申请期限的计算，依照下列规定办理：

（一）当场作出具体行政行为的，自具体行政行为作出之日起计算；

（二）载明具体行政行为的法律文书直接送达的，自受送达人签收之日起计算；

（三）载明具体行政行为的法律文书邮寄送达的，自受送达人在邮件签收单上签收之日起计算；没有邮件签收单的，自受送达人在送达回执上签名之日起计算；

（四）具体行政行为依法通过公告形式告知受送达人的，自公告规定的期限届满之日起计算；

（五）行政机关作出具体行政行为时未告知公民、法人或者其他组织，事后补充告知的，自该公民、法人或者其他组织收到行政机关补充告知的通知之日起计算；

（六）被申请人能够证明公民、法人或者其他组织知道具体行政行为的，自证据材料证明其知道具体行政行为之日起计算。

行政机关作出具体行政行为，依法应当向有关公民、法人或者其他组织送达法律文书而未送达的，视为该公民、法人或者其他组织不知道该具体行政行为。

第十六条　公民、法人或者其他组织依照行政复议法第六条第（八）项、第（九）项、第（十）项的规定申请行政机关履行法定职责，行政机关未履行的，行政复议申请期限依照下列规定计算：

（一）有履行期限规定的，自履行期限届满之日起计算；

（二）没有履行期限规定的，自行政机关收到申请满60日起计算。

公民、法人或者其他组织在紧急情况下请求行政机关履行保护人身权、财产权的法定职责，行政机关不履行的，行政复议申请期限不受前款规定的限制。

第十七条　行政机关作出的具体行政行为对公民、法人或者其他组织的权利、义务可能产生不利影响的，应当告知其申请行政复议的权利、行政复议机关和行政复议申请期限。

第四节　行政复议申请的提出

第十八条　申请人书面申请行政复议的，可以采取当面递交、邮寄或者传真等方式提出行政复议申请。

有条件的行政复议机构可以接受以电子邮件形式提出的行政复议申请。

第十九条　申请人书面申请行政复议的，应当在行政复议申请书中载明下列事项：

（一）申请人的基本情况，包括：公民的姓名、性别、年龄、身份证号码、工作单位、住所、邮政编码；法人或者其他组织的名称、住所、邮政编码和法定代表人或者主要负责人的姓名、职务；

（二）被申请人的名称；

（三）行政复议请求、申请行政复议的主要事实和理由；

（四）申请人的签名或者盖章；

（五）申请行政复议的日期。

第二十条　申请人口头申请行政复议的，行政复议机构应当依照本条例第十九条规定的事项，当场制作行政复议申请笔录交申请人核对或者向申请人宣读，并由申请人签字确认。

第二十一条　有下列情形之一的，申请人应当提供证明材料：

（一）认为被申请人不履行法定职责的，提供曾经要求被申请人履行法定职责而被申请人未履行的证明材料；

（二）申请行政复议时一并提出行政赔偿请求的，提供受具体行政行为侵害而造成损害的证明材料；

（三）法律、法规规定需要申请人提供证据材料的其他情形。

第二十二条　申请人提出行政复议申请时错列被申请人的，行政复议机构应当告知申请人变更被申请人。

第二十三条　申请人对两个以上国务院部门共同作出的具体行政行为不服的，依照行政复议法第十四条的规定，可以向其中任何一个国务院部门提出行政复议申请，由作出具体行政行为的国务院部门共同作出行政复议决定。

第二十四条 申请人对经国务院批准实行省以下垂直领导的部门作出的具体行政行为不服的，可以选择向该部门的本级人民政府或者上一级主管部门申请行政复议；省、自治区、直辖市另有规定的，依照省、自治区、直辖市的规定办理。

第二十五条 申请人依照行政复议法第三十条第二款的规定申请行政复议的，应当向省、自治区、直辖市人民政府提出行政复议申请。

第二十六条 依照行政复议法第七条的规定，申请人认为具体行政行为所依据的规定不合法的，可以在对具体行政行为申请行政复议的同时一并提出对该规定的审查申请；申请人在对具体行政行为提出行政复议申请时尚不知道该具体行政行为所依据的规定的，可以在行政复议机关作出行政复议决定前向行政复议机关提出对该规定的审查申请。

第三章 行政复议受理

第二十七条 公民、法人或者其他组织认为行政机关的具体行政行为侵犯其合法权益提出行政复议申请，除不符合行政复议法和本条例规定的申请条件的，行政复议机关必须受理。

第二十八条 行政复议申请符合下列规定的，应当予以受理：

（一）有明确的申请人和符合规定的被申请人；

（二）申请人与具体行政行为有利害关系；

（三）有具体的行政复议请求和理由；

（四）在法定申请期限内提出；

（五）属于行政复议法规定的行政复议范围；

（六）属于收到行政复议申请的行政复议机构的职责范围；

（七）其他行政复议机关尚未受理同一行政复议申请，人民法院尚未受理同一主体就同一事实提起的行政诉讼。

第二十九条 行政复议申请材料不齐全或者表述不清楚的，

行政复议机构可以自收到该行政复议申请之日起 5 日内书面通知申请人补正。补正通知应当载明需要补正的事项和合理的补正期限。无正当理由逾期不补正的，视为申请人放弃行政复议申请。补正申请材料所用时间不计入行政复议审理期限。

第三十条 申请人就同一事项向两个或者两个以上有权受理的行政机关申请行政复议的，由最先收到行政复议申请的行政机关受理；同时收到行政复议申请的，由收到行政复议申请的行政机关在 10 日内协商确定；协商不成的，由其共同上一级行政机关在 10 日内指定受理机关。协商确定或者指定受理机关所用时间不计入行政复议审理期限。

第三十一条 依照行政复议法第二十条的规定，上级行政机关认为行政复议机关不予受理行政复议申请的理由不成立的，可以先行督促其受理；经督促仍不受理的，应当责令其限期受理，必要时也可以直接受理；认为行政复议申请不符合法定受理条件的，应当告知申请人。

第四章 行政复议决定

第三十二条 行政复议机构审理行政复议案件，应当由 2 名以上行政复议人员参加。

第三十三条 行政复议机构认为必要时，可以实地调查核实证据；对重大、复杂的案件，申请人提出要求或者行政复议机构认为必要时，可以采取听证的方式审理。

第三十四条 行政复议人员向有关组织和人员调查取证时，可以查阅、复制、调取有关文件和资料，向有关人员进行询问。

调查取证时，行政复议人员不得少于 2 人，并应当向当事人或者有关人员出示证件。被调查单位和人员应当配合行政复议人员的工作，不得拒绝或者阻挠。

需要现场勘验的，现场勘验所用时间不计入行政复议审理期限。

第三十五条　行政复议机关应当为申请人、第三人查阅有关材料提供必要条件。

第三十六条　依照行政复议法第十四条的规定申请原级行政复议的案件，由原承办具体行政行为有关事项的部门或者机构提出书面答复，并提交作出具体行政行为的证据、依据和其他有关材料。

第三十七条　行政复议期间涉及专门事项需要鉴定的，当事人可以自行委托鉴定机构进行鉴定，也可以申请行政复议机构委托鉴定机构进行鉴定。鉴定费用由当事人承担。鉴定所用时间不计入行政复议审理期限。

第三十八条　申请人在行政复议决定作出前自愿撤回行政复议申请的，经行政复议机构同意，可以撤回。

申请人撤回行政复议申请的，不得再以同一事实和理由提出行政复议申请。但是，申请人能够证明撤回行政复议申请违背其真实意思表示的除外。

第三十九条　行政复议期间被申请人改变原具体行政行为的，不影响行政复议案件的审理。但是，申请人依法撤回行政复议申请的除外。

第四十条　公民、法人或者其他组织对行政机关行使法律、法规规定的自由裁量权作出的具体行政行为不服申请行政复议，申请人与被申请人在行政复议决定作出前自愿达成和解的，应当向行政复议机构提交书面和解协议；和解内容不损害社会公共利益和他人合法权益的，行政复议机构应当准许。

第四十一条　行政复议期间有下列情形之一，影响行政复议案件审理的，行政复议中止：

（一）作为申请人的自然人死亡，其近亲属尚未确定是否参加行政复议的；

（二）作为申请人的自然人丧失参加行政复议的能力，尚未确定法定代理人参加行政复议的；

（三）作为申请人的法人或者其他组织终止，尚未确定权利义务承受人的；

（四）作为申请人的自然人下落不明或者被宣告失踪的；

（五）申请人、被申请人因不可抗力，不能参加行政复议的；

（六）案件涉及法律适用问题，需要有权机关作出解释或者确认的；

（七）案件审理需要以其他案件的审理结果为依据，而其他案件尚未审结的；

（八）其他需要中止行政复议的情形。

行政复议中止的原因消除后，应当及时恢复行政复议案件的审理。

行政复议机构中止、恢复行政复议案件的审理，应当告知有关当事人。

第四十二条 行政复议期间有下列情形之一的，行政复议终止：

（一）申请人要求撤回行政复议申请，行政复议机构准予撤回的；

（二）作为申请人的自然人死亡，没有近亲属或者其近亲属放弃行政复议权利的；

（三）作为申请人的法人或者其他组织终止，其权利义务的承受人放弃行政复议权利的；

（四）申请人与被申请人依照本条例第四十条的规定，经行政复议机构准许达成和解的；

（五）申请人对行政拘留或者限制人身自由的行政强制措施不服申请行政复议后，因申请人同一违法行为涉嫌犯罪，该行政拘留或者限制人身自由的行政强制措施变更为刑事拘留的。

依照本条例第四十一条第一款第（一）项、第（二）项、第（三）项规定中止行政复议，满60日行政复议中止的原因仍未消除的，行政复议终止。

第四十三条 依照行政复议法第二十八条第一款第（一）项规定，具体行政行为认定事实清楚，证据确凿，适用依据正确，程序合法，内容适当的，行政复议机关应当决定维持。

第四十四条 依照行政复议法第二十八条第一款第（二）项规定，被申请人不履行法定职责的，行政复议机关应当决定其在一定期限内履行法定职责。

第四十五条 具体行政行为有行政复议法第二十八条第一款第（三）项规定情形之一的，行政复议机关应当决定撤销、变更该具体行政行为或者确认该具体行政行为违法；决定撤销该具体行政行为或者确认该具体行政行为违法的，可以责令被申请人在一定期限内重新作出具体行政行为。

第四十六条 被申请人未依照行政复议法第二十三条的规定提出书面答复、提交当初作出具体行政行为的证据、依据和其他有关材料的，视为该具体行政行为没有证据、依据，行政复议机关应当决定撤销该具体行政行为。

第四十七条 具体行政行为有下列情形之一，行政复议机关可以决定变更：

（一）认定事实清楚，证据确凿，程序合法，但是明显不当或者适用依据错误的；

（二）认定事实不清，证据不足，但是经行政复议机关审理查明事实清楚，证据确凿的。

第四十八条 有下列情形之一的，行政复议机关应当决定驳回行政复议申请：

（一）申请人认为行政机关不履行法定职责申请行政复议，行政复议机关受理后发现该行政机关没有相应法定职责或者在受理前已经履行法定职责的；

（二）受理行政复议申请后，发现该行政复议申请不符合行政复议法和本条例规定的受理条件的。

上级行政机关认为行政复议机关驳回行政复议申请的理由不成立的，应当责令其恢复审理。

第四十九条 行政复议机关依照行政复议法第二十八条的规定责令被申请人重新作出具体行政行为的，被申请人应当在法律、法规、规章规定的期限内重新作出具体行政行为；法律、法规、规章未规定期限的，重新作出具体行政行为的期限为60日。

公民、法人或者其他组织对被申请人重新作出的具体行政行为不服，可以依法申请行政复议或者提起行政诉讼。

第五十条 有下列情形之一的，行政复议机关可以按照自愿、合法的原则进行调解：

（一）公民、法人或者其他组织对行政机关行使法律、法规规定的自由裁量权作出的具体行政行为不服申请行政复议的；

（二）当事人之间的行政赔偿或者行政补偿纠纷。

当事人经调解达成协议的，行政复议机关应当制作行政复议调解书。调解书应当载明行政复议请求、事实、理由和调解结果，并加盖行政复议机关印章。行政复议调解书经双方当事人签字，即具有法律效力。

调解未达成协议或者调解书生效前一方反悔的，行政复议机关应当及时作出行政复议决定。

第五十一条 行政复议机关在申请人的行政复议请求范围内，不得作出对申请人更为不利的行政复议决定。

第五十二条 第三人逾期不起诉又不履行行政复议决定的，依照行政复议法第三十三条的规定处理。

第五章 行政复议指导和监督

第五十三条 行政复议机关应当加强对行政复议工作的领导。

行政复议机构在本级行政复议机关的领导下，按照职责权限对行政复议工作进行督促、指导。

第五十四条 县级以上各级人民政府应当加强对所属工作部门和下级人民政府履行行政复议职责的监督。

行政复议机关应当加强对其行政复议机构履行行政复议职责的监督。

第五十五条 县级以上地方各级人民政府应当建立健全行政

复议工作责任制，将行政复议工作纳入本级政府目标责任制。

第五十六条 县级以上地方各级人民政府应当按照职责权限，通过定期组织检查、抽查等方式，对所属工作部门和下级人民政府行政复议工作进行检查，并及时向有关方面反馈检查结果。

第五十七条 行政复议期间行政复议机关发现被申请人或者其他下级行政机关的相关行政行为违法或者需要做好善后工作的，可以制作行政复议意见书。有关机关应当自收到行政复议意见书之日起60日内将纠正相关行政违法行为或者做好善后工作的情况通报行政复议机构。

行政复议期间行政复议机构发现法律、法规、规章实施中带有普遍性的问题，可以制作行政复议建议书，向有关机关提出完善制度和改进行政执法的建议。

第五十八条 县级以上各级人民政府行政复议机构应当定期向本级人民政府提交行政复议工作状况分析报告。

第五十九条 下级行政复议机关应当及时将重大行政复议决定报上级行政复议机关备案。

第六十条 各级行政复议机构应当定期组织对行政复议人员进行业务培训，提高行政复议人员的专业素质。

第六十一条 各级行政复议机关应当定期总结行政复议工作，对在行政复议工作中做出显著成绩的单位和个人，依照有关规定给予表彰和奖励。

第六章 法律责任

第六十二条 被申请人在规定期限内未按照行政复议决定的要求重新作出具体行政行为，或者违反规定重新作出具体行政行为的，依照行政复议法第三十七条的规定追究法律责任。

第六十三条 拒绝或者阻挠行政复议人员调查取证、查阅、复制、调取有关文件和资料的，对有关责任人员依法给予处分或者治安处罚；构成犯罪的，依法追究刑事责任。

第六十四条 行政复议机关或者行政复议机构不履行行政复议法和本条例规定的行政复议职责，经有权监督的行政机关督促仍不改正的，对直接负责的主管人员和其他直接责任人员依法给予警告、记过、记大过的处分；造成严重后果的，依法给予降级、撤职、开除的处分。

第六十五条 行政机关及其工作人员违反行政复议法和本条例规定的，行政复议机构可以向人事、监察部门提出对有关责任人员的处分建议，也可以将有关人员违法的事实材料直接转送人事、监察部门处理；接受转送的人事、监察部门应当依法处理，并将处理结果通报转送的行政复议机构。

第七章 附 则

第六十六条 本条例自2007年8月1日起施行。

中华人民共和国行政诉讼法

- 1989年4月4日第七届全国人民代表大会第二次会议通过
- 根据2014年11月1日第十二届全国人民代表大会常务委员会第十一次会议《关于修改〈中华人民共和国行政诉讼法〉的决定》第一次修正
- 根据2017年6月27日第十二届全国人民代表大会常务委员会第二十八次会议《关于修改〈中华人民共和国民事诉讼法〉和〈中华人民共和国行政诉讼法〉的决定》第二次修正

第一章 总 则

第一条 **【立法目的】**为保证人民法院公正、及时审理行政案件，解决行政争议，保护公民、法人和其他组织的合法权益，监督行政机关依法行使职权，根据宪法，制定本法。

第二条　【诉权】公民、法人或者其他组织认为行政机关和行政机关工作人员的行政行为侵犯其合法权益，有权依照本法向人民法院提起诉讼。

前款所称行政行为，包括法律、法规、规章授权的组织作出的行政行为。

第三条　【行政机关负责人出庭应诉】人民法院应当保障公民、法人和其他组织的起诉权利，对应当受理的行政案件依法受理。

行政机关及其工作人员不得干预、阻碍人民法院受理行政案件。

被诉行政机关负责人应当出庭应诉。不能出庭的，应当委托行政机关相应的工作人员出庭。

第四条　【独立行使审判权】人民法院依法对行政案件独立行使审判权，不受行政机关、社会团体和个人的干涉。

人民法院设行政审判庭，审理行政案件。

第五条　【以事实为根据，以法律为准绳原则】人民法院审理行政案件，以事实为根据，以法律为准绳。

第六条　【合法性审查原则】人民法院审理行政案件，对行政行为是否合法进行审查。

第七条　【合议、回避、公开审判和两审终审原则】人民法院审理行政案件，依法实行合议、回避、公开审判和两审终审制度。

第八条　【法律地位平等原则】当事人在行政诉讼中的法律地位平等。

第九条　【本民族语言文字原则】各民族公民都有用本民族语言、文字进行行政诉讼的权利。

在少数民族聚居或者多民族共同居住的地区，人民法院应当用当地民族通用的语言、文字进行审理和发布法律文书。

人民法院应当对不通晓当地民族通用的语言、文字的诉讼参与人提供翻译。

第十条　【辩论原则】当事人在行政诉讼中有权进行辩论。

第十一条　【法律监督原则】人民检察院有权对行政诉讼实行法律监督。

第二章　受案范围

第十二条　【行政诉讼受案范围】人民法院受理公民、法人或者其他组织提起的下列诉讼：

（一）对行政拘留、暂扣或者吊销许可证和执照、责令停产停业、没收违法所得、没收非法财物、罚款、警告等行政处罚不服的；

（二）对限制人身自由或者对财产的查封、扣押、冻结等行政强制措施和行政强制执行不服的；

（三）申请行政许可，行政机关拒绝或者在法定期限内不予答复，或者对行政机关作出的有关行政许可的其他决定不服的；

（四）对行政机关作出的关于确认土地、矿藏、水流、森林、山岭、草原、荒地、滩涂、海域等自然资源的所有权或者使用权的决定不服的；

（五）对征收、征用决定及其补偿决定不服的；

（六）申请行政机关履行保护人身权、财产权等合法权益的法定职责，行政机关拒绝履行或者不予答复的；

（七）认为行政机关侵犯其经营自主权或者农村土地承包经营权、农村土地经营权的；

（八）认为行政机关滥用行政权力排除或者限制竞争的；

（九）认为行政机关违法集资、摊派费用或者违法要求履行其他义务的；

（十）认为行政机关没有依法支付抚恤金、最低生活保障待遇或者社会保险待遇的；

（十一）认为行政机关不依法履行、未按照约定履行或者违法变更、解除政府特许经营协议、土地房屋征收补偿协议等协议的；

（十二）认为行政机关侵犯其他人身权、财产权等合法权益的。

除前款规定外，人民法院受理法律、法规规定可以提起诉讼的其他行政案件。

第十三条　【受案范围的排除】人民法院不受理公民、法人或者其他组织对下列事项提起的诉讼：

（一）国防、外交等国家行为；

（二）行政法规、规章或者行政机关制定、发布的具有普遍约束力的决定、命令；

（三）行政机关对行政机关工作人员的奖惩、任免等决定；

（四）法律规定由行政机关最终裁决的行政行为。

第三章　管　辖

第十四条　【基层人民法院管辖第一审行政案件】基层人民法院管辖第一审行政案件。

第十五条　【中级人民法院管辖的第一审行政案件】中级人民法院管辖下列第一审行政案件：

（一）对国务院部门或者县级以上地方人民政府所作的行政行为提起诉讼的案件；

（二）海关处理的案件；

（三）本辖区内重大、复杂的案件；

（四）其他法律规定由中级人民法院管辖的案件。

第十六条　【高级人民法院管辖的第一审行政案件】高级人民法院管辖本辖区内重大、复杂的第一审行政案件。

第十七条　【最高人民法院管辖的第一审行政案件】最高人民法院管辖全国范围内重大、复杂的第一审行政案件。

第十八条　【一般地域管辖和法院跨行政区域管辖】行政案

件由最初作出行政行为的行政机关所在地人民法院管辖。经复议的案件，也可以由复议机关所在地人民法院管辖。

经最高人民法院批准，高级人民法院可以根据审判工作的实际情况，确定若干人民法院跨行政区域管辖行政案件。

第十九条　【限制人身自由行政案件的管辖】对限制人身自由的行政强制措施不服提起的诉讼，由被告所在地或者原告所在地人民法院管辖。

第二十条　【不动产行政案件的管辖】因不动产提起的行政诉讼，由不动产所在地人民法院管辖。

第二十一条　【选择管辖】两个以上人民法院都有管辖权的案件，原告可以选择其中一个人民法院提起诉讼。原告向两个以上有管辖权的人民法院提起诉讼的，由最先立案的人民法院管辖。

第二十二条　【移送管辖】人民法院发现受理的案件不属于本院管辖的，应当移送有管辖权的人民法院，受移送的人民法院应当受理。受移送的人民法院认为受移送的案件按照规定不属于本院管辖的，应当报请上级人民法院指定管辖，不得再自行移送。

第二十三条　【指定管辖】有管辖权的人民法院由于特殊原因不能行使管辖权的，由上级人民法院指定管辖。

人民法院对管辖权发生争议，由争议双方协商解决。协商不成的，报它们的共同上级人民法院指定管辖。

第二十四条　【管辖权转移】上级人民法院有权审理下级人民法院管辖的第一审行政案件。

下级人民法院对其管辖的第一审行政案件，认为需要由上级人民法院审理或者指定管辖的，可以报请上级人民法院决定。

第四章　诉讼参加人

第二十五条　【原告资格】行政行为的相对人以及其他与行政行为有利害关系的公民、法人或者其他组织，有权提起诉讼。

有权提起诉讼的公民死亡，其近亲属可以提起诉讼。

有权提起诉讼的法人或者其他组织终止，承受其权利的法人或者其他组织可以提起诉讼。

人民检察院在履行职责中发现生态环境和资源保护、食品药品安全、国有财产保护、国有土地使用权出让等领域负有监督管理职责的行政机关违法行使职权或者不作为，致使国家利益或者社会公共利益受到侵害的，应当向行政机关提出检察建议，督促其依法履行职责。行政机关不依法履行职责的，人民检察院依法向人民法院提起诉讼。

第二十六条　【被告资格】公民、法人或者其他组织直接向人民法院提起诉讼的，作出行政行为的行政机关是被告。

经复议的案件，复议机关决定维持原行政行为的，作出原行政行为的行政机关和复议机关是共同被告；复议机关改变原行政行为的，复议机关是被告。

复议机关在法定期限内未作出复议决定，公民、法人或者其他组织起诉原行政行为的，作出原行政行为的行政机关是被告；起诉复议机关不作为的，复议机关是被告。

两个以上行政机关作出同一行政行为的，共同作出行政行为的行政机关是共同被告。

行政机关委托的组织所作的行政行为，委托的行政机关是被告。

行政机关被撤销或者职权变更的，继续行使其职权的行政机关是被告。

第二十七条　【共同诉讼】当事人一方或者双方为二人以上，因同一行政行为发生的行政案件，或者因同类行政行为发生的行政案件、人民法院认为可以合并审理并经当事人同意的，为共同诉讼。

第二十八条　【代表人诉讼】当事人一方人数众多的共同诉讼，可以由当事人推选代表人进行诉讼。代表人的诉讼行为对其所代表的当事人发生效力，但代表人变更、放弃诉讼请求或者承认对方当事人的诉讼请求，应当经被代表的当事人同意。

第二十九条　【诉讼第三人】公民、法人或者其他组织同被诉行政行为有利害关系但没有提起诉讼，或者同案件处理结果有利害关系的，可以作为第三人申请参加诉讼，或者由人民法院通知参加诉讼。

人民法院判决第三人承担义务或者减损第三人权益的，第三人有权依法提起上诉。

第三十条　【法定代理人】没有诉讼行为能力的公民，由其法定代理人代为诉讼。法定代理人互相推诿代理责任的，由人民法院指定其中一人代为诉讼。

第三十一条　【委托代理人】当事人、法定代理人，可以委托一至二人作为诉讼代理人。

下列人员可以被委托为诉讼代理人：

（一）律师、基层法律服务工作者；

（二）当事人的近亲属或者工作人员；

（三）当事人所在社区、单位以及有关社会团体推荐的公民。

第三十二条　【当事人及诉讼代理人权利】代理诉讼的律师，有权按照规定查阅、复制本案有关材料，有权向有关组织和公民调查，收集与本案有关的证据。对涉及国家秘密、商业秘密和个人隐私的材料，应当依照法律规定保密。

当事人和其他诉讼代理人有权按照规定查阅、复制本案庭审材料，但涉及国家秘密、商业秘密和个人隐私的内容除外。

第五章　证　据

第三十三条　【证据种类】证据包括：

（一）书证；

（二）物证；

（三）视听资料；

（四）电子数据；

（五）证人证言；

（六）当事人的陈述；

（七）鉴定意见；

（八）勘验笔录、现场笔录。

以上证据经法庭审查属实，才能作为认定案件事实的根据。

第三十四条　【被告举证责任】被告对作出的行政行为负有举证责任，应当提供作出该行政行为的证据和所依据的规范性文件。

被告不提供或者无正当理由逾期提供证据，视为没有相应证据。但是，被诉行政行为涉及第三人合法权益，第三人提供证据的除外。

第三十五条　【行政机关收集证据的限制】在诉讼过程中，被告及其诉讼代理人不得自行向原告、第三人和证人收集证据。

第三十六条　【被告延期提供证据和补充证据】被告在作出行政行为时已经收集了证据，但因不可抗力等正当事由不能提供的，经人民法院准许，可以延期提供。

原告或者第三人提出了其在行政处理程序中没有提出的理由或者证据的，经人民法院准许，被告可以补充证据。

第三十七条　【原告可以提供证据】原告可以提供证明行政行为违法的证据。原告提供的证据不成立的，不免除被告的举证责任。

第三十八条　【原告举证责任】在起诉被告不履行法定职责的案件中，原告应当提供其向被告提出申请的证据。但有下列情形之一的除外：

（一）被告应当依职权主动履行法定职责的；

（二）原告因正当理由不能提供证据的。

在行政赔偿、补偿的案件中，原告应当对行政行为造成的损害提供证据。因被告的原因导致原告无法举证的，由被告承担举证责任。

第三十九条　【法院要求当事人提供或者补充证据】人民法院有权要求当事人提供或者补充证据。

第四十条　【法院调取证据】人民法院有权向有关行政机关以及其他组织、公民调取证据。但是，不得为证明行政行为的合法性调取被告作出行政行为时未收集的证据。

第四十一条　【申请法院调取证据】与本案有关的下列证据，原告或者第三人不能自行收集的，可以申请人民法院调取：

（一）由国家机关保存而须由人民法院调取的证据；

（二）涉及国家秘密、商业秘密和个人隐私的证据；

（三）确因客观原因不能自行收集的其他证据。

第四十二条　【证据保全】在证据可能灭失或者以后难以取得的情况下，诉讼参加人可以向人民法院申请保全证据，人民法院也可以主动采取保全措施。

第四十三条　【证据适用规则】证据应当在法庭上出示，并由当事人互相质证。对涉及国家秘密、商业秘密和个人隐私的证据，不得在公开开庭时出示。

人民法院应当按照法定程序，全面、客观地审查核实证据。对未采纳的证据应当在裁判文书中说明理由。

以非法手段取得的证据，不得作为认定案件事实的根据。

第六章　起诉和受理

第四十四条　【行政复议与行政诉讼的关系】对属于人民法院受案范围的行政案件，公民、法人或者其他组织可以先向行政机关申请复议，对复议决定不服的，再向人民法院提起诉讼；也可以直接向人民法院提起诉讼。

法律、法规规定应当先向行政机关申请复议，对复议决定不服再向人民法院提起诉讼的，依照法律、法规的规定。

第四十五条　【经行政复议的起诉期限】公民、法人或者其他组织不服复议决定的，可以在收到复议决定书之日起十五日内向人民法院提起诉讼。复议机关逾期不作决定的，申请人可以在复议期满之日起十五日内向人民法院提起诉讼。法律另有规定的除外。

第四十六条　【起诉期限】公民、法人或者其他组织直接向人民法院提起诉讼的，应当自知道或者应当知道作出行政行为之日起六个月内提出。法律另有规定的除外。

因不动产提起诉讼的案件自行政行为作出之日起超过二十年，其他案件自行政行为作出之日起超过五年提起诉讼的，人民法院不予受理。

第四十七条　【行政机关不履行法定职责的起诉期限】公民、法人或者其他组织申请行政机关履行保护其人身权、财产权等合法权益的法定职责，行政机关在接到申请之日起两个月内不履行的，公民、法人或者其他组织可以向人民法院提起诉讼。法律、法规对行政机关履行职责的期限另有规定的，从其规定。

公民、法人或者其他组织在紧急情况下请求行政机关履行保护其人身权、财产权等合法权益的法定职责，行政机关不履行的，提起诉讼不受前款规定期限的限制。

第四十八条　【起诉期限的扣除和延长】公民、法人或者其他组织因不可抗力或者其他不属于其自身的原因耽误起诉期限的，被耽误的时间不计算在起诉期限内。

公民、法人或者其他组织因前款规定以外的其他特殊情况耽误起诉期限的，在障碍消除后十日内，可以申请延长期限，是否准许由人民法院决定。

第四十九条　【起诉条件】提起诉讼应当符合下列条件：

（一）原告是符合本法第二十五条规定的公民、法人或者其他组织；

（二）有明确的被告；

（三）有具体的诉讼请求和事实根据；

（四）属于人民法院受案范围和受诉人民法院管辖。

第五十条　【起诉方式】起诉应当向人民法院递交起诉状，并按照被告人数提出副本。

书写起诉状确有困难的，可以口头起诉，由人民法院记入笔录，出具注明日期的书面凭证，并告知对方当事人。

第五十一条　【登记立案】人民法院在接到起诉状时对符合本法规定的起诉条件的，应当登记立案。

对当场不能判定是否符合本法规定的起诉条件的，应当接收起诉状，出具注明收到日期的书面凭证，并在七日内决定是否立案。不符合起诉条件的，作出不予立案的裁定。裁定书应当载明不予立案的理由。原告对裁定不服的，可以提起上诉。

起诉状内容欠缺或者有其他错误的，应当给予指导和释明，并一次性告知当事人需要补正的内容。不得未经指导和释明即以起诉不符合条件为由不接收起诉状。

对于不接收起诉状、接收起诉状后不出具书面凭证，以及不一次性告知当事人需要补正的起诉状内容的，当事人可以向上级人民法院投诉，上级人民法院应当责令改正，并对直接负责的主管人员和其他直接责任人员依法给予处分。

第五十二条　【法院不立案的救济】人民法院既不立案，又不作出不予立案裁定的，当事人可以向上一级人民法院起诉。上一级人民法院认为符合起诉条件的，应当立案、审理，也可以指定其他下级人民法院立案、审理。

第五十三条　【规范性文件的附带审查】公民、法人或者其他组织认为行政行为所依据的国务院部门和地方人民政府及其部门制定的规范性文件不合法，在对行政行为提起诉讼时，可以一并请求对该规范性文件进行审查。

前款规定的规范性文件不含规章。

第七章　审理和判决

第一节　一般规定

第五十四条　【公开审理原则】人民法院公开审理行政案件，但涉及国家秘密、个人隐私和法律另有规定的除外。

涉及商业秘密的案件，当事人申请不公开审理的，可以不公开审理。

第五十五条　【回避】当事人认为审判人员与本案有利害关系或者有其他关系可能影响公正审判，有权申请审判人员回避。

审判人员认为自己与本案有利害关系或者有其他关系，应当申请回避。

前两款规定，适用于书记员、翻译人员、鉴定人、勘验人。

院长担任审判长时的回避，由审判委员会决定；审判人员的回避，由院长决定；其他人员的回避，由审判长决定。当事人对决定不服的，可以申请复议一次。

第五十六条　【诉讼不停止执行】诉讼期间，不停止行政行为的执行。但有下列情形之一的，裁定停止执行：

（一）被告认为需要停止执行的；

（二）原告或者利害关系人申请停止执行，人民法院认为该行政行为的执行会造成难以弥补的损失，并且停止执行不损害国家利益、社会公共利益的；

（三）人民法院认为该行政行为的执行会给国家利益、社会公共利益造成重大损害的；

（四）法律、法规规定停止执行的。

当事人对停止执行或者不停止执行的裁定不服的，可以申请复议一次。

第五十七条　【先予执行】人民法院对起诉行政机关没有依法支付抚恤金、最低生活保障金和工伤、医疗社会保险金的案件，权利义务关系明确、不先予执行将严重影响原告生活的，可以根据原告的申请，裁定先予执行。

当事人对先予执行裁定不服的，可以申请复议一次。复议期间不停止裁定的执行。

第五十八条　【拒不到庭或中途退庭的法律后果】经人民法院传票传唤，原告无正当理由拒不到庭，或者未经法庭许可中途退庭的，可以按照撤诉处理；被告无正当理由拒不到庭，或者未经法庭许可中途退庭的，可以缺席判决。

第五十九条　【妨害行政诉讼强制措施】诉讼参与人或者其他人有下列行为之一的，人民法院可以根据情节轻重，予以训诫、责令具结悔过或者处一万元以下的罚款、十五日以下的拘留；构成犯罪的，依法追究刑事责任：

（一）有义务协助调查、执行的人，对人民法院的协助调查决定、协助执行通知书，无故推拖、拒绝或者妨碍调查、执行的；

（二）伪造、隐藏、毁灭证据或者提供虚假证明材料，妨碍人民法院审理案件的；

（三）指使、贿买、胁迫他人作伪证或者威胁、阻止证人作证的；

（四）隐藏、转移、变卖、毁损已被查封、扣押、冻结的财产的；

（五）以欺骗、胁迫等非法手段使原告撤诉的；

（六）以暴力、威胁或者其他方法阻碍人民法院工作人员执行职务，或者以哄闹、冲击法庭等方法扰乱人民法院工作秩序的；

（七）对人民法院审判人员或者其他工作人员、诉讼参与人、协助调查和执行的人员恐吓、侮辱、诽谤、诬陷、殴打、围攻或者打击报复的。

人民法院对有前款规定的行为之一的单位，可以对其主要负责人或者直接责任人员依照前款规定予以罚款、拘留；构成犯罪的，依法追究刑事责任。

罚款、拘留须经人民法院院长批准。当事人不服的，可以向上一级人民法院申请复议一次。复议期间不停止执行。

第六十条　【调解】人民法院审理行政案件，不适用调解。但是，行政赔偿、补偿以及行政机关行使法律、法规规定的自由裁量权的案件可以调解。

调解应当遵循自愿、合法原则，不得损害国家利益、社会公共利益和他人合法权益。

第六十一条　【民事争议和行政争议交叉】在涉及行政许

可、登记、征收、征用和行政机关对民事争议所作的裁决的行政诉讼中，当事人申请一并解决相关民事争议的，人民法院可以一并审理。

在行政诉讼中，人民法院认为行政案件的审理需以民事诉讼的裁判为依据的，可以裁定中止行政诉讼。

第六十二条 **【撤诉】**人民法院对行政案件宣告判决或者裁定前，原告申请撤诉的，或者被告改变其所作的行政行为，原告同意并申请撤诉的，是否准许，由人民法院裁定。

第六十三条 **【撤诉】**人民法院审理行政案件，以法律和行政法规、地方性法规为依据。地方性法规适用于本行政区域内发生的行政案件。

人民法院审理民族自治地方的行政案件，并以该民族自治地方的自治条例和单行条例为依据。

人民法院审理行政案件，参照规章。

第六十四条 **【规范性文件审查和处理】**人民法院在审理行政案件中，经审查认为本法第五十三条规定的规范性文件不合法的，不作为认定行政行为合法的依据，并向制定机关提出处理建议。

第六十五条 **【裁判文书公开】**人民法院应当公开发生法律效力的判决书、裁定书，供公众查阅，但涉及国家秘密、商业秘密和个人隐私的内容除外。

第六十六条 **【有关行政机关工作人员和被告的处理】**人民法院在审理行政案件中，认为行政机关的主管人员、直接责任人员违法违纪的，应当将有关材料移送监察机关、该行政机关或者其上一级行政机关；认为有犯罪行为的，应当将有关材料移送公安、检察机关。

人民法院对被告经传票传唤无正当理由拒不到庭，或者未经法庭许可中途退庭的，可以将被告拒不到庭或者中途退庭的情况予以公告，并可以向监察机关或者被告的上一级行政机关提出依法给予其主要负责人或者直接责任人员处分的司法建议。

第二节　第一审普通程序

第六十七条　【发送起诉状和提出答辩状】人民法院应当在立案之日起五日内，将起诉状副本发送被告。被告应当在收到起诉状副本之日起十五日内向人民法院提交作出行政行为的证据和所依据的规范性文件，并提出答辩状。人民法院应当在收到答辩状之日起五日内，将答辩状副本发送原告。

被告不提出答辩状的，不影响人民法院审理。

第六十八条　【审判组织形式】人民法院审理行政案件，由审判员组成合议庭，或者由审判员、陪审员组成合议庭。合议庭的成员，应当是三人以上的单数。

第六十九条　【驳回原告诉讼请求判决】行政行为证据确凿，适用法律、法规正确，符合法定程序的，或者原告申请被告履行法定职责或者给付义务理由不成立的，人民法院判决驳回原告的诉讼请求。

第七十条　【撤销判决和重作判决】行政行为有下列情形之一的，人民法院判决撤销或者部分撤销，并可以判决被告重新作出行政行为：

（一）主要证据不足的；

（二）适用法律、法规错误的；

（三）违反法定程序的；

（四）超越职权的；

（五）滥用职权的；

（六）明显不当的。

第七十一条　【重作判决对被告的限制】人民法院判决被告重新作出行政行为的，被告不得以同一的事实和理由作出与原行政行为基本相同的行政行为。

第七十二条　【履行判决】人民法院经过审理，查明被告不履行法定职责的，判决被告在一定期限内履行。

第七十三条　【给付判决】人民法院经过审理，查明被告依付义务的，判决被告履行给付义务。

七十四条　【确认违法判决】行政行为有下列情形之一人民法院判决确认违法，但不撤销行政行为：

（一）行政行为依法应当撤销，但撤销会给国家利益、社会公共利益造成重大损害的；

（二）行政行为程序轻微违法，但对原告权利不产生实际影响的。

行政行为有下列情形之一，不需要撤销或者判决履行的，人民法院判决确认违法：

（一）行政行为违法，但不具有可撤销内容的；

（二）被告改变原违法行政行为，原告仍要求确认原行政行为违法的；

（三）被告不履行或者拖延履行法定职责，判决履行没有意义的。

第七十五条　【确认无效判决】行政行为有实施主体不具有行政主体资格或者没有依据等重大且明显违法情形，原告申请确认行政行为无效的，人民法院判决确认无效。

第七十六条　【确认违法和无效判决的补充规定】人民法院判决确认违法或者无效的，可以同时判决责令被告采取补救措施；给原告造成损失的，依法判决被告承担赔偿责任。

第七十七条　【变更判决】行政处罚明显不当，或者其他行政行为涉及对款额的确定、认定确有错误的，人民法院可以判决变更。

人民法院判决变更，不得加重原告的义务或者减损原告的权益。但利害关系人同为原告，且诉讼请求相反的除外。

第七十八条　【行政协议履行及补偿判决】被告不依法履行、未按照约定履行或者违法变更、解除本法第十二条第一款第十一项规定的协议的，人民法院判决被告承担继续履行、采取补救措施或者赔偿损失等责任。

被告变更、解除本法第十二条第一款第十一项规定的协议合法，但未依法给予补偿的，人民法院判决给予补偿。

第七十九条　【复议决定和原行政行为一并裁判】复议机关与作出原行政行为的行政机关为共同被告的案件，人民法院应当对复议决定和原行政行为一并作出裁判。

第八十条　【公开宣判】人民法院对公开审理和不公开审理的案件，一律公开宣告判决。

当庭宣判的，应当在十日内发送判决书；定期宣判的，宣判后立即发给判决书。

宣告判决时，必须告知当事人上诉权利、上诉期限和上诉的人民法院。

第八十一条　【第一审审限】人民法院应当在立案之日起六个月内作出第一审判决。有特殊情况需要延长的，由高级人民法院批准，高级人民法院审理第一审案件需要延长的，由最高人民法院批准。

第三节　简易程序

第八十二条　【简易程序适用情形】人民法院审理下列第一审行政案件，认为事实清楚、权利义务关系明确、争议不大的，可以适用简易程序：

（一）被诉行政行为是依法当场作出的；

（二）案件涉及款额二千元以下的；

（三）属于政府信息公开案件的。

除前款规定以外的第一审行政案件，当事人各方同意适用简易程序的，可以适用简易程序。

发回重审、按照审判监督程序再审的案件不适用简易程序。

第八十三条　【简易程序的审判组织形式和审限】适用简易程序审理的行政案件，由审判员一人独任审理，并应当在立案之日起四十五日内审结。

第八十四条　【简易程序与普通程序的转换】人民法院在审理过程中，发现案件不宜适用简易程序的，裁定转为普通程序。

第四节　第二审程序

第八十五条　【上诉】 当事人不服人民法院第一审判决的，有权在判决书送达之日起十五日内向上一级人民法院提起上诉。当事人不服人民法院第一审裁定的，有权在裁定书送达之日起十日内向上一级人民法院提起上诉。逾期不提起上诉的，人民法院的第一审判决或者裁定发生法律效力。

第八十六条　【二审审理方式】 人民法院对上诉案件，应当组成合议庭，开庭审理。经过阅卷、调查和询问当事人，对没有提出新的事实、证据或者理由，合议庭认为不需要开庭审理的，也可以不开庭审理。

第八十七条　【二审审查范围】 人民法院审理上诉案件，应当对原审人民法院的判决、裁定和被诉行政行为进行全面审查。

第八十八条　【二审审限】 人民法院审理上诉案件，应当在收到上诉状之日起三个月内作出终审判决。有特殊情况需要延长的，由高级人民法院批准，高级人民法院审理上诉案件需要延长的，由最高人民法院批准。

第八十九条　【二审裁判】 人民法院审理上诉案件，按照下列情形，分别处理：

（一）原判决、裁定认定事实清楚，适用法律、法规正确的，判决或者裁定驳回上诉，维持原判决、裁定；

（二）原判决、裁定认定事实错误或者适用法律、法规错误的，依法改判、撤销或者变更；

（三）原判决认定基本事实不清、证据不足的，发回原审人民法院重审，或者查清事实后改判；

（四）原判决遗漏当事人或者违法缺席判决等严重违反法定程序的，裁定撤销原判决，发回原审人民法院重审。

原审人民法院对发回重审的案件作出判决后，当事人提起上诉的，第二审人民法院不得再次发回重审。

人民法院审理上诉案件，需要改变原审判决的，应当同时对被诉行政行为作出判决。

第五节 审判监督程序

第九十条 【当事人申请再审】当事人对已经发生法律效力的判决、裁定，认为确有错误的，可以向上一级人民法院申请再审，但判决、裁定不停止执行。

第九十一条 【再审事由】当事人的申请符合下列情形之一的，人民法院应当再审：

（一）不予立案或者驳回起诉确有错误的；

（二）有新的证据，足以推翻原判决、裁定的；

（三）原判决、裁定认定事实的主要证据不足、未经质证或者系伪造的；

（四）原判决、裁定适用法律、法规确有错误的；

（五）违反法律规定的诉讼程序，可能影响公正审判的；

（六）原判决、裁定遗漏诉讼请求的；

（七）据以作出原判决、裁定的法律文书被撤销或者变更的；

（八）审判人员在审理该案件时有贪污受贿、徇私舞弊、枉法裁判行为的。

第九十二条 【人民法院依职权再审】各级人民法院院长对本院已经发生法律效力的判决、裁定，发现有本法第九十一条规定情形之一，或者发现调解违反自愿原则或者调解书内容违法，认为需要再审的，应当提交审判委员会讨论决定。

最高人民法院对地方各级人民法院已经发生法律效力的判决、裁定，上级人民法院对下级人民法院已经发生法律效力的判决、裁定，发现有本法第九十一条规定情形之一，或者发现调解违反自愿原则或者调解书内容违法的，有权提审或者指令下级人民法院再审。

第九十三条 【抗诉和检察建议】最高人民检察院对各级人民法院已经发生法律效力的判决、裁定，上级人民检察院对下级人民法院已经发生法律效力的判决、裁定，发现有本法第九十一条规定情形之一，或者发现调解书损害国家利益、社会公共利益的，应当提出抗诉。

地方各级人民检察院对同级人民法院已经发生法律效力的判决、裁定，发现有本法第九十一条规定情形之一，或者发现调解书损害国家利益、社会公共利益的，可以向同级人民法院提出检察建议，并报上级人民检察院备案；也可以提请上级人民检察院向同级人民法院提出抗诉。

各级人民检察院对审判监督程序以外的其他审判程序中审判人员的违法行为，有权向同级人民法院提出检察建议。

第八章 执 行

第九十四条 【生效裁判和调解书的执行】当事人必须履行人民法院发生法律效力的判决、裁定、调解书。

第九十五条 【申请强制执行和执行管辖】公民、法人或者其他组织拒绝履行判决、裁定、调解书的，行政机关或者第三人可以向第一审人民法院申请强制执行，或者由行政机关依法强制执行。

第九十六条 【对行政机关拒绝履行的执行措施】行政机关拒绝履行判决、裁定、调解书的，第一审人民法院可以采取下列措施：

（一）对应当归还的罚款或者应当给付的款额，通知银行从该行政机关的账户内划拨；

（二）在规定期限内不履行的，从期满之日起，对该行政机关负责人按日处五十元至一百元的罚款；

（三）将行政机关拒绝履行的情况予以公告；

（四）向监察机关或者该行政机关的上一级行政机关提出司法建议。接受司法建议的机关，根据有关规定进行处理，并将处理情况告知人民法院；

（五）拒不履行判决、裁定、调解书，社会影响恶劣的，可以对该行政机关直接负责的主管人员和其他直接责任人员予以拘留；情节严重，构成犯罪的，依法追究刑事责任。

第九十七条　【非诉执行】公民、法人或者其他组织对行政行为在法定期限内不提起诉讼又不履行的，行政机关可以申请人民法院强制执行，或者依法强制执行。

第九章　涉外行政诉讼

第九十八条　【涉外行政诉讼的法律适用原则】外国人、无国籍人、外国组织在中华人民共和国进行行政诉讼，适用本法。法律另有规定的除外。

第九十九条　【同等与对等原则】外国人、无国籍人、外国组织在中华人民共和国进行行政诉讼，同中华人民共和国公民、组织有同等的诉讼权利和义务。

外国法院对中华人民共和国公民、组织的行政诉讼权利加以限制的，人民法院对该国公民、组织的行政诉讼权利，实行对等原则。

第一百条　【中国律师代理】外国人、无国籍人、外国组织在中华人民共和国进行行政诉讼，委托律师代理诉讼的，应当委托中华人民共和国律师机构的律师。

第十章　附　则

第一百零一条　【适用民事诉讼法规定】人民法院审理行政案件，关于期间、送达、财产保全、开庭审理、调解、中止诉讼、终结诉讼、简易程序、执行等，以及人民检察院对行政案件受理、审理、裁判、执行的监督，本法没有规定的，适用《中华人民共和国民事诉讼法》的相关规定。

第一百零二条　【诉讼费用】人民法院审理行政案件，应当收取诉讼费用。诉讼费用由败诉方承担，双方都有责任的由双方分担。收取诉讼费用的具体办法另行规定。

第一百零三条 【施行日期】本法自1990年10月1日起施行。

中华人民共和国公共文化服务保障法

· 2016年12月25日第十二届全国人民代表大会常务委员会第二十五次会议通过
· 2016年12月25日中华人民共和国主席令第60号公布
· 自2017年3月1日起施行

第一章 总 则

第一条 为了加强公共文化服务体系建设，丰富人民群众精神文化生活，传承中华优秀传统文化，弘扬社会主义核心价值观，增强文化自信，促进中国特色社会主义文化繁荣发展，提高全民族文明素质，制定本法。

第二条 本法所称公共文化服务，是指由政府主导、社会力量参与，以满足公民基本文化需求为主要目的而提供的公共文化设施、文化产品、文化活动以及其他相关服务。

第三条 公共文化服务应当坚持社会主义先进文化前进方向，坚持以人民为中心，坚持以社会主义核心价值观为引领；应当按照“百花齐放、百家争鸣”的方针，支持优秀公共文化产品的创作生产，丰富公共文化服务内容。

第四条 县级以上人民政府应当将公共文化服务纳入本级国民经济和社会发展规划，按照公益性、基本性、均等性、便利性的要求，加强公共文化设施建设，完善公共文化服务体系，提高公共文化服务效能。

第五条 国务院根据公民基本文化需求和经济社会发展水平，制定并调整国家基本公共文化服务指导标准。

省、自治区、直辖市人民政府根据国家基本公共文化服务指导标准，结合当地实际需求、财政能力和文化特色，制定并调整本行政区域的基本公共文化服务实施标准。

第六条 国务院建立公共文化服务综合协调机制，指导、协调、推动全国公共文化服务工作。国务院文化主管部门承担综合协调具体职责。

地方各级人民政府应当加强对公共文化服务的统筹协调，推动实现共建共享。

第七条 国务院文化主管部门、新闻出版广电主管部门依照本法和国务院规定的职责负责全国的公共文化服务工作；国务院其他有关部门在各自职责范围内负责相关公共文化服务工作。

县级以上地方人民政府文化、新闻出版广电主管部门根据其职责负责本行政区域内的公共文化服务工作；县级以上地方人民政府其他有关部门在各自职责范围内负责相关公共文化服务工作。

第八条 国家扶助革命老区、民族地区、边疆地区、贫困地区的公共文化服务，促进公共文化服务均衡协调发展。

第九条 各级人民政府应当根据未成年人、老年人、残疾人和流动人口等群体的特点与需求，提供相应的公共文化服务。

第十条 国家鼓励和支持公共文化服务与学校教育相结合，充分发挥公共文化服务的社会教育功能，提高青少年思想道德和科学文化素质。

第十一条 国家鼓励和支持发挥科技在公共文化服务中的作用，推动运用现代信息技术和传播技术，提高公众的科学素养和公共文化服务水平。

第十二条 国家鼓励和支持在公共文化服务领域开展国际合作与交流。

第十三条 国家鼓励和支持公民、法人和其他组织参与公共文化服务。

对在公共文化服务中作出突出贡献的公民、法人和其他组织，依法给予表彰和奖励。

第二章　公共文化设施建设与管理

第十四条　本法所称公共文化设施是指用于提供公共文化服务的建筑物、场地和设备，主要包括图书馆、博物馆、文化馆（站）、美术馆、科技馆、纪念馆、体育场馆、工人文化宫、青少年宫、妇女儿童活动中心、老年人活动中心、乡镇（街道）和村（社区）基层综合性文化服务中心、农家（职工）书屋、公共阅报栏（屏）、广播电视播出传输覆盖设施、公共数字文化服务点等。

县级以上地方人民政府应当将本行政区域内的公共文化设施目录及有关信息予以公布。

第十五条　县级以上地方人民政府应当将公共文化设施建设纳入本级城乡规划，根据国家基本公共文化服务指导标准、省级基本公共文化服务实施标准，结合当地经济社会发展水平、人口状况、环境条件、文化特色，合理确定公共文化设施的种类、数量、规模以及布局，形成场馆服务、流动服务和数字服务相结合的公共文化设施网络。

公共文化设施的选址，应当征求公众意见，符合公共文化设施的功能和特点，有利于发挥其作用。

第十六条　公共文化设施的建设用地，应当符合土地利用总体规划和城乡规划，并依照法定程序审批。

任何单位和个人不得侵占公共文化设施建设用地或者擅自改变其用途。因特殊情况需要调整公共文化设施建设用地的，应当重新确定建设用地。调整后的公共文化设施建设用地不得少于原有面积。

新建、改建、扩建居民住宅区，应当按照有关规定、标准，规划和建设配套的公共文化设施。

第十七条　公共文化设施的设计和建设，应当符合实用、安全、科学、美观、环保、节约的要求和国家规定的标准，并配置无障碍设施设备。

第十八条 地方各级人民政府可以采取新建、改建、扩建、合建、租赁、利用现有公共设施等多种方式，加强乡镇（街道）、村（社区）基层综合性文化服务中心建设，推动基层有关公共设施的统一管理、综合利用，并保障其正常运行。

第十九条 任何单位和个人不得擅自拆除公共文化设施，不得擅自改变公共文化设施的功能、用途或者妨碍其正常运行，不得侵占、挪用公共文化设施，不得将公共文化设施用于与公共文化服务无关的商业经营活动。

因城乡建设确需拆除公共文化设施，或者改变其功能、用途的，应当依照有关法律、行政法规的规定重建、改建，并坚持先建设后拆除或者建设拆除同时进行的原则。重建、改建的公共文化设施的设施配置标准、建筑面积等不得降低。

第二十条 公共文化设施管理单位应当按照国家规定的标准，配置和更新必需的服务内容和设备，加强公共文化设施经常性维护管理工作，保障公共文化设施的正常使用和运转。

第二十一条 公共文化设施管理单位应当建立健全管理制度和服务规范，建立公共文化设施资产统计报告制度和公共文化服务开展情况的年报制度。

第二十二条 公共文化设施管理单位应当建立健全安全管理制度，开展公共文化设施及公众活动的安全评价，依法配备安全保护设备和人员，保障公共文化设施和公众活动安全。

第二十三条 各级人民政府应当建立有公众参与的公共文化设施使用效能考核评价制度，公共文化设施管理单位应当根据评价结果改进工作，提高服务质量。

第二十四条 国家推动公共图书馆、博物馆、文化馆等公共文化设施管理单位根据其功能定位建立健全法人治理结构，吸收有关方面代表、专业人士和公众参与管理。

第二十五条 国家鼓励和支持公民、法人和其他组织兴建、捐建或者与政府部门合作建设公共文化设施，鼓励公民、法人和其他组织依法参与公共文化设施的运营和管理。

第二十六条 公众在使用公共文化设施时，应当遵守公共秩序，爱护公共设施，不得损坏公共设施设备和物品。

第三章 公共文化服务提供

第二十七条 各级人民政府应当充分利用公共文化设施，促进优秀公共文化产品的提供和传播，支持开展全民阅读、全民普法、全民健身、全民科普和艺术普及、优秀传统文化传承活动。

第二十八条 设区的市级、县级地方人民政府应当根据国家基本公共文化服务指导标准和省、自治区、直辖市基本公共文化服务实施标准，结合当地实际，制定公布本行政区域公共文化服务目录并组织实施。

第二十九条 公益性文化单位应当完善服务项目、丰富服务内容，创造条件向公众提供免费或者优惠的文艺演出、陈列展览、电影放映、广播电视节目收听收看、阅读服务、艺术培训等，并为公众开展文化活动提供支持和帮助。

国家鼓励经营性文化单位提供免费或者优惠的公共文化产品和文化活动。

第三十条 基层综合性文化服务中心应当加强资源整合，建立完善公共文化服务网络，充分发挥统筹服务功能，为公众提供书报阅读、影视观赏、戏曲表演、普法教育、艺术普及、科学普及、广播播送、互联网上网和群众性文化体育活动等公共文化服务，并根据其功能特点，因地制宜提供其他公共服务。

第三十一条 公共文化设施应当根据其功能、特点，按照国家有关规定，向公众免费或者优惠开放。

公共文化设施开放收取费用的，应当每月定期向中小学生免费开放。

公共文化设施开放或者提供培训服务等收取费用的，应当报经县级以上人民政府有关部门批准；收取的费用，应当用于公共文化设施的维护、管理和事业发展，不得挪作他用。

公共文化设施管理单位应当公示服务项目和开放时间；临时停止开放的，应当及时公告。

第三十二条 国家鼓励和支持机关、学校、企业事业单位的文化体育设施向公众开放。

第三十三条 国家统筹规划公共数字文化建设，构建标准统一、互联互通的公共数字文化服务网络，建设公共文化信息资源库，实现基层网络服务共建共享。

国家支持开发数字文化产品，推动利用宽带互联网、移动互联网、广播电视网和卫星网络提供公共文化服务。

地方各级人民政府应当加强基层公共文化设施的数字化和网络建设，提高数字化和网络服务能力。

第三十四条 地方各级人民政府应当采取多种方式，因地制宜提供流动文化服务。

第三十五条 国家重点增加农村地区图书、报刊、戏曲、电影、广播电视节目、网络信息内容、节庆活动、体育健身活动等公共文化产品供给，促进城乡公共文化服务均等化。

面向农村提供的图书、报刊、电影等公共文化产品应当符合农村特点和需求，提高针对性和时效性。

第三十六条 地方各级人民政府应当根据当地实际情况，在人员流动量较大的公共场所、务工人员较为集中的区域以及留守妇女儿童较为集中的农村地区，配备必要的设施，采取多种形式，提供便利可及的公共文化服务。

第三十七条 国家鼓励公民主动参与公共文化服务，自主开展健康文明的群众性文化体育活动；地方各级人民政府应当给予必要的指导、支持和帮助。

居民委员会、村民委员会应当根据居民的需求开展群众性文化体育活动，并协助当地人民政府有关部门开展公共文化服务相关工作。

国家机关、社会组织、企业事业单位应当结合自身特点和需要，组织开展群众性文化体育活动，丰富职工文化生活。

第三十八条 地方各级人民政府应当加强面向在校学生的公共文化服务，支持学校开展适合在校学生特点的文化体育活动，促进德智体美教育。

第三十九条 地方各级人民政府应当支持军队基层文化建设，丰富军营文化体育活动，加强军民文化融合。

第四十条 国家加强民族语言文字文化产品的供给，加强优秀公共文化产品的民族语言文字译制及其在民族地区的传播，鼓励和扶助民族文化产品的创作生产，支持开展具有民族特色的群众性文化体育活动。

第四十一条 国务院和省、自治区、直辖市人民政府制定政府购买公共文化服务的指导性意见和目录。国务院有关部门和县级以上地方人民政府应当根据指导性意见和目录，结合实际情况，确定购买的具体项目和内容，及时向社会公布。

第四十二条 国家鼓励和支持公民、法人和其他组织通过兴办实体、资助项目、赞助活动、提供设施、捐赠产品等方式，参与提供公共文化服务。

第四十三条 国家倡导和鼓励公民、法人和其他组织参与文化志愿服务。

公共文化设施管理单位应当建立文化志愿服务机制，组织开展文化志愿服务活动。

县级以上地方人民政府有关部门应当对文化志愿活动给予必要的指导和支持，并建立管理评价、教育培训和激励保障机制。

第四十四条 任何组织和个人不得利用公共文化设施、文化产品、文化活动以及其他相关服务，从事危害国家安全、损害社会公共利益和其他违反法律法规的活动。

第四章 保障措施

第四十五条 国务院和地方各级人民政府应当根据公共文化

服务的事权和支出责任，将公共文化服务经费纳入本级预算，安排公共文化服务所需资金。

第四十六条 国务院和省、自治区、直辖市人民政府应当增加投入，通过转移支付等方式，重点扶助革命老区、民族地区、边疆地区、贫困地区开展公共文化服务。

国家鼓励和支持经济发达地区对革命老区、民族地区、边疆地区、贫困地区的公共文化服务提供援助。

第四十七条 免费或者优惠开放的公共文化设施，按照国家规定享受补助。

第四十八条 国家鼓励社会资本依法投入公共文化服务，拓宽公共文化服务资金来源渠道。

第四十九条 国家采取政府购买服务等措施，支持公民、法人和其他组织参与提供公共文化服务。

第五十条 公民、法人和其他组织通过公益性社会团体或者县级以上人民政府及其部门，捐赠财产用于公共文化服务的，依法享受税收优惠。

国家鼓励通过捐赠等方式设立公共文化服务基金，专门用于公共文化服务。

第五十一条 地方各级人民政府应当按照公共文化设施的功能、任务和服务人口规模，合理设置公共文化服务岗位，配备相应专业人员。

第五十二条 国家鼓励和支持文化专业人员、高校毕业生和志愿者到基层从事公共文化服务工作。

第五十三条 国家鼓励和支持公民、法人和其他组织依法成立公共文化服务领域的社会组织，推动公共文化服务社会化、专业化发展。

第五十四条 国家支持公共文化服务理论研究，加强多层次专业人才教育和培训。

第五十五条 县级以上人民政府应当建立健全公共文化服务资金使用的监督和统计公告制度，加强绩效考评，确保资金用于公共文化服务。任何单位和个人不得侵占、挪用公共文化服务资金。

审计机关应当依法加强对公共文化服务资金的审计监督。

第五十六条 各级人民政府应当加强对公共文化服务工作的监督检查，建立反映公众文化需求的征询反馈制度和有公众参与的公共文化服务考核评价制度，并将考核评价结果作为确定补贴或者奖励的依据。

第五十七条 各级人民政府及有关部门应当及时公开公共文化服务信息，主动接受社会监督。

新闻媒体应当积极开展公共文化服务的宣传报道，并加强舆论监督。

第五章 法律责任

第五十八条 违反本法规定，地方各级人民政府和县级以上人民政府有关部门未履行公共文化服务保障职责的，由其上级机关或者监察机关责令限期改正；情节严重的，对直接负责的主管人员和其他直接责任人员依法给予处分。

第五十九条 违反本法规定，地方各级人民政府和县级以上人民政府有关部门，有下列行为之一的，由其上级机关或者监察机关责令限期改正；情节严重的，对直接负责的主管人员和其他直接责任人员依法给予处分：

（一）侵占、挪用公共文化服务资金的；

（二）擅自拆除、侵占、挪用公共文化设施，或者改变其功能、用途，或者妨碍其正常运行的；

（三）未依照本法规定重建公共文化设施的；

（四）滥用职权、玩忽职守、徇私舞弊的。

第六十条 违反本法规定，侵占公共文化设施的建设用地或者擅自改变其用途的，由县级以上地方人民政府土地主管部门、城乡规划主管部门依据各自职责责令限期改正；逾期不改正的，由作出决定的机关依法强制执行，或者依法申请人民法院强制执行。

第六十一条 违反本法规定，公共文化设施管理单位有下列情形之一的，由其主管部门责令限期改正；造成严重后果的，对直接负责的主管人员和其他直接责任人员，依法给予处分：

（一）未按照规定对公众开放的；

（二）未公示服务项目、开放时间等事项的；

（三）未建立安全管理制度的；

（四）因管理不善造成损失的。

第六十二条 违反本法规定，公共文化设施管理单位有下列行为之一的，由其主管部门或者价格主管部门责令限期改正，没收违法所得，违法所得五千元以上的，并处违法所得两倍以上五倍以下罚款；没有违法所得或者违法所得五千元以下的，可以处一万元以下的罚款；对直接负责的主管人员和其他直接责任人员，依法给予处分：

（一）开展与公共文化设施功能、用途不符的服务活动的；

（二）对应当免费开放的公共文化设施收费或者变相收费的；

（三）收取费用未用于公共文化设施的维护、管理和事业发展，挪作他用的。

第六十三条 违反本法规定，损害他人民事权益的，依法承担民事责任；构成违反治安管理行为的，由公安机关依法给予治安管理处罚；构成犯罪的，依法追究刑事责任。

第六章 附 则

第六十四条 境外自然人、法人和其他组织在中国境内从事公共文化服务的，应当符合相关法律、行政法规的规定。

第六十五条 本法自 2017 年 3 月 1 日起施行。

中华人民共和国广告法

· 1994 年 10 月 27 日第八届全国人民代表大会常务委员会第十次会议通过

· 2015 年 4 月 24 日第十二届全国人民代表大会常务委员会第十四次会议修订

· 根据 2018 年 10 月 26 日第十三届全国人民代表大会常务委员会第六次会议《关于修改〈中华人民共和国野生动物保护法〉等十五部法律的决定》第一次修正

· 根据 2021 年 4 月 29 日第十三届全国人民代表大会常务委员会第二十八次会议《关于修改〈中华人民共和国道路交通安全法〉等八部法律的决定》第二次修正

第一章　总　则

第一条　为了规范广告活动，保护消费者的合法权益，促进广告业的健康发展，维护社会经济秩序，制定本法。

第二条　在中华人民共和国境内，商品经营者或者服务提供者通过一定媒介和形式直接或者间接地介绍自己所推销的商品或者服务的商业广告活动，适用本法。

本法所称广告主，是指为推销商品或者服务，自行或者委托他人设计、制作、发布广告的自然人、法人或者其他组织。

本法所称广告经营者，是指接受委托提供广告设计、制作、代理服务的自然人、法人或者其他组织。

本法所称广告发布者，是指为广告主或者广告主委托的广告经营者发布广告的自然人、法人或者其他组织。

本法所称广告代言人，是指广告主以外的，在广告中以自己的名义或者形象对商品、服务作推荐、证明的自然人、法人或者其他组织。

第三条 广告应当真实、合法，以健康的表现形式表达广告内容，符合社会主义精神文明建设和弘扬中华民族优秀传统文化的要求。

第四条 广告不得含有虚假或者引人误解的内容，不得欺骗、误导消费者。

广告主应当对广告内容的真实性负责。

第五条 广告主、广告经营者、广告发布者从事广告活动，应当遵守法律、法规，诚实信用，公平竞争。

第六条 国务院市场监督管理部门主管全国的广告监督管理工作，国务院有关部门在各自的职责范围内负责广告管理相关工作。

县级以上地方市场监督管理部门主管本行政区域的广告监督管理工作，县级以上地方人民政府有关部门在各自的职责范围内负责广告管理相关工作。

第七条 广告行业组织依照法律、法规和章程的规定，制定行业规范，加强行业自律，促进行业发展，引导会员依法从事广告活动，推动广告行业诚信建设。

第二章 广告内容准则

第八条 广告中对商品的性能、功能、产地、用途、质量、成分、价格、生产者、有效期限、允诺等或者对服务的内容、提供者、形式、质量、价格、允诺等有表示的，应当准确、清楚、明白。

广告中表明推销的商品或者服务附带赠送的，应当明示所附带赠送商品或者服务的品种、规格、数量、期限和方式。

法律、行政法规规定广告中应当明示的内容，应当显著、清晰表示。

第九条 广告不得有下列情形：

（一）使用或者变相使用中华人民共和国的国旗、国歌、国徽，军旗、军歌、军徽；

（二）使用或者变相使用国家机关、国家机关工作人员的名义或者形象；

（三）使用“国家级”、“最高级”、“最佳”等用语；

（四）损害国家的尊严或者利益，泄露国家秘密；

（五）妨碍社会安定，损害社会公共利益；

（六）危害人身、财产安全，泄露个人隐私；

（七）妨碍社会公共秩序或者违背社会良好风尚；

（八）含有淫秽、色情、赌博、迷信、恐怖、暴力的内容；

（九）含有民族、种族、宗教、性别歧视的内容；

（十）妨碍环境、自然资源或者文化遗产保护；

（十一）法律、行政法规规定禁止的其他情形。

第十条 广告不得损害未成年人和残疾人的身心健康。

第十一条 广告内容涉及的事项需要取得行政许可的，应当与许可的内容相符合。

广告使用数据、统计资料、调查结果、文摘、引用语等引证内容的，应当真实、准确，并表明出处。引证内容有适用范围和有效期限的，应当明确表示。

第十二条 广告中涉及专利产品或者专利方法的，应当标明专利号和专利种类。

未取得专利权的，不得在广告中谎称取得专利权。

禁止使用未授予专利权的专利申请和已经终止、撤销、无效的专利作广告。

第十三条 广告不得贬低其他生产经营者的商品或者服务。

第十四条 广告应当具有可识别性，能够使消费者辨明其为广告。

大众传播媒介不得以新闻报道形式变相发布广告。通过大众传播媒介发布的广告应当显著标明“广告”，与其他非广告信息相区别，不得使消费者产生误解。

广播电台、电视台发布广告，应当遵守国务院有关部门关于时长、方式的规定，并应当对广告时长作出明显提示。

第十五条 麻醉药品、精神药品、医疗用毒性药品、放射性药品等特殊药品，药品类易制毒化学品，以及戒毒治疗的药品、医疗器械和治疗方法，不得作广告。

前款规定以外的处方药，只能在国务院卫生行政部门和国务院药品监督管理部门共同指定的医学、药学专业刊物上作广告。

第十六条 医疗、药品、医疗器械广告不得含有下列内容：

（一）表示功效、安全性的断言或者保证；

（二）说明治愈率或者有效率；

（三）与其他药品、医疗器械的功效和安全性或者其他医疗机构比较；

（四）利用广告代言人作推荐、证明；

（五）法律、行政法规规定禁止的其他内容。

药品广告的内容不得与国务院药品监督管理部门批准的说明书不一致，并应当显著标明禁忌、不良反应。处方药广告应当显著标明“本广告仅供医学药学专业人士阅读”，非处方药广告应当显著标明“请按药品说明书或者在药师指导下购买和使用”。

推荐给个人自用的医疗器械的广告，应当显著标明“请仔细阅读产品说明书或者在医务人员的指导下购买和使用”。医疗器械产品注册证明文件中有禁忌内容、注意事项的，广告中应当显著标明“禁忌内容或者注意事项详见说明书”。

第十七条 除医疗、药品、医疗器械广告外，禁止其他任何广告涉及疾病治疗功能，并不得使用医疗用语或者易使推销的商品与药品、医疗器械相混淆的用语。

第十八条 保健食品广告不得含有下列内容：

（一）表示功效、安全性的断言或者保证；

（二）涉及疾病预防、治疗功能；

（三）声称或者暗示广告商品为保障健康所必需；

（四）与药品、其他保健食品进行比较；

（五）利用广告代言人作推荐、证明；

（六）法律、行政法规规定禁止的其他内容。

保健食品广告应当显著标明“本品不能代替药物”。

第十九条 广播电台、电视台、报刊音像出版单位、互联网信息服务提供者不得以介绍健康、养生知识等形式变相发布医疗、药品、医疗器械、保健食品广告。

第二十条 禁止在大众传播媒介或者公共场所发布声称全部或者部分替代母乳的婴儿乳制品、饮料和其他食品广告。

第二十一条 农药、兽药、饲料和饲料添加剂广告不得含有下列内容：

（一）表示功效、安全性的断言或者保证；

（二）利用科研单位、学术机构、技术推广机构、行业协会或者专业人士、用户的名义或者形象作推荐、证明；

（三）说明有效率；

（四）违反安全使用规程的文字、语言或者画面；

（五）法律、行政法规规定禁止的其他内容。

第二十二条 禁止在大众传播媒介或者公共场所、公共交通工具、户外发布烟草广告。禁止向未成年人发送任何形式的烟草广告。

禁止利用其他商品或者服务的广告、公益广告，宣传烟草制品名称、商标、包装、装潢以及类似内容。

烟草制品生产者或者销售者发布的迁址、更名、招聘等启事中，不得含有烟草制品名称、商标、包装、装潢以及类似内容。

第二十三条 酒类广告不得含有下列内容：

（一）诱导、怂恿饮酒或者宣传无节制饮酒；

（二）出现饮酒的动作；

（三）表现驾驶车、船、飞机等活动；

（四）明示或者暗示饮酒有消除紧张和焦虑、增加体力等功效。

第二十四条 教育、培训广告不得含有下列内容：

（一）对升学、通过考试、获得学位学历或者合格证书，或者对教育、培训的效果作出明示或者暗示的保证性承诺；

（二）明示或者暗示有相关考试机构或者其工作人员、考试命题人员参与教育、培训；

（三）利用科研单位、学术机构、教育机构、行业协会、专业人士、受益者的名义或者形象作推荐、证明。

第二十五条 招商等有投资回报预期的商品或者服务广告，应当对可能存在的风险以及风险责任承担有合理提示或者警示，并不得含有下列内容：

（一）对未来效果、收益或者与其相关的情况作出保证性承诺，明示或者暗示保本、无风险或者保收益等，国家另有规定的除外；

（二）利用学术机构、行业协会、专业人士、受益者的名义或者形象作推荐、证明。

第二十六条 房地产广告，房源信息应当真实，面积应当表明为建筑面积或者套内建筑面积，并不得含有下列内容：

（一）升值或者投资回报的承诺；

（二）以项目到达某一具体参照物的所需时间表示项目位置；

（三）违反国家有关价格管理的规定；

（四）对规划或者建设中的交通、商业、文化教育设施以及其他市政条件作误导宣传。

第二十七条 农作物种子、林木种子、草种子、种畜禽、水产苗种和种养殖广告关于品种名称、生产性能、生长量或者产量、品质、抗性、特殊使用价值、经济价值、适宜种植或者养殖的范围和条件等方面的表述应当真实、清楚、明白，并不得含有下列内容：

（一）作科学上无法验证的断言；

（二）表示功效的断言或者保证；

（三）对经济效益进行分析、预测或者作保证性承诺；

（四）利用科研单位、学术机构、技术推广机构、行业协会或者专业人士、用户的名义或者形象作推荐、证明。

第二十八条 广告以虚假或者引人误解的内容欺骗、误导消费者的，构成虚假广告。

广告有下列情形之一的，为虚假广告：

（一）商品或者服务不存在的；

（二）商品的性能、功能、产地、用途、质量、规格、成分、价格、生产者、有效期限、销售状况、曾获荣誉等信息，或者服务的内容、提供者、形式、质量、价格、销售状况、曾获荣誉等信息，以及与商品或者服务有关的允诺等信息与实际情况不符，对购买行为有实质性影响的；

（三）使用虚构、伪造或者无法验证的科研成果、统计资料、调查结果、文摘、引用语等信息作证明材料的；

（四）虚构使用商品或者接受服务的效果的；

（五）以虚假或者引人误解的内容欺骗、误导消费者的其他情形。

第三章 广告行为规范

第二十九条 广播电台、电视台、报刊出版单位从事广告发布业务的，应当设有专门从事广告业务的机构，配备必要的人员，具有与发布广告相适应的场所、设备。

第三十条 广告主、广告经营者、广告发布者之间在广告活动中应当依法订立书面合同。

第三十一条 广告主、广告经营者、广告发布者不得在广告活动中进行任何形式的不正当竞争。

第三十二条 广告主委托设计、制作、发布广告，应当委托具有合法经营资格的广告经营者、广告发布者。

第三十三条 广告主或者广告经营者在广告中使用他人名义或者形象的，应当事先取得其书面同意；使用无民事行为能力人、限制民事行为能力人的名义或者形象的，应当事先取得其监护人的书面同意。

第三十四条 广告经营者、广告发布者应当按照国家有关规定，建立、健全广告业务的承接登记、审核、档案管理制度。

广告经营者、广告发布者依据法律、行政法规查验有关证明文件，核对广告内容。对内容不符或者证明文件不全的广告，广告经营者不得提供设计、制作、代理服务，广告发布者不得发布。

第三十五条 广告经营者、广告发布者应当公布其收费标准和收费办法。

第三十六条 广告发布者向广告主、广告经营者提供的覆盖率、收视率、点击率、发行量等资料应当真实。

第三十七条 法律、行政法规规定禁止生产、销售的产品或者提供的服务，以及禁止发布广告的商品或者服务，任何单位或者个人不得设计、制作、代理、发布广告。

第三十八条 广告代言人在广告中对商品、服务作推荐、证明，应当依据事实，符合本法和有关法律、行政法规规定，并不得为其未使用过的商品或者未接受过的服务作推荐、证明。

不得利用不满十周岁的未成年人作为广告代言人。

对在虚假广告中作推荐、证明受到行政处罚未满三年的自然人、法人或者其他组织，不得利用其作为广告代言人。

第三十九条 不得在中小学校、幼儿园内开展广告活动，不得利用中小学生和幼儿的教材、教辅材料、练习册、文具、教具、校服、校车等发布或者变相发布广告，但公益广告除外。

第四十条 在针对未成年人的大众传播媒介上不得发布医疗、药品、保健食品、医疗器械、化妆品、酒类、美容广告，以及不利于未成年人身心健康的网络游戏广告。

针对不满十四周岁的未成年人的商品或者服务的广告不得含有下列内容：

（一）劝诱其要求家长购买广告商品或者服务；

（二）可能引发其模仿不安全行为。

第四十一条 县级以上地方人民政府应当组织有关部门加强

对利用户外场所、空间、设施等发布户外广告的监督管理，制定户外广告设置规划和安全要求。

户外广告的管理办法，由地方性法规、地方政府规章规定。

第四十二条 有下列情形之一的，不得设置户外广告：

（一）利用交通安全设施、交通标志的；

（二）影响市政公共设施、交通安全设施、交通标志、消防设施、消防安全标志使用的；

（三）妨碍生产或者人民生活，损害市容市貌的；

（四）在国家机关、文物保护单位、风景名胜区等的建筑控制地带，或者县级以上地方人民政府禁止设置户外广告的区域设置的。

第四十三条 任何单位或者个人未经当事人同意或者请求，不得向其住宅、交通工具等发送广告，也不得以电子信息方式向其发送广告。

以电子信息方式发送广告的，应当明示发送者的真实身份和联系方式，并向接收者提供拒绝继续接收的方式。

第四十四条 利用互联网从事广告活动，适用本法的各项规定。

利用互联网发布、发送广告，不得影响用户正常使用网络。在互联网页面以弹出等形式发布的广告，应当显著标明关闭标志，确保一键关闭。

第四十五条 公共场所的管理者或者电信业务经营者、互联网信息服务提供者对其明知或者应知的利用其场所或者信息传输、发布平台发送、发布违法广告的，应当予以制止。

第四章　监督管理

第四十六条 发布医疗、药品、医疗器械、农药、兽药和保健食品广告，以及法律、行政法规规定应当进行审查的其他广告，应当在发布前由有关部门（以下称广告审查机关）对广告内容进行审查；未经审查，不得发布。

第四十七条 广告主申请广告审查，应当依照法律、行政法规向广告审查机关提交有关证明文件。

广告审查机关应当依照法律、行政法规规定作出审查决定，并应当将审查批准文件抄送同级市场监督管理部门。广告审查机关应当及时向社会公布批准的广告。

第四十八条 任何单位或者个人不得伪造、变造或者转让广告审查批准文件。

第四十九条 市场监督管理部门履行广告监督管理职责，可以行使下列职权：

（一）对涉嫌从事违法广告活动的场所实施现场检查；

（二）询问涉嫌违法当事人或者其法定代表人、主要负责人和其他有关人员，对有关单位或者个人进行调查；

（三）要求涉嫌违法当事人限期提供有关证明文件；

（四）查阅、复制与涉嫌违法广告有关的合同、票据、账簿、广告作品和其他有关资料；

（五）查封、扣押与涉嫌违法广告直接相关的广告物品、经营工具、设备等财物；

（六）责令暂停发布可能造成严重后果的涉嫌违法广告；

（七）法律、行政法规规定的其他职权。

市场监督管理部门应当建立健全广告监测制度，完善监测措施，及时发现和依法查处违法广告行为。

第五十条 国务院市场监督管理部门会同国务院有关部门，制定大众传播媒介广告发布行为规范。

第五十一条 市场监督管理部门依照本法规定行使职权，当事人应当协助、配合，不得拒绝、阻挠。

第五十二条 市场监督管理部门和有关部门及其工作人员对其在广告监督管理活动中知悉的商业秘密负有保密义务。

第五十三条 任何单位或者个人有权向市场监督管理部门和有关部门投诉、举报违反本法的行为。市场监督管理部门和有关部门应当向社会公开受理投诉、举报的电话、信箱或者电子邮件地址，接到投诉、举报的部门应当自收到投诉之日起七个工作日内，予以处理并告知投诉、举报人。

市场监督管理部门和有关部门不依法履行职责的，任何单位或者个人有权向其上级机关或者监察机关举报。接到举报的机关应当依法作出处理，并将处理结果及时告知举报人。

有关部门应当为投诉、举报人保密。

第五十四条 消费者协会和其他消费者组织对违反本法规定，发布虚假广告侵害消费者合法权益，以及其他损害社会公共利益的行为，依法进行社会监督。

第五章 法律责任

第五十五条 违反本法规定，发布虚假广告的，由市场监督管理部门责令停止发布广告，责令广告主在相应范围内消除影响，处广告费用三倍以上五倍以下的罚款，广告费用无法计算或者明显偏低的，处二十万元以上一百万元以下的罚款；两年内有三次以上违法行为或者有其他严重情节的，处广告费用五倍以上十倍以下的罚款，广告费用无法计算或者明显偏低的，处一百万元以上二百万元以下的罚款，可以吊销营业执照，并由广告审查机关撤销广告审查批准文件、一年内不受理其广告审查申请。

医疗机构有前款规定违法行为，情节严重的，除由市场监督管理部门依照本法处罚外，卫生行政部门可以吊销诊疗科目或者吊销医疗机构执业许可证。

广告经营者、广告发布者明知或者应知广告虚假仍设计、制作、代理、发布的，由市场监督管理部门没收广告费用，并处广告费用三倍以上五倍以下的罚款，广告费用无法计算或者明显偏低的，处二十万元以上一百万元以下的罚款；两年内有三次以上违法行为或者有其他严重情节的，处广告费用五倍以上十倍以下的罚款，广告费用无法计算或者明显偏低的，处一百万元以上二百万元以下的罚款，并可以由有关部门暂停广告发布业务、吊销营业执照。

广告主、广告经营者、广告发布者有本条第一款、第三款规定行为，构成犯罪的，依法追究刑事责任。

第五十六条 违反本法规定，发布虚假广告，欺骗、误导消费者，使购买商品或者接受服务的消费者的合法权益受到损害的，由广告主依法承担民事责任。广告经营者、广告发布者不能提供广告主的真实名称、地址和有效联系方式的，消费者可以要求广告经营者、广告发布者先行赔偿。

关系消费者生命健康的商品或者服务的虚假广告，造成消费者损害的，其广告经营者、广告发布者、广告代言人应当与广告主承担连带责任。

前款规定以外的商品或者服务的虚假广告，造成消费者损害的，其广告经营者、广告发布者、广告代言人，明知或者应知广告虚假仍设计、制作、代理、发布或者作推荐、证明的，应当与广告主承担连带责任。

第五十七条 有下列行为之一的，由市场监督管理部门责令停止发布广告，对广告主处二十万元以上一百万元以下的罚款，情节严重的，并可以吊销营业执照，由广告审查机关撤销广告审查批准文件、一年内不受理其广告审查申请；对广告经营者、广告发布者，由市场监督管理部门没收广告费用，处二十万元以上一百万元以下的罚款，情节严重的，并可以吊销营业执照：

（一）发布有本法第九条、第十条规定的禁止情形的广告的；

（二）违反本法第十五条规定发布处方药广告、药品类易制毒化学品广告、戒毒治疗的医疗器械和治疗方法广告的；

（三）违反本法第二十条规定，发布声称全部或者部分替代母乳的婴儿乳制品、饮料和其他食品广告的；

（四）违反本法第二十二条规定发布烟草广告的；

（五）违反本法第三十七条规定，利用广告推销禁止生产、销售的产品或者提供的服务，或者禁止发布广告的商品或者服务的；

（六）违反本法第四十条第一款规定，在针对未成年人的大众传播媒介上发布医疗、药品、保健食品、医疗器械、化妆品、酒类、美容广告，以及不利于未成年人身心健康的网络游戏广告的。

第五十八条 有下列行为之一的，由市场监督管理部门责令停止发布广告，责令广告主在相应范围内消除影响，处广告费用一倍以上三倍以下的罚款，广告费用无法计算或者明显偏低的，处十万元以上二十万元以下的罚款；情节严重的，处广告费用三倍以上五倍以下的罚款，广告费用无法计算或者明显偏低的，处二十万元以上一百万元以下的罚款，可以吊销营业执照，并由广告审查机关撤销广告审查批准文件、一年内不受理其广告审查申请：

（一）违反本法第十六条规定发布医疗、药品、医疗器械广告的；

（二）违反本法第十七条规定，在广告中涉及疾病治疗功能，以及使用医疗用语或者易使推销的商品与药品、医疗器械相混淆的用语的；

（三）违反本法第十八条规定发布保健食品广告的；

（四）违反本法第二十一条规定发布农药、兽药、饲料和饲料添加剂广告的；

（五）违反本法第二十三条规定发布酒类广告的；

（六）违反本法第二十四条规定发布教育、培训广告的；

（七）违反本法第二十五条规定发布招商等有投资回报预期的商品或者服务广告的；

（八）违反本法第二十六条规定发布房地产广告的；

（九）违反本法第二十七条规定发布农作物种子、林木种子、草种子、种畜禽、水产苗种和种养殖广告的；

（十）违反本法第三十八条第二款规定，利用不满十周岁的未成年人作为广告代言人的；

（十一）违反本法第三十八条第三款规定，利用自然人、法人或者其他组织作为广告代言人的；

（十二）违反本法第三十九条规定，在中小学校、幼儿园内或者利用与中小学生、幼儿有关的物品发布广告的；

（十三）违反本法第四十条第二款规定，发布针对不满十四周岁的未成年人的商品或者服务的广告的；

（十四）违反本法第四十六条规定，未经审查发布广告的。

医疗机构有前款规定违法行为，情节严重的，除由市场监督管理部门依照本法处罚外，卫生行政部门可以吊销诊疗科目或者吊销医疗机构执业许可证。

广告经营者、广告发布者明知或者应知有本条第一款规定违法行为仍设计、制作、代理、发布的，由市场监督管理部门没收广告费用，并处广告费用一倍以上三倍以下的罚款，广告费用无法计算或者明显偏低的，处十万元以上二十万元以下的罚款；情节严重的，处广告费用三倍以上五倍以下的罚款，广告费用无法计算或者明显偏低的，处二十万元以上一百万元以下的罚款，并可以由有关部门暂停广告发布业务、吊销营业执照。

第五十九条 有下列行为之一的，由市场监督管理部门责令停止发布广告，对广告主处十万元以下的罚款：

（一）广告内容违反本法第八条规定的；

（二）广告引证内容违反本法第十一条规定的；

（三）涉及专利的广告违反本法第十二条规定的；

（四）违反本法第十三条规定，广告贬低其他生产经营者的商品或者服务的。

广告经营者、广告发布者明知或者应知有前款规定违法行为仍设计、制作、代理、发布的，由市场监督管理部门处十万元以下的罚款。

广告违反本法第十四条规定，不具有可识别性的，或者违反本法第十九条规定，变相发布医疗、药品、医疗器械、保健食品广告的，由市场监督管理部门责令改正，对广告发布者处十万元以下的罚款。

第六十条 违反本法第三十四条规定，广告经营者、广告发布者未按照国家有关规定建立、健全广告业务管理制度的，或者未对广告内容进行核对的，由市场监督管理部门责令改正，可以处五万元以下的罚款。

违反本法第三十五条规定，广告经营者、广告发布者未公布其收费标准和收费办法的，由价格主管部门责令改正，可以处五万元以下的罚款。

第六十一条 广告代言人有下列情形之一的，由市场监督管理部门没收违法所得，并处违法所得一倍以上二倍以下的罚款：

（一）违反本法第十六条第一款第四项规定，在医疗、药品、医疗器械广告中作推荐、证明的；

（二）违反本法第十八条第一款第五项规定，在保健食品广告中作推荐、证明的；

（三）违反本法第三十八条第一款规定，为其未使用过的商品或者未接受过的服务作推荐、证明的；

（四）明知或者应知广告虚假仍在广告中对商品、服务作推荐、证明的。

第六十二条 违反本法第四十三条规定发送广告的，由有关部门责令停止违法行为，对广告主处五千元以上三万元以下的罚款。

违反本法第四十四条第二款规定，利用互联网发布广告，未显著标明关闭标志，确保一键关闭的，由市场监督管理部门责令改正，对广告主处五千元以上三万元以下的罚款。

第六十三条 违反本法第四十五条规定，公共场所的管理者和电信业务经营者、互联网信息服务提供者，明知或者应知广告活动违法不予制止的，由市场监督管理部门没收违法所得，违法所得五万元以上的，并处违法所得一倍以上三倍以下的罚款，违法所得不足五万元的，并处一万元以上五万元以下的罚款；情节严重的，由有关部门依法停止相关业务。

第六十四条 违反本法规定，隐瞒真实情况或者提供虚假材料申请广告审查的，广告审查机关不予受理或者不予批准，予以警告，一年内不受理该申请人的广告审查申请；以欺骗、贿赂等不正当手段取得广告审查批准的，广告审查机关予以撤销，处十万元以上二十万元以下的罚款，三年内不受理该申请人的广告审查申请。

第六十五条 违反本法规定，伪造、变造或者转让广告审查批准文件的，由市场监督管理部门没收违法所得，并处一万元以上十万元以下的罚款。

第六十六条 有本法规定的违法行为的，由市场监督管理部门记入信用档案，并依照有关法律、行政法规规定予以公示。

第六十七条 广播电台、电视台、报刊音像出版单位发布违法广告，或者以新闻报道形式变相发布广告，或者以介绍健康、养生知识等形式变相发布医疗、药品、医疗器械、保健食品广告，市场监督管理部门依照本法给予处罚的，应当通报新闻出版、广播电视主管部门以及其他有关部门。新闻出版、广播电视主管部门以及其他有关部门应当依法对负有责任的主管人员和直接责任人员给予处分；情节严重的，并可以暂停媒体的广告发布业务。

新闻出版、广播电视主管部门以及其他有关部门未依照前款规定对广播电台、电视台、报刊音像出版单位进行处理的，对负有责任的主管人员和直接责任人员，依法给予处分。

第六十八条 广告主、广告经营者、广告发布者违反本法规定，有下列侵权行为之一的，依法承担民事责任：

（一）在广告中损害未成年人或者残疾人的身心健康的；

（二）假冒他人专利的；

（三）贬低其他生产经营者的商品、服务的；

（四）在广告中未经同意使用他人名义或者形象的；

（五）其他侵犯他人合法民事权益的。

第六十九条 因发布虚假广告，或者有其他本法规定的违法行为，被吊销营业执照的公司、企业的法定代表人，对违法行为负有个人责任的，自该公司、企业被吊销营业执照之日起三年内不得担任公司、企业的董事、监事、高级管理人员。

第七十条 违反本法规定，拒绝、阻挠市场监督管理部门监督检查，或者有其他构成违反治安管理行为的，依法给予治安管理处罚；构成犯罪的，依法追究刑事责任。

第七十一条 广告审查机关对违法的广告内容作出审查批准决定的，对负有责任的主管人员和直接责任人员，由任免机关或者监察机关依法给予处分；构成犯罪的，依法追究刑事责任。

第七十二条 市场监督管理部门对在履行广告监测职责中发现的违法广告行为或者对经投诉、举报的违法广告行为，不依法予以查处的，对负有责任的主管人员和直接责任人员，依法给予处分。

市场监督管理部门和负责广告管理相关工作的有关部门的工作人员玩忽职守、滥用职权、徇私舞弊的，依法给予处分。

有前两款行为，构成犯罪的，依法追究刑事责任。

第六章 附 则

第七十三条 国家鼓励、支持开展公益广告宣传活动，传播社会主义核心价值观，倡导文明风尚。

大众传播媒介有义务发布公益广告。广播电台、电视台、报刊出版单位应当按照规定的版面、时段、时长发布公益广告。公益广告的管理办法，由国务院市场监督管理部门会同有关部门制定。

第七十四条 本法自 2015 年 9 月 1 日起施行。

中华人民共和国未成年人保护法（节录）

· 1991年9月4日第七届全国人民代表大会常务委员会第二十一次会议通过
· 2006年12月29日第十届全国人民代表大会常务委员会第二十五次会议第一次修订
· 根据2012年10月26日第十一届全国人民代表大会常务委员会第二十九次会议《关于修改〈中华人民共和国未成年人保护法〉的决定》修正
· 2020年10月17日第十三届全国人民代表大会常务委员会第二十二次会议第二次修订

……

第四条　【未成年人保护的基本原则和要求】保护未成年人，应当坚持最有利于未成年人的原则。处理涉及未成年人事项，应当符合下列要求：

（一）给予未成年人特殊、优先保护；

（二）尊重未成年人人格尊严；

（三）保护未成年人隐私权和个人信息；

（四）适应未成年人身心健康发展的规律和特点；

（五）听取未成年人的意见；

（六）保护与教育相结合。

第五条　【对未成年人进行教育】国家、社会、学校和家庭应当对未成年人进行理想教育、道德教育、科学教育、文化教育、法治教育、国家安全教育、健康教育、劳动教育，加强爱国主义、集体主义和中国特色社会主义的教育，培养爱祖国、爱人民、爱劳动、爱科学、爱社会主义的公德，抵制资本主义、封建主义和其他腐朽思想的侵蚀，引导未成年人树立和践行社会主义核心价值观。

……

第十七条　【监护禁止行为】未成年人的父母或者其他监护人不得实施下列行为：

（一）虐待、遗弃、非法送养未成年人或者对未成年人实施家庭暴力；

（二）放任、教唆或者利用未成年人实施违法犯罪行为；

（三）放任、唆使未成年人参与邪教、迷信活动或者接受恐怖主义、分裂主义、极端主义等侵害；

（四）放任、唆使未成年人吸烟（含电子烟，下同）、饮酒、赌博、流浪乞讨或者欺凌他人；

（五）放任或者迫使应当接受义务教育的未成年人失学、辍学；

（六）放任未成年人沉迷网络，接触危害或者可能影响其身心健康的图书、报刊、电影、广播电视节目、音像制品、电子出版物和网络信息等；

（七）放任未成年人进入营业性娱乐场所、酒吧、互联网上网服务营业场所等不适宜未成年人活动的场所；

（八）允许或者迫使未成年人从事国家规定以外的劳动；

（九）允许、迫使未成年人结婚或者为未成年人订立婚约；

（十）违法处分、侵吞未成年人的财产或者利用未成年人牟取不正当利益；

（十一）其他侵犯未成年人身心健康、财产权益或者不依法履行未成年人保护义务的行为。

……

第四十四条　【公用场馆的优惠政策】爱国主义教育基地、图书馆、青少年宫、儿童活动中心、儿童之家应当对未成年人免费开放；博物馆、纪念馆、科技馆、展览馆、美术馆、文化馆、社区公益性互联网上网服务场所以及影剧院、体育场馆、动物园、植物园、公园等场所，应当按照有关规定对未成年人免费或者优惠开放。

国家鼓励爱国主义教育基地、博物馆、科技馆、美术馆等公共场馆开设未成年人专场，为未成年人提供有针对性的服务。

国家鼓励国家机关、企业事业单位、部队等开发自身教育资源，设立未成年人开放日，为未成年人主题教育、社会实践、职业体验等提供支持。

国家鼓励科研机构和科技类社会组织对未成年人开展科学普及活动。

……

第四十八条　【鼓励有利于未成年人健康成长的创作】国家鼓励创作、出版、制作和传播有利于未成年人健康成长的图书、报刊、电影、广播电视节目、舞台艺术作品、音像制品、电子出版物和网络信息等。

第四十九条　【新闻媒体的责任】新闻媒体应当加强未成年人保护方面的宣传，对侵犯未成年人合法权益的行为进行舆论监督。新闻媒体采访报道涉及未成年人事件应当客观、审慎和适度，不得侵犯未成年人的名誉、隐私和其他合法权益。

第五十条　【禁止危害未成年人身心健康的内容】禁止制作、复制、出版、发布、传播含有宣扬淫秽、色情、暴力、邪教、迷信、赌博、引诱自杀、恐怖主义、分裂主义、极端主义等危害未成年人身心健康内容的图书、报刊、电影、广播电视节目、舞台艺术作品、音像制品、电子出版物和网络信息等。

第五十一条　【提示可能影响未成年人身心健康的内容】任何组织或者个人出版、发布、传播的图书、报刊、电影、广播电视节目、舞台艺术作品、音像制品、电子出版物或者网络信息，包含可能影响未成年人身心健康内容的，应当以显著方式作出提示。

第五十二条　【禁止儿童色情制品】禁止制作、复制、发布、传播或者持有有关未成年人的淫秽色情物品和网络信息。

第五十三条　【与未成年人有关的广告管理】任何组织或者

个人不得刊登、播放、张贴或者散发含有危害未成年人身心健康内容的广告；不得在学校、幼儿园播放、张贴或者散发商业广告；不得利用校服、教材等发布或者变相发布商业广告。

……

第五十五条　【对生产、销售用于未成年人产品的要求】生产、销售用于未成年人的食品、药品、玩具、用具和游戏游艺设备、游乐设施等，应当符合国家或者行业标准，不得危害未成年人的人身安全和身心健康。上述产品的生产者应当在显著位置标明注意事项，未标明注意事项的不得销售。

第五十六条　【公共场所的安全保障义务】未成年人集中活动的公共场所应当符合国家或者行业安全标准，并采取相应安全保护措施。对可能存在安全风险的设施，应当定期进行维护，在显著位置设置安全警示标志并标明适龄范围和注意事项；必要时应当安排专门人员看管。

大型的商场、超市、医院、图书馆、博物馆、科技馆、游乐场、车站、码头、机场、旅游景区景点等场所运营单位应当设置搜寻走失未成年人的安全警报系统。场所运营单位接到求助后，应当立即启动安全警报系统，组织人员进行搜寻并向公安机关报告。

公共场所发生突发事件时，应当优先救护未成年人。

……

第五十八条　【不适宜未成年人活动场所设置与服务的限制】学校、幼儿园周边不得设置营业性娱乐场所、酒吧、互联网上网服务营业场所等不适宜未成年人活动的场所。营业性歌舞娱乐场所、酒吧、互联网上网服务营业场所等不适宜未成年人活动场所的经营者，不得允许未成年人进入；游艺娱乐场所设置的电子游戏设备，除国家法定节假日外，不得向未成年人提供。经营者应当在显著位置设置未成年人禁入、限入标志；对难以判明是否是未成年人的，应当要求其出示身份证件。

……

第六十一条　【劳动保护】任何组织或者个人不得招用未满十六周岁未成年人，国家另有规定的除外。

营业性娱乐场所、酒吧、互联网上网服务营业场所等不适宜未成年人活动的场所不得招用已满十六周岁的未成年人。

招用已满十六周岁未成年人的单位和个人应当执行国家在工种、劳动时间、劳动强度和保护措施等方面的规定，不得安排其从事过重、有毒、有害等危害未成年人身心健康的劳动或者危险作业。

任何组织或者个人不得组织未成年人进行危害其身心健康的表演等活动。经未成年人的父母或者其他监护人同意，未成年人参与演出、节目制作等活动，活动组织方应当根据国家有关规定，保障未成年人合法权益。

……

第五章　网络保护

第六十四条　【网络素养】国家、社会、学校和家庭应当加强未成年人网络素养宣传教育，培养和提高未成年人的网络素养，增强未成年人科学、文明、安全、合理使用网络的意识和能力，保障未成年人在网络空间的合法权益。

第六十五条　【健康网络内容创作与传播】国家鼓励和支持有利于未成年人健康成长的网络内容的创作与传播，鼓励和支持专门以未成年人为服务对象、适合未成年人身心健康特点的网络技术、产品、服务的研发、生产和使用。

第六十六条　【监督检查和执法】网信部门及其他有关部门应当加强对未成年人网络保护工作的监督检查，依法惩处利用网络从事危害未成年人身心健康的活动，为未成年人提供安全、健康的网络环境。

第六十七条　【可能影响健康的网络信息】网信部门会同公安、文化和旅游、新闻出版、电影、广播电视等部门根据保护不同年龄阶段未成年人的需要，确定可能影响未成年人身心健康网络信息的种类、范围和判断标准。

第六十八条　【沉迷网络的预防和干预】 新闻出版、教育、卫生健康、文化和旅游、网信等部门应当定期开展预防未成年人沉迷网络的宣传教育，监督网络产品和服务提供者履行预防未成年人沉迷网络的义务，指导家庭、学校、社会组织互相配合，采取科学、合理的方式对未成年人沉迷网络进行预防和干预。

任何组织或者个人不得以侵害未成年人身心健康的方式对未成年人沉迷网络进行干预。

第六十九条　【网络保护软件】 学校、社区、图书馆、文化馆、青少年宫等场所为未成年人提供的互联网上网服务设施，应当安装未成年人网络保护软件或者采取其他安全保护技术措施。

智能终端产品的制造者、销售者应当在产品上安装未成年人网络保护软件，或者以显著方式告知用户未成年人网络保护软件的安装渠道和方法。

第七十条　【学校对未成年学生沉迷网络的预防和处理】 学校应当合理使用网络开展教学活动。未经学校允许，未成年学生不得将手机等智能终端产品带入课堂，带入学校的应当统一管理。

学校发现未成年学生沉迷网络的，应当及时告知其父母或者其他监护人，共同对未成年学生进行教育和引导，帮助其恢复正常的学习生活。

第七十一条　【监护人的网络保护义务】 未成年人的父母或者其他监护人应当提高网络素养，规范自身使用网络的行为，加强对未成年人使用网络行为的引导和监督。

未成年人的父母或者其他监护人应当通过在智能终端产品上安装未成年人网络保护软件、选择适合未成年人的服务模式和管理功能等方式，避免未成年人接触危害或者可能影响其身心健康的网络信息，合理安排未成年人使用网络的时间，有效预防未成年人沉迷网络。

第七十二条　【个人信息处理规定以及更正权、删除权】 信息处理者通过网络处理未成年人个人信息的，应当遵循合法、正当和必要的原则。处理不满十四周岁未成年人个人信息的，应当征得未成年人的父母或者其他监护人同意，但法律、行政法规另有规定的除外。

未成年人、父母或者其他监护人要求信息处理者更正、删除未成年人个人信息的，信息处理者应当及时采取措施予以更正、删除，但法律、行政法规另有规定的除外。

第七十三条　【私密信息的提示和保护义务】网络服务提供者发现未成年人通过网络发布私密信息的，应当及时提示，并采取必要的保护措施。

第七十四条　【预防网络沉迷的一般性规定】网络产品和服务提供者不得向未成年人提供诱导其沉迷的产品和服务。

网络游戏、网络直播、网络音视频、网络社交等网络服务提供者应当针对未成年人使用其服务设置相应的时间管理、权限管理、消费管理等功能。

以未成年人为服务对象的在线教育网络产品和服务，不得插入网络游戏链接，不得推送广告等与教学无关的信息。

第七十五条　【网络游戏服务提供者的义务】网络游戏经依法审批后方可运营。

国家建立统一的未成年人网络游戏电子身份认证系统。网络游戏服务提供者应当要求未成年人以真实身份信息注册并登录网络游戏。

网络游戏服务提供者应当按照国家有关规定和标准，对游戏产品进行分类，作出适龄提示，并采取技术措施，不得让未成年人接触不适宜的游戏或者游戏功能。

网络游戏服务提供者不得在每日二十二时至次日八时向未成年人提供网络游戏服务。

第七十六条　【网络直播服务提供者的义务】网络直播服务提供者不得为未满十六周岁的未成年人提供网络直播发布者账号注册服务；为年满十六周岁的未成年人提供网络直播发布者账号

注册服务时，应当对其身份信息进行认证，并征得其父母或者其他监护人同意。

第七十七条　【禁止实施网络欺凌】 任何组织或者个人不得通过网络以文字、图片、音视频等形式，对未成年人实施侮辱、诽谤、威胁或者恶意损害形象等网络欺凌行为。

遭受网络欺凌的未成年人及其父母或者其他监护人有权通知网络服务提供者采取删除、屏蔽、断开链接等措施。网络服务提供者接到通知后，应当及时采取必要的措施制止网络欺凌行为，防止信息扩散。

第七十八条　【接受投诉、举报】 网络产品和服务提供者应当建立便捷、合理、有效的投诉和举报渠道，公开投诉、举报方式等信息，及时受理并处理涉及未成年人的投诉、举报。

第七十九条　【投诉、举报权】 任何组织或者个人发现网络产品、服务含有危害未成年人身心健康的信息，有权向网络产品和服务提供者或者网信、公安等部门投诉、举报。

第八十条　【对用户行为的安全管理义务】 网络服务提供者发现用户发布、传播可能影响未成年人身心健康的信息且未作显著提示的，应当作出提示或者通知用户予以提示；未作出提示的，不得传输相关信息。

网络服务提供者发现用户发布、传播含有危害未成年人身心健康内容的信息的，应当立即停止传输相关信息，采取删除、屏蔽、断开链接等处置措施，保存有关记录，并向网信、公安等部门报告。

网络服务提供者发现用户利用其网络服务对未成年人实施违法犯罪行为的，应当立即停止向该用户提供网络服务，保存有关记录，并向公安机关报告。

……

第八十九条　【未成年人活动场所建设和维护、学校文化体育设施的免费或者优惠开放】 地方人民政府应当建立和改善适合未成年人的活动场所和设施，支持公益性未成年人活动场所和设施的建设和运行，鼓励社会力量兴办适合未成年人的活动场所和设施，并加强管理。

地方人民政府应当采取措施，鼓励和支持学校在国家法定节假日、休息日及寒暑假期将文化体育设施对未成年人免费或者优惠开放。

地方人民政府应当采取措施，防止任何组织或者个人侵占、破坏学校、幼儿园、婴幼儿照护服务机构等未成年人活动场所的场地、房屋和设施。

……

第一百二十条　【未给予免费或者优惠待遇的法律责任】违反本法第四十四条、第四十五条、第四十七条规定，未给予未成年人免费或者优惠待遇的，由市场监督管理、文化和旅游、交通运输等部门按照职责分工责令限期改正，给予警告；拒不改正的，处一万元以上十万元以下罚款。

第一百二十一条　【制作、复制、出版、发布、传播危害未成年人出版物的法律责任】违反本法第五十条、第五十一条规定的，由新闻出版、广播电视、电影、网信等部门按照职责分工责令限期改正，给予警告，没收违法所得，可以并处十万元以下罚款；拒不改正或者情节严重的，责令暂停相关业务、停产停业或者吊销营业执照、吊销相关许可证，违法所得一百万元以上的，并处违法所得一倍以上十倍以下的罚款，没有违法所得或者违法所得不足一百万元的，并处十万元以上一百万元以下罚款。

第一百二十二条　【场所运营单位和住宿经营者的法律责任】场所运营单位违反本法第五十六条第二款规定、住宿经营者违反本法第五十七条规定的，由市场监督管理、应急管理、公安等部门按照职责分工责令限期改正，给予警告；拒不改正或者造成严重后果的，责令停业整顿或者吊销营业执照、吊销相关许可证，并处一万元以上十万元以下罚款。

第一百二十三条　【营业性娱乐场所等经营者的法律责任】相关经营者违反本法第五十八条、第五十九条第一款、第六十条规定的，由文化和旅游、市场监督管理、烟草专卖、公安等部门按照职责分工责令限期改正，给予警告，没收违法所得，可以并处五万元以下罚款；拒不改正或者情节严重的，责令停业整顿或者吊销营业执照、吊销相关许可证，可以并处五万元以上五十万元以下罚款。

……

第一百二十五条　【未按规定招用、使用未成年人的法律责任】违反本法第六十一条规定的，由文化和旅游、人力资源和社会保障、市场监督管理等部门按照职责分工责令限期改正，给予警告，没收违法所得，可以并处十万元以下罚款；拒不改正或者情节严重的，责令停产停业或者吊销营业执照、吊销相关许可证，并处十万元以上一百万元以下罚款。

……

第一百二十七条　【网络产品和服务提供者等的法律责任】信息处理者违反本法第七十二条规定，或者网络产品和服务提供者违反本法第七十三条、第七十四条、第七十五条、第七十六条、第七十七条、第八十条规定的，由公安、网信、电信、新闻出版、广播电视、文化和旅游等有关部门按照职责分工责令改正，给予警告，没收违法所得，违法所得一百万元以上的，并处违法所得一倍以上十倍以下罚款，没有违法所得或者违法所得不足一百万元的，并处十万元以上一百万元以下罚款，对直接负责的主管人员和其他责任人员处一万元以上十万元以下罚款；拒不改正或者情节严重的，并可以责令暂停相关业务、停业整顿、关闭网站、吊销营业执照或者吊销相关许可证。

……

中华人民共和国非物质文化遗产法

· 2011 年 2 月 25 日第十一届全国人民代表大会常务委员会第十九次会议通过
· 2011 年 2 月 25 日中华人民共和国主席令第 42 号公布
· 自 2011 年 6 月 1 日起施行

第一章　总　则

第一条　为了继承和弘扬中华民族优秀传统文化，促进社会主义精神文明建设，加强非物质文化遗产保护、保存工作，制定本法。

第二条　本法所称非物质文化遗产，是指各族人民世代相传并视为其文化遗产组成部分的各种传统文化表现形式，以及与传统文化表现形式相关的实物和场所。包括：

（一）传统口头文学以及作为其载体的语言；
（二）传统美术、书法、音乐、舞蹈、戏剧、曲艺和杂技；
（三）传统技艺、医药和历法；
（四）传统礼仪、节庆等民俗；
（五）传统体育和游艺；
（六）其他非物质文化遗产。

属于非物质文化遗产组成部分的实物和场所，凡属文物的，适用《中华人民共和国文物保护法》的有关规定。

第三条　国家对非物质文化遗产采取认定、记录、建档等措施予以保存，对体现中华民族优秀传统文化，具有历史、文学、艺术、科学价值的非物质文化遗产采取传承、传播等措施予以保护。

第四条　保护非物质文化遗产，应当注重其真实性、整体性和传承性，有利于增强中华民族的文化认同，有利于维护国家统一和民族团结，有利于促进社会和谐和可持续发展。

第五条 使用非物质文化遗产，应当尊重其形式和内涵。

禁止以歪曲、贬损等方式使用非物质文化遗产。

第六条 县级以上人民政府应当将非物质文化遗产保护、保存工作纳入本级国民经济和社会发展规划，并将保护、保存经费列入本级财政预算。

国家扶持民族地区、边远地区、贫困地区的非物质文化遗产保护、保存工作。

第七条 国务院文化主管部门负责全国非物质文化遗产的保护、保存工作；县级以上地方人民政府文化主管部门负责本行政区域内非物质文化遗产的保护、保存工作。

县级以上人民政府其他有关部门在各自职责范围内，负责有关非物质文化遗产的保护、保存工作。

第八条 县级以上人民政府应当加强对非物质文化遗产保护工作的宣传，提高全社会保护非物质文化遗产的意识。

第九条 国家鼓励和支持公民、法人和其他组织参与非物质文化遗产保护工作。

第十条 对在非物质文化遗产保护工作中做出显著贡献的组织和个人，按照国家有关规定予以表彰、奖励。

第二章 非物质文化遗产的调查

第十一条 县级以上人民政府根据非物质文化遗产保护、保存工作需要，组织非物质文化遗产调查。非物质文化遗产调查由文化主管部门负责进行。

县级以上人民政府其他有关部门可以对其工作领域内的非物质文化遗产进行调查。

第十二条 文化主管部门和其他有关部门进行非物质文化遗产调查，应当对非物质文化遗产予以认定、记录、建档，建立健全调查信息共享机制。

文化主管部门和其他有关部门进行非物质文化遗产调查，应当收集属于非物质文化遗产组成部分的代表性实物，整理调查工作中取得的资料，并妥善保存，防止损毁、流失。其他有关部门取得的实物图片、资料复制件，应当汇交给同级文化主管部门。

第十三条 文化主管部门应当全面了解非物质文化遗产有关情况，建立非物质文化遗产档案及相关数据库。除依法应当保密的外，非物质文化遗产档案及相关数据信息应当公开，便于公众查阅。

第十四条 公民、法人和其他组织可以依法进行非物质文化遗产调查。

第十五条 境外组织或者个人在中华人民共和国境内进行非物质文化遗产调查，应当报经省、自治区、直辖市人民政府文化主管部门批准；调查在两个以上省、自治区、直辖市行政区域进行的，应当报经国务院文化主管部门批准；调查结束后，应当向批准调查的文化主管部门提交调查报告和调查中取得的实物图片、资料复制件。

境外组织在中华人民共和国境内进行非物质文化遗产调查，应当与境内非物质文化遗产学术研究机构合作进行。

第十六条 进行非物质文化遗产调查，应当征得调查对象的同意，尊重其风俗习惯，不得损害其合法权益。

第十七条 对通过调查或者其他途径发现的濒临消失的非物质文化遗产项目，县级人民政府文化主管部门应当立即予以记录并收集有关实物，或者采取其他抢救性保存措施；对需要传承的，应当采取有效措施支持传承。

第三章 非物质文化遗产代表性项目名录

第十八条 国务院建立国家级非物质文化遗产代表性项目名录，将体现中华民族优秀传统文化，具有重大历史、文学、艺术、科学价值的非物质文化遗产项目列入名录予以保护。

省、自治区、直辖市人民政府建立地方非物质文化遗产代表性项目名录，将本行政区域内体现中华民族优秀传统文化，具有历史、文学、艺术、科学价值的非物质文化遗产项目列入名录予以保护。

第十九条 省、自治区、直辖市人民政府可以从本省、自治区、直辖市非物质文化遗产代表性项目名录中向国务院文化主管部门推荐列入国家级非物质文化遗产代表性项目名录的项目。推荐时应当提交下列材料：

（一）项目介绍，包括项目的名称、历史、现状和价值；

（二）传承情况介绍，包括传承范围、传承谱系、传承人的技艺水平、传承活动的社会影响；

（三）保护要求，包括保护应当达到的目标和应当采取的措施、步骤、管理制度；

（四）有助于说明项目的视听资料等材料。

第二十条 公民、法人和其他组织认为某项非物质文化遗产体现中华民族优秀传统文化，具有重大历史、文学、艺术、科学价值的，可以向省、自治区、直辖市人民政府或者国务院文化主管部门提出列入国家级非物质文化遗产代表性项目名录的建议。

第二十一条 相同的非物质文化遗产项目，其形式和内涵在两个以上地区均保持完整的，可以同时列入国家级非物质文化遗产代表性项目名录。

第二十二条 国务院文化主管部门应当组织专家评审小组和专家评审委员会，对推荐或者建议列入国家级非物质文化遗产代表性项目名录的非物质文化遗产项目进行初评和审议。

初评意见应当经专家评审小组成员过半数通过。专家评审委员会对初评意见进行审议，提出审议意见。

评审工作应当遵循公开、公平、公正的原则。

第二十三条 国务院文化主管部门应当将拟列入国家级非物质文化遗产代表性项目名录的项目予以公示，征求公众意见。公示时间不得少于二十日。

第二十四条 国务院文化主管部门根据专家评审委员会的审议意见和公示结果，拟订国家级非物质文化遗产代表性项目名录，报国务院批准、公布。

第二十五条 国务院文化主管部门应当组织制定保护规划，对国家级非物质文化遗产代表性项目予以保护。

省、自治区、直辖市人民政府文化主管部门应当组织制定保护规划，对本级人民政府批准公布的地方非物质文化遗产代表性项目予以保护。

制定非物质文化遗产代表性项目保护规划，应当对濒临消失的非物质文化遗产代表性项目予以重点保护。

第二十六条 对非物质文化遗产代表性项目集中、特色鲜明、形式和内涵保持完整的特定区域，当地文化主管部门可以制定专项保护规划，报经本级人民政府批准后，实行区域性整体保护。确定对非物质文化遗产实行区域性整体保护，应当尊重当地居民的意愿，并保护属于非物质文化遗产组成部分的实物和场所，避免遭受破坏。

实行区域性整体保护涉及非物质文化遗产集中地村镇或者街区空间规划的，应当由当地城乡规划主管部门依据相关法规制定专项保护规划。

第二十七条 国务院文化主管部门和省、自治区、直辖市人民政府文化主管部门应当对非物质文化遗产代表性项目保护规划的实施情况进行监督检查；发现保护规划未能有效实施的，应当及时纠正、处理。

第四章 非物质文化遗产的传承与传播

第二十八条 国家鼓励和支持开展非物质文化遗产代表性项目的传承、传播。

第二十九条 国务院文化主管部门和省、自治区、直辖市人民政府文化主管部门对本级人民政府批准公布的非物质文化遗产代表性项目，可以认定代表性传承人。

非物质文化遗产代表性项目的代表性传承人应当符合下列条件：

（一）熟练掌握其传承的非物质文化遗产；

（二）在特定领域内具有代表性，并在一定区域内具有较大影响；

（三）积极开展传承活动。

认定非物质文化遗产代表性项目的代表性传承人，应当参照执行本法有关非物质文化遗产代表性项目评审的规定，并将所认定的代表性传承人名单予以公布。

第三十条 县级以上人民政府文化主管部门根据需要，采取下列措施，支持非物质文化遗产代表性项目的代表性传承人开展传承、传播活动：

（一）提供必要的传承场所；

（二）提供必要的经费资助其开展授徒、传艺、交流等活动；

（三）支持其参与社会公益性活动；

（四）支持其开展传承、传播活动的其他措施。

第三十一条 非物质文化遗产代表性项目的代表性传承人应当履行下列义务：

（一）开展传承活动，培养后继人才；

（二）妥善保存相关的实物、资料；

（三）配合文化主管部门和其他有关部门进行非物质文化遗产调查；

（四）参与非物质文化遗产公益性宣传。

非物质文化遗产代表性项目的代表性传承人无正当理由不履行前款规定义务的，文化主管部门可以取消其代表性传承人资格，重新认定该项目的代表性传承人；丧失传承能力的，文化主管部门可以重新认定该项目的代表性传承人。

第三十二条 县级以上人民政府应当结合实际情况，采取有效措施，组织文化主管部门和其他有关部门宣传、展示非物质文化遗产代表性项目。

第三十三条 国家鼓励开展与非物质文化遗产有关的科学技术研究和非物质文化遗产保护、保存方法研究，鼓励开展非物质文化遗产的记录和非物质文化遗产代表性项目的整理、出版等活动。

第三十四条 学校应当按照国务院教育主管部门的规定，开展相关的非物质文化遗产教育。

新闻媒体应当开展非物质文化遗产代表性项目的宣传，普及非物质文化遗产知识。

第三十五条 图书馆、文化馆、博物馆、科技馆等公共文化机构和非物质文化遗产学术研究机构、保护机构以及利用财政性资金举办的文艺表演团体、演出场所经营单位等，应当根据各自业务范围，开展非物质文化遗产的整理、研究、学术交流和非物质文化遗产代表性项目的宣传、展示。

第三十六条 国家鼓励和支持公民、法人和其他组织依法设立非物质文化遗产展示场所和传承场所，展示和传承非物质文化遗产代表性项目。

第三十七条 国家鼓励和支持发挥非物质文化遗产资源的特殊优势，在有效保护的基础上，合理利用非物质文化遗产代表性项目开发具有地方、民族特色和市场潜力的文化产品和文化服务。

开发利用非物质文化遗产代表性项目的，应当支持代表性传承人开展传承活动，保护属于该项目组成部分的实物和场所。

县级以上地方人民政府应当对合理利用非物质文化遗产代表性项目的单位予以扶持。单位合理利用非物质文化遗产代表性项目的，依法享受国家规定的税收优惠。

第五章 法律责任

第三十八条 文化主管部门和其他有关部门的工作人员在非

物质文化遗产保护、保存工作中玩忽职守、滥用职权、徇私舞弊的，依法给予处分。

第三十九条 文化主管部门和其他有关部门的工作人员进行非物质文化遗产调查时侵犯调查对象风俗习惯，造成严重后果的，依法给予处分。

第四十条 违反本法规定，破坏属于非物质文化遗产组成部分的实物和场所的，依法承担民事责任；构成违反治安管理行为的，依法给予治安管理处罚。

第四十一条 境外组织违反本法第十五条规定的，由文化主管部门责令改正，给予警告，没收违法所得及调查中取得的实物、资料；情节严重的，并处十万元以上五十万元以下的罚款。

境外个人违反本法第十五条第一款规定的，由文化主管部门责令改正，给予警告，没收违法所得及调查中取得的实物、资料；情节严重的，并处一万元以上五万元以下的罚款。

第四十二条 违反本法规定，构成犯罪的，依法追究刑事责任。

第六章 附 则

第四十三条 建立地方非物质文化遗产代表性项目名录的办法，由省、自治区、直辖市参照本法有关规定制定。

第四十四条 使用非物质文化遗产涉及知识产权的，适用有关法律、行政法规的规定。

对传统医药、传统工艺美术等的保护，其他法律、行政法规另有规定的，依照其规定。

第四十五条 本法自 2011 年 6 月 1 日起施行。

公共文化体育设施条例

· 2003 年 6 月 18 日国务院第 12 次常务会议通过
· 2003 年 6 月 26 日中华人民共和国国务院令第 382 号公布
· 自 2003 年 8 月 1 日起施行

第一章　总　则

第一条　为了促进公共文化体育设施的建设，加强对公共文化体育设施的管理和保护，充分发挥公共文化体育设施的功能，繁荣文化体育事业，满足人民群众开展文化体育活动的基本需求，制定本条例。

第二条　本条例所称公共文化体育设施，是指由各级人民政府举办或者社会力量举办的，向公众开放用于开展文化体育活动的公益性的图书馆、博物馆、纪念馆、美术馆、文化馆（站）、体育场（馆）、青少年宫、工人文化宫等的建筑物、场地和设备。

本条例所称公共文化体育设施管理单位，是指负责公共文化体育设施的维护，为公众开展文化体育活动提供服务的社会公共文化体育机构。

第三条　公共文化体育设施管理单位必须坚持为人民服务、为社会主义服务的方向，充分利用公共文化体育设施，传播有益于提高民族素质、有益于经济发展和社会进步的科学技术和文化知识，开展文明、健康的文化体育活动。

任何单位和个人不得利用公共文化体育设施从事危害公共利益的活动。

第四条　国家有计划地建设公共文化体育设施。对少数民族地区、边远贫困地区和农村地区的公共文化体育设施的建设予以扶持。

第五条 各级人民政府举办的公共文化体育设施的建设、维修、管理资金，应当列入本级人民政府基本建设投资计划和财政预算。

第六条 国家鼓励企业、事业单位、社会团体和个人等社会力量举办公共文化体育设施。

国家鼓励通过自愿捐赠等方式建立公共文化体育设施社会基金，并鼓励依法向人民政府、社会公益性机构或者公共文化体育设施管理单位捐赠财产。捐赠人可以按照税法的有关规定享受优惠。

国家鼓励机关、学校等单位内部的文化体育设施向公众开放。

第七条 国务院文化行政主管部门、体育行政主管部门依据国务院规定的职责负责全国的公共文化体育设施的监督管理。

县级以上地方人民政府文化行政主管部门、体育行政主管部门依据本级人民政府规定的职责，负责本行政区域内的公共文化体育设施的监督管理。

第八条 对在公共文化体育设施的建设、管理和保护工作中做出突出贡献的单位和个人，由县级以上地方人民政府或者有关部门给予奖励。

第二章 规划和建设

第九条 国务院发展和改革行政主管部门应当会同国务院文化行政主管部门、体育行政主管部门，将全国公共文化体育设施的建设纳入国民经济和社会发展计划。

县级以上地方人民政府应当将本行政区域内的公共文化体育设施的建设纳入当地国民经济和社会发展计划。

第十条 公共文化体育设施的数量、种类、规模以及布局，应当根据国民经济和社会发展水平、人口结构、环境条件以及文化体育事业发展的需要，统筹兼顾，优化配置，并符合国家关于城乡公共文化体育设施用地定额指标的规定。

公共文化体育设施用地定额指标，由国务院土地行政主管部门、建设行政主管部门分别会同国务院文化行政主管部门、体育行政主管部门制定。

第十一条 公共文化体育设施的建设选址，应当符合人口集中、交通便利的原则。

第十二条 公共文化体育设施的设计，应当符合实用、安全、科学、美观等要求，并采取无障碍措施，方便残疾人使用。具体设计规范由国务院建设行政主管部门会同国务院文化行政主管部门、体育行政主管部门制定。

第十三条 建设公共文化体育设施使用国有土地的，经依法批准可以以划拨方式取得。

第十四条 公共文化体育设施的建设预留地，由县级以上地方人民政府土地行政主管部门、城乡规划行政主管部门按照国家有关用地定额指标，纳入土地利用总体规划和城乡规划，并依照法定程序审批。任何单位或者个人不得侵占公共文化体育设施建设预留地或者改变其用途。

因特殊情况需要调整公共文化体育设施建设预留地的，应当依法调整城乡规划，并依照前款规定重新确定建设预留地。重新确定的公共文化体育设施建设预留地不得少于原有面积。

第十五条 新建、改建、扩建居民住宅区，应当按照国家有关规定规划和建设相应的文化体育设施。

居民住宅区配套建设的文化体育设施，应当与居民住宅区的主体工程同时设计、同时施工、同时投入使用。任何单位或者个人不得擅自改变文化体育设施的建设项目和功能，不得缩小其建设规模和降低其用地指标。

第三章 使用和服务

第十六条 公共文化体育设施管理单位应当完善服务条件，建立、健全服务规范，开展与公共文化体育设施功能、特点相适应的服务，保障公共文化体育设施用于开展文明、健康的文化体育活动。

第十七条 公共文化体育设施应当根据其功能、特点向公众开放，开放时间应当与当地公众的工作时间、学习时间适当错开。

公共文化体育设施的开放时间，不得少于省、自治区、直辖市规定的最低时限。国家法定节假日和学校寒暑假期间，应当适当延长开放时间。

学校寒暑假期间，公共文化体育设施管理单位应当增设适合学生特点的文化体育活动。

第十八条 公共文化体育设施管理单位应当向公众公示其服务内容和开放时间。公共文化体育设施因维修等原因需要暂时停止开放的，应当提前 7 日向公众公示。

第十九条 公共文化体育设施管理单位应当在醒目位置标明设施的使用方法和注意事项。

第二十条 公共文化体育设施管理单位提供服务可以适当收取费用，收费项目和标准应当经县级以上人民政府有关部门批准。

第二十一条 需要收取费用的公共文化体育设施管理单位，应当根据设施的功能、特点对学生、老年人、残疾人等免费或者优惠开放，具体办法由省、自治区、直辖市制定。

第二十二条 公共文化设施管理单位可以将设施出租用于举办文物展览、美术展览、艺术培训等文化活动。

公共体育设施管理单位不得将设施的主体部分用于非体育活动。但是，因举办公益性活动或者大型文化活动等特殊情况临时出租的除外。临时出租时间一般不得超过 10 日；租用期满，租用者应当恢复原状，不得影响该设施的功能、用途。

第二十三条 公众在使用公共文化体育设施时，应当遵守公共秩序，爱护公共文化体育设施。任何单位或者个人不得损坏公共文化体育设施。

第四章 管理和保护

第二十四条 公共文化体育设施管理单位应当将公共文化体育设施的名称、地址、服务项目等内容报所在地县级人民政府文化行政主管部门、体育行政主管部门备案。

县级人民政府文化行政主管部门、体育行政主管部门应当向公众公布公共文化体育设施名录。

第二十五条 公共文化体育设施管理单位应当建立、健全安全管理制度，依法配备安全保护设施、人员，保证公共文化体育设施的完好，确保公众安全。

公共体育设施内设置的专业性强、技术要求高的体育项目，应当符合国家规定的安全服务技术要求。

第二十六条 公共文化体育设施管理单位的各项收入，应当用于公共文化体育设施的维护、管理和事业发展，不得挪作他用。

文化行政主管部门、体育行政主管部门、财政部门和其他有关部门，应当依法加强对公共文化体育设施管理单位收支的监督管理。

第二十七条 因城乡建设确需拆除公共文化体育设施或者改变其功能、用途的，有关地方人民政府在作出决定前，应当组织专家论证，并征得上一级人民政府文化行政主管部门、体育行政主管部门同意，报上一级人民政府批准。

涉及大型公共文化体育设施的，上一级人民政府在批准前，应当举行听证会，听取公众意见。

经批准拆除公共文化体育设施或者改变其功能、用途的，应当依照国家有关法律、行政法规的规定择地重建。重新建设的公共文化体育设施，应当符合规划要求，一般不得小于原有规模。迁建工作应当坚持先建设后拆除或者建设拆除同时进行的原则。迁建所需费用由造成迁建的单位承担。

第五章　法律责任

第二十八条　文化、体育、城乡规划、建设、土地等有关行政主管部门及其工作人员，不依法履行职责或者发现违法行为不予依法查处的，对负有责任的主管人员和其他直接责任人员，依法给予行政处分；构成犯罪的，依法追究刑事责任。

第二十九条　侵占公共文化体育设施建设预留地或者改变其用途的，由土地行政主管部门、城乡规划行政主管部门依据各自职责责令限期改正；逾期不改正的，由作出决定的机关依法申请人民法院强制执行。

第三十条　公共文化体育设施管理单位有下列行为之一的，由文化行政主管部门、体育行政主管部门依据各自职责责令限期改正；造成严重后果的，对负有责任的主管人员和其他直接责任人员，依法给予行政处分：

（一）未按照规定的最低时限对公众开放的；

（二）未公示其服务项目、开放时间等事项的；

（三）未在醒目位置标明设施的使用方法或者注意事项的；

（四）未建立、健全公共文化体育设施的安全管理制度的；

（五）未将公共文化体育设施的名称、地址、服务项目等内容报文化行政主管部门、体育行政主管部门备案的。

第三十一条　公共文化体育设施管理单位，有下列行为之一的，由文化行政主管部门、体育行政主管部门依据各自职责责令限期改正，没收违法所得，违法所得5000元以上的，并处违法所得2倍以上5倍以下的罚款；没有违法所得或者违法所得5000元以下的，可以处1万元以下的罚款；对负有责任的主管人员和其他直接责任人员，依法给予行政处分：

（一）开展与公共文化体育设施功能、用途不相适应的服务活动的；

（二）违反本条例规定出租公共文化体育设施的。

第三十二条　公共文化体育设施管理单位及其工作人员违反本条例规定，挪用公共文化体育设施管理单位的各项收入或者有条件维护而不履行维护义务的，由文化行政主管部门、体育行政主管部门依据各自职责责令限期改正；对负有责任的主管人员和其他直接责任人员，依法给予行政处分；构成犯罪的，依法追究刑事责任。

第六章　附　则

第三十三条　国家机关、学校等单位内部的文化体育设施向公众开放的，由国务院文化行政主管部门、体育行政主管部门会同有关部门依据本条例的原则另行制定管理办法。

第三十四条　本条例自 2003 年 8 月 1 日起施行。

行政执法机关移送涉嫌犯罪案件的规定

· 2001 年 7 月 9 日中华人民共和国国务院令第 310 号公布

· 根据 2020 年 8 月 7 日《国务院关于修改〈行政执法机关移送涉嫌犯罪案件的规定〉的决定》修订

第一条　为了保证行政执法机关向公安机关及时移送涉嫌犯罪案件，依法惩罚破坏社会主义市场经济秩序罪、妨害社会管理秩序罪以及其他罪，保障社会主义建设事业顺利进行，制定本规定。

第二条　本规定所称行政执法机关，是指依照法律、法规或者规章的规定，对破坏社会主义市场经济秩序、妨害社会管理秩序以及其他违法行为具有行政处罚权的行政机关，以及法律、法规授权的具有管理公共事务职能、在法定授权范围内实施行政处罚的组织。

第三条 行政执法机关在依法查处违法行为过程中，发现违法事实涉及的金额、违法事实的情节、违法事实造成的后果等，根据刑法关于破坏社会主义市场经济秩序罪、妨害社会管理秩序罪等罪的规定和最高人民法院、最高人民检察院关于破坏社会主义市场经济秩序罪、妨害社会管理秩序罪等罪的司法解释以及最高人民检察院、公安部关于经济犯罪案件的追诉标准等规定，涉嫌构成犯罪，依法需要追究刑事责任的，必须依照本规定向公安机关移送。

知识产权领域的违法案件，行政执法机关根据调查收集的证据和查明的案件事实，认为存在犯罪的合理嫌疑，需要公安机关采取措施进一步获取证据以判断是否达到刑事案件立案追诉标准的，应当向公安机关移送。

第四条 行政执法机关在查处违法行为过程中，必须妥善保存所收集的与违法行为有关的证据。

行政执法机关对查获的涉案物品，应当如实填写涉案物品清单，并按照国家有关规定予以处理。对易腐烂、变质等不宜或者不易保管的涉案物品，应当采取必要措施，留取证据；对需要进行检验、鉴定的涉案物品，应当由法定检验、鉴定机构进行检验、鉴定，并出具检验报告或者鉴定结论。

第五条 行政执法机关对应当向公安机关移送的涉嫌犯罪案件，应当立即指定 2 名或者 2 名以上行政执法人员组成专案组专门负责，核实情况后提出移送涉嫌犯罪案件的书面报告，报经本机关正职负责人或者主持工作的负责人审批。

行政执法机关正职负责人或者主持工作的负责人应当自接到报告之日起 3 日内作出批准移送或者不批准移送的决定。决定批准的，应当在 24 小时内向同级公安机关移送；决定不批准的，应当将不予批准的理由记录在案。

第六条 行政执法机关向公安机关移送涉嫌犯罪案件，应当附有下列材料：

（一）涉嫌犯罪案件移送书；

（二）涉嫌犯罪案件情况的调查报告；

（三）涉案物品清单；

（四）有关检验报告或者鉴定结论；

（五）其他有关涉嫌犯罪的材料。

第七条 公安机关对行政执法机关移送的涉嫌犯罪案件，应当在涉嫌犯罪案件移送书的回执上签字；其中，不属于本机关管辖的，应当在24小时内转送有管辖权的机关，并书面告知移送案件的行政执法机关。

第八条 公安机关应当自接受行政执法机关移送的涉嫌犯罪案件之日起3日内，依照刑法、刑事诉讼法以及最高人民法院、最高人民检察院关于立案标准和公安部关于公安机关办理刑事案件程序的规定，对所移送的案件进行审查。认为有犯罪事实，需要追究刑事责任，依法决定立案的，应当书面通知移送案件的行政执法机关；认为没有犯罪事实，或者犯罪事实显著轻微，不需要追究刑事责任，依法不予立案的，应当说明理由，并书面通知移送案件的行政执法机关，相应退回案卷材料。

第九条 行政执法机关接到公安机关不予立案的通知书后，认为依法应当由公安机关决定立案的，可以自接到不予立案通知书之日起3日内，提请作出不予立案决定的公安机关复议，也可以建议人民检察院依法进行立案监督。

作出不予立案决定的公安机关应当自收到行政执法机关提请复议的文件之日起3日内作出立案或者不予立案的决定，并书面通知移送案件的行政执法机关。移送案件的行政执法机关对公安机关不予立案的复议决定仍有异议的，应当自收到复议决定通知书之日起3日内建议人民检察院依法进行立案监督。

公安机关应当接受人民检察院依法进行的立案监督。

第十条 行政执法机关对公安机关决定不予立案的案件，应当依法作出处理；其中，依照有关法律、法规或者规章的规定应当给予行政处罚的，应当依法实施行政处罚。

第十一条 行政执法机关对应当向公安机关移送的涉嫌犯罪

案件，不得以行政处罚代替移送。

行政执法机关向公安机关移送涉嫌犯罪案件前已经作出的警告，责令停产停业，暂扣或者吊销许可证、暂扣或者吊销执照的行政处罚决定，不停止执行。

依照行政处罚法的规定，行政执法机关向公安机关移送涉嫌犯罪案件前，已经依法给予当事人罚款的，人民法院判处罚金时，依法折抵相应罚金。

第十二条 行政执法机关对公安机关决定立案的案件，应当自接到立案通知书之日起 3 日内将涉案物品以及与案件有关的其他材料移交公安机关，并办结交接手续；法律、行政法规另有规定的，依照其规定。

第十三条 公安机关对发现的违法行为，经审查，没有犯罪事实，或者立案侦查后认为犯罪事实显著轻微，不需要追究刑事责任，但依法应当追究行政责任的，应当及时将案件移送同级行政执法机关，有关行政执法机关应当依法作出处理。

第十四条 行政执法机关移送涉嫌犯罪案件，应当接受人民检察院和监察机关依法实施的监督。

任何单位和个人对行政执法机关违反本规定，应当向公安机关移送涉嫌犯罪案件而不移送的，有权向人民检察院、监察机关或者上级行政执法机关举报。

第十五条 行政执法机关违反本规定，隐匿、私分、销毁涉案物品的，由本级或者上级人民政府，或者实行垂直管理的上级行政执法机关，对其正职负责人根据情节轻重，给予降级以上的处分；构成犯罪的，依法追究刑事责任。

对前款所列行为直接负责的主管人员和其他直接责任人员，比照前款的规定给予处分；构成犯罪的，依法追究刑事责任。

第十六条 行政执法机关违反本规定，逾期不将案件移送公安机关的，由本级或者上级人民政府，或者实行垂直管理的上级行政执法机关，责令限期移送，并对其正职负责人或者主持工作的负责人根据情节轻重，给予记过以上的处分；构成犯罪的，依法追究刑事责任。

行政执法机关违反本规定，对应当向公安机关移送的案件不移送，或者以行政处罚代替移送的，由本级或者上级人民政府，或者实行垂直管理的上级行政执法机关，责令改正，给予通报；拒不改正的，对其正职负责人或者主持工作的负责人给予记过以上的处分；构成犯罪的，依法追究刑事责任。

对本条第一款、第二款所列行为直接负责的主管人员和其他直接责任人员，分别比照前两款的规定给予处分；构成犯罪的，依法追究刑事责任。

第十七条 公安机关违反本规定，不接受行政执法机关移送的涉嫌犯罪案件，或者逾期不作出立案或者不予立案的决定的，除由人民检察院依法实施立案监督外，由本级或者上级人民政府责令改正，对其正职负责人根据情节轻重，给予记过以上的处分；构成犯罪的，依法追究刑事责任。

对前款所列行为直接负责的主管人员和其他直接责任人员，比照前款的规定给予处分；构成犯罪的，依法追究刑事责任。

第十八条 有关机关存在本规定第十五条、第十六条、第十七条所列违法行为，需要由监察机关依法给予违法的公职人员政务处分的，该机关及其上级主管机关或者有关人民政府应当依照有关规定将相关案件线索移送监察机关处理。

第十九条 行政执法机关在依法查处违法行为过程中，发现公职人员有贪污贿赂、失职渎职或者利用职权侵犯公民人身权利和民主权利等违法行为，涉嫌构成职务犯罪的，应当依照刑法、刑事诉讼法、监察法等法律规定及时将案件线索移送监察机关或者人民检察院处理。

第二十条 本规定自公布之日起施行。

国务院办公厅关于文化市场综合行政执法有关事项的通知

· 2021 年 6 月 3 日
· 国办函〔2021〕62 号

各省、自治区、直辖市人民政府，国务院各部委、各直属机构：

《文化市场综合行政执法事项指导目录》（以下简称《指导目录》）是落实统一实行文化市场综合行政执法要求、明确文化市场综合行政执法职能的重要文件，2021 年版《指导目录》已经国务院原则同意。根据深化党和国家机构改革有关部署，经国务院批准，现就有关事项通知如下：

一、《指导目录》实施要以习近平新时代中国特色社会主义思想为指导，全面贯彻党的十九大和十九届二中、三中、四中、五中全会精神，按照党中央、国务院决策部署，扎实推进文化市场综合行政执法改革，统筹配置行政执法职能和执法资源，切实解决多头多层重复执法问题，严格规范公正文明执法。

二、《指导目录》主要梳理规范文化市场综合行政执法领域依据法律、行政法规设定的行政处罚和行政强制事项，以及部门规章设定的警告、罚款的行政处罚事项，并将按程序进行动态调整。各省、自治区、直辖市可根据法律、行政法规、部门规章立改废释和地方立法等情况，进行补充、细化和完善，建立动态调整和长效管理机制。有关事项和目录按程序审核确认后，要在政府门户网站等载体上以适当方式公开，并接受社会监督。

三、切实加强对文化市场综合行政执法领域行政处罚和行政强制事项的源头治理。凡没有法律法规规章依据的执法事项一律取消。需要保留或新增的执法事项，要依法逐条逐项进行合法性、合理性和必要性审查。虽有法定依据但长期未发生且无实施必要的、交叉重复的执法事项，要大力清理，及时提出取消或调整的意见建议。需修改法律法规规章的，要按程序先修法再调整《指导目录》，先立后破，有序推进。

四、对列入《指导目录》的行政执法事项，要按照减少执法层级、推动执法力量下沉的要求，区分不同事项和不同管理体制，结合实际明晰第一责任主体，把查处违法行为的责任压实。坚持有权必有责、有责要担当、失责必追究，逐一厘清与行政执法权相对应的责任事项，明确责任主体、问责依据、追责情形和免责事由，健全问责机制。严禁以属地管理为名将执法责任转嫁给基层。对不按要求履职尽责的单位和个人，依纪依法追究责任。

五、按照公开透明高效原则和履职需要，编制统一的文化市场综合行政执法工作规程和操作手册，明确执法事项的工作程序、履职要求、办理时限、行为规范等，消除行政执法中的模糊条款，压减自由裁量权，促进同一事项相同情形同标准处罚、无差别执法。将文化市场综合行政执法事项纳入地方综合行政执法指挥调度平台统一管理，积极推行“互联网+统一指挥+综合执法”，加强部门联动和协调配合，逐步实现行政执法行为、环节、结果等全过程网上留痕，强化对行政执法权运行的监督。

六、按照突出重点、务求实效原则，聚焦文化市场综合行政执法领域与市场主体、群众关系最密切的行政执法事项，着力解决反映强烈的突出问题，让市场主体、群众切实感受到改革成果。制定简明易懂的行政执法履职要求和相应的问责办法，加强宣传，让市场主体、群众看得懂、用得上，方便查询、使用和监督。结合形势任务和执法特点，探索形成可量化的综合行政执法履职评估办法，作为统筹使用和优化配置编制资源的重要依据。畅通举报受理、跟踪查询、结果反馈渠道，鼓励支持市场主体、群众和社会组织、新闻媒体对行政执法行为进行监督。

七、各地区、各部门要高度重视深化文化市场综合行政执法改革，全面落实清权、减权、制权、晒权等改革要求，统筹推进机构改革、职能转变和作风建设。要切实加强组织领导，落实工作责任，明确时间节点和要求，做细做实各项工作，确保改革举措落地生效。文化和旅游部要强化对地方文化和旅游部门的业务指导，推动完善执法程序、严格执法责任，加强执法监督，不断提高文化市场综合行政执法效能和依法行政水平。中央编办要会同司法部加强统筹协调和指导把关。

《指导目录》由文化和旅游部根据本通知精神印发。

中共中央办公厅、国务院办公厅关于进一步深化文化市场综合执法改革的意见

·2016 年 4 月

为贯彻落实《中共中央关于全面推进依法治国若干重大问题的决定》、《国务院关于促进市场公平竞争维护市场正常秩序的若干意见》，进一步深化文化市场综合执法改革，促进文化市场持续健康发展，现提出如下意见。

一、重要意义

2004 年以来，按照党中央、国务院决策部署，文化市场综合执法改革由试点逐步向全国推开，各直辖市和市、县两级基本完成文化（文物）、新闻出版广电（版权）等文化市场领域有关行政执法力量的整合，组建文化市场综合执法机构，提升了执法效能，规范了市场秩序，推动了优秀文化产品的生产和传播，促进了社会效益和经济效益有机统一。

当前，文化市场发展与管理面临许多新形势新要求。文化体制改革向纵深拓展，文化开放水平不断提高，各类文化市场主体迅速发展，新型文化业态大量涌现，迫切需要创新文化市场管理体制机制，丰富方式手段。行政执法体制、市场准入制度等方面改革逐步深入，迫切需要文化市场综合执法改革同步跟进、有效衔接。文化市场存在一些突出问题，如不良文化产品和服务时有

泛滥，有害文化信息不断出现，损害未成年人文化权益、侵犯知识产权等行为屡禁不止，广大人民群众反映十分强烈，迫切需要进一步提高文化市场综合执法能力和水平。文化产品既具有经济属性，也具有意识形态属性，必须坚持把社会效益放在首位、社会效益和经济效益相统一。要高度重视文化市场管理问题，进一步完善文化市场综合执法，推动现代文化市场体系建设，更好地维护国家文化安全和意识形态安全，更好地促进文化事业文化产业繁荣发展。

二、总体要求

（一）指导思想。全面贯彻党的十八大和十八届三中、四中、五中全会精神，以邓小平理论、“三个代表”重要思想、科学发展观为指导，深入贯彻习近平总书记系列重要讲话精神，围绕“四个全面”战略布局，建立健全符合社会主义核心价值观要求、适应现代文化市场体系需要的文化市场综合执法管理体制，维护文化市场正常秩序，推动社会主义文化大发展大繁荣。

（二）总体目标。通过深化改革，建设文化市场综合执法法律法规支撑体系；形成权责明确、监督有效、保障有力的文化市场综合执法管理体制；建设一支政治坚定、行为规范、业务精通、作风过硬的文化市场综合执法队伍；进一步整合文化市场执法权，加快实现跨部门、跨行业综合执法。

（三）基本原则

——坚持党的领导。坚持社会主义先进文化前进方向，弘扬社会主义核心价值观，通过有力有效的文化市场综合执法，加强思想文化阵地建设，向社会传导正确价值取向，维护国家文化安全。

——坚持依法行政。坚持法定职责必须为、法无授权不可为，严格规范公正文明执法。加强执法监督，完善执法责任制，提升执法公信力。

——坚持分类指导。针对不同层级综合执法机构职责，确定工作任务和执法重点；针对不同地区经济文化差异，科学设置综合执法机构；针对不同执法事项的特点，采取有效方式加强监管。

——坚持权责一致。落实市场主体守法经营责任、综合执法机构执法责任、行政主管部门监管责任和属地政府领导责任。厘清综合执法机构和行政主管部门关系，减少职责交叉，形成监管合力。

三、重点任务

（一）明确综合执法适用范围。文化市场综合执法机构的职能主要包括：依法查处娱乐场所、互联网上网服务营业场所的违法行为，查处演出、艺术品经营及进出口、文物经营等活动中的违法行为；查处文化艺术经营、展览展播活动中的违法行为；查处除制作、播出、传输等机构外的企业、个人和社会组织从事广播、电影、电视活动中的违法行为，查处电影放映单位的违法行为，查处安装和设置卫星电视广播地面接收设施、传送境外卫星电视节目中的违法行为，查处放映未取得《电影片公映许可证》的电影片和走私放映盗版影片等违法活动；查处图书、音像制品、电子出版物等方面的违法出版活动和印刷、复制、出版物发行中的违法经营活动，查处非法出版单位和个人的违法出版活动；查处著作权侵权行为；查处网络文化、网络视听、网络出版等方面的违法经营活动；配合查处生产、销售、使用“伪基站”设备的违法行为；承担“扫黄打非”有关工作任务；依法履行法律法规规章及地方政府赋予的其他职责。

（二）加强综合执法队伍建设。严格实行执法人员持证上岗和资格管理制度，未经执法资格考试合格，不得授予执法资格，不得从事执法活动。探索建立执法人员资格等级考试制度。健全执法人员培训机制，实施业务技能训练考核大纲和中西部地区执法能力提升计划，定期组织开展岗位练兵、技能比武活动。全面落实综合执法责任制，严格确定不同岗位执法人员执法责任，建立健全责任追究机制，通过落实党内监督、行政监督、社会监督、舆论监督等方式强化文化市场执法监督。落实综合执法标准规范，加强队容风纪管理，严格廉政纪律。使用统一执法标识、执法证件和执法文书，按规定配备综合执法车辆。

（三）健全综合执法制度机制。建立文化市场综合执法权力清单制度和行政裁量权基准制度，完善举报办理、交叉检查、随机抽查、案件督办、应急处置等各项工作流程。严格执行罚缴分离和收支两条线制度，严禁将罚没收入同综合执法机构利益直接或变相挂钩。建立文化市场跨部门、跨区域执法协作联动机制，完善上级与下级之间、部门之间、地区之间线索通报、案件协办、联合执法制度。建立文化市场行政执法和刑事司法衔接机制，坚决防止有案不移、有案难移、以罚代刑现象。推进政务信息公开，向社会公开执法案件主体信息、案由、处罚依据及处罚结果，提高执法透明度和公信力。

（四）推进综合执法信息化建设。加快全国文化市场技术监管与服务平台建设应用，加强与各有关行政部门信息系统的衔接共享，推进行政许可与行政执法在线办理，实现互联互通。通过视频监控、在线监测等远程监管措施，加强非现场监管执法。采用移动执法、电子案卷等手段，提升综合执法效能。推动信息化建设与执法办案监督管理深度融合，运用信息技术对执法流程进行实时监控、在线监察，规范执法行为，强化内外监督，建立开放、透明、便民的执法机制。构建文化市场重点领域风险评估体系，形成来源可查、去向可追的信息链条，切实防范区域性、行业性和系统性风险。

（五）完善文化市场信用体系。建设文化市场基础数据库，完善市场主体信用信息记录，探索实施文化市场信用分类监管，建立文化市场守信激励和失信惩戒机制。建立健全文化市场警示名单和黑名单制度，对从事违法违规经营、屡查屡犯的经营单位和个人，依法公开其违法违规记录，使失信违规者在市场交易中受到制约和限制。落实市场主体守法经营的主体责任，指导其加强事前防范、事中监管和事后处理工作。推动行业协会、商会等社会组织建立健全行业经营自律规范、自律公约和职业道德准则，引导行业健康发展。

（六）建立健全综合执法运行机制。文化市场综合执法机构依据法定职责和程序，相对集中行使文化（文物）、新闻出版广电（版权）等部门文化市场领域的行政处罚权以及相关的行政强制权、监督检查权，开展日常巡查、查办案件等执法工作。有关行政部门在各自职责范围内指导、监督综合执法机构开展执法工作，综合执法机构认真落实各有关行政部门的工作部署和任务，及时反馈执法工作有关情况，形成分工负责、相互支持、密切配合的工作格局。

四、组织领导

（一）加强组织实施。中央文化体制改革和发展工作领导小组统一领导全国深化文化市场综合执法改革工作，领导小组办公室负责组织对改革进展情况进行督促检查。中央宣传部、中央网信办、文化部、新闻出版广电总局要根据本意见要求统筹推进改革，涉及互联网信息内容的执法工作由中央网信办统筹协调。各省（自治区、直辖市）党委和政府要高度重视，将深化文化市场综合执法改革工作列入重要议事日程，确保改革各项措施落实到位。

（二）完善文化市场综合执法管理体制。建立由国务院文化行政部门牵头的全国文化市场管理工作联席会议制度，充分发挥各部门职能作用和资源优势，加强统筹、协调和指导。充实完善省、市、县三级文化市场管理工作领导小组，统一领导本行政区文化市场管理和综合执法工作，推动文化领域跨部门、跨行业综合执法；领导小组由同级党委宣传部部长任组长，同级政府有关负责同志任副组长。

国务院文化行政部门负责指导全国文化市场综合执法工作，推动各直辖市和市、县两级文化（文物）、新闻出版广电（版权）等部门整合文化市场领域的执法职能；建立统一规范的综合执法工作规则，建设全国文化市场技术监管体系，推进综合执法队伍建设；协调各有关行政部门对综合执法工作进行绩效考核。

省（自治区）文化行政部门负责指导本地区文化市场综合执

法工作，统筹综合执法队伍建设；依法履行执法指导监督、跨区域执法协作、重大案件查处等职责。

（三）明确机构设置、编制、人员和经费。各地应根据中央关于深化行政执法体制改革的有关精神，结合本地实际，探索文化市场综合执法机构设置的有效形式。直辖市文化市场综合执法机构可探索对区县文化市场综合执法工作实行直接管理，整合执法资源，提升执法能力。副省级城市、省辖市可整合市区两级文化市场综合执法队伍，组建市级文化市场综合执法机构。县级市和县的文化市场综合执法机构要加强队伍建设，切实履行监管责任。对经济发达、城镇化水平较高的乡镇，县级市和县文化广电新闻出版行政部门可根据需要和条件通过法定程序委托乡镇政府行使部分文化市场执法权。

文化市场综合执法机构干部任免参照宣传文化单位干部管理规定办理。综合执法人员依法依规纳入参照公务员法管理。在省（自治区、直辖市）范围内，要统一规范综合执法机构名称，并结合本辖区地理范围、执法任务等情况，统筹考虑综合执法机构编制安排。综合执法机构的工作经费和能力建设经费列入同级政府财政预算。

（四）健全考核机制。文化市场综合执法工作要纳入社会治安综合治理成效评价体系，推动各级党委和政府履职尽责。健全文化市场综合执法绩效考评制度，加强对依法行政、市场监管、社会服务效能等方面的监督和评估。充分发挥“12318”文化市场举报电话和网络平台作用，畅通公众意见反馈渠道。建立文化市场综合执法工作第三方评价机制和群众评议反馈机制，制定公众满意度指标，增强综合执法工作评价的客观性和科学性。

（五）推动相关立法。做好文化市场综合执法立法与文化市场综合执法改革重大政策的衔接，加强理论研究，积累改革经验，研究制定文化市场综合执法管理规定，加快制定地方文化市场综合执法相关法规，推动综合执法机构依法行政，提高文化市场综合执法工作法治化水平。

国务院办公厅关于推行行政执法责任制的若干意见

·2005 年 7 月 9 日

·国办发〔2005〕37 号

行政执法责任制是规范和监督行政机关行政执法活动的一项重要制度。为贯彻落实《全面推进依法行政实施纲要》（国发〔2004〕10 号，以下简称《纲要》）有关规定，推动建立权责明确、行为规范、监督有效、保障有力的行政执法体制，全面推进依法行政，经国务院同意，现就推行行政执法责任制有关工作提出以下意见。

一、充分认识推行行政执法责任制的重要意义

党中央、国务院高度重视推行行政执法责任制工作。党的十五大、十六大和十六届三中、四中全会对推行行政执法责任制提出了明确要求，《国务院关于全面推进依法行政的决定》（国发〔1999〕23 号）和《纲要》就有关工作作出了具体规定。多年来，各地区、各有关部门认真贯彻落实党中央、国务院的要求，积极探索实行行政执法责任制，在加强行政执法管理、规范行政执法行为方面做了大量工作，取得了一定成效。但工作中也存在一些问题：有的地区和部门负责同志认识不到位，对这项工作不够重视；行政执法责任制不够健全，程序不够完善，评议考核机制不够科学，责任追究比较难落实，与相关制度不够衔接；组织实施缺乏必要的保障等。因此，迫切需要进一步健全和完善行政执法责任制。

行政执法是行政机关大量的经常性的活动，直接面向社会和公众，行政执法水平和质量的高低直接关系政府的形象。推行行政执法责任制，就是要强化执法责任，明确执法程序和执法标准，进一步规范和监督行政执法活动，提高行政执法水平，确保依法行政各项要求落到实处。地方各级人民政府和国务院各部门要以邓小平理论和“三个代表”重要思想为指导，树立和落实科学发展观，从立党为公、执政为民，建设法治政府，加强依法执政能力建设的高度，充分认识推行行政执法责任制的重要意义，采取有效措施，进一步做好这项工作。

二、依法界定执法职责

（一）梳理执法依据。

推行行政执法责任制首先要梳理清楚行政机关所执行的有关法律法规和规章以及国务院部门“三定”规定。

地方各级人民政府要组织好梳理执法依据的工作，对具有行政执法主体资格的部门（包括法律法规授予行政执法权的组织）执行的执法依据分类排序、列明目录，做到分类清晰、编排科学。要注意与《中华人民共和国行政处罚法》、《中华人民共和国行政许可法》等规范政府共同行为的法律规范相衔接。下级人民政府梳理所属部门的执法依据时，要注意与上级人民政府有关主管部门的执法依据相衔接，避免遗漏。地方各级人民政府要根据执法依据制定、修改和废止情况，及时调整所属各有关部门的执法依据，协调解决梳理执法依据中的问题。梳理完毕的执法依据，除下发相关执法部门外，要以适当方式向社会公布。

（二）分解执法职权。

地方各级人民政府中具有行政执法职能的部门要按照本级人民政府的统一部署和要求，根据执法机构和执法岗位的配置，将其法定职权分解到具体执法机构和执法岗位。有关部门不得擅自增加或者扩大本部门的行政执法权限。

分解行政执法部门内部不同执法机构和执法岗位的职权要科学合理，既要避免平行执法机构和执法岗位的职权交叉、重复，又要有利于促进相互之间的协调配合。不同层级的执法机构和执法岗位之间的职权要相互衔接，做到执法流程清楚、要求具体、期限明确。对各行政执法部门的执法人员，要结合其任职岗位的具体职权进行上岗培训；经考试考核合格具备行政执法资格的，方可按照有关规定发放行政执法证件。

（三）确定执法责任。

执法依据赋予行政执法部门的每一项行政执法职权，既是法定权力，也是必须履行的法定义务。行政执法部门任何违反法定义务的不作为和乱作为的行为，都必须承担相应的法律责任。要根据有权必有责的要求，在分解执法职权的基础上，确定不同部门及机构、岗位执法人员的具体执法责任。要根据行政执法部门和行政执法人员违反法定义务的不同情形，依法确定其应当承担责任的种类和内容。

地方各级人民政府可以采取适当形式明确所属行政执法部门的具体执法责任，行政执法部门应当采取适当形式明确各执法机构和执法岗位的具体执法责任。

国务院实行垂直管理和中央与地方双重管理的部门也要根据上述规定，做好依法界定执法职责的工作。

三、建立健全行政执法评议考核机制

行政执法评议考核是评价行政执法工作情况、检验行政执法部门和行政执法人员是否正确行使执法职权和全面履行法定义务的重要机制，是推行行政执法责任制的重要环节。各地区、各有关部门要建立健全相关机制，认真做好行政执法评议考核工作。

（一）评议考核的基本要求。

行政执法评议考核应当严格遵守公开、公平、公正原则。在评议考核中，要公正对待、客观评价行政执法人员的行政执法行为。评议考核的标准、过程和结果要以适当方式在一定范围内公开。

（二）评议考核的主体。

地方各级人民政府负责对所属部门的行政执法工作进行评议考核，同时要加强对下级人民政府行政执法评议考核工作的监督和指导。国务院实行垂直管理的行政执法部门，由上级部门进行评议考核，并充分听取地方人民政府的评议意见。实行双重管理的部门按照管理职责分工分别由国务院部门和地方人民政府评议考核。各行政执法部门对所属行政执法机构和行政执法人员的行政执法工作进行评议考核。

（三）评议考核的内容。

评议考核的主要内容是行政执法部门和行政执法人员行使行政执法职权和履行法定义务的情况，包括行政执法的主体资格是否符合规定，行政执法行为是否符合执法权限，适用执法依据是否规范，行政执法程序是否合法，行政执法决定的内容是否合法、适当，行政执法决定的行政复议和行政诉讼结果，案卷质量情况等。评议考核主体要结合不同部门、不同岗位的具体情况和特点，制定评议考核方案，明确评议考核的具体标准。

（四）评议考核的方法。

行政执法评议考核可以采取组织考评、个人自我考评、互查互评相结合的方法，做到日常评议考核与年度评议考核的有机衔接。要高度重视通过案卷评查考核行政执法部门和行政执法人员的执法质量。要积极探索新的评议考核方法，利用现代信息管理手段，提高评议考核的公正性和准确性。

在行政执法评议考核中，要将行政执法部门内部评议与外部评议相结合。对行政执法部门或者行政执法人员进行评议，必须认真听取相关行政管理相对人的意见。外部评议情况要作为最终考核意见的重要根据。外部评议可以通过召开座谈会、发放执法评议卡、设立公众意见箱、开通执法评议专线电话、聘请监督评议员、举行民意测验等方式进行。行政执法评议考核原则上采取百分制的形式，考核的分值要在本级人民政府依法行政情况考核中占有适当比重。

各地区、各有关部门要把行政执法评议考核与对行政执法部门的目标考核、岗位责任制考核等结合起来，避免对行政执法活动进行重复评议考核。

四、认真落实行政执法责任

推行行政执法责任制的关键是要落实行政执法责任。对有违法或者不当行政执法行为的行政执法部门，可以根据造成后果的严重程度或者影响的恶劣程度等具体情况，给予限期整改、通报批评、取消评比先进的资格等处理；对有关行政执法人员，可以根据年度考核情况，或者根据过错形式、危害大小、情节轻重，给予批评教育、离岗培训、调离执法岗位、取消执法资格等处理。

对行政执法部门的行政执法行为在行政复议和行政诉讼中被认定违法和变更、撤销等比例较高的，对外部评议中群众满意程度较低或者对推行行政执法责任制消极应付、弄虚作假的，可以责令行政执法部门限期整改；情节严重的，可以给予通报批评或者取消评比先进的资格。

除依照本意见对有关行政执法部门和行政执法人员进行处理外，对实施违法或者不当的行政执法行为依法依纪应采取组织处理措施的，按照干部管理权限和规定程序办理；依法依纪应当追究政纪责任的，由任免机关、监察机关依法给予行政处分；涉嫌犯罪的，移送司法机关处理。

追究行政执法责任，必须做到实事求是、客观公正。在对责任人作出处理前，应当听取当事人的意见，保障其陈述和申辩的权利，确保不枉不纵。对行政执法部门的行政执法责任，由本级人民政府或者监察机关依法予以追究；对实行垂直管理的部门的行政执法责任，由上级部门或者监察机关依法予以追究；对实行双重管理的部门的行政执法责任，按有关管理职责规定予以追究。同时，要建立健全行政执法奖励机制，对行政执法绩效突出的行政执法部门和行政执法人员予以表彰，调动行政执法部门和行政执法人员提高行政执法质量和水平的积极性，形成有利于推动严格执法、公正执法、文明执法的良好环境。

五、加强推行行政执法责任制的组织领导

推行行政执法责任制，关系各级政府所属各行政执法部门和每个行政执法人员，工作环节多，涉及面广，专业性强，工作量大。各省、自治区、直辖市人民政府和国务院实行垂直管理、双重管理的部门要切实负起责任，加强对这项工作的组织领导，认真做好本地区、本部门（本系统）推行行政执法责任制的组织协调、跟踪检查、督促落实工作。要注意总结本地区、本部门（本系统）推行行政执法责任制的经验，认真研究工作中的问题。国务院其他部门要加强对本系统推行行政执法责任制工作的指导。要加强配套制度建设，实行省以下垂直管理的行政执法部门的行政执法责任制工作，由省级人民政府结合本地区的具体情况予以规定。有立法权的地方的人民政府，可以按照规定程序适时制定有关地方政府规章；没有立法权的可以根据需要制定有关规范性文件。要通过各层次的配套制度建设，建立科学合理、公平公正的激励和约束机制。

开展相对集中行政处罚权、综合行政执法试点的地区，要按照《国务院关于进一步推进相对集中行政处罚权工作的决定》（国发〔2002〕17号）和《国务院办公厅转发中央编办关于清理整顿行政执法队伍实行综合行政执法试点工作意见的通知》（国办发〔2002〕56号）的要求，结合本意见的规定，切实做好推行行政执法责任制的工作。

在推行行政执法责任制过程中，涉及行政执法主体、职权细化、确定行政执法责任等问题，按照《纲要》和《国务院办公厅关于贯彻落实全面推进依法行政实施纲要的实施意见》（国办发〔2004〕24号）的规定，应当由机构编制部门为主进行指导和协调的，由机构编制部门牵头办理。

法制办、中央编办、监察部、人事部等部门要根据《纲要》和国办发〔2004〕24号文件规定，加强对各地区、各有关部门工作的指导和督促检查，确保顺利推行行政执法责任制。

各地区、各有关部门要结合本地区、本部门的实际情况，认真研究落实本意见的要求，在2006年4月30日前，完成推行行政执法责任制的相关工作。有关推行行政执法责任制工作的重要情况和问题，要及时报告国务院。

二、相关解释

最高人民法院关于审理行政许可案件若干问题的规定

·2009 年 11 月 9 日最高人民法院审判委员会第 1476 次会议通过
·2009 年 12 月 14 日最高人民法院公告公布
·自 2010 年 1 月 4 日起施行
·法释〔2009〕20 号

为规范行政许可案件的审理，根据《中华人民共和国行政许可法》（以下简称行政许可法）、《中华人民共和国行政诉讼法》及其他有关法律规定，结合行政审判实际，对有关问题作如下规定：

第一条 公民、法人或者其他组织认为行政机关作出的行政许可决定以及相应的不作为，或者行政机关就行政许可的变更、延续、撤回、注销、撤销等事项作出的有关具体行政行为及其相应的不作为侵犯其合法权益，提起行政诉讼的，人民法院应当依法受理。

第二条 公民、法人或者其他组织认为行政机关未公开行政许可决定或者未提供行政许可监督检查记录侵犯其合法权益，提起行政诉讼的，人民法院应当依法受理。

第三条 公民、法人或者其他组织仅就行政许可过程中的告知补正申请材料、听证等通知行为提起行政诉讼的，人民法院不予受理，但导致许可程序对上述主体事实上终止的除外。

第四条 当事人不服行政许可决定提起诉讼的，以作出行政许可决定的机关为被告；行政许可依法须经上级行政机关批准，当事人对批准或者不批准行为不服一并提起诉讼的，以上级行政机关为共同被告；行政许可依法须经下级行政机关或者管理公共事务的组织初步审查并上报，当事人对不予初步审查或者不予上报不服提起诉讼的，以下级行政机关或者管理公共事务的组织为被告。

第五条 行政机关依据行政许可法第二十六条第二款规定统一办理行政许可的，当事人对行政许可行为不服提起诉讼，以对当事人作出具有实质影响的不利行为的机关为被告。

第六条 行政机关受理行政许可申请后，在法定期限内不予答复，公民、法人或者其他组织向人民法院起诉的，人民法院应当依法受理。

前款“法定期限”自行政许可申请受理之日起计算；以数据电文方式受理的，自数据电文进入行政机关指定的特定系统之日起计算；数据电文需要确认收讫的，自申请人收到行政机关的收讫确认之日起计算。

第七条 作为被诉行政许可行为基础的其他行政决定或者文书存在以下情形之一的，人民法院不予认可：

（一）明显缺乏事实根据；

（二）明显缺乏法律依据；

（三）超越职权；

（四）其他重大明显违法情形。

第八条 被告不提供或者无正当理由逾期提供证据的，与被诉行政许可行为有利害关系的第三人可以向人民法院提供；第三人对无法提供的证据，可以申请人民法院调取；人民法院在当事人无争议，但涉及国家利益、公共利益或者他人合法权益的情况下，也可以依职权调取证据。

第三人提供或者人民法院调取的证据能够证明行政许可行为合法的，人民法院应当判决驳回原告的诉讼请求。

第九条 人民法院审理行政许可案件，应当以申请人提出行政许可申请后实施的新的法律规范为依据；行政机关在旧的法律规范实施期间，无正当理由拖延审查行政许可申请至新的法律规范实施，适用新的法律规范不利于申请人的，以旧的法律规范为依据。

第十条 被诉准予行政许可决定违反当时的法律规范但符合新的法律规范的，判决确认该决定违法；准予行政许可决定不损害公共利益和利害关系人合法权益的，判决驳回原告的诉讼请求。

第十一条 人民法院审理不予行政许可决定案件，认为原告请求准予许可的理由成立，且被告没有裁量余地的，可以在判决理由写明，并判决撤销不予许可决定，责令被告重新作出决定。

第十二条 被告无正当理由拒绝原告查阅行政许可决定及有关档案材料或者监督检查记录的，人民法院可以判决被告在法定或者合理期限内准予原告查阅。

第十三条 被告在实施行政许可过程中，与他人恶意串通共同违法侵犯原告合法权益的，应当承担连带赔偿责任；被告与他人违法侵犯原告合法权益的，应当根据其违法行为在损害发生过程和结果中所起作用等因素，确定被告的行政赔偿责任；被告已经依照法定程序履行审慎合理的审查职责，因他人行为导致行政许可决定违法的，不承担赔偿责任。

在行政许可案件中，当事人请求一并解决有关民事赔偿问题的，人民法院可以合并审理。

第十四条 行政机关依据行政许可法第八条第二款规定变更或者撤回已经生效的行政许可，公民、法人或者其他组织仅主张行政补偿的，应当先向行政机关提出申请；行政机关在法定期限或者合理期限内不予答复或者对行政机关作出的补偿决定不服的，可以依法提起行政诉讼。

第十五条 法律、法规、规章或者规范性文件对变更或者撤回行政许可的补偿标准未作规定的，一般在实际损失范围内确定补偿数额；行政许可属于行政许可法第十二条第（二）项规定情形的，一般按照实际投入的损失确定补偿数额。

第十六条 行政许可补偿案件的调解，参照最高人民法院《关于审理行政赔偿案件若干问题的规定》的有关规定办理。

第十七条 最高人民法院以前所作的司法解释凡与本规定不一致的，按本规定执行。

最高人民法院关于适用《中华人民共和国行政诉讼法》的解释

·2017 年 11 月 13 日最高人民法院审判委员会第 1726 次会议通过
·2018 年 2 月 6 日最高人民法院公告公布
·自 2018 年 2 月 8 日起施行
·法释〔2018〕1 号

为正确适用《中华人民共和国行政诉讼法》（以下简称行政诉讼法），结合人民法院行政审判工作实际，制定本解释。

一、受案范围

第一条 公民、法人或者其他组织对行政机关及其工作人员的行政行为不服，依法提起诉讼的，属于人民法院行政诉讼的受案范围。

下列行为不属于人民法院行政诉讼的受案范围：

（一）公安、国家安全等机关依照刑事诉讼法的明确授权实施的行为；

（二）调解行为以及法律规定的仲裁行为；

（三）行政指导行为；

（四）驳回当事人对行政行为提起申诉的重复处理行为；

（五）行政机关作出的不产生外部法律效力的行为；

（六）行政机关为作出行政行为而实施的准备、论证、研究、层报、咨询等过程性行为；

（七）行政机关根据人民法院的生效裁判、协助执行通知书作出的执行行为，但行政机关扩大执行范围或者采取违法方式实施的除外；

（八）上级行政机关基于内部层级监督关系对下级行政机关作出的听取报告、执法检查、督促履责等行为；

（九）行政机关针对信访事项作出的登记、受理、交办、转送、复查、复核意见等行为；

（十）对公民、法人或者其他组织权利义务不产生实际影响的行为。

第二条 行政诉讼法第十三条第一项规定的“国家行为”，是指国务院、中央军事委员会、国防部、外交部等根据宪法和法律的授权，以国家的名义实施的有关国防和外交事务的行为，以及经宪法和法律授权的国家机关宣布紧急状态等行为。

行政诉讼法第十三条第二项规定的“具有普遍约束力的决定、命令”，是指行政机关针对不特定对象发布的能反复适用的规范性文件。

行政诉讼法第十三条第三项规定的“对行政机关工作人员的奖惩、任免等决定”，是指行政机关作出的涉及行政机关工作人员公务员权利义务的决定。

行政诉讼法第十三条第四项规定的“法律规定由行政机关最终裁决的行政行为”中的“法律”，是指全国人民代表大会及其常务委员会制定、通过的规范性文件。

二、管　辖

第三条 各级人民法院行政审判庭审理行政案件和审查行政机关申请执行其行政行为的案件。

专门人民法院、人民法庭不审理行政案件，也不审查和执行行政机关申请执行其行政行为的案件。铁路运输法院等专门人民法院审理行政案件，应当执行行政诉讼法第十八条第二款的规定。

第四条 立案后，受诉人民法院的管辖权不受当事人住所地改变、追加被告等事实和法律状态变更的影响。

第五条 有下列情形之一的，属于行政诉讼法第十五条第三项规定的“本辖区内重大、复杂的案件”：

（一）社会影响重大的共同诉讼案件；

（二）涉外或者涉及香港特别行政区、澳门特别行政区、台湾地区的案件；

（三）其他重大、复杂案件。

第六条 当事人以案件重大复杂为由，认为有管辖权的基层人民法院不宜行使管辖权或者根据行政诉讼法第五十二条的规定，向中级人民法院起诉，中级人民法院应当根据不同情况在七日内分别作出以下处理：

（一）决定自行审理；

（二）指定本辖区其他基层人民法院管辖；

（三）书面告知当事人向有管辖权的基层人民法院起诉。

第七条 基层人民法院对其管辖的第一审行政案件，认为需要由中级人民法院审理或者指定管辖的，可以报请中级人民法院决定。中级人民法院应当根据不同情况在七日内分别作出以下处理：

（一）决定自行审理；

（二）指定本辖区其他基层人民法院管辖；

（三）决定由报请的人民法院审理。

第八条 行政诉讼法第十九条规定的“原告所在地”，包括原告的户籍所在地、经常居住地和被限制人身自由地。

对行政机关基于同一事实，既采取限制公民人身自由的行政强制措施，又采取其他行政强制措施或者行政处罚不服的，由被告所在地或者原告所在地的人民法院管辖。

第九条 行政诉讼法第二十条规定的“因不动产提起的行政诉讼”是指因行政行为导致不动产物权变动而提起的诉讼。

不动产已登记的，以不动产登记簿记载的所在地为不动产所在地；不动产未登记的，以不动产实际所在地为不动产所在地。

第十条 人民法院受理案件后，被告提出管辖异议的，应当在收到起诉状副本之日起十五日内提出。

对当事人提出的管辖异议，人民法院应当进行审查。异议成立的，裁定将案件移送有管辖权的人民法院；异议不成立的，裁定驳回。

人民法院对管辖异议审查后确定有管辖权的，不因当事人增加或者变更诉讼请求等改变管辖，但违反级别管辖、专属管辖规定的除外。

第十一条 有下列情形之一的，人民法院不予审查：

（一）人民法院发回重审或者按第一审程序再审的案件，当事人提出管辖异议的；

（二）当事人在第一审程序中未按照法律规定的期限和形式提出管辖异议，在第二审程序中提出的。

三、诉讼参加人

第十二条 有下列情形之一的，属于行政诉讼法第二十五条第一款规定的“与行政行为有利害关系”：

（一）被诉的行政行为涉及其相邻权或者公平竞争权的；

（二）在行政复议等行政程序中被追加为第三人的；

（三）要求行政机关依法追究加害人法律责任的；

（四）撤销或者变更行政行为涉及其合法权益的；

（五）为维护自身合法权益向行政机关投诉，具有处理投诉职责的行政机关作出或者未作出处理的；

（六）其他与行政行为有利害关系的情形。

第十三条 债权人以行政机关对债务人所作的行政行为损害债权实现为由提起行政诉讼的，人民法院应当告知其就民事争议提起民事诉讼，但行政机关作出行政行为时依法应予保护或者应予考虑的除外。

第十四条 行政诉讼法第二十五条第二款规定的“近亲属”，

包括配偶、父母、子女、兄弟姐妹、祖父母、外祖父母、孙子女、外孙子女和其他具有扶养、赡养关系的亲属。

公民因被限制人身自由而不能提起诉讼的，其近亲属可以依其口头或者书面委托以该公民的名义提起诉讼。近亲属起诉时无法与被限制人身自由的公民取得联系，近亲属可以先行起诉，并在诉讼中补充提交委托证明。

第十五条　合伙企业向人民法院提起诉讼的，应当以核准登记的字号为原告。未依法登记领取营业执照的个人合伙的全体合伙人为共同原告；全体合伙人可以推选代表人，被推选的代表人，应当由全体合伙人出具推选书。

个体工商户向人民法院提起诉讼的，以营业执照上登记的经营者为原告。有字号的，以营业执照上登记的字号为原告，并应当注明该字号经营者的基本信息。

第十六条　股份制企业的股东大会、股东会、董事会等认为行政机关作出的行政行为侵犯企业经营自主权的，可以企业名义提起诉讼。

联营企业、中外合资或者合作企业的联营、合资、合作各方，认为联营、合资、合作企业权益或者自己一方合法权益受行政行为侵害的，可以自己的名义提起诉讼。

非国有企业被行政机关注销、撤销、合并、强令兼并、出售、分立或者改变企业隶属关系的，该企业或者其法定代表人可以提起诉讼。

第十七条　事业单位、社会团体、基金会、社会服务机构等非营利法人的出资人、设立人认为行政行为损害法人合法权益的，可以自己的名义提起诉讼。

第十八条　业主委员会对于行政机关作出的涉及业主共有利益的行政行为，可以自己的名义提起诉讼。

业主委员会不起诉的，专有部分占建筑物总面积过半数或者占总户数过半数的业主可以提起诉讼。

第十九条　当事人不服经上级行政机关批准的行政行为，向人民法院提起诉讼的，以在对外发生法律效力的文书上署名的机关为被告。

第二十条 行政机关组建并赋予行政管理职能但不具有独立承担法律责任能力的机构，以自己的名义作出行政行为，当事人不服提起诉讼的，应当以组建该机构的行政机关为被告。

法律、法规或者规章授权行使行政职权的行政机关内设机构、派出机构或者其他组织，超出法定授权范围实施行政行为，当事人不服提起诉讼的，应当以实施该行为的机构或者组织为被告。

没有法律、法规或者规章规定，行政机关授权其内设机构、派出机构或者其他组织行使行政职权的，属于行政诉讼法第二十六条规定的委托。当事人不服提起诉讼的，应当以该行政机关为被告。

第二十一条 当事人对由国务院、省级人民政府批准设立的开发区管理机构作出的行政行为不服提起诉讼的，以该开发区管理机构为被告；对由国务院、省级人民政府批准设立的开发区管理机构所属职能部门作出的行政行为不服提起诉讼的，以其职能部门为被告；对其他开发区管理机构所属职能部门作出的行政行为不服提起诉讼的，以开发区管理机构为被告；开发区管理机构没有行政主体资格的，以设立该机构的地方人民政府为被告。

第二十二条 行政诉讼法第二十六条第二款规定的“复议机关改变原行政行为”，是指复议机关改变原行政行为的处理结果。复议机关改变原行政行为所认定的主要事实和证据、改变原行政行为所适用的规范依据，但未改变原行政行为处理结果的，视为复议机关维持原行政行为。

复议机关确认原行政行为无效，属于改变原行政行为。

复议机关确认原行政行为违法，属于改变原行政行为，但复议机关以违反法定程序为由确认原行政行为违法的除外。

第二十三条 行政机关被撤销或者职权变更，没有继续行使其职权的行政机关的，以其所属的人民政府为被告；实行垂直领导的，以垂直领导的上一级行政机关为被告。

第二十四条 当事人对村民委员会或者居民委员会依据法律、法规、规章的授权履行行政管理职责的行为不服提起诉讼的，以村民委员会或者居民委员会为被告。

当事人对村民委员会、居民委员会受行政机关委托作出的行为不服提起诉讼的，以委托的行政机关为被告。

当事人对高等学校等事业单位以及律师协会、注册会计师协会等行业协会依据法律、法规、规章的授权实施的行政行为不服提起诉讼的，以该事业单位、行业协会为被告。

当事人对高等学校等事业单位以及律师协会、注册会计师协会等行业协会受行政机关委托作出的行为不服提起诉讼的，以委托的行政机关为被告。

第二十五条 市、县级人民政府确定的房屋征收部门组织实施房屋征收与补偿工作过程中作出行政行为，被征收人不服提起诉讼的，以房屋征收部门为被告。

征收实施单位受房屋征收部门委托，在委托范围内从事的行为，被征收人不服提起诉讼的，应当以房屋征收部门为被告。

第二十六条 原告所起诉的被告不适格，人民法院应当告知原告变更被告；原告不同意变更的，裁定驳回起诉。

应当追加被告而原告不同意追加的，人民法院应当通知其以第三人的身份参加诉讼，但行政复议机关作共同被告的除外。

第二十七条 必须共同进行诉讼的当事人没有参加诉讼的，人民法院应当依法通知其参加；当事人也可以向人民法院申请参加。

人民法院应当对当事人提出的申请进行审查，申请理由不成立的，裁定驳回；申请理由成立的，书面通知其参加诉讼。

前款所称的必须共同进行诉讼，是指按照行政诉讼法第二十七条的规定，当事人一方或者双方为两人以上，因同一行政行为发生行政争议，人民法院必须合并审理的诉讼。

第二十八条 人民法院追加共同诉讼的当事人时，应当通知其他当事人。应当追加的原告，已明确表示放弃实体权利的，可不予追加；既不愿意参加诉讼，又不放弃实体权利的，应追加为第三人，其不参加诉讼，不能阻碍人民法院对案件的审理和裁判。

第二十九条 行政诉讼法第二十八条规定的“人数众多”，一般指十人以上。

根据行政诉讼法第二十八条的规定，当事人一方人数众多的，由当事人推选代表人。当事人推选不出的，可以由人民法院在起诉的当事人中指定代表人。

行政诉讼法第二十八条规定的代表人为二至五人。代表人可以委托一至二人作为诉讼代理人。

第三十条 行政机关的同一行政行为涉及两个以上利害关系人，其中一部分利害关系人对行政行为不服提起诉讼，人民法院应当通知没有起诉的其他利害关系人作为第三人参加诉讼。

与行政案件处理结果有利害关系的第三人，可以申请参加诉讼，或者由人民法院通知其参加诉讼。人民法院判决其承担义务或者减损其权益的第三人，有权提出上诉或者申请再审。

行政诉讼法第二十九条规定的第三人，因不能归责于本人的事由未参加诉讼，但有证据证明发生法律效力的判决、裁定、调解书损害其合法权益的，可以依照行政诉讼法第九十条的规定，自知道或者应当知道其合法权益受到损害之日起六个月内，向上一级人民法院申请再审。

第三十一条 当事人委托诉讼代理人，应当向人民法院提交由委托人签名或者盖章的授权委托书。委托书应当载明委托事项和具体权限。公民在特殊情况下无法书面委托的，也可以由他人代书，并由自己捺印等方式确认，人民法院应当核实并记录在卷；被诉行政机关或者其他有义务协助的机关拒绝人民法院向被限制人身自由的公民核实的，视为委托成立。当事人解除或者变更委托的，应当书面报告人民法院。

第三十二条 依照行政诉讼法第三十一条第二款第二项规定，与当事人有合法劳动人事关系的职工，可以当事人工作人员的名义作为诉讼代理人。以当事人的工作人员身份参加诉讼活动，应当提交以下证据之一加以证明：

（一）缴纳社会保险记录凭证；

（二）领取工资凭证；

（三）其他能够证明其为当事人工作人员身份的证据。

第三十三条 根据行政诉讼法第三十一条第二款第三项规定，有关社会团体推荐公民担任诉讼代理人的，应当符合下列条件：

（一）社会团体属于依法登记设立或者依法免予登记设立的非营利性法人组织；

（二）被代理人属于该社会团体的成员，或者当事人一方住所地位于该社会团体的活动地域；

（三）代理事务属于该社会团体章程载明的业务范围；

（四）被推荐的公民是该社会团体的负责人或者与该社会团体有合法劳动人事关系的工作人员。

专利代理人经中华全国专利代理人协会推荐，可以在专利行政案件中担任诉讼代理人。

四、证　据

第三十四条 根据行政诉讼法第三十六条第一款的规定，被告申请延期提供证据的，应当在收到起诉状副本之日起十五日内以书面方式向人民法院提出。人民法院准许延期提供的，被告应当在正当事由消除后十五日内提供证据。逾期提供的，视为被诉行政行为没有相应的证据。

第三十五条 原告或者第三人应当在开庭审理前或者人民法院指定的交换证据清单之日提供证据。因正当事由申请延期提供证据的，经人民法院准许，可以在法庭调查中提供。逾期提供证据的，人民法院应当责令其说明理由；拒不说明理由或者理由不成立的，视为放弃举证权利。

原告或者第三人在第一审程序中无正当事由未提供而在第二审程序中提供的证据，人民法院不予接纳。

第三十六条 当事人申请延长举证期限，应当在举证期限届满前向人民法院提出书面申请。

申请理由成立的，人民法院应当准许，适当延长举证期限，并通知其他当事人。申请理由不成立的，人民法院不予准许，并通知申请人。

第三十七条 根据行政诉讼法第三十九条的规定，对当事人无争议，但涉及国家利益、公共利益或者他人合法权益的事实，人民法院可以责令当事人提供或者补充有关证据。

第三十八条 对于案情比较复杂或者证据数量较多的案件，人民法院可以组织当事人在开庭前向对方出示或者交换证据，并将交换证据清单的情况记录在卷。

当事人在庭前证据交换过程中没有争议并记录在卷的证据，经审判人员在庭审中说明后，可以作为认定案件事实的依据。

第三十九条 当事人申请调查收集证据，但该证据与待证事实无关联、对证明待证事实无意义或者其他无调查收集必要的，人民法院不予准许。

第四十条 人民法院在证人出庭作证前应当告知其如实作证的义务以及作伪证的法律后果。

证人因履行出庭作证义务而支出的交通、住宿、就餐等必要费用以及误工损失，由败诉一方当事人承担。

第四十一条 有下列情形之一，原告或者第三人要求相关行政执法人员出庭说明的，人民法院可以准许：

（一）对现场笔录的合法性或者真实性有异议的；

（二）对扣押财产的品种或者数量有异议的；

（三）对检验的物品取样或者保管有异议的；

（四）对行政执法人员身份的合法性有异议的；

（五）需要出庭说明的其他情形。

第四十二条 能够反映案件真实情况、与待证事实相关联、来源和形式符合法律规定的证据，应当作为认定案件事实的根据。

第四十三条 有下列情形之一的，属于行政诉讼法第四十三条第三款规定的“以非法手段取得的证据”：

（一）严重违反法定程序收集的证据材料；

（二）以违反法律强制性规定的手段获取且侵害他人合法权益的证据材料；

（三）以利诱、欺诈、胁迫、暴力等手段获取的证据材料。

第四十四条 人民法院认为有必要的，可以要求当事人本人或者行政机关执法人员到庭，就案件有关事实接受询问。在询问之前，可以要求其签署保证书。

保证书应当载明据实陈述、如有虚假陈述愿意接受处罚等内容。当事人或者行政机关执法人员应当在保证书上签名或者捺印。

负有举证责任的当事人拒绝到庭、拒绝接受询问或者拒绝签署保证书，待证事实又欠缺其他证据加以佐证的，人民法院对其主张的事实不予认定。

第四十五条 被告有证据证明其在行政程序中依照法定程序要求原告或者第三人提供证据，原告或者第三人依法应当提供而没有提供，在诉讼程序中提供的证据，人民法院一般不予采纳。

第四十六条 原告或者第三人确有证据证明被告持有的证据对原告或者第三人有利的，可以在开庭审理前书面申请人民法院责令行政机关提交。

申请理由成立的，人民法院应当责令行政机关提交，因提交证据所产生的费用，由申请人预付。行政机关无正当理由拒不提交的，人民法院可以推定原告或者第三人基于该证据主张的事实成立。

持有证据的当事人以妨碍对方当事人使用为目的，毁灭有关证据或者实施其他致使证据不能使用行为的，人民法院可以推定对方当事人基于该证据主张的事实成立，并可依照行政诉讼法第五十九条规定处理。

第四十七条 根据行政诉讼法第三十八条第二款的规定，在行政赔偿、补偿案件中，因被告的原因导致原告无法就损害情况举证的，应当由被告就该损害情况承担举证责任。

对于各方主张损失的价值无法认定的，应当由负有举证责任的一方当事人申请鉴定，但法律、法规、规章规定行政机关在作出行政行为时依法应当评估或者鉴定的除外；负有举证责任的当事人拒绝申请鉴定的，由其承担不利的法律后果。

当事人的损失因客观原因无法鉴定的，人民法院应当结合当事人的主张和在案证据，遵循法官职业道德，运用逻辑推理和生活经验、生活常识等，酌情确定赔偿数额。

五、期间、送达

第四十八条 期间包括法定期间和人民法院指定的期间。

期间以时、日、月、年计算。期间开始的时和日，不计算在期间内。

期间届满的最后一日是节假日的，以节假日后的第一日为期间届满的日期。

期间不包括在途时间，诉讼文书在期满前交邮的，视为在期限内发送。

第四十九条 行政诉讼法第五十一条第二款规定的立案期限，因起诉状内容欠缺或者有其他错误通知原告限期补正的，从补正后递交人民法院的次日起算。由上级人民法院转交下级人民法院立案的案件，从受诉人民法院收到起诉状的次日起算。

第五十条 行政诉讼法第八十一条、第八十三条、第八十八条规定的审理期限，是指从立案之日起至裁判宣告、调解书送达之日止的期间，但公告期间、鉴定期间、调解期间、中止诉讼期间、审理当事人提出的管辖异议以及处理人民法院之间的管辖争议期间不应计算在内。

再审案件按照第一审程序或者第二审程序审理的，适用行政诉讼法第八十一条、第八十八条规定的审理期限。审理期限自再审立案的次日起算。

基层人民法院申请延长审理期限，应当直接报请高级人民法院批准，同时报中级人民法院备案。

第五十一条 人民法院可以要求当事人签署送达地址确认书，当事人确认的送达地址为人民法院法律文书的送达地址。

当事人同意电子送达的，应当提供并确认传真号、电子信箱等电子送达地址。

当事人送达地址发生变更的，应当及时书面告知受理案件的人民法院；未及时告知的，人民法院按原地址送达，视为依法送达。

人民法院可以通过国家邮政机构以法院专递方式进行送达。

第五十二条 人民法院可以在当事人住所地以外向当事人直接送达诉讼文书。当事人拒绝签署送达回证的，采用拍照、录像等方式记录送达过程即视为送达。审判人员、书记员应当在送达回证上注明送达情况并签名。

六、起诉与受理

第五十三条 人民法院对符合起诉条件的案件应当立案，依法保障当事人行使诉讼权利。

对当事人依法提起的诉讼，人民法院应当根据行政诉讼法第五十一条的规定接收起诉状。能够判断符合起诉条件的，应当当场登记立案；当场不能判断是否符合起诉条件的，应当在接收起诉状后七日内决定是否立案；七日内仍不能作出判断的，应当先予立案。

第五十四条 依照行政诉讼法第四十九条的规定，公民、法人或者其他组织提起诉讼时应当提交以下起诉材料：

（一）原告的身份证明材料以及有效联系方式；

（二）被诉行政行为或者不作为存在的材料；

（三）原告与被诉行政行为具有利害关系的材料；

（四）人民法院认为需要提交的其他材料。

由法定代理人或者委托代理人代为起诉的，还应当在起诉状中写明或者在口头起诉时向人民法院说明法定代理人或者委托代理人的基本情况，并提交法定代理人或者委托代理人的身份证明和代理权限证明等材料。

第五十五条 依照行政诉讼法第五十一条的规定，人民法院应当就起诉状内容和材料是否完备以及是否符合行政诉讼法规定的起诉条件进行审查。

起诉状内容或者材料欠缺的，人民法院应当给予指导和释明，并一次性全面告知当事人需要补正的内容、补充的材料及期限。在指定期限内补正并符合起诉条件的，应当登记立案。当事人拒绝补正或者经补正仍不符合起诉条件的，退回诉状并记录在册；坚持起诉的，裁定不予立案，并载明不予立案的理由。

第五十六条 法律、法规规定应当先申请复议，公民、法人或者其他组织未申请复议直接提起诉讼的，人民法院裁定不予立案。

依照行政诉讼法第四十五条的规定，复议机关不受理复议申请或者在法定期限内不作出复议决定，公民、法人或者其他组织不服，依法向人民法院提起诉讼的，人民法院应当依法立案。

第五十七条 法律、法规未规定行政复议为提起行政诉讼必经程序，公民、法人或者其他组织既提起诉讼又申请行政复议的，由先立案的机关管辖；同时立案的，由公民、法人或者其他组织选择。公民、法人或者其他组织已经申请行政复议，在法定复议期间内又向人民法院提起诉讼的，人民法院裁定不予立案。

第五十八条 法律、法规未规定行政复议为提起行政诉讼必经程序，公民、法人或者其他组织向复议机关申请行政复议后，又经复议机关同意撤回复议申请，在法定起诉期限内对原行政行为提起诉讼的，人民法院应当依法立案。

第五十九条 公民、法人或者其他组织向复议机关申请行政复议后，复议机关作出维持决定的，应当以复议机关和原行为机关为共同被告，并以复议决定送达时间确定起诉期限。

第六十条 人民法院裁定准许原告撤诉后，原告以同一事实和理由重新起诉的，人民法院不予立案。

准予撤诉的裁定确有错误，原告申请再审的，人民法院应当通过审判监督程序撤销原准予撤诉的裁定，重新对案件进行审理。

第六十一条 原告或者上诉人未按规定的期限预交案件受理费，又不提出缓交、减交、免交申请，或者提出申请未获批准的，按自动撤诉处理。在按撤诉处理后，原告或者上诉人在法定期限内再次起诉或者上诉，并依法解决诉讼费预交问题的，人民法院应予立案。

第六十二条 人民法院判决撤销行政机关的行政行为后，公民、法人或者其他组织对行政机关重新作出的行政行为不服向人民法院起诉的，人民法院应当依法立案。

第六十三条 行政机关作出行政行为时，没有制作或者没有送达法律文书，公民、法人或者其他组织只要能证明行政行为存在，并在法定期限内起诉的，人民法院应当依法立案。

第六十四条 行政机关作出行政行为时，未告知公民、法人或者其他组织起诉期限的，起诉期限从公民、法人或者其他组织知道或者应当知道起诉期限之日起计算，但从知道或者应当知道行政行为内容之日起最长不得超过一年。

复议决定未告知公民、法人或者其他组织起诉期限的，适用前款规定。

第六十五条 公民、法人或者其他组织不知道行政机关作出的行政行为内容的，其起诉期限从知道或者应当知道该行政行为内容之日起计算，但最长不得超过行政诉讼法第四十六条第二款规定的起诉期限。

第六十六条 公民、法人或者其他组织依照行政诉讼法第四十七条第一款的规定，对行政机关不履行法定职责提起诉讼的，应当在行政机关履行法定职责期限届满之日起六个月内提出。

第六十七条 原告提供被告的名称等信息足以使被告与其他行政机关相区别的，可以认定为行政诉讼法第四十九条第二项规定的“有明确的被告”。

起诉状列写被告信息不足以认定明确的被告的，人民法院可以告知原告补正；原告补正后仍不能确定明确的被告的，人民法院裁定不予立案。

第六十八条 行政诉讼法第四十九条第三项规定的“有具体的诉讼请求”是指：

（一）请求判决撤销或者变更行政行为；

（二）请求判决行政机关履行特定法定职责或者给付义务；

（三）请求判决确认行政行为违法；

（四）请求判决确认行政行为无效；

（五）请求判决行政机关予以赔偿或者补偿；

（六）请求解决行政协议争议；

（七）请求一并审查规章以下规范性文件；

（八）请求一并解决相关民事争议；

（九）其他诉讼请求。

当事人单独或者一并提起行政赔偿、补偿诉讼的，应当有具体的赔偿、补偿事项以及数额；请求一并审查规章以下规范性文件的，应当提供明确的文件名称或者审查对象；请求一并解决相关民事争议的，应当有具体的民事诉讼请求。

当事人未能正确表达诉讼请求的，人民法院应当要求其明确诉讼请求。

第六十九条 有下列情形之一，已经立案的，应当裁定驳回起诉：

（一）不符合行政诉讼法第四十九条规定的；

（二）超过法定起诉期限且无行政诉讼法第四十八条规定情形的；

（三）错列被告且拒绝变更的；

（四）未按照法律规定由法定代理人、指定代理人、代表人为诉讼行为的；

（五）未按照法律、法规规定先向行政机关申请复议的；

（六）重复起诉的；

（七）撤回起诉后无正当理由再行起诉的；

（八）行政行为对其合法权益明显不产生实际影响的；

（九）诉讼标的已为生效裁判或者调解书所羁束的；

（十）其他不符合法定起诉条件的情形。

前款所列情形可以补正或者更正的，人民法院应当指定期间责令补正或者更正；在指定期间已经补正或者更正的，应当依法审理。

人民法院经过阅卷、调查或者询问当事人，认为不需要开庭审理的，可以迳行裁定驳回起诉。

第七十条 起诉状副本送达被告后，原告提出新的诉讼请求的，人民法院不予准许，但有正当理由的除外。

七、审理与判决

第七十一条 人民法院适用普通程序审理案件，应当在开庭三日前用传票传唤当事人。对证人、鉴定人、勘验人、翻译人员，应当用通知书通知其到庭。当事人或者其他诉讼参与人在外地的，应当留有必要的在途时间。

第七十二条 有下列情形之一的，可以延期开庭审理：

（一）应当到庭的当事人和其他诉讼参与人有正当理由没有到庭的；

（二）当事人临时提出回避申请且无法及时作出决定的；

（三）需要通知新的证人到庭，调取新的证据，重新鉴定、勘验，或者需要补充调查的；

（四）其他应当延期的情形。

第七十三条 根据行政诉讼法第二十七条的规定，有下列情形之一的，人民法院可以决定合并审理：

（一）两个以上行政机关分别对同一事实作出行政行为，公民、法人或者其他组织不服向同一人民法院起诉的；

（二）行政机关就同一事实对若干公民、法人或者其他组织分别作出行政行为，公民、法人或者其他组织不服分别向同一人民法院起诉的；

（三）在诉讼过程中，被告对原告作出新的行政行为，原告不服向同一人民法院起诉的；

（四）人民法院认为可以合并审理的其他情形。

第七十四条 当事人申请回避，应当说明理由，在案件开始审理时提出；回避事由在案件开始审理后知道的，应当在法庭辩论终结前提出。

被申请回避的人员，在人民法院作出是否回避的决定前，应当暂停参与本案的工作，但案件需要采取紧急措施的除外。

对当事人提出的回避申请，人民法院应当在三日内以口头或者书面形式作出决定。对当事人提出的明显不属于法定回避事由的申请，法庭可以依法当庭驳回。

申请人对驳回回避申请决定不服的，可以向作出决定的人民法院申请复议一次。复议期间，被申请回避的人员不停止参与本案的工作。对申请人的复议申请，人民法院应当在三日内作出复议决定，并通知复议申请人。

第七十五条 在一个审判程序中参与过本案审判工作的审判人员，不得再参与该案其他程序的审判。

发回重审的案件，在一审法院作出裁判后又进入第二审程序的，原第二审程序中合议庭组成人员不受前款规定的限制。

第七十六条 人民法院对于因一方当事人的行为或者其他原因，可能使行政行为或者人民法院生效裁判不能或者难以执行的案件，根据对方当事人的申请，可以裁定对其财产进行保全、责令其作出一定行为或者禁止其作出一定行为；当事人没有提出申请的，人民法院在必要时也可以裁定采取上述保全措施。

人民法院采取保全措施，可以责令申请人提供担保；申请人不提供担保的，裁定驳回申请。

人民法院接受申请后，对情况紧急的，必须在四十八小时内作出裁定；裁定采取保全措施的，应当立即开始执行。

当事人对保全的裁定不服的，可以申请复议；复议期间不停止裁定的执行。

第七十七条 利害关系人因情况紧急，不立即申请保全将会使其合法权益受到难以弥补的损害的，可以在提起诉讼前向被保全财产所在地、被申请人住所地或者对案件有管辖权的人民法院申请采取保全措施。申请人应当提供担保，不提供担保的，裁定驳回申请。

人民法院接受申请后，必须在四十八小时内作出裁定；裁定采取保全措施的，应当立即开始执行。

申请人在人民法院采取保全措施后三十日内不依法提起诉讼的，人民法院应当解除保全。

当事人对保全的裁定不服的，可以申请复议；复议期间不停止裁定的执行。

第七十八条 保全限于请求的范围，或者与本案有关的财物。

财产保全采取查封、扣押、冻结或者法律规定的其他方法。人民法院保全财产后，应当立即通知被保全人。

财产已被查封、冻结的，不得重复查封、冻结。

涉及财产的案件，被申请人提供担保的，人民法院应当裁定解除保全。

申请有错误的，申请人应当赔偿被申请人因保全所遭受的损失。

第七十九条 原告或者上诉人申请撤诉，人民法院裁定不予准许的，原告或者上诉人经传票传唤无正当理由拒不到庭，或者未经法庭许可中途退庭的，人民法院可以缺席判决。

第三人经传票传唤无正当理由拒不到庭，或者未经法庭许可中途退庭的，不发生阻止案件审理的效果。

*根据行政诉讼法*第五十八条的规定，被告经传票传唤无正当理由拒不到庭，或者未经法庭许可中途退庭的，人民法院可以按期开庭或者继续开庭审理，对到庭的当事人诉讼请求、双方的诉辩理由以及已经提交的证据及其他诉讼材料进行审理后，依法缺

席判决。

第八十条 原告或者上诉人在庭审中明确拒绝陈述或者以其他方式拒绝陈述，导致庭审无法进行，经法庭释明法律后果后仍不陈述意见的，视为放弃陈述权利，由其承担不利的法律后果。

当事人申请撤诉或者依法可以按撤诉处理的案件，当事人有违反法律的行为需要依法处理的，人民法院可以不准许撤诉或者不按撤诉处理。

法庭辩论终结后原告申请撤诉，人民法院可以准许，但涉及到国家利益和社会公共利益的除外。

第八十一条 被告在一审期间改变被诉行政行为的，应当书面告知人民法院。

原告或者第三人对改变后的行政行为不服提起诉讼的，人民法院应当就改变后的行政行为进行审理。

被告改变原违法行政行为，原告仍要求确认原行政行为违法的，人民法院应当依法作出确认判决。

原告起诉被告不作为，在诉讼中被告作出行政行为，原告不撤诉的，人民法院应当就不作为依法作出确认判决。

第八十二条 当事人之间恶意串通，企图通过诉讼等方式侵害国家利益、社会公共利益或者他人合法权益的，人民法院应当裁定驳回起诉或者判决驳回其请求，并根据情节轻重予以罚款、拘留；构成犯罪的，依法追究刑事责任。

第八十三条 行政诉讼法第五十九条规定的罚款、拘留可以单独适用，也可以合并适用。

对同一妨害行政诉讼行为的罚款、拘留不得连续适用。发生新的妨害行政诉讼行为的，人民法院可以重新予以罚款、拘留。

第八十四条 人民法院审理行政诉讼法第六十条第一款规定的行政案件，认为法律关系明确、事实清楚，在征得当事人双方同意后，可以迳行调解。

第八十五条 调解达成协议，人民法院应当制作调解书。调解书应当写明诉讼请求、案件的事实和调解结果。

调解书由审判人员、书记员署名，加盖人民法院印章，送达双方当事人。

调解书经双方当事人签收后，即具有法律效力。调解书生效日期根据最后收到调解书的当事人签收的日期确定。

第八十六条 人民法院审理行政案件，调解过程不公开，但当事人同意公开的除外。

经人民法院准许，第三人可以参加调解。人民法院认为有必要的，可以通知第三人参加调解。

调解协议内容不公开，但为保护国家利益、社会公共利益、他人合法权益，人民法院认为确有必要公开的除外。

当事人一方或者双方不愿调解、调解未达成协议的，人民法院应当及时判决。

当事人自行和解或者调解达成协议后，请求人民法院按照和解协议或者调解协议的内容制作判决书的，人民法院不予准许。

第八十七条 在诉讼过程中，有下列情形之一的，中止诉讼：

（一）原告死亡，须等待其近亲属表明是否参加诉讼的；

（二）原告丧失诉讼行为能力，尚未确定法定代理人的；

（三）作为一方当事人的行政机关、法人或者其他组织终止，尚未确定权利义务承受人的；

（四）一方当事人因不可抗力的事由不能参加诉讼的；

（五）案件涉及法律适用问题，需要送请有权机关作出解释或者确认的；

（六）案件的审判须以相关民事、刑事或者其他行政案件的审理结果为依据，而相关案件尚未审结的；

（七）其他应当中止诉讼的情形。

中止诉讼的原因消除后，恢复诉讼。

第八十八条 在诉讼过程中，有下列情形之一的，终结诉讼：

（一）原告死亡，没有近亲属或者近亲属放弃诉讼权利的；

（二）作为原告的法人或者其他组织终止后，其权利义务的承受人放弃诉讼权利的。

因本解释第八十七条第一款第一、二、三项原因中止诉讼满九十日仍无人继续诉讼的，裁定终结诉讼，但有特殊情况的除外。

第八十九条 复议决定改变原行政行为错误，人民法院判决撤销复议决定时，可以一并责令复议机关重新作出复议决定或者判决恢复原行政行为的法律效力。

第九十条 人民法院判决被告重新作出行政行为，被告重新作出的行政行为与原行政行为的结果相同，但主要事实或者主要理由有改变的，不属于行政诉讼法第七十一条规定的情形。

人民法院以违反法定程序为由，判决撤销被诉行政行为的，行政机关重新作出行政行为不受行政诉讼法第七十一条规定的限制。

行政机关以同一事实和理由重新作出与原行政行为基本相同的行政行为，人民法院应当根据行政诉讼法第七十条、第七十一条的规定判决撤销或者部分撤销，并根据行政诉讼法第九十六条的规定处理。

第九十一条 原告请求被告履行法定职责的理由成立，被告违法拒绝履行或者无正当理由逾期不予答复的，人民法院可以根据行政诉讼法第七十二条的规定，判决被告在一定期限内依法履行原告请求的法定职责；尚需被告调查或者裁量的，应当判决被告针对原告的请求重新作出处理。

第九十二条 原告申请被告依法履行支付抚恤金、最低生活保障待遇或者社会保险待遇等给付义务的理由成立，被告依法负有给付义务而拒绝或者拖延履行义务的，人民法院可以根据行政诉讼法第七十三条的规定，判决被告在一定期限内履行相应的给付义务。

第九十三条 原告请求被告履行法定职责或者依法履行支付抚恤金、最低生活保障待遇或者社会保险待遇等给付义务，原告未先向行政机关提出申请的，人民法院裁定驳回起诉。

人民法院经审理认为原告所请求履行的法定职责或者给付义务明显不属于行政机关权限范围的，可以裁定驳回起诉。

第九十四条 公民、法人或者其他组织起诉请求撤销行政行为，人民法院经审查认为行政行为无效的，应当作出确认无效的判决。

公民、法人或者其他组织起诉请求确认行政行为无效，人民法院审查认为行政行为不属于无效情形，经释明，原告请求撤销行政行为的，应当继续审理并依法作出相应判决；原告请求撤销行政行为但超过法定起诉期限的，裁定驳回起诉；原告拒绝变更诉讼请求的，判决驳回其诉讼请求。

第九十五条 人民法院经审理认为被诉行政行为违法或者无效，可能给原告造成损失，经释明，原告请求一并解决行政赔偿争议的，人民法院可以就赔偿事项进行调解；调解不成的，应当一并判决。人民法院也可以告知其就赔偿事项另行提起诉讼。

第九十六条 有下列情形之一，且对原告依法享有的听证、陈述、申辩等重要程序性权利不产生实质损害的，属于行政诉讼法第七十四条第一款第二项规定的“程序轻微违法”：

（一）处理期限轻微违法；

（二）通知、送达等程序轻微违法；

（三）其他程序轻微违法的情形。

第九十七条 原告或者第三人的损失系由其自身过错和行政机关的违法行政行为共同造成的，人民法院应当依据各方行为与损害结果之间有无因果关系以及在损害发生和结果中作用力的大小，确定行政机关相应的赔偿责任。

第九十八条 因行政机关不履行、拖延履行法定职责，致使公民、法人或者其他组织的合法权益遭受损害的，人民法院应当判决行政机关承担行政赔偿责任。在确定赔偿数额时，应当考虑该不履行、拖延履行法定职责的行为在损害发生过程和结果中所起的作用等因素。

第九十九条 有下列情形之一的，属于行政诉讼法第七十五条规定的“重大且明显违法”：

（一）行政行为实施主体不具有行政主体资格；

（二）减损权利或者增加义务的行政行为没有法律规范依据；

（三）行政行为的内容客观上不可能实施；

（四）其他重大且明显违法的情形。

第一百条 人民法院审理行政案件，适用最高人民法院司法解释的，应当在裁判文书中援引。

人民法院审理行政案件，可以在裁判文书中引用合法有效的规章及其他规范性文件。

第一百零一条 裁定适用于下列范围：

（一）不予立案；

（二）驳回起诉；

（三）管辖异议；

（四）终结诉讼；

（五）中止诉讼；

（六）移送或者指定管辖；

（七）诉讼期间停止行政行为的执行或者驳回停止执行的申请；

（八）财产保全；

（九）先予执行；

（十）准许或者不准许撤诉；

（十一）补正裁判文书中的笔误；

（十二）中止或者终结执行；

（十三）提审、指令再审或者发回重审；

（十四）准许或者不准许执行行政机关的行政行为；

（十五）其他需要裁定的事项。

对第一、二、三项裁定，当事人可以上诉。

裁定书应当写明裁定结果和作出该裁定的理由。裁定书由审判人员、书记员署名，加盖人民法院印章。口头裁定的，记入笔录。

第一百零二条 行政诉讼法第八十二条规定的行政案件中的“事实清楚”，是指当事人对争议的事实陈述基本一致，并能提供相应的证据，无须人民法院调查收集证据即可查明事实；“权利义务关系明确”，是指行政法律关系中权利和义务能够明确区分；“争议不大”，是指当事人对行政行为的合法性、责任承担等没有实质分歧。

第一百零三条 适用简易程序审理的行政案件，人民法院可以用口头通知、电话、短信、传真、电子邮件等简便方式传唤当事人、通知证人、送达裁判文书以外的诉讼文书。

以简便方式送达的开庭通知，未经当事人确认或者没有其他证据证明当事人已经收到的，人民法院不得缺席判决。

第一百零四条 适用简易程序案件的举证期限由人民法院确定，也可以由当事人协商一致并经人民法院准许，但不得超过十五日。被告要求书面答辩的，人民法院可以确定合理的答辩期间。

人民法院应当将举证期限和开庭日期告知双方当事人，并向当事人说明逾期举证以及拒不到庭的法律后果，由双方当事人在笔录和开庭传票的送达回证上签名或者捺印。

当事人双方均表示同意立即开庭或者缩短举证期限、答辩期间的，人民法院可以立即开庭审理或者确定近期开庭。

第一百零五条 人民法院发现案情复杂，需要转为普通程序审理的，应当在审理期限届满前作出裁定并将合议庭组成人员及相关事项书面通知双方当事人。

案件转为普通程序审理的，审理期限自人民法院立案之日起计算。

第一百零六条 当事人就已经提起诉讼的事项在诉讼过程中或者裁判生效后再次起诉，同时具有下列情形的，构成重复起诉：

（一）后诉与前诉的当事人相同；

（二）后诉与前诉的诉讼标的相同；

（三）后诉与前诉的诉讼请求相同，或者后诉的诉讼请求被前诉裁判所包含。

第一百零七条 第一审人民法院作出判决和裁定后，当事人均提起上诉的，上诉各方均为上诉人。

诉讼当事人中的一部分人提出上诉，没有提出上诉的对方当事人为被上诉人，其他当事人依原审诉讼地位列明。

第一百零八条 当事人提出上诉，应当按照其他当事人或者诉讼代表人的人数提出上诉状副本。

原审人民法院收到上诉状，应当在五日内将上诉状副本发送其他当事人，对方当事人应当在收到上诉状副本之日起十五日内提出答辩状。

原审人民法院应当在收到答辩状之日起五日内将副本发送上诉人。对方当事人不提出答辩状的，不影响人民法院审理。

原审人民法院收到上诉状、答辩状，应当在五日内连同全部案卷和证据，报送第二审人民法院；已经预收的诉讼费用，一并报送。

第一百零九条 第二审人民法院经审理认为原审人民法院不予立案或者驳回起诉的裁定确有错误且当事人的起诉符合起诉条件的，应当裁定撤销原审人民法院的裁定，指令原审人民法院依法立案或者继续审理。

第二审人民法院裁定发回原审人民法院重新审理的行政案件，原审人民法院应当另行组成合议庭进行审理。

原审判决遗漏了必须参加诉讼的当事人或者诉讼请求的，第二审人民法院应当裁定撤销原审判决，发回重审。

原审判决遗漏行政赔偿请求，第二审人民法院经审查认为依法不应当予以赔偿的，应当判决驳回行政赔偿请求。

原审判决遗漏行政赔偿请求，第二审人民法院经审理认为依法应当予以赔偿的，在确认被诉行政行为违法的同时，可以就行政赔偿问题进行调解；调解不成的，应当就行政赔偿部分发回重审。

当事人在第二审期间提出行政赔偿请求的，第二审人民法院可以进行调解；调解不成的，应当告知当事人另行起诉。

第一百一十条 当事人向上一级人民法院申请再审，应当在判决、裁定或者调解书发生法律效力后六个月内提出。有下列情形之一的，自知道或者应当知道之日起六个月内提出：

（一）有新的证据，足以推翻原判决、裁定的；

（二）原判决、裁定认定事实的主要证据是伪造的；

（三）据以作出原判决、裁定的法律文书被撤销或者变更的；

（四）审判人员审理该案件时有贪污受贿、徇私舞弊、枉法裁判行为的。

第一百一十一条 当事人申请再审的，应当提交再审申请书等材料。人民法院认为有必要的，可以自收到再审申请书之日起五日内将再审申请书副本发送对方当事人。对方当事人应当自收到再审申请书副本之日起十五日内提交书面意见。人民法院可以要求申请人和对方当事人补充有关材料，询问有关事项。

第一百一十二条 人民法院应当自再审申请案件立案之日起六个月内审查，有特殊情况需要延长的，由本院院长批准。

第一百一十三条 人民法院根据审查再审申请案件的需要决定是否询问当事人；新的证据可能推翻原判决、裁定的，人民法院应当询问当事人。

第一百一十四条 审查再审申请期间，被申请人及原审其他当事人依法提出再审申请的，人民法院应当将其列为再审申请人，对其再审事由一并审查，审查期限重新计算。经审查，其中一方再审申请人主张的再审事由成立的，应当裁定再审。各方再审申请人主张的再审事由均不成立的，一并裁定驳回再审申请。

第一百一十五条 审查再审申请期间，再审申请人申请人民法院委托鉴定、勘验的，人民法院不予准许。

审查再审申请期间，再审申请人撤回再审申请的，是否准许，由人民法院裁定。

再审申请人经传票传唤，无正当理由拒不接受询问的，按撤回再审申请处理。

人民法院准许撤回再审申请或者按撤回再审申请处理后，再审申请人再次申请再审的，不予立案，但有行政诉讼法第九十一条第二项、第三项、第七项、第八项规定情形，自知道或者应当知道之日起六个月内提出的除外。

第一百一十六条 当事人主张的再审事由成立，且符合行政诉讼法和本解释规定的申请再审条件的，人民法院应当裁定再审。

当事人主张的再审事由不成立，或者当事人申请再审超过法定申请再审期限、超出法定再审事由范围等不符合行政诉讼法和本解释规定的申请再审条件的，人民法院应当裁定驳回再审申请。

第一百一十七条 有下列情形之一的，当事人可以向人民检察院申请抗诉或者检察建议：

（一）人民法院驳回再审申请的；

（二）人民法院逾期未对再审申请作出裁定的；

（三）再审判决、裁定有明显错误的。

人民法院基于抗诉或者检察建议作出再审判决、裁定后，当事人申请再审的，人民法院不予立案。

第一百一十八条 按照审判监督程序决定再审的案件，裁定中止原判决、裁定、调解书的执行，但支付抚恤金、最低生活保障费或者社会保险待遇的案件，可以不中止执行。

上级人民法院决定提审或者指令下级人民法院再审的，应当作出裁定，裁定应当写明中止原判决的执行；情况紧急的，可以将中止执行的裁定口头通知负责执行的人民法院或者作出生效判决、裁定的人民法院，但应当在口头通知后十日内发出裁定书。

第一百一十九条 人民法院按照审判监督程序再审的案件，发生法律效力的判决、裁定是由第一审法院作出的，按照第一审程序审理，所作的判决、裁定，当事人可以上诉；发生法律效力的判决、裁定是由第二审法院作出的，按照第二审程序审理，所作的判决、裁定，是发生法律效力的判决、裁定；上级人民法院按照审判监督程序提审的，按照第二审程序审理，所作的判决、裁定是发生法律效力的判决、裁定。

人民法院审理再审案件，应当另行组成合议庭。

第一百二十条 人民法院审理再审案件应当围绕再审请求和被诉行政行为合法性进行。当事人的再审请求超出原审诉讼请求，符合另案诉讼条件的，告知当事人可以另行起诉。

被申请人及原审其他当事人在庭审辩论结束前提出的再审请求，符合本解释规定的申请期限的，人民法院应当一并审理。

人民法院经再审，发现已经发生法律效力的判决、裁定损害国家利益、社会公共利益、他人合法权益的，应当一并审理。

第一百二十一条 再审审理期间，有下列情形之一的，裁定终结再审程序：

（一）再审申请人在再审期间撤回再审请求，人民法院准许的；

（二）再审申请人经传票传唤，无正当理由拒不到庭的，或者未经法庭许可中途退庭，按撤回再审请求处理的；

（三）人民检察院撤回抗诉的；

（四）其他应当终结再审程序的情形。

因人民检察院提出抗诉裁定再审的案件，申请抗诉的当事人有前款规定的情形，且不损害国家利益、社会公共利益或者他人合法权益的，人民法院裁定终结再审程序。

再审程序终结后，人民法院裁定中止执行的原生效判决自动恢复执行。

第一百二十二条 人民法院审理再审案件，认为原生效判决、裁定确有错误，在撤销原生效判决或者裁定的同时，可以对生效判决、裁定的内容作出相应裁判，也可以裁定撤销生效判决或者裁定，发回作出生效判决、裁定的人民法院重新审理。

第一百二十三条 人民法院审理二审案件和再审案件，对原审法院立案、不予立案或者驳回起诉错误的，应当分别情况作如下处理：

（一）第一审人民法院作出实体判决后，第二审人民法院认为不应当立案的，在撤销第一审人民法院判决的同时，可以迳行驳回起诉；

（二）第二审人民法院维持第一审人民法院不予立案裁定错误的，再审法院应当撤销第一审、第二审人民法院裁定，指令第一审人民法院受理；

（三）第二审人民法院维持第一审人民法院驳回起诉裁定错误的，再审法院应当撤销第一审、第二审人民法院裁定，指令第一审人民法院审理。

第一百二十四条 人民检察院提出抗诉的案件，接受抗诉的人民法院应当自收到抗诉书之日起三十日内作出再审的裁定；有行政诉讼法第九十一条第二、三项规定情形之一的，可以指令下一级人民法院再审，但经该下一级人民法院再审过的除外。

人民法院在审查抗诉材料期间，当事人之间已经达成和解协议的，人民法院可以建议人民检察院撤回抗诉。

第一百二十五条 人民检察院提出抗诉的案件，人民法院再审开庭时，应当在开庭三日前通知人民检察院派员出庭。

第一百二十六条 人民法院收到再审检察建议后，应当组成合议庭，在三个月内进行审查，发现原判决、裁定、调解书确有错误，需要再审的，依照行政诉讼法第九十二条规定裁定再审，并通知当事人；经审查，决定不予再审的，应当书面回复人民检察院。

第一百二十七条 人民法院审理因人民检察院抗诉或者检察建议裁定再审的案件，不受此前已经作出的驳回当事人再审申请裁定的限制。

八、行政机关负责人出庭应诉

第一百二十八条 行政诉讼法第三条第三款规定的行政机关负责人，包括行政机关的正职、副职负责人以及其他参与分管的负责人。

行政机关负责人出庭应诉的，可以另行委托一至二名诉讼代理人。行政机关负责人不能出庭的，应当委托行政机关相应的工作人员出庭，不得仅委托律师出庭。

第一百二十九条 涉及重大公共利益、社会高度关注或者可能引发群体性事件等案件以及人民法院书面建议行政机关负责人出庭的案件，被诉行政机关负责人应当出庭。

被诉行政机关负责人出庭应诉的，应当在当事人及其诉讼代理人基本情况、案件由来部分予以列明。

行政机关负责人有正当理由不能出庭应诉的，应当向人民法院提交情况说明，并加盖行政机关印章或者由该机关主要负责人签字认可。

行政机关拒绝说明理由的，不发生阻止案件审理的效果，人民法院可以向监察机关、上一级行政机关提出司法建议。

第一百三十条 行政诉讼法第三条第三款规定的“行政机关相应的工作人员”，包括该行政机关具有国家行政编制身份的工作人员以及其他依法履行公职的人员。

被诉行政行为是地方人民政府作出的，地方人民政府法制工作机构的工作人员，以及被诉行政行为具体承办机关工作人员，可以视为被诉人民政府相应的工作人员。

第一百三十一条 行政机关负责人出庭应诉的，应当向人民法院提交能够证明该行政机关负责人职务的材料。

行政机关委托相应的工作人员出庭应诉的，应当向人民法院提交加盖行政机关印章的授权委托书，并载明工作人员的姓名、职务和代理权限。

第一百三十二条 行政机关负责人和行政机关相应的工作人员均不出庭，仅委托律师出庭的或者人民法院书面建议行政机关负责人出庭应诉，行政机关负责人不出庭应诉的，人民法院应当记录在案和在裁判文书中载明，并可以建议有关机关依法作出处理。

九、复议机关作共同被告

第一百三十三条 行政诉讼法第二十六条第二款规定的“复议机关决定维持原行政行为”，包括复议机关驳回复议申请或者复议请求的情形，但以复议申请不符合受理条件为由驳回的除外。

第一百三十四条 复议机关决定维持原行政行为的，作出原行政行为的行政机关和复议机关是共同被告。原告只起诉作出原行政行为的行政机关或者复议机关的，人民法院应当告知原告追加被告。原告不同意追加的，人民法院应当将另一机关列为共同被告。

行政复议决定既有维持原行政行为内容，又有改变原行政行为内容或者不予受理申请内容的，作出原行政行为的行政机关和复议机关为共同被告。

复议机关作共同被告的案件，以作出原行政行为的行政机关确定案件的级别管辖。

第一百三十五条 复议机关决定维持原行政行为的，人民法院应当在审查原行政行为合法性的同时，一并审查复议决定的合法性。

作出原行政行为的行政机关和复议机关对原行政行为合法性共同承担举证责任，可以由其中一个机关实施举证行为。复议机关对复议决定的合法性承担举证责任。

复议机关作共同被告的案件，复议机关在复议程序中依法收集和补充的证据，可以作为人民法院认定复议决定和原行政行为合法的依据。

第一百三十六条 人民法院对原行政行为作出判决的同时，应当对复议决定一并作出相应判决。

人民法院依职权追加作出原行政行为的行政机关或者复议机关为共同被告的，对原行政行为或者复议决定可以作出相应判决。

人民法院判决撤销原行政行为和复议决定的，可以判决作出原行政行为的行政机关重新作出行政行为。

人民法院判决作出原行政行为的行政机关履行法定职责或者给付义务的，应当同时判决撤销复议决定。

原行政行为合法、复议决定违法的，人民法院可以判决撤销复议决定或者确认复议决定违法，同时判决驳回原告针对原行政行为的诉讼请求。

原行政行为被撤销、确认违法或者无效，给原告造成损失的，应当由作出原行政行为的行政机关承担赔偿责任；因复议决定加重损害的，由复议机关对加重部分承担赔偿责任。

原行政行为不符合复议或者诉讼受案范围等受理条件，复议机关作出维持决定的，人民法院应当裁定一并驳回对原行政行为和复议决定的起诉。

十、相关民事争议的一并审理

第一百三十七条 公民、法人或者其他组织请求一并审理行政诉讼法第六十一条规定的相关民事争议，应当在第一审开庭审理前提出；有正当理由的，也可以在法庭调查中提出。

第一百三十八条 人民法院决定在行政诉讼中一并审理相关民事争议，或者案件当事人一致同意相关民事争议在行政诉讼中一并解决，人民法院准许的，由受理行政案件的人民法院管辖。

公民、法人或者其他组织请求一并审理相关民事争议，人民法院经审查发现行政案件已经超过起诉期限，民事案件尚未立案的，告知当事人另行提起民事诉讼；民事案件已经立案的，由原审判组织继续审理。

人民法院在审理行政案件中发现民事争议为解决行政争议的基础，当事人没有请求人民法院一并审理相关民事争议的，人民法院应当告知当事人依法申请一并解决民事争议。当事人就民事争议另行提起民事诉讼并已立案的，人民法院应当中止行政诉讼的审理。民事争议处理期间不计算在行政诉讼审理期限内。

第一百三十九条 有下列情形之一的，人民法院应当作出不予准许一并审理民事争议的决定，并告知当事人可以依法通过其他渠道主张权利：

（一）法律规定应当由行政机关先行处理的；

（二）违反民事诉讼法专属管辖规定或者协议管辖约定的；

（三）约定仲裁或者已经提起民事诉讼的；

（四）其他不宜一并审理民事争议的情形。

对不予准许的决定可以申请复议一次。

第一百四十条 人民法院在行政诉讼中一并审理相关民事争议的，民事争议应当单独立案，由同一审判组织审理。

人民法院审理行政机关对民事争议所作裁决的案件，一并审理民事争议的，不另行立案。

第一百四十一条 人民法院一并审理相关民事争议，适用民事法律规范的相关规定，法律另有规定的除外。

当事人在调解中对民事权益的处分，不能作为审查被诉行政行为合法性的根据。

第一百四十二条 对行政争议和民事争议应当分别裁判。

当事人仅对行政裁判或者民事裁判提出上诉的，未上诉的裁判在上诉期满后即发生法律效力。第一审人民法院应当将全部案卷一并移送第二审人民法院，由行政审判庭审理。第二审人民法院发现未上诉的生效裁判确有错误的，应当按照审判监督程序再审。

第一百四十三条 行政诉讼原告在宣判前申请撤诉的，是否准许由人民法院裁定。人民法院裁定准许行政诉讼原告撤诉，但其对已经提起的一并审理相关民事争议不撤诉的，人民法院应当继续审理。

第一百四十四条 人民法院一并审理相关民事争议，应当按行政案件、民事案件的标准分别收取诉讼费用。

十一、规范性文件的一并审查

第一百四十五条 公民、法人或者其他组织在对行政行为提起诉讼时一并请求对所依据的规范性文件审查的，由行政行为案件管辖法院一并审查。

第一百四十六条 公民、法人或者其他组织请求人民法院一并审查行政诉讼法第五十三条规定的规范性文件，应当在第一审开庭审理前提出；有正当理由的，也可以在法庭调查中提出。

第一百四十七条 人民法院在对规范性文件审查过程中，发现规范性文件可能不合法的，应当听取规范性文件制定机关的意见。

制定机关申请出庭陈述意见的，人民法院应当准许。

行政机关未陈述意见或者未提供相关证明材料的，不能阻止人民法院对规范性文件进行审查。

第一百四十八条 人民法院对规范性文件进行一并审查时，可以从规范性文件制定机关是否超越权限或者违反法定程序、作出行政行为所依据的条款以及相关条款等方面进行。

有下列情形之一的，属于行政诉讼法第六十四条规定的"规范性文件不合法"：

（一）超越制定机关的法定职权或者超越法律、法规、规章的授权范围的；

（二）与法律、法规、规章等上位法的规定相抵触的；

（三）没有法律、法规、规章依据，违法增加公民、法人和其他组织义务或者减损公民、法人和其他组织合法权益的；

（四）未履行法定批准程序、公开发布程序，严重违反制定程序的；

（五）其他违反法律、法规以及规章规定的情形。

第一百四十九条 人民法院经审查认为行政行为所依据的规范性文件合法的，应当作为认定行政行为合法的依据；经审查认为规范性文件不合法的，不作为人民法院认定行政行为合法的依据，并在裁判理由中予以阐明。作出生效裁判的人民法院应当向规范性文件的制定机关提出处理建议，并可以抄送制定机关的同级人民政府、上一级行政机关、监察机关以及规范性文件的备案机关。

规范性文件不合法的，人民法院可以在裁判生效之日起三个月内，向规范性文件制定机关提出修改或者废止该规范性文件的司法建议。

规范性文件由多个部门联合制定的，人民法院可以向该规范性文件的主办机关或者共同上一级行政机关发送司法建议。

接收司法建议的行政机关应当在收到司法建议之日起六十日内予以书面答复。情况紧急的，人民法院可以建议制定机关或者其上一级行政机关立即停止执行该规范性文件。

第一百五十条 人民法院认为规范性文件不合法的，应当在裁判生效后报送上一级人民法院进行备案。涉及国务院部门、省级行政机关制定的规范性文件，司法建议还应当分别层报最高人民法院、高级人民法院备案。

第一百五十一条 各级人民法院院长对本院已经发生法律效力的判决、裁定，发现规范性文件合法性认定错误，认为需要再审的，应当提交审判委员会讨论。

最高人民法院对地方各级人民法院已经发生法律效力的判决、裁定，上级人民法院对下级人民法院已经发生法律效力的判决、裁定，发现规范性文件合法性认定错误的，有权提审或者指令下级人民法院再审。

十二、执　行

第一百五十二条 对发生法律效力的行政判决书、行政裁定书、行政赔偿判决书和行政调解书，负有义务的一方当事人拒绝履行的，对方当事人可以依法申请人民法院强制执行。

人民法院判决行政机关履行行政赔偿、行政补偿或者其他行政给付义务，行政机关拒不履行的，对方当事人可以依法向法院申请强制执行。

第一百五十三条 申请执行的期限为二年。申请执行时效的中止、中断，适用法律有关规定。

申请执行的期限从法律文书规定的履行期间最后一日起计算；法律文书规定分期履行的，从规定的每次履行期间的最后一日起计算；法律文书中没有规定履行期限的，从该法律文书送达当事人之日起计算。

逾期申请的，除有正当理由外，人民法院不予受理。

第一百五十四条 发生法律效力的行政判决书、行政裁定书、行政赔偿判决书和行政调解书，由第一审人民法院执行。

第一审人民法院认为情况特殊，需要由第二审人民法院执行的，可以报请第二审人民法院执行；第二审人民法院可以决定由其执行，也可以决定由第一审人民法院执行。

第一百五十五条 行政机关根据行政诉讼法第九十七条的规定申请执行其行政行为，应当具备以下条件：

（一）行政行为依法可以由人民法院执行；

（二）行政行为已经生效并具有可执行内容；

（三）申请人是作出该行政行为的行政机关或者法律、法规、规章授权的组织；

（四）被申请人是该行政行为所确定的义务人；

（五）被申请人在行政行为确定的期限内或者行政机关催告期限内未履行义务；

（六）申请人在法定期限内提出申请；

（七）被申请执行的行政案件属于受理执行申请的人民法院管辖。

行政机关申请人民法院执行，应当提交行政强制法第五十五条规定的相关材料。

人民法院对符合条件的申请，应当在五日内立案受理，并通知申请人；对不符合条件的申请，应当裁定不予受理。行政机关对不予受理裁定有异议，在十五日内向上一级人民法院申请复议的，上一级人民法院应当在收到复议申请之日起十五日内作出裁定。

第一百五十六条 没有强制执行权的行政机关申请人民法院强制执行其行政行为，应当自被执行人的法定起诉期限届满之日起三个月内提出。逾期申请的，除有正当理由外，人民法院不予受理。

第一百五十七条 行政机关申请人民法院强制执行其行政行

为的，由申请人所在地的基层人民法院受理；执行对象为不动产的，由不动产所在地的基层人民法院受理。

基层人民法院认为执行确有困难的，可以报请上级人民法院执行；上级人民法院可以决定由其执行，也可以决定由下级人民法院执行。

第一百五十八条 行政机关根据法律的授权对平等主体之间民事争议作出裁决后，当事人在法定期限内不起诉又不履行，作出裁决的行政机关在申请执行的期限内未申请人民法院强制执行的，生效行政裁决确定的权利人或者其继承人、权利承受人在六个月内可以申请人民法院强制执行。

享有权利的公民、法人或者其他组织申请人民法院强制执行生效行政裁决，参照行政机关申请人民法院强制执行行政行为的规定。

第一百五十九条 行政机关或者行政行为确定的权利人申请人民法院强制执行前，有充分理由认为被执行人可能逃避执行的，可以申请人民法院采取财产保全措施。后者申请强制执行的，应当提供相应的财产担保。

第一百六十条 人民法院受理行政机关申请执行其行政行为的案件后，应当在七日内由行政审判庭对行政行为的合法性进行审查，并作出是否准予执行的裁定。

人民法院在作出裁定前发现行政行为明显违法并损害被执行人合法权益的，应当听取被执行人和行政机关的意见，并自受理之日起三十日内作出是否准予执行的裁定。

需要采取强制执行措施的，由本院负责强制执行非诉行政行为的机构执行。

第一百六十一条 被申请执行的行政行为有下列情形之一的，人民法院应当裁定不准予执行：

（一）实施主体不具有行政主体资格的；

（二）明显缺乏事实根据的；

（三）明显缺乏法律、法规依据的；

（四）其他明显违法并损害被执行人合法权益的情形。

行政机关对不准予执行的裁定有异议，在十五日内向上一级人民法院申请复议的，上一级人民法院应当在收到复议申请之日起三十日内作出裁定。

十三、附　则

第一百六十二条　公民、法人或者其他组织对 2015 年 5 月 1 日之前作出的行政行为提起诉讼，请求确认行政行为无效的，人民法院不予立案。

第一百六十三条　本解释自 2018 年 2 月 8 日起施行。

本解释施行后，《最高人民法院关于执行〈中华人民共和国行政诉讼法〉若干问题的解释》（法释〔2000〕8 号）、《最高人民法院关于适用〈中华人民共和国行政诉讼法〉若干问题的解释》（法释〔2015〕9 号）同时废止。最高人民法院以前发布的司法解释与本解释不一致的，不再适用。

三、办案规范

文化和旅游部关于印发《“十四五”公共文化服务体系建设规划》的通知

· 2021 年 6 月 10 日
· 文旅公共发〔2021〕64 号

各省、自治区、直辖市文化和旅游厅（局），新疆生产建设兵团文化体育广电和旅游局，本部各司局、各直属单位，国家文物局：

为进一步推进公共文化服务体系建设，根据《中华人民共和国国民经济和社会发展第十四个五年规划和 2035 年远景目标纲要》和《“十四五”文化和旅游发展规划》，我部编制了《“十四五”公共文化服务体系建设规划》，现印发给你们，请各地区、各单位高度重视规划实施，结合实际认真贯彻落实。

特此通知。

“十四五”公共文化服务体系建设规划

为贯彻落实《中华人民共和国国民经济和社会发展第十四个五年规划和2035年远景目标纲要》、国家“十四五”文化改革发展规划和《“十四五”文化和旅游发展规划》，加快推进公共文化服务体系建设，编制本规划。

序　言

“十三五”以来，在党中央、国务院的高度重视下，在各级党委、政府的大力支持下，在文化和旅游行政部门及广大文化工作者的不懈努力下，我国公共文化服务体系建设取得了重要成就。现代公共文化服务体系“四梁八柱”的制度框架基本建立，公共文化服务法治建设取得突破性进展，体制机制改革不断深化，基本公共文化服务标准化均等化建设全面推进，覆盖城乡的公共文化设施网络更加健全，优质公共文化产品和服务日趋丰富，服务能力和水平明显提高，公共文化事业经费保障能力稳步提升，高素质专业化人才队伍不断壮大，公共文化服务在推动文化治理体系和治理能力现代化，保障人民基本文化权益，满足人民日益增长的美好生活需要，促进城乡经济社会协调发展等方面发挥了重要作用。

“十四五”时期是我国全面建成小康社会、实现第一个百年奋斗目标之后，乘势而上开启全面建设社会主义现代化国家新征程、向第二个百年奋斗目标进军的第一个五年，我国进入新发展阶段。在新的历史起点上，公共文化服务面临着新的发展形势。

党中央、国务院将文化建设作为“五位一体”总体布局和“四个全面”战略布局的重要内容，推动公共文化服务体系向更广空间和更深层次发展的任务更加明确；随着我国社会主要矛盾发生变化，人民群众的多样化多层次需求对提升公共文化产品和服务供给水平的要求更加迫切；经济发展方式转变、产业结构调整优化，对公共文化服务培育促进文化消费，拉动内需等方面提出了新的要求；现代科技发展催生新产业新业态新模式不断涌现，为公共文化服务发展提供的动能更加强劲；文化和旅游的融合发展，大众旅游的深入推进，为公共文化服务提供了新的发展契机。但同时必须看到，公共文化服务还存在着不少短板和问题。由于经济社会发展水平的制约，城乡之间、区域之间的公共文化服务发展水平还存在较大差距；公共文化产品和服务品质还有待提升；改革创新力度有待加强；社会力量的作用还没有充分发挥；数字化、网络化、智能化建设与其他领域相比仍显滞后。“十四五”时期，必须立足社会主义初级阶段基本国情，深刻认识公共文化服务的新特征、新要求、新规律，抓住机遇，应对挑战，不断提升公共文化服务水平。

一、总体要求

（一）指导思想

高举中国特色社会主义伟大旗帜，深入贯彻党的十九大和十九届二中、三中、四中、五中全会精神，坚持以马克思列宁主义、毛泽东思想、邓小平理论、“三个代表”重要思想、科学发展观、习近平新时代中国特色社会主义思想为指导，深刻认识和把握公共文化服务体系建设在“五位一体”总体布局和“四个全面”战略布局中的地位和作用，立足新发展阶段、贯彻新发展理念、构建新发展格局，以推动高质量发展为主题，以深化供给侧结构性改革为主线，进一步完善制度建设，提升治理能力，激发创新活力，努力提供更高质量、更有效率、更加公平、更可持续的公共文化服务，切实保障人民群众基本文化权益，提升文化获得感、幸福感，为建设社会主义文化强国奠定基础。

（二）基本原则

1. 坚持正确导向。坚持党对公共文化工作的领导，牢牢把握社会主义先进文化前进方向，紧紧围绕举旗帜、聚民心、育新人、兴文化、展形象的使命任务，以社会主义核心价值观为引领，促进满足人民文化需求和增强人民精神力量相统一，让人民享有更加充实、更为丰富、更高质量的精神文化生活。

2. 坚持以人民为中心。坚持文化发展为了人民，更好顺应人民群众对美好生活的新期待，推动公共文化服务向高品质和多样化升级。坚持文化发展依靠人民，充分尊重人民群众主体地位和首创精神，着力提高文化参与度和创造力。坚持文化发展成果由人民共享，切实保障文化民生，促进社会公平。

3. 坚持改革创新。进一步加强文化治理体系和治理能力建设，持续增强发展动力和活力。坚持向改革要效益，进一步探索现代公共文化服务体系建设体制机制改革路径，着力解决制约公共文化服务高质量发展的突出矛盾和问题。坚持以创新谋发展，打破体制界限，整合社会资源，提高配置效率，形成开放多元的公共文化服务供给体系。

4. 坚持系统推进。加强前瞻性思考、全局性谋划、战略性布局、整体性推进，统筹发展与安全，统筹城乡、区域协调发展，既要坚持保障基本，普惠均等，稳固发展根基，又要尊重差异，鼓励地方善用优势，率先拓展提升，充分发挥引领、示范、带动作用，形成布局科学均衡，质量梯次提升的公共文化服务发展格局。

（三）发展目标

“十四五”末，公共文化服务体系将力争达到以下目标：

——公共文化服务布局更加均衡。城乡公共文化服务体系一体建设取得重大突破，城乡协同发展机制逐步健全，城乡公共文化服务差距进一步缩小。公共文化服务在保障人民基本文化权益，促进城乡经济社会发展中的重要作用更加凸显。

——公共文化服务水平显著提高。城乡公共文化服务供给能力进一步增强，基本公共文化服务水平与经济社会发展水平同步提升。公共文化服务质量明显改善。公共文化服务知晓度、参与度、满意度不断提高。

——公共文化服务供给方式更加多元。政府主导、社会力量广泛参与的公共文化服务供给机制更加成熟，来自基层群众的文化创造更加活跃，政府、市场、社会共同参与公共文化服务体系建设的格局更加健全。

——公共文化数字化网络化智能化发展取得新突破。公共数字文化资源更加丰富，国家公共文化云等平台互联互通体系更加完善，智慧图书馆体系建设取得明显进展，公共文化数字服务更加便捷、应用场景更加丰富。

专栏1　主要发展指标

序号	发展指标	2019 年	2025 年	属性
1	全国公共图书馆年流通人次（万人次）	90135	100000-110000	预期性
2	全国公共图书馆为读者举办各类活动次数（万次）[1]	19.57	25-35	预期性
3	全国群众文化机构组织文化活动次数（万次）[2]	245.11	275-300	预期性
4	全国群众文化机构年服务人次（万人次）[3]	78715.66	88500-100000	预期性
5	每万人群众业余文化团队数量（个）	3.16	3.3-3.7	预期性

注：

1. 公共图书馆为读者举办各类活动次数为组织各类讲座、举办展览和举办培训班次数之和。

2. 群众文化机构组织的各项文化活动包括展览、文艺活动、公益性讲座、训练班等。

3. 群众文化机构年服务人次为全国参与群众文化机构服务提供的展览、文艺活动、公益性讲座、训练班等活动的总人次。

展望2035年，在基本实现社会主义现代化之际，建成与社会主义文化强国相适应的现代公共文化服务体系，人民基本文化权益保障制度更加健全，基本公共文化服务均等化水平持续提升，城乡间、区域间公共文化发展差距明显缩小，人人参与、全民共享的公共文化服务发展局面基本形成，人民群众对美好精神文化生活的新期待得到更好满足，公共文化服务在促进人的全面发展、凝聚人民精神力量、增强国家文化软实力方面发挥更大作用。

二、主要任务

（一）推进城乡公共文化服务体系一体建设

1. 深入推进城乡公共文化服务标准化建设。全面落实国家基本公共服务标准，进一步明确现阶段基本公共文化服务范围和标准，强化保障能力。适应高质量发展的要求，坚持尽力而为，量力而行，推动进一步完善和提升省、市、县三级公共文化服务实施标准（服务目录），确保内容无缺项、人群全覆盖、标准不攀高、财力有保障、服务可持续。发挥标准引领作用，进一步完善公共图书馆、文化馆（站）和基层综合性文化服务中心等公共文化机构建设、管理、服务和评价标准规范，健全城乡公共文化服务标准体系。强化标准实施，开展标准实施情况监督检查和评估，提升公共文化服务质量。建立标准动态调整机制，根据标准实施效果、经济社会发展状况和人民群众精神文化需求等因素，适时调整相关标准。

2. 完善城乡公共文化服务协同发展机制。推进图书馆、文化馆总分馆制建设，提升县级公共图书馆、文化馆统筹协调、组织指导、服务援助能力，依托具备条件的乡镇综合文化站、村级综合性文化服务中心和社会性文化机构等，设立分馆或基层服务点。鼓励以市为单位，增加社保卡文化功能，积极推动公共图书馆实现免注册借阅，面向全民开展服务。推进城乡“结对子、种文化”，加强城市对农村文化建设的对口帮扶，形成常态化工作机制。创新实施文化惠民工程，引导优质文化资源和文化服务更多地向农村倾斜。积极开展流动文化服务，通过流动舞台车、流动图书车、文艺小分队等形式，把慰问演出、文艺辅导、展览讲座等文化活动内容送到百姓身边。持续实施“戏曲进乡村”活动。实施城乡示范性文化和旅游志愿服务活动，促进城乡志愿服务人员的交流互动和共同提升。

3. 以文化繁荣助力乡村振兴。全面落实乡村振兴战略，按照有标准、有网络、有内容、有人才的要求，健全乡村公共文化服务体系。充分发挥县乡村公共文化设施、资源、组织体系等方面的优势，强化文明实践功能，推动与新时代文明实践中心融合发展。深入开展乡镇综合文化站专项治理，完善效能建设长效机制。提升基层综合性文化服务中心功能。因地制宜建设文化礼堂、文化广场、乡村戏台、非遗传习场所等主题功能空间。保护利用乡村传统文化，盘活乡村文化资源，重塑乡村文化生态。加强“中国民间文化艺术之乡”建设管理，开展“艺术乡村”建设试点，使艺术融入乡土，提升乡村文化建设品质。鼓励开展乡村节日民俗活动，举办“村晚”等群众广泛参与的文化活动。紧密结合美丽乡村建设，培育乡村网红，开展民族民俗文化旅游示范区建设试点，规划打造一批兼具教育性、艺术性、体验性的乡村旅游线路，推进乡村文化和旅游融合发展。

4. 创新培育城市公共文化空间。坚持“人民城市”建设理念，提升城市文化治理能力，努力形成优质均衡，便捷高效的公共文化设施网络，创新拓展公共空间，营造良好的城市人文环境。推动将公共文化设施建设纳入城市建设总体规划，围绕城市发展战略定位，根据人口分布等因素，科学规划空间格局，提升覆盖能力。新建公共文化设施要在征求公众意见的基础上，根据实际适当向城乡结合部和远郊区县倾斜，补齐薄弱地区建设短板。落实新建改建扩建居民住宅区配套建设公共文化设施要求，编实织密基层公共文化设施网络。加快推动社区文化“嵌入式”服务，将文化创意融入社区生活场景。推动将社区文化设施建设纳入城市更新计划，鼓励社会力量参与，结合老旧小区、老旧厂区、城中村等改造，创新打造一批具有鲜明特色和人文品质的新型公共文化空间。

专栏2　城乡文化惠民工程
项目1：中国民间文化艺术之乡项目。组织开展“中国民间文化艺术之乡”评审命名，加强建设管理。将中国民间文化艺术之乡建设作为新时期乡村公共文化服务创新发展和乡村优秀传统文化保护与传承的重要抓手，打造“一乡”“一品”“一艺”“一店”“一景”的乡村文化事业产业融合发展的新模式。 项目2：戏曲进乡村项目。通过政府购买服务的方式，为脱贫县所辖乡镇每两个月配送一场以地方戏为主的演出，满足当地人民群众的看戏需求，同时带动地方戏曲传承发展。 项目3：民族民俗文化旅游示范区项目。修订、实施《民族民俗文化旅游示范区认定》国家标准，开展民族民俗文化旅游示范区建设试点，总结经验，逐步打造一批民族民俗文化旅游资源丰富、特色鲜明、旅游功能强的示范区域，助力乡村振兴。 项目4：乡村网红培育计划。以“我的家乡我代言”为主题，依托各级文化馆（站），采用微综艺新媒体节目形式，广泛发掘、培育一批优秀“乡村网红”，推介乡村文化和旅游资源，引领乡风文明建设。

（二）建设以人为中心的图书馆

1. 推进公共图书馆功能转型升级。适应高质量发展要求，推动公共图书馆向“以人为中心”转型，建设开放、智慧、包容、共享的现代图书馆，将公共图书馆建设成为滋养民族心灵、培育文化自信的重要场所。围绕当地经济社会发展战略任务，积极配合各级党委政府中心工作和社会领域发展重点，充分发挥文献保障和智库作用，建设区域创新文献支持中心。持续优化资源建设方式，完善文献保障体系，提升服务能力，创新服务方式，建设区域性知识、信息和学习中心。优化公共图书馆环境和功能，营造融入人民群众日常生活的高品质文化空间，建设有温度的文化社交中心。拓展与深化公共图书馆服务创新，鼓励支持各级公共图书馆推出一批示范引领作用强的创新项目。探索创新基层图书馆运营模式，结合总分馆制建设，试点推进建设一批管理先进、特色鲜明、与社区融合共生的主题性阅读场所。

2. 广泛开展全民阅读活动。将推动、引导、服务全民阅读作为公共图书馆的重要任务，不断丰富以阅读为核心的综合性文化服务，建设书香社会。围绕世界读书日、图书馆服务宣传周、全民读书月以及重大节庆活动，深入开展系列阅读推广活动。加大党史、新中国史、改革开放史、社会主义发展史等重点出版物的阅读内容引领。树立“大阅读”“悦读”等现代理念，创新活动方式，培育一批具有时代感的城乡阅读品牌。高度重视未成年人阅读习惯培养。进一步丰富亲子阅读活动。实施青少年阅读素养提升计划，推荐一批高质量少年儿童图书。主动适应公众阅读习惯和媒介传播方式变化，通过新媒体广泛开展在线阅读推广活动，吸引更多群众特别是年轻人参与。加强与出版社、品牌书店、上网服务场所和互联网平台等合作，联合开展阅读推广活动。依托公共图书馆汇聚、培育一批领读者、阅读推广人、阅读社群。推广读者积分激励机制。

3. 加强古籍整理保护和传承利用。结合实施中华文化资源普查工程，深入开展古籍普查，全面掌握海内外古籍存藏情况。加强古籍分级分类保护，完善国家、省级珍贵古籍名录和古籍重点保护单位评选制度。组织实施中华古籍保护计划、革命文献与民国时期文献保护计划、《中华传统文化百部经典》编纂、珍贵濒危古籍抢救保护等项目。会同有关部门做好《永乐大典》、敦煌文献、藏文古籍以及黄河流域、大运河沿线相关古籍的保护修复工作。推进国家文献储备库建设。加强古籍保护数字化建设，实施中华古籍影像数据库、全文数据库、大数据平台等建设项目，促进古籍数字资源便捷使用和开放共享。促进古籍保护成果整理出版，加强古籍再生性保护和揭示利用。加强古籍在公共文化服务中的应用。组织开展古籍知识讲座、展览、互动体验、数字化体验等推广活动，实施中华经典诵读工程和中华经典传习计划，加强古籍创意产品开发，让书写在古籍里的文字活起来。加强古籍保护、传承、利用人才培养。

专栏3　公共图书馆发展

项目5：全民阅读项目。将推进全民阅读作为各级公共图书馆的重要任务，充分利用资源、设施、空间、人才等方面优势，广泛开展主题阅读活动，创新服务方式，打造阅读品牌。

项目6：国家文献储备库建设项目。完成国家文献储备库基础设施建设，调整完善国家图书馆国家文献信息资源总库的总体规划和业务布局，充分利用数字化、缩微复制、影印出版等手段，以同城灾备和异地灾备相结合的方式，实现国家文献信息的永久、安全战略保存。

项目7：《永乐大典》保护传承项目。配合有关部门做好国内外各收藏机构存藏《永乐大典》收集整理工作，对国内存藏《永乐大典》开展全文数字化建设，推进海外存藏《永乐大典》的数字化回归，做好《永乐大典》研究和整理出版工作，筹建《永乐大典》研究中心，推动《永乐大典》申报《世界记忆遗产名录》。

项目8：中华古籍全文数据库建设项目。结合推进古籍影像数字化工作，借助文字识别等先进技术，将古籍影像转化为编码文字，建立海量文字的中华古籍全文数据库。

（三）繁荣群众文艺

1. 广泛开展群众文艺创作和活动。充分发挥文化馆在繁荣群众文艺工作中的重要作用，加强现代文化馆建设。坚持深入生活，扎根人民，以社会主义核心价值观为引领，把提高质量作为群众文艺作品的生命线，推动各门类群众文艺精品创作。精准把握群众文艺的特点和规律，组织开展重要主题创作，展现百姓生活，表达人民心声，抒写伟大时代。深入开展中国文化艺术政府奖——群星奖评奖工作，充分发挥示范引领作用。积极开展群众文艺创作展演展示活动。健全群众性文化活动机制。在建党100周年等重大节点和“七一”、国庆等重要节日开展主题文艺活动，旗帜鲜明唱响主旋律，弘扬正能量。围绕春节、元宵节、端午节、中秋节等传统节日，注入时代精神和人文内涵，创新开展传统民俗文化活动。引导群众文化活动与时俱进，推动内容和形式深度创新。开展百姓大舞台、市民文化节、民歌大会、大众合唱节、广场舞示范展示等群众喜闻乐见的文化活动，形成一批有影响力的城乡群众文化品牌。

2. 实施全民艺术普及工程。扎根时代生活，遵循美育特点，深入开展全民艺术普及工作。将全民艺术普及作为公共文化服务的重要品牌，推动各地设立全民艺术普及周、举办全民艺术节，增强社会影响力。坚持以群众基本文化艺术需求为导向，推进全民艺术知识普及、欣赏普及、技能普及和活动普及，把文化馆打造成为城乡居民的终身美育学校。各级文化馆（站）要将全民艺术普及作为免费开放的重要内容，常年举办公益性文化艺术讲座、展演、展览、展示和培训活动。培育全民艺术普及推广人。搭建艺术普及推广平台，统筹组织艺术考级等社会培训机构开展艺术公益培训和展演展示活动，加强社会艺术普及服务。依托国家公共文化云平台，建立全民艺术普及云，实现全民艺术普及的线上线下有效联动。推动乡村艺术普及，结合民情、民风、民俗，策划实施民间艺术普及活动，激发乡村文化活力。组织全民艺术普及成果展示活动。

3. 培育一批扎根基层的群众文艺团队和文艺骨干。尊重人民主体地位，使广大人民群众真正成为文化建设的参与者、展示者、欣赏者、分享者。挖掘选拔一批有热情、有才华的优秀文艺人才，通过加强艺术培训，建立作品研讨提升机制，搭建演出展示平台等措施，造就一大批本土化的群众文化创作和活动“带头人”，引导、带动城乡群众在文化生活中当主角、唱大戏。积极培育、发展群众文艺团队。以县为单位建立群众文艺团队、文化骨干信息库。进一步壮大文化馆馆办文艺团队，吸纳、培养优秀群众文艺人才，打造一批在当地城乡群众中有广泛影响的品牌团队。加大对广场舞、合唱等群众自发性文艺团队的扶持引导，在歌舞编排、骨干培训、器材配备上提供服务保障。建立优秀群众文化团队展示平台，在全国各地培育一批示范性群众文艺团队。鼓励各地对优秀群众文艺团队予以表彰奖励。

专栏4　群众文艺

项目9：群星奖。创新开展“群星奖”评奖工作，评选出一批全国群众文艺的代表性作品，充分发挥示范作用，带动优秀群众文艺作品创作。通过巡演、网上展播等方式，加强“群星奖”获奖作品展示推广。

项目10：全民艺术普及项目。以群众基本文化艺术需求为导向，推进全民艺术知识普及、艺术欣赏普及、艺术技能普及和艺术活动普及，提高群众审美品位，使艺术融入日常生活。培育一批长期活跃在基层、深受群众喜爱的群众文艺骨干和优秀团队，带动群众性文化活动的广泛开展。搭建全民艺术普及云平台，建设全国艺术普及师资库、艺术普及课程库，通过线上线下有效联动，实现全民艺术普及导航服务。

项目11："大家唱"群众歌咏活动。推动中国少年儿童合唱节、中国老年合唱节向"大家唱"群众歌咏活动转变，利用线上线下结合的方式，面向全国征集、展示一批有特色、有影响力的歌唱作品及优秀歌唱团队、歌手，展示群众歌唱风采。在合唱节参赛、评选方面降低门槛，突出群众性和普惠化，带动更多群众参与。

项目12："村晚"项目。引导"村晚"由春节期间集中开展向节日期间常态化开展延伸，由侧重文艺演出活动向群众文艺展示、特色文化传承、好物美景推介等内容相结合的综合性节庆活动转变。通过"村晚"，展示农村群众精神风貌、传承优秀乡土文化、助力乡村振兴。

项目13：广场舞活动。每年围绕群众性主题宣传教育活动主题，举办全国广场舞活动，带动各地广泛开展主题性广场舞活动。依托行业组织和社会力量，征集推出一批"广场舞带头人""优秀广场舞团队""群众最喜爱的广场舞""最受欢迎的广场舞曲"，健全支持广场舞活动开展的长效机制。

项目14："百姓大舞台"网络群众文化品牌活动。采取线上线下相结合，通过网络直录播等方式，挖掘、展示各地优秀群众文化活动，培育、提升各地群众文化活动品牌，打造群众文化活动的大集成、大展台。

（四）增强公共文化服务实效性

1. 提高公共文化服务供给能力。全面落实公共图书馆、文化馆（站）、美术馆免费开放政策，进一步完善免费开放信息公开、监督评价、绩效管理等机制，确保"三馆一站"高质量开展基本公共文化服务。积极做好延时、错时和流动服务，完善保障机制。提升公共文化机构的公共安全应急管理能力，保障公共文化设施和公众活动安全。在做好基本公共文化服务的基础上，经上级行政主管部门批准，公共文化机构可根据实际，优惠提供特色化、多元化、个性化非基本公共文化服务，实现优惠有标准、质量有保障、内容有监管。坚持把社会效益放在首位，推动有条件的公共文化机构盘活文化资源，开发文创产品。鼓励公共文化机构与社会力量围绕文化授权、创意设计、生产加工、营销管理等产业链深度合作。搭建文创产品展示和营销平台，支持优秀文创产品开发、交流、展示与合作。支持文化艺术和旅游院校参与公共文化服务供给。做好公共文化服务宣传推广，提高群众知晓率、参与率和满意度。

2. 精准对接人民群众文化需求。聚焦供需矛盾，深入开展供给侧结构性改革，注重需求侧管理。推动建立集需求采集、采购配送、监督管理、反馈互动等于一体的公共文化产品与服务平台。完善“订单式”“菜单式”“预约式”服务机制，加快实现文化资源网上配送、场地网上预订、活动网上预约等功能。针对不同地域不同群体文化需求，统筹做好特殊群体公共文化服务供给。积极适应老龄化发展趋势，让更多老人享有更优质的晚年文化生活，面向老年人群体开展数字技能和文化艺术培训，切实解决老年群体运用智能技术困难等问题。面向残障群体，打造无障碍服务体系，支持盲人图书馆等特殊文化服务。激发人民群众参与热情，鼓励各级各类公共文化机构通过互联网新媒体等方式，组建以兴趣爱好和特长为纽带的高粘性“粉丝”文化社群，构建新型服务提供与反馈模式。

3. 积极推动公共文化服务融合发展。落实开放共享理念，统筹各领域资源，找准关键节点，推动融合创新，进一步优化公共文化服务发展生态。结合实际推动公共图书馆、文化馆、博物馆、美术馆等公共文化机构发挥各自优势，通过联合开展文化活动、展览品牌建设等措施，形成发展合力。推动文化和旅游融合发展，抓好文化和旅游公共服务机构功能融合试点工作，树立一批有代表性和推广价值的典型案例。探索公共文化服务和教育融合路径。完善公共文化服务进校园的常态化机制，推动高校图书馆等文化设施向社会开放，通过设立课外教育基地、“四点半课堂”等形式，完善与中小学的双向融合机制。加强公共文化服务与农业、卫生、科普、民政等领域惠民项目融合发展。深入推进公共文化服务领域军民融合工作，加快军民公共文化设施和资源的共建共享进程。

专栏5　公共文化服务供给
项目15：公共文化服务“点单平台”建设项目。依托各级公共文化云，以县级为重点，从群众文化需求出发，运用信息技术，搭建汇聚整合文化活动、文化设施、文化遗产、文艺演出、图书期刊等公共文化资源的“点单平台”，开设活动报名、场馆预约、活动直播、文化地图、文化日历、资讯订阅、个性推送等多种功能，为群众提供菜单式、订单式、一站式的公共文化服务。 项目16：特殊群体服务项目。加大对特殊群体公共文化保障力度，进一步丰富特殊群体精神文化生活，推进基本公共文化服务均等化。结合“全国助残日”“国际残疾人日”等重要节点，联合中国残联广泛开展助残文化活动。在全国评选、推广一批具有特色、效果明显的面向老年人、未成年人、农村留守儿童等特殊群体开展的示范性志愿服务项目。加强制度设计，开展面向特殊群体的志愿服务课题研究，切实保障特殊群体文化权益，多途径丰富面向特殊群体的公共文化产品供给和服务。 项目17：文化和旅游公共服务机构功能融合试点。坚持试点先行，推动有条件的文化和旅游公共服务机构因地制宜探索文化和旅游融合发展路径。找准切入点，通过增加旅游宣传项目，合作开展研学活动等方式，实现公共文化机构与旅游公共服务设施资源共建、优势互补。

（五）推动公共文化服务社会化发展

1. 深入推进政府购买公共文化服务。举办全国或区域性公共文化产品和服务采购大会，搭建购买公共文化服务供需对接平台。加强购买公共文化服务的监督管理，完善事前、事中和事后监管体系，健全由购买主体、公共文化服务对象以及第三方共同参与的评价约束机制，提升购买服务质量。将推进购买公共文化服务与培育公共文化服务社会化力量结合，建立健全承接主体资质评价机制，提升社会化承接组织服务能力。

2. 创新社会力量参与公共文化服务方式。稳妥推进县以下基层公共文化设施社会化管理运营，对存在人员缺乏等困难的公共文化设施，鼓励通过服务外包、项目授权、财政补贴等方式，引入符合条件的企业和社会组织进行运行或连锁运行。上级文化和旅游行政部门对推行社会化管理运营的公共文化设施加强政治导向审核和质量监管。进一步完善公共文化机构法人治理结构。培育一批具有较高服务水平、管理规范的文化类社会组织。充分发挥图书馆、文化馆等行业协会、学会在行业自律、行业管理、行业研究、行业交流中的作用。

3. 提升文化志愿服务水平。构建参与广泛、形式多样、机制健全、灵活高效的文化志愿服务体系，完善文化志愿者注册招募、服务记录、管理评价和激励保障机制，加强文化志愿服务统计，提高志愿服务管理规范化水平。依托文化馆（站）、图书馆等公共文化机构，开展常态化、多样化的文化志愿服务。持续推进“春雨工程”——全国文化和旅游志愿服务行动计划、“阳光工程”——中西部农村文化志愿服务行动计划、“圆梦工程”——农村未成年人文化志愿服务计划。积极探索线上线下相结合、具有地方和行业特色的文化志愿服务工作模式和服务方式，利用数字化手段提升文化志愿服务水平。开展全国文化和旅游志愿服务项目大赛，组织文化和旅游领域学雷锋志愿服务“四个 100”先进典型宣传推选活动，形成一批文化志愿服务品牌。壮大文化志愿者队伍，建立各级文化志愿服务组织，鼓励退休人员、专业文化艺术工作者、文化艺术爱好者、学生等群体参与志愿服务。

专栏 6　公共文化服务社会化

项目 18：公共文化产品和服务采购大会项目。通过线上线下相结合的方式，打造集推荐、展示、交流、交易为一体的“互联网+展会”服务模式，为社会力量参与公共文化服务供给搭建平台，开辟渠道，促进社会力量全链条参与公共文化服务，为公共文化机构搭建供需精准对接的桥梁纽带，不断推动公共文化服务资源从体制内循环转变为面向全社会的大循环，促进公共文化资源优化配置。

项目 19：文化志愿服务建设项目。进一步建立健全文化志愿服务工作机制、活动运行长效机制、嘉许激励促进机制，建设全国文化和旅游志愿服务中心，完善各级志愿服务组织网络。实施“春雨工程”——全国文化和旅游志愿服务行动计划、“阳光工程”——中西部农村文化志愿服务行动计划、“圆梦工程”——农村未成年人文化志愿服务计划。推进文化志愿服务实践和理论研究，完善文化志愿服务数字平台，提升文化志愿服务专业化水平，全面推动文化志愿服务健康可持续发展。

（六）推动公共文化服务数字化、网络化、智能化建设

1. 加强数字文化内容资源和管理服务大数据资源建设。持续推动公共文化机构数字资源建设。以全民阅读和全民艺术普及为建设方向，不断丰富数字资源总量，创新数字资源样态，提升数字资源建设质量，打造全民阅读和全民艺术普及资源库群。加强地方特色数字资源建设，以数字化、影像化等现代信息技术，以移动互联网和新媒体思维，建设具有鲜明地方特色和较高历史、人文、科学价值，展示中国文化，讲述中国故事的数字资源，弘扬中华优秀传统文化，促进其创造性转化、创新性发展。加强数字文化资源版权保护。推动公共文化大数据管理系统建设。通过数据采集、存储、处理、分析、可视化和系统运维技术，将公共文化大数据资源转化为更强的研判力、决策力和流程优化能力，

对文化需求预测和内容供给提供有效的技术支持。推动将相关文化大数据资源纳入国家文化大数据体系建设。

2. 加快公共文化网络平台建设。推动实施智慧图书馆统一平台建设，提升国家公共文化云平台，鼓励各地按照统一标准和规范，因地制宜建设本地文化云平台，加强文化云平台之间的互联互通，构建统筹协调发展的公共文化云平台体系。积极布局公共文化领域“新基建”，努力建设基于“城市大脑”“城市数据湖”上的智慧文化服务。加强公共文化网络平台与政务服务平台、城市民生服务平台的互联互通，实现数据共享、统一认证，为群众提供“一体化”集成式平台服务。引导公共文化云平台与社会网络平台的合作共享，推动端口对接、资源共享、服务嵌入，利用社会化网络平台优势，提升公共文化网络平台的覆盖范围和传播效率。

3. 拓展公共文化服务智慧应用场景。依托云计算、大数据、人工智能、区块链等新一代信息技术，加强云端数据挖掘和分析能力，推动公共图书馆、文化馆（站）实现包括智慧服务、智慧分析、智慧评估和辅助决策等功能在内的智慧化运营，优化数据反馈模式。构建公共文化服务用户画像和知识图谱，为差异化服务提供数据支持。利用现代信息技术加强基层公共文化机构的智慧化服务与管理，强化服务数据采集，提升基层公共文化服务供需对接水平。完善优化包括需求征集、预约预定、点赞分享、在线互动等功能的移动端公共数字服务。探索依托微信、微博、短视频等社会化平台开展公共数字文化服务的工作机制，鼓励公共文化机构打造有影响力的新媒体矩阵。推广群众文化活动高清网络直播。运用人机交互、虚拟现实、全息影像等信息技术，加强公共文化“沉浸式”“互动式”体验服务。推进“互联网+群众文化活动”，培育“云上群星奖”“云上乡村村晚”等数字文化服务品牌。鼓励公共文化机构与数字文化企业对接合作，拓宽数字文化服务应用场景。开展公共文化数字化服务创新案例评选、推广活动。

专栏 7　公共文化服务数字化建设

项目 20：全国智慧图书馆体系建设项目。以全国智慧图书馆体系建设为核心，搭建一套支撑智慧图书馆运行的云基础设施，搭载全网知识内容集成仓储，运行下一代智慧图书馆管理系统，建立智慧化知识服务运营环境，在全国部分图书馆及其基层服务网点试点建立实体智慧服务空间，打造面向未来的图书馆智慧服务体系和自有知识产权的智慧图书馆管理系统，助力全国公共图书馆智慧化升级和服务效能提升。

项目 21：公共文化云项目。以各级文化馆（站）为主要阵地，运用 5G、云计算、大数据、人工智能、区块链等信息技术，以国家公共文化云为依托，联合地方文化云（地方数字文化馆平台），以移动互联网为主要渠道，打造覆盖全国的安全、便捷、权威、丰富、开放的全民艺术普及公共服务总平台、全民艺术普及资源总库、全民艺术普及文创中心、公共文化和旅游产品交易中心，打造群众文化活动的大集成、大展台。

（七）推进公共文化服务区域均衡发展

1. 积极发挥国家重大发展战略引领作用。推动将公共文化服务体系建设纳入京津冀协同发展、长江经济带、粤港澳大湾区、长三角一体化、黄河流域生态保护和高质量发展、成渝地区双城经济圈等国家发展战略。鼓励相关地区充分发挥国家文化创新引擎作用，建立常态化工作机制，在推动公共文化服务高质量一体化等方面先行先试，率先突破。根据区域发展实际，探索通过组建公共文化机构联盟、共同举办品牌文化活动、共同推出以居民身份证、社保卡等为载体的“惠民一卡通”等方式，在公共文化资源、活动、服务、管理等多个方面实现共建共享，完善区域公共文化资源配置格局，实现供给能力和供给质量全面提升。加强对雄安新区文化改革创新的支持力度，推动国家图书馆在新区设立分馆。

2. 多措并举推动区域协调发展。健全区域协调发展体制机制，在形成西部大开发新格局、东北振兴、中部崛起和东部地区加快现代化过程中，确保公共文化服务体系建设同步推进。坚持和完善东西部协作和对口支援机制，常态化开展文化帮扶工作，更好促进发达地区和欠发达地区、东中西部地区协同发展。在基础设施建设、运营管理、专项资金、人才技术等方面，支持革命老区、民族地区、边疆地区、脱贫地区公共文化服务体系建设。坚持“一县一策”，推动中西部欠发达地区公共文化设施查漏补缺，进一步完善设施网络，鼓励和支持有条件的地方推动公共文化设施提档升级。以铸牢中华民族共同体意识为宗旨，以培育“五个认同”为目标，着眼于少数民族文化的创新发展，在民族地区加强国家通用语言文字和民族语言文字“双语”文化产品和服务供给，鼓励和扶持民族文化产品创作生产。

3. 注重调动激发基层内生动力。进一步完善示范和试点机制，调动和激励基层的首创精神，引导形成基层公共文化服务创新的新格局新风尚。加强国家公共文化服务体系示范区（项目）后续建设和管理工作，推动示范区（项目）创新发展，率先建成为全国公共文化服务高质量发展先行区、样板区。支持地方政府结合实际开展示范县区、镇街创建等活动，打造具有地方特色的公共文化服务示范机制。对重要的改革和制度设计，坚持试点先行，灵活设置试点范围和试点层级，完善试点成果评估反馈机制，有序将基层创新成果和经验向专项政策和行业标准转化。鼓励以县区为重点，集成整合全域公共文化服务资源，打造多样化的区域公共文化服务体系创新模式。遴选和表彰基层公共文化服务创新案例，搭建公共文化服务合作交流平台，建立优秀案例发布和推广机制，逐步放大基层公共文化服务的创新价值。

专栏 8　公共文化服务示范
项目 22：基层公共文化服务高质量发展示范行动。在“十四五”期间每年支持各地县级党委、政府充分发挥积极性主动性，探索新时代公共文化服务高质量发展的路径，打造公共文化服务创新发展的高地，与时俱进推出具有典型示范价值的创新经验，发挥创新经验对全国公共文化服务高质量发展的引领作用。

三、保障措施

（一）加强组织领导

各级文化和旅游行政部门要从全局和战略高度，充分认识“十四五”时期公共文化发展对实现社会主义文化强国远景目标的重要意义，切实加强对公共文化服务建设的组织领导，将公共文化服务纳入地方“十四五”经济社会发展规划，纳入重要民生实事工程，纳入繁荣发展文化事业和文化产业总体安排，统筹建设，协同推进。要牢牢树立依法治理意识，进一步完善公共文化法律法规体系，全面落实公共文化服务保障法、公共图书馆法、公共文化体育设施条例等法律法规，推动地方公共文化服务立法进程，把法律规定的各项制度落细落实。加强公共文化服务法律执法检查，督促各级政府明确保障责任，严格依法履行职责。

（二）完善经费保障

建立健全权责明晰、保障有力的公共文化服务财政保障机制，落实国务院办公厅印发的《公共文化领域中央与地方财政事权和支出责任划分改革方案》，明确各级政府公共文化服务财政支出责任划分，依法将公共文化服务经费纳入本级预算，保障公共文化服务体系建设。通过中央和省级财政转移支付积极支持革命老区、民族地区、边疆地区、脱贫地区及农村基层公共文化服务体系建设。鼓励社会力量建立公共文化发展基金，多渠道拓展资金来源。建立健全公共文化服务资金绩效评价机制，发挥绩效评价的激励约束作用，提高资金使用效益。

（三）加强队伍建设

健全公共文化人才队伍培养、激励和评价机制。培养一批长期扎根基层，有责任心、有能力、具有深厚实践经验的专家型干部和实干型专家。实施基层文化队伍培训项目，加强公共图书馆、文化馆（站）干部的专业化建设，提升基层队伍职业素质。鼓励文化艺术职业院校参与实施基层文化队伍培训项目。加大中西部人才支持力度。吸纳村干部、社团文化骨干、退休教师和文化干部等参与基层文化设施的日常运行管理。支持建设公共文化一流专业智库，形成专业过硬、结构合理的公共文化政策研究和咨询专家梯队。推动将公共文化管理纳入学科体系，依托国内重点高校、科研院所，培养高水平公共文化服务管理人才。

（四）健全监督管理

鼓励以省级为单位，加强基层公共文化服务的监督管理，探索建立健全基本公共文化服务绩效动态评价体系。持续推行第三方绩效评估，建立以公众参与为基础、群众需求为导向的公共文化服务机构绩效考核和反馈机制。完善公共图书馆、文化馆评估定级制度，动态调整评估定级指标体系。全面加强对重大文化项目资金使用和服务效能等方面的监测评估。探索利用大数据和数据挖掘技术补充完善公共文化服务统计监测。加强规划实施的组织、协调和督导，做好规划监测评估工作，强化规划实施的公众监督。

公共文化服务领域基层政务公开标准指引

· 2019 年 10 月 30 日

· 办办发〔2019〕139 号

一、目的依据。为进一步提高公共文化服务领域基层政务公开工作标准化规范化水平，保障人民群众知情权、参与权、表达权、监督权，根据《中共中央办公厅 国务院办公厅印发〈关于全面推进政务公开工作的意见〉的通知》《国务院办公厅关于印发开展基层政务公开标准化规范化试点工作方案的通知》（国办发〔2017〕42号）有关要求，结合前期试点地区对公共文化服务领域基层政务公开探索实践情况，制定本指引。

二、指导思想。以习近平新时代中国特色社会主义思想为指导，坚持以人民为中心的发展思想，牢固树立新发展理念，认真落实党中央、国务院关于全面推进政务公开和优化政务服务的决策部署，围绕权力运行全流程、政务服务全过程，积极推进公共文化服务领域基层政务公开标准化规范化，用政府更加公开透明赢得人民群众对文化、文物工作更多理解、信任和支持。

三、适用范围。本指引适用于县（市辖区、县级市）及以下文化和旅游、文物行政部门，法律法规授权的具有管理公共文化服务领域公共事务职能的组织或公共企事业单位组织开展政务公开工作。

四、编制原则。编制本指引主要遵循以下原则：

（一）坚持依法依规。根据公共文化服务领域法律法规、行政规章、规范性文件，全面梳理与群众关系密切的行政行为和服务事项（具体见附件《公共文化服务领域基层政务公开标准目录》，简称《标准目录》），明确公开工作机制、流程、方式等规范及要求，维护群众合法权益。

（二）促进利民便民。立足基层文化和旅游、文物行政部门直接联系服务群众和企业的实际，结合部门工作特点，积极探索高效、便捷的公开方式，及时、准确公开需要大众广泛知晓的行政行为和服务事项信息，让群众看得到、听得懂、易获取、能监督、好参与。

（三）鼓励创新发展。支持各地结合区域、领域特点，将提升公共文化服务领域政务公开标准化规范化水平与推动政府职能转变、行政审批制度改革、“放管服”改革等对接融合，细化拓展政务公开内容，探索创新工作机制和方式方法。

（四）实施动态调整。根据法律法规规章的颁布、修改、废止、解释情况，机构、职能调整情况，基层具体实践情况及群众反馈意见建议，对政务公开标准目录进行动态调整和更新，不断适应文化、文物事业发展和人民群众需要。

五、公开事项。《标准目录》明确了公共文化服务领域行政许可、行政处罚、行政强制、公共服务 4 个方面 45 项基层政务公开事项，规范了每一事项的公开内容、公开依据、公开时限、公开主体、公开渠道和载体、公开对象、公开方式和公开层级。各级相关部门单位应在《标准目录》基础上，结合本地区具体工作进行细化和补充完善。

六、公开工作规范。

（一）推动重点信息公开。基层政务公开主体应按照决策、执行、管理、服务、结果“五公开”工作要求，主动公开公共文化服务领域重大决策、重要政策落实情况及重点工作、重要工程项目执行措施、实施步骤、责任分工、进展成效等信息。根据部门事权和职能，公开职责权限、执法依据、裁量基准、执法流程、执法结果、救济途径等，规范行政裁量，促进执法公平公正。

（二）选择具有针对性的公开渠道。发挥文化馆（站）、图书馆、美术馆、博物馆等基层阵地优势，加大政策宣传力度，通过图表图解、音视频、动漫等形式作形象化、通俗化解读。重要行政行为和服务事项信息应通过基层政务服务中心、公开查阅点、便民服务站、社区/企事业单位/村公示栏等实体平台及政府网站予以公开。需要公众广泛知晓的信息应积极通过新闻发布会、报刊广电媒体、微博微信客户端等新媒体对外发布。对于针对特定群体的行政行为和服务事项，应探索实施精准推送。

（三）积极扩大公众参与。对直接影响群众利益、社会关注度高的重要改革方案、重大政策措施、重点建设项目等应公开征求意见，并认真研究吸纳、回应公众提出的相关建议。各级相关部门单位应建立健全政务舆情收集、会商、研判、回应、评估机制，明确舆情回应职责，围绕公众关切及时解疑释惑，发布权威信息。

七、组织实施。公共文化服务领域基层政务公开工作实行四级联动、协同推进的工作机制。文化和旅游部、国家文物局负责统筹协调、业务指导；省级文化和旅游、文物行政部门根据各地工作实际，负责指导监督、考核评估工作；市级文化和旅游、文物行政部门负责组织落实本辖区公共文化服务领域基层政务公开工作；县级及以下文化和旅游、文物行政部门，法律法规授权的具有管理公共文化服务领域公共事务职能的组织或公共企事业单位负责具体实施。

八、监督评价。市级文化和旅游、文物行政部门应广泛收集公众对公共文化服务领域基层政务公开工作成效的评价意见，持续改进，不断提升公众满意度和获得感。省级文化和旅游、文物行政部门负责督促检查和考核评估工作，可根据需要委托第三方机构组织实施评估。文化和旅游部、国家文物局将跟踪了解各地区工作开展情况，适时组织经验做法交流及培训，并对工作成效突出的地方给予通报表扬。

附件：公共文化服务领域基层政务公开标准目录（略）

文化市场综合行政执法管理办法

· 2011 年 12 月 19 日文化部令第 52 号公布
· 自 2012 年 2 月 1 日起施行

第一章　总　则

第一条　为规范文化市场综合行政执法行为，加强文化市场管理，维护文化市场秩序，保护公民、法人和其他组织的合法权益，促进文化市场健康发展，根据《中华人民共和国行政处罚法》、《中华人民共和国行政强制法》等国家有关法律、法规，制定本办法。

第二条 本办法所称文化市场综合行政执法是指文化市场综合行政执法机构（以下简称综合执法机构），依照国家有关法律、法规、规章的规定，对公民、法人或者其他组织的文化经营活动进行监督检查，并对违法行为进行处理的具体行政行为。

第三条 本办法所称综合执法机构包括：

（一）经法律、法规授权实施文化市场综合行政执法，对同级人民政府负责的执法机构；

（二）接受有关行政部门委托实施文化市场综合行政执法，接受委托机关的指导和监督，对委托机关负责的执法机构。

第四条 文化市场综合行政执法应当遵循公平、公正、公开的原则，建立权责明确、行为规范、监督有效、保障有力的行政执法运行机制。

第五条 文化部负责指导全国文化市场综合行政执法，建立统一完善的文化市场综合行政执法工作制度，建设全国文化市场技术监管体系，加强文化市场综合行政执法队伍的专业化、规范化、信息化建设，完善对文化市场综合行政执法工作的绩效考核。

各有关行政部门在各自职责权限范围内，指导综合执法机构依法开展执法业务。

各级综合执法机构依照职责分工负责本行政区域内的文化市场综合行政执法工作。

第二章 执法机构与执法人员

第六条 综合执法机构与各有关行政部门应当建立协作机制，及时掌握行政执法的依据、标准以及相关行政许可情况，定期通报市场动态和行政执法情况，提出政策或者工作建议。

第七条 文化市场综合行政执法人员（以下简称执法人员）应当具备以下条件：

（一）具有中华人民共和国国籍；

（二）年满十八周岁；

（三）遵纪守法、品行良好、身体健康；

（四）熟悉文化市场管理法律法规，掌握文化市场管理所需的业务知识和技能；

（五）无犯罪或者开除公职记录；

（六）法律法规规定的其他条件。

录用执法人员应当参照《中华人民共和国公务员法》的有关规定公开招考，择优录取。

第八条 执法人员经岗位培训和考试合格，取得《中华人民共和国文化市场综合行政执法证》或者各级人民政府核发的行政执法证后，方可从事行政执法工作。

综合执法机构应当每年对执法人员进行业务考核。对考核不合格的执法人员，应当暂扣执法证件。

第九条 综合执法机构应当有计划地对执法人员进行业务培训，鼓励和支持执法人员参加在职继续教育。

第十条 综合执法机构应当配备调查询问、证据保存等专用房间及交通、通讯、取证、检测等行政执法所必需的设施设备；为执法人员购买人身意外伤害保险。

第十一条 综合执法机构应当实行执法人员定期岗位轮换制度。执法人员在同一执法岗位上连续工作时间原则上不超过5年。

第十二条 各有关行政部门或者综合执法机构可按有关规定对工作成绩显著的综合执法机构和执法人员给予表彰、奖励。

第三章 执法程序

第十三条 综合执法机构应当建立健全12318文化市场举报体系，向社会公布举报方式，依法及时有效受理、办理举报，对举报有功人员可给予一定奖励。

对日常巡查或者定期检查中发现的违法行为，公民、法人及其他组织举报的违法行为，上级交办的、下级报请处理的或者有关部门移送的案件，应当及时处理。

第十四条 重大案件发生后12小时内，当地综合执法机构应当将案件情况向上级报告。上级综合执法机构或者委托机关应当对重大案件的查处进行督办。

第十五条 文化市场行政违法案件由违法行为发生地所在的县级以上有关行政部门或者综合执法机构管辖。法律、法规、规章另有规定的，从其规定。对管辖发生争议的，报请共同的上一级行政机关指定管辖。

发现受理的案件不属于自己管辖的，应当及时将案件移交给有管辖权的有关行政部门、综合执法机构；违法行为涉嫌构成犯罪的，应当移送司法机关依法处理。

第十六条 执法人员依法执行公务时，应当规范着装，佩戴执法标志。

第十七条 综合执法机构开展行政执法活动，应当严格按照法律、法规和本办法规定的程序进行，并依法制作执法文书。

第十八条 对于公民、法人或者其他组织违反文化市场管理法律法规的行为，依法应当给予行政处罚的，必须查明事实；违法事实不清的，不得给予行政处罚。

第十九条 在作出行政处罚之前，应当告知当事人作出行政处罚决定的事实、理由和依据，并告知当事人依法享有的权利。

执法人员应当充分听取当事人的陈述和申辩，并制作笔录，对当事人提出的事实、理由和证据进行复核，经复核成立的应当采纳。

第二十条 违法事实确凿并有法定依据，对公民处以50元以下、对法人或者其他组织处以1000元以下罚款或者警告的行政处罚的，可以当场作出处罚决定；执法人员应当填写预定格式、编有号码的行政处罚决定书，经签名或者盖章后，当场交付当事人。

执法人员应当自作出当场处罚决定之日起3日内向所属综合执法机构报告并备案。

第二十一条 除依法可以当场作出的行政处罚外，发现公民、法人或者其他组织有依法应当给予行政处罚的行为的，应当登记立案，客观公正地进行调查，收集有关证据，必要时可以依照法律、法规的有关规定进行检查。

证据包括书证、物证、证人证言、视听资料、当事人陈述、鉴定结论、勘验笔录和现场笔录或者其他有关证据。证据必须查证属实，才能作为认定事实的根据。

第二十二条 在调查或者执法检查时，执法人员不得少于2名，并应当向当事人或者有关人员出示执法证件。当事人及有关人员应当如实回答询问，并协助调查或者检查。执法人员应当制作调查询问或者现场检查笔录，经当事人或者有关人员核对无误后，由当事人或者有关人员签名或者盖章。当事人或者有关人员拒绝的，由2名以上执法人员在笔录上注明情况并签名。

执法人员与当事人有直接利害关系的，应当回避。

第二十三条 在调查或者执法检查中，发现正在发生的违法违规行为，情况紧急无法立案的，执法人员可以采取以下措施：

（一）对违法行为予以制止或者纠正；

（二）依据相关法律法规规定，对有关物品、工具进行查封或者扣押；

（三）收集、提取有关证据。

第二十四条 执法人员在收集证据时，可以采取抽样取证的方法；在证据可能灭失或者以后难以取得的情况下，经依法批准后，可以采取先行登记保存等措施。

对证据进行抽样取证或者登记保存，应当有当事人在场；当事人不在场或者拒绝到场的，可以请在场的其他人员见证并注明。

对抽样取证或者登记保存的物品应当开列清单，并依据情况分别制作抽样取证凭证或者证据登记保存清单，标明物品名称、数量、单价等事项，由执法人员、当事人签名或者盖章，交付当事人。当事人拒绝签名、盖章或者接收的，由2名以上执法人员在凭证或者清单上注明情况并签名。

登记保存物品时，在原地保存可能灭失或者妨害公共安全的，可以异地保存。

第二十五条 对先行登记保存的证据，应当在 7 日内作出下列处理决定：

（一）需要进行技术检验或者鉴定的，送交检验或者鉴定；

（二）依法不需要没收的物品，退还当事人；

（三）依法应当移交有关部门处理的，移交有关部门。

法律法规另有规定的，从其规定。

第二十六条 对情节复杂或者重大的案件作出责令停业整顿、吊销许可证或者较大数额罚款等行政处罚前，应当经过集体讨论后，再做决定。

第二十七条 拟作出责令停业整顿、吊销许可证、较大数额罚款等行政处罚决定的，应当告知当事人有听证的权利。当事人要求听证的，应当组织听证。

第二十八条 听证会应当按照以下程序进行：

（一）听证主持人宣布听证开始，宣布案由、听证纪律、当事人的权利和义务，宣布和核对听证参加人员名单；

（二）调查人员提出当事人违法的事实、证据、处罚依据和行政处罚的理由；

（三）当事人可以提出证据，进行陈述和申辩，对调查人员提出的证据进行质证；

（四）听证主持人向当事人、调查人员、证人等有关人员询问；

（五）当事人最后陈述；

（六）听证主持人宣布听证结束。

第二十九条 听证会应当制作笔录，交当事人核阅无误后签字或者盖章。

听证主持人应当依据听证情况作出书面报告，报告的主要内容为：案由，听证时间、地点，听证参加人姓名或者名称，申辩和质证的事项，证据鉴别和事实认定情况。

第三十条 行政处罚决定书应当在宣告后当场交付当事人，由当事人在送达回证上记明收到日期，签名或者盖章。

当事人不在场的，应当自作出行政处罚决定之日起 7 日内依照民事诉讼法的有关规定，将行政处罚决定书送达当事人。

第三十一条 作出责令停业整顿、吊销许可证等重大行政处罚的，应当自作出行政处罚决定之日起 15 日内，报许可机关和上级综合执法机构备案，必要时可将处罚决定抄告有关部门。

第三十二条 依法没收的财物，必须按照国家有关规定公开拍卖或者处理。

依法应当予以销毁的物品，经综合执法机构负责人批准，由 2 名以上执法人员监督销毁，并制作销毁记录。

第三十三条 执法文书及有关材料，应当依照有关法律、法规、规章的规定，编目装订，立卷归档。

第四章 执法监督与责任追究

第三十四条 上级综合执法机构对下级综合执法机构及执法人员的执法行为实行执法监督。

综合执法机构接受同级人民政府及有关行政部门的执法监督。

第三十五条 执法监督的内容包括：

（一）执法主体；

（二）执法程序；

（三）法律、法规、规章的适用；

（四）履行法定职责的情况；

（五）罚没财物的处理；

（六）其他需要监督的内容。

第三十六条 执法监督的方式：

（一）受理对违法违规执法行为的申诉、控告和检举，并直接处理或者责成有关部门处理；

（二）对执法工作进行检查；

（三）调阅执法案卷和其他资料；

（四）在职权范围内采取的其他方式。

第三十七条　在执法过程中有下列情形之一的，应当予以纠正或者撤销行政处罚，损害当事人合法权益的，应当依法给予赔偿：

（一）执法主体不合法的；

（二）执法程序违法的；

（三）具体行政行为适用法律、法规、规章错误的；

（四）违法处置罚没或者扣押财物的。

第三十八条　因第三十七条列举情形造成以下后果的，应当依法追究直接责任人和主要负责人的责任：

（一）人民法院撤销、变更行政处罚决定的；

（二）复议机关撤销、变更行政处罚决定的。

第三十九条　执法人员有下列情形之一，尚不构成犯罪的，应当依法给予行政处分，并收回其执法证件；情节严重，构成犯罪的，依法追究刑事责任：

（一）滥用职权，侵犯公民、法人及其他组织合法权益的；

（二）利用职权或者工作之便索取或者收受他人财物，或者支持、纵容、包庇文化市场违法经营活动的；

（三）伪造、篡改、隐匿和销毁证据的；

（四）玩忽职守、贻误工作的；

（五）泄露举报内容和执法行动安排的；

（六）其他违反法律、法规、规章的行为。

第四十条　执法人员在被暂扣执法证件期间，不得从事行政执法工作；执法人员被收回执法证件的，应当调离执法岗位，不得再从事行政执法工作。

第五章　附　则

第四十一条　《中华人民共和国文化市场综合行政执法证》

是执法人员履行职责时的合法证件，由文化部统一制式，省级文化行政部门或者综合执法机构监制并核发。

各级人民政府核发的行政执法证，也是执法人员履行职责时的合法证件。

执法文书由文化部统一格式，省级文化行政部门或者综合执法机构监制。

第四十二条 本办法所称“较大数额罚款”是指对公民处以1万元以上、对法人或者其他组织处以5万元以上的罚款，法律、法规、规章另有规定的，从其规定。

第四十三条 本办法由文化部负责解释。

第四十四条 本办法自2012年2月1日起施行。2006年7月1日文化部发布的《文化市场行政执法管理办法》同时废止。

文化市场综合行政执法人员行为规范

·2012年5月23日

·办市发〔2012〕11号

第一条 为规范文化市场综合行政执法行为，根据《中华人民共和国行政处罚法》、《文化市场综合行政执法管理办法》等有关法律、法规和规章的规定，制定本规范。

第二条 各级文化行政部门和文化市场综合行政执法机构（以下简称执法部门）的文化市场综合行政执法人员（以下简称执法人员）开展执法检查、监督、处罚等公务时应当遵守本规范。

第三条 各级执法部门负责本规范的组织实施；执法部门主要负责人是组织实施本规范的第一责任人。

上级执法部门负责对下级执法部门执行本规范的情况进行指导、监督和考核。

第四条 执法人员开展执法检查时，应当向当事人主动出示文化部监制的《中华人民共和国文化市场综合行政执法证》或省级以上人民政府核发的执法资格证（以下统称执法证件），表明执法身份。

第五条 经初步调查核实，发现当事人不存在违法行为的，执法人员应当对其配合执法检查的行为表示谢意；发现当事人涉嫌存在违法行为的，应当责令当事人立即停止或改正违法行为，并对当事人进行法制教育。

第六条 执法人员不得通过引诱、欺诈、胁迫、暴力等违反法定程序的手段进行调查取证。

执法人员通过其他方式不能或难以收集了解文化市场管理信息，需要采取隐蔽拍摄、录制等特殊手段时，应当报请执法部门主要负责人同意。

第七条 执法人员应当穿着文化部统一样式的执法工作服，佩戴执法标志，并符合下列要求：

（一）配套着装，穿着整齐，保持执法工作服洁净、平整；

（二）执法胸牌佩戴在上衣左口袋上沿正中处；

（三）穿着黑色皮鞋或深棕色皮鞋；

（四）不得混穿不同季节的执法工作服，不得混穿执法工作服和便装，不得披衣、敞怀、卷裤腿、上翻衣领；

（五）男性执法人员不得留长发、大鬓角，不得蓄胡须、剃光头；女性执法人员不得披散长发，不得化浓妆，不得佩戴夸张的饰物。

第八条 执法人员应当妥善保管执法证件、执法工作服及执法胸牌，不得变卖或擅自拆改，不得转借他人使用；因工作调动、退休等原因离开文化市场综合行政执法工作岗位时，执法证件及执法胸牌应当上交。

第九条 执法人员应当举止端庄，态度和蔼。不得袖手、背手或将手插入衣袋，不得吸烟、吃东西，不得勾肩搭背、嬉笑打闹。不得推搡或手指当事人，不得踢、扔、敲、摔当事人的物品。

第十条 执法人员在接听举报电话或者接待群众来访时，应当使用普通话，注意音量适宜，文明礼貌。对属于职权范围内的举报，应当及时处理；对不属于职权范围内的举报，应当向对方说明理由。解答问题、办理咨询时应当符合政策法规，对于不清楚的问题不得随意发表意见。

第十一条 执法人员开展执法检查或者执行其他公务时应当使用文明规范用语，应当清晰、准确、得体表达执法检查或其他意图：

（一）亮明身份时：我们是×××（单位）执法人员，正在执行公务，这是我们的证件，请您配合我们的工作；

（二）做完笔录时：请您看一下记录，如属实请您签字予以确认；

（三）回答咨询时：您所反映的问题需要调查核实，我们在×日内调查了解清楚后再答复您；您所反映的问题不属于我单位职责范围，此问题请向×××（单位）反映（或申诉），我们可以告诉您×××（单位）的地址和电话；

（四）执法过程中遇到抵触时：根据法律规定，你有如实回答询问、并协助调查（或者检查）的义务，请配合我们的工作，欢迎您对我们的工作提出意见，我们愿意接受监督；

（五）告知权利义务时：根据法律规定，您有陈述和申辩的权利；根据法律规定，您有要求听证的权利；如果您对行政处罚（理）决定不服，有权在法定期限内提出行政复议或行政诉讼；

（六）结束执法时：谢谢您的配合；感谢您对我们工作的支持。

第十二条 除办理案件外，执法人员不得动用被暂扣或者作为证据登记保存的物品。

第十三条 执法人员应当严格遵守工作纪律、组织纪律和廉政纪律，应当严格按照法律法规规定的职责权限实施行政执法行为，不得推诿或者拒绝履行法定职责，不得滥用职权，不得越权执法，不得以权谋私。

第十四条 执法人员不得以各种名义索取、接受行政相对人

（请托人、中间人）的宴请、礼品、礼金（含各种有价证券）以及其他消费性活动，不得向行政相对人借款、借物、赊账、推销产品、报销任何费用或者要求行政相对人为其提供服务。

第十五条 执法人员不得参与和职权有关的各种经营性活动，不得利用职权为配偶、子女及其他特定关系人从事经营性活动提供便利条件，不得在被管理单位兼职。

第十六条 执法人员不得弄虚作假，不得隐瞒、包庇、纵容违法行为，不得为行政相对人的违法行为开脱、说情。

第十七条 非因公务需要，执法人员不得在非办公场所接待行政相对人及其亲属，不得单独对当事人进行调查询问。

第十八条 违反本规范造成不良影响或者后果的，由纪检监察部门视情节轻重追究有关责任人的相关责任；触犯法律的，依法追究法律责任。

第十九条 本规范由文化部负责解释。

第二十条 本规范自印发之日起施行。

文化市场综合执法制式服装和标志管理规定（试行）

· 2021 年 5 月 21 日

· 办综执发〔2021〕90 号

第一章 总 则

第一条 为加强文化市场综合执法制式服装和标志的管理，严肃文化市场综合执法人员（以下简称“执法人员”）仪容仪表和执法风纪，推动文化市场综合执法队伍规范化建设，依据《综合行政执法制式服装和标志管理办法》等规定，制定本规定。

第二条 本规定适用于穿着文化市场综合执法制式服装（以

下简称“制式服装”）的执法人员以及使用文化市场综合执法标志（以下简称“标志”）的各级文化和旅游行政部门和文化市场综合执法机构（以下简称“执法部门”）。

第三条 制式服装和标志管理坚持统一标准、分级负责、属地管理的原则。

第四条 文化和旅游部负责指导监督全国制式服装和标志管理工作。

省级文化和旅游行政部门负责辖区内制式服装和标志的招标采购，负责对本地区制式服装和标志管理工作进行监督检查。

市县两级执法部门负责本单位制式服装和标志的日常管理工作。

第二章 制式服装管理

第五条 按照规定配发制式服装的执法人员在履行行政执法职能时应当穿着制式服装，随身携带执法证件，并遵守下列规定：

（一）仪表端庄，举止文明，精神饱满，姿态良好；

（二）按统一规定的样式，内外配套着装，着春秋（冬）常服应当内着配套衬衣、系制式领带，不得与非制式服装混穿；着长袖（短袖）制式衬衣应当扣好衣扣，不得有卷袖口、披衣、敞怀、卷裤腿等有损风纪的着装行为，保持制式服装干净整洁；

（三）帽子佩戴应当庄重端正，不得斜戴、歪戴、反戴。不戴时，摆放或者挂置应当整齐井然；

（四）帽徽、肩章、胸徽、胸号、臂章、领带、腰带等应当佩戴齐全；

（五）除工作需要或者其他特殊情形外，执法人员应当穿着制式皮鞋。非工作需要，不得穿拖鞋、赤脚穿鞋或者赤脚；

（六）男性执法人员不得留长发、剃光头、蓄胡须，女性执法人员不得戴外露饰物（耳环、项链等），不得化浓妆、染彩发、披肩散发；

（七）不得在公共场所以及其他禁止的场所吸烟、饮酒；不得嬉笑打闹、高声喧哗；

（八）不同种类制式服装之间不能混穿。

第六条 有下列情形之一的，执法人员不宜穿着制式服装：

（一）参加暗查、暗访工作的；

（二）非工作时间或者工作时间非因公外出的；

（三）女性怀孕后体型发生显著变化的；

（四）其他不宜穿着制式服装的情形。

第七条 有下列情形之一的，执法人员不得穿着制式服装：

（一）因退休等不再从事文化市场综合执法工作的；

（二）调离、轮岗，被开除、辞退，或者主动辞职等不再从事文化市场综合执法工作的；

（三）因违法违纪被处分且停止职务的；

（四）其他应当收回制式服装的情形。

出现前款第（一）项规定的情形，应当收回帽徽、臂章、肩章、胸徽、胸号、领带、腰带等。出现前款第（二）、（三）、（四）项规定的情形，应当收回制式服装、帽徽、臂章、肩章、胸徽、胸号、领带、腰带等。

第八条 执法人员应当妥善保管制式服装和标志。防止丢失、污损；如不慎丢失、污损，应当及时向所在单位报告。制式服装丢失、污损等影响正常执法工作的，按程序予以补发。因开展执法工作导致的，补发费用由单位负担；因个人原因导致的，补发费用由个人负担。

第九条 执法人员不得赠送、出租、出借、变卖制式服装。

第三章 标志管理

第十条 各级执法部门应当尊重和爱护标志，严格规范使用标志，禁止任何损害标志的行为。

第十一条 文化市综合执法制式服装的帽徽、臂章、肩章、胸徽、胸号、领带、腰带等标志应当符合《综合行政执法制式服装和标志式样》规定，不得擅自更改。

第十二条 有下列情形的，各级执法部门应当按照《文化市场综合执法标志使用手册》规范使用标志：

（一）办公场所入口；

（二）机构名称牌匾；

（三）执法执勤车辆；

（四）举报受理室、调查询问室、证据保存室、技术监控室和罚没物品库房等执法专用房间门楣或者门牌；

（五）文化市场综合执法相关会议、培训、考试、练兵比武、法治宣传等各类活动，电子背板、活动手册首页及正文页眉等位置；

（六）其他应当使用标志的情形。

第十三条 有下列情形的，各级执法部门可以参照《文化市场综合执法标志使用手册》规范使用标志：

（一）办公楼外立面；

（二）移动执法装备包括手机、平板电脑、笔记本电脑、执法记录仪、打印机等；

（三）名签、笔记本、信笺、信封、水杯等定是办公用品；

（四）其他可以使用标志的情形。

第四章　监督检查

第十四条 各级执法部门要定期开展执法人员着装和仪容检查，确保执法人员着装统一规范，制式服装和标志管理纳入全国文化市场综合执法考评项目。

第十五条 执法人员违反本规定第五条、第六条规定，由所在单位批评教育，并纠正违规行为。

执法人员违反本规定第九条、第十一条规定，所在单位应当责令改正，依法依规严肃追究相关责任人责任。

第五章　附　则

第十六条　各地可以根据当地气候条件自行规定制式服装换季时间，确保着装统一。

第十七条　本规定由文化和旅游部负责解释。

第十八条　本规定自印发之日起施行。

附件：文化市综合执法标志使用手册（略）

文化市场综合执法行政处罚裁量权适用办法

·2021 年 2 月 9 日

·文旅综执发〔2021〕11 号

第一条　为进一步规范文化市场综合执法行政处罚裁量权的适用和监督，保障文化和旅游行政部门和文化市场综合执法机构（以下合并简称“执法部门”）合法、合理地行使行政处罚裁量权，保护公民、法人和其他组织的合法权益，根据《中华人民共和国行政处罚法》以及国务院有关规定，制定本办法。

第二条　本办法所称文化市场综合执法行政处罚裁量权（以下简称“行政处罚裁量权”），是指执法部门对文化市场综合执法领域发生的违法行为实施行政处罚时，在法律、法规、规章规定的处罚种类和幅度内，综合考量违法行为的事实、性质、情节和社会危害程度等因素，决定是否给予处罚、给予何种种类和幅度的处罚的权限。

第三条　执法部门行使行政处罚裁量权，适用本办法。法律、法规、规章另有规定的，从其规定。

第四条　行使行政处罚裁量权，应当以事实为依据，与违法行为的事实、性质、情节以及社会危害程度相当，与违法行为发生地的经济社会发展水平相适应。同一行政区域对违法行为相同、相近或者相似的案件，适用的法律依据、处罚种类、处罚幅度应当基本一致。

第五条 行使行政处罚裁量权，应当坚持处罚与教育相结合的原则，纠正违法行为，教育公民、法人或者其他组织自觉守法。

第六条 同一违法行为违反不同法律、法规、规章的，在适用法律、法规、规章时应当遵循上位法优先、特别法优先的原则。

第七条 文化和旅游部可以根据需要，针对特定的行政处罚事项制定裁量基准，规范统一裁量尺度。

第八条 法律、法规、规章对行政处罚事项规定有裁量空间的，省级执法部门应当根据本办法的规定，综合考虑裁量因素，制定本地区行政处罚裁量基准，供本地区执法部门实施行政处罚时参照执行。省级行政处罚裁量基准应当根据行政处罚裁量权依据的变动和执法工作实际，及时修订。

鼓励市县两级执法部门对省级行政处罚裁量基准进一步细化、量化。

各级执法部门应当在裁量基准正式印发后十五日内报上级执法部门和同级司法部门备案。

第九条 制定行政处罚裁量基准，应当参考既往行政处罚案例，对具备裁量基准条件的行政处罚事项的下列内容进行细化和量化：

（一）法律、法规、规章规定可以选择是否给予行政处罚的，应当明确是否处罚的具体适用情形；

（二）法律、法规、规章规定可以选择行政处罚种类的，应当明确适用不同处罚种类的具体适用情形；

（三）法律、法规、规章规定可以选择处罚幅度的，应当明确划分易于操作的裁量阶次，并对每一阶次行政处罚的具体适用情形及幅度等作出规定；

（四）法律、法规、规章规定可以单处或者并处行政处罚的，应当明确规定单处或者并处行政处罚的具体适用情形。

第十条 法律、法规、规章设定的处罚种类和罚款数额，在相应的幅度范围内分为从轻处罚、一般处罚、从重处罚。

除法律、法规、规章另有规定外，罚款处罚的数额按照以下标准确定：

（一）罚款为一定幅度的数额，应当在最高罚款数额与最低罚款数额之间合理划分三个区间，从轻处罚的数额应当介于最低区间范围，一般处罚应当介于中间区间范围，从重处罚应当介于最高区间范围；

（二）罚款为一定金额的倍数，应当在最高罚款倍数与最低罚款倍数之间合理划分三个区间，从轻处罚的倍数应当介于最低区间范围，一般处罚应当介于中间区间范围，从重处罚应当介于最高区间范围。

第十一条 同时具有两个以上从重情节且不具有从轻情节的，应当在违法行为对应的处罚幅度内按照最高档次实施行政处罚。

同时具有多种情节的，应当综合考虑违法行为的性质和主要情节，确定对应的处罚幅度实施行政处罚。

第十二条 有下列情形之一的，应当依法不予行政处罚：

（一）不满十四周岁的未成年人有违法行为的；

（二）精神病人、智力残疾人在不能辨认或者不能控制自己行为时有违法行为的；

（三）违法行为轻微并及时改正，没有造成危害后果的；

（四）当事人有证据足以证明没有主观过错的（法律、行政法规另有规定的，从其规定）；

（五）法律、法规、规章规定的其他情形。

初次违法且危害后果轻微并及时改正的，可以不予行政处罚。

对当事人的违法行为依法不予行政处罚的，执法部门应当对当事人进行教育；有第一款第（一）项规定情形的，应当责令其监护人加以管教；有第一款第（二）项规定情形的，应当责令其监护人严加看管和治疗。

违法行为在二年内未被发现的，不再给予行政处罚，法律另有规定的除外。

第十三条 有下列情形之一的，应当依法从轻或者减轻处罚：

（一）已满十四周岁不满十八周岁的未成年人有违法行为的；

（二）主动消除或者减轻违法行为危害后果的；

（三）受他人胁迫或者诱骗实施违法行为的；

（四）主动供述执法部门尚未掌握的违法行为的；

（五）配合执法部门查处违法行为有立功表现的；

（六）法律、法规、规章规定的其他情形。

尚未完全丧失辨认或者控制自己行为能力的精神病人、智力残疾人有违法行为的，可以从轻或者减轻行政处罚。

第十四条 有下列情形之一的，应当依法从重处罚：

（一）危害国家文化安全和意识形态安全，严重扰乱市场经营秩序的；

（二）在共同实施的违法行为中起主要作用或者教唆、胁迫、诱骗他人实施违法行为的；

（三）经执法部门通过新闻媒体、发布公告等方式禁止或者告诫后，继续实施违法行为的；

（四）经执法部门责令改正违法行为后，继续实施同一违法行为的；

（五）因同种违法行为一年内受到三次及以上行政处罚的；

（六）隐匿、破坏、销毁、篡改有关证据，或者拒不配合、阻碍、以暴力威胁执法人员依法执行职务的；

（七）对证人、举报人或者执法人员打击报复的；

（八）违法行为引起群众强烈反映、引发群体性事件或者造成其他不良社会影响的；

（九）违反未成年人保护相关规定且情节严重的；

（十）扰乱公共秩序、妨害公共安全和社会管理，情节严重、尚未构成犯罪的；

（十一）法律、法规、规章规定的其他情形。

第十五条 违法行为不具有从轻或者减轻、从重情形的，应当给予一般处罚。

第十六条 案件调查终结后，承办案件的执法人员应当在充分考虑当事人的陈述和申辩后，对拟作出行政处罚的种类和幅度提出建议，并说明行使行政处罚裁量权的理由和依据；案件审核人员应当对行使行政处罚裁量权的情况提出审核意见，并逐级报批。

第十七条 从事法制审核工作的执法人员应当对行政处罚裁量权的行使进行合法性、合理性审核。

对情节复杂或者重大违法行为给予行政处罚的，还应当履行集体讨论程序，并在集体讨论笔录中说明理由和依据。

第十八条 行政处罚事先告知书和行政处罚决定书应当具体说明行使行政处罚裁量权的理由和依据。

第十九条 除法律、法规、规章另有规定外，执法部门应当自立案之日起九十日内作出行政处罚决定。

执法部门在作出行政处罚决定前，依法需要公告、鉴定、听证的，所需时间不计算在前款规定的期限内。

第二十条 各级执法部门应当建立文化市场综合执法行政处罚典型案例指导、案卷评查、评议考核等制度，规范本地区行政处罚裁量权的行使。

第二十一条 执法部门应当应用文化市场综合执法信息化管理平台对行政处罚裁量权的行使情况实施监督检查。

第二十二条 执法部门发现本部门行政处罚裁量权行使不当的，应当及时、主动改正。

上级执法部门应当对下级执法部门行使行政处罚裁量权的情况进行指导、监督，发现下级执法部门行政处罚裁量权行使不当的，应当责令其及时改正。

第二十三条 执法人员滥用行政处罚裁量权的，依法追究行政责任；涉嫌违纪、犯罪的，移交纪检监察机关、司法机关依法依规处理。

第二十四条 县级以上执法部门制定的行政处罚裁量权基准，

应当及时向社会公开。

第二十五条 本办法由文化和旅游部负责解释。

第二十六条 本办法自2021年7月15日起施行。原文化部2012年12月18日发布的《文化市场行政处罚自由裁量权适用办法（试行）》同时废止。

文化市场综合执法培训师资管理办法

·2020年6月18日

·办综执发〔2020〕68号

第一条 为切实加强文化市场综合执法培训师资（以下简称"师资"）队伍建设，提高师资管理的科学化、规范化、制度化水平，制定本办法。

第二条 本办法所称师资，是指通过文化和旅游部选聘程序，承担文化、文物、新闻出版、版权、广播电视、电影、旅游等文化市场综合执法领域培训教学、课题研究等工作的人员。

第三条 文化和旅游部负责师资选聘、培训、考核、监督等管理工作，建立文化市场综合执法培训师资库（以下简称"师资库"），颁发《文化市场综合执法培训师资聘书》，指导地方师资队伍建设，具体工作由文化和旅游部文化市场综合执法监督局承担。

第四条 师资分为特聘师资和专业师资。

特聘师资一般从中央党政机关、高等院校、科研机构的专家学者或者地方执法业务骨干中选聘，主要通过推荐途径产生。

专业师资一般从地方各级文化和旅游行政部门、文化市场综合执法机构中选聘，主要通过考试选拔方式产生。

第五条 文化和旅游部对师资实行动态管理，每届师资聘期3年，期满自动解除聘用。申报师资应当具备以下基本条件：

（一）政治坚定，认真学习贯彻习近平新时代中国特色社会主义思想，增强“四个意识”，坚定“四个自信”，做到“两个维护”；

（二）有3年以上文化市场综合执法工作经历（特聘师资可适当放宽），具有较强的专业理论素养和丰富的实践经验；

（三）大学本科（含）以上学历、中级（含）以上专业技术职称或者一级执法员（含）以上（三者满足其一即可）；

（四）语言表达清晰，逻辑思维能力强，能使用普通话教学；

（五）身体健康，年龄不超过57周岁（特别优秀者可适当放宽）；

（六）通过国家统一法律职业资格考试的人员，同等条件下优先选聘。

第六条 特聘师资选聘遵循以下程序：

文化和旅游部根据师资选聘工作需要，函请有关中央党政机关推荐特聘师资人选，经文化和旅游部确认后，候选人获聘特聘师资。

文化和旅游部结合培训业务需要，以及拟聘专家学者、执法业务骨干的研究成果、工作实绩等，拟定特聘师资候选人名单。经函请候选人所在单位书面确认后，候选人获聘特聘师资。

第七条 专业师资选聘遵循以下程序：

（一）申报。申报人应当如实填写《全国文化市场综合执法专业师资报名表》（见附件，以下简称《报名表》），经所在单位初审同意后，统一报送至所在地省级文化和旅游行政部门；

（二）审核。各省级文化和旅游行政部门按照本办法第五条规定，审核申报材料，结合执法工作开展情况，择优确定推荐名单，将《报名表》报送至文化和旅游部；

（三）考试。对各地推荐的人员，文化和旅游部进行材料复核，并组织统一考试。考试分笔试、试讲两部分，赋分比重分别为30%和70%，不同领域分别计分，择优入选师资库。

第八条 文化和旅游部组织的执法业务培训，优先从师资库中选用师资。

第九条 师资享有以下权利：

（一）优先参加文化和旅游部组织的执法业务培训、调研、交流等活动；

（二）提出教学研讨、培训组织、理论研究等方面的意见建议；

（三）同等条件下，优先承担文化市场综合执法规范化课件制作任务；

（四）所在单位为其参加文化和旅游部组织或者指派的相关教学活动提供便利；

（五）获取符合财务规定的劳动报酬。

第十条 师资应当履行以下职责：

（一）加强理论研究和执法实践，不断提升执法能力和业务水平；

（二）根据教学需求，认真备课，确保培训授课质量；

（三）及时报告与教学有关的工作动态；

（四）遵守中央八项规定精神等廉政纪律规定，遵守《文化市场综合行政执法人员行为规范》；

（五）完成临时交办的培训、调研、教研等任务。

第十一条 文化和旅游部定期组织师资开展业务培训、教学研讨等活动。

第十二条 师资每年从所在领域选取不同的研究方向，准备授课内容，并于每年1月31日前，将当年授课领域的研究方向和授课课件报送至文化和旅游部。文化和旅游部依托特聘师资组成审核团队，从意识形态、法规适用、案例引用、实践指导意义等方面进行把关，并将课件研究方向和质量作为授课师资推荐的重要依据。

第十三条 文化和旅游部对专业师资按年度进行考核，考核内容包括：

（一）政治思想，包括意识形态工作责任制的落实情况、工作态度和职业道德等；

（二）日常工作，以办案量或者所在单位年度考核档次为考核指标；

（三）培训授课，以培训场次和层级为考核指标；

（四）理论研究，包括理论文章、调研报告、课件制作等；

（五）其他，包括各种表彰奖励、资格认证和交办事务等。

年度考核细则由文化和旅游部文化市场综合执法监督局另行制定。

第十四条 文化和旅游部根据年度考核结果，对专业师资实施星级评价制度：90分以上（含90分）定为五星师资；80—89分定为四星师资；70—79分定为三星师资；60—69分定为二星师资；60分以下定为一星师资。

第十五条 文化和旅游部每年向各省级文化和旅游行政部门通报专业师资星级评价结果。

第十六条 师资库换届时，专业师资星级作为续聘的重要依据：

（一）连续3年考核获评五星的，获聘特聘师资；

（二）3年内2次获评五星师资、1次获评三星以上师资，或者3年内1次获评五星师资、2次获评四星师资的，免试续聘专业师资；

（三）连续3年获评四星师资的，同等条件下优先续聘专业师资。

第十七条 有下列情形之一的，予以解聘或者换届时不予选聘：

（一）因工作变动无法承担教学工作的；

（二）连续3年被评为一星师资的；

（三）学历、职称、工作经历等事项，以及年度考核材料造假或者瞒报的；

（四）在履职过程中违反中央八项规定精神等廉政纪律规定，或者违反《文化市场综合行政执法人员行为规范》的；

（五）其他不宜继续担任师资情况的。

出现前款（二）、（三）、（四）、（五）规定的情形，文化和旅游部书面告知师资所在单位及省级文化和旅游行政部门，并收回师资聘书。

第十八条 地方各级文化和旅游行政部门可在本办法基础上，制定本地区师资管理办法。

第十九条 本办法自印发之日起施行，最终解释权归文化和旅游部。

附件：文化市场综合执法专业师资报名表

附件

文化市场综合执法专业师资报名表

<table>
<tr><td>姓　名</td><td></td><td>性　别</td><td></td><td rowspan="4">一寸照片</td></tr>
<tr><td>政治面貌</td><td></td><td>民　族</td><td></td></tr>
<tr><td>身份证号</td><td></td><td>是否通过法律
职业资格考试</td><td></td></tr>
<tr><td>手机号码</td><td></td><td>学　历</td><td></td></tr>
<tr><td>意向领域</td><td></td><td>电子邮箱</td><td colspan="2"></td></tr>
<tr><td>是否曾入选
部级师资</td><td>是□　否□</td><td>入选届别</td><td colspan="2">第________届</td></tr>
<tr><td>是否曾入选
省级师资</td><td>是□　否□</td><td>入选时间</td><td colspan="2"></td></tr>
<tr><td>工作单位
及职务</td><td></td><td></td><td colspan="2"></td></tr>
</table>

续表

试讲题目			
工作经历			
所获荣誉			
所在工作单位意见	盖章： 日期：	省级文化和旅游行政部门审核意见	盖章： 日期：

注：意向领域指报名参评的领域，从文化、文物、新闻出版、版权、广播电视、电影、旅游中择其一。

文化部行政复议工作程序规定

· 2008 年 1 月 9 日文化部令第 44 号公布

· 自 2008 年 3 月 1 日起施行

第一章　总　则

第一条　为规范文化部行政复议工作程序，提高行政复议工作质量和效率，根据《中华人民共和国行政复议法》（以下简称《行政复议法》）、《中华人民共和国行政复议法实施条例》（以下简称《行政复议法实施条例》），结合文化部工作实际，制定本规定。

第二条 文化部处理行政复议案件，适用本规定。

第三条 公民、法人和其他组织对文化部和省、自治区、直辖市文化行政部门作出的具体行政行为不服，可以向文化部申请行政复议。

第四条 文化部政策法规司是文化部行政复议机构，具体办理行政复议案件，履行下列职责：

（一）审查行政复议申请，并决定是否受理；

（二）组织行政复议案件的审查处理，向有关组织和人员调查取证，查阅文件和资料；

（三）审查申请行政复议的具体行政行为是否合法与适当，拟订行政复议决定；

（四）处理或转送对《行政复议法》第七条所列有关规定的审查申请；

（五）办理因不服行政复议决定提起行政诉讼的应诉事项；

（六）依照《行政复议法》第二十六条、第二十七条的规定转送有关行政复议申请；

（七）办理《行政复议法》第二十九条规定的行政赔偿等事项；

（八）按照职责权限，督促行政复议申请的受理和行政复议决定的履行；

（九）办理行政复议、行政应诉案件统计和重大行政复议决定备案事项；

（十）办理或者组织办理未经行政复议直接提起行政诉讼的行政应诉事项；

（十一）研究行政复议工作中发现的问题，及时向有关机关提出改进建议；

（十二）定期组织对文化系统行政复议人员进行业务培训，提高行政复议人员的专业素质；

（十三）法律、行政法规规定的其他职责。

第五条 文化部有关司局根据行政复议案件的内容，指定专人，参与办理涉及本司局业务的行政复议案件。

第六条 文化部承担行政复议工作的机构、工作人员和涉及行政复议事项的司局应当在法定时限内履行职责。

第七条 文化部设立行政复议专项经费，制作启用行政复议专用章。

第二章 申请和受理

第八条 申请人申请行政复议，可以书面申请，也可以口头申请。申请人提出口头申请，行政复议机构工作人员应当依照《行政复议法实施条例》第十九条规定的事项，当场制作行政复议申请笔录交申请人核对或者向申请人宣读，并由申请人签字确认。

第九条 文化部办公厅统一接收行政复议申请，办公厅签收后应于当日转交政策法规司。

文化部其他司局收到行政复议申请，应于当日经办公厅签收后转交政策法规司。

第十条 政策法规司收到行政复议申请后，应当在5日内进行审查，行政复议申请不符合《行政复议法》和《行政复议法实施条例》规定的，政策法规司应当制作《行政复议申请不予受理决定书》，加盖行政复议专用章，告知申请人；行政复议申请符合《行政复议法》和《行政复议法实施条例》的规定，但不属于文化部受理范围的，政策法规司应当制作《行政复议告知书》，加盖行政复议专用章，告知申请人向有关行政机关申请复议。

除前款规定外，行政复议申请自政策法规司收到之日起即为受理。

第十一条 政策法规司可以就是否受理行政复议申请征求相关司局意见，相关司局应当在2日内提出书面答复。

第三章　审　查

第十二条　行政复议申请原则上采取书面审查的办法，但申请人提出要求或政策法规司认为有必要时，可以向有关组织和人员调查情况，听取申请人、被申请人或有关当事人的意见。

第十三条　对已受理的行政复议申请，政策法规司应当自收到行政复议申请之日起7日内，制作《提出答复通知书》，加盖行政复议专用章，连同《行政复议申请书》（副本）送达被申请人，被申请人应当自收到之日起10日内提出书面答复，并提交当初做出具体行政行为的证据、依据和其他有关材料。

被申请人是文化部的，由作出具体行政行为的司局按照《行政复议法》和《行政复议法实施条例》的规定提出书面答复和提供相关材料。

第十四条　政策法规司收到被申请人提交的答复材料后，应当按照《行政复议法》和《行政复议法实施条例》规定的内容与方式，对案件进行全面审查。

行政复议申请材料不齐全或者表述不清楚的，政策法规司可以自收到该行政复议申请之日起5日内，将需要补正的事项和补正期限书面通知申请人。无正当理由逾期不补正的，视为申请人放弃行政复议申请，补正申请材料所用时间不计入行政复议审理期限。

第十五条　对于属于相关司局业务主管范围内的行政复议案件，需要相关司局协助审查的，政策法规司应将基本案情、案件受理情况、被申请人答辩情况等内容告知相关司局，相关司局应当在收到材料后7日内，提出书面处理建议。

文化部是被申请人的不适用前款规定。

第十六条　相关司局应当协助政策法规司审理属于本司局业务主管范围内的行政复议案件，参与办理因不服行政复议决定而提起的行政诉讼的应诉工作，参与办理《行政复议法》第二十九条规定的行政赔偿等事项。

第十七条 申请人在申请行政复议时，依据《行政复议法》第七条规定，一并对具体行政行为所依据的规定提出审查要求，文化部有权处理的，政策法规司应当会同相关司局提出处理建议，经部领导批准后，30日内依法处理。文化部无权处理的，政策法规司应当制作《规范性文件转送函》，加盖行政复议专用章，7日内转送有权处理的行政机关处理。处理期间，中止对具体行政行为的审查。

第十八条 政策法规司对被申请人的具体行政行为进行审查时，认为其依据不合法，文化部有权处理的，政策法规司应当会同相关司局提出处理建议，经部领导批准后，30日内依法处理。文化部无权处理的，政策法规司应当制作《行政复议转送函》，加盖行政复议专用章，在7日内转送有权处理的行政机关处理。处理期间，中止对具体行政行为的审查。

第十九条 行政复议期间有下列情形之一，影响行政复议案件审理的，行政复议中止：

（一）作为申请人的自然人死亡，其近亲属尚未确定是否参加行政复议的；

（二）作为申请人的自然人丧失参加行政复议的能力，尚未确定法定代理人参加行政复议的；

（三）作为申请人的法人或者其他组织中止，尚未确定权利义务承受人的；

（四）作为申请人的自然人下落不明或者被宣告失踪的；

（五）申请人、被申请人因不可抗力，不能参加行政复议的；

（六）案件涉及法律适用问题，需要有权机关作出解释或者确认的；

（七）案件审理需要以其他案件的审理结果为依据，而其他案件尚未审结的；

（八）其他需要中止行政复议的情形。

第二十条 根据第十七条、第十八条、第十九条规定，中止对具体行政行为审查的，政策法规司应当制作《行政复议中止通知书》，加盖行政复议专用章，送达申请人、被申请人和有关当事人。

行政复议中止的原因消除后，政策法规司应当及时恢复行政复议案件的审理。

政策法规司中止、恢复行政复议案件的审理，应当告知有关当事人。

第二十一条 行政复议的和解和调解程序，分别按照《行政复议法实施条例》第四十条和第五十条的规定执行。

第四章 复议决定

第二十二条 文化部应当自收到行政复议申请之日起 60 日内作出行政复议决定，法律另有规定的除外。情况复杂，不能在规定期限内作出行政复议决定的，经部领导批准后，可以适当延长，但是延长期限最多不超过 30 日。

决定延长复议期限的，政策法规司应当拟定《行政复议案件复议期限延期通知书》，经部领导批准后，加盖部章，送达申请人、被申请人和有关当事人。

第二十三条 政策法规司应当对被申请人作出的具体行政行为提出处理意见，依法做出行政复议决定，拟定《行政复议决定书》，经部领导批准后，加盖部章，送达申请人、被申请人和有关当事人。

政策法规司可以就复议决定征求相关司局意见，相关司局应当在 5 日内提出反馈意见。

第二十四条 遇有疑难复杂、社会影响大或对处理意见有分歧的行政复议案件，复议决定应经部长办公会集体讨论，必要时也可进行听证。

第二十五条 申请人在行政复议决定作出前自愿撤回行政复议申请的，经政策法规司同意，可以撤回。撤回行政复议申请的，行政复议终止。

第二十六条 终止行政复议的，政策法规司应当制作《行政复议终止通知书》，加盖行政复议专用章，送达申请人、被申请人和有关当事人。

第五章 附 则

第二十七条 文化部行政复议工作中的行政复议文书应当使用国务院法制办印发的行政复议法律文书格式文本，并统一编号。

第二十八条 文化部办公厅优先安排行政复议文书印制、盖章，确保行政复议文书在法定期限内送达当事人。

第二十九条 本规定关于行政复议期间的计算和行政复议文书的送达按照民事诉讼法的规定执行。

第三十条 本规定中有关“2 日”“5 日”“7 日”的规定是指工作日，不含节假日。

第三十一条 本规定自 2008 年 3 月 1 日起施行。

文化市场重大案件管理办法

·2012 年 7 月 30 日

·文市发〔2012〕23 号

第一条 为加强文化市场重大案件管理，规范文化市场重大案件报告、督办和查处等工作，落实行政执法责任，强化行政执法监督，根据《行政处罚法》、《文化市场综合行政执法管理办法》等有关法律、法规和规章的规定，制定本办法。

第二条 本办法所称文化市场重大案件是指文化市场经营活动中发生的违法情节严重、社会影响恶劣、涉案财物数额较大、涉案人员或者地区较多，依法应当给予行政处罚或者刑事处罚的案件。

具有下列情形之一的，属文化市场重大案件：

（一）文化产品或者服务含有国家法律法规禁止内容，造成严重社会影响的；

（二）未经批准擅自从事文化市场经营活动，造成恶劣社会影响的；

（三）违法向未成年人提供文化产品或者服务，或者向未成年人提供违法文化产品或者服务，严重损害未成年人身心健康，造成恶劣社会影响的；

（四）非法经营数额在50万元以上或者违法所得数额在10万元以上的；

（五）依法移送司法机关，当事人被追究刑事责任的；

（六）其他社会广泛关注、影响特别恶劣的案件。

第三条 文化部负责全国文化市场重大案件的指导、监督和协调工作。

地市级以上文化行政部门或文化市场综合行政执法机构（以下合并简称执法部门）负责本辖区内文化市场重大案件的指导、监督、协调和查处工作。

第四条 文化市场重大案件报告、督办和查处工作应当坚持属地管理、分级负责、及时高效、客观公正的原则。

第五条 下级执法部门应当将本辖区内发生的文化市场重大案件向上级执法部门报告。

第六条 案件发生后，经初步调查核实，符合本办法第二条所列情形，属文化市场重大案件的，案发地执法部门应当在案发后12小时内向上级执法部门报告；符合本办法第二条第二款（一）项的文化市场重大案件，应当在案发后12小时内逐级报告至文化部。

案件调查处理取得重大进展或者办理终结的，下级执法部门应当及时向上级执法部门报告。

第七条 文化市场重大案件报告应当采取书面形式，并包括以下内容：

（一）案件名称、案件来源、案发时间、案发地点、涉案人员、涉案金额等基本情况；

（二）案件调查处理情况；

（三）其他需要报告的事项。

紧急情况下，可以首先采取电话、传真或者互联网等方式报告，并及时补交书面报告。

第八条 省级执法部门应当在每年12月15日之前向文化部报告本年度本辖区文化市场重大案件查处情况，具体包括下列内容：

（一）辖区内文化市场重大案件的总体分析报告，包括数量类别、基本特点和典型意义；

（二）各门类文化市场重大案件的规范名称、办案单位、办案人员、基本案情、处理结果或者进展情况；

（三）其他需要报告的内容。

第九条 文化市场重大案件涉及国家秘密的，应当按照国家有关保密法律法规规定的形式报告。

第十条 上级执法部门可以根据案件性质、涉案金额、复杂程度、查处难度以及社会影响等情况，对辖区内发生的文化市场重大案件进行督办。

对于涉案财物数额较大、涉案人员或者地区较多，案情特别复杂，查处确有难度的文化市场重大案件，下级执法部门可以报请上级执法部门进行督办。

第十一条 文化部对下列文化市场重大案件进行督办：

（一）党中央、国务院等上级部门交办的案件；

（二）文化部领导交办的案件；

（三）在全国或者省、自治区、直辖市范围内有重大影响的案件；

（四）违法情节特别严重、社会影响特别恶劣的案件；

（五）具有典型性、示范性的案件；

（六）文化部认为确有必要督办的其他案件。

各省、自治区、直辖市文化市场重大案件督办的范围和标准，由省级执法部门根据本地实际情况确定。

第十二条 对需要督办的文化市场重大案件，执法人员应当填写《文化市场重大案件督办立项审批表》，提出拟督办意见，经执法部门主要负责人或者指定的执法机构负责人审核同意后，向下级执法部门发出《文化市场重大案件督办通知书》，要求其在规定的期限内查清事实，并作出处理决定。

《文化市场重大案件督办通知书》应当包括督办案件的名称、来源、基本情况及督办部门、承办部门、督办要求等内容。

第十三条 督办案件涉及多个地区的，上级执法部门应当明确主办执法部门和协办执法部门，并按照各自管辖职责分别确定案件查处任务。

主办执法部门和协办执法部门应当密切协作，及时沟通。对主办单位请求协助的事项，协办执法部门应当依法开展调查取证，及时准确反馈情况，并提供相关证据材料。

第十四条 下级执法部门应当在收到《文化市场重大案件督办通知书》后5个工作日内制定案件查处方案，组织调查处理。

案件查处方案应当报送上级执法部门备案；上级执法部门要求下级执法部门在调查处理前报告查处方案的，下级执法部门应当按照要求报告，并在上级执法部门同意后执行。

案件督办前已经立案的，下级执法部门不得停止调查处理，但应当将案件查处方案及相关情况报告上级执法部门；上级执法部门发现其中存在问题要求改正或者调整的，下级执法部门应当及时改正或者调整。

第十五条 未经上级执法部门批准，下级执法部门不得将督办的文化市场重大案件转交其下级执法部门或者移送相关部门查处。

第十六条 对督办的文化市场重大案件，下级执法部门应当成立专案组或者指定专人办理，并在收到《文化市场重大案件督办通知书》后60日内依法作出处理决定。

案情特别复杂，无法在规定时间内作出处理决定的，下级执法部门在以书面形式请示上级执法部门同意后，可以适当延长案件查处时间。

第十七条 上级执法部门依法履行下列督办职责：

（一）对督办的文化市场重大案件查处工作进行指导、协调和监督；

（二）对落实督办要求不力或者案件查处进度不符合要求的进行催办；

（三）对督办的文化市场重大案件查处过程中发生的不当行为及时进行纠正；

（四）其他需要承担的督办职责。

第十八条 上级执法部门应当确定专门机构或者人员及时跟踪了解督办案件查处情况，加强对案件查处工作的指导、协调和监督，必要时可以派出专门人员前往案发地督促检查或者直接参与案件查处工作。

第十九条 下级执法部门未按照督办要求组织案件查处工作的，上级执法部门应当及时进行催办。

第二十条 督办的文化市场重大案件情况发生重大变化，确实不需要继续督办的，上级执法部门可以撤销督办，并说明理由。

第二十一条 除涉及国家秘密或者其他不应当公开的情形外，上级执法部门应当及时公布督办案件信息及查处情况。

第二十二条 对违反本办法的规定，有下列情形之一的，予以通报批评；情节严重的，依法追究主要负责人及直接责任人的责任。

（一）未按照规定时限报告的；

（二）故意推诿、拖延、瞒报、谎报的；

（三）案件久拖不决或者拒不落实督办要求的；

（四）违反相关保密规定的；

（五）其他造成严重后果的情形。

第二十三条 对在文化市场重大案件查处或者指导、协调、监督文化市场重大案件查处过程中表现突出的集体或者个人，上级执法部门应当依照相关规定给予表彰奖励。

第二十四条 上级执法部门对督办的文化市场重大案件，依照相关规定补助案件办理经费。

第二十五条 本办法由文化部负责解释。

第二十六条 本办法发布之日起实施，2008 年 8 月 22 日发布的《文化市场重大案件管理办法》同时废止。

文化市场突发事件应急管理办法（试行）

· 2012 年 8 月 14 日

· 文市发〔2012〕27 号

第一章 总 则

第一条 为加强文化市场突发事件应急管理，有效预防和妥善处置文化市场突发事件，最大限度地减少危害和负面影响，根据《突发事件应对法》等有关法律、法规和规章的规定，制定本办法。

第二条 本办法所称文化市场突发事件是指在文化市场经营场所、经营活动、行政管理或者综合行政执法工作中发生的，造成或者可能造成重大社会影响或者严重社会危害，需要采取应急处置措施予以应对的事件。

第三条 文化市场突发事件包括下列情形：

（一）文化市场经营场所、经营活动中发生火灾、爆炸、坍塌、踩踏等安全事故或者重大治安事件的；

（二）文化产品或者服务含有国家法律法规禁止内容，造成严重社会影响的；

（三）文化市场经营、行政管理或者综合行政执法信息通过互联网等途径传播，引起社会公众广泛关注，造成严重负面影响的；

（四）以暴力、恐吓、胁迫等方式阻挠文化市场行政管理和综合行政执法工作，造成人员伤亡的；

（五）因不服从文化市场行政管理或者综合行政执法行为，造成群体性事件的；

（六）其他需要采取应急处置措施予以应对的突发事件。

第四条 文化市场突发事件应急管理应当遵循统一领导、综合协调，分类管理、分级负责，预防为主、以人为本，属地管理、协同配合的原则。

第五条 县级以上文化行政部门和文化市场综合行政执法机构（以下合并简称执法部门）按照法定职责对本行政区域内突发事件的应对工作负责；涉及两个以上行政区域的，由有关行政区域共同的上级执法部门负责，或者由各有关行政区域的上级执法部门共同负责。

法律、行政法规规定由国务院有关部门对突发事件的应对工作负责的，从其规定。

第六条 各级执法部门应当单独或者联合成立文化市场突发事件应急工作领导小组，统一指挥文化市场突发事件应急管理工作。

文化市场突发事件应急工作领导小组应当建立信息、设备、人员、运输及通信等方面的应急工作保障机制。

文化市场突发事件应急工作领导小组组长由各级执法部门负责人担任。

文化市场突发事件应急工作领导小组下设办公室，具体负责日常工作。

第七条 各级执法部门应当根据本办法制定文化市场突发事件应急预案，明确文化市场突发事件应急处置的机构、人员、职责和分工等内容。

第八条 各级执法部门应当加强文化市场日常检查，对突发事件隐患和预警信息进行风险评估和预测，认为可能发生突发事件的，应当采取预防措施或者通报相关部门。

第九条 各级执法部门应当对负有突发事件应急责任的经营管理人员开展必要的应急培训和演练。

第二章 突发事件分级

第十条 根据造成或者可能造成的影响范围和社会危害程度等情况，将文化市场突发事件划分为特大突发事件（I级）、重大突发事件（II级）、较大突发事件（III级）、一般突发事件（IV级）四个等级。

第十一条 具有下列情形之一的，属于文化市场特大突发事件（I级）：

（一）在文化市场经营场所或者经营活动中发生特大安全事故，导致或者可能导致30人以上死亡（含失踪），或者100人以上重伤，或者1000万元以上直接经济损失的；

（二）因不服从文化市场行政管理或者综合行政执法行为而造成群体性事件，一次参与人数达到300人以上，严重影响社会稳定的。

第十二条 具有下列情形之一的，属于文化市场重大突发事件（Ⅱ级）：

（一）在文化市场经营场所或者经营活动中发生重大安全事故，导致或者可能导致10人以上死亡（含失踪），或者50人以上重伤，或者500万元以上直接经济损失的；

（二）因不服从文化市场行政管理或者综合行政执法行为而造成群体性事件，一次参与人数在100人以上，严重影响社会稳定的；

（三）以暴力、恐吓、胁迫等方式阻挠文化市场行政管理或者综合行政执法工作，造成3人以上死亡或者10人以上重伤的。

第十三条 具有下列情形之一的，属于较大突发事件（Ⅲ级）：

（一）在文化市场经营场所或者经营活动中发生重大安全事

故，导致或者可能导致3人以上死亡（含失踪），或者10人以上重伤，或者100万元以上直接经济损失的；

（二）因不服从文化市场行政管理或者综合行政执法行为而造成群体性事件，一次参与人数在50人以上，严重影响社会稳定的；

（三）以暴力、恐吓、胁迫等方式阻挠文化市场行政管理或者综合行政执法工作，造成1人以上死亡或者3人以上重伤的；

（四）文化市场经营、行政管理或者综合行政执法信息通过互联网等途径传播，引起公众广泛关注，在全国范围内造成严重负面影响的。

第十四条 具有下列情形之一的，属于一般突发事件（Ⅳ级）：

（一）在文化市场经营场所或者经营活动中发生重大安全事故，导致或者可能导致1人以上死亡（含失踪），或者3人以上重伤，或者50万元以上直接经济损失的；

（二）因不服从文化市场行政管理或者综合行政执法行为而造成群体性事件，一次参与人数在3人以上，严重影响社会稳定的；

（三）以暴力、恐吓、胁迫等方式阻挠文化市场行政管理或者综合行政执法工作，导致1人以上重伤或者3人以上轻伤的；

（四）文化产品或者服务含有国家法律法规禁止内容，造成恶劣社会影响的；

（五）文化市场经营、行政管理或者综合行政执法信息通过互联网等途径传播，引起公众广泛关注，在本辖区内造成严重负面影响的；

（六）其他需要采取应急处置措施予以应对的突发事件。

第三章　信息报告与发布

第十五条 文化市场突发事件信息报告与发布应当做到统一、准确、及时。

第十六条 文化市场突发事件信息一般情况下实行分级报送，确有必要时可以越级上报。

文化市场突发事件发生后，事发地文化市场突发事件应急工作领导小组应当在2小时内向同级人民政府和上级文化市场突发事件应急工作领导小组报告，并通知相关部门协同处理。

事发地文化市场突发事件应急工作领导小组在采取应急处置措施4小时内，应当向同级人民政府和上级文化市场突发事件应急工作领导小组提交书面报告。

第十七条 Ⅰ级突发事件发生后，应当逐级报告至文化部文化市场突发事件应急工作领导小组。

Ⅱ级突发事件发生后，应当逐级报告至省级文化市场突发事件应急工作领导小组。

Ⅲ级、Ⅳ级突发事件发生后，应当报告至地市级文化市场突发事件应急工作领导小组。

第十八条 文化市场突发事件信息报告应当包含突发事件发生的时间、地点、现场情况、伤亡人数、财产损失、发生原因、应对措施等内容。

报告内容涉及国家秘密的，应当依照国家有关保密法律法规办理。

第十九条 各级文化市场突发事件应急工作领导小组应当建立新闻发言人制度，确定一名工作人员，统一发布突发事件信息。

第四章 应急处置

第二十条 文化市场突发事件发生后，事发地文化市场突发事件应急工作领导小组应当立即启动应急预案，采取应急处置措施。

事发地人民政府或者上级文化市场突发事件应急工作领导小组已经开展应急处置工作的，事发地文化市场突发事件应急工作领导小组应当在其领导下，按照职责分工参与应急处置工作。

第二十一条 文化市场突发事件应急处置中，涉及其他部门权限的，事发地文化市场突发事件应急工作领导小组应当通报其他部门，并报告本级人民政府。

文化市场突发事件中的当事人涉嫌违反文化市场管理法规的，应当依法处理。

第二十二条 Ⅰ级突发事件发生后，文化部文化市场突发事件应急工作领导小组应当派出工作组赶赴事发地协调、指导、监督应急处置工作。

Ⅱ级突发事件发生后，省级文化市场突发事件应急工作领导小组应当派出工作组赶赴事发地协调、指导、监督应急处置工作。

Ⅲ级突发事件发生后，地市级文化市场突发事件应急工作领导小组应当派出工作组赶赴事发地协调、指导、监督应急处置工作。

Ⅳ级突发事件发生后，县级文化市场突发事件应急工作领导小组负责人应当赶赴事发地协调、指导、监督应急处置工作。

第二十三条 文化市场突发事件引起的威胁或者危害得到控制或者消除后，事发地文化市场突发事件应急工作领导小组应当采取或者继续实施必要措施，防止发生次生、衍生事件或者重新引发突发事件。

第五章 事后评估与奖惩

第二十四条 文化市场突发事件应急处置工作结束后，事发地文化市场突发事件应急工作领导小组应当对突发事件及应急处置工作进行总结评估，制定改进措施。

第二十五条 对文化市场突发事件应急处置工作表现突出的集体或者个人，应当给予表彰奖励。

第二十六条 在文化市场突发事件应急处置过程中，有下列情形之一的，应当对负有直接责任的负责人或者工作人员依法给予处分；构成犯罪的，依法追究刑事责任：

（一）未按照规定采取预防措施导致发生突发事件，或者未采取必要防范措施导致发生次生、衍生事件的；

（二）迟报、谎报、瞒报、漏报突发事件信息，或者通报、报告、公布虚假突发事件信息，造成严重后果的；

（三）未按照规定及时采取预警措施，导致损害发生的；

（四）未按照规定及时采取应急处置措施或者应急处置措施不当，造成严重后果的；

（五）不服从上级文化市场突发事件应急工作领导小组对突发事件应急处置工作的统一领导、协调、指导和监督的。

第六章　附　则

第二十七条　本办法所称“以上”包括本数。

第二十八条　本办法由文化部负责解释。

第二十九条　本办法自发布之日起实施。

文化市场突发事件应急预案（试行）

·2012年8月14日

·文市发〔2012〕27号

1　总　则

1.1　定义

文化市场突发事件是指在文化市场经营场所、经营活动、行政管理或者综合行政执法工作中发生的，造成或者可能造成重大社会影响或者严重社会危害的，需要采取应急处置措施予以应对的事件。

1.2　目的

为加强文化市场突发事件应急管理，有效预防和妥善处置文化市场突发事件，最大限度地减少危害和负面影响，依据《突发事件应对法》、《国家突发公共事件总体应急预案》等法律、法规和规章的规定，制定本预案。

1.3 适用范围

根据文化市场突发事件的不同性质，本预案适用范围可以分为文化市场经营场所中发生的重大安全事故、文化市场经营活动中发生的突发事件、文化市场行政管理和综合行政执法中发生的造成重大社会影响的事件以及文化市场领域内发生的其他有较大影响的突发事件。具体分为以下情况：

1.3.1 文化市场经营场所、经营活动中发生火灾、爆炸、坍塌、踩踏等安全事故或者重大治安事件的；

1.3.2 文化产品或者服务含有国家法律法规禁止内容，造成严重社会影响的；

1.3.3 文化市场经营、行政管理或者综合行政执法信息通过互联网等途径传播，引起社会公众广泛关注，造成严重负面影响的；

1.3.4 以暴力、恐吓、胁迫等方式阻挠文化市场行政管理和综合行政执法工作，造成人员伤亡的；

1.3.5 因不服从文化市场行政管理或者综合行政执法行为，造成群体性事件的；

1.3.6 其他需要采取应急处置措施予以应对的突发事件。

2 工作原则

文化市场突发事件应急管理应当遵循以下原则：

2.1 统一领导、综合协调。在同级人民政府和上级文化市场突发事件应急工作领导小组指挥下，本级文化市场突发事件应急工作领导小组充分发挥职能作用，综合协调各项资源进行应对。

2.2 分类管理、分级负责。文化市场突发事件应急工作领导小组应当根据突发事件不同类别采取分类的管理方式，建立健全分类管理、分级负责的应急管理体制。

2.3 预防为主、以人为本。高度重视突发事件管理工作，常抓不懈，防患于未然。增强忧患意识，坚持预防与应急相结合，常态与非常态相结合，做好应对突发事件的各项准备工作。各级文化行政部门和综合行政执法机构（以下合并简称执法部门）应当把保障公众健康和生命财产安全作为首要任务，最大程度地减少突发事件及其造成的人员伤亡和危害。

2.4 属地管理、协同配合。加强以属地管理为主的突发事件应急处置队伍建设，在同级人民政府领导下，建立和公安、消防和医疗等相关部门联动协调机制，形成一套统一指挥、反应灵敏、功能齐全、协调有序、运转高效的应急管理运转体系。

3 **突发事件等级划分**

根据突发事件造成的社会危害程度和影响范围等情况，对文化市场突发事件进行等级划分。文化市场突发事件分为特大突发事件（Ⅰ级）、重大突发事件（Ⅱ级）、较大突发事件（Ⅲ级）、一般突发事件（Ⅳ级）四个等级。

3.1 特大突发事件（Ⅰ级）：

3.1.1 在文化市场经营场所或者经营活动中发生特大安全事故，导致或者可能导致30人以上死亡（含失踪），或者100人以上重伤，或者1000万元以上直接经济损失的；

3.1.2 因不服从文化市场行政管理或者综合行政执法行为而造成群体性事件，一次参与人数达到300人以上，严重影响社会稳定的。

3.2 重大突发事件（Ⅱ级）

3.2.1 在文化市场经营场所或者经营活动中发生重大安全事故，导致或者可能导致10人以上死亡（含失踪），或者50人以上重伤，或者500万元以上直接经济损失的；

3.2.2 因不服从文化市场行政管理或者综合行政执法行为而造成群体性事件，一次参与人数在100人以上，严重影响社会稳定的；

3.2.3 以暴力、恐吓、胁迫等方式阻挠文化市场行政管理或者综合行政执法工作，造成3人以上死亡或者10人以上重伤的。

3.3 较大突发事件（Ⅲ级）：

3.3.1 在文化市场经营场所或者经营活动中发生重大安全事故，导致或者可能导致3人以上死亡（含失踪），或者10人以上重伤，或者100万元以上直接经济损失的；

3.3.2 因不服从文化市场行政管理或者综合行政执法行为而造成群体性事件，一次参与人数在50人以上，严重影响社会稳定的；

3.3.3 以暴力、恐吓、胁迫等方式阻挠文化市场行政管理或者综合行政执法工作，造成1人以上死亡或者3人以上重伤的；

3.3.4 文化市场经营、行政管理或者综合行政执法信息通过互联网等途径传播，引起公众广泛关注，在全国范围内造成严重负面影响的。

3.4 一般突发事件（Ⅳ级）：

3.4.1 在文化市场经营场所或者经营活动中发生重大安全事故，导致或者可能导致1人以上死亡（含失踪），或者3人以上重伤，或者50万元以上直接经济损失的；

3.4.2 因不服从文化市场行政管理或者综合行政执法行为而造成群体性事件，一次参与人数在3人以上，严重影响社会稳定的；

3.4.3 以暴力、恐吓、胁迫等方式阻挠文化市场行政管理或者综合行政执法工作，导致1人以上重伤或者3人以上轻伤的；

3.4.4 文化产品或者服务含有国家法律法规禁止内容，造成恶劣社会影响的；

3.4.5 文化市场经营、行政管理或者综合行政执法信息通过互联网等途径传播，引起公众广泛关注，在本辖区范围内造成严重负面影响的；

3.4.6 其他需要采取应急处置措施予以应对的突发事件。

4 应急指挥机构的建立与职责

4.1 应急指挥机构的建立

各级执法部门单独或者联合成立文化市场突发事件应急工作

领导小组，统一指挥文化市场突发事件应急处置工作。

文化市场突发事件应急工作领导小组组长由各级执法部门负责人担任，成员由执法部门的行政管理、综合执法、安全生产等相关处（科、队）室负责人组成。

文化市场突发事件应急工作领导小组下设办公室，负责日常值守、信息采集汇总和综合协调等工作。有条件的区域可成立专家组、后勤保障组等专业工作小组细化分工。

4.2 应急指挥机构职责

（1）文化市场突发事件应急工作领导小组负责指挥、组织、协调本系统有关部门参与应急响应行动，下达应急处置任务；

（2）与同级人民政府及相关部门进行联系与协调，及时向同级人民政府和上级行政主管部门报告、通报有关情况和信息；

（3）对外统一发布信息，研究解决突发事件中的重大问题，主动做好新闻媒体的信息沟通工作。

4.3 应急指挥机构办公室职责

（1）文化市场突发事件发生时，应及时收集情况，向领导小组汇报，并传达领导小组决定；

（2）在应急期间督促应急措施的落实和具体执行，与有关部门进行沟通、协调，确保信息传递的及时准确；组织协调应急工作有序开展，根据具体情况派员赴现场参与应急处置工作；收集相关情况，拟定与突发事件相关的文书，及时报送上级领导和相关部门；

（3）做好应急信息的发布，组织协调各方力量做好应急保障，妥善处理善后事宜；

（4）负责处理应急小组的日常事务，保证预防预警机制的正常运行。

5 预防预警机制

在本级文化市场突发事件应急工作领导小组的指导下，各级执法部门应当加强对文化市场经营场所、经营活动的日常检查，对检查过程中发现的安全隐患，及时通报相关部门。

5.1　预防机制

（1）各级文化市场突发事件应急工作领导小组应当建立必要的预警和快速反应机制，对各类文化市场经营场所、经营活动加强事前的监督检查。演练各种应急预案，磨合、协调运行机制；

（2）各级执法部门应当督促文化市场经营场所制定必要的日常安全保卫工作预案、安全责任制度，强化日常人力、物力、财力储备，提高应急处理能力；

（3）各级执法部门应当督促和指导大型文化市场经营活动的主体在活动举办之前制定相应的安全保卫工作方案和应急预案，报当地政府登记备案；

（4）各级执法部门应当建立健全文化市场突发事件应急培训制度，对负有突发事件应急处置责任的文化市场经营管理人员开展必要的培训；

（5）各级执法部门应当定期对文化市场经营主体开展法律法规、安全生产及应急知识培训，组织必要的应急演练。

5.2　预警系统

文化市场突发事件应急工作领导小组应当注重安全信息的收集与上报，对突发事件隐患和预警信息进行风险评估和预测，认为可能发生突发事件的，应当采取必要的防范措施，同时向同级人民政府和上级文化市场突发事件应急工作领导小组报告，并通报相关部门。

各级执法部门应当督促文化市场经营场所、经营活动主体配备预警通讯和广播设备，对可能发生的突发事件进行预警。

6　应急处理

文化市场突发事件发生后，事发地文化市场突发事件应急工作领导小组应当立即启动应急预案，根据应急预案的相关规定予以处置。突发事件处理结束后，应急预案自动终止。事发地文化市场突发事件应急工作领导小组负责人应当及时赶赴事发现场，采取下列应急处置措施：

（1）迅速了解掌握事件性质、起因、发展程度等基本情况；

（2）通知公安、消防、医疗、国家安全、通信等相关部门；

（3）在2小时内向同级人民政府和上级文化市场突发事件应急工作领导小组上报；

（4）指导执法部门开展应急处置工作。

针对不同类型的突发事件，文化市场突发事件应急工作领导小组应当采取以下应急处置措施：

6.1.1　文化经营场所中发生的突发事件的处置方法

文化市场经营场所如娱乐场所、演出场所、网吧、影剧院等发生火灾、建筑物坍塌，大量有毒、有害气体泄漏，拥挤踩踏等重大安全事故；爆炸、恐怖袭击、恶性斗殴等重大刑事、治安案件发生的，事发地文化市场突发事件应急工作领导小组负责人赶赴现场确认后，第一时间报110、119、120；上级文化市场突发事件应急工作领导小组人员应当立即赶赴事发现场并对应急处置工作给予指导；在文化市场突发事件应急工作领导小组的指挥下，执法部门应当配合公安干警、消防和医务人员开展各项抢救救援工作，把损失降低到最小。

6.1.2　文化市场经营活动中发生的突发事件处置方法

（1）文化产品或者服务含有国家法律法规禁止内容，造成恶劣社会影响的突发事件发生时，事发地文化市场突发事件应急工作领导小组接报确认后，应当立即进行调查取证；需要联合执法的，及时通知公安机关协同处理；涉嫌构成犯罪的，依法将案件移送公安机关处理；

（2）文化市场经营设施、设备遭到破坏，造成恶劣社会影响的突发事件发生时，事发地文化市场突发事件应急工作领导小组接报确认后，第一时间派执法部门人员和相关专业人员赶赴现场，对遭受破坏的设施和设备进行必要的抢修和保护，并进行调查取证，尚不构成犯罪的，由执法部门依据相关法律法规进行处罚；涉嫌构成犯罪的，依法移送公安机关处理。

6.1.3　文化市场行政管理或者综合行政执法中发生的突发事件

（1）因不服从文化市场行政管理或者综合行政执法行为而造

成群体性事件，或者以暴力、威胁等方式阻挠文化市场行政管理或者综合行政执法工作，导致人员伤亡或者造成恶劣社会影响的突发事件发生时，文化市场突发事件应急工作领导小组接报确认后，应当第一时间报110和120；同时，在文化市场突发事件应急工作领导小组的指挥下，执法部门应协助医务人员救治伤员，配合公安机关进行案件调查，配合当地有关部门宣传政策和法律法规，控制事态的进一步发展；

（2）文化市场经营、行政管理或者综合行政执法信息通过互联网等途径传播，造成严重负面影响，引起公众广泛关注的突发事件发生时，文化市场突发事件应急工作领导小组接报确认后，应当及时了解新闻来源，联系媒体了解事实，协调配合相关部门，及时在新闻媒体、政府相关网站中发布事情真实情况。

6.1.4　其他突发事件

其他文化市场突发事件发生时，事发地文化市场突发事件应急工作领导小组应当在同级人民政府和上级文化市场突发事件应急工作领导小组的指挥下，根据具体情况采取应急处置措施；需要相关部门协同处理的，应当及时通知并提供相应的配合与协助。

6.2　分级应对

县级执法部门对本行政区域内突发事件的应对工作负责；涉及两个以上行政区域的，由有关行政区域共同的上级执法部门负责，或者由各有关行政区域的上级执法部门共同负责。县级以上文化市场突发事件应急工作领导小组依法负责本辖区突发事件的协调、指导、监督和处置工作。

Ⅰ级突发事件发生后，文化部应急工作领导小组应当派出工作组赶赴事发地协调、指导、监督应急处置工作。

Ⅱ级突发事件发生后，省级应急工作领导小组应当派出工作组赶赴事发地协调、指导、监督应急处置工作。

Ⅲ级突发事件发生后，设区的市级应急工作领导小组应当派出工作组赶赴事发地协调、指导、监督应急处置工作。

Ⅳ级突发事件发生后，县级应急工作领导小组负责人应当赶赴事发地协调、指导、监督应急处置工作。

7 信息上报与公开

7.1 信息报送

7.1.1 基本原则

（1）统一。各级文化市场突发事件应急工作领导小组在报送信息时应当做到内容、形式、人员方面的统一，各级不应对信息截留、过滤。

（2）准确。报送信息应尽可能真实准确。

（3）及时。突发事件发生时，事发地文化市场突发事件应急工作领导小组接报后，应在第一时间采用电话报送方式向同级人民政府和上级文化市场突发事件应急工作领导小组报告。电话报送时间不应超过2小时。

7.1.2 报送内容

（1）事件发生的时间、地点和现场情况；

（2）事件的简要经过、伤亡人数和财产损失情况的估计；

（3）事件原因的初步分析；

（4）事件发生采取的措施、效果及下一步工作方案；

（5）其他需要报告的事项。

7.1.3 报送层级

（1）Ⅰ级突发事件发生后，应当逐级报告至文化部文化市场突发事件应急工作领导小组。

（2）Ⅱ级突发事件发生后，应当逐级报告至省级文化市场突发事件应急工作领导小组。

（3）Ⅲ级、Ⅳ级突发事件发生后，应当报告至地市级文化市场突发事件应急工作领导小组。

7.2 信息发布

7.2.1 发布原则

信息发布应按照有关规定向社会提供客观、准确、及时的信息，不得隐瞒和推迟。

7.2.2 发布主体

各级文化市场突发事件应急工作领导小组应当建立新闻发言人制度，确定一名工作人员，参与突发事件应急处置工作，统一对外发布突发事件信息。

7.2.3 发布时间

文化市场突发事件发生后，原则上应当在启动应急预案24小时内，经文化市场突发事件应急工作领导小组组长或副组长批准，由信息发布人员对外发布突发事件的相关信息，包括事件的基本情况、事件进展及下一步工作方案等基本信息。

突发事件处理期间，在文化市场突发事件应急工作领导小组授权下，信息发布人员应当及时发布相关信息。

7.2.4 发布内容

由信息发布人员披露突发事件的相关信息，包括基本情况、政府立场、政府所采取的措施及取得的效果，下一步工作方案以及提示公众应注意的事项等。

7.2.5 发布方式

信息发布人员可以通过接受采访、发布新闻稿、召开新闻发布会、情况介绍会、记者招待会以及网络互动、发表声明、谈话等方式及时发布新闻。

8 后期处理

8.1 后续措施

突发事件的威胁和危害得到控制或者消除后，在同级人民政府和上级文化市场突发事件应急工作领导小组的指导下，事发地文化市场突发事件应急工作领导小组应当采取或者继续实施必要措施，防止发生次生、衍生事件或者重新引发突发事件。

8.2 书面报告

突发事件应急处置工作结束后，事发地文化市场突发事件应急工作领导小组应当立即配合同级人民政府组织对突发事件造成的损失进行评估，查明突发事件的发生经过和原因，总结突发事件应急处置工作的经验教训，制定改进措施，并形成书面材料向同级人民政府和上级文化市场突发事件应急工作领导小组报告。

8.3 经验总结根据突发事件暴露出的有关问题，进一步修改和完善有关防范措施和处置预案，必要时提出修改或补充相关法律法规的意见。

8.4 奖励机制

对协调、指导、监督、参与文化市场突发事件应急处置工作表现突出的，文化市场突发事件应急工作领导小组应当依照相关规定给予表彰奖励。

8.5 责任追究

在文化市场突发事件应急处置过程中，有下列情形之一的，应当对负有直接责任的负责人或者工作人员依法给予处分，构成犯罪的，应当依法追究刑事责任：

（1）未按照规定采取预防措施导致发生突发事件，或者未采取必要防范措施导致发生次生、衍生事件的；

（2）迟报、谎报、瞒报、漏报突发事件信息，或者通报、报告、公布虚假突发事件信息，造成严重后果的；

（3）未按照规定及时采取预警措施，导致损害发生的；

（4）未按照规定及时采取应急处置措施或者应急处置措施不当，造成严重后果的；

（5）不服从上级文化市场突发事件应急工作领导小组对突发事件应急处置工作的统一领导、指挥和协调的。

文化部关于推动数字文化产业创新发展的指导意见

· 2017 年 4 月 11 日

· 文产发〔2017〕8 号

各省、自治区、直辖市文化厅（局），新疆生产建设兵团文化广播电视局，各计划单列市文化局，本部各司局、各直属单位，国家文物局：

数字文化产业以文化创意内容为核心，依托数字技术进行创作、生产、传播和服务，呈现技术更迭快、生产数字化、传播网络化、消费个性化等特点，有利于培育新供给、促进新消费。当前，数字文化产业已成为文化产业发展的重点领域和数字经济的重要组成部分。为贯彻落实《“十三五”国家战略性新兴产业发展规划》、《文化部“十三五”时期文化发展改革规划》，深入推进文化领域供给侧结构性改革，培育文化产业发展新动能，现就推动数字文化产业创新发展提出以下意见。

一、总体要求

（一）指导思想

全面贯彻党的十八大和十八届三中、四中、五中、六中全会精神，深入贯彻习近平总书记系列重要讲话精神和治国理政新理念新思想新战略，认真落实党中央、国务院决策部署，牢固树立和贯彻落实创新、协调、绿色、开放、共享的发展理念，适应把握引领经济发展新常态，以供给侧结构性改革为主线，加强原创能力建设，推进文化创业创新，促进产业融合发展，培育新型文化业态，满足人民群众高品质、多样化、个性化的数字文化消费需求，提升人民群众幸福感和获得感，增强中华文化在数字化、信息化、网络化时代的国际竞争力、影响力。

（二）基本原则

坚持导向，提升内涵。坚持以人民为中心的发展思想，坚持社会主义先进文化前进方向，弘扬社会主义核心价值观，把社会效益放在首位，实现社会效益与经济效益相统一，充分发掘优秀文化资源，提高数字文化产业品质内涵，讲好中国故事，弘扬中国精神。

创新驱动，优化供给。坚持自主创新，加强内容原创和技术研发，培育发展新动力，构建产业新体系，推动数字文化产业内容、技术、模式和业态创新，提供有效优质供给，促进文化消费。

开放发展，跨界融合。立足国际国内两个市场，加强国际交流合作，加快与相关产业的多向深度融合，走开放式创新和国际化发展道路，不断提高我国数字文化产业发展的整体实力和国际竞争力。

政策引导，激发活力。针对薄弱环节、制约瓶颈和重点领域，完善政策措施，优化发展环境，改善行业规制，充分发挥各级政府部门规划引导、政策扶持和组织协调作用，激发数字文化产业创新活力与投资活力。

（三）发展目标

数字文化产品和服务供给质量不断提升、供给结构不断优化、供给效率不断提高，数字文化消费更加活跃，成为扩大文化消费的主力军。培育若干社会效益和经济效益突出、具有较强创新能力和核心竞争力的数字文化领军企业，一批各具特色的创新型中小微数字文化企业。动漫、游戏、网络文化、数字文化装备、数字艺术展示等重点领域实力明显增强。数字文化产业生态体系更加完善，产业支撑平台更加成熟，市场秩序更加有序，政策保障体系更加完备。到 2020 年，形成导向正确、技术先进、消费活跃、效益良好的数字文化产业发展格局，在数字文化产业领域处于国际领先地位。

二、引导数字文化产业发展方向

（四）优化数字文化产业供给结构。以供给侧结构性改革为主线，提升数字文化产业文化内涵、技术水平和产品质量。加强数字文化产业原创能力建设，鼓励全民创意、创作联动等新方式。发挥高新技术对内容创作、产品开发、模式创新的支撑作用，提高产品品质、丰富表现形式。深化“互联网+”，深度应用大数据、云计算、人工智能等科技创新成果，促进创新链和产业链有效对接。提高不同内容形式之间的融合程度和转换效率，适应互联网和各种智能终端传播特点，创作生产优质、多样、个性的数字文化内容产品。探索基于互联网的个性化定制、精准化营销、协作化创新、网络化共享等新型商业模式和文化业态。大力推动演艺娱乐、艺术品、文化旅游、文化会展等传统文化产业的数字化转型升级，推进文化产业结构调整和优化。

（五）促进优秀文化资源数字化。实施数字内容创新发展工程，鼓励对艺术品、文物、非物质文化遗产等文化资源进行数字化转化和开发，实现优秀传统文化资源的创造性转化和创新性发展。依托地方特色文化，开发具有鲜明区域特点和民族特色的数字文化产品。加强现代设计与传统工艺对接，促进融合创新。依托文化文物单位馆藏文化资源开发数字文化产品，提高博物馆、图书馆、美术馆、文化馆等文化场馆的数字化智能化水平，创新交互体验应用，带动公共文化资源和数字技术融合发展。

（六）推进数字文化产业与相关产业融合发展。推进数字文化产业与先进制造业、消费品工业融合发展，与信息业、旅游业、广告业、商贸流通业等现代服务业融合发展，与实体经济深度融合。强化文化对信息产业的内容支撑、创意提升和价值挖掘作用，提升用户体验。推动数字文化在电子商务、社交网络的应用，与虚拟现实购物、社交电商、“粉丝”经济等营销新模式相结合。提升旅游产品开发和旅游服务设计的文化内涵和数字化水平，促进虚拟旅游展示等新模式创新发展。推动数字文化在农业、教育、健康、地理信息、航空航天、公共事业等其他领域的集成应用和融合发展，通过“文化+”提高相关产业的文化内涵、创意水平和附加价值。推动数字文化产业纳入军民融合创新体系。

（七）扩大和引导数字文化消费需求。顺应群众期盼和市场需求，结合引导城乡居民扩大文化消费试点工作，增加数字文化产业有效供给，补齐内容短板、丰富服务模式、提升消费体验，引领时尚消费潮流，满足现代生活方式需求。把握知识产权环境改善、用户付费习惯养成、网络支付手段普及的有利机遇，充分挖掘消费潜力和市场价值。创新网络视频、网络音乐、网络文学等数字文化内容产品付费模式，将广泛用户基础转化为有效消费需求。支持可穿戴设备、智能家居、数字媒体等新兴数字文化消费品发展，加强质量与品牌建设。

三、着力发展数字文化产业重点领域

（八）推动动漫产业提质升级。发挥好动漫独特的艺术魅力和传播优势，创作生产优质动漫产品。坚持品牌化发展战略，促进动漫“全产业链”和“全年龄段”发展。运用信息技术手段和各种新兴媒体，创新表现形式、拓展传播渠道，发展基于互联网和移动智能终端的动漫传播运营，积极开拓动漫表情等动漫新业态。引导促进动漫会展发展，活跃动漫及衍生产品消费。促进动漫与文学、游戏、影视、音乐等内容形式交叉融合，发展动漫品牌授权和形象营销，与相关产业融合发展，延伸动漫产业链和价值链。

（九）推动游戏产业健康发展。加强游戏内容价值导向管理，建立评价奖惩体系，扶持传递正能量、宣传优秀传统文化、弘扬社会主义核心价值观的游戏品牌。改善游戏产品同质化、低俗化现象，培育国产原创游戏品牌产品、团队和企业。大力推动应用游戏、功能性游戏的开发和产业化推广，引导和鼓励开发具有教育、益智功能，适合多年龄段参加的网络游戏、电子游戏、家庭主机游戏，协调发展游戏产业各个门类。促进电竞赛事、电竞直播等新模式健康有序发展。

（十）丰富网络文化产业内容和形式。实施网络内容建设工程，大力发展网络文艺，丰富网络文化内涵，推动优秀文化产品网络传播。鼓励生产传播健康向上的优秀网络原创作品，提高网络音乐、网络文学、网络表演、网络剧（节）目等网络文化产品的原创能力和文化品位。利用社交平台与用户开展线上线下交流，提升消费体验。保护激励原创，促进网络文化产业链相关环节的融合与沟通，研究建立规范合理的分成模式。深入推进互联网上网服务行业转型升级，开拓线下体验服务新领域。

（十一）增强数字文化装备产业实力。适应沉浸体验、智能交互、软硬件结合等发展趋势，推动数字文化装备产业发展，加强标准、内容和技术装备的协同创新。研发具有自主知识产权、引领新型文化消费的可穿戴设备、智能硬件、沉浸式体验平台、应用软件及辅助工具，加强以产品为基础的商业模式创新。研发智能化舞台演艺设备和高端音视频产品，提升艺术展演效果，满足高端消费需求。支持文物和艺术品展陈、保护、修复设备产业化及应用示范。

（十二）发展数字艺术展示产业。积极发展以数字技术为手段，以光学、电子等新兴媒介为表现形式，贴近群众生活和市场需求的数字艺术展示产业，以数字艺术手段传承中华美学精神。发挥数字艺术高互动性、高应用性、高融合性的特点，拓展数字艺术展示应用范围和市场空间。推动数字艺术展示与公共空间、公共设施、公共艺术相结合，与智慧旅游、城市综合体、特色小（城）镇相结合，打造数字艺术展示品牌活动，发挥数字艺术展示在拉动地方消费、提升地区形象、提高文化品位等方面的作用。鼓励文化文物单位运用馆藏文化资源，开发数字艺术展示项目。

（十三）超前布局前沿领域。顺应新一轮科技革命和产业变革趋势，高度重视颠覆性技术创新与应用，以技术创新推动产品创新、模式创新和业态创新，更好满足智能化、个性化、时尚化消费需求，引领、创造和拓展消费新需求。促进虚拟现实产业健康有序发展，开拓混合现实娱乐、智能家庭娱乐等消费新领域，推动智能制造、智能语音、三维（3D）打印、无人机、机器人等技术和装备在数字文化产业领域的应用，不断丰富产品形态和服务模式，拓展产业边界。

四、建设数字文化产业创新生态体系

（十四）培育数字文化产业市场主体。培育一批具有较强核心竞争力的大型数字文化企业，引导互联网及其他领域龙头企业布局数字文化产业。支持企业实现垂直、细分、专业发展，鼓励数字文化企业的收购、兼并和创办，鼓励和支持各类高新技术企业与文化企业开展技术、项目等方面的合作。有序引导各类投资进入数字文化产业，大力扶持中小微数字文化企业，鼓励向“专精特新”方向发展，强化特色经营、特色产品和特色服务。充分发挥大企业龙头带动作用，通过生产协作、开放平台、共享资源等方式，支持上下游中小微企业发展。

（十五）推进数字文化产业创新创业。强化创新驱动，引导领军企业联合中小企业和科研单位布局创新链，加强关键技术研发、产业融合探索、商业模式创新。支持在数字文化产业领域开展众创、众包、众扶、众筹。促进产业协同创新，推动建设文化内容数字资源平台，建设以企业为主体、产学研用联合的数字文化产业创新中心，建设创新与创业结合、孵化与投资结合、线上与线下结合的数字文化双创服务平台。加强对数字文化产业发展趋势、消费行为、用户需求的研究，加强对数字文化企业的培训辅导和政策宣传，为数字文化新产品、新业态、新模式成长提供支撑。

（十六）引导数字文化产业集聚发展。充分发挥国家级文化产业示范园区、国家文化产业创新实验区、国家文化与科技融合示范基地等创意创新资源密集区域作用，培育若干各具特色、各有侧重的数字文化产业优势产业集群和产业链。依托创新资源富集、产业基础深厚的城市，建设富有创意内容、创新模式和强大文化创意能力的数字文化产业发展策源地。结合“一带一路”建设、京津冀协同发展、长江经济带发展等区域发展战略，以要素禀赋、产业配套为基础，加强创新创意资源联动，形成若干数字文化产业发展集聚区。将数字文化产业发展与国家级新区、国家自主创新示范区、自由贸易试验区、经济技术开发区、高新技术产业园区发展相衔接，以市场化方式促进产业集聚。

（十七）参与数字文化产业国际分工与合作。充分利用国内国外两个市场、两种资源，鼓励企业参与国际分工与合作，培育具有国际竞争力的数字文化企业和产品，为全球数字文化产业发展提供中国模式。鼓励优势企业到境外设立研发机构，通过境外投资并购、联合经营、设立分支机构等方式不断开拓海外市场。鼓励数字文化企业积极参与国际交易、会展，深化人才、创意、技术、管理方面的国际交流与合作。推动产业链全球布局，针对重点国别地区确定不同的推进方式和实施路径，实现产业链资源优化整合。积极面向“一带一路”沿线国家开展国际合作。

（十八）构建数字文化领域标准体系。加强手机（移动终端）动漫标准应用推广，推动虚拟现实、交互娱乐等领域相关产品、技术和服务标准的研究制定，积极参与数字文化领域国际标准建设。健全技术创新、知识产权与标准化互动支撑机制，及时将先进技术转化为标准。推动建立数字文化标准行业组织，促进资源整合共享，建设数字内容生产流程、产品和服务的质量管理体系并加强推广应用。

（十九）优化数字文化产业市场环境。积极建立司法、行政、技术和标准相结合的数字文化知识产权保护体系，完善知识产权快速维权机制，加大管理和执法力度，打击数字文化领域盗版侵权行为。规范数字文化产品版权交易市场，发挥版权交易激励原创、活跃市场、价值发现的作用。积极促进数字文化会展发展，搭建展示交易平台，推广数字文化技术、产品及服务。积极发挥行业组织在平台搭建、信息交流、行业自律、信用体系建设等方面的作用。

五、加大数字文化产业政策保障力度

（二十）落实相关财税金融政策。积极发挥财政资金的杠杆作用，用好文化产业发展专项资金等各类财政资金，中央预算内投资、国家专项建设基金等投资政策，政府与社会资本合作等模式，支持一批数字文化内容创作、技术研发、平台建设、产业融合项目，带动社会资本投入。支持符合条件的数字文化企业申报高新技术企业认定，享受减按15%的税率征收企业所得税等政策。对企业发生的符合条件的创意和设计费用执行税前加计扣除政策。加大直接融资力度，鼓励符合条件的数字文化企业通过各类资本市场融资，积极运用债券融资，支持设立数字文化产业创业投资引导基金和各类型相关股权投资基金。建立投融资风险补偿和分担机制，鼓励开发性、政策性、商业性金融机构支持数字文化产业发展，推进投贷联动，实现财政政策、金融政策、产业政策的有机衔接。做好数字文化产品和服务纳入《战略性新兴产业重点产品和服务目录》的落实工作，支持享受有关优惠政策。

（二十一）强化创新服务和人才支撑。引导数字文化产业创新中心建设，对技术创新能力较强、创新业绩显著、具有重要示范作用的数字文化产业创新中心予以扶持，鼓励和引导企业不断提高自主创新能力。评定一批数字文化方向的文化部重点实验室。依托数字文化产业创新中心、重点实验室、重点高校、科研机构和龙头企业，系统性开展数字文化产业理论研究和创新实践，通过国家社科基金、国家文化科技创新工程等支持一批数字文化领域重大课题和创新项目。支持数字文化产业智库建设。加强数字文化产业统计，及时准确反映行业发展动态。加大人才培养力度，创新人才培养模式，开展人才实训和交流，培养兼具文化内涵、技术水准和创新思维的数字文化产业人才。

（二十二）持续推动“放管服”改革。对数字文化产业发展过程中出现的新技术、新产品、新业态、新模式，区分不同情况，积极探索和创新适合其特点的监管方式，既要有利于营造公平竞争环境，激发创新创造活力，又要进行审慎有效监管，防范可能引发的风险。建立适应互联网传播和用户创造内容趋势的内容监管机制。建立健全文化市场警示名单、黑名单制度，构建以信用监管为核心的事中事后监管体系。改善行业管理规制，建设企业信用监管体系。进一步放宽准入条件、简化审批程序，保障和促进创业创新。

（二十三）加强组织领导。各级文化部门要充分认识发展数字文化产业的战略意义，争取地方政府重视，把推进数字文化产业创新发展作为推进文化产业和战略性新兴产业发展的重要工作内容。主动加强与发展改革、财政、工业和信息化、科技等相关部门的沟通合作，建立工作协调机制，加强部门协作，为数字文化产业创新发展创造良好条件。结合本地实际，研究制定促进本地区数字文化产业发展的政策措施，落实国家有关产业支持政策，推动数字文化产业创新发展。

文化志愿服务管理办法

·2016年7月14日
·文公共发〔2016〕15号

第一章　总　则

第一条　为发挥文化志愿服务在构建现代公共文化服务体系中的积极作用，鼓励和引导文化志愿服务活动广泛深入开展，推动文化志愿服务常态化、规范化、制度化，根据文化志愿服务特点，制定本办法。

第二条　本办法所称文化志愿者，是指利用自己的时间、知识、技能等，自愿、无偿为社会或他人提供公益性文化服务的个人。

本办法所称文化志愿服务组织单位，是指组织开展文化志愿服务的文化行政部门、文化单位。

本办法所称文化志愿服务组织，是指以开展文化志愿服务为宗旨的非营利性社会组织。

第三条　文化志愿服务应弘扬奉献、友爱、互助、进步的志愿精神，遵循自愿、无偿、利他、平等的原则。

第二章　文化志愿者

第四条　文化志愿者应热心文化事业，具有一定的文化艺术才能和相应的民事行为能力。

鼓励有意愿、有能力的人成为文化志愿者。

鼓励老年人在自愿和量力的情况下参加文化志愿服务活动。

未成年人经其监护人同意或由其监护人陪同，可参加与其年龄、身心状况相适应的文化志愿服务活动。

第五条 文化志愿者可向文化志愿服务组织单位申请实名注册。注册时，应提供真实身份信息、服务技能、服务时间、联系方式等个人基本信息。

第六条 文化志愿者享有下列权利：

（一）根据自己的意愿、时间和能力提供文化志愿服务；

（二）获得文化志愿服务活动真实、准确、完整的信息；

（三）参加文化志愿服务培训；

（四）获得开展文化志愿服务必要的工作条件；

（五）要求文化志愿服务组织单位如实记录参与文化志愿服务的有关信息；

（六）请求文化志愿服务组织单位帮助解决在文化志愿服务过程中遇到的实际困难；

（七）对文化志愿服务工作提出意见和建议；

（八）相关法律、法规及规章制度规定的其他权利。

第七条 文化志愿者履行下列义务：

（一）自觉维护文化志愿者的形象与声誉；

（二）遵守文化志愿服务管理制度；

（三）履行文化志愿服务承诺或协议，完成文化志愿服务组织单位安排的志愿服务任务；

（四）尊重服务对象的意愿、人格和隐私，不得向其收取或者变相收取报酬；

（五）因故不能参加或完成预先约定的文化志愿服务活动时，履行合理告知的义务；

（六）相关法律、法规及规章制度规定的其他义务。

第三章 文化志愿服务组织单位

第八条 文化志愿服务组织单位履行下列职责：

（一）制定文化志愿服务计划；

（二）依法筹集、管理和使用文化志愿服务经费、物资；

（三）组织开展文化志愿服务活动；

（四）负责文化志愿者的招募、注册、培训、服务记录、绩效考核等工作；

（五）为文化志愿者开展文化志愿服务提供必要的工作条件，帮助解决文化志愿服务过程中遇到的实际困难；

（六）根据文化志愿者的要求和相关管理规定，出具文化志愿服务相关证明；

（七）开展文化志愿服务宣传、交流与合作；

（八）履行相关法律、法规规定的其他职责。

第九条 文化志愿服务组织单位可根据实际需求制定招募计划，定向招募或面向社会公开招募文化志愿者。

招募文化志愿者，应当明确公告文化志愿服务项目和文化志愿者的条件、数量、服务内容、保障条件以及可能发生的风险等信息。

第十条 文化志愿服务组织单位应依据文化志愿者本人申请，对于符合条件的予以注册并发放注册服务证，如实记录文化志愿者个人基本信息和服务开展情况。

未经文化志愿者本人同意，文化志愿服务组织单位不得公开或泄露其有关信息。

第十一条 文化志愿服务组织单位应按照专业技能、服务对象等对文化志愿者进行分类管理。

第十二条 文化志愿服务组织单位应定期对文化志愿者开展业务知识、技能培训和安全教育。

第十三条 文化志愿服务组织单位应定期对文化志愿者服务情况进行绩效考核。对未遵守相关规定、不履行本办法第七条规定义务的文化志愿者，建立退出机制。

第四章 文化志愿服务

第十四条 文化志愿服务的范围主要包括：

（一）在公共图书馆、文化馆（站）、博物馆、美术馆等公共文化设施和场所开展公益性文化服务；

（二）深入城乡基层开展文艺演出、辅导培训、展览展示、阅读推广等公益性文化服务；

（三）为老年人、未成年人、残疾人、农民工和生活困难群众等提供公益性文化服务；

（四）参与基层文化设施的管理和群众文化活动的组织等工作；

（五）参与文化行政部门和文化单位开展的文化遗产保护、文化市场监督等工作；

（六）开展其他公益性文化服务。

第十五条 文化志愿服务组织单位应根据工作需要和自身职责开展文化志愿服务，也可根据有文化志愿服务需要的单位或个人的申请提供文化志愿服务。

第十六条 开展文化志愿服务，文化志愿服务组织单位、文化志愿者、文化志愿服务需求方应就文化志愿服务内容、权利义务和法律责任等协商一致，必要时应签订书面协议。

第十七条 有下列情形之一的，文化志愿服务组织单位与文化志愿者、文化志愿服务组织单位与文化志愿服务需求方之间应签订书面协议：

（一）任何一方要求签订书面协议的；

（二）对人身安全、身心健康有较高风险的；

（三）为大型公益文化活动提供文化志愿服务的；

（四）法律、法规规定应签订书面协议的。

第十八条 文化志愿服务协议应包括以下内容：

（一）文化志愿服务的内容、时间、地点；

（二）当事人的权利、义务；

（三）风险保障措施；

（四）协议的变更和解除；

（五）法律责任及争议解决方式；

（六）需要明确的其他事项。

第十九条 开展文化志愿服务，文化志愿服务组织单位应根据实际情况为文化志愿者办理人身意外伤害保险。

第二十条 开展文化志愿服务应使用统一的标识。

第五章 激励和保障

第二十一条 文化志愿服务组织单位应结合实际建立文化志愿服务激励回馈制度。

有良好服务记录的文化志愿者可获得艺术观摩与培训、文化艺术消费、公益性文化服务等方面的优惠待遇。

文化行政部门应推动文化志愿者在用工、教育、社会保障等方面享受本地区关于志愿者的优惠奖励政策。

第二十二条 文化志愿服务组织单位应建立文化志愿服务嘉许制度。对服务时间较长、业绩突出、社会影响较大的文化志愿者、文化志愿服务团队和文化志愿服务项目给予褒扬。

第二十三条 文化志愿服务组织单位应为文化志愿服务开展提供必要的经费支持。

文化志愿服务经费应主要用于文化志愿服务开展过程中涉及的场地租用、物品制作、人员培训、后勤保障、宣传推广等方面。

文化志愿服务经费使用应严格遵守有关财务制度，接受有关部门的监督。

第二十四条 鼓励和支持社会力量通过捐助设施设备、赞助等方式参与文化志愿服务。

第二十五条 鼓励以政府购买公共文化服务的方式吸引符合条件的文化志愿服务组织参与公共文化服务项目或活动。

第二十六条 文化志愿服务组织单位、文化志愿者开展文化志愿服务，造成对文化志愿服务对象或其他相关人员合法权益损害的，按照法律法规及有关规定承担相应责任。

第六章　附　则

第二十七条　各地文化行政部门可根据本办法制定具体的实施办法。

第二十八条　本办法自公布之日起施行。

文化和旅游市场信用管理规定

·2021 年 11 月 11 日文化和旅游部令第 7 号公布

·自 2022 年 1 月 1 日起施行

第一章　总　则

第一条　为规范和加强文化和旅游市场信用管理，保护各类市场主体、从业人员和消费者合法权益，维护文化和旅游市场秩序，促进文化和旅游市场高质量发展，根据《中华人民共和国旅游法》《中华人民共和国未成年人保护法》《营业性演出管理条例》《娱乐场所管理条例》《互联网上网服务营业场所管理条例》《旅行社条例》等相关法律法规，制定本规定。

第二条　文化和旅游主管部门实施信用管理，应当坚持依法行政、合理关联、保护权益、审慎适度原则，确保奖惩措施与守信失信行为相当。

第三条　本规定适用于文化和旅游市场主体和从业人员的信用信息的采集、归集、公开和共享，守信激励和失信惩戒，信用修复，信用承诺和信用评价等活动。

文化市场主体包括从事营业性演出、娱乐场所、艺术品、互联网上网服务、网络文化、社会艺术水平考级等经营活动的法人或者其他组织；从业人员包括上述市场主体的法定代表人、主要负责人、实际控制人等有关人员。

旅游市场主体包括从事旅行社经营服务、A级旅游景区经营服务、旅游住宿经营服务、在线旅游经营服务的法人或者其他组织；从业人员包括上述市场主体的法定代表人、主要负责人、实际控制人以及导游等有关人员。

第四条 文化和旅游部信用管理部门负责指导协调和监督管理全国文化和旅游市场信用管理工作。具体职责包括：

（一）承担文化和旅游行业信用体系建设工作，拟定行业信用体系建设规划并组织实施，实施行业信用监管，统筹推进信用联合奖惩；

（二）组织起草文化和旅游市场信用管理规章制度、标准规范等，开展信用监督检查；

（三）承担社会信用体系建设部际联席会议相关工作，开展文化和旅游市场失信主体认定工作；

（四）负责管理文化和旅游市场信用信息采集、归集、公开和共享工作；

（五）负责管理信用承诺、信用评价、守信激励和失信惩戒、信用修复等工作；

（六）负责建设管理全国文化和旅游市场信用管理系统，负责信用信息安全管理，组织开展信用信息分析与监测工作；

（七）开展诚信文化建设，指导组织信用培训和宣传等工作。

第五条 县级以上地方人民政府文化和旅游主管部门负责本行政区域内文化和旅游市场信用管理工作。具体职责包括：

（一）负责本行政区域文化和旅游市场信用管理制度规范的组织实施，开展本行政区域文化和旅游市场失信主体认定工作；

（二）开展本行政区域内信用信息采集、归集、公开和共享工作，组织开展信用承诺、信用评价、守信激励和失信惩戒、信用修复等工作；

（三）组织开展本行政区域诚信文化建设、信用信息分析与监测、信用培训和宣传等工作。

第六条 鼓励行业协会商会、第三方信用服务机构、金融机构、新闻媒体等各类单位和个人依法参与信用管理。鼓励各类市场主体在生产经营活动中广泛、主动地应用信用报告。

支持行业协会商会开展行业信用建设。支持行业协会商会对认定为失信主体的会员采取公开谴责、取消评优评先资格等行业自律措施，加强诚信宣传教育。

第二章 信用信息采集与归集

第七条 文化和旅游部建立全国文化和旅游市场主体和从业人员信用信息记录。

地方各级文化和旅游主管部门负责补充完善信用信息记录，管理本行政区域内信用信息有关工作。

第八条 文化和旅游市场信用信息包括下列信息：

（一）注册登记、备案等用以识别、记载市场主体和从业人员基本情况的信息；

（二）司法裁判仲裁执行信息；

（三）行政许可、行政处罚信息；

（四）与其他部门实施联合奖惩的信息；

（五）信用评价结果信息、信用承诺履行情况信息；

（六）其他反映市场主体和从业人员信用状况的相关信息。

第九条 文化和旅游主管部门应当按照“谁管理、谁采集”的要求，依法依职责采集相关信用信息，任何单位和个人不得违法违规采集。

第十条 文化和旅游主管部门应当通过全国文化和旅游市场信用管理系统归集职责范围内的相关信用信息。

第三章 失信主体认定

第十一条 文化和旅游市场失信主体分为严重失信主体和轻

微失信主体。

第十二条 文化市场主体和从业人员有下列情形之一的，应当将其认定为严重失信主体：

（一）因欺骗、故意隐匿、伪造、变造材料等不正当手段取得许可证、批准文件的，或者伪造、变造许可证、批准文件的；

（二）提供含有法律、行政法规、规章禁止的内容，造成严重后果的；

（三）受到文化和旅游主管部门吊销许可证行政处罚的；

（四）擅自从事营业性演出、娱乐场所、互联网上网服务等文化市场经营活动，特别是造成重大事故或者恶劣社会影响的；

（五）其他应当认定为严重失信主体的情形。

第十三条 旅游市场主体和从业人员有下列情形之一的，应当将其认定为严重失信主体：

（一）因欺骗、故意隐匿、伪造、变造材料等不正当手段取得许可证、批准文件的，或者伪造、变造许可证、批准文件的；

（二）发生重大安全事故，属于旅游市场主体主要责任的；

（三）因侵害旅游者合法权益，造成游客滞留或者严重社会不良影响的；

（四）受到文化和旅游主管部门吊销旅行社业务经营许可证、导游证行政处罚的；

（五）未经许可从事旅游市场经营活动，特别是造成重大事故或者恶劣社会影响的；

（六）其他应当认定为严重失信主体的情形。

第十四条 文化和旅游主管部门将市场主体和从业人员认定为严重失信主体，应当遵守以下程序规定：

（一）告知。经查证符合严重失信主体认定标准的，应当向文化和旅游市场主体和从业人员送达《严重失信主体认定告知书》，载明认定理由、依据、惩戒措施和当事人享有的陈述、申辩权利。

（二）陈述与申辩。当事人在被告知的 10 个工作日内有权向认定部门提交书面陈述、申辩及相关证明材料，逾期不提交的，视为放弃。认定部门应当在15个工作日内给予答复。陈述、申辩理由被采纳的，不认定为严重失信主体。

（三）认定。符合严重失信主体认定标准的，经专家评估、法制审核、集体讨论等程序，依法在15个工作日内作出决定。

（四）决定与送达。认定部门应当向当事人出具《严重失信主体认定决定书》并送达。

第十五条 文化和旅游市场主体和从业人员有下列情形之一的，应当认定为轻微失信主体：

（一）存在“捂票炒票”、虚假宣传、未履行相关义务、违反公序良俗等行为，造成不良社会影响的；

（二）因故意或者重大过失严重损害旅游者合法权益，但尚不符合严重失信主体认定情形的；

（三）在旅游经营活动中存在安全隐患，未在指定期限内整改完毕的；

（四）拒不配合投诉处置、执法检查，拒不履行行政处罚决定，造成不良社会影响的；

（五）12个月内受到文化和旅游主管部门两次较大数额罚款行政处罚，造成不良社会影响的；

（六）其他应当认定为轻微失信主体的情形。

12个月内第3次认定为轻微失信主体的，应当认定为严重失信主体。

第十六条 符合轻微失信主体认定标准的，由县级以上地方人民政府文化和旅游主管部门依法作出决定。认定部门应当向行政相对人出具《轻微失信主体认定决定书》并送达。

符合轻微失信主体认定标准的，在作出决定前，经文化和旅游主管部门约谈督促，改正违法行为、履行赔偿补偿义务、挽回社会不良影响的，可以不认定为轻微失信主体。

第四章 信用管理措施

第十七条 文化和旅游主管部门对守信情况良好的市场主体

和从业人员，可以采取加强宣传、公开鼓励、提供便利服务等激励措施。

第十八条 文化和旅游主管部门对文化市场严重失信主体实施下列管理措施：

（一）适当提高抽查比例和频次，纳入重点监管对象；

（二）将失信信息提供给有关部门查询，供其在相关行政管理、公共服务、评优评先等活动中参考使用；

（三）将失信信息提供给各类市场主体查询，供其在市场活动中参考使用；

（四）因擅自从事娱乐场所经营活动而被认定为严重失信主体的，其投资人和负责人终身不得投资开办娱乐场所或者担任娱乐场所的法定代表人、负责人；

（五）因擅自设立互联网上网服务营业场所经营单位而被认定为严重失信主体的，其法定代表人或者主要负责人 5 年内不得担任互联网上网服务营业场所经营单位的法定代表人或者主要负责人；

（六）因被吊销营业性演出许可证而被认定为严重失信主体的，当事人为单位的，其法定代表人、主要负责人 5 年内不得担任文艺表演团体、演出经纪机构或者演出场所经营单位的法定代表人、主要负责人；

（七）因营业性演出含有禁止内容被吊销营业性演出许可证而被认定为严重失信主体的，不得再次从事营业性演出或者营业性演出的居间、代理、行纪活动；

（八）因被吊销或者撤销娱乐经营许可证而被认定为严重失信主体的，其法定代表人、主要负责人 5 年内不得担任娱乐场所的法定代表人、负责人；

（九）因被吊销《网络文化经营许可证》而被认定为严重失信主体的，其法定代表人或者主要负责人 5 年内不得担任互联网上网服务营业场所经营单位的法定代表人或者主要负责人；

（十）法律、行政法规和党中央、国务院政策文件规定的其他管理措施。

第十九条 文化和旅游主管部门对旅游市场严重失信主体实施下列管理措施：

（一）适当提高抽查比例和频次，纳入重点监管对象；

（二）将失信信息提供给有关部门查询，供其在相关行政管理、公共服务、评优评先等活动中参考使用；

（三）将失信信息提供给各类市场主体查询，供其在市场活动中参考使用；

（四）旅行社因被吊销旅行社业务经营许可证而被认定为严重失信主体的，其主要负责人5年内不得担任任何旅行社的主要负责人；

（五）导游、领队因被吊销导游证而被认定为严重失信主体的，旅行社有关管理人员因旅行社被吊销旅行社业务经营许可证而被认定为严重失信主体的，自处罚之日起3年内不得重新申请导游证或者从事旅行社业务；

（六）旅行社因侵犯旅游者合法权益受到罚款以上行政处罚而被认定为严重失信主体的，自处罚之日起2年内不得申请出境旅游业务；

（七）法律、行政法规和党中央、国务院政策文件规定的其他管理措施。

第二十条 文化和旅游主管部门对轻微失信主体实施下列管理措施：

（一）依据法律、行政法规和党中央、国务院政策文件，在审查行政许可、资质资格等时作为参考因素；

（二）加大日常监管力度，提高随机抽查的比例和频次；

（三）将失信信息提供给有关部门查询，供其在相关行政管理、公共服务等活动中参考使用；

（四）在行政奖励、授予称号等方面予以重点审查；

（五）法律、行政法规和党中央、国务院政策文件规定的其他管理措施。

第二十一条　对严重失信主体实施信用管理措施的期限为3年，对轻微失信主体实施信用管理措施的期限为1年。

法律法规另有规定的，从其规定。

第五章　信用信息公开与共享

第二十二条　文化和旅游市场信用信息的公开与共享坚持合法、必要、安全原则，防止信息泄露，不得侵犯商业秘密和个人隐私。

第二十三条　失信主体信息应当按照“谁认定、谁公开”原则通过全国文化和旅游市场信用管理系统等渠道公开。

法律法规另有规定的，从其规定。

第二十四条　文化和旅游部信用管理部门应当建立健全信用信息查询、应用和反馈机制，推进信用信息与其他有关部门共享，实施信用联合奖惩。

各级文化和旅游主管部门有关职能部门、文化市场综合执法机构，应当将执法信息等相关信用信息及时与同级文化和旅游信用管理部门共享。

第二十五条　公民、法人和其他组织有权查询与自身相关的信用信息。文化和旅游主管部门应当依法依规为查询提供便利。

认定部门或者信用信息归集管理部门发现信用信息有误的，应当及时主动更正。

公民、法人和其他组织认为自己的信用信息有误时，有权向认定部门申请更正相关信息。认定部门应当在收到实名提交的书面更正申请之日起5个工作日内作出是否更正的决定。

第六章　信用修复

第二十六条　符合以下条件的，认定部门应当主动进行信用修复：

（一）实施信用管理措施期限届满；

（二）认定为失信主体的依据被撤销或者变更，不符合认定为失信主体标准的；

（三）因为政策变化或者法律法规修订，已经不适宜认定为失信主体的；

（四）其他应当主动修复的情形。

信用修复应当通过全国文化和旅游市场信用管理系统进行。

第二十七条 文化和旅游市场失信主体积极进行合规整改、纠正失信行为、消除不良影响、接受信用修复培训、作出信用承诺的，可以向认定部门提出信用修复申请并遵循以下程序：

（一）申请。有关市场主体和从业人员可以向认定部门提出信用修复申请，说明事实和理由，提交信用修复申请书、培训记录、纠正失信行为等有关材料。

（二）受理。认定部门收到申请后，应当于10个工作日内予以受理。不符合条件的不予受理并说明理由。

（三）核查。认定部门应当自受理之日起10个工作日内，采取线上、书面、实地等方式检查核实。必要时，可以组织开展约谈或者指导。

（四）决定。认定部门应当自核查完成之日起5个工作日内作出准予信用修复或者不予信用修复的决定，不予信用修复的应当说明理由。

（五）修复。认定部门应当自作出准予信用修复决定之日起5个工作日内，解除对失信主体的相关管理措施。

第二十八条 具有下列情形之一的，不予信用修复：

（一）认定为严重失信主体不满6个月的、认定为轻微失信主体不满3个月的；

（二）因违反相关法律法规规定，依法被限制或者禁止行业准入期限尚未届满的；

（三）距离上一次信用修复时间不到1年的；

（四）申请信用修复过程中存在弄虚作假、故意隐瞒事实等欺诈行为的；

（五）申请信用修复过程中又因同一原因受到行政处罚，造成不良社会影响的；

（六）法律法规和党中央、国务院政策文件明确规定不可修复的。

第七章　信用评价与信用承诺

第二十九条　文化和旅游部根据工作需要，制定行业信用评价制度和规范，组织开展信用评价，实施分级分类管理。各级文化和旅游主管部门在职责范围内开展信用评价工作。

鼓励行业协会商会、第三方信用服务机构等具备条件的机构依法依规参与信用评价。

第三十条　鼓励各部门在评优评先、人员招聘、试点示范等方面优先选择信用评价较好的市场主体和从业人员。

鼓励和支持有关机构积极利用信用评价结果，拓展信用应用场景。

第三十一条　文化和旅游主管部门在行政管理、政务服务等工作中应当规范应用信用承诺，将文化和旅游市场主体和从业人员的承诺履约情况记入信用信息记录，作为监督管理的重要依据。

文化和旅游市场主体和从业人员被认定为严重失信主体或者曾经作出虚假承诺的，不适用信用承诺的有关规定。

第八章　监督责任与权利保障

第三十二条　文化和旅游主管部门应当对信用管理工作进行检查和评估，并采取通报表扬、通报批评、责令改正等措施。

第三十三条　文化和旅游主管部门及其工作人员未依照本规定履行职责的，依法予以处理。

第三十四条　文化和旅游主管部门应当依法保障市场主体和从业人员的合法权益。

第九章　附　则

第三十五条　《严重失信主体认定告知书》《严重失信主体认定决定书》《轻微失信主体认定决定书》等文书格式由文化和旅游部另行制定。

第三十六条　文化和旅游主管部门对收到的人民法院生效法律文书，根据法律、行政法规和党中央、国务院政策文件需要实施严重失信管理措施的，参照本规定执行。

第三十七条　本规定自 2022 年 1 月 1 日起施行。《文化和旅游部关于印发〈全国文化市场黑名单管理办法〉的通知》（文旅市发〔2018〕30 号）、《文化和旅游部关于印发〈旅游市场黑名单管理办法（试行）〉的通知》（文旅市场发〔2018〕119 号）同时废止。

文化部办公厅关于加强旅游市场文化经营活动监管的通知

· 2016 年 4 月 8 日
· 办市函〔2016〕135 号

各省、自治区、直辖市文化厅（局），新疆生产建设兵团文化广播电视局，西藏自治区、北京市、天津市、上海市、重庆市文化市场（综合）行政执法总队：

为贯彻落实《国务院办公厅关于加强旅游市场综合监管的通知》（国办发〔2016〕5 号，以下简称《通知》），加强旅游演出、娱乐场所文化经营活动监管，现就有关事项通知如下：

一、明确监管职责。《通知》明确，文化行政部门在旅游市场综合监管中，主要负责对旅游演出、娱乐场所文化经营活动等方面的投诉处理和案件查处等工作。各地要认真履行监管职责，主动作为，加强旅游市场文化经营主体准入管理和事中事后监管，制定监管责任清单并及时向社会公开，配合旅游行政主管部门净化旅游市场环境，保障旅游者合法权益。

二、协同加强信用监管。各地要与同级旅游行政主管部门建立联动机制，加强信息沟通，积极探索旅游市场文化经营主体的信用监管，建立守信激励和失信惩戒机制。认真落实文化产品黑名单和文化市场主体黑名单管理制度，将列入黑名单的旅游市场文化经营主体和含有禁止内容的文化旅游产品信息，及时报送文化部和同级旅游行政部门。

三、加大案件查处力度。各地要加强对旅游演出、娱乐场所等的日常巡查和随机抽查，及时处理游客投诉，加强案件办理。要加强对监管和执法工作的宣传，以案说法，主动开展执法服务，定期向企业和社会通报案件查办和投诉处理情况，督促行业依法依规经营。

本通知实施中遇到的重要情况和问题，要及时报告上级文化行政部门或者文化市场综合执法机构。

特此通知。

广告绝对化用语执法指南

·2023 年 2 月 24 日市场监管总局第 3 次局务会议通过

·2023 年 2 月 25 日国家市场监督管理总局公告 2023 年第 6 号公布

为规范和加强广告绝对化用语监管执法，有效维护广告市场秩序，保护自然人、法人和其他组织的合法权益，依据《中华人民共和国广告法》（以下简称《广告法》）《中华人民共和国行政处罚法》等法律、法规、规章和国家有关规定，制定本指南。

一、本指南旨在为市场监管部门开展广告绝对化用语监管执法提供指引，供各地市场监管部门在工作中参考适用。

二、本指南所称广告绝对化用语，是指《广告法》第九条第三项规定的情形，包括“国家级”“最高级”“最佳”以及与其含义相同或者近似的其他用语。

三、市场监管部门对含有绝对化用语的商业广告开展监管执法，应当坚持过罚相当、公平公正、处罚和教育相结合、综合裁量的原则，实现政治效果、社会效果、法律效果相统一。

四、商品经营者（包括服务提供者，下同）在其经营场所、自设网站或者拥有合法使用权的其他媒介发布有关自身名称（姓名）、简称、标识、成立时间、经营范围等信息，且未直接或者间接推销商品（包括服务，下同）的，一般不视为广告。

前款规定的信息中使用绝对化用语，商品经营者无法证明其真实性，可能影响消费者知情权或者损害其他经营者合法权益的，依据其他法律、法规进行查处。

五、有下列情形之一的，广告中使用绝对化用语未指向商品经营者所推销的商品，不适用《广告法》关于绝对化用语的规定：

（一）仅表明商品经营者的服务态度或者经营理念、企业文化、主观愿望的；

（二）仅表达商品经营者目标追求的；

（三）绝对化用语指向的内容，与广告中推销的商品性能、质量无直接关联，且不会对消费者产生误导的其他情形。

六、有下列情形之一的，广告中使用的绝对化用语指向商品经营者所推销的商品，但不具有误导消费者或者贬低其他经营者的客观后果的，不适用《广告法》关于绝对化用语的规定：

（一）仅用于对同一品牌或同一企业商品进行自我比较的；

（二）仅用于宣传商品的使用方法、使用时间、保存期限等消费提示的；

（三）依据国家标准、行业标准、地方标准等认定的商品分级用语中含有绝对化用语并能够说明依据的；

（四）商品名称、规格型号、注册商标或者专利中含有绝对化用语，广告中使用商品名称、规格型号、注册商标或者专利来指代商品，以区分其他商品的；

（五）依据国家有关规定评定的奖项、称号中含有绝对化用语的；

（六）在限定具体时间、地域等条件的情况下，表述时空顺序客观情况或者宣传产品销量、销售额、市场占有率等事实信息的。

七、广告绝对化用语属于本指南第五条、第六条规定情形，但广告主无法证明其真实性的，依照《广告法》有关规定予以查处。

八、市场监管部门对广告绝对化用语实施行政处罚，应当依据《广告法》等法律、法规，结合广告内容、具体语境以及违法行为的事实、性质、情节、社会危害程度及当事人主观过错等实际情况，准确把握执法尺度，合理行使行政处罚裁量权。

九、除本指南第五条、第六条规定情形外，初次在广告中使用绝对化用语，危害后果轻微并及时改正的，可以不予行政处罚。

十、商品经营者在其经营场所、自设网站或者拥有合法使用权的其他媒介发布的广告中使用绝对化用语，持续时间短或者浏览人数少，没有造成危害后果并及时改正的，应当依法不予行政处罚；危害后果轻微的，可以依法从轻、减轻行政处罚。

其他依法从轻、减轻或者不予行政处罚的，应当符合《中华人民共和国行政处罚法》等法律、法规以及市场监管总局《关于规范市场监督管理行政处罚裁量权的指导意见》的规定。

十一、有下列情形之一的，一般不认为属于违法行为轻微或者社会危害性较小：

（一）医疗、医疗美容、药品、医疗器械、保健食品、特殊医学用途配方食品广告中出现与疗效、治愈率、有效率等相关的绝对化用语的；

（二）招商等有投资回报预期的商品广告中出现与投资收益

率、投资安全性等相关的绝对化用语的；

（三）教育、培训广告中出现与教育、培训机构或者教育、培训效果相关的绝对化用语的。

十二、市场监管部门可以依照有关规定，制定广告绝对化用语轻微违法行为依法免予处罚清单并进行动态调整。

国家级文化生态保护区管理办法

·2018年12月10日文化和旅游部令第1号公布

·自2019年3月1日起施行

第一章　总　则

第一条　为加强非物质文化遗产区域性整体保护，维护和培育文化生态，传承弘扬中华优秀传统文化，坚定文化自信，满足人民日益增长的美好生活需要，根据《中华人民共和国非物质文化遗产法》等法律法规，制定本办法。

第二条　本办法所称的“国家级文化生态保护区”，是指以保护非物质文化遗产为核心，对历史文化积淀丰厚、存续状态良好，具有重要价值和鲜明特色的文化形态进行整体性保护，并经文化和旅游部同意设立的特定区域。

第三条　国家级文化生态保护区建设要以习近平新时代中国特色社会主义思想为指导，充分尊重人民群众的主体地位，贯彻新发展理念，弘扬社会主义核心价值观，推动中华优秀传统文化创造性转化、创新性发展。

第四条　国家级文化生态保护区建设应坚持保护优先、整体保护、见人见物见生活的理念，既保护非物质文化遗产，也保护孕育发展非物质文化遗产的人文环境和自然环境，实现“遗产丰富、氛围浓厚、特色鲜明、民众受益”的目标。

第二章 申报与设立

第五条 国家级文化生态保护区依托相关行政区域设立，区域范围为县、地市或若干县域。

第六条 申报和设立国家级文化生态保护区应本着少而精的原则，坚持公开、公平、公正，履行申报、审核、论证、批准等程序。

第七条 具备下列条件的，可以申报国家级文化生态保护区：

（一）传统文化历史积淀丰厚，具有鲜明地域或民族特色，文化生态保持良好；

（二）非物质文化遗产资源丰富，是当地生产生活的重要组成部分；

（三）非物质文化遗产传承有序，传承实践富有活力、氛围浓厚，当地民众广泛参与，认同感强；

（四）与非物质文化遗产密切相关的实物、场所保存利用良好，其周边的自然生态环境能为非物质文化遗产提供良性的发展空间；

（五）所在地人民政府重视文化生态保护，对非物质文化遗产项目集中、自然生态环境基本良好、传统文化生态保持较为完整的乡镇、村落、街区等重点区域以及开展非物质文化遗产传承所依存的重要场所开列清单，并已经制定实施保护办法和措施；

（六）有文化生态保护区建设管理机构和工作人员；

（七）在省（区、市）内已实行文化生态区域性整体保护两年以上，成效明显。

第八条 申报地区人民政府向省级人民政府文化主管部门提出申报国家级文化生态保护区的申请；省级人民政府文化主管部门组织开展审核论证，经省级人民政府同意后，向文化和旅游部提出设立国家级文化生态保护区的申请。

第九条 申报国家级文化生态保护区，应当提交下列材料：

（一）省级人民政府文化主管部门设立国家级文化生态保护区的申请和省级人民政府同意申请的相关文件；

（二）文化生态保护区规划纲要；

（三）省级人民政府文化主管部门组织的专家评审论证意见；

（四）本省（区、市）内实行文化生态区域性整体保护的相关文件；

（五）其他有关材料。

第十条 文化生态保护区规划纲要由省级人民政府文化主管部门、相关地区人民政府负责编制。编制工作应广泛听取非物质文化遗产传承人和当地民众意见，吸收非物质文化遗产保护、地方文化研究、规划等方面的专家学者参与。

第十一条 文化生态保护区规划纲要应包括下列内容：

（一）对文化形态形成的地理环境、历史沿革、现状、鲜明特色、文化内涵与价值的描述和分析；

（二）保护区域范围及重点区域，区域内县级以上非物质文化遗产代表性项目、文物保护单位、相关实物和重要场所清单等；

（三）建设目标、工作原则、保护内容、保护方式等；

（四）保障措施及保障机制；

（五）其他有关资料。

第十二条 文化和旅游部组织对申报材料进行审核。对申报材料齐全且符合要求的申请地区，文化和旅游部根据年度工作计划组织考察组进行实地考察。

考察组应当吸收非物质文化遗产保护、地方文化研究、规划等方面的专家学者参加。

第十三条 文化和旅游部根据实地考察情况，对文化生态保护区规划纲要组织专家论证。根据论证意见，文化和旅游部将符合条件的申请地区设立为国家级文化生态保护实验区。

第十四条 国家级文化生态保护实验区设立后一年内，所在地区人民政府应当在文化生态保护区规划纲要的基础上，细化形成国家级文化生态保护区总体规划，经省级人民政府文化主管部门审核，报省级人民政府审议通过后发布实施，并报文化和旅游部备案。

第十五条 国家级文化生态保护区总体规划应纳入本省（区、市）国民经济与社会发展总体规划，要与相关的生态保护、环境治理、土地利用、旅游发展、文化产业等专门性规划和国家公园、国家文化公园、自然保护区等专项规划相衔接。

第十六条 国家级文化生态保护区总体规划实施三年后，由省级人民政府文化主管部门向文化和旅游部提出验收申请；文化和旅游部根据申请组织开展国家级文化生态保护实验区建设成果验收。验收合格的，正式公布为国家级文化生态保护区并授牌。

第三章 建设与管理

第十七条 国家级文化生态保护区建设管理机构负责统筹、指导、协调、推进国家级文化生态保护区的建设工作。

第十八条 国家级文化生态保护区建设管理机构承担以下主要职责：

（一）贯彻落实国家有关文化建设、非物质文化遗产保护的法律、法规和方针、政策；

（二）制定实施国家级文化生态保护区的各项建设管理制度，创新工作机制和保护方式、措施；

（三）负责实施国家级文化生态保护区总体规划；

（四）组织或委托有关机构开展文化生态保护理论和实践研究；

（五）开展文化生态保护的宣传教育和培训；

（六）评估、报告和公布国家级文化生态保护区建设情况和成效。

第十九条 国家级文化生态保护区建设管理机构应当根据非物质文化遗产各个项目、文化遗产与人文和自然环境之间的关联性，依照确定的保护区域范围、重点区域和重要场所保护清单，制定落实保护办法和行动计划。

第二十条 国家级文化生态保护区建设管理机构应当尊重当地居民的意愿，保护当地居民权益，建立严格的管理制度，保持重点区域和重要场所的历史风貌。

第二十一条 国家级文化生态保护区建设管理机构应当进一步加强非物质文化遗产调查工作，建立完善非物质文化遗产档案和数据库，妥善保存非物质文化遗产珍贵实物资料，实施非物质文化遗产记录工程，促进记录成果广泛利用和社会共享。

第二十二条 国家级文化生态保护区建设管理机构应当依托相关研究机构和高等院校，组织或委托开展与当地非物质文化遗产保护传承和文化生态整体性保护理论和实践研究。

第二十三条 国家级文化生态保护区建设管理机构应当开展非物质文化遗产代表性项目存续状况评测和保护绩效评估，制定落实分类保护政策措施，优先保护急需保护的非物质文化遗产代表性项目，不断提高非物质文化遗产代表性项目的传承实践能力，弘扬当代价值，促进发展振兴。

第二十四条 国家级文化生态保护区建设管理机构应当制定相关制度，为各级非物质文化遗产代表性传承人开展传习活动创造条件、提供支持，资助传承人开展授徒传艺、教学、交流等活动。组织实施非物质文化遗产传承人群研修研习培训，帮助非物质文化遗产传承人群提高传承能力，增强传承后劲。

对传承工作有突出贡献的非物质文化遗产代表性传承人予以表彰、奖励，采取助学、奖学等方式支持从业者学习非物质文化遗产相关技艺。

第二十五条 在国家级文化生态保护区内，应当建设综合性非物质文化遗产展示场所，根据当地实际建设非物质文化遗产专题馆，根据传习需要设立各级非物质文化遗产代表性项目传习所或传习点。鼓励将具有地域、民族特色的传统文化元素或符号运用在当地城乡规划和设施建设中。

第二十六条 国家级文化生态保护区建设管理机构应当整合

多方资源，推动将非物质文化遗产保护知识纳入当地国民教育体系，编写非物质文化遗产传承普及辅导读本，在保护区内的中小学开设非物质文化遗产乡土课程，在职业学校和高等院校设立非物质文化遗产相关专业或开设选修课，推进非物质文化遗产进校园、进课堂、进教材。

第二十七条 国家级文化生态保护区建设管理机构应当每年定期组织举办有影响力的非物质文化遗产展示展演活动，利用传统节日、文化和自然遗产日等重要节点开展非物质文化遗产宣传传播活动。鼓励和支持当地民众按照当地习俗依法依规举办传统文化活动。

第二十八条 国家级文化生态保护区建设管理机构应当挖掘区域内传统工艺项目资源，培养一批能工巧匠，培育一批知名品牌，推动传统工艺振兴；组织开展区域内建档立卡贫困人口参加传统工艺相关技能培训，带动就业，精准助力区域内贫困群众脱贫增收。

第二十九条 国家级文化生态保护区建设管理机构应当依托区域内独具特色的文化生态资源，开展文化观光游、文化体验游、文化休闲游等多种形式的旅游活动。

第三十条 国家级文化生态保护区建设管理机构应当深入挖掘、阐释非物质文化遗产蕴含的优秀思想观念、人文精神、道德规范，培育文明乡风、良好家风、淳朴民风，提升乡村文明水平，助力乡村振兴。

第三十一条 国家级文化生态保护区建设管理机构应当加强工作机构和队伍建设，配备一定数量的专职工作人员；定期组织开展文化生态保护培训，提高工作人员的业务水平和工作能力；委托相关高等院校或机构，培养一批文化生态保护专业人才；建立一支文化生态保护志愿者队伍，鼓励和引导社会力量参与文化生态保护工作。

第三十二条 国家级文化生态保护区建设经费应当纳入省市级当地公共财政经常性支出预算，并作为重要评估指标。文化和旅游部通过中央财政对国家级文化生态保护区建设予以补贴。鼓励社会资金参与国家级文化生态保护区建设工作。

第三十三条 国家级文化生态保护区建设管理机构应当依据总体规划，每年对总体规划实施情况和建设工作成效开展自评，将年度重点工作清单和自评报告广泛征求区域内民众的意见，并报送文化和旅游部备案。

第三十四条 文化和旅游部不定期对国家级文化生态保护区建设情况进行检查；每五年对国家级文化生态保护区开展一次总体规划实施情况和建设成效评估，评估报告向社会公布。

第三十五条 对建设成绩突出的国家级文化生态保护区，文化和旅游部予以通报表扬，并给予重点支持。因保护不力使文化生态遭到破坏的，文化和旅游部将严肃处理，并予以摘牌。

第四章 附 则

第三十六条 文化和旅游部已公布的国家级文化生态保护实验区建设管理工作依据本办法执行。

第三十七条 本办法由文化和旅游部负责解释。

第三十八条 本办法自 2019 年 3 月 1 日起施行。

国家级非物质文化遗产保护与管理暂行办法

· 2006 年 11 月 2 日文化部令第 39 号公布

· 自 2006 年 12 月 1 日起施行

第一条 为有效保护和传承国家级非物质文化遗产，加强保护工作的管理，特制定本办法。

第二条 本办法所称“国家级非物质文化遗产”是指列入国务院批准公布的国家级非物质文化遗产名录中的所有非物质文化

遗产项目。

第三条 国家级非物质文化遗产的保护，实行“保护为主、抢救第一、合理利用、传承发展”的方针，坚持真实性和整体性的保护原则。

第四条 国务院文化行政部门负责组织、协调和监督全国范围内国家级非物质文化遗产的保护工作。

省级人民政府文化行政部门负责组织、协调和监督本行政区域内国家级非物质文化遗产的保护工作。

国家级非物质文化遗产项目所在地人民政府文化行政部门，负责组织、监督该项目的具体保护工作。

第五条 国务院文化行政部门组织制定国家级非物质文化遗产保护整体规划，并定期对规划的实施情况进行检查。

省级人民政府文化行政部门组织制定本行政区域内国家级非物质文化遗产项目的保护规划，经国务院文化行政部门批准后组织实施，并于每年十一月底前向国务院文化行政部门提交保护规划本年度实施情况和下一年度保护工作计划。

第六条 国家级非物质文化遗产项目应当确定保护单位，具体承担该项目的保护与传承工作。保护单位的推荐名单由该项目的申报地区或者单位提出，经省级人民政府文化行政部门组织专家审议后，报国务院文化行政部门认定。

第七条 国家级非物质文化遗产项目保护单位应具备以下基本条件：

（一）有该项目代表性传承人或者相对完整的资料；

（二）有实施该项目保护计划的能力；

（三）有开展传承、展示活动的场所和条件。

第八条 国家级非物质文化遗产项目保护单位应当履行以下职责：

（一）全面收集该项目的实物、资料，并登记、整理、建档；

（二）为该项目的传承及相关活动提供必要条件；

（三）有效保护该项目相关的文化场所；

（四）积极开展该项目的展示活动；

（五）向负责该项目具体保护工作的当地人民政府文化行政部门报告项目保护实施情况，并接受监督。

第九条 国务院文化行政部门统一制作国家级非物质文化遗产项目标牌，由省级人民政府文化行政部门交该项目保护单位悬挂和保存。

第十条 国务院文化行政部门对国家级非物质文化遗产项目保护给予必要的经费资助。

县级以上人民政府文化行政部门应当积极争取当地政府的财政支持，对在本行政区域内的国家级非物质文化遗产项目的保护给予资助。

第十一条 国家级非物质文化遗产项目保护单位根据自愿原则，提出该项目代表性传承人的推荐名单，经省级人民政府文化行政部门组织专家评议后，报国务院文化行政部门批准。

第十二条 国家级非物质文化遗产项目代表性传承人应当符合以下条件：

（一）完整掌握该项目或者其特殊技能；

（二）具有该项目公认的代表性、权威性与影响力；

（三）积极开展传承活动，培养后继人才。

第十三条 国家级非物质文化遗产项目代表性传承人应当履行传承义务；丧失传承能力、无法履行传承义务的，应当按照程序另行认定该项目代表性传承人；怠于履行传承义务的，取消其代表性传承人的资格。

第十四条 国务院文化行政部门组织建立国家级非物质文化遗产数据库。有条件的地方，应建立国家级非物质文化遗产博物馆或者展示场所。

第十五条 国务院文化行政部门组织制定国家级非物质文化遗产实物资料等级标准和出入境标准。其中经文物部门认定为文物的，适用文物保护法律法规的有关规定。

第十六条 国家级非物质文化遗产项目保护单位和相关实物

资料的保护机构应当建立健全规章制度，妥善保管实物资料，防止损毁和流失。

第十七条 县级以上人民政府文化行政部门应当鼓励、支持通过节日活动、展览、培训、教育、大众传媒等手段，宣传、普及国家级非物质文化遗产知识，促进其传承和社会共享。

第十八条 省级人民政府文化行政部门应当对国家级非物质文化遗产项目所依存的文化场所划定保护范围，制作标识说明，进行整体性保护，并报国务院文化行政部门备案。

第十九条 省级人民政府文化行政部门可以选择本行政区域内的国家级非物质文化遗产项目，为申报联合国教科文组织“人类非物质文化遗产代表作”，向国务院文化行政部门提出申请。

第二十条 国家级非物质文化遗产项目的名称和保护单位不得擅自变更；未经国务院文化行政部门批准，不得对国家级非物质文化遗产项目标牌进行复制或者转让。

国家级非物质文化遗产项目域名和商标的注册与保护，依据相关法律法规执行。

第二十一条 利用国家级非物质文化遗产项目进行艺术创作、产品开发、旅游活动等，应当尊重其原真形式和文化内涵，防止歪曲与滥用。

第二十二条 国家级非物质文化遗产项目含有国家秘密的，应当按照国家保密法律法规的规定确定密级，予以保护；含有商业秘密的，按照国家有关法律法规执行。

第二十三条 各级人民政府文化行政部门应当鼓励和支持企事业单位、社会团体和个人捐赠国家级非物质文化遗产实物资料或者捐赠资金和实物，用于国家级非物质文化遗产保护。

第二十四条 国务院文化行政部门对在国家级非物质文化遗产保护工作中有突出贡献的单位和个人，给予表彰奖励。

第二十五条 国务院文化行政部门定期组织对国家级非物质文化遗产项目保护情况的检查。

国家级非物质文化遗产项目保护单位有下列行为之一的，由县级以上人民政府文化行政部门责令改正，并视情节轻重予以警告、严重警告，直至解除其保护单位资格：

（一）擅自复制或者转让标牌的；

（二）侵占国家级非物质文化遗产珍贵实物资料的；

（三）怠于履行保护职责的。

第二十六条 有下列行为之一的，对负有责任的主管人员和其他直接责任人员依法给予行政处分；构成犯罪的，依法追究刑事责任：

（一）擅自变更国家级非物质文化遗产项目名称或者保护单位的；

（二）玩忽职守，致使国家级非物质文化遗产所依存的文化场所及其环境造成破坏的；

（三）贪污、挪用国家级非物质文化遗产项目保护经费的。

第二十七条 本办法由国务院文化行政部门负责解释。

第二十八条 本办法自 2006 年 12 月 1 日起施行。

国家级非物质文化遗产代表性传承人认定与管理办法

· 2019 年 11 月 29 日文化和旅游部令第 3 号公布

· 自 2020 年 3 月 1 日起施行

第一条 为传承弘扬中华优秀传统文化，有效保护和传承非物质文化遗产，鼓励和支持国家级非物质文化遗产代表性传承人开展传承活动，根据《中华人民共和国非物质文化遗产法》等有关法律法规，制定本办法。

第二条 本办法所称国家级非物质文化遗产代表性传承人，是指承担国家级非物质文化遗产代表性项目传承责任，在特定领域内具有代表性，并在一定区域内具有较大影响，经文化和旅游部认定的传承人。

第三条 国家级非物质文化遗产代表性传承人的认定与管理应当以习近平新时代中国特色社会主义思想为指导，坚持以人民为中心，弘扬社会主义核心价值观，保护传承非物质文化遗产，推动中华优秀传统文化创造性转化、创新性发展。

第四条 国家级非物质文化遗产代表性传承人的认定与管理应当立足于完善非物质文化遗产传承体系，增强非物质文化遗产的存续力，尊重传承人的主体地位和权利，注重社区和群体的认同感。

第五条 国家级非物质文化遗产代表性传承人应当锤炼忠诚、执着、朴实的品格，增强使命和担当意识，提高传承实践能力，在开展传承、传播等活动时遵守宪法和法律法规，遵守社会公德，坚持正确的历史观、国家观、民族观、文化观，铸牢中华民族共同体意识，不得以歪曲、贬损等方式使用非物质文化遗产。

第六条 文化和旅游部一般每五年开展一批国家级非物质文化遗产代表性传承人认定工作。

第七条 认定国家级非物质文化遗产代表性传承人，应当坚持公开、公平、公正的原则，严格履行申报、审核、评审、公示、审定、公布等程序。

第八条 符合下列条件的中国公民可以申请或者被推荐为国家级非物质文化遗产代表性传承人：

（一）长期从事该项非物质文化遗产传承实践，熟练掌握其传承的国家级非物质文化遗产代表性项目知识和核心技艺；

（二）在特定领域内具有代表性，并在一定区域内具有较大影响；

（三）在该项非物质文化遗产的传承中具有重要作用，积极开展传承活动，培养后继人才；

（四）爱国敬业，遵纪守法，德艺双馨。

从事非物质文化遗产资料收集、整理和研究的人员不得认定为国家级非物质文化遗产代表性传承人。

第九条 公民提出国家级非物质文化遗产代表性传承人申请

的，应当向国家级非物质文化遗产代表性项目所在地文化和旅游主管部门如实提交下列材料：

（一）申请人姓名、民族、从业时间、被认定为地方非物质文化遗产代表性传承人时间等基本情况；

（二）申请人的传承谱系或师承脉络、学习与实践经历；

（三）申请人所掌握的非物质文化遗产知识和核心技艺、成就及相关的证明材料；

（四）申请人授徒传艺、参与社会公益性活动等情况；

（五）申请人持有该项目的相关实物、资料的情况；

（六）申请人志愿从事非物质文化遗产传承活动，履行代表性传承人相关义务的声明；

（七）其他有助于说明申请人具有代表性和影响力的材料。

中央各部门直属单位可以通过其主管单位直接向文化和旅游部推荐国家级非物质文化遗产代表性传承人，推荐材料应当包括前款各项内容。

第十条 文化和旅游主管部门收到申请材料或者推荐材料后，应当组织专家进行审核并逐级上报。

省级文化和旅游主管部门收到上述材料后，应当组织审核，提出推荐人选和审核意见，连同申报材料和审核意见一并报送文化和旅游部。

第十一条 文化和旅游部应当对收到的申请材料或者推荐材料进行复核。符合要求的，进入评审程序；不符合要求的，退回材料并说明理由。

第十二条 文化和旅游部应当组织专家评审组和评审委员会，对推荐认定为国家级非物质文化遗产代表性传承人的人选进行初评和审议。根据需要，可以安排现场答辩环节。

评审委员会对初评人选进行审议，提出国家级非物质文化遗产代表性传承人推荐人选。

第十三条 文化和旅游部对评审委员会提出的国家级非物质文化遗产代表性传承人推荐人选向社会公示，公示期为20日。

第十四条 公民、法人或者其他组织对国家级非物质文化遗产代表性传承人推荐人选有异议的，可以在公示期间以书面形式实名向文化和旅游部提出。

第十五条 文化和旅游部根据评审委员会的审议意见和公示结果，审定国家级非物质文化遗产代表性传承人名单，并予以公布。

第十六条 文化和旅游部应当建立国家级非物质文化遗产代表性传承人档案，并及时更新相关信息。

档案内容主要包括传承人基本信息、参加学习培训、开展传承活动、参与社会公益性活动情况等。

第十七条 文化和旅游主管部门根据需要采取下列措施，支持国家级非物质文化遗产代表性传承人开展传承、传播等活动：

（一）提供必要的传承场所；

（二）提供必要的经费资助其开展授徒、传艺、交流等活动；

（三）指导、支持其开展非物质文化遗产记录、整理、建档、研究、出版、展览展示展演等活动；

（四）支持其参加学习、培训；

（五）支持其参与社会公益性活动；

（六）支持其开展传承、传播等活动的其他措施。

对无经济收入来源、生活确有困难的国家级非物质文化遗产代表性传承人，所在地文化和旅游主管部门应当协调有关部门积极创造条件，并鼓励社会组织和个人提供资助，保障其基本生活需求。

第十八条 国家级非物质文化遗产代表性传承人承担下列义务：

（一）开展传承活动，培养后继人才；

（二）妥善保存相关实物、资料；

（三）配合文化和旅游主管部门及其他有关部门进行非物质文化遗产调查；

（四）参与非物质文化遗产公益性宣传等活动。

第十九条 省级文化和旅游主管部门应当根据实际情况，列明国家级非物质文化遗产代表性传承人义务，明确传习计划和具体目标任务，报文化和旅游部备案。

国家级非物质文化遗产代表性传承人应当每年向省级文化和旅游主管部门提交传承情况报告。

第二十条 省级文化和旅游主管部门根据传习计划应当于每年 6 月 30 日前对上一年度国家级非物质文化遗产代表性传承人义务履行和传习补助经费使用情况进行评估，在广泛征求意见的基础上形成评估报告，报文化和旅游部备案。

评估结果作为享有国家级非物质文化遗产代表性传承人资格、给予传习补助的主要依据。

第二十一条 文化和旅游部按照有关规定，会同有关部门对做出突出贡献的国家级非物质文化遗产代表性传承人予以表彰和奖励。

第二十二条 有下列情形之一的，经省级文化和旅游主管部门核实后，文化和旅游部取消国家级非物质文化遗产代表性传承人资格，并予以公布：

（一）丧失中华人民共和国国籍的；

（二）采取弄虚作假等不正当手段取得资格的；

（三）无正当理由不履行义务，累计两次评估不合格的；

（四）违反法律法规或者违背社会公德，造成重大不良社会影响的；

（五）自愿放弃或者其他应当取消国家级非物质文化遗产代表性传承人资格的情形。

第二十三条 国家级非物质文化遗产代表性传承人去世的，省级文化和旅游主管部门可以采取适当方式表示哀悼，组织开展传承人传承事迹等宣传报道，并及时将相关情况报文化和旅游部。

第二十四条 省、自治区、直辖市文化和旅游主管部门可以参照本办法，制定本行政区域内非物质文化遗产代表性传承人的认定与管理办法。

中央各部门直属单位国家级非物质文化遗产代表性传承人的

管理参照本办法相关规定执行。

第二十五条 本办法由文化和旅游部负责解释。

第二十六条 本办法自2020年3月1日起施行。原文化部2008年5月14日发布的《国家级非物质文化遗产项目代表性传承人认定与管理暂行办法》同时废止。

国家非物质文化遗产保护资金管理办法

· 2021年12月30日

· 财教〔2021〕314号

第一章 总 则

第一条 为了规范和加强国家非物质文化遗产保护资金（以下简称保护资金）的管理与使用，提高资金使用效益，根据《中华人民共和国预算法》及其实施条例、《中华人民共和国非物质文化遗产法》等法律法规和国家预算管理有关规定，结合我国非物质文化遗产保护工作实际，制定本办法。

第二条 保护资金由中央财政设立，用于支持国家非物质文化遗产管理和保护工作。保护资金的年度预算根据国家非物质文化遗产保护工作总体规划、年度工作计划以及国家财力情况核定。保护资金实施期限根据公共文化领域中央与地方财政事权和支出责任划分改革方案、非物质文化遗产保护政策等确定。

各级财政应按照公共文化领域中央与地方财政事权和支出责任划分改革方案，落实支出责任，保障本行政区域非物质文化遗产保护传承经费。

第三条 保护资金管理和使用坚持“统筹安排、突出重点、中央补助、分级负责、加强监督、注重绩效”的原则。

第四条 保护资金由财政部、文化和旅游部按职责共同管理。

文化和旅游部负责测算基础数据，对数据的真实性、准确性、及时性负责，负责审核申报文件和提出保护资金分配建议方案，监督指导保护资金的使用和绩效管理。财政部根据预算管理相关规定，会同文化和旅游部研究确定中央部门、各省（自治区、直辖市、计划单列市，以下统称省）保护资金预算、绩效目标，对保护资金使用情况进行监督，指导开展全过程绩效管理。

省级财政、文化和旅游主管部门负责明确省级及省以下各级财政、文化和旅游主管部门在数据审核、预算安排、资金使用、绩效管理等方面的责任，切实加强保护资金管理，提高资金使用效益。省级及省以下各级文化和旅游主管部门负责审核申报资料，对申报资料的真实性、完整性、合规性负责。

文化和旅游部、财政部共同建立非物质文化遗产保护资金项目库。保护资金项目库分为项目申报库、项目储备库、项目执行库，分别对应项目申报、项目审核、项目执行环节。

第五条 保护资金的管理和使用严格执行国家有关法律法规、财务规章制度和本办法的规定，并接受财政部门的监督以及审计、文化和旅游等部门的监督检查。

第二章 保护资金支出范围

第六条 保护资金分为中央本级项目资金和中央对地方补助资金，按照开支范围分为组织管理费和保护补助费。

中央本级项目资金包括文化和旅游部本级组织管理费和中央部门国家非物质文化遗产保护补助费，中央对地方补助资金为各省国家非物质文化遗产保护补助费。

第七条 组织管理费是指组织开展非物质文化遗产保护工作和管理工作所发生的支出，具体包括：调查研究、规划编制、宣传出版、咨询评审、交流培训、数据库建设等。

第八条 保护补助费是指补助国家级非物质文化遗产代表性项目（以下简称代表性项目）、国家级非物质文化遗产代表性传承人（以下简称代表性传承人）、国家级文化生态保护区等开展保护传承活动发生的支出。具体包括：

（一）代表性项目保护补助费，用于补助代表性项目相关的调查立档、研究出版、保护计划编制、开展传承和实践活动、展示展演和宣传普及、必要传承实践用具购置等支出。

（二）代表性传承人补助费，用于补助代表性传承人开展授徒、传艺、交流等传承活动的支出。

（三）国家级文化生态保护区建设补助费，用于补助国家级文化生态保护区相关的规划编制、研究出版、数字化保护、传承体验设施租借或修缮、普及教育、宣传推广等支出。

（四）中国非物质文化遗产传承人研修培训计划（以下简称研培计划）补助费，用于补助开展研培计划所发生的研修、培训等支出。

（五）代表性传承人记录补助费，用于补助对代表性传承人实施系统记录的支出。

（六）财政部、文化和旅游部确定的其他支出。

中央部门国家非物质文化遗产保护补助费包括代表性项目保护补助费、代表性传承人补助费。

第九条 保护资金不得用于与非物质文化遗产保护传承无关的支出，不得用于支付各种罚款、捐款、赞助、投资等支出，不得用于偿还债务和基础设施建设，不得用于个人专著的出版，不得用于编制内在职人员工资性支出和离退休人员离退休费支出，不得用于国家规定禁止列支的其他支出。

第三章 中央本级项目资金分配与管理

第十条 中央本级项目资金按规定纳入中央有关部门预算管理，执行中央部门预算管理制度。

第十一条 有关中央部门根据年度中央部门预算编制通知、代表性项目保护需求、工作任务量，提出项目预算申请和绩效目标，于每年7月30日前报文化和旅游部。同时，有关中央部门应按照预算编制规定，申请将项目纳入中央部门预算项目库。未列入中央部门预算项目库的项目，不得安排预算。

第十二条 文化和旅游部根据非物质文化遗产保护年度工作计划、项目申报、以前年度结转结余、项目绩效等情况，提出下一年度中央本级项目资金安排建议方案。其中，文化和旅游部本级组织管理费、有关中央部门和港澳地区代表性传承人补助费，随文化和旅游部部门预算申请一并报送财政部；有关中央部门项目由文化和旅游部审核提出项目预算建议数，汇总报送财政部。同时，文化和旅游部负责将相关项目信息按要求录入保护资金项目库。

第十三条 财政部根据文化和旅游部申请，综合考虑中央本级当年财力、预算管理要求，按照部门预算管理规定批复下达项目预算、绩效目标。

第十四条 中央部门要严格按照批复的预算组织执行，切实强化预算约束，加强财务支出管理，做好绩效目标管理和运行监控。

第四章 中央对地方补助资金分配与管理

第十五条 中央对地方补助资金分为重点项目补助和一般项目补助。其中，重点项目补助用于国家级文化生态保护区建设，入选联合国教科文组织非物质文化遗产名录名册项目的履约保护，文化和旅游部、财政部共同确定实施方案的项目；一般项目补助用于其他代表性项目，代表性传承人，代表性传承人记录，研培计划等。

第十六条 重点项目补助实行项目法分配。项目补助金额根据各省申报情况、非物质文化遗产保护需求、工作任务量、项目预算执行和绩效情况等核定。

第十七条 一般项目补助实行因素法分配。分配因素包括代表性项目数量、代表性项目年度保护任务数、代表性传承人数量、代表性传承人记录数、研培计划任务数。其中，代表性项目数量根据国务院公布的名单确定；代表性项目年度保护任务数根据文化和旅游部对代表性项目年度预算评审情况确定；代表性传承人数量根据文化和旅游部公布的名单确定；代表性传承人记录数、研培计划任务数根据文化和旅游部年度工作任务确定。已列入重点项目的联合国教科文组织非物质文化遗产名录名册项目，不作为因素计算依据。

分配公式如下：某省补助资金=代表性传承人数量×测算标准+代表性传承人记录数×测算标准+（该省代表性项目数量/各省代表性项目总数×45%+该省代表性项目保护任务数/各省代表性项目保护任务总数×45%+该省研培计划任务数/各省研培计划任务总数×10%）×各省代表性项目和研培计划补助数×绩效评价调节系数。

绩效评价调节系数如下：

序号	绩效评价结果	绩效评价调节系数
1	≥90 分	1.2
2	≥85 分且<90 分	1.1
3	≥80 分且<85 分	1
4	≥70 分且<80 分	0.9
5	<70 分	0.8

第十八条 代表性传承人传承活动测算标准为每人每年 2 万元，地方可根据文化和旅游部确定的代表性传承人传承活动评估结果和财力情况，适当增加或减少中央补助。其中，对传承活动评估结果优秀的传承人，增加中央补助不超过测算标准的 25%；对传承活动评估结果不合格的传承人，不得安排传承活动中央补助。

代表性传承人记录项目测算标准为每个 40 万元，地方可根据实际工作开展和财力情况，统筹安排代表性传承人记录项目补助资金。原则上，同一代表性传承人记录项目 5 年内只安排一次。

中央财政给予补助的代表性传承人传承活动和记录项目数量，根据年度预算安排情况统筹确定。

第十九条 项目申报单位应当具备实施该项目保护计划的能力，以及开展传承展示活动的场所和条件。

项目申报单位应当保证申报材料真实、准确、完整，所申报项目应当具备实施条件，有明确的保护工作计划和合理的实施周期、分年度预算，短期内无法启动的项目不得申报。

第二十条 地方文化和旅游主管部门应当提前研究下一年度资金使用需求，谋划好相关项目，优化夯实项目储备。省级文化和旅游主管部门要结合属地实际，指导基层文化和旅游主管部门和项目实施单位编制区域绩效目标和项目绩效目标，绩效目标设置要具有科学性、合规性、前瞻性和可操作性，各项指标要符合实际，量化清晰，与任务数相对应，与资金量相匹配。

省级文化和旅游主管部门负责组织开展项目审核，并将项目内容、预算申请数、绩效目标、以前年度预算执行情况等信息列入项目申报库。对较为复杂的项目，可委托第三方机构或专家组进行预算评审。

第二十一条 省级财政、文化和旅游主管部门结合非物质文化遗产保护需求、工作任务量、项目预算执行和绩效管理等情况，提出下一年度项目预算申请和绩效目标，并区分轻重缓急对项目申报库进行排序，于每年 8 月 31 日前将申报文件报送财政部、文化和旅游部，抄送财政部当地监管局。

第二十二条 文化和旅游部负责组织对项目申报库进行项目评审，评审通过后列入项目储备库，未列入项目储备库的项目不得安排补助资金。项目评审可采取委托第三方或组织专家组的方式开展。项目评审中，要对各省申报文件、非物质文化遗产保护需求、工作任务量、项目预算执行和绩效情况等进行全面审核，确定项目预算控制数、年度支出计划、绩效目标和项目排序。

第二十三条 文化和旅游部根据国家非物质文化遗产保护工作总体规划、年度工作计划、项目评审、一般项目补助分配因素测算等情况，提出预算建议方案、整体绩效目标和区域绩效目标，报财政部审核。其中，分地区一般项目补助数不得高于项目储备库中该地区一般项目预算控制数，超出部分调减用于重点项目。

第二十四条 财政部根据文化和旅游部建议方案，综合考虑中央本级当年财力、预算管理要求，审核确定中央对地方补助资金分配方案、整体绩效目标和区域绩效目标。

财政部于每年全国人民代表大会批准中央预算后三十日内，下达中央对地方补助资金预算；每年 10 月 31 日前，提前下达下一年度预计数，并抄送财政部各地监管局。文化和旅游部根据资金下达情况，同步更新保护资金项目库信息。

第二十五条 省级财政、文化和旅游主管部门根据一般项目补助年度预算规模、项目排序、项目评审等情况，审核确定一般项目补助预算分配方案、绩效目标。省级财政部门在收到中央对地方补助资金预算后三十日内，按照预算级次合理分配、及时下达资金预算，抄送文化和旅游部、省级文化和旅游主管部门、财政部当地监管局。

第二十六条 省级文化和旅游主管部门根据资金下达情况，将项目从项目储备库转入项目执行库，同步更新项目预算控制数、年度支出计划和绩效目标，并于每年 3 月底之前，将上一年度项目预算执行、绩效目标完成情况录入项目执行库。

第五章　绩效管理与监督

第二十七条 各级财政、文化和旅游主管部门应当按照全面实施预算绩效管理的要求，建立健全预算绩效管理机制，对照绩效目标做好绩效监控、绩效评价，强化评价结果运用，做好绩效信息公开，提高保护资金配置效率和使用效益。

省级文化和旅游主管部门会同省级财政部门组织开展绩效自评，于每年 3 月底前将上一年度绩效自评报告报文化和旅游部汇总。自评报告内容主要包括项目总体绩效目标、各项绩效指标完成情况、预算执行情况、绩效自评表。对未完成绩效目标或偏离绩效目标较大的项目要分析原因，研究提出改进措施。绩效自评表应内容完整、权重合理、数据真实、结果客观。

财政部、文化和旅游部根据需要组织对保护资金开展重点绩效评价，将评价结果作为预算安排、完善政策和改进管理的依据。

第二十八条 省级文化和旅游主管部门组织开展项目验收，于每年6月底之前将上一年度实施完毕的项目验收结果报文化和旅游部备案，并更新项目执行库项目信息。

第二十九条 项目实施单位应当严格按照批准的保护资金支出范围和项目内容安排使用保护资金。如有特殊情况，需要调整一般项目保护资金支出范围和项目内容的，应当按预算管理规定报省级财政、文化和旅游主管部门批准。不足两年的结转资金可在下年继续使用，或由同级财政部门按规定统筹用于项目储备库其他项目；连续两年未用完的项目结转资金，应按照规定确认为结余资金，由项目实施单位同级财政部门按规定收回统筹使用。

在确保完成当年保护任务基础上，省级财政部门、文化和旅游主管部门可在项目储备库项目范围内统筹安排一般项目补助。同一项目分年度补助数不得超过该项目预算控制数。

第三十条 保护资金按照财政国库管理制度有关规定执行。属于政府采购管理范围的，应当按照国家政府采购法律规定制度执行。鼓励采取政府购买服务等方式，支持相关单位和组织参与非物质文化遗产保护。

第三十一条 项目相关培训支出应严格按照培训费管理有关规定执行。项目实施单位使用保护资金形成的资产属于国有资产的，应当按照国家国有资产管理有关规定管理。使用保护资金开展的活动，形成的项目成果（含专著、论文、研究报告、总结、数据资料、鉴定证书及成果报道等），均应注明“国家非物质文化遗产保护资金补助项目”。

第三十二条 各级财政、文化和旅游主管部门及其工作人员在保护资金分配、审核过程中存在违反本办法规定，以及其他滥用职权、玩忽职守、徇私舞弊等违法违规行为的，依法追究相应责任。

第三十三条 申报使用保护资金的部门、单位及个人在资金申报、使用过程中存在违法违规行为的，依照《中华人民共和国预算法》及其实施条例、《财政违法行为处罚处分条例》等国家有关规定追究相应责任。

第三十四条 本办法由财政部、文化和旅游部负责解释。省级财政、文化和旅游主管部门可根据本办法，结合各地实际，制定具体管理办法，并抄送财政部当地监管局。

第三十五条 本办法自2022年1月1日起施行。《财政部 文化部关于印发〈国家非物质文化遗产保护专项资金管理办法〉的通知》(财教〔2012〕45号)、《财政部 文化部关于〈国家非物质文化遗产保护专项资金管理办法〉的补充通知》(财文〔2016〕29号)、《财政部 文化和旅游部关于〈国家非物质文化遗产保护专项资金管理办法〉的补充通知》(财文〔2018〕135号)同时废止。

世界文化遗产保护管理办法

·2006年11月14日文化部令第41号公布

·自公布之日起施行

第一条 为了加强对世界文化遗产的保护和管理，履行对《保护世界文化与自然遗产公约》的责任和义务，传承人类文明，依据《中华人民共和国文物保护法》制定本办法。

第二条 本办法所称世界文化遗产，是指列入联合国教科文组织《世界遗产名录》的世界文化遗产和文化与自然混合遗产中的文化遗产部分。

第三条 世界文化遗产工作贯彻保护为主、抢救第一、合理利用、加强管理的方针，确保世界文化遗产的真实性和完整性。

第四条 国家文物局主管全国世界文化遗产工作，协调、解决世界文化遗产保护和管理中的重大问题，监督、检查世界文化遗产所在地的世界文化遗产工作。

县级以上地方人民政府及其文物主管部门依照本办法的规定，制定管理制度，落实工作措施，负责本行政区域内的世界文化遗产工作。

第五条 县级以上地方人民政府应当将世界文化遗产保护和管理所需的经费纳入本级财政预算。

公民、法人和其他组织可以通过捐赠等方式设立世界文化遗产保护基金，专门用于世界文化遗产保护。世界文化遗产保护基金的募集、使用和管理，依照国家有关法律、行政法规和部门规章的规定执行。

第六条 国家对世界文化遗产保护的重大事项实行专家咨询制度，由国家文物局建立专家咨询机制开展相关工作。

世界文化遗产保护专家咨询工作制度由国家文物局制定并公布。

第七条 公民、法人和其他组织都有依法保护世界文化遗产的义务。

国家鼓励公民、法人和其他组织参与世界文化遗产保护。

国家文物局、县级以上地方人民政府及其文物主管部门应当对在世界文化遗产保护中作出突出贡献的组织或者个人给予奖励。

省级文物主管部门应当建立世界文化遗产保护志愿者工作制度，开展志愿者的组织、指导和培训工作。

第八条 世界文化遗产保护规划由省级人民政府组织编制。承担世界文化遗产保护规划编制任务的机构，应当取得国家文物局颁发的资格证书。世界文化遗产保护规划应当明确世界文化遗产保护的标准和重点，分类确定保护措施，符合联合国教科文组织有关世界文化遗产的保护要求。

尚未编制保护规划，或者保护规划内容不符合本办法要求的世界文化遗产，应当自本办法施行之日起1年内编制、修改保护规划。

世界文化遗产保护规划由省级文物主管部门报国家文物局审定。经国家文物局审定的世界文化遗产保护规划，由省级人民政府公布并组织实施。世界文化遗产保护规划的要求，应当纳入县级以上地方人民政府的国民经济和社会发展规划、土地利用总体规划和城乡规划。

第九条 世界文化遗产中的不可移动文物，应当根据其历史、艺术和科学价值依法核定公布为文物保护单位。尚未核定公布为文物保护单位的不可移动文物，由县级文物主管部门予以登记并公布。

世界文化遗产中的不可移动文物，按照《中华人民共和国文物保护法》和《中华人民共和国文物保护法实施条例》的有关规定实施保护和管理。

第十条 世界文化遗产中的文物保护单位，应当根据世界文化遗产保护的需要依法划定保护范围和建设控制地带并予以公布。保护范围和建设控制地带的划定，应当符合世界文化遗产核心区和缓冲区的保护要求。

第十一条 省级人民政府应当为世界文化遗产作出标志说明。标志说明的设立不得对世界文化遗产造成损害。

世界文化遗产标志说明应当包括世界文化遗产的名称、核心区、缓冲区和保护机构等内容，并包含联合国教科文组织公布的世界遗产标志图案。

第十二条 省级人民政府应当为世界文化遗产建立保护记录档案，并由其文物主管部门报国家文物局备案。

国家文物局应当建立全国的世界文化遗产保护记录档案库，并利用高新技术建立世界文化遗产管理动态信息系统和预警系统。

第十三条 省级人民政府应当为世界文化遗产确定保护机构。保护机构应当对世界文化遗产进行日常维护和监测，并建立日志。发现世界文化遗产存在安全隐患的，保护机构应当采取控制措施，并及时向县级以上地方人民政府和省级文物主管部门报告。

世界文化遗产保护机构的工作人员实行持证上岗制度，主要负责人应当取得国家文物局颁发的资格证书。

第十四条 世界文化遗产辟为参观游览区，应当充分发挥文化遗产的宣传教育作用，并制定完善的参观游览服务管理办法。

世界文化遗产保护机构应当将参观游览服务管理办法报省级文物主管部门备案。省级文物主管部门应当对世界文化遗产的参观游览服务管理工作进行监督检查。

第十五条 在参观游览区内设置服务项目，应当符合世界文化遗产保护规划的管理要求，并与世界文化遗产的历史和文化属性相协调。

服务项目由世界文化遗产保护机构负责具体实施。实施服务项目，应当遵循公开、公平、公正和公共利益优先的原则，并维护当地居民的权益。

第十六条 各级文物主管部门和世界文化遗产保护机构应当组织开展文化旅游的调查和研究工作，发掘并展示世界文化遗产的历史和文化价值，保护并利用世界文化遗产工作中积累的知识产权。

第十七条 发生或可能发生危及世界文化遗产安全的突发事件时，保护机构应当立即采取必要的控制措施，并同时向县级以上地方人民政府和省级文物主管部门报告。省级文物主管部门应当在接到报告 2 小时内，向省级人民政府和国家文物局报告。

省级文物主管部门接到有关报告后，应当区别情况决定处理办法并负责实施。国家文物局应当督导并检查突发事件的及时处理，提出防范类似事件发生的具体要求，并向各世界文化遗产所在地省级人民政府通报突发事件的发生及处理情况。

第十八条 国家对世界文化遗产保护实行监测巡视制度，由国家文物局建立监测巡视机制开展相关工作。

世界文化遗产保护监测巡视工作制度由国家文物局制定并公布。

第十九条 因保护和管理不善，致使真实性和完整性受到损害的世界文化遗产，由国家文物局列入《中国世界文化遗产警示名单》予以公布。

列入《中国世界文化遗产警示名单》的世界文化遗产所在地省级人民政府，应当对保护和管理工作中存在的问题提出整改措施，限期改进保护管理工作。

第二十条 违反本办法规定，造成世界文化遗产损害的，依据有关规定追究责任人的责任。

第二十一条 列入《中国世界文化遗产预备名单》的文化遗产，参照本办法的规定实施保护和管理。

第二十二条 本办法自公布之日起施行。

乡镇综合文化站管理办法

· 2009 年 9 月 8 日文化部令第 48 号公布
· 自 2009 年 10 月 1 日起施行

第一章 总 则

第一条 为了促进乡镇综合文化站的建设，加强对乡镇综合文化站的管理，充分发挥乡镇综合文化站的作用，根据《公共文化体育设施条例》和国家有关规定，制定本办法。

第二条 本办法中的乡镇综合文化站（以下简称“文化站”），是指由县级或乡镇人民政府设立的公益性文化机构，其基本职能是社会服务、指导基层和协助管理农村文化市场。

第三条 乡镇人民政府负责文化站日常工作的管理，县级文化行政部门负责对文化站进行监督和检查，县文化馆、图书馆等相关文化单位负责对文化站开展对口业务指导和辅导。

第二章 规划和建设

第四条 文化部会同有关部门组织制定全国文化站建设规划

和标准，并对其实施情况进行监督检查。

第五条 文化站建设应纳入当地国民经济和社会发展计划，与当地经济社会发展水平相适应，建设规模应符合国家有关规定；应纳入当地城乡建设规划，优先安排用地指标，无偿划拨建设用地。

各级人民政府应对少数民族地区、边远贫困地区的文化站建设予以重点扶持。

第六条 文化站应位于交通便利、人口集中、便于群众参与活动的区域，一般不设在乡镇人民政府办公场所内。

文化站的选址、设计、功能安排等应征得县级文化行政部门的同意。

第七条 文化站基本功能空间应包括：多功能活动厅、书刊阅览室、培训教室、文化信息资源共享工程基层点和管理用房，以及室外活动场地、宣传栏等配套设施。

第八条 文化站应配置开展公共文化服务必需的设备、器材和图书等文化资源，并有计划地予以更新、充实。

文化站设施和设备必须按照国家有关规定办理资产登记及相关手续，依法管理，确保国有资产安全、完整和有效使用。

第九条 因乡镇建设规划需拆除文化站或者改变其功能、用途的，应依照国家有关法律、法规的规定择地重建。乡镇人民政府在作出决定前，应广泛听取群众的意见，并征得县级文化行政部门同意，报县级人民政府批准。

第三章　职能和服务

第十条 文化站的主要职能是，开展书报刊借阅、时政法制科普教育、文艺演出活动、数字文化信息服务、公共文化资源配送和流动服务、体育健身和青少年校外活动等。

第十一条 文化站通过以下方式履行职能，开展服务：

（一）举办各类展览、讲座，普及科学文化知识，传递经济信息，为群众求知致富，促进当地经济建设服务。

（二）根据当地群众的需求和设施、场地条件，组织开展丰富多彩的、群众喜闻乐见的文体活动和广播、电影放映活动；指导村文化室（文化大院、俱乐部等）和农民自办文化组织建设，辅导和培训群众文艺骨干。

（三）协助县级文化馆、图书馆等文化单位配送公共文化资源，开展流动文化服务，保证公共文化资源进村入户。

（四）在县级图书馆的指导下，开办图书室，开展群众读书读报活动，为当地群众提供图书报刊借阅服务。

（五）建成全国文化信息资源共享工程基层服务点，开展数字文化信息服务。

（六）在县级文化行政部门的指导下，搜集、整理非物质文化遗产，开展非物质文化遗产的普查、展示、宣传活动，指导传承人开展传习活动。

（七）协助县级文化行政部门开展文物的宣传保护工作。

（八）受县级文化行政部门的委托，协助做好农村文化市场管理及监督工作。发现重大问题或事故，依法采取应急措施并及时上报。

第十二条　文化站应完善内部管理制度，建立、健全服务规范，并根据其功能、特点向公众开放，保障其设施用于开展文明、健康的文化体育活动。文化站应在醒目位置标明服务内容、开放时间和注意事项。

第四章　人员和经费

第十三条　文化站应配备专职人员进行管理，编制数额应根据所承担的职能和任务及所服务的乡镇人口规模等因素确定。

第十四条　文化站站长应具有大专以上学历或具备相当于大专以上文化程度，热爱文化事业，善于组织群众开展文化活动，具备开展文化站工作的业务能力和管理水平。文化站站长由乡镇人民政府任命或聘任，事先应征求县级文化行政部门的意见。

第十五条 文化站实行职业资格制度，文化站从业人员须通过文化行政部门或委托的有关部门组织的相应考试、考核，取得职业资格或岗位培训证书。

文化站从业人员可根据本人的学历条件、任职年限、工作业绩和业务水平等申报相应的专业技术资格。

第十六条 文化站实行聘用制和岗位目标管理责任制。在岗人员退休或被调离、辞退后，应及时配备相应人员，确保文化站正常工作不受影响。

第十七条 文化行政部门负责对文化站从业人员进行定期培训。各级文化培训机构、群艺馆、文化馆、图书馆、艺术学校、艺术院团等具体承担人员培训任务。

第十八条 文化站的建设、维修、日常运转和业务活动所需经费，应列入县乡人民政府基本建设投资计划和财政预算，不得随意核减或挪用。中央、省、市级财政可对文化站设施建设和内容建设予以经费补助。

第十九条 鼓励企业、社会团体、个人捐赠或资助文化站。依法向文化站捐赠财产的，捐赠人可按照有关法律规定享受优惠。

第五章 检查和考核

第二十条 文化行政部门负责定期对文化站设施建设、经费投入、工作开展情况等进行检查、考评。文化站建设情况应纳入创建全国和地区性文化先进单位的考核指标体系。

第二十一条 对在农村文化建设中做出突出贡献的文化站和文化站从业人员，由县级以上人民政府或有关部门给予奖励。

第六章 附 则

第二十二条 本办法由文化部负责解释。

第二十三条 本办法自 2009 年 10 月 1 日起施行。

网络文化经营单位内容自审管理办法

·2013年8月12日

·文市发〔2013〕39号

第一条 为加强网络文化内容建设与管理，规范网络文化经营单位产品及服务内容自审工作，根据《互联网文化管理暂行规定》，制定本办法。

第二条 依法取得《网络文化经营许可证》的网络文化经营单位，适用本办法。

第三条 网络文化经营单位在向公众提供服务前，应当依法对拟提供的文化产品及服务的内容进行事先审核。

第四条 网络文化经营单位不得提供含有《互联网文化管理暂行规定》第十六条禁止内容的网络文化产品及服务。

第五条 网络文化经营单位应当建立健全内容管理制度，设立专门的内容管理部门，配备适应审核工作需要的人员负责网络文化产品及服务的内容管理，保障网络文化产品及服务内容的合法性。网络文化经营单位内容管理制度应当明确内容审核工作职责、标准、流程及责任追究办法，并报所在地省级文化行政部门备案。

第六条 网络文化经营单位经营的网络文化产品及服务的内容审核工作，应当由取得《内容审核人员证书》的人员实施。

第七条 内容审核人员的职责：

（一）掌握内容审核的政策法规和相关知识；

（二）独立表达审核意见；

（三）参加文化行政部门组织的业务培训。

第八条 网络文化产品及服务的内容审核工作应当由2名以上审核人员实施，审核人员填写审核意见并签字后，报本单位内容管理负责人复核签字。对网络文化产品及服务内容的合法性不能准确判断的，可向省级文化行政部门申请行政指导，接到申请的文化行政部门应当在10日内予以回复。

第九条 网络文化经营单位内容审核记录的保存期不少于2年。

第十条 网络文化经营单位应当通过技术手段对网站（平台）运行的产品及服务的内容进行实时监管，发现违规内容的要立即停止提供，保存有关记录，重大问题向所在地省级文化行政部门报告。

第十一条 文化部负责统筹协调网络文化经营单位内容审核人员的培训考核工作，指导制定网络文化产品内容审核工作指引，组织编写培训教材和题库，建立审核人员信息库。

第十二条 省级文化行政部门负责内容审核人员培训考核及检查监督工作。培训工作采取现场和网络相结合的方式进行。对经考核合格者发给《内容审核人员证书》，并纳入审核人员信息库统一管理。取得证书的内容审核人员每年至少应当参加1次后续培训。

第十三条 内容审核人员有下列情形之一的，由发证部门注销其《内容审核人员证书》：

（一）连续2年未按规定参加后续培训的；

（二）玩忽职守造成严重社会影响的；

（三）出现重大审核失误的。

第十四条 对未按本办法实施自审制度的网络文化经营单位，由县级以上文化行政部门或者文化市场综合执法机构依照《互联网文化管理暂行规定》第二十九条的规定予以处罚。

第十五条 按照法规规章规定应当报文化行政部门审查或者备案的网络文化产品及服务，自审后应当按规定办理。

第十六条 本办法自2013年12月1日起施行。

出版发行

一、法律法规

中华人民共和国国家通用语言文字法

· 2000 年 10 月 31 日第九届全国人民代表大会常务委员会第十八次会议通过
· 2000 年 10 月 31 日中华人民共和国主席令第 37 号公布
· 自 2001 年 1 月 1 日起施行

第一章　总　则

第一条　为推动国家通用语言文字的规范化、标准化及其健康发展，使国家通用语言文字在社会生活中更好地发挥作用，促进各民族、各地区经济文化交流，根据宪法，制定本法。

第二条　本法所称的国家通用语言文字是普通话和规范汉字。

第三条　国家推广普通话，推行规范汉字。

第四条　公民有学习和使用国家通用语言文字的权利。

国家为公民学习和使用国家通用语言文字提供条件。

地方各级人民政府及其有关部门应当采取措施，推广普通话和推行规范汉字。

第五条　国家通用语言文字的使用应当有利于维护国家主权和民族尊严，有利于国家统一和民族团结，有利于社会主义物质文明建设和精神文明建设。

第六条　国家颁布国家通用语言文字的规范和标准，管理国家通用语言文字的社会应用，支持国家通用语言文字的教学和科学研究，促进国家通用语言文字的规范、丰富和发展。

第七条 国家奖励为国家通用语言文字事业做出突出贡献的组织和个人。

第八条 各民族都有使用和发展自己的语言文字的自由。

少数民族语言文字的使用依据宪法、民族区域自治法及其他法律的有关规定。

第二章 国家通用语言文字的使用

第九条 国家机关以普通话和规范汉字为公务用语用字。法律另有规定的除外。

第十条 学校及其他教育机构以普通话和规范汉字为基本的教育教学用语用字。法律另有规定的除外。

学校及其他教育机构通过汉语文课程教授普通话和规范汉字。使用的汉语文教材，应当符合国家通用语言文字的规范和标准。

第十一条 汉语文出版物应当符合国家通用语言文字的规范和标准。

汉语文出版物中需要使用外国语言文字的，应当用国家通用语言文字作必要的注释。

第十二条 广播电台、电视台以普通话为基本的播音用语。

需要使用外国语言为播音用语的，须经国务院广播电视部门批准。

第十三条 公共服务行业以规范汉字为基本的服务用字。因公共服务需要，招牌、广告、告示、标志牌等使用外国文字并同时使用中文的，应当使用规范汉字。

提倡公共服务行业以普通话为服务用语。

第十四条 下列情形，应当以国家通用语言文字为基本的用语用字：

（一）广播、电影、电视用语用字；

（二）公共场所的设施用字；

（三）招牌、广告用字；

（四）企业事业组织名称；

（五）在境内销售的商品的包装、说明。

第十五条 信息处理和信息技术产品中使用的国家通用语言文字应当符合国家的规范和标准。

第十六条 本章有关规定中，有下列情形的，可以使用方言：

（一）国家机关的工作人员执行公务时确需使用的；

（二）经国务院广播电视部门或省级广播电视部门批准的播音用语；

（三）戏曲、影视等艺术形式中需要使用的；

（四）出版、教学、研究中确需使用的。

第十七条 本章有关规定中，有下列情形的，可以保留或使用繁体字、异体字：

（一）文物古迹；

（二）姓氏中的异体字；

（三）书法、篆刻等艺术作品；

（四）题词和招牌的手书字；

（五）出版、教学、研究中需要使用的；

（六）经国务院有关部门批准的特殊情况。

第十八条 国家通用语言文字以《汉语拼音方案》作为拼写和注音工具。

《汉语拼音方案》是中国人名、地名和中文文献罗马字母拼写法的统一规范，并用于汉字不便或不能使用的领域。

初等教育应当进行汉语拼音教学。

第十九条 凡以普通话作为工作语言的岗位，其工作人员应当具备说普通话的能力。

以普通话作为工作语言的播音员、节目主持人和影视话剧演员、教师、国家机关工作人员的普通话水平，应当分别达到国家规定的等级标准；对尚未达到国家规定的普通话等级标准的，分别情况进行培训。

第二十条 对外汉语教学应当教授普通话和规范汉字。

第三章　管理和监督

第二十一条　国家通用语言文字工作由国务院语言文字工作部门负责规划指导、管理监督。

国务院有关部门管理本系统的国家通用语言文字的使用。

第二十二条　地方语言文字工作部门和其他有关部门，管理和监督本行政区域内的国家通用语言文字的使用。

第二十三条　县级以上各级人民政府工商行政管理部门依法对企业名称、商品名称以及广告的用语用字进行管理和监督。

第二十四条　国务院语言文字工作部门颁布普通话水平测试等级标准。

第二十五条　外国人名、地名等专有名词和科学技术术语译成国家通用语言文字，由国务院语言文字工作部门或者其他有关部门组织审定。

第二十六条　违反本法第二章有关规定，不按照国家通用语言文字的规范和标准使用语言文字的，公民可以提出批评和建议。

本法第十九条第二款规定的人员用语违反本法第二章有关规定的，有关单位应当对直接责任人员进行批评教育；拒不改正的，由有关单位作出处理。

城市公共场所的设施和招牌、广告用字违反本法第二章有关规定的，由有关行政管理部门责令改正；拒不改正的，予以警告，并督促其限期改正。

第二十七条　违反本法规定，干涉他人学习和使用国家通用语言文字的，由有关行政管理部门责令限期改正，并予以警告。

第四章　附　则

第二十八条　本法自 2001 年 1 月 1 日起施行。

中华人民共和国著作权法

· 1990年9月7日第七届全国人民代表大会常务委员会第十五次会议通过

· 根据2001年10月27日第九届全国人民代表大会常务委员会第二十四次会议《关于修改〈中华人民共和国著作权法〉的决定》第一次修正

· 根据2010年2月26日第十一届全国人民代表大会常务委员会第十三次会议《关于修改〈中华人民共和国著作权法〉的决定》第二次修正

· 根据2020年11月11日第十三届全国人民代表大会常务委员会第二十三次会议《关于修改〈中华人民共和国著作权法〉的决定》第三次修正

第一章　总　则

第一条　为保护文学、艺术和科学作品作者的著作权，以及与著作权有关的权益，鼓励有益于社会主义精神文明、物质文明建设的作品的创作和传播，促进社会主义文化和科学事业的发展与繁荣，根据宪法制定本法。

第二条　中国公民、法人或者非法人组织的作品，不论是否发表，依照本法享有著作权。

外国人、无国籍人的作品根据其作者所属国或者经常居住地国同中国签订的协议或者共同参加的国际条约享有的著作权，受本法保护。

外国人、无国籍人的作品首先在中国境内出版的，依照本法享有著作权。

未与中国签订协议或者共同参加国际条约的国家的作者以及

无国籍人的作品首次在中国参加的国际条约的成员国出版的，或者在成员国和非成员国同时出版的，受本法保护。

第三条 本法所称的作品，是指文学、艺术和科学领域内具有独创性并能以一定形式表现的智力成果，包括：

（一）文字作品；

（二）口述作品；

（三）音乐、戏剧、曲艺、舞蹈、杂技艺术作品；

（四）美术、建筑作品；

（五）摄影作品；

（六）视听作品；

（七）工程设计图、产品设计图、地图、示意图等图形作品和模型作品；

（八）计算机软件；

（九）符合作品特征的其他智力成果。

第四条 著作权人和与著作权有关的权利人行使权利，不得违反宪法和法律，不得损害公共利益。国家对作品的出版、传播依法进行监督管理。

第五条 本法不适用于：

（一）法律、法规，国家机关的决议、决定、命令和其他具有立法、行政、司法性质的文件，及其官方正式译文；

（二）单纯事实消息；

（三）历法、通用数表、通用表格和公式。

第六条 民间文学艺术作品的著作权保护办法由国务院另行规定。

第七条 国家著作权主管部门负责全国的著作权管理工作；县级以上地方主管著作权的部门负责本行政区域的著作权管理工作。

第八条 著作权人和与著作权有关的权利人可以授权著作权集体管理组织行使著作权或者与著作权有关的权利。依法设立的著作权集体管理组织是非营利法人，被授权后可以以自己的名义为著作权人和与著作权有关的权利人主张权利，并可以作为当事人进行涉及著作权或者与著作权有关的权利的诉讼、仲裁、调解活动。

著作权集体管理组织根据授权向使用者收取使用费。使用费的收取标准由著作权集体管理组织和使用者代表协商确定，协商不成的，可以向国家著作权主管部门申请裁决，对裁决不服的，可以向人民法院提起诉讼；当事人也可以直接向人民法院提起诉讼。

著作权集体管理组织应当将使用费的收取和转付、管理费的提取和使用、使用费的未分配部分等总体情况定期向社会公布，并应当建立权利信息查询系统，供权利人和使用者查询。国家著作权主管部门应当依法对著作权集体管理组织进行监督、管理。

著作权集体管理组织的设立方式、权利义务、使用费的收取和分配，以及对其监督和管理等由国务院另行规定。

第二章　著作权

第一节　著作权人及其权利

第九条　著作权人包括：

（一）作者；

（二）其他依照本法享有著作权的自然人、法人或者非法人组织。

第十条　著作权包括下列人身权和财产权：

（一）发表权，即决定作品是否公之于众的权利；

（二）署名权，即表明作者身份，在作品上署名的权利；

（三）修改权，即修改或者授权他人修改作品的权利；

（四）保护作品完整权，即保护作品不受歪曲、篡改的权利；

（五）复制权，即以印刷、复印、拓印、录音、录像、翻录、翻拍、数字化等方式将作品制作一份或者多份的权利；

（六）发行权，即以出售或者赠与方式向公众提供作品的原件或者复制件的权利；

（七）出租权，即有偿许可他人临时使用视听作品、计算机软件的原件或者复制件的权利，计算机软件不是出租的主要标的的除外；

（八）展览权，即公开陈列美术作品、摄影作品的原件或者复制件的权利；

（九）表演权，即公开表演作品，以及用各种手段公开播送作品的表演的权利；

（十）放映权，即通过放映机、幻灯机等技术设备公开再现美术、摄影、视听作品等的权利；

（十一）广播权，即以有线或者无线方式公开传播或者转播作品，以及通过扩音器或者其他传送符号、声音、图像的类似工具向公众传播广播的作品的权利，但不包括本款第十二项规定的权利；

（十二）信息网络传播权，即以有线或者无线方式向公众提供，使公众可以在其选定的时间和地点获得作品的权利；

（十三）摄制权，即以摄制视听作品的方法将作品固定在载体上的权利；

（十四）改编权，即改变作品，创作出具有独创性的新作品的权利；

（十五）翻译权，即将作品从一种语言文字转换成另一种语言文字的权利；

（十六）汇编权，即将作品或者作品的片段通过选择或者编排，汇集成新作品的权利；

（十七）应当由著作权人享有的其他权利。

著作权人可以许可他人行使前款第五项至第十七项规定的权利，并依照约定或者本法有关规定获得报酬。

著作权人可以全部或者部分转让本条第一款第五项至第十七项规定的权利，并依照约定或者本法有关规定获得报酬。

第二节　著作权归属

第十一条　著作权属于作者，本法另有规定的除外。

创作作品的自然人是作者。

由法人或者非法人组织主持，代表法人或者非法人组织意志创作，并由法人或者非法人组织承担责任的作品，法人或者非法人组织视为作者。

第十二条　在作品上署名的自然人、法人或者非法人组织为作者，且该作品上存在相应权利，但有相反证明的除外。

作者等著作权人可以向国家著作权主管部门认定的登记机构办理作品登记。

与著作权有关的权利参照适用前两款规定。

第十三条　改编、翻译、注释、整理已有作品而产生的作品，其著作权由改编、翻译、注释、整理人享有，但行使著作权时不得侵犯原作品的著作权。

第十四条　两人以上合作创作的作品，著作权由合作作者共同享有。没有参加创作的人，不能成为合作作者。

合作作品的著作权由合作作者通过协商一致行使；不能协商一致，又无正当理由的，任何一方不得阻止他方行使除转让、许可他人专有使用、出质以外的其他权利，但是所得收益应当合理分配给所有合作作者。

合作作品可以分割使用的，作者对各自创作的部分可以单独享有著作权，但行使著作权时不得侵犯合作作品整体的著作权。

第十五条　汇编若干作品、作品的片段或者不构成作品的数据或者其他材料，对其内容的选择或者编排体现独创性的作品，为汇编作品，其著作权由汇编人享有，但行使著作权时，不得侵犯原作品的著作权。

第十六条　使用改编、翻译、注释、整理、汇编已有作品而产生的作品进行出版、演出和制作录音录像制品，应当取得该作品的著作权人和原作品的著作权人许可，并支付报酬。

第十七条 视听作品中的电影作品、电视剧作品的著作权由制作者享有，但编剧、导演、摄影、作词、作曲等作者享有署名权，并有权按照与制作者签订的合同获得报酬。

前款规定以外的视听作品的著作权归属由当事人约定；没有约定或者约定不明确的，由制作者享有，但作者享有署名权和获得报酬的权利。

视听作品中的剧本、音乐等可以单独使用的作品的作者有权单独行使其著作权。

第十八条 自然人为完成法人或者非法人组织工作任务所创作的作品是职务作品，除本条第二款的规定以外，著作权由作者享有，但法人或者非法人组织有权在其业务范围内优先使用。作品完成两年内，未经单位同意，作者不得许可第三人以与单位使用的相同方式使用该作品。

有下列情形之一的职务作品，作者享有署名权，著作权的其他权利由法人或者非法人组织享有，法人或者非法人组织可以给予作者奖励：

（一）主要是利用法人或者非法人组织的物质技术条件创作，并由法人或者非法人组织承担责任的工程设计图、产品设计图、地图、示意图、计算机软件等职务作品；

（二）报社、期刊社、通讯社、广播电台、电视台的工作人员创作的职务作品；

（三）法律、行政法规规定或者合同约定著作权由法人或者非法人组织享有的职务作品。

第十九条 受委托创作的作品，著作权的归属由委托人和受托人通过合同约定。合同未作明确约定或者没有订立合同的，著作权属于受托人。

第二十条 作品原件所有权的转移，不改变作品著作权的归属，但美术、摄影作品原件的展览权由原件所有人享有。

作者将未发表的美术、摄影作品的原件所有权转让给他人，受让人展览该原件不构成对作者发表权的侵犯。

第二十一条 著作权属于自然人的，自然人死亡后，其本法第十条第一款第五项至第十七项规定的权利在本法规定的保护期内，依法转移。

著作权属于法人或者非法人组织的，法人或者非法人组织变更、终止后，其本法第十条第一款第五项至第十七项规定的权利在本法规定的保护期内，由承受其权利义务的法人或者非法人组织享有；没有承受其权利义务的法人或者非法人组织的，由国家享有。

第三节 权利的保护期

第二十二条 作者的署名权、修改权、保护作品完整权的保护期不受限制。

第二十三条 自然人的作品，其发表权、本法第十条第一款第五项至第十七项规定的权利的保护期为作者终生及其死亡后五十年，截止于作者死亡后第五十年的12月31日；如果是合作作品，截止于最后死亡的作者死亡后第五十年的12月31日。

法人或者非法人组织的作品、著作权（署名权除外）由法人或者非法人组织享有的职务作品，其发表权的保护期为五十年，截止于作品创作完成后第五十年的12月31日；本法第十条第一款第五项至第十七项规定的权利的保护期为五十年，截止于作品首次发表后第五十年的12月31日，但作品自创作完成后五十年内未发表的，本法不再保护。

视听作品，其发表权的保护期为五十年，截止于作品创作完成后第五十年的12月31日；本法第十条第一款第五项至第十七项规定的权利的保护期为五十年，截止于作品首次发表后第五十年的12月31日，但作品自创作完成后五十年内未发表的，本法不再保护。

第四节 权利的限制

第二十四条 在下列情况下使用作品，可以不经著作权人许可，不向其支付报酬，但应当指明作者姓名或者名称、作品名称，并且不得影响该作品的正常使用，也不得不合理地损害著作权人的合法权益：

（一）为个人学习、研究或者欣赏，使用他人已经发表的作品；

（二）为介绍、评论某一作品或者说明某一问题，在作品中适当引用他人已经发表的作品；

（三）为报道新闻，在报纸、期刊、广播电台、电视台等媒体中不可避免地再现或者引用已经发表的作品；

（四）报纸、期刊、广播电台、电视台等媒体刊登或者播放其他报纸、期刊、广播电台、电视台等媒体已经发表的关于政治、经济、宗教问题的时事性文章，但著作权人声明不许刊登、播放的除外；

（五）报纸、期刊、广播电台、电视台等媒体刊登或者播放在公众集会上发表的讲话，但作者声明不许刊登、播放的除外；

（六）为学校课堂教学或者科学研究，翻译、改编、汇编、播放或者少量复制已经发表的作品，供教学或者科研人员使用，但不得出版发行；

（七）国家机关为执行公务在合理范围内使用已经发表的作品；

（八）图书馆、档案馆、纪念馆、博物馆、美术馆、文化馆等为陈列或者保存版本的需要，复制本馆收藏的作品；

（九）免费表演已经发表的作品，该表演未向公众收取费用，也未向表演者支付报酬，且不以营利为目的；

（十）对设置或者陈列在公共场所的艺术作品进行临摹、绘画、摄影、录像；

（十一）将中国公民、法人或者非法人组织已经发表的以国家通用语言文字创作的作品翻译成少数民族语言文字作品在国内出版发行；

（十二）以阅读障碍者能够感知的无障碍方式向其提供已经

发表的作品；

（十三）法律、行政法规规定的其他情形。

前款规定适用于对与著作权有关的权利的限制。

第二十五条 为实施义务教育和国家教育规划而编写出版教科书，可以不经著作权人许可，在教科书中汇编已经发表的作品片段或者短小的文字作品、音乐作品或者单幅的美术作品、摄影作品、图形作品，但应当按照规定向著作权人支付报酬，指明作者姓名或者名称、作品名称，并且不得侵犯著作权人依照本法享有的其他权利。

前款规定适用于对与著作权有关的权利的限制。

第三章 著作权许可使用和转让合同

第二十六条 使用他人作品应当同著作权人订立许可使用合同，本法规定可以不经许可的除外。

许可使用合同包括下列主要内容：

（一）许可使用的权利种类；

（二）许可使用的权利是专有使用权或者非专有使用权；

（三）许可使用的地域范围、期间；

（四）付酬标准和办法；

（五）违约责任；

（六）双方认为需要约定的其他内容。

第二十七条 转让本法第十条第一款第五项至第十七项规定的权利，应当订立书面合同。

权利转让合同包括下列主要内容：

（一）作品的名称；

（二）转让的权利种类、地域范围；

（三）转让价金；

（四）交付转让价金的日期和方式；

（五）违约责任；

（六）双方认为需要约定的其他内容。

第二十八条 以著作权中的财产权出质的，由出质人和质权人依法办理出质登记。

第二十九条 许可使用合同和转让合同中著作权人未明确许可、转让的权利，未经著作权人同意，另一方当事人不得行使。

第三十条 使用作品的付酬标准可以由当事人约定，也可以按照国家著作权主管部门会同有关部门制定的付酬标准支付报酬。当事人约定不明确的，按照国家著作权主管部门会同有关部门制定的付酬标准支付报酬。

第三十一条 出版者、表演者、录音录像制作者、广播电台、电视台等依照本法有关规定使用他人作品的，不得侵犯作者的署名权、修改权、保护作品完整权和获得报酬的权利。

第四章 与著作权有关的权利

第一节 图书、报刊的出版

第三十二条 图书出版者出版图书应当和著作权人订立出版合同，并支付报酬。

第三十三条 图书出版者对著作权人交付出版的作品，按照合同约定享有的专有出版权受法律保护，他人不得出版该作品。

第三十四条 著作权人应当按照合同约定期限交付作品。图书出版者应当按照合同约定的出版质量、期限出版图书。

图书出版者不按照合同约定期限出版，应当依照本法第六十一条的规定承担民事责任。

图书出版者重印、再版作品的，应当通知著作权人，并支付报酬。图书脱销后，图书出版者拒绝重印、再版的，著作权人有权终止合同。

第三十五条 著作权人向报社、期刊社投稿的，自稿件发出之日起十五日内未收到报社通知决定刊登的，或者自稿件发出之日起三十日内未收到期刊社通知决定刊登的，可以将同一作品向其他报社、期刊社投稿。双方另有约定的除外。

作品刊登后，除著作权人声明不得转载、摘编的外，其他报刊可以转载或者作为文摘、资料刊登，但应当按照规定向著作权人支付报酬。

第三十六条 图书出版者经作者许可，可以对作品修改、删节。

报社、期刊社可以对作品作文字性修改、删节。对内容的修改，应当经作者许可。

第三十七条 出版者有权许可或者禁止他人使用其出版的图书、期刊的版式设计。

前款规定的权利的保护期为十年，截止于使用该版式设计的图书、期刊首次出版后第十年的 12 月 31 日。

第二节 表 演

第三十八条 使用他人作品演出，表演者应当取得著作权人许可，并支付报酬。演出组织者组织演出，由该组织者取得著作权人许可，并支付报酬。

第三十九条 表演者对其表演享有下列权利：

（一）表明表演者身份；

（二）保护表演形象不受歪曲；

（三）许可他人从现场直播和公开传送其现场表演，并获得报酬；

（四）许可他人录音录像，并获得报酬；

（五）许可他人复制、发行、出租录有其表演的录音录像制品，并获得报酬；

（六）许可他人通过信息网络向公众传播其表演，并获得报酬。

被许可人以前款第三项至第六项规定的方式使用作品，还应当取得著作权人许可，并支付报酬。

第四十条 演员为完成本演出单位的演出任务进行的表演为职务表演，演员享有表明身份和保护表演形象不受歪曲的权利，其他权利归属由当事人约定。当事人没有约定或者约定不明确的，职务表演的权利由演出单位享有。

职务表演的权利由演员享有的，演出单位可以在其业务范围内免费使用该表演。

第四十一条 本法第三十九条第一款第一项、第二项规定的权利的保护期不受限制。

本法第三十九条第一款第三项至第六项规定的权利的保护期为五十年，截止于该表演发生后第五十年的 12 月 31 日。

第三节 录音录像

第四十二条 录音录像制作者使用他人作品制作录音录像制品，应当取得著作权人许可，并支付报酬。

录音制作者使用他人已经合法录制为录音制品的音乐作品制作录音制品，可以不经著作权人许可，但应当按照规定支付报酬；著作权人声明不许使用的不得使用。

第四十三条 录音录像制作者制作录音录像制品，应当同表演者订立合同，并支付报酬。

第四十四条 录音录像制作者对其制作的录音录像制品，享有许可他人复制、发行、出租、通过信息网络向公众传播并获得报酬的权利；权利的保护期为五十年，截止于该制品首次制作完成后第五十年的 12 月 31 日。

被许可人复制、发行、通过信息网络向公众传播录音录像制品，应当同时取得著作权人、表演者许可，并支付报酬；被许可人出租录音录像制品，还应当取得表演者许可，并支付报酬。

第四十五条 将录音制品用于有线或者无线公开传播，或者通过传送声音的技术设备向公众公开播送的，应当向录音制作者支付报酬。

第四节　广播电台、电视台播放

第四十六条　广播电台、电视台播放他人未发表的作品，应当取得著作权人许可，并支付报酬。

广播电台、电视台播放他人已发表的作品，可以不经著作权人许可，但应当按照规定支付报酬。

第四十七条　广播电台、电视台有权禁止未经其许可的下列行为：

（一）将其播放的广播、电视以有线或者无线方式转播；

（二）将其播放的广播、电视录制以及复制；

（三）将其播放的广播、电视通过信息网络向公众传播。

广播电台、电视台行使前款规定的权利，不得影响、限制或者侵害他人行使著作权或者与著作权有关的权利。

本条第一款规定的权利的保护期为五十年，截止于该广播、电视首次播放后第五十年的 12 月 31 日。

第四十八条　电视台播放他人的视听作品、录像制品，应当取得视听作品著作权人或者录像制作者许可，并支付报酬；播放他人的录像制品，还应当取得著作权人许可，并支付报酬。

第五章　著作权和与著作权有关的权利的保护

第四十九条　为保护著作权和与著作权有关的权利，权利人可以采取技术措施。

未经权利人许可，任何组织或者个人不得故意避开或者破坏技术措施，不得以避开或者破坏技术措施为目的制造、进口或者向公众提供有关装置或者部件，不得故意为他人避开或者破坏技术措施提供技术服务。但是，法律、行政法规规定可以避开的情形除外。

本法所称的技术措施，是指用于防止、限制未经权利人许可浏览、欣赏作品、表演、录音录像制品或者通过信息网络向公众提供作品、表演、录音录像制品的有效技术、装置或者部件。

第五十条 下列情形可以避开技术措施，但不得向他人提供避开技术措施的技术、装置或者部件，不得侵犯权利人依法享有的其他权利：

（一）为学校课堂教学或者科学研究，提供少量已经发表的作品，供教学或者科研人员使用，而该作品无法通过正常途径获取；

（二）不以营利为目的，以阅读障碍者能够感知的无障碍方式向其提供已经发表的作品，而该作品无法通过正常途径获取；

（三）国家机关依照行政、监察、司法程序执行公务；

（四）对计算机及其系统或者网络的安全性能进行测试；

（五）进行加密研究或者计算机软件反向工程研究。

前款规定适用于对与著作权有关的权利的限制。

第五十一条 未经权利人许可，不得进行下列行为：

（一）故意删除或者改变作品、版式设计、表演、录音录像制品或者广播、电视上的权利管理信息，但由于技术上的原因无法避免的除外；

（二）知道或者应当知道作品、版式设计、表演、录音录像制品或者广播、电视上的权利管理信息未经许可被删除或者改变，仍然向公众提供。

第五十二条 有下列侵权行为的，应当根据情况，承担停止侵害、消除影响、赔礼道歉、赔偿损失等民事责任：

（一）未经著作权人许可，发表其作品的；

（二）未经合作作者许可，将与他人合作创作的作品当作自己单独创作的作品发表的；

（三）没有参加创作，为谋取个人名利，在他人作品上署名的；

（四）歪曲、篡改他人作品的；

（五）剽窃他人作品的；

（六）未经著作权人许可，以展览、摄制视听作品的方法使用作品，或者以改编、翻译、注释等方式使用作品的，本法另有规定的除外；

（七）使用他人作品，应当支付报酬而未支付的；

（八）未经视听作品、计算机软件、录音录像制品的著作权人、表演者或者录音录像制作者许可，出租其作品或者录音录像制品的原件或者复制件的，本法另有规定的除外；

（九）未经出版者许可，使用其出版的图书、期刊的版式设计的；

（十）未经表演者许可，从现场直播或者公开传送其现场表演，或者录制其表演的；

（十一）其他侵犯著作权以及与著作权有关的权利的行为。

第五十三条 有下列侵权行为的，应当根据情况，承担本法第五十二条规定的民事责任；侵权行为同时损害公共利益的，由主管著作权的部门责令停止侵权行为，予以警告，没收违法所得，没收、无害化销毁处理侵权复制品以及主要用于制作侵权复制品的材料、工具、设备等，违法经营额五万元以上的，可以并处违法经营额一倍以上五倍以下的罚款；没有违法经营额、违法经营额难以计算或者不足五万元的，可以并处二十五万元以下的罚款；构成犯罪的，依法追究刑事责任：

（一）未经著作权人许可，复制、发行、表演、放映、广播、汇编、通过信息网络向公众传播其作品的，本法另有规定的除外；

（二）出版他人享有专有出版权的图书的；

（三）未经表演者许可，复制、发行录有其表演的录音录像制品，或者通过信息网络向公众传播其表演的，本法另有规定的除外；

（四）未经录音录像制作者许可，复制、发行、通过信息网络向公众传播其制作的录音录像制品的，本法另有规定的除外；

（五）未经许可，播放、复制或者通过信息网络向公众传播广播、电视的，本法另有规定的除外；

（六）未经著作权人或者与著作权有关的权利人许可，故意避开或者破坏技术措施的，故意制造、进口或者向他人提供主要用于避开、破坏技术措施的装置或者部件的，或者故意为他人避开或者破坏技术措施提供技术服务的，法律、行政法规另有规定的除外；

（七）未经著作权人或者与著作权有关的权利人许可，故意删除或者改变作品、版式设计、表演、录音录像制品或者广播、电视上的权利管理信息的，知道或者应当知道作品、版式设计、表演、录音录像制品或者广播、电视上的权利管理信息未经许可被删除或者改变，仍然向公众提供的，法律、行政法规另有规定的除外；

（八）制作、出售假冒他人署名的作品的。

第五十四条 侵犯著作权或者与著作权有关的权利的，侵权人应当按照权利人因此受到的实际损失或者侵权人的违法所得给予赔偿；权利人的实际损失或者侵权人的违法所得难以计算的，可以参照该权利使用费给予赔偿。对故意侵犯著作权或者与著作权有关的权利，情节严重的，可以在按照上述方法确定数额的一倍以上五倍以下给予赔偿。

权利人的实际损失、侵权人的违法所得、权利使用费难以计算的，由人民法院根据侵权行为的情节，判决给予五百元以上五百万元以下的赔偿。

赔偿数额还应当包括权利人为制止侵权行为所支付的合理开支。

人民法院为确定赔偿数额，在权利人已经尽了必要举证责任，而与侵权行为相关的账簿、资料等主要由侵权人掌握的，可以责令侵权人提供与侵权行为相关的账簿、资料等；侵权人不提供，或者提供虚假的账簿、资料等的，人民法院可以参考权利人的主张和提供的证据确定赔偿数额。

人民法院审理著作权纠纷案件，应权利人请求，对侵权复制品，除特殊情况外，责令销毁；对主要用于制造侵权复制品的材料、工具、设备等，责令销毁，且不予补偿；或者在特殊情况下，责令禁止前述材料、工具、设备等进入商业渠道，且不予补偿。

第五十五条 主管著作权的部门对涉嫌侵犯著作权和与著作权有关的权利的行为进行查处时，可以询问有关当事人，调查与涉嫌违法行为有关的情况；对当事人涉嫌违法行为的场所和物品实施现场检查；查阅、复制与涉嫌违法行为有关的合同、发票、账簿以及其他有关资料；对于涉嫌违法行为的场所和物品，可以查封或者扣押。

主管著作权的部门依法行使前款规定的职权时，当事人应当予以协助、配合，不得拒绝、阻挠。

第五十六条 著作权人或者与著作权有关的权利人有证据证明他人正在实施或者即将实施侵犯其权利、妨碍其实现权利的行为，如不及时制止将会使其合法权益受到难以弥补的损害的，可以在起诉前依法向人民法院申请采取财产保全、责令作出一定行为或者禁止作出一定行为等措施。

第五十七条 为制止侵权行为，在证据可能灭失或者以后难以取得的情况下，著作权人或者与著作权有关的权利人可以在起诉前依法向人民法院申请保全证据。

第五十八条 人民法院审理案件，对于侵犯著作权或者与著作权有关的权利的，可以没收违法所得、侵权复制品以及进行违法活动的财物。

第五十九条 复制品的出版者、制作者不能证明其出版、制作有合法授权的，复制品的发行者或者视听作品、计算机软件、录音录像制品的复制品的出租者不能证明其发行、出租的复制品有合法来源的，应当承担法律责任。

在诉讼程序中，被诉侵权人主张其不承担侵权责任的，应当提供证据证明已经取得权利人的许可，或者具有本法规定的不经权利人许可而可以使用的情形。

第六十条 著作权纠纷可以调解，也可以根据当事人达成的书面仲裁协议或者著作权合同中的仲裁条款，向仲裁机构申请仲裁。

当事人没有书面仲裁协议，也没有在著作权合同中订立仲裁条款的，可以直接向人民法院起诉。

第六十一条 当事人因不履行合同义务或者履行合同义务不符合约定而承担民事责任，以及当事人行使诉讼权利、申请保全等，适用有关法律的规定。

第六章　附　则

第六十二条　本法所称的著作权即版权。

第六十三条　本法第二条所称的出版，指作品的复制、发行。

第六十四条　计算机软件、信息网络传播权的保护办法由国务院另行规定。

第六十五条　摄影作品，其发表权、本法第十条第一款第五项至第十七项规定的权利的保护期在2021年6月1日前已经届满，但依据本法第二十三条第一款的规定仍在保护期内的，不再保护。

第六十六条　本法规定的著作权人和出版者、表演者、录音录像制作者、广播电台、电视台的权利，在本法施行之日尚未超过本法规定的保护期的，依照本法予以保护。

本法施行前发生的侵权或者违约行为，依照侵权或者违约行为发生时的有关规定处理。

第六十七条　本法自1991年6月1日起施行。

中华人民共和国著作权法实施条例

- 2002年8月2日中华人民共和国国务院令第359号公布
- 根据2011年1月8日《国务院关于废止和修改部分行政法规的决定》第一次修订
- 根据2013年1月30日《国务院关于修改〈中华人民共和国著作权法实施条例〉的决定》第二次修订

第一条　根据《中华人民共和国著作权法》（以下简称著作权法），制定本条例。

第二条　著作权法所称作品，是指文学、艺术和科学领域内具有独创性并能以某种有形形式复制的智力成果。

第三条 著作权法所称创作，是指直接产生文学、艺术和科学作品的智力活动。

为他人创作进行组织工作，提供咨询意见、物质条件，或者进行其他辅助工作，均不视为创作。

第四条 著作权法和本条例中下列作品的含义：

（一）文字作品，是指小说、诗词、散文、论文等以文字形式表现的作品；

（二）口述作品，是指即兴的演说、授课、法庭辩论等以口头语言形式表现的作品；

（三）音乐作品，是指歌曲、交响乐等能够演唱或者演奏的带词或者不带词的作品；

（四）戏剧作品，是指话剧、歌剧、地方戏等供舞台演出的作品；

（五）曲艺作品，是指相声、快书、大鼓、评书等以说唱为主要形式表演的作品；

（六）舞蹈作品，是指通过连续的动作、姿势、表情等表现思想情感的作品；

（七）杂技艺术作品，是指杂技、魔术、马戏等通过形体动作和技巧表现的作品；

（八）美术作品，是指绘画、书法、雕塑等以线条、色彩或者其他方式构成的有审美意义的平面或者立体的造型艺术作品；

（九）建筑作品，是指以建筑物或者构筑物形式表现的有审美意义的作品；

（十）摄影作品，是指借助器械在感光材料或者其他介质上记录客观物体形象的艺术作品；

（十一）电影作品和以类似摄制电影的方法创作的作品，是指摄制在一定介质上，由一系列有伴音或者无伴音的画面组成，并且借助适当装置放映或者以其他方式传播的作品；

（十二）图形作品，是指为施工、生产绘制的工程设计图、产品设计图，以及反映地理现象、说明事物原理或者结构的地图、示意图等作品；

（十三）模型作品，是指为展示、试验或者观测等用途，根据物体的形状和结构，按照一定比例制成的立体作品。

第五条 著作权法和本条例中下列用语的含义：

（一）时事新闻，是指通过报纸、期刊、广播电台、电视台等媒体报道的单纯事实消息；

（二）录音制品，是指任何对表演的声音和其他声音的录制品；

（三）录像制品，是指电影作品和以类似摄制电影的方法创作的作品以外的任何有伴音或者无伴音的连续相关形象、图像的录制品；

（四）录音制作者，是指录音制品的首次制作人；

（五）录像制作者，是指录像制品的首次制作人；

（六）表演者，是指演员、演出单位或者其他表演文学、艺术作品的人。

第六条 著作权自作品创作完成之日起产生。

第七条 著作权法第二条第三款规定的首先在中国境内出版的外国人、无国籍人的作品，其著作权自首次出版之日起受保护。

第八条 外国人、无国籍人的作品在中国境外首先出版后，30日内在中国境内出版的，视为该作品同时在中国境内出版。

第九条 合作作品不可以分割使用的，其著作权由各合作作者共同享有，通过协商一致行使；不能协商一致，又无正当理由的，任何一方不得阻止他方行使除转让以外的其他权利，但是所得收益应当合理分配给所有合作作者。

第十条 著作权人许可他人将其作品摄制成电影作品和以类似摄制电影的方法创作的作品的，视为已同意对其作品进行必要的改动，但是这种改动不得歪曲篡改原作品。

第十一条 著作权法第十六条第一款关于职务作品的规定中的“工作任务”，是指公民在该法人或者该组织中应当履行的职责。

著作权法第十六条第二款关于职务作品的规定中的“物质技术条件”，是指该法人或者该组织为公民完成创作专门提供的资金、设备或者资料。

第十二条 职务作品完成两年内，经单位同意，作者许可第三人以与单位使用的相同方式使用作品所获报酬，由作者与单位按约定的比例分配。

作品完成两年的期限，自作者向单位交付作品之日起计算。

第十三条 作者身份不明的作品，由作品原件的所有人行使除署名权以外的著作权。作者身份确定后，由作者或者其继承人行使著作权。

第十四条 合作作者之一死亡后，其对合作作品享有的著作权法第十条第一款第五项至第十七项规定的权利无人继承又无人受遗赠的，由其他合作作者享有。

第十五条 作者死亡后，其著作权中的署名权、修改权和保护作品完整权由作者的继承人或者受遗赠人保护。

著作权无人继承又无人受遗赠的，其署名权、修改权和保护作品完整权由著作权行政管理部门保护。

第十六条 国家享有著作权的作品的使用，由国务院著作权行政管理部门管理。

第十七条 作者生前未发表的作品，如果作者未明确表示不发表，作者死亡后50年内，其发表权可由继承人或者受遗赠人行使；没有继承人又无人受遗赠的，由作品原件的所有人行使。

第十八条 作者身份不明的作品，其著作权法第十条第一款第五项至第十七项规定的权利的保护期截止于作品首次发表后第50年的12月31日。作者身份确定后，适用著作权法第二十一条的规定。

第十九条 使用他人作品的，应当指明作者姓名、作品名称；但是，当事人另有约定或者由于作品使用方式的特性无法指明的除外。

第二十条 著作权法所称已经发表的作品，是指著作权人自行或者许可他人公之于众的作品。

第二十一条 依照著作权法有关规定，使用可以不经著作权人许可的已经发表的作品的，不得影响该作品的正常使用，也不得不合理地损害著作权人的合法利益。

第二十二条 依照著作权法第二十三条、第三十三条第二款、第四十条第三款的规定使用作品的付酬标准，由国务院著作权行政管理部门会同国务院价格主管部门制定、公布。

第二十三条 使用他人作品应当同著作权人订立许可使用合同，许可使用的权利是专有使用权的，应当采取书面形式，但是报社、期刊社刊登作品除外。

第二十四条 著作权法第二十四条规定的专有使用权的内容由合同约定，合同没有约定或者约定不明的，视为被许可人有权排除包括著作权人在内的任何人以同样的方式使用作品；除合同另有约定外，被许可人许可第三人行使同一权利，必须取得著作权人的许可。

第二十五条 与著作权人订立专有许可使用合同、转让合同的，可以向著作权行政管理部门备案。

第二十六条 著作权法和本条例所称与著作权有关的权益，是指出版者对其出版的图书和期刊的版式设计享有的权利，表演者对其表演享有的权利，录音录像制作者对其制作的录音录像制品享有的权利，广播电台、电视台对其播放的广播、电视节目享有的权利。

第二十七条 出版者、表演者、录音录像制作者、广播电台、电视台行使权利，不得损害被使用作品和原作品著作权人的权利。

第二十八条 图书出版合同中约定图书出版者享有专有出版权但没有明确其具体内容的，视为图书出版者享有在合同有效期限内和在合同约定的地域范围内以同种文字的原版、修订版出版图书的专有权利。

第二十九条 著作权人寄给图书出版者的两份订单在6个月内未能得到履行，视为著作权法第三十二条所称图书脱销。

第三十条 著作权人依照著作权法第三十三条第二款声明不得转载、摘编其作品的，应当在报纸、期刊刊登该作品时附带声明。

第三十一条 著作权人依照著作权法第四十条第三款声明不得对其作品制作录音制品的，应当在该作品合法录制为录音制品时声明。

第三十二条 依照著作权法第二十三条、第三十三条第二款、第四十条第三款的规定，使用他人作品的，应当自使用该作品之日起 2 个月内向著作权人支付报酬。

第三十三条 外国人、无国籍人在中国境内的表演，受著作权法保护。

外国人、无国籍人根据中国参加的国际条约对其表演享有的权利，受著作权法保护。

第三十四条 外国人、无国籍人在中国境内制作、发行的录音制品，受著作权法保护。

外国人、无国籍人根据中国参加的国际条约对其制作、发行的录音制品享有的权利，受著作权法保护。

第三十五条 外国的广播电台、电视台根据中国参加的国际条约对其播放的广播、电视节目享有的权利，受著作权法保护。

第三十六条 有著作权法第四十八条所列侵权行为，同时损害社会公共利益，非法经营额 5 万元以上的，著作权行政管理部门可处非法经营额 1 倍以上 5 倍以下的罚款；没有非法经营额或者非法经营额 5 万元以下的，著作权行政管理部门根据情节轻重，可处 25 万元以下的罚款。

第三十七条 有著作权法第四十八条所列侵权行为，同时损害社会公共利益的，由地方人民政府著作权行政管理部门负责查处。

国务院著作权行政管理部门可以查处在全国有重大影响的侵权行为。

第三十八条 本条例自 2002 年 9 月 15 日起施行。1991 年 5 月 24 日国务院批准、1991 年 5 月 30 日国家版权局发布的《中华人民共和国著作权法实施条例》同时废止。

中华人民共和国公共图书馆法

· 2017 年 11 月 4 日第十二届全国人民代表大会常务委员会第三十次会议通过

· 根据 2018 年 10 月 26 日第十三届全国人民代表大会常务委员会第六次会议《关于修改〈中华人民共和国野生动物保护法〉等十五部法律的决定》修正

第一章　总　则

第一条　为了促进公共图书馆事业发展，发挥公共图书馆功能，保障公民基本文化权益，提高公民科学文化素质和社会文明程度，传承人类文明，坚定文化自信，制定本法。

第二条　本法所称公共图书馆，是指向社会公众免费开放，收集、整理、保存文献信息并提供查询、借阅及相关服务，开展社会教育的公共文化设施。

前款规定的文献信息包括图书报刊、音像制品、缩微制品、数字资源等。

第三条　公共图书馆是社会主义公共文化服务体系的重要组成部分，应当将推动、引导、服务全民阅读作为重要任务。

公共图书馆应当坚持社会主义先进文化前进方向，坚持以人民为中心，坚持以社会主义核心价值观为引领，传承发展中华优秀传统文化，继承革命文化，发展社会主义先进文化。

第四条　县级以上人民政府应当将公共图书馆事业纳入本级国民经济和社会发展规划，将公共图书馆建设纳入城乡规划和土地利用总体规划，加大对政府设立的公共图书馆的投入，将所需经费列入本级政府预算，并及时、足额拨付。

国家鼓励公民、法人和其他组织自筹资金设立公共图书馆。

县级以上人民政府应当积极调动社会力量参与公共图书馆建设，并按照国家有关规定给予政策扶持。

第五条 国务院文化主管部门负责全国公共图书馆的管理工作。国务院其他有关部门在各自职责范围内负责与公共图书馆管理有关的工作。

县级以上地方人民政府文化主管部门负责本行政区域内公共图书馆的管理工作。县级以上地方人民政府其他有关部门在各自职责范围内负责本行政区域内与公共图书馆管理有关的工作。

第六条 国家鼓励公民、法人和其他组织依法向公共图书馆捐赠，并依法给予税收优惠。

境外自然人、法人和其他组织可以依照有关法律、行政法规的规定，通过捐赠方式参与境内公共图书馆建设。

第七条 国家扶持革命老区、民族地区、边疆地区和贫困地区公共图书馆事业的发展。

第八条 国家鼓励和支持发挥科技在公共图书馆建设、管理和服务中的作用，推动运用现代信息技术和传播技术，提高公共图书馆的服务效能。

第九条 国家鼓励和支持在公共图书馆领域开展国际交流与合作。

第十条 公共图书馆应当遵守有关知识产权保护的法律、行政法规规定，依法保护和使用文献信息。

馆藏文献信息属于文物、档案或者国家秘密的，公共图书馆应当遵守有关文物保护、档案管理或者保守国家秘密的法律、行政法规规定。

第十一条 公共图书馆行业组织应当依法制定行业规范，加强行业自律，维护会员合法权益，指导、督促会员提高服务质量。

第十二条 对在公共图书馆事业发展中作出突出贡献的组织和个人，按照国家有关规定给予表彰和奖励。

第二章 设 立

第十三条 国家建立覆盖城乡、便捷实用的公共图书馆服务网络。公共图书馆服务网络建设坚持政府主导，鼓励社会参与。

县级以上地方人民政府应当根据本行政区域内人口数量、人口分布、环境和交通条件等因素，因地制宜确定公共图书馆的数量、规模、结构和分布，加强固定馆舍和流动服务设施、自助服务设施建设。

第十四条 县级以上人民政府应当设立公共图书馆。

地方人民政府应当充分利用乡镇（街道）和村（社区）的综合服务设施设立图书室，服务城乡居民。

第十五条 设立公共图书馆应当具备下列条件：

（一）章程；

（二）固定的馆址；

（三）与其功能相适应的馆舍面积、阅览座席、文献信息和设施设备；

（四）与其功能、馆藏规模等相适应的工作人员；

（五）必要的办馆资金和稳定的运行经费来源；

（六）安全保障设施、制度及应急预案。

第十六条 公共图书馆章程应当包括名称、馆址、办馆宗旨、业务范围、管理制度及有关规则、终止程序和剩余财产的处理方案等事项。

第十七条 公共图书馆的设立、变更、终止应当按照国家有关规定办理登记手续。

第十八条 省、自治区、直辖市人民政府文化主管部门应当在其网站上及时公布本行政区域内公共图书馆的名称、馆址、联系方式、馆藏文献信息概况、主要服务内容和方式等信息。

第十九条 政府设立的公共图书馆馆长应当具备相应的文化水平、专业知识和组织管理能力。

公共图书馆应当根据其功能、馆藏规模、馆舍面积、服务范围及服务人口等因素配备相应的工作人员。公共图书馆工作人员应当具备相应的专业知识与技能，其中专业技术人员可以按照国家有关规定评定专业技术职称。

第二十条 公共图书馆可以以捐赠者姓名、名称命名文献信息专藏或者专题活动。

公民、法人和其他组织设立的公共图书馆，可以以捐赠者的姓名、名称命名公共图书馆、公共图书馆馆舍或者其他设施。

以捐赠者姓名、名称命名应当遵守有关法律、行政法规的规定，符合国家利益和社会公共利益，遵循公序良俗。

第二十一条 公共图书馆终止的，应当依照有关法律、行政法规的规定处理其剩余财产。

第二十二条 国家设立国家图书馆，主要承担国家文献信息战略保存、国家书目和联合目录编制、为国家立法和决策服务、组织全国古籍保护、开展图书馆发展研究和国际交流、为其他图书馆提供业务指导和技术支持等职能。国家图书馆同时具有本法规定的公共图书馆的功能。

第三章 运 行

第二十三条 国家推动公共图书馆建立健全法人治理结构，吸收有关方面代表、专业人士和社会公众参与管理。

第二十四条 公共图书馆应当根据办馆宗旨和服务对象的需求，广泛收集文献信息；政府设立的公共图书馆还应当系统收集地方文献信息，保存和传承地方文化。

文献信息的收集应当遵守有关法律、行政法规的规定。

第二十五条 公共图书馆可以通过采购、接受交存或者捐赠等合法方式收集文献信息。

第二十六条 出版单位应当按照国家有关规定向国家图书馆和所在地省级公共图书馆交存正式出版物。

第二十七条 公共图书馆应当按照国家公布的标准、规范对馆藏文献信息进行整理，建立馆藏文献信息目录，并依法通过其网站或者其他方式向社会公开。

第二十八条 公共图书馆应当妥善保存馆藏文献信息，不得随意处置；确需处置的，应当遵守国务院文化主管部门有关处置文献信息的规定。

公共图书馆应当配备防火、防盗等设施，并按照国家有关规定和标准对古籍和其他珍贵、易损文献信息采取专门的保护措施，确保安全。

第二十九条 公共图书馆应当定期对其设施设备进行检查维护，确保正常运行。

公共图书馆的设施设备场地不得用于与其服务无关的商业经营活动。

第三十条 公共图书馆应当加强馆际交流与合作。国家支持公共图书馆开展联合采购、联合编目、联合服务，实现文献信息的共建共享，促进文献信息的有效利用。

第三十一条 县级人民政府应当因地制宜建立符合当地特点的以县级公共图书馆为总馆，乡镇（街道）综合文化站、村（社区）图书室等为分馆或者基层服务点的总分馆制，完善数字化、网络化服务体系和配送体系，实现通借通还，促进公共图书馆服务向城乡基层延伸。总馆应当加强对分馆和基层服务点的业务指导。

第三十二条 公共图书馆馆藏文献信息属于档案、文物的，公共图书馆可以与档案馆、博物馆、纪念馆等单位相互交换重复件、复制件或者目录，联合举办展览，共同编辑出版有关史料或者进行史料研究。

第四章 服 务

第三十三条 公共图书馆应当按照平等、开放、共享的要求向社会公众提供服务。

公共图书馆应当免费向社会公众提供下列服务：

（一）文献信息查询、借阅；

（二）阅览室、自习室等公共空间设施场地开放；

（三）公益性讲座、阅读推广、培训、展览；

（四）国家规定的其他免费服务项目。

第三十四条 政府设立的公共图书馆应当设置少年儿童阅览区域，根据少年儿童的特点配备相应的专业人员，开展面向少年儿童的阅读指导和社会教育活动，并为学校开展有关课外活动提供支持。有条件的地区可以单独设立少年儿童图书馆。

政府设立的公共图书馆应当考虑老年人、残疾人等群体的特点，积极创造条件，提供适合其需要的文献信息、无障碍设施设备和服务等。

第三十五条 政府设立的公共图书馆应当根据自身条件，为国家机关制定法律、法规、政策和开展有关问题研究，提供文献信息和相关咨询服务。

第三十六条 公共图书馆应当通过开展阅读指导、读书交流、演讲诵读、图书互换共享等活动，推广全民阅读。

第三十七条 公共图书馆向社会公众提供文献信息，应当遵守有关法律、行政法规的规定，不得向未成年人提供内容不适宜的文献信息。

公共图书馆不得从事或者允许其他组织、个人在馆内从事危害国家安全、损害社会公共利益和其他违反法律法规的活动。

第三十八条 公共图书馆应当通过其网站或者其他方式向社会公告本馆的服务内容、开放时间、借阅规则等；因故闭馆或者更改开放时间的，除遇不可抗力外，应当提前公告。

公共图书馆在公休日应当开放，在国家法定节假日应当有开放时间。

第三十九条 政府设立的公共图书馆应当通过流动服务设施、自助服务设施等为社会公众提供便捷服务。

第四十条 国家构建标准统一、互联互通的公共图书馆数字服务网络，支持数字阅读产品开发和数字资源保存技术研究，推动公共图书馆利用数字化、网络化技术向社会公众提供便捷服务。

政府设立的公共图书馆应当加强数字资源建设、配备相应的设施设备，建立线上线下相结合的文献信息共享平台，为社会公众提供优质服务。

第四十一条 政府设立的公共图书馆应当加强馆内古籍的保护，根据自身条件采用数字化、影印或者缩微技术等推进古籍的整理、出版和研究利用，并通过巡回展览、公益性讲座、善本再造、创意产品开发等方式，加强古籍宣传，传承发展中华优秀传统文化。

第四十二条 公共图书馆应当改善服务条件、提高服务水平，定期公告服务开展情况，听取读者意见，建立投诉渠道，完善反馈机制，接受社会监督。

第四十三条 公共图书馆应当妥善保护读者的个人信息、借阅信息以及其他可能涉及读者隐私的信息，不得出售或者以其他方式非法向他人提供。

第四十四条 读者应当遵守公共图书馆的相关规定，自觉维护公共图书馆秩序，爱护公共图书馆的文献信息、设施设备，合法利用文献信息；借阅文献信息的，应当按照规定时限归还。

对破坏公共图书馆文献信息、设施设备，或者扰乱公共图书馆秩序的，公共图书馆工作人员有权予以劝阻、制止；经劝阻、制止无效的，公共图书馆可以停止为其提供服务。

第四十五条 国家采取政府购买服务等措施，对公民、法人和其他组织设立的公共图书馆提供服务给予扶持。

第四十六条 国家鼓励公民参与公共图书馆志愿服务。县级以上人民政府文化主管部门应当对公共图书馆志愿服务给予必要的指导和支持。

第四十七条 国务院文化主管部门和省、自治区、直辖市人民政府文化主管部门应当制定公共图书馆服务规范，对公共图书馆的服务质量和水平进行考核。考核应当吸收社会公众参与。考核结果应当向社会公布，并作为对公共图书馆给予补贴或者奖励等的依据。

第四十八条 国家支持公共图书馆加强与学校图书馆、科研机构图书馆以及其他类型图书馆的交流与合作，开展联合服务。

国家支持学校图书馆、科研机构图书馆以及其他类型图书馆向社会公众开放。

第五章 法律责任

第四十九条 公共图书馆从事或者允许其他组织、个人在馆内从事危害国家安全、损害社会公共利益活动的，由文化主管部门责令改正，没收违法所得；情节严重的，可以责令停业整顿、关闭；对直接负责的主管人员和其他直接责任人员依法追究法律责任。

第五十条 公共图书馆及其工作人员有下列行为之一的，由文化主管部门责令改正，没收违法所得：

（一）违规处置文献信息；

（二）出售或者以其他方式非法向他人提供读者的个人信息、借阅信息以及其他可能涉及读者隐私的信息；

（三）向社会公众提供文献信息违反有关法律、行政法规的规定，或者向未成年人提供内容不适宜的文献信息；

（四）将设施设备场地用于与公共图书馆服务无关的商业经营活动；

（五）其他不履行本法规定的公共图书馆服务要求的行为。

公共图书馆及其工作人员对应当免费提供的服务收费或者变相收费的，由价格主管部门依照前款规定给予处罚。

公共图书馆及其工作人员有前两款规定行为的，对直接负责的主管人员和其他直接责任人员依法追究法律责任。

第五十一条 出版单位未按照国家有关规定交存正式出版物的，由出版主管部门依照有关出版管理的法律、行政法规规定给予处罚。

第五十二条 文化主管部门或者其他有关部门及其工作人员在公共图书馆管理工作中滥用职权、玩忽职守、徇私舞弊的，对直接负责的主管人员和其他直接责任人员依法给予处分。

第五十三条 损坏公共图书馆的文献信息、设施设备或者未按照规定时限归还所借文献信息，造成财产损失或者其他损害的，依法承担民事责任。

第五十四条 违反本法规定，构成违反治安管理行为的，依法给予治安管理处罚；构成犯罪的，依法追究刑事责任。

第六章　附　则

第五十五条 本法自 2018 年 1 月 1 日起施行。

出版管理条例

- 2001 年 12 月 25 日中华人民共和国国务院令第 343 号公布
- 根据 2011 年 3 月 19 日《国务院关于修改〈出版管理条例〉的决定》第一次修订
- 根据 2013 年 7 月 18 日《国务院关于废止和修改部分行政法规的决定》第二次修订
- 根据 2014 年 7 月 29 日《国务院关于修改部分行政法规的决定》第三次修订
- 根据 2016 年 2 月 6 日《国务院关于修改部分行政法规的决定》第四次修订
- 根据 2020 年 11 月 29 日《国务院关于修改和废止部分行政法规的决定》第五次修订

第一章　总　则

第一条 为了加强对出版活动的管理，发展和繁荣有中国特色社会主义出版产业和出版事业，保障公民依法行使出版自由的权利，促进社会主义精神文明和物质文明建设，根据宪法，制定本条例。

第二条 在中华人民共和国境内从事出版活动，适用本条例。

本条例所称出版活动，包括出版物的出版、印刷或者复制、进口、发行。

本条例所称出版物，是指报纸、期刊、图书、音像制品、电子出版物等。

第三条 出版活动必须坚持为人民服务、为社会主义服务的方向，坚持以马克思列宁主义、毛泽东思想、邓小平理论和“三个代表”重要思想为指导，贯彻落实科学发展观，传播和积累有益于提高民族素质、有益于经济发展和社会进步的科学技术和文化知识，弘扬民族优秀文化，促进国际文化交流，丰富和提高人民的精神生活。

第四条 从事出版活动，应当将社会效益放在首位，实现社会效益与经济效益相结合。

第五条 公民依法行使出版自由的权利，各级人民政府应当予以保障。

公民在行使出版自由的权利的时候，必须遵守宪法和法律，不得反对宪法确定的基本原则，不得损害国家的、社会的、集体的利益和其他公民的合法的自由和权利。

第六条 国务院出版行政主管部门负责全国的出版活动的监督管理工作。国务院其他有关部门按照国务院规定的职责分工，负责有关的出版活动的监督管理工作。

县级以上地方各级人民政府负责出版管理的部门（以下简称出版行政主管部门）负责本行政区域内出版活动的监督管理工作。县级以上地方各级人民政府其他有关部门在各自的职责范围内，负责有关的出版活动的监督管理工作。

第七条 出版行政主管部门根据已经取得的违法嫌疑证据或者举报，对涉嫌违法从事出版物出版、印刷或者复制、进口、发行等活动的行为进行查处时，可以检查与涉嫌违法活动有关的物品和经营场所；对有证据证明是与违法活动有关的物品，可以查封或者扣押。

第八条 出版行业的社会团体按照其章程，在出版行政主管部门的指导下，实行自律管理。

第二章 出版单位的设立与管理

第九条 报纸、期刊、图书、音像制品和电子出版物等应当由出版单位出版。

本条例所称出版单位，包括报社、期刊社、图书出版社、音像出版社和电子出版物出版社等。

法人出版报纸、期刊，不设立报社、期刊社的，其设立的报纸编辑部、期刊编辑部视为出版单位。

第十条 国务院出版行政主管部门制定全国出版单位总量、结构、布局的规划，指导、协调出版产业和出版事业发展。

第十一条 设立出版单位，应当具备下列条件：

（一）有出版单位的名称、章程；

（二）有符合国务院出版行政主管部门认定的主办单位及其主管机关；

（三）有确定的业务范围；

（四）有 30 万元以上的注册资本和固定的工作场所；

（五）有适应业务范围需要的组织机构和符合国家规定的资格条件的编辑出版专业人员；

（六）法律、行政法规规定的其他条件。

审批设立出版单位，除依照前款所列条件外，还应当符合国家关于出版单位总量、结构、布局的规划。

第十二条 设立出版单位，由其主办单位向所在地省、自治区、直辖市人民政府出版行政主管部门提出申请；省、自治区、直辖市人民政府出版行政主管部门审核同意后，报国务院出版行政主管部门审批。设立的出版单位为事业单位的，还应当办理机构编制审批手续。

第十三条 设立出版单位的申请书应当载明下列事项：

（一）出版单位的名称、地址；

（二）出版单位的主办单位及其主管机关的名称、地址；

（三）出版单位的法定代表人或者主要负责人的姓名、住址、资格证明文件；

（四）出版单位的资金来源及数额。

设立报社、期刊社或者报纸编辑部、期刊编辑部的，申请书还应当载明报纸或者期刊的名称、刊期、开版或者开本、印刷场所。

申请书应当附具出版单位的章程和设立出版单位的主办单位及其主管机关的有关证明材料。

第十四条 国务院出版行政主管部门应当自受理设立出版单位的申请之日起 60 日内，作出批准或者不批准的决定，并由省、自治区、直辖市人民政府出版行政主管部门书面通知主办单位；不批准的，应当说明理由。

第十五条 设立出版单位的主办单位应当自收到批准决定之日起 60 日内，向所在地省、自治区、直辖市人民政府出版行政主管部门登记，领取出版许可证。登记事项由国务院出版行政主管部门规定。

出版单位领取出版许可证后，属于事业单位法人的，持出版许可证向事业单位登记管理机关登记，依法领取事业单位法人证书；属于企业法人的，持出版许可证向工商行政管理部门登记，依法领取营业执照。

第十六条 报社、期刊社、图书出版社、音像出版社和电子出版物出版社等应当具备法人条件，经核准登记后，取得法人资格，以其全部法人财产独立承担民事责任。

依照本条例第九条第三款的规定，视为出版单位的报纸编辑部、期刊编辑部不具有法人资格，其民事责任由其主办单位承担。

第十七条 出版单位变更名称、主办单位或者其主管机关、业务范围、资本结构，合并或者分立，设立分支机构，出版新的报纸、期刊，或者报纸、期刊变更名称的，应当依照本条例第十二条、第十三条的规定办理审批手续。出版单位属于事业单位法人的，还应当持批准文件到事业单位登记管理机关办理相应的登记手续；属于企业法人的，还应当持批准文件到工商行政管理部门办理相应的登记手续。

出版单位除前款所列变更事项外的其他事项的变更，应当经主办单位及其主管机关审查同意，向所在地省、自治区、直辖市人民政府出版行政主管部门申请变更登记，并报国务院出版行政主管部门备案。出版单位属于事业单位法人的，还应当持批准文件到事业单位登记管理机关办理变更登记；属于企业法人的，还应当持批准文件到工商行政管理部门办理变更登记。

第十八条 出版单位中止出版活动的，应当向所在地省、自治区、直辖市人民政府出版行政主管部门备案并说明理由和期限；出版单位中止出版活动不得超过 180 日。

出版单位终止出版活动的，由主办单位提出申请并经主管机关同意后，由主办单位向所在地省、自治区、直辖市人民政府出版行政主管部门办理注销登记，并报国务院出版行政主管部门备案。出版单位属于事业单位法人的，还应当持批准文件到事业单位登记管理机关办理注销登记；属于企业法人的，还应当持批准文件到工商行政管理部门办理注销登记。

第十九条 图书出版社、音像出版社和电子出版物出版社自登记之日起满 180 日未从事出版活动的，报社、期刊社自登记之日起满 90 日未出版报纸、期刊的，由原登记的出版行政主管部门注销登记，并报国务院出版行政主管部门备案。

因不可抗力或者其他正当理由发生前款所列情形的，出版单位可以向原登记的出版行政主管部门申请延期。

第二十条 图书出版社、音像出版社和电子出版物出版社的年度出版计划及涉及国家安全、社会安定等方面的重大选题，应当经所在地省、自治区、直辖市人民政府出版行政主管部门审核后报国务院出版行政主管部门备案；涉及重大选题，未在出版前报备案的出版物，不得出版。具体办法由国务院出版行政主管部门制定。

期刊社的重大选题，应当依照前款规定办理备案手续。

第二十一条　出版单位不得向任何单位或者个人出售或者以其他形式转让本单位的名称、书号、刊号或者版号、版面，并不得出租本单位的名称、刊号。

出版单位及其从业人员不得利用出版活动谋取其他不正当利益。

第二十二条　出版单位应当按照国家有关规定向国家图书馆、中国版本图书馆和国务院出版行政主管部门免费送交样本。

第三章　出版物的出版

第二十三条　公民可以依照本条例规定，在出版物上自由表达自己对国家事务、经济和文化事业、社会事务的见解和意愿，自由发表自己从事科学研究、文学艺术创作和其他文化活动的成果。

合法出版物受法律保护，任何组织和个人不得非法干扰、阻止、破坏出版物的出版。

第二十四条　出版单位实行编辑责任制度，保障出版物刊载的内容符合本条例的规定。

第二十五条　任何出版物不得含有下列内容：

（一）反对宪法确定的基本原则的；

（二）危害国家统一、主权和领土完整的；

（三）泄露国家秘密、危害国家安全或者损害国家荣誉和利益的；

（四）煽动民族仇恨、民族歧视，破坏民族团结，或者侵害民族风俗、习惯的；

（五）宣扬邪教、迷信的；

（六）扰乱社会秩序，破坏社会稳定的；

（七）宣扬淫秽、赌博、暴力或者教唆犯罪的；

（八）侮辱或者诽谤他人，侵害他人合法权益的；

（九）危害社会公德或者民族优秀文化传统的；

（十）有法律、行政法规和国家规定禁止的其他内容的。

第二十六条 以未成年人为对象的出版物不得含有诱发未成年人模仿违反社会公德的行为和违法犯罪的行为的内容，不得含有恐怖、残酷等妨害未成年人身心健康的内容。

第二十七条 出版物的内容不真实或者不公正，致使公民、法人或者其他组织的合法权益受到侵害的，其出版单位应当公开更正，消除影响，并依法承担其他民事责任。

报纸、期刊发表的作品内容不真实或者不公正，致使公民、法人或者其他组织的合法权益受到侵害的，当事人有权要求有关出版单位更正或者答辩，有关出版单位应当在其近期出版的报纸、期刊上予以发表；拒绝发表的，当事人可以向人民法院提起诉讼。

第二十八条 出版物必须按照国家的有关规定载明作者、出版者、印刷者或者复制者、发行者的名称、地址，书号、刊号或者版号，在版编目数据，出版日期、刊期以及其他有关事项。

出版物的规格、开本、版式、装帧、校对等必须符合国家标准和规范要求，保证出版物的质量。

出版物使用语言文字必须符合国家法律规定和有关标准、规范。

第二十九条 任何单位和个人不得伪造、假冒出版单位名称或者报纸、期刊名称出版出版物。

第三十条 中学小学教科书由国务院教育行政主管部门审定；其出版、发行单位应当具有适应教科书出版、发行业务需要的资金、组织机构和人员等条件，并取得国务院出版行政主管部门批准的教科书出版、发行资质。纳入政府采购范围的中学小学教科书，其发行单位按照《中华人民共和国政府采购法》的有关规定确定。其他任何单位或者个人不得从事中学小学教科书的出版、发行业务。

第四章　出版物的印刷或者复制和发行

第三十一条　从事出版物印刷或者复制业务的单位，应当向所在地省、自治区、直辖市人民政府出版行政主管部门提出申请，经审核许可，并依照国家有关规定到工商行政管理部门办理相关手续后，方可从事出版物的印刷或者复制。

未经许可并办理相关手续的，不得印刷报纸、期刊、图书，不得复制音像制品、电子出版物。

第三十二条　出版单位不得委托未取得出版物印刷或者复制许可的单位印刷或者复制出版物。

出版单位委托印刷或者复制单位印刷或者复制出版物的，必须提供符合国家规定的印刷或者复制出版物的有关证明，并依法与印刷或者复制单位签订合同。

印刷或者复制单位不得接受非出版单位和个人的委托印刷报纸、期刊、图书或者复制音像制品、电子出版物，不得擅自印刷、发行报纸、期刊、图书或者复制、发行音像制品、电子出版物。

第三十三条　印刷或者复制单位经所在地省、自治区、直辖市人民政府出版行政主管部门批准，可以承接境外出版物的印刷或者复制业务；但是，印刷或者复制的境外出版物必须全部运输出境，不得在境内发行。

境外委托印刷或者复制的出版物的内容，应当经省、自治区、直辖市人民政府出版行政主管部门审核。委托人应当持有著作权人授权书，并向著作权行政管理部门登记。

第三十四条　印刷或者复制单位应当自完成出版物的印刷或者复制之日起 2 年内，留存一份承接的出版物样本备查。

第三十五条　单位从事出版物批发业务的，须经省、自治区、直辖市人民政府出版行政主管部门审核许可，取得《出版物经营许可证》。

单位和个体工商户从事出版物零售业务的，须经县级人民政府出版行政主管部门审核许可，取得《出版物经营许可证》。

第三十六条 通过互联网等信息网络从事出版物发行业务的单位或者个体工商户，应当依照本条例规定取得《出版物经营许可证》。

提供网络交易平台服务的经营者应当对申请通过网络交易平台从事出版物发行业务的单位或者个体工商户的经营主体身份进行审查，验证其《出版物经营许可证》。

第三十七条 从事出版物发行业务的单位和个体工商户变更《出版物经营许可证》登记事项，或者兼并、合并、分立的，应当依照本条例第三十五条的规定办理审批手续。

从事出版物发行业务的单位和个体工商户终止经营活动的，应当向原批准的出版行政主管部门备案。

第三十八条 出版单位可以发行本出版单位出版的出版物，不得发行其他出版单位出版的出版物。

第三十九条 国家允许设立从事图书、报纸、期刊、电子出版物发行业务的外商投资企业。

第四十条 印刷或者复制单位、发行单位或者个体工商户不得印刷或者复制、发行有下列情形之一的出版物：

（一）含有本条例第二十五条、第二十六条禁止内容的；

（二）非法进口的；

（三）伪造、假冒出版单位名称或者报纸、期刊名称的；

（四）未署出版单位名称的；

（五）中学小学教科书未经依法审定的；

（六）侵犯他人著作权的。

第五章　出版物的进口

第四十一条 出版物进口业务，由依照本条例设立的出版物进口经营单位经营；其他单位和个人不得从事出版物进口业务。

第四十二条 设立出版物进口经营单位，应当具备下列条件：

（一）有出版物进口经营单位的名称、章程；

（二）有符合国务院出版行政主管部门认定的主办单位及其主管机关；

（三）有确定的业务范围；

（四）具有进口出版物内容审查能力；

（五）有与出版物进口业务相适应的资金；

（六）有固定的经营场所；

（七）法律、行政法规和国家规定的其他条件。

第四十三条 设立出版物进口经营单位，应当向国务院出版行政主管部门提出申请，经审查批准，取得国务院出版行政主管部门核发的出版物进口经营许可证后，持证到工商行政管理部门依法领取营业执照。

设立出版物进口经营单位，还应当依照对外贸易法律、行政法规的规定办理相应手续。

第四十四条 出版物进口经营单位变更名称、业务范围、资本结构、主办单位或者其主管机关，合并或者分立，设立分支机构，应当依照本条例第四十二条、第四十三条的规定办理审批手续，并持批准文件到工商行政管理部门办理相应的登记手续。

第四十五条 出版物进口经营单位进口的出版物，不得含有本条例第二十五条、第二十六条禁止的内容。

出版物进口经营单位负责对其进口的出版物进行内容审查。省级以上人民政府出版行政主管部门可以对出版物进口经营单位进口的出版物直接进行内容审查。出版物进口经营单位无法判断其进口的出版物是否含有本条例第二十五条、第二十六条禁止内容的，可以请求省级以上人民政府出版行政主管部门进行内容审查。省级以上人民政府出版行政主管部门应出版物进口经营单位的请求，对其进口的出版物进行内容审查的，可以按照国务院价格主管部门批准的标准收取费用。

国务院出版行政主管部门可以禁止特定出版物的进口。

第四十六条 出版物进口经营单位应当在进口出版物前将拟进口的出版物目录报省级以上人民政府出版行政主管部门备案；省级以上人民政府出版行政主管部门发现有禁止进口的或者暂缓进口的出版物的，应当及时通知出版物进口经营单位并通报海关。对通报禁止进口或者暂缓进口的出版物，出版物进口经营单位不得进口，海关不得放行。

出版物进口备案的具体办法由国务院出版行政主管部门制定。

第四十七条 发行进口出版物的，必须从依法设立的出版物进口经营单位进货。

第四十八条 出版物进口经营单位在境内举办境外出版物展览，必须报经国务院出版行政主管部门批准。未经批准，任何单位和个人不得举办境外出版物展览。

依照前款规定展览的境外出版物需要销售的，应当按照国家有关规定办理相关手续。

第六章 监督与管理

第四十九条 出版行政主管部门应当加强对本行政区域内出版单位出版活动的日常监督管理；出版单位的主办单位及其主管机关对所属出版单位出版活动负有直接管理责任，并应当配合出版行政主管部门督促所属出版单位执行各项管理规定。

出版单位和出版物进口经营单位应当按照国务院出版行政主管部门的规定，将从事出版活动和出版物进口活动的情况向出版行政主管部门提出书面报告。

第五十条 出版行政主管部门履行下列职责：

（一）对出版物的出版、印刷、复制、发行、进口单位进行行业监管，实施准入和退出管理；

（二）对出版活动进行监管，对违反本条例的行为进行查处；

（三）对出版物内容和质量进行监管；

（四）根据国家有关规定对出版从业人员进行管理。

第五十一条 出版行政主管部门根据有关规定和标准，对出版物的内容、编校、印刷或者复制、装帧设计等方面质量实施监督检查。

第五十二条 国务院出版行政主管部门制定出版单位综合评估办法，对出版单位分类实施综合评估。

出版物的出版、印刷或者复制、发行和进口经营单位不再具备行政许可的法定条件的，由出版行政主管部门责令限期改正；逾期仍未改正的，由原发证机关撤销行政许可。

第五十三条 国家对在出版单位从事出版专业技术工作的人员实行职业资格制度；出版专业技术人员通过国家专业技术人员资格考试取得专业技术资格。具体办法由国务院人力资源社会保障主管部门、国务院出版行政主管部门共同制定。

第七章 保障与奖励

第五十四条 国家制定有关政策，保障、促进出版产业和出版事业的发展与繁荣。

第五十五条 国家支持、鼓励下列优秀的、重点的出版物的出版：

（一）对阐述、传播宪法确定的基本原则有重大作用的；

（二）对弘扬社会主义核心价值体系，在人民中进行爱国主义、集体主义、社会主义和民族团结教育以及弘扬社会公德、职业道德、家庭美德有重要意义的；

（三）对弘扬民族优秀文化，促进国际文化交流有重大作用的；

（四）对推进文化创新，及时反映国内外新的科学文化成果有重大贡献的；

（五）对服务农业、农村和农民，促进公共文化服务有重大作用的；

（六）其他具有重要思想价值、科学价值或者文化艺术价值的。

第五十六条 国家对教科书的出版发行，予以保障。

国家扶持少数民族语言文字出版物和盲文出版物的出版发行。

国家对在少数民族地区、边疆地区、经济不发达地区和在农村发行出版物，实行优惠政策。

第五十七条 报纸、期刊交由邮政企业发行的，邮政企业应当保证按照合同约定及时、准确发行。

承运出版物的运输企业，应当对出版物的运输提供方便。

第五十八条 对为发展、繁荣出版产业和出版事业作出重要贡献的单位和个人，按照国家有关规定给予奖励。

第五十九条 对非法干扰、阻止和破坏出版物出版、印刷或者复制、进口、发行的行为，县级以上各级人民政府出版行政主管部门及其他有关部门，应当及时采取措施，予以制止。

第八章 法律责任

第六十条 出版行政主管部门或者其他有关部门的工作人员，利用职务上的便利收受他人财物或者其他好处，批准不符合法定条件的申请人取得许可证、批准文件，或者不履行监督职责，或者发现违法行为不予查处，造成严重后果的，依法给予降级直至开除的处分；构成犯罪的，依照刑法关于受贿罪、滥用职权罪、玩忽职守罪或者其他罪的规定，依法追究刑事责任。

第六十一条 未经批准，擅自设立出版物的出版、印刷或者复制、进口单位，或者擅自从事出版物的出版、印刷或者复制、进口、发行业务，假冒出版单位名称或者伪造、假冒报纸、期刊名称出版出版物的，由出版行政主管部门、工商行政管理部门依照法定职权予以取缔；依照刑法关于非法经营罪的规定，依法追究刑事责任；尚不够刑事处罚的，没收出版物、违法所得和从事违法活动的专用工具、设备，违法经营额1万元以上的，并处违法经营额 5 倍以上 10 倍以下的罚款，违法经营额不足 1 万元的，可以处 5 万元以下的罚款；侵犯他人合法权益的，依法承担民事责任。

第六十二条 有下列行为之一，触犯刑律的，依照刑法有关规定，依法追究刑事责任；尚不够刑事处罚的，由出版行政主管部门责令限期停业整顿，没收出版物、违法所得，违法经营额 1 万元以上的，并处违法经营额 5 倍以上 10 倍以下的罚款；违法经营额不足 1 万元的，可以处 5 万元以下的罚款；情节严重的，由原发证机关吊销许可证：

（一）出版、进口含有本条例第二十五条、第二十六条禁止内容的出版物的；

（二）明知或者应知出版物含有本条例第二十五条、第二十六条禁止内容而印刷或者复制、发行的；

（三）明知或者应知他人出版含有本条例第二十五条、第二十六条禁止内容的出版物而向其出售或者以其他形式转让本出版单位的名称、书号、刊号、版号、版面，或者出租本单位的名称、刊号的。

第六十三条 有下列行为之一的，由出版行政主管部门责令停止违法行为，没收出版物、违法所得，违法经营额 1 万元以上的，并处违法经营额 5 倍以上 10 倍以下的罚款；违法经营额不足 1 万元的，可以处 5 万元以下的罚款；情节严重的，责令限期停业整顿或者由原发证机关吊销许可证：

（一）进口、印刷或者复制、发行国务院出版行政主管部门禁止进口的出版物的；

（二）印刷或者复制走私的境外出版物的；

（三）发行进口出版物未从本条例规定的出版物进口经营单位进货的。

第六十四条 走私出版物的，依照刑法关于走私罪的规定，依法追究刑事责任；尚不够刑事处罚的，由海关依照海关法的规定给予行政处罚。

第六十五条 有下列行为之一的，由出版行政主管部门没收出版物、违法所得，违法经营额1万元以上的，并处违法经营额5倍以上10倍以下的罚款；违法经营额不足1万元的，可以处5万元以下的罚款；情节严重的，责令限期停业整顿或者由原发证机关吊销许可证：

（一）出版单位委托未取得出版物印刷或者复制许可的单位印刷或者复制出版物的；

（二）印刷或者复制单位未取得印刷或者复制许可而印刷或者复制出版物的；

（三）印刷或者复制单位接受非出版单位和个人的委托印刷或者复制出版物的；

（四）印刷或者复制单位未履行法定手续印刷或者复制境外出版物的，印刷或者复制的境外出版物没有全部运输出境的；

（五）印刷或者复制单位、发行单位或者个体工商户印刷或者复制、发行未署出版单位名称的出版物的；

（六）印刷或者复制单位、发行单位或者个体工商户印刷或者复制、发行伪造、假冒出版单位名称或者报纸、期刊名称的出版物的；

（七）出版、印刷、发行单位出版、印刷、发行未经依法审定的中学小学教科书，或者非依照本条例规定确定的单位从事中学小学教科书的出版、发行业务的。

第六十六条 出版单位有下列行为之一的，由出版行政主管部门责令停止违法行为，给予警告，没收违法经营的出版物、违法所得，违法经营额1万元以上的，并处违法经营额5倍以上10倍以下的罚款；违法经营额不足1万元的，可以处5万元以下的罚款；情节严重的，责令限期停业整顿或者由原发证机关吊销许可证：

（一）出售或者以其他形式转让本出版单位的名称、书号、刊号、版号、版面，或者出租本单位的名称、刊号的；

（二）利用出版活动谋取其他不正当利益的。

第六十七条 有下列行为之一的，由出版行政主管部门责令改正，给予警告；情节严重的，责令限期停业整顿或者由原发证机关吊销许可证：

（一）出版单位变更名称、主办单位或者其主管机关、业务范围，合并或者分立，出版新的报纸、期刊，或者报纸、期刊改变名称，以及出版单位变更其他事项，未依照本条例的规定到出版行政主管部门办理审批、变更登记手续的；

（二）出版单位未将其年度出版计划和涉及国家安全、社会安定等方面的重大选题备案的；

（三）出版单位未依照本条例的规定送交出版物的样本的；

（四）印刷或者复制单位未依照本条例的规定留存备查的材料的；

（五）出版进口经营单位未将其进口的出版物目录报送备案的；

（六）出版单位擅自中止出版活动超过 180 日的；

（七）出版物发行单位、出版物进口经营单位未依照本条例的规定办理变更审批手续的；

（八）出版物质量不符合有关规定和标准的。

第六十八条 未经批准，举办境外出版物展览的，由出版行政主管部门责令停止违法行为，没收出版物、违法所得；情节严重的，责令限期停业整顿或者由原发证机关吊销许可证。

第六十九条 印刷或者复制、批发、零售、出租、散发含有本条例第二十五条、第二十六条禁止内容的出版物或者其他非法出版物的，当事人对非法出版物的来源作出说明、指认，经查证属实的，没收出版物、违法所得，可以减轻或者免除其他行政处罚。

第七十条 单位违反本条例被处以吊销许可证行政处罚的，其法定代表人或者主要负责人自许可证被吊销之日起 10 年内不得担任出版、印刷或者复制、进口、发行单位的法定代表人或者主要负责人。

出版从业人员违反本条例规定，情节严重的，由原发证机关吊销其资格证书。

第七十一条 依照本条例的规定实施罚款的行政处罚，应当依照有关法律、行政法规的规定，实行罚款决定与罚款收缴分离；收缴的罚款必须全部上缴国库。

第九章 附 则

第七十二条 行政法规对音像制品和电子出版物的出版、复制、进口、发行另有规定的，适用其规定。

接受境外机构或者个人赠送出版物的管理办法、订户订购境外出版物的管理办法、网络出版审批和管理办法，由国务院出版行政主管部门根据本条例的原则另行制定。

第七十三条 本条例自 2002 年 2 月 1 日起施行。1997 年 1 月 2 日国务院发布的《出版管理条例》同时废止。

音像制品管理条例

- 2001 年 12 月 25 日中华人民共和国国务院令第 341 号公布
- 根据 2011 年 3 月 19 日《国务院关于修改〈音像制品管理条例〉的决定》第一次修订
- 根据 2013 年 12 月 7 日《国务院关于修改部分行政法规的决定》第二次修订
- 根据 2016 年 2 月 6 日《国务院关于修改部分行政法规的决定》第三次修订
- 根据 2020 年 11 月 29 日《国务院关于修改和废止部分行政法规的决定》第四次修订

第一章 总 则

第一条 为了加强音像制品的管理，促进音像业的健康发展和繁荣，丰富人民群众的文化生活，促进社会主义物质文明和精神文明建设，制定本条例。

第二条 本条例适用于录有内容的录音带、录像带、唱片、激光唱盘和激光视盘等音像制品的出版、制作、复制、进口、批发、零售、出租等活动。

音像制品用于广播电视播放的，适用广播电视法律、行政法规。

第三条 出版、制作、复制、进口、批发、零售、出租音像制品，应当遵守宪法和有关法律、法规，坚持为人民服务和为社会主义服务的方向，传播有益于经济发展和社会进步的思想、道德、科学技术和文化知识。

音像制品禁止载有下列内容：

（一）反对宪法确定的基本原则的；

（二）危害国家统一、主权和领土完整的；

（三）泄露国家秘密、危害国家安全或者损害国家荣誉和利益的；

（四）煽动民族仇恨、民族歧视，破坏民族团结，或者侵害民族风俗、习惯的；

（五）宣扬邪教、迷信的；

（六）扰乱社会秩序，破坏社会稳定的；

（七）宣扬淫秽、赌博、暴力或者教唆犯罪的；

（八）侮辱或者诽谤他人，侵害他人合法权益的；

（九）危害社会公德或者民族优秀文化传统的；

（十）有法律、行政法规和国家规定禁止的其他内容的。

第四条 国务院出版行政主管部门负责全国音像制品的出版、制作、复制、进口、批发、零售和出租的监督管理工作；国务院其他有关行政部门按照国务院规定的职责分工，负责有关的音像制品经营活动的监督管理工作。

县级以上地方人民政府负责出版管理的行政主管部门（以下简称出版行政主管部门）负责本行政区域内音像制品的出版、制作、复制、进口、批发、零售和出租的监督管理工作；县级以上地方人民政府其他有关行政部门在各自的职责范围内负责有关的音像制品经营活动的监督管理工作。

第五条 国家对出版、制作、复制、进口、批发、零售音像制品，实行许可制度；未经许可，任何单位和个人不得从事音像制品的出版、制作、复制、进口、批发、零售等活动。

依照本条例发放的许可证和批准文件，不得出租、出借、出售或者以其他任何形式转让。

第六条 国务院出版行政主管部门负责制定音像业的发展规划，确定全国音像出版单位、音像复制单位的总量、布局和结构。

第七条 音像制品经营活动的监督管理部门及其工作人员不得从事或者变相从事音像制品经营活动，并不得参与或者变相参与音像制品经营单位的经营活动。

第二章 出 版

第八条 设立音像出版单位，应当具备下列条件：

（一）有音像出版单位的名称、章程；

（二）有符合国务院出版行政主管部门认定的主办单位及其主管机关；

（三）有确定的业务范围；

（四）有适应业务范围需要的组织机构和符合国家规定的资格条件的音像出版专业人员；

（五）有适应业务范围需要的资金、设备和工作场所；

（六）法律、行政法规规定的其他条件。

审批设立音像出版单位，除依照前款所列条件外，还应当符合音像出版单位总量、布局和结构的规划。

第九条 申请设立音像出版单位，由所在地省、自治区、直辖市人民政府出版行政主管部门审核同意后，报国务院出版行政主管部门审批。国务院出版行政主管部门应当自受理申请之日起60日内作出批准或者不批准的决定，并通知申请人。批准的，发给《音像制品出版许可证》，由申请人持《音像制品出版许可证》到工商行政管理部门登记，依法领取营业执照；不批准的，应当说明理由。

申请书应当载明下列内容：

（一）音像出版单位的名称、地址；

（二）音像出版单位的主办单位及其主管机关的名称、地址；

（三）音像出版单位的法定代表人或者主要负责人的姓名、住址、资格证明文件；

（四）音像出版单位的资金来源和数额。

第十条 音像出版单位变更名称、主办单位或者其主管机关、业务范围，或者兼并其他音像出版单位，或者因合并、分立而设立新的音像出版单位的，应当依照本条例第九条的规定办理审批手续，并到原登记的工商行政管理部门办理相应的登记手续。

音像出版单位变更地址、法定代表人或者主要负责人，或者终止出版经营活动的，应当到原登记的工商行政管理部门办理变更登记或者注销登记，并向国务院出版行政主管部门备案。

第十一条 音像出版单位的年度出版计划和涉及国家安全、社会安定等方面的重大选题，应当经所在地省、自治区、直辖市人民政府出版行政主管部门审核后报国务院出版行政主管部门备案；重大选题音像制品未在出版前报备案的，不得出版。

第十二条 音像出版单位应当在其出版的音像制品及其包装的明显位置，标明出版单位的名称、地址和音像制品的版号、出版时间、著作权人等事项；出版进口的音像制品，还应当标明进口批准文号。

音像出版单位应当按照国家有关规定向国家图书馆、中国版本图书馆和国务院出版行政主管部门免费送交样本。

第十三条 音像出版单位不得向任何单位或者个人出租、出借、出售或者以其他任何形式转让本单位的名称，不得向任何单位或者个人出售或者以其他形式转让本单位的版号。

第十四条 任何单位和个人不得以购买、租用、借用、擅自使用音像出版单位的名称或者购买、伪造版号等形式从事音像制品出版活动。

图书出版社、报社、期刊社、电子出版物出版社，不得出版非配合本版出版物的音像制品；但是，可以按照国务院出版行政主管部门的规定，出版配合本版出版物的音像制品，并参照音像出版单位享有权利、承担义务。

第十五条 音像出版单位可以与香港特别行政区、澳门特别行政区、台湾地区或者外国的组织、个人合作制作音像制品。具体办法由国务院出版行政主管部门制定。

第十六条 音像出版单位实行编辑责任制度，保证音像制品的内容符合本条例的规定。

第十七条 音像出版单位以外的单位设立的独立从事音像制品制作业务的单位（以下简称音像制作单位）申请从事音像制品制作业务，由所在地省、自治区、直辖市人民政府出版行政主管部门审批。省、自治区、直辖市人民政府出版行政主管部门应当自受理申请之日起60日内作出批准或者不批准的决定，并通知申请人。批准的，发给《音像制品制作许可证》；不批准的，应当说明理由。广播、电视节目制作经营单位的设立，依照有关法律、行政法规的规定办理。

申请书应当载明下列内容：

（一）音像制作单位的名称、地址；

（二）音像制作单位的法定代表人或者主要负责人的姓名、住址、资格证明文件；

（三）音像制作单位的资金来源和数额。

审批从事音像制品制作业务申请，除依照前款所列条件外，还应当兼顾音像制作单位总量、布局和结构。

第十八条 音像制作单位变更名称、业务范围，或者兼并其他音像制作单位，或者因合并、分立而设立新的音像制作单位的，应当依照本条例第十七条的规定办理审批手续。

音像制作单位变更地址、法定代表人或者主要负责人，或者终止制作经营活动的，应当向所在地省、自治区、直辖市人民政府出版行政主管部门备案。

第十九条 音像出版单位不得委托未取得《音像制品制作许可证》的单位制作音像制品。

音像制作单位接受委托制作音像制品的，应当按照国家有关规定，与委托的出版单位订立制作委托合同；验证委托的出版单位的《音像制品出版许可证》或者本版出版物的证明及由委托的出版单位盖章的音像制品制作委托书。

音像制作单位不得出版、复制、批发、零售音像制品。

第三章 复 制

第二十条 申请从事音像制品复制业务应当具备下列条件：

（一）有音像复制单位的名称、章程；

（二）有确定的业务范围；

（三）有适应业务范围需要的组织机构和人员；

（四）有适应业务范围需要的资金、设备和复制场所；

（五）法律、行政法规规定的其他条件。

审批从事音像制品复制业务申请，除依照前款所列条件外，还应当符合音像复制单位总量、布局和结构的规划。

第二十一条 申请从事音像制品复制业务，由所在地省、自治区、直辖市人民政府出版行政主管部门审批。省、自治区、直辖市人民政府出版行政主管部门应当自受理申请之日起 20 日内作出批准或者不批准的决定，并通知申请人。批准的，发给《复制经营许可证》；不批准的，应当说明理由。

申请书应当载明下列内容：

（一）音像复制单位的名称、地址；

（二）音像复制单位的法定代表人或者主要负责人的姓名、住址；

（三）音像复制单位的资金来源和数额。

第二十二条 音像复制单位变更业务范围，或者兼并其他音像复制单位，或者因合并、分立而设立新的音像复制单位的，应当依照本条例第二十一条的规定办理审批手续。

音像复制单位变更名称、地址、法定代表人或者主要负责人，或者终止复制经营活动的，应当向所在地省、自治区、直辖市人民政府出版行政主管部门备案。

第二十三条 音像复制单位接受委托复制音像制品的，应当按照国家有关规定，与委托的出版单位订立复制委托合同；验证委托的出版单位的《音像制品出版许可证》、营业执照副本、盖章的音像制品复制委托书以及出版单位取得的授权书；接受委托复制的音像制品属于非卖品的，应当验证委托单位的身份证明和委托单位出具的音像制品非卖品复制委托书。

音像复制单位应当自完成音像制品复制之日起2年内，保存委托合同和所复制的音像制品的样本以及验证的有关证明文件的副本，以备查验。

第二十四条 音像复制单位不得接受非音像出版单位或者个人的委托复制经营性的音像制品；不得自行复制音像制品；不得批发、零售音像制品。

第二十五条 从事光盘复制的音像复制单位复制光盘，必须使用蚀刻有国务院出版行政主管部门核发的激光数码储存片来源识别码的注塑模具。

第二十六条 音像复制单位接受委托复制境外音像制品的，应当经省、自治区、直辖市人民政府出版行政主管部门批准，并持著作权人的授权书依法到著作权行政管理部门登记；复制的音像制品应当全部运输出境，不得在境内发行。

第四章　进　口

第二十七条 音像制品成品进口业务由国务院出版行政主管部门批准的音像制品成品进口经营单位经营；未经批准，任何单位或者个人不得经营音像制品成品进口业务。

第二十八条 进口用于出版的音像制品，以及进口用于批发、零售、出租等的音像制品成品，应当报国务院出版行政主管部门进行内容审查。

国务院出版行政主管部门应当自收到音像制品内容审查申请书之日起30日内作出批准或者不批准的决定，并通知申请人。批准的，发给批准文件；不批准的，应当说明理由。

进口用于出版的音像制品的单位、音像制品成品进口经营单位应当持国务院出版行政主管部门的批准文件到海关办理进口手续。

第二十九条 进口用于出版的音像制品，其著作权事项应当向国务院著作权行政管理部门登记。

第三十条 进口供研究、教学参考的音像制品，应当委托音像制品成品进口经营单位依照本条例第二十八条的规定办理。

进口用于展览、展示的音像制品，经国务院出版行政主管部门批准后，到海关办理临时进口手续。

依照本条规定进口的音像制品，不得进行经营性复制、批发、零售、出租和放映。

第五章 批发、零售和出租

第三十一条 申请从事音像制品批发、零售业务，应当具备下列条件：

（一）有音像制品批发、零售单位的名称、章程；

（二）有确定的业务范围；

（三）有适应业务范围需要的组织机构和人员；

（四）有适应业务范围需要的资金和场所；

（五）法律、行政法规规定的其他条件。

第三十二条 申请从事音像制品批发业务，应当报所在地省、自治区、直辖市人民政府出版行政主管部门审批。申请从事音像制品零售业务，应当报县级地方人民政府出版行政主管部门审批。

出版行政主管部门应当自受理申请书之日起30日内作出批准或者不批准的决定，并通知申请人。批准的，应当发给《出版物经营许可证》；不批准的，应当说明理由。

《出版物经营许可证》应当注明音像制品经营活动的种类。

第三十三条 音像制品批发、零售单位变更名称、业务范围，或者兼并其他音像制品批发、零售单位，或者因合并、分立而设立新的音像制品批发、零售单位的，应当依照本条例第三十二条的规定办理审批手续。

音像制品批发、零售单位变更地址、法定代表人或者主要负责人或者终止经营活动，从事音像制品零售经营活动的个体工商户变更业务范围、地址或者终止经营活动的，应当向原批准的出版行政主管部门备案。

第三十四条 音像出版单位可以按照国家有关规定，批发、零售本单位出版的音像制品。从事非本单位出版的音像制品的批发、零售业务的，应当依照本条例第三十二条的规定办理审批手续。

第三十五条 国家允许设立从事音像制品发行业务的外商投资企业。

第三十六条 音像制品批发单位和从事音像制品零售、出租等业务的单位或者个体工商户，不得经营非音像出版单位出版的音像制品或者非音像复制单位复制的音像制品，不得经营未经国务院出版行政主管部门批准进口的音像制品，不得经营侵犯他人著作权的音像制品。

第六章 罚 则

第三十七条 出版行政主管部门或者其他有关行政部门及其工作人员，利用职务上的便利收受他人财物或者其他好处，批准不符合法定条件的申请人取得许可证、批准文件，或者不履行监督职责，或者发现违法行为不予查处，造成严重后果的，对负有责任的主管人员和其他直接责任人员依法给予降级直至开除的处分；构成犯罪的，依照刑法关于受贿罪、滥用职权罪、玩忽职守罪或者其他罪的规定，依法追究刑事责任。

第三十八条 音像制品经营活动的监督管理部门的工作人员从事或者变相从事音像制品经营活动的，参与或者变相参与音像制品经营单位的经营活动的，依法给予撤职或者开除的处分。

音像制品经营活动的监督管理部门有前款所列行为的，对负有责任的主管人员和其他直接责任人员依照前款规定处罚。

第三十九条 未经批准，擅自设立音像制品出版、进口单位，擅自从事音像制品出版、制作、复制业务或者进口、批发、零售经营活动的，由出版行政主管部门、工商行政管理部门依照法定职权予以取缔；依照刑法关于非法经营罪的规定，依法追究刑事责任；尚不够刑事处罚的，没收违法经营的音像制品和违法所得以及进行违法活动的专用工具、设备；违法经营额 1 万元以上的，并处违法经营额 5 倍以上 10 倍以下的罚款；违法经营额不足 1 万元的，可以处 5 万元以下的罚款。

第四十条 出版含有本条例第三条第二款禁止内容的音像制品，或者制作、复制、批发、零售、出租、放映明知或者应知含有本条例第三条第二款禁止内容的音像制品的，依照刑法有关规定，依法追究刑事责任；尚不够刑事处罚的，由出版行政主管部门、公安部门依据各自职权责令停业整顿，没收违法经营的音像制品和违法所得；违法经营额 1 万元以上的，并处违法经营额 5 倍以上 10 倍以下的罚款；违法经营额不足 1 万元的，可以处 5 万元以下的罚款；情节严重的，并由原发证机关吊销许可证。

第四十一条 走私音像制品的，依照刑法关于走私罪的规定，依法追究刑事责任；尚不够刑事处罚的，由海关依法给予行政处罚。

第四十二条 有下列行为之一的，由出版行政主管部门责令停止违法行为，给予警告，没收违法经营的音像制品和违法所得；违法经营额 1 万元以上的，并处违法经营额 5 倍以上 10 倍以下的罚款；违法经营额不足 1 万元的，可以处 5 万元以下的罚款；情节严重的，并责令停业整顿或者由原发证机关吊销许可证：

（一）音像出版单位向其他单位、个人出租、出借、出售或者以其他任何形式转让本单位的名称，出售或者以其他形式转让本单位的版号的；

（二）音像出版单位委托未取得《音像制品制作许可证》的单位制作音像制品，或者委托未取得《复制经营许可证》的单位复制音像制品的；

（三）音像出版单位出版未经国务院出版行政主管部门批准擅自进口的音像制品的；

（四）音像制作单位、音像复制单位未依照本条例的规定验证音像出版单位的委托书、有关证明的；

（五）音像复制单位擅自复制他人的音像制品，或者接受非音像出版单位、个人的委托复制经营性的音像制品，或者自行复制音像制品的。

第四十三条 音像出版单位违反国家有关规定与香港特别行政区、澳门特别行政区、台湾地区或者外国的组织、个人合作制作音像制品，音像复制单位违反国家有关规定接受委托复制境外音像制品，未经省、自治区、直辖市人民政府出版行政主管部门审核同意，或者未将复制的境外音像制品全部运输出境的，由省、自治区、直辖市人民政府出版行政主管部门责令改正，没收违法经营的音像制品和违法所得；违法经营额1万元以上的，并处违法经营额5倍以上10倍以下的罚款；违法经营额不足1万元的，可以处5万元以下的罚款；情节严重的，并由原发证机关吊销许可证。

第四十四条 有下列行为之一的，由出版行政主管部门责令改正，给予警告；情节严重的，并责令停业整顿或者由原发证机关吊销许可证：

（一）音像出版单位未将其年度出版计划和涉及国家安全、社会安定等方面的重大选题报国务院出版行政主管部门备案的；

（二）音像制品出版、制作、复制、批发、零售单位变更名称、地址、法定代表人或者主要负责人、业务范围等，未依照本条例规定办理审批、备案手续的；

（三）音像出版单位未在其出版的音像制品及其包装的明显位置标明本条例规定的内容的；

（四）音像出版单位未依照本条例的规定送交样本的；

（五）音像复制单位未依照本条例的规定留存备查的材料的；

（六）从事光盘复制的音像复制单位复制光盘，使用未蚀刻国务院出版行政主管部门核发的激光数码储存片来源识别码的注塑模具的。

第四十五条 有下列行为之一的，由出版行政主管部门责令停止违法行为，给予警告，没收违法经营的音像制品和违法所得；违法经营额1万元以上的，并处违法经营额5倍以上10倍以下的罚款；违法经营额不足1万元的，可以处5万元以下的罚款；情节严重的，并责令停业整顿或者由原发证机关吊销许可证：

（一）批发、零售、出租、放映非音像出版单位出版的音像制品或者非音像复制单位复制的音像制品的；

（二）批发、零售、出租或者放映未经国务院出版行政主管部门批准进口的音像制品的；

（三）批发、零售、出租、放映供研究、教学参考或者用于展览、展示的进口音像制品的。

第四十六条 单位违反本条例的规定，被处以吊销许可证行政处罚的，其法定代表人或者主要负责人自许可证被吊销之日起10年内不得担任音像制品出版、制作、复制、进口、批发、零售单位的法定代表人或者主要负责人。

从事音像制品零售业务的个体工商户违反本条例的规定，被处以吊销许可证行政处罚的，自许可证被吊销之日起10年内不得从事音像制品零售业务。

第四十七条 依照本条例的规定实施罚款的行政处罚，应当依照有关法律、行政法规的规定，实行罚款决定与罚款收缴分离；收缴的罚款必须全部上缴国库。

第七章　附　则

第四十八条　除本条例第三十五条外，电子出版物的出版、制作、复制、进口、批发、零售等活动适用本条例。

第四十九条　依照本条例发放许可证，除按照法定标准收取成本费外，不得收取其他任何费用。

第五十条　本条例自2002年2月1日起施行。1994年8月25日国务院发布的《音像制品管理条例》同时废止。

印刷业管理条例

- 2001年8月2日中华人民共和国国务院令第315号公布
- 根据2016年2月6日《国务院关于修改部分行政法规的决定》第一次修订
- 根据2017年3月1日《国务院关于修改和废止部分行政法规的决定》第二次修订
- 根据2020年11月29日《国务院关于修改和废止部分行政法规的决定》第三次修订

第一章　总　则

第一条　为了加强印刷业管理，维护印刷业经营者的合法权益和社会公共利益，促进社会主义精神文明和物质文明建设，制定本条例。

第二条　本条例适用于出版物、包装装潢印刷品和其他印刷品的印刷经营活动。

本条例所称出版物，包括报纸、期刊、书籍、地图、年画、图片、挂历、画册及音像制品、电子出版物的装帧封面等。

本条例所称包装装潢印刷品，包括商标标识、广告宣传品及作为产品包装装潢的纸、金属、塑料等的印刷品。

本条例所称其他印刷品，包括文件、资料、图表、票证、证件、名片等。

本条例所称印刷经营活动，包括经营性的排版、制版、印刷、装订、复印、影印、打印等活动。

第三条 印刷业经营者必须遵守有关法律、法规和规章，讲求社会效益。

禁止印刷含有反动、淫秽、迷信内容和国家明令禁止印刷的其他内容的出版物、包装装潢印刷品和其他印刷品。

第四条 国务院出版行政部门主管全国的印刷业监督管理工作。县级以上地方各级人民政府负责出版管理的行政部门（以下简称出版行政部门）负责本行政区域内的印刷业监督管理工作。

县级以上各级人民政府公安部门、工商行政管理部门及其他有关部门在各自的职责范围内，负责有关的印刷业监督管理工作。

第五条 印刷业经营者应当建立、健全承印验证制度、承印登记制度、印刷品保管制度、印刷品交付制度、印刷活动残次品销毁制度等。具体办法由国务院出版行政部门制定。

印刷业经营者在印刷经营活动中发现违法犯罪行为，应当及时向公安部门或者出版行政部门报告。

第六条 印刷行业的社会团体按照其章程，在出版行政部门的指导下，实行自律管理。

第七条 印刷企业应当定期向出版行政部门报送年度报告。出版行政部门应当依法及时将年度报告中的有关内容向社会公示。

第二章 印刷企业的设立

第八条 国家实行印刷经营许可制度。未依照本条例规定取得印刷经营许可证的，任何单位和个人不得从事印刷经营活动。

第九条 企业从事印刷经营活动，应当具备下列条件：

（一）有企业的名称、章程；

（二）有确定的业务范围；

（三）有适应业务范围需要的生产经营场所和必要的资金、设备等生产经营条件；

（四）有适应业务范围需要的组织机构和人员；

（五）有关法律、行政法规规定的其他条件。

审批从事印刷经营活动申请，除依照前款规定外，还应当符合国家有关印刷企业总量、结构和布局的规划。

第十条　企业申请从事出版物印刷经营活动，应当持营业执照向所在地省、自治区、直辖市人民政府出版行政部门提出申请，经审核批准的，发给印刷经营许可证。

企业申请从事包装装潢印刷品和其他印刷品印刷经营活动，应当持营业执照向所在地设区的市级人民政府出版行政部门提出申请，经审核批准的，发给印刷经营许可证。

个人不得从事出版物、包装装潢印刷品印刷经营活动；个人从事其他印刷品印刷经营活动的，依照本条第二款的规定办理审批手续。

第十一条　出版行政部门应当自收到依据本条例第十条提出的申请之日起60日内作出批准或者不批准的决定。批准申请的，应当发给印刷经营许可证；不批准申请的，应当通知申请人并说明理由。

印刷经营许可证应当注明印刷企业所从事的印刷经营活动的种类。

印刷经营许可证不得出售、出租、出借或者以其他形式转让。

第十二条　印刷业经营者申请兼营或者变更从事出版物、包装装潢印刷品或者其他印刷品印刷经营活动，或者兼并其他印刷业经营者，或者因合并、分立而设立新的印刷业经营者，应当依照本条例第九条的规定办理手续。

印刷业经营者变更名称、法定代表人或者负责人、住所或者经营场所等主要登记事项，或者终止印刷经营活动，应当报原批准设立的出版行政部门备案。

第十三条 出版行政部门应当按照国家社会信用信息平台建设的总体要求，与公安部门、工商行政管理部门或者其他有关部门实现对印刷企业信息的互联共享。

第十四条 国家允许外国投资者与中国投资者共同投资设立从事出版物印刷经营活动的企业，允许设立从事包装装潢印刷品和其他印刷品印刷经营活动的外商投资企业。

第十五条 单位内部设立印刷厂（所），必须向所在地县级以上地方人民政府出版行政部门办理登记手续；单位内部设立的印刷厂（所）印刷涉及国家秘密的印件的，还应当向保密工作部门办理登记手续。

单位内部设立的印刷厂（所）不得从事印刷经营活动；从事印刷经营活动的，必须依照本章的规定办理手续。

第三章 出版物的印刷

第十六条 国家鼓励从事出版物印刷经营活动的企业及时印刷体现国内外新的优秀文化成果的出版物，重视印刷传统文化精品和有价值的学术著作。

第十七条 从事出版物印刷经营活动的企业不得印刷国家明令禁止出版的出版物和非出版单位出版的出版物。

第十八条 印刷出版物的，委托印刷单位和印刷企业应当按照国家有关规定签订印刷合同。

第十九条 印刷企业接受出版单位委托印刷图书、期刊的，必须验证并收存出版单位盖章的印刷委托书，并在印刷前报出版单位所在地省、自治区、直辖市人民政府出版行政部门备案；印刷企业接受所在地省、自治区、直辖市以外的出版单位的委托印刷图书、期刊的，印刷委托书还必须事先报印刷企业所在地省、自治区、直辖市人民政府出版行政部门备案。印刷委托书由国务院出版行政部门规定统一格式，由省、自治区、直辖市人民政府出版行政部门统一印制。

印刷企业接受出版单位委托印刷报纸的，必须验证报纸出版许可证；接受出版单位的委托印刷报纸、期刊的增版、增刊的，还必须验证主管的出版行政部门批准出版增版、增刊的文件。

第二十条 印刷企业接受委托印刷内部资料性出版物的，必须验证县级以上地方人民政府出版行政部门核发的准印证。

印刷企业接受委托印刷宗教内容的内部资料性出版物的，必须验证省、自治区、直辖市人民政府宗教事务管理部门的批准文件和省、自治区、直辖市人民政府出版行政部门核发的准印证。

出版行政部门应当自收到印刷内部资料性出版物或者印刷宗教内容的内部资料性出版物的申请之日起30日内作出是否核发准印证的决定，并通知申请人；逾期不作出决定的，视为同意印刷。

第二十一条 印刷企业接受委托印刷境外的出版物的，必须持有关著作权的合法证明文件，经省、自治区、直辖市人民政府出版行政部门批准；印刷的境外出版物必须全部运输出境，不得在境内发行、散发。

第二十二条 委托印刷单位必须按照国家有关规定在委托印刷的出版物上刊载出版单位的名称、地址，书号、刊号或者版号，出版日期或者刊期，接受委托印刷出版物的企业的真实名称和地址，以及其他有关事项。

印刷企业应当自完成出版物的印刷之日起2年内，留存一份接受委托印刷的出版物样本备查。

第二十三条 印刷企业不得盗印出版物，不得销售、擅自加印或者接受第三人委托加印受委托印刷的出版物，不得将接受委托印刷的出版物纸型及印刷底片等出售、出租、出借或者以其他形式转让给其他单位或者个人。

第二十四条 印刷企业不得征订、销售出版物，不得假冒或者盗用他人名义印刷、销售出版物。

第四章　包装装潢印刷品的印刷

第二十五条　从事包装装潢印刷品印刷的企业不得印刷假冒、伪造的注册商标标识，不得印刷容易对消费者产生误导的广告宣传品和作为产品包装装潢的印刷品。

第二十六条　印刷企业接受委托印刷注册商标标识的，应当验证商标注册人所在地县级工商行政管理部门签章的《商标注册证》复印件，并核查委托人提供的注册商标图样；接受注册商标被许可使用人委托，印刷注册商标标识的，印刷企业还应当验证注册商标使用许可合同。印刷企业应当保存其验证、核查的工商行政管理部门签章的《商标注册证》复印件、注册商标图样、注册商标使用许可合同复印件 2 年，以备查验。

国家对注册商标标识的印刷另有规定的，印刷企业还应当遵守其规定。

第二十七条　印刷企业接受委托印刷广告宣传品、作为产品包装装潢的印刷品的，应当验证委托印刷单位的营业执照或者个人的居民身份证；接受广告经营者的委托印刷广告宣传品的，还应当验证广告经营资格证明。

第二十八条　印刷企业接受委托印刷包装装潢印刷品的，应当将印刷品的成品、半成品、废品和印板、纸型、底片、原稿等全部交付委托印刷单位或者个人，不得擅自留存。

第二十九条　印刷企业接受委托印刷境外包装装潢印刷品的，必须事先向所在地省、自治区、直辖市人民政府出版行政部门备案；印刷的包装装潢印刷品必须全部运输出境，不得在境内销售。

第五章　其他印刷品的印刷

第三十条　印刷标有密级的文件、资料、图表等，按照国家有关法律、法规或者规章的规定办理。

第三十一条 印刷布告、通告、重大活动工作证、通行证、在社会上流通使用的票证的，委托印刷单位必须向印刷企业出具主管部门的证明。印刷企业必须验证主管部门的证明，并保存主管部门的证明副本 2 年，以备查验；并且不得再委托他人印刷上述印刷品。

印刷机关、团体、部队、企业事业单位内部使用的有价票证或者无价票证，或者印刷有单位名称的介绍信、工作证、会员证、出入证、学位证书、学历证书或者其他学业证书等专用证件的，委托印刷单位必须出具委托印刷证明。印刷企业必须验证委托印刷证明。

印刷企业对前两款印件不得保留样本、样张；确因业务参考需要保留样本、样张的，应当征得委托印刷单位同意，在所保留印件上加盖"样本"、"样张"戳记，并妥善保管，不得丢失。

第三十二条 印刷企业接受委托印刷宗教用品的，必须验证省、自治区、直辖市人民政府宗教事务管理部门的批准文件和省、自治区、直辖市人民政府出版行政部门核发的准印证；省、自治区、直辖市人民政府出版行政部门应当自收到印刷宗教用品的申请之日起 10 日内作出是否核发准印证的决定，并通知申请人；逾期不作出决定的，视为同意印刷。

第三十三条 从事其他印刷品印刷经营活动的个人不得印刷标有密级的文件、资料、图表等，不得印刷布告、通告、重大活动工作证、通行证、在社会上流通使用的票证，不得印刷机关、团体、部队、企业事业单位内部使用的有价或者无价票证，不得印刷有单位名称的介绍信、工作证、会员证、出入证、学位证书、学历证书或者其他学业证书等专用证件，不得印刷宗教用品。

第三十四条 接受委托印刷境外其他印刷品的，必须事先向所在地省、自治区、直辖市人民政府出版行政部门备案；印刷的其他印刷品必须全部运输出境，不得在境内销售。

第三十五条 印刷企业和从事其他印刷品印刷经营活动的个人不得盗印他人的其他印刷品，不得销售、擅自加印或者接受第三人委托加印委托印刷的其他印刷品，不得将委托印刷的其他印刷品的纸型及印刷底片等出售、出租、出借或者以其他形式转让给其他单位或者个人。

第六章　罚　则

第三十六条　违反本条例规定，擅自设立从事出版物印刷经营活动的企业或者擅自从事印刷经营活动的，由出版行政部门、工商行政管理部门依据法定职权予以取缔，没收印刷品和违法所得以及进行违法活动的专用工具、设备，违法经营额1万元以上的，并处违法经营额5倍以上10倍以下的罚款；违法经营额不足1万元的，并处1万元以上5万元以下的罚款；构成犯罪的，依法追究刑事责任。

单位内部设立的印刷厂（所）未依照本条例第二章的规定办理手续，从事印刷经营活动的，依照前款的规定处罚。

第三十七条　印刷业经营者违反本条例规定，有下列行为之一的，由县级以上地方人民政府出版行政部门责令停止违法行为，责令停业整顿，没收印刷品和违法所得，违法经营额1万元以上的，并处违法经营额5倍以上10倍以下的罚款；违法经营额不足1万元的，并处1万元以上5万元以下的罚款；情节严重的，由原发证机关吊销许可证；构成犯罪的，依法追究刑事责任：

（一）未取得出版行政部门的许可，擅自兼营或者变更从事出版物、包装装潢印刷品或者其他印刷品印刷经营活动，或者擅自兼并其他印刷业经营者的；

（二）因合并、分立而设立新的印刷业经营者，未依照本条例的规定办理手续的；

（三）出售、出租、出借或者以其他形式转让印刷经营许可证的。

第三十八条　印刷业经营者印刷明知或者应知含有本条例第三条规定禁止印刷内容的出版物、包装装潢印刷品或者其他印刷品的，或者印刷国家明令禁止出版的出版物或者非出版单位出版的出版物的，由县级以上地方人民政府出版行政部门、公安部门依据法定职权责令停业整顿，没收印刷品和违法所得，违法经营额1万元以上的，并处违法经营额5倍以上10倍以下的罚款；违法经营额不足1万元的，并处1万元以上5万元以下的罚款；情节严重的，由原发证机关吊销许可证；构成犯罪的，依法追究刑事责任。

第三十九条 印刷业经营者有下列行为之一的，由县级以上地方人民政府出版行政部门、公安部门依据法定职权责令改正，给予警告；情节严重的，责令停业整顿或者由原发证机关吊销许可证：

（一）没有建立承印验证制度、承印登记制度、印刷品保管制度、印刷品交付制度、印刷活动残次品销毁制度等的；

（二）在印刷经营活动中发现违法犯罪行为没有及时向公安部门或者出版行政部门报告的；

（三）变更名称、法定代表人或者负责人、住所或者经营场所等主要登记事项，或者终止印刷经营活动，不向原批准设立的出版行政部门备案的；

（四）未依照本条例的规定留存备查的材料的。

单位内部设立印刷厂（所）违反本条例的规定，没有向所在地县级以上地方人民政府出版行政部门、保密工作部门办理登记手续的，由县级以上地方人民政府出版行政部门、保密工作部门依据法定职权责令改正，给予警告；情节严重的，责令停业整顿。

第四十条 从事出版物印刷经营活动的企业有下列行为之一的，由县级以上地方人民政府出版行政部门给予警告，没收违法所得，违法经营额1万元以上的，并处违法经营额5倍以上10倍以下的罚款；违法经营额不足1万元的，并处1万元以上5万元以下的罚款；情节严重的，责令停业整顿或者由原发证机关吊销许可证；构成犯罪的，依法追究刑事责任：

（一）接受他人委托印刷出版物，未依照本条例的规定验证印刷委托书、有关证明或者准印证，或者未将印刷委托书报出版行政部门备案的；

（二）假冒或者盗用他人名义，印刷出版物的；

（三）盗印他人出版物的；

（四）非法加印或者销售受委托印刷的出版物的；

（五）征订、销售出版物的；

（六）擅自将出版单位委托印刷的出版物纸型及印刷底片等出售、出租、出借或者以其他形式转让的；

（七）未经批准，接受委托印刷境外出版物的，或者未将印刷的境外出版物全部运输出境的。

第四十一条 从事包装装潢印刷品印刷经营活动的企业有下列行为之一的，由县级以上地方人民政府出版行政部门给予警告，没收违法所得，违法经营额 1 万元以上的，并处违法经营额 5 倍以上 10 倍以下的罚款；违法经营额不足 1 万元的，并处 1 万元以上 5 万元以下的罚款；情节严重的，责令停业整顿或者由原发证机关吊销许可证；构成犯罪的，依法追究刑事责任：

（一）接受委托印刷注册商标标识，未依照本条例的规定验证、核查工商行政管理部门签章的《商标注册证》复印件、注册商标图样或者注册商标使用许可合同复印件的；

（二）接受委托印刷广告宣传品、作为产品包装装潢的印刷品，未依照本条例的规定验证委托印刷单位的营业执照或者个人的居民身份证的，或者接受广告经营者的委托印刷广告宣传品，未验证广告经营资格证明的；

（三）盗印他人包装装潢印刷品的；

（四）接受委托印刷境外包装装潢印刷品未依照本条例的规定向出版行政部门备案的，或者未将印刷的境外包装装潢印刷品全部运输出境的。

印刷企业接受委托印刷注册商标标识、广告宣传品，违反国家有关注册商标、广告印刷管理规定的，由工商行政管理部门给予警告，没收印刷品和违法所得，违法经营额 1 万元以上的，并处违法经营额5倍以上10倍以下的罚款；违法经营额不足1万元的，并处1万元以上5万元以下的罚款。

第四十二条 从事其他印刷品印刷经营活动的企业和个人有下列行为之一的，由县级以上地方人民政府出版行政部门给予警告，没收印刷品和违法所得，违法经营额1万元以上的，并处违法经营额5倍以上10倍以下的罚款；违法经营额不足1万元的，并处1万元以上5万元以下的罚款；情节严重的，责令停业整顿或者由原发证机关吊销许可证；构成犯罪的，依法追究刑事责任：

（一）接受委托印刷其他印刷品，未依照本条例的规定验证有关证明的；

（二）擅自将接受委托印刷的其他印刷品再委托他人印刷的；

（三）将委托印刷的其他印刷品的纸型及印刷底片出售、出租、出借或者以其他形式转让的；

（四）伪造、变造学位证书、学历证书等国家机关公文、证件或者企业事业单位、人民团体公文、证件的，或者盗印他人的其他印刷品的；

（五）非法加印或者销售委托印刷的其他印刷品的；

（六）接受委托印刷境外其他印刷品未依照本条例的规定向出版行政部门备案的，或者未将印刷的境外其他印刷品全部运输出境的；

（七）从事其他印刷品印刷经营活动的个人超范围经营的。

第四十三条 有下列行为之一的，由出版行政部门给予警告，没收印刷品和违法所得，违法经营额1万元以上的，并处违法经营额5倍以上10倍以下的罚款；违法经营额不足1万元的，并处1万元以上5万元以下的罚款；情节严重的，责令停业整顿或者吊销印刷经营许可证；构成犯罪的，依法追究刑事责任：

（一）印刷布告、通告、重大活动工作证、通行证、在社会上流通使用的票证，印刷企业没有验证主管部门的证明的，或者再委托他人印刷上述印刷品的；

（二）印刷业经营者伪造、变造学位证书、学历证书等国家机关公文、证件或者企业事业单位、人民团体公文、证件的。

印刷布告、通告、重大活动工作证、通行证、在社会上流通使用的票证，委托印刷单位没有取得主管部门证明的，由县级以上人民政府出版行政部门处以 500 元以上 5000 元以下的罚款。

第四十四条 印刷业经营者违反本条例规定，有下列行为之一的，由县级以上地方人民政府出版行政部门责令改正，给予警告；情节严重的，责令停业整顿或者由原发证机关吊销许可证：

（一）从事包装装潢印刷品印刷经营活动的企业擅自留存委托印刷的包装装潢印刷品的成品、半成品、废品和印板、纸型、印刷底片、原稿等的；

（二）从事其他印刷品印刷经营活动的企业和个人擅自保留其他印刷品的样本、样张的，或者在所保留的样本、样张上未加盖“样本”、“样张”戳记的。

第四十五条 印刷企业被处以吊销许可证行政处罚的，其法定代表人或者负责人自许可证被吊销之日起 10 年内不得担任印刷企业的法定代表人或者负责人。

从事其他印刷品印刷经营活动的个人被处以吊销许可证行政处罚的，自许可证被吊销之日起 10 年内不得从事印刷经营活动。

第四十六条 依照本条例的规定实施罚款的行政处罚，应当依照有关法律、行政法规的规定，实行罚款决定与罚款收缴分离；收缴的罚款必须全部上缴国库。

第四十七条 出版行政部门、工商行政管理部门或者其他有关部门违反本条例规定，擅自批准不符合法定条件的申请人取得许可证、批准文件，或者不履行监督职责，或者发现违法行为不予查处，造成严重后果的，对负责的主管人员和其他直接责任人员给予降级或者撤职的处分；构成犯罪的，依法追究刑事责任。

第七章 附 则

第四十八条 本条例施行前已经依法设立的印刷企业，应当自本条例施行之日起 180 日内，到出版行政部门换领《印刷经营许可证》。

依据本条例发放许可证，除按照法定标准收取成本费外，不得收取其他任何费用。

第四十九条 本条例自公布之日起施行。1997 年 3 月 8 日国务院发布的《印刷业管理条例》同时废止。

法规汇编编辑出版管理规定

· 1990 年 7 月 29 日中华人民共和国国务院令第 63 号发布

· 根据 2019 年 3 月 2 日《国务院关于修改部分行政法规的决定》修订

第一条 为了加强对法规汇编编辑出版工作的管理，提高法规汇编编辑出版质量，维护社会主义法制的统一和尊严，制定本规定。

第二条 本规定所称法规汇编，是指将依照法定程序发布的法律、行政法规、国务院部门规章（下称部门规章）、地方性法规和地方政府规章，按照一定的顺序或者分类汇编成册的公开出版物。

第三条 除法律、行政法规另有规定外，编辑出版法规汇编（包括法规选编、类编、大全等）应当遵守本规定。

依照本规定第四条编辑出版的法规汇编，是国家出版的法规汇编正式版本。

第四条 编辑法规汇编，遵守下列分工：

（一）法律汇编由全国人民代表大会常务委员会法制工作委员会编辑；

（二）行政法规汇编由司法部编辑；

（三）军事法规汇编由中央军事委员会法制局编辑；

（四）部门规章汇编由国务院各部门依照该部门职责范围编辑；

（五）地方性法规和地方政府规章汇编，由具有地方性法规和地方政府规章制定权的地方各级人民代表大会常务委员会和地方各级人民政府指定的机构编辑。

全国人民代表大会常务委员会法制工作委员会和司法部可以编辑法律、行政法规、部门规章、地方性法规和地方政府规章的综合性法规汇编；中央军事委员会法制局可以编辑有关军事方面的法律、法规、条令汇编；国务院各部门可以依照本部门职责范围编辑专业性的法律、行政法规和部门规章汇编；具有地方性法规和地方政府规章制定权的地方各级人民代表大会常务委员会和地方各级人民政府可以编辑本地区制定的地方性法规和地方政府规章汇编。

第五条 根据工作、学习、教学、研究需要，有关机关、团体、企业事业组织可以自行或者委托精通法律的专业人员编印供内部使用的法规汇集；需要正式出版的，应当经出版行政管理部门核准。

除前款规定外，个人不得编辑法规汇编。

第六条 编辑法规汇编，应当做到：

（一）选材准确。收入法规汇编的法规必须准确无误，如果收入废止或者失效的法规，必须注明；现行法规汇编不得收入废止或者失效的法规。

（二）内容完整。收入法规汇编的法规名称、批准或者发布机关、批准或者发布日期、施行日期、章节条款等内容应当全部编入，不得随意删减或者改动。

（三）编排科学。法规汇编应当按照一定的分类或者顺序排列，有利于各项工作的开展。

第七条 出版法规汇编，国家出版行政管理部门根据出版专业分工规定的原则，依照下列分工予以审核批准：

（一）法律汇编由全国人民代表大会常务委员会法制工作委

员会选择的中央一级出版社出版；

（二）行政法规汇编由司法部选择的中央一级出版社出版；

（三）军事法规汇编由中央军事委员会法制局选择的中央一级出版社出版；

（四）部门规章汇编由国务院各部门选择的中央一级出版社出版；

（五）地方性法规和地方政府规章汇编由具有地方性法规和地方政府规章制定权的地方各级人民代表大会常务委员会和地方各级人民政府选择的中央一级出版社或者地方出版社出版。

第八条 国家出版的民族文版和外文版的法律汇编，由全国人民代表大会常务委员会法制工作委员会组织或者协助审定。

国家出版的民族文版和外文版的行政法规汇编，由司法部组织或者协助审定。

第九条 符合第七条规定的出版社应当制定法规汇编的出版选题计划，分别报有权编辑法规汇编的机关和出版行政管理部门备案。

第十条 按照本规定第四条编辑的法规汇编，可以在汇编封面上加印国徽；按照本规定第五条第一款编印的法规汇集，不得在汇集封面上加印国徽。

第十一条 出版法规汇编，必须保证印制质量。质量标准要符合国家有关规定。

第十二条 法规汇编的发行，由新华书店负责，各地新华书店应当认真做好征订工作。

有条件的出版社也可以代办部分征订工作。

第十三条 违反本规定，擅自出版法规汇编的，根据不同情况出版行政管理部门或者工商行政管理部门依照职权划分可以给予当事人下列行政处罚：

（一）警告；

（二）停止出售；

（三）没收或者销毁；

（四）没收非法收入；

（五）罚款；
（六）停业整顿；
（七）撤销出版社登记；
（八）吊销营业执照。

第十四条 当事人对出版行政管理部门或者工商行政管理部门的处罚决定不服的，可以在收到处罚通知书之日起15日内，向上一级出版行政管理部门或者工商行政管理部门申请复议。对复议决定仍然不服的，可以自收到复议决定通知书之日起15日内向人民法院提起诉讼。当事人也可以自收到处罚通知书之日起15日内，直接向人民法院提起诉讼。逾期不申请复议也不提起诉讼又不履行处罚决定的，作出处罚决定的机关可以申请人民法院强制执行。

第十五条 与境外出版机构合作出版法规汇编事宜，参照本规定办理。

第十六条 法规文件信息化处理的开发、应用，参照本规定管理。

第十七条 本规定自发布之日起施行。

地图管理条例

·2015年11月11日国务院第111次常务会议通过
·2015年11月26日中华人民共和国国务院令第664号公布
·自2016年1月1日起施行

第一章 总 则

第一条 为了加强地图管理，维护国家主权、安全和利益，促进地理信息产业健康发展，为经济建设、社会发展和人民生活服务，根据《中华人民共和国测绘法》，制定本条例。

第二条 在中华人民共和国境内从事向社会公开的地图的编

制、审核、出版和互联网地图服务以及监督检查活动，应当遵守本条例。

第三条 地图工作应当遵循维护国家主权、保障地理信息安全、方便群众生活的原则。

地图的编制、审核、出版和互联网地图服务应当遵守有关保密法律、法规的规定。

第四条 国务院测绘地理信息行政主管部门负责全国地图工作的统一监督管理。国务院其他有关部门按照国务院规定的职责分工，负责有关的地图工作。

县级以上地方人民政府负责管理测绘地理信息工作的行政部门（以下称测绘地理信息行政主管部门）负责本行政区域地图工作的统一监督管理。县级以上地方人民政府其他有关部门按照本级人民政府规定的职责分工，负责有关的地图工作。

第五条 各级人民政府及其有关部门、新闻媒体应当加强国家版图宣传教育，增强公民的国家版图意识。

国家版图意识教育应当纳入中小学教学内容。

公民、法人和其他组织应当使用正确表示国家版图的地图。

第六条 国家鼓励编制和出版符合标准和规定的各类地图产品，支持地理信息科学技术创新和产业发展，加快地理信息产业结构调整和优化升级，促进地理信息深层次应用。

县级以上人民政府应当建立健全政府部门间地理信息资源共建共享机制。

县级以上人民政府测绘地理信息行政主管部门应当采取有效措施，及时获取、处理、更新基础地理信息数据，通过地理信息公共服务平台向社会提供地理信息公共服务，实现地理信息数据开放共享。

第二章 地图编制

第七条 从事地图编制活动的单位应当依法取得相应的测绘

资质证书，并在资质等级许可的范围内开展地图编制工作。

第八条 编制地图，应当执行国家有关地图编制标准，遵守国家有关地图内容表示的规定。

地图上不得表示下列内容：

（一）危害国家统一、主权和领土完整的；

（二）危害国家安全、损害国家荣誉和利益的；

（三）属于国家秘密的；

（四）影响民族团结、侵害民族风俗习惯的；

（五）法律、法规规定不得表示的其他内容。

第九条 编制地图，应当选用最新的地图资料并及时补充或者更新，正确反映各要素的地理位置、形态、名称及相互关系，且内容符合地图使用目的。

编制涉及中华人民共和国国界的世界地图、全国地图，应当完整表示中华人民共和国疆域。

第十条 在地图上绘制中华人民共和国国界、中国历史疆界、世界各国间边界、世界各国间历史疆界，应当遵守下列规定：

（一）中华人民共和国国界，按照中国国界线画法标准样图绘制；

（二）中国历史疆界，依据有关历史资料，按照实际历史疆界绘制；

（三）世界各国间边界，按照世界各国国界线画法参考样图绘制；

（四）世界各国间历史疆界，依据有关历史资料，按照实际历史疆界绘制。

中国国界线画法标准样图、世界各国国界线画法参考样图，由外交部和国务院测绘地理信息行政主管部门拟订，报国务院批准后公布。

第十一条 在地图上绘制我国县级以上行政区域界线或者范围，应当符合行政区域界线标准画法图、国务院批准公布的特别行政区行政区域图和国家其他有关规定。

行政区域界线标准画法图由国务院民政部门和国务院测绘地理信息行政主管部门拟订，报国务院批准后公布。

第十二条 在地图上表示重要地理信息数据，应当使用依法公布的重要地理信息数据。

第十三条 利用涉及国家秘密的测绘成果编制地图的，应当依法使用经国务院测绘地理信息行政主管部门或者省、自治区、直辖市人民政府测绘地理信息行政主管部门进行保密技术处理的测绘成果。

第十四条 县级以上人民政府测绘地理信息行政主管部门应当向社会公布公益性地图，供无偿使用。

县级以上人民政府测绘地理信息行政主管部门应当及时组织收集与地图内容相关的行政区划、地名、交通、水系、植被、公共设施、居民点等的变更情况，用于定期更新公益性地图。有关部门和单位应当及时提供相关更新资料。

第三章 地图审核

第十五条 国家实行地图审核制度。

向社会公开的地图，应当报送有审核权的测绘地理信息行政主管部门审核。但是，景区图、街区图、地铁线路图等内容简单的地图除外。

地图审核不得收取费用。

第十六条 出版地图的，由出版单位送审；展示或者登载不属于出版物的地图的，由展示者或者登载者送审；进口不属于出版物的地图或者附着地图图形的产品的，由进口者送审；进口属于出版物的地图，依照《出版管理条例》的有关规定执行；出口不属于出版物的地图或者附着地图图形的产品的，由出口者送审；生产附着地图图形的产品的，由生产者送审。

送审应当提交以下材料：

（一）地图审核申请表；

（二）需要审核的地图样图或者样品；

（三）地图编制单位的测绘资质证书。

进口不属于出版物的地图和附着地图图形的产品的，仅需提交前款第一项、第二项规定的材料。利用涉及国家秘密的测绘成果编制地图的，还应当提交保密技术处理证明。

第十七条 国务院测绘地理信息行政主管部门负责下列地图的审核：

（一）全国地图以及主要表现地为两个以上省、自治区、直辖市行政区域的地图；

（二）香港特别行政区地图、澳门特别行政区地图以及台湾地区地图；

（三）世界地图以及主要表现地为国外的地图；

（四）历史地图。

第十八条 省、自治区、直辖市人民政府测绘地理信息行政主管部门负责审核主要表现地在本行政区域范围内的地图。其中，主要表现地在设区的市行政区域范围内不涉及国界线的地图，由设区的市级人民政府测绘地理信息行政主管部门负责审核。

第十九条 有审核权的测绘地理信息行政主管部门应当自受理地图审核申请之日起20个工作日内，作出审核决定。

时事宣传地图、时效性要求较高的图书和报刊等插附地图的，应当自受理地图审核申请之日起7个工作日内，作出审核决定。

应急保障等特殊情况需要使用地图的，应当即送即审。

第二十条 涉及专业内容的地图，应当依照国务院测绘地理信息行政主管部门会同有关部门制定的审核依据进行审核。没有明确审核依据的，由有审核权的测绘地理信息行政主管部门征求有关部门的意见，有关部门应当自收到征求意见材料之日起20个工作日内提出意见。征求意见时间不计算在地图审核的期限内。

世界地图、历史地图、时事宣传地图没有明确审核依据的，由国务院测绘地理信息行政主管部门商外交部进行审核。

第二十一条 送审地图符合下列规定的，由有审核权的测绘地理信息行政主管部门核发地图审核批准文件，并注明审图号：

（一）符合国家有关地图编制标准，完整表示中华人民共和国疆域；

（二）国界、边界、历史疆界、行政区域界线或者范围、重要地理信息数据、地名等符合国家有关地图内容表示的规定；

（三）不含有地图上不得表示的内容。

地图审核批准文件和审图号应当在有审核权的测绘地理信息行政主管部门网站或者其他新闻媒体上及时公告。

第二十二条 经审核批准的地图，应当在地图或者附着地图图形的产品的适当位置显著标注审图号。其中，属于出版物的，应当在版权页标注审图号。

第二十三条 全国性中小学教学地图，由国务院教育行政部门会同国务院测绘地理信息行政主管部门、外交部组织审定；地方性中小学教学地图，由省、自治区、直辖市人民政府教育行政部门会同省、自治区、直辖市人民政府测绘地理信息行政主管部门组织审定。

第二十四条 任何单位和个人不得出版、展示、登载、销售、进口、出口不符合国家有关标准和规定的地图，不得携带、寄递不符合国家有关标准和规定的地图进出境。

进口、出口地图的，应当向海关提交地图审核批准文件和审图号。

第二十五条 经审核批准的地图，送审者应当按照有关规定向有审核权的测绘地理信息行政主管部门免费送交样本。

第四章　地图出版

第二十六条 县级以上人民政府出版行政主管部门应当加强对地图出版活动的监督管理，依法对地图出版违法行为进行查处。

第二十七条 出版单位从事地图出版活动的，应当具有国务院出版行政主管部门审核批准的地图出版业务范围，并依照《出版管理条例》的有关规定办理审批手续。

第二十八条 出版单位根据需要，可以在出版物中插附经审核批准的地图。

第二十九条 任何出版单位不得出版未经审定的中小学教学地图。

第三十条 出版单位出版地图，应当按照国家有关规定向国家图书馆、中国版本图书馆和国务院出版行政主管部门免费送交样本。

第三十一条 地图著作权的保护，依照有关著作权法律、法规的规定执行。

第五章 互联网地图服务

第三十二条 国家鼓励和支持互联网地图服务单位开展地理信息开发利用和增值服务。

县级以上人民政府应当加强对互联网地图服务行业的政策扶持和监督管理。

第三十三条 互联网地图服务单位向公众提供地理位置定位、地理信息上传标注和地图数据库开发等服务的，应当依法取得相应的测绘资质证书。

互联网地图服务单位从事互联网地图出版活动的，应当经国务院出版行政主管部门依法审核批准。

第三十四条 互联网地图服务单位应当将存放地图数据的服务器设在中华人民共和国境内，并制定互联网地图数据安全管理制度和保障措施。

县级以上人民政府测绘地理信息行政主管部门应当会同有关部门加强对互联网地图数据安全的监督管理。

第三十五条 互联网地图服务单位收集、使用用户个人信息的，应当明示收集、使用信息的目的、方式和范围，并经用户同意。

互联网地图服务单位需要收集、使用用户个人信息的，应当公开收集、使用规则，不得泄露、篡改、出售或者非法向他人提供用户的个人信息。

互联网地图服务单位应当采取技术措施和其他必要措施，防止用户的个人信息泄露、丢失。

第三十六条 互联网地图服务单位用于提供服务的地图数据库及其他数据库不得存储、记录含有按照国家有关规定在地图上不得表示的内容。互联网地图服务单位发现其网站传输的地图信息含有不得表示的内容的，应当立即停止传输，保存有关记录，并向县级以上人民政府测绘地理信息行政主管部门、出版行政主管部门、网络安全和信息化主管部门等有关部门报告。

第三十七条 任何单位和个人不得通过互联网上传标注含有按照国家有关规定在地图上不得表示的内容。

第三十八条 互联网地图服务单位应当使用经依法审核批准的地图，加强对互联网地图新增内容的核查校对，并按照国家有关规定向国务院测绘地理信息行政主管部门或者省、自治区、直辖市测绘地理信息行政主管部门备案。

第三十九条 互联网地图服务单位对在工作中获取的涉及国家秘密、商业秘密的信息，应当保密。

第四十条 互联网地图服务单位应当加强行业自律，推进行业信用体系建设，提高服务水平。

第四十一条 从事互联网地图服务活动，适用本章的规定；本章没有规定的，适用本条例其他有关规定。

第六章 监督检查

第四十二条 县级以上人民政府及其有关部门应当依法加强对地图编制、出版、展示、登载、生产、销售、进口、出口等活动的监督检查。

第四十三条 县级以上人民政府测绘地理信息行政主管部门、

出版行政主管部门和其他有关部门依法进行监督检查时，有权采取下列措施：

（一）进入涉嫌地图违法行为的场所实施现场检查；

（二）查阅、复制有关合同、票据、账簿等资料；

（三）查封、扣押涉嫌违法的地图、附着地图图形的产品以及用于实施地图违法行为的设备、工具、原材料等。

第四十四条 国务院测绘地理信息行政主管部门、国务院出版行政主管部门应当建立健全地图监督管理信息系统，实现信息资源共享，方便公众查询。

第四十五条 县级以上人民政府测绘地理信息行政主管部门应当根据国家有关标准和技术规范，加强地图质量监督管理。

地图编制、出版、展示、登载、生产、销售、进口、出口单位应当建立健全地图质量责任制度，采取有效措施，保证地图质量。

第四十六条 任何单位和个人对地图违法行为有权进行举报。

接到举报的人民政府或者有关部门应当及时依法调查处理，并为举报人保密。

第七章 法律责任

第四十七条 县级以上人民政府及其有关部门违反本条例规定，有下列行为之一的，由主管机关或者监察机关责令改正；情节严重的，对直接负责的主管人员和其他直接责任人员依法给予处分；直接负责的主管人员和其他直接责任人员的行为构成犯罪的，依法追究刑事责任：

（一）不依法作出行政许可决定或者办理批准文件的；

（二）发现违法行为或者接到对违法行为的举报不予查处的；

（三）其他未依照本条例规定履行职责的行为。

第四十八条 违反本条例规定，未取得测绘资质证书或者超越测绘资质等级许可的范围从事地图编制活动或者互联网地图服务活动的，依照《中华人民共和国测绘法》的有关规定进行处罚。

第四十九条　违反本条例规定，应当送审而未送审的，责令改正，给予警告，没收违法地图或者附着地图图形的产品，可以处10万元以下的罚款；有违法所得的，没收违法所得；构成犯罪的，依法追究刑事责任。

第五十条　违反本条例规定，不需要送审的地图不符合国家有关标准和规定的，责令改正，给予警告，没收违法地图或者附着地图图形的产品，可以处10万元以下的罚款；有违法所得的，没收违法所得；情节严重的，可以向社会通报；构成犯罪的，依法追究刑事责任。

第五十一条　违反本条例规定，经审核不符合国家有关标准和规定的地图未按照审核要求修改即向社会公开的，责令改正，给予警告，没收违法地图或者附着地图图形的产品，可以处10万元以下的罚款；有违法所得的，没收违法所得；情节严重的，责令停业整顿，降低资质等级或者吊销测绘资质证书，可以向社会通报；构成犯罪的，依法追究刑事责任。

第五十二条　违反本条例规定，弄虚作假、伪造申请材料骗取地图审核批准文件，或者伪造、冒用地图审核批准文件和审图号的，责令停止违法行为，给予警告，没收违法地图和附着地图图形的产品，并处10万元以上20万元以下的罚款；有违法所得的，没收违法所得；情节严重的，责令停业整顿，降低资质等级或者吊销测绘资质证书；构成犯罪的，依法追究刑事责任。

第五十三条　违反本条例规定，未在地图的适当位置显著标注审图号，或者未按照有关规定送交样本的，责令改正，给予警告；情节严重的，责令停业整顿，降低资质等级或者吊销测绘资质证书。

第五十四条　违反本条例规定，互联网地图服务单位使用未经依法审核批准的地图提供服务，或者未对互联网地图新增内容进行核查校对的，责令改正，给予警告，可以处20万元以下的罚款；有违法所得的，没收违法所得；情节严重的，责令停业整顿，降低资质等级或者吊销测绘资质证书；构成犯罪的，依法追究刑事责任。

第五十五条 违反本条例规定，通过互联网上传标注了含有按照国家有关规定在地图上不得表示的内容的，责令改正，给予警告，可以处10万元以下的罚款；构成犯罪的，依法追究刑事责任。

第五十六条 本条例规定的降低资质等级、吊销测绘资质证书的行政处罚，由颁发资质证书的部门决定；其他行政处罚由县级以上人民政府测绘地理信息行政主管部门决定。

第八章 附 则

第五十七条 军队单位编制的地图的管理以及海图的管理，按照国务院、中央军事委员会的规定执行。

第五十八条 本条例自2016年1月1日起施行。国务院1995年7月10日发布的《中华人民共和国地图编制出版管理条例》同时废止。

二、相关解释

最高人民法院关于审理非法出版物刑事案件具体应用法律若干问题的解释

· 1998年12月11日最高人民法院审判委员会第1032次会议通过
· 1998年12月17日最高人民法院公告公布
· 自1998年12月23日起施行
· 法释〔1998〕30号

为依法惩治非法出版物犯罪活动，根据刑法的有关规定，现对审理非法出版物刑事案件具体应用法律的若干问题解释如下：

第一条 明知出版物中载有煽动分裂国家、破坏国家统一或者煽动颠覆国家政权、推翻社会主义制度的内容，而予以出版、印刷、复制、发行、传播的，依照刑法第一百零三条第二款或者第一百零五条第二款的规定，以煽动分裂国家罪或者煽动颠覆国家政权罪定罪处罚。

第二条 以营利为目的，实施刑法第二百一十七条所列侵犯著作权行为之一，个人违法所得数额在5万元以上，单位违法所得数额在20万元以上的，属于“违法所得数额较大”；具有下列情形之一的，属于“有其他严重情节”：

（一）因侵犯著作权曾经两次以上被追究行政责任或者民事责任，两年内又实施刑法第二百一十七条所列侵犯著作权行为之一的；

（二）个人非法经营数额在20万元以上，单位非法经营数额在100万元以上的；

（三）造成其他严重后果的。

以营利为目的，实施刑法第二百一十七条所列侵犯著作权行为之一，个人违法所得数额在20万元以上，单位违法所得数额在100万元以上的，属于“违法所得数额巨大”；具有下列情形之一的，属于“有其他特别严重情节”：

（一）个人非法经营数额在100万元以上，单位非法经营数额在500万元以上的；

（二）造成其他特别严重后果的。

第三条 刑法第二百一十七条第（一）项中规定的“复制发行”，是指行为人以营利为目的，未经著作权人许可而实施的复制、发行或者既复制又发行其文字作品、音乐、电影、电视、录像作品、计算机软件及其他作品的行为。

第四条 以营利为目的，实施刑法第二百一十八条规定的行为，个人违法所得数额在10万元以上，单位违法所得数额在50万元以上的，依照刑法第二百一十八条的规定，以销售侵权复制品罪定罪处罚。

第五条 实施刑法第二百一十七条规定的侵犯著作权行为，又销售该侵权复制品，违法所得数额巨大的，只定侵犯著作权罪，不实行数罪并罚。

实施刑法第二百一十七条规定的侵犯著作权的犯罪行为，又明知是他人的侵权复制品而予以销售，构成犯罪的，应当实行数罪并罚。

第六条 在出版物中公然侮辱他人或者捏造事实诽谤他人，情节严重的，依照刑法第二百四十六条的规定，分别以侮辱罪或者诽谤罪定罪处罚。

第七条 出版刊载歧视、侮辱少数民族内容的作品，情节恶劣，造成严重后果的，依照刑法第二百五十条的规定，以出版歧视、侮辱少数民族作品罪定罪处罚。

第八条 以牟利为目的，实施刑法第三百六十三条第一款规定的行为，具有下列情形之一的，以制作、复制、出版、贩卖、传播淫秽物品牟利罪定罪处罚：

（一）制作、复制、出版淫秽影碟、软件、录像带 50 至 100 张（盒）以上，淫秽音碟、录音带 100 至 200 张（盒）以上，淫秽扑克、书刊、画册 100 至 200 副（册）以上，淫秽照片、画片 500 至 1000 张以上的；

（二）贩卖淫秽影碟、软件、录像带 100 至 200 张（盒）以上，淫秽音碟、录音带 200 至 400 张（盒）以上，淫秽扑克、书刊、画册 200 至 400 副（册）以上，淫秽照片、画片 1000 至 2000 张以上的；

（三）向他人传播淫秽物品达 200 至 500 人次以上，或者组织播放淫秽影、像达 10 至 20 场次以上的；

（四）制作、复制、出版、贩卖、传播淫秽物品，获利 5000 至 1 万元以上的。

以牟利为目的，实施刑法第三百六十三条第一款规定的行为，具有下列情形之一的，应当认定为制作、复制、出版、贩卖、传播淫秽物品牟利罪"情节严重"：

（一）制作、复制、出版淫秽影碟、软件、录像带 250 至 500 张（盒）以上，淫秽音碟、录音带 500 至 1000 张（盒）以上，淫秽扑克、书刊、画册 500 至 1000 副（册）以上，淫秽照片、画片

2500 至 5000 张以上的；

（二）贩卖淫秽影碟、软件、录像带 500 至 1000 张（盒）以上，淫秽音碟、录音带 1000 至 2000 张（盒）以上，淫秽扑克、书刊、画册 1000 至 2000 副（册）以上，淫秽照片、画片 5000 至 1 万张以上的；

（三）向他人传播淫秽物品达 1000 至 2000 人次以上，或者组织播放淫秽影、像达 50 至 100 场次以上的；

（四）制作、复制、出版、贩卖、传播淫秽物品，获利 3 万至 5 万元以上的。

以牟利为目的，实施刑法第三百六十三条第一款规定的行为，其数量（数额）达到前款规定的数量（数额）5 倍以上的，应当认定为制作、复制、出版、贩卖、传播淫秽物品牟利罪“情节特别严重”。

第九条 为他人提供书号、刊号，出版淫秽书刊的，依照刑法第三百六十三条第二款的规定，以为他人提供书号出版淫秽书刊罪定罪处罚。

为他人提供版号，出版淫秽音像制品的，依照前款规定定罪处罚。

明知他人用于出版淫秽书刊而提供书号、刊号的，依照刑法第三百六十三条第一款的规定，以出版淫秽物品牟利罪定罪处罚。

第十条 向他人传播淫秽的书刊、影片、音像、图片等出版物达 300 至 600 人次以上或者造成恶劣社会影响的，属于“情节严重”，依照刑法第三百六十四条第一款的规定，以传播淫秽物品罪定罪处罚。

组织播放淫秽的电影、录像等音像制品达 15 至 30 场次以上或者造成恶劣社会影响的，依照刑法第三百六十四条第二款的规定，以组织播放淫秽音像制品罪定罪处罚。

第十一条 违反国家规定，出版、印刷、复制、发行本解释第一条至第十条规定以外的其他严重危害社会秩序和扰乱市场秩序的非法出版物，情节严重的，依照刑法第二百二十五条第

（三）项的规定，以非法经营罪定罪处罚。

第十二条 个人实施本解释第十一条规定的行为，具有下列情形之一的，属于非法经营行为“情节严重”：

（一）经营数额在5万元至10万元以上的；

（二）违法所得数额在2万元至3万元以上的；

（三）经营报纸5000份或者期刊5000本或者图书2000册或者音像制品、电子出版物500张（盒）以上的。

具有下列情形之一的，属于非法经营行为“情节特别严重”：

（一）经营数额在15万元至30万元以上的；

（二）违法所得数额在5万元至10万元以上的；

（三）经营报纸1.5万份或者期刊1.5万本或者图书5000册或者音像制品、电子出版物1500张（盒）以上的。

第十三条 单位实施本解释第十一条规定的行为，具有下列情形之一的，属于非法经营行为“情节严重”：

（一）经营数额在15万元至30万元以上的；

（二）违法所得数额在5万元至10万元以上的；

（三）经营报纸1.5万份或者期刊1.5万本或者图书5000册或者音像制品、电子出版物1500张（盒）以上的。

具有下列情形之一的，属于非法经营行为“情节特别严重”：

（一）经营数额在50万元至100万元以上的；

（二）违法所得数额在15万元至30万元以上的；

（三）经营报纸5万份或者期刊5万本或者图书1.5万册或者音像制品、电子出版物5000张（盒）以上的。

第十四条 实施本解释第十一条规定的行为，经营数额、违法所得数额或者经营数量接近非法经营行为“情节严重”、“情节特别严重”的数额、数量起点标准，并具有下列情形之一的，可以认定为非法经营行为“情节严重”、“情节特别严重”：

（一）两年内因出版、印刷、复制、发行非法出版物受过行政处罚两次以上的；

（二）因出版、印刷、复制、发行非法出版物造成恶劣社会影响或者其他严重后果的。

第十五条 非法从事出版物的出版、印刷、复制、发行业务，严重扰乱市场秩序，情节特别严重，构成犯罪的，可以依照刑法第二百二十五条第（三）项的规定，以非法经营罪定罪处罚。

第十六条 出版单位与他人事前通谋，向其出售、出租或者以其他形式转让该出版单位的名称、书号、刊号、版号，他人实施本解释第二条、第四条、第八条、第九条、第十条、第十一条规定的行为，构成犯罪的，对该出版单位应当以共犯论处。

第十七条 本解释所称“经营数额”，是指以非法出版物的定价数额乘以行为人经营的非法出版物数量所得的数额。

本解释所称“违法所得数额”，是指获利数额。

非法出版物没有定价或者以境外货币定价的，其单价数额应当按照行为人实际出售的价格认定。

第十八条 各省、自治区、直辖市高级人民法院可以根据本地的情况和社会治安状况，在本解释第八条、第十条、第十二条、第十三条规定的有关数额、数量标准的幅度内，确定本地执行的具体标准，并报最高人民法院备案。

最高人民法院、最高人民检察院关于办理侵犯知识产权刑事案件具体应用法律若干问题的解释

- 2004年11月2日最高人民法院审判委员会第1331次会议、2004年11月11日最高人民检察院第十届检察委员会第28次会议通过
- 2004年12月8日最高人民法院、最高人民检察院公告公布
- 自2004年12月22日起施行
- 法释〔2004〕19号

为依法惩治侵犯知识产权犯罪活动，维护社会主义市场经济秩序，根据刑法有关规定现就办理侵犯知识产权刑事案件具体应

用法律的若干问题解释如下：

第一条 未经注册商标所有人许可，在同一种商品上使用与其注册商标相同的商标，具有下列情形之一的，属于刑法第二百一十三条规定的“情节严重”，应当以假冒注册商标罪判处三年以下有期徒刑或者拘役，并处或者单处罚金：

（一）非法经营数额在五万元以上或者违法所得数额在三万元以上的；

（二）假冒两种以上注册商标，非法经营数额在三万元以上或者违法所得数额在二万元以上的；

（三）其他情节严重的情形。

具有下列情形之一的，属于刑法第二百一十三条规定的“情节特别严重”，应当以假冒注册商标罪判处三年以上七年以下有期徒刑，并处罚金：

（一）非法经营数额在二十五万元以上或者违法所得数额在十五万元以上的；

（二）假冒两种以上注册商标，非法经营数额在十五万元以上或者违法所得数额在十万元以上的；

（三）其他情节特别严重的情形。

第二条 销售明知是假冒注册商标的商品，销售金额在五万元以上的，属于刑法第二百一十四条规定的“数额较大”，应当以销售假冒注册商标的商品罪判处三年以下有期徒刑或者拘役，并处或者单处罚金。

销售金额在二十五万元以上的，属于刑法第二百一十四条规定的“数额巨大”，应当以销售假冒注册商标的商品罪判处三年以上七年以下有期徒刑，并处罚金。

第三条 伪造、擅自制造他人注册商标标识或者销售伪造、擅自制造的注册商标标识，具有下列情形之一的，属于刑法第二百一十五条规定的“情节严重”，应当以非法制造、销售非法制造的注册商标标识罪判处三年以下有期徒刑、拘役或者管制，并处或者单处罚金：

（一）伪造、擅自制造或者销售伪造、擅自制造的注册商标标识数量在二万件以上，或者非法经营数额在五万元以上，或者违法所得数额在三万元以上的；

（二）伪造、擅自制造或者销售伪造、擅自制造两种以上注册商标标识数量在一万件以上，或者非法经营数额在三万元以上，或者违法所得数额在二万元以上的；

（三）其他情节严重的情形。

具有下列情形之一的，属于刑法第二百一十五条规定的“情节特别严重”，应当以非法制造、销售非法制造的注册商标标识罪判处三年以上七年以下有期徒刑，并处罚金：

（一）伪造、擅自制造或者销售伪造、擅自制造的注册商标标识数量在十万件以上，或者非法经营数额在二十五万元以上，或者违法所得数额在十五万元以上的；

（二）伪造、擅自制造或者销售伪造、擅自制造两种以上注册商标标识数量在五万件以上，或者非法经营数额在十五万元以上，或者违法所得数额在十万元以上的；

（三）其他情节特别严重的情形。

第四条 假冒他人专利，具有下列情形之一的，属于刑法第二百一十六条规定的“情节严重”，应当以假冒专利罪判处三年以下有期徒刑或者拘役，并处或者单处罚金：

（一）非法经营数额在二十万元以上或者违法所得数额在十万元以上的；

（二）给专利权人造成直接经济损失五十万元以上的；

（三）假冒两项以上他人专利，非法经营数额在十万元以上或者违法所得数额在五万元以上的；

（四）其他情节严重的情形。

第五条 以营利为目的，实施刑法第二百一十七条所列侵犯著作权行为之一，违法所得数额在三万元以上的，属于“违法所得数额较大”；具有下列情形之一的，属于“有其他严重情节”，应当以侵犯著作权罪判处三年以下有期徒刑或者拘役，并处或者单处罚金：

（一）非法经营数额在五万元以上的；

（二）未经著作权人许可，复制发行其文字作品、音乐、电影、电视、录像作品、计算机软件及其他作品，复制品数量合计在一千张（份）以上的；

（三）其他严重情节的情形。

以营利为目的，实施刑法第二百一十七条所列侵犯著作权行为之一，违法所得数额在十五万元以上的，属于“违法所得数额巨大”；具有下列情形之一的，属于“有其他特别严重情节”，应当以侵犯著作权罪判处三年以上七年以下有期徒刑，并处罚金：

（一）非法经营数额在二十五万元以上的；

（二）未经著作权人许可，复制发行其文字作品、音乐、电影、电视、录像作品、计算机软件及其他作品，复制品数量合计在五千张（份）以上的；

（三）其他特别严重情节的情形。

第六条 以营利为目的，实施刑法第二百一十八条规定的行为，违法所得数额在十万元以上的，属于“违法所得数额巨大”，应当以销售侵权复制品罪判处三年以下有期徒刑或者拘役，并处或者单处罚金。

第七条 实施刑法第二百一十九条规定的行为之一，给商业秘密的权利人造成损失数额在五十万元以上的，属于“给商业秘密的权利人造成重大损失”，应当以侵犯商业秘密罪判处三年以下有期徒刑或者拘役，并处或者单处罚金。

给商业秘密的权利人造成损失数额在二百五十万元以上的，属于刑法第二百一十九条规定的“造成特别严重后果”，应当以侵犯商业秘密罪判处三年以上七年以下有期徒刑，并处罚金。

第八条 刑法第二百一十三条规定的“相同的商标”，是指与被假冒的注册商标完全相同，或者与被假冒的注册商标在视觉上基本无差别、足以对公众产生误导的商标。

刑法第二百一十三条规定的“使用”，是指将注册商标或者假冒的注册商标用于商品、商品包装或者容器以及产品说明书、商品交易文书，或者将注册商标或者假冒的注册商标用于广告宣传、展览以及其他商业活动等行为。

第九条 刑法第二百一十四条规定的“销售金额”，是指销售假冒注册商标的商品后所得和应得的全部违法收入。

具有下列情形之一的，应当认定为属于刑法第二百一十四条规定的“明知”：

（一）知道自己销售的商品上的注册商标被涂改、调换或者覆盖的；

（二）因销售假冒注册商标的商品受到过行政处罚或者承担过民事责任、又销售同一种假冒注册商标的商品的；

（三）伪造、涂改商标注册人授权文件或者知道该文件被伪造、涂改的；

（四）其他知道或者应当知道是假冒注册商标的商品的情形。

第十条 实施下列行为之一的，属于刑法第二百一十六条规定的“假冒他人专利”的行为：

（一）未经许可，在其制造或者销售的产品、产品的包装上标注他人专利号的；

（二）未经许可，在广告或者其他宣传材料中使用他人的专利号，使人将所涉及的技术误认为是他人专利技术的；

（三）未经许可，在合同中使用他人的专利号，使人将合同涉及的技术误认为是他人专利技术的；

（四）伪造或者变造他人的专利证书、专利文件或者专利申请文件的。

第十一条 以刊登收费广告等方式直接或者间接收取费用的情形，属于刑法第二百一十七条规定的“以营利为目的”。

刑法第二百一十七条规定的“未经著作权人许可”，是指没有得到著作权人授权或者伪造、涂改著作权人授权许可文件或者超出授权许可范围的情形。

通过信息网络向公众传播他人文字作品、音乐、电影、电视、录像作品、计算机软件及其他作品的行为，应当视为刑法第二百一十七条规定的“复制发行”。

第十二条 本解释所称“非法经营数额”，是指行为人在实施侵犯知识产权行为过程中，制造、储存、运输、销售侵权产品的价值。已销售的侵权产品的价值，按照实际销售的价格计算。制造、储存、运输和未销售的侵权产品的价值，按照标价或者已经查清的侵权产品的实际销售平均价格计算。侵权产品没有标价或者无法查清其实际销售价格的，按照被侵权产品的市场中间价格计算。

多次实施侵犯知识产权行为，未经行政处理或者刑事处罚的，非法经营数额、违法所得数额或者销售金额累计计算。

本解释第三条所规定的“件”，是指标有完整商标图样的一份标识。

第十三条 实施刑法第二百一十三条规定的假冒注册商标犯罪，又销售该假冒注册商标的商品，构成犯罪的，应当依照刑法第二百一十三条的规定，以假冒注册商标罪定罪处罚。

实施刑法第二百一十三条规定的假冒注册商标犯罪，又销售明知是他人的假冒注册商标的商品，构成犯罪的，应当实行数罪并罚。

第十四条 实施刑法第二百一十七条规定的侵犯著作权犯罪，又销售该侵权复制品，构成犯罪的，应当依照刑法第二百一十七条的规定，以侵犯著作权罪定罪处罚。

实施刑法第二百一十七条规定的侵犯著作权犯罪，又销售明知是他人的侵权复制品，构成犯罪的，应当实行数罪并罚。

第十五条 单位实施刑法第二百一十三条至第二百一十九条规定的行为，按照本解释规定的相应个人犯罪的定罪量刑标准的三倍定罪量刑。

第十六条 明知他人实施侵犯知识产权犯罪，而为其提供贷款、资金、账号、发票、证明、许可证件，或者提供生产、经营场所或者运输、储存、代理进出口等便利条件、帮助的，以侵犯知识产权犯罪的共犯论处。

第十七条 以前发布的有关侵犯知识产权犯罪的司法解释，与本解释相抵触的，自本解释施行后不再适用。

最高人民法院、最高人民检察院关于办理侵犯知识产权刑事案件具体应用法律若干问题的解释（二）

· 2007 年 4 月 4 日最高人民法院审判委员会第 1422 次会议、最高人民检察院第十届检察委员会第 75 次会议通过

· 2007 年 4 月 5 日最高人民法院、最高人民检察院公告公布

· 自 2007 年 4 月 5 日起施行

· 法释〔2007〕6 号

为维护社会主义市场经济秩序，依法惩治侵犯知识产权犯罪活动，根据刑法、刑事诉讼法有关规定，现就办理侵犯知识产权刑事案件具体应用法律的若干问题解释如下：

第一条 以营利为目的，未经著作权人许可，复制发行其文字作品、音乐、电影、电视、录像作品、计算机软件及其他作品，复制品数量合计在五百张（份）以上的，属于刑法第二百一十七条规定的“有其他严重情节”；复制品数量在二千五百张（份）以上的，属于刑法第二百一十七条规定的“有其他特别严重情节”。

第二条 刑法第二百一十七条侵犯著作权罪中的“复制发行”，包括复制、发行或者既复制又发行的行为。

侵权产品的持有人通过广告、征订等方式推销侵权产品的，属于刑法第二百一十七条规定的“发行”。

非法出版、复制、发行他人作品，侵犯著作权构成犯罪的，按照侵犯著作权罪定罪处罚。

第三条 侵犯知识产权犯罪，符合刑法规定的缓刑条件的，依法适用缓刑。有下列情形之一的，一般不适用缓刑：

（一）因侵犯知识产权被刑事处罚或者行政处罚后，再次侵犯知识产权构成犯罪的；

（二）不具有悔罪表现的；

（三）拒不交出违法所得的；

（四）其他不宜适用缓刑的情形。

第四条 对于侵犯知识产权犯罪的，人民法院应当综合考虑犯罪的违法所得、非法经营数额、给权利人造成的损失、社会危害性等情节，依法判处罚金。罚金数额一般在违法所得的一倍以上五倍以下，或者按照非法经营数额的50%以上一倍以下确定。

第五条 被害人有证据证明的侵犯知识产权刑事案件，直接向人民法院起诉的，人民法院应当依法受理；严重危害社会秩序和国家利益的侵犯知识产权刑事案件，由人民检察院依法提起公诉。

第六条 单位实施刑法第二百一十三条至第二百一十九条规定的行为，按照《最高人民法院、最高人民检察院关于办理侵犯知识产权刑事案件具体应用法律若干问题的解释》和本解释规定的相应个人犯罪的定罪量刑标准定罪处罚。

第七条 以前发布的司法解释与本解释不一致的，以本解释为准。

最高人民法院、最高人民检察院关于办理侵犯知识产权刑事案件具体应用法律若干问题的解释（三）

· 2020年8月31日最高人民法院审判委员会第1811次会议、2020年8月21日最高人民检察院第十三届检察委员会第四十八次会议通过
· 2020年9月12日最高人民法院、最高人民检察院公告公布
· 自2020年9月14日起施行
· 法释〔2020〕10号

为依法惩治侵犯知识产权犯罪，维护社会主义市场经济秩序，根据《中华人民共和国刑法》《中华人民共和国刑事诉讼法》等有关规定，现就办理侵犯知识产权刑事案件具体应用法律的若干问题解释如下：

第一条 具有下列情形之一的，可以认定为刑法第二百一十三条规定的“与其注册商标相同的商标”：

（一）改变注册商标的字体、字母大小写或者文字横竖排列，与注册商标之间基本无差别的；

（二）改变注册商标的文字、字母、数字等之间的间距，与注册商标之间基本无差别的；

（三）改变注册商标颜色，不影响体现注册商标显著特征的；

（四）在注册商标上仅增加商品通用名称、型号等缺乏显著特征要素，不影响体现注册商标显著特征的；

（五）与立体注册商标的三维标志及平面要素基本无差别的；

（六）其他与注册商标基本无差别、足以对公众产生误导的商标。

第二条 在刑法第二百一十七条规定的作品、录音制品上以通常方式署名的自然人、法人或者非法人组织，应当推定为著作

权人或者录音制作者，且该作品、录音制品上存在着相应权利，但有相反证明的除外。

在涉案作品、录音制品种类众多且权利人分散的案件中，有证据证明涉案复制品系非法出版、复制发行，且出版者、复制发行者不能提供获得著作权人、录音制作者许可的相关证据材料的，可以认定为刑法第二百一十七条规定的“未经著作权人许可”“未经录音制作者许可”。但是，有证据证明权利人放弃权利、涉案作品的著作权或者录音制品的有关权利不受我国著作权法保护、权利保护期限已经届满的除外。

第三条 采取非法复制、未经授权或者超越授权使用计算机信息系统等方式窃取商业秘密的，应当认定为刑法第二百一十九条第一款第一项规定的“盗窃”。

以贿赂、欺诈、电子侵入等方式获取权利人的商业秘密的，应当认定为刑法第二百一十九条第一款第一项规定的“其他不正当手段”。

第四条 实施刑法第二百一十九条规定的行为，具有下列情形之一的，应当认定为“给商业秘密的权利人造成重大损失”：

（一）给商业秘密的权利人造成损失数额或者因侵犯商业秘密违法所得数额在三十万元以上的；

（二）直接导致商业秘密的权利人因重大经营困难而破产、倒闭的；

（三）造成商业秘密的权利人其他重大损失的。

给商业秘密的权利人造成损失数额或者因侵犯商业秘密违法所得数额在二百五十万元以上的，应当认定为刑法第二百一十九条规定的“造成特别严重后果”。

第五条 实施刑法第二百一十九条规定的行为造成的损失数额或者违法所得数额，可以按照下列方式认定：

（一）以不正当手段获取权利人的商业秘密，尚未披露、使用或者允许他人使用的，损失数额可以根据该项商业秘密的合理许可使用费确定；

（二）以不正当手段获取权利人的商业秘密后，披露、使用或者允许他人使用的，损失数额可以根据权利人因被侵权造成销售利润的损失确定，但该损失数额低于商业秘密合理许可使用费的，根据合理许可使用费确定；

（三）违反约定、权利人有关保守商业秘密的要求，披露、使用或者允许他人使用其所掌握的商业秘密的，损失数额可以根据权利人因被侵权造成销售利润的损失确定；

（四）明知商业秘密是不正当手段获取或者是违反约定、权利人有关保守商业秘密的要求披露、使用、允许使用，仍获取、使用或者披露的，损失数额可以根据权利人因被侵权造成销售利润的损失确定；

（五）因侵犯商业秘密行为导致商业秘密已为公众所知悉或者灭失的，损失数额可以根据该项商业秘密的商业价值确定。商业秘密的商业价值，可以根据该项商业秘密的研究开发成本、实施该项商业秘密的收益综合确定；

（六）因披露或者允许他人使用商业秘密而获得的财物或者其他财产性利益，应当认定为违法所得。

前款第二项、第三项、第四项规定的权利人因被侵权造成销售利润的损失，可以根据权利人因被侵权造成销售量减少的总数乘以权利人每件产品的合理利润确定；销售量减少的总数无法确定的，可以根据侵权产品销售量乘以权利人每件产品的合理利润确定；权利人因被侵权造成销售量减少的总数和每件产品的合理利润均无法确定的，可以根据侵权产品销售量乘以每件侵权产品的合理利润确定。商业秘密系用于服务等其他经营活动的，损失数额可以根据权利人因被侵权而减少的合理利润确定。

商业秘密的权利人为减轻对商业运营、商业计划的损失或者重新恢复计算机信息系统安全、其他系统安全而支出的补救费用，应当计入给商业秘密的权利人造成的损失。

第六条 在刑事诉讼程序中，当事人、辩护人、诉讼代理人或者案外人书面申请对有关商业秘密或者其他需要保密的商业信息的证据、材料采取保密措施的，应当根据案件情况采取组织诉讼参与人签署保密承诺书等必要的保密措施。

违反前款有关保密措施的要求或者法律法规规定的保密义务的，依法承担相应责任。擅自披露、使用或者允许他人使用在刑事诉讼程序中接触、获取的商业秘密，符合刑法第二百一十九条规定的，依法追究刑事责任。

第七条 除特殊情况外，假冒注册商标的商品、非法制造的注册商标标识、侵犯著作权的复制品、主要用于制造假冒注册商标的商品、注册商标标识或者侵权复制品的材料和工具，应当依法予以没收和销毁。

上述物品需要作为民事、行政案件的证据使用的，经权利人申请，可以在民事、行政案件终结后或者采取取样、拍照等方式对证据固定后予以销毁。

第八条 具有下列情形之一的，可以酌情从重处罚，一般不适用缓刑：

（一）主要以侵犯知识产权为业的；

（二）因侵犯知识产权被行政处罚后再次侵犯知识产权构成犯罪的；

（三）在重大自然灾害、事故灾难、公共卫生事件期间，假冒抢险救灾、防疫物资等商品的注册商标的；

（四）拒不交出违法所得的。

第九条 具有下列情形之一的，可以酌情从轻处罚：

（一）认罪认罚的；

（二）取得权利人谅解的；

（三）具有悔罪表现的；

（四）以不正当手段获取权利人的商业秘密后尚未披露、使用或者允许他人使用的。

第十条 对于侵犯知识产权犯罪的，应当综合考虑犯罪违法所得数额、非法经营数额、给权利人造成的损失数额、侵权假冒物品数量及社会危害性等情节，依法判处罚金。

罚金数额一般在违法所得数额的一倍以上五倍以下确定。违法所得数额无法查清的，罚金数额一般按照非法经营数额的百分之五十以上一倍以下确定。违法所得数额和非法经营数额均无法查清，判处三年以下有期徒刑、拘役、管制或者单处罚金的，一般在三万元以上一百万元以下确定罚金数额；判处三年以上有期徒刑的，一般在十五万元以上五百万元以下确定罚金数额。

第十一条 本解释发布施行后，之前发布的司法解释和规范性文件与本解释不一致的，以本解释为准。

第十二条 本解释自 2020 年 9 月 14 日起施行。

最高人民法院、最高人民检察院关于办理利用互联网、移动通讯终端、声讯台制作、复制、出版、贩卖、传播淫秽电子信息刑事案件具体应用法律若干问题的解释（一）

· 2004 年 9 月 1 日最高人民法院审判委员会第 1323 次会议、2004 年 9 月 2 日最高人民检察院第十届检察委员会第 26 次会议通过
· 2004 年 9 月 3 日最高人民法院、最高人民检察院公告公布
· 自 2004 年 9 月 6 日起施行
· 法释〔2004〕11 号

为依法惩治利用互联网、移动通讯终端制作、复制、出版、贩卖、传播淫秽电子信息、通过声讯台传播淫秽语音信息等犯罪活动，维护公共网络、通讯的正常秩序，保障公众的合法权益，根据《中华人民共和国刑法》、《全国人民代表大会常务委员会关于维护互联网安全的决定》的规定，现对办理该类刑事案件具体应用法律的若干问题解释如下：

第一条 以牟利为目的，利用互联网、移动通讯终端制作、复制、出版、贩卖、传播淫秽电子信息，具有下列情形之一的，

依照刑法第三百六十三条第一款的规定，以制作、复制、出版、贩卖、传播淫秽物品牟利罪定罪处罚：

（一）制作、复制、出版、贩卖、传播淫秽电影、表演、动画等视频文件二十个以上的；

（二）制作、复制、出版、贩卖、传播淫秽音频文件一百个以上的；

（三）制作、复制、出版、贩卖、传播淫秽电子刊物、图片、文章、短信息等二百件以上的；

（四）制作、复制、出版、贩卖、传播的淫秽电子信息，实际被点击数达到一万次以上的；

（五）以会员制方式出版、贩卖、传播淫秽电子信息，注册会员达二百人以上的；

（六）利用淫秽电子信息收取广告费、会员注册费或者其他费用，违法所得一万元以上的；

（七）数量或者数额虽未达到第（一）项至第（六）项规定标准，但分别达到其中两项以上标准一半以上的；

（八）造成严重后果的。

利用聊天室、论坛、即时通信软件、电子邮件等方式，实施第一款规定行为的，依照刑法第三百六十三条第一款的规定，以制作、复制、出版、贩卖、传播淫秽物品牟利罪定罪处罚。

第二条 实施第一条规定的行为，数量或者数额达到第一条第一款第（一）项至第（六）项规定标准五倍以上的，应当认定为刑法第三百六十三条第一款规定的“情节严重”；达到规定标准二十五倍以上的，应当认定为“情节特别严重”。

第三条 不以牟利为目的，利用互联网或者转移通讯终端传播淫秽电子信息，具有下列情形之一的，依照刑法第三百六十四条第一款的规定，以传播淫秽物品罪定罪处罚：

（一）数量达到第一条第一款第（一）项至第（五）项规定标准二倍以上的；

（二）数量分别达到第一条第一款第（一）项至第（五）项

两项以上标准的；

（三）造成严重后果的。

利用聊天室、论坛、即时通信软件、电子邮件等方式，实施第一款规定行为的，依照刑法第三百六十四条第一款的规定，以传播淫秽物品罪定罪处罚。

第四条 明知是淫秽电子信息而在自己所有、管理或者使用的网站或者网页上提供直接链接的，其数量标准根据所链接的淫秽电子信息的种类计算。

第五条 以牟利为目的，通过声讯台传播淫秽语音信息，具有下列情形之一的，依照刑法第三百六十三条第一款的规定，对直接负责的主管人员和其他直接责任人员以传播淫秽物品牟利罪定罪处罚：

（一）向一百人次以上传播的；

（二）违法所得一万元以上的；

（三）造成严重后果的。

实施前款规定行为，数量或者数额达到前款第（一）项至第（二）项规定标准五倍以上的，应当认定为刑法第三百六十三条第一款规定的“情节严重”；达到规定标准二十五倍以上的，应当认定为“情节特别严重”。

第六条 实施本解释前五条规定的犯罪，具有下列情形之一的，依照刑法第三百六十三条第一款、第三百六十四条第一款的规定从重处罚：

（一）制作、复制、出版、贩卖、传播具体描绘不满十八周岁未成年人性行为的淫秽电子信息的；

（二）明知是具体描绘不满十八周岁的未成年人性行为的淫秽电子信息而在自己所有、管理或者使用的网站或者网页上提供直接链接的；

（三）向不满十八周岁的未成年人贩卖、传播淫秽电子信息和语音信息的；

（四）通过使用破坏性程序、恶意代码修改用户计算机设置等方法，强制用户访问、下载淫秽电子信息的。

第七条 明知他人实施制作、复制、出版、贩卖、传播淫秽电子信息犯罪，为其提供互联网接入、服务器托管、网络存储空间、通讯传输通道、费用结算等帮助的，对直接负责的主管人员和其他直接责任人员，以共同犯罪论处。

第八条 利用互联网、移动通讯终端、声讯台贩卖、传播淫秽书刊、影片、录像带、录音带等以实物为载体的淫秽物品的，依照《最高人民法院关于审理非法出版物刑事案件具体应用法律若干问题的解释》的有关规定定罪处罚。

第九条 刑法第三百六十七条第一款规定的“其他淫秽物品”，包括具体描绘性行为或者露骨宣扬色情的诲淫性的视频文件、音频文件、电子刊物、图片、文章、短信息等互联网、移动通讯终端电子信息和声讯台语音信息。

有关人体生理、医学知识的电子信息和声讯台语音信息不是淫秽物品。包含色情内容的有艺术价值的电子文学、艺术作品不视为淫秽物品。

最高人民法院、最高人民检察院关于办理利用互联网、移动通讯终端、声讯台制作、复制、出版、贩卖、传播淫秽电子信息刑事案件具体应用法律若干问题的解释（二）

· 2010 年 1 月 18 日最高人民法院审判委员会第 1483 次会议、2010 年 1 月 14 日最高人民检察院第十一届检察委员会第 28 次会议通过
· 2010 年 2 月 2 日最高人民法院、最高人民检察院公告公布
· 自 2010 年 2 月 4 日起施行
· 法释〔2010〕3 号

为依法惩治利用互联网、移动通讯终端制作、复制、出版、

贩卖、传播淫秽电子信息，通过声讯台传播淫秽语音信息等犯罪活动，维护社会秩序，保障公民权益，根据《中华人民共和国刑法》、《全国人民代表大会常务委员会关于维护互联网安全的决定》的规定，现对办理该类刑事案件具体应用法律的若干问题解释如下：

第一条 以牟利为目的，利用互联网、移动通讯终端制作、复制、出版、贩卖、传播淫秽电子信息的，依照《最高人民法院、最高人民检察院关于办理利用互联网、移动通讯终端、声讯台制作、复制、出版、贩卖、传播淫秽电子信息刑事案件具体应用法律若干问题的解释》第一条、第二条的规定定罪处罚。

以牟利为目的，利用互联网、移动通讯终端制作、复制、出版、贩卖、传播内容含有不满十四周岁未成年人的淫秽电子信息，具有下列情形之一的，依照刑法第三百六十三条第一款的规定，以制作、复制、出版、贩卖、传播淫秽物品牟利罪定罪处罚：

（一）制作、复制、出版、贩卖、传播淫秽电影、表演、动画等视频文件十个以上的；

（二）制作、复制、出版、贩卖、传播淫秽音频文件五十个以上的；

（三）制作、复制、出版、贩卖、传播淫秽电子刊物、图片、文章等一百件以上的；

（四）制作、复制、出版、贩卖、传播的淫秽电子信息，实际被点击数达到五千次以上的；

（五）以会员制方式出版、贩卖、传播淫秽电子信息，注册会员达一百人以上的；

（六）利用淫秽电子信息收取广告费、会员注册费或者其他费用，违法所得五千元以上的；

（七）数量或者数额虽未达到第（一）项至第（六）项规定标准，但分别达到其中两项以上标准一半以上的；

（八）造成严重后果的。

实施第二款规定的行为，数量或者数额达到第二款第（一）

项至第（七）项规定标准五倍以上的，应当认定为刑法第三百六十三条第一款规定的“情节严重”；达到规定标准二十五倍以上的，应当认定为“情节特别严重”。

第二条 利用互联网、移动通讯终端传播淫秽电子信息的，依照《最高人民法院、最高人民检察院关于办理利用互联网、移动通讯终端、声讯台制作、复制、出版、贩卖、传播淫秽电子信息刑事案件具体应用法律若干问题的解释》第三条的规定定罪处罚。

利用互联网、移动通讯终端传播内容含有不满十四周岁未成年人的淫秽电子信息，具有下列情形之一的，依照刑法第三百六十四条第一款的规定，以传播淫秽物品罪定罪处罚：

（一）数量达到第一条第二款第（一）项至第（五）项规定标准二倍以上的；

（二）数量分别达到第一条第二款第（一）项至第（五）项两项以上标准的；

（三）造成严重后果的。

第三条 利用互联网建立主要用于传播淫秽电子信息的群组，成员达三十人以上或者造成严重后果的，对建立者、管理者和主要传播者，依照刑法第三百六十四条第一款的规定，以传播淫秽物品罪定罪处罚。

第四条 以牟利为目的，网站建立者、直接负责的管理者明知他人制作、复制、出版、贩卖、传播的是淫秽电子信息，允许或者放任他人在自己所有、管理的网站或者网页上发布，具有下列情形之一的，依照刑法第三百六十三条第一款的规定，以传播淫秽物品牟利罪定罪处罚：

（一）数量或者数额达到第一条第二款第（一）项至第（六）项规定标准五倍以上的；

（二）数量或者数额分别达到第一条第二款第（一）项至第（六）项两项以上标准二倍以上的；

（三）造成严重后果的。

实施前款规定的行为，数量或者数额达到第一条第二款第（一）项至第（七）项规定标准二十五倍以上的，应当认定为刑法第三百六十三条第一款规定的“情节严重”；达到规定标准一百倍以上的，应当认定为“情节特别严重”。

第五条 网站建立者、直接负责的管理者明知他人制作、复制、出版、贩卖、传播的是淫秽电子信息，允许或者放任他人在自己所有、管理的网站或者网页上发布，具有下列情形之一的，依照刑法第三百六十四条第一款的规定，以传播淫秽物品罪定罪处罚：

（一）数量达到第一条第二款第（一）项至第（五）项规定标准十倍以上的；

（二）数量分别达到第一条第二款第（一）项至第（五）项两项以上标准五倍以上的；

（三）造成严重后果的。

第六条 电信业务经营者、互联网信息服务提供者明知是淫秽网站，为其提供互联网接入、服务器托管、网络存储空间、通讯传输通道、代收费等服务，并收取服务费，具有下列情形之一的，对直接负责的主管人员和其他直接责任人员，依照刑法第三百六十三条第一款的规定，以传播淫秽物品牟利罪定罪处罚：

（一）为五个以上淫秽网站提供上述服务的；

（二）为淫秽网站提供互联网接入、服务器托管、网络存储空间、通讯传输通道等服务，收取服务费数额在二万元以上的；

（三）为淫秽网站提供代收费服务，收取服务费数额在五万元以上的；

（四）造成严重后果的。

实施前款规定的行为，数量或者数额达到前款第（一）项至第（三）项规定标准五倍以上的，应当认定为刑法第三百六十三条第一款规定的“情节严重”；达到规定标准二十五倍以上的，应当认定为“情节特别严重”。

第七条 明知是淫秽网站，以牟利为目的，通过投放广告等方式向其直接或者间接提供资金，或者提供费用结算服务，具有下列情形之一的，对直接负责的主管人员和其他直接责任人员，依照刑法第三百六十三条第一款的规定，以制作、复制、出版、贩卖、传播淫秽物品牟利罪的共同犯罪处罚：

（一）向十个以上淫秽网站投放广告或者以其他方式提供资金的；

（二）向淫秽网站投放广告二十条以上的；

（三）向十个以上淫秽网站提供费用结算服务的；

（四）以投放广告或者其他方式向淫秽网站提供资金数额在五万元以上的；

（五）为淫秽网站提供费用结算服务，收取服务费数额在二万元以上的；

（六）造成严重后果的。

实施前款规定的行为，数量或者数额达到前款第（一）项至第（五）项规定标准五倍以上的，应当认定为刑法第三百六十三条第一款规定的“情节严重”；达到规定标准二十五倍以上的，应当认定为“情节特别严重”。

第八条 实施第四条至第七条规定的行为，具有下列情形之一的，应当认定行为人“明知”，但是有证据证明确实不知道的除外：

（一）行政主管机关书面告知后仍然实施上述行为的；

（二）接到举报后不履行法定管理职责的；

（三）为淫秽网站提供互联网接入、服务器托管、网络存储空间、通讯传输通道、代收费、费用结算等服务，收取服务费明显高于市场价格的；

（四）向淫秽网站投放广告，广告点击率明显异常的；

（五）其他能够认定行为人明知的情形。

第九条 一年内多次实施制作、复制、出版、贩卖、传播淫秽电子信息行为未经处理，数量或者数额累计计算构成犯罪的，应当依法定罪处罚。

第十条 单位实施制作、复制、出版、贩卖、传播淫秽电子信息犯罪的，依照《中华人民共和国刑法》、《最高人民法院、最高人民检察院关于办理利用互联网、移动通讯终端、声讯台制作、复制、出版、贩卖、传播淫秽电子信息刑事案件具体应用法律若干问题的解释》和本解释规定的相应个人犯罪的定罪量刑标准，对直接负责的主管人员和其他直接责任人员定罪处罚，并对单位判处罚金。

第十一条 对于以牟利为目的，实施制作、复制、出版、贩卖、传播淫秽电子信息犯罪的，人民法院应当综合考虑犯罪的违法所得、社会危害性等情节，依法判处罚金或者没收财产。罚金数额一般在违法所得的一倍以上五倍以下。

第十二条 《最高人民法院、最高人民检察院关于办理利用互联网、移动通讯终端、声讯台制作、复制、出版、贩卖、传播淫秽电子信息刑事案件具体应用法律若干问题的解释》和本解释所称网站，是指可以通过互联网域名、IP 地址等方式访问的内容提供站点。

以制作、复制、出版、贩卖、传播淫秽电子信息为目的建立或者建立后主要从事制作、复制、出版、贩卖、传播淫秽电子信息活动的网站，为淫秽网站。

第十三条 以前发布的司法解释与本解释不一致的，以本解释为准。

最高人民法院关于做好涉及网吧著作权纠纷案件审判工作的通知

· 2010 年 11 月 25 日
· 法发〔2010〕50 号

各省、自治区、直辖市高级人民法院，新疆维吾尔自治区高级人民法院生产建设兵团分院：

近年来，各级人民法院审理的网吧因提供影视作品被诉侵权的相关案件大幅增加，出现了一些新情况和新问题，引起有关方面的高度关注。为解决当前审理涉及网吧著作权纠纷案件中存在的突出问题，依法妥善审理好此类案件，现就有关事项通知如下：

一、各级人民法院要认真研究分析当前涉及网吧著作权纠纷案件急剧上升的成因和现状，在此类案件的审理中，在积极支持当事人依法维权的同时，也要注意防止滥用权利情形的发生。要注意处理好依法保护与适度保护的关系，既要依法保护当事人的著作权，有效制止侵权行为，又要正确确定网吧经营者和相关影视作品提供者的责任承担，注意把握司法导向和利益平衡，积极促进信息传播和规范传播秩序，推动相关互联网文化产业健康发展。

二、要积极探索有效解决纠纷的途径，认真贯彻“调解优先，调判结合”的工作原则。在加强诉讼调解的同时，积极推动建立诉讼与非诉讼相衔接的矛盾纠纷解决机制，发挥行业主管部门和行业协会的作用，采取各种措施引导网吧经营者规范经营行为，以减少诉讼，维护社会和谐稳定。

三、网吧经营者未经许可，通过网吧自行提供他人享有著作权的影视作品，侵犯他人信息网络传播权等权利的，应当根据原告的诉讼请求判决其停止侵权和赔偿损失。赔偿数额的确定要合理和适度，要符合网吧经营活动的特点和实际，除应考虑涉案影视作品的市场影响、知名度、上映档期、合理的许可使用费外，还应重点考虑网吧的服务价格、规模、主观过错程度以及侵权行为的性质、持续时间、对侵权作品的点击或下载数量、当地经济文化发展状况等因素。

法律、行政法规对网吧经营者承担侵权责任的情形另有规定的，按其规定执行。

四、网吧经营者能证明涉案影视作品是从有经营资质的影视作品提供者合法取得，根据取得时的具体情形不知道也没有合理理由应当知道涉案影视作品侵犯他人信息网络传播权等权利的，不承担赔偿损失的民事责任。但网吧经营者经权利人通知后，未及时采取必要措施的，应对损害的扩大部分承担相应的民事责任。

五、网吧经营者请求追加涉案影视作品提供者为共同被告的，可根据案件的具体情况决定是否追加其参加诉讼。

本通知自下发之日起执行。执行中如有问题和新情况，请及时层报最高人民法院。

三、办案规范

出版管理行政处罚实施办法

· 1997 年 12 月 30 日新闻出版署署长令第 12 号

· 自 1998 年 1 月 1 日起施行

第一章　总　则

第一条　为了规范出版管理行政处罚，保障和监督新闻出版行政机关有效实施行政管理，保护公民、法人或者其他组织的合法权益，根据《中华人民共和国行政处罚法》和《出版管理条例》等有关法律、法规，制定本办法。

第二条　公民、法人或者其他组织违反出版管理法规，应当给予行政处罚的，由新闻出版行政机关依照《中华人民共和国行政处罚法》和本办法的规定实施。

第三条　新闻出版行政机关实施行政处罚应当遵循下列原则：

（一）必须有法定依据，遵守法定程序，否则行政处罚无效；

（二）必须以事实为依据，与违法行为的事实、性质、情节以及社会危害程度相当，违法事实不清的，不得给予行政处罚；

（三）对违法行为给予行政处罚的规定必须公布，未经公布的不得作为行政处罚的依据；

（四）应当坚持处罚与教育相结合，教育公民、法人或者其他组织自觉守法；

（五）在作出行政处罚决定之前，应当向当事人告知给予行政处罚的事实、理由和依据，听取当事人的陈述、申辩，否则行政处罚决定不能成立。

第四条 新闻出版行政机关在法定职权范围内负责对下列违法行为实施行政处罚：

（一）《出版管理条例》规定的违法行为；

（二）《音像制品管理条例》规定的违法行为；

（三）《印刷业管理条例》规定的违法行为；

（四）其他有关法律、法规和规章规定的应当由新闻出版行政机关给予行政处罚的违法行为。

第五条 本办法所称新闻出版行政机关是指新闻出版署，省、自治区、直辖市新闻出版局，计划单列市新闻出版局，地市级和县级新闻出版局，或者省、自治区、直辖市人民政府规定的行使新闻出版行政管理职能的行政机关。

法律、法规授权的具有新闻出版管理职能的组织实施出版管理行政处罚，适用本办法。

第二章 管 辖

第六条 新闻出版署负责对下列违法行为实施行政处罚：

（一）在全国有重大影响的；

（二）法律、法规规定由新闻出版署管辖的；

（三）其他应当由自己管辖的。

第七条 省、自治区、直辖市新闻出版局负责对下列违法行为实施行政处罚：

（一）在本行政区有重大影响的；

（二）涉及外国的；

（三）其他依法应当由自己管辖的。

其他地方新闻出版行政机关负责对本行政区域发生的违法行为实施行政处罚。省、自治区、直辖市制定的地方性法规、规章有具体规定的，从其规定。

第八条 行政处罚由主要违法行为发生地的新闻出版行政机关管辖。两个以上地方新闻出版行政机关对同一违法行为都有管辖权的，由先立案的新闻出版行政机关管辖。

第九条 地方新闻出版行政机关就行政处罚管辖发生争议或者管辖不明的，报请共同的上一级新闻出版行政机关指定管辖。该上一级新闻出版行政机关应当指定其中一个地方新闻出版行政机关管辖，或者指定适宜的其他地方新闻出版行政机关管辖。

第十条 上级新闻出版行政机关在必要的时候可以处理下级新闻出版行政机关管辖的行政处罚案件，也可以把自己管辖的行政处罚案件交下级新闻出版行政机关处理。

下级新闻出版行政机关认为其管辖的行政处罚案件重大、复杂，需要由上级新闻出版行政机关处理的，可以报请上一级新闻出版行政机关决定。

第十一条 对出版单位的行政处罚，由新闻出版署或者省级新闻出版行政机关管辖；新闻出版署、省级新闻出版行政机关认为由出版单位所在地的新闻出版行政机关管辖更适宜的，可以指定该地的新闻出版行政机关管辖。

第十二条 吊销许可证的处罚，由原发证机关决定。

第十三条 新闻出版行政机关认为违法行为构成犯罪的，必须将案件移送司法机关。

第十四条 有关著作权的违法行为，由著作权行政管理部门依照有关规定处理。

第三章 立 案

第十五条 除依照《中华人民共和国行政处罚法》可以当场作出行政处罚决定的以外，新闻出版行政机关发现公民、法人或者其他组织有依法应当给予行政处罚的违法行为的，应当立案查处。

第十六条 新闻出版行政机关应当严格履行职责，对有关公民、法人或者其他组织遵守出版法律、法规和规章的情况进行监督检查。对在检查中发现的违法行为，新闻出版行政机关应当及时立案。

新闻出版行政机关在进行执法检查时，执法人员不得少于两人，并应当向当事人或者有关人员出示新闻出版行政执法证。

第十七条 新闻出版行政机关在执法检查中，发现正在印刷、复制、批发、零售、出租违禁出版物或者非法出版物，情况紧急来不及立案的，执法人员可以采取以下措施：

（一）对违法行为予以制止或者纠正；

（二）对违禁出版物或者非法出版物、专用于违法行为的工具、设备依法查封或扣押；

（三）收集、提取有关证据。

第十八条 新闻出版行政机关应当建立健全违法行为举报制度，接受公民、法人或者其他组织对违法行为的控告、检举。对控告、检举的违法行为经审核基本属实的，应当及时立案。不予立案的，应当及时告知控告人或检举人。

第十九条 新闻出版行政机关对其他行政机关移送的、上级新闻出版行政机关指定或者交办的、当事人主动交待的和通过其他方式发现的违法行为，应当及时立案。

第二十条 行政处罚案件的具体立案工作由新闻出版行政机关的相关职能部门负责。

立案应当制作出版管理行政处罚案件立案审批表，报本机关负责人审查，决定立案或者不予立案。

立案应当自发现或者受理案件之日起 7 日内完成。情况紧急来不及立案的，应当在调查取证或者依法采取有关行政措施后及时立案。

第四章　调查取证

第二十一条　行政处罚案件立案后，新闻出版行政机关应当及时进行调查取证。

调查取证必须全面、客观、公正，以收集确凿证据，查明违法事实。

第二十二条　调查取证由新闻出版行政机关立案的职能部门或者新闻出版行政机关所属的稽查部门负责。

调查取证时执法人员不得少于两人，并向当事人或有关人员出示有效证件。执法人员与当事人有直接利害关系的，应当回避。

第二十三条　进行调查取证可以采取以下手段：

（一）询问当事人、证人、利害关系人等有关人员；

（二）查阅、复制与违法行为有关的文件、档案、账簿和其他书面材料；

（三）对违法出版物或者其他违法物品抽样取证；

（四）对证据先行登记保存；

（五）自行或委托其他组织对证据进行鉴定；

（六）对与违法行为有关的场所、设备进行勘验、检查。

第二十四条　执法人员进行调查取证应制作询问笔录、勘验或检查等调查笔录，笔录由当事人或有关人员签名或盖章，当事人拒绝签名或盖章的，由执法人员在笔录上注明情况。

第二十五条　进行抽样取证、先行登记保存和勘验、检查，应当有当事人在场，当事人拒绝到场的，执法人员应当邀请有关人员参加见证。执法人员应当在调查笔录上注明情况，并由参加见证的有关人员签名或者盖章。

第二十六条　执法人员对抽样取证、先行登记保存的物品应当开列清单，一式两份，写明物品的名称、数量、规格等项目，由执法人员、当事人签字或者盖章，一份清单交付当事人。当事人拒绝签名或者盖章和接收清单的，由执法人员在清单上注明情况。

第二十七条 在证据可能灭失或者以后难以取得的情况下采取先行登记保存，应当经过本机关负责人批准，并向当事人出具证据先行登记保存通知书，责令当事人或者有关人员在证据保存期间不得转移、毁坏。认为先行登记保存的证据确需移至他处的，可以移至适当的场所保存。

情况紧急来不及办理上款规定程序的，执法人员可以先行采取措施，事后及时补办手续。

第二十八条 新闻出版行政机关对先行登记保存的证据，应当在7日内作出以下处理决定：

（一）需要进行检验或者鉴定的，予以检验或者鉴定；

（二）对依法应予没收的，予以没收，对依法不予没收的，退还当事人；

（三）对依法应当移送有关机关处理的，移交有关机关。

在7日内未作出处理决定的，应当解除保存，并将先行登记保存的证据退还当事人。

第二十九条 非法出版物的鉴定由省级以上新闻出版行政机关指定的鉴定机关和鉴定人员作出，违禁出版物的鉴定由省级以上新闻出版行政机关作出。鉴定书由两名以上鉴定人签名，经机关负责人审核后签发，加盖新闻出版行政机关出版物鉴定专用章。

鉴定中遇有复杂、疑难问题或者鉴定结论有分歧，或者应当事人申请要求重新鉴定的，可以报请上级新闻出版行政机关鉴定。

第三十条 新闻出版行政机关在调查取证有困难的情况下，可以委托其他新闻出版行政机关就某些事项代为调查取证，受委托的新闻出版行政机关应当积极办理，及时将调查取证结果回复委托的机关。

上级新闻出版行政机关对已经立案的案件可以指示下级新闻出版行政机关调查取证。

第五章　听　证

第三十一条　新闻出版行政机关作出责令停产停业、责令停业整顿、吊销许可证和较大数额罚款等行政处罚决定之前，调查取证部门应当告知当事人有要求听证的权利。

本条所称“较大数额罚款”，由新闻出版署作出处理决定的，是指对公民2万元以上、对法人或者其他组织10万元以上的罚款；由地方新闻出版行政机关作出处罚决定的，按照地方性法规、规章的规定办理，地方性法规、规章未作规定的，是指对公民1万元以上、对法人或者其他组织5万元以上的罚款。

第三十二条　当事人要求举行听证的，应当在被告知后3日内提出书面申请，说明听证要求和理由。当事人提出书面申请有困难的，可以口头提出申请，调查取证部门应当制作笔录，并由当事人签名或盖章。

当事人在被告知后3日内未提出听证申请的，视为放弃听证要求，由调查取证部门记录在案。

第三十三条　新闻出版行政机关应当从本机关法制工作部门或者其他比较超脱的相关职能部门中指定一名听证主持人、一名书记员。调查取证部门的人员不得作为听证主持人和书记员。

第三十四条　新闻出版行政机关决定举行听证的，应当制作听证通知书，并在听证7日前，将举行听证的时间、地点通知当事人和本案调查人员。

第三十五条　当事人可以亲自参加听证，也可以委托一至二人代理。委托代理人申请和参加听证的，应当提交委托书，委托书应当载明委托权限。

第三十六条　当事人接到听证通知书后，无正当理由不按期参加听证的，视为放弃听证要求。

有下列情况之一的，听证可以延期举行：

（一）当事人有正当理由未到场的；

（二）当事人提出回避申请理由成立，需要重新确定主持人的；

（三）发现有新的重要事实需要重新调查核实的；

（四）其他需要延期的情形。

第三十七条 在听证举行过程中，当事人放弃申辩或者退出听证的，终止听证，并记入听证笔录。

第三十八条 听证主持人履行以下职责：

（一）决定举行听证的时间和地点；

（二）主持进行听证程序；

（三）维持听证秩序；

（四）决定终止听证；

（五）决定听证延期举行；

（六）根据听证情况向机关负责人写出报告并就案件的处理提出意见。

听证书记员如实记录听证情况，制作听证笔录，协助听证主持人工作。

第三十九条 当事人认为主持人、书记员与本案有利害关系的，有权申请回避。书记员的回避，由主持人决定；主持人的回避，由其所在部门负责人决定。

第四十条 听证应当按照以下程序进行：

（一）听证会开始，介绍主持人、书记员，宣布听证纪律；

（二）告知当事人听证中的权利和义务，询问是否有回避申请；

（三）核对参加听证的当事人及代理人、本案调查人员、本案直接利害关系人、证人的身份；

（四）本案调查人员说明案件事实、证据、适用的法律、法规或者规章，以及拟作出的行政处罚决定的理由；

（五）询问当事人或者代理人、本案调查人员、证人和其他有关人员，并要求出示有关证据材料；

（六）当事人或者代理人从事实和法律上进行申辩，并对证据材料进行质证；

（七）当事人或者其代理人和本案调查人员就本案的事实和法律问题进行辩论；

（八）当事人或者其代理人作最后陈述；

（九）听证主持人宣布听证会结束。

第四十一条 听证结束，当事人或者其代理人应当将申辩材料及有关证据提交听证主持人。

第四十二条 听证笔录应当在听证后交双方人员审核，经确认无误后，由双方人员在听证笔录上签名。双方人员拒绝签名的，由书记员在笔录上记明。

第四十三条 听证主持人应当根据听证确定的事实、证据，依照本办法第四十五条的规定对原拟作出的处罚决定及其事实、理由和依据加以复核，向本机关负责人提出意见。

第六章 决 定

第四十四条 违法行为经调查事实清楚、证据确凿的，调查人员应当制作出版管理行政处罚意见书，载明违法事实、理由、法律依据、处罚意见及立案、调查取证情况。

调查人员应当依照《中华人民共和国行政处罚法》第三十一、三十二条的规定，听取当事人的陈述和申辩。

调查人员应当将出版管理行政处罚意见书和当事人的陈述、申辩材料，连同立案审批表和其他有关证据材料，经本部门负责人同意，送本机关法制工作部门复核。

经过听证的案件，按照本办法第四十三条的规定办理。

第四十五条 法制工作部门对出版管理行政处罚意见书等书面材料就以下事项进行复核，签署意见后报本机关负责人审批：

（一）认定事实是否清楚；

（二）适用法律是否正确；

（三）处罚意见是否合法、适当；

（四）是否符合法定程序；

（五）其他有关事项。

第四十六条 新闻出版行政机关负责人对报送的出版管理行政处罚意见书等材料进行审查，根据不同情况分别作出以下决定：

（一）确有应受行政处罚的违法行为，根据情节轻重及具体情况，作出行政处罚决定；

（二）违法事实不能成立的和违法行为轻微依法可以不予行政处罚的，不予行政处罚；

（三）认为违法行为构成犯罪的，移送司法机关；

（四）认为应当吊销营业执照或者其他许可证的，向工商行政管理机关或者公安机关提出建议；

（五）认为应当给予当事人或受处罚单位主要负责人行政处分的，向其所在单位或其主管部门提出建议。

经过听证的和其他较重大的行政处罚，由新闻出版行政机关负责人集体讨论决定。

第四十七条 新闻出版行政机关决定给予行政处罚的，应当制作出版管理行政处罚决定书，载明《中华人民共和国行政处罚法》第三十九条和国务院《罚款决定与罚款收缴分离实施办法》第七条规定的事项。

新闻出版行政机关决定不给予行政处罚的，应当制作不予行政处罚通知书，说明不予行政处罚的理由，送达当事人。

新闻出版行政机关决定移送司法机关处理的案件，应当制作建议追究刑事责任意见书，连同有关材料和证据及时移送有管辖权的司法机关。

新闻出版行政机关向工商行政管理机关或者公安机关建议吊销当事人营业执照或者其他许可证的，应当制作建议吊销营业执照或者其他许可证意见书。

新闻出版行政机关建议给予当事人或者其他有关人员行政处分的，应当制作建议给予行政处分意见书，送达当事人或者其他人员所在单位或其主管机关。

本条各款所列法律文书，由调查部门负责制作并送达。

第四十八条 对同一违法行为，其他行政机关已经给予罚款处罚的，新闻出版行政机关不得再予罚款，但仍可以依法给予其他种类的行政处罚。

第四十九条 给予停业整顿行政处罚的，应当明确停业的时限和整顿的事项。

第五十条 新闻出版行政机关对违法行为的行政处罚决定，应当自立案之日起两个月内作出；案件重大、复杂的，经本机关负责人决定，可以延长，但延长的时间最多不得超过两个月。

作出行政处罚决定的日期以行政处罚决定书上的日期为准。

第七章 执 行

第五十一条 行政处罚决定书应当在宣告后当场交付当事人；当事人不在场的，新闻出版行政机关应当在作出行政处罚决定的7日内依照民事诉讼法的有关规定，将行政处罚决定书送达当事人。

第五十二条 新闻出版行政机关作出的行政处罚决定，可以在有关范围内予以通报或者在报纸、期刊等媒介上公布。

第五十三条 罚款的收缴依照国务院《罚款决定与罚款收缴分离实施办法》执行。

第五十四条 没收的出版物需要销毁的，纸质出版物应当化浆，其他出版物应当以适宜的方式销毁。新闻出版行政机关应当指派专人负责销毁事宜，监督销毁过程，核查销毁结果，防止应当销毁的出版物流失。

没收的出版物不需要销毁的，新闻出版行政机关应当报请上一级新闻出版行政机关决定处理的方式。

第五十五条 对没收的从事非法活动的主要专用工具和设备，新闻出版行政机关依照有关规定处理。

第五十六条 对于给予停业整顿行政处罚的，新闻出版行政机关应当对当事人停业期间的整顿情况进行监督，并在停业期满前进行检查验收，对整顿符合要求的，根据当事人的申请，恢复其业务。

第五十七条 上一级新闻出版行政机关作出的行政处罚决定，可以指示下一级新闻出版行政机关执行。

第五十八条 新闻出版行政机关实施行政处罚时，可以采取下列措施纠正违法行为：

（一）对未经批准擅自设立的出版、印刷、复制、发行单位予以公告取缔；

（二）责令停止出版、印刷、复制、发行出版物；

（三）其他责令当事人纠正违法行为的措施。

第五十九条 当事人逾期不履行行政处罚决定的，新闻出版行政机关可以依照《中华人民共和国行政处罚法》规定的措施处理。

新闻出版行政机关申请人民法院强制执行行政处罚决定，应当自当事人起诉期限届满之日起 3 个月内提出。

第六十条 当事人申请行政复议或提起行政诉讼期间，行政处罚决定不停止执行，法律、法规另有规定的除外。

第六十一条 出版管理行政处罚案件终结后，调查人员应当将案件材料立卷归档。

第八章 附 则

第六十二条 新闻出版行政机关应当建立行政处罚统计制度和重大行政处罚备案制度，每半年向上一级新闻出版行政机关提交一次行政处罚统计报告，重大行政处罚报上一级新闻出版行政机关备案。

第六十三条 新闻出版行政机关的法制工作部门负责对本机关实施行政处罚进行监督，负责办理本办法第六十二条规定的事项。

第六十四条 新闻出版行政执法证由新闻出版署统一制作，具体管理办法另行制定。

新闻出版行政执法证未颁发之前，适用当地人民政府颁发的执法证或者其他有效证件。

第六十五条 本办法所称非法出版物，是指违反《出版管理条例》未经批准擅自出版的出版物，伪造、假冒出版单位或者报纸、期刊名称出版的出版物，擅自印刷或者复制的境外出版物，非法进口的出版物。

本办法所称违禁出版物，是指内容违反《出版管理条例》第二十五条、第二十六条规定的出版物。

第六十六条 本办法自 1998 年 1 月 1 日起施行。

出版物市场管理规定

· 2016 年 5 月 31 日国家新闻出版广电总局、商务部令第 10 号公布

· 自 2016 年 6 月 1 日起施行

第一章 总 则

第一条 为规范出版物发行活动及其监督管理，建立全国统一开放、竞争有序的出版物市场体系，满足人民群众精神文化需求，推进社会主义文化强国建设，根据《出版管理条例》和有关法律、行政法规，制定本规定。

第二条 本规定适用于出版物发行活动及其监督管理。

本规定所称出版物，是指图书、报纸、期刊、音像制品、电子出版物。

本规定所称发行，包括批发、零售以及出租、展销等活动。

批发是指供货商向其他出版物经营者销售出版物。

零售是指经营者直接向消费者销售出版物。

出租是指经营者以收取租金的形式向消费者提供出版物。

展销是指主办者在一定场所、时间内组织出版物经营者集中展览、销售、订购出版物。

第三条 国家对出版物批发、零售依法实行许可制度。从事出版物批发、零售活动的单位和个人凭出版物经营许可证开展出版物批发、零售活动；未经许可，任何单位和个人不得从事出版物批发、零售活动。

任何单位和个人不得委托非出版物批发、零售单位或者个人销售出版物或者代理出版物销售业务。

第四条 国家新闻出版广电总局负责全国出版物发行活动的监督管理，负责制定全国出版物发行业发展规划。

省、自治区、直辖市人民政府出版行政主管部门负责本行政区域内出版物发行活动的监督管理，制定本省、自治区、直辖市出版物发行业发展规划。省级以下各级人民政府出版行政主管部门负责本行政区域内出版物发行活动的监督管理。

制定出版物发行业发展规划须经科学论证，遵循合法公正、符合实际、促进发展的原则。

第五条 国家保障、促进发行业的发展与转型升级，扶持实体书店、农村发行网点、发行物流体系、发行业信息化建设等，推动网络发行等新兴业态发展，推动发行业与其他相关产业融合发展。对为发行业发展作出重要贡献的单位和个人，按照国家有关规定给予奖励。

第六条 发行行业的社会团体按照其章程，在出版行政主管部门的指导下，实行自律管理。

第二章 申请从事出版物发行业务

第七条 单位从事出版物批发业务，应当具备下列条件：

（一）已完成工商注册登记，具有法人资格；

（二）工商登记经营范围含出版物批发业务；

（三）有与出版物批发业务相适应的设备和固定的经营场所，经营场所面积合计不少于 50 平方米；

（四）具备健全的管理制度并具有符合行业标准的信息管理系统。

本规定所称经营场所，是指企业在工商行政主管部门注册登记的住所。

第八条 单位申请从事出版物批发业务，可向所在地地市级人民政府出版行政主管部门提交申请材料，地市级人民政府出版行政主管部门在接受申请材料之日起 10 个工作日内完成审核，审核后报省、自治区、直辖市人民政府出版行政主管部门审批；申请单位也可直接报所在地省、自治区、直辖市人民政府出版行政主管部门审批。

省、自治区、直辖市人民政府出版行政主管部门自受理申请之日起 20 个工作日内作出批准或者不予批准的决定。批准的，由省、自治区、直辖市人民政府出版行政主管部门颁发出版物经营许可证，并报国家新闻出版广电总局备案。不予批准的，应当向申请人书面说明理由。

申请材料包括下列书面材料：

（一）营业执照正副本复印件；

（二）申请书，载明单位基本情况及申请事项；

（三）企业章程；

（四）注册资本数额、来源及性质证明；

（五）经营场所情况及使用权证明；

（六）法定代表人及主要负责人的身份证明；

（七）企业信息管理系统情况的证明材料。

第九条 单位、个人从事出版物零售业务，应当具备下列条件：

（一）已完成工商注册登记；

（二）工商登记经营范围含出版物零售业务；

（三）有固定的经营场所。

第十条 单位、个人申请从事出版物零售业务，须报所在地县级人民政府出版行政主管部门审批。

县级人民政府出版行政主管部门应当自受理申请之日起20个工作日内作出批准或者不予批准的决定。批准的，由县级人民政府出版行政主管部门颁发出版物经营许可证，并报上一级出版行政主管部门备案；其中门店营业面积在5000平方米以上的应同时报省级人民政府出版行政主管部门备案。不予批准的，应当向申请单位、个人书面说明理由。

申请材料包括下列书面材料：

（一）营业执照正副本复印件；

（二）申请书，载明单位或者个人基本情况及申请事项；

（三）经营场所的使用权证明。

第十一条 单位从事中小学教科书发行业务，应取得国家新闻出版广电总局批准的中小学教科书发行资质，并在批准的区域范围内开展中小学教科书发行活动。单位从事中小学教科书发行业务，应当具备下列条件：

（一）以出版物发行为主营业务的公司制法人；

（二）有与中小学教科书发行业务相适应的组织机构和发行人员；

（三）有能够保证中小学教科书储存质量要求的、与其经营品种和规模相适应的储运能力，在拟申请从事中小学教科书发行业务的省、自治区、直辖市、计划单列市的仓储场所面积在5000平方米以上，并有与中小学教科书发行相适应的自有物流配送体系；

（四）有与中小学教科书发行业务相适应的发行网络。在拟申请从事中小学教科书发行业务的省、自治区、直辖市、计划单列市的企业所属出版物发行网点覆盖不少于当地70%的县（市、区），且以出版物零售为主营业务，具备相应的中小学教科书储备、调剂、添货、零售及售后服务能力；

（五）具备符合行业标准的信息管理系统；

（六）具有健全的管理制度及风险防控机制和突发事件处置能力；

（七）从事出版物批发业务五年以上。最近三年内未受到出版行政主管部门行政处罚，无其他严重违法违规记录。

审批中小学教科书发行资质，除依照前款所列条件外，还应当符合国家关于中小学教科书发行单位的结构、布局宏观调控和规划。

第十二条 单位申请从事中小学教科书发行业务，须报国家新闻出版广电总局审批。

国家新闻出版广电总局应当自受理之日起20个工作日内作出批准或者不予批准的决定。批准的，由国家新闻出版广电总局作出书面批复并颁发中小学教科书发行资质证。不予批准的，应当向申请单位书面说明理由。

申请材料包括下列书面材料：

（一）申请书，载明单位基本情况及申请事项；

（二）企业章程；

（三）出版物经营许可证和企业法人营业执照正副本复印件；

（四）法定代表人及主要负责人的身份证明，有关发行人员的资质证明；

（五）最近三年的企业法人年度财务会计报告及证明企业信誉的有关材料；

（六）经营场所、发行网点和储运场所的情况及使用权证明；

（七）企业信息管理系统情况的证明材料；

（八）企业发行中小学教科书过程中能够提供的服务和相关保障措施；

（九）企业法定代表人签署的企业依法经营中小学教科书发行业务的承诺书；

（十）拟申请从事中小学教科书发行业务的省、自治区、直辖市、计划单列市人民政府出版行政主管部门对企业基本信息、经营状况、储运能力、发行网点等的核实意见；

（十一）其他需要的证明材料。

第十三条 单位、个人从事出版物出租业务，应当于取得营业执照后 15 日内到当地县级人民政府出版行政主管部门备案。

备案材料包括下列书面材料：

（一）营业执照正副本复印件；

（二）经营场所情况；

（三）法定代表人或者主要负责人情况。

相关出版行政主管部门应在 10 个工作日内向申请备案单位、个人出具备案回执。

第十四条 国家允许外商投资企业从事出版物发行业务。

设立外商投资出版物发行企业或者外商投资企业从事出版物发行业务，申请人应向地方商务主管部门报送拟设立外商投资出版物发行企业的合同、章程，办理外商投资审批手续。地方商务主管部门在征得出版行政主管部门同意后，按照有关法律、法规的规定，作出批准或者不予批准的决定。予以批准的，颁发外商投资企业批准证书，并在经营范围后加注“凭行业经营许可开展”；不予批准的，书面通知申请人并说明理由。

申请人持外商投资企业批准证书到所在地工商行政主管部门办理营业执照或者在营业执照企业经营范围后加注相关内容，并按照本规定第七条至第十条及第十三条的有关规定到所在地出版行政主管部门履行审批或备案手续。

第十五条 单位、个人通过互联网等信息网络从事出版物发行业务的，应当依照本规定第七条至第十条的规定取得出版物经营许可证。

已经取得出版物经营许可证的单位、个人在批准的经营范围内通过互联网等信息网络从事出版物发行业务的，应自开展网络发行业务后 15 日内到原批准的出版行政主管部门备案。

备案材料包括下列书面材料：

（一）出版物经营许可证和营业执照正副本复印件；

（二）单位或者个人基本情况；

（三）从事出版物网络发行所依托的信息网络的情况。

相关出版行政主管部门应在 10 个工作日内向备案单位、个人出具备案回执。

第十六条 书友会、读者俱乐部或者其他类似组织申请从事出版物零售业务，按照本规定第九条、第十条的有关规定到所在地出版行政主管部门履行审批手续。

第十七条 从事出版物发行业务的单位、个人可在原发证机关所辖行政区域一定地点设立临时零售点开展其业务范围内的出版物销售活动。设立临时零售点时间不得超过 10 日，应提前到设点所在地县级人民政府出版行政主管部门备案并取得备案回执，并应遵守所在地其他有关管理规定。

备案材料包括下列书面材料：

（一）出版物经营许可证和营业执照正副本复印件；

（二）单位、个人基本情况；

（三）设立临时零售点的地点、时间、销售出版物品种；

（四）其他相关部门批准设立临时零售点的材料。

第十八条 出版物批发单位可以从事出版物零售业务。

出版物批发、零售单位设立不具备法人资格的发行分支机构，或者出版单位设立发行本版出版物的不具备法人资格的发行分支机构，不需单独办理出版物经营许可证，但应依法办理分支机构工商登记，并于领取营业执照后 15 日内到原发证机关和分支机构所在地出版行政主管部门备案。

备案材料包括下列书面材料：

（一）出版物经营许可证或者出版单位的出版许可证及分支机构营业执照正副本复印件；

（二）单位基本情况；

（三）单位设立不具备法人资格的发行分支机构的经营场所、经营范围等情况。

相关出版行政主管部门应在 10 个工作日内向备案单位、个人出具备案回执。

第十九条　从事出版物发行业务的单位、个人变更出版物经营许可证登记事项，或者兼并、合并、分立的，应当依照本规定到原批准的出版行政主管部门办理审批手续。出版行政主管部门自受理申请之日起 20 个工作日内作出批准或者不予批准的决定。批准的，由出版行政主管部门换发出版物经营许可证；不予批准的，应当向申请单位、个人书面说明理由。

申请材料包括下列书面材料：

（一）出版物经营许可证和营业执照正副本复印件；

（二）申请书，载明单位或者个人基本情况及申请变更事项；

（三）其他需要的证明材料。

从事出版物发行业务的单位、个人终止经营活动的，应当于 15 日内持出版物经营许可证和营业执照向原批准的出版行政主管部门备案，由原批准的出版行政主管部门注销出版物经营许可证。

第三章　出版物发行活动管理

第二十条　任何单位和个人不得发行下列出版物：

（一）含有《出版管理条例》禁止内容的违禁出版物；

（二）各种非法出版物，包括：未经批准擅自出版、印刷或者复制的出版物，伪造、假冒出版单位或者报刊名称出版的出版物，非法进口的出版物；

（三）侵犯他人著作权或者专有出版权的出版物；

（四）出版行政主管部门明令禁止出版、印刷或者复制、发行的出版物。

第二十一条　内部发行的出版物不得公开宣传、陈列、展示、征订、销售或面向社会公众发送。

第二十二条　从事出版物发行业务的单位和个人在发行活动中应当遵循公平、守法、诚实、守信的原则，依法订立供销合同，不得损害消费者的合法权益。

从事出版物发行业务的单位、个人，必须遵守下列规定：

（一）从依法取得出版物批发、零售资质的出版发行单位进货；发行进口出版物的，须从依法设立的出版物进口经营单位进货；

（二）不得超出出版行政主管部门核准的经营范围经营；

（三）不得张贴、散发、登载有法律、法规禁止内容的或者有欺诈性文字、与事实不符的征订单、广告和宣传画；

（四）不得擅自更改出版物版权页；

（五）出版物经营许可证应在经营场所明显处张挂；利用信息网络从事出版物发行业务的，应在其网站主页面或者从事经营活动的网页醒目位置公开出版物经营许可证和营业执照登载的有关信息或链接标识；

（六）不得涂改、变造、出租、出借、出售或者以其他任何形式转让出版物经营许可证和批准文件。

第二十三条 从事出版物发行业务的单位、个人，应查验供货单位的出版物经营许可证并留存复印件或电子文件，并将出版物发行进销货清单等有关非财务票据至少保存两年，以备查验。

进销货清单应包括进销出版物的名称、数量、折扣、金额以及发货方和进货方单位公章（签章）。

第二十四条 出版物发行从业人员应接受出版行政主管部门组织的业务培训。出版物发行单位应建立职业培训制度，积极组织本单位从业人员参加依法批准的职业技能鉴定机构实施的发行员职业技能鉴定。

第二十五条 出版单位可以发行本出版单位出版的出版物。发行非本出版单位出版的出版物的，须按照从事出版物发行业务的有关规定办理审批手续。

第二十六条 为出版物发行业务提供服务的网络交易平台应向注册地省、自治区、直辖市人民政府出版行政主管部门备案，接受出版行政主管部门的指导与监督管理。

备案材料包括下列书面材料：

（一）营业执照正副本复印件；

（二）单位基本情况；

（三）网络交易平台的基本情况。

省、自治区、直辖市人民政府出版行政主管部门应于 10 个工作日内向备案的网络交易平台出具备案回执。

提供出版物发行网络交易平台服务的经营者，应当对申请通过网络交易平台从事出版物发行业务的经营主体身份进行审查，核实经营主体的营业执照、出版物经营许可证，并留存证照复印件或电子文档备查。不得向无证无照、证照不齐的经营者提供网络交易平台服务。

为出版物发行业务提供服务的网络交易平台经营者应建立交易风险防控机制，保留平台内从事出版物发行业务经营主体的交易记录两年以备查验。对在网络交易平台内从事各类违法出版物发行活动的，应当采取有效措施予以制止，并及时向所在地出版行政主管部门报告。

第二十七条 省、自治区、直辖市出版行政主管部门和全国性出版、发行行业协会，可以主办全国性的出版物展销活动和跨省专业性出版物展销活动。主办单位应提前 2 个月报国家新闻出版广电总局备案。

市、县级出版行政主管部门和省级出版、发行协会可以主办地方性的出版物展销活动。主办单位应提前 2 个月报上一级出版行政主管部门备案。

备案材料包括下列书面材料：

（一）展销活动主办单位；

（二）展销活动时间、地点；

（三）展销活动的场地、参展单位、展销出版物品种、活动筹备等情况。

第二十八条 从事中小学教科书发行业务，必须遵守下列规定：

（一）从事中小学教科书发行业务的单位必须具备中小学教科书发行资质；

（二）纳入政府采购范围的中小学教科书，其发行单位须按照《中华人民共和国政府采购法》的有关规定确定；

（三）按照教育行政主管部门和学校选定的中小学教科书，在规定时间内完成发行任务，确保“课前到书，人手一册”。因自然灾害等不可抗力导致中小学教科书发行受到影响的，应及时采取补救措施，并报告所在地出版行政和教育行政主管部门；

（四）不得在中小学教科书发行过程中擅自征订、搭售教学用书目录以外的出版物；

（五）不得将中小学教科书发行任务向他人转让和分包；

（六）不得涂改、倒卖、出租、出借中小学教科书发行资质证书；

（七）中小学教科书发行费率按照国家有关规定执行，不得违反规定收取发行费用；

（八）做好中小学教科书的调剂、添货、零售和售后服务等相关工作；

（九）应于发行任务完成后30个工作日内向国家新闻出版广电总局和所在地省级出版行政主管部门书面报告中小学教科书发行情况。

中小学教科书出版单位应在规定时间内向依法确定的中小学教科书发行单位足量供货，不得向不具备中小学教科书发行资质的单位供应中小学教科书。

第二十九条　任何单位、个人不得从事本规定第二十条所列出版物的征订、储存、运输、邮寄、投递、散发、附送等活动。

从事出版物储存、运输、投递等活动，应当接受出版行政主管部门的监督检查。

第三十条　从事出版物发行业务的单位、个人应当按照出版行政主管部门的规定接受年度核验，并按照《中华人民共和国统计法》《新闻出版统计管理办法》及有关规定如实报送统计资料，不得以任何借口拒报、迟报、虚报、瞒报以及伪造和篡改统计资料。

出版物发行单位、个人不再具备行政许可的法定条件的，由出版行政主管部门责令限期改正；逾期仍未改正的，由原发证机关撤销出版物经营许可证。

中小学教科书发行单位不再具备中小学教科书发行资质的法定条件的，由出版行政主管部门责令限期改正；逾期仍未改正的，由原发证机关撤销中小学教科书发行资质证。

第四章　法律责任

第三十一条　未经批准，擅自从事出版物发行业务的，依照《出版管理条例》第六十一条处罚。

第三十二条　发行违禁出版物的，依照《出版管理条例》第六十二条处罚。

发行国家新闻出版广电总局禁止进口的出版物，或者发行未从依法批准的出版物进口经营单位进货的进口出版物，依照《出版管理条例》第六十三条处罚。

发行其他非法出版物和出版行政主管部门明令禁止出版、印刷或者复制、发行的出版物的，依照《出版管理条例》第六十五条处罚。

发行违禁出版物或者非法出版物的，当事人对其来源作出说明、指认，经查证属实的，没收出版物和非法所得，可以减轻或免除其他行政处罚。

第三十三条　违反本规定发行侵犯他人著作权或者专有出版权的出版物的，依照《中华人民共和国著作权法》和《中华人民共和国著作权法实施条例》的规定处罚。

第三十四条　在中小学教科书发行过程中违反本规定，有下列行为之一的，依照《出版管理条例》第六十五条处罚：

（一）发行未经依法审定的中小学教科书的；

（二）不具备中小学教科书发行资质的单位从事中小学教科书发行活动的；

（三）未按照《中华人民共和国政府采购法》有关规定确定的单位从事纳入政府采购范围的中小学教科书发行活动的。

第三十五条 出版物发行单位未依照规定办理变更审批手续的，依照《出版管理条例》第六十七条处罚。

第三十六条 单位、个人违反本规定被吊销出版物经营许可证的，其法定代表人或者主要负责人自许可证被吊销之日起10年内不得担任发行单位的法定代表人或者主要负责人。

第三十七条 违反本规定，有下列行为之一的，由出版行政主管部门责令停止违法行为，予以警告，并处3万元以下罚款：

（一）未能提供近两年的出版物发行进销货清单等有关非财务票据或者清单、票据未按规定载明有关内容的；

（二）超出出版行政主管部门核准的经营范围经营的；

（三）张贴、散发、登载有法律、法规禁止内容的或者有欺诈性文字、与事实不符的征订单、广告和宣传画的；

（四）擅自更改出版物版权页的；

（五）出版物经营许可证未在经营场所明显处张挂或者未在网页醒目位置公开出版物经营许可证和营业执照登载的有关信息或者链接标识的；

（六）出售、出借、出租、转让或者擅自涂改、变造出版物经营许可证的；

（七）公开宣传、陈列、展示、征订、销售或者面向社会公众发送规定应由内部发行的出版物的；

（八）委托无出版物批发、零售资质的单位或者个人销售出版物或者代理出版物销售业务的；

（九）未从依法取得出版物批发、零售资质的出版发行单位进货的；

（十）提供出版物网络交易平台服务的经营者未按本规定履行有关审查及管理责任的；

（十一）应按本规定进行备案而未备案的；

（十二）不按规定接受年度核验的。

第三十八条　在中小学教科书发行过程中违反本规定，有下列行为之一的，由出版行政主管部门责令停止违法行为，予以警告，并处3万元以下罚款：

（一）擅自调换已选定的中小学教科书的；

（二）擅自征订、搭售教学用书目录以外的出版物的；

（三）擅自将中小学教科书发行任务向他人转让和分包的；

（四）涂改、倒卖、出租、出借中小学教科书发行资质证书的；

（五）未在规定时间内完成中小学教科书发行任务的；

（六）违反国家有关规定收取中小学教科书发行费用的；

（七）未按规定做好中小学教科书的调剂、添货、零售和售后服务的；

（八）未按规定报告中小学教科书发行情况的；

（九）出版单位向不具备中小学教科书发行资质的单位供应中小学教科书的；

（十）出版单位未在规定时间内向依法确定的中小学教科书发行企业足量供货的；

（十一）在中小学教科书发行过程中出现重大失误，或者存在其他干扰中小学教科书发行活动行为的。

第三十九条　征订、储存、运输、邮寄、投递、散发、附送本规定第二十条所列出版物的，按照本规定第三十二条进行处罚。

第四十条　未按本规定第三十条报送统计资料的，按照《新闻出版统计管理办法》有关规定处理。

第五章　附　则

第四十一条　允许香港、澳门永久性居民中的中国公民依照内地有关法律、法规和行政规章，在内地各省、自治区、直辖市设立从事出版物零售业务的个体工商户，无需经过外资审批。

第四十二条　本规定所称中小学教科书，是指经国务院教育行政主管部门审定和经授权审定的义务教育教学用书（含配套教学图册、音像材料等）。

中小学教科书发行包括中小学教科书的征订、储备、配送、分发、调剂、添货、零售、结算及售后服务等。

第四十三条 出版物经营许可证和中小学教科书发行资质证的设计、印刷、制作与发放等，按照《新闻出版许可证管理办法》有关规定执行。

第四十四条 本规定由国家新闻出版广电总局会同商务部负责解释。

第四十五条 本规定自 2016 年 6 月 1 日起施行，原新闻出版总署、商务部 2011 年 3 月 25 日发布的《出版物市场管理规定》同时废止。本规定施行前与本规定不一致的其他规定不再执行。

图书出版管理规定

· 2008 年 2 月 21 日新闻出版总署令第 36 号公布

· 根据 2015 年 8 月 28 日《关于修订部分规章和规范性文件的决定》修正

第一章 总 则

第一条 为了规范图书出版，加强对图书出版的监督管理，促进图书出版的发展和繁荣，根据国务院《出版管理条例》及相关法律法规，制定本规定。

第二条 在中华人民共和国境内从事图书出版，适用本规定。

本规定所称图书，是指书籍、地图、年画、图片、画册，以及含有文字、图画内容的年历、月历、日历，以及由新闻出版总署认定的其他内容载体形式。

第三条 图书出版必须坚持为人民服务、为社会主义服务的方向，坚持马克思列宁主义、毛泽东思想、邓小平理论和“三个代表”重要思想，坚持科学发展观，坚持正确的舆论导向和出版方向，坚持把社会效益放在首位、社会效益和经济效益相统一的原则，传播和积累有益于提高民族素质、推动经济发展、促进社会和谐与进步的科学技术和文化知识，弘扬民族优秀文化，促进国际文化交流，丰富人民群众的精神文化生活。

第四条 新闻出版总署负责全国图书出版的监督管理工作，建立健全监督管理制度，制定并实施全国图书出版总量、结构、布局的规划。

省、自治区、直辖市新闻出版行政部门负责本行政区域内图书出版的监督管理工作。

第五条 图书出版单位依法从事图书的编辑、出版等活动。

图书出版单位合法的出版活动受法律保护，任何组织和个人不得非法干扰、阻止、破坏。

第六条 新闻出版总署对为发展、繁荣我国图书出版事业作出重要贡献的图书出版单位及个人给予奖励，并评选奖励优秀图书。

第七条 图书出版行业的社会团体按照其章程，在新闻出版行政部门的指导下，实行自律管理。

第二章 图书出版单位的设立

第八条 图书由依法设立的图书出版单位出版。设立图书出版单位须经新闻出版总署批准，取得图书出版许可证。

本规定所称图书出版单位，是指依照国家有关法规设立，经新闻出版总署批准并履行登记注册手续的图书出版法人实体。

第九条 设立图书出版单位，应当具备下列条件：

（一）有图书出版单位的名称、章程；

（二）有符合新闻出版总署认定条件的主办单位、主管单位；

（三）有确定的图书出版业务范围；

（四）有 30 万元以上的注册资本；

（五）有适应图书出版需要的组织机构和符合国家规定资格条件的编辑出版专业人员；

（六）有确定的法定代表人或者主要负责人，该法定代表人或者主要负责人必须是在境内长久居住的具有完全行为能力的中国公民；

（七）有与主办单位在同一省级行政区域的固定工作场所；

（八）法律、行政法规规定的其他条件。

设立图书出版单位，除前款所列条件外，还应当符合国家关于图书出版单位总量、结构、布局的规划。

第十条 中央在京单位设立图书出版单位，由主办单位提出申请，经主管单位审核同意后，由主办单位报新闻出版总署审批。

中国人民解放军和中国人民武装警察部队系统设立图书出版单位，由主办单位提出申请，经中国人民解放军总政治部宣传部新闻出版局审核同意后，报新闻出版总署审批。

其他单位设立图书出版单位，经主管单位审核同意后，由主办单位向所在地省、自治区、直辖市新闻出版行政部门提出申请，省、自治区、直辖市新闻出版行政部门审核同意后，报新闻出版总署审批。

第十一条 申请设立图书出版单位，须提交以下材料：

（一）按要求填写的设立图书出版单位申请表；

（二）主管单位、主办单位的有关资质证明材料；

（三）拟任图书出版单位法定代表人或者主要负责人简历、身份证明文件；

（四）编辑出版人员的出版专业职业资格证书；

（五）注册资本数额、来源及性质证明；

（六）图书出版单位的章程；

（七）工作场所使用证明；

（八）设立图书出版单位的可行性论证报告。

第十二条 新闻出版总署应当自收到设立图书出版单位申请

之日起90日内，作出批准或者不批准的决定，并直接或者由省、自治区、直辖市新闻出版行政部门书面通知主办单位；不批准的，应当说明理由。

第十三条 申请设立图书出版单位的主办单位应当自收到新闻出版总署批准文件之日起60日内办理如下注册登记手续：

（一）持批准文件到所在地省、自治区、直辖市新闻出版行政部门领取图书出版单位登记表，经主管单位审核签章后，报所在地省、自治区、直辖市新闻出版行政部门；

（二）图书出版单位登记表一式五份，图书出版单位、主办单位、主管单位及省、自治区、直辖市新闻出版行政部门各存一份，另一份由省、自治区、直辖市新闻出版行政部门在收到之日起15日内，报送新闻出版总署备案；

（三）新闻出版总署对图书出版单位登记表审核后，在10日内通过中国标准书号中心分配其出版者号并通知省、自治区、直辖市新闻出版行政部门；

（四）省、自治区、直辖市新闻出版行政部门对图书出版单位登记表审核后，在10日内向主办单位发放图书出版许可证；

（五）图书出版单位持图书出版许可证到工商行政管理部门办理登记手续，依法领取营业执照。

第十四条 图书出版单位的主办单位自收到新闻出版总署批准文件之日起60日内未办理注册登记手续，批准文件自行失效，登记机关不再受理登记，图书出版单位的主办单位须将有关批准文件缴回新闻出版总署。

图书出版单位自登记之日起满180日未从事图书出版的，由原登记的新闻出版行政部门注销登记，收回图书出版许可证，并报新闻出版总署备案。

因不可抗力或者其他正当理由发生前款所列情形的，图书出版单位可以向原登记的新闻出版行政部门申请延期。

第十五条 图书出版单位应当具备法人条件，经核准登记后，取得法人资格，以其全部法人财产独立承担民事责任。

第十六条 图书出版单位变更名称、主办单位或者主管单位、业务范围，合并或者分立，改变资本结构，依照本规定第九条至第十三条的规定办理审批、登记手续。

图书出版单位除前款所列变更事项外的其他事项的变更，应当经其主办单位和主管单位审查同意后，向所在地省、自治区、直辖市新闻出版行政部门申请变更登记，由省、自治区、直辖市新闻出版行政部门报新闻出版总署备案。

第十七条 图书出版单位终止图书出版的，由主办单位提出申请并经主管单位同意后，由主办单位向所在地省、自治区、直辖市新闻出版行政部门办理注销登记，并由省、自治区、直辖市新闻出版行政部门报新闻出版总署备案。

第十八条 组建图书出版集团，参照本规定第十条办理。

第三章　图书的出版

第十九条 任何图书不得含有《出版管理条例》和其他有关法律、法规以及国家规定禁止的内容。

第二十条 图书出版实行编辑责任制度，保障图书内容符合国家法律规定。

第二十一条 出版辞书、地图、中小学教科书等类别的图书，实行资格准入制度，出版单位须按照新闻出版总署批准的业务范围出版。具体办法由新闻出版总署另行规定。

第二十二条 图书出版实行重大选题备案制度。涉及国家安全、社会安定等方面的重大选题，涉及重大革命题材和重大历史题材的选题，应当按照新闻出版总署有关选题备案管理的规定办理备案手续。未经备案的重大选题，不得出版。

第二十三条 图书出版实行年度出版计划备案制度。图书出版单位的年度出版计划，须经省、自治区、直辖市新闻出版行政部门审核后报新闻出版总署备案。

第二十四条 图书出版单位实行选题论证制度、图书稿件三审责任制度、责任编辑制度、责任校对制度、图书重版前审读制度、稿件及图书资料归档制度等管理制度，保障图书出版质量。

第二十五条 图书使用语言文字须符合国家语言文字法律规定。

图书出版质量须符合国家标准、行业标准和新闻出版总署关于图书出版质量的管理规定。

第二十六条 图书使用中国标准书号或者全国统一书号、图书条码以及图书在版编目数据须符合有关标准和规定。

第二十七条 图书出版单位不得向任何单位或者个人出售或者以其他形式转让本单位的名称、中国标准书号或者全国统一书号。

第二十八条 图书出版单位不得以一个中国标准书号或者全国统一书号出版多种图书，不得以中国标准书号或者全国统一书号出版期刊。中国标准书号使用管理办法由新闻出版总署另行规定。

第二十九条 图书出版单位租型出版图书、合作出版图书、出版自费图书须按照新闻出版总署的有关规定执行。

第三十条 图书出版单位与境外出版机构在境内开展合作出版，在合作出版的图书上双方共同署名，须经新闻出版总署批准。

第三十一条 图书出版单位须按照国家有关规定在其出版的图书上载明图书版本记录事项。

第三十二条 图书出版单位应当委托依法设立的出版物印刷单位印刷图书，并按照国家规定使用印刷委托书。

第三十三条 图书出版单位须遵守国家统计规定，依法向新闻出版行政部门报送统计资料。

第三十四条 图书出版单位在图书出版30日内，应当按照国家有关规定向国家图书馆、中国版本图书馆、新闻出版总署免费送交样书。

第四章　监督管理

第三十五条　图书出版的监督管理实行属地原则。

省、自治区、直辖市新闻出版行政部门依法对本行政区域内的图书出版进行监督管理，负责本行政区域内图书出版单位的审核登记、年度核验及其出版图书的审读、质量评估等管理工作。

第三十六条　图书出版管理实行审读制度、质量保障管理制度、出版单位分级管理制度、出版单位年度核验制度和出版从业人员职业资格管理制度。

第三十七条　新闻出版总署负责全国图书审读工作。省、自治区、直辖市新闻出版行政部门负责对本行政区域内出版的图书进行审读，并定期向新闻出版总署提交审读报告。

第三十八条　新闻出版行政部门可以根据新闻出版总署《图书质量管理规定》等规定，对图书质量进行检查，并予以奖惩。

第三十九条　新闻出版总署制定图书出版单位等级评估办法，对图书出版单位进行评估，并实行分级管理。

第四十条　图书出版单位实行年度核验制度，年度核验每两年进行一次。

年度核验按照以下程序进行：

（一）图书出版单位提出年度自查报告，填写由新闻出版总署统一印制的图书出版年度核验表，经图书出版单位的主办单位、主管单位审核盖章后，在规定时间内报所在地省、自治区、直辖市新闻出版行政部门；

（二）省、自治区、直辖市新闻出版行政部门在收到图书出版单位自查报告、图书出版年度核验表等年度核验材料 30 日内予以审核查验、出具审核意见，报送新闻出版总署；

（三）新闻出版总署在收到省、自治区、直辖市新闻出版行政部门报送的图书出版单位年度核验材料和审核意见 60 日内作出是否予以通过年度核验的批复；

（四）图书出版单位持新闻出版总署予以通过年度核验的批复文件、图书出版许可证副本等相关材料，到所在地省、自治区、直辖市新闻出版行政部门办理登记手续。

第四十一条　图书出版单位有下列情形之一的，暂缓年度核验：

（一）正在限期停业整顿的；

（二）经审核发现有违法情况应予处罚的；

（三）主管单位、主办单位未认真履行管理责任，导致图书出版管理混乱的；

（四）所报年度核验自查报告内容严重失实的；

（五）存在其他违法嫌疑需要进一步核查的。

暂缓年度核验的期限为 6 个月。在暂缓年度核验期间，图书出版单位除教科书、在印图书可继续出版外，其他图书出版一律停止。缓验期满，按照本规定重新办理年度核验手续。

第四十二条　图书出版单位有下列情形之一的，不予通过年度核验：

（一）出版导向严重违反管理规定并未及时纠正的；

（二）违法行为被查处后拒不改正或者在整改期满后没有明显效果的；

（三）图书出版质量长期达不到规定标准的；

（四）经营恶化已经资不抵债的；

（五）已经不具备本规定第九条规定条件的；

（六）暂缓登记期满，仍未符合年度核验基本条件的；

（七）不按规定参加年度核验，经催告仍未参加的；

（八）存在其他严重违法行为的。

对不予通过年度核验的图书出版单位，由新闻出版总署撤销图书出版许可证，所在地省、自治区、直辖市新闻出版行政部门注销登记。

第四十三条　年度核验结果，新闻出版总署和省、自治区、直辖市新闻出版行政部门可以向社会公布。

第四十四条　图书出版从业人员，应具备国家规定的出版职业资格条件。

第四十五条　图书出版单位的社长、总编辑须符合国家规定的任职资格和条件。

图书出版单位的社长、总编辑须参加新闻出版行政部门组织的岗位培训，取得岗位培训合格证书后才能上岗。

第五章　法律责任

第四十六条　图书出版单位违反本规定的，新闻出版总署或者省、自治区、直辖市新闻出版行政部门可以采取下列行政措施：

（一）下达警示通知书；

（二）通报批评；

（三）责令公开检讨；

（四）责令改正；

（五）核减中国标准书号数量；

（六）责令停止印制、发行图书；

（七）责令收回图书；

（八）责成主办单位、主管单位监督图书出版单位整改。

警示通知书由新闻出版总署制定统一格式，由新闻出版总署或者省、自治区、直辖市新闻出版行政部门下达给违法的图书出版单位，并抄送违法图书出版单位的主办单位及其主管单位。

本条所列行政措施可以并用。

第四十七条　未经批准，擅自设立图书出版单位，或者擅自从事图书出版业务，假冒、伪造图书出版单位名称出版图书的，依照《出版管理条例》第五十五条处罚。

第四十八条　图书出版单位出版含有《出版管理条例》和其他有关法律、法规以及国家规定禁止内容图书的，由新闻出版总署或者省、自治区、直辖市新闻出版行政部门依照《出版管理条例》第五十六条处罚。

第四十九条 图书出版单位违反本规定第二十七条的，由新闻出版总署或者省、自治区、直辖市新闻出版行政部门依照《出版管理条例》第六十条处罚。

第五十条 图书出版单位有下列行为之一的，由新闻出版总署或者省、自治区、直辖市新闻出版行政部门依照《出版管理条例》第六十一条处罚：

（一）变更名称、主办单位或者其主管单位、业务范围、合并或分立、改变资本结构，未依法办理审批手续的；

（二）未按规定将其年度出版计划备案的；

（三）未按规定履行重大选题备案的；

（四）未按规定送交样书的。

第五十一条 图书出版单位有下列行为之一的，由新闻出版总署或者省、自治区、直辖市新闻出版行政部门给予警告，并处3万元以下罚款：

（一）未按规定使用中国标准书号或者全国统一书号、图书条码、图书在版编目数据的；

（二）图书出版单位违反本规定第二十八条的；

（三）图书出版单位擅自在境内与境外出版机构开展合作出版，在合作出版的图书上双方共同署名的；

（四）未按规定载明图书版本记录事项的；

（五）图书出版单位委托非依法设立的出版物印刷单位印刷图书的，或者未按照国家规定使用印刷委托书的。

第五十二条 图书出版单位租型出版图书、合作出版图书、出版自费图书，违反新闻出版总署有关规定的，由新闻出版总署或者省、自治区、直辖市新闻出版行政部门给予警告，并处3万元以下罚款。

第五十三条 图书出版单位出版质量不合格的图书，依据新闻出版总署《图书质量管理规定》处罚。

第五十四条 图书出版单位未依法向新闻出版行政部门报送统计资料的，依据新闻出版总署、国家统计局联合颁布的《新闻出版统计管理办法》处罚。

第五十五条 对图书出版单位作出行政处罚，新闻出版行政部门应告知其主办单位和主管单位，可以通过媒体向社会公布。

对图书出版单位作出行政处罚，新闻出版行政部门可以建议其主办单位或者主管单位对直接责任人和主要负责人予以行政处分或者调离岗位。

第六章 附 则

第五十六条 本规定自2008年5月1日起施行。

自本规定施行起，此前新闻出版行政部门对图书出版的其他规定，凡与本规定不一致的，以本规定为准。

期刊出版管理规定

· 2005年9月30日新闻出版总署令第31号公布

· 根据2017年12月11日《国家新闻出版广电总局关于废止、修改和宣布失效部分规章、规范性文件的决定》修正

第一章 总 则

第一条 为了促进我国期刊业的繁荣和发展，规范期刊出版活动，加强期刊出版管理，根据国务院《出版管理条例》及相关法律法规，制定本规定。

第二条 在中华人民共和国境内从事期刊出版活动，适用本规定。

期刊由依法设立的期刊出版单位出版。期刊出版单位出版期刊，必须经新闻出版总署批准，持有国内统一连续出版物号，领取《期刊出版许可证》。

本规定所称期刊又称杂志，是指有固定名称，用卷、期或者年、季、月顺序编号，按照一定周期出版的成册连续出版物。

本规定所称期刊出版单位，是指依照国家有关规定设立，经新闻出版总署批准并履行登记注册手续的期刊社。法人出版期刊不设立期刊社的，其设立的期刊编辑部视为期刊出版单位。

第三条 期刊出版必须坚持马克思列宁主义、毛泽东思想、邓小平理论和“三个代表”重要思想，坚持正确的舆论导向和出版方向，坚持把社会效益放在首位、社会效益和经济效益相统一的原则，传播和积累有益于提高民族素质、经济发展和社会进步的科学技术和文化知识，弘扬中华民族优秀文化，促进国际文化交流，丰富人民群众的精神文化生活。

第四条 期刊发行分公开发行和内部发行。

内部发行的期刊只能在境内按指定范围发行，不得在社会上公开发行、陈列。

第五条 新闻出版总署负责全国期刊出版活动的监督管理工作，制定并实施全国期刊出版的总量、结构、布局的规划，建立健全期刊出版质量评估制度、期刊年度核验制度以及期刊出版退出机制等监督管理制度。

地方各级新闻出版行政部门负责本行政区域内的期刊出版活动的监督管理工作。

第六条 期刊出版单位负责期刊的编辑、出版等期刊出版活动。

期刊出版单位合法的出版活动受法律保护。任何组织和个人不得非法干扰、阻止、破坏期刊的出版。

第七条 新闻出版总署对为我国期刊业繁荣和发展做出突出贡献的期刊出版单位及个人实施奖励。

第八条 期刊出版行业的社会团体按照其章程，在新闻出版行政部门的指导下，实行自律管理。

第二章　期刊创办和期刊出版单位设立

第九条　创办期刊、设立期刊出版单位，应当具备下列条件：

（一）有确定的、不与已有期刊重复的名称；

（二）有期刊出版单位的名称、章程；

（三）有符合新闻出版总署认定条件的主管、主办单位；

（四）有确定的期刊出版业务范围；

（五）有30万元以上的注册资本；

（六）有适应期刊出版活动需要的组织机构和符合国家规定资格条件的编辑专业人员；

（七）有与主办单位在同一行政区域的固定的工作场所；

（八）有确定的法定代表人或者主要负责人，该法定代表人或者主要负责人必须是在境内长久居住的中国公民；

（九）法律、行政法规规定的其他条件。

除前款所列条件外，还须符合国家对期刊及期刊出版单位总量、结构、布局的总体规划。

第十条　中央在京单位创办期刊并设立期刊出版单位，经主管单位审核同意后，由主办单位报新闻出版总署审批。

中国人民解放军和中国人民武装警察部队系统创办期刊并设立期刊出版单位，由中国人民解放军总政治部宣传部新闻出版局审核同意后报新闻出版总署审批。

其他单位创办期刊并设立期刊出版单位，经主管单位审核同意后，由主办单位向所在地省、自治区、直辖市新闻出版行政部门提出申请，省、自治区、直辖市新闻出版行政部门审核同意后，报新闻出版总署审批。

第十一条　两个以上主办单位合办期刊，须确定一个主要主办单位，并由主要主办单位提出申请。

期刊的主要主办单位应为其主管单位的隶属单位。期刊出版单位和主要主办单位须在同一行政区域。

第十二条 创办期刊、设立期刊出版单位，由期刊出版单位的主办单位提出申请，并提交以下材料：

（一）按要求填写的《期刊出版申请表》；

（二）主管单位、主办单位的有关资质证明材料；

（三）拟任出版单位法定代表人或主要负责人简历、身份证明文件及国家有关部门颁发的职业资格证书；

（四）编辑出版人员的职业资格证书；

（五）办刊资金来源、数额及相关的证明文件；

（六）期刊出版单位的章程；

（七）工作场所使用证明；

（八）期刊出版可行性论证报告。

第十三条 新闻出版总署应当自收到创办期刊、设立期刊出版单位的申请之日起90日内，作出批准或者不批准的决定，并直接或者由省、自治区、直辖市新闻出版行政部门书面通知主办单位；不批准的，应当说明理由。

第十四条 期刊主办单位应当自收到新闻出版总署批准决定之日起60日内办理注册登记手续：

（一）持批准文件到所在地省、自治区、直辖市新闻出版行政部门领取《期刊出版登记表》，填写一式五份，经期刊主管单位审核签章后，报所在地省、自治区、直辖市新闻出版行政部门，省、自治区、直辖市新闻出版行政部门应在15日内，将《期刊出版登记表》报送新闻出版总署备案；

（二）公开发行的期刊，可以向ISSN中国国家中心申领国际标准连续出版物号，并向新闻出版总署条码中心申领条型码；

（三）省、自治区、直辖市新闻出版行政部门对《期刊出版登记表》审核无误后，在10日内向主办单位发放《期刊出版许可证》；

（四）期刊出版单位持《期刊出版许可证》到工商行政管理部门办理登记手续，依法领取营业执照。

《期刊出版登记表》由期刊出版单位、主办单位、主管单位及所在地省、自治区、直辖市新闻出版行政部门各留存一份。

第十五条 期刊主办单位自收到新闻出版总署的批准文件之日起60日内未办理注册登记手续，批准文件自行失效，登记机关不再受理登记，期刊主办单位须把有关批准文件缴回新闻出版总署。

期刊出版单位自登记之日起满90日未出版期刊的，由新闻出版总署撤销《期刊出版许可证》，并由原登记的新闻出版行政部门注销登记。

因不可抗力或者其他正当理由发生前款所列情形的，期刊出版单位可以向原登记的新闻出版行政部门申请延期。

第十六条 期刊社应当具备法人条件，经核准登记后，取得法人资格，以其全部法人财产独立承担民事责任。

期刊编辑部不具有法人资格，其民事责任由其主办单位承担。

第十七条 期刊出版单位变更名称、合并或者分立、改变资本结构，出版新的期刊，依照本规定第十条至第十四条的规定办理审批、登记手续。

第十八条 期刊变更名称、主办单位或主管单位、业务范围、刊期的，依照本规定第十条至第十四条的规定办理审批、登记手续。

期刊变更登记地，经主管、主办单位同意后，由期刊出版单位到新登记地省、自治区、直辖市新闻出版行政部门办理登记手续。

期刊变更刊期，新闻出版总署可以委托省、自治区、直辖市新闻出版行政部门审批。

本规定所称期刊业务范围包括办刊宗旨、文种。

第十九条 期刊出版单位变更期刊开本、法定代表人或者主要负责人、在同一登记地内变更地址，经其主办单位审核同意后，由期刊出版单位在15日内向所在地省、自治区、直辖市新闻出版行政部门备案。

第二十条 期刊休刊，期刊出版单位须向所在地省、自治区、直辖市新闻出版行政部门备案并说明休刊理由和期限。

期刊休刊时间不得超过一年。休刊超过一年的，由新闻出版总署撤销《期刊出版许可证》，所在地省、自治区、直辖市新闻出版行政部门注销登记。

第二十一条 期刊出版单位终止期刊出版活动的，经主管单位同意后，由其主办单位向所在地省、自治区、直辖市新闻出版行政部门办理注销登记，并由省、自治区、直辖市新闻出版行政部门报新闻出版总署备案。

第二十二条 期刊注销登记，以同一名称设立的期刊出版单位须与期刊同时注销，并到原登记的工商行政管理部门办理注销登记。

注销登记的期刊和期刊出版单位不得再以该名称从事出版、经营活动。

第二十三条 中央期刊出版单位组建期刊集团，由新闻出版总署批准；地方期刊出版单位组建期刊集团，向所在地省、自治区、直辖市新闻出版行政部门提出申请，经审核同意后，报新闻出版总署批准。

第三章 期刊的出版

第二十四条 期刊出版实行编辑责任制度，保障期刊刊载内容符合国家法律、法规的规定。

第二十五条 期刊不得刊载《出版管理条例》和其他有关法律、法规以及国家规定的禁止内容。

第二十六条 期刊刊载的内容不真实、不公正，致使公民、法人或者其他组织的合法权益受到侵害的，期刊出版单位应当公开更正，消除影响，并依法承担其他民事责任。

期刊刊载的内容不真实、不公正，致使公民、法人或者其他组织的合法权益受到侵害的，当事人有权要求期刊出版单位更正或者答辩，期刊出版单位应当在其最近出版的一期期刊上予以发表；拒绝发表的，当事人可以向人民法院提出诉讼。

期刊刊载的内容不真实、不公正，损害公共利益的，新闻出版总署或者省、自治区、直辖市新闻出版行政部门可以责令该期刊出版单位更正。

第二十七条 期刊刊载涉及国家安全、社会安定等重大选题的内容，须按照重大选题备案管理规定办理备案手续。

第二十八条 公开发行的期刊不得转载、摘编内部发行出版物的内容。

期刊转载、摘编互联网上的内容，必须按照有关规定对其内容进行核实，并在刊发的明显位置标明下载文件网址、下载日期等。

第二十九条 期刊出版单位与境外出版机构开展合作出版项目，须经新闻出版总署批准，具体办法另行规定。

第三十条 期刊出版质量须符合国家标准和行业标准。期刊使用语言文字须符合国家有关规定。

第三十一条 期刊须在封底或版权页上刊载以下版本记录：期刊名称、主管单位、主办单位、出版单位、印刷单位、发行单位、出版日期、总编辑（主编）姓名、发行范围、定价、国内统一连续出版物号、广告经营许可证号等。

领取国际标准连续出版物号的期刊须同时刊印国际标准连续出版物号。

第三十二条 期刊须在封面的明显位置刊载期刊名称和年、月、期、卷等顺序编号，不得以总期号代替年、月、期号。

期刊封面其他文字标识不得明显于刊名。

期刊的外文刊名须是中文刊名的直译。外文期刊封面上必须同时刊印中文刊名；少数民族文种期刊封面上必须同时刊印汉语刊名。

第三十三条 一个国内统一连续出版物号只能对应出版一种期刊，不得用同一国内统一连续出版物号出版不同版本的期刊。

出版不同版本的期刊，须按创办新期刊办理审批手续。

第三十四条 期刊可以在正常刊期之外出版增刊。每种期刊每年可以出版两期增刊。

期刊出版单位出版增刊，应当经其主管单位审核同意后，由主办单位报所在地省、自治区、直辖市新闻出版行政部门备案。备案文件应当说明拟出增刊的出版理由、出版时间、文章编目、期数、页码、印数、印刷单位等；所在地省、自治区、直辖市新闻出版行政部门备案后，发给备案证明文件，配发增刊备案号。

增刊内容必须符合正刊的业务范围，开本和发行范围必须与正刊一致；增刊除刊印本规定第三十一条所列版本纪录外，还须刊印增刊备案号，并在封面刊印正刊名称和注明“增刊”。

第三十五条 期刊合订本须按原期刊出版顺序装订，不得对期刊内容另行编排，并在其封面明显位置标明期刊名称及“合订本”字样。

期刊因内容违法被新闻出版行政部门给予行政处罚的，该期期刊的相关篇目不得收入合订本。

被注销登记的期刊，不得制作合订本。

第三十六条 期刊出版单位不得出卖、出租、转让本单位名称及所出版期刊的刊号、名称、版面，不得转借、转让、出租和出卖《期刊出版许可证》。

第三十七条 期刊出版单位利用其期刊开展广告业务，必须遵守广告法律规定，发布广告须依法查验有关证明文件，核实广告内容，不得刊登有害的、虚假的等违法广告。

期刊的广告经营者限于在合法授权范围内开展广告经营、代理业务，不得参与期刊的采访、编辑等出版活动。

第三十八条 期刊采编业务与经营业务必须严格分开。

禁止以采编报道相威胁，以要求被报道对象做广告、提供赞助、加入理事会等损害被报道对象利益的行为牟取不正当利益。

期刊不得刊登任何形式的有偿新闻。

第三十九条 期刊出版单位的新闻采编人员从事新闻采访活动，必须持有新闻出版总署统一核发的新闻记者证，并遵守新闻出版总署《新闻记者证管理办法》的有关规定。

第四十条 具有新闻采编业务的期刊出版单位在登记地以外的地区设立记者站，参照新闻出版总署《报社记者站管理办法》审批、管理。其他期刊出版单位一律不得设立记者站。

期刊出版单位是否具有新闻采编业务由新闻出版总署认定。

第四十一条 期刊出版单位不得以不正当竞争行为或者方式开展经营活动，不得利用权力摊派发行期刊。

第四十二条 期刊出版单位须遵守国家统计法规，依法向新闻出版行政部门报送统计资料。

期刊出版单位应配合国家认定的出版物发行数据调查机构进行期刊发行量数据调查，提供真实的期刊发行数据。

第四十三条 期刊出版单位须在每期期刊出版30日内，分别向新闻出版总署、中国版本图书馆、国家图书馆以及所在地省、自治区、直辖市新闻出版行政部门缴送样刊3本。

第四章 监督管理

第四十四条 期刊出版活动的监督管理实行属地原则。

省、自治区、直辖市新闻出版行政部门依法负责对本行政区域期刊和期刊出版单位的登记、年度核验、质量评估、行政处罚等工作，对本行政区域的期刊出版活动进行监督管理。

其他地方新闻出版行政部门依法对本行政区域内期刊出版单位及其期刊出版活动进行监督管理。

第四十五条 期刊出版管理实施期刊出版事后审读制度、期刊出版质量评估制度、期刊年度核验制度和期刊出版从业人员资格管理制度。

期刊出版单位应当按照新闻出版总署的规定，将从事期刊出版活动的情况向新闻出版行政部门提出书面报告。

第四十六条 新闻出版总署负责全国期刊审读工作。地方各级新闻出版行政部门负责对本行政区域内出版的期刊进行审读。

下级新闻出版行政部门要定期向上一级新闻出版行政部门提交审读报告。

主管单位须对其主管的期刊进行审读，定期向所在地新闻出版行政部门报送审读报告。

期刊出版单位应建立期刊阅评制度，定期写出阅评报告。新闻出版行政部门根据管理工作的需要，可以随时调阅、检查期刊出版单位的阅评报告。

第四十七条 新闻出版总署制定期刊出版质量综合评估标准体系，对期刊出版质量进行全面评估。

经期刊出版质量综合评估，期刊出版质量未达到规定标准或者不能维持正常出版活动的，由新闻出版总署撤销《期刊出版许可证》，所在地省、自治区、直辖市新闻出版行政部门注销登记。

第四十八条 省、自治区、直辖市新闻出版行政部门负责对本行政区域的期刊实施年度核验。年度核验内容包括期刊出版单位及其所出版期刊登记项目、出版质量、遵纪守法情况等。

第四十九条 年度核验按照以下程序进行：

（一）期刊出版单位提出年度自检报告，填写由新闻出版总署统一印制的《期刊登记项目年度核验表》，经期刊主办单位、主管单位审核盖章后，连同本年度出版的样刊报省、自治区、直辖市新闻出版行政部门；

（二）省、自治区、直辖市新闻出版行政部门对期刊出版单位自检报告、《期刊登记项目年度核验表》及样刊进行审核查验；

（三）经核验符合规定标准的，省、自治区、直辖市新闻出版行政部门在《期刊出版许可证》上加盖年度核验章；《期刊出版许可证》上加盖年度核验章即为通过年度核验，期刊出版单位可以继续从事期刊出版活动；

（四）省、自治区、直辖市新闻出版行政部门在完成期刊年度核验工作30日内向新闻出版总署提交期刊年度核验工作报告。

第五十条 有下列情形之一的，暂缓年度核验：

（一）正在限期停业整顿的；

（二）经审核发现有违法情况应予处罚的；

（三）主管单位、主办单位未履行管理责任，导致期刊出版管理混乱的；

（四）存在其他违法嫌疑需要进一步核查的。

暂缓年度核验的期限由省、自治区、直辖市新闻出版行政部门确定，报新闻出版总署备案。缓验期满，按本规定第四十八条、第四十九条重新办理年度核验。

第五十一条 期刊有下列情形之一的，不予通过年度核验：

（一）违法行为被查处后拒不改正或者没有明显整改效果的；

（二）期刊出版质量长期达不到规定标准的；

（三）经营恶化已经资不抵债的；

（四）已经不具备本规定第九条规定条件的。

不予通过年度核验的，由新闻出版总署撤销《期刊出版许可证》，所在地省、自治区、直辖市新闻出版行政部门注销登记。

未通过年度核验的，期刊出版单位自第二年起停止出版该期刊。

第五十二条 《期刊出版许可证》加盖年度核验章后方可继续使用。有关部门在办理期刊出版、印刷、发行等手续时，对未加盖年度核验章的《期刊出版许可证》不予采用。

不按规定参加年度核验的期刊出版单位，经催告仍未参加年度核验的，由新闻出版总署撤销《期刊出版许可证》，所在地省、自治区、直辖市新闻出版行政部门注销登记。

第五十三条 年度核验结果，核验机关可以向社会公布。

第五十四条 期刊出版从业人员，应具备国家规定的新闻出版职业资格条件。

第五十五条 期刊出版单位的社长、总编辑须符合国家规定的任职资格和条件。

期刊出版单位的社长、总编辑须参加新闻出版行政部门组织的岗位培训。

期刊出版单位的新任社长、总编辑须经过岗位培训合格后才能上岗。

第五章　法律责任

第五十六条　期刊出版单位违反本规定的，新闻出版行政部门视其情节轻重，可以采取下列行政措施：

（一）下达警示通知书；

（二）通报批评；

（三）责令公开检讨；

（四）责令改正；

（五）责令停止印制、发行期刊；

（六）责令收回期刊；

（七）责成主办单位、主管单位监督期刊出版单位整改。

警示通知书由新闻出版总署制定统一格式，由新闻出版总署或者省、自治区、直辖市新闻出版行政部门下达给违法的期刊出版单位，并抄送违法期刊出版单位的主办单位及其主管单位。

本条所列行政措施可以并用。

第五十七条　未经批准，擅自设立期刊出版单位，或者擅自从事期刊出版业务，假冒期刊出版单位名称或者伪造、假冒期刊名称出版期刊的，依照《出版管理条例》第六十一条处罚。

期刊出版单位未履行备案手续擅自出版增刊、擅自与境外出版机构开展合作出版项目的，按前款处罚。

第五十八条　出版含有《出版管理条例》和其他有关法律、法规以及国家规定禁载内容期刊的，依照《出版管理条例》第六十二条处罚。

第五十九条　期刊出版单位违反本规定第三十六条的，依照《出版管理条例》第六十六条处罚。

期刊出版单位允许或者默认广告经营者参与期刊采访、编辑等出版活动的，按前款处罚。

第六十条　期刊出版单位有下列行为之一的，依照《出版管理条例》第六十七条处罚：

（一）期刊变更名称、主办单位或主管单位、业务范围、刊期，未依照本规定办理审批手续的；

（二）期刊出版单位变更名称、合并或分立、改变资本结构、出版新的期刊，未依照本规定办理审批手续的；

（三）期刊出版单位未将涉及国家安全、社会安定等方面的重大选题备案的；

（四）期刊出版单位未依照本规定缴送样刊的。

第六十一条 期刊出版单位违反本规定第四条第二款的，依照新闻出版总署《出版物市场管理规定》第四十八条处罚。

第六十二条 期刊出版单位有下列行为之一的，由新闻出版总署或者省、自治区、直辖市新闻出版行政部门给予警告，并处3万元以下罚款：

（一）期刊出版单位变更期刊开本、法定代表人或者主要负责人、在同一登记地内变更地址，未按本规定第十九条报送备案的；

（二）期刊休刊未按本规定第二十条报送备案的；

（三）刊载损害公共利益的虚假或者失实报道，拒不执行新闻出版行政部门更正命令的；

（四）公开发行的期刊转载、摘编内部发行出版物内容的；

（五）期刊转载、摘编互联网上的内容，违反本规定第二十八条第二款的；

（六）未按照本规定第三十一条刊载期刊版本记录的；

（七）违反本规定第三十二条关于期刊封面标识的规定的；

（八）违反本规定第三十三条，“一号多刊”的；

（九）出版增刊违反本规定第三十四条第三款的；

（十）违反本规定第三十五条制作期刊合订本的；

（十一）刊登有偿新闻或者违反本规定第三十八条其他规定的；

（十二）违反本规定第四十一条，以不正当竞争行为开展经营活动或者利用权力摊派发行的。

第六十三条 期刊出版单位新闻采编人员违反新闻记者证的有关规定，依照新闻出版总署《新闻记者证管理办法》的规定处罚。

第六十四条 期刊出版单位违反记者站的有关规定，依照新闻出版总署《报社记者站管理办法》的规定处罚。

第六十五条 对期刊出版单位做出行政处罚，新闻出版行政部门应告知其主办单位和主管单位，可以通过媒体向社会公布。

对期刊出版单位做出行政处罚，新闻出版行政部门可以建议其主办单位或者主管单位对直接责任人和主要负责人予以行政处分或者调离岗位。

第六章 附 则

第六十六条 本规定施行后，新闻出版署《期刊管理暂行规定》和《〈期刊管理暂行规定〉行政处罚实施办法》同时废止，此前新闻出版行政部门对期刊出版活动的其他规定，凡与本规定不一致的，以本规定为准。

第六十七条 本规定自 2005 年 12 月 1 日起施行。

电子出版物出版管理规定

· 2008 年 2 月 21 日新闻出版总署令第 34 号公布

· 根据 2015 年 8 月 28 日《关于修订部分规章和规范性文件的决定》修正

第一章 总 则

第一条 为了加强对电子出版物出版活动的管理，促进电子出版事业的健康发展与繁荣，根据国务院《出版管理条例》、《国务院对确需保留的行政审批项目设定行政许可的决定》和有关法律、行政法规，制定本规定。

第二条 在中华人民共和国境内从事电子出版物的制作、出版、进口活动，适用本规定。

本规定所称电子出版物，是指以数字代码方式，将有知识性、思想性内容的信息编辑加工后存储在固定物理形态的磁、光、电等介质上，通过电子阅读、显示、播放设备读取使用的大众传播媒体，包括只读光盘（CD-ROM、DVD-ROM 等）、一次写入光盘（CD-R、DVD-R 等）、可擦写光盘（CD-RW、DVD-RW 等）、软磁盘、硬磁盘、集成电路卡等，以及新闻出版总署认定的其他媒体形态。

第三条 电子出版物不得含有《出版管理条例》第二十六条、第二十七条禁止的内容。

第四条 新闻出版总署负责全国电子出版物出版活动的监督管理工作。

县级以上地方新闻出版行政部门负责本行政区域内电子出版物出版活动的监督管理工作。

第五条 国家对电子出版物出版活动实行许可制度；未经许可，任何单位和个人不得从事电子出版物的出版活动。

第二章 出版单位设立

第六条 设立电子出版物出版单位，应当具备下列条件：

（一）有电子出版物出版单位的名称、章程；

（二）有符合新闻出版总署认定条件的主管、主办单位；

（三）有确定的电子出版物出版业务范围；

（四）有适应业务范围需要的设备和工作场所；

（五）有适应业务范围需要的组织机构，有 2 人以上具有中级以上出版专业职业资格；

（六）法律、行政法规规定的其他条件。

除依照前款所列条件外，还应当符合国家关于电子出版物出版单位总量、结构、布局的规划。

第七条 设立电子出版物出版单位，经其主管单位同意后，由主办单位向所在地省、自治区、直辖市新闻出版行政部门提出申请；经省、自治区、直辖市新闻出版行政部门审核同意后，报新闻出版总署审批。

第八条 申请设立电子出版物出版单位，应当提交下列材料：

（一）按要求填写的申请表，应当载明出版单位的名称、地址、资本结构、资金来源及数额，出版单位的主管、主办单位的名称和地址等内容；

（二）主办单位、主管单位的有关资质证明材料；

（三）出版单位章程；

（四）法定代表人或者主要负责人及本规定第六条要求的有关人员的资格证明和身份证明；

（五）可行性论证报告；

（六）注册资本数额、来源及性质证明；

（七）工作场所使用证明。

第九条 新闻出版总署自受理设立电子出版物出版单位的申请之日起90日内，作出批准或者不批准的决定，直接或者由省、自治区、直辖市新闻出版行政部门书面通知主办单位；不批准的，应当说明理由。

第十条 设立电子出版物出版单位的主办单位应当自收到批准决定之日起60日内，向所在地省、自治区、直辖市新闻出版行政部门登记，领取新闻出版总署颁发的《电子出版物出版许可证》。

电子出版物出版单位持《电子出版物出版许可证》向所在地工商行政管理部门登记，依法领取营业执照。

第十一条 电子出版物出版单位自登记之日起满180日未从事出版活动的，由省、自治区、直辖市新闻出版行政部门注销登记，收回《电子出版物出版许可证》，并报新闻出版总署备案。

因不可抗力或者其他正当理由发生前款所列情形的，电子出版物出版单位可以向省、自治区、直辖市新闻出版行政部门申请延期。

第十二条 电子出版物出版单位变更名称、主办单位或者主管单位、业务范围、资本结构，合并或者分立，须依照本规定第七条、第八条的规定重新办理审批手续，并到原登记的工商行政管理部门办理相应的登记手续。

电子出版物出版单位变更地址、法定代表人或者主要负责人的，应当经其主管、主办单位同意，向所在地省、自治区、直辖市新闻出版行政部门申请变更登记后，到原登记的工商行政管理部门办理变更登记。

省、自治区、直辖市新闻出版行政部门须将有关变更登记事项报新闻出版总署备案。

第十三条 电子出版物出版单位终止出版活动的，应当向所在地省、自治区、直辖市新闻出版行政部门办理注销登记手续，并到原登记的工商行政管理部门办理注销登记。

省、自治区、直辖市新闻出版行政部门应将有关注销登记报新闻出版总署备案。

第十四条 申请出版连续型电子出版物，经主管单位同意后，由主办单位向所在地省、自治区、直辖市新闻出版行政部门提出申请；经省、自治区、直辖市新闻出版行政部门审核同意后，报新闻出版总署审批。

本规定所称连续型电子出版物，是指有固定名称，用卷、期、册或者年、月顺序编号，按照一定周期出版的电子出版物。

第十五条 申请出版连续型电子出版物，应当提交下列材料：

（一）申请书，应当载明连续型电子出版物的名称、刊期、媒体形态、业务范围、读者对象、栏目设置、文种等；

（二）主管单位的审核意见。

申请出版配报纸、期刊的连续型电子出版物，还须报送报纸、期刊样本。

第十六条 经批准出版的连续型电子出版物，新增或者改变连续型电子出版物的名称、刊期与出版范围的，须按照本规定第十四条、第十五条办理审批手续。

第十七条 出版行政部门对从事电子出版物制作的单位实行备案制管理。电子出版物制作单位应当于单位设立登记以及有关变更登记之日起30日内，将单位名称、地址、法定代表人或者主要负责人的姓名及营业执照复印件、法定代表人或主要负责人身份证明报所在地省、自治区、直辖市新闻出版行政部门备案。

本规定所称电子出版物制作，是指通过创作、加工、设计等方式，提供用于出版、复制、发行的电子出版物节目源的经营活动。

第三章 出版管理

第十八条 电子出版物出版单位实行编辑责任制度，保障电子出版物的内容符合有关法规、规章规定。

第十九条 电子出版物出版单位应于每年12月1日前将下一年度的出版计划报所在地省、自治区、直辖市新闻出版行政部门，省、自治区、直辖市新闻出版行政部门审核同意后报新闻出版总署备案。

第二十条 电子出版物出版实行重大选题备案制度。涉及国家安全、社会安定等方面重大选题，涉及重大革命题材和重大历史题材的选题，应当按照新闻出版总署有关选题备案的规定办理备案手续；未经备案的重大选题，不得出版。

第二十一条 出版电子出版物，必须按规定使用中国标准书号。同一内容，不同载体形态、格式的电子出版物，应当分别使用不同的中国标准书号。

出版连续型电子出版物，必须按规定使用国内统一连续出版物号，不得使用中国标准书号出版连续型电子出版物。

第二十二条 电子出版物出版单位不得以任何形式向任何单

位或者个人转让、出租、出售本单位的名称、电子出版物中国标准书号、国内统一连续出版物号。

第二十三条 电子出版物应当符合国家的技术、质量标准和规范要求。

出版电子出版物，须在电子出版物载体的印刷标识面或其装帧的显著位置载明电子出版物制作、出版单位的名称，中国标准书号或国内统一连续出版物号及条码，著作权人名称以及出版日期等其他有关事项。

第二十四条 电子出版物出版单位申请出版境外著作权人授权的电子出版物，须向所在地省、自治区、直辖市新闻出版行政部门提出申请；所在地省、自治区、直辖市新闻出版行政部门审核同意后，报新闻出版总署审批。

第二十五条 申请出版境外著作权人授权的电子出版物，应当提交下列材料：

（一）申请书，应当载明电子出版物名称、内容简介、授权方名称、授权方基本情况介绍等；

（二）申请单位的审读报告；

（三）样品及必要的内容资料；

（四）申请单位所在地省、自治区、直辖市著作权行政管理部门的著作权合同登记证明文件。

出版境外著作权人授权的电子游戏出版物还须提交游戏主要人物和主要场景图片资料、代理机构营业执照、发行合同及发行机构批发许可证、游戏文字脚本全文等材料。

第二十六条 新闻出版总署自受理出版境外著作权人授权电子出版物申请之日起，20 日内作出批准或者不批准的决定；不批准的，应当说明理由。

审批出版境外著作权人授权电子出版物，应当组织专家评审，并应当符合国家总量、结构、布局规划。

第二十七条 境外著作权人授权的电子出版物，须在电子出版物载体的印刷标识面或其装帧的显著位置载明引进出版批准文号和著作权授权合同登记证号。

第二十八条 已经批准出版的境外著作权人授权的电子出版物，若出版升级版本，须按照本规定第二十五条提交申请材料，报所在地省、自治区、直辖市新闻出版行政部门审批。

第二十九条 出版境外著作权人授权的电子游戏测试盘及境外互联网游戏作品客户端程序光盘，须按照本规定第二十五条提交申请材料，报所在地省、自治区、直辖市新闻出版行政部门审批。

第三十条 电子出版物出版单位与境外机构合作出版电子出版物，须经主管单位同意后，将选题报所在地省、自治区、直辖市新闻出版行政部门审核；省、自治区、直辖市新闻出版行政部门审核同意后，报新闻出版总署审批。

新闻出版总署自受理合作出版电子出版物选题申请之日起20日内，作出批准或者不批准的决定；不批准的，应当说明理由。

第三十一条 电子出版物出版单位申请与境外机构合作出版电子出版物，应当提交下列材料：

（一）申请书，应当载明合作出版的电子出版物的名称、载体形态、内容简介、合作双方名称、基本情况、合作方式等，并附拟合作出版的电子出版物的有关文字内容、图片等材料；

（二）合作意向书；

（三）主管单位的审核意见。

第三十二条 电子出版物出版单位与境外机构合作出版电子出版物，应在该电子出版物出版30日内将样盘报送新闻出版总署备案。

第三十三条 出版单位配合本版出版物出版电子出版物，向所在地省、自治区、直辖市新闻出版行政部门提出申请，省、自治区、直辖市新闻出版行政部门审核同意的，发放电子出版物中国标准书号和复制委托书，并报新闻出版总署备案。

第三十四条 出版单位申请配合本版出版物出版电子出版物，应提交申请书及本版出版物、拟出版电子出版物样品。

申请书应当载明配合本版出版物出版的电子出版物的名称、制作单位、主要内容、出版时间、复制数量和载体形式等内容。

第三十五条 电子出版物发行前，出版单位应当向国家图书馆、中国版本图书馆和新闻出版总署免费送交样品。

第三十六条 电子出版物出版单位的从业人员，应当具备国家规定的出版专业职业资格条件。

电子出版物出版单位的社长、总编辑须符合国家规定的任职资格和条件。

电子出版物出版单位的社长、总编辑须参加新闻出版行政部门组织的岗位培训，取得岗位培训合格证书后才能上岗。

第三十七条 电子出版物出版单位须遵守国家统计规定，依法向新闻出版行政部门报送统计资料。

第四章 进口管理

第三十八条 进口电子出版物成品，须由新闻出版总署批准的电子出版物进口经营单位提出申请；所在地省、自治区、直辖市新闻出版行政部门审核同意后，报新闻出版总署审批。

第三十九条 申请进口电子出版物，应当提交下列材料：

（一）申请书，应当载明进口电子出版物的名称、内容简介、出版者名称、地址、进口数量等；

（二）主管单位审核意见；

（三）申请单位关于进口电子出版物的审读报告；

（四）进口电子出版物的样品及必要的内容资料。

第四十条 新闻出版总署自受理进口电子出版物申请之日起20日内，作出批准或者不批准的决定；不批准的，应当说明理由。

审批进口电子出版物，应当组织专家评审，并应当符合国家总量、结构、布局规划。

第四十一条 进口电子出版物的外包装上应贴有标识，载明批准进口文号及用中文注明的出版者名称、地址、著作权人名称、出版日期等有关事项。

第五章　非卖品管理

第四十二条　委托复制电子出版物非卖品，须向委托方或受托方所在地省、自治区、直辖市新闻出版行政部门提出申请，申请书应写明电子出版物非卖品的使用目的、名称、内容、发送对象、复制数量、载体形式等，并附样品。

电子出版物非卖品内容限于公益宣传、企事业单位业务宣传、交流、商品介绍等，不得定价，不得销售、变相销售或与其他商品搭配销售。

第四十三条　省、自治区、直辖市新闻出版行政部门应当自受理委托复制电子出版物非卖品申请之日起20日内，作出批准或者不批准的决定，批准的，发给电子出版物复制委托书；不批准的，应当说明理由。

第四十四条　电子出版物非卖品载体的印刷标识面及其装帧的显著位置应当注明电子出版物非卖品统一编号，编号分为四段：第一段为方括号内的各省、自治区、直辖市简称，第二段为“电子出版物非卖品”字样，第三段为圆括号内的年度，第四段为顺序编号。

第六章　委托复制管理

第四十五条　电子出版物、电子出版物非卖品应当委托经新闻出版总署批准设立的复制单位复制。

第四十六条　委托复制电子出版物和电子出版物非卖品，必须使用复制委托书，并遵守国家关于复制委托书的管理规定。

复制委托书由新闻出版总署统一印制。

第四十七条　委托复制电子出版物、电子出版物非卖品的单位，应当保证开具的复制委托书内容真实、准确、完整，并须将开具的复制委托书直接交送复制单位。

委托复制电子出版物、电子出版物非卖品的单位不得以任何形式向任何单位或者个人转让、出售本单位的复制委托书。

第四十八条 委托复制电子出版物的单位，自电子出版物完成复制之日起30日内，须向所在地省、自治区、直辖市新闻出版行政部门上交本单位及复制单位签章的复制委托书第二联及样品。

委托复制电子出版物的单位须将电子出版物复制委托书第四联保存2年备查。

第四十九条 委托复制电子出版物、电子出版物非卖品的单位，经批准获得电子出版物复制委托书之日起90日内未使用的，须向发放该委托书的省、自治区、直辖市新闻出版行政部门交回复制委托书。

第七章 年度核验

第五十条 电子出版物出版单位实行年度核验制度，年度核验每两年进行一次。省、自治区、直辖市新闻出版行政部门负责对本行政区域内的电子出版物出版单位实施年度核验。核验内容包括电子出版物出版单位的登记项目、设立条件、出版经营情况、遵纪守法情况、内部管理情况等。

第五十一条 电子出版物出版单位进行年度核验，应提交以下材料：

（一）电子出版物出版单位年度核验登记表；

（二）电子出版物出版单位两年的总结报告，应当包括执行出版法规的情况、出版业绩、资产变化等内容；

（三）两年出版的电子出版物出版目录；

（四）《电子出版物出版许可证》的复印件。

第五十二条 电子出版物出版单位年度核验程序为：

（一）电子出版物出版单位应于核验年度的1月15日前向所

在地省、自治区、直辖市新闻出版行政部门提交年度核验材料；

（二）各省、自治区、直辖市新闻出版行政部门对本行政区域内电子出版物出版单位的设立条件、开展业务及执行法规等情况进行全面审核，并于该年度的2月底前完成年度核验工作；对符合年度核验要求的单位予以登记，并换发《电子出版物出版许可证》；

（三）各省、自治区、直辖市新闻出版行政部门应于核验年度的3月20日前将年度核验情况及有关书面材料报新闻出版总署备案。

第五十三条 电子出版物出版单位有下列情形之一的，暂缓年度核验：

（一）不具备本规定第六条规定条件的；

（二）因违反出版管理法规，正在限期停业整顿的；

（三）经审核发现有违法行为应予处罚的；

（四）曾违反出版管理法规受到行政处罚，未认真整改，仍存在违法问题的；

（五）长期不能正常开展电子出版物出版活动的。

暂缓年度核验的期限由省、自治区、直辖市新闻出版行政部门确定，最长不得超过3个月。暂缓期间，省、自治区、直辖市新闻出版行政部门应当督促、指导电子出版物出版单位进行整改。暂缓年度核验期满，对达到年度核验要求的电子出版物出版单位予以登记；仍未达到年度核验要求的电子出版物出版单位，由所在地省、自治区、直辖市新闻出版行政部门提出注销登记意见，新闻出版总署撤销《电子出版物出版许可证》，所在地省、自治区、直辖市新闻出版行政部门办理注销登记。

第五十四条 不按规定参加年度核验的电子出版物出版单位，经书面催告仍未参加年度核验的，由所在地省、自治区、直辖市新闻出版行政部门提出注销登记意见，新闻出版总署撤销《电子出版物出版许可证》，所在地省、自治区、直辖市新闻出版行政部门办理注销登记。

第五十五条 出版连续型电子出版物的单位按照本章规定参加年度核验。

第八章 法律责任

第五十六条 电子出版物出版单位违反本规定的，新闻出版总署或者省、自治区、直辖市新闻出版行政部门可以采取下列行政措施：

（一）下达警示通知书；

（二）通报批评；

（三）责令公开检讨；

（四）责令改正；

（五）责令停止复制、发行电子出版物；

（六）责令收回电子出版物；

（七）责成主办单位、主管单位监督电子出版物出版单位整改。

警示通知书由新闻出版总署制定统一格式，由新闻出版总署或者省、自治区、直辖市新闻出版行政部门下达给违法的电子出版物出版单位，并抄送违法电子出版物出版单位的主办单位及其主管单位。

本条所列行政措施可以并用。

第五十七条 未经批准，擅自设立电子出版物出版单位，擅自从事电子出版物出版业务，伪造、假冒电子出版物出版单位或者连续型电子出版物名称、电子出版物专用中国标准书号出版电子出版物的，按照《出版管理条例》第五十五条处罚。

图书、报纸、期刊、音像等出版单位未经批准，配合本版出版物出版电子出版物的，属于擅自从事电子出版物出版业务，按照前款处罚。

第五十八条 从事电子出版物制作、出版业务，有下列行为之一的，按照《出版管理条例》第五十六条处罚：

（一）制作、出版含有《出版管理条例》第二十六条、第二十七条禁止内容的电子出版物的；

（二）明知或者应知他人出版含有《出版管理条例》第二十六条、第二十七条禁止内容的电子出版物而向其出售、出租或者以其他形式转让本出版单位的名称、电子出版物专用中国标准书号、国内统一连续出版物号、条码及电子出版物复制委托书的。

第五十九条 电子出版物出版单位出租、出借、出售或者以其他任何形式转让本单位的名称、电子出版物专用中国标准书号、国内统一连续出版物号的，按照《出版管理条例》第六十条处罚。

第六十条 有下列行为之一的，按照《出版管理条例》第六十一条处罚：

（一）电子出版物出版单位变更名称、主办单位或者主管单位、业务范围、资本结构，合并或者分立，电子出版物出版单位变更地址、法定代表人或者主要负责人，未依照本规定的要求办理审批、变更登记手续的；

（二）经批准出版的连续型电子出版物，新增或者改变连续型电子出版物的名称、刊期与出版范围，未办理审批手续的；

（三）电子出版物出版单位未按规定履行年度出版计划和重大选题备案的；

（四）出版单位未按照有关规定送交电子出版物样品的；

（五）电子出版物进口经营单位违反本规定第三十八条未经批准进口电子出版物的。

第六十一条 电子出版物出版单位未依法向新闻出版行政部门报送统计资料的，依据新闻出版总署、国家统计局联合颁布的《新闻出版统计管理办法》处罚。

第六十二条 有下列行为之一的，由新闻出版行政部门责令改正，给予警告，可并处三万元以下罚款：

（一）电子出版物制作单位违反本规定第十七条，未办理备案手续的；

（二）电子出版物出版单位违反本规定第二十一条，未按规定使用中国标准书号或者国内统一连续出版物号的；

（三）电子出版物出版单位出版的电子出版物不符合国家的技术、质量标准和规范要求的，或者未按本规定第二十三条载明有关事项的；

（四）电子出版物出版单位出版境外著作权人授权的电子出版物，违反本规定第二十四条、第二十七条、第二十八条、第二十九条有关规定的；

（五）电子出版物出版单位与境外机构合作出版电子出版物，未按本规定第三十条办理选题审批手续的，未按本规定第三十二条将样盘报送备案的；

（六）电子出版物进口经营单位违反本规定第四十一条的；

（七）委托复制电子出版物非卖品违反本规定第四十二条的有关规定，或者未按第四十四条标明电子出版物非卖品统一编号的；

（八）电子出版物出版单位及其他委托复制单位违反本规定第四十五条至第四十九条的规定，委托未经批准设立的复制单位复制，或者未遵守有关复制委托书的管理制度的。

第九章　附　则

第六十三条　本规定自 2008 年 4 月 15 日起施行，新闻出版署 1997 年 12 月 30 日颁布的《电子出版物管理规定》同时废止，此前新闻出版行政部门对电子出版物制作、出版、进口活动的其他规定，凡与本规定不一致的，以本规定为准。

报纸出版管理规定

· 2005 年 9 月 30 日新闻出版总署令第 32 号公布

· 自 2005 年 12 月 1 日起施行

第一章　总　则

第一条　为促进我国报业的发展与繁荣，规范报纸出版活动，加强报纸出版管理，根据国务院《出版管理条例》及相关法律法规，制定本规定。

第二条　在中华人民共和国境内从事报纸出版活动，适用本规定。

报纸由依法设立的报纸出版单位出版。报纸出版单位出版报纸，必须经新闻出版总署批准，持有国内统一连续出版物号，领取《报纸出版许可证》。

本规定所称报纸，是指有固定名称、刊期、开版，以新闻与时事评论为主要内容，每周至少出版一期的散页连续出版物。

本规定所称报纸出版单位，是指依照国家有关规定设立，经新闻出版总署批准并履行登记注册手续的报社。法人出版报纸不设立报社的，其设立的报纸编辑部视为报纸出版单位。

第三条　报纸出版必须坚持马克思列宁主义、毛泽东思想、邓小平理论和“三个代表”重要思想，坚持正确的舆论导向和出版方向，坚持把社会效益放在首位、社会效益和经济效益相统一和贴近实际、贴近群众、贴近生活的原则，为建设中国特色社会主义营造良好氛围，丰富广大人民群众的精神文化生活。

第四条　新闻出版总署负责全国报纸出版活动的监督管理工作，制定并实施全国报纸出版的总量、结构、布局的规划，建立健全报纸出版质量综合评估制度、报纸年度核验制度以及报纸出版退出机制等监督管理制度。

地方各级新闻出版行政部门负责本行政区域内的报纸出版活动的监督管理工作。

第五条 报纸出版单位负责报纸的编辑、出版等报纸出版活动。

报纸出版单位合法的出版活动受法律保护。任何组织和个人不得非法干扰、阻止、破坏报纸的出版。

第六条 新闻出版总署对为我国报业繁荣和发展做出突出贡献的报纸出版单位及个人实施奖励。

第七条 报纸出版行业的社会团体按照其章程，在新闻出版行政部门的指导下，实行自律管理。

第二章 报纸创办与报纸出版单位设立

第八条 创办报纸、设立报纸出版单位，应当具备下列条件：

（一）有确定的、不与已有报纸重复的名称；

（二）有报纸出版单位的名称、章程；

（三）有符合新闻出版总署认定条件的主管、主办单位；

（四）有确定的报纸出版业务范围；

（五）有 30 万元以上的注册资本；

（六）有适应业务范围需要的组织机构和符合国家规定资格条件的新闻采编专业人员；

（七）有与主办单位在同一行政区域的固定的工作场所；

（八）有符合规定的法定代表人或者主要负责人，该法定代表人或者主要负责人必须是在境内长久居住的中国公民；

（九）法律、行政法规规定的其他条件。

除前款所列条件外，还须符合国家对报纸及报纸出版单位总量、结构、布局的规划。

第九条 中央在京单位创办报纸并设立报纸出版单位，经主管单位同意后，由主办单位报新闻出版总署审批。

中国人民解放军和中国人民武装警察部队系统创办报纸并设立报纸出版单位，由中国人民解放军总政治部宣传部新闻出版局审核同意后报新闻出版总署审批。

其他单位创办报纸并设立报纸出版单位，经主管单位同意后，由主办单位向所在地省、自治区、直辖市新闻出版行政部门提出申请，省、自治区、直辖市新闻出版行政部门审核同意后，报新闻出版总署审批。

第十条 两个以上主办单位合办报纸，须确定一个主要主办单位，并由主要主办单位提出申请。

报纸的主要主办单位应为其主管单位的隶属单位。报纸出版单位和主要主办单位须在同一行政区域。

第十一条 创办报纸、设立报纸出版单位，由报纸出版单位的主办单位提出申请，并提交以下材料：

（一）按要求填写的《报纸出版申请表》；

（二）主办单位、主管单位的有关资质证明材料；

（三）拟任报纸出版单位法定代表人或者主要负责人的简历、身份证明文件及国家有关部门颁发的职业资格证书；

（四）新闻采编人员的职业资格证书；

（五）报纸出版单位办报资金来源及数额的相关证明文件；

（六）报纸出版单位的章程；

（七）工作场所使用证明；

（八）报纸出版可行性论证报告。

第十二条 新闻出版总署自收到创办报纸、设立报纸出版单位申请之日起 90 日内，作出批准或者不批准的决定，并直接或者由省、自治区、直辖市新闻出版行政部门书面通知主办单位；不批准的，应当说明理由。

第十三条 报纸主办单位应当自收到新闻出版总署批准决定之日起 60 日内办理注册登记手续：

（一）持批准文件到所在地省、自治区、直辖市新闻出版行政部门领取并填写《报纸出版登记表》，经主管单位审核签章后，报所在地省、自治区、直辖市新闻出版行政部门；

（二）《报纸出版登记表》一式五份，由报纸出版单位、主办单位、主管单位及省、自治区、直辖市新闻出版行政部门各存一份，另一份由省、自治区、直辖市新闻出版行政部门在15日内报送新闻出版总署备案；

（三）省、自治区、直辖市新闻出版行政部门对《报纸出版登记表》审核无误后，在10日内向主办单位发放《报纸出版许可证》，并编入国内统一连续出版物号；

（四）报纸出版单位持《报纸出版许可证》到工商行政管理部门办理登记手续，依法领取营业执照。

第十四条　报纸主办单位自收到新闻出版总署的批准文件之日起60日内未办理注册登记手续，批准文件自行失效，登记机关不再受理登记，报纸主办单位须把有关批准文件缴回新闻出版总署。

报纸出版单位自登记之日起满90日未出版报纸的，由新闻出版总署撤销《报纸出版许可证》，并由原登记的新闻出版行政部门注销登记。

因不可抗力或者其他正当理由发生前款所列情形的，报纸出版单位的主办单位可以向原登记的新闻出版行政部门申请延期。

第十五条　报社应当具备法人条件，经核准登记后，取得法人资格，以其全部法人财产独立承担民事责任。

报纸编辑部不具有法人资格，其民事责任由其主办单位承担。

第十六条　报纸出版单位变更名称、合并或者分立，改变资本结构，出版新的报纸，依照本规定第九条至第十三条的规定办理审批、登记手续。

第十七条　报纸变更名称、主办单位、主管单位、刊期、业务范围，依照本规定第九条至第十三条的规定办理审批、登记手续。

报纸变更刊期，新闻出版总署可以委托省、自治区、直辖市新闻出版行政部门审批。

本规定所称业务范围包括办报宗旨、文种。

第十八条 报纸变更开版，经主办单位审核同意后，由报纸出版单位报所在地省、自治区、直辖市新闻出版行政部门批准。

第十九条 报纸出版单位变更单位地址、法定代表人或者主要负责人、报纸承印单位，经其主办单位审核同意后，由报纸出版单位在15日内向所在地省、自治区、直辖市新闻出版行政部门备案。

第二十条 报纸休刊连续超过10日的，报纸出版单位须向所在地省、自治区、直辖市新闻出版行政部门办理休刊备案手续，说明休刊理由和休刊期限。

报纸休刊时间不得超过180日。报纸休刊超过180日仍不能正常出版的，由新闻出版总署撤销《报纸出版许可证》，并由所在地省、自治区、直辖市新闻出版行政部门注销登记。

第二十一条 报纸出版单位终止出版活动的，经主管单位同意后，由主办单位向所在地省、自治区、直辖市新闻出版行政部门办理注销登记，并由省、自治区、直辖市新闻出版行政部门报新闻出版总署备案。

第二十二条 报纸注销登记，以同一名称设立的报纸出版单位须与报纸同时注销，并到原登记的工商行政管理部门办理注销登记。

注销登记的报纸和报纸出版单位不得再以该名称从事出版、经营活动。

第二十三条 中央报纸出版单位组建报业集团，由新闻出版总署批准；地方报纸出版单位组建报业集团，向所在地省、自治区、直辖市新闻出版行政部门提出申请，经审核同意后，报新闻出版总署批准。

第三章 报纸的出版

第二十四条 报纸出版实行编辑责任制度，保障报纸刊载内容符合国家法律、法规的规定。

第二十五条 报纸不得刊载《出版管理条例》和其他有关法律、法规以及国家规定的禁止内容。

第二十六条 报纸开展新闻报道必须坚持真实、全面、客观、公正的原则，不得刊载虚假、失实报道。

报纸刊载虚假、失实报道，致使公民、法人或者其他组织的合法权益受到侵害的，其出版单位应当公开更正，消除影响，并依法承担相应民事责任。

报纸刊载虚假、失实报道，致使公民、法人或者其他组织的合法权益受到侵害的，当事人有权要求更正或者答辩，报纸应当予以发表；拒绝发表的，当事人可以向人民法院提出诉讼。

报纸因刊载虚假、失实报道而发表的更正或者答辩应自虚假、失实报道发现或者当事人要求之日起，在其最近出版的一期报纸的相同版位上发表。

报纸刊载虚假或者失实报道，损害公共利益的，新闻出版总署或者省、自治区、直辖市新闻出版行政部门可以责令该报纸出版单位更正。

第二十七条 报纸发表或者摘转涉及国家重大政策、民族宗教、外交、军事、保密等内容，应严格遵守有关规定。

报纸转载、摘编互联网上的内容，必须按照有关规定对其内容进行核实，并在刊发的明显位置标明下载文件网址、下载日期等。

第二十八条 报纸发表新闻报道，必须刊载作者的真实姓名。

第二十九条 报纸出版质量须符合国家标准和行业标准。报纸使用语言文字须符合国家有关规定。

第三十条 报纸出版须与《报纸出版许可证》的登记项目相符，变更登记项目须按本规定办理审批或者备案手续。

第三十一条 报纸出版时须在每期固定位置标示以下版本记录：

（一）报纸名称；

（二）报纸出版单位、主办单位、主管单位名称；

（三）国内统一连续出版物号；
（四）总编辑（社长）姓名；
（五）出版日期、总期号、版数、版序；
（六）报纸出版单位地址、电话、邮政编码；
（七）报纸定价（号外须注明“免费赠阅”字样）；
（八）印刷单位名称、地址；
（九）广告经营许可证号；
（十）国家规定的涉及公共利益或者行业标准的其他标识。

第三十二条 一个国内统一连续出版物号只能对应出版一种报纸，不得用同一国内统一连续出版物号出版不同版本的报纸。

出版报纸地方版、少数民族文字版、外文版等不同版本（文种）的报纸，须按创办新报纸办理审批手续。

第三十三条 同一种报纸不得以不同开版出版。

报纸所有版页须作为一个整体出版发行，各版页不得单独发行。

第三十四条 报纸专版、专刊的内容应与报纸的宗旨、业务范围相一致，专版、专刊的刊头字样不得明显于报纸名称。

第三十五条 报纸在正常刊期之外可出版增期。出版增期应按变更刊期办理审批手续。

增期的内容应与报纸的业务范围相一致；增期的开版、文种、发行范围、印数应与主报一致，并随主报发行。

第三十六条 报纸出版单位因重大事件可出版号外；出版号外须在报头注明“号外”字样，号外连续出版不得超过 3 天。

报纸出版单位须在号外出版后 15 日内向所在地省、自治区、直辖市新闻出版行政部门备案，并提交所有号外样报。

第三十七条 报纸出版单位不得出卖、出租、转让本单位名称及所出版报纸的刊号、名称、版面，不得转借、转让、出租和出卖《报纸出版许可证》。

第三十八条 报纸刊登广告须在报纸明显位置注明“广告”字样，不得以新闻形式刊登广告。

报纸出版单位发布广告应依据法律、行政法规查验有关证明文件，核实广告内容，不得刊登有害的、虚假的等违法广告。

报纸的广告经营者限于在合法授权范围内开展广告经营、代理业务，不得参与报纸的采访、编辑等出版活动。

第三十九条 报纸出版单位不得在报纸上刊登任何形式的有偿新闻。

报纸出版单位及其工作人员不得利用新闻报道牟取不正当利益，不得索取、接受采访报道对象及其利害关系人的财物或者其他利益。

第四十条 报纸采编业务和经营业务必须严格分开。

新闻采编业务部门及其工作人员不得从事报纸发行、广告等经营活动；经营部门及其工作人员不得介入新闻采编业务。

第四十一条 报纸出版单位的新闻采编人员从事新闻采访活动，必须持有新闻出版总署统一核发的新闻记者证，并遵守新闻出版总署《新闻记者证管理办法》的有关规定。

第四十二条 报纸出版单位根据新闻采访工作的需要，可以依照新闻出版总署《报社记者站管理办法》设立记者站，开展新闻业务活动。

第四十三条 报纸出版单位不得以不正当竞争行为或者方式开展经营活动，不得利用权力摊派发行报纸。

第四十四条 报纸出版单位须遵守国家统计法规，依法向新闻出版行政部门报送统计资料。

报纸出版单位应配合国家认定的出版物发行数据调查机构进行报纸发行量数据调查，提供真实的报纸发行数据。

第四十五条 报纸出版单位须按照国家有关规定向国家图书馆、中国版本图书馆和新闻出版总署以及所在地省、自治区、直辖市新闻出版行政部门缴送报纸样本。

第四章 监督管理

第四十六条 报纸出版活动的监督管理实行属地原则。

省、自治区、直辖市新闻出版行政部门依法负责本行政区域报纸和报纸出版单位的登记、年度核验、质量评估、行政处罚等工作，对本行政区域的报纸出版活动进行监督管理。

其他地方新闻出版行政部门依法对本行政区域内报纸出版单位及其报纸出版活动进行监督管理。

第四十七条 报纸出版管理实施报纸出版事后审读制度、报纸出版质量评估制度、报纸出版年度核验制度和报纸出版从业人员资格管理制度。

报纸出版单位应当按照新闻出版总署的规定，将从事报纸出版活动的情况向新闻出版行政部门提出书面报告。

第四十八条 新闻出版总署负责全国报纸审读工作。地方各级新闻出版行政部门负责对本行政区域内出版的报纸进行审读。下级新闻出版行政部门要定期向上一级新闻出版行政部门提交审读报告。

主管单位须对其主管的报纸进行审读，定期向所在地新闻出版行政部门报送审读报告。

报纸出版单位应建立报纸阅评制度，定期写出阅评报告。新闻出版行政部门根据管理工作需要，可以随时调阅、检查报纸出版单位的阅评报告。

第四十九条 新闻出版总署制定报纸出版质量综合评估标准体系，对报纸出版质量进行全面评估。

经报纸出版质量综合评估，报纸出版质量未达到规定标准或者不能维持正常出版活动的，由新闻出版总署撤销《报纸出版许可证》，所在地省、自治区、直辖市新闻出版行政部门注销登记。

第五十条 省、自治区、直辖市新闻出版行政部门负责对本行政区域的报纸出版单位实施年度核验。年度核验内容包括报纸出版单位及其所出版报纸登记项目、出版质量、遵纪守法情况、新闻记者证和记者站管理等。

第五十一条 年度核验按照以下程序进行：

（一）报纸出版单位提出年度自检报告，填写由新闻出版总署统一印制的《报纸出版年度核验表》，经报纸主办单位、主管单位审核盖章后，连同核验之日前连续出版的30期样报，在规定时间内报所在地省、自治区、直辖市新闻出版行政部门；

（二）省、自治区、直辖市新闻出版行政部门对报纸出版单位自检报告、《报纸出版年度核验表》等送检材料审核查验；

（三）经核验符合规定标准的，省、自治区、直辖市新闻出版行政部门在其《报纸出版许可证》上加盖年度核验章；《报纸出版许可证》上加盖年度核验章即为通过年度核验，报纸出版单位可以继续从事报纸出版活动；

（四）省、自治区、直辖市新闻出版行政部门自完成报纸出版年度核验工作后的30日内，向新闻出版总署提交报纸年度核验工作报告。

第五十二条 有下列情形之一的，暂缓年度核验：

（一）正在限期停刊整顿的；

（二）经审核发现有违法情况应予处罚的；

（三）主管单位、主办单位未履行管理责任，导致报纸出版管理混乱的；

（四）存在其他违法嫌疑需要进一步核查的。

暂缓年度核验的期限由省、自治区、直辖市新闻出版行政部门确定，报新闻出版总署备案。缓验期满，按照本规定第五十条、第五十一条重新办理年度核验。

第五十三条 有下列情形之一的，不予通过年度核验：

（一）违法行为被查处后拒不改正或者没有明显整改效果的；

（二）报纸出版质量长期达不到规定标准的；

（三）经营恶化已经资不抵债的；

（四）已经不具备本规定第八条规定条件的。

不予通过年度核验的，由新闻出版总署撤销《报纸出版许可证》，所在地省、自治区、直辖市新闻出版行政部门注销登记。

未通过年度核验的，报纸出版单位自第二年起停止出版该报纸。

第五十四条　《报纸出版许可证》加盖年度核验章后方可继续使用。有关部门在办理报纸出版、印刷、发行等手续时，对未加盖年度核验章的《报纸出版许可证》不予采用。

不按规定参加年度核验的报纸出版单位，经催告仍未参加年度核验的，由新闻出版总署撤销《报纸出版许可证》，所在地省、自治区、直辖市新闻出版行政部门注销登记。

第五十五条　年度核验结果，核验机关可以向社会公布。

第五十六条　报纸出版从业人员，应具备国家规定的新闻出版职业资格条件。

第五十七条　报纸出版单位的社长、总编辑须符合国家规定的任职资格和条件。

报纸出版单位的社长、总编辑须参加新闻出版行政部门组织的岗位培训。

报纸出版单位的新任社长、总编辑须经过岗位培训合格后才能上岗。

第五章　法律责任

第五十八条　报纸出版单位违反本规定的，新闻出版行政部门视其情节轻重，可采取下列行政措施：

（一）下达警示通知书；

（二）通报批评；

（三）责令公开检讨；

（四）责令改正；

（五）责令停止印制、发行报纸；

（六）责令收回报纸；

（七）责成主办单位、主管单位监督报纸出版单位整改。

警示通知书由新闻出版总署制定统一格式，由新闻出版总署或者省、自治区、直辖市新闻出版行政部门下达给违法的报纸出版单位，并抄送违法报纸出版单位的主办单位及其主管单位。

本条所列行政措施可以并用。

第五十九条 未经批准，擅自设立报纸出版单位，或者擅自从事报纸出版业务，假冒报纸出版单位名称或者伪造、假冒报纸名称出版报纸的，依照《出版管理条例》第五十五条处罚。

第六十条 出版含有《出版管理条例》和其他有关法律、法规以及国家规定禁载内容报纸的，依照《出版管理条例》第五十六条处罚。

第六十一条 报纸出版单位违反本规定第三十七条的，依照《出版管理条例》第六十条处罚。

报纸出版单位允许或者默认广告经营者参与报纸的采访、编辑等出版活动，按前款处罚。

第六十二条 报纸出版单位有下列行为之一的，依照《出版管理条例》第六十一条处罚：

（一）报纸出版单位变更名称、合并或者分立，改变资本结构，出版新的报纸，未依照本规定办理审批手续的；

（二）报纸变更名称、主办单位、主管单位、刊期、业务范围、开版，未依照本规定办理审批手续的；

（三）报纸出版单位未依照本规定缴送报纸样本的。

第六十三条 报纸出版单位有下列行为之一的，由新闻出版总署或者省、自治区、直辖市新闻出版行政部门给予警告，并处3万元以下罚款：

（一）报纸出版单位变更单位地址、法定代表人或者主要负责人、承印单位，未按照本规定第十九条报送备案的；

（二）报纸休刊，未按照本规定第二十条报送备案的；

（三）刊载损害公共利益的虚假或者失实报道，拒不执行新闻出版行政部门更正命令的；

（四）在其报纸上发表新闻报道未登载作者真实姓名的；

（五）违反本规定第二十七条发表或者摘转有关文章的；

（六）未按照本规定第三十一条刊登报纸版本记录的；

（七）违反本规定第三十二条，“一号多版”的；

（八）违反本规定第三十三条，出版不同开版的报纸或者部分版页单独发行的；

（九）违反本规定关于出版报纸专版、专刊、增期、号外的规定的；

（十）报纸刊登广告未在明显位置注明“广告”字样，或者以新闻形式刊登广告的；

（十一）刊登有偿新闻或者违反本规定第三十九条其他规定的；

（十二）违反本规定第四十三条，以不正当竞争行为开展经营活动或者利用权力摊派发行的。

第六十四条 报纸出版单位新闻采编人员违反新闻记者证的有关规定，依照新闻出版总署《新闻记者证管理办法》的规定处罚。

第六十五条 报纸出版单位违反报社记者站的有关规定，依照新闻出版总署《报社记者站管理办法》的规定处罚。

第六十六条 对报纸出版单位做出行政处罚，应告知其主办单位和主管单位，可以通过媒体向社会公布。

对报纸出版单位做出行政处罚，新闻出版行政部门可以建议其主办单位或者主管单位对直接责任人和主要负责人予以行政处分或者调离岗位。

第六章　附　则

第六十七条 以非新闻性内容为主或者出版周期超过一周，持有国内统一连续出版物号的其他散页连续出版物，也适用本规定。

第六十八条 本规定施行后，新闻出版署《报纸管理暂行规定》同时废止，此前新闻出版行政部门对报纸出版活动的其他规定，凡与本规定不一致的，以本规定为准。

第六十九条 本规定自 2005 年 12 月 1 日起施行。

音像制品出版管理规定

·2004年6月17日新闻出版总署令第22号公布

·根据2015年8月28日《关于修订部分规章和规范性文件的决定》第一次修正

·根据2017年12月11日《国家新闻出版广电总局关于废止、修改和宣布失效部分规章、规范性文件的决定》第二次修正

第一章　总　则

第一条　为了加强音像制品出版的管理，促进我国音像出版事业的健康发展与繁荣，根据《出版管理条例》、《音像制品管理条例》，制定本规定。

第二条　在中华人民共和国境内从事音像制品出版活动，适用本规定。

本规定所称音像制品是指录有内容的录音带（AT）、录像带（VT）、激光唱盘（CD）、数码激光视盘（VCD）及高密度光盘（DVD）等。

第三条　任何组织和个人不得出版含有《音像制品管理条例》第三条第二款禁止内容的音像制品。

第四条　新闻出版总署负责全国音像制品出版的监督管理工作。县级以上地方人民政府负责出版管理的行政部门（以下简称出版行政部门）负责本行政区域内音像制品出版的监督管理工作。

音像出版单位的主管机关、主办单位应当按照出版法律、法规和规章，对音像出版单位的出版活动履行管理职责。

第五条　国家对出版音像制品，实行许可制度；未经许可，任何单位和个人不得从事音像制品的出版活动。

音像制品出版的许可证件和批准文件，不得出租、出借、出

售或者以其他任何形式转让。

第六条 音像出版行业的社会团体按照其章程，在出版行政部门的指导下，实行自律管理。

第二章 出版单位的设立

第七条 设立音像出版单位，应当具备下列条件：

（一）有音像出版单位的名称、章程；

（二）有符合新闻出版总署认定的主办单位及其主管机关；

（三）有确定的业务范围；

（四）有适应业务范围需要的组织机构和取得国家出版专业技术人员资格的编辑人员，其人数不得少于 10 人，其中从事音像出版业务 2 年以上并具有中级以上出版专业技术人员职业资格的不得少于 5 人；

（五）有 30 万元以上的注册资本；

（六）有适应业务范围需要的设备和工作场所；

（七）法律、行政法规规定的其他条件。

审批设立音像出版单位，除依照前款所列条件外，还应当符合国家关于音像出版单位总量、布局和结构的规划。

第八条 申请设立音像出版单位，由主办单位向所在地省、自治区、直辖市人民政府出版行政部门提出申请；省、自治区、直辖市人民政府出版行政部门自受理申请之日起 20 日内提出审核意见，连同申请材料报新闻出版总署审批。

第九条 设立音像出版单位的申请书应当载明下列事项：

（一）音像出版单位的名称、地址；

（二）音像出版单位的主办单位及其主管机关的名称、地址；

（三）音像出版单位的法定代表人或者主要负责人及音像出版专业人员的姓名、住址、资格证明文件；

（四）音像出版单位的注册资本数额、来源及性质证明；

（五）音像出版单位工作场所使用证明文件。

申请书应当附具出版单位的章程和设立出版单位的主办单位及主管机关的有关证明材料。

第十条 新闻出版总署应当自收到申请书之日起60日内作出批准或者不批准的决定，并由省、自治区、直辖市人民政府出版行政部门书面通知主办单位；不批准的，应当说明理由。

第十一条 音像出版单位的主办单位应当自收到批准决定之日起60日内，向所在地省、自治区、直辖市人民政府出版行政部门登记，领取《音像制品出版许可证》（以下简称出版许可证）。音像出版单位经登记后，持出版许可证到工商行政管理部门登记，依法领取营业执照。

音像出版单位自登记之日起满180日未从事出版活动的，由原登记的出版行政部门注销登记，并报新闻出版总署备案。因不可抗力或者其他正当理由发生前款所列情形的，向出版行政部门申请延期。

第十二条 音像出版单位变更名称、主办单位或者主管机关、业务范围，或者兼并其他音像出版单位，或者因合并、分立而设立新的音像出版单位的，应当依照本规定第七条至第十条的规定办理审批手续，并到原登记的工商行政管理部门办理相应的登记手续。

第十三条 音像出版单位变更地址、法定代表人或者主要负责人，或者终止音像出版经营活动的，应当到原登记的工商行政管理部门办理变更登记或者注销登记，并在30日内向新闻出版总署备案。

第十四条 音像出版单位的法定代表人或者主要负责人应当具有中级以上出版专业技术人员职业资格，具有从事音像出版业务3年以上的经历，并应通过新闻出版总署或省、自治区、直辖市人民政府出版行政部门组织的岗位培训，获得《岗位培训合格证书》。

第十五条 音像出版单位中从事编辑、出版、校对等专业技术工作的人员，必须通过国家出版专业技术人员职业资格考试，取得规定级别的出版专业职业资格，持相应的《中华人民共和国出版专业技术人员职业资格证书》上岗。

第三章　出版活动的管理

第十六条　音像出版单位不得超出出版许可证确定的业务范围从事音像制品的出版活动。

第十七条　音像出版单位应当按照国家标准及其他有关规定标识、使用《中国标准音像制品编码》（以下简称版号）。

版号由新闻出版总署负责管理和调控，由省、自治区、直辖市人民政府出版行政部门发放。

第十八条　音像出版单位实行编辑责任制度，保障音像制品刊载的内容合法。

第十九条　音像出版单位实行年度出版计划备案制度，出版计划的内容应包括选题名称、制作单位、主创人员、类别、载体、内容提要、节目长度、计划出版时间。出版计划报送的程序为：

（一）本年度上一年的 12 月 20 日以前报送本年度出版计划；本年度 3 月 1 日—20 日、9 月 1 日—20 日报送本年度出版调整计划。

（二）出版计划及出版调整计划，须经所在地省、自治区、直辖市人民政府出版行政部门审核。

（三）省、自治区、直辖市人民政府出版行政部门应当自受理出版计划报送申请之日起 20 日内，向音像出版单位回复审核意见，并报新闻出版总署备案。

第二十条　音像出版单位出版涉及国家安全、社会安定等方面的重大选题，应当依照重大选题备案的有关规定报新闻出版总署备案。未经备案的重大选题，不得出版。

第二十一条　图书出版社、报社、期刊社、电子出版物出版社，出版配合本版出版物的音像制品，须向所在地省、自治区、直辖市人民政府出版行政部门提交申请书和样本。

第二十二条 出版配合本版出版物的音像制品申请书，须写明本版出版物的名称、制作单位、主创人员、主要内容、出版时间、节目长度、复制数量和载体形式等内容。

第二十三条 出版单位所在地省、自治区、直辖市人民政府出版行政部门，应当自受理申请之日起20日内对其申请书和样本进行审核。审核同意的，配发版号，发放复制委托书，并报新闻出版总署备案；审核不同意的，应当说明理由。

第二十四条 经批准出版的配合本版出版物音像制品，其名称须与本版出版物一致，并须与本版出版物统一配套销售，不得单独定价销售。

第二十五条 音像出版单位及经批准出版配合本版出版物音像制品的其他出版单位，应在其出版的音像制品及其包装的明显位置，标明出版单位的名称、地址和音像制品的版号、出版时间、责任编辑、著作权人和条形码。出版进口的音像制品，还应当标明进口批准文号。

第二十六条 音像出版单位不得向任何单位或者个人出租、出借、出售或者以其他任何形式转让本单位的名称，不得向任何单位或者个人出售或者以其他形式出售或转让本单位版号。

第二十七条 任何单位和个人不得以购买、租用、借用、擅自使用音像出版单位的名称或者以购买、伪造版号等形式从事音像制品出版活动。

第二十八条 音像出版单位不得委托未取得《音像制品制作许可证》的单位制作音像制品。

第二十九条 音像出版单位、经批准出版配合本版出版物音像制品的出版单位，应自音像制品出版之日起30日内，分别向国家图书馆、中国版本图书馆和新闻出版总署免费送交样本。

第四章 非卖品的管理

第三十条 用于无偿赠送、发放及业务交流的音像制品属于音像非卖品，不得定价，不得销售或变相销售，不得收取任何费用。

第三十一条 复制单位接受委托复制音像制品非卖品的，应当验证委托单位或者个人的身份证明和其出具的音像制品非卖品复制委托书，并要求委托方提供非卖品使用目的、名称、制作单位、主要内容、发送对象、复制数量、节目长度和载体形式等信息。

第三十二条 委托复制音像制品非卖品的单位或者个人须在音像制品非卖品包装和盘（带）显著位置标注“音像非卖品”字样。

第五章 委托复制的管理

第三十三条 委托复制音像制品，须使用复制委托书。

音像出版单位及其他委托复制单位，必须遵守国家关于复制委托书的管理规定。

复制委托书由新闻出版总署统一印制。

第三十四条 复制委托书由音像出版单位及其他委托复制单位向所在地省、自治区、直辖市人民政府出版行政部门领取。

第三十五条 出版单位及其他委托复制单位应当按照规定开具或填写复制委托书，并将复制委托书直接交送复制单位。

出版单位及其他委托复制单位须保证复制委托书内容真实、准确、完整。

出版单位及其他委托复制单位不得以任何形式向任何单位或者个人出售或者转让复制委托书。

第三十六条 音像出版单位及其他委托复制单位，须确定专人管理复制委托书并建立使用记录。复制委托书使用记录的内容包括开具时间、音像制品及具体节目名称、相对应的版号、管理人员签名。

复制委托书使用记录保存期为两年。

第三十七条 音像出版单位及其他委托复制单位，自音像制品完成复制之日起 30 日内，向所在地省、自治区、直辖市人民政府出版行政部门上交由本单位及复制单位签章的复制委托书第二联及音像制品样品。

第三十八条 申请出版配合本版出版物音像制品或音像非卖品的单位，自获得批准之日起 90 日内未能出版的，须向所在地省、自治区、直辖市人民政府出版行政部门交回复制委托书。

第三十九条 音像出版单位出版的音像制品、其他出版单位出版的配合本版出版物音像制品、音像非卖品须委托依法设立的复制单位复制。

第六章 审核登记

第四十条 音像出版单位实行审核登记制度，审核登记每两年进行一次。

第四十一条 申请审核登记的音像出版单位应提交以下材料：

（一）《音像出版单位审核登记表》；

（二）音像制品出版业务情况报告，应当包括：执行出版管理的法律、法规和规章的情况，出版经营情况，人员、场所、设施情况；

（三）两年内出版的音像制品登记表；

（四）出版许可证的复印件。

第四十二条 音像出版单位应于审核登记年度 1 月 15 日前向所在地省、自治区、直辖市人民政府出版行政部门申请年度审核登记并提交相应材料。各省、自治区、直辖市人民政府出版行政部门对本行政区域内申请登记的音像出版单位进行审核，并于同年 2 月底前完成审核登记工作。

第四十三条 对符合下列条件的音像出版单位，省、自治区、直辖市人民政府出版行政部门予以登记：

（一）符合本规定第七条的规定；

（二）两年内无违反出版管理法律、法规和规章的情形；

（三）两年内出版音像制品不少于10种。

第四十四条 对不符合前条所列条件之一的音像出版单位，省、自治区、直辖市人民政府出版行政部门予以暂缓登记。

暂缓登记的期限为3个月。省、自治区、直辖市人民政府出版行政部门应当责令暂缓登记的出版单位在此期限内进行整顿，达到本规定第七条的规定条件。

在暂缓登记的期限届满前，省、自治区、直辖市人民政府出版行政部门应对暂缓登记的出版单位进行审查，对于达到本规定第七条的规定条件的，予以登记。对于未达到本规定第七条的规定条件的，提出注销登记意见报新闻出版总署批准。对注销登记的出版单位，由所在地省、自治区、直辖市人民政府出版行政部门缴回其出版许可证。

第四十五条 各省、自治区、直辖市人民政府出版行政部门应于同年3月20日前将审核登记情况及有关材料复印件汇总后报新闻出版总署备案。

第七章 罚 则

第四十六条 未经批准，擅自设立音像制品出版单位，擅自从事音像制品出版业务的，依照《音像制品管理条例》第三十九条处罚。

第四十七条 出版含有《音像制品管理条例》第三条第二款禁止内容的音像制品，依照《音像制品管理条例》第四十条处罚。

第四十八条 出版音像制品的单位有下列行为之一的，依照《音像制品管理条例》第四十二条处罚：

（一）向其他单位、个人出租、出借、出售或者以其他任何形式转让本单位的名称、音像制品出版的许可证件或者批准文件，出售或者以其他任何形式转让本单位的版号或者复制委托书的；

（二）委托未取得《音像制品制作许可证》的单位制作音像

制品，或者委托非依法设立的复制单位复制音像制品的。

第四十九条 出版音像制品的单位有下列行为之一的，依照《音像制品管理条例》第四十四条处罚：

（一）未按规定将年度出版计划和涉及国家安全、社会安定等方面的重大选题报新闻出版总署备案的；

（二）变更名称、主办单位或者主管机关、地址、法定代表人或者主要负责人、业务范围等，未依照本规定第十二条、第十三条办理审批、备案手续的；

（三）未在其出版的音像制品及其包装的明显位置标明本规定所规定的项目的；

（四）未依照规定期限送交音像制品样本的。

第五十条 有下列行为之一的，由出版行政部门责令停止违法行为，给予警告，并处3万元以下的罚款：

（一）其他出版单位配合本版出版物出版音像制品，其名称与本版出版物不一致或者单独定价销售的；

（二）音像出版单位及其他委托复制单位，未按照本规定第三十六条规定的内容、期限留存备查材料的；

（三）委托复制非卖品的单位销售或变相销售非卖品或者以非卖品收取费用的；

（四）委托复制非卖品的单位未在非卖品包装和盘带显著位置注明非卖品编号的。

第八章 附 则

第五十一条 音像制品的出版许可证由新闻出版总署统一印制。

第五十二条 本规定有关行政许可的期限以工作日计算，不含法定节假日。

第五十三条 本办法自2004年8月1日起施行，新闻出版署1996年2月1日发布的《音像制品出版管理办法》同时废止。

图书、期刊、音像制品、电子出版物重大选题备案办法

·2019 年 10 月 25 日

·国新出发〔2019〕35 号

第一条 为加强和改进出版物重大选题备案工作，根据中央有关精神和《出版管理条例》相关规定，制定本办法。

第二条 列入备案范围内的重大选题，图书、期刊、音像制品、电子出版物出版单位在出版之前，应当依照本办法报国家新闻出版署备案。未经备案批准的，不得出版发行。

第三条 本办法所称重大选题，指涉及国家安全、社会稳定等方面内容选题，具体包括：

（一）有关党和国家重要文件、文献选题。

（二）有关现任、曾任党和国家领导人讲话、著作、文章及其工作和生活情况的选题，有关现任党和国家主要领导人重要讲话学习读物类选题。

（三）涉及中国共产党历史、中华人民共和国历史上重大事件、重大决策过程、重要人物选题。

（四）涉及国防和军队建设及我军各个历史时期重大决策部署、重要战役战斗、重要工作、重要人物选题。

（五）集中介绍党政机构设置和领导干部情况选题。

（六）专门或集中反映、评价“文化大革命”等历史和重要事件、重要人物选题。

（七）专门反映国民党重要人物和其他上层统战对象的选题。

（八）涉及民族宗教问题选题。

（九）涉及中国国界地图选题。

（十）反映香港特别行政区、澳门特别行政区和台湾地区经

济、政治、历史、文化、重要社会事务等选题。

（十一）涉及苏联、东欧等社会主义时期重大事件和主要领导人选题。

（十二）涉及外交方面重要工作选题。

有关重大选题范围，国家新闻出版署根据情况适时予以调整并另行公布。

第四条 编辑制作出版反映党和国家领导人生平、业绩、工作和生活经历的重大题材作品，实行统筹规划、归口审批，按照中央和国家有关文件要求办理立项手续。经批准立项的选题，出版前按规定履行重大选题备案程序。

第五条 图书、音像制品和电子出版物重大选题备案中有以下情况的，由相关单位出具选题审核意见报国家新闻出版署，国家新闻出版署根据审核意见直接核批。

（一）中央和国家机关有关部门组织编写的主要涉及本部门工作领域的选题，由本部门出具审核意见。

（二）中央统战部、中央党史和文献研究院、外交部、国家民委等部门所属出版单位出版的只涉及本部门工作领域的选题，由本部门出具审核意见。

（三）解放军和武警部队出版单位出版的只涉及军事军史内容的选题，由中央军委政治工作部出具审核意见。

（四）各地编写的只涉及本地区党史事件、人物和本地区民族问题的选题，不涉及敏感、复杂内容和全局工作的，由所在地省级出版管理部门组织审读把关，出具审核意见。

（五）涉及中国国界地图选题，不涉及其他应备案内容的，由出版单位在报备时出具国务院测绘地理信息行政主管部门的审核意见。

第六条 期刊重大选题备案中有以下情况的，按本条相关要求执行。

（一）期刊首发涉及本办法第三条第二、三、四项内容的文章，经期刊主管主办单位审核同意，报国家新闻出版署备案。转载或摘要刊发已正式出版的图书、期刊以及人民日报、新华社刊发播发的涉及上述内容的文章，经期刊主管单位审核同意后出版。

（二）中央各部门各单位主管的期刊刊发涉及重大选题备案范围的文章，主要反映本领域工作，不涉及敏感、复杂内容的，经本部门审核同意后出版。

（三）中央党史和文献研究院、人民日报社、求是杂志社、新华社主管的期刊，刊发涉及重大选题备案范围的文章，经主管单位审核同意后出版。

（四）解放军和武警部队期刊刊发涉及重大选题备案范围的文章，经所在大单位或中央军委机关部门审核同意后出版。

（五）地方期刊刊发文章涉及本办法第五条第四项内容的文章，由所在地省级出版管理部门组织审读把关，审核同意后出版。

由期刊主管单位或有关部门审核同意出版的，审核意见应存档备查。

第七条 出版单位申报重大选题备案，应当通过所在地省级出版管理部门或主管单位进行。

（一）地方出版单位申报材料经主管主办单位审核同意后报所在地省级出版管理部门，非在京的中央各部门各单位出版单位申报材料经主办单位审核同意后报所在地省级出版管理部门，由所在地省级出版管理部门报国家新闻出版署。

（二）在京的中央各部门各单位出版单位申报材料经主管主办单位审核同意后，由主管单位报国家新闻出版署。

（三）解放军和武警部队出版单位申报材料经中央军委政治工作部审核同意后报国家新闻出版署。

第八条 申报重大选题备案时，应当如实、完整、规范填报并提交如下材料：

（一）省级出版管理部门或主管单位的备案申请报告。报告应当对申报备案的重大选题有明确审核意见。

（二）重大选题备案申报表。应当清楚填写涉及重大选题备案范围，需审核问题，需审核的具体章节、页码和待审核的人物、事件、文献、图片等内容。

（三）书稿、文章、图片或者样片、样盘、样带。书稿应当“齐清定”、经过编辑排版并装订成册，文字符合国家语言文字规范，引文注明出处。

（四）出版物“三审”意见复印件。

（五）备案需要的其他材料。包括有关部门同意立项的材料，送审照片（图片）样稿，相关部门保密审核意见等。

第九条 国家新闻出版署对申报备案的重大选题进行审核，必要时转请有关部门或组织专家协助审核。

第十条 国家新闻出版署自备案受理之日起 20 日内（不含有关部门或专家协助审核时间），对备案申请予以答复或提出意见。

第十一条 国家新闻出版署审核同意的备案批复文件，两年内有效；备案批复文件超出有效期及出版物修订再版的，应当重新履行备案程序。

第十二条 出版单位应当按照出版专业分工安排重大选题出版计划，对不具备相关出版资质和编辑能力的选题，不得报备和出版；应当严格履行出版物内容把关主体责任，坚持优化结构、提高质量，严格执行选题论证、“三审三校”制度，确保政治方向、出版导向、价值取向正确。

第十三条 各地出版管理部门和主管主办单位是落实重大选题备案制度的前置把关部门，应当严格落实属地管理和主管主办责任。主要职责是：负责审核所属出版单位申请备案选题的内容导向质量及出版单位出版资质，对不符合备案条件的不予受理，对思想倾向不好、内容平庸、题材重复、超业务范围等不具备出版要求的选题予以撤销；对由地方出版管理部门和主管单位审核把关的选题，组织相关单位认真做好内容审核和保密审查，提出具体审核意见；对审核部门提出的意见，督促出版单位认真修改并做好复核工作；对应履行重大选题备案程序但未按要求备案的出版单位进行处理、追责问责。

第十四条 出版单位违反本办法，未经备案出版涉及重大选题范围出版物的，由国家新闻出版署或省级出版管理部门责成其主管单位对出版单位的主要负责人员给予行政处分；停止出版、发行该出版物；违反《出版管理条例》和有关规定的，依照有关规定处罚。

第十五条 国家新闻出版署对重大选题备案执行情况开展年度检查和考核评估，视情况予以奖惩。

第十六条 本办法由国家新闻出版署负责解释。

第十七条 本办法自印发之日起施行。《图书、期刊、音像制品、电子出版物重大选题备案办法》（新出图〔1997〕860号）同时废止。

出版物鉴定管理办法

·2020年12月14日

·国新出发〔2020〕22号

第一章 总 则

第一条 为加强出版物鉴定活动管理，规范出版物鉴定工作，保障出版物鉴定质量，根据《出版管理条例》和国家有关规定，制定本办法。

第二条 本办法所称出版物鉴定，是指出版物鉴定机构运用专业知识或者技术手段，对出版物鉴定样本是否属于非法出版物或者违禁出版物进行分析审鉴，并提出鉴定意见的活动。

第三条 出版物鉴定主要针对以下出版物：

（一）非法出版物，包括未经批准擅自出版、印刷或者复制的出版物，伪造、假冒出版单位或者报刊名称出版的出版物，非法进口的出版物等；

（二）违禁出版物，是指含有《出版管理条例》和国家有关规定禁止内容的出版物。

第四条 本办法所称出版物鉴定机构，是指承担出版物鉴定职责的出版主管部门和出版主管部门所属的承担出版物鉴定职责的机构。

第五条 出版物鉴定机构接受“扫黄打非”工作机构、文化综合执法机构、公安机关、检察机关、审判机关等具有行政和司法职能的国家机关和单位的委托，开展出版物鉴定活动。

第六条 出版物鉴定实行鉴定机构负责制。出版物鉴定机构应当严格依据国家法律法规和有关规定，独立、客观、公正、规范地开展出版物鉴定活动。

第七条 出版物鉴定机构和鉴定相关人员应当对在出版物鉴定活动中知悉的国家秘密、工作秘密、商业秘密和个人隐私予以保密。

第八条 国家新闻出版署负责全国出版物鉴定活动的监督管理。省级以下出版主管部门负责本行政区域内出版物鉴定活动的监督管理。

第二章　出版物鉴定机构

第九条 出版物鉴定机构应当具有健全的工作制度和专业的鉴定人员队伍，能够独立开展出版物鉴定活动，承担相应的管理责任和法律责任。

第十条 出版物鉴定机构应当规范鉴定委托受理、委托手续办理等工作程序，建立完善鉴定材料审核、接收、保管、使用、退还、存档等工作制度。

接到涉及重大社会影响案件的鉴定委托后，出版物鉴定机构应当在受理委托24小时内向同级出版主管部门报告相关信息。

第十一条 出版物鉴定人员应当具备以下基本条件：

（一）拥护中华人民共和国宪法，遵守国家法律和社会公德；

（二）熟悉国家有关新闻出版的法律法规和政策规范；

（三）具备出版物鉴定业务知识和专业技能；

（四）具有新闻出版相关工作经验。

第十二条 出版物鉴定机构应当成立出版物鉴定委员会，研究决定本机构受理的复杂、疑难或者有重大争议的鉴定事项等。出版物鉴定委员会应当由本机构负责人、鉴定人员以及与鉴定业务相关的人员组成，组成人数应当为单数。

出版物鉴定机构可以聘请其他相关专业领域的专家，为出版物鉴定事项提供咨询意见。

第十三条 出版物鉴定人员、鉴定委员会成员存在以下情形的，应当回避：

（一）是鉴定事项当事人或者当事人近亲属的；

（二）与鉴定事项有利害关系的；

（三）与鉴定事项有其他关系可能影响公正鉴定的。

委托单位、鉴定相关人员提出回避申请的，应当说明理由，并经出版物鉴定机构负责人批准。

第十四条 出版物鉴定机构应当加强鉴定文书管理，严格鉴定文书的制作、复核、审核及签发、发送等工作流程，确保鉴定过程规范高效、鉴定结果准确客观。

第十五条 出版物鉴定机构应当建立鉴定人员上岗培训、继续教育、业务考评制度，支持鉴定人员参加教育培训和业务交流活动，确保鉴定人员具备较高的政治素养和较强的专业技能。

第三章 出版物鉴定程序

第十六条 委托单位应当委托所在行政区域内同级出版物鉴定机构进行鉴定；同级无具备相应鉴定职责的出版物鉴定机构的，应当委托上一级出版物鉴定机构进行鉴定。

有关少数民族语言文字类出版物的鉴定，委托单位所在省级行政区域内无具备相应鉴定能力的出版物鉴定机构的，经省级出版主管部门同意，委托单位可以委托具有鉴定能力的其他省级出版物鉴定机构进行鉴定。

省级以上出版主管部门根据工作需要，可以指定本行政区域内具备相应鉴定职责的出版物鉴定机构受理鉴定委托。

违禁出版物的鉴定应当由省级以上出版物鉴定机构作出。

第十七条 委托单位向出版物鉴定机构提供的鉴定材料应当真实、客观、完整、充分，对鉴定材料及其来源的真实性、合法性负责。

第十八条 出版物鉴定机构收到鉴定委托后，应当与委托单位办理接收手续，核对并记录鉴定材料的名称、种类、数量、送鉴时间等。鉴定材料包括：

（一）鉴定委托函件；

（二）鉴定事项说明；

（三）鉴定样本及清单；

（四）鉴定所需的其他材料。

第十九条 出版物鉴定机构应当自收到鉴定委托之日起 5 个工作日内作出是否受理的决定。对于复杂、疑难或者特殊鉴定事项，经本机构负责人批准，可以延长至 10 个工作日。

第二十条 出版物鉴定机构应当对委托鉴定事项、鉴定材料等进行审查。对属于本机构鉴定职责、鉴定材料能够满足鉴定需要的，应当受理。

对于鉴定材料不完整、不充分、不能满足鉴定需要的，出版物鉴定机构可以要求委托单位补充，经补充后能够满足鉴定需要的，应当受理。

第二十一条 具有下列情形之一的鉴定委托，出版物鉴定机构不予受理：

（一）鉴定事项超出本机构鉴定职责范围的；

（二）鉴定材料不完整、不充分，经补充后仍无法满足鉴定需要的；

（三）委托单位就同一鉴定事项同时委托其他鉴定机构鉴定的；

（四）法律法规规定的其他情形。

第二十二条 出版物鉴定机构决定受理鉴定委托的，应当与委托单位办理委托手续，明确鉴定事项、鉴定用途、鉴定时限，以及需要约定的其他事项等。

出版物鉴定机构决定不予受理的，应当向委托单位书面说明理由，并退还鉴定材料。

第二十三条 出版物鉴定机构应当自受理委托生效之日起20个工作日内完成鉴定。情况复杂确需延长的，经本机构负责人批准，延长时限不得超过20个工作日。鉴定时限延长的，应当及时告知委托单位。

鉴定过程中补充或者重新提取鉴定材料所需的时间，以及与相关单位进行信息核实所需的时间，不计入鉴定时限。

第二十四条 出版物鉴定机构受理鉴定委托后，应当指定不少于2名鉴定人员进行鉴定。鉴定人员应当对鉴定方法和鉴定过程等进行记录，记录内容应当真实、客观、规范、完整。

第二十五条 出版物鉴定机构在鉴定过程中，需要就所鉴定样本的出版、印刷或者复制、进口等情况，与相关部门和单位进行核实时，应当出具书面文件，并加盖公章。相关部门和单位应当就出版物鉴定机构提出的核实事项及时提供真实、明确的书面说明及相关证据材料，并加盖公章。

第二十六条 出版物鉴定机构在鉴定过程中有下列情形之一的，应当终止鉴定：

（一）有本办法第二十一条规定情形的；

（二）鉴定材料发生损毁或者灭失，影响作出鉴定意见且委托单位不能补充提供的；

（三）委托单位撤回鉴定委托的；

（四）因不可抗力致使鉴定无法继续进行的；

（五）对复杂、疑难或者有重大争议的鉴定事项难以作出鉴定意见的；

（六）其他需要终止鉴定的情形。

出版物鉴定机构终止鉴定的，应当向委托单位书面说明理由，并退还鉴定材料。

第二十七条 有下列情形之一的，委托单位可以委托出版物鉴定机构进行补充鉴定：

（一）委托单位因故导致鉴定事项有遗漏的；

（二）委托单位就原鉴定事项补充新的鉴定材料的；

（三）其他需要补充鉴定的情形。

补充鉴定应当委托原鉴定机构进行，超出原鉴定机构鉴定职责范围的除外。

第二十八条 有下列情形之一的，委托单位可以委托出版物鉴定机构进行重新鉴定：

（一）原鉴定机构超出鉴定职责范围组织鉴定的；

（二）原鉴定相关人员应当回避没有回避的；

（三）委托单位确有合理理由，需要重新鉴定的；

（四）其他需要重新鉴定的情形。

第二十九条 对于出版物鉴定机构难以作出鉴定意见而终止鉴定的，以及需要重新鉴定的，委托单位可以委托上一级出版物鉴定机构进行鉴定。

第三十条 出版物鉴定机构完成鉴定后，应当将与鉴定事项相关的鉴定样本、核实的信息材料、其他鉴定材料、鉴定记录、鉴定委员会决定、鉴定专家意见、鉴定文书等整理立卷、存档保管。鉴定样本数量较大的，可以存档保管其主要信息页的扫描件、复印件或者照片。

委托单位需要取回鉴定材料的，应当提交书面说明。出版物鉴定机构应当将鉴定样本主要信息以及其他鉴定材料进行扫描、复印或者拍照留存。

出版物鉴定档案保管期限不少于30年，重要鉴定事项档案应当永久保存。

第四章　出版物鉴定文书

第三十一条 出版物鉴定机构完成鉴定后，鉴定人员应当及时规范地制作鉴定文书。

鉴定文书制作完成后，出版物鉴定机构应当指定其他鉴定人员进行复核，并提出复核意见。

出版物鉴定机构负责人对复核后的鉴定文书进行审核与签发。

第三十二条 出版物鉴定文书一般应当包括标题、编号、基本情况、鉴定情况、鉴定意见、署名、日期等内容，并符合下列要求：

（一）标题，写明出版物鉴定机构全称和鉴定文书名称；

（二）编号，写明出版物鉴定机构缩略名、文书性质缩略语、年份及序号；

（三）基本情况，写明委托单位、委托事项、样本信息等内容；

（四）鉴定情况，写明对鉴定样本及相关鉴定材料的核查与分析情况；

（五）鉴定意见，应当依法、规范、明确，有针对性和适用性；

（六）附件，对鉴定文书中需要解释或者列明的内容加以说明；

（七）署名，注明出版物鉴定机构全称，同时加盖出版物鉴定机构鉴定专用章；

（八）日期，注明鉴定文书的制作日期。

第三十三条 出版物鉴定机构应当按照规定或者与委托单位约定的方式，向委托单位发送鉴定文书。

第三十四条 鉴定文书发送后，因补充鉴定、重新鉴定或者其他原因需要对鉴定文书进行更改时，出版物鉴定机构应当重新制作鉴定文书，并作出声明：“本鉴定文书为××号鉴定文书的更改文书，原鉴定文书作废。”更改后的鉴定文书应当在原鉴定文书收回后发送。原鉴定文书作为更改文书的原始凭据存档保管。

第五章　法律责任

第三十五条　出版物鉴定机构有下列情形之一的，由出版主管部门责令改正；造成严重后果的，对其主要负责人及直接责任人作出相应处理：

（一）超出鉴定职责范围开展出版物鉴定活动的；

（二）无正当理由拒绝受理鉴定委托的；

（三）拒绝接受出版主管部门监督、检查或者向其提供虚假材料的；

（四）因故意或者重大过失造成鉴定材料损毁、灭失的。

第三十六条　出版物的出版、印刷或者复制、进口单位等就出版物鉴定机构要求核实的事项提供虚假信息的，出版物鉴定机构应当将有关情况反馈同级出版主管部门，由出版主管部门依法核查处理。

第六章　附　则

第三十七条　本办法自 2021 年 7 月 1 日起施行。新闻出版署 1993 年 3 月 16 日发布的《新闻出版署出版物鉴定规则》同时废止。

出版物进口备案管理办法

· 2017 年 1 月 22 日国家新闻出版广电总局、海关总署令第 12 号公布

· 自 2017 年 3 月 1 日起施行

第一条　为规范出版物进口备案行为，加强出版物进口管理，根据《出版管理条例》《音像制品管理条例》等法规，制定本办法。

第二条 在中华人民共和国境内从事出版物进口活动，适用本办法。

本办法所称出版物，是指进口的图书、报纸、期刊、音像制品（成品）及电子出版物（成品）、数字文献数据库等。

本办法所称出版物进口经营单位，是指依照《出版管理条例》设立的从事出版物进口业务的单位。

第三条 出版物进口经营单位应当按照许可的业务范围从事出版物进口经营活动。

第四条 出版物进口经营单位应当按照《出版管理条例》及本办法的要求，向省级以上出版行政主管部门办理进口出版物备案手续。出版物进口经营单位提供备案材料不齐备或不真实的，不予备案。

负责备案的省、自治区、直辖市出版行政主管部门应将相关备案信息报国家新闻出版广电总局。国家新闻出版广电总局对省、自治区、直辖市出版行政主管部门的备案工作进行检查指导。

第五条 进口图书的，出版物进口经营单位应当于进口前向省级以上出版行政主管部门申请办理进口备案手续。申请备案时，需提交备案申请和出版物进口经营单位出具的审查意见，备案申请包括以下信息：

（一）图书名称；

（二）出版机构；

（三）进口来源国家（地区）；

（四）作者；

（五）国际标准出版代码（ISBN）；

（六）语种；

（七）数量；

（八）类别；

（九）进口口岸；

（十）订购方；

（十一）需要提交的其他材料。

第六条 省级以上出版行政主管部门在受理出版物进口经营单位进口图书备案申请材料之日起20个工作日内完成图书目录的备案手续。准予备案的，负责备案的出版行政主管部门为出版物进口经营单位出具通关函。出版物进口经营单位应当向海关交验通关函，海关按规定办理报关验放手续，没有通关函海关不予放行。

第七条 进口音像制品（成品）及电子出版物（成品）的，出版物进口经营单位应当按照《音像制品进口管理办法》《电子出版物出版管理规定》的要求，履行相应进口审批手续。出版物进口经营单位应当向海关交验批准文件，海关按规定办理报关验放手续，没有批准文件海关不予放行。

第八条 出版物进口经营单位进口音像制品（成品）及电子出版物（成品）后15个工作日内报国家新闻出版广电总局备案。报送备案时，需按音像制品（成品）及电子出版物（成品）的实际进口情况提交以下信息：

（一）名称；

（二）出版机构；

（三）进口来源国家（地区）；

（四）国际标准音像制品编码（ISRC）或电子出版物编码等；

（五）语种；

（六）数量；

（七）类别；

（八）进口口岸；

（九）载体形式；

（十）进口通关放行日期；

（十一）进口批准文号；

（十二）订购方；

（十三）需要提交的其他材料。

第九条 进口后的音像制品（成品）及电子出版物（成品）的使用，应当符合其他法律法规等相关规定。

第十条 进口报纸、期刊的，出版物进口经营单位应当按照《订户订购进口出版物管理办法》的要求，履行相应进口审批手续。出版物进口经营单位应当向海关交验批准文件，海关按规定办理报关验放手续，没有批准文件海关不予放行。

第十一条 出版物进口经营单位进口报纸、期刊后，每季度报国家新闻出版广电总局备案，同时抄送所在地省、自治区、直辖市出版行政主管部门。报送备案时，需按照实际进口情况提交以下信息：

（一）报刊名称；

（二）出版机构；

（三）进口来源国家（地区）；

（四）国际标准连续出版物号（ISSN）；

（五）语种；

（六）数量；

（七）类别；

（八）进口口岸；

（九）刊期；

（十）进口通关放行日期；

（十一）订户；

（十二）需要提交的其他材料。

第十二条 通过信息网络进口到境内的境外数字文献数据库，必须由国务院出版行政主管部门批准的有境外数字文献数据库网络进口资质的出版物进口经营单位进口。出版物进口经营单位办理境外数字文献数据库进口时，应当严格按照《出版管理条例》《音像制品管理条例》《订户订购进口出版物管理办法》等法规规章及相关规定，对其进口的境外数字文献数据库进行内容审查（含进口前内容审查和进口后更新内容审查），分类办理数字文献数据库进口备案、审批手续。

第十三条 出版物进口经营单位进口境外数字文献数据库后，于每个自然年年末报国家新闻出版广电总局备案。报送备案时，需按境外数字文献数据库实际进口信息提供以下材料：

（一）名称；

（二）境外供应商；

（三）进口来源国家（地区）；

（四）语种；

（五）用户数量；

（六）类别；

（七）开通时间；

（八）当前合同起止年月；

（九）进口金额；

（十）国内订购单位；

（十一）动态监管人员；

（十二）监管设施的 IP 地址；

（十三）监管方式；

（十四）需要提交的其他材料。

第十四条 出版物进口经营单位应当对实际进口出版物进行内容审查并每月定期向国家新闻出版广电总局提交审读报告。

第十五条 出版物进口经营单位未按本办法要求履行备案手续的，根据《出版管理条例》第六十七条的规定，由省级以上出版行政主管部门责令改正，给予警告；情节严重的，责令限期停业整顿或者由原发证机关吊销许可证。

第十六条 出版物进口经营单位未履行审读责任，进口含有《出版管理条例》第二十五条、第二十六条禁止内容的，根据《出版管理条例》第六十二条的规定，由省级以上出版行政主管部门责令停止违法行为，没收出版物、违法所得，违法经营额 1 万元以上的，并处违法经营额 5 倍以上 10 倍以下的罚款；违法经营额不足 1 万元的，可以处 5 万元以下的罚款；情节严重的，责令限期停业整顿或者由原发证机关吊销许可证。

第十七条 出版物进口经营单位备案时提交的材料不齐备、不真实或违反本办法其他规定的，由省级以上出版行政主管部门责令停止进口行为，并给予警告；情节严重的，处3万元以下罚款。

第十八条 本办法由国家新闻出版广电总局会同海关总署负责解释。

第十九条 本办法自2017年3月1日起施行。

订户订购进口出版物管理办法

·2011年3月25日新闻出版总署令第51号公布

·自2011年3月25日起施行

第一条 为了满足国内单位和个人、在华外国机构、外商投资企业外籍人士和港、澳、台人士对进口出版物的阅读需求，加强对进口出版物的管理，根据《出版管理条例》和有关法律、法规，制定本办法。

第二条 在中国境内订户订购进口出版物适用本办法。

本办法所称进口出版物，是指由出版物进口经营单位进口的，在外国以及在中国香港特别行政区、澳门特别行政区和台湾地区出版的图书、报纸（含过期报纸）、期刊（含过期期刊）、电子出版物等。

本办法所称出版物进口经营单位，是指依照《出版管理条例》设立的从事出版物进口业务的单位。

本办法所称订户，是指通过出版物进口经营单位订购进口出版物的国内单位和个人、在华外国机构、外商投资企业和在华长期工作、学习、生活的外籍人士以及港、澳、台人士。

本办法所称订购，是指订户为满足本单位或者本人的阅读需求，向出版物进口经营单位预订购买进口出版物。

第三条 进口出版物分为限定发行范围的和非限定发行范围的两类，国家对其发行实行分类管理。

进口限定发行范围的报纸、期刊、图书、电子出版物等实行订户订购、分类供应的发行方式；非限定发行范围的进口报纸、期刊实行自愿订户订购和市场销售相结合的发行方式；非限定发行范围的进口图书、电子出版物等实行市场销售的发行方式。

限定发行范围的进口报纸、期刊、图书、电子出版物的种类由新闻出版总署确定。

第四条 订户订购进口出版物由出版物进口经营单位经营。其中，订户订购限定发行范围的进口报纸、期刊、图书、电子出版物的业务，须由新闻出版总署指定的出版物进口经营单位经营。

未经新闻出版总署批准，任何单位和个人不得从事订户订购进口出版物的经营活动。

出版物进口经营单位委托非出版物进口经营单位代理征订或者代理配送进口出版物，须事先报新闻出版总署同意。

第五条 国内单位订户订购非限定发行范围的进口报纸、期刊，持单位订购申请书，直接到新闻出版总署批准的报纸、期刊进口经营单位办理订购手续。国内个人订户应通过所在单位办理订购手续。

第六条 可以订购限定发行范围的进口报纸、期刊、图书和电子出版物的国内单位订户由新闻出版总署确定。

第七条 国内单位订户订购限定发行范围的进口报纸、期刊、图书、电子出版物等，中央单位订户由所属中央各部委审批；地方单位订户经所在地省、自治区、直辖市新闻出版行政部门审核后报送同级党委宣传部审批。获得批准的订户持单位订购申请书和有关批准文件，到新闻出版总署指定的出版物进口经营单位办理订购手续。

国内单位订户订购限定发行范围的进口报纸、期刊、图书、电子出版物等，应制定相应的使用管理办法。

第八条 在华外国机构、外商投资企业和在华长期工作、学习、生活的外籍人士和港、澳、台人士订购进口报纸、期刊，应持单位订购申请书或者本人身份证明，到新闻出版总署批准或者指定的报纸、期刊进口经营单位办理订购手续。

第九条 出版物进口经营单位负责对订购限定发行范围的进口报纸、期刊、图书、电子出版物的订户进行审核，并将审核后的订户名单、拟订购进口报纸、期刊、图书、电子出版物的品种和数量报送新闻出版总署批准。出版物进口经营单位依照批准后的订户名单及进口报纸、期刊、图书、电子出版物的品种和数量供应订户。

第十条 未经批准，擅自从事进口出版物的订户订购业务，按照《出版管理条例》第六十一条处罚。

违反本办法其他规定的，由新闻出版行政部门责令改正，给予警告；情节严重的，并处3万元以下的罚款。

第十一条 本办法自公布之日起施行。新闻出版总署2004年12月31日颁布的《订户订购进口出版物管理办法》同时废止。

内部资料性出版物管理办法

·2015年2月10日国家新闻出版广电总局令第2号公布
·自2015年4月1日起施行

第一章　总　则

第一条 为了规范内部资料性出版物的管理，根据《印刷业管理条例》和有关法律法规，制定本办法。

第二条 凡从事内部资料性出版物编印和发送活动，必须遵守本办法。

本办法所称内部资料性出版物（以下简称内部资料），是指在本行业、本系统、本单位内部，用于指导工作、交流信息的非卖性单本成册或连续性折页、散页印刷品，不包括机关公文性的简报等信息资料。

内部资料分为一次性内部资料和连续性内部资料。

第三条 对内部资料的编印，实行核发《内部资料性出版物准印证》（以下简称《准印证》）管理。未经批准取得《准印证》，任何单位和个人不得从事内部资料的编印活动。

第四条 编印内部资料，应当向所在地省、自治区、直辖市新闻出版行政部门提出申请，经审核批准，领取《准印证》后，方可从事编印活动。

第二章 准印证的核发

第五条 申请编印一次性内部资料，须符合以下条件：

（一）申请方应为党政机关、企事业、社会团体等单位；

（二）编印目的及发送范围符合本办法第二条的规定，编印内容与编印单位的性质和能力相一致；

（三）稿件内容符合本办法第十三条的规定；

（四）拟委托印刷的单位为出版物印刷企业。

第六条 申请编印一次性内部资料，应当提交申请书和稿件清样。

申请书应当载明一次性内部资料的名称、申请单位、编印目的、内容简介、印数、印张数、开本、发送对象、印刷单位等项目。

第七条 申请编印连续性内部资料，须符合以下条件：

（一）申请方应为党政机关、企事业、社会团体等单位；

（二）有确定的名称，名称应充分体现编印宗旨及地域、行业或单位特征；

（三）有确定的编印目的和固定的发送对象，编印目的应限于与编印单位业务相一致的工作指导、信息交流；编印内容应与编印单位的性质和能力相一致；企业编印散页连续性内部资料，应主要用于指导本企业的生产经营、企业文化和精神文明建设；

（四）有适应编印活动需要的人员；

（五）有稳定的资金来源和固定的办公场所；

（六）拟委托印刷的单位为出版物印刷企业。

第八条 编印连续性内部资料，应当提交下列材料：

（一）编印连续性内部资料的申请书，内容包括：连续性内部资料的名称、编印目的、栏目设置、印数、印制周期、开本、发送对象和经费来源等项目；

（二）编印单位资质证明材料；

（三）编印人员的基本情况及身份证明；

（四）拟承印单位的《印刷经营许可证》复印件。

第九条 具有下列情形之一的，不予核发内部资料《准印证》：

（一）不符合本办法第二条、第五条或第七条规定的审批条件的；

（二）广告印刷品、介绍推广本单位基本情况的宣传资料，或者仅含有历法信息及广告内容的挂历、台历、年历等无需申领《准印证》的一般印刷品；

（三）中小学教科书及教辅材料、地图、个人画册、个人文集等应由出版单位出版的作品。

第十条 省、自治区、直辖市新闻出版行政部门自受理申请之日起20日内作出审批决定。决定批准的，核发一次性内部资料或者连续性内部资料《准印证》；不予批准的，应当书面说明理由。

第十一条 《准印证》按一种内部资料一证的原则核发，其中对一次性内部资料，一次性使用有效；连续性内部资料的《准印证》有效期为1年，期满须重新核发。

《准印证》不得转让和出租出借，内部资料停办后《准印证》应及时交回发证部门。

第三章 监督管理

第十二条 内部资料的编印单位应当对所编印的内容和质量

负责，并承担法律责任。

第十三条 内部资料不得含有下列内容：

（一）反对宪法确定的基本原则的；

（二）危害国家统一、主权和领土完整的；

（三）泄露国家秘密、危害国家安全或者损害国家荣誉和利益的；

（四）煽动民族仇恨、民族歧视，破坏民族团结，或者侵害少数民族风俗、习惯的；

（五）宣扬邪教、迷信的；

（六）扰乱社会秩序，破坏社会稳定的；

（七）宣扬淫秽、赌博、暴力或者教唆犯罪的；

（八）侮辱或者诽谤他人，侵害他人合法权益的；

（九）危害社会公德或者民族优秀文化传统的；

（十）法律、行政法规和国家规定禁止的其他内容的。

第十四条 内部资料必须在封面完整印刷标注《准印证》编号和“内部资料，免费交流”字样，并在明显位置（封面、封底或版权页）标明编印单位、发送对象、印刷单位、印刷日期、印数等，连续性内部资料还须标明期号。

连续性内部资料不得使用“××报”、“××刊”或“××杂志”、“记者××”、“期刊社”、“杂志社”、“刊号”等字样，不得在内文中以“本报”、“本刊”自称。

第十五条 编印内部资料，应严格遵守以下规定：

（一）按照批准的名称、开本（开版）、周期印制，不得用《准印证》印制其他内容，一次性内部资料不得一证多期，连续性内部资料不得一期多版；

（二）严格限定在本行业、本系统、本单位内部交流，不得标价、销售或征订发行，不得在公共场所摆放，不得向境外传播；不得将服务对象及社会公众作为发送对象，也不得以提供信息为名，将无隶属关系和指导关系的行业、企事业单位作为发送对象；

（三）不得以工本费、会员费、版面费、服务费等任何形式收取任何费用，不得刊登广告，不得搞经营性活动；编印单位不得利用登记、年检、办证、办照、评奖、验收、论证等工作之便向服务和管理对象摊派或变相摊派；

（四）不得将内部资料承包给其他组织和个人，不得与外单位以“协办”等其他形式进行编印和发送。

第十六条 内部资料必须在编印单位所在地省、自治区、直辖市内的出版物印刷企业印刷。

印刷企业接受委托印刷内部资料，须验证所在地新闻出版行政部门核发的《准印证》原件并收存《准印证》复印件；接受委托印刷宗教内容的内部资料，还须验证省、自治区、直辖市人民政府宗教事务管理部门的批准文件。

编印和承印单位必须严格按照《准印证》核准的项目印制，严禁擅自更改《准印证》核准项目。

《准印证》复印件须保存两年，以备查验。

第十七条 内部资料的印刷质量应符合印刷质量标准。

第十八条 内部资料的编印单位须在印刷完成后10日内向核发《准印证》的新闻出版行政部门送交样本。

第十九条 各级新闻出版行政部门负责本行政区域内部资料的日常监督管理工作。

内部资料实行审读制度和质量检查制度，新闻出版行政部门要配备必要的人员和经费对内部资料进行内容审读和质量监管。

第二十条 连续性内部资料编印单位的有关人员应按照省、自治区、直辖市新闻出版行政部门的要求，参加有关法规、业务培训。

第二十一条 连续性内部资料编印单位需要延续《准印证》有效期的，应当在《准印证》有效期届满30日前向省、自治区、直辖市新闻出版行政部门提出申请。

省、自治区、直辖市新闻出版行政部门负责审核连续性内部资料的内容、质量、是否符合许可条件以及遵守本办法各项规定情况等。审核通过的，重新核发《准印证》；审核未通过或者逾期一个月不办理延期申请的，原《准印证》自动失效，予以注销。

省、自治区、直辖市新闻出版行政部门应于每年 3 月底前，将本地区上一年度内部资料监督管理情况报告国家新闻出版广电总局。

第四章　法律责任

第二十二条　有下列行为之一的，由县级以上地方人民政府新闻出版行政部门责令改正、停止违法行为，根据情节轻重，给予警告，并处 1 千元以下的罚款；以营利为目的从事下列行为的，并处 3 万元以下罚款：

（一）未经批准擅自编印内部资料的；

（二）编印本办法第十三条规定禁止内容的内部资料的；

（三）违反本办法第十四条、第十五条规定，编印、发送内部资料的；

（四）委托非出版物印刷企业印刷内部资料或者未按照《准印证》核准的项目印制的；

（五）未按照本办法第十八条送交样本的；

（六）违反本办法其他规定的。

其中，有前款第（一）项至第（三）项违法行为的，对非法编印的内部资料予以没收，超越发送范围的责令收回。

未取得《准印证》，编印具有内部资料形式，但不符合内部资料内容或发送要求的印刷品，经鉴定为非法出版物的，按照《出版管理条例》第六十一条或第六十二条的规定处罚。

第二十三条　有下列情形的，由县级以上新闻出版行政部门依照《印刷业管理条例》的有关规定，责令停业整顿，没收内部资料和违法所得，违法经营额 1 万元以上的，并处违法经营额 5 倍以上 10 倍以下的罚款；违法经营额不足 1 万元的，并处 1 万元以上 5 万元以下的罚款；情节严重的，由原发证机关吊销许可证：

（一）印刷业经营者印刷明知或者应知含有本办法第十三条规定禁止内容的内部资料的；

（二）非出版物印刷企业印刷内部资料的。

第二十四条 出版物印刷企业未按本规定承印内部资料的，由县级以上新闻出版行政部门依照《印刷业管理条例》的有关规定，给予警告，没收违法所得，违法经营额 1 万元以上的，并处违法经营额 5 倍以上 10 倍以下的罚款；违法经营额不足 1 万元的，并处 1 万元以上 5 万元以下的罚款；情节严重的，责令停业整顿或者由原发证机关吊销许可证。

第五章 附 则

第二十五条 省、自治区、直辖市新闻出版行政部门可根据本地区内部资料管理的情况，对本办法规定的内部资料的审批条件和审批程序作出具体规定，也可以规定由副省级以下新闻出版行政部门承担部分审批职责。

第二十六条 各级各类学校学生自行编印仅面向本校发送的内部资料由该校校内有关主管部门负责审批和管理。

第二十七条 《准印证》由省、自治区、直辖市新闻出版行政部门按照新闻出版广电总局统一确定的格式制作。

第二十八条 本办法自 2015 年 4 月 1 日起施行。新闻出版署于 1997 年 12 月 30 日发布施行的《内部资料性出版物管理办法》同时废止，本办法施行前与本办法不一致的其他规定不再执行。

新闻出版统计管理办法

·2016 年 5 月 5 日国家新闻出版广电总局令第 9 号公布
·自 2016 年 7 月 1 日起施行

第一章 总 则

第一条 为科学、有效、规范地组织新闻出版统计工作，保障新闻出版（版权）统计资料的真实性、准确性、完整性和及时性，充分发挥统计工作在服务新闻出版行业发展中的重要作用，根据《中华人民共和国统计法》（以下简称《统计法》）及其实施细则的有关规定，制定本办法。

第二条 新闻出版统计是指各级新闻出版行政主管部门为满足新闻出版行业管理工作需要，依法对新闻出版统计调查对象组织实施的各项统计活动。

新闻出版统计调查对象包括各级新闻出版行政主管部门、从事新闻出版（版权）活动的企业事业单位、其他组织以及个体工商户等。

第三条 新闻出版统计的基本任务是对新闻出版（版权）活动的相关情况进行统计调查和统计分析，提供统计资料和统计咨询意见，实行统计监督。

第四条 新闻出版统计调查对象必须依照有关统计法律法规和本办法的规定，提供新闻出版统计调查所需的统计资料，不得提供不真实或者不完整的统计资料，不得迟报、拒报统计资料。

第五条 新闻出版统计工作实行统一管理、分级负责。

国家新闻出版广电总局是新闻出版统计工作的主管部门，在国家统计局的业务指导下，对新闻出版统计工作实行统一管理和组织协调。

地方各级新闻出版行政主管部门，在上级新闻出版行政主管部门和同级人民政府统计机构的业务指导下，负责本行政区域内的新闻出版统计工作。

第六条 各级新闻出版行政主管部门应加强对新闻出版统计工作的领导，健全统计机构，充实专职统计人员，建立统计工作责任机制，定期检查并监督统计法律法规的执行情况。

第七条 各级新闻出版行政主管部门应将必要的统计工作经费列入单位相应年度财政预算。

第八条 各级新闻出版行政主管部门应重视统计信息化建设，为新闻出版统计工作提供必要的技术装备和其他各项条件，推进统计信息搜集、处理、传输、共享、存储技术和统计数据库体系的现代化。

第二章 统计调查管理

第九条 国家新闻出版广电总局制定全国新闻出版统计调查项目，并依法定程序报国家统计局审批或备案。

第十条 地方新闻出版行政主管部门可以制定补充性地方新闻出版统计调查项目，经上级新闻出版行政主管部门同意后，报同级人民政府统计机构审批。

补充性地方新闻出版统计调查项目，不得与国家统计调查项目和上级新闻出版统计调查项目重复、矛盾。

第十一条 各级新闻出版行政主管部门制定统计调查项目，应当同时制定该项目的统计调查制度，并依照本办法第九条、第十条的有关规定一并报经审批或者备案。

统计调查制度应当对调查目的、调查内容、调查方法、调查对象、调查组织方式、调查表式、统计资料的报送和公布等作出规定。

第十二条 各级新闻出版行政主管部门制发的统计调查表应由本部门统计机构统一编号，并标明表号、制定机关、批准或备案文号、有效期限等法定标识。

第十三条 新闻出版统计调查对象应当根据依法制定的新闻出版统计调查制度，设置原始记录、统计台账，建立健全统计资料的审核、签署、交接、归档等管理制度。

第十四条 各级新闻出版行政主管部门应当结合年度核验、行政记录等方式，开展新闻出版统计调查，做好数据搜集、审核、汇总、报送工作；建立健全新闻出版统计调查质量控制体系，保证统计资料的完整性和准确性。

第十五条 地方新闻出版行政主管部门向上级主管部门报送统计数据，须经本部门主管领导审核、签署，并对基层数据上报情况及本期数据中异常变动情况予以说明。省级新闻出版行政主管部门每年报送年度统计资料后，应向国家新闻出版广电总局报送本地区年度统计分析报告。

第十六条 统计数据报出后，如发现内容有误，报送单位应按照国家有关规定及时进行更正并书面说明理由。

第三章 统计资料的管理和公布

第十七条 新闻出版（版权）统计资料实行分级管理。全国新闻出版（版权）统计资料由国家新闻出版广电总局统一管理；地方新闻出版（版权）统计资料由各地新闻出版行政主管部门统一管理。

第十八条 新闻出版行政主管部门应严格按照国家档案管理制度和保密制度的有关要求，建立健全新闻出版（版权）统计资料档案制度，加强保密管理，妥善保管、调用和移交统计资料。

第十九条 新闻出版行政主管部门应当依法建立健全统计资料公布制度，按照法律法规和国家有关规定以及依法制定的统计调查制度公布新闻出版（版权）统计资料。

全国新闻出版（版权）统计资料，由国家新闻出版广电总局负责审核、公布；各地新闻出版（版权）统计资料，由地方新闻出版行政主管部门负责审核、公布。

第二十条 尚未公布的新闻出版（版权）统计资料，不得擅自对外提供，不得公开使用。

第四章 统计机构和统计人员

第二十一条 新闻出版行政主管部门根据统计工作的需要，设立承担综合统计职能的机构，指定统计负责人和统计人员，统一管理新闻出版统计工作；从事新闻出版（版权）活动的企业事业单位和其他组织等新闻出版统计调查对象，根据需要设立统计机构或者指定统计人员，完成新闻出版统计工作。

第二十二条 国家新闻出版广电总局承担新闻出版综合统计职能的机构履行以下职责：

（一）拟定全国新闻出版统计工作规划、统计调查制度、调查任务、调查方案和相关统计标准，并组织实施；

（二）负责与同级有关部门的统计业务合作；组织、指导、协调本部门内非综合统计职能机构的统计工作，审核本部门内非综合统计职能机构拟定的统计调查方案；组织、指导、协调地方各级新闻出版行政主管部门的新闻出版统计工作，审核地方各级新闻出版行政主管部门拟定的补充性新闻出版统计调查制度；

（三）组织指导新闻出版统计调查方法和统计管理制度改革的研究、试点和推广；

（四）开展全国新闻出版行业情况的统计分析、监测评价；

（五）统一管理、审定、公布全国新闻出版（版权）统计资料；

（六）会同相关部门，组织、指导全国新闻出版（版权）统计人员的业务培训和科学研究交流；

（七）统一规划全国新闻出版统计网络信息系统建设，管理、开发和利用全国新闻出版统计数据和行政记录等资料；

（八）监督检查统计法律、法规、规章和统计调查制度的执行，并进行考核。

第二十三条 地方新闻出版行政主管部门承担综合统计职能的机构履行以下职责：

（一）完成上级新闻出版行政主管部门部署的统计调查任务；组织、实施补充性新闻出版统计调查项目；审核并按时向上级新闻出版行政主管部门报送本地区的统计数据、统计报告和其他统计资料；

（二）负责与本地区同级有关部门的统计业务合作；组织、指导、协调本部门内非综合统计职能机构的统计工作，审核本部门内非综合统计职能机构拟定的统计调查方案；组织、指导、协调下级新闻出版行政主管部门的统计工作；

（三）贯彻执行统计法律、法规、规章，实施国家统计标准和补充性的新闻出版统计标准；

（四）开展本地区的新闻出版行业情况的统计分析、监督评价；

（五）统一管理、审定、公布本地区的新闻出版（版权）统计资料；

（六）会同相关部门，组织本地区新闻出版（版权）统计人员的业务培训；

（七）按照上级新闻出版行政主管部门的统一规划，组织本地区新闻出版统计网络信息系统建设，管理、开发和利用本地区新闻出版统计数据和行政记录等资料。

第二十四条 中国新闻出版研究院在国家新闻出版广电总局的领导下，根据有关统计制度和调查计划、方案，履行以下职责：

（一）统计数据的搜集、审核、汇总、报送；

（二）新闻出版（版权）统计资料汇编和产业分析报告等统计资料的编制、撰写；

（三）新闻出版统计网络信息系统的建设和应用；

（四）面向社会的统计信息咨询服务；

（五）境外新闻出版信息的搜集；

（六）有关统计档案的管理。

第二十五条 新闻出版统计机构和统计人员依法独立行使以下职权：

（一）统计调查权：调查、搜集有关资料，召开有关调查会议，检查与统计资料有关的各种原始记录和统计台账，要求更正不实的统计数据。

（二）统计报告权：将统计调查所得资料和情况进行整理、分析，及时如实地向上级机关和统计部门提出统计报告。任何单位或个人不得阻挠、扣压统计报告，不得伪造和篡改统计资料。

（三）统计监督权：根据统计调查和统计分析，对新闻出版工作进行统计监督，指出存在的问题，提出改进的建议。有关部门对统计机构、统计人员指出的问题和提出的建议，应当及时予以研究处理。

第二十六条 新闻出版统计机构和统计人员应坚持实事求是，恪守职业道德，依法履行职责，如实搜集、录入、审核、报送统计资料，不得伪造、篡改统计资料，不得以任何方式要求任何单位和个人提供不真实的统计资料，有权拒绝、抵制有关强令或者授意篡改统计资料、编造虚假数据的行为，对其负责搜集、审核、录入的统计资料与统计调查对象报送的统计资料的一致性负责。

第二十七条 新闻出版行政主管部门、从事新闻出版（版权）活动的单位负责人负有督促统计机构和统计人员执行《统计法》以及各种规章制度的职责；不得自行修改统计机构和统计人员提供的新闻出版（版权）统计资料，不得以任何方式要求统计机构、统计人员及其他机构、人员伪造、篡改统计资料；不得对依法履行职责或者拒绝、抵制统计违法行为的统计人员打击报复。

第二十八条 新闻出版行政主管部门、新闻出版统计机构和统计人员对在统计工作中知悉的国家秘密、商业秘密和个人信息，应当予以保密，对统计调查中获得的能够识别和推断单个统计调查对象身份的资料应当保密，不得对外提供泄露。

第二十九条 各级新闻出版行政主管部门的统计人员应保持

相对稳定。统计人员因工作需要调离统计岗位时，应选派有能力承担规定职责的人员接替，先补后调，办清交接手续，并及时告知上级新闻出版行政主管部门。对不称职、不合格的统计人员应及时进行调整。

第五章　监督检查和法律责任

第三十条　各级新闻出版行政主管部门统计机构依法对下级新闻出版行政主管部门、统计调查对象的统计工作进行监督、检查和考核。

新闻出版统计检查的内容包括：统计法律法规和规章制度的执行情况，统计机构和统计人员的配置情况，统计资料搜集和报送的真实、准确、及时、完整程度等，统计资料的公布情况，统计信息化建设情况，对下级单位和统计调查对象统计工作监督、检查和考核的执行情况，以及其他与统计工作相关的情况。

第三十一条　各级新闻出版行政主管部门、统计调查对象应配合上级新闻出版行政主管部门的检查工作。任何单位、个人不得干扰和妨碍统计人员执法检查和作出检查结论。

第三十二条　新闻出版行政主管部门对有下列情形之一的统计机构或统计人员，按照有关规定给予表彰或奖励：

（一）忠于职守，执行统计法律、法规和规章表现突出的；

（二）在改进和完善新闻出版统计制度、统计调查方法等方面有重要贡献的；

（三）在完成规定的新闻出版统计调查任务，保障新闻出版（版权）统计资料准确性、及时性方面作出显著成绩的；

（四）在进行新闻出版统计分析、监督方面取得突出成绩的；

（五）在新闻出版统计工作中运用和推广现代信息技术有显著效果的；

（六）在新闻出版统计科学研究方面有所创新、作出重要贡献的。

第三十三条 各级新闻出版行政主管部门或者有关部门、单位的负责人有下列行为之一的，由上级新闻出版行政主管部门予以通报，建议任免机关或监察机关等有关部门依法给予处分；并由统计机构依照《统计法》第三十七条予以处理：

（一）自行修改统计资料、编造虚假统计数据的；

（二）要求统计机构、统计人员或者其他机构、人员伪造、篡改统计资料的；

（三）对依法履行职责或者拒绝、抵制统计违法行为的统计人员打击报复的；

（四）对本部门、本单位发生的严重统计违法行为失察的。

第三十四条 各级新闻出版行政主管部门在组织实施统计调查活动中有下列行为之一的，由上级新闻出版行政主管部门责令改正，予以通报，对直接负责的主管人员和其他直接责任人员，建议任免机关或监察机关等有关部门依法给予处分；并由统计机构依照《统计法》第三十八条予以处理：

（一）未经批准擅自组织实施统计调查的；

（二）未经批准擅自变更统计调查制度的内容的；

（三）伪造、篡改统计资料的；

（四）要求统计调查对象或者其他机构、人员提供不真实的统计资料的；

（五）未按照统计调查制度的规定报送有关资料的。

第三十五条 各级新闻出版行政主管部门有下列行为之一的，由上级新闻出版行政主管部门予以通报，对直接负责的主管人员和其他直接责任人员，建议任免机关或监察机关等有关部门依法给予处分；并由统计机构依照《统计法》第三十九条予以处理：

（一）违法公布统计资料的；

（二）泄露统计调查对象的商业秘密、个人信息或者提供、泄露在统计调查中获得的能够识别或者推断单个统计调查对象身份的资料的；

（三）违反国家有关规定，造成统计资料毁损、灭失的。

第三十六条 各级新闻出版行政主管部门、统计人员泄露国家秘密的，依法追究法律责任。

第三十七条 新闻出版统计调查对象有下列行为之一的，由新闻出版行政主管部门责令改正，给予警告，可以予以通报，对其直接负责的主管人员和其他直接责任人员属于国家工作人员的，建议任免机关或监察机关等有关部门依法给予处分；并由统计机构依照《统计法》第四十一条予以处理：

（一）拒绝提供统计资料或者经催报后仍未按时提供统计资料的；

（二）提供不真实或者不完整的统计资料的；

（三）拒绝、阻碍统计调查、统计检查的；

（四）转移、隐匿、篡改、毁弃或者拒绝提供原始记录和凭证、统计台账、统计调查表及其他相关证明和资料的。

第三十八条 作为新闻出版统计调查对象的国家机关、企业事业单位或者其他组织迟报统计资料，或者未按照国家有关规定设置原始记录、统计台账的，由上级或本级新闻出版行政主管部门责令改正，给予警告，可以予以通报；并由统计机构依照《统计法》第四十二条予以处理。

第三十九条 违反本办法，利用虚假统计资料骗取荣誉称号、物质利益或者职务晋升的，依照《统计法》第四十五条予以处理。

第四十条 违反本办法，构成犯罪的，依法追究刑事责任。

第六章　附　则

第四十一条 本办法自 2016 年 7 月 1 日起施行。原新闻出版总署、国家统计局于 2005 年 2 月 7 日颁布的《新闻出版统计管理办法》同时废止。

新闻出版许可证管理办法

· 2016 年 1 月 24 日国家新闻出版广电总局令第 4 号公布
· 根据 2017 年 12 月 11 日《国家新闻出版广电总局关于废止、修改和宣布失效部分规章、规范性文件的决定》修正

第一章 总 则

第一条 为加强新闻出版许可证（以下简称许可证）管理，规范新闻出版市场秩序，维护公民、法人和其他组织的合法权益，根据《中华人民共和国行政许可法》《出版管理条例》《音像制品管理条例》《印刷业管理条例》等相关法律、法规制定本办法。

第二条 本办法所称许可证，是指新闻出版行政部门根据公民、法人或其他组织的申请，经依法审查，准予其从事新闻出版活动的行政许可证件。

许可证的设立、设计、印刷、制作、发放、使用、换发、补发、变更、注销等管理适用本办法。

第三条 新闻出版行政部门在许可证管理中应当遵循依法、公开、规范、便民的原则。

无法律法规依据，不得以任何名义和形式向行政相对人收取涉及许可证的相关费用。

第四条 国家新闻出版广电总局负责全国新闻出版许可证监督检查、统一备案和信息公示等职责；地方新闻出版行政部门负责本辖区许可证的监督检查职责。

各级新闻出版行政部门负责对所发放、注销、吊销的许可证在政府网站或经批准公开发行的报纸上进行公示。

第二章　许可证的设立、设计、印刷、制作与发放

第五条　许可证设立，是指对依法设定的行政许可项目，决定以颁发许可证的形式作为许可证件。

许可证设立，必须以法律法规设定的行政许可为依据。

第六条　许可证设计，是指对许可证的登记项目和样式进行的设计。设计许可证时须规定其有效期限。

国家新闻出版广电总局负责各类许可证的设立与设计。

第七条　许可证印刷，是指按照许可证的设计样式，印刷不含登记内容的纸质许可证或复制不含登记内容的电子许可证。

许可证的印刷原则上由实施行政许可的新闻出版行政部门负责，根据实际情况也可由上级新闻出版行政部门统一印刷。

第八条　许可证制作，是指空白许可证的内容填写、盖章、封装等。

许可证须由新闻出版行政部门依法作出行政许可批准决定或按本办法及有关规定履行补发、换发手续后制作。

许可证的许可登记项目内容必须与行政许可决定内容相一致。许可证不得交由行政相对人自行填写或由其他机构代为填写。

许可证登记事项发生变更的，由办理变更登记的新闻出版行政部门在许可证相应位置加盖变更专用章。

许可证加盖实施行政许可的或办理变更登记的新闻出版行政部门公章或变更专用章后，正本、副本具有同等的法律效力，其他任何部门或单位不得在许可证上加盖公章。

第九条　许可证发放，是指将许可证送达行政相对人。

许可证原则上由实施行政许可的新闻出版行政部门发放。为方便行政相对人，也可由实施行政许可的新闻出版行政部门依法委托下级新闻出版行政部门代为发放。

新闻出版行政部门应当自作出行政许可批准决定之日起 10 个工作日内，将许可证送达行政相对人。

委托发放许可证的，下级新闻出版行政部门应自收到行政许可批准决定和许可证后 4 个工作日内送达行政相对人，并不得要求行政相对人另行办理许可证申领手续。

第三章 许可证的使用、换发与补发

第十条 许可证持证者应按照许可证所载明的业务范围和期限从事新闻出版活动。

第十一条 许可证不得伪造、涂改、冒用，或者以买卖、租借等任何形式转让。

第十二条 许可证有效期满即失效。持证者需要延续依法取得的许可证的，应当在该许可证有效期限届满 30 日前，向原发证机关提出换发许可证申请。

第十三条 许可证发生损坏、丢失的，持证人应向原发证机关申请补发新证。申请时须将损坏的许可证原件缴还原发证机关。发证机关应当自收到补发许可证申请后 5 个工作日内，注销旧证，发放新证。

第十四条 换发新的许可证时，应同时收回旧证。除国家新闻出版广电总局直接换发的许可证外，其余旧证按属地管理原则由属地许可证换发部门统一登记销毁，并于销毁后 1 个月内将换发、销毁情况逐级报上级新闻出版行政部门备案。

第四章 许可证的变更与注销

第十五条 许可证登记的许可事项发生变更的，实施行政许可的新闻出版行政部门应根据持证者提出的许可申请，履行审批程序，按审批权限在变更记录页上办理变更登记或由原发证机关换发新证。

第十六条 许可证登记的非许可事项发生变更的，实施行政许可或受委托的新闻出版行政部门根据持证者提出的变更申请，原则上应现场即时完成许可证副本变更记录页的变更登记或由原发证机关换发新证，为行政相对人提供便捷高效的服务。

第十七条 实行年度核验制度的行政许可，许可证在年度核验合格并加盖核验章后继续使用。

第十八条 有《行政许可法》第七十条规定情形的，由实施行政许可的新闻出版行政部门在1个月内注销许可证并公示。

第五章 许可证的电子信息化管理

第十九条 国家实行统一的许可证信息化管理。国家新闻出版广电总局负责“全国新闻出版许可证信息管理系统”的总体设计、建设指导以及应用协调等工作，实行许可证信息的全国联网、集中公示和有效管理。

第二十条 地方各级新闻出版行政部门按要求做好“全国新闻出版许可证信息管理系统”的衔接、应用工作，严格履行信息采集、报送等职责。

第二十一条 新闻出版行政部门在条件具备时制作发放电子许可证。电子许可证与纸质许可证具有同等的法律效力。

第六章 法律责任

第二十二条 新闻出版行政部门有下列行为之一的，依据《行政许可法》第六十九条、第七十四条，由其上级行政机关或者监察机关责令纠正违法违规行为，撤销行政许可，注销所发放的许可证并予以通报批评；情节严重的，追究部门主要领导和直接责任人员的行政责任：

（一）无法定行政许可依据或超越权限设立许可证的；

（二）未经法定行政许可，擅自制作、发放许可证的；

（三）违规在许可证上加盖公章的；

（四）擅自改变许可证样式、登记项目并制作、发放许可证的。

第二十三条 新闻出版行政部门有下列行为之一的，由其上级行政机关或者监察机关责令改正并通报批评：

（一）由行政相对人或其他机构代为填写许可证内容的；

（二）不按行政许可决定填写许可证内容的；

（三）发放许可证时要求行政相对人另行办理申领手续的；

（四）未按规定及时发放许可证的；

（五）未按规定逐级报备废旧许可证销毁情况的。

第二十四条 违法违规收取涉及许可证有关费用的，依据《行政许可法》第七十五条，由其上级行政机关或者监察机关追究有关领导和直接责任人员的行政责任，监督退还所收取的费用并通报批评；情节严重的，移交有关部门查处。

第二十五条 新闻出版行政部门工作人员在涉及许可证的有关工作中，利用职务获取不当利益的，依据《出版管理条例》第六十条规定处罚。

第二十六条 行政相对人有下列行为之一的，依据《行政许可法》《出版管理条例》《音像制品管理条例》《印刷业管理条例》和有关部门规章的规定处罚；没有相应规定的，由新闻出版行政部门责令改正，情节严重的，并处警告或3万元以下罚款：

（一）许可证登记事项发生改变，未依法依规进行变更登记的；

（二）涂改、出卖、租借或者以其他形式非法转让许可证的；

（三）以欺骗、贿赂等不正当手段取得许可证的；

（四）未按许可证载明的业务范围从事新闻出版活动的。

第七章 附 则

第二十七条 《新闻记者证》等有关人员资格证书不适用本办法。

第二十八条 省级新闻出版行政部门可根据本地区实际制定实施办法。

第二十九条 电子许可证和“全国新闻出版许可证信息管理系统”的管理办法由国家新闻出版广电总局另行制定。

第三十条 地方性法规设定行政许可的许可证的设立、设计、印刷、制作、发放、变更登记事项、注销等，可参照本办法进行管理。

第三十一条 本办法自2016年3月1日起施行。

中华人民共和国新闻出版行政执法证管理办法

· 1998年6月15日中华人民共和国国家新闻出版署令第13号

· 自1998年8月1日起施行

第一条 为了统一集中地管理《中华人民共和国新闻出版行政执法证》（以下简称新闻出版行政执法证），规范新闻出版行政执法行为，促进新闻出版行政执法队伍建设，根据《中华人民共和国行政处罚法》和《出版管理行政处罚实施办法》，制定本办法。

第二条 新闻出版行政执法证是新闻出版行政执法人员履行新闻出版行政执法职的有效资格和身份评价，各级新闻出版行政机关执法人员应当依照本办法的规定申领、使用。

第三条 新闻出版行政执法证由国家新闻出版署统一制作、颁发、规格、式样和内文全国统一，并按照国家新闻出版署规定的编码办法编写证号。

第四条 新闻出版行政执法证的管理实行国家新闻出版署主管、各级新闻出版行政机关分级负责的原则。国家新闻出版署是新闻出版行政执法证的主管机关，并负责署机关和省级新闻出版局的新闻出版行政执法证的核发和管理；省级新闻出版局负责本行政区域其他各级新闻出版行政机关的新闻出版行政执法证的核发和管理。

各级新闻出版行政机关应当教育和监督其行政执法人员依法正确使用新闻出版行政执法证。

新闻出版行政执法证核发和管理的具体工作由本机关的法制工作部门负责。

第五条 申请领取新闻出版行政执法证，应当具备以下条件；

（一）系新闻出版行政机关的正式工作人员；

（二）在新闻出版行政执法岗位上执行职务；

（三）经过新闻出版行政执法培训，考核合格。

第六条 省级新闻出版局负责培训、考核本行政区域新闻出版行政执法人员。培训内容由国家新闻出版署确定。

第七条 申请领取新闻出版行政执法证，须由执法人员所在机关填写《中华人民共和国新闻出版行政执法证申领表》并签署意见盖章后，根据本办法第四条规定，报国家新闻出版署或者省级新闻出版局。

县级新闻出版行政机关申请领取新闻出版行政执法证，经由地市新闻出版行政机关统一向省级新闻出版局办理。

第八条 国家新闻出版署和省级新闻出版局对申请领取新闻出版行政执法证的执法人员的条件进行审查，符合条件的予以核发。

第九条 新闻出版行政执法证有效期为 5 年，有效期届满时，国家新闻出版署和省级新闻出版局负责收回，由国家新闻出版署统一销毁，并按照本规定重新核发。

第十条 新闻出版行政执法证实行年检制度，每年注册一次。省新闻出版局负责本行政区域的新闻出版行政执法证的年检注册。被暂扣的新闻出版行政执法证不予注册。不予注册和未经注册的新闻出版行政执法证不得使用。

第十一条 新闻出版行政执法人员在依法实施行政处罚、行政强制措施、行政执法检查以及履行其他法定执法职责时，必须持有并出示新闻出版行政执法证。

第十二条 新闻出版行政执法证限于持证人在本行政区域内

照法定职权使用，不得转借他人，不得超越法定职权使用。在其他行政区域持证从事行政执法活动，须由持有本证的当地新闻出版行政执法人员陪同。

第十三条 未按照本规定领取新闻出版行政执法证的新闻出版行政执法人员和新闻出版行政机关的其他工作人员，不得从事新闻出版行政执法活动。

第十四条 新闻出版行政执法证的规格、式样和内文不得擅自变动或者涂改，凡擅自变动或者涂改的证件一律作废，不得使用。

第十五条 新闻出版行政执法人员应当妥善保管新闻出版行政执法证，丢失或者毁损的，应当立即向发证机关报告，丢失的登报声明作废。经向所在机关重新申请，可以补新证。

新闻记者证管理办法

· 2009 年 8 月 24 日新闻出版总署令第 44 号公布

· 自 2009 年 10 月 15 日起施行

第一章 总 则

第一条 为规范新闻记者证的管理，保障新闻记者的正常采访活动，维护新闻记者和社会公众的合法权益，根据有关法规和国务院决定，制定本办法。

第二条 本办法适用于新闻记者证的申领、核发、使用和管理。

在中华人民共和国境内从事新闻采编活动，须持有新闻出版总署核发的新闻记者证。

第三条 新闻记者证是新闻记者职务身份的有效证明，是境内新闻记者从事新闻采编活动的唯一合法证件，由新闻出版总署依法统一印制并核发。

境内新闻机构使用统一样式的新闻记者证。

第四条 本办法所称新闻记者，是指新闻机构编制内或者经正式聘用，专职从事新闻采编岗位工作，并持有新闻记者证的采编人员。

本办法所称新闻机构，是指经国家有关行政部门依法批准设立的境内报纸出版单位、新闻性期刊出版单位、通讯社、广播电台、电视台、新闻电影制片厂等具有新闻采编业务的单位。其中，报纸、新闻性期刊出版单位由国务院新闻出版行政部门认定；广播、电影、电视新闻机构的认定，以国务院广播电影电视行政部门的有关批准文件为依据。

第五条 新闻记者持新闻记者证依法从事新闻采访活动受法律保护。各级人民政府及其职能部门、工作人员应为合法的新闻采访活动提供必要的便利和保障。

任何组织或者个人不得干扰、阻挠新闻机构及其新闻记者合法的采访活动。

第六条 新闻记者证由新闻出版总署统一编号，并签印新闻出版总署印章、新闻记者证核发专用章、新闻记者证年度核验标签和本新闻机构（或者主办单位）钢印方为有效。

其他任何单位或者个人不得制作、仿制、发放、销售新闻记者证，不得制作、发放、销售专供采访使用的其他证件。

第二章 申领与核发

第七条 新闻出版总署负责全国新闻记者证的核发工作，省、自治区、直辖市新闻出版行政部门负责审核本行政区域新闻机构的新闻记者证。

第八条 新闻记者证由新闻机构向新闻出版行政部门申请领取。申领新闻记者证须由新闻机构如实填写并提交《领取新闻记者证登记表》、《领取新闻记者证人员情况表》以及每个申领人的身份证、毕业证、从业资格证（培训合格证）、劳动合同复印件等申报材料。

第九条 新闻机构中领取新闻记者证的人员须同时具备下列条件：

（一）遵守国家法律、法规和新闻工作者职业道德；

（二）具备大学专科以上学历并获得国务院有关部门认定的新闻采编从业资格；

（三）在新闻机构编制内从事新闻采编工作的人员，或者经新闻机构正式聘用从事新闻采编岗位工作且具有一年以上新闻采编工作经历的人员。

本条所称“经新闻机构正式聘用”，是指新闻采编人员与其所在新闻机构签有劳动合同。

第十条 下列人员不发新闻记者证：

（一）新闻机构中党务、行政、后勤、经营、广告、工程技术等非采编岗位的工作人员；

（二）新闻机构以外的工作人员，包括为新闻单位提供稿件或者节目的通讯员、特约撰稿人，专职或兼职为新闻机构提供新闻信息的其他人员；

（三）教学辅导类报纸、高等学校校报工作人员以及没有新闻采访业务的期刊编辑人员；

（四）有不良从业记录的人员、被新闻出版行政部门吊销新闻记者证并在处罚期限内的人员或者受过刑事处罚的人员。

第十一条 中央单位所办新闻机构经主管部门审核所属新闻机构采编人员资格条件后，向新闻出版总署申领新闻记者证，由新闻出版总署批准后发放新闻记者证。

第十二条 省和省以下单位所办新闻机构经主管部门审核所属新闻机构采编人员资格条件后，向所在地省、自治区、直辖市新闻出版行政部门申领新闻记者证，由省、自治区、直辖市新闻出版行政部门审核并报新闻出版总署批准后，发放新闻记者证。

其中，地、市、州、盟所属新闻机构申领新闻记者证须经地、市、州、盟新闻出版行政部门审核后，报省、自治区、直辖市新闻出版行政部门。

第十三条　记者站的新闻采编人员资格条件经设立该记者站的新闻机构审核，主管部门同意后，向记者站登记地省、自治区、直辖市新闻出版行政部门申领新闻记者证，由省、自治区、直辖市新闻出版行政部门审核并报新闻出版总署批准后，发放新闻记者证。

在地、市、州、盟设立的记者站，申领新闻记者证应报当地新闻出版行政部门逐级审核后，报省、自治区、直辖市新闻出版行政部门。

新闻机构记者站的新闻记者证应注明新闻机构及记者站名称。

第十四条　解放军总政治部宣传部新闻出版局负责解放军和武警部队（不含边防、消防、警卫部队）新闻机构新闻记者证的审核发放工作，并向新闻出版总署备案。

第十五条　除解放军和武警部队（不含边防、消防、警卫部队）系统外，新闻记者证申领、审核、发放和注销工作统一通过新闻出版总署的“全国新闻记者证管理及核验网络系统”进行。

第三章　使用与更换

第十六条　新闻采编人员从事新闻采访工作必须持有新闻记者证，并应在新闻采访中主动向采访对象出示。

新闻机构中尚未领取新闻记者证的采编人员，必须在本新闻机构持有新闻记者证的记者带领下开展采访工作，不得单独从事新闻采访活动。

第十七条　新闻机构非采编岗位工作人员、非新闻机构以及其他社会组织或者个人不得假借新闻机构或者假冒新闻记者进行新闻采访活动。

第十八条　新闻记者使用新闻记者证从事新闻采访活动，应遵守法律规定和新闻职业道德，确保新闻报道真实、全面、客观、公正，不得编发虚假报道，不得刊播虚假新闻，不得徇私隐匿应报道的新闻事实。

第十九条 新闻采访活动是新闻记者的职务行为，新闻记者证只限本人使用，不得转借或者涂改，不得用于非职务活动。

新闻记者不得从事与记者职务有关的有偿服务、中介活动或者兼职、取酬，不得借新闻采访工作从事广告、发行、赞助等经营活动，不得创办或者参股广告类公司，不得借新闻采访活动牟取不正当利益，不得借舆论监督进行敲诈勒索、打击报复等滥用新闻采访权利的行为。

第二十条 新闻记者与新闻机构解除劳动关系、调离本新闻机构或者采编岗位，应在离岗前主动交回新闻记者证，新闻机构应立即通过“全国新闻记者证管理及核验网络系统”申请注销其新闻记者证，并及时将收回的新闻记者证交由新闻出版行政部门销毁。

第二十一条 新闻记者证因污损、残破等各种原因无法继续使用，由新闻机构持原证到发证机关更换新证，原新闻记者证编号保留使用。

第二十二条 新闻记者证遗失后，持证人须立即向新闻机构报告，新闻机构须立即办理注销手续，并在新闻出版总署或者省、自治区、直辖市新闻出版行政部门指定的媒体上刊登遗失公告。

需要重新补办新闻记者证的，可在刊登公告一周后到发证机关申请补领新证，原新闻记者证编号同时作废。

第二十三条 新闻机构撤销，其原已申领的新闻记者证同时注销。该新闻机构的主管单位负责收回作废的新闻记者证，交由发证机关销毁。

第二十四条 采访国内、国际重大活动，活动主办单位可以制作一次性临时采访证件，临时采访证件的发放范围必须为新闻记者证的合法持有人，并随新闻记者证一同使用。

第二十五条 新闻记者证每五年统一换发一次。新闻记者证换发的具体办法由新闻出版总署另行制定。

第四章　监督管理

第二十六条　新闻出版总署和各省、自治区、直辖市新闻出版行政部门以及解放军总政治部宣传部新闻出版局负责对新闻记者证的发放、使用和年度核验等工作进行监督管理。

各级新闻出版行政部门负责对新闻记者在本行政区域内的新闻采编活动进行监督管理。

新闻出版行政部门根据调查掌握的违法事实，建立不良从业人员档案，并适时公开。

第二十七条　新闻机构的主管单位须履行对所属新闻机构新闻记者证的申领审核和规范使用的管理责任，加强对所属新闻机构及其新闻记者开展新闻采编活动的监督管理。

第二十八条　新闻机构须履行对所属新闻采编人员资格条件审核及新闻记者证申领、发放、使用和管理责任，对新闻记者的采访活动进行监督管理，对有违法行为的新闻记者应及时调查处理。

新闻机构应建立健全新闻记者持证上岗培训和在岗培训制度，建立健全用工制度和社会保障制度，及时为符合条件的采编人员申领新闻记者证。

新闻机构不得聘用存在搞虚假报道、有偿新闻、利用新闻报道谋取不正当利益、违法使用新闻记者证等不良从业记录的人员。

第二十九条　新闻机构每年应定期公示新闻记者证持有人名单和新申领新闻记者证人员名单，在其所属媒体上公布“全国新闻记者证管理及核验网络系统”的网址和举报电话，方便社会公众核验新闻记者证，并接受监督。

第三十条　被采访人以及社会公众有权对新闻记者的新闻采访活动予以监督，可以通过“全国新闻记者证管理及核验网络系统”等途径核验新闻记者证、核实记者身份，并对新闻记者的违法行为予以举报。

第三十一条　新闻记者涉嫌违法被有关部门立案调查的，新闻出版总署可以视其涉嫌违法的情形，通过“全国新闻记者证管理及核验网络系统”中止其新闻记者证使用，并根据不同情形依法处理。

第三十二条 新闻记者证实行年度核验制度，由新闻出版总署和各省、自治区、直辖市新闻出版行政部门以及解放军总政治部宣传部新闻出版局分别负责中央新闻机构、地方新闻机构和解放军及武警部队（不含边防、消防、警卫部队）新闻机构新闻记者证的年度核验工作。

新闻记者证年度核验每年1月开始，3月15日前结束，各省、自治区、直辖市新闻出版行政部门和解放军总政治部宣传部新闻出版局须在3月31日前，将年度核验报告报新闻出版总署。

新闻机构未按规定进行新闻记者证年度核验的，由发证机关注销其全部新闻记者证。

第三十三条 新闻记者证年度核验工作由新闻机构自查，填写《新闻记者证年度核验表》，经主管单位审核后，报新闻出版行政部门依法核验。年度核验的主要内容是：

（一）检查持证人员是否仍具备持有新闻记者证的所有条件；

（二）检查持证人员本年度内是否出现违法行为；

（三）检查持证人员的登记信息是否变更。

通过年度核验的新闻记者证，由新闻出版行政部门核发年度核验标签，并粘贴到新闻记者证年度核验位置，新闻记者证的有效期以年度核验标签的时间为准。未通过年度核验的新闻记者证，由发证机关注销，不得继续使用。

第五章 法律责任

第三十四条 新闻机构及其工作人员违反本办法的，新闻出版行政部门视其情节轻重，可采取下列行政措施：

（一）通报批评；

（二）责令公开检讨；

（三）责令改正；

（四）中止新闻记者证使用；

（五）责成主管单位、主办单位监督整改。

本条所列行政措施可以并用。

第三十五条 新闻机构工作人员有以下行为之一的，由新闻出版总署或者省、自治区、直辖市新闻出版行政部门给予警告，并处 3 万元以下罚款，情节严重的，吊销其新闻记者证，构成犯罪的，依法追究刑事责任：

（一）违反本办法第十七条，从事有关活动的；

（二）违反本办法第十八条，编发虚假报道的；

（三）违反本办法第十九条，转借、涂改新闻记者证或者利用职务便利从事不当活动的；

（四）违反本办法第二十条，未在离岗前交回新闻记者证的。

第三十六条 新闻机构有以下行为之一的，由新闻出版总署或者省、自治区、直辖市新闻出版行政部门没收违法所得，给予警告，并处 3 万元以下罚款，可以暂停核发该新闻机构新闻记者证，并建议其主管单位、主办单位对其负责人给予处分：

（一）违反本办法第六条，擅自制作、仿制、发放、销售新闻记者证或者擅自制作、发放、销售采访证件的；

（二）违反本办法第八条，提交虚假申报材料的；

（三）未按照本办法第九条、第十条，严格审核采编人员资格或者擅自扩大发证范围的；

（四）违反本办法第十六条，新闻机构内未持有新闻记者证的人员从事新闻采访活动的；

（五）违反本办法第二十条，未及时注销新闻记者证的；

（六）违反本办法第二十二条，未及时办理注销手续的；

（七）违反本办法第二十八条，未履行监管责任、未及时为符合条件的采编人员申领新闻记者证的或者违规聘用有关人员的；

（八）违反本办法第二十九条，未公示或公布有关信息的；

（九）违反本办法第三十二条，未按时参加年度核验的；

（十）对本新闻机构工作人员出现第三十五条所列行为负有管理责任的。

第三十七条 社会组织或者个人有以下行为之一的，由新闻出版行政部门联合有关部门共同查处，没收违法所得，给予警告，并处3万元以下罚款，构成犯罪的，依法追究刑事责任：

（一）擅自制作、仿制、发放、销售新闻记者证或者擅自制作、发放、销售采访证件的；

（二）假借新闻机构、假冒新闻记者从事新闻采访活动的；

（三）以新闻采访为名开展各类活动或者谋取利益的。

第三十八条 新闻记者因违法活动被吊销新闻记者证的，5年内不得重新申领新闻记者证，被追究刑事责任的，终身不得申领新闻记者证。

第六章 附 则

第三十九条 国外及香港、澳门、台湾新闻机构的人员在境内从事新闻采访活动，不适用本办法。

第四十条 本办法自2009年10月15日起施行。2005年1月10日新闻出版总署颁布的《新闻记者证管理办法》同时废止，本办法生效前颁布的与本办法不一致的其他规定不再执行。

新闻出版行业标准化管理办法

· 2013年12月27日国家新闻出版广电总局令第1号公布

· 自2014年2月1日起施行

第一章 总 则

第一条 为加强新闻出版行业标准化工作的管理，促进新闻出版业技术创新与发展，根据《中华人民共和国标准化法》等相关法律法规，结合新闻出版行业的实际情况，制定本办法。

第二条 在中华人民共和国境内从事新闻出版行业标准化活动，适用本办法。

第三条 新闻出版行业标准化工作全面落实国家标准化战略，以推动新闻出版技术进步，促进新闻出版业健康、有序发展为宗旨，贯彻协调统一、广泛参与、鼓励创新、国际接轨、支撑发展的标准化工作方针，坚持依法办事、科学公正、公开透明和协调推进的原则。

第四条 新闻出版行业标准化工作的主要任务是在全行业开展标准的制定、修订、宣传、实施，运用标准化手段促进新闻出版行业的技术进步，提升新闻出版行业产品质量和服务质量。

第五条 标准化是新闻出版行业科学发展的重要基础性工作，各级出版行政主管部门要加强对新闻出版行业标准化工作的领导和管理，并纳入新闻出版行业各级发展规划、计划和财政预算。

第六条 新闻出版行业各单位不得无标准生产，应依法执行强制性标准，积极采用推荐性标准；鼓励研究国际标准和国外先进标准，结合我国国情和产业发展的需要，积极采用，制定相关标准。

第二章　组织机构与职责分工

第七条 新闻出版广电总局统一管理新闻出版行业标准化工作，履行下列职责：

（一）贯彻执行国家标准化工作的方针、政策和法律法规，制定、颁布新闻出版行业标准化工作相关规定，负责新闻出版行业标准化工作的宏观管理；

（二）审批发布新闻出版行业标准化工作规划和工作计划；

（三）负责新闻出版领域国家标准的申报；

（四）负责新闻出版领域行业标准的批准发布，并报国家标准化主管部门备案；

（五）受国家标准化主管部门委托，管理新闻出版领域的全国专业标准化技术委员会；

（六）批准成立新闻出版领域的行业专业标准化技术委员会；

（七）批准成立新闻出版领域标准注册管理机构；

（八）审议、决定新闻出版行业标准化工作的其他重大事项。

第八条 新闻出版广电总局标准化主管部门具体负责管理新闻出版行业标准化工作，履行下列职责：

（一）负责标准化工作在新闻出版行业的贯彻实施，组织起草新闻出版行业标准化工作的相关规定，起草、实施新闻出版行业标准化工作规划和工作计划，建立和完善新闻出版行业标准化体系；

（二）负责新闻出版行业标准化工作的日常管理与监督，负责与其他行业标准化工作的协调；

（三）组织起草新闻出版领域国家标准；

（四）审核和批准行业标准立项；

（五）负责组织新闻出版领域相关标准的制定、修订、复审工作；

（六）负责行业标准发布前的审核；

（七）开展行业标准的动态维护和标准符合性测试与评估工作；

（八）负责新闻出版领域的标准宣传、培训、实施，对标准贯彻实施情况进行监督检查；

（九）组建和管理新闻出版专业标准化技术委员会，并指导其开展相关标准化工作；

（十）组建和管理新闻出版领域标准注册管理机构；

（十一）组织协调参加国际标准化组织的有关活动并承担有关工作；

（十二）负责新闻出版行业标准化工作的其他重大事项。

第九条 新闻出版广电总局有关业务部门履行下列职责：

（一）贯彻执行有关标准化工作的方针、政策和法律法规；

（二）在本部门业务范围内负责提出制定、修订标准的立项建议；

（三）在本部门业务范围内负责标准的贯彻实施及监督检查；

（四）协助新闻出版广电总局标准化主管部门开展标准化宣传、培训工作。

第十条 各省、自治区、直辖市人民政府出版行政主管部门履行下列职责：

（一）贯彻执行有关标准化工作的方针、政策和法律法规；

（二）提出制定、修订标准的立项建议；

（三）在本行政区域内负责标准的贯彻实施及监督检查；

（四）对本行政区域内各新闻出版单位及相关行业协会、学术团体的标准化工作进行指导；

（五）在本行政区域内协助开展新闻出版标准化宣传、培训工作。

第十一条 新闻出版专业标准化技术委员会包括新闻出版领域的全国专业标准化技术委员会及行业专业标准化技术委员会，是由新闻出版广电总局归口管理的在本专业领域内从事全国性标准化工作的组织机构，按技术归口管理原则划分工作范围，履行下列职责：

（一）贯彻执行有关标准化工作的方针、政策和法律法规；

（二）研究起草本专业标准化工作规划，建立健全标准体系；

（三）分析本专业领域的标准化工作需求，广泛征集标准立项建议，提出本专业领域的标准制定、修订计划项目；

（四）按照各级标准化主管部门批准的标准制定、修订计划，组织本专业领域标准的制定和修订工作；

（五）负责对组织起草的标准的专业内容和文本质量进行审查；

（六）组织对本专业领域的标准进行复审；

（七）组织开展标准宣传、培训、对外交流工作，协助开展对标准贯彻实施情况的检查工作，提供相关技术服务；

（八）承办新闻出版广电总局标准化主管部门委托的其他工作。

第三章　标准的制定、修订与发布

第十二条　新闻出版领域行业标准的制定、修订与发布应本着公开透明、科学合理、技术先进、协调配套、切实可行和符合经济社会发展需要的原则进行。

新闻出版领域国家标准的制定、修订与发布应遵循《国家标准管理办法》。

第十三条　任何单位和个人均可向技术归口的新闻出版专业标准化技术委员会提出标准立项建议，所提立项建议没有技术归口管理的新闻出版专业标准化技术委员会时，可以向新闻出版广电总局标准化主管部门直接提出，由新闻出版广电总局标准化主管部门指定新闻出版专业标准化技术委员会负责接收。

立项建议应符合以下条件：

（一）在新闻出版领域内，有制定基础、通用、方法、产品、技术、管理等各类标准以规范生产与管理的需求；

（二）因现行标准不适用而应予以修订。

第十四条　新闻出版领域行业标准制定、修订实行年度立项制度。新闻出版专业标准化技术委员会对立项建议进行论证通过后，于每年 5 月 31 日前向新闻出版广电总局标准化主管部门报送下一年度标准立项申请，申请立项应提供如下材料：

（一）标准项目建议书；

（二）标准草案或框架；

（三）项目立项专家论证意见；

（四）其他必要材料。

第十五条　新闻出版广电总局标准化主管部门于每年 7 月 31 日前完成年度立项申请的审查，确定项目名称、项目归口管理的新闻出版专业标准化技术委员会、项目承担方等，并形成下一年度的新闻出版领域行业标准制定、修订计划，经公示后由新闻出版广电总局下达。

第十六条 新闻出版广电总局标准化主管部门对列入新闻出版领域行业标准制定、修订计划中的标准制定、修订项目给予适当经费补贴。补贴经费的使用，须按新闻出版广电总局相关经费管理办法的规定专款专用。鼓励有条件的企业参与标准的制定、修订工作。

第十七条 新闻出版领域行业标准制定、修订计划执行过程中，必要时可以对计划项目进行增补、调整或撤销。

第十八条 项目承担方应在计划确定的时限内完成标准的起草工作。标准的起草应在广泛调研、深入研究、充分协调和试验验证的基础上，按照标准编写规则提出标准征求意见稿，并广泛征求意见。

第十九条 项目承担方向项目归口管理的新闻出版专业标准化技术委员会秘书处提交项目送审材料，由秘书处对送审材料进行审核，确定能否提交审查，如未达到审查要求应退回项目承担方修改完善。

送审材料包括：

（一）标准送审稿；

（二）编制说明及有关附件；

（三）征求意见汇总处理表及标准征求意见稿。

第二十条 标准的审查由项目归口管理的新闻出版专业标准化技术委员会组织进行，由委员会秘书处召开专家审查会，对标准送审稿提出初步审查意见；初步审查通过后，由全体委员以会议审查或函审方式完成标准审查。

第二十一条 标准的报批由项目归口管理的新闻出版专业标准化技术委员会向新闻出版广电总局标准化主管部门提出申请，应提交如下材料：

（一）标准申报单；

（二）标准报批稿；

（三）编制说明及有关附件；

（四）征求意见汇总处理表及标准送审稿；

（五）审查会议纪要或函审结论表。

第二十二条 新闻出版领域行业标准报批稿经新闻出版广电总局标准化主管部门审核通过后，统一编号，由新闻出版广电总局批准发布，并向国家标准化主管部门备案。

第二十三条 新闻出版领域行业标准由新闻出版广电总局授权出版单位出版，相关费用从项目经费中支出。

第二十四条 新闻出版领域行业标准由新闻出版广电总局负责解释。

第二十五条 新闻出版领域强制性行业标准的代号为 CY；推荐性行业标准的代号为 CY/T；行业标准化指导性技术文件的代号为 CY/Z。

第二十六条 新闻出版领域标准实施后，新闻出版专业标准化技术委员会应根据新闻出版产业发展形势，结合新闻出版行业科学技术的发展及管理的需要适时组织复审，并形成复审报告，报新闻出版广电总局审批发布。复审周期一般不超过五年。

第二十七条 对只有通过动态维护方式才能有效实施的标准，新闻出版广电总局在批准发布时指定其动态维护机构，由该机构组织技术专家负责该标准的动态维护。

第二十八条 新闻出版行业标准批准发布后，任何单位或个人发现个别技术内容有问题，必须作少量修改或增减时，可以向新闻出版专业标准化委员会提出修改建议，由该标准化技术委员会审核认定后提交标准修改单，报新闻出版广电总局标准化主管部门审核并做出相应决定。

第四章　标准的实施和监督

第二十九条 新闻出版广电总局标准化主管部门应在标准发

布后组织标准的宣传和贯彻，并对标准的实施情况进行监督检查。

第三十条 新闻出版广电总局和各省、自治区、直辖市人民政府出版行政主管部门设立的质量检验机构，要密切配合标准的贯彻实施工作，依据相关标准对新闻出版领域企业提供的产品和服务进行检验。

第三十一条 新闻出版专业标准化技术委员会应协助各级政府相关机构及质量检验机构开展标准的宣传和实施的监督检查工作。

第三十二条 任何单位和个人在新闻出版领域开展生产、经营等活动中，应依法执行强制性标准，积极采用推荐性标准和行业标准化指导性技术文件。任何单位开展的生产和服务活动，应当执行相应的企业标准或项目标准、工程标准。

禁止生产、销售和进口不符合强制性标准的产品。

第三十三条 新闻出版领域各类产品未达到相关强制性标准要求的，不得进入流通领域；凡未通过标准检验和标准符合性测试认证的产品不得参评相关奖励。

第三十四条 标准属于科技成果，对技术水平高和取得显著效益的新闻出版领域的国家标准或行业标准，应纳入新闻出版领域相关科技奖励范围。

第五章 法律责任

第三十五条 违反本办法的，由出版行政主管部门责令改正，视情节轻重依法作出警告、三万元以下罚款的行政处罚。其中，提供的产品或服务不符合强制性标准的，由出版行政主管部门责令停止生产或服务。法律、行政法规另有规定的除外。

出版物质量不符合有关标准的，根据《出版管理条例》第六十七条的规定，由出版行政主管部门责令改正，给予警告；情节严重的，责令限期停业整顿或者由原发证机关吊销许可证。

第三十六条 标准化主管部门、质量检验机构和标准测试工作机构的工作人员，因失职、渎职造成不良后果或重大损失的，由有关主管部门给予行政处分，构成犯罪的依法追究刑事责任。

第六章　附　则

第三十七条　在中华人民共和国境内从事版权领域标准化活动，参照适用本办法。

第三十八条　本办法自 2014 年 2 月 1 日起施行，新闻出版署于 2001 年 1 月 6 日发布的《新闻出版行业标准化管理办法》同时废止。

网络出版服务管理规定

· 2016 年 2 月 4 日国家新闻出版广电总局、工业和信息化部令第 5 号公布

· 自 2016 年 3 月 10 日起施行

第一章　总　则

第一条　为了规范网络出版服务秩序，促进网络出版服务业健康有序发展，根据《出版管理条例》、《互联网信息服务管理办法》及相关法律法规，制定本规定。

第二条　在中华人民共和国境内从事网络出版服务，适用本规定。

本规定所称网络出版服务，是指通过信息网络向公众提供网络出版物。

本规定所称网络出版物，是指通过信息网络向公众提供的，具有编辑、制作、加工等出版特征的数字化作品，范围主要包括：

（一）文学、艺术、科学等领域内具有知识性、思想性的文

字、图片、地图、游戏、动漫、音视频读物等原创数字化作品；

（二）与已出版的图书、报纸、期刊、音像制品、电子出版物等内容相一致的数字化作品；

（三）将上述作品通过选择、编排、汇集等方式形成的网络文献数据库等数字化作品；

（四）国家新闻出版广电总局认定的其他类型的数字化作品。

网络出版服务的具体业务分类另行制定。

第三条 从事网络出版服务，应当遵守宪法和有关法律、法规，坚持为人民服务、为社会主义服务的方向，坚持社会主义先进文化的前进方向，弘扬社会主义核心价值观，传播和积累一切有益于提高民族素质、推动经济发展、促进社会进步的思想道德、科学技术和文化知识，满足人民群众日益增长的精神文化需要。

第四条 国家新闻出版广电总局作为网络出版服务的行业主管部门，负责全国网络出版服务的前置审批和监督管理工作。工业和信息化部作为互联网行业主管部门，依据职责对全国网络出版服务实施相应的监督管理。

地方人民政府各级出版行政主管部门和各省级电信主管部门依据各自职责对本行政区域内网络出版服务及接入服务实施相应的监督管理工作并做好配合工作。

第五条 出版行政主管部门根据已经取得的违法嫌疑证据或者举报，对涉嫌违法从事网络出版服务的行为进行查处时，可以检查与涉嫌违法行为有关的物品和经营场所；对有证据证明是与违法行为有关的物品，可以查封或者扣押。

第六条 国家鼓励图书、音像、电子、报纸、期刊出版单位从事网络出版服务，加快与新媒体的融合发展。

国家鼓励组建网络出版服务行业协会，按照章程，在出版行政主管部门的指导下制定行业自律规范，倡导网络文明，传播健康有益内容，抵制不良有害内容。

第二章　网络出版服务许可

第七条　从事网络出版服务，必须依法经过出版行政主管部门批准，取得《网络出版服务许可证》。

第八条　图书、音像、电子、报纸、期刊出版单位从事网络出版服务，应当具备以下条件：

（一）有确定的从事网络出版业务的网站域名、智能终端应用程序等出版平台；

（二）有确定的网络出版服务范围；

（三）有从事网络出版服务所需的必要的技术设备，相关服务器和存储设备必须存放在中华人民共和国境内。

第九条　其他单位从事网络出版服务，除第八条所列条件外，还应当具备以下条件：

（一）有确定的、不与其他出版单位相重复的，从事网络出版服务主体的名称及章程；

（二）有符合国家规定的法定代表人和主要负责人，法定代表人必须是在境内长久居住的具有完全行为能力的中国公民，法定代表人和主要负责人至少 1 人应当具有中级以上出版专业技术人员职业资格；

（三）除法定代表人和主要负责人外，有适应网络出版服务范围需要的 8 名以上具有国家新闻出版广电总局认可的出版及相关专业技术职业资格的专职编辑出版人员，其中具有中级以上职业资格的人员不得少于 3 名；

（四）有从事网络出版服务所需的内容审校制度；

（五）有固定的工作场所；

（六）法律、行政法规和国家新闻出版广电总局规定的其他条件。

第十条　中外合资经营、中外合作经营和外资经营的单位不得从事网络出版服务。

网络出版服务单位与境内中外合资经营、中外合作经营、外资经营企业或境外组织及个人进行网络出版服务业务的项目合作，应当事前报国家新闻出版广电总局审批。

第十一条 申请从事网络出版服务，应当向所在地省、自治区、直辖市出版行政主管部门提出申请，经审核同意后，报国家新闻出版广电总局审批。国家新闻出版广电总局应当自受理申请之日起60日内，作出批准或者不予批准的决定。不批准的，应当说明理由。

第十二条 从事网络出版服务的申报材料，应该包括下列内容：

（一）《网络出版服务许可证申请表》；

（二）单位章程及资本来源性质证明；

（三）网络出版服务可行性分析报告，包括资金使用、产品规划、技术条件、设备配备、机构设置、人员配备、市场分析、风险评估、版权保护措施等；

（四）法定代表人和主要负责人的简历、住址、身份证明文件；

（五）编辑出版等相关专业技术人员的国家认可的职业资格证明和主要从业经历及培训证明；

（六）工作场所使用证明；

（七）网站域名注册证明、相关服务器存放在中华人民共和国境内的承诺。

本规定第八条所列单位从事网络出版服务的，仅提交前款（一）、（六）、（七）项规定的材料。

第十三条 设立网络出版服务单位的申请者应自收到批准决定之日起30日内办理注册登记手续：

（一）持批准文件到所在地省、自治区、直辖市出版行政主管部门领取并填写《网络出版服务许可登记表》；

（二）省、自治区、直辖市出版行政主管部门对《网络出版服务许可登记表》审核无误后，在10日内向申请者发放《网络出版服务许可证》；

（三）《网络出版服务许可登记表》一式三份，由申请者和省、自治区、直辖市出版行政主管部门各存一份，另一份由省、自治区、直辖市出版行政主管部门在15日内报送国家新闻出版广电总局备案。

第十四条 《网络出版服务许可证》有效期为5年。有效期届满，需继续从事网络出版服务活动的，应于有效期届满60日前按本规定第十一条的程序提出申请。出版行政主管部门应当在该许可有效期届满前作出是否准予延续的决定。批准的，换发《网络出版服务许可证》。

第十五条 网络出版服务经批准后，申请者应持批准文件、《网络出版服务许可证》到所在地省、自治区、直辖市电信主管部门办理相关手续。

第十六条 网络出版服务单位变更《网络出版服务许可证》许可登记事项、资本结构，合并或者分立，设立分支机构的，应依据本规定第十一条办理审批手续，并应持批准文件到所在地省、自治区、直辖市电信主管部门办理相关手续。

第十七条 网络出版服务单位中止网络出版服务的，应当向所在地省、自治区、直辖市出版行政主管部门备案，并说明理由和期限；网络出版服务单位中止网络出版服务不得超过180日。

网络出版服务单位终止网络出版服务的，应当自终止网络出版服务之日起30日内，向所在地省、自治区、直辖市出版行政主管部门办理注销手续后到省、自治区、直辖市电信主管部门办理相关手续。省、自治区、直辖市出版行政主管部门将相关信息报国家新闻出版广电总局备案。

第十八条 网络出版服务单位自登记之日起满180日未开展网络出版服务的，由原登记的出版行政主管部门注销登记，并报国家新闻出版广电总局备案。同时，通报相关省、自治区、直辖市电信主管部门。

因不可抗力或者其他正当理由发生上述所列情形的，网络出版服务单位可以向原登记的出版行政主管部门申请延期。

第十九条 网络出版服务单位应当在其网站首页上标明出版行政主管部门核发的《网络出版服务许可证》编号。

互联网相关服务提供者在为网络出版服务单位提供人工干预搜索排名、广告、推广等服务时，应当查验服务对象的《网络出版服务许可证》及业务范围。

第二十条 网络出版服务单位应当按照批准的业务范围从事网络出版服务，不得超出批准的业务范围从事网络出版服务。

第二十一条 网络出版服务单位不得转借、出租、出卖《网络出版服务许可证》或以任何形式转让网络出版服务许可。

网络出版服务单位允许其他网络信息服务提供者以其名义提供网络出版服务，属于前款所称禁止行为。

第二十二条 网络出版服务单位实行特殊管理股制度，具体办法由国家新闻出版广电总局另行制定。

第三章 网络出版服务管理

第二十三条 网络出版服务单位实行编辑责任制度，保障网络出版物内容合法。

网络出版服务单位实行出版物内容审核责任制度、责任编辑制度、责任校对制度等管理制度，保障网络出版物出版质量。

在网络上出版其他出版单位已在境内合法出版的作品且不改变原出版物内容的，须在网络出版物的相应页面显著标明原出版单位名称以及书号、刊号、网络出版物号或者网址信息。

第二十四条 网络出版物不得含有以下内容：

（一）反对宪法确定的基本原则的；

（二）危害国家统一、主权和领土完整的；

（三）泄露国家秘密、危害国家安全或者损害国家荣誉和利益的；

（四）煽动民族仇恨、民族歧视，破坏民族团结，或者侵害民族风俗、习惯的；

（五）宣扬邪教、迷信的；

（六）散布谣言，扰乱社会秩序，破坏社会稳定的；

（七）宣扬淫秽、色情、赌博、暴力或者教唆犯罪的；

（八）侮辱或者诽谤他人，侵害他人合法权益的；

（九）危害社会公德或者民族优秀文化传统的；

（十）有法律、行政法规和国家规定禁止的其他内容的。

第二十五条 为保护未成年人合法权益，网络出版物不得含有诱发未成年人模仿违反社会公德和违法犯罪行为的内容，不得含有恐怖、残酷等妨害未成年人身心健康的内容，不得含有披露未成年人个人隐私的内容。

第二十六条 网络出版服务单位出版涉及国家安全、社会安定等方面重大选题的内容，应当按照国家新闻出版广电总局有关重大选题备案管理的规定办理备案手续。未经备案的重大选题内容，不得出版。

第二十七条 网络游戏上网出版前，必须向所在地省、自治区、直辖市出版行政主管部门提出申请，经审核同意后，报国家新闻出版广电总局审批。

第二十八条 网络出版物的内容不真实或不公正，致使公民、法人或者其他组织合法权益受到侵害的，相关网络出版服务单位应当停止侵权，公开更正，消除影响，并依法承担其他民事责任。

第二十九条 国家对网络出版物实行标识管理，具体办法由国家新闻出版广电总局另行制定。

第三十条 网络出版物必须符合国家的有关规定和标准要求，保证出版物质量。

网络出版物使用语言文字，必须符合国家法律规定和有关标准规范。

第三十一条 网络出版服务单位应当按照国家有关规定或技术标准，配备应用必要的设备和系统，建立健全各项管理制度，保障信息安全、内容合法，并为出版行政主管部门依法履行监督管理职责提供技术支持。

第三十二条 网络出版服务单位在网络上提供境外出版物，应当取得著作权合法授权。其中，出版境外著作权人授权的网络游戏，须按本规定第二十七条办理审批手续。

第三十三条 网络出版服务单位发现其出版的网络出版物含有本规定第二十四条、第二十五条所列内容的，应当立即删除，保存有关记录，并向所在地县级以上出版行政主管部门报告。

第三十四条 网络出版服务单位应记录所出版作品的内容及其时间、网址或者域名，记录应当保存60日，并在国家有关部门依法查询时，予以提供。

第三十五条 网络出版服务单位须遵守国家统计规定，依法向出版行政主管部门报送统计资料。

第四章 监督管理

第三十六条 网络出版服务的监督管理实行属地管理原则。

各地出版行政主管部门应当加强对本行政区域内的网络出版服务单位及其出版活动的日常监督管理，履行下列职责：

（一）对网络出版服务单位进行行业监管，对网络出版服务单位违反本规定的情况进行查处并报告上级出版行政主管部门；

（二）对网络出版服务进行监管，对违反本规定的行为进行查处并报告上级出版行政主管部门；

（三）对网络出版物内容和质量进行监管，定期组织内容审读和质量检查，并将结果向上级出版行政主管部门报告；

（四）对网络出版从业人员进行管理，定期组织岗位、业务培训和考核；

（五）配合上级出版行政主管部门、协调相关部门、指导下级出版行政主管部门开展工作。

第三十七条 出版行政主管部门应当加强监管队伍和机构建设，采取必要的技术手段对网络出版服务进行管理。出版行政主管部门依法履行监督检查等执法职责时，网络出版服务单位应当予以配合，不得拒绝、阻挠。

各省、自治区、直辖市出版行政主管部门应当定期将本行政区域内的网络出版服务监督管理情况向国家新闻出版广电总局提交书面报告。

第三十八条 网络出版服务单位实行年度核验制度，年度核验每年进行一次。省、自治区、直辖市出版行政主管部门负责对本行政区域内的网络出版服务单位实施年度核验并将有关情况报国家新闻出版广电总局备案。年度核验内容包括网络出版服务单位的设立条件、登记项目、出版经营情况、出版质量、遵守法律规范、内部管理情况等。

第三十九条 年度核验按照以下程序进行：

（一）网络出版服务单位提交年度自检报告，内容包括：本年度政策法律执行情况，奖惩情况，网站出版、管理、运营绩效情况，网络出版物目录，对年度核验期内的违法违规行为的整改情况，编辑出版人员培训管理情况等；并填写由国家新闻出版广电总局统一印制的《网络出版服务年度核验登记表》，与年度自检报告一并报所在地省、自治区、直辖市出版行政主管部门；

（二）省、自治区、直辖市出版行政主管部门对本行政区域内的网络出版服务单位的设立条件、登记项目、开展业务及执行法规等情况进行全面审核，并在收到网络出版服务单位的年度自检报告和《网络出版服务年度核验登记表》等年度核验材料的45日内完成全面审核查验工作。对符合年度核验要求的网络出版服务单位予以登记，并在其《网络出版服务许可证》上加盖年度核验章；

（三）省、自治区、直辖市出版行政主管部门应于完成全面审核查验工作的15日内将年度核验情况及有关书面材料报国家新闻出版广电总局备案。

第四十条 有下列情形之一的，暂缓年度核验：

（一）正在停业整顿的；

（二）违反出版法规规章，应予处罚的；

（三）未按要求执行出版行政主管部门相关管理规定的；

（四）内部管理混乱，无正当理由未开展实质性网络出版服务活动的；

（五）存在侵犯著作权等其他违法嫌疑需要进一步核查的。

暂缓年度核验的期限由省、自治区、直辖市出版行政主管部门确定，报国家新闻出版广电总局备案，最长不得超过 180 日。暂缓年度核验期间，须停止网络出版服务。

暂缓核验期满，按本规定重新办理年度核验手续。

第四十一条 已经不具备本规定第八条、第九条规定条件的，责令限期改正；逾期仍未改正的，不予通过年度核验，由国家新闻出版广电总局撤销《网络出版服务许可证》，所在地省、自治区、直辖市出版行政主管部门注销登记，并通知当地电信主管部门依法处理。

第四十二条 省、自治区、直辖市出版行政主管部门可根据实际情况，对本行政区域内的年度核验事项进行调整，相关情况报国家新闻出版广电总局备案。

第四十三条 省、自治区、直辖市出版行政主管部门可以向社会公布年度核验结果。

第四十四条 从事网络出版服务的编辑出版等相关专业技术人员及其负责人应当符合国家关于编辑出版等相关专业技术人员职业资格管理的有关规定。

网络出版服务单位的法定代表人或主要负责人应按照有关规定参加出版行政主管部门组织的岗位培训，并取得国家新闻出版广电总局统一印制的《岗位培训合格证书》。未按规定参加岗位培训或培训后未取得《岗位培训合格证书》的，不得继续担任法定代表人或主要负责人。

第五章　保障与奖励

第四十五条 国家制定有关政策，保障、促进网络出版服务业的发展与繁荣。鼓励宣传科学真理、传播先进文化、倡导科学精神、塑造美好心灵、弘扬社会正气等有助于形成先进网络文化的网络出版服务，推动健康文化、优秀文化产品的数字化、网络化传播。

网络出版服务单位依法从事网络出版服务，任何组织和个人不得干扰、阻止和破坏。

第四十六条 国家支持、鼓励下列优秀的、重点的网络出版物的出版：

（一）对阐述、传播宪法确定的基本原则有重大作用的；

（二）对弘扬社会主义核心价值观，进行爱国主义、集体主义、社会主义和民族团结教育以及弘扬社会公德、职业道德、家庭美德、个人品德有重要意义的；

（三）对弘扬民族优秀文化，促进国际文化交流有重大作用的；

（四）具有自主知识产权和优秀文化内涵的；

（五）对推进文化创新，及时反映国内外新的科学文化成果有重大贡献的；

（六）对促进公共文化服务有重大作用的；

（七）专门以未成年人为对象、内容健康的或者其他有利于未成年人健康成长的；

（八）其他具有重要思想价值、科学价值或者文化艺术价值的。

第四十七条 对为发展、繁荣网络出版服务业作出重要贡献的单位和个人，按照国家有关规定给予奖励。

第四十八条 国家保护网络出版物著作权人的合法权益。网络出版服务单位应当遵守《中华人民共和国著作权法》、《信息网络传播权保护条例》、《计算机软件保护条例》等著作权法律法规。

第四十九条 对非法干扰、阻止和破坏网络出版物出版的行为，出版行政主管部门及其他有关部门，应当及时采取措施，予以制止。

第六章　法律责任

第五十条　网络出版服务单位违反本规定的，出版行政主管部门可以采取下列行政措施：

（一）下达警示通知书；

（二）通报批评、责令改正；

（三）责令公开检讨；

（四）责令删除违法内容。

警示通知书由国家新闻出版广电总局制定统一格式，由出版行政主管部门下达给相关网络出版服务单位。

本条所列的行政措施可以并用。

第五十一条　未经批准，擅自从事网络出版服务，或者擅自上网出版网络游戏（含境外著作权人授权的网络游戏），根据《出版管理条例》第六十一条、《互联网信息服务管理办法》第十九条的规定，由出版行政主管部门、工商行政管理部门依照法定职权予以取缔，并由所在地省级电信主管部门依据有关部门的通知，按照《互联网信息服务管理办法》第十九条的规定给予责令关闭网站等处罚；已经触犯刑法的，依法追究刑事责任；尚不够刑事处罚的，删除全部相关网络出版物，没收违法所得和从事违法出版活动的主要设备、专用工具，违法经营额 1 万元以上的，并处违法经营额 5 倍以上 10 倍以下的罚款；违法经营额不足 1 万元的，可以处 5 万元以下的罚款；侵犯他人合法权益的，依法承担民事责任。

第五十二条　出版、传播含有本规定第二十四条、第二十五条禁止内容的网络出版物的，根据《出版管理条例》第六十二条、《互联网信息服务管理办法》第二十条的规定，由出版行政主管部门责令删除相关内容并限期改正，没收违法所得，违法经营额 1 万元以上的，并处违法经营额 5 倍以上 10 倍以下罚款；违法经营额不足 1 万元的，可以处 5 万元以下罚款；情节严重的，责令限期停业整顿或者由国家新闻出版广电总局吊销《网络出版服务许可证》，由电信主管部门依据出版行政主管部门的通知吊销其电信业务经营许可或者责令关闭网站；构成犯罪的，依法追究刑事责任。

为从事本条第一款行为的网络出版服务单位提供人工干预搜索排名、广告、推广等相关服务的，由出版行政主管部门责令其停止提供相关服务。

第五十三条 违反本规定第二十一条的，根据《出版管理条例》第六十六条的规定，由出版行政主管部门责令停止违法行为，给予警告，没收违法所得，违法经营额1万元以上的，并处违法经营额5倍以上10倍以下的罚款；违法经营额不足1万元的，可以处5万元以下的罚款；情节严重的，责令限期停业整顿或者由国家新闻出版广电总局吊销《网络出版服务许可证》。

第五十四条 有下列行为之一的，根据《出版管理条例》第六十七条的规定，由出版行政主管部门责令改正，给予警告；情节严重的，责令限期停业整顿或者由国家新闻出版广电总局吊销《网络出版服务许可证》：

（一）网络出版服务单位变更《网络出版服务许可证》登记事项、资本结构，超出批准的服务范围从事网络出版服务，合并或者分立，设立分支机构，未依据本规定办理审批手续的；

（二）网络出版服务单位未按规定出版涉及重大选题出版物的；

（三）网络出版服务单位擅自中止网络出版服务超过180日的；

（四）网络出版物质量不符合有关规定和标准的。

第五十五条 违反本规定第三十四条的，根据《互联网信息服务管理办法》第二十一条的规定，由省级电信主管部门责令改正；情节严重的，责令停业整顿或者暂时关闭网站。

第五十六条 网络出版服务单位未依法向出版行政主管部门报送统计资料的，依据《新闻出版统计管理办法》处罚。

第五十七条 网络出版服务单位违反本规定第二章规定，以欺骗或者贿赂等不正当手段取得许可的，由国家新闻出版广电总局撤销其相应许可。

第五十八条 有下列行为之一的，由出版行政主管部门责令改正，予以警告，并处3万元以下罚款：

（一）违反本规定第十条，擅自与境内外中外合资经营、中外合作经营和外资经营的企业进行涉及网络出版服务业务的合作的；

（二）违反本规定第十九条，未标明有关许可信息或者未核验有关网站的《网络出版服务许可证》的；

（三）违反本规定第二十三条，未按规定实行编辑责任制度等管理制度的；

（四）违反本规定第三十一条，未按规定或标准配备应用有关系统、设备或未健全有关管理制度的；

（五）未按本规定要求参加年度核验的；

（六）违反本规定第四十四条，网络出版服务单位的法定代表人或主要负责人未取得《岗位培训合格证书》的；

（七）违反出版行政主管部门关于网络出版其他管理规定的。

第五十九条 网络出版服务单位违反本规定被处以吊销许可证行政处罚的，其法定代表人或者主要负责人自许可证被吊销之日起10年内不得担任网络出版服务单位的法定代表人或者主要负责人。

从事网络出版服务的编辑出版等相关专业技术人员及其负责人违反本规定，情节严重的，由原发证机关吊销其资格证书。

第七章 附 则

第六十条 本规定所称出版物内容审核责任制度、责任编辑制度、责任校对制度等管理制度，参照《图书质量保障体系》的有关规定执行。

第六十一条 本规定自2016年3月10日起施行。原国家新闻出版总署、信息产业部2002年6月27日颁布的《互联网出版管理暂行规定》同时废止。

新闻出版署关于进一步加强网络文学出版管理的通知

·2020年6月5日
·国新出发〔2020〕11号

各省、自治区、直辖市新闻出版局，各网络文学出版单位：

网络文学是繁荣发展社会主义文艺的重要力量，拥有庞大读者群，特别是在青少年中具有广泛影响。近年来，网络文学行业蓬勃发展，涌现出一批优秀作者和思想性艺术性可读性相统一的原创作品，在促进文学创作生产、满足人民群众精神文化需求方面发挥了积极作用。同时，也存在一些值得注意的倾向和问题。一些作品导向偏差、格调不高，甚至以淫秽色情、血腥暴力等内容刺激感官、吸引眼球；有的企业社会责任感缺失、把关机制不健全、主体责任落实不到位，片面追求经济效益。根据《出版管理条例》、《网络出版服务管理规定》等法规规章要求，为进一步加强网络文学出版管理，规范网络文学行业秩序，引导网络文学出版单位始终坚持正确出版导向、坚持把社会效益放在首位、坚持高质量发展、努力以精品奉献人民，推动网络文学繁荣健康发展，现就有关事项通知如下。

一、建立健全内容审核机制。网络文学出版单位须设立总编辑，建立健全编辑委员会，强化内容把关职责，总编辑对涉及内容导向问题的事项具有否决权，对发布作品的内容质量负总责。加强选题策划，控制总量、优化结构、提高质量，支持优质创新内容，抵制模式化、同质化倾向。严格导向管理，完善质量内控机制，严格执行选题论证制度、内容审校制度，做到内容把关责任明确、编校流程可核查可追溯，确保内容导向正确、格调健康向上。严格落实平台主体责任，坚持先审后发的原则，在作品发布前，对登载内容进行严格审核；对尚未创作完成、持续更新的作品进行跟踪审读，未经审核不得上线发布。加强对作品排行榜、互动评论等作品相关发布信息的动态管理，正确引导用户阅读。

二、严格规范登载发布行为。实行网络文学创作者实名注册制度，按照“后台实名、前台自愿”的原则，网络文学出版单位必须要求创作者提供真实身份信息，不得为未使用真实身份信息注册的创作者提供相关服务，并对收集的信息严格保密，确保创作者信息安全。网络文学出版单位应在平台上明示登载规则和服务约定，对创作者登载发布行为提出明确要求，既保障合理权益，又实施有效约束。登载发布原创作品，须在作品封面或内容首页显著位置标明书名、作者、责任编辑及版权说明等相关信息。互联网公众账号服务商、应用商店等首发网络文学作品的，按照上述要求进行管理；从事分发业务的，须加强审核力量建设，对分发产品及内容进行跟踪把关，对出现的问题承担相应责任。提供公众账号和应用商店服务的互联网平台按照上述要求加强监测管理，承担相应主体责任。

三、定期开展社会效益评价考核。网络文学出版单位应按要求开展社会效益评价考核，形成社会效益自评报告，报送属地出版主管部门审核认定。网络文学出版单位发布或推介作品出现严重错误的，社会效益评价考核结果为不合格。对连续两年考核结果为优秀的网络文学出版单位，出版主管部门在评奖推优和资助扶持等方面予以倾斜；对考核结果为不合格的，进行通报批评，约谈主要负责人，责令整改并且在整改到位前不得参加各类评优评奖；对存在违法违规行为的，依法依规进行处罚。

四、加强评奖推选活动管理。各类社会组织、媒体单位、学校和研究机构等举办全国性网络文学评奖，须向国家新闻出版署申请，经同意后举办；各类企业不得以任何名目举办全国性网络文学评奖。开展地方性网络文学评奖的，须经当地出版主管部门同意。

五、进一步规范市场秩序。加强网络文学市场管理，严肃处理违法违规行为。对内容导向出现严重偏差的，综合运用行政监管、经济惩罚、刑事处罚等多种措施进行处置。坚决清理低俗庸俗媚俗内容，坚决遏制跟风模仿等不良倾向，坚决打击侵权盗版行为。加强对网络文学导流行为的监督管理，出现传播错误内容、误导用户阅读行为的，相关网络平台应及时采取限制功能、暂停更新、关闭账号等措施。网络文学出版单位应在平台显著位置设置读者投诉入口，主动接受社会监督。探索建立完善信用档案制度，将违法违规企业或从业人员纳入失信档案，根据情节轻重采取限入、禁入等措施。

六、加强网络文学出版队伍建设。深入开展马克思主义新闻出版观教育，提高网络文学从业人员内容导向把关能力，增强责任感使命感。加强队伍教育培训，网络文学出版单位从事内容审核的编辑人员应按时参加出版专业技术人员继续教育，每年累计不少于72小时，取得出版主管部门颁发的继续教育合格证书；网络文学出版单位法定代表人、总编辑或主要负责人应在规定时间内参加出版主管部门组织的岗位培训，取得国家新闻出版署统一印制的岗位培训合格证书。引导广大网络文学从业人员对读者负责、对社会负责，加强品德修养，恪守公序良俗，弘扬新风正气，打造精品力作，维护网络文学行业良好声誉和网络文学出版工作者良好形象。

七、切实履行属地管理职责。各级出版主管部门要严格落实意识形态工作责任制，落实属地管理责任，加强对属地网络文学业务的管理，摸清底数、建立台账、完善制度。对出现问题的作品、企业和相关舆情，应积极妥善处理并及时报告。加强对所属网络文学出版单位重大事项和重点出版物的指导把关，及时研判处置重要问题，确保各项管理责任落到实处。定期监督检查网络文学出版单位编辑责任制度落实情况，把检查结果作为出版单位资源配置、年检评估、项目评审和评优表彰的重要依据。建立和充实网络文学阅评队伍，加大抽查排查力度，及时发现和处理苗头性倾向性问题。充分运用技术手段，加强监测监看，提升分析研判水平，提高科学管理效能。

本通知所称网络文学出版单位含提供网络文学服务的平台；所称全国性网络文学评奖是指在全国范围内对网络文学领域的人物、作品进行的评奖活动，冠以“中国”、“中华”、“全国”等名称的网络文学评奖活动，以及在境内举办的冠以“国际”、“全球”、“华语地区”等名称的网络文学评奖活动。

本通知自印发之日起施行。

图书质量管理规定

· 2004 年 12 月 24 日新闻出版总署令第 26 号公布

· 自 2005 年 3 月 1 日起施行

第一条 为建立健全图书质量管理机制，规范图书出版秩序，促进图书出版业的繁荣和发展，保护消费者的合法权益，根据《中华人民共和国产品质量法》和国务院《出版管理条例》，制定本规定。

第二条 本规定适用于依法设立的图书出版单位出版的图书的质量管理。

出版时间超过十年且无再版或者重印的图书，不适用本规定。

第三条 图书质量包括内容、编校、设计、印制四项，分为合格、不合格两个等级。

内容、编校、设计、印制四项均合格的图书，其质量属合格。内容、编校、设计、印制四项中有一项不合格的图书，其质量属不合格。

第四条 符合《出版管理条例》第二十六、二十七条规定的图书，其内容质量属合格。

不符合《出版管理条例》第二十六、二十七条规定的图书，其内容质量属不合格。

第五条 差错率不超过万分之一的图书，其编校质量属合格。

差错率超过万分之一的图书，其编校质量属不合格。

图书编校质量差错的判定以国家正式颁布的法律法规、国家标准和相关行业制定的行业标准为依据。图书编校质量差错率的计算按照本规定附件《图书编校质量差错率计算方法》执行。

第六条 图书的整体设计和封面（包括封一、封二、封三、封底、勒口、护封、封套、书脊）、扉页、插图等设计均符合国家有关技术标准和规定，其设计质量属合格。

图书的整体设计和封面（包括封一、封二、封三、封底、勒口、护封、封套、书脊）、扉页、插图等设计中有一项不符合国家有关技术标准和规定的，其设计质量属不合格。

第七条 符合中华人民共和国出版行业标准《印刷产品质量评价和分等导则》（CY/T 2—1999）规定的图书，其印制质量属合格。

不符合中华人民共和国出版行业标准《印刷产品质量评价和分等导则》（CY/T 2—1999）规定的图书，其印制质量属不合格。

第八条 新闻出版总署负责全国图书质量管理工作，依照本规定实施图书质量检查，并向社会及时公布检查结果。

第九条 各省、自治区、直辖市新闻出版行政部门负责本行政区域内的图书质量管理工作，依照本规定实施图书质量检查，并向社会及时公布检查结果。

第十条 图书出版单位的主办单位和主管机关应当履行其主办、主管职能，尽其责任，协助新闻出版行政部门实施图书质量管理，对不合格图书提出处理意见。

第十一条 图书出版单位应当设立图书质量管理机构，制定图书质量管理制度，保证图书质量合格。

第十二条 新闻出版行政部门对图书质量实施的检查包括：图书的正文、封面（包括封一、封二、封三、封底、勒口、护封、封套、书脊）、扉页、版权页、前言（或序）、后记（或跋）、目录、插图及其文字说明等。正文部分的抽查必须内容（或页码）连续且不少于10万字，全书字数不足10万字的必须检查全书。

第十三条 新闻出版行政部门实施图书质量检查，须将审读记录和检查结果书面通知出版单位。出版单位如有异议，可以在接到通知后15日内提出申辩意见，请求复检。对复检结论仍有异议的，可以向上一级新闻出版行政部门请求裁定。

第十四条 对在图书质量检查中被认定为成绩突出的出版单位和个人，新闻出版行政部门给予表扬或者奖励。

第十五条 对图书内容违反《出版管理条例》第二十六、二十七条规定的，根据《出版管理条例》第五十六条实施处罚。

第十六条 对出版编校质量不合格图书的出版单位，由省级以上新闻出版行政部门予以警告，可以根据情节并处3万元以下罚款。

第十七条 经检查属编校质量不合格的图书，差错率在万分之一以上万分之五以下的，出版单位必须自检查结果公布之日起30天内全部收回，改正重印后可以继续发行；差错率在万分之五以上的，出版单位必须自检查结果公布之日起30天内全部收回。

出版单位违反本规定继续发行编校质量不合格图书的，由省级以上新闻出版行政部门按照《中华人民共和国产品质量法》第五十条的规定处理。

第十八条 对于印制质量不合格的图书，出版单位必须及时予以收回、调换。

出版单位违反本规定继续发行印制质量不合格图书的，由省级以上新闻出版行政部门按照《中华人民共和国产品质量法》第五十条的规定处理。

第十九条 一年内造成三种以上图书不合格或者连续两年造成图书不合格的直接责任者，由省、自治区、直辖市新闻出版行政部门注销其出版专业技术人员职业资格，三年之内不得从事出版编辑工作。

第二十条 本规定自2005年3月1日起实施。新闻出版署于1997年3月3日公布的《图书质量管理规定》同时停止执行。

附件：

图书编校质量差错率计算方法

一、图书编校差错率

图书编校差错率，是指一本图书的编校差错数占全书总字数的比率，用万分比表示。实际鉴定时，可以依据抽查结果对全书进行认定。如检查的总字数为10万，检查后发现两个差错，则其差错率为0.2/10000。

二、图书总字数的计算方法

图书总字数的计算方法，一律以该书的版面字数为准，即：总字数=每行字数×每面行数×总面数。

1. 除环衬等空白面不计字数外，凡连续编排页码的正文、目录、辅文等，不论是否排字，均按一面满版计算字数。分栏排版的图书，各栏之间的空白也计算版面字数。

2. 书眉（或中缝）和单排的页码、边码作为行数或每行字数计入正文，一并计算字数。

3. 索引、附录等字号有变化时，分别按实际版面计算字数。

4. 用小号字排版的脚注文字超过5行不足10行的，该面按正文满版字数加15%计算；超过10行的，该面按注文满版计算字数。对小号字排版的夹注文字，可采用折合行数的方法，比照脚注文字进行计算。

5. 封一、封二、封三、封底、护封、封套、扉页，除空白面不计以外，每面按正文满版字数的50%计算；版权页、书脊、有文字的勒口，各按正文的一面满版计算。

6. 正文中的插图、表格，按正文的版面字数计算；插图占一面的，按正文满版字数的 20%计算字数。

7. 以图片为主的图书，有文字说明的版面，按满版字数的 50%计算；没有文字说明的版面，按满版字数的 20%计算。

8. 乐谱类图书、地图类图书，按满版字数全额计算。

9. 外文图书、少数民族文字图书，拼音图书的拼音部分，以对应字号的中文满版字数加 30%计算。

三、图书编校差错的计算方法

1. 文字差错的计算标准

（1）封底、勒口、版权页、正文、目录、出版说明（或凡例）、前言（或序）、后记（或跋）、注释、索引、图表、附录、参考文献等中的一般性错字、别字、多字、漏字、倒字，每处计 1 个差错。前后颠倒字，可以用一个校对符号改正的，每处计 1 个差错。书眉（或中缝）中的差错，每处计 1 个差错；同样性质的差错重复出现，全书按一面差错基数加 1 倍计算。阿拉伯数字、罗马数字差错，无论几位数，都计 1 个差错。

（2）同一错字重复出现，每面计 1 个差错，全书最多计 4 个差错。每处多、漏 2~5 个字，计 2 个差错，5 个字以上计 4 个差错。

（3）封一、扉页上的文字差错，每处计 2 个差错；相关文字不一致，有一项计 1 个差错。

（4）知识性、逻辑性、语法性差错，每处计 2 个差错。

（5）外文、少数民族文字、国际音标，以一个单词为单位，无论其中几处有错，计 1 个差错。汉语拼音不符合《汉语拼音方案》和《汉语拼音正词法基本规则》（GB/T 16159—1996）规定的，以一个对应的汉字或词组为单位，计 1 个差错。

（6）字母大小写和正斜体、黑白体误用，不同文种字母混用的（如把英文字母 N 错为俄文字母 И），字母与其他符号混用的（如把汉字的〇错为英文字母 O），每处计 0.5 个差错；同一差错在全书超过 3 处，计 1.5 个差错。

（7）简化字、繁体字混用，每处计 0.5 个差错；同一差错在全书超过 3 处，计 1.5 个差错。

（8）工具书的科技条目、科技类教材、学习辅导书和其他科技图书，使用计量单位不符合国家标准《量和单位》（GB 3100—3102—1993）的中文名称的、使用科技术语不符合全国科学技术名词审定委员会公布的规范词的，每处计 1 个差错；同一差错多次出现，每面只计 1 个差错，同一错误全书最多计 3 个差错。

（9）阿拉伯数字与汉语数字用法不符合《出版物上数字用法的规定》（GB/T 15835—1995）的，每处计 0.1 个差错。全书最多计 1 个差错。

2. 标点符号和其他符号差错的计算标准

（1）标点符号的一般错用、漏用、多用，每处计 0.1 个差错。

（2）小数点误为中圆点，或中圆点误为小数点的，以及冒号误为比号，或比号误为冒号的，每处计 0.1 个差错。专名线、着重点的错位、多、漏，每处计 0.1 个差错。

（3）破折号误为一字线、半字线，每处计 0.1 个差错。标点符号误在行首、行末的，每处计 0.1 个差错。

（4）外文复合词、外文单词按音节转行，漏排连接号的，每处计 0.1 个差错；同样差错在每面超过 3 个，计 0.3 个差错，全书最多计 1 个差错。

（5）法定计量单位符号、科学技术各学科中的科学符号、乐谱符号等差错，每处计 0.5 个差错；同样差错同一面内不重复计算，全书最多计 1.5 个差错。

（6）图序、表序、公式序等标注差错，每处计 0.1 个差错；全书超过 3 处，计 1 个差错。

3. 格式差错的计算标准

（1）影响文意、不合版式要求的另页、另面、另段、另行、接排、空行，需要空行、空格而未空的，每处计 0.1 个差错。

（2）字体错、字号错或字体、字号同时错，每处计 0.1 个差错；同一面内不重复计算，全书最多计 1 个差错。

（3）同一面上几个同级标题的位置、转行格式不统一且影响理解的，计 0.1 个差错；需要空格而未空格的，每处计 0.1 个差错。

（4）阿拉伯数字、外文缩写词转行的，外文单词未按音节转行的，每处计 0.1 个差错。

（5）图、表的位置错，每处计 1 个差错。图、表的内容与说明文字不符，每处计 2 个差错。

（6）书眉单双页位置互错，每处计 0.1 个差错，全书最多计 1 个差错。

（7）正文注码与注文注码不符，每处计 0.1 个差错。

报纸期刊质量管理规定

·2020 年 5 月 28 日

·国新出发〔2020〕10 号

第一条 为加强报纸、期刊质量管理，规范报纸、期刊出版秩序，促进报纸、期刊质量提升，根据《中华人民共和国产品质量法》、《出版管理条例》、《报纸出版管理规定》、《期刊出版管理规定》等法律法规，制定本规定。

第二条 本规定适用于经国家新闻出版主管部门批准，持有国内统一连续出版物号，领取报纸出版许可证和期刊出版许可证的报纸、期刊。

第三条 报纸、期刊质量包括内容质量、编校质量、出版形式质量、印制质量四项，分为合格和不合格两个等级。四项均合格的，其质量为合格；四项中有一项不合格的，其质量为不合格。

第四条 报纸、期刊内容符合《出版管理条例》第二十五条、第二十六条规定，并符合国家新闻出版主管部门批准的业务范围的，其内容质量为合格；不符合的，其内容质量为不合格。

第五条 报纸、期刊编校差错判定以相关法律法规、国家标准、行业标准及规范为依据。

报纸编校差错率不超过万分之三的，其编校质量为合格；差错率超过万分之三的，其编校质量为不合格。差错率的计算按照本规定附件《报纸编校差错率计算方法》执行。

期刊编校差错率不超过万分之二的，其编校质量为合格；差错率超过万分之二的，其编校质量为不合格。差错率的计算按照本规定附件《期刊编校差错率计算方法》执行。

第六条 报纸、期刊出版形式差错判定以相关法规规章、国家标准、行业标准及规范为依据。

报纸出版形式差错数不超过三个的，其出版形式质量为合格；差错数超过三个的，其出版形式质量为不合格。差错数的计算按照本规定附件《报纸出版形式差错数计算方法》执行。

期刊出版形式差错数不超过五个的，其出版形式质量为合格；差错数超过五个的，其出版形式质量为不合格。差错数的计算按照本规定附件《期刊出版形式差错数计算方法》执行。

第七条 报纸印制质量包括单份印制质量和批印制质量，期刊印制质量包括单册印制质量和批印制质量。报纸、期刊印制符合国家和行业现行标准及规定的，其印制质量为合格；不符合的，其印制质量为不合格。

第八条 国家新闻出版主管部门负责全国报纸、期刊质量管理工作，各省级新闻出版主管部门负责本行政区域内的报纸、期刊质量管理工作。各级新闻出版主管部门应当切实履行监管职责，实施报纸、期刊质量检查，并及时向社会公布检查结果。

第九条 报纸、期刊主管主办单位应当督促出版单位建立健全质量管理制度并监督落实，将报纸、期刊质量纳入出版单位社会效益评价考核，对质量不合格的报纸、期刊提出处理意见和整改措施。报纸、期刊出版单位应当落实“三审三校”等管理制度，加强业务培训，保证出版质量。

第十条 报纸、期刊质量检查采取抽样方式进行。报纸内容质量、编校质量、出版形式质量抽样检查的对象为报纸各版面及中缝、插页等所有内容。期刊内容质量、编校质量、出版形式质量抽样检查的对象为期刊正文、封一（含书脊）、封二、封三、封四、版权页、目次页、广告页、插页等所有内容。报纸、期刊印制质量检测样本抽取依据相关标准进行。

第十一条 新闻出版主管部门实施报纸、期刊质量检查，须将检查结果为不合格的报纸、期刊的具体情况书面通知出版单位或主办单位。出版单位、主办单位如有异议，须在接到通知后 15 日内提出复检申请；对复检结果仍有异议，须在接到通知后 7 日内向上一级新闻出版主管部门请求复核。

第十二条 报纸、期刊内容质量、编校质量、出版形式质量不合格的，由省级以上新闻出版主管部门依据《出版管理条例》、《报纸出版管理规定》、《期刊出版管理规定》等相关规定，责令改正，给予警告；情节严重的，责令限期停业整顿，或由原发证机关吊销出版许可证。

报纸、期刊出现严重质量问题的，出版单位应当采取收回、销毁等措施，消除负面影响。

第十三条 报纸、期刊印制质量不合格，出版单位应当及时收回、调换。出版单位违反本规定继续发行印制质量不合格报纸、期刊的，按照《中华人民共和国产品质量法》、《出版管理条例》等相关规定处理。

第十四条 省级以上新闻出版主管部门对报纸、期刊质量管理工作中成绩突出的单位和个人予以表扬或者奖励。

第十五条 本规定自印发之日起施行。

附件：1. 报纸编校差错率计算方法

2. 期刊编校差错率计算方法

3. 报纸出版形式差错数计算方法

4. 期刊出版形式差错数计算方法

附件 1

报纸编校差错率计算方法

一、报纸编校差错率

报纸编校差错率，是指在报纸编校质量检查中，编校差错数占检查总字数的比率，用万分比表示。如检查总字数为 2 万，检查后发现 2 个差错，则其差错率为 1/10000。

二、报纸检查总字数计算方法

报纸检查总字数为被检查所有内容的字数总和，一般包括版面字数、中缝字数、插页字数三部分。

1. 版面字数=版面行字数（通用字号）×版面行数。

报眉、报尾、栏头、表格、分栏空白、插图说明等，均按所占版面字数计算。作品性图片（新闻摄影、艺术作品等）按版面字数的 80%计算，装饰性图片按版面字数的 30%计算。

2. 中缝字数按实际字数（行字数×行数）计算。

3. 插页字数参照版面字数计算。

4. 外文报纸、少数民族文字报纸及报纸的拼音部分，以对应字号的汉字字数加 30%计算。

三、报纸编校差错计算方法

1. 重要信息差错

报头、报眉、栏头、标题中的文字差错，按正文同样错误计错标准的双倍计数。正文中重要名称、重要时间、重要图片等信息错误，按一般错误计错标准的双倍计数。

2. 文字差错

一期报纸中，同一文字差错重复出现，最多计 3 次差错。

（1）事实性、知识性、逻辑性、语法性错误，每处计 1 个差错。

（2）错字、别字、多字、漏字为 1 个字的，每处计 1 个差错；2—5 个字的，每处计 2 个差错；5 个字以上的，每处计 4 个差错。

前后颠倒字，可以用一个校对符号改正的，每处计 1 个差错。阿拉伯数字、罗马数字差错，无论几位数，都计 1 个差错。

（3）阿拉伯数字和汉字数字用法不符合《出版物上数字用法》国家标准，每处计 0.1 个差错，一期最多计 1 个差错。

（4）外文和国际音标以 1 个单词为单位，无论其中有几处差错，计 1 个差错。

（5）少数民族文字以 1 个字或词为单位，无论其中有几处差错，计 1 个差错。

（6）汉语拼音不符合《汉语拼音方案》和《汉语拼音正词法基本规则》等国家规定和标准，以 1 个对应的汉字或词组为单位，无论其中有几处差错，计 1 个差错。

（7）字母大小写和正斜体、黑白体误用，不同文种字母混用（如把英文字母 N 错为俄文字母 И），字母与其他符号混用（如把英文字母 O 错为阿拉伯数字 0），每处计 0.5 个差错。

（8）违反相关规定使用繁体字或不规范汉字，每处计 0.5 个差错。

（9）科技理论和科学普及类文章使用量和单位，其名称、符号、书写规则不符合《国际单位制及其应用》、《有关量、单位和符号的一般原则》、《空间和时间的量和单位》等相关标准，使用科技术语不符合全国科学技术名词审定委员会公布的规范词，每处计 0.5 个差错。一个组合单位符号，无论其中有几处差错，计 0.5 个差错。

（10）专有名词译法不符合相关规范，每处计 0.5 个差错。

（11）涉港、澳、台等用语不符合相关规定，每处计 1 个差错。

（12）使用网络用语、缩略语、口语不符合相关规定，每处计 0.5 个差错。

3. 标点符号和其他符号差错

使用标点符号应当符合《标点符号用法》国家标准，使用其他符号应当符合相关规范。同一标点符号差错重复出现，一面最多计 3 次差错，一期最多计 1 个差错。同一其他符号差错重复出现，一期最多计 3 次差错。

（1）标点符号错用、漏用、多用，每处计 0.1 个差错。

（2）标点符号误在行首、标号误在行末，每处计 0.1 个差错。

（3）外文复合词、外文单词按音节转行，漏排连接号，每处计 0.1 个差错。

（4）数学符号、科学符号、乐谱符号等符号差错，每处计 0.5 个差错。

（5）图序、表序、公式序、参考文献序等标注差错，每处计 0.1 个差错。

4. 格式及其他差错

（1）错误的另版计 2 个差错。不符合版式要求的另版、另段、另行、接排、空行、空格及需要空行、空格而未空等，每处计 0.1 个差错。

（2）字体错、字号错或字体字号同时错，每处计 0.1 个差错；同一面内的同一差错不重复计算，一期最多计 1 个差错。

（3）同一篇文章中几个同级标题的位置、转行格式、字体字号不统一，计 0.1 个差错；需要空格而未空格，每处计 0.1 个差错。

（4）阿拉伯数字、外文缩写词拆开转行，外文单词未按音节转行，每处计 0.1 个差错。

（5）图、表的位置错，每处计 0.5 个差错；图、表的内容与说明文字不符，每处计 1 个差错。

（6）参考文献著录项中的格式错误，每处计 0.1 个差错，一期最多计 1 个差错。

（7）除图表、公式、符号需特殊处理等情况外，非广告正文主体字号小于 6 号（不包括 6 号），一期计 2 个差错。

附件 2

期刊编校差错率计算方法

一、期刊编校差错率

期刊编校差错率，是指在期刊编校质量检查中，编校差错数占检查总字数的比率，用万分比表示。如检查总字数为 2 万，检查后发现 2 个差错，则其差错率为 1/10000。

二、期刊检查总字数计算方法

期刊检查总字数为被检查的版面字数，即：检查总字数 = 每行字数（通用字号）×每面行数×检查总面数。

1. 凡连续编排页码的正文、辅文，以及版权页、目次页、广告页、插页等，除空白面不计以外，均按一面满版计算字数。

2. 页眉和单排的页码、边码作为行数或每行字数计入正文，一并计算字数。

3. 脚注、参考文献、索引、附录等字号有变化时，分别按行数×每行字数计算。

4. 封一（含书脊）、封二、封三、封四，每面按正文满版字数的 50%计算，空白面不计。

5. 正文中的插图、表格，按正文的版面字数计算。插图、表格占一面的，有文字说明的按满版字数的 50%计算，没有文字说明的按满版字数的 20%计算。

6. 以图片为主的期刊，有文字说明的版面，按满版字数的 50%计算；没有文字说明的版面，按满版字数的 20%计算。

7. 外文期刊、少数民族文字期刊及期刊的拼音部分，以对应字号的汉字字数加 30%计算。

三、期刊编校差错计算方法

1. 重要信息差错

封一（含书脊）上的文字差错，按正文同样错误计错标准的双倍计数。正文中重要名称、重要时间、重要图片等信息错误，按一般错误计错标准的双倍计数。

2. 文字差错

一期期刊中，同一文字差错重复出现，最多计3次差错。

（1）事实性、知识性、逻辑性、语法性错误，每处计1个差错。

（2）错字、别字、多字、漏字为1个字的，每处计1个差错；2—5个字的，每处计2个差错；5个字以上的，每处计4个差错。

前后颠倒字，可以用一个校对符号改正的，每处计1个差错。阿拉伯数字、罗马数字差错，无论几位数，都计1个差错。

（3）阿拉伯数字和汉字数字用法不符合《出版物上数字用法》国家标准，每处计0.1个差错，一期最多计1个差错。

（4）外文和国际音标以1个单词为单位，无论其中有几处差错，计1个差错。

（5）少数民族文字以1个字或词为单位，无论其中有几处差错，计1个差错。

（6）汉语拼音不符合《汉语拼音方案》和《汉语拼音正词法基本规则》等国家规定和标准，以1个对应的汉字或词组为单位，无论其中有几处差错，计1个差错。

（7）字母大小写和正斜体、黑白体误用，不同文种字母混用（如把英文字母N错为俄文字母И），字母与其他符号混用（如把英文字母O错为阿拉伯数字0），每处计0.5个差错。

（8）违反相关规定使用繁体字或不规范汉字，每处计0.5个差错。

（9）科技理论和科学普及类文章使用量和单位，其名称、符号、书写规则不符合《国际单位制及其应用》、《有关量、单位和符号的一般原则》、《空间和时间的量和单位》等相关标准，使用科技术语不符合全国科学技术名词审定委员会公布的规范词，每处计0.5个差错。一个组合单位符号，无论其中有几处差错，计0.5个差错。

（10）专有名词译法不符合相关规范，每处计0.5个差错。

（11）涉港、澳、台等用语不符合相关规定，每处计 1 个差错。

（12）使用网络用语、缩略语、口语不符合相关规定，每处计 0. 5 个差错。

3. 标点符号和其他符号差错

使用标点符号应当符合《标点符号用法》国家标准，使用其他符号应当符合相关规范。同一标点符号差错重复出现，一面最多计 3 次差错，一期最多计 1 个差错。同一其他符号差错重复出现，一期最多计 3 次差错。

（1）标点符号错用、漏用、多用，每处计 0. 1 个差错。

（2）标点符号误在行首、标号误在行末，每处计 0. 1 个差错。

（3）外文复合词、外文单词按音节转行，漏排连接号，每处计 0. 1 个差错。

（4）数学符号、科学符号、乐谱符号等符号差错，每处计 0. 5 个差错。

（5）图序、表序、公式序、参考文献序等标注差错，每处计 0. 1 个差错。

4. 格式差错

（1）不符合版式要求的另版、另段、另行、接排、空行、空格及需要空行、空格而未空等，每处计 0. 1 个差错。

（2）字体错、字号错或字体字号同时错，每处计 0. 1 个差错；同一面内的同一差错不重复计算，一期最多计 1 个差错。

（3）同一篇文章中几个同级标题的位置、转行格式、字体字号不统一，计 0. 1 个差错；需要空格而未空格，每处计 0. 1 个差错。

（4）阿拉伯数字、外文缩写词拆开转行，外文单词未按音节转行，每处计 0. 1 个差错。

（5）图、表的位置错，每处计 0. 5 个差错；图、表的内容与说明文字不符，每处计 1 个差错。

（6）页眉单双页位置互错，每处计 0. 1 个差错，一期最多计 1 个差错。

（7）目次页中文章标题、页码、作者信息等与正文不一致，每处计 1 个差错；同类差错重复出现，一期最多计 3 个差错。

（8）参考文献著录项中的格式错误，每处计 0.1 个差错，一期最多计 1 个差错。

5. 其他差错

（1）学术论文编写不符合国家和行业相关标准，每处计 0.5 个差错，一期最多计 2 个差错。

（2）除图表、公式、符号需特殊处理等情况外，非广告正文主体字号小于 6 号（不包括 6 号），一期计 2 个差错。

附件 3

报纸出版形式差错数计算方法

一、报纸出版形式基本要求

报纸应当在一版报头位置刊登报纸名称，报纸名称应当大于并明显于一版所有其他文字。外文报纸应当同时刊登中文名称，少数民族文字报纸应当同时刊登汉语名称。报纸出版增期、号外应当在一版报头注明“增期”、“号外”字样。

报纸应当在固定位置刊登出版日期、总期号、版数、国内统一连续出版物号（CN）、主要责任单位（主管单位、主办单位、出版单位）、出版单位地址及联系方式、印刷单位名称及地址、发行信息（包括发行方式、发行单位、邮发代号等）、定价（号外应当注明“免费赠阅”字样）等。报纸应当在各版面报眉位置标明版序，版序应当位置固定，排序清楚，便于查找。

报纸刊登广告应当在明显位置注明“广告”字样，不得以新闻形式刊登广告。

二、报纸出版形式差错计算方法

1. 报纸名称

（1）未在一版报头位置刊登报纸名称，计 4 个差错。

（2）刊登的报纸名称不是经国家新闻出版主管部门批准的名称，计 4 个差错。

（3）一版报头位置刊登的报纸名称未大于并明显于一版所有其他文字，计 4 个差错。

（4）外文报纸未刊登中文名称或外文名称与中文名称明显不一致，计 2 个差错。

（5）少数民族文字报纸未刊登汉语名称或少数民族文字名称与汉语名称明显不一致，计 2 个差错。

2. 国内统一连续出版物号

（1）未刊登国内统一连续出版物号，计 4 个差错。

（2）刊登的国内统一连续出版物号不是经国家新闻出版主管部门批准的国内统一连续出版物号，计 4 个差错。

（3）刊登的国内统一连续出版物号不符合《中国标准连续出版物号》国家标准，计 2 个差错。

3. 主要责任单位

（1）未刊登主管单位、主办单位、出版单位，计 2 个差错。

（2）以合办、协办、承办等名义刊登非责任单位信息，计 2 个差错。

（3）未刊登出版单位地址及联系方式，计 1 个差错。

（4）刊登的主管单位、主办单位、出版单位不是经国家新闻出版主管部门批准的单位，计 4 个差错。

4. 印刷、发行信息

未刊登印刷单位名称及地址、未刊登发行信息，计 1 个差错。

5. 版权信息

（1）刊登非广告作品未注明作品名称、作者姓名等信息，每处计 1 个差错，一期最多计 2 个差错。

（2）刊登转载作品未注明作品名称、作者姓名、转载出处等信息，每处计 0.5 个差错，一期最多计 2 个差错。

6. 出版标识

（1）未在固定位置刊登报纸出版日期、总期号、版数，每项计2个差错。

（2）未按批准的刊期出版，计2个差错。

（3）未在报眉固定位置标明版序，计2个差错。版序漏失或编排混乱影响查阅，计1个差错。

（4）出版增期未在一版报头注明“增期”字样，计2个差错。

（5）出版号外未在一版报头注明“号外”字样，计2个差错。

（6）专版、专刊的刊头字样比报纸名称更明显，计2个差错。

（7）刊登广告未注明“广告”字样，每处计1个差错，一期最多计2个差错。

7. 定价

（1）未在固定位置刊登报纸定价，计1个差错。

（2）出版号外未注明“免费赠阅”字样，计1个差错。

8. 开版

（1）同一种报纸以不同开版出版，计2个差错。

（2）增期的开版与主报不一致，计2个差错。

9. 标识性文字

标识性文字使用夸大事实的宣传用语，如“世界排名第×名”、“全球发行量最大”、“中国唯一”、“获奖最多”等，每处计1个差错，一期最多计2个差错。

10. 装订形式

不符合散页形式要求，计1个差错。

附件4

期刊出版形式差错数计算方法

一、期刊出版形式基本要求

期刊应当在封一明显位置刊登期刊名称和年、月、期、卷等顺序编号。期刊增刊应当注明“增刊”字样，期刊合订本应当注明“合订本”字样。外文期刊应当同时刊登中文刊名，少数民族文字期刊应当同时刊登汉语刊名。

期刊应当在封四或版权页上刊登期刊名称、主要责任单位（主管单位、主办单位、出版单位）、印刷单位、发行信息（包括发行方式、发行单位、邮发代号等）、出版日期、总编辑（主编）姓名、定价（或“免费赠阅”字样）、国内统一连续出版物号（CN）等。领取国际标准连续出版物号（ISSN）的期刊应当同时刊登国际标准连续出版物号，期刊增刊应当刊登增刊备案号。公开发行的期刊应当在封一或封四刊登期刊条码。

期刊刊登广告应当在明显位置注明“广告”字样，不得以新闻形式刊登广告。

二、期刊出版形式差错计算方法

1. 期刊名称

（1）未在封一明显位置刊登期刊名称，计 6 个差错。

（2）刊登的期刊名称不是经国家新闻出版主管部门批准的名称，计 6 个差错。

（3）封一刊登的期刊名称未大于并明显于其他标识性文字，计 6 个差错。

（4）外文期刊未刊登中文刊名或外文刊名与中文刊名明显不一致，计 2 个差错。

（5）少数民族文字期刊未刊登汉语刊名或少数民族文字刊名与汉语刊名明显不一致，计 2 个差错。

（6）期刊名称在封一（含书脊）、版权页、封四等处未保持一致，计 2 个差错。

2. 国内统一连续出版物号和国际标准连续出版物号

（1）未刊登国内统一连续出版物号，计 6 个差错。

（2）刊登的国内统一连续出版物号不是经国家新闻出版主管部门批准的国内统一连续出版物号，计 6 个差错。

（3）刊登的国内统一连续出版物号不符合《中国标准连续出版物号》国家标准，计 2 个差错。

（4）已领取国际标准连续出版物号但未刊登，或刊登的国际标准连续出版物号与期刊名称不对应，计 2 个差错。

3. 主要责任单位

（1）未刊登主管单位、主办单位、出版单位，计 2 个差错。

（2）以合办、协办、承办等名义刊登非责任单位信息，计 2 个差错。

（3）未刊登出版单位地址及联系方式，计 1 个差错。

（4）刊登的主管单位、主办单位、出版单位不是经国家新闻出版主管部门批准的单位，计 6 个差错。

4. 期刊条码

期刊条码有下列情况的，每处计 1 个差错。

（1）未刊登条码。

（2）条码制作形式不符合要求，不能通过相关设备识读。

（3）条码信息与期刊名称、国内统一连续出版物号、国际标准连续出版物号、刊期及出版年份、月份不一致。

5. 印刷、发行信息

未刊登印刷单位、发行信息，计 1 个差错。

6. 总编辑（主编）姓名

未刊登总编辑（主编）姓名，计 1 个差错。

7. 版权信息

（1）刊登非广告作品未注明作品名称、作者姓名等信息，每处计 1 个差错，一期最多计 2 个差错。

（2）刊登转载作品未注明作品名称、作者姓名、转载出处等信息，每处计 0.5 个差错，一期最多计 2 个差错。

8. 出版标识

出版标识有下列情况的，每处计 1 个差错，一期最多计 2 个差错。

（1）未在封一明显位置刊登年、月、期、卷等顺序编号。

（2）未按批准的刊期出版。

（3）封一和版权页等处的年、月、期号标识有省略。

（4）采用卷号和（或）总期号标识的期刊，其卷号和（或）

门或者其指定的专门机构的审查、鉴定结论予以处理。

第七条 个人自用进境印刷品及音像制品在下列规定数量以内的，海关予以免税验放：

（一）单行本发行的图书、报纸、期刊类出版物每人每次10册（份）以下；

（二）单碟（盘）发行的音像制品每人每次20盘以下；

（三）成套发行的图书类出版物，每人每次3套以下；

（四）成套发行的音像制品，每人每次3套以下。

第八条 超出本办法第七条规定的数量，但是仍在合理数量以内的个人自用进境印刷品及音像制品，不属于本办法第九条规定情形的，海关应当按照《中华人民共和国进出口关税条例》有关进境物品进口税的征收规定对超出规定数量的部分予以征税放行。

第九条 有下列情形之一的，海关对全部进境印刷品及音像制品按照进口货物依法办理相关手续：

（一）个人携带、邮寄单行本发行的图书、报纸、期刊类出版物进境，每人每次超过50册（份）的；

（二）个人携带、邮寄单碟（盘）发行的音像制品进境，每人每次超过100盘的；

（三）个人携带、邮寄成套发行的图书类出版物进境，每人每次超过10套的；

（四）个人携带、邮寄成套发行的音像制品进境，每人每次超过10套的；

（五）其他构成货物特征的。

有前款所列情形的，进境印刷品及音像制品的收发货人、所有人及其代理人可以依法申请退运其进境印刷品及音像制品。

第十条 个人携带、邮寄进境的宗教类印刷品及音像制品在自用、合理数量范围内的，准予进境。

超出个人自用、合理数量进境或者以其他方式进口的宗教类印刷品及音像制品，海关凭国家宗教事务局、其委托的省级政府宗教事务管理部门或者国务院其他行政主管部门出具的证明予以征税验放。无相关证明的，海关按照《中华人民共和国海关行政处罚实施条例》（以下简称《实施条例》）的有关规定予以处理。

散发性宗教类印刷品及音像制品，禁止进境。

第十一条 印刷品及音像制品的进口业务，由国务院有关行政主管部门批准或者指定经营。未经批准或者指定，任何单位或者个人不得经营印刷品及音像制品进口业务。

其他单位或者个人进口印刷品及音像制品，应当委托国务院相关行政主管部门指定的进口经营单位向海关办理进口手续。

第十二条 除国家另有规定外，进口报纸、期刊、图书类印刷品，经营单位应当凭国家新闻出版主管部门的进口批准文件、目录清单、有关报关单证以及其他需要提供的文件向海关办理进口手续。

第十三条 进口音像制品成品或者用于出版的音像制品母带（盘）、样带（盘），经营单位应当持《中华人民共和国文化部进口音像制品批准单》（以下简称《批准单》）、有关报关单证及其他需要提供的文件向海关办理进口手续。

第十四条 非经营音像制品性质的单位进口用于本单位宣传、培训及广告等目的的音像制品，应当按照海关的要求交验《批准单》、合同、有关报关单证及其他需要提供的文件；数量总计在200盘以下的，可以免领《批准单》。

第十五条 随机器设备同时进口，以及进口后随机器设备复出口的记录操作系统、设备说明、专用软件等内容的印刷品及音像制品进口时，进口单位应当按照海关的要求交验合同、发票、有关报关单证及其他需要提供的文件，但是可以免领《批准单》等批准文件。

第十六条 境外赠送进口的印刷品及音像制品，受赠单位应当向海关提交赠送方出具的赠送函和受赠单位的接受证明及有关清单。

接受境外赠送的印刷品超过100册或者音像制品超过200盘

的，受赠单位除向海关提交上述单证外，还应当取得有关行政主管部门的批准文件。海关对有关行政主管部门的批准文件电子数据进行系统自动比对验核。

第十七条 出口印刷品及音像制品，相关单位应当依照有关法律、法规的规定，向海关办理出口手续。

第十八条 用于展览、展示的印刷品及音像制品进出境，主办或者参展单位应当按照国家有关规定向海关办理暂时进出境手续。

第十九条 运输、携带、邮寄国家禁止进出境的印刷品及音像制品进出境，如实向海关申报的，予以收缴，或者责令退回，或者在海关监管下予以销毁或者进行技术处理。

运输、携带、邮寄国家限制进出境的印刷品及音像制品进出境，如实向海关申报，但是不能提交许可证件的，予以退运。

第二十条 下列进出境印刷品及音像制品，由海关按照放弃货物、物品依法予以处理：

（一）收货人、货物所有人、进出境印刷品及音像制品所有人声明放弃的；

（二）在海关规定期限内未办理海关手续或者无人认领的；

（三）无法投递又无法退回的。

第二十一条 违反本办法，构成走私行为、违反海关监管规定行为或者其他违反《海关法》行为的，由海关依照《海关法》和《实施条例》的有关规定予以处理；构成犯罪的，依法追究刑事责任。

第二十二条 进入保税区、出口加工区及其他海关特殊监管区域和保税监管场所的印刷品及音像制品的通关手续，依照有关规定办理。

第二十三条 享有外交特权和豁免的外国驻中国使馆、领馆及人员，联合国及其专门机构以及其他与中国政府签有协议的国际组织驻中国代表机构及人员进出境印刷品及音像制品，依照有关规定办理。

第二十四条　各类境外企业或者组织在境内常设代表机构或者办事处（不包括外国人员子女学校）及各类非居民长期旅客、留学回国人员、短期多次往返旅客进出境公用或者自用印刷品及音像制品数量的核定和通关手续，依照有关规定办理。

第二十五条　本办法下列用语的含义：

印刷品，是指通过将图像或者文字原稿制为印版，在纸张或者其他常用材料上翻印的内容相同的复制品。

音像制品，是指载有内容的唱片、录音带、录像带、激光视盘、激光唱盘等。

散发性宗教类印刷品及音像制品，是指运输、携带、邮寄进境，不属于自用、合理数量范围并且具有明显传播特征，违反国家宗教事务法规及有关政策的印刷品及音像制品。

以下，包括本数在内。

第二十六条　本办法由海关总署负责解释。

第二十七条　本办法自 2007 年 6 月 1 日起施行。1991 年 6 月 11 日海关总署令第 21 号发布的《中华人民共和国海关对个人携带和邮寄印刷品及音像制品进出境管理规定》同时废止。

公共图书馆馆藏文献信息处置管理办法

· 2022 年 4 月 7 日

· 文旅公共发〔2022〕44 号

第一章　总　则

第一条　为提高公共图书馆科学化、专业化建设水平，提升馆藏文献信息保存质量，充分发挥馆藏文献信息使用价值，有效利用公共图书馆馆舍空间，根据《中华人民共和国公共图书馆法》和《行政事业性国有资产管理条例》、《中央行政事业单位国有资产处置管理办法》等有关规定，制定本办法。

第二条 本办法所称馆藏文献信息处置，是指公共图书馆根据工作需要，对纳入正式馆藏的文献信息进行产权转让或注销产权的行为。

本办法适用于中华人民共和国范围内由政府设立的公共图书馆进行馆藏文献信息处置，公民、法人和其他组织自筹资金设立的公共图书馆可以参照执行。

第三条 公共图书馆应当妥善保存馆藏文献信息，不得随意处置；确需处置的，应当遵循合法合规、分级分类、科学规范、协同合作的原则。

第四条 馆藏文献信息属于文物、古籍、档案或者涉及国家秘密的，原则上不进行处置，确需处置的应当遵守有关文物保护、古籍管理、档案管理或者保守国家秘密的法律、行政法规规定。

第五条 国务院文化和旅游主管部门、财政部门负责监督管理全国公共图书馆的馆藏文献信息处置工作，县级以上地方各级人民政府文化和旅游主管部门、财政部门负责监督管理本行政区域内公共图书馆的馆藏文献信息处置工作。

第六条 公共图书馆负责本馆馆藏文献信息处置工作的组织和实施，依据本馆职能、事业发展需要和文献信息利用情况，经集体决策和履行审批程序，依据处置事项批复等相关文件及时处置，开展处置工作应当手续齐全、流程清晰。

区域总分馆体系中承担总馆职能的公共图书馆应当负责协调体系内文献信息处置工作。

第二章 处置范围和基本程序

第七条 属于下列情况之一的馆藏文献信息，可以进行处置：

（一）损坏严重或者存储格式过时的；

（二）复本量过多的；

（三）流通率较低的；

（四）内容过时的；
（五）涉及盘亏以及非正常损失的；
（六）因自然灾害等不可抗力造成毁损、灭失的；
（七）因馆藏发展策略调整而需要进行处置的；
（八）其他原因需要处置的。

对需要长期保存的馆藏文献信息，确需处置的，处置时应当遵循保留品种、剔除复本的原则。

对通过接受捐赠入藏的馆藏文献信息进行处置，应当遵守捐赠有关法律法规和捐赠协议。

公共图书馆处置馆藏文献信息涉及资产评估的，按照国家关于资产评估管理的规定执行。

第八条 公共图书馆应当结合自身功能定位、馆舍条件、读者需求、馆藏类型等因素，采用无偿划转、捐赠、置换、转让、报损或报废等方式处置馆藏文献信息。

公共图书馆应当优先选择无偿划转、捐赠和置换等处置方式。

第九条 公共图书馆应当根据本馆馆藏发展策略制定馆藏文献信息处置工作细则，主要内容包括：

（一）处置的范围、标准、方式、决策程序；
（二）处置的相关部门职责、工作流程；
（三）处置的具体要求、监督检查制度等。

处置工作细则应当按照本馆章程规定的程序审议通过，并报同级文化和旅游主管部门备案。

第十条 公共图书馆应当结合馆藏文献信息的保存利用情况，提出拟处置文献信息目录和处置方式建议。

处置建议应当根据需要征求馆员、读者、专家或有关图书馆的意见。成立理事会的公共图书馆，应当征求理事会意见。

第十一条 公共图书馆馆藏文献信息处置按以下权限予以审批：

（一）一次性处置单位价值或批量价值（账面原值）在规定限额以上（含规定限额）的馆藏文献信息，经本级文化和旅游主管部门审核同意后，报同级财政部门审批。

（二）一次性处置单位价值或批量价值（账面原值）在规定限额以下的馆藏文献信息，报本级文化和旅游主管部门审批。各级文化和旅游主管部门可以根据实际工作需要，授权本行政区域内公共图书馆一定限额的馆藏文献信息处置权限，限额以下的馆藏文献信息由公共图书馆按相关规定处置报本级文化和旅游主管部门备案。各级文化和旅游主管部门应及时将本行政区域内公共图书馆限额以下的馆藏文献信息处置情况，按照同级财政部门规定纳入行政事业性国有资产年度报告或者备案。

国家图书馆资产处置规定限额，按照中央行政事业单位国有资产处置相关规定执行；地方公共图书馆资产处置规定限额，按照地方事业单位国有资产处置相关规定执行。

第十二条 公共图书馆应当及时核销所处置馆藏文献信息的国有资产台账信息，加盖注销专用章，同时进行会计处理，并与馆藏文献信息接收方办理移交手续。

第十三条 公共图书馆应当对每批处置馆藏文献信息建立处置业务档案，并按有关规定妥善保存。

处置业务档案应当完整、真实，包括征求意见情况、申请报批文件、文献信息交接记录等。

第十四条 公共图书馆应当定期或者不定期对馆藏文献信息进行盘点。出现资产盘盈盘亏的，应当按照财务、会计和资产管理制度有关规定处理，做到账实相符和账账相符。

第十五条 公共图书馆可以在区域图书馆总分馆体系、文献信息联合保障体系等协作机制框架内，对馆藏文献信息进行联合处置。

纳入总分馆体系的文献信息处置工作可以由总馆统一组织，结合体系内文献信息的建设要求和保存利用情况，联合分馆提出处置建议，实施处置。

纳入文献信息联合保障体系的文献信息处置工作可以由体系内起主导作用的图书馆统一组织，结合体系内文献信息的保障要求和保存利用情况，联合合作图书馆提出处置建议，分别处置。

第三章　无偿划转和捐赠

第十六条　无偿划转是指在不改变馆藏文献信息国有资产性质的前提下，以无偿转让的方式变更馆藏文献信息占有、使用权的行为。

第十七条　无偿划转应当按以下程序办理：

（一）同级公共图书馆之间无偿划转馆藏文献信息，以及公共图书馆对同级公共文化机构无偿划转馆藏文献信息，由划出方按照本办法第二章规定相应权限履行审批手续。

（二）跨级次无偿划转馆藏文献信息，由国家图书馆无偿划转给地方公共图书馆的，应当附接收方文化和旅游主管部门和同级财政部门同意接收的相关文件，由国家图书馆按本办法第二章规定的相应权限履行审批手续；由地方公共图书馆无偿划转给国家图书馆的，由划出方按照本级财政部门规定的处置权限履行审批手续；地方公共图书馆馆藏文献信息的跨级次无偿划转程序，由省级文化和旅游主管部门、财政部门确定。

第十八条　公共图书馆申请馆藏文献信息无偿划转，应提交以下材料：

（一）无偿划转申请文件及馆内决策文件；

（二）拟无偿划转文献信息清单及相关文献信息价值凭证、购买合同等复印件，如无法提供，应按有关规定作出书面说明；

（三）事业单位国有资产处置申请表；

（四）划出方和划入方签署的意向性协议；

（五）因本馆撤销、合并、分立、改制而移交馆藏文献信息的，需提供撤销、合并、分立、改制的批文；

（六）其他相关材料。

第十九条　捐赠是指公共图书馆依照《中华人民共和国公益事业捐赠法》，自愿无偿将馆藏文献信息赠与合法受赠人的行为。

第二十条　公共图书馆捐赠馆藏文献信息，应提交以下材料：

（一）捐赠申请文件及馆内决策文件；

（二）拟捐赠文献信息价值凭证、购买合同等复印件，如无法提供，应按有关规定作出书面说明；

（三）事业单位国有资产处置申请表；

（四）对外捐赠报告，包括捐赠事由、方式、责任人、拟捐赠文献信息清单、捐赠文献对本馆的影响分析等；

（五）其他相关材料。

第二十一条 捐赠应当依据受赠方出具的本级财政部门或文化和旅游主管部门统一印（监）制的捐赠收据或者捐赠文献交接清单确认。

第二十二条 接受捐赠的公共图书馆应及时办理入账手续，并报本级文化和旅游主管部门备案。

第二十三条 受赠人不得将受赠文献信息用于营利目的。接受捐赠的机构终止运行时，应当依法妥善处理受赠文献信息。

第二十四条 公共图书馆以无偿划转或捐赠方式处置馆藏文献信息，应当优先选择革命老区、民族地区、边疆地区和欠发达地区的图书馆作为无偿划转或捐赠对象。

第四章 置换和转让

第二十五条 置换是指公共图书馆与公共文化机构之间以调剂余缺为目的进行平等互惠的交换。

第二十六条 公共图书馆申请馆藏文献信息置换，应提交以下材料：

（一）置换申请文件及馆内决策文件；

（二）拟置换文献信息价值凭证、购买合同等复印件，如无法提供，应按有关规定作出书面说明；

（三）事业单位国有资产处置申请表；

（四）置换方案，包括拟置换文献信息清单，置换的原因、方式，可行性及风险分析等；

（五）置换双方签署的意向性协议；

（六）其他相关材料。

第二十七条 转让是指变更公共图书馆馆藏文献信息占有、使用权并取得相应收益的行为。

第二十八条 公共图书馆申请转让馆藏文献信息，应提交以下材料：

（一）转让申请文件及馆内决策文件；

（二）拟转让文献信息价值凭证、购买合同等复印件，如无法提供，应按有关规定作出书面说明；

（三）事业单位国有资产处置申请表；

（四）转让方案，包括拟转让文献信息清单，转让的原因、方式，可行性及风险分析等；

（五）转让方和受让方签署的意向性协议；

（六）其他相关材料。

公共图书馆馆藏文献信息转让，应当以公开竞争方式进行，严格控制非公开协议方式，可以通过相应公共资源交易平台进行。

第五章 报损和报废

第二十九条 报损是指对丢失等非正常损失的，以及因自然灾害等不可抗力造成毁损、灭失的馆藏文献信息，按有关规定进行产权注销的处置行为。

第三十条 报废是指按有关规定对已不能继续使用的馆藏文献信息进行产权注销的处置行为。

第三十一条 公共图书馆申请馆藏文献信息报损、报废，应提交以下材料：

（一）报损、报废申请文件及馆内决策文件；

（二）拟报损、报废文献信息清单及相关文献信息价值的有效凭证、购买合同等复印件，如无法提供，应按有关规定作出书面说明；

（三）事业单位国有资产处置申请表；

（四）报损需要提交拟报损文献信息盘亏、毁损以及非正常损失的情况说明；因不可抗力因素（自然灾害、意外事故）造成馆藏文献信息毁损的，需要提供相关部门出具的受灾证明、事故处理报告等；馆藏古籍或者涉及国家秘密的文献信息被盗的，需要提供公安机关出具的结案证明；

（五）报废需要提交馆内有关部门、专家出具的鉴定文件及处理意见；

（六）其他相关材料。

第六章　管理与监督

第三十二条　公共图书馆馆藏文献信息处置收入属于国家所有，应当在扣除相关税金、资产评估费等费用后，按照政府非税收入和国库集中收缴管理有关规定及时上缴国库。

处置收入包括转让资产收入、置换差价收入、报损报废残值变价收入等。

第三十三条　公共图书馆应当对馆藏文献信息处置工作进行自查，在年报中对处置情况予以公开。

第三十四条　公共图书馆开展馆藏文献信息处置工作应当接受本级文化和旅游主管部门和同级财政部门的监督检查。

各级文化和旅游主管部门应当建立公共图书馆馆藏文献信息处置事后检查制度，定期或不定期对所属公共图书馆馆藏文献信息处置情况进行监督检查。

第三十五条　相关主管部门及公共图书馆在馆藏文献信息处置过程中不得有下列行为：

（一）未按照规定经集体决策或者履行审批程序；

（二）擅自违规处置或越权对规定限额以上的文献信息进行处置；

（三）对不符合规定的申报处置材料予以审批；

（四）串通作弊、暗箱操作，压价处置文献信息；

（五）在处置过程中弄虚作假，人为造成文献信息损失的；

（六）隐瞒、截留、挤占、挪用文献信息处置收入；

（七）其他造成文献信息损失的行为。

第三十六条 相关主管部门、公共图书馆及其工作人员违反本办法规定的，应当根据《行政事业性国有资产管理条例》等国家有关规定追究法律责任。

第七章 附 则

第三十七条 本办法自印发之日起施行。

地图审核管理规定

·2006年6月23日国土资源部令第34号公布

·根据2017年11月28日国土资源部令第77号第一次修订

·根据2019年7月16日《自然资源部关于第一批废止和修改的部门规章的决定》第二次修订

第一条 为了加强地图审核管理，维护国家主权、安全和利益，根据《中华人民共和国测绘法》《地图管理条例》等法律、法规，制定本规定。

第二条 地图审核工作应当遵循维护国家主权、保守国家秘密、高效规范实施、提供优质服务的原则。

第三条 国务院自然资源主管部门负责全国地图审核工作的监督管理。

省、自治区、直辖市人民政府自然资源主管部门以及设区的市级人民政府自然资源主管部门负责本行政区域地图审核工作的监督管理。

第四条 实施地图审核所需经费列入相应自然资源主管部门的年度预算。

第五条 有下列情形之一的，申请人应当依照本规定向有审核权的自然资源主管部门提出地图审核申请：

（一）出版、展示、登载、生产、进口、出口地图或者附着地图图形的产品的；

（二）已审核批准的地图或者附着地图图形的产品，再次出版、展示、登载、生产、进口、出口且地图内容发生变化的；

（三）拟在境外出版、展示、登载的地图或者附着地图图形的产品的。

第六条 下列地图不需要审核：

（一）直接使用自然资源主管部门提供的具有审图号的公益性地图；

（二）景区地图、街区地图、公共交通线路图等内容简单的地图；

（三）法律法规明确应予公开且不涉及国界、边界、历史疆界、行政区域界线或者范围的地图。

第七条 国务院自然资源主管部门负责下列地图的审核：

（一）全国地图；

（二）主要表现地为两个以上省、自治区、直辖市行政区域的地图；

（三）香港特别行政区地图、澳门特别行政区地图以及台湾地区地图；

（四）世界地图以及主要表现地为国外的地图；

（五）历史地图。

第八条 省、自治区、直辖市人民政府自然资源主管部门负责审核主要表现地在本行政区域范围内的地图。其中，主要表现地在设区的市行政区域范围内不涉及国界线的地图，由设区的市级人民政府自然资源主管部门负责审核。

第九条 属于出版物的地图产品或者附着地图图形的产品，

应当根据产品中地图主要表现地，依照本规定第七条、第八条的规定，由相应自然资源主管部门审核。

第十条 申请地图审核，应当提交下列材料：

（一）地图审核申请表；

（二）需要审核的地图最终样图或者样品。用于互联网服务等方面的地图产品，还应当提供地图内容审核软硬件条件；

（三）地图编制单位的测绘资质证书。

有下列情形之一的，可以不提供前款第三项规定的测绘资质证书：

（一）进口不属于出版物的地图和附着地图图形的产品；

（二）直接引用古地图；

（三）使用示意性世界地图、中国地图和地方地图；

（四）利用自然资源主管部门具有审图号的公益性地图且未对国界、行政区域界线或者范围、重要地理信息数据等进行编辑调整。

第十一条 利用涉及国家秘密的测绘成果编制的地图，应当提供省级以上自然资源主管部门进行保密技术处理的证明文件。

地图上表达的其他专业内容、信息、数据等，国家对其公开另有规定的，从其规定，并提供有关主管部门可以公开的相关文件。

第十二条 申请人应当如实提交有关材料，反映真实情况，并对申请材料的真实性负责。

第十三条 自然资源主管部门应当将地图审核的依据、程序、期限以及需要提交的全部材料的目录和地图审核申请表等示范文本，在办公场所、门户网站上公示。

申请人要求自然资源主管部门对公示内容予以说明、解释的，有关自然资源主管部门应当说明、解释，提供准确、可靠的信息。

第十四条 国务院自然资源主管部门可以在其法定职责范围内，委托省、自治区、直辖市人民政府自然资源主管部门实施部分地图审核职责。

国务院自然资源主管部门对省级自然资源主管部门实施的受委托地图审核负责监督管理和业务指导培训。

第十五条 有审核权的自然资源主管部门受理的地图审核申请，认为需要其他自然资源主管部门协助审核的，应当商有关自然资源主管部门进行协助审核。负责协助审核的自然资源主管部门应当自收到协助审核材料之日起7个工作日内，完成审核工作。协商不一致的，报请共同的上一级自然资源主管部门决定。

第十六条 中小学教学地图的审核，依照《地图管理条例》第二十三条规定执行。

第十七条 自然资源主管部门对申请人提出的地图审核申请，应当根据下列情况分别作出处理：

（一）申请材料齐全并符合法定形式的，应当决定受理并发放受理通知书；

（二）申请材料不齐全或者不符合法定形式的，应当当场或者在5个工作日内一次告知申请人需要补正的全部内容，逾期不告知的，自收到申请材料之日起即为受理；经补正材料后申请材料仍不齐全或者不符合法定形式的，应当作出不予受理的决定；

（三）申请事项依法不需要进行地图审核的，应当即时告知申请人不予受理；申请事项依法不属于本自然资源主管部门职责范围的，应当即时作出不予受理的决定，并告知申请人向有关自然资源主管部门申请。

第十八条 自然资源主管部门受理地图审核申请后，应当对下列内容进行审查：

（一）地图表示内容中是否含有《地图管理条例》第八条规定的不得表示的内容；

（二）中华人民共和国国界、行政区域界线或者范围以及世界各国间边界、历史疆界在地图上的表示是否符合国家有关规定；

（三）重要地理信息数据、地名等在地图上的表示是否符合国家有关规定；

（四）主要表现地包含中华人民共和国疆域的地图，中华人民共和国疆域是否完整表示；

（五）地图内容表示是否符合地图使用目的和国家地图编制有关标准；

（六）法律、法规规定需要审查的其他内容。

第十九条 中华人民共和国国界、中国历史疆界、世界各国间边界、世界各国间历史疆界依照《地图管理条例》第十条有关规定进行审查。

县级以上行政区域界线或者范围，按照由国务院民政部门和国务院自然资源主管部门拟订并经国务院批准公布的行政区域界线标准画法图进行审查。

特别行政区界线或者范围，按照国务院批准公布的特别行政区行政区域图和国家其他有关规定进行审查。

第二十条 重要地理信息数据、地名以及有关专业内容在地图上的表示，按照自然资源主管部门制定的有关规定进行审查。

下级自然资源主管部门制定的具体审查内容和标准，应当报上一级自然资源主管部门备案并依法及时公开。

第二十一条 地图涉及专业内容且没有明确审核依据的，由有审核权的自然资源主管部门征求有关部门的意见。

第二十二条 有审核权的自然资源主管部门应当健全完善地图内容审查工作机构，配备地图内容审查专业人员。地图内容审查专业人员应当经省级以上自然资源主管部门培训并考核合格，方能从事地图内容审查工作。

第二十三条 自然资源主管部门应当依据地图内容审查工作机构提出的审查意见及相关申请材料，作出批准或者不予批准的书面决定并及时送达申请人。

予以批准的，核发地图审核批准文件和审图号。

不予批准的，核发地图审核不予批准文件并书面说明理由，告知申请人享有依法申请行政复议或者提起行政诉讼的权利。

第二十四条 自然资源主管部门应当自受理地图审核申请之日起20个工作日内作出审核决定。

时事宣传地图、发行频率高于一个月的图书和报刊等插附地图的，应当自受理地图审核申请之日起 7 个工作日内作出审核决定。

应急保障等特殊情况需要使用地图的，应当即送即审。

涉及专业内容且没有明确审核依据的地图，向有关部门征求意见时，征求意见时间不计算在地图审核的期限内。

第二十五条 自然资源主管部门应当在其门户网站等媒体上及时公布获得审核批准的地图名称、审图号等信息。

第二十六条 审图号由审图机构代号、通过审核的年份、序号等组成。

第二十七条 经审核批准的地图，申请人应当在地图或者附着地图图形的产品的适当位置显著标注审图号。属于出版物的，应当在版权页标注审图号；没有版权页的，应当在适当位置标注审图号。属于互联网地图服务的，应当在地图页面左下角标注审图号。

第二十八条 互联网地图服务审图号有效期为两年。审图号到期，应当重新送审。

审核通过的互联网地图服务，申请人应当每六个月将新增标注内容及核查校对情况向作出审核批准的自然资源主管部门备案。

第二十九条 上级自然资源主管部门应当加强对下级自然资源主管部门实施地图审核行为的监督检查，建立健全监督管理制度，及时纠正违反本规定的行为。

第三十条 自然资源主管部门应当建立和完善地图审核管理和监督系统，提升地图审核效率和监管能力，方便公众申请与查询。

第三十一条 互联网地图服务单位应当配备符合相关要求的地图安全审校人员，并强化内部安全审校核查工作。

第三十二条 最终向社会公开的地图与审核通过的地图内容及表现形式不一致，或者互联网地图服务审图号有效期届满未重新送审的，自然资源主管部门应当责令改正、给予警告，可以处 3 万元以下的罚款。

第三十三条 自然资源主管部门及其工作人员在地图审核工作中滥用职权、玩忽职守、徇私舞弊的，依法给予处分；涉嫌构成犯罪的，移送有关机关依法追究刑事责任。

第三十四条 本规定自2018年1月1日起施行。

印刷业经营者资格条件暂行规定

· 2001年11月9日新闻出版总署令第15号公布

· 根据2015年8月28日国家新闻出版广电总局令第3号《关于修订部分规章和规范性文件的决定》第一次修订

· 根据2017年12月11日国家新闻出版广电总局令第13号《关于废止、修改和宣布失效部分规章、规范性文件的决定》第二次修订

第一条 为了进一步规范印刷业经营者的设立和审批，促进印刷业经营者提高经营素质和技术水平，根据《印刷业管理条例》的规定和国务院有关整顿和规范印刷市场秩序的精神，制定本规定。

第二条 本规定所称印刷业经营者，包括从事出版物、包装装潢印刷品印刷经营活动的企业，从事其他印刷品印刷经营活动的企业、单位或者个人，以及专项排版、制版、装订企业或者单位。

第三条 印刷业经营者资格的审批，除应符合本规定外，还应当符合国家有关印刷业总量、结构、布局规划和法律、法规规定的其他条件。

第四条 经营出版物印刷业务的企业，应当具备以下条件：

（一）有企业的名称、章程；

（二）有确定的业务范围；

（三）有适应业务需要的固定生产经营场所；

（四）有能够维持正常生产经营的资金；

（五）有必要的出版物印刷设备，具备2台以上最近十年生

产的且未列入《淘汰落后生产能力、工艺和产品的目录》的自动对开胶印印刷设备；

（六）有适应业务范围需要的组织机构和人员，法定代表人及主要生产、经营负责人必须取得省级新闻出版行政部门颁发的《印刷法规培训合格证书》；

（七）有健全的承印验证、登记、保管、交付、销毁等经营管理、财务管理制度和质量保证体系。

第五条 经营包装装潢印刷品印刷业务的企业，应当具备以下条件：

（一）有企业的名称、章程；

（二）有确定的业务范围；

（三）有适应业务需要的固定生产经营场所；

（四）有能够维持正常生产经营的资金；

（五）有必要的包装装潢印刷设备，具备 2 台以上最近十年生产的且未列入《淘汰落后生产能力、工艺和产品的目录》的胶印、凹印、柔印、丝印等及后序加工设备；

（六）有适应业务范围需要的组织机构和人员，企业法定代表人及主要生产、经营负责人必须取得地市级以上人民政府负责出版管理的行政部门（以下简称出版行政部门）颁发的《印刷法规培训合格证书》；

（七）有健全的承印验证、登记、保管、交付、销毁等经营管理、财务管理制度和质量保证体系。

第六条 经营其他印刷品印刷业务的企业、单位，应当具备以下条件：

（一）有企业或单位的名称、章程；

（二）有确定的业务范围；

（三）有适应业务需要的固定生产经营场所，且不在有居住用途的场所内；

（四）有适应业务需要的生产设备和资金；

（五）有适应业务需要的组织机构和人员，企业法定代表人或单位负责人必须取得县级以上出版行政部门颁发的《印刷法规培训合格证书》；

（六）有健全的承印验证、登记、保管、交付、销毁等经营管理、财务管理制度和质量保证体系。

第七条 经营专项排版、制版、装订业务的企业、单位，应当具备以下条件：

（一）有企业或单位的名称、章程；

（二）有确定的业务范围；

（三）有适应业务需要的固定生产经营场所；

（四）有能够维持正常生产经营的资金；

（五）有必要的排版、制版、装订设备，具备2台以上最近十年生产的且未列入《淘汰落后生产能力、工艺和产品的目录》的印前或印后加工设备；

（六）有适应业务范围需要的组织机构和人员，企业法定代表人及主要生产、经营负责人和单位负责人必须取得地市级以上出版行政部门颁发的《印刷法规培训合格证书》；

（七）有健全的承印验证、登记、保管、交付、销毁等经营管理、财务管理制度和质量保证体系。

第八条 个人从事其他印刷品印刷经营活动的，应当符合本规定第六条的规定。

第九条 印刷业经营者从事其他种类印刷经营活动的，应当同时具备设立该印刷企业或者单位的资格条件。

第十条 出版行政部门必须按照本规定审批印刷业经营者资格，不符合本规定条件的不得批准设立。

第十一条 对印刷业经营者的年度核验，除适用本规定规定的条件外，还要求印刷业经营者无违反印刷管理规定的记录。

第十二条 本规定施行前已设立的印刷业经营者于2002年3月1日前未达到本规定规定条件的，暂不予换发《印刷经营许可证》。

第十三条 本规定自发布之日起施行。

文物保护

一、法律法规

中华人民共和国文物保护法

· 1982 年 11 月 19 日第五届全国人民代表大会常务委员会第二十五次会议通过

· 根据 1991 年 6 月 29 日第七届全国人民代表大会常务委员会第二十次会议《关于修改〈中华人民共和国文物保护法〉第三十条、第三十一条的决定》第一次修正

· 2002 年 10 月 28 日第九届全国人民代表大会常务委员会第三十次会议修订

· 根据 2007 年 12 月 29 日第十届全国人民代表大会常务委员会第三十一次会议《关于修改〈中华人民共和国文物保护法〉的决定》第二次修正

· 根据 2013 年 6 月 29 日第十二届全国人民代表大会常务委员会第三次会议《关于修改〈中华人民共和国文物保护法〉等十二部法律的决定》第三次修正

· 根据 2015 年 4 月 24 日第十二届全国人民代表大会常务委员会第十四次会议《关于修改〈中华人民共和国文物保护法〉的决定》第四次修正

· 根据 2017 年 11 月 4 日第十二届全国人民代表大会常务委员会第三十次会议《关于修改〈中华人民共和国会计法〉等十一部法律的决定》第五次修正

第一章　总　则

第一条　为了加强对文物的保护，继承中华民族优秀的历史

文化遗产，促进科学研究工作，进行爱国主义和革命传统教育，建设社会主义精神文明和物质文明，根据宪法，制定本法。

第二条 在中华人民共和国境内，下列文物受国家保护：

（一）具有历史、艺术、科学价值的古文化遗址、古墓葬、古建筑、石窟寺和石刻、壁画；

（二）与重大历史事件、革命运动或者著名人物有关的以及具有重要纪念意义、教育意义或者史料价值的近代现代重要史迹、实物、代表性建筑；

（三）历史上各时代珍贵的艺术品、工艺美术品；

（四）历史上各时代重要的文献资料以及具有历史、艺术、科学价值的手稿和图书资料等；

（五）反映历史上各时代、各民族社会制度、社会生产、社会生活的代表性实物。

文物认定的标准和办法由国务院文物行政部门制定，并报国务院批准。

具有科学价值的古脊椎动物化石和古人类化石同文物一样受国家保护。

第三条 古文化遗址、古墓葬、古建筑、石窟寺、石刻、壁画、近代现代重要史迹和代表性建筑等不可移动文物，根据它们的历史、艺术、科学价值，可以分别确定为全国重点文物保护单位，省级文物保护单位，市、县级文物保护单位。

历史上各时代重要实物、艺术品、文献、手稿、图书资料、代表性实物等可移动文物，分为珍贵文物和一般文物；珍贵文物分为一级文物、二级文物、三级文物。

第四条 文物工作贯彻保护为主、抢救第一、合理利用、加强管理的方针。

第五条 中华人民共和国境内地下、内水和领海中遗存的一切文物，属于国家所有。

古文化遗址、古墓葬、石窟寺属于国家所有。国家指定保护的纪念建筑物、古建筑、石刻、壁画、近代现代代表性建筑等不可移动文物，除国家另有规定的以外，属于国家所有。

国有不可移动文物的所有权不因其所依附的土地所有权或者使用权的改变而改变。

下列可移动文物，属于国家所有：

（一）中国境内出土的文物，国家另有规定的除外；

（二）国有文物收藏单位以及其他国家机关、部队和国有企业、事业组织等收藏、保管的文物；

（三）国家征集、购买的文物；

（四）公民、法人和其他组织捐赠给国家的文物；

（五）法律规定属于国家所有的其他文物。

属于国家所有的可移动文物的所有权不因其保管、收藏单位的终止或者变更而改变。

国有文物所有权受法律保护，不容侵犯。

第六条 属于集体所有和私人所有的纪念建筑物、古建筑和祖传文物以及依法取得的其他文物，其所有权受法律保护。文物的所有者必须遵守国家有关文物保护的法律、法规的规定。

第七条 一切机关、组织和个人都有依法保护文物的义务。

第八条 国务院文物行政部门主管全国文物保护工作。

地方各级人民政府负责本行政区域内的文物保护工作。县级以上地方人民政府承担文物保护工作的部门对本行政区域内的文物保护实施监督管理。

县级以上人民政府有关行政部门在各自的职责范围内，负责有关的文物保护工作。

第九条 各级人民政府应当重视文物保护，正确处理经济建设、社会发展与文物保护的关系，确保文物安全。

基本建设、旅游发展必须遵守文物保护工作的方针，其活动不得对文物造成损害。

公安机关、工商行政管理部门、海关、城乡建设规划部门和其他有关国家机关，应当依法认真履行所承担的保护文物的职责，维护文物管理秩序。

第十条 国家发展文物保护事业。县级以上人民政府应当将文物保护事业纳入本级国民经济和社会发展规划，所需经费列入本级财政预算。

国家用于文物保护的财政拨款随着财政收入增长而增加。

国有博物馆、纪念馆、文物保护单位等的事业性收入，专门用于文物保护，任何单位或者个人不得侵占、挪用。

国家鼓励通过捐赠等方式设立文物保护社会基金，专门用于文物保护，任何单位或者个人不得侵占、挪用。

第十一条 文物是不可再生的文化资源。国家加强文物保护的宣传教育，增强全民文物保护的意识，鼓励文物保护的科学研究，提高文物保护的科学技术水平。

第十二条 有下列事迹的单位或者个人，由国家给予精神鼓励或者物质奖励：

（一）认真执行文物保护法律、法规，保护文物成绩显著的；

（二）为保护文物与违法犯罪行为作坚决斗争的；

（三）将个人收藏的重要文物捐献给国家或者为文物保护事业作出捐赠的；

（四）发现文物及时上报或者上交，使文物得到保护的；

（五）在考古发掘工作中作出重大贡献的；

（六）在文物保护科学技术方面有重要发明创造或者其他重要贡献的；

（七）在文物面临破坏危险时，抢救文物有功的；

（八）长期从事文物工作，作出显著成绩的。

第二章　不可移动文物

第十三条 国务院文物行政部门在省级、市、县级文物保护单位中，选择具有重大历史、艺术、科学价值的确定为全国重点文物保护单位，或者直接确定为全国重点文物保护单位，报国务院核定公布。

省级文物保护单位，由省、自治区、直辖市人民政府核定公布，并报国务院备案。

市级和县级文物保护单位，分别由设区的市、自治州和县级人民政府核定公布，并报省、自治区、直辖市人民政府备案。

尚未核定公布为文物保护单位的不可移动文物，由县级人民政府文物行政部门予以登记并公布。

第十四条 保存文物特别丰富并且具有重大历史价值或者革命纪念意义的城市，由国务院核定公布为历史文化名城。

保存文物特别丰富并且具有重大历史价值或者革命纪念意义的城镇、街道、村庄，由省、自治区、直辖市人民政府核定公布为历史文化街区、村镇，并报国务院备案。

历史文化名城和历史文化街区、村镇所在地的县级以上地方人民政府应当组织编制专门的历史文化名城和历史文化街区、村镇保护规划，并纳入城市总体规划。

历史文化名城和历史文化街区、村镇的保护办法，由国务院制定。

第十五条 各级文物保护单位，分别由省、自治区、直辖市人民政府和市、县级人民政府划定必要的保护范围，作出标志说明，建立记录档案，并区别情况分别设置专门机构或者专人负责管理。全国重点文物保护单位的保护范围和记录档案，由省、自治区、直辖市人民政府文物行政部门报国务院文物行政部门备案。

县级以上地方人民政府文物行政部门应当根据不同文物的保护需要，制定文物保护单位和未核定为文物保护单位的不可移动文物的具体保护措施，并公告施行。

第十六条 各级人民政府制定城乡建设规划，应当根据文物保护的需要，事先由城乡建设规划部门会同文物行政部门商定对本行政区域内各级文物保护单位的保护措施，并纳入规划。

第十七条 文物保护单位的保护范围内不得进行其他建设工程或者爆破、钻探、挖掘等作业。但是，因特殊情况需要在文物保护单位的保护范围内进行其他建设工程或者爆破、钻探、挖掘等作业的，必须保证文物保护单位的安全，并经核定公布该文物保护单位的人民政府批准，在批准前应当征得上一级人民政府文物行政部门同意；在全国重点文物保护单位的保护范围内进行其他建设工程或者爆破、钻探、挖掘等作业的，必须经省、自治区、直辖市人民政府批准，在批准前应当征得国务院文物行政部门同意。

第十八条 根据保护文物的实际需要，经省、自治区、直辖市人民政府批准，可以在文物保护单位的周围划出一定的建设控制地带，并予以公布。

在文物保护单位的建设控制地带内进行建设工程，不得破坏文物保护单位的历史风貌；工程设计方案应当根据文物保护单位的级别，经相应的文物行政部门同意后，报城乡建设规划部门批准。

第十九条 在文物保护单位的保护范围和建设控制地带内，不得建设污染文物保护单位及其环境的设施，不得进行可能影响文物保护单位安全及其环境的活动。对已有的污染文物保护单位及其环境的设施，应当限期治理。

第二十条 建设工程选址，应当尽可能避开不可移动文物；因特殊情况不能避开的，对文物保护单位应当尽可能实施原址保护。

实施原址保护的，建设单位应当事先确定保护措施，根据文物保护单位的级别报相应的文物行政部门批准；未经批准的，不得开工建设。

无法实施原址保护，必须迁移异地保护或者拆除的，应当报省、自治区、直辖市人民政府批准；迁移或者拆除省级文物保护单位的，批准前须征得国务院文物行政部门同意。全国重点文物保护单位不得拆除；需要迁移的，须由省、自治区、直辖市人民政府报国务院批准。

依照前款规定拆除的国有不可移动文物中具有收藏价值的壁画、雕塑、建筑构件等，由文物行政部门指定的文物收藏单位收藏。

本条规定的原址保护、迁移、拆除所需费用，由建设单位列入建设工程预算。

第二十一条 国有不可移动文物由使用人负责修缮、保养；非国有不可移动文物由所有人负责修缮、保养。非国有不可移动文物有损毁危险，所有人不具备修缮能力的，当地人民政府应当给予帮助；所有人具备修缮能力而拒不依法履行修缮义务的，县级以上人民政府可以给予抢救修缮，所需费用由所有人负担。

对文物保护单位进行修缮，应当根据文物保护单位的级别报相应的文物行政部门批准；对未核定为文物保护单位的不可移动文物进行修缮，应当报登记的县级人民政府文物行政部门批准。

文物保护单位的修缮、迁移、重建，由取得文物保护工程资质证书的单位承担。

对不可移动文物进行修缮、保养、迁移，必须遵守不改变文物原状的原则。

第二十二条 不可移动文物已经全部毁坏的，应当实施遗址保护，不得在原址重建。但是，因特殊情况需要在原址重建的，由省、自治区、直辖市人民政府文物行政部门报省、自治区、直辖市人民政府批准；全国重点文物保护单位需要在原址重建的，由省、自治区、直辖市人民政府报国务院批准。

第二十三条 核定为文物保护单位的属于国家所有的纪念建筑物或者古建筑，除可以建立博物馆、保管所或者辟为参观游览场所外，作其他用途的，市、县级文物保护单位应当经核定公布该文物保护单位的人民政府文物行政部门征得上一级文物行政部门同意后，报核定公布该文物保护单位的人民政府批准；省级文物保护单位应当经核定公布该文物保护单位的省级人民政府的文物行政部门审核同意后，报该省级人民政府批准；全国重点文物保护单位作其他用途的，应当由省、自治区、直辖市人民政府报国务院批准。国有未核定为文物保护单位的不可移动文物作其他用途的，应当报告县级人民政府文物行政部门。

第二十四条 国有不可移动文物不得转让、抵押。建立博物馆、保管所或者辟为参观游览场所的国有文物保护单位，不得作为企业资产经营。

第二十五条 非国有不可移动文物不得转让、抵押给外国人。

非国有不可移动文物转让、抵押或者改变用途的，应当根据其级别报相应的文物行政部门备案。

第二十六条 使用不可移动文物，必须遵守不改变文物原状的原则，负责保护建筑物及其附属文物的安全，不得损毁、改建、添建或者拆除不可移动文物。

对危害文物保护单位安全、破坏文物保护单位历史风貌的建筑物、构筑物，当地人民政府应当及时调查处理，必要时，对该建筑物、构筑物予以拆迁。

第三章 考古发掘

第二十七条 一切考古发掘工作，必须履行报批手续；从事考古发掘的单位，应当经国务院文物行政部门批准。

地下埋藏的文物，任何单位或者个人都不得私自发掘。

第二十八条 从事考古发掘的单位，为了科学研究进行考古发掘，应当提出发掘计划，报国务院文物行政部门批准；对全国重点文物保护单位的考古发掘计划，应当经国务院文物行政部门审核后报国务院批准。国务院文物行政部门在批准或者审核前，应当征求社会科学研究机构及其他科研机构和有关专家的意见。

第二十九条 进行大型基本建设工程，建设单位应当事先报请省、自治区、直辖市人民政府文物行政部门组织从事考古发掘的单位在工程范围内有可能埋藏文物的地方进行考古调查、勘探。

考古调查、勘探中发现文物的，由省、自治区、直辖市人民政府文物行政部门根据文物保护的要求会同建设单位共同商定保护措施；遇有重要发现的，由省、自治区、直辖市人民政府文物行政部门及时报国务院文物行政部门处理。

第三十条 需要配合建设工程进行的考古发掘工作，应当由省、自治区、直辖市文物行政部门在勘探工作的基础上提出发掘计划，报国务院文物行政部门批准。国务院文物行政部门在批准前，应当征求社会科学研究机构及其他科研机构和有关专家的意见。

确因建设工期紧迫或者有自然破坏危险，对古文化遗址、古墓葬急需进行抢救发掘的，由省、自治区、直辖市人民政府文物行政部门组织发掘，并同时补办审批手续。

第三十一条 凡因进行基本建设和生产建设需要的考古调查、勘探、发掘，所需费用由建设单位列入建设工程预算。

第三十二条 在进行建设工程或者在农业生产中，任何单位或者个人发现文物，应当保护现场，立即报告当地文物行政部门，文物行政部门接到报告后，如无特殊情况，应当在二十四小时内赶赴现场，并在七日内提出处理意见。文物行政部门可以报请当地人民政府通知公安机关协助保护现场；发现重要文物的，应当立即上报国务院文物行政部门，国务院文物行政部门应当在接到报告后十五日内提出处理意见。

依照前款规定发现的文物属于国家所有，任何单位或者个人不得哄抢、私分、藏匿。

第三十三条 非经国务院文物行政部门报国务院特别许可，任何外国人或者外国团体不得在中华人民共和国境内进行考古调查、勘探、发掘。

第三十四条 考古调查、勘探、发掘的结果，应当报告国务院文物行政部门和省、自治区、直辖市人民政府文物行政部门。

考古发掘的文物，应当登记造册，妥善保管，按照国家有关规定移交给由省、自治区、直辖市人民政府文物行政部门或者国务院文物行政部门指定的国有博物馆、图书馆或者其他国有收藏文物的单位收藏。经省、自治区、直辖市人民政府文物行政部门批准，从事考古发掘的单位可以保留少量出土文物作为科研标本。

考古发掘的文物，任何单位或者个人不得侵占。

第三十五条 根据保证文物安全、进行科学研究和充分发挥文物作用的需要，省、自治区、直辖市人民政府文物行政部门经本级人民政府批准，可以调用本行政区域内的出土文物；国务院文物行政部门经国务院批准，可以调用全国的重要出土文物。

第四章　馆藏文物

第三十六条　博物馆、图书馆和其他文物收藏单位对收藏的文物，必须区分文物等级，设置藏品档案，建立严格的管理制度，并报主管的文物行政部门备案。

县级以上地方人民政府文物行政部门应当分别建立本行政区域内的馆藏文物档案；国务院文物行政部门应当建立国家一级文物藏品档案和其主管的国有文物收藏单位馆藏文物档案。

第三十七条　文物收藏单位可以通过下列方式取得文物：

（一）购买；

（二）接受捐赠；

（三）依法交换；

（四）法律、行政法规规定的其他方式。

国有文物收藏单位还可以通过文物行政部门指定保管或者调拨方式取得文物。

第三十八条　文物收藏单位应当根据馆藏文物的保护需要，按照国家有关规定建立、健全管理制度，并报主管的文物行政部门备案。未经批准，任何单位或者个人不得调取馆藏文物。

文物收藏单位的法定代表人对馆藏文物的安全负责。国有文物收藏单位的法定代表人离任时，应当按照馆藏文物档案办理馆藏文物移交手续。

第三十九条　国务院文物行政部门可以调拨全国的国有馆藏文物。省、自治区、直辖市人民政府文物行政部门可以调拨本行政区域内其主管的国有文物收藏单位馆藏文物；调拨国有馆藏一级文物，应当报国务院文物行政部门备案。

国有文物收藏单位可以申请调拨国有馆藏文物。

第四十条 文物收藏单位应当充分发挥馆藏文物的作用，通过举办展览、科学研究等活动，加强对中华民族优秀的历史文化和革命传统的宣传教育。

国有文物收藏单位之间因举办展览、科学研究等需借用馆藏文物的，应当报主管的文物行政部门备案；借用馆藏一级文物的，应当同时报国务院文物行政部门备案。

非国有文物收藏单位和其他单位举办展览需借用国有馆藏文物的，应当报主管的文物行政部门批准；借用国有馆藏一级文物，应当经国务院文物行政部门批准。

文物收藏单位之间借用文物的最长期限不得超过三年。

第四十一条 已经建立馆藏文物档案的国有文物收藏单位，经省、自治区、直辖市人民政府文物行政部门批准，并报国务院文物行政部门备案，其馆藏文物可以在国有文物收藏单位之间交换。

第四十二条 未建立馆藏文物档案的国有文物收藏单位，不得依照本法第四十条、第四十一条的规定处置其馆藏文物。

第四十三条 依法调拨、交换、借用国有馆藏文物，取得文物的文物收藏单位可以对提供文物的文物收藏单位给予合理补偿，具体管理办法由国务院文物行政部门制定。

国有文物收藏单位调拨、交换、出借文物所得的补偿费用，必须用于改善文物的收藏条件和收集新的文物，不得挪作他用；任何单位或者个人不得侵占。

调拨、交换、借用的文物必须严格保管，不得丢失、损毁。

第四十四条 禁止国有文物收藏单位将馆藏文物赠与、出租或者出售给其他单位、个人。

第四十五条 国有文物收藏单位不再收藏的文物的处置办法，由国务院另行制定。

第四十六条 修复馆藏文物，不得改变馆藏文物的原状；复制、拍摄、拓印馆藏文物，不得对馆藏文物造成损害。具体管理办法由国务院制定。

不可移动文物的单体文物的修复、复制、拍摄、拓印，适用前款规定。

第四十七条 博物馆、图书馆和其他收藏文物的单位应当按照国家有关规定配备防火、防盗、防自然损坏的设施，确保馆藏文物的安全。

第四十八条 馆藏一级文物损毁的，应当报国务院文物行政部门核查处理。其他馆藏文物损毁的，应当报省、自治区、直辖市人民政府文物行政部门核查处理；省、自治区、直辖市人民政府文物行政部门应当将核查处理结果报国务院文物行政部门备案。

馆藏文物被盗、被抢或者丢失的，文物收藏单位应当立即向公安机关报案，并同时向主管的文物行政部门报告。

第四十九条 文物行政部门和国有文物收藏单位的工作人员不得借用国有文物，不得非法侵占国有文物。

第五章 民间收藏文物

第五十条 文物收藏单位以外的公民、法人和其他组织可以收藏通过下列方式取得的文物：

（一）依法继承或者接受赠与；

（二）从文物商店购买；

（三）从经营文物拍卖的拍卖企业购买；

（四）公民个人合法所有的文物相互交换或者依法转让；

（五）国家规定的其他合法方式。

文物收藏单位以外的公民、法人和其他组织收藏的前款文物可以依法流通。

第五十一条 公民、法人和其他组织不得买卖下列文物：

（一）国有文物，但是国家允许的除外；

（二）非国有馆藏珍贵文物；

（三）国有不可移动文物中的壁画、雕塑、建筑构件等，但是依法拆除的国有不可移动文物中的壁画、雕塑、建筑构件等不

当建立文物购销、拍卖信息与信用管理系统。文物商店购买、销售文物，拍卖企业拍卖文物，应当按照国家有关规定作出记录，并于销售、拍卖文物后三十日内报省、自治区、直辖市人民政府文物行政部门备案。

拍卖文物时，委托人、买受人要求对其身份保密的，文物行政部门应当为其保密；但是，法律、行政法规另有规定的除外。

第五十八条 文物行政部门在审核拟拍卖的文物时，可以指定国有文物收藏单位优先购买其中的珍贵文物。购买价格由文物收藏单位的代表与文物的委托人协商确定。

第五十九条 银行、冶炼厂、造纸厂以及废旧物资回收单位，应当与当地文物行政部门共同负责拣选掺杂在金银器和废旧物资中的文物。拣选文物除供银行研究所必需的历史货币可以由人民银行留用外，应当移交当地文物行政部门。移交拣选文物，应当给予合理补偿。

第六章 文物出境进境

第六十条 国有文物、非国有文物中的珍贵文物和国家规定禁止出境的其他文物，不得出境；但是依照本法规定出境展览或者因特殊需要经国务院批准出境的除外。

第六十一条 文物出境，应当经国务院文物行政部门指定的文物进出境审核机构审核。经审核允许出境的文物，由国务院文物行政部门发给文物出境许可证，从国务院文物行政部门指定的口岸出境。

任何单位或者个人运送、邮寄、携带文物出境，应当向海关申报；海关凭文物出境许可证放行。

第六十二条 文物出境展览，应当报国务院文物行政部门批准；一级文物超过国务院规定数量的，应当报国务院批准。

一级文物中的孤品和易损品，禁止出境展览。

出境展览的文物出境，由文物进出境审核机构审核、登记。

海关凭国务院文物行政部门或者国务院的批准文件放行。出境展览的文物复进境，由原文物进出境审核机构审核查验。

第六十三条 文物临时进境，应当向海关申报，并报文物进出境审核机构审核、登记。

临时进境的文物复出境，必须经原审核、登记的文物进出境审核机构审核查验；经审核查验无误的，由国务院文物行政部门发给文物出境许可证，海关凭文物出境许可证放行。

第七章 法律责任

第六十四条 违反本法规定，有下列行为之一，构成犯罪的，依法追究刑事责任：

（一）盗掘古文化遗址、古墓葬的；

（二）故意或者过失损毁国家保护的珍贵文物的；

（三）擅自将国有馆藏文物出售或者私自送给非国有单位或者个人的；

（四）将国家禁止出境的珍贵文物私自出售或者送给外国人的；

（五）以牟利为目的倒卖国家禁止经营的文物的；

（六）走私文物的；

（七）盗窃、哄抢、私分或者非法侵占国有文物的；

（八）应当追究刑事责任的其他妨害文物管理行为。

第六十五条 违反本法规定，造成文物灭失、损毁的，依法承担民事责任。

违反本法规定，构成违反治安管理行为的，由公安机关依法给予治安管理处罚。

违反本法规定，构成走私行为，尚不构成犯罪的，由海关依照有关法律、行政法规的规定给予处罚。

第六十六条 有下列行为之一，尚不构成犯罪的，由县级以上人民政府文物主管部门责令改正，造成严重后果的，处五万元以上五十万元以下的罚款；情节严重的，由原发证机关吊销资质证书：

（一）擅自在文物保护单位的保护范围内进行建设工程或者爆破、钻探、挖掘等作业的；

（二）在文物保护单位的建设控制地带内进行建设工程，其工程设计方案未经文物行政部门同意、报城乡建设规划部门批准，对文物保护单位的历史风貌造成破坏的；

（三）擅自迁移、拆除不可移动文物的；

（四）擅自修缮不可移动文物，明显改变文物原状的；

（五）擅自在原址重建已全部毁坏的不可移动文物，造成文物破坏的；

（六）施工单位未取得文物保护工程资质证书，擅自从事文物修缮、迁移、重建的。

刻划、涂污或者损坏文物尚不严重的，或者损毁依照本法第十五条第一款规定设立的文物保护单位标志的，由公安机关或者文物所在单位给予警告，可以并处罚款。

第六十七条 在文物保护单位的保护范围内或者建设控制地带内建设污染文物保护单位及其环境的设施的，或者对已有的污染文物保护单位及其环境的设施未在规定的期限内完成治理的，由环境保护行政部门依照有关法律、法规的规定给予处罚。

第六十八条 有下列行为之一的，由县级以上人民政府文物主管部门责令改正，没收违法所得，违法所得一万元以上的，并处违法所得二倍以上五倍以下的罚款；违法所得不足一万元的，并处五千元以上二万元以下的罚款：

（一）转让或者抵押国有不可移动文物，或者将国有不可移动文物作为企业资产经营的；

（二）将非国有不可移动文物转让或者抵押给外国人的；

（三）擅自改变国有文物保护单位的用途的。

第六十九条 历史文化名城的布局、环境、历史风貌等遭到严重破坏的，由国务院撤销其历史文化名城称号；历史文化城镇、街道、村庄的布局、环境、历史风貌等遭到严重破坏的，由省、自治区、直辖市人民政府撤销其历史文化街区、村镇称号；对负有责任的主管人员和其他直接责任人员依法给予行政处分。

第七十条 有下列行为之一，尚不构成犯罪的，由县级以上人民政府文物主管部门责令改正，可以并处二万元以下的罚款，有违法所得的，没收违法所得：

（一）文物收藏单位未按照国家有关规定配备防火、防盗、防自然损坏的设施的；

（二）国有文物收藏单位法定代表人离任时未按照馆藏文物档案移交馆藏文物，或者所移交的馆藏文物与馆藏文物档案不符的；

（三）将国有馆藏文物赠与、出租或者出售给其他单位、个人的；

（四）违反本法第四十条、第四十一条、第四十五条规定处置国有馆藏文物的；

（五）违反本法第四十三条规定挪用或者侵占依法调拨、交换、出借文物所得补偿费用的。

第七十一条 买卖国家禁止买卖的文物或者将禁止出境的文物转让、出租、质押给外国人，尚不构成犯罪的，由县级以上人民政府文物主管部门责令改正，没收违法所得，违法经营额一万元以上的，并处违法经营额二倍以上五倍以下的罚款；违法经营额不足一万元的，并处五千元以上二万元以下的罚款。

文物商店、拍卖企业有前款规定的违法行为的，由县级以上人民政府文物主管部门没收违法所得、非法经营的文物，违法经营额五万元以上的，并处违法经营额一倍以上三倍以下的罚款；违法经营额不足五万元的，并处五千元以上五万元以下的罚款；情节严重的，由原发证机关吊销许可证书。

第七十二条 未经许可，擅自设立文物商店、经营文物拍卖的拍卖企业，或者擅自从事文物的商业经营活动，尚不构成犯罪的，由工商行政管理部门依法予以制止，没收违法所得、非法经营的文物，违法经营额五万元以上的，并处违法经营额二倍以上五倍以下的罚款；违法经营额不足五万元的，并处二万元以上十万元以下的罚款。

第七十三条 有下列情形之一的，由工商行政管理部门没收违法所得、非法经营的文物，违法经营额五万元以上的，并处违法经营额一倍以上三倍以下的罚款；违法经营额不足五万元的，并处五千元以上五万元以下的罚款；情节严重的，由原发证机关吊销许可证书：

（一）文物商店从事文物拍卖经营活动的；

（二）经营文物拍卖的拍卖企业从事文物购销经营活动的；

（三）拍卖企业拍卖的文物，未经审核的；

（四）文物收藏单位从事文物的商业经营活动的。

第七十四条 有下列行为之一，尚不构成犯罪的，由县级以上人民政府文物主管部门会同公安机关追缴文物；情节严重的，处五千元以上五万元以下的罚款：

（一）发现文物隐匿不报或者拒不上交的；

（二）未按照规定移交拣选文物的。

第七十五条 有下列行为之一的，由县级以上人民政府文物主管部门责令改正：

（一）改变国有未核定为文物保护单位的不可移动文物的用途，未依照本法规定报告的；

（二）转让、抵押非国有不可移动文物或者改变其用途，未依照本法规定备案的；

（三）国有不可移动文物的使用人拒不依法履行修缮义务的；

（四）考古发掘单位未经批准擅自进行考古发掘，或者不如实报告考古发掘结果的；

（五）文物收藏单位未按照国家有关规定建立馆藏文物档案、管理制度，或者未将馆藏文物档案、管理制度备案的；

（六）违反本法第三十八条规定，未经批准擅自调取馆藏文物的；

（七）馆藏文物损毁未报文物行政部门核查处理，或者馆藏文物被盗、被抢或者丢失，文物收藏单位未及时向公安机关或者文物行政部门报告的；

（八）文物商店销售文物或者拍卖企业拍卖文物，未按照国家有关规定作出记录或者未将所作记录报文物行政部门备案的。

第七十六条 文物行政部门、文物收藏单位、文物商店、经营文物拍卖的拍卖企业的工作人员，有下列行为之一的，依法给予行政处分，情节严重的，依法开除公职或者吊销其从业资格；构成犯罪的，依法追究刑事责任：

（一）文物行政部门的工作人员违反本法规定，滥用审批权限、不履行职责或者发现违法行为不予查处，造成严重后果的；

（二）文物行政部门和国有文物收藏单位的工作人员借用或者非法侵占国有文物的；

（三）文物行政部门的工作人员举办或者参与举办文物商店或者经营文物拍卖的拍卖企业的；

（四）因不负责任造成文物保护单位、珍贵文物损毁或者流失的；

（五）贪污、挪用文物保护经费的。

前款被开除公职或者被吊销从业资格的人员，自被开除公职或者被吊销从业资格之日起十年内不得担任文物管理人员或者从事文物经营活动。

第七十七条 有本法第六十六条、第六十八条、第七十条、第七十一条、第七十四条、第七十五条规定所列行为之一的，负有责任的主管人员和其他直接责任人员是国家工作人员的，依法给予行政处分。

第七十八条 公安机关、工商行政管理部门、海关、城乡建设规划部门和其他国家机关，违反本法规定滥用职权、玩忽职守、徇私舞弊，造成国家保护的珍贵文物损毁或者流失的，对负有责任的主管人员和其他直接责任人员依法给予行政处分；构成犯罪的，依法追究刑事责任。

第七十九条 人民法院、人民检察院、公安机关、海关和工商行政管理部门依法没收的文物应当登记造册，妥善保管，结案后无偿移交文物行政部门，由文物行政部门指定的国有文物收藏单位收藏。

第八章 附 则

第八十条 本法自公布之日起施行。

中华人民共和国文物保护法实施条例

· 2003 年 5 月 18 日中华人民共和国国务院令第 377 号公布
· 根据 2013 年 12 月 7 日《国务院关于修改部分行政法规的决定》第一次修订
· 根据 2016 年 2 月 6 日《国务院关于修改部分行政法规的决定》第二次修订
· 根据 2017 年 3 月 1 日《国务院关于修改和废止部分行政法规的决定》第三次修订
· 根据 2017 年 10 月 7 日《国务院关于修改部分行政法规的决定》第四次修订

第一章 总 则

第一条 根据《中华人民共和国文物保护法》（以下简称文物保护法），制定本实施条例。

第二条 国家重点文物保护专项补助经费和地方文物保护专项经费，由县级以上人民政府文物行政主管部门、投资主管部门、财政部门按照国家有关规定共同实施管理。任何单位或者个人不得侵占、挪用。

第三条 国有的博物馆、纪念馆、文物保护单位等的事业性收入，应当用于下列用途：

（一）文物的保管、陈列、修复、征集；

（二）国有的博物馆、纪念馆、文物保护单位的修缮和建设；

（三）文物的安全防范；

（四）考古调查、勘探、发掘；

（五）文物保护的科学研究、宣传教育。

第四条 文物行政主管部门和教育、科技、新闻出版、广播电视行政主管部门，应当做好文物保护的宣传教育工作。

第五条 国务院文物行政主管部门和省、自治区、直辖市人民政府文物行政主管部门，应当制定文物保护的科学技术研究规划，采取有效措施，促进文物保护科技成果的推广和应用，提高文物保护的科学技术水平。

第六条 有文物保护法第十二条所列事迹之一的单位或者个人，由人民政府及其文物行政主管部门、有关部门给予精神鼓励或者物质奖励。

第二章　不可移动文物

第七条 历史文化名城，由国务院建设行政主管部门会同国务院文物行政主管部门报国务院核定公布。

历史文化街区、村镇，由省、自治区、直辖市人民政府城乡规划行政主管部门会同文物行政主管部门报本级人民政府核定公布。

县级以上地方人民政府组织编制的历史文化名城和历史文化街区、村镇的保护规划，应当符合文物保护的要求。

第八条 全国重点文物保护单位和省级文物保护单位自核定公布之日起1年内，由省、自治区、直辖市人民政府划定必要的保护范围，作出标志说明，建立记录档案，设置专门机构或者指定专人负责管理。

设区的市、自治州级和县级文物保护单位自核定公布之日起1年内，由核定公布该文物保护单位的人民政府划定保护范围，作出标志说明，建立记录档案，设置专门机构或者指定专人负责管理。

第九条 文物保护单位的保护范围，是指对文物保护单位本体及周围一定范围实施重点保护的区域。

文物保护单位的保护范围，应当根据文物保护单位的类别、规模、内容以及周围环境的历史和现实情况合理划定，并在文物保护单位本体之外保持一定的安全距离，确保文物保护单位的真实性和完整性。

第十条 文物保护单位的标志说明，应当包括文物保护单位的级别、名称、公布机关、公布日期、立标机关、立标日期等内容。民族自治地区的文物保护单位的标志说明，应当同时用规范汉字和当地通用的少数民族文字书写。

第十一条 文物保护单位的记录档案，应当包括文物保护单位本体记录等科学技术资料和有关文献记载、行政管理等内容。

文物保护单位的记录档案，应当充分利用文字、音像制品、图画、拓片、摹本、电子文本等形式，有效表现其所载内容。

第十二条 古文化遗址、古墓葬、石窟寺和属于国家所有的纪念建筑物、古建筑，被核定公布为文物保护单位的，由县级以上地方人民政府设置专门机构或者指定机构负责管理。其他文物保护单位，由县级以上地方人民政府设置专门机构或者指定机构、专人负责管理；指定专人负责管理的，可以采取聘请文物保护员的形式。

文物保护单位有使用单位的，使用单位应当设立群众性文物保护组织；没有使用单位的，文物保护单位所在地的村民委员会或者居民委员会可以设立群众性文物保护组织。文物行政主管部门应当对群众性文物保护组织的活动给予指导和支持。

负责管理文物保护单位的机构，应当建立健全规章制度，采取安全防范措施；其安全保卫人员，可以依法配备防卫器械。

第十三条 文物保护单位的建设控制地带，是指在文物保护单位的保护范围外，为保护文物保护单位的安全、环境、历史风貌对建设项目加以限制的区域。

文物保护单位的建设控制地带，应当根据文物保护单位的类别、规模、内容以及周围环境的历史和现实情况合理划定。

第十四条 全国重点文物保护单位的建设控制地带，经省、自治区、直辖市人民政府批准，由省、自治区、直辖市人民政府的文物行政主管部门会同城乡规划行政主管部门划定并公布。

省级、设区的市、自治州级和县级文物保护单位的建设控制地带，经省、自治区、直辖市人民政府批准，由核定公布该文物保护单位的人民政府的文物行政主管部门会同城乡规划行政主管部门划定并公布。

第十五条 承担文物保护单位的修缮、迁移、重建工程的单位，应当同时取得文物行政主管部门发给的相应等级的文物保护工程资质证书和建设行政主管部门发给的相应等级的资质证书。其中，不涉及建筑活动的文物保护单位的修缮、迁移、重建，应当由取得文物行政主管部门发给的相应等级的文物保护工程资质证书的单位承担。

第十六条 申领文物保护工程资质证书，应当具备下列条件：

（一）有取得文物博物专业技术职务的人员；

（二）有从事文物保护工程所需的技术设备；

（三）法律、行政法规规定的其他条件。

第十七条 申领文物保护工程资质证书，应当向省、自治区、直辖市人民政府文物行政主管部门或者国务院文物行政主管部门提出申请。省、自治区、直辖市人民政府文物行政主管部门或者国务院文物行政主管部门应当自收到申请之日起30个工作日内作出批准或者不批准的决定。决定批准的，发给相应等级的文物保护工程资质证书；决定不批准的，应当书面通知当事人并说明理由。文物保护工程资质等级的分级标准和审批办法，由国务院文物行政主管部门制定。

第十八条 文物行政主管部门在审批文物保护单位的修缮计

划和工程设计方案前，应当征求上一级人民政府文物行政主管部门的意见。

第十九条　危害全国重点文物保护单位安全或者破坏其历史风貌的建筑物、构筑物，由省、自治区、直辖市人民政府负责调查处理。

危害省级、设区的市、自治州级、县级文物保护单位安全或者破坏其历史风貌的建筑物、构筑物，由核定公布该文物保护单位的人民政府负责调查处理。

危害尚未核定公布为文物保护单位的不可移动文物安全的建筑物、构筑物，由县级人民政府负责调查处理。

第三章　考古发掘

第二十条　申请从事考古发掘的单位，取得考古发掘资质证书，应当具备下列条件：

（一）有4名以上接受过考古专业训练且主持过考古发掘项目的人员；

（二）有取得文物博物专业技术职务的人员；

（三）有从事文物安全保卫的专业人员；

（四）有从事考古发掘所需的技术设备；

（五）有保障文物安全的设施和场所；

（六）法律、行政法规规定的其他条件。

第二十一条　申领考古发掘资质证书，应当向国务院文物行政主管部门提出申请。国务院文物行政主管部门应当自收到申请之日起30个工作日内作出批准或者不批准的决定。决定批准的，发给考古发掘资质证书；决定不批准的，应当书面通知当事人并说明理由。

第二十二条　考古发掘项目实行项目负责人负责制度。

第二十三条　配合建设工程进行的考古调查、勘探、发掘，由省、自治区、直辖市人民政府文物行政主管部门组织实施。跨省、自治区、直辖市的建设工程范围内的考古调查、勘探、发掘，由建设工程所在地的有关省、自治区、直辖市人民政府文物行政主管部门联合组织实施；其中，特别重要的建设工程范围内的考古调查、勘探、发掘，由国务院文物行政主管部门组织实施。

建设单位对配合建设工程进行的考古调查、勘探、发掘，应当予以协助，不得妨碍考古调查、勘探、发掘。

第二十四条 国务院文物行政主管部门应当自收到文物保护法第三十条第一款规定的发掘计划之日起30个工作日内作出批准或者不批准决定。决定批准的，发给批准文件；决定不批准的，应当书面通知当事人并说明理由。

文物保护法第三十条第二款规定的抢救性发掘，省、自治区、直辖市人民政府文物行政主管部门应当自开工之日起10个工作日内向国务院文物行政主管部门补办审批手续。

第二十五条 考古调查、勘探、发掘所需经费的范围和标准，按照国家有关规定执行。

第二十六条 从事考古发掘的单位应当在考古发掘完成之日起30个工作日内向省、自治区、直辖市人民政府文物行政主管部门和国务院文物行政主管部门提交结项报告，并于提交结项报告之日起3年内向省、自治区、直辖市人民政府文物行政主管部门和国务院文物行政主管部门提交考古发掘报告。

第二十七条 从事考古发掘的单位提交考古发掘报告后，经省、自治区、直辖市人民政府文物行政主管部门批准，可以保留少量出土文物作为科研标本，并应当于提交发掘报告之日起6个月内将其他出土文物移交给由省、自治区、直辖市人民政府文物行政主管部门指定的国有的博物馆、图书馆或者其他国有文物收藏单位收藏。

第四章　馆藏文物

第二十八条 文物收藏单位应当建立馆藏文物的接收、鉴定、登记、编目和档案制度，库房管理制度，出入库、注销和统计制度，保养、修复和复制制度。

第二十九条 县级人民政府文物行政主管部门应当将本行政区域内的馆藏文物档案，按照行政隶属关系报设区的市、自治州级人民政府文物行政主管部门或者省、自治区、直辖市人民政府文物行政主管部门备案；设区的市、自治州级人民政府文物行政主管部门应当将本行政区域内的馆藏文物档案，报省、自治区、直辖市人民政府文物行政主管部门备案；省、自治区、直辖市人民政府文物行政主管部门应当将本行政区域内的一级文物藏品档案，报国务院文物行政主管部门备案。

第三十条 文物收藏单位之间借用馆藏文物，借用人应当对借用的馆藏文物采取必要的保护措施，确保文物的安全。

借用的馆藏文物的灭失、损坏风险，除当事人另有约定外，由借用该馆藏文物的文物收藏单位承担。

第三十一条 国有文物收藏单位未依照文物保护法第三十六条的规定建立馆藏文物档案并将馆藏文物档案报主管的文物行政主管部门备案的，不得交换、借用馆藏文物。

第三十二条 修复、复制、拓印馆藏二级文物和馆藏三级文物的，应当报省、自治区、直辖市人民政府文物行政主管部门批准；修复、复制、拓印馆藏一级文物的，应当报国务院文物行政主管部门批准。

第三十三条 从事馆藏文物修复、复制、拓印的单位，应当具备下列条件：

（一）有取得中级以上文物博物专业技术职务的人员；

（二）有从事馆藏文物修复、复制、拓印所需的场所和技术设备；

（三）法律、行政法规规定的其他条件。

第三十四条 从事馆藏文物修复、复制、拓印，应当向省、自治区、直辖市人民政府文物行政主管部门提出申请。省、自治区、直辖市人民政府文物行政主管部门应当自收到申请之日起30

个工作日内作出批准或者不批准的决定。决定批准的，发给相应等级的资质证书；决定不批准的，应当书面通知当事人并说明理由。

第三十五条 为制作出版物、音像制品等拍摄馆藏文物的，应当征得文物收藏单位同意，并签署拍摄协议，明确文物保护措施和责任。文物收藏单位应当自拍摄工作完成后10个工作日内，将拍摄情况向文物行政主管部门报告。

第三十六条 馆藏文物被盗、被抢或者丢失的，文物收藏单位应当立即向公安机关报案，并同时向主管的文物行政主管部门报告；主管的文物行政主管部门应当在接到文物收藏单位的报告后24小时内，将有关情况报告国务院文物行政主管部门。

第三十七条 国家机关和国有的企业、事业组织等收藏、保管国有文物的，应当履行下列义务：

（一）建立文物藏品档案制度，并将文物藏品档案报所在地省、自治区、直辖市人民政府文物行政主管部门备案；

（二）建立、健全文物藏品的保养、修复等管理制度，确保文物安全；

（三）文物藏品被盗、被抢或者丢失的，应当立即向公安机关报案，并同时向所在地省、自治区、直辖市人民政府文物行政主管部门报告。

第五章　民间收藏文物

第三十八条 文物收藏单位以外的公民、法人和其他组织，可以依法收藏文物，其依法收藏的文物的所有权受法律保护。

公民、法人和其他组织依法收藏文物的，可以要求文物行政主管部门对其收藏的文物提供鉴定、修复、保管等方面的咨询。

第三十九条 设立文物商店，应当具备下列条件：

（一）有200万元人民币以上的注册资本；

（二）有5名以上取得中级以上文物博物专业技术职务的人员；

（三）有保管文物的场所、设施和技术条件；

（四）法律、行政法规规定的其他条件。

第四十条 设立文物商店，应当向省、自治区、直辖市人民政府文物行政主管部门提出申请。省、自治区、直辖市人民政府文物行政主管部门应当自收到申请之日起30个工作日内作出批准或者不批准的决定。决定批准的，发给批准文件；决定不批准的，应当书面通知当事人并说明理由。

第四十一条 依法设立的拍卖企业，从事文物拍卖经营活动的，应当有5名以上取得高级文物博物专业技术职务的文物拍卖专业人员，并取得省、自治区、直辖市人民政府文物行政主管部门发给的文物拍卖许可证。

第四十二条 依法设立的拍卖企业申领文物拍卖许可证，应当向省、自治区、直辖市人民政府文物行政主管部门提出申请。省、自治区、直辖市人民政府文物行政主管部门应当自收到申请之日起30个工作日内作出批准或者不批准的决定。决定批准的，发给文物拍卖许可证；决定不批准的，应当书面通知当事人并说明理由。

第四十三条 文物商店购买、销售文物，经营文物拍卖的拍卖企业拍卖文物，应当记录文物的名称、图录、来源、文物的出卖人、委托人和买受人的姓名或者名称、住所、有效身份证件号码或者有效证照号码以及成交价格，并报省、自治区、直辖市人民政府文物行政主管部门备案。接受备案的文物行政主管部门应当依法为其保密，并将该记录保存75年。

文物行政主管部门应当加强对文物商店和经营文物拍卖的拍卖企业的监督检查。

第六章 文物出境进境

第四十四条 国务院文物行政主管部门指定的文物进出境审核机构，应当有5名以上取得中级以上文物博物专业技术职务的文物进出境责任鉴定人员。

第四十五条 运送、邮寄、携带文物出境，应当在文物出境前依法报文物进出境审核机构审核。文物进出境审核机构应当自收到申请之日起 15 个工作日内作出是否允许出境的决定。

文物进出境审核机构审核文物，应当有 3 名以上文物博物专业技术人员参加；其中，应当有 2 名以上文物进出境责任鉴定人员。

文物出境审核意见，由文物进出境责任鉴定员共同签署；对经审核，文物进出境责任鉴定员一致同意允许出境的文物，文物进出境审核机构方可作出允许出境的决定。

文物出境审核标准，由国务院文物行政主管部门制定。

第四十六条 文物进出境审核机构应当对所审核进出境文物的名称、质地、尺寸、级别，当事人的姓名或者名称、住所、有效身份证件号码或者有效证照号码，以及进出境口岸、文物去向和审核日期等内容进行登记。

第四十七条 经审核允许出境的文物，由国务院文物行政主管部门发给文物出境许可证，并由文物进出境审核机构标明文物出境标识。经审核允许出境的文物，应当从国务院文物行政主管部门指定的口岸出境。海关查验文物出境标识后，凭文物出境许可证放行。

经审核不允许出境的文物，由文物进出境审核机构发还当事人。

第四十八条 文物出境展览的承办单位，应当在举办展览前 6 个月向国务院文物行政主管部门提出申请。国务院文物行政主管部门应当自收到申请之日起 30 个工作日内作出批准或者不批准的决定。决定批准的，发给批准文件；决定不批准的，应当书面通知当事人并说明理由。

一级文物展品超过 120 件（套）的，或者一级文物展品超过展品总数的 20%的，应当报国务院批准。

第四十九条 一级文物中的孤品和易损品，禁止出境展览。

禁止出境展览文物的目录，由国务院文物行政主管部门定期公布。

未曾在国内正式展出的文物，不得出境展览。

第五十条 文物出境展览的期限不得超过1年。因特殊需要，经原审批机关批准可以延期；但是，延期最长不得超过1年。

第五十一条 文物出境展览期间，出现可能危及展览文物安全情形的，原审批机关可以决定中止或者撤销展览。

第五十二条 临时进境的文物，经海关将文物加封后，交由当事人报文物进出境审核机构审核、登记。文物进出境审核机构查验海关封志完好无损后，对每件临时进境文物标明文物临时进境标识，并登记拍照。

临时进境文物复出境时，应当由原审核、登记的文物进出境审核机构核对入境登记拍照记录，查验文物临时进境标识无误后标明文物出境标识，并由国务院文物行政主管部门发给文物出境许可证。

未履行本条第一款规定的手续临时进境的文物复出境的，依照本章关于文物出境的规定办理。

第五十三条 任何单位或者个人不得擅自剥除、更换、挪用或者损毁文物出境标识、文物临时进境标识。

第七章　法律责任

第五十四条 公安机关、工商行政管理、文物、海关、城乡规划、建设等有关部门及其工作人员，违反本条例规定，滥用审批权限、不履行职责或者发现违法行为不予查处的，对负有责任的主管人员和其他直接责任人员依法给予行政处分；构成犯罪的，依法追究刑事责任。

第五十五条 违反本条例规定，未取得相应等级的文物保护工程资质证书，擅自承担文物保护单位的修缮、迁移、重建工程的，由文物行政主管部门责令限期改正；逾期不改正，或者造成严重后果的，处5万元以上50万元以下的罚款；构成犯罪的，依法追究刑事责任。

违反本条例规定，未取得建设行政主管部门发给的相应等级的资质证书，擅自承担含有建筑活动的文物保护单位的修缮、迁移、重建工程的，由建设行政主管部门依照有关法律、行政法规的规定予以处罚。

第五十六条 违反本条例规定，未取得资质证书，擅自从事馆藏文物的修复、复制、拓印活动的，由文物行政主管部门责令停止违法活动；没收违法所得和从事违法活动的专用工具、设备；造成严重后果的，并处1万元以上10万元以下的罚款；构成犯罪的，依法追究刑事责任。

第五十七条 文物保护法第六十六条第二款规定的罚款，数额为200元以下。

第五十八条 违反本条例规定，未经批准擅自修复、复制、拓印馆藏珍贵文物的，由文物行政主管部门给予警告；造成严重后果的，处2000元以上2万元以下的罚款；对负有责任的主管人员和其他直接责任人员依法给予行政处分。

文物收藏单位违反本条例规定，未在规定期限内将文物拍摄情况向文物行政主管部门报告的，由文物行政主管部门责令限期改正；逾期不改正的，对负有责任的主管人员和其他直接责任人员依法给予行政处分。

第五十九条 考古发掘单位违反本条例规定，未在规定期限内提交结项报告或者考古发掘报告的，由省、自治区、直辖市人民政府文物行政主管部门或者国务院文物行政主管部门责令限期改正；逾期不改正的，对负有责任的主管人员和其他直接责任人员依法给予行政处分。

第六十条 考古发掘单位违反本条例规定，未在规定期限内移交文物的，由省、自治区、直辖市人民政府文物行政主管部门或者国务院文物行政主管部门责令限期改正；逾期不改正，或者造成严重后果的，对负有责任的主管人员和其他直接责任人员依法给予行政处分。

第六十一条 违反本条例规定，文物出境展览超过展览期限的，由国务院文物行政主管部门责令限期改正；对负有责任的主管人员和其他直接责任人员依法给予行政处分。

第六十二条 依照文物保护法第六十六条、第七十三条的规定，单位被处以吊销许可证行政处罚的，应当依法到工商行政管理部门办理变更登记或者注销登记；逾期未办理的，由工商行政管理部门吊销营业执照。

第六十三条 违反本条例规定，改变国有的博物馆、纪念馆、文物保护单位等的事业性收入的用途的，对负有责任的主管人员和其他直接责任人员依法给予行政处分；构成犯罪的，依法追究刑事责任。

第八章 附 则

第六十四条 本条例自2003年7月1日起施行。

中华人民共和国水下文物保护管理条例

· 1989年10月20日中华人民共和国国务院令第42号发布
· 根据2011年1月8日《国务院关于废止和修改部分行政法规的决定》第一次修订
· 2022年1月23日中华人民共和国国务院令第751号第二次修订

第一条 为了加强水下文物保护工作的管理，根据《中华人民共和国文物保护法》的有关规定，制定本条例。

第二条 本条例所称水下文物，是指遗存于下列水域的具有历史、艺术和科学价值的人类文化遗产：

（一）遗存于中国内水、领海内的一切起源于中国的、起源国不明的和起源于外国的文物；

（二）遗存于中国领海以外依照中国法律由中国管辖的其他海域内的起源于中国的和起源国不明的文物；

（三）遗存于外国领海以外的其他管辖海域以及公海区域内的起源于中国的文物。

前款规定内容不包括1911年以后的与重大历史事件、革命运动以及著名人物无关的水下遗存。

第三条 本条例第二条第一款第一项、第二项所规定的水下文物属于国家所有，国家对其行使管辖权；本条例第二条第一款第三项所规定的水下文物，遗存于外国领海以外的其他管辖海域以及公海区域内的起源国不明的文物，国家享有辨认器物物主的权利。

第四条 国务院文物主管部门负责全国水下文物保护工作。县级以上地方人民政府文物主管部门负责本行政区域内的水下文物保护工作。

县级以上人民政府其他有关部门在各自职责范围内，负责有关水下文物保护工作。

中国领海以外依照中国法律由中国管辖的其他海域内的水下文物，由国务院文物主管部门负责保护工作。

第五条 任何单位和个人都有依法保护水下文物的义务。

各级人民政府应当重视水下文物保护，正确处理经济社会发展与水下文物保护的关系，确保水下文物安全。

第六条 根据水下文物的价值，县级以上人民政府依照《中华人民共和国文物保护法》有关规定，核定公布文物保护单位，对未核定为文物保护单位的不可移动文物予以登记公布。

县级以上地方人民政府文物主管部门应当根据不同文物的保护需要，制定文物保护单位和未核定为文物保护单位的不可移动文物的具体保护措施，并公告施行。

第七条 省、自治区、直辖市人民政府可以将水下文物分布较为集中、需要整体保护的水域划定公布为水下文物保护区，并根据实际情况进行调整。水下文物保护区涉及两个以上省、自治区、直辖市或者涉及中国领海以外依照中国法律由中国管辖的其他海域的，由国务院文物主管部门划定和调整，报国务院核定公布。

划定和调整水下文物保护区，应当征求有关部门和水域使用权人的意见，听取专家和公众的意见，涉及军事管理区和军事用海的还应当征求有关军事机关的意见。

划定和调整水下文物保护区的单位应当制定保护规划。国务院文物主管部门或者省、自治区、直辖市人民政府文物主管部门应当根据保护规划明确标示水下文物保护区的范围和界线，制定具体保护措施并公告施行。

在水下文物保护区内，禁止进行危及水下文物安全的捕捞、爆破等活动。

第八条 严禁破坏、盗捞、哄抢、私分、藏匿、倒卖、走私水下文物等行为。

在中国管辖水域内开展科学考察、资源勘探开发、旅游、潜水、捕捞、养殖、采砂、排污、倾废等活动的，应当遵守有关法律、法规的规定，并不得危及水下文物的安全。

第九条 任何单位或者个人以任何方式发现疑似本条例第二条第一款第一项、第二项所规定的水下文物的，应当及时报告所在地或者就近的地方人民政府文物主管部门，并上交已经打捞出水的文物。

文物主管部门接到报告后，如无特殊情况，应当在24小时内赶赴现场，立即采取措施予以保护，并在7日内提出处理意见；发现水下文物已经移动位置或者遭受实际破坏的，应当进行抢救性保护，并作详细记录；对已经打捞出水的文物，应当及时登记造册、妥善保管。

文物主管部门应当保护水下文物发现现场，必要时可以会同公安机关或者海上执法机关开展保护工作，并将保护工作情况报本级人民政府和上一级人民政府文物主管部门；发现重要文物的，应当逐级报至国务院文物主管部门，国务院文物主管部门应当在接到报告后15日内提出处理意见。

第十条 任何单位或者个人以任何方式发现疑似本条例第二条第一款第三项所规定的水下文物的，应当及时报告就近的地方人民政府文物主管部门或者直接报告国务院文物主管部门。接到报告的地方人民政府文物主管部门应当逐级报至国务院文物主管部门。国务院文物主管部门应当及时提出处理意见并报国务院。

第十一条 在中国管辖水域内进行水下文物的考古调查、勘探、发掘活动，应当由具有考古发掘资质的单位向国务院文物主管部门提出申请。申请材料包括工作计划书和考古发掘资质证书。拟开展的考古调查、勘探、发掘活动在中国内水、领海内的，还应当提供活动所在地省、自治区、直辖市人民政府文物主管部门出具的意见。

国务院文物主管部门应当自收到申请材料之日起30日内，作出准予许可或者不予许可的决定。准予许可的，发给批准文件；不予许可的，应当书面告知申请人并说明理由。

国务院文物主管部门在作出决定前，应当征求有关科研机构和专家的意见，涉及军事管理区和军事用海的还应当征求有关军事机关的意见；涉及在中国领海以外依照中国法律由中国管辖的其他海域内进行水下文物的考古调查、勘探、发掘活动的，还应当报国务院同意。

第十二条 任何外国组织、国际组织在中国管辖水域内进行水下文物考古调查、勘探、发掘活动，都应当采取与中方单位合作的方式进行，并取得许可。中方单位应当具有考古发掘资质；外方单位应当是专业考古研究机构，有从事该课题方向或者相近方向研究的专家和一定的实际考古工作经历。

中外合作进行水下文物考古调查、勘探、发掘活动的，由中方单位向国务院文物主管部门提出申请。申请材料应当包括中外合作单位合作意向书、工作计划书，以及合作双方符合前款要求的有关材料。拟开展的考古调查、勘探、发掘活动在中国内水、领海内的，还应当提供活动所在地省、自治区、直辖市人民政府文物主管部门出具的意见。

国务院文物主管部门收到申请材料后，应当征求有关科研机构和专家的意见，涉及军事管理区和军事用海的还应当征求有关军事机关的意见，并按照国家有关规定送请有关部门审查。审查合格的，报请国务院特别许可；审查不合格的，应当书面告知申请人并说明理由。

中外合作考古调查、勘探、发掘活动所取得的水下文物、自然标本以及考古记录的原始资料，均归中国所有。

第十三条 在中国管辖水域内进行大型基本建设工程，建设单位应当事先报请国务院文物主管部门或者省、自治区、直辖市人民政府文物主管部门组织在工程范围内有可能埋藏文物的地方进行考古调查、勘探；需要进行考古发掘的，应当依照《中华人民共和国文物保护法》有关规定履行报批程序。

第十四条 在中国管辖水域内进行水下文物的考古调查、勘探、发掘活动，应当以文物保护和科学研究为目的，并遵守相关法律、法规，接受有关主管部门的管理。

考古调查、勘探、发掘活动结束后，从事考古调查、勘探、发掘活动的单位应当向国务院文物主管部门和省、自治区、直辖市人民政府文物主管部门提交结项报告、考古发掘报告和取得的实物图片、有关资料复制件等。

考古调查、勘探、发掘活动中取得的全部出水文物应当及时登记造册、妥善保管，按照国家有关规定移交给由国务院文物主管部门或者省、自治区、直辖市人民政府文物主管部门指定的国有博物馆、图书馆或者其他国有收藏文物的单位收藏。

中外合作进行考古调查、勘探、发掘活动的，由中方单位提交前两款规定的实物和资料。

第十五条 严禁未经批准进行水下文物考古调查、勘探、发掘等活动。

严禁任何个人以任何形式进行水下文物考古调查、勘探、发掘等活动。

第十六条 文物主管部门、文物收藏单位等应当通过举办展览、开放参观、科学研究等方式，充分发挥水下文物的作用，加强中华优秀传统文化、水下文物保护法律制度等的宣传教育，提高全社会水下文物保护意识和参与水下文物保护的积极性。

第十七条 文物主管部门、公安机关、海上执法机关按照职责分工开展水下文物保护执法工作，加强执法协作。

县级以上人民政府文物主管部门应当在水下文物保护工作中加强与有关部门的沟通协调，共享水下文物执法信息。

第十八条 任何单位和个人有权向文物主管部门举报违反本条例规定、危及水下文物安全的行为。文物主管部门应当建立举报渠道并向社会公开，依法及时处理有关举报。

第十九条 保护水下文物有突出贡献的，按照国家有关规定给予精神鼓励或者物质奖励。

第二十条 文物主管部门和其他有关部门的工作人员，在水下文物保护工作中滥用职权、玩忽职守、徇私舞弊的，对直接负责的主管人员和其他直接责任人员依法给予处分；构成犯罪的，依法追究刑事责任。

第二十一条 擅自在文物保护单位的保护范围内进行建设工程或者爆破、钻探、挖掘等作业的，依照《中华人民共和国文物保护法》追究法律责任。

第二十二条 违反本条例规定，有下列行为之一的，由县级以上人民政府文物主管部门或者海上执法机关按照职责分工责令改正，追缴有关文物，并给予警告；有违法所得的，没收违法所得，违法经营额10万元以上的，并处违法经营额5倍以上15倍以下的罚款，违法经营额不足10万元的，并处10万元以上100万元以下的罚款；情节严重的，由原发证机关吊销资质证书，10年内不受理其相应申请：

（一）未经批准进行水下文物的考古调查、勘探、发掘活动；

（二）考古调查、勘探、发掘活动结束后，不按照规定移交有关实物或者提交有关资料；

（三）未事先报请有关主管部门组织进行考古调查、勘探，在中国管辖水域内进行大型基本建设工程；

（四）发现水下文物后未及时报告。

第二十三条 本条例自2022年4月1日起施行。

古生物化石保护条例

·2010年9月5日中华人民共和国国务院令第580号公布

·根据2019年3月2日《国务院关于修改部分行政法规的决定》修订

第一章 总 则

第一条 为了加强对古生物化石的保护，促进古生物化石的科学研究和合理利用，制定本条例。

第二条 在中华人民共和国领域和中华人民共和国管辖的其他海域从事古生物化石发掘、收藏等活动以及古生物化石进出境，应当遵守本条例。

本条例所称古生物化石，是指地质历史时期形成并赋存于地层中的动物和植物的实体化石及其遗迹化石。

古猿、古人类化石以及与人类活动有关的第四纪古脊椎动物化石的保护依照国家文物保护的有关规定执行。

第三条 中华人民共和国领域和中华人民共和国管辖的其他海域遗存的古生物化石属于国家所有。

国有的博物馆、科学研究单位、高等院校和其他收藏单位收藏的古生物化石，以及单位和个人捐赠给国家的古生物化石属于国家所有，不因其收藏单位的终止或者变更而改变其所有权。

第四条 国家对古生物化石实行分类管理、重点保护、科研优先、合理利用的原则。

第五条 国务院自然资源主管部门主管全国古生物化石保护工作。县级以上地方人民政府自然资源主管部门主管本行政区域古生物化石保护工作。

县级以上人民政府公安、市场监督管理等部门按照各自的职责负责古生物化石保护的有关工作。

第六条 国务院自然资源主管部门负责组织成立国家古生物化石专家委员会。国家古生物化石专家委员会由国务院有关部门和中国古生物学会推荐的专家组成，承担重点保护古生物化石名录的拟定、国家级古生物化石自然保护区建立的咨询、古生物化石发掘申请的评审、重点保护古生物化石进出境的鉴定等工作，具体办法由国务院自然资源主管部门制定。

第七条 按照在生物进化以及生物分类上的重要程度，将古生物化石划分为重点保护古生物化石和一般保护古生物化石。

具有重要科学研究价值或者数量稀少的下列古生物化石，应当列为重点保护古生物化石：

（一）已经命名的古生物化石种属的模式标本；

（二）保存完整或者较完整的古脊椎动物实体化石；

（三）大型的或者集中分布的高等植物化石、无脊椎动物化石和古脊椎动物的足迹等遗迹化石；

（四）国务院自然资源主管部门确定的其他需要重点保护的古生物化石。

重点保护古生物化石名录由国家古生物化石专家委员会拟定，由国务院自然资源主管部门批准并公布。

第八条 重点保护古生物化石集中的区域，应当建立国家级古生物化石自然保护区；一般保护古生物化石集中的区域，同时该区域已经发现重点保护古生物化石的，应当建立地方级古生物化石自然保护区。建立古生物化石自然保护区的程序，依照《中华人民共和国自然保护区条例》的规定执行。

建立国家级古生物化石自然保护区，应当征求国家古生物化石专家委员会的意见。

第九条 县级以上人民政府应当加强对古生物化石保护工作的领导，将古生物化石保护工作所需经费列入本级财政预算。

县级以上人民政府应当组织有关部门开展古生物化石保护知识的宣传教育，增强公众保护古生物化石的意识，并按照国家有关规定对在古生物化石保护工作中做出突出成绩的单位和个人给予奖励。

第二章 古生物化石发掘

第十条 因科学研究、教学、科学普及或者对古生物化石进行抢救性保护等需要，方可发掘古生物化石。发掘古生物化石的，应当符合本条例第十一条第二款规定的条件，并依照本条例的规定取得批准。

本条例所称发掘，是指有一定工作面，使用机械或者其他动力工具挖掘古生物化石的活动。

第十一条 在国家级古生物化石自然保护区内发掘古生物化石，或者在其他区域发掘重点保护古生物化石的，应当向国务院自然资源主管部门提出申请并取得批准；在国家级古生物化石自然保护区外发掘一般保护古生物化石的，应当向古生物化石所在地省、自治区、直辖市人民政府自然资源主管部门提出申请并取得批准。

申请发掘古生物化石的单位应当符合下列条件，并在提出申请时提交其符合下列条件的证明材料以及发掘项目概况、发掘方案、发掘标本保存方案和发掘区自然生态条件恢复方案：

（一）有 3 名以上拥有古生物专业或者相关专业技术职称，并有 3 年以上古生物化石发掘经历的技术人员（其中至少有 1 名技术人员具有古生物专业高级职称并作为发掘活动的领队）；

（二）有符合古生物化石发掘需要的设施、设备；

（三）有与古生物化石保护相适应的处理技术和工艺；

（四）有符合古生物化石保管需要的设施、设备和场所。

第十二条 国务院自然资源主管部门应当自受理申请之日起3个工作日内将申请材料送国家古生物化石专家委员会。国家古生物化石专家委员会应当自收到申请材料之日起10个工作日内出具书面评审意见。评审意见应当作为是否批准古生物化石发掘的重要依据。

国务院自然资源主管部门应当自受理申请之日起30个工作日内完成审查，对申请单位符合本条例第十一条第二款规定条件，同时古生物化石发掘方案、发掘标本保存方案和发掘区自然生态条件恢复方案切实可行的，予以批准；对不符合条件的，书面通知申请单位并说明理由。

国务院自然资源主管部门批准古生物化石发掘申请前，应当征求古生物化石所在地省、自治区、直辖市人民政府自然资源主管部门的意见；批准发掘申请后，应当将批准发掘古生物化石的情况通报古生物化石所在地省、自治区、直辖市人民政府自然资源主管部门。

第十三条 省、自治区、直辖市人民政府自然资源主管部门受理古生物化石发掘申请的，应当依照本条例第十二条第二款规定的期限和要求进行审查、批准，并听取古生物专家的意见。

第十四条 发掘古生物化石的单位，应当按照批准的发掘方案进行发掘；确需改变发掘方案的，应当报原批准发掘的自然资源主管部门批准。

第十五条 发掘古生物化石的单位，应当自发掘或者科学研究、教学等活动结束之日起30日内，对发掘的古生物化石登记造册，作出相应的描述与标注，并移交给批准发掘的自然资源主管部门指定的符合条件的收藏单位收藏。

第十六条 进行区域地质调查或者科学研究机构、高等院校等因科学研究、教学需要零星采集古生物化石标本的，不需要申请批准，但是，应当在采集活动开始前将采集时间、采集地点、采集数量等情况书面告知古生物化石所在地的省、自治区、直辖市人民政府自然资源主管部门。采集的古生物化石的收藏应当遵守本条例的规定。

本条例所称零星采集，是指使用手持非机械工具在地表挖掘极少量古生物化石，同时不对地表和其他资源造成影响的活动。

第十七条 外国人、外国组织因中外合作进行科学研究需要，方可在中华人民共和国领域和中华人民共和国管辖的其他海域发掘古生物化石。发掘古生物化石的，应当经国务院自然资源主管部门批准，采取与符合本条例第十一条第二款规定条件的中方单位合作的方式进行，并遵守本条例有关古生物化石发掘、收藏、进出境的规定。

第十八条 单位和个人在生产、建设等活动中发现古生物化石的，应当保护好现场，并立即报告所在地县级以上地方人民政府自然资源主管部门。

县级以上地方人民政府自然资源主管部门接到报告后，应当在24小时内赶赴现场，并在7日内提出处理意见。确有必要的，可以报请当地人民政府通知公安机关协助保护现场。发现重点保护古生物化石的，应当逐级上报至国务院自然资源主管部门，由国务院自然资源主管部门提出处理意见。

生产、建设等活动中发现的古生物化石需要进行抢救性发掘的，由提出处理意见的自然资源主管部门组织符合本条例第十一条第二款规定条件的单位发掘。

第十九条 县级以上人民政府自然资源主管部门应当加强对古生物化石发掘活动的监督检查，发现未经依法批准擅自发掘古生物化石，或者不按照批准的发掘方案发掘古生物化石的，应当依法予以处理。

第三章 古生物化石收藏

第二十条 古生物化石的收藏单位，应当符合下列条件：

（一）有固定的馆址、专用展室、相应面积的藏品保管场所；

（二）有相应数量的拥有相关研究成果的古生物专业或者相

关专业的技术人员；

（三）有防止古生物化石自然损毁的技术、工艺和设备；

（四）有完备的防火、防盗等设施、设备和完善的安全保卫等管理制度；

（五）有维持正常运转所需的经费。

县级以上人民政府自然资源主管部门应当加强对古生物化石收藏单位的管理和监督检查。

第二十一条 国务院自然资源主管部门负责建立全国的重点保护古生物化石档案和数据库。县级以上地方人民政府自然资源主管部门负责建立本行政区域的重点保护古生物化石档案和数据库。

收藏单位应当建立本单位收藏的古生物化石档案，并如实对收藏的古生物化石作出描述与标注。

第二十二条 国家鼓励单位和个人将其收藏的重点保护古生物化石捐赠给符合条件的收藏单位收藏。

除收藏单位之间转让、交换、赠与其收藏的重点保护古生物化石外，其他任何单位和个人不得买卖重点保护古生物化石。买卖一般保护古生物化石的，应当在县级以上地方人民政府指定的场所进行。具体办法由省、自治区、直辖市人民政府制定。

第二十三条 国有收藏单位不得将其收藏的重点保护古生物化石转让、交换、赠与给非国有收藏单位或者个人。

任何单位和个人不得将其收藏的重点保护古生物化石转让、交换、赠与、质押给外国人或者外国组织。

第二十四条 收藏单位之间转让、交换、赠与其收藏的重点保护古生物化石的，应当在事后向国务院自然资源主管部门备案。具体办法由国务院自然资源主管部门制定。

第二十五条 公安、市场监督管理、海关等部门应当对依法没收的古生物化石登记造册、妥善保管，并在结案后30个工作日内移交给同级自然资源主管部门。接受移交的自然资源主管部门应当出具接收凭证，并将接收的古生物化石交符合条件的收藏单位收藏。

国有收藏单位不再收藏的一般保护古生物化石，应当按照国务院自然资源主管部门的规定处理。

第四章　古生物化石进出境

第二十六条　未命名的古生物化石不得出境。

重点保护古生物化石符合下列条件之一，经国务院自然资源主管部门批准，方可出境：

（一）因科学研究需要与国外有关研究机构进行合作的；

（二）因科学、文化交流需要在境外进行展览的。

一般保护古生物化石经所在地省、自治区、直辖市人民政府自然资源主管部门批准，方可出境。

第二十七条　申请古生物化石出境的，应当向国务院自然资源主管部门或者省、自治区、直辖市人民政府自然资源主管部门提出出境申请，并提交出境古生物化石的清单和照片。出境申请应当包括申请人的基本情况和古生物化石的出境地点、出境目的、出境时间等内容。

申请重点保护古生物化石出境的，申请人还应当提供外方合作单位的基本情况和合作科学研究合同或者展览合同，以及古生物化石的应急保护预案、保护措施、保险证明等材料。

第二十八条　申请重点保护古生物化石出境的，国务院自然资源主管部门应当自受理申请之日起3个工作日内将申请材料送国家古生物化石专家委员会。国家古生物化石专家委员会应当自收到申请材料之日起10个工作日内对申请出境的重点保护古生物化石进行鉴定，确认古生物化石的种属、数量和完好程度，并出具书面鉴定意见。鉴定意见应当作为是否批准重点保护古生物化石出境的重要依据。

国务院自然资源主管部门应当自受理申请之日起20个工作日内完成审查，符合规定条件的，作出批准出境的决定；不符合规定条件的，书面通知申请人并说明理由。

第二十九条 申请一般保护古生物化石出境的，省、自治区、直辖市人民政府自然资源主管部门应当自受理申请之日起20个工作日内完成审查，同意出境的，作出批准出境的决定；不同意出境的，书面通知申请人并说明理由。

第三十条 古生物化石出境批准文件的有效期为90日；超过有效期出境的，应当重新提出出境申请。

重点古生物化石在境外停留的期限一般不超过6个月；因特殊情况确需延长境外停留时间的，应当在境外停留期限届满60日前向国务院自然资源主管部门申请延期。延长期限最长不超过6个月。

第三十一条 经批准出境的重点保护古生物化石出境后进境的，申请人应当自办结进境海关手续之日起5日内向国务院自然资源主管部门申请进境核查。

国务院自然资源主管部门应当自受理申请之日起3个工作日内将申请材料送国家古生物化石专家委员会。国家古生物化石专家委员会应当自收到申请材料之日起5个工作日内对出境后进境的重点保护古生物化石进行鉴定，并出具书面鉴定意见。鉴定意见应当作为重点保护古生物化石进境核查结论的重要依据。

国务院自然资源主管部门应当自受理申请之日起15个工作日内完成核查，作出核查结论；对确认为非原出境重点保护古生物化石的，责令申请人追回原出境重点保护古生物化石。

第三十二条 境外古生物化石临时进境的，应当交由海关加封，由境内有关单位或者个人自办结进境海关手续之日起5日内向国务院自然资源主管部门申请核查、登记。国务院自然资源主管部门核查海关封志完好无损的，逐件进行拍照、登记。

临时进境的古生物化石进境后出境的，由境内有关单位或者个人向国务院自然资源主管部门申请核查。国务院自然资源主管部门应当依照本条例第三十一条第二款规定的程序，自受理申请之日起15个工作日内完成核查，对确认为原临时进境的古生物化石的，批准出境。

境内单位或者个人从境外取得的古生物化石进境的，应当向海关申报，按照海关管理的有关规定办理进境手续。

第三十三条 运送、邮寄、携带古生物化石出境的，应当如实向海关申报，并向海关提交国务院自然资源主管部门或者省、自治区、直辖市人民政府自然资源主管部门的出境批准文件。

对有理由怀疑属于古生物化石的物品出境的，海关可以要求有关单位或者个人向国务院自然资源主管部门或者出境口岸所在地的省、自治区、直辖市人民政府自然资源主管部门申请办理是否属于古生物化石的证明文件。

第三十四条 国家对违法出境的古生物化石有权进行追索。

国务院自然资源主管部门代表国家具体负责追索工作。国务院外交、公安、海关等部门应当配合国务院自然资源主管部门做好违法出境古生物化石的追索工作。

第五章 法律责任

第三十五条 县级以上人民政府自然资源主管部门及其工作人员有下列行为之一的，对直接负责的主管人员和其他直接责任人员依法给予处分；直接负责的主管人员和其他直接责任人员构成犯罪的，依法追究刑事责任：

（一）未依照本条例规定批准古生物化石发掘的；

（二）未依照本条例规定批准古生物化石出境的；

（三）发现违反本条例规定的行为不予查处，或者接到举报不依法处理的；

（四）其他不依法履行监督管理职责的行为。

第三十六条 单位或者个人有下列行为之一的，由县级以上人民政府自然资源主管部门责令停止发掘，限期改正，没收发掘的古生物化石，并处20万元以上50万元以下的罚款；构成违反治安管理行为的，由公安机关依法给予治安管理处罚；构成犯罪的，依法追究刑事责任：

（一）未经批准发掘古生物化石的；

（二）未按照批准的发掘方案发掘古生物化石的。

有前款第（二）项行为，情节严重的，由批准古生物化石发掘的自然资源主管部门撤销批准发掘的决定。

第三十七条 古生物化石发掘单位未按照规定移交发掘的古生物化石的，由批准古生物化石发掘的自然资源主管部门责令限期改正；逾期不改正，或者造成古生物化石损毁的，处 10 万元以上 50 万元以下的罚款；直接负责的主管人员和其他直接责任人员构成犯罪的，依法追究刑事责任。

第三十八条 古生物化石收藏单位不符合收藏条件收藏古生物化石的，由县级以上人民政府自然资源主管部门责令限期改正；逾期不改正的，处 5 万元以上 10 万元以下的罚款；已严重影响其收藏的重点保护古生物化石安全的，由国务院自然资源主管部门指定符合条件的收藏单位代为收藏，代为收藏的费用由原收藏单位承担。

第三十九条 古生物化石收藏单位未按照规定建立本单位收藏的古生物化石档案的，由县级以上人民政府自然资源主管部门责令限期改正；逾期不改正的，没收有关古生物化石，并处 2 万元的罚款。

第四十条 单位或者个人违反规定买卖重点保护古生物化石的，由市场监督管理部门责令限期改正，没收违法所得，并处 5 万元以上 20 万元以下的罚款；构成违反治安管理行为的，由公安机关依法给予治安管理处罚；构成犯罪的，依法追究刑事责任。

第四十一条 国有收藏单位将其收藏的重点保护古生物化石违法转让、交换、赠与给非国有收藏单位或者个人的，由县级以上人民政府自然资源主管部门对国有收藏单位处 20 万元以上 50 万元以下的罚款，对直接负责的主管人员和其他直接责任人员依法给予处分；构成犯罪的，依法追究刑事责任。

第四十二条 单位或者个人将其收藏的重点保护古生物化石

转让、交换、赠与、质押给外国人或者外国组织的，由县级以上人民政府自然资源主管部门责令限期追回，对个人处 2 万元以上 10 万元以下的罚款，对单位处 10 万元以上 50 万元以下的罚款；有违法所得的，没收违法所得；构成犯罪的，依法追究刑事责任。

第四十三条 单位或者个人未取得批准运送、邮寄、携带古生物化石出境的，由海关依照有关法律、行政法规的规定予以处理；构成犯罪的，依法追究刑事责任。

第四十四条 县级以上人民政府自然资源主管部门、其他有关部门的工作人员，或者国有的博物馆、科学研究单位、高等院校、其他收藏单位以及发掘单位的工作人员，利用职务上的便利，将国有古生物化石非法占为己有的，依法给予处分，由县级以上人民政府自然资源主管部门追回非法占有的古生物化石；有违法所得的，没收违法所得；构成犯罪的，依法追究刑事责任。

第六章 附 则

第四十五条 本条例自 2011 年 1 月 1 日起施行。

博物馆条例

· 2015 年 1 月 14 日国务院第 78 次常务会议通过
· 2015 年 2 月 9 日中华人民共和国国务院令第 659 号公布
· 自 2015 年 3 月 20 日起施行

第一章 总 则

第一条 为了促进博物馆事业发展，发挥博物馆功能，满足公民精神文化需求，提高公民思想道德和科学文化素质，制定本条例。

第二条 本条例所称博物馆，是指以教育、研究和欣赏为目的，收藏、保护并向公众展示人类活动和自然环境的见证物，经登记管理机关依法登记的非营利组织。

博物馆包括国有博物馆和非国有博物馆。利用或者主要利用国有资产设立的博物馆为国有博物馆；利用或者主要利用非国有资产设立的博物馆为非国有博物馆。

国家在博物馆的设立条件、提供社会服务、规范管理、专业技术职称评定、财税扶持政策等方面，公平对待国有和非国有博物馆。

第三条 博物馆开展社会服务应当坚持为人民服务、为社会主义服务的方向和贴近实际、贴近生活、贴近群众的原则，丰富人民群众精神文化生活。

第四条 国家制定博物馆事业发展规划，完善博物馆体系。

国家鼓励企业、事业单位、社会团体和公民等社会力量依法设立博物馆。

第五条 国有博物馆的正常运行经费列入本级财政预算；非国有博物馆的举办者应当保障博物馆的正常运行经费。

国家鼓励设立公益性基金为博物馆提供经费，鼓励博物馆多渠道筹措资金促进自身发展。

第六条 博物馆依法享受税收优惠。

依法设立博物馆或者向博物馆提供捐赠的，按照国家有关规定享受税收优惠。

第七条 国家文物主管部门负责全国博物馆监督管理工作。国务院其他有关部门在各自职责范围内负责有关的博物馆管理工作。

县级以上地方人民政府文物主管部门负责本行政区域的博物馆监督管理工作。县级以上地方人民政府其他有关部门在各自职责范围内负责本行政区域内有关的博物馆管理工作。

第八条 博物馆行业组织应当依法制定行业自律规范，维护会员的合法权益，指导、监督会员的业务活动，促进博物馆事业健康发展。

第九条 对为博物馆事业作出突出贡献的组织或者个人，按照国家有关规定给予表彰、奖励。

第二章 博物馆的设立、变更与终止

第十条 设立博物馆，应当具备下列条件：

（一）固定的馆址以及符合国家规定的展室、藏品保管场所；

（二）相应数量的藏品以及必要的研究资料，并能够形成陈列展览体系；

（三）与其规模和功能相适应的专业技术人员；

（四）必要的办馆资金和稳定的运行经费来源；

（五）确保观众人身安全的设施、制度及应急预案。

博物馆馆舍建设应当坚持新建馆舍和改造现有建筑相结合，鼓励利用名人故居、工业遗产等作为博物馆馆舍。新建、改建馆舍应当提高藏品展陈和保管面积占总面积的比重。

第十一条 设立博物馆，应当制定章程。博物馆章程应当包括下列事项：

（一）博物馆名称、馆址；

（二）办馆宗旨及业务范围；

（三）组织管理制度，包括理事会或者其他形式决策机构的产生办法、人员构成、任期、议事规则等；

（四）藏品展示、保护、管理、处置的规则；

（五）资产管理和使用规则；

（六）章程修改程序；

（七）终止程序和终止后资产的处理；

（八）其他需要由章程规定的事项。

第十二条 国有博物馆的设立、变更、终止依照有关事业单位登记管理法律、行政法规的规定办理，并应当向馆址所在地省、自治区、直辖市人民政府文物主管部门备案。

第十三条 藏品属于古生物化石的博物馆，其设立、变更、终止应当遵守有关古生物化石保护法律、行政法规的规定，并向馆址所在地省、自治区、直辖市人民政府文物主管部门备案。

第十四条 设立藏品不属于古生物化石的非国有博物馆的，应当向馆址所在地省、自治区、直辖市人民政府文物主管部门备案，并提交下列材料：

（一）博物馆章程草案；

（二）馆舍所有权或者使用权证明，展室和藏品保管场所的环境条件符合藏品展示、保护、管理需要的论证材料；

（三）藏品目录、藏品概述及藏品合法来源说明；

（四）出资证明或者验资报告；

（五）专业技术人员和管理人员的基本情况；

（六）陈列展览方案。

第十五条 设立藏品不属于古生物化石的非国有博物馆的，应当到有关登记管理机关依法办理法人登记手续。

前款规定的非国有博物馆变更、终止的，应当到有关登记管理机关依法办理变更登记、注销登记，并向馆址所在地省、自治区、直辖市人民政府文物主管部门备案。

第十六条 省、自治区、直辖市人民政府文物主管部门应当及时公布本行政区域内已备案的博物馆名称、地址、联系方式、主要藏品等信息。

第三章 博物馆管理

第十七条 博物馆应当完善法人治理结构，建立健全有关组织管理制度。

第十八条 博物馆专业技术人员按照国家有关规定评定专业技术职称。

第十九条 博物馆依法管理和使用的资产，任何组织或者个人不得侵占。

博物馆不得从事文物等藏品的商业经营活动。博物馆从事其他商业经营活动，不得违反办馆宗旨，不得损害观众利益。博物馆从事其他商业经营活动的具体办法由国家文物主管部门制定。

第二十条 博物馆接受捐赠的，应当遵守有关法律、行政法规的规定。

博物馆可以依法以举办者或者捐赠者的姓名、名称命名博物馆的馆舍或者其他设施；非国有博物馆还可以依法以举办者或者捐赠者的姓名、名称作为博物馆馆名。

第二十一条 博物馆可以通过购买、接受捐赠、依法交换等法律、行政法规规定的方式取得藏品，不得取得来源不明或者来源不合法的藏品。

第二十二条 博物馆应当建立藏品账目及档案。藏品属于文物的，应当区分文物等级，单独设置文物档案，建立严格的管理制度，并报文物主管部门备案。

未依照前款规定建账、建档的藏品，不得交换或者出借。

第二十三条 博物馆法定代表人对藏品安全负责。

博物馆法定代表人、藏品管理人员离任前，应当办结藏品移交手续。

第二十四条 博物馆应当加强对藏品的安全管理，定期对保障藏品安全的设备、设施进行检查、维护，保证其正常运行。对珍贵藏品和易损藏品应当设立专库或者专用设备保存，并由专人负责保管。

第二十五条 博物馆藏品属于国有文物、非国有文物中的珍贵文物和国家规定禁止出境的其他文物的，不得出境，不得转让、出租、质押给外国人。

国有博物馆藏品属于文物的，不得赠与、出租或者出售给其他单位和个人。

第二十六条 博物馆终止的，应当依照有关非营利组织法律、行政法规的规定处理藏品；藏品属于国家禁止买卖的文物的，应当依照有关文物保护法律、行政法规的规定处理。

第二十七条 博物馆藏品属于文物或者古生物化石的，其取得、保护、管理、展示、处置、进出境等还应当分别遵守有关文物保护、古生物化石保护的法律、行政法规的规定。

第四章 博物馆社会服务

第二十八条 博物馆应当自取得登记证书之日起6个月内向公众开放。

第二十九条 博物馆应当向公众公告具体开放时间。在国家法定节假日和学校寒暑假期间，博物馆应当开放。

第三十条 博物馆举办陈列展览，应当遵守下列规定：

（一）主题和内容应当符合宪法所确定的基本原则和维护国家安全与民族团结、弘扬爱国主义、倡导科学精神、普及科学知识、传播优秀文化、培养良好风尚、促进社会和谐、推动社会文明进步的要求；

（二）与办馆宗旨相适应，突出藏品特色；

（三）运用适当的技术、材料、工艺和表现手法，达到形式与内容的和谐统一；

（四）展品以原件为主，使用复制品、仿制品应当明示；

（五）采用多种形式提供科学、准确、生动的文字说明和讲解服务；

（六）法律、行政法规的其他有关规定。

陈列展览的主题和内容不适宜未成年人的，博物馆不得接纳未成年人。

第三十一条 博物馆举办陈列展览的，应当在陈列展览开始之日10个工作日前，将陈列展览主题、展品说明、讲解词等向陈列展览举办地的文物主管部门或者其他有关部门备案。

各级人民政府文物主管部门和博物馆行业组织应当加强对博物馆陈列展览的指导和监督。

第三十二条 博物馆应当配备适当的专业人员，根据不同年龄段的未成年人接受能力进行讲解；学校寒暑假期间，具备条件的博物馆应当增设适合学生特点的陈列展览项目。

第三十三条 国家鼓励博物馆向公众免费开放。县级以上人民政府应当对向公众免费开放的博物馆给予必要的经费支持。

博物馆未实行免费开放的，其门票、收费的项目和标准按照国家有关规定执行，并在收费地点的醒目位置予以公布。

博物馆未实行免费开放的，应当对未成年人、成年学生、教师、老年人、残疾人和军人等实行免费或者其他优惠。博物馆实行优惠的项目和标准应当向公众公告。

第三十四条 博物馆应当根据自身特点、条件，运用现代信息技术，开展形式多样、生动活泼的社会教育和服务活动，参与社区文化建设和对外文化交流与合作。

国家鼓励博物馆挖掘藏品内涵，与文化创意、旅游等产业相结合，开发衍生产品，增强博物馆发展能力。

第三十五条 国务院教育行政部门应当会同国家文物主管部门，制定利用博物馆资源开展教育教学、社会实践活动的政策措施。

地方各级人民政府教育行政部门应当鼓励学校结合课程设置和教学计划，组织学生到博物馆开展学习实践活动。

博物馆应当对学校开展各类相关教育教学活动提供支持和帮助。

第三十六条 博物馆应当发挥藏品优势，开展相关专业领域的理论及应用研究，提高业务水平，促进专业人才的成长。

博物馆应当为高等学校、科研机构和专家学者等开展科学研究工作提供支持和帮助。

第三十七条 公众应当爱护博物馆展品、设施及环境，不得损坏博物馆的展品、设施。

第三十八条 博物馆行业组织可以根据博物馆的教育、服务及藏品保护、研究和展示水平，对博物馆进行评估。具体办法由国家文物主管部门会同其他有关部门制定。

第五章 法律责任

第三十九条 博物馆取得来源不明或者来源不合法的藏品，或者陈列展览的主题、内容造成恶劣影响的，由省、自治区、直辖市人民政府文物主管部门或者有关登记管理机关按照职责分工，责令改正，有违法所得的，没收违法所得，并处违法所得2倍以上5倍以下罚款；没有违法所得的，处5000元以上2万元以下罚款；情节严重的，由登记管理机关撤销登记。

第四十条 博物馆从事文物藏品的商业经营活动的，由工商行政管理部门依照有关文物保护法律、行政法规的规定处罚。

博物馆从事非文物藏品的商业经营活动，或者从事其他商业经营活动违反办馆宗旨、损害观众利益的，由省、自治区、直辖市人民政府文物主管部门或者有关登记管理机关按照职责分工，责令改正，有违法所得的，没收违法所得，并处违法所得2倍以上5倍以下罚款；没有违法所得的，处5000元以上2万元以下罚款；情节严重的，由登记管理机关撤销登记。

第四十一条 博物馆自取得登记证书之日起6个月内未向公众开放，或者未依照本条例的规定实行免费或者其他优惠的，由省、自治区、直辖市人民政府文物主管部门责令改正；拒不改正的，由登记管理机关撤销登记。

第四十二条 博物馆违反有关价格法律、行政法规规定的，由馆址所在地县级以上地方人民政府价格主管部门依法给予处罚。

第四十三条 县级以上人民政府文物主管部门或者其他有关部门及其工作人员玩忽职守、滥用职权、徇私舞弊或者利用职务上的便利索取或者收受他人财物的，由本级人民政府或者上级机关责令改正，通报批评；对直接负责的主管人员和其他直接责任人员依法给予处分。

第四十四条 违反本条例规定，构成犯罪的，依法追究刑事责任。

第六章　附　则

第四十五条　本条例所称博物馆不包括以普及科学技术为目的的科普场馆。

第四十六条　中国人民解放军所属博物馆依照军队有关规定进行管理。

第四十七条　本条例自2015年3月20日起施行。

中华人民共和国考古涉外工作管理办法

· 1990年12月31日国务院批准
· 1991年2月22日国家文物局令第1号发布
· 根据2011年1月8日《国务院关于废止和修改部分行政法规的决定》第一次修订
· 根据2016年2月6日《国务院关于修改部分行政法规的决定》第二次修订

第一条　为了加强考古涉外工作管理，保护我国的古代文化遗产，促进我国与外国的考古学术交流，制定本办法。

第二条　本办法适用于在中国境内陆地、内水和领海以及由中国管辖的其他海域，中国有关单位（以下简称中方）同外国组织和国际组织（以下简称外方）所进行的考古调查、勘探、发掘和与之有关的研究、科技保护及其他活动。

第三条　任何外国组织、国际组织在中国境内进行考古调查、勘探、发掘，都应当采取与中国合作的形式。

第四条　国家文物局统一管理全国考古涉外工作。

第五条　本办法下列用语的含义是：

（一）考古调查是指以获取考古资料为目的，对古文化遗址、古墓葬、古建筑、石窟寺和其他地下、水下文物进行的考古记录和收集文物、自然标本等活动；

（二）考古勘探是指为了解地下、水下历史文化遗存的性质、结构、范围等基本情况而进行的探测活动；

（三）考古发掘是指以获取考古资料为目的，对古文化遗址、古墓葬和其他地下、水下文物进行的科学揭露、考古记录和收集文物、自然标本等活动；

（四）考古记录是指系统的文字描述、测量、绘图、拓印、照相、拍摄电影和录像活动；

（五）自然标本是指考古调查、勘探、发掘中所获取的自然遗存物。

第六条 中外合作进行考古调查、勘探、发掘活动，应当遵守下列原则：

（一）合作双方共同实施考古调查、勘探、发掘项目，并组成联合考古队，由中方专家主持全面工作；

（二）合作双方应当在中国境内共同整理考古调查、勘探、发掘所获取的资料并编写报告。报告由合作双方共同署名，中方有权优先发表；

（三）合作考古调查、勘探、发掘活动所获取的文物、自然标本以及考古记录的原始资料，均归中国所有，并确保其安全；

（四）合作双方都应当遵守中国的法律、法规和规章。

第七条 外方申请与中方合作进行考古调查、勘探、发掘时，应当按照下列规定向国家文物局提出书面申请：

（一）合作意向；

（二）对象、范围和目的；

（三）组队方案；

（四）工作步骤和文物的安全、技术保护措施等；

（五）经费、设备的来源及管理方式；

（六）意外事故的处理及风险承担。

第八条 申请合作考古调查、勘探、发掘的项目应当同时具备下列条件：

（一）有利于促进中国文物保护和考古学研究，有利于促进国际文化学术交流；

（二）中方已有一定的工作基础和研究成果，有从事该课题方向研究的专家；

（三）外方应当是专业考古研究机构，有从事该课题方向或者相近方向研究的专家，并具有一定的实际考古工作经历；

（四）有可靠的措施使发掘后的文物得到保护。

第九条 国家文物局会同中国社会科学院对外方的申请进行初步审查后，由国家文物局按照国家有关规定送请国防、外交、公安、国家安全等有关部门审查，经审查合格的，由国家文物局报请国务院特别许可。

第十条 合作考古调查、勘探、发掘项目获得国务院特别许可的，合作双方应当就批准的合作项目的具体事宜签订协议书。

第十一条 合作考古调查、勘探、发掘的文物或者自然标本需要送到中国境外进行分析化验或者技术鉴定的，应当报经国家文物局批准。化验、鉴定完毕后，除测试损耗外，原标本应当全部运回中国境内。

第十二条 外国留学人员（含本科生、研究生和进修生）以及外国研究学者在中国学习、研究考古学的批准期限在 1 年以上者，可以随同学习所在单位参加中方单独或者中外合作进行的考古调查、勘探、发掘活动。但须由其学习、研究所在单位征得考古调查、勘探、发掘单位的同意后，报国家文物局批准。

第十三条 外国公民、外国组织和国际组织在中国境内参观尚未公开接待参观者的文物点，在开放地区的，需由文物点所在地的管理单位或者接待参观者的中央国家机关及其直属单位，在参观一个月以前向文物点所在地的省、自治区、直辖市人民政府文物行政管理部门申报参观计划，经批准后方可进行；在未开放地区的，需由文物点所在地的管理单位或者接待参观者的中央国家机关及其直属单位，在参观一个月以前向文物点所在地的省、自治区、直辖市人民政府文物行政管理部门申报参观计划，经批准并按照有关涉外工作管理规定向有关部门办理手续后方可进行。

参观正在进行工作的考古发掘现场，接待单位须征求主持发掘单位的意见，经考古发掘现场所在地的省、自治区、直辖市人民政府文物行政管理部门批准后方可进行。

外国公民、外国组织和国际组织在参观过程中不得收集任何文物、自然标本和进行考古记录。

第十四条 国家文物局可以对合作考古调查、勘探、发掘工作实施检查，对工作质量达不到《田野考古工作规程》或者其他有关技术规范的要求的，责令暂停作业，限期改正。

第十五条 违反本办法第六条、第七条、第八条、第十条、第十一条的规定，根据情节轻重，由国家文物局给予警告、暂停作业、撤销项目、罚款1000元至1万元、没收其非法所得文物或者责令赔偿损失。

第十六条 违反本办法第十二条的规定，擅自接收外国留学人员、研究学者参加考古调查、勘探、发掘活动或者延长其工作期限的，国家文物局可以给予警告或者暂停该接收单位的团体考古发掘资格。

第十七条 外国公民、外国组织和国际组织违反本办法第十三条的规定，擅自参观文物点或者擅自收集文物、自然标本、进行考古记录的，文物行政管理部门可以停止其参观，没收其收集的文物、自然标本和考古记录。

第十八条 违反本办法的规定，构成违反治安管理的，依照《中华人民共和国治安管理处罚法》的规定处罚；构成犯罪的，依法追究刑事责任。

第十九条 台湾、香港、澳门地区的考古团体与大陆合作进行考古调查、勘探、发掘，可以参照本办法执行。

第二十条 文物研究、科技保护涉外工作的管理办法，由国家文物局根据本办法的原则制定。

第二十一条 本办法由国家文物局负责解释。

第二十二条 本办法自发布之日起施行。

二、相关解释

最高人民法院、最高人民检察院关于办理妨害文物管理等刑事案件适用法律若干问题的解释

· 2015 年 10 月 12 日最高人民法院审判委员会第 1663 次会议、2015 年 11 月 18 日最高人民检察院第十二届检察委员会第 43 次会议通过

· 2015 年 12 月 30 日最高人民法院、最高人民检察院公告公布

· 自 2016 年 1 月 1 日起施行

· 法释〔2015〕23 号

为依法惩治文物犯罪，保护文物，根据《中华人民共和国刑法》《中华人民共和国刑事诉讼法》《中华人民共和国文物保护法》的有关规定，现就办理此类刑事案件适用法律的若干问题解释如下：

第一条 刑法第一百五十一条规定的“国家禁止出口的文物”，依照《中华人民共和国文物保护法》规定的“国家禁止出境的文物”的范围认定。

走私国家禁止出口的二级文物的，应当依照刑法第一百五十一条第二款的规定，以走私文物罪处五年以上十年以下有期徒刑，并处罚金；走私国家禁止出口的一级文物的，应当认定为刑法第一百五十一条第二款规定的“情节特别严重”；走私国家禁止出口的三级文物的，应当认定为刑法第一百五十一条第二款规定的“情节较轻”。

走私国家禁止出口的文物，无法确定文物等级，或者按照文物等级定罪量刑明显过轻或者过重的，可以按照走私的文物价值

定罪量刑。走私的文物价值在二十万元以上不满一百万元的，应当依照刑法第一百五十一条第二款的规定，以走私文物罪处五年以上十年以下有期徒刑，并处罚金；文物价值在一百万元以上的，应当认定为刑法第一百五十一条第二款规定的“情节特别严重”；文物价值在五万元以上不满二十万元的，应当认定为刑法第一百五十一条第二款规定的“情节较轻”。

第二条 盗窃一般文物、三级文物、二级以上文物的，应当分别认定为刑法第二百六十四条规定的“数额较大”“数额巨大”“数额特别巨大”。

盗窃文物，无法确定文物等级，或者按照文物等级定罪量刑明显过轻或者过重的，按照盗窃的文物价值定罪量刑。

第三条 全国重点文物保护单位、省级文物保护单位的本体，应当认定为刑法第三百二十四条第一款规定的“被确定为全国重点文物保护单位、省级文物保护单位的文物”。

故意损毁国家保护的珍贵文物或者被确定为全国重点文物保护单位、省级文物保护单位的文物，具有下列情形之一的，应当认定为刑法第三百二十四条第一款规定的“情节严重”：

（一）造成五件以上三级文物损毁的；

（二）造成二级以上文物损毁的；

（三）致使全国重点文物保护单位、省级文物保护单位的本体严重损毁或者灭失的；

（四）多次损毁或者损毁多处全国重点文物保护单位、省级文物保护单位的本体的；

（五）其他情节严重的情形。

实施前款规定的行为，拒不执行国家行政主管部门作出的停止侵害文物的行政决定或者命令的，酌情从重处罚。

第四条 风景名胜区的核心景区以及未被确定为全国重点文物保护单位、省级文物保护单位的古文化遗址、古墓葬、古建筑、石窟寺、石刻、壁画、近代现代重要史迹和代表性建筑等不可移动文物的本体，应当认定为刑法第三百二十四条第二款规定的

“国家保护的名胜古迹”。

故意损毁国家保护的名胜古迹，具有下列情形之一的，应当认定为刑法第三百二十四条第二款规定的“情节严重”：

（一）致使名胜古迹严重损毁或者灭失的；

（二）多次损毁或者损毁多处名胜古迹的；

（三）其他情节严重的情形。

实施前款规定的行为，拒不执行国家行政主管部门作出的停止侵害文物的行政决定或者命令的，酌情从重处罚。

故意损毁风景名胜区内被确定为全国重点文物保护单位、省级文物保护单位的文物的，依照刑法第三百二十四条第一款和本解释第三条的规定定罪量刑。

第五条 过失损毁国家保护的珍贵文物或者被确定为全国重点文物保护单位、省级文物保护单位的文物，具有本解释第三条第二款第一项至第三项规定情形之一的，应当认定为刑法第三百二十四条第三款规定的“造成严重后果”。

第六条 出售或者为出售而收购、运输、储存《中华人民共和国文物保护法》规定的“国家禁止买卖的文物”的，应当认定为刑法第三百二十六条规定的“倒卖国家禁止经营的文物”。

倒卖国家禁止经营的文物，具有下列情形之一的，应当认定为刑法第三百二十六条规定的“情节严重”：

（一）倒卖三级文物的；

（二）交易数额在五万元以上的；

（三）其他情节严重的情形。

实施前款规定的行为，具有下列情形之一的，应当认定为刑法第三百二十六条规定的“情节特别严重”：

（一）倒卖二级以上文物的；

（二）倒卖三级文物五件以上的；

（三）交易数额在二十五万元以上的；

（四）其他情节特别严重的情形。

第七条 国有博物馆、图书馆以及其他国有单位，违反文物保护法规，将收藏或者管理的国家保护的文物藏品出售或者私自送给非国有单位或者个人的，依照刑法第三百二十七条的规定，以非法出售、私赠文物藏品罪追究刑事责任。

第八条 刑法第三百二十八条第一款规定的“古文化遗址、古墓葬”包括水下古文化遗址、古墓葬。“古文化遗址、古墓葬”不以公布为不可移动文物的古文化遗址、古墓葬为限。

实施盗掘行为，已损害古文化遗址、古墓葬的历史、艺术、科学价值的，应当认定为盗掘古文化遗址、古墓葬罪既遂。

采用破坏性手段盗窃古文化遗址、古墓葬以外的古建筑、石窟寺、石刻、壁画、近代现代重要史迹和代表性建筑等其他不可移动文物的，依照刑法第二百六十四条的规定，以盗窃罪追究刑事责任。

第九条 明知是盗窃文物、盗掘古文化遗址、古墓葬等犯罪所获取的三级以上文物，而予以窝藏、转移、收购、加工、代为销售或者以其他方法掩饰、隐瞒的，依照刑法第三百一十二条的规定，以掩饰、隐瞒犯罪所得罪追究刑事责任。

实施前款规定的行为，事先通谋的，以共同犯罪论处。

第十条 国家机关工作人员严重不负责任，造成珍贵文物损毁或者流失，具有下列情形之一的，应当认定为刑法第四百一十九条规定的“后果严重”：

（一）导致二级以上文物或者五件以上三级文物损毁或者流失的；

（二）导致全国重点文物保护单位、省级文物保护单位的本体严重损毁或者灭失的；

（三）其他后果严重的情形。

第十一条 单位实施走私文物、倒卖文物等行为，构成犯罪的，依照本解释规定的相应自然人犯罪的定罪量刑标准，对直接负责的主管人员和其他直接责任人员定罪处罚，并对单位判处罚金。

公司、企业、事业单位、机关、团体等单位实施盗窃文物，故意损毁文物、名胜古迹，过失损毁文物，盗掘古文化遗址、古墓葬等行为的，依照本解释规定的相应定罪量刑标准，追究组织者、策划者、实施者的刑事责任。

第十二条 针对不可移动文物整体实施走私、盗窃、倒卖等行为的，根据所属不可移动文物的等级，依照本解释第一条、第二条、第六条的规定定罪量刑：

（一）尚未被确定为文物保护单位的不可移动文物，适用一般文物的定罪量刑标准；

（二）市、县级文物保护单位，适用三级文物的定罪量刑标准；

（三）全国重点文物保护单位、省级文物保护单位，适用二级以上文物的定罪量刑标准。

针对不可移动文物中的建筑构件、壁画、雕塑、石刻等实施走私、盗窃、倒卖等行为的，根据建筑构件、壁画、雕塑、石刻等文物本身的等级或者价值，依照本解释第一条、第二条、第六条的规定定罪量刑。建筑构件、壁画、雕塑、石刻等所属不可移动文物的等级，应当作为量刑情节予以考虑。

第十三条 案件涉及不同等级的文物的，按照高级别文物的量刑幅度量刑；有多件同级文物的，五件同级文物视为一件高一级文物，但是价值明显不相当的除外。

第十四条 依照文物价值定罪量刑的，根据涉案文物的有效价格证明认定文物价值；无有效价格证明，或者根据价格证明认定明显不合理的，根据销赃数额认定，或者结合本解释第十五条规定的鉴定意见、报告认定。

第十五条 在行为人实施有关行为前，文物行政部门已对涉案文物及其等级作出认定的，可以直接对有关案件事实作出认定。

对案件涉及的有关文物鉴定、价值认定等专门性问题难以确定的，由司法鉴定机构出具鉴定意见，或者由国务院文物行政部门指定的机构出具报告。其中，对于文物价值，也可以由有关价格认证机构作出价格认证并出具报告。

第十六条 实施本解释第一条、第二条、第六条至第九条规定的行为，虽已达到应当追究刑事责任的标准，但行为人系初犯，积极退回或者协助追回文物，未造成文物损毁，并确有悔罪表现的，可以认定为犯罪情节轻微，不起诉或者免予刑事处罚。

实施本解释第三条至第五条规定的行为，虽已达到应当追究刑事责任的标准，但行为人系初犯，积极赔偿损失，并确有悔罪表现的，可以认定为犯罪情节轻微，不起诉或者免予刑事处罚。

第十七条 走私、盗窃、损毁、倒卖、盗掘或者非法转让具有科学价值的古脊椎动物化石、古人类化石的，依照刑法和本解释的有关规定定罪量刑。

第十八条 本解释自 2016 年 1 月 1 日起施行。本解释公布施行后，《最高人民法院、最高人民检察院关于办理盗窃、盗掘、非法经营和走私文物的案件具体应用法律的若干问题的解释》（法（研）发〔1987〕32 号）同时废止；之前发布的司法解释与本解释不一致的，以本解释为准。

最高人民法院、最高人民检察院、公安部、国家文物局关于办理妨害文物管理等刑事案件若干问题的意见

· 2022 年 8 月 16 日
· 公通字〔2022〕18 号

各省、自治区、直辖市高级人民法院、人民检察院、公安厅（局）、文物局（文化和旅游厅/局），新疆维吾尔自治区高级人民法院生产建设兵团分院，新疆生产建设兵团人民检察院、公安局、文物局：

为依法惩治文物犯罪，加强对文物的保护，根据《中华人民共和国刑法》《中华人民共和国刑事诉讼法》《中华人民共和国文

物保护法》和《最高人民法院、最高人民检察院关于办理妨害文物管理等刑事案件适用法律若干问题的解释》（法释〔2015〕23号，以下简称《文物犯罪解释》）等有关规定，结合司法实践，制定本意见。

一、总体要求

文物承载灿烂文明，传承历史文化，维系民族精神，是国家和民族历史发展的见证，是弘扬中华优秀传统文化的珍贵财富，是培育社会主义核心价值观、凝聚共筑中国梦磅礴力量的深厚滋养。保护文物功在当代、利在千秋。当前，我国文物安全形势依然严峻，文物犯罪时有发生，犯罪团伙专业化、智能化趋势明显，犯罪活动向网络发展蔓延，犯罪产业链日趋成熟，地下市场非法交易猖獗，具有严重的社会危害性。各级人民法院、人民检察院、公安机关、文物行政部门要坚持以习近平新时代中国特色社会主义思想为指导，坚决贯彻落实习近平总书记关于文物工作系列重要论述精神，从传承中华文明、对国家对民族对子孙后代负责的战略高度，提高对文物保护工作重要性的认识，增强责任感使命感紧迫感，勇于担当作为、忠诚履职尽责，依法惩治和有效防范文物犯罪，切实保护国家文化遗产安全。

二、依法惩处文物犯罪

（一）准确认定盗掘行为

1. 针对古建筑、石窟寺等不可移动文物中包含的古文化遗址、古墓葬部分实施盗掘，符合刑法第三百二十八条规定的，以盗掘古文化遗址、古墓葬罪追究刑事责任。

盗掘对象是否属于古文化遗址、古墓葬，应当按照《文物犯罪解释》第八条、第十五条的规定作出认定。

2. 以盗掘为目的，在古文化遗址、古墓葬表层进行钻探、爆破、挖掘等作业，因意志以外的原因，尚未损害古文化遗址、古墓葬的历史、艺术、科学价值的，属于盗掘古文化遗址、古墓葬未遂，应当区分情况分别处理：

（1）以被确定为全国重点文物保护单位、省级文物保护单位的古文化遗址、古墓葬为盗掘目标的，应当追究刑事责任；

（2）以被确定为市、县级文物保护单位的古文化遗址、古墓葬为盗掘目标的，对盗掘团伙的纠集者、积极参加者，应当追究刑事责任；

（3）以其他古文化遗址、古墓葬为盗掘目标的，对情节严重者，依法追究刑事责任。

实施前款规定的行为，同时构成刑法第三百二十四条第一款、第二款规定的故意损毁文物罪、故意损毁名胜古迹罪的，依照处罚较重的规定定罪处罚。

3. 刑法第三百二十八条第一款第三项规定的“多次盗掘”是指盗掘三次以上。对于行为人基于同一或者概括犯意，在同一古文化遗址、古墓葬本体周边一定范围内实施连续盗掘，已损害古文化遗址、古墓葬的历史、艺术、科学价值的，一般应认定为一次盗掘。

（二）准确认定盗窃行为

采用破坏性手段盗窃古建筑、石窟寺、石刻、壁画、近现代重要史迹和代表性建筑等不可移动文物未遂，具有下列情形之一的，应当依法追究刑事责任：

1. 针对全国重点文物保护单位、省级文物保护单位中的建筑构件、壁画、雕塑、石刻等实施盗窃，损害文物本体历史、艺术、科学价值，情节严重的；

2. 以被确定为市、县级以上文物保护单位整体为盗窃目标的；

3. 造成市、县级以上文物保护单位的不可移动文物本体损毁的；

4. 针对不可移动文物中的建筑构件、壁画、雕塑、石刻等实施盗窃，所涉部分具有等同于三级以上文物历史、艺术、科学价值的；

5. 其他情节严重的情形。

实施前款规定的行为，同时构成刑法第三百二十四条第一款、第二款规定的故意损毁文物罪、故意损毁名胜古迹罪的，依照处罚较重的规定定罪处罚。

（三）准确认定掩饰、隐瞒与倒卖行为

1. 明知是盗窃文物、盗掘古文化遗址、古墓葬等犯罪所获取的文物，而予以窝藏、转移、收购、加工、代为销售或者以其他方法掩饰、隐瞒的，符合《文物犯罪解释》第九条规定的，以刑法第三百一十二条规定的掩饰、隐瞒犯罪所得罪追究刑事责任。

对是否“明知”，应当结合行为人的认知能力、既往经历、行为次数和手段，与实施盗掘、盗窃、倒卖文物等犯罪行为人的关系，获利情况，是否故意规避调查，涉案文物外观形态、价格等主、客观因素进行综合审查判断。具有下列情形之一，行为人不能做出合理解释的，可以认定其“明知”，但有相反证据的除外：

（1）采用黑话、暗语等方式进行联络交易的；

（2）通过伪装、隐匿文物等方式逃避检查，或者以暴力等方式抗拒检查的；

（3）曾因实施盗掘、盗窃、走私、倒卖文物等犯罪被追究刑事责任，或者二年内受过行政处罚的；

（4）有其他证据足以证明行为人应当知道的情形。

2. 出售或者为出售而收购、运输、储存《中华人民共和国文物保护法》第五十一条规定的“国家禁止买卖的文物”，可以结合行为人的从业经历、认知能力、违法犯罪记录、供述情况，交易的价格、次数、件数、场所，文物的来源、外观形态等综合审查判断，认定其行为系刑法第三百二十六条规定的“以牟利为目的”，但文物来源符合《中华人民共和国文物保护法》第五十条规定的除外。

三、涉案文物的认定和鉴定评估

对案件涉及的文物等级、类别、价值等专门性问题，如是否属于古文化遗址、古墓葬、古建筑、石窟寺、石刻、壁画、近代现代重要史迹和代表性建筑等不可移动文物，是否具有历史、艺术、科学价值，是否属于各级文物保护单位，是否属于珍贵文物，以及有关行为对文物造成的损毁程度和对文物价值造成的影响等，案发前文物行政部门已作认定的，可以直接对有关案件事实作出认定；案发前未作认定的，可以结合国务院文物行政部门指定的机构出具的《涉案文物鉴定评估报告》作出认定，必要时，办案机关可以依法提请文物行政部门对有关问题作出说明。《涉案文物鉴定评估报告》应当依照《涉案文物鉴定评估管理办法》（文物博发〔2018〕4号）规定的程序和格式文本出具。

四、文物犯罪案件管辖

文物犯罪案件一般由犯罪地的公安机关管辖，包括文物犯罪的预谋地、工具准备地、勘探地、盗掘地、盗窃地、途经地、交易地、倒卖信息发布地、出口（境）地、涉案不可移动文物的所在地、涉案文物的实际取得地、藏匿地、转移地、加工地、储存地、销售地等。多个公安机关都有权立案侦查的文物犯罪案件，由主要犯罪地公安机关立案侦查。

具有下列情形之一的，有关公安机关可以在其职责范围内并案处理：

（1）一人犯数罪的；

（2）共同犯罪的；

（3）共同犯罪的犯罪嫌疑人还实施其他犯罪的；

（4）三人以上时分时合，交叉结伙作案的；

（5）多个犯罪嫌疑人实施的盗掘、盗窃、倒卖、掩饰、隐瞒、走私等犯罪存在直接关联，或者形成多层级犯罪链条，并案处理有利于查明案件事实的。

五、宽严相济刑事政策的应用

（一）要着眼出资、勘探、盗掘、盗窃、倒卖、收赃、走私等整个文物犯罪网络开展打击，深挖幕后金主，斩断文物犯罪链条，对虽未具体参与实施有关犯罪实行行为，但作为幕后纠集、组织、指挥、筹划、出资、教唆者，在共同犯罪中起主要作用的，可以依法认定为主犯。

（二）对曾因文物违法犯罪而受过行政处罚或者被追究刑事责任、多次实施文物违法犯罪行为、以及国家工作人员实施本意见规定相关犯罪行为的，可以酌情从重处罚。

（三）正确运用自首、立功、认罪认罚从宽等制度，充分发挥刑罚的惩治和预防功能。对积极退回或协助追回文物，协助抓捕重大文物犯罪嫌疑人，以及提供重要线索，对侦破、查明其他重大文物犯罪案件起关键作用的，依法从宽处理。

（四）人民法院、人民检察院、公安机关应当加强与文物行政等部门的沟通协调，强化行刑衔接，对不构成犯罪的案件，依据有关规定及时移交。公安机关依法扣押的国家禁止经营的文物，经审查与案件无关的，应当交由文物行政等有关部门依法予以处理。文物行政等部门在查办案件中，发现涉嫌构成犯罪的案件，依据有关规定及时向公安机关移送。

最高人民法院、最高人民检察院关于办理走私刑事案件适用法律若干问题的解释（节录）

· 2014 年 2 月 24 日最高人民法院审判委员会第 1608 次会议、2014 年 6 月 13 日最高人民检察院第十二届检察委员会第 23 次会议通过
· 2014 年 8 月 12 日最高人民法院、最高人民检察院公告公布
· 自 2014 年 9 月 10 日起施行
· 法释〔2014〕10 号

……

第八条 走私国家禁止出口的三级文物二件以下的，可以认定为刑法第一百五十一条第二款规定的“情节较轻”。

具有下列情形之一的，依照刑法第一百五十一条第二款的规定处五年以上十年以下有期徒刑，并处罚金：

（一）走私国家禁止出口的二级文物不满三件，或者三级文

物三件以上不满九件的；

（二）走私国家禁止出口的三级文物不满三件，且具有造成文物严重毁损或者无法追回等情节的。

具有下列情形之一的，应当认定为刑法第一百五十一条第二款规定的“情节特别严重”：

（一）走私国家禁止出口的一级文物一件以上，或者二级文物三件以上，或者三级文物九件以上的；

（二）走私国家禁止出口的文物达到第二款第一项规定的数量标准，且属于犯罪集团的首要分子，使用特种车辆从事走私活动，或者造成文物严重毁损、无法追回等情形的。

……

三、办案规范

文物行政处罚程序暂行规定

· 2005 年 1 月 24 日文化部令第 33 号发布

· 自发布之日起施行

第一章　总　则

第一条　为规范文物行政部门的行政处罚行为，保护公民、法人和其他组织的合法权益，根据《中华人民共和国行政处罚法》、《中华人民共和国文物保护法》及其他有关法律、行政法规的规定，制定本规定。

第二条　国务院文物行政部门以及县级以上地方各级文物行政部门，对违反文物保护法律、法规的行为实施行政处罚的，适用本规定。法律、法规另有规定的，从其规定。

第三条　文物行政部门实施行政处罚应当遵循以下原则：

（一）以法律、法规、规章为依据；

（二）遵循法定程序；

（三）公正、公平地行使法律赋予的行政职权；

（四）坚持处罚与教育相结合。

第四条 上级文物行政部门对下级文物行政部门实施的文物行政处罚行为进行监督。上级文物行政部门对下级文物行政部门违法作出的行政处罚决定，可责令其限期改正。逾期不改正的，上级文物行政部门有权依法对违法作出的行政处罚决定予以变更或者撤销。

第二章 管 辖

第五条 文物行政处罚由违法行为发生地的县级以上地方文物行政部门管辖。法律、法规另有规定的除外。

第六条 国务院文物行政部门督查并指导地方文物行政部门处理全国范围有重大影响的行政处罚案件。

省级文物行政部门可依据有关规定和本地区实际情况，规定辖区内的级别管辖。

第七条 上级文物行政部门必要时可依法直接管辖下级文物行政部门管辖的行政处罚案件；下级文物行政部门对其管辖的行政处罚案件，认为需要由上级文物行政部门管辖时，可以报请上级文物行政部门决定。

第八条 两个以上地方文物行政部门对同一违法行为均有管辖权时，应当由先立案的文物行政部门管辖。

地方文物行政部门因管辖权发生争议的，由争议双方协商解决；协商不成的，报请共同的上一级文物行政部门指定管辖，其共同的上一级文物行政部门也可以直接指定管辖。

第九条 地方文物行政部门发现案件不属于本单位管辖或者主管的，应当将相关材料移送有管辖权的文物行政部门或者相关的行政部门处理，同时报上一级文物行政部门备案。受移送的文物行政部门应当将案件处理结果及时函告移送案件的文物行政部门。

受移送的文物行政部门如果认为移送不当，应当报请共同的上一级文物行政部门指定管辖，不得再次移送。

第三章 立 案

第十条 文物行政部门对下列途径发现的违法案件应当及时处理：

（一）在检查中发现的；

（二）公民、法人及其他组织举报的；

（三）上级交办的，下级报请处理的，或者有关部门移送的。

第十一条 文物行政部门适用一般程序处理违法行为的，应当立案。

第十二条 文物行政部门发现违法行为具有下列情形的，应当在5日内立案：

（一）有明确的违法嫌疑人；

（二）有客观的违法事实；

（三）属于文物行政处罚的范围；

（四）属于本部门管辖。

决定立案的，应当填写立案审批表，报本部门主管负责人批准，并确定两名以上文物行政执法人员为案件承办人。

第十三条 文物行政执法人员在执法检查过程中，发现违法行为正在实施，情况紧急的，可以采取下列措施：

（一）对违法行为予以制止或者纠正；

（二）对涉案文物依法先行登记保存；

（三）收集、调取其他有关证据。

文物行政执法人员应当及时将有关情况和材料报告所属文物行政部门，并办理立案手续。

第十四条 有下列情形之一的文物行政执法人员，不能被确定为案件承办人：

（一）是案件当事人或者当事人近亲属的；

（二）与案件有直接利害关系的；

（三）与案件当事人有其他关系，可能影响案件公正处理的。

案件承办人具有上述情形之一的，应当自行申请回避。当事人认为案件承办人符合上述情形之一时，可以向文物行政部门申请回避。案件承办人的回避由本部门主管负责人决定。

第四章　调查取证

第十五条　案件立案后，案件承办人应当及时收集、调取证据。

第十六条　案件承办人调查案件，不得少于两人。案件承办人在调查取证时，应当出示执法证件。

对涉及国家机密、商业秘密和个人隐私的，案件承办人应当保守秘密。

第十七条　案件承办人可以对当事人及证明人进行询问。询问应当单独进行。询问前应当告知其如实陈述事实、提供证据。

询问应当制作笔录，并交被询问人核对；对没有阅读能力的，应当向其宣读。笔录如有差错、遗漏，应当允许其更正或者补充。经核对无误后，由被询问人逐页在笔录上签名或者盖章。案件承办人也应当在笔录上签名。被询问人拒绝签名或者盖章的，案件承办人应当在笔录上注明。

第十八条　案件承办人进行现场检查时，当事人应当在场。案件承办人应当制作现场检查笔录，当事人应当签名并注明对该笔录真实性的意见；当事人拒绝到场或者签名的，应当由案件承办人在现场笔录中注明。

第十九条　案件承办人可以要求当事人及证明人提供相关证明材料，并由材料提供人在有关材料上签名或者盖章。材料提供人拒绝签名或者盖章的，案件承办人应当在材料上注明。

第二十条 案件承办人调取的证据应当是原件、原物。调取原件、原物确有困难的，可由提交证据复制品的单位或者个人在复制品上盖章或者签名，并注明“与原件（物）相同”字样或者文字说明。

第二十一条 在证据可能灭失，或者以后难以取得的情况下，案件承办人应当填写先行登记保存证据审批表，报本部门主管负责人批准。先行登记保存证据时，案件承办人应当向当事人出具先行登记保存证据通知书。

第二十二条 文物行政部门实施先行登记保存证据时，应当有当事人在场。当事人拒绝到场的，案件承办人可以邀请有关人员参加。

对先行登记保存的证据应当开列物品清单，由案件承办人、当事人或者其他有关人员签名或者盖章。

当事人拒绝签名、盖章或者接收物品清单的，应当由案件承办人在清单上签名并注明情况。

第二十三条 对于先行登记保存的证据，应当在7日内作出处理决定：

（一）需要进行技术检验或者鉴定的，送交检验或者鉴定；

（二）依法不需要没收的物品，退还当事人；

（三）依法应当移交有关部门处理的，移交有关部门。

法律另有规定的，从其规定。

第二十四条 文物行政部门在处理案件过程中，需要委托其他文物行政部门调查的，应当出具文物执法调查委托书。受委托的文物行政部门应当积极完成调查工作。

第二十五条 对案件处理过程中需要解决的专业性问题，文物行政部门应当委托专门机构或者聘请专业人员提出意见。

文物的鉴定，应当以办理案件的文物行政部门所在地省级文物鉴定机构的鉴定意见为准。国家文物鉴定机构可以根据办理案件的文物行政部门的申请，对省级文物鉴定机构的鉴定意见进行复核。

第五章　处罚决定

第一节　简易程序

第二十六条　对于违法事实清楚、证据确凿，依法应当作出下列行政处罚的，可以当场作出行政处罚决定：

（一）警告；

（二）对公民处以50元以下罚款；

（三）对法人或者其他组织处以1000元以下罚款。

第二十七条　文物行政执法人员当场作出行政处罚决定的，应当向当事人出示执法证件，并填写加盖文物行政部门公章的当场处罚决定书。

当场处罚决定书应当载明当事人的违法行为，行政处罚依据（适用的法律、法规、规章名称及具体条款），具体处罚的内容、时间、地点，不服行政处罚决定申请行政复议或者提起行政诉讼的途径，以及文物行政部门名称等内容。

当场处罚决定书由文物行政执法人员填写并签名后，当场交付当事人。

第二十八条　文物行政执法人员当场作出的行政处罚决定，应当报所属文物行政部门备案。

第二节　一般程序

第二十九条　违法行为经立案并调查终结后，案件承办人应当制作调查终结报告，报文物行政部门负责人审查。

第三十条　办理案件的文物行政部门负责人对调查结果进行审查，根据不同情况分别作出如下决定：

（一）确有应当受行政处罚的违法行为的，根据情节轻重及具体情况，作出行政处罚决定；

（二）违法行为轻微，依法可以不予行政处罚的，不予行政处罚；

（三）违法事实不能成立的，不得给予行政处罚；

（四）违法行为已构成犯罪的，移送司法机关。

对情节复杂或者重大违法行为给予较重的行政处罚，文物行政部门的负责人应当集体讨论决定。

第三十一条 文物行政部门拟作出行政处罚决定的，应当由本部门负责人签发行政处罚告知书。行政处罚告知书应当载明拟作出行政处罚决定的事实、理由和依据，并告知当事人依法享有的陈述权、申辩权和其他权利。

第三十二条 当事人要求陈述、申辩的，应当在收到行政处罚告知书后 3 日内，向文物行政部门提出陈述、申辩意见以及相应的事实、理由。当事人在此期间未行使陈述权、申辩权的，视为放弃权利。当事人放弃权利的，由文物行政部门负责人签发行政处罚决定书，并送达当事人。

第三十三条 案件承办人应当充分听取当事人的陈述、申辩意见，对当事人提出的事实、理由进行复核，并向文物行政部门负责人提交复核报告。

案件承办人不得因当事人的申辩加重对当事人的处罚。

第三十四条 文物行政部门负责人根据复核情况作出最终决定，并签发行政处罚决定书。行政处罚决定书应当载明下列事项：

（一）当事人的姓名或者名称、地址；

（二）违反法律、法规或者规章的事实和证据；

（三）行政处罚的种类和依据；

（四）行政处罚的履行方式和期限；

（五）不服行政处罚决定，申请行政复议或者提起行政诉讼的途径和期限；

（六）作出行政处罚决定的文物行政部门名称和作出决定的日期。

行政处罚决定书应当加盖作出行政处罚决定的文物行政部门的印章。

第三节　听证程序

第三十五条　文物行政部门作出责令停产停业、吊销许可证或者执照、较大数额罚款等行政处罚决定之前，应当告知当事人有要求举行听证的权利；当事人要求听证的，文物行政部门应当组织听证。

地方文物行政部门对较大数额罚款的界定，依照当地省级人大常委会或者人民政府的具体规定执行。

第三十六条　文物行政部门对于符合听证程序条件的案件，应当在作出行政处罚决定前，向当事人送达听证通知。

第三十七条　当事人在收到听证通知后 3 日内提出听证要求的，文物行政部门应当在当事人提出听证要求之日起 3 日内确定听证人员的组成、听证时间、地点和方式，并在举行听证 7 日前通知当事人。

第三十八条　除涉及国家秘密、商业秘密或者个人隐私外，听证应当公开举行。

第三十九条　文物行政部门主管负责人应当指定本部门非本案承办人员担任听证主持人和书记员。

当事人认为听证主持人和书记员与本案有利害关系的，有权申请回避。听证主持人和书记员的回避由文物行政部门主管负责人决定。

第四十条　当事人收到听证通知后，应当按时参加听证，也可以委托 1 至 2 人代理听证。委托他人代理听证的，应当向听证主持人提交由当事人签名或者盖章的委托书。

当事人无正当理由不按时参加听证的，视为放弃听证要求。

第四十一条　举行听证时，案件承办人应当提出当事人违法的事实、证据和行政处罚建议；当事人可以进行申辩和质证。

第四十二条　举行听证应当制作听证笔录。听证笔录应当载明下列事项：

（一）案由；

（二）听证参加人姓名或者名称、地址；
（三）听证主持人、书记员姓名；
（四）举行听证的时间、地点；
（五）案件承办人提出的事实、证据和行政处罚建议；
（六）当事人陈述、申辩和质证的内容；
（七）听证参加人签名或者盖章。

听证结束后，听证笔录应当交当事人和案件承办人审核无误后签名或者盖章。当事人拒绝签名或者盖章的，应当在听证笔录上注明。

第四十三条　听证结束后，文物行政部门依照本规定第三十条的规定，作出决定。

第六章　送达和执行

第四十四条　行政处罚决定书应当当场交付当事人；当事人不在场的，文物行政部门应当依照民事诉讼法的有关规定在 7 日内送达当事人。

第四十五条　行政处罚决定书送达后，当事人应当在规定期限内对处罚决定予以履行。

当事人确有经济困难，需要延期或者分期缴纳罚款的，经当事人提出书面申请，报文物行政部门负责人批准。

第四十六条　作出罚款和没收违法所得决定的文物行政部门应当与收缴罚没款的机构分离。除按规定当场收缴的罚款外，文物行政执法人员不得自行收缴罚没款。

第四十七条　当场作出行政处罚决定，有下列情形之一的，文物行政执法人员可以当场收缴罚款：

（一）依法给予 20 元以下罚款的；
（二）不当场收缴事后难以执行的。

第四十八条　在边远、水上、交通不便地区，文物行政执法人员依照本规定作出罚款决定后，当事人向指定的银行缴纳罚款确有困难，经当事人提出，文物行政执法人员可以当场收缴罚款。

第四十九条　文物行政执法人员当场收缴罚款的，应当向当事人出具省级财政部门统一制发的罚款收据。

文物行政执法人员当场收缴的罚款，应当自收缴罚款之日起2日内交至文物行政部门；文物行政部门应当在2日内将罚款缴付指定的银行。

第五十条　当事人逾期不履行行政处罚决定的，文物行政部门应当申请人民法院强制执行。

第五十一条　行政处罚决定履行或者执行后，案件承办人应当填写结案报告，报文物行政部门负责人批准。

第七章　附　则

第五十二条　行政处罚决定执行完毕后，文物行政部门应当及时将案件材料立卷归档。

第五十三条　本规定自发布之日起施行。

文物行政执法公示办法（试行）

· 2021年11月5日

· 文物督发〔2021〕35号

第一条　为提高文物行政执法工作的透明度，促进严格规范公正文明执法，根据《中华人民共和国文物保护法》《中华人民共和国行政处罚法》《中华人民共和国政府信息公开条例》《国务院办公厅关于全面推行行政执法公示制度执法全过程记录制度重大执法决定法制审核制度的指导意见》等规定，结合文物行政执法工作实际，制定本办法。

第二条　本办法适用于文物行政执法机关依法实施的行政执

法公示工作。

本办法所称文物行政执法公示，是指文物行政执法机关通过采取一定载体和方式，在行政执法事前、事中和事后各个环节，依法将本机关的行政执法信息主动向社会公开的活动，以保障行政管理相对人和社会公众的知情权、参与权、表达权、监督权。

第三条 文物行政执法公示应当按照“谁执法谁公示”的原则，明确公示内容的采集、传递、审核、发布职责，及时、主动公开或者公示文物行政执法信息。

第四条 文物行政执法机关应当将本机关行政执法信息纳入同级人民政府行政执法信息统一公示平台，实现执法信息互联互通，可采用以下形式进行公示：

（一）政府网站及政务新媒体；

（二）新闻发布会以及电视、报刊、广播等途径；

（三）公示栏或者电子显示屏；

（四）其他公示方式。

第五条 文物行政执法机关应结合政府信息公开、权责清单公布、“双随机、一公开”监管等工作，事前公开以下事项：

（一）行政执法主体；

（二）行政执法人员姓名、执法证编号等基本信息；

（三）执法机关的职责、权限；

（四）随机抽查事项清单；

（五）行政执法的执法依据、执法程序；

（六）监督、投诉举报的方式和途径；

（七）行政管理相对人的救济途径、方式和期限等；

（八）其他应当公示的内容。

第六条 新颁布或者修改、废止的法律、法规、规章引起行政执法公示内容发生变化的，文物行政执法机关应当在有关法律、法规、规章生效或者废止后及时更新相关公示内容。

因执法职能调整引起行政执法公示内容发生变化的，文物行政执法机关应当在调整后及时更新相关公示内容。

第七条 文物行政执法机关应当编制并公开本机关文物行政执法流程，明确行政执法事项名称、办理流程、办理时限、监督方式、责任追究、救济渠道等内容。

第八条 文物行政执法机关应当加强执法工作着装管理，规范执法车辆标识，公布举报监督电话。

执法人员开展现场检查、调查取证、文书送达等执法活动时，应当出示执法证件，出具现场检查、责令改正、处罚决定等执法文书，告知行政管理相对人执法事项、执法依据、权利义务、救济途径等内容，做好告知说明工作。

第九条 文物行政执法机关在事后环节应当主动公开执法机关、执法对象、涉案文物、执法类别、执法结论等信息，以及法律、法规、规章或者规范性文件规定应当事后公开的其他行政执法信息。

第十条 文物行政处罚的执法决定信息应当在执法决定作出之日起7个工作日内公开。其他的文物行政执法信息，应当自信息形成或者变更之日起20个工作日内予以公开。

法律、法规、规章对公示期限另有规定的除外。

第十一条 文物行政执法机关可以采取信息摘要或者全文公开的方式公开行政执法决定。

采取信息摘要方式公开行政执法决定的，应当公开行政执法决定书的文号、案件名称、当事人姓氏或者名称、违法事实、法律依据、执法决定、执法主体名称、日期等。

文物行政执法决定书全文公开时，应当隐去下列信息：

（一）法定代表人、行政执法决定相对人（个人）以外的自然人名字；

（二）自然人的家庭住址、身份证号码、通讯方式、银行账号、动产或者不动产权属证书编号、财产状况等；

（三）法人或者其他组织的银行账号、动产或者不动产权属证书编号、财产状况等；

（四）法律、法规、规章规定应当隐去的其他信息。

第十二条 文物行政执法机关应当构建分工明确、职责明晰、便捷高效的行政执法公示运行机制，明确专门机构和人员负责公示内容的收集、整理、汇总、发布和更新工作。

第十三条 文物行政执法公示内容实行审核制，公示事项内容应当经本机关负责人批准后进行公示。

第十四条 文物行政执法机关发现公开的公示内容不准确的，应当主动更正。文物行政执法决定因行政复议、行政诉讼或者其他原因被变更、撤销或者被确认违法的，行政执法机关应当及时撤回原行政执法决定信息，重新作出行政执法决定信息的应当按照本办法规定予以公布。

公民、法人或者其他组织有证据证明主动公开的公示内容不准确的，可以以书面形式要求文物行政执法机关予以更正。文物行政执法机关应当在收到书面更正要求后15个工作日内，进行核实并作出处理。

第十五条 依法确定为国家秘密的行政执法信息，法律、行政法规禁止公示的行政执法信息，以及公开后可能危及国家安全、公共安全、经济安全、社会稳定的行政执法信息，不予公开。

文物行政执法机关不得公开涉及商业秘密、个人隐私的行政执法信息。但是，经权利人同意公开或者文物行政执法机关认为不公开可能对公共利益造成重大影响的可以公开。

第十六条 上级文物行政执法机关应当加强对下级文物行政执法机关行政执法公示工作的监督检查。

第十七条 文物行政执法机关及其工作人员有下列情形之一的，由上级主管部门或者有关部门责令改正；造成严重后果的，对负有责任的领导人员和直接责任人员，依法给予政务处分：

（一）应当公示而未按规定予以公示的；

（二）应当公示而未及时公示的；

（三）因玩忽职守、弄虚作假、隐瞒事实致使公示内容错误的；

（四）擅自公示未经审核或者审核未通过的公示内容的；

（五）其他违反本办法的行为。

第十八条 受委托实施文物行政执法的组织开展行政执法公示工作，适用本办法。

第十九条 本办法由国家文物局负责解释。

第二十条 本办法自公布之日起施行。

文物行政执法全过程记录办法（试行）

· 2021年11月5日

· 文物督发〔2021〕35号

第一条 为规范文物行政执法行为，保护公民、法人或者其他组织的合法权益，根据《中华人民共和国文物保护法》《中华人民共和国行政处罚法》《国务院办公厅关于全面推行行政执法公示制度执法全过程记录制度重大执法决定法制审核制度的指导意见》等规定，结合文物行政执法工作实际，制定本办法。

第二条 文物行政执法机关依据法律、法规、规章实施行政执法行为的全过程记录，适用本办法。

本办法所称文物行政执法全过程记录，是指文物行政执法机关及其所属文物行政执法人员通过文字、音像等记录形式，对行政执法的启动、调查取证、审核决定、送达执行等全过程进行记录，并全面系统归档保存的活动。

第三条 执法全过程记录应当坚持合法、客观、公正的原则，全面、准确、真实记录行政执法行为，全面系统归档保存，做到执法全过程留痕和可回溯管理。

第四条 文物行政执法机关应当根据文物行政执法需要配备执法记录设备，建立健全文物行政执法全过程记录信息收集、保存、管理和使用等工作制度，充分运用信息化手段，及时归集行政执法信息，提高行政执法记录的信息化水平，逐步实现文物行政执法信息实时全记录。执法记录设备和信息化等所需费用纳入文物行政执法等经费予以保障。

第五条 文物行政执法全过程记录包括文字记录和音像记录。

文字记录是指以行政执法文书、调查取证相关文书、鉴定意见、专家论证报告、听证报告、内部程序审批表、送达回证等纸质文件或者电子文件形式对行政执法活动进行全过程记录的方式。

音像记录是指通过照相机、录音机、摄像机、执法记录仪、视频监控等执法记录设备，实时对行政执法过程进行记录的方式。

第六条 依法启动文物行政执法程序的，应当记录案件来源和立案情况。

依法不启动文物行政执法程序的，应当记录不启动的原因、告知当事人或者向社会公示等有关情况。

第七条 调查取证、听证和告知环节应当记录下列事项：

（一）执法人员姓名、执法证件编号及执法证件出示的情况；

（二）涉案文物名称、级别、管理使用单位、安全直接责任人等基本信息；

（三）询问当事人或证人的，应当制作询问笔录，载明当事人或者有关人员的基本情况、询问的时间和地点以及询问内容；

（四）向有关单位和个人调取书证、物证的，应当制作证据登记清单，载明取证人、取证日期和证据出处等；

（五）现场检查（勘验）的，应当制作现场检查（勘验）笔录，载明现场检查（勘验）的时间、地点、在场人、检查人、检查或勘验情况；

（六）检验、检测、鉴定、专家评审和公示等情况；

（七）抽样取证的，应当制作抽样取证记录，并出具抽样物品清单；

（八）采取证据先行登记保存措施的，应当记录证据先行登记保存的启动理由、具体标的、形式，出具先行登记保存证据决定或者先行登记保存清单；

（九）告知当事人陈述、申辩、申请回避、听证等权利，应当记录告知的方式和内容，并如实记录当事人陈述、申辩、申请回避、听证的情况；

（十）听证主持人、听证当事人相关信息、听证时间、地点及听证情况；

（十一）其他需要记录的情况。

第八条 决定环节应当记录下列事项：

（一）承办人的处理意见及事实理由、法律依据；

（二）承办机构的处理意见；

（三）重大文物行政执法决定的法制审核和重大文物行政执法决定的集体讨论情况；

（四）审批决定意见；

（五）其他需要记录的情况。

第九条 送达与执行环节应当记录下列事项：

（一）送达的时间、地点、方式及送达的情况；

（二）当事人履行行政执法决定的情况，其中对于依法应责令改正的，应当记录核查情况；

（三）告知当事人行政救济途径的情况；

（四）其他需要记录的情况。

第十条 送达行政执法文书，应当根据不同情况记录以下事项：

（一）直接送达的，由送达人、受送达人或者符合法定条件的签收人在送达回证上签名或者盖章；

（二）邮寄送达的，留存邮寄送达的付邮凭证和回执或者寄达查询记录；

（三）留置送达的，应当记录留置事由、留置地点和时间，由送达人和见证人签名或者盖章；

（四）公告送达的，留存书面公告并记录公告送达的原因和经过以及公告方式和载体。

第十一条 归档管理环节应当记录案件的结案归档情况。

第十二条 文字记录能够全面有效记录行政执法行为的，可以不进行音像记录。

对现场执法、调查取证、证据保全、举行听证、留置送达和公告送达等容易引发争议的行政执法过程，应当进行音像记录。

对可能直接涉及人民群众生命健康、重大财产权益的现场执法活动和执法场所，文物行政执法机关应当进行全过程音像记录。

第十三条 全过程音像记录应当自行政执法行为开始起，至行政执法行为结束止，进行不间断记录，不得选择性记录。

第十四条 全过程音像记录应当准确记录以下内容：

（一）执法现场环境；

（二）执法行为开始和结束的时间；

（三）执法人员、当事人、第三人等现场有关人员情况；

（四）涉案文物、涉案场所、设施、设备和财物等；

（五）执法人员出示执法证件、调查取证、送达执法文书等执法过程情况；

（六）其他应当记录的内容。

第十五条 执法活动结束后，执法人员应当及时将执法音像资料导出保存。连续工作、异地执法办案或者在偏远、交通不便地区执法办案，确实无法及时移交资料的，应当在返回单位后二十四小时内移交。

第十六条 文物行政执法机关应当做好执法记录设备的维护、保养和管理，保证执法记录设备的正常使用。

执法记录设备录音录像过程中，因故障、损坏或者电量不足、存储空间不足、天气情况恶劣等原因中止记录的，应当进行记录说明。

第十七条 文物行政执法机关应当建立健全执法全过程记录资料的管理制度，明确专门人员负责文字记录和音像记录资料的归档、保存。

第十八条 有下列情形之一的，应当长期保存音像记录：

（一）当事人对现场执法有异议或者投诉、信访的；

（二）当事人逃避、拒绝、阻碍执法人员依法执行公务的；

（三）执法人员参与处置群体性事件、突发事件的；

（四）其他需要长期保存的。

第十九条 文字记录、音像记录涉及国家秘密、商业秘密、个人隐私的，按照国家保密等相关法律法规进行管理。

第二十条 文物行政执法机关应当定期对执法记录设备反映的执法人员队容风纪、文明执法情况进行抽检，对记录的案卷、音像资料进行检查，并建立检查台账。

第二十一条 文物行政执法机关应当加强数据统计分析，将执法记录信息运用到案卷评查、执法监督、评议考核、舆情应对、行政决策和社会信用体系建设等工作。

第二十二条 文物行政执法机关及其工作人员有下列情形之一的，由其所属文物行政执法机关、上级文物行政执法机关或者有关部门责令改正，对责任人员进行批评或者通报批评；情节严重的，对负有责任的领导人员和直接责任人员依法给予政务处分；涉嫌构成犯罪的，依法移送司法机关追究刑事责任：

（一）未履行或者未按要求履行执法全过程记录的；

（二）未按规定储存或者保护，致使执法记录信息损毁、灭失的；

（三）修改、删除或者故意损毁执法记录信息的；

（四）泄露执法记录信息的；

（五）其他违反执法记录管理规定的行为。

第二十三条 本办法所称重大财产权益，由各级文物行政执法机关参照本地重大案件、集体讨论案件、听证案件等标准，结合实际情况制定。

第二十四条 受委托实施文物行政执法的组织实施行政执法全过程记录，适用本办法。

第二十五条 本办法由国家文物局负责解释。

第二十六条 本办法自公布之日起施行。

重大文物行政执法决定法制审核办法（试行）

·2021年11月5日
·文物督发〔2021〕35号

第一条 为规范文物行政执法行为，保护公民、法人和其他组织的合法权益，加强对重大文物行政执法行为的监督，依据《中华人民共和国文物保护法》《中华人民共和国行政处罚法》《国务院办公厅关于全面推行行政执法公示制度执法全过程记录制度重大执法决定法制审核制度的指导意见》等规定，结合文物行政执法工作实际，制定本办法。

第二条 文物行政执法机关对重大文物行政执法决定进行法制审核，适用本办法。

第三条 文物行政执法机关作出重大执法决定之前，应当进行法制审核。未经审核或者审核未通过的，不得作出决定。

第四条 文物行政执法机关应当设立法制审核机构负责本机关的重大执法决定法制审核工作；没有法制审核机构的，文物行政执法机关应当配备专门的法制审核人员负责重大执法决定法制审核工作。

文物行政执法机关的法制审核机构应当与本机关具体负责文物行政执法工作的机构（以下简称执法承办机构）分开设置。

第五条 文物行政执法机关要充分发挥法律顾问、公职律师在法制审核工作中的作用，特别是针对基层存在的法制审核专业人员数量不足、分布不均等问题，探索建立健全本系统内法律顾问、公职律师统筹调用机制，实现法律专业人才资源共享。

第六条 本办法所称重大文物行政执法决定，是指符合以下情形之一的：

（一）涉及重大公共利益，可能引发社会风险，公众反映强烈、社会影响恶劣的；

（二）直接关系行政相对人或者第三人重大权益的；

（三）履行听证程序的；

（四）案件情况疑难复杂的、涉及多个法律关系的；

（五）法律、法规、规章或者规范性文件规定应当进行法制审核的其他情形。

第七条 文物行政执法机关应当根据法律、法规、规章规定，结合本机关执法职责、执法层级、涉及文物的级别及影响、涉案金额等因素，按照执法类别，编制重大文物行政执法决定法制审核事项清单。

第八条 执法承办机构应当在重大文物行政执法事项调查取证完毕提出处理意见后，送法制审核机构或者法制审核人员进行法制审核。通过法制审核后，提交本文物行政执法机关负责人集体讨论决定。

第九条 文物行政执法机关作出重大执法决定前，执法承办机构应当向法制审核机构或者法制审核人员，提供与拟作出执法决定相关的所有主体、事实、证据和程序等文件材料以及其他应当送审的文件材料。

第十条 法制审核机构和法制审核人员应当对拟作出的重大文物行政执法决定从以下方面进行审核：

（一）行政执法主体是否合法，行政执法人员是否具备执法资格；

（二）行政执法程序是否合法；

（三）案件事实是否清楚，证据是否合法充分；

（四）适用法律、法规、规章是否准确，裁量基准运用是否适当；

（五）执法是否超越执法机关法定权限；

（六）行政执法文书是否完备、规范；

（七）违法行为是否涉嫌犯罪、需要移送司法机关；

（八）其他应当审核的内容。

第十一条 法制审核机构和法制审核人员对拟作出的重大文物行政执法决定进行审核后，根据不同情况，出具书面审核意见：

（一）对于主体合法、案件事实清楚、证据确实充分、法律适用正确、程序合法、裁量基准运用适当、执法文书制作规范的，出具同意的审核意见；

（二）对事实不清、证据不足的，出具重新调查或者补充调查的审核意见；

（三）对定性不准、法律适用错误或者裁量基准运用不当的，出具修正的审核意见；

（四）对超越管辖权限或者滥用职权的，出具不予同意的审核意见；

（五）对违反法定程序的，出具纠正的审核意见。

第十二条 法制审核机构和法制审核人员应自收到送审材料之日起 10 个工作日内完成法制审核工作。案情复杂的，经文物行政执法机关负责人批准，可延长 5 个工作日。

第十三条 执法承办机构收到审核同意的法制审核意见的，应当将法制审核意见与相关材料一并报请文物行政执法机关负责人依法决定。

执法承办机构收到其他法制审核意见的，应当根据法制审核意见补充材料或者改正。

第十四条 上级文物行政执法机关可以通过案卷评查、执法督察等方式对下级文物行政执法机关重大执法决定法制审核工作进行指导和监督。

文物行政执法机关应当建立定期培训制度，提高法制审核人员的法律素养和业务能力。

第十五条 执法人员有下列情形之一的，由其所属行政执法机关、上级行政机关或者有关部门责令改正；情节严重的，对负有责任的领导人员和直接责任人员依法给予政务处分；构成犯罪的，依法移送司法机关追究刑事责任：

（一）应当提交法制审核而未提交的；

（二）因玩忽职守、弄虚作假、隐瞒事实，造成重大执法决定错误的；

（三）拒不采纳法制审核机构审核意见，情节严重的；

（四）其他不履行法制审核职责的行为。

第十六条 受委托实施文物行政执法的组织开展重大执法决定法制审核工作，适用本办法。

第十七条 本办法由国家文物局负责解释。

第十八条 本办法自公布之日起施行。

文物违法行为举报管理办法（试行）

· 2015 年 8 月 10 日

· 文物督发〔2015〕13 号

第一条 为规范文物违法行为举报管理工作，推动各地文物行政部门主动接受社会监督，依法履行文物行政执法职责，及时查处文物行政违法案件，根据《中华人民共和国文物保护法》等法律法规，制定本办法。

第二条 本办法所称文物违法行为举报管理，是指各级文物行政部门对公民、法人和其他组织举报的涉嫌违反文物保护法律法规、应由文物行政部门调查处理的文物违法行为信息，依法开展的受理、核查与信息反馈等工作。

第三条 文物违法行为举报管理工作按照“属地管理，分级负责，便民高效、公开公正”的原则实施。

第四条 鼓励公民、法人和其他组织举报文物违法行为。各级文物行政部门保障举报人依法行使举报权利，保护举报人个人信息安全。

举报人应保证举报信息的真实性，不得虚假举报。故意虚构或歪曲事实，应承担相应法律后果。

第五条 国家文物局指导全国文物违法行为举报管理工作，受理涉及全国重点文物保护单位、馆藏一级文物，以及涉嫌损毁省级文物保护单位的违法行为举报信息，并予督办、转办，对重大案件线索组织调查核实。

国家文物局设立文物违法举报中心，承担文物违法行为举报受理的具体工作，并对各地工作情况进行统计分析。

第六条 各省、自治区、直辖市文物行政部门负责本行政区域内文物违法行为举报管理工作，受理涉及省级以上（含省级）文物保护单位、馆藏珍贵文物，以及涉嫌损毁不可移动文物本体的违法行为举报信息，并予督办、转办。对重大案件线索组织调查核实。

第七条 设区的市级文物行政部门对辖区内各县（市、区）文物违法行为举报受理工作进行督促检查，受理辖区内各级文物保护单位、馆藏文物，以及涉嫌损毁不可移动文物本体的违法行为举报信息，并组织调查处理。

第八条 各县（市、区）文物行政部门受理、核查辖区内不可移动文物、馆藏文物违法行为举报信息，并依法处理。

第九条 各级文物行政部门应建立信函、电话、网络等多种举报受理渠道，并主动对社会公开。适时开通文物违法举报热线。

第十条 文物违法行为信息举报受理范围：

（一）涉嫌损毁不可移动文物本体的行为；

（二）在文物保护单位的保护范围或者建设控制地带内发生的违法建设行为；

（三）擅自迁移、拆除不可移动文物或者擅自修缮不可移动文物，明显改变文物原状的违法行为；

（四）擅自在原址重建已全部毁坏的不可移动文物，造成文物破坏的违法行为；

（五）施工单位未取得文物保护工程资质证书，擅自从事文物修缮、迁移、重建的违法行为；

（六）涉及考古发掘的违法行为；

（七）涉及国有文物收藏单位和馆藏文物的违法行为；

（八）其他违反文物保护法律法规、应由文物行政部门调查处理的违法行为。

第十一条 对属于下列情形的举报信息，各级文物行政部门不予受理，登记后予以存档：

（一）不属于文物行政部门行政执法职责范围的；

（二）未提供违法行为信息或者无具体违法事实的；

（三）同一举报已经受理，举报人再次举报，但未提供新的违法事实的；

（四）已经或者依法应当通过诉讼、仲裁或行政复议等法定途径解决的；

（五）已经信访终结的；

（六）案发时间超出行政处罚时效的。

不属于受理范围的举报事项，应及时一次性告知举报人有权处理机关及相应举报途径。

第十二条 国家文物局和省级文物行政部门受理并督办、转办的举报信息，按照逐级交转原则，交由属地文物行政部门核查处理。重大案件线索，或属地文物行政部门应予回避的举报信息，国家文物局和省级文物行政部门可指定举报信息核查单位，或直接组织调查核实。

第十三条 设区市和县（市、区）文物行政部门受理举报信息，或接到上级督办、转办的举报信息后，应在15个工作日内完成实地核查。上级文物行政部门明确有核查时限的，应在时限要求内办结；情况复杂的，经上级交办部门同意，可适当延长办理期限。

举报信息经实地核查不属实的，由举报受理单位存档结项；属实或部分属实，确有违法行为的，由具有管辖权的文物行政部门依法实施行政处罚。

第十四条 各级文物行政部门受理举报信息后，对于实名举报，应自受理之日起60个工作日内，将办理情况反馈举报人。举报人对办理结果不满意的，应认真做好解释；举报人提供新的证据、需要进一步核实的，可进行复查并反馈。举报人对复查结果仍不满意，并以同一事实和理由重复举报的，不再受理。

第十五条 举报人对案件办结报告或执法文书申请信息公开的，应告知其案件文书基本信息，由文书制作单位负责具体信息公开事宜。

第十六条 各级文物行政部门应将文物违法行为举报管理经费纳入行政办公经费。鼓励各级文物行政部门建立文物违法行为举报奖励制度，设立举报奖励经费，对因举报使文物得到有效保护或免于重大损失的，给予举报人精神或物质奖励。

第十七条 各级文物行政部门应建立文物违法举报信息档案管理制度，妥善保管受理、核查及信息反馈过程中形成的资料，并及时整理归档。

第十八条 各级文物行政部门应建立文物违法举报信息季度、年度统计分析制度。各省、自治区、直辖市文物行政部门应将工作情况纳入《文物安全与行政执法工作情况统计表》，按照规定时限要求统计上报国家文物局。

第十九条 各地应根据实际情况，参照本办法制定实施细则。各级文物行政部门可将文物违法行为举报相关具体工作委托文物行政执法机构实施，并加强监督管理。

第二十条 本办法由国家文物局负责解释，自公布之日起实施。

文物保护单位执法巡查办法

·2011 年 12 月 20 日

·文物督发〔2011〕21 号

第一条 为了规范文物保护单位执法巡查工作，推动各地文物行政部门、文物执法机构依法履行文物行政执法监管职责，提高监管效率与能力，及时发现、制止并依法查处文物违法行为，根据《中华人民共和国文物保护法》、《中华人民共和国文物保护法实施条例》等法律、法规制定本办法。

第二条 本办法所称文物保护单位执法巡查工作，是指各级文物行政部门、文物执法机构，对本行政区域内各级文物保护单位进行的日常性检查工作。

第三条 文物保护单位执法巡查工作按照属地管理、分级负责的原则实施。各地可根据实际情况，参照本办法制定相应的实施细则，开展文物保护单位执法巡查工作。

第四条 国家文物局负责对全国重点文物保护单位进行抽查；对各地开展的文物保护单位执法巡查工作进行督察。

第五条 各省、自治区、直辖市文物行政部门、文物执法机构负责对本行政区域内省级以上（含省级）的文物保护单位进行巡查、抽查；对本行政区域内各设区市、县（市、区）文物行政部门、文物执法机构开展的文物保护单位执法巡查工作进行督察。

第六条 各设区市的文物行政部门、文物执法机构重点负责对本行政区域内市级以上（含市级）文物保护单位进行巡查，每年对每个市级以上（含市级）文物保护单位至少巡查一次；对本行政区域内县级文物保护单位进行抽查；对本行政区域内县（市、区）文物行政部门、文物执法机构开展的文物保护单位执法巡查工作进行督察。

第七条 各县（市、区）文物行政部门、文物执法机构负责对本行政区域内各级文物保护单位进行巡查，每年对本行政区域内每处文物保护单位至少巡查一次。

第八条 文物保护单位的管理使用单位（人）或者产权单位（人）应当配合各级文物行政部门、文物执法机构开展执法巡查，不得拒绝、阻碍。

文物保护单位的管理使用单位（人）或者产权单位（人）应当定期对文物保护单位的保护管理状况开展自查，对发现的问题及时整改，对发现的违法行为及时向所在地文物行政部门、文物执法机构报告。

第九条 上级文物行政部门、文物执法机构对文物保护单位执法巡查工作进行督察的内容包括：

（一）该行政区域内文物保护单位执法巡查工作的总体情况；

（二）对下级文物行政部门、执法机构开展的文物保护单位执法巡查工作进行抽查、督察的情况；

（三）在文物保护单位执法巡查和有关抽查、督察工作中发现的问题及整改意见的落实情况。

第十条 上级文物行政部门、文物执法机构对文物保护单位执法巡查工作进行督察，可采取以下方法：

（一）查看文物保护单位执法巡查、督察的工作计划；

（二）查看文物保护单位执法巡查工作相关文件和措施；

（三）查看文物保护单位执法巡查的电子与纸质档案；

（四）查看文物保护单位执法巡查工作抽查、督察的材料；

（五）实地检查。

第十一条 文物行政部门、文物执法机构开展文物保护单位执法巡查，应当重点检查以下内容：

（一）文物保护单位是否划定保护范围和建设控制地带，是否作出标志说明，是否建立记录档案，是否设置专门机构或者专人负责管理；

（二）文物保护单位内及其保护范围、建设控制地带内是否发生违法建设行为；

（三）是否发生擅自迁移、拆除文物保护单位或者擅自修缮文物保护单位，明显改变文物原状的违法行为；

（四）是否发生擅自在原址重建已全部毁坏的文物保护单位，造成文物破坏的违法行为；

（五）是否发生施工单位未取得文物保护工程资质证书，擅自从事文物修缮、迁移、重建的违法行为；

（六）是否发生擅自改变国有文物保护单位的用途、转让或者抵押国有文物保护单位或者将国有文物保护单位作为企业资产经营的违法行为；

（七）是否发生将非国有文物保护单位转让或者抵押给外国人的违法行为；

（八）是否发生考古发掘单位未经批准擅自在文物保护单位内进行考古发掘的违法行为；

（九）是否发生未经批准擅自在文物保护单位开展经营性活动的违法行为；

（十）其他涉及文物保护单位的违法违规行为。

第十二条 开展文物保护单位执法巡查工作时，巡查人员应当做好以下工作：

（一）如实记录被巡查文物保护单位的名称、类别、级别、地址、管理机构、使用或者所有权人、所有权属，以及巡查时间、巡查人员、发现的情况和采取的相应措施等；

（二）对被巡查文物保护单位的外观全景、主要组成部分和重要构件、标志说明、保护范围与建设控制地带状况及发现的违法行为现场等进行摄影、摄像；

（三）查阅被巡查文物保护单位的监测措施、维护保养记录、记录档案、依法开展有关工作的审批文件及其他书面材料，必要时应当复制存档。

第十三条 巡查、督察工作结束后，文物行政部门、文物执法机构应当及时以书面形式向被检查单位反馈意见。反馈意见应当明确指出存在的问题、违反的相关规定，并提出整改要求。

第十四条 各级文物行政部门、文物执法机构应当及时查处巡查、督察中发现的违法行为，对涉嫌构成犯罪的依法移交司法机关。

第十五条 文物保护单位执法巡查工作结束后，巡查人员要将基本工作情况、发现的问题、采取的措施和有关建议书面报告所属文物行政部门或者文物执法机构。

第十六条 文物行政部门、文物执法机构应当及时将巡查记录、文字和影像资料等整理归档，建立电子与纸质档案。

巡查档案示范文本，由国家文物局制定。

第十七条 本办法自发布之日起施行。

文物消防安全检查规程（试行）

· 2011 年 9 月 20 日

· 文物督发〔2011〕17 号

第一章 总 则

第一条 为预防和减少文物、博物馆单位火灾危害，规范文物消防安全检查工作，提高消防安全管理水平，依据《中华人民共和国文物保护法》、《中华人民共和国消防法》等相关法律、法规，制定本规程。

第二条 文物消防安全检查工作贯彻“预防为主、防消结合”的方针，坚持“从严管理、防患未然”的原则。

第三条 上级文物行政部门对下级文物行政部门实施消防安全督察、文物行政部门实施消防安全检查和文物、博物馆单位实施消防安全自查，适用本规程。

第四条 文物消防安全检查的范围包括：

（一）具有火灾危险性的文物保护单位和经县级人民政府文物行政部门登记并公布的其他不可移动文物；

（二）博物馆、纪念馆、陈列馆等文物收藏单位；

（三）文物库房、文物修复室、文物科技保护室等文物保管和科技保护场所；

（四）文物保护工程施工工地；

（五）其他文物、博物馆单位。

第五条 实施文物消防安全检查，要落实文物保护和消防安全管理的法律、法规、规章和行业标准，切实增强检查与消除火灾隐患能力、组织扑救初起火灾能力、组织人员疏散逃生能力、消防宣传教育培训能力、文物抢救能力。

第六条 各文物、博物馆单位的消防安全责任人和消防安全管理人负责组织和实施消防安全检查，督促和落实火灾隐患整改工作。

第七条 各级文物行政部门和文物、博物馆单位要配合当地公安机关消防机构确定本地区文物消防安全重点单位或者文物、博物馆单位的消防安全重点部位，按当地公安机关消防机构的要求做好文物消防安全工作。

第二章 检查内容

第八条 文物消防安全检查的基本内容包括:

（一）消防安全责任制和组织机构建设

1. 消防安全责任人和消防安全管理人履行消防安全职责情况;

2. 距离当地公安消防队较远的列为全国重点文物保护单位的大型古建筑群消防队伍建设情况，其他文博单位的兼职消防队伍建设情况;

3. 文物、博物馆单位消防安全责任制建立情况，消防安全责任书签订及安全责任落实情况。

（二）消防安全管理制度

1. 消防安全制度和保障消防安全的操作规程制订情况;

2. 确保消防安全管理制度和操作规程落实的保障措施情况;

3. 消防安全管理制度在具体工作中的实际执行情况。

（三）人员管理

1. 消防安全责任人、消防安全管理人、专兼职消防工作人员、消防控制室操作人员接受消防安全专门培训情况;

2. 工作人员对消防安全法规、消防安全知识、消防安全管理制度的掌握情况;

3. 工作人员对消防设施、设备、器材的操作技能情况；

4. 消防控制室操作人员持证上岗情况；

5. 消防安全工作人员值班情况。

（四）消防设施设备和消防车通道

1. 消防水源和消防给水设施建设情况；

2. 火灾报警、灭火等设施设备建设情况；

3. 灭火器材配置及有效情况；

4. 消防安全标志的设置情况；

5. 消防设施设备检测和日常维护保养情况；

6. 消防车通道设置情况。

（五）用火、用电、用油、用气管理

1. 是否存在违反规定用火、用电、用油、用气情况；

2. 用于文物保护必要的电器设备和电气线路是否规范安装敷设，是否采取有效阻燃措施；

3. 对电器设备和电气线路是否进行定期安全检查；

4. 是否存有易燃易爆物品及其管理情况。

（六）火灾隐患整改

1. 消防安全检查发现火灾隐患的记录；

2. 火灾隐患整改结果；

3. 《文物火灾隐患整改情况记录表》内容和归档情况。

（七）周边防火环境

1. 文物、博物馆单位周边的企事业单位和人民群众生产生活可能引发文物火灾危害情况；

2. 对周边可能引发火灾危害的预防和应对措施情况；

3. 对周边企事业单位和人民群众文物防火宣传工作情况。

（八）防雷措施

1. 避雷设施安装和验收情况；

2. 避雷设施日常维护和检测情况。

（九）与公安机关消防机构联动

1. 文物、博物馆单位与当地公安机关消防机构就文物防火工作的联系、沟通情况；

2. 文物、博物馆单位与当地公安机关消防机构建立火灾扑救联动机制情况。

（十）灭火和应急疏散预案

1. 灭火和应急疏散预案制订情况；

2. 内容和程序是否科学、有效，具有可操作性；

3. 日常演练情况；

4. 现场演练是否符合程序并具有防火、灭火效能。

（十一）消防安全档案

1. 档案内容是否规范、完整；

2. 档案的更新情况；

3. 档案的保管情况。

（十二）文物、博物馆单位消防安全工作的其他情况

第九条 对古建筑（包括具有火灾危险性的近现代文物建筑）除按本规程第八条规定内容检查外，重点检查以下内容：

（一）古建筑殿屋内是否存在用于生产生活的用火、用电问题，在古建筑厢房、走廊、庭院等处确需用火、用电的，是否采取有效的防火安全措施；

（二）是否存在古建筑之间及毗连古建筑私搭乱建棚、房问题；

（三）是否存在古建筑本体上直接安装电源开关、电线，或者在古建筑内使用电气设备等问题；

（四）在古建筑附属设施上或者保护范围内架设电线、安装电气设备，是否对古建筑消防安全构成危害；

（五）非宗教活动场所的古建筑内是否存在燃灯、烧纸、焚香问题，指定为宗教活动场所的古建筑是否在指定地点内燃灯、烧纸、焚香，是否采取有效防火措施；

（六）保护范围内是否堆放柴草、木料等可燃易燃物品；

（七）古建筑与毗连的其他建筑之间防火分隔墙建设或者消防通道设置情况，坐落在森林区域或者位于郊野的古建筑周边是

否有防火隔离带；

（八）古寺庙、道观、庙堂内悬挂的帐幔、伞盖等易燃物品防火处理情况；

（九）可能引发古建筑火灾的其他情况。

第十条 对博物馆（包括纪念馆、陈列馆）除按本规程第八条规定内容检查外，重点检查以下内容：

（一）新建博物馆在投入使用前其消防设施、设备经公安机关消防机构验收情况；

（二）内装与布展工程现场防火措施情况；

（三）展柜、展台、展墙等展具和装饰材料防火性能情况；

（四）展厅照明灯具、音响、闭路电视、电动模型、放映机等电器设备的使用与管理情况；

（五）用于陈列展览的电动图表、模型、沙盘、布景箱和装在壁板上的灯光箱、显示图表箱等设计、安装是否符合防火要求；

（六）可能引发博物馆火灾的其他情况。

第十一条 对文物保护工程施工工地除按本规程第八条规定内容检查外，重点检查以下内容：

（一）承建工程项目合同是否约定防火安全内容；

（二）施工方法和施工技术是否符合消防要求；

（三）施工现场用火作业、易燃可燃材料堆场、仓库、易燃废品集中站和生活区等区域划分是否符合防火要求；

（四）施工作业期间搭设的临时性建筑的防火措施；

（五）施工所需焊、割作业点、氧气瓶、乙炔瓶、易燃易爆物品的安全隔离措施；

（六）施工使用的焊灯、喷灯等明火作业安全管理情况；

（七）施工现场废料、垃圾等可燃物品清理情况；

（八）可能引发文物保护工程施工工地火灾的其他情况。

第十二条 对文物库房除按本规程第八条规定内容检查外，重点检查以下内容：

（一）存放文物的柜、箱、架、囊、匣等是否用非易燃材料制作或者作阻燃处理；

（二）是否存在易燃材料包装物同文物一起进入库房问题；

（三）除湿、照明、通讯等电器设备安全管理情况；

（四）可能引发文物库房火灾的其他情况。

第十三条 对文物修复室、文物科技保护室除按本规程第八条规定内容检查外，重点检查以下内容：

（一）文物修复和科技保护设施、设备的防火性能情况；

（二）用于文物修复或者科技保护的易燃易爆物品储存、保管是否符合安全要求；

（三）可能引发文物修复室、文物科技保护室火灾的其他情况。

第十四条 对已向社会开放的文物、博物馆单位，除分别检查本规程第九条、第十条规定内容外，还需重点检查以下内容：

（一）安全出口、疏散通道是否畅通；

（二）安全疏散指示标志是否醒目，应急照明灯是否完好；

（三）参观游览人员携带火种的检查和监管措施情况；

（四）保证参观人员和文物安全的其他消防安全措施情况。

第十五条 文物、博物馆单位自行组织扑灭的初起火灾，要认真检查火场，彻底扑灭和清除不易完全熄灭的物品，设专人在火灾现场值守，防止死灰复燃。

第三章 检查形式和方式

第十六条 文物、博物馆单位按本规程规定组织实施以下形式的消防安全自查：

（一）防火巡查：由消防安全工作人员对本单位消防安全重点部位防火工作进行每日巡查；

（二）定期检查：由消防安全管理人组织对本单位消防安全工作情况实施定期检查，至少每月检查一次；

（三）随机抽查：由消防安全管理人组织对本单位所属各部

门和安全重点岗位实施随机抽查，检验各项防火制度和措施的落实情况；

（四）重要节日或重大活动前检查：国家法定节假日前，文物、博物馆单位举办重大活动前，气候干旱的火灾易发期、多发期，由消防安全管理人提前组织开展消防安全重点检查。

第十七条 文物行政部门按本规程规定组织实施以下形式的消防安全检查：

（一）定期检查：对本辖区的文物、博物馆单位组织定期检查，市、县级文物行政部门至少每季度检查一次，省级文物行政部门至少每半年检查一次；

（二）重点抽查：对本辖区内文物、博物馆单位实施不定期抽查；

（三）专项督察：对辖区内文物消防安全管理存在严重问题或者文物火灾隐患突出的地区，集中实施消防安全专项督察。

第十八条 文物消防安全检查采取以下方式：

（一）现场排查：对文物、博物馆单位及其周边环境进行全面排查，查找可能引发文物火灾的安全隐患；

（二）查阅档案记录：查看文物、博物馆单位消防安全档案和各项消防安全工作记录，了解消防安全制度建设和安全管理情况；

（三）座谈、问询、问卷：举办座谈会，随机问询工作人员，发放调查问卷，了解消防安全组织机构和人员队伍建设情况；

（四）现场设置火情：检验文物、博物馆单位对初起火灾事故应急处置能力；

（五）观摩消防演练：检验消防安全预案的科学性和防范与扑救火灾效能；

（六）启动设施设备：检验消防设施、设备的性能；

（七）查看检测标识：检查消防设备、器材检测情况；

（八）其他方式。

第四章　检查程序

第十九条　文物、博物馆单位开展消防安全巡查，要将巡查情况记入《防火巡查记录表》，发现火灾隐患要及时处理，并向本单位消防安全责任人和消防安全管理人报告。

第二十条　文物、博物馆单位开展消防安全自查按以下程序进行：

（一）组织检查组：由具有消防安全管理经验和消防安全专业知识、技能的人员组成检查组；

（二）确定检查范围：消防安全检查范围既要全面，又要根据本单位防火工作实际突出检查的重点部位；

（三）现场检查：对文物、博物馆单位及周边环境进行全面检查，将检查情况填入《文物消防安全检查记录》，并由检查组人员签字；

（四）总结报告：检查结束后，对检查情况进行全面认真总结，分析查找存在的问题和隐患，提出改进工作的意见和建议，报本单位消防安全责任人和消防安全管理人；

（五）记入档案：将《文物消防安全检查记录》、消防安全检查总结以及火灾隐患整改情况记入消防安全检查档案。

第二十一条　各级文物行政部门对文物、博物馆单位开展消防安全检查按以下程序进行：

（一）人员组织：由具有消防安全管理经验和消防安全专业知识、技能的人员组成消防安全检查组；

（二）制订检查实施方案：确定本辖区内被检查的文物、博物馆单位范围、重点单位、检查工作步骤和具体要求等；

（三）实地检查：对下级文物行政部门文物消防安全工作和辖区内文物、博物馆单位开展检查；

（四）当场反馈意见：检查组要现场向被检查的文物、博物馆单位反馈检查情况，提出具体的整改意见和要求；

（五）汇总检查结果：检查结束后，检查组要对检查结果进行归纳总结，形成书面检查报告，报组织消防安全检查的文物行政部门；

（六）反馈书面意见：组织消防安全检查的文物行政部门根据检查组的书面检查报告，向被检查地区文物行政部门下发书面意见。

第二十二条 各级文物行政部门和各文物、博物馆单位要建立消防安全检查档案，将消防安全检查情况登记入档。

第五章 火灾隐患整改

第二十三条 文物、博物馆单位要对消防安全自查中发现的安全隐患进行逐项登记，逐项整改。能当场整改的要立即整改；不能当场立即整改的，在火灾隐患未消除前，应当落实防范措施，确保隐患整改期间的消防安全。对本单位自身不能解决的重大火灾隐患，要提出解决方案并向其上级文物行政主管部门或者当地人民政府报告。

火灾隐患整改完毕，文物、博物馆单位应当填写《文物火灾隐患整改情况记录表》，由消防安全责任人和消防安全管理人签名后存档备查。

第二十四条 各级文物行政部门在检查中发现文物、博物馆单位存在火灾隐患的，要向被检查单位发《火灾隐患整改通知书》，提出具体的整改意见和要求；发现严重危害文物安全的重大火灾隐患的，要向当地人民政府通报；发现文物、博物馆单位对发生的火灾事故未按要求上报或者未依法处理的，要及时提出处理意见，并将处理情况向当地人民政府通报。

第二十五条 各级文物行政部门要对文物、博物馆单位存在的重大火灾隐患整改实施挂牌督办，发《重大文物火灾隐患整改挂牌督办单》。督办单包括火灾隐患内容、督办要求与期限、整改责任单位等内容。

文物行政部门挂牌督办的重大火灾隐患，要由专人负责跟踪督促整改。重大火灾隐患整改完毕经督办单位检验合格后，挂牌督办程序结束。火灾隐患挂牌督办整改情况存档备查。

第六章　责任追究

第二十六条　各级文物行政部门和文物、博物馆单位要建立文物消防安全责任制，明确消防安全管理职责和工作职责，实施责任追究。

第二十七条　文物、博物馆单位不按本规程规定认真实施消防安全自查的，或者对存在的火灾隐患不按要求整改的，由文物行政部门责令改正，并予以通报。

文物行政部门不按本规程要求开展文物消防安全检查的，或者对文物、博物馆单位火灾隐患整改督办不力的，由上级文物行政部门责令改正，并予以通报。

由于不认真实施文物消防安全检查，不按要求整改火灾隐患，对文物消防安全工作放任自流、玩忽职守，以致发生火灾事故造成文物损失的，依法追究法律责任。

第七章　附　则

第二十八条　本规程附表由各地文物行政部门和文物、博物馆单位在消防安全检查及管理工作中应用。

第二十九条　本规程自印发之日起试行。

附表：1.《防火巡查记录表》（略）

2.《文物消防安全检查记录》（略）

3.《文物火灾隐患整改通知单》（略）

4.《重大文物火灾隐患整改挂牌督办单》（略）

5.《文物火灾隐患整改情况记录表》（略）

文物安全与行政执法信息上报及公告办法

·2012年2月15日
·文物督发〔2012〕1号

第一条 为加强文物安全监管，推进文物行政执法，及时汇总和公告全国文物安全与行政执法工作以及文物案件情况，依据《中华人民共和国文物保护法》等法律、法规和文件，制订本办法。

第二条 本办法所称文物案件包括文物安全案件和文物行政违法案件。

国家文物局按本办法规定对文物案件进行公告。

第三条 县级以上文物行政部门按本办法规定上报文物安全与行政执法工作情况和文物案件信息，确保报送信息及时准确。

第四条 文物、博物馆单位应当在知道文物案件发生后2小时内，向主管的文物行政部门报告已掌握的案件情况。

有下列情形之一的，县级以上文物行政部门应当在接到报告2小时内，向同级人民政府和上级文物行政部门报告。省级文物行政部门应当在接到报告2小时内通过电话或者传真形式报告国家文物局督察司，并在3日内正式行文报国家文物局：

（一）世界文化遗产地、全国重点文物保护单位和省级文物保护单位发生的文物案件；

（二）核定、公布为三级以上风险单位的博物馆、纪念馆等文物收藏单位发生的文物案件；

（三）尚未核定公布为三级以上风险单位的博物馆、纪念馆和其他文物收藏单位发生的一级文物丢失或者损毁案件；

（四）其他重大文物案件。

第五条 文物安全案件报告主要包括以下内容：

（一）涉案文物、博物馆单位名称、级别、保护机构和保护管理现状；

（二）发案时间、地点、经过，文物损失和人员伤亡情况；

（三）涉案可移动文物名称、数量、级别和受损情况；

（四）案件原因分析及处理结果；

（五）案发现场和文物受损等图片资料；

（六）其他情况。

第六条 文物行政违法案件报告主要包括以下内容：

（一）涉案文物、博物馆单位名称、级别、保护机构和保护管理现状；

（二）违法相对人名称、违法性质；

（三）违法行为发生的时间、地点和违法事实；

（四）违法行为对文物造成的损失；

（五）违法行为的调查处理情况；

（六）案发现场、文物受损等图片资料；

（七）其他情况。

第七条 省级文物行政部门每半年向国家文物局报送《文物安全与行政执法工作情况统计表》、《文物安全案件统计表》和《文物行政违法案件统计表》。上半年于当年 6 月 15 日前报送，下半年于当年 12 月 15 日前报送。

省级文物行政部门同时报送各项报表的书面和电子文本，电子文本通过国家文物局“文物安全与行政执法管理信息系统”报送。

第八条 国家文物局按以下形式实施公告：

（一）专项通报：不定期对重大文物案件处理情况进行通报。

（二）年中通报：每年 6 月 30 日前，通报上半年全国文物安全与行政执法工作情况。

（三）年度通报：每年 12 月 31 日前，通报本年度全国文物安全与行政执法工作情况。

第九条 国家文物局实施的专项通报、年中通报和年度通报印发各省级文物行政部门，印送全国文物安全工作部际联席会议各成员单位，并按有关规定进行信息公开。

第十条 对于下列行为，国家文物局进行通报批评，情节严重的，向当地人民政府通报或者提出行政处理建议：

（一）不按本办法规定的时限、内容、形式和要求，报送文物案件和各项统计报表的；

（二）对国家文物局通报的文物案件负有调查处理责任的文物行政部门或者文物、博物馆单位，不按通报要求认真调查处理，不按时限要求报送调查处理结果的。

（三）对国家文物局督察、督办的文物安全与行政执法工作事项，无正当理由不予落实或者不及时报告落实结果的。

第十一条 省级文物行政部门根据本办法，制定本省行政区域内的文物安全与行政执法信息上报与公告办法。

第十二条 本办法自印发之日起施行。

文化和旅游部、国家文物局关于加强文物市场行政执法工作的通知

· 2023年1月19日
· 文物博发〔2023〕6号

各省、自治区、直辖市文化和旅游厅（局）、文物局，新疆生产建设兵团文化体育广电和旅游局（文物局）：

为贯彻落实党的二十大精神和习近平总书记关于文物工作重要指示批示精神，按照中共中央办公厅、国务院办公厅《关于深化文化市场综合行政执法改革的指导意见》和中共中央宣传部、文化和旅游部、国家广播电视总局、国家文物局《关于进一步完善文化市场综合执法运行机制的通知》有关要求，现就加强文物市场行政执法工作通知如下：

一、提高思想认识，落实执法责任

文物市场行政执法是保护国家文物安全、遏制文物非法流通的有效手段，也是维护文物市场健康有序发展的重要保障。文化市场综合执法队伍统一行使文物市场行政执法职责，由相关文化和旅游行政部门负责管理，文物行政部门在职责范围内指导、监督文化市场综合执法队伍开展文物市场行政执法工作。各级文物行政部门、文化市场综合执法队伍要切实提高思想认识，深刻领悟“两个确立”的决定性意义，增强“四个意识”、坚定“四个自信”、做到“两个维护”，充分认识文物市场行政执法工作的重要性，坚决贯彻中央部署，认真落实执法主体责任和监督责任，以昂扬的精神状态、务实的工作作风，加强文物市场行政执法工作，努力在新征程上开创文物工作新局面。

二、明确执法事项，加强日常监管

各级文物行政部门、文化市场综合执法队伍要坚持依法行政，不断提高行政执法效能，形成职责清晰、运行顺畅的执法工作机制。

（一）聚焦执法事项。文化市场综合执法队伍依法行使“对买卖国家禁止买卖的文物或者将禁止出境的文物转让、出租、质押给外国人的行政处罚”。要按照《文物拍卖管理办法》确定的“禁止买卖的文物”范围和《文物出境审核标准》确定的“禁止出境的文物”范围，聚焦执法事项，严格落实行政执法责任，有力打击文物违法经营活动。

（二）确定执法对象。文物市场行政执法对象为从事文物经营的主体，主要涵盖文物商店、文物拍卖企业、古玩旧货市场及其中商户、互联网文物经营平台及其中商户等。各级文化市场综合执法队伍既要加强对各类线下主体的监管，也要加强对通过互联网途径开展文物经营活动的监管，确保执法对象全覆盖。

（三）优化执法检查。各级文化市场综合执法队伍应制定执法检查计划，建立科学有效的日常巡查、随机抽查、专项检查及案源监测制度，及时办理信访、网络舆情等渠道的群众投诉举报，及时发现案件线索，依法开展执法工作。各级文物行政部门应加强源头监管，会同文化和旅游行政部门部署执法工作，及时向文化市场综合执法队伍分办、转办案件线索，做好具体执法业务指导工作。

三、提升业务能力，完善执法协作

各级文物行政部门、文化市场综合执法队伍要根据文物市场监管工作特点，加强行政执法能力建设，构建协同高效、部门联动的执法工作格局。

（一）加强能力建设。各级文物行政部门、文化市场综合执法队伍应充分发挥各自资源优势，在年度培训计划中设置相关专项，面向执法人员组织开展形式多样的文物鉴定、文物违法经营活动调查等相关业务培训。

（二）实现全程监管。各级文物行政部门、文化市场综合执法队伍之间要通过信息化平台等方式，建立健全文物市场领域行政许可、日常监管、执法检查、行政处罚等信息的互通共享机制，在工作会商会议制度框架下定期联合开展信息研判，做好事前审批与事中事后监管执法衔接工作，实现对文物市场的全程监管。文化市场综合执法队伍依法没收的文物，结案后无偿移交文物行政部门，由文物行政部门指定的国有文物收藏单位收藏。

（三）完善执法协作。各级文物行政部门、文化市场综合执法队伍要将完善执法协作机制作为提升执法效能的重要手段，根据文物市场案件特点，健全行政执法和刑事司法衔接机制。各级文化市场综合执法队伍要按照相关法律法规规定，及时将执法过程中发现的未经许可擅自从事文物经营或者从事未经审核文物经营等案件，依法移送市场监管部门；对涉嫌构成刑事犯罪的案件，依法移送公安机关。同时，要及时做好市场监管、公安等部门移送的属于职责权限范围内的文物市场案件的接收查处工作。

四、加强执法督导，建立常态机制

文化和旅游部、国家文物局将有计划地组织开展专项督导，将文物市场违法违规举报办理和督办案件查处情况作为全国文化市场综合执法考评的重要参考，评选确定一批典型案例向全国推广。各级文物行政部门、文化市场综合执法队伍应针对本地文物市场现状开展联合研判，尽快找准突破口，抓好大、要案件查处，通过执法实践带动建立常态化文物市场执法机制。积极利用各类媒体做好文物市场行政执法案件宣传，普及依法经营、合法收藏理念，形成震慑违法经营活动的高压态势，营造良好的文物市场行政执法社会环境。

各地对文物市场行政执法实践中出现的问题和形成的经验做法，请及时向文化和旅游部、国家文物局报告。

特此通知。

文物认定管理暂行办法

· 2009 年 8 月 10 日文化部令第 46 号公布

· 自 2009 年 10 月 1 日起施行

第一条　为规范文物认定管理工作，根据《中华人民共和国文物保护法》制定本办法。

本办法所称文物认定，是指文物行政部门将具有历史、艺术、科学价值的文化资源确认为文物的行政行为。

第二条　《中华人民共和国文物保护法》第二条第一款所列各项，应当认定为文物。

乡土建筑、工业遗产、农业遗产、商业老字号、文化线路、文化景观等特殊类型文物，按照本办法认定。

第三条　认定文物，由县级以上地方文物行政部门负责。认定文物发生争议的，由省级文物行政部门作出裁定。

省级文物行政部门应当根据国务院文物行政部门的要求，认定特定的文化资源为文物。

第四条　国务院文物行政部门应当定期发布指导意见，明确文物认定工作的范围和重点。

第五条 各级文物行政部门应当定期组织开展文物普查，并由县级以上地方文物行政部门对普查中发现的文物予以认定。

各级文物行政部门应当完善制度，鼓励公民、法人和其他组织在文物普查工作中发挥作用。

第六条 所有权人或持有人书面要求认定文物的，应当向县级以上地方文物行政部门提供其姓名或者名称、住所、有效身份证件号码或者有效证照号码，以及认定对象的来源说明。县级以上地方文物行政部门应当作出决定并予以答复。

县级以上地方文物行政部门应当告知文物所有权人或持有人依法承担的文物保护责任。

县级以上地方文物行政部门应当整理并保存上述工作的文件和资料。

第七条 公民、法人和其他组织书面要求认定不可移动文物的，应当向县级以上地方文物行政部门提供其姓名或者名称、住所、有效身份证件号码或者有效证照号码。县级以上地方文物行政部门应当通过听证会等形式听取公众意见并作出决定予以答复。

第八条 县级以上地方文物行政部门认定文物，应当开展调查研究，收集相关资料，充分听取专家意见，召集专门会议研究并作出书面决定。

县级以上地方文物行政部门可以委托或设置专门机构开展认定文物的具体工作。

第九条 不可移动文物的认定，自县级以上地方文物行政部门公告之日起生效。

可移动文物的认定，自县级以上地方文物行政部门作出决定之日起生效。列入文物收藏单位藏品档案的文物，自主管的文物行政部门备案之日起生效。

第十条 各级文物行政部门应当根据《中华人民共和国文物保护法》第三条的规定，组织开展经常性的文物定级工作。

第十一条 文物收藏单位收藏文物的定级，由主管的文物行政部门备案确认。

文物行政部门应当建立民间收藏文物定级的工作机制，组织开展民间收藏文物的定级工作。定级的民间收藏文物，由主管的地方文物行政部门备案。

第十二条 公民、法人和其他组织，以及所有权人书面要求对不可移动文物进行定级的，应当向有关文物行政部门提供其姓名或者名称、住所、有效身份证件号码或者有效证照号码。有关文物行政部门应当通过听证会等形式听取公众意见并予以答复。

第十三条 对文物认定和定级决定不服的，可以依法申请行政复议。

第十四条 国家实行文物登录制度，由县级以上文物行政部门委托或设置专门机构开展相关工作。

文物登录，应当对各类文物分别制定登录指标体系。登录指标体系应当满足文物保护、研究和公众教育等需要。

根据私有文物所有权人的要求，文物登录管理机构应当对其身份予以保密。

第十五条 违反本办法规定，造成文物破坏的，对负有责任的主管人员和其他直接责任人员依法给予处分；构成犯罪的，依法追究刑事责任。

第十六条 古猿化石、古人类化石、与人类活动有关的第四纪古脊椎动物化石，以及上述化石地点和遗迹地点的认定和定级工作，按照本办法的规定执行。

历史文化名城、街区及村镇的认定和定级工作，按照有关法律法规的规定执行。

第十七条 本办法自 2009 年 10 月 1 日起施行。

文物进出境审核管理办法

· 2007 年 7 月 13 日文化部令第 42 号公布

· 自公布之日起施行

第一条 为加强对文物进出境审核的管理，根据《中华人民共和国文物保护法》和《中华人民共和国文物保护法实施条例》，制定本办法。

第二条 国家文物局负责文物进出境审核管理工作，指定文物进出境审核机构承担文物进出境审核工作。

文物进出境审核机构是文物行政执法机构，依法独立行使职权，向国家文物局汇报工作，接受国家文物局业务指导。

第三条 文物进出境审核机构由国家文物局和省级人民政府联合组建。省级人民政府应当保障文物进出境审核机构的编制、办公场所及工作经费。国家文物局应当对文物进出境审核机构的业务经费予以补助。

第四条 文物进出境审核机构应当具备以下条件：

（一）有 7 名以上专职文物鉴定人员，其中文物进出境责任鉴定员不少于 5 名；

（二）有固定的办公场所和必要的技术设备；

（三）工作经费全额纳入财政预算。

第五条 国家文物局根据文物进出境审核工作的需要，指定具备条件的文物进出境审核机构承担文物进出境审核工作，使用文物出境标识和文物临时进境标识，对允许出境的文物发放文物出境许可证。

第六条 文物进出境审核机构的工作人员实行持证上岗制度，不得在文物商店或者拍卖企业任职、兼职。文物进出境审核机构的主要负责人应当取得国家文物局颁发的资格证书。

文物进出境责任鉴定员应当取得大学本科以上学历和文物博物专业中级以上职称，并经国家文物局考核合格。

第七条 文物进出境审核机构的日常管理工作由所在地省级文物主管部门负责。省级文物主管部门应当制定相关管理制度，并报国家文物局备案。

文物进出境审核机构应当采取措施，保证审核工作高效公正。

第八条 下列文物出境，应当经过审核：

（一）1949年（含）以前的各类艺术品、工艺美术品；

（二）1949年（含）以前的手稿、文献资料和图书资料；

（三）1949年（含）以前的与各民族社会制度、社会生产、社会生活有关的实物；

（四）1949年以后的与重大事件或著名人物有关的代表性实物；

（五）1949年以后的反映各民族生产活动、生活习俗、文化艺术和宗教信仰的代表性实物；

（六）国家文物局公布限制出境的已故现代著名书画家、工艺美术家作品；

（七）古猿化石、古人类化石，以及与人类活动有关的第四纪古脊椎动物化石。

文物出境审核标准，由国家文物局定期修订并公布。

第九条 运送、邮寄、携带文物出境，应当在文物出境前填写文物出境申请表，报文物进出境审核机构审核。

文物进出境审核机构应当自收到文物出境申请之日起15个工作日内作出是否允许出境的审核意见。

第十条 文物进出境审核机构审核文物，应当有3名以上专职文物鉴定人员参加，其中文物进出境责任鉴定员不得少于2名。

文物出境许可证，由参加审核的文物进出境责任鉴定员共同签署。文物进出境责任鉴定员一致同意允许出境的文物，文物进出境审核机构方可加盖文物出境审核专用章。

第十一条 经审核允许出境的文物，由文物进出境审核机构标明文物出境标识，发放文物出境许可证。海关查验文物出境标识后，凭文物出境许可证放行。

文物出境许可证一式三联，第一联由文物进出境审核机构留存，第二联由文物出境地海关留存，第三联由文物出境携运人留存。

经审核不允许出境的文物，由文物进出境审核机构登记并发还。

根据出境地海关或携运人的要求，文物进出境审核机构可以为经审核属于文物复仿制品的申报物品出具文物复仿制品证明。

第十二条 因修复、展览、销售、鉴定等原因临时进境的文物，经海关加封后，报文物进出境审核机构审核、登记。文物进出境审核机构查验海关封志完好无损后，对每件临时进境文物进行审核，标明文物临时进境标识并登记。

临时进境文物复出境时，应向原审核、登记的文物进出境审核机构申报。文物进出境审核机构应对照进境记录审核查验，确认文物临时进境标识无误后，标明文物出境标识，发给文物出境许可证。

第十三条 临时进境文物在境内滞留时间，除经海关和文物进出境审核机构批准外，不得超过6个月。

临时进境文物滞留境内逾期复出境，依照文物出境审核标准和程序进行审核。

第十四条 因展览、科研等原因临时出境的文物，出境前应向文物进出境审核机构申报。文物进出境审核机构应当按国家文物局的批准文件办理审核登记手续。

临时出境文物复进境时，由原审核登记的文物进出境审核机构审核查验。

第十五条 文物进出境审核机构在审核文物过程中，发现涉嫌非法持有文物或文物流失问题的，应立即向公安机关和国家文物局报告。

第十六条 文物出境标识、文物临时进境标识和文物出境许可证，由文物进出境审核机构指定专人保管。使用上述物品，由文物进出境审核机构负责人签字确认。

第十七条 违反本办法规定，造成文物流失的，依据有关规定追究责任人的责任。

第十八条 文物出境标识、文物临时进境标识、文物出境许可证、文物复仿制品证明和文物出境申请表，由国家文物局统一制作。

第十九条 尚未组建文物进出境审核机构的省、自治区、直辖市，应当根据本办法的规定组建文物进出境审核机构；组建前的文物进出境审核工作由国家文物局指定文物进出境审核机构承担。

第二十条 本办法自公布之日起施行，1989 年文化部发布的《文物出境鉴定管理办法》同日废止。

文物进出境责任鉴定员管理办法

· 2010 年 12 月 16 日

· 文物博发〔2010〕42 号

第一章 总 则

第一条 为加强对文物进出境责任鉴定员（以下简称责任鉴定员）的管理，根据《中华人民共和国文物保护法》、《中华人民共和国文物保护法实施条例》和《文物进出境审核管理办法》，制定本办法。

第二条 责任鉴定员是指获得国家文物局规定的鉴定资格，并在文物进出境审核机构承担文物进出境审核业务，签署文物进出境审核文件的文物鉴定专业人员。

第三条 责任鉴定员应当依据国家有关法律法规要求，科学、客观、公正地开展文物进出境审核工作，承担相应的法律责任。

第二章　鉴定资格认定

第四条　责任鉴定员鉴定资格认定，原则上实行全国统一的分类考试制度。边疆省区民族类文物责任鉴定员的考试，经国家文物局批准后可以单独组织。

第五条　参加责任鉴定员鉴定资格考试的人员应具备以下条件：

（一）拥护中华人民共和国宪法，遵守有关文物保护的法律法规，具有良好的品行；

（二）具有大学本科以上学历和文物博物专业中级以上职称，或在国有文物收藏单位工作五年以上；

（三）身体健康，具有正常履行职责的身体条件；

（四）国家文物局规定的其他条件。

第六条　按照统一安排，报名者应当向省级文物行政主管部门报名，经国家文物局审查合格后参加考试。

第七条　考试合格人员，由国家文物局颁发《文物进出境责任鉴定员资格证》并在国家文物局政府网站予以公布。

第八条　取得《文物进出境责任鉴定员资格证》并在文物进出境审核机构工作的人员，由国家文物局向海关部门备案。

未取得《文物进出境责任鉴定员资格证》的人员不得从事文物进出境审核业务。

第三章　权利和义务

第九条　责任鉴定员享有下列权利：

（一）独立表达鉴定审核意见；

（二）要求申请人如实提供审核业务所需的相关信息和资料；

（三）拒绝办理单证不真实、手续不齐全的审核业务；

（四）参加文物行政主管部门组织的相关业务培训；

（五）参加其他文物门类的鉴定资格考试；
（六）法律法规规定的其他权利。
第十条 责任鉴定员履行下列义务：
（一）认真履行文物进出境审核机构职责和工作规定；
（二）完成上级部门指派的审核任务；
（三）如实表达审核意见，对审核结论负责；
（四）保守在审核过程中知悉的商业秘密或个人隐私；
（五）参加文物行政主管部门举办的有关业务培训；
（六）法律法规规定的其他义务。

第四章 监督和管理

第十一条 国家文物局负责全国文物进出境审核管理工作，负责组织鉴定资格考试、鉴定培训和责任鉴定员年检等工作。
第十二条 国家文物局就下列事项对责任鉴定员进行监督检查：
（一）遵守相关法律法规的情况；
（二）遵守文物进出境审核工作程序和执行文物出境审核标准的情况；
（三）遵守职业道德和职业纪律的情况；
（四）法律法规规定的其他事项。
第十三条 文物进出境审核机构应当定期将责任鉴定员名单报国家文物局备案；责任鉴定员发生变化的，应当于 30 日内报国家文物局备案。
第十四条 文物进出境审核机构负责对所属责任鉴定员进行管理和考核，并实行差错登记制度。
第十五条 因进出境审核工作需要，文物进出境审核机构确需聘用具有鉴定资格退休人员的，由所在文物进出境审核机构向主管部门和国家文物局提出申请，经批准后聘用。
第十六条 国家文物局建立责任鉴定员管理数据库，对责任鉴定员遵守法律法规、遵守职业道德和职业纪律、履行工作职责、培训考核、差错、年检等情况实施动态管理。

第十七条 国家文物局每两年对责任鉴定员进行一次考核。

第十八条 责任鉴定员不得在文物商店或者拍卖企业任职、兼职，不得以责任鉴定员名义从事商业性文物鉴定活动。

第五章 奖励和处分

第十九条 有下列事迹之一的责任鉴定员，由国家文物局给予精神鼓励或者物质奖励，并可作为申报评定文物博物系列高级专业技术职务任职资格的一项主要业绩：

（一）认真执行文物保护法律、法规，保护文物贡献突出的；

（二）长期从事文物进出境审核工作，严格执行文物进出境审核标准，作出显著成绩的；

（三）在文物鉴定的科学技术、学术研究方面有重要成果的。

第二十条 有下列行为之一的责任鉴定员，由上级主管部门视情节轻重，依法给予相应行政处分；构成违法或犯罪的，依法予以处理；受到开除处分或者行政、刑事处罚的，由国家文物局吊销其《文物进出境责任鉴定员资格证》：

（一）不履行本办法第十条规定，情节严重的；

（二）1 年内出现 3 次以上审核差错记录，后果严重的；

（三）未按规定接受国家文物局考核的；

（四）伪造、变造、买卖或者盗用、涂改文物进出境审核文件、印章、标识、封志的；

（五）其他违反文物进出境法律法规，情节严重的。

第六章 附 则

第二十一条 本办法自发布之日起施行。

文物保护工程管理办法

·2003 年 4 月 1 日文化部令第 26 号公布

·自 2003 年 5 月 1 日起施行

第一章　总　则

第一条　为进一步加强文物保护工程的管理，根据《中华人民共和国文物保护法》和《中华人民共和国建筑法》的有关规定，制定本办法。

第二条　本办法所称文物保护工程，是指对核定为文物保护单位的和其他具有文物价值的古文化遗址、古墓葬、古建筑、石窟寺和石刻、近现代重要史迹及代表性建筑、壁画等不可移动文物进行的保护工程。

第三条　文物保护工程必须遵守不改变文物原状的原则，全面地保存、延续文物的真实历史信息和价值；按照国际、国内公认的准则，保护文物本体及与之相关的历史、人文和自然环境。

第四条　文物保护单位应当制定专项的总体保护规划，文物保护工程应当依据批准的规划进行。

第五条　文物保护工程分为：保养维护工程、抢险加固工程、修缮工程、保护性设施建设工程、迁移工程等。

（一）保养维护工程，系指针对文物的轻微损害所作的日常性、季节性的养护。

（二）抢险加固工程，系指文物突发严重危险时，由于时间、技术、经费等条件的限制，不能进行彻底修缮而对文物采取具有可逆性的临时抢险加固措施的工程。

（三）修缮工程，系指为保护文物本体所必需的结构加固处理和维修，包括结合结构加固而进行的局部复原工程。

（四）保护性设施建设工程，系指为保护文物而附加安全防护设施的工程。

（五）迁移工程，系指因保护工作特别需要，并无其他更为有效的手段时所采取的将文物整体或局部搬迁、异地保护的工程。

第六条 国家文物局负责全国文物保护工程的管理，并组织制定文物保护工程的相关规范、标准和定额。

第七条 具有法人资格的文物管理或使用单位，包括经国家批准，使用文物保护单位的机关、团体、部队、学校、宗教组织和其他企事业单位，为文物保护工程的业主单位。

第八条 承担文物保护工程的勘察、设计、施工、监理单位必须具有国家文物局认定的文物保护工程资质。资质认定办法和分级标准由国家文物局另行制定。

第九条 文物保护工程管理主要指立项、勘察设计、施工、监理及验收管理。

第二章 立项与勘察设计

第十条 文物保护工程按照文物保护单位级别实行分级管理，并按以下规定履行报批程序：

（一）全国重点文物保护单位保护工程，以省、自治区、直辖市文物行政部门为申报机关，国家文物局为审批机关。

（二）省、自治区、直辖市级文物保护单位保护工程以文物所在地的市、县级文物行政部门为申报机关，省、自治区、直辖市文物行政部门为审批机关。

市县级文物保护单位及未核定为文物保护单位的不可移动文物的保护工程的申报机关、审批机关由省级文物行政部门确定。

第十一条 保养维护工程由文物使用单位列入每年的工作计划和经费预算，并报省、自治区、直辖市文物行政部门备案。

抢险加固工程、修缮工程、保护性设施建设工程的立项与勘察设计方案按本办法第十条的规定履行报批程序。抢险加固工程中确因情况紧急需要即刻实施的，可在实施的同时补报。

迁移工程按《中华人民共和国文物保护法》第二十条的规定获得批准后，按本办法第十条的规定报批勘察设计方案。

第十二条 因特殊情况需要在原址重建已经全部毁坏的不可移动文物的，按《中华人民共和国文物保护法》第二十二条的规定获得批准后，按本办法第十条的规定报批勘察设计方案。

第十三条 工程项目的立项申报资料包括以下内容：

（一）工程业主单位及上级主管部门名称；

（二）拟立项目名称、地点，文物保护单位级别、时代，保护范围与建设控制地带的划定、公布与执行情况；

（三）保护工程必要性与实施可能性的技术文件与形象资料（录像或照片）；

（四）经费估算、来源及计划工期安排；

（五）拟聘请的勘察设计单位名称及资信。

第十四条 已立项的文物保护工程应当申报勘察、方案设计和施工技术设计文件。重大工程要在方案获得批准后，再进行技术设计。

第十五条 勘察和方案设计文件包括：

（一）反映文物历史状况、固有特征和损害情况的勘察报告、实测图、照片；

（二）保护工程方案、设计图及相关技术文件；

（三）工程设计概算；

（四）必要时应提供考古勘探发掘资料、材料试验报告书、环境污染情况报告书、工程地质和水文地质资料及勘探报告。

第十六条 施工技术设计文件包括：

（一）施工图；

（二）设计说明书；

（三）施工图预算；

（四）相关材料试验报告及检测鉴定结果。

第三章　施工、监理与验收

第十七条　文物保护工程中的修缮工程、保护性设施建设工程和迁移工程实行招投标和工程监理。

第十八条　重要文物保护工程按本办法第十条规定的程序报批招标文件及拟选用的施工单位。

第十九条　文物保护工程必须遵守国家有关施工的法律、法规和规章、规范，购置的工程材料应当符合文物保护工程质量的要求。施工单位应当严格按照设计文件的要求进行施工，其工作程序为：

（一）依据设计文件，编制施工方案；

（二）施工人员进场前要接受文物保护相关知识的培训；

（三）按文物保护工程的要求作好施工记录和施工统计文件，收集有关文物资料；

（四）进行质量自检，对工程的隐蔽部分必须与业主单位、设计单位、监理单位共同检验并做好记录；

（五）提交竣工资料；

（六）按合同约定负责保修，保修期限自竣工验收之日起计算，除保养维护、抢险加固工程以外，不少于五年。

第二十条　施工过程中如发现新的文物、有关资料或其他影响文物保护的重大问题，要立即记录，保护现场，并经原申报机关向原审批机关报告，请示处理办法。

第二十一条　施工过程中如需变更或补充已批准的技术设计，由工程业主单位、设计单位和施工单位共同现场洽商，并报原申报机关备案；如需变更已批准的工程项目或方案设计中的重要内容，必须经原申报机关报审批机关批准。

第二十二条　文物保护工程应当按工序分阶段验收。重大工程告一段落时，项目的审批机关应当组织或者委托有关单位进行阶段验收。

第二十三条 工程竣工后，由业主单位会同设计单位、施工单位、监理单位对工程质量进行验评，并提交工程总结报告、竣工报告、竣工图纸、财务决算书及说明等资料，经原申报机关初验合格后报审批机关。项目的审批机关视工程项目的实际情况成立验收小组或者委托有关单位，组织竣工验收。

第二十四条 对工程验收中发现的质量问题，由业主单位及时组织整改。

第二十五条 文物保护工程的业主单位、勘察设计单位、施工单位、申报机关和审批机关应当建立有关工程行政、技术和财务文件的档案管理制度。所有工程资料应当立卷存档并归入文物保护单位记录档案。

重要工程应当在验收后3年内发表技术报告。

第四章 奖励与处罚

第二十六条 文物保护工程设立优秀工程奖，具体办法由国家文物局制定。

第二十七条 违反本办法、或对文物造成破坏的，按《中华人民共和国文物保护法》及国务院有关规定处罚。

第五章 附 则

第二十八条 非国有不可移动文物的保护维修，参照执行本办法。

第二十九条 以前发布的规章与本办法相抵触的，以本办法的规定为准。

第三十条 本办法自2003年5月1日起施行。

文物保护工程安全检查督察办法（试行）

·2020年5月12日
·文物督发〔2020〕11号

第一条 为加强文物保护工程安全管理，规范文物保护工程安全检查、督察工作，根据《中华人民共和国文物保护法》《中华人民共和国安全生产法》和《国务院办公厅关于进一步加强文物安全工作的实施意见》等，制定本办法。

第二条 各级文物行政部门对实施中的文物修缮、迁移和保护性设施建设等文物保护工程，实施安全检查、督察，适用本办法。

第三条 文物行政部门应当与应急管理部门、消防救援机构协调配合，将文物保护工程安全检查纳入安全生产和消防检查内容。

第四条 市、县级文物行政部门对本行政区域内文物保护工程进行安全检查，及时掌握工程安全管理情况。县级文物行政部门应当明确专人作为全国重点文物保护单位文物保护工程安全监管责任人。

省级文物行政部门对本行政区域内全国重点文物保护单位和省级文物保护单位文物保护工程进行安全检查，对市、县级文物行政部门文物保护工程安全检查工作实施督察。

国家文物局对各省文物保护工程安全检查工作实施督察，对重大安全隐患、安全事故进行专项督察。

第五条 文物行政部门对文物保护工程下列情况进行安全检查、督察：

（一）安全直接责任人及安全管理人员情况；

（二）安全管理制度建设及实施情况；

（三）安全风险评估清单及对应的防控措施；

（四）防火、防盗、防破坏等安全防护设施设备器材配置及消防通道设置情况；

（五）施工现场文物本体及雕塑、雕刻、壁画、彩画等安全防护措施；

（六）施工方法与施工技术安全及保障情况；

（七）施工设施、设备和机具安全性能，脚手架搭建、洞口设置、临边与高空作业等安全防护情况；

（八）施工现场用电、动火审批及安全管理情况；

（九）施工作业场所、材料堆放区、生活区和办公区等区域设置和分隔是否符合安全要求；

（十）施工现场可燃和易燃易爆物品安全使用管理情况；

（十一）日常安全巡查、检查和安全隐患整改情况；

（十二）施工人员安全教育和安全防护措施情况，施工现场安全警示宣传情况；

（十三）安全应急预案及演练情况；

（十四）其他安全管理情况。

第六条 文物行政部门进行文物保护工程安全现场检查、督察可以采取下列措施：

（一）查询文物保护工程安全管理情况和有关档案资料；

（二）进入施工现场实地检查核实，检验施工和安全防护设施、设备安全性能与运行情况；

（三）观摩现场应急演练，检验应急处置能力；

（四）组织专业机构实施专业安全评估和检测。

第七条 文物行政部门进行文物保护工程安全检查应当填写检查记录，并由检查人员和被查单位负责人签字。

第八条 检查中发现安全隐患的，应当现场反馈，并及时向业主单位和施工单位送达隐患整改通知书，责令限期整改。

发现严重危害人员和文物安全的重大安全隐患，应当责令停工整改。

发生安全生产事故的，应当按规定及时报告当地政府及有关部门，并妥善处置，有效避免和减少文物损失；涉及全国重点文物保护单位和省级文物保护单位的，应当报国家文物局。

第九条 国家文物局、省级文物行政部门根据文物保护工程实施情况，采取重点督察、专项督察或者联合督察等方式，开展文物保护工程安全督察。

第十条 省、市、县文物行政部门根据检查情况，建立文物保护工程安全隐患整改责任清单，照单跟踪督办，督办整改情况记入安全检查台账。

第十一条 对发现的违反安全生产规定的行为，或者未按要求整改安全隐患的，文物行政部门应当责令改正，给予通报批评；情节严重的，对有关责任单位负责人进行约谈；酿成安全事故造成损失的，依法依纪追究责任。

第十二条 文物行政部门应当建立安全检查、督察档案，将检查记录、台账和其他检查、督察情况和资料存入档案。

第十三条 文物保护工程安全检查、督察人员应当依照有关法规和标准，客观公正开展检查、督察工作，遵守廉洁自律有关规定，保守被检查单位商业秘密。

第十四条 本办法自公布之日起施行。

文物复制拓印管理办法

·2011年1月27日

·文物政发〔2011〕1号

第一条 为加强文物复制、拓印管理，根据《中华人民共和国文物保护法》、《中华人民共和国文物保护法实施条例》和国务院有关行政审批的决定，制定本办法。

第二条 馆藏文物的复制、拓印，适用本办法；馆藏文物的仿制，不适用本办法。

第三条 文物复制是指依照文物的体量、形制、质地、纹饰、文字、图案等历史信息，基本采用原技艺方法和工作流程，制作与原文物相同制品的活动；文物拓印是指在文物本体覆盖一定的材料，通过摹印文物上的纹饰、文字、图案等，制作拓片的活动。

第四条 文物本体及其内容涉及国家秘密的，复制、拓印活动应当按照国家保密法律法规的规定执行。

前款规定的文物及其内容的密级，按照国家保密法律法规的规定确定。

第五条 复制、拓印文物，不得对文物造成损害。

未依法区分等级的文物不得复制、拓印。因文物保存状况和文物本体特点不适宜复制、拓印的，不得复制、拓印。

为科学研究、陈列展览需要拓印文物的，元代及元代以前的，应当翻刻副版拓印；元代以后的，可以使用文物原件拓印。在文物原件上拓印的，禁止使用尖硬器具捶打。

批量制作文物复制品、拓片，不得使用文物原件。

第六条 利用文物原件进行复制、拓印应坚持少而精的原则，严格控制复制品、拓片数量。文物复制品应有表明复制的标识和数量编号，文物拓片应当标明拓印单位、时间和数量编号。

第七条 从事文物复制、拓印的单位，应当依法取得相应等级的资质证书。

第八条 复制、拓印文物，应当依法履行审批手续。

第九条 文物复制、拓印报批材料应当包括文物的收藏单位或管理机构名称，文物名称、等级、时代、质地，文物来源或所处地点，文物照片，复制品、拓片用途及数量，复制、拓印方案，文物复制、拓印单位资质等级以及合同草案等内容。

第十条 文物收藏单位或管理机构与从事文物复制、拓印的单位签订的文物复制、拓印合同草案，应当包括合作各方的名称和地址，复制品或拓片的种类、数量、质量，复制或拓印的时间、地点及方法，文物安全责任，文物资料的交接和使用方式，有关知识产权的归属，复制品或拓片的交付，违约责任，争议解决办法等内容。

第十一条 为陈列展览、科学研究等用途制作的文物复制品、拓片，应当予以登记并妥善保管，不得挪作它用。

第十二条 为销售等目的制作的文物复制品、拓片，应附有制作说明书。说明书内容应当包括文物名称、时代，文物收藏单位或管理机构名称，复制品、拓片的名称，复制或拓印单位名称，监制单位名称，制作时间，复制品或拓片数量编号。

第十三条 未经文物行政主管部门同意，国有文物收藏单位或管理机构及其工作人员不得向任何单位或个人提供文物复制、拓印模具和技术资料。

第十四条 违反本办法规定，造成文物或国家权益损害的，依法追究有关责任单位和个人的法律责任。

第十五条 不可移动文物的单体文物的复制、拓印，参照本办法执行。不可移动文物的单体文物的仿制、仿建、复建，按照国家有关规定执行。

第十六条 本办法自发布之日起施行。国家文物局 1979 年 9 月 4 日发布的《拓印古代石刻的暂行规定》，1998 年 8 月 20 日发布的《文物复制暂行管理办法》同时废止。

关于防范和惩治文物统计造假弄虚作假责任规定（试行）

· 2021 年 1 月 4 日
· 文物办发〔2021〕2 号

第一条 为深入贯彻执行《关于深化统计管理体制改革提高统计数据真实性的意见》《统计违纪违法责任人处分处理建议办法》，全面防范和惩治文物领域统计造假、弄虚作假，健全落实各级文物行政部门统计工作领导责任制和统计人员工作责任制，保障统计数据质量，特制定本规定。

第二条 本规定适用于各级文物行政部门中负责统计管理和统计工作的人员。

第三条 健全文物领域防范和惩治统计造假、弄虚作假责任制，应当健全文物统计管理体制，形成不敢、不能、不想统计造假、弄虚作假的工作氛围，为进一步提高文物领域统计数据真实性、准确性、完整性和及时性提供扎实的体制机制保障。

第四条 建立文物领域防范和惩治统计造假、弄虚作假责任制，坚持集体领导与个人分工负责相结合，按照谁主管、谁负责，谁经办、谁负责的原则，形成一级抓一级、层层抓落实的全员工作责任体系。上级文物行政部门履行指导责任，本部门领导班子承担主体责任，主要负责人承担主要领导责任，分管负责人承担直接领导责任，统计人员承担直接责任。

第五条 各级文物行政部门领导班子对防范和惩治统计造假、弄虚作假负主体责任。

其责任是：认真落实上级部门关于防范和惩治统计造假、弄虚作假的工作安排，结合本单位工作实际，研究制定文物统计工作规划、目标要求和具体措施，明确班子成员及各职能部门在防范和惩治统计造假、弄虚作假工作中的责任，始终把依法统计贯穿于文物统计工作的各个方面和各个环节。确保本单位严格执行各项统计法律法规，确保按照统计调查制度组织实施各项文物统计调查工作。加强对文物统计工作领导，健全统计机构，充实统计人员，保障必要统计经费和技术装备，加强统计人员的专业培训和职业道德教育。

第六条 各级文物行政部门主要负责人对防范和惩治统计造假、弄虚作假工作负主要领导责任。

其责任是：带头遵守执行统计法律法规规章，主持制定防范和惩治统计造假、弄虚作假工作计划和措施。推动建立责任体系，明确领导责任、具体责任和监督责任，形成从上到下、自始至终防范和惩治统计造假、弄虚作假责任机制。定期听取本单位防范和惩治统计造假、弄虚作假工作汇报，协调解决文物统计工作中的各项问题，做好与上级部门的沟通协调，加强对下级部门统计工作的监督管理。

第七条 各级文物行政主管部门班子成员中分管负责人对防范和惩治统计造假、弄虚作假工作负直接领导责任。

其责任是：带头遵守执行统计法律法规规章，研究落实分管领域范围内防范和惩治统计造假、弄虚作假的具体任务和措施，督促指导分管领域切实履行防范和惩治统计造假、弄虚作假责任。组织分管领域严格依照统计法律法规规章和统计调查制度开展统计调查，确保统计人员守住统计法律法规的底线、红线。健全分管领域各项数据质量控制制度。组织分管领域及时对数据质量进行核查，始终将防范和惩治统计造假、弄虚作假责任贯穿于统计调查工作全过程。

第八条 各级文物行政部门统计人员对防范和惩治统计造假、弄虚作假工作负直接责任。

其责任是：依法履行职责，如实搜集、报送统计资料，不得伪造、篡改统计资料，不得以任何方式要求任何单位和个人提供不真实的统计资料。坚持实事求是，恪守职业道德，对其负责搜集、审核、录入的统计资料与统计调查对象报送的统计资料的一致性负责。

第九条 各级文物行政部门领导班子及其成员不得自行修改统计人员依法搜集、整理的统计资料，不得以任何方式要求统计人员伪造、篡改统计资料，不得对依法履行职责或者拒绝、抵制统计违法行为的统计人员打击报复。

第十条 各级文物行政部门依法对下级部门统计数据真实情况进行监督检查。

第十一条 国家文物局通过采用实地抽查、第三方评估等方式，对各级文物行政部门统计数据真实准确情况进行监督检查。

第十二条 各级文物行政部门领导班子及其成员、统计人员未能严格履行防范和惩治统计造假、弄虚作假责任制的，按照《关于深化统计管理体制改革提高统计数据真实性的意见》《统计违纪违法责任人处分处理建议办法》要求，由有关部门依据《中国共产党纪律处分条例》《中国共产党问责条例》《中华人民共和国公职人员政务处分法》《中华人民共和国统计法》《中华人民共和国统计法实施条例》《行政机关公务员处分条例》《统计违法违纪行为处分规定》等相关规定追究责任。

第十三条 本规定自发布之日起施行。

文物统计管理办法（试行）

· 2021 年 1 月 4 日

· 文物办发〔2021〕1 号

第一章 总 则

第一条 为规范文物统计工作，加强文物统计管理，保障文物统计资料的真实性、准确性、完整性和及时性，将防范和惩治统计造假、弄虚作假纳入各级文物行政部门依法行政、依法履职责任范围，根据《中华人民共和国统计法》及其实施条例，结合文物统计工作实际，制定本办法。

第二条 文物统计的基本任务是对文物活动进行统计调查和统计分析，提供统计资料和统计咨询，实行统计监督。

第三条 本办法所称的统计调查对象包括各级文物行政部门、从事文物活动的各类企事业单位和个体工商户。

第四条 国家文物局是全国文物统计工作的主管部门，在国家统计局的业务指导下，对全国文物统计工作实行统一管理。

地方各级文物行政部门在上级文物行政部门和同级人民政府统计机构的业务指导下，负责本行政区域内的文物统计工作。

第五条 各级文物行政部门应当加强对文物统计工作的领导，健全统计机构，充实统计人员，强化统计人员的专业培训和职业道德教育。

第六条 各级文物行政部门统计工作经费应列入年度预算，并确保及时拨付到位，切实保障文物统计工作正常有效开展。

第七条 各级文物行政部门应当高度重视统计信息化建设，为文物统计工作提供必要的技术装备和其他各项条件，有效推进统计数据的搜集、处理、传输与共享。

第八条 各级文物行政部门应当加强文物统计科学研究，健全文物统计指标体系，不断改进统计调查方法，提高文物统计的科学性。

第二章 统计机构和统计人员

第九条 文物统计工作实行统一管理、分级负责。

国家文物局办公室作为国家文物局设立的综合统计机构，承担文物综合统计职能，归口管理全国文物统计工作。

国家文物局承担统计工作的有关业务机构，设置统计岗位，配备统计人员，负责业务领域范围内的统计工作。

地方各级文物行政部门负责管理和组织协调本行政区域内的文物统计工作，设置统计机构，配备统计人员（其中省级应当配备专职统计人员），在业务上受上级文物行政部门和同级人民政府统计机构指导。

第十条 国家文物局办公室依法履行以下主要职责：

（一）组织制定文物统计规章制度并监督实施；

（二）依法组织拟定全国文物统计调查制度、指标体系和部门统计标准并部署实施；

（三）管理、审定、公布、出版文物统计资料，对外提供文物统计数据；

（四）指导督促和监督检查全国文物统计工作，防范和惩治统计造假、弄虚作假；

（五）对文物发展情况进行统计分析研究和监测评价；

（六）组织推进全国文物统计信息化建设；

（七）组织文物统计人员业务培训，开展文物统计科学研究和国际交流；

（八）负责与国务院有关部门的统计业务联系与合作。

第十一条 国家文物局承担统计工作的有关业务机构依法履行以下主要职责：

（一）拟订业务范围内的文物统计调查制度；

（二）组织、协调、指导业务领域范围内的统计资料搜集、审核、汇总工作，并按照统计调查制度规定要求，按时向办公室提交汇总完成的统计数据，经审定后使用；

（三）开展业务领域范围内的统计分析与服务工作；

（四）配合办公室开展业务领域范围内的统计人员培训和统计制度改革研究；

（五）配合办公室开展统计信息化建设；

（六）配合办公室开展业务领域范围内的防范和惩治统计造假、弄虚作假工作。

第十二条 地方各级文物行政部门依法履行以下主要职责：

（一）组织、协调、指导、监督本行政区域内的文物统计工作，按照统计调查制度完成有关统计任务，按时报送本地区文物统计数据和其他统计资料；

（二）管理、审定、公布、出版本地区文物统计资料；

（三）对本地区文物发展情况进行统计分析研究和监测评价；

（四）组织开展本地区文物统计人员业务培训。

第十三条 地方各级文物行政部门应当明确负责统计工作的职能部门，选配具有统计专业知识的人员从事文物统计工作。

第十四条 各类文物统计调查对象应当根据统计任务需要设置统计工作岗位，配备专兼职统计人员，依法开展统计工作。

第十五条 各级文物行政部门统计机构和统计人员依法独立

行使以下职权，任何单位和个人不得干扰或者阻挠。

（一）统计调查权：依法如实调查、搜集统计资料，检查与统计资料有关的各种原始记录和统计台账，要求改正不实的统计资料。

（二）统计报告权：将统计调查所得资料和情况进行整理、分析，及时向上级文物行政部门提出统计报告。

（三）统计监督权：根据统计调查和统计分析，对文物工作进行统计监督，指出存在的问题，提出改进的建议。

第十六条 各级文物行政部门统计机构和统计人员应当依法履行职责，如实搜集、报送统计资料，不得伪造、篡改统计资料，不得以任何方式要求任何单位和个人提供不真实的统计资料。

第十七条 各级文物行政部门统计人员应当具备与其从事文物统计工作相适应的专业知识和业务能力。坚持实事求是，恪守职业道德，对其负责搜集、审核、录入的统计资料与统计调查对象报送的统计资料的一致性负责。

第十八条 各级文物行政部门负责人不得自行修改统计机构和统计人员依法搜集、整理的统计资料，不得以任何方式要求统计人员及其他机构、人员伪造、篡改统计资料，不得对依法履行职责或者拒绝、抵制统计违法行为的统计人员打击报复。

第十九条 各级文物行政部门统计人员应保持相对稳定，统计人员因工作需要调离统计岗位时，应选派有能力承担统计工作的人员接替，办清交接手续，并及时告知上级文物行政部门。

第三章 统计调查管理

第二十条 各级文物行政部门开展统计调查，应当制定统计调查制度，并就调查项目的必要性、可行性、科学性进行充分论证。

统计调查制度内容包括总说明、报表目录、调查表式、分类目录、指标解释、指标间逻辑关系，采用抽样调查的还应当包括抽样调查方案。

统计调查制度总说明应当对调查目的、调查对象、统计范围、调查内容、调查频率、调查时间、调查方法、组织实施方式、质量控制、报送要求、信息共享、资料公布等作出规定。

第二十一条 全国文物统计调查制度由国家文物局负责制定。统计调查对象属于本部门管辖系统的，报国家统计局备案；统计调查对象超出本部门管辖系统的，报国家统计局审批。

地方各级文物行政部门可按需要制定补充性文物统计调查制度，报上级文物行政部门同意后，报同级人民政府统计机构审批或者备案。

地方补充性文物统计调查制度不得与上级文物统计调查制度重复、矛盾；不得影响全国文物统计调查制度的实施。

第二十二条 各级文物行政部门应当按照批准的统计调查制度开展统计工作。

依法执行的统计调查表应当标明表号、制定机关、批准机关或者备案机关、批准文号或者备案文号、有效期限等标志。

对未标明规定标志或者超过有效期限的统计调查表，统计调查对象有权拒绝填报。

第二十三条 国家文物局负责制定全国文物统计标准，确保文物统计调查采用的指标涵义、计算方法、分类目录、调查表式和统计编码等的标准化。

第二十四条 凡将各类文物企事业单位作为统计调查对象的，各类文物统计调查对象应取自国家文物局全国文物统计调查基本单位名录库。

地方各级文物行政部门应配合国家文物局办公室，加强对全国文物统计调查基本单位名录库的动态管理。

第二十五条 各类文物统计调查对象应当根据文物行政部门制定并经批准的统计调查制度，建立健全原始记录、统计台账和各项管理制度；应当根据统计工作的需要，配备必要的计算机和网络通讯设备。

各类文物统计调查对象应当依照统计法律法规和本办法的规定，真实、准确、完整、及时地提供文物统计调查所需的资料，不得提供不真实或者不完整的统计资料，不得迟报、拒报统计资料。

第二十六条 文物统计调查综合运用年度常规调查、抽样调查、重点调查、普查等方法，并充分开发利用行政记录和大数据。运用大数据进行调查时，要符合文物统计调查所采用的指标涵义、分类目录和统计编码，相关计算方法要进行充分论证。

第二十七条 各级文物行政部门应当建立健全文物统计调查数据质量控制体系，加大对源头数据的审核和评估力度，保证数出有源、数出有据。

第二十八条 各级文物行政部门应当积极沟通同级人民政府统计机构和有关行业部门，探索建立重要核心数据会商评估机制，加强与其他相关领域数据的比对和印证。

第二十九条 各级文物行政部门应当建立防范和惩治统计造假、弄虚作假责任制，坚持集体领导与个人分工负责相结合，本部门领导班子承担主体责任，部门主要负责人承担主要领导责任，分管负责人承担直接领导责任，统计人员承担直接责任。按照谁主管、谁负责，谁经办、谁负责的原则，形成一级抓一级、层层抓落实的责任体系。

第三十条 各级文物行政部门应加强文物统计信息化建设，建立健全文物统计直报制度，完善全国文物统计直报系统，实现文物统计工作全流程信息化、网络化。已建成并投入使用的其他统计信息系统要与全国文物统计直报系统相衔接，设立数据接口，实现互联互通。

第四章 统计资料管理和公布

第三十一条 国家文物局依法管理、审定、公布和出版全国文物统计资料；地方各级文物行政部门依法管理、审定、公布和出版本行政区域内的文物统计资料。

第三十二条 各级文物行政部门应当建立健全文物统计资料公布制度，除依法应当保密内容外，应及时通过门户网站、统计公报、统计年鉴等途径公布文物统计资料。

第三十三条 各级文物行政部门应当按照国家有关规定建立健全统计资料的审核、签署、交接、归档等管理制度。

第三十四条 文物统计资料的管理、使用和公布，应当严格遵守国家档案管理制度、保密制度和信息公开制度的有关要求。

第三十五条 各级文物行政部门统计机构和文物统计人员，对统计调查对象的商业秘密和个人隐私负有保密义务。

第三十六条 各级文物行政部门在制定政策规划、督查工作进展、评价发展水平时，凡涉及统计数据的，应当优先使用已公开发布的文物统计资料。

第五章 监督检查

第三十七条 各级文物行政部门依法对下级文物行政部门、文物统计调查对象的统计工作进行监督检查。

统计检查的内容包括：统计法律法规和规章制度的执行情况，统计机构和统计人员的配置情况，统计经费和统计工作设备配置保障情况，统计数据报送质量情况，统计资料的管理和公布情况，以及其他与统计工作有关的情况。

第三十八条 各级文物行政部门、文物统计调查对象应当配合监督检查工作。任何单位、个人不得干扰和妨碍统计人员监督检查和作出检查结论。

第三十九条 各级文物行政部门应建立文物统计工作监督检查办法，定期开展统计工作监督检查，并对有关结果予以通报。

第四十条 对违反统计法律法规及本办法有关规定的，由有关部门依法对相关单位和人员给予行政处罚或追究法律责任。

第六章　附　则

第四十一条　地方各级文物行政部门可依据本办法，结合各自实际，制定相应的实施细则。

第四十二条　本办法自发布之日起施行。

文物拍卖管理办法

· 2020 年 4 月 30 日

· 文物政发〔2020〕6 号

第一章　总　则

第一条　为加强文物拍卖管理，规范文物拍卖行为，促进文物拍卖活动健康有序发展，根据《中华人民共和国文物保护法》、《中华人民共和国拍卖法》、《中华人民共和国文物保护法实施条例》等法律法规，制定本办法。

第二条　在中华人民共和国境内，以下列物品为标的的拍卖活动，适用本办法：

（一）1949 年以前的各类艺术品、工艺美术品；

（二）1949 年以前的文献资料以及具有历史、艺术、科学价值的手稿和图书资料；

（三）1949 年以前与各民族社会制度、社会生产、社会生活有关的代表性实物；

（四）1949 年以后与重大事件或著名人物有关的代表性实物；

（五）1949 年以后反映各民族生产活动、生活习俗、文化艺术和宗教信仰的代表性实物；

（六）列入限制出境范围的 1949 年以后已故书画家、工艺美术家作品；

（七）法律法规规定的其他物品。

第三条 国家文物局负责制定文物拍卖管理政策，协调、指导、监督全国文物拍卖活动。

省、自治区、直辖市人民政府文物行政部门负责管理本行政区域内文物拍卖活动。

第二章 文物拍卖企业及人员

第四条 依法设立的拍卖企业经营文物拍卖的，应当取得省、自治区、直辖市人民政府文物行政部门颁发的文物拍卖许可证。

第五条 拍卖企业申请文物拍卖许可证，应当符合下列条件：

（一）有1000万元人民币以上注册资本，非中外合资、中外合作、外商独资企业；

（二）有5名以上文物拍卖专业人员；

（三）有必要的场所、设施和技术条件；

（四）近两年内无违法违规经营文物行为；

（五）法律、法规规定的其他条件。

第六条 拍卖企业申请文物拍卖许可证时，应当提交下列材料：

（一）文物拍卖许可证申请表；

（二）企业注册资本的验资证明；

（三）文物拍卖专业人员相关证明文件、聘用协议复印件；

（四）场所、设施和技术条件证明材料。

第七条 省、自治区、直辖市人民政府文物行政部门应当于受理文物拍卖许可证申领事项后30个工作日内作出批准或者不批准的决定。决定批准的，发给文物拍卖许可证；决定不批准的，应当书面通知当事人并说明理由。

第八条 文物拍卖许可证不得涂改、出租、出借或转让。

第九条 省、自治区、直辖市人民政府文物行政部门对取得文物拍卖许可证的拍卖企业进行年审，年审结果作为是否许可拍卖企业继续从事文物拍卖活动的依据。

第十条 省、自治区、直辖市人民政府文物行政部门应当于开展文物拍卖许可证审批、年审、变更、暂停、注销等工作后30日内，将相关信息报国家文物局备案。

第十一条 文物拍卖专业人员不得参与文物商店销售文物、文物拍卖标的审核、文物进出境审核工作；不得同时在两家（含）以上拍卖企业从事文物拍卖活动。

第三章 文物拍卖标的

第十二条 拍卖企业须在文物拍卖会举办前，将拟拍卖标的整场报省、自治区、直辖市人民政府文物行政部门审核。报审材料应当由文物拍卖专业人员共同签署标的征集鉴定意见。

联合开展文物拍卖活动的拍卖企业，均应取得文物拍卖许可证。

第十三条 省、自治区、直辖市人民政府文物行政部门受理文物拍卖标的审核申请后，应组织开展实物审核，于20个工作日内办理审核批复文件，并同时报国家文物局备案。

参加文物拍卖标的审核的人员，不得在拍卖企业任职。

第十四条 下列物品不得作为拍卖标的：

（一）依照法律应当上交国家的出土（水）文物，以出土（水）文物名义进行宣传的标的；

（二）被盗窃、盗掘、走私的文物或者明确属于历史上被非法掠夺的中国文物；

（三）公安、海关、工商等执法部门和人民法院、人民检察院依法没收、追缴的文物，以及银行、冶炼厂、造纸厂及废旧物资回收单位拣选的文物；

（四）国有文物收藏单位及其他国家机关、部队和国有企业、事业单位等收藏、保管的文物，以及非国有博物馆馆藏文物；

（五）国有文物商店收存的珍贵文物；

（六）国有不可移动文物及其构件；

（七）涉嫌损害国家利益或者有可能产生不良社会影响的标的；

（八）其他法律法规规定不得流通的文物。

第十五条 拍卖企业从境外征集文物拍卖标的、买受人将文物携运出境，须按照相关法律法规办理文物进出境审核手续。

第十六条 国家对拍卖企业拍卖的珍贵文物拥有优先购买权。国家文物局可以指定国有文物收藏单位行使优先购买权。优先购买权以协商定价或定向拍卖的方式行使。

以协商定价方式实行国家优先购买的文物拍卖标的，购买价格由国有文物收藏单位的代表与文物的委托人协商确定，不得进入公开拍卖流程。

第十七条 拍卖企业应当在文物拍卖活动结束后30日内，将拍卖记录报原审核的省、自治区、直辖市人民政府文物行政部门备案。省、自治区、直辖市人民政府文物行政部门应当将文物拍卖记录报国家文物局。

第四章　附　则

第十八条 国家文物局和省、自治区、直辖市人民政府文物行政部门应当建立文物拍卖企业及文物拍卖专业人员信用信息记录，并向社会公布。

第十九条 文物拍卖企业、文物拍卖专业人员发生违法经营行为，国家文物局和省、自治区、直辖市人民政府文物行政部门应当依法予以查处。

第二十条 拍卖企业利用互联网从事文物拍卖活动的，应当遵守本办法的规定。

第二十一条 本办法自颁布之日起实施，《文物拍卖管理暂行规定》同时废止。

文物拍卖标的审核办法

· 2020 年 4 月 30 日
· 文物政发〔2020〕6 号

第一章　总　则

第一条　为加强对文物拍卖标的审核管理，规范文物拍卖经营行为，依据《中华人民共和国文物保护法》、《中华人民共和国文物保护法实施条例》等法律法规，制定本办法。

第二条　本办法适用于《中华人民共和国文物保护法》、《中华人民共和国文物保护法实施条例》等法律法规规定、需经审核才能拍卖的文物。

第三条　文物拍卖标的由省、自治区、直辖市人民政府文物行政部门（以下简称“省级文物行政部门”）负责审核。

第四条　国家文物局对省级文物行政部门文物拍卖标的审核工作进行监督指导。

第二章　申请与受理

第五条　拍卖企业应在文物拍卖公告发布前 20 个工作日，提出文物拍卖标的审核申请。

省级文物行政部门不受理已进行宣传、印刷、展示、拍卖的文物拍卖标的的审核申请。

第六条　拍卖企业应向注册地省级文物行政部门提交文物拍卖标的审核申请。

拍卖企业在注册地省级行政区划以外举办文物拍卖活动的，按照标的就近原则，可向注册地或者拍卖活动举办地省级文物行政部门提交文物拍卖标的审核申请。

两家以上注册地在同一省级行政区划内的拍卖企业联合举办文物拍卖活动的，由企业联合向省级文物行政部门提交文物拍卖标的审核申请。

两家以上注册地不在同一省级行政区划内的拍卖企业联合举办文物拍卖活动的，按照标的就近原则，由企业联合向某一企业注册地或者拍卖活动举办地省级文物行政部门提交文物拍卖标的审核申请。

联合拍卖文物的拍卖企业，均应具备文物拍卖资质。其文物拍卖资质范围不同的，按照资质最低的一方确定文物拍卖经营范围。

第七条 拍卖企业须报审整场文物拍卖标的，不得瞒报、漏报、替换标的，不得以艺术品拍卖会名义提出文物拍卖标的审核申请，不得以“某代以前”、“某某款”等字眼或不标注时代的方式逃避文物拍卖标的监管。

第八条 拍卖企业申请文物拍卖标的审核时，应当提交下列材料：

（一）有效期内且与准许经营范围相符的《文物拍卖许可证》的复印件；

（二）《文物拍卖标的审核申请表》；

（三）标的清册（含电子版）；

（四）标的图片（每件标的图片清晰度300dpi以上）；

（五）标的合法来源证明（如有）；

（六）文物拍卖专业人员出具的标的征集鉴定意见；

（七）省级文物行政部门要求提交的其他材料。

其中，材料（一）、（二）、（三）、（五）、（六）须以书面形式加盖企业公章提交，材料（三）、（四）提交电子材料。

第九条 省级文物行政部门对拍卖企业提出的文物拍卖标的的审核申请，应当根据下列情况分别处理，并告知企业：

（一）文物拍卖经营资质有效，申请材料齐全，符合相关法律法规规定的，决定受理；

（二）文物拍卖经营资质无效，或者不属于审核范围的，决定不予受理；

（三）申请材料不齐全或者不符合相关规定的，要求补充。

第十条 省级文物行政部门受理文物拍卖标的审核申请后，须按照《中华人民共和国行政许可法》第四十二条有关规定，应于20个工作日内做出审核决定。符合《中华人民共和国行政许可法》第四十二条、第四十五条相关情形的，不受该时限限制。

第三章 审核与批复

第十一条 省级文物行政部门在作出文物拍卖标的审核决定前，可委托相关专业机构开展文物拍卖标的审核工作。

文物拍卖标的应当进行实物审核。

第十二条 文物拍卖标的审核须由3名以上审核人员共同完成，其中省级文物鉴定委员会委员不少于1名。审核意见由参加审核人员共同签署。

审核过程中，省级文物行政部门可要求拍卖企业补充标的合法来源证明及相关材料。

第十三条 下列物品不得作为拍卖标的：

（一）依照法律应当上交国家的出土（水）文物，以出土（水）文物名义进行宣传的标的；

（二）被盗窃、盗掘、走私的文物或者明确属于历史上被非法掠夺的中国文物；

（三）公安、海关、工商等执法部门和人民法院、人民检察院依法没收、追缴的文物，以及银行、冶炼厂、造纸厂及废旧物资回收单位拣选的文物；

（四）国有文物收藏单位及其他国家机关、部队和国有企业、事业单位等收藏、保管的文物，以及非国有博物馆馆藏文物；

（五）国有文物商店收存的珍贵文物；

（六）国有不可移动文物及其构件；

（七）涉嫌损害国家利益或者有可能产生不良社会影响的标的；

（八）其他法律法规规定不得流通的文物。

第十四条 合法来源证明材料包括：

（一）文物商店销售文物发票；

（二）文物拍卖成交凭证及发票；

（三）文物进出境审核机构发放的文物进出境证明；

（四）其他符合法律法规规定的证明文件等。

第十五条 未列入本办法第十三条的文物，经文物行政部门审核不宜进行拍卖的，不得拍卖。

第十六条 省级文物行政部门依据实物审核情况出具决定文件，并同时抄报国家文物局备案。备案材料应包含标的清册、图片（含电子材料）、合法来源证明（如有）等。

两家以上拍卖企业联合举办文物拍卖活动的，审核决定主送前列申请企业，同时抄送其他相关省级文物行政部门。

第十七条 文物拍卖标的审核决定，不得作为对标的真伪、年代、品质及瑕疵等方面情况的认定。

第四章 文物拍卖监管

第十八条 拍卖企业应在文物拍卖图录显著位置登载文物拍卖标的审核决定或者决定文号。

第十九条 省级文物行政部门应以不少于10%的比例对文物拍卖会进行监拍。监拍人员应按照《文物行政处罚程序暂行规定》等相关规定，对拍卖会现场出现的违法行为采取相应措施。

第二十条 拍卖企业应于文物拍卖会结束后30个工作日内，按照《中华人民共和国文物保护法实施条例》第四十三条相关规定，将文物拍卖记录报省级文物行政部门备案。

第二十一条 省级文物行政部门应当对照文物拍卖标的审核

申请材料对文物拍卖记录进行核查，及时发现并查处拍卖企业瞒报、漏报、替换文物拍卖标的等违法行为。

第二十二条 省级文物行政部门应加强对拍卖企业标的征集管理，将文物拍卖标的审核情况记入拍卖企业和专业人员诚信档案，作为对拍卖企业和专业人员监管的重要依据。

第五章 附 则

第二十三条 本办法自发布之日起实施。

可移动文物修复管理办法

· 2020 年 4 月 30 日

· 文物政发〔2020〕6 号

第一章 总 则

第一条 为加强可移动文物修复管理，提高可移动文物修复的科学性和规范性，根据《中华人民共和国文物保护法》和《中华人民共和国文物保护法实施条例》，制定本办法。

第二条 本办法适用于博物馆、图书馆和其他文物收藏单位，以及国家机关、国有企事业单位收藏保管的可移动文物的修复。

第三条 修复可移动文物应当坚持不改变文物原状原则，全面保存和延续文物的历史、艺术、科学的信息与价值，将科学研究贯穿于修复的全过程，应认真执行文物修复操作规程和相关技术标准，采用先进、适用的技术手段和有效的管理方法，确保修复质量。

第四条 可移动文物修复包括价值评估、现状调查、病害评测、方案编制、保护修复实施、效果评估、档案建立、预防性保护等活动。

第五条 可移动文物修复应由取得可移动文物修复资质的单位承担。

第二章 资质管理

第六条 从事可移动文物修复的单位应当经省、自治区、直辖市文物行政部门批准并取得资质。

第七条 申请可移动文物修复资质的单位应具备以下条件：

（一）有7名以上具有5年以上文物修复工作经验，曾主持或主要参与50件以上珍贵文物的保护修复工作，且取得中级以上文物博物专业技术职称的主要技术人员，其中具有高级技术职称的人员不少于2人；

聘用退休人员作为主要技术人员，不得超过主要技术人员总数的20%；

主要技术人员不得同时受聘于两家或两家以上可移动文物修复资质单位。

（二）工作场所和技术设备应满足《可移动文物保护修复室规范化建设与仪器装备基本要求》（GB/T30238-2013）规定的区域技术中心以上的标准条件和功能。

（三）文物保管场所安全条件符合《文物系统博物馆风险等级和安全防护级别的规定（GA27-2002）》。

（四）有健全的管理制度和质量管理体系。

第八条 可移动文物修复资质申报材料：

（一）可移动文物修复资质申请表。

（二）主要技术人员的职称证书、工作资历或业绩证明及聘用（任职）证明。

（三）承担过的主要可移动文物保护修复项目的相关文件。

（四）工作场所和技术设备符合《可移动文物保护修复室规范化建设与仪器装备基本要求》（GB/T30238-2013）的证明资料。

（五）符合《文物系统博物馆风险等级和安全防护级别的规定（GA27-2002）》条件的场所证明资料。

（六）主要管理制度和质量管理体系的相关文件。

（七）申请单位法人资格证书。

（八）省、自治区、直辖市文物行政部门需要的其他材料。

第九条 决定批准的，由省、自治区、直辖市文物行政部门颁发资质证书。

资质证书分为正本和副本，具有同等法律效力。资质证书只限于本单位使用，不得转让、转借。

第十条 自修复资质证书核发之日起30日内，省、自治区、直辖市文物行政部门应当将批准的修复资质单位向社会公布并报国务院文物行政部门备案。

第十一条 修复资质单位应在资质证书核定的业务范围内承揽业务，不受地域范围的限制。

第十二条 资质证书登记事项发生变更的，应当在变更后30个工作日内到原审批部门办理变更手续。

第十三条 因破产、停业或其他原因终止业务活动的，应当在终止业务活动30个工作日内到原审批部门办理注销手续。

第十四条 修复资质变更、注销等情况，由省、自治区、直辖市文物行政部门向社会公布并报国务院文物行政部门备案。

第三章 修复管理

第十五条 修复馆藏珍贵文物，应当报省、自治区、直辖市文物行政部门批准。修复馆藏一级文物，应当经省、自治区、直辖市文物行政部门批准后报国务院文物行政部门备案。

批准前，应出具独立第三方机构或专家评审意见。

第十六条 文物修复的申报材料应当包括：

（一）文物修复申请文件；

（二）文物修复方案；

（三）方案编制单位的资质证明；

（四）方案编制委托协议；

（五）审批部门需要的其他材料。

第十七条 文物修复的申报材料应符合下列条件，不符合的，不予批准或者要求申报单位补充齐全后审批。

（一）文物修复方案应当由具有资质的单位编制；

（二）文物修复事项属于修复资质单位业务范围；

（三）文物信息、修复的必要性和工作目标明确；

（四）修复程序及修复技术路线科学合理；

（五）预防性保护措施明确；

（六）符合我国法律、法规其他有关规定。

第十八条 文物修复工作应由具有修复资质的单位按照批准的修复方案实施。

必要时可以根据修复实际情况合理调整修复方案并报原审批部门备案。因特殊情况需要重大调整或者变更的，应当报原审批部门批准。

第十九条 修复完成后3个月内应进行验收。馆藏一级文物修复由省、自治区、直辖市文物行政部门组织验收，结果报国务院文物行政部门备案。

第二十条 文物收藏单位应当将修复方案、修复记录、验收报告、修复报告等文物修复的全部资料整理立卷，归入相应的文物档案。

第二十一条 文物收藏单位应当按照修复方案中的预防性保护措施，对修复的文物进行保护，并对文物的保存状况、保存环境，以及可能威胁到文物安全的异常情况或者其他危险因素进行定期监测并记录。

第四章 监督检查

第二十二条 可移动文物修复资质实行年度报告和公示制度。

每年1月15日前，修复资质单位应向所在地省、自治区、直辖市文物行政部门提交上一年度资质证书登记事项变动情况和开展业务活动情况的报告，并向社会公布。

第二十三条 国务院文物行政部门将组织行业协会或第三方机构对修复资质单位开展运行评估。评估规则另行制定。

第二十四条 各省、自治区、直辖市文物行政部门应根据年度报告和运行评估结果对资质单位加强指导，建立健全资质单位的管理和退出机制。

第二十五条 每年3月1日前，各省、自治区、直辖市文物行政部门应当将上一年度行政区域内馆藏文物修复基本情况（包括修复文物名录、文物等级、修复单位等）向社会公布并报国务院文物行政部门备案。

第二十六条 国务院文物行政部门将组织行业协会或第三方机构，对馆藏文物修复及管理情况进行定期检查或抽查，结果向社会公布。

第五章 附 则

第二十七条 各省、自治区、直辖市文物行政部门可根据本办法制定具体实施细则。

第二十八条 本办法自2014年8月1日起施行。2007年国家文物局颁布的《可移动文物修复资质管理办法（试行）》和《可移动文物技术保护设计资质管理办法（试行）》同时废止。

涉案文物鉴定评估管理办法

· 2018 年 6 月 14 日
· 文物博发〔2018〕4 号

第一章　总　则

第一条　为适应人民法院、人民检察院和公安机关等办案机关办理文物犯罪刑事案件的需要，规范涉案文物鉴定评估活动，保证涉案文物鉴定评估质量，根据《中华人民共和国文物保护法》、《最高人民法院、最高人民检察院关于办理妨害文物管理等刑事案件适用法律若干问题的解释》和有关法律法规，制定本办法。

第二条　本办法所称涉案文物，专指文物犯罪刑事案件涉及的文物或者疑似文物。

本办法所称涉案文物鉴定评估，是指涉案文物鉴定评估机构组织文物鉴定评估人员，运用专门知识或者科学技术对涉案文物的专门性问题进行鉴别、判断、评估并提供鉴定评估报告的活动。

第三条　国家文物局指定的涉案文物鉴定评估机构和予以备案的文物鉴定评估人员开展涉案文物鉴定评估活动，适用本办法。

第四条　涉案文物鉴定评估机构开展涉案文物鉴定评估活动，应当遵循合法、独立、客观、公正的原则。

第五条　文物鉴定评估人员在涉案文物鉴定评估活动中，应当遵守法律法规，遵守职业道德和职业纪律，尊重科学，遵守标准规范。

第六条　国家文物局负责遴选指定涉案文物鉴定评估机构，制定涉案文物鉴定评估管理制度和标准规范，对全国涉案文物鉴定评估工作进行宏观指导。

第七条　省级文物行政部门负责推荐本行政区域内涉案文物鉴定评估机构，对涉案文物鉴定评估工作进行监督管理。

省级文物行政部门应当保障本行政区域内涉案文物鉴定评估机构开展涉案文物鉴定评估工作所需的业务经费。

第八条　涉案文物鉴定评估机构的发展应当符合统筹规划、合理布局、严格标准、确保质量的要求。

第二章　鉴定评估范围和内容

第九条　涉案文物鉴定评估范围涵盖可移动文物和不可移动文物。

（一）可移动文物鉴定评估类别包括陶瓷器、玉石器、金属器、书画、杂项等五个类别。

（二）不可移动文物鉴定评估类别包括古文化遗址、古墓葬、古建筑、石窟寺及石刻、近现代重要史迹及代表性建筑、其他等六个类别。

第十条　已被拆解的不可移动文物的构件，涉案文物鉴定评估机构可以应办案机关的要求，将其作为可移动文物进行鉴定评估。

第十一条　可移动文物鉴定评估内容包括：

（一）确定疑似文物是否属于文物；

（二）确定文物产生或者制作的时代；

（三）评估文物的历史、艺术、科学价值，确定文物级别；

（四）评估有关行为对文物造成的损毁程度；

（五）评估有关行为对文物价值造成的影响；

（六）其他需要鉴定评估的文物专门性问题。

可移动文物及其等级已经文物行政部门认定的，涉案文物鉴定评估机构不再对上述第一至三项内容进行鉴定评估。

第十二条　不可移动文物鉴定评估内容包括：

（一）确定疑似文物是否属于古文化遗址、古墓葬；

（二）评估有关行为对文物造成的损毁程度；

（三）评估有关行为对文物价值造成的影响；

（四）其他需要鉴定评估的文物专门性问题。

不可移动文物及其等级已经文物行政部门认定的，涉案文物鉴定评估机构不再对上述第一项内容进行鉴定评估。

第十三条 涉案文物鉴定评估机构可以根据自身专业条件，并应办案机关的要求，对文物的经济价值进行评估。

第三章 鉴定评估机构和人员

第十四条 国有文物博物馆机构申请从事涉案文物鉴定评估业务，应当具备下列条件：

（一）有独立法人资格；

（二）有固定的办公场所和必要的文物鉴定技术设备；

（三）能够从事本办法第九条规定的可移动文物所有类别或者不可移动文物所有类别的鉴定评估业务，每类别有3名以上专职或者兼职的文物鉴定评估人员；

（四）有一定数量的专职文物鉴定评估人员；

（五）具备一定的文物鉴定评估组织工作经验。

第十五条 国有文物博物馆机构申请从事涉案文物鉴定评估业务，应当提交下列材料：

（一）申请从事涉案文物鉴定评估业务的文件；

（二）涉案文物鉴定评估机构申请表；

（三）文物鉴定评估人员登记表；

（四）法人证书复印件或者证明法人资格的相关文件；

（五）此前组织开展文物鉴定评估工作的相关情况说明。

第十六条 省级文物行政部门按照本办法第十四条规定的条件，对本行政区域内申请从事涉案文物鉴定评估业务的国有文物博物馆机构进行初审，初审合格的报国家文物局。

国家文物局对各省上报的机构进行遴选，指定其中符合要求的为涉案文物鉴定评估机构，并通过适当方式向社会公告。

第十七条 涉案文物鉴定评估机构的文物鉴定评估人员，应当至少符合下列条件之一：

（一）取得文物博物及相关系列中级以上专业技术职务，并有至少持续5年文物鉴定实践经历；

（二）是文物进出境责任鉴定人员；

（三）是国家或者省级文物鉴定委员会委员。

第十八条 省级文物行政部门按照本办法第十七条规定的条件，对拟从事涉案文物鉴定评估工作的文物鉴定评估人员进行审核，审核合格的报国家文物局备案。

第十九条 涉案文物鉴定评估机构的文物鉴定评估人员只能在一个鉴定评估机构中任职（包括兼职），但可以接受其他涉案文物鉴定评估机构的聘请，从事特定事项的涉案文物鉴定评估活动。

文物鉴定评估人员不得私自接受涉案文物鉴定评估委托。

第四章 鉴定评估程序

第一节 委托与受理

第二十条 涉案文物鉴定评估机构受理所在省（自治区、直辖市）行政区域内人民法院、人民检察院和公安机关等办案机关的涉案文物鉴定评估委托。

第二十一条 办案机关委托文物鉴定评估的，应当向涉案文物鉴定评估机构提供立案决定书、办案机关介绍信或者委托函、鉴定评估物品清单、照片、资料等必要的鉴定评估材料，并对鉴定评估材料的真实性、合法性负责。

经双方同意，办案机关可以将鉴定评估文物暂时委托涉案文物鉴定评估机构保管。

第二十二条 涉案文物鉴定评估机构收到鉴定评估材料和鉴定评估文物后，应当详细查验并进行登记，并严格开展鉴定评估文物和其他鉴定评估材料的交接、保管、使用和退还工作。

第二十三条 涉案文物鉴定评估机构对属于本机构涉案文物鉴定评估业务范围，鉴定评估用途合法，提供的鉴定评估材料能够满足鉴定评估需要的鉴定评估委托，应当受理。

鉴定评估材料不完整、不充分，不能满足鉴定评估需要的，涉案文物鉴定评估机构可以要求委托办案机关进行补充。

委托办案机关故意提供虚假鉴定评估材料的，涉案文物鉴定评估机构应当主动向委托办案机关的上级部门报告。

第二十四条 有下列情形之一的鉴定评估委托，涉案文物鉴定评估机构不予受理：

（一）委托主体不符合本办法对办案机关的规定的；

（二）委托鉴定评估物品不符合本办法对涉案文物的规定的；

（三）鉴定评估范围和内容不属于涉案文物鉴定评估机构业务范围或者不符合本办法规定的；

（四）鉴定评估材料不具备鉴定评估条件或者与鉴定评估要求不相符的。

第二十五条 涉案文物鉴定评估机构应当自收到鉴定评估材料之日起5个工作日内，作出是否受理鉴定评估委托的决定。

第二十六条 涉案文物鉴定评估机构决定受理鉴定评估委托的，应当与委托办案机关签订涉案文物鉴定评估委托书。鉴定评估委托书应当载明委托办案机关名称、涉案文物鉴定评估机构名称、委托鉴定评估内容、鉴定评估时限以及双方权利义务等事项。

第二十七条 涉案文物鉴定评估机构决定不予受理鉴定评估委托的，应当向委托主体说明理由，并退还鉴定评估材料。

第二十八条 对于本办法三十五条第二款和三十六条第一款规定的鉴定评估终止情形，或者因其他重大特殊原因，办案机关可以申请跨行政区域委托涉案文物鉴定评估。

跨行政区域委托涉案文物鉴定评估的，由办案机关所在地省级文物行政部门商拟委托涉案文物鉴定评估机构所在地省级文物行政部门，共同确定具有相应鉴定评估能力的涉案文物鉴定评估机构开展。协商不成的，可以由办案机关所在地省级文物行政部门报国家文物局指定。

第二节　鉴定评估

第二十九条　涉案文物鉴定评估机构接受鉴定评估委托后，应当组织本机构与委托鉴定评估文物类别一致的文物鉴定评估人员进行鉴定评估。每类别文物鉴定评估应当有 2 名以上文物鉴定评估人员参加鉴定评估。

对复杂、疑难和重大案件所涉的鉴定评估事项，可以聘请其他涉案文物鉴定评估机构相关文物类别的文物鉴定评估人员参加鉴定评估。

第三十条　文物鉴定评估人员有下列情形之一的，应当自行回避，涉案文物鉴定评估机构负责人也应当要求其回避：

（一）是案件的当事人或者是当事人的近亲属的；

（二）本人或者其近亲属与案件有利害关系；

（三）与案件当事人和案件有其他关系，可能影响其独立、客观、公正鉴定评估的。

第三十一条　可移动文物的鉴定评估，应当依托涉案文物实物开展，并依照相关标准和技术规范进行。

第三十二条　不可移动文物的鉴定评估，应当到涉案文物所在地现场开展调查研究，并依照相关标准和技术规范进行。

第三十三条　涉案文物鉴定评估过程中，需要进行有损科技检测的，涉案文物鉴定评估机构应当征得委托办案机关书面同意。文物鉴定评估人员应当对科技检测的手段、过程和结果进行记录，并签名存档备查。

第三十四条　涉案文物鉴定评估采取文物鉴定评估人员独立鉴定评估和合议相结合的方式进行。文物鉴定评估人员应当对鉴定评估的方法、过程和结论进行记录，并签名存档备查。

第三十五条　鉴定评估活动完成后，涉案文物鉴定评估机构应当对文物鉴定评估人员作出的鉴定评估意见进行审查，对鉴定评估意见一致的出具鉴定评估报告。

鉴定评估意见不一致的，涉案文物鉴定评估机构应当组织原鉴定人员以外的文物鉴定评估人员再次进行鉴定评估，再次鉴定评估意见一致的出具鉴定评估报告；再次鉴定评估意见仍不一致的，可以终止鉴定评估，涉案文物鉴定评估机构应当书面通知委托办案机关终止鉴定评估决定并说明理由。

第三十六条 有下列情形之一的，涉案文物鉴定评估机构可以终止鉴定评估：

（一）在鉴定评估过程中发现本机构难以解决的技术性问题的；

（二）确需补充鉴定评估材料而委托办案机关无法补充的；

（三）委托办案机关要求终止鉴定评估的；

（四）其他需要终止鉴定评估的情形。

除上述第三项情形外，涉案文物鉴定评估机构应当书面通知委托办案机关终止鉴定评估决定并说明理由。

第三十七条 有下列情形之一的，涉案文物鉴定评估机构应当接受办案机关委托进行重新鉴定评估：

（一）有明确证据证明鉴定评估报告内容有错误的；

（二）鉴定评估程序不符合本办法规定的；

（三）文物鉴定评估人员故意作出虚假鉴定评估或者应当回避而未予回避的；

（四）其他可能影响鉴定评估客观、公正的情形。

涉案文物鉴定评估机构应当组织原鉴定评估人员以外的文物鉴定评估人员进行重新鉴定评估。

鉴定评估报告中出现的明显属于错别字或者语言表述瑕疵的，可以由鉴定评估机构出具更正说明，更正说明属于原鉴定评估报告的组成部分。

第三十八条 有下列情形之一的，涉案文物鉴定评估机构应当根据办案机关要求进行补充鉴定评估：

（一）鉴定评估报告内容有遗漏的；

（二）鉴定评估报告意见不明确的；

（三）办案机关发现新的相关重要鉴定评估材料的；

（四）办案机关对涉案文物有新的鉴定评估要求的；

（五）鉴定评估报告不完整，委托事项无法确定的；

（六）其他需要补充鉴定评估的情形。

补充鉴定评估是原委托鉴定评估活动的组成部分，应当由涉案文物鉴定评估机构组织原文物鉴定评估人员进行。

第三十九条 办案机关对有明确证据证明涉案文物鉴定评估机构重新出具的鉴定评估报告有错误的，可以由最高人民法院、最高人民检察院、公安部、海关总署商国家文物局，由国家文物局指定涉案文物鉴定评估机构进行再次鉴定评估。

第四十条 涉案文物鉴定评估机构一般应当自鉴定评估委托书签订之日起 15 个工作日内完成鉴定评估。

因办案时限规定或者其他特殊事由，需要缩减或者延长鉴定评估时限的，由双方协商确定。延长鉴定评估时限的，一般不超过 45 个工作日。

第四十一条 涉案文物鉴定评估机构应当按照统一规定的文本格式制作鉴定评估报告。

鉴定评估报告一式五份，三份交委托办案机关，一份由涉案文物鉴定评估机构存档，一份在鉴定评估活动完成次月 15 日前报所在地省级文物行政部门备案。

第四十二条 鉴定评估事项结束后，涉案文物鉴定评估机构应当将鉴定评估报告以及在鉴定评估过程中产生的有关资料整理立卷、归档保管。

第四十三条 未经委托办案机关同意，涉案文物鉴定评估机构和文物鉴定评估人员不得向文物行政部门以外的其他组织或者个人提供与鉴定评估事项有关的信息。

第五章 监督管理

第四十四条 涉案文物鉴定评估机构应当于每年 11 月 15 日

前，将本年度涉案文物鉴定评估业务情况和鉴定的涉案文物信息书面报告所在地省级文物行政部门。省级文物行政部门汇总后于当年12月1日前报送国家文物局。

第四十五条 最高人民法院、最高人民检察院、公安部、海关总署直接办理或者督办的刑事案件所涉的文物鉴定评估，涉案文物鉴定评估机构应当在接受鉴定评估委托后，及时通过省级文物行政部门向国家文物局报告。

第四十六条 涉案文物鉴定评估机构发生法定代表人、办公地点或者机构性质等重大事项变更，或者文物鉴定评估人员发生变动的，应当及时将相关情况通过省级文物行政部门报国家文物局备案。

第四十七条 省级文物行政部门应当对本行政区域内涉案文物鉴定评估机构进行不定期检查，发现问题或者有举报、投诉等情况的，应当及时进行调查处理。

第四十八条 涉案文物鉴定评估机构有下列情形之一的，由所在地省级文物行政部门给予警告，并责令其改正：

（一）超出本办法规定的涉案文物鉴定评估业务范围开展涉案文物鉴定评估活动的；

（二）组织未经国家文物局备案的文物鉴定评估人员开展涉案文物鉴定评估活动的；

（三）鉴定评估活动未按照本办法规定的程序要求和标准规范开展的；

（四）无正当理由拒绝接受涉案文物鉴定评估委托的；

（五）无正当理由超出鉴定评估时限的；

（六）法律、法规规定的其他情形。

第四十九条 涉案文物鉴定评估机构有下列情形之一的，由所在地省级文物行政部门进行调查，国家文物局根据情节严重程度暂停或者终止其从事涉案文物鉴定评估业务：

（一）因严重不负责任造成鉴定评估报告内容明显错误的；

（二）因严重不负责任造成委托鉴定评估文物实物损毁、遗失的；

（三）法律、法规规定的其他情形。

第五十条 文物鉴定评估人员有下列情形之一的，由所在涉案文物鉴定评估机构给予警告，并责令其改正：

（一）无正当理由拒绝接受涉案文物鉴定评估工作的；

（二）向委托办案机关私自收取鉴定评估费用的；

（三）法律、法规规定的其他情形。

第五十一条 文物鉴定评估人员有下列情形之一的，由所在涉案文物鉴定评估机构给予警告，并责令其改正；情节严重的，报省级文物行政部门同意后暂停或者终止其开展涉案文物鉴定评估活动：

（一）应当回避而未予回避，造成恶劣影响的；

（二）违反职业道德和职业纪律，造成恶劣影响的；

（三）因严重不负责任造成委托鉴定评估文物实物损毁、遗失的；

（四）法律、法规规定的其他情形。

第五十二条 涉案文物鉴定评估机构负责人在管理工作中滥用职权、玩忽职守造成严重后果的，依法追究相应的法律责任。

涉案文物鉴定评估机构负责人和文物鉴定评估人员故意出具虚假鉴定评估报告，或者故意隐匿、侵占、毁损委托鉴定评估文物，构成犯罪的，依法追究刑事责任。

第六章 附 则

第五十三条 对古猿化石、古人类化石及其与人类活动有关的第四纪古脊椎动物化石的鉴定评估活动，依照本办法执行。

第五十四条 涉案文物鉴定评估机构和文物鉴定评估人员开展行政案件、民事案件涉及文物的鉴定评估活动，可以参照本办法执行。

第五十五条 对尚未登记公布的古文化遗址、古墓葬，县级以上文物行政部门可以依据已生效判决采纳的鉴定评估意见，依法开展登记公布工作。

第五十六条 本办法自公布之日起实施。此前有关规定与本办法不一致的，以本办法为准。

附件：1. 涉案文物鉴定评估报告（格式文本）（略）

2. 涉案文物鉴定评估委托书（参考文本）（略）

文物保护工程监理资质管理办法（试行）

·2014 年 4 月 8 日

·文物保发〔2014〕13 号

一、总 则

第一条 为加强文物保护工程监理资质管理，根据《中华人民共和国文物保护法》、《中华人民共和国文物保护法实施条例》、《文物保护工程管理办法》的有关规定，制定本办法。

第二条 从事古文化遗址、古墓葬、古建筑、石窟寺和石刻、近现代重要史迹及代表性建筑、壁画等不可移动文物的保护工程监理资质管理，适用本办法。

第三条 文物保护工程监理单位应当按照本办法的规定申请资质及业务范围，取得相应等级的资质证书后，在许可的业务范围内从事文物保护工程监理活动。

第四条 文物保护工程监理资质等级分为甲、乙、丙级。

第五条 国家文物局负责审定文物保护工程监理甲级资质，颁发甲级资质证书。

省级文物主管部门负责审定本辖区注册企、事业单位的文物保护工程监理乙、丙级资质，颁发相应的资质证书。

省级文物主管部门负责文物保护工程监理资质的年检和日常管理工作。

第六条 文物保护工程监理资质的业务范围分为古文化遗址

古墓葬、古建筑、石窟寺和石刻、近现代重要史迹及代表性建筑、壁画等五类。

二、专业人员

第七条 文物保护工程监理专业人员是指经过文物保护工程监理的相关培训，并通过考核，取得相应类别和从业范围证书的专业人员。

第八条 文物保护工程监理专业人员分为文物保护工程监理员和责任监理师。

文物保护工程监理专业人员不得同时受聘于两家或两家以上文物保护工程资质单位。

第九条 文物保护工程监理员包括各专业工种监理人员、资料员、检测员等。

第十条 文物保护工程监理员应当参与文物保护工程监理相关专业技术工作三年以上，或者具有文物保护工程监理相关专业的初级技术职务。

第十一条 文物保护工程监理实行责任监理师负责制。责任监理师对所负责监理的文物保护工程负有全面的监理责任，对文物安全和工程质量负监管责任。

第十二条 文物保护工程责任监理师应当具备以下条件：

（一）熟悉文物保护法律法规，具有较强的文物保护意识，遵循文物保护的基本原则、科学理念、行业准则和职业操守；

（二）从事文物保护工程监理管理八年以上；

（三）主持监理至少二项工程等级为一级，或至少四项工程等级为二级，且工程验收合格的文物保护工程项目；或者作为主要人员参与监理至少四项工程等级为一级，或至少八项工程等级为二级，且工程验收合格的文物保护工程项目；

（四）近五年内主持完成监理的文物保护工程中，没有发生文物损坏或者人员伤亡等重大责任事故。

第十三条 文物保护工程责任监理师的从业范围分为古文化遗址古墓葬、古建筑、石窟寺和石刻、近现代重要史迹及代表性建筑、壁画等五类。

第十四条 省级文物主管部门负责组织开展文物保护工程监理专业人员的培训和继续教育工作。

文物保护工程监理专业人员的培训内容应当包括文物保护的法律法规、保护原则、标准规范等相关专业知识，培训时间不得少于40课时。

第十五条 文物保护工程责任监理师由全国性文物保护行业协会组织考核。经考核合格的人员，由全国性文物保护行业协会颁发文物保护工程责任监理师证书，并将名单向社会公布，同时报国家文物局备案。

前款所指的全国性文物保护协会由国家文物局向社会公布。

省级文物主管部门或受其委托的专业机构负责组织文物保护工程监理员考核，考核合格的人员由国家文物局公布的全国性文物保护行业协会颁发文物保护工程监理员证书。

三、资质标准

第十六条 甲级资质标准：

（一）法定代表人与专业人员均熟悉文物保护法律法规，具有较强的文物保护意识，遵循文物保护的基本原则、科学理念、行业准则和职业操守；

（二）经主管机关核准登记的法人单位，独立承担完成不少于十项、工程等级为二级的文物保护工程监理，工程质量合格，通过验收；

（三）近三年内监理的文物保护工程中，没有发生文物损坏或人员伤亡等重大责任事故；

（四）文物保护工程责任监理师不少于5人；其中，每一项业务范围都应有2名以上具有相应从业范围的文物保护工程责任监理师；

（五）具有10名以上文物保护工程监理员，各专业工种监理人员、资料员、检测员等配置齐全。

第十七条 乙级资质标准：

（一）法定代表人与专业人员均熟悉文物保护法律法规，具有较强的文物保护意识，遵循文物保护的基本原则、科学理念、行业准则和职业操守；

（二）经主管机关核准登记的法人单位，独立承担完成不少于十项、工程等级为三级的文物保护工程的监理，工程质量合格，通过验收；

（三）近三年内监理的文物保护工程中，没有发生文物损坏或人员伤亡等重大责任事故；

（四）文物保护工程责任监理师不少于3人；其中，每一项业务范围都应有1名以上具有相应从业范围的文物保护工程责任监理师；

（五）具有8名以上文物保护工程监理员。

第十八条 丙级资质标准由省级文物主管部门参照本办法，并根据本地区的实际情况制定公布。

第十九条 文物保护工程监理单位应当根据自身资质等级和业务范围承担相应的监理项目（文物保护工程监理分级见附表）：

甲级资质的监理单位可以承担其业务范围内所有级别文物保护工程的监理项目；

乙级资质的监理单位可以承担其业务范围内工程等级为二级及以下的监理项目；

丙级资质的监理单位可以承担其业务范围内工程等级为三级的监理项目。

四、资质申请与审批

第二十条 申请文物保护工程监理甲级资质或申请增加甲级

资质业务范围的单位，应当报请所在地省级文物主管部门初审合格后报国家文物局审批。

申请乙级及以下文物保护工程监理资质或申请增加乙级及以下资质业务范围的单位，应当报请所在地市、县级文物主管部门初审合格后报省级文物主管部门审批。

第二十一条 申请文物保护工程监理资质或申请增加业务范围的，应当提交以下材料：

（一）文物保护工程监理资质申请表；

（二）企业单位法人营业执照副本；事业单位主管机关颁发的单位法人证书或文件；

（三）法定代表人任职文件、身份证复印件；

（四）文物保护工程责任监理师劳动合同（事业单位为聘任合同）、任职文件、文物保护工程责任监理师证书、社会保险证明、身份证复印件；

（五）文物保护工程监理员劳动合同、文物保护工程监理员证书、身份证复印件；

（六）完成的具有代表性的文物保护工程监理合同及验收文件。

第二十二条 国家文物局和省级文物主管部门每年第一季度组织审定文物保护工程监理资质，并颁发相应的资质证书。

五、监督管理

第二十三条 文物保护工程监理资质证书是从事文物保护工程监理的凭证，只限本单位使用，不得涂改、伪造、转让、出借。

第二十四条 文物保护工程监理资质证书由国家文物局监制，分为正本和副本，正本 1 本，副本 6 本，正、副本具有同等法律效力，有效期为 12 年。

第二十五条 在资质证书有效期内，文物保护工程监理单位名称、地址、法定代表人、经济性质等发生变更的，应当在工商部门办理变更手续后三十日内，到文物保护工程资质证书发证机关办理资质证书变更手续。原证书应交回发证机关注销。

第二十六条 办理名称、地址、法定代表人、经济性质等变更手续的，应当提交以下材料：

（一）资质证书变更申请；

（二）资质证书原件；

（三）变更后的企业法人营业执照或事业单位法人证书及文件；

（四）甲级监理资质单位办理变更的，应提交所在地省级文物主管部门初审文件。

第二十七条 文物保护工程监理资质单位改制、合并、分立的，应当按照本办法规定重新申报材料，申请取得文物保护工程监理资质。

第二十八条 文物保护工程监理单位与施工单位有隶属关系或其他有碍监理公正利害关系者，不得承担该项保护工程的监理业务。

第二十九条 省级文物主管部门每两年进行一次文物保护工程监理资质年检，一般在当年第四季度进行。

第三十条 文物保护工程监理资质单位参加年检，应当提交以下材料：

（一）《文物保护工程监理资质年检申报表》；

（二）文物保护工程资质证书副本原件和复印件；

（三）企业单位法人营业执照副本，事业单位主管机关颁发的单位法人证书或文件复印件；

（四）法人代表身份证复印件；文物保护工程责任监理师、监理员的身份证、劳动合同复印件；文物保护工程责任监理师的社会保险证明复印件；

（五）两年内具有代表性的文物保护工程监理合同首页、签字页、竣工验收证明复印件。

第三十一条 省级文物主管部门对符合相应资质等级标准的

文物保护工程监理资质单位，应当认定年检合格，并在其资质证书副本上加盖年检合格章。

省级文物主管部门应当将甲级资质单位的年检结论，报国家文物局备案。

第三十二条 省级文物主管部门对有下列情形之一的文物保护工程监理资质单位，应当认定年检不合格：

（一）企业营业执照、事业单位主管机关颁发的单位法人证书或文件等证照不全，或不在有效期内的；证照信息与文物保护工程资质证书不符的；

（二）文物保护工程监理专业人员发生变动，未达到相应资质等级标准的；

（三）有超越资质等级、业务范围或以其他单位的名义承揽监理工程的行为，由省级文物主管部门责令整改并记录在案的；

（四）有不按照文物行政部门审批的工程设计图纸或者监理技术标准监理的行为，由省级文物主管部门责令整改并记录在案两次的；

（五）有违反文物保护工程基本原则、规范和标准进行监理活动；或未对相关材料等进行检验、检测的行为，由省级文物主管部门责令整改并记录在案两次的；

（六）其它违法违规行为。

第三十三条 省级文物主管部门认定文物保护工程监理甲级资质单位年检不合格的，应当责令其整改，整改期不得超过六个月。整改后仍不符合文物保护工程监理甲级资质标准的，应当报请国家文物局依法组织听证，吊销其文物保护工程监理甲级资质。

省级文物主管部门认定文物保护工程监理乙级、丙级资质单位年检不合格的，应当责令其整改，整改期不得超过六个月。整改后仍不符合文物保护工程监理相应资质标准的，应当降低其资质等级，或依法组织听证，吊销其文物保护工程监理资质。

第三十四条 文物保护工程监理资质证书遗失的，应当于三十日内在媒体上声明作废，并向文物保护工程资质证书发证机关申请补发证书。

第三十五条 文物保护工程监理资质单位撤销、破产、倒闭的，应在三十日内将原资质证书交回原发证机关，办理注销手续。

第三十六条 在规定时间内没有参加资质年检或逾期不办理资质证书变更手续的，其资质证书自行失效。

第三十七条 对有以下行为的文物保护工程监理资质单位，由省级文物主管部门责令改正，记录在案：

（一）超越资质等级、业务范围或以其他单位的名义承揽业务的；

（二）不按照文物主管部门审批的工程设计图纸或者监理技术标准监理的；

（三）违反文物保护工程基本原则、规范和标准进行监理活动的；未对相关材料等进行检验、检测的。

第三十八条 对有以下行为的文物保护工程监理资质单位，由文物保护工程资质证书发证机关降低其资质等级，或经依法组织听证，吊销其文物保护工程监理资质：

（一）在监理的文物保护工程中，发生文物损坏或人员伤亡等重大责任事故的；

（二）涂改、伪造、转让、出借或采取其它不正当手段取得文物保护工程监理资质证书的。

第三十九条 对弄虚作假或者以不正当手段取得文物保护工程监理专业人员证书的，由发证机构注销其文物保护工程监理专业人员证书。

第四十条 对涂改、伪造、转让、出借文物保护工程监理专业人员资格证书的，由发证机构注销其文物保护工程监理专业人员证书。

第四十一条 文物保护工程监理专业人员在文物保护工程监理中，违反有关文物保护的法律法规、基本原则、科学理念、行业准则和职业操守，造成恶劣的社会影响；或发生文物损坏、人员伤亡等重大责任事故的，由发证机构注销其文物保护工程监理专业人员证书。

第四十二条 由发证机构注销文物保护工程监理专业人员证书的，五年内不得参加文物保护工程监理专业人员考核。

六、附 则

第四十三条 本办法自发布之日起施行。

附件： 文物保护工程（监理）等级分级表

文物保护工程（监理）等级分级表

工程级别	工程主要内容
一级	全国重点文物保护单位和国家文物局指定的重点文物的修缮工程、迁移工程、重建工程。
二级	1. 全国重点文物保护单位的保养维护工程、抢险加固工程。 2. 省级文物保护单位的修缮工程、迁移工程、重建工程。 3. 市、县级文物保护单位和尚未核定公布为文物保护单位的不可移动文物的迁移工程、重建工程。
三级	1. 省级文物保护单位的保养维护工程、抢险加固工程。 2. 市、县级文物保护单位和尚未核定公布为文物保护单位的不可移动文物的保养维护工程、抢险加固工程、修缮工程。

注：壁画保护涵盖壁画、彩塑保护。

文物保护工程施工资质管理办法（试行）

·2014 年 4 月 8 日

·文物保发〔2014〕13 号

一、总　则

第一条　为加强文物保护工程施工资质管理，根据《中华人民共和国文物保护法》、《中华人民共和国文物保护法实施条例》、《文物保护工程管理办法》的有关规定，制定本办法。

第二条　从事古文化遗址、古墓葬、古建筑、石窟寺和石刻、近现代重要史迹及代表性建筑、壁画等不可移动文物的保护工程施工资质管理，适用本办法。

第三条　文物保护工程施工单位应当按照本办法的规定申请资质及业务范围，取得相应等级的资质证书后，在许可的业务范围内从事文物保护工程施工活动。

第四条　文物保护工程施工资质等级分为一、二、三级。

第五条　国家文物局负责审定文物保护工程施工一级资质，颁发一级资质证书。

省级文物主管部门负责审定本辖区注册企、事业单位的文物保护工程施工二、三级资质，颁发相应的资质证书。

省级文物主管部门负责文物保护工程施工资质的年检和日常管理工作。

第六条　文物保护工程施工资质的业务范围分为古文化遗址古墓葬、古建筑、石窟寺和石刻、近现代重要史迹及代表性建筑、壁画等五类。

二、专业人员

第七条 文物保护工程施工专业人员是指经过文物保护工程施工的相关培训，并通过考核，取得相应类别和从业范围证书的专业人员。

第八条 文物保护工程施工专业人员分为文物保护工程施工技术人员和责任工程师。

文物保护工程施工专业人员不得同时受聘于两家或两家以上文物保护工程资质单位。

第九条 文物保护工程施工技术人员包括各专业工种技术人员、资料员、安全员等。

第十条 文物保护工程施工技术人员应当参与文物保护工程施工相关专业技术工作三年以上，或者具有文物保护工程施工相关专业的初级技术职务。

第十一条 文物保护工程施工实行责任工程师负责制。责任工程师应当全面负责所承担的文物保护工程项目施工的现场组织管理和质量控制，并对文物安全和工程质量负直接责任。

责任工程师不得同时承担两个或两个以上文物保护工程项目施工的管理工作。

第十二条 文物保护工程责任工程师应当具备以下条件：

（一）熟悉文物保护法律法规，具有较强的文物保护意识，遵循文物保护的基本原则、科学理念、行业准则和职业操守；

（二）从事文物保护工程施工管理八年以上；

（三）主持完成至少二项工程等级为一级，或至少四项工程等级为二级，且工程验收合格的文物保护工程施工项目；或者作为主要技术人员参与管理至少四项工程等级为一级，或至少八项工程等级为二级，且工程验收合格的文物保护工程施工项目；

（四）近五年内主持完成的文物保护工程施工中，没有发生文物损坏或者人员伤亡等重大责任事故。

近五年内，主持完成的文物保护工程施工或相关科研项目因工程质量、管理创新、科技创新，获得国家级、省部级奖项的专业人员，申请担任文物保护工程责任工程师的，可适当放宽前款（二）、（三）项标准。

第十三条 文物保护工程责任工程师的从业范围分为古文化遗址古墓葬、古建筑、石窟寺和石刻、近现代重要史迹及代表性建筑、壁画等五类。

第十四条 省级文物主管部门负责组织开展文物保护工程施工专业人员的培训和继续教育工作。

文物保护工程施工专业人员的培训内容应当包括文物保护的法律法规、保护原则、标准规范等相关专业知识，培训时间不得少于40课时。

第十五条 文物保护工程责任工程师由全国性文物保护行业协会组织考核。经考核合格的人员，由全国性文物保护行业协会颁发文物保护工程责任工程师证书，并将名单向社会公布，同时报国家文物局备案。

前款所指的全国性文物保护行业协会由国家文物局向社会公布。

省级文物主管部门或受其委托的专业机构负责组织文物保护工程施工技术人员考核，考核合格的人员由国家文物局公布的全国性文物保护行业协会颁发文物保护工程施工技术人员证书。

第十六条 省级文物主管部门对本地区长期从事文物保护工程施工，熟练掌握传统工艺技术，经文物保护工程施工专业人员培训、年龄在50周岁以上的老工匠，可决定免予考核，由国家文物局公布的全国性文物保护行业协会颁发文物保护工程施工技术人员证书。

三、资质标准

第十七条 一级资质标准：

（一）法定代表人与专业人员均熟悉文物保护法律法规，具有较强的文物保护意识，遵循文物保护的基本原则、科学理念、行业准则和职业操守；

（二）经主管机关核准登记的法人单位，独立承担完成不少于十项、工程等级为二级的文物保护工程，工程质量合格，通过验收；

（三）近三年内完成的文物保护工程施工中，没有发生文物损坏或人员伤亡等重大责任事故；

（四）文物保护工程责任工程师不少于 5 人；其中，每一项业务范围都应有 2 名以上具有相应从业范围的文物保护工程责任工程师；

（五）具有 15 名以上文物保护工程施工技术人员，各专业工种技术人员、资料员、安全员等配置齐全；

（六）具有文物保护工程所需的专业技术装备。

第十八条 二级资质标准：

（一）法定代表人与专业人员均熟悉文物保护法律法规，具有较强的文物保护意识，遵循文物保护的基本原则、科学理念、行业准则和职业操守；

（二）经主管机关核准登记的法人单位，独立承担完成不少于十项、工程等级为三级的文物保护工程，工程质量合格，通过验收；

（三）近三年内完成的文物保护工程施工中，没有发生文物损坏或人员伤亡的重大责任事故；

（四）文物保护工程责任工程师不少于 3 人；其中，每一项业务范围都应有 1 名以上具有相应从业范围的文物保护工程责任工程师；

（五）具有 10 名以上文物保护工程施工技术人员

（六）具有文物保护工程所需的专业技术装备。

第十九条 三级资质标准由省级文物主管部门参照本办法，并根据本地区的实际情况制定公布。

第二十条 文物保护工程施工单位应当根据自身资质等级和业务范围承担相应的施工项目（文物保护工程施工分级见附表）：

一级资质的施工单位可以承担其业务范围内所有级别文物保护工程的施工项目；

二级资质的施工单位可以承担其业务范围内工程等级为二级及以下的施工项目；

三级资质的施工单位可以承担其业务范围内工程等级为三级的施工项目。

四、资质申请与审批

第二十一条 申请文物保护工程施工一级资质或申请增加一级资质业务范围的单位，应当报请所在地省级文物主管部门初审合格后报国家文物局审批。

申请二级及以下文物保护工程施工资质或申请增加二级及以下资质业务范围的单位，应当报请所在地市、县级文物主管部门初审合格后报省级文物主管部门审批。

第二十二条 长期在特定区域从事特定类型文物保护工程施工，熟练掌握传统特色工艺技术，业绩突出的文物保护工程施工单位，经所在地省级文物主管部门推荐，可以向国家文物局申请取得特定范围文物保护工程施工一级资质。申请上述特定范围一级资质的单位，可适当放宽第十七条（二）、（四）、（五）条标准。

省级文物主管部门可以参照前款规定，对申请特定范围文物保护工程施工二级资质的单位，适当放宽相关标准。

第二十三条 近五年内，因工程质量、管理创新、科技创新获得与文物保护工程施工相关的国家级、省部级奖项的文物保护工程施工单位，经所在地省级文物主管部门推荐，申请文物保护工程施工一级资质的，可适当放宽第十七条（二）、（四）、（五）条标准。

第二十四条 申请文物保护工程施工资质或申请增加业务范围的，应当提交以下材料：

（一）文物保护工程施工资质申请表；

（二）企业单位法人营业执照副本；事业单位主管机关颁发的单位法人证书或文件；

（三）法定代表人任职文件、身份证复印件；

（四）文物保护工程责任工程师劳动合同（事业单位为聘任合同）、任职文件、文物保护工程责任工程师证书、社会保险证明、身份证复印件；

（五）文物保护工程施工技术人员劳动合同、文物保护工程施工技术人员证书、身份证复印件；

（六）完成的具有代表性的文物保护工程施工合同及验收文件。

第二十五条 国家文物局和省级文物主管部门每年第一季度组织审定文物保护工程施工资质，并颁发相应的资质证书。

五、监督管理

第二十六条 文物保护工程施工资质证书是从事文物保护工程施工的凭证，只限本单位使用，不得涂改、伪造、转让、出借。

第二十七条 文物保护工程施工资质证书由国家文物局监制，分为正本和副本，正本1本，副本6本，正、副本具有同等法律效力，有效期为12年。

第二十八条 在资质证书有效期内，文物保护工程施工单位名称、地址、法定代表人、经济性质等发生变更的，应当在工商部门办理变更手续后三十日内，到文物保护工程资质证书发证机关办理资质证书变更手续。原证书应交回发证机关注销。

第二十九条 办理名称、地址、法定代表人、经济性质等变更手续的，应当提交以下材料：

（一）资质证书变更申请；

（二）资质证书原件；

（三）变更后的企业法人营业执照或事业单位法人证书及文件；

（四）一级施工资质单位办理变更的，应提交所在地省级文物主管部门初审文件。

第三十条 文物保护工程施工资质单位改制、合并、分立的，应当按照本办法规定重新申报材料，申请取得文物保护工程施工资质。

第三十一条 省级文物主管部门每两年进行一次文物保护工程施工资质年检，一般在当年第四季度进行。

第三十二条 文物保护工程施工资质单位参加年检，应当提交以下材料：

（一）《文物保护工程施工资质年检申报表》；

（二）文物保护工程资质证书副本原件和复印件；

（三）企业单位法人营业执照副本，事业单位主管机关颁发的单位法人证书或文件复印件；

（四）法人代表身份证复印件；文物保护工程责任工程师、技术人员的身份证、劳动合同复印件；文物保护工程责任工程师的社会保险证明复印件；

（五）两年内具有代表性的文物保护工程施工合同首页、签字页、竣工验收证明的复印件。

第三十三条 省级文物主管部门对符合相应资质等级标准的文物保护工程施工资质单位，应当认定年检合格，并在其资质证书副本上加盖年检合格章。

省级文物主管部门应当将一级资质单位的年检结论，报国家文物局备案。

第三十四条 省级文物主管部门对有下列情形之一的文物保护工程施工资质单位，应当认定年检不合格：

（一）企业营业执照、事业单位主管机关颁发的单位法人证书或文件等证照不全，或不在有效期内的；证照信息与文物保护工程资质证书不符的；

（二）文物保护工程施工专业人员发生变动，未达到相应资质等级标准的；

（三）有超越资质等级、业务范围或以其他单位的名义承揽工程的行为，由省级文物主管部门责令整改并记录在案的；

（四）有未经相应文物主管部门许可，擅自施工；或不按照经文物主管部门批复的工程设计图纸、施工技术标准施工的行为，由省级文物主管部门责令整改并记录在案两次的；

（五）有违反文物保护工程基本原则、规范和标准施工；或使用不合格材料；或未对相关材料等进行检验、检测的行为，由省级文物主管部门责令整改并记录在案两次的；

（六）其它违法违规行为。

第三十五条 省级文物主管部门认定文物保护工程施工一级资质单位年检不合格的，应当责令其整改，整改期不得超过六个月。整改后仍不符合文物保护工程施工一级资质标准的，应当报请国家文物局依法组织听证，吊销其文物保护工程施工一级资质。

省级文物主管部门认定文物保护工程施工二、三级资质单位年检不合格的，应当责令其整改，整改期不得超过六个月。整改后仍不符合文物保护工程施工相应资质标准的，应当降低其资质等级，或依法组织听证，吊销其文物保护工程施工资质。

第三十六条 文物保护工程施工资质证书遗失的，应当于三十日内在媒体上声明作废，并向文物保护工程资质证书发证机关申请补发证书。

第三十七条 文物保护工程施工资质单位撤销、破产倒闭的，应在三十日内将原资质证书交回原发证机关，办理注销手续。

第三十八条 在规定时间内没有参加资质年检或逾期不办理资质证书变更手续的，其资质证书自行失效。

第三十九条 对有以下行为的文物保护工程施工资质单位，由省级文物主管部门责令改正，并记录在案：

（一）超越资质等级、业务范围或以其他单位的名义承揽工程的；

（二）未经相应文物主管部门许可，擅自施工的；不按照经文物主管部门批复的工程设计图纸、施工技术标准施工的；

（三）违反文物保护工程基本原则、规范和标准进行施工的；使用不合格材料或未对相关材料等进行检验、检测的；

（四）承担的文物保护工程施工项目管理混乱的；或工程质量差，造成文物安全隐患的。

第四十条 对有以下行为的文物保护工程施工资质单位，由文物保护工程资质证书发证机关降低其资质等级，或经依法组织听证，吊销其文物保护工程施工资质：

（一）在文物保护工程施工中，发生文物损坏或人员伤亡等重大责任事故的；

（二）涂改、伪造、转让、出借或采取其它不正当手段取得文物保护工程施工资质证书的。

第四十一条 对弄虚作假或者以不正当手段取得文物保护工程施工专业人员证书的，由发证机构注销其文物保护工程施工专业人员证书。

第四十二条 对涂改、伪造、转让、出借文物保护工程施工专业人员证书的，由发证机构注销其文物保护工程施工专业人员证书。

第四十三条 文物保护工程施工专业人员在文物保护工程施工中，违反有关文物保护的法律法规、基本原则、科学理念、行业准则和职业操守，造成恶劣的社会影响，或发生文物损坏、人员伤亡等重大责任事故的，由发证机构注销其文物保护工程施工专业人员证书并向社会公告。

第四十四条 由发证机构注销文物保护工程施工专业人员证书的，五年内不得参加文物保护工程施工专业人员考核。

六、附　则

第四十五条　本办法自发布之日起施行。

附件： 文物保护工程（施工）等级分级表

文物保护工程（施工）等级分级表

工程级别	工程主要内容
一级	全国重点文物保护单位和国家文物局指定的重要文物的修缮工程、迁移工程、重建工程。
二级	1. 全国重点文物保护单位的保养维护工程、抢险加固工程。 2. 省级文物保护单位的修缮工程、迁移工程、重建工程。 3. 市、县级文物保护单位和尚未核定公布为文物保护单位的不可移动文物的迁移工程、重建工程。
三级	1. 省级文物保护单位的保养维护工程、抢险加固工程。 2. 市、县级文物保护单位和尚未核定公布为文物保护单位的不可移动文物的保养维护工程、抢险加固工程、修缮工程。

注：壁画保护涵盖壁画、彩塑保护。

文物保护工程勘察设计资质管理办法（试行）

·2014 年 4 月 8 日
·文物保发〔2014〕13 号

一、总　则

第一条　为加强文物保护工程勘察设计资质管理，根据《中华人民共和国文物保护法》、《中华人民共和国文物保护法实施条例》、《文物保护工程管理办法》的有关规定，制定本办法。

第二条　从事古文化遗址、古墓葬、古建筑、石窟寺和石刻、近现代重要史迹及代表性建筑、壁画等不可移动文物的保护工程勘察设计资质管理，适用本办法。

第三条　文物保护工程勘察设计是指为文物保护工程而进行的调查、研究、勘察测绘、制定保护方案、工程设计及工程必要性可行性分析、技术经济分析，编制保护规划，并提供勘察成果资料、设计文件及规划文件的活动。

第四条　文物保护工程勘察设计单位应当按照本办法的规定申请资质及业务范围，取得相应等级的资质证书后，在许可的业务范围内从事文物保护工程勘察设计活动。

第五条　文物保护工程勘察设计资质等级分为甲、乙、丙级。

第六条　国家文物局负责审定文物保护工程勘察设计甲级资质，颁发甲级资质证书。

省级文物主管部门负责审定本辖区注册企、事业单位的文物保护工程勘察设计乙、丙级资质，颁发相应的资质证书。

省级文物主管部门负责文物保护工程勘察设计资质的年检和日常管理工作。

第七条　文物保护工程勘察设计资质的业务范围分为古文化

遗址古墓葬、古建筑、石窟寺和石刻、近现代重要史迹及代表性建筑、壁画、保护规划等六类。

二、专业人员

第八条 文物保护工程责任设计师是指经过文物保护工程勘察设计的相关培训，并通过考核，取得相应从业范围证书的文物保护工程勘察设计专业人员。

第九条 文物保护工程责任设计师不得同时受聘于两家或两家以上文物保护工程资质单位。

第十条 文物保护工程勘察设计实行责任设计师负责制。责任设计师在主持文物保护工程勘察设计中，应当全面负责所承担项目的组织管理和质量控制，在勘察设计文件上签字并对文件质量负直接责任。

第十一条 文物保护工程责任设计师应当具备以下条件：

（一）熟悉文物保护法律法规，具有较强的文物保护意识，遵循文物保护的基本原则、科学理念、行业准则和职业操守。

（二）从事文物保护工程勘察设计相关技术工作 8 年以上。

（三）主持完成至少 2 项工程等级为一级，或至少 4 项工程等级为二级，且通过相应文物主管部门审批的文物保护工程勘察设计项目；或者作为主要技术人员参与完成至少 4 项工程等级为一级，或至少 8 项工程等级为二级，且通过相应文物主管部门审批的文物保护工程勘察设计项目。

（四）近 5 年内主持完成的文物保护工程勘察设计，没有发生因勘察设计质量问题对文物造成损坏或人员伤亡等重大责任事故。

近 5 年内，主持完成的文物保护工程勘察设计或相关科研项目因工程质量、管理创新、科技创新，获得国家级、省部级奖项的专业人员，申请担任文物保护工程责任设计师的，可适当放宽前款（二）、（三）项标准。

第十二条 文物保护工程责任设计师的从业范围分为古文化

遗址古墓葬、古建筑、石窟寺和石刻、近现代重要史迹及代表性建筑、壁画、保护规划等六类。

第十三条 省级文物主管部门负责组织开展文物保护工程责任设计师的培训和继续教育工作。

文物保护工程责任设计师的培训内容应当包括文物保护的法律法规、保护原则、标准规范等相关专业知识，培训时间不得少于40课时。

第十四条 文物保护工程责任设计师由全国性文物保护行业协会组织考核。经考核合格的人员，由全国性文物保护行业协会颁发文物保护工程责任设计师证书，并将名单向社会公布，同时报国家文物局备案。

前款所指的全国性文物保护行业协会由国家文物局向社会公布。

三、资质标准

第十五条 甲级资质标准：

（一）法定代表人与文物保护工程责任设计师均熟悉文物保护法律法规，具有较强的文物保护意识，遵循文物保护的基本原则、科学理念、行业准则和职业操守。

（二）经主管机关核准登记的法人单位，独立承担完成不少于10项、工程等级为二级的文物保护工程勘察设计，并已通过相应文物主管部门审批。

（三）近3年内完成的文物保护工程勘察设计中，没有发生因勘察设计质量问题造成文物损坏或人员伤亡等重大责任事故。

（四）文物保护工程责任设计师不少于5人（其中应聘并固定在该单位的离退休人员不超过20%）；其中，每一项业务范围都应有2名以上具有相应从业范围的文物保护工程责任设计师；有协助责任设计师从事文物保护工程勘察设计工作的必要的专职技术人员。

第十六条 乙级资质标准：

（一）法定代表人与文物保护工程责任设计师均熟悉文物保护法律法规，具有较强的文物保护意识，遵循文物保护的基本原则、科学理念、行业准则和职业操守。

（二）经主管机关核准登记的法人单位，独立承担完成不少于10项、工程等级为三级的文物保护工程勘察设计，并已通过相应文物主管部门审批。

（三）近3年内完成的文物保护工程勘察设计中，没有发生因勘察设计质量问题造成文物损坏或人员伤亡的重大责任事故。

（四）文物保护工程责任设计师不少于3人（其中应聘并固定在该单位的离退休人员不超过20%）；其中，每一项业务范围都应有1名以上具有相应从业范围的文物保护工程责任设计师；有协助责任设计师从事文物保护工程勘察设计工作的必要的专职技术人员。

第十七条 丙级资质标准由省级文物主管部门参照本办法，并根据本地区的实际情况制定公布。

第十八条 文物保护工程勘察设计单位应当根据自身资质等级和业务范围承担相应的勘察设计项目（文物保护工程勘察设计分级见附表）：

甲级资质的勘察设计单位可以承担其业务范围内所有级别文物保护工程的勘察设计项目；

乙级资质的勘察设计单位可以承担其业务范围内工程等级为二级及以下的勘察设计项目；

丙级资质的勘察设计单位可以承担其业务范围内工程等级为三级的勘察设计项目。

四、资质申请与审批

第十九条 申请文物保护工程勘察设计甲级资质或申请增加甲级资质业务范围的单位，应当报请所在地省级文物主管部门初审合格后报国家文物局审批。

申请乙级及以下文物保护工程勘察设计资质或申请增加乙级及以下资质业务范围的单位，应当报请所在地市、县级文物主管部门初审合格后报省级文物主管部门审批。

第二十条 近5年内，因工程质量、管理创新、科技创新获得与文物保护工程勘察设计相关的国家级、省部级奖项的文物保护工程勘察设计单位，经所在地省级文物主管部门推荐，申请文物保护工程勘察设计甲级资质的，可适当放宽第十五条（二）、（四）项标准。

第二十一条 申请文物保护工程勘察设计资质或申请增加业务范围的，应当提交以下材料：

（一）文物保护工程勘察设计资质申请表。

（二）企业单位法人营业执照副本；事业单位主管机关颁发的单位法人证书或文件。

（三）法定代表人任职文件、身份证复印件。

（四）文物保护工程责任设计师的劳动合同（事业单位为聘任合同）、任职文件、文物保护工程责任设计师证书、社会保险证明、身份证复印件。

（五）完成的具有代表性的文物保护工程勘察设计合同及审批文件。

第二十二条 国家文物局和省级文物主管部门每年第一季度组织审定文物保护工程勘察设计资质，并颁发相应的资质证书和勘察设计图纸报审章。

五、监督管理

第二十三条 文物保护工程勘察设计资质证书是从事文物保护工程勘察设计的凭证，只限本单位使用，不得涂改、伪造、转让、出借。

文物保护工程勘察设计单位出具的设计文件均应加盖勘察设计图纸报审章。

第二十四条 文物保护工程勘察设计资质证书由国家文物局监制，分为正本和副本，正本1本，副本6本，正、副本具有同等法律效力，有效期为12年。

第二十五条 在资质证书有效期内，文物保护工程勘察设计单位名称、地址、法定代表人、经济性质等发生变更的，应当在工商部门办理变更手续后30日内，到文物保护工程资质证书发证机关办理资质证书变更手续。原证书应交回发证机关注销。

第二十六条 办理名称、地址、法定代表人、经济性质等变更手续的，应当提交以下材料：

（一）资质证书变更申请；

（二）资质证书原件；

（三）变更后的企业法人营业执照或事业单位法人证书及文件；

（四）甲级勘察设计资质单位办理变更的，应提交所在地省级文物主管部门初审文件。

第二十七条 文物保护工程勘察设计资质单位改制、合并、分立的，应当按照本办法规定重新申报材料，申请取得文物保护工程勘察设计资质。

第二十八条 省级文物主管部门每两年进行一次文物保护工程勘察设计资质年检，一般在当年第四季度进行。

第二十九条 文物保护工程勘察设计资质单位参加年检，应当提交以下材料：

（一）《文物保护工程勘察设计资质年检申报表》。

（二）文物保护工程资质证书副本原件和复印件。

（三）企业单位法人营业执照副本，事业单位主管机关颁发的单位法人证书或文件复印件。

（四）法人代表、文物保护工程责任设计师身份证复印件；文物保护工程责任设计师社会保险证明及劳动合同（事业单位为聘任合同）复印件。

（五）两年内具有代表性的文物保护工程勘察设计合同首页、签字页、批复文件的复印件。

第三十条 省级文物主管部门对符合相应资质等级标准的文物保护工程勘察设计资质单位，应当认定年检合格，并在其资质证书副本上加盖年检合格章。

省级文物主管部门应当将甲级资质单位的年检结论，报国家文物局备案。

年检合格的文物保护工程勘察设计资质单位由文物保护工程资质证书发证机关颁发勘察设计图纸报审章。

第三十一条 省级文物主管部门对有下列情形之一的文物保护工程勘察设计资质单位，应当认定年检不合格：

（一）企业营业执照、事业单位主管机关颁发的单位法人证书或文件等证照不全，或不在有效期内的；证照信息与文物保护工程资质证书不符的。

（二）文物保护工程责任设计师发生变动，未达到相应资质等级标准的。

（三）有超越资质等级、业务范围或以其他单位的名义承揽业务的行为，由省级文物主管部门责令整改并记录在案的。

（四）有不按照经文物主管部门批复的立项报告勘察设计的行为，由省级文物主管部门责令整改并记录在案两次的。

（五）有违反文物保护工程基本原则、规范和标准进行勘察设计的行为，由省级文物主管部门责令整改并记录在案两次的。

（六）其他违法违规行为。

第三十二条 省级文物主管部门认定文物保护工程勘察设计甲级资质单位年检不合格的，应当责令其整改，整改期不得超过6个月。整改后仍不符合文物保护工程勘察设计甲级资质标准的，应当报请国家文物局依法组织听证，吊销其文物保护工程勘察设计甲级资质。

省级文物主管部门认定文物保护工程勘察设计乙、丙级资质单位年检不合格的，应当责令其整改。整改期不得超过6个月。整改后仍不符合文物保护工程勘察设计相应资质标准的，应当降低其资质等级，或依法组织听证，吊销其文物保护工程勘察设计资质。

第三十三条 文物保护工程勘察设计资质证书遗失的，应当于30日内在媒体上声明作废，并向文物保护工程资质证书发证机关申请补发证书。

第三十四条 文物保护工程勘察设计资质单位撤销、破产倒闭的，应在30日内将原资质证书交回原发证机关，办理注销手续。

第三十五条 在规定时间内没有参加资质年检或逾期不办理资质证书变更手续的，其资质证书自行失效。

第三十六条 对有以下行为的文物保护工程勘察设计资质单位，由省级文物主管部门责令改正，并记录在案：

（一）超越资质等级、业务范围或以其他单位的名义承揽业务的；

（二）不按照经文物主管部门批复的立项报告勘察设计的；

（三）违反文物保护工程基本原则、规范和标准进行勘察设计的。

第三十七条 对有以下行为的文物保护工程勘察设计资质单位，由文物保护工程资质证书发证机关降低其资质等级，或经依法组织听证，吊销其文物保护工程勘察设计资质：

（一）在文物保护工程勘察设计中，发生因勘察设计质量问题造成文物损坏或人员伤亡等重大责任事故的；

（二）涂改、伪造、转让、出借或采取其他不正当手段取得文物保护工程勘察设计资质证书的。

第三十八条 对弄虚作假或者以不正当手段取得文物保护工程责任设计师证书的，由发证机构注销其文物保护工程责任设计师证书。

第三十九条 对涂改、伪造、转让、出借文物保护工程责任设计师证书的，由发证机构注销其文物保护工程责任设计师证书。

第四十条 文物保护工程责任设计师在文物保护工程勘察设计中，违反有关文物保护的法律法规、基本原则、科学理念、行业准则和职业操守，造成恶劣社会影响，或因勘察设计质量问题造成文物损坏、人员伤亡等重大责任事故的，由发证机构注销其文物保护工程责任设计师证书并向社会公告。

第四十一条 由发证机构注销文物保护工程责任设计师证书的，5 年内不得参加文物保护工程责任设计师考核。

六、附 则

第四十二条 本办法自发布之日起施行。

附件：文物保护工程（勘察设计）等级分级表

文物保护工程（勘察设计）等级分级表

工程级别	工程主要内容
一级	全国重点文物保护单位和国家文物局指定的重要文物的修缮工程、迁移工程、重建工程的方案及施工图设计，保护规划编制。
二级	1. 全国重点文物保护单位的保养维护工程、抢险加固工程的方案及施工图设计。 2. 省级文物保护单位的修缮工程、迁移工程、重建工程的方案及施工图设计、保护规划编制。 3. 市、县级文物保护单位和尚未核定公布为文物保护单位的不可移动文物的迁移工程、重建工程。
三级	1. 省级文物保护单位的保养维护工程、抢险加固工程的方案及施工图设计。 2. 市、县级文物保护单位和尚未核定公布为文物保护单位的不可移动文物的保养维护工程、抢险加固工程、修缮工程的方案及施工图设计、保护规划编制。

注：壁画保护涵盖壁画、彩塑保护。

国家文物局文物安全案件督察督办管理规定（试行）

·2011年9月22日
·文物督发〔2011〕18号

第一条 为加强文物安全监管工作，依法督察、督办各类文物安全案件，依据《中华人民共和国文物保护法》等法律、法规和规章，制定本规定。

第二条 国家文物局督察、督办文物安全案件适用本规定。

第三条 文物安全案件包括文物、博物馆单位发生的下列案件：

（一）盗窃、盗掘、抢劫、走私等文物犯罪案件；

（二）火灾事故；

（三）文物安全责任事故；

（四）其他文物安全案件。

第四条 督察、督办文物安全案件要按照有关法律、法规、规章和文件的规定，坚持“原因不查清不放过、责任者得不到处理不放过、整改措施不落实不放过、教训不吸取不放过”。

第五条 国家文物局开展文物安全案件信息收集与舆情监控工作。对从以下途径获知并需由国家文物局督察、督办的文物安全案件，及时填写《文物安全案件登记表》：

（一）在文物安全检查或者专项督察中发现的；

（二）相关部门转办的；

（三）各级文物行政部门上报的；

（四）通过舆情收集的；

（五）公民、法人或者其他组织举报的；

（六）其他途径获知的。

第六条 对已登记的文物安全案件，及时向案发地省级文物行政部门发《国家文物局文物安全案件督察通知》，由案发地省级文物行政部门调查核实，依法处理，限时上报。

对未按《国家文物局文物安全案件督察通知》要求时限上报案件情况及处理结果的，向案发地省级文物行政部门发《国家文物局文物安全案件督办单》，要求查清和说明未报原因，并再次提出限时办理要求。

第七条 对下列文物安全案件，国家文物局可以派督察组，会同案发地省级文物行政部门进行现场督察、督办：

（一）世界文化遗产地、全国重点文物保护单位发生的重大文物安全案件；

（二）省级文物保护单位发生的特大文物安全案件；

（三）国有博物馆发生的重大文物安全案件；

（四）其他重大文物安全案件。

第八条 国家文物局督察组会同省级文物行政部门现场督察、督办文物安全案件，按以下程序进行：

（一）查看案件现场、听取汇报、查阅资料，了解案发过程、案发原因、文物损失及案件处理等情况；

（二）对涉案的文物、博物馆单位实施安全检查，查找文物安全隐患；

（三）需要当场处置的，现场对文物安全案件提出处理意见和要求，对案发的文物、博物馆单位存在的安全隐患提出整改意见；

（四）现场督察结束后，向案发地省级文物行政部门提出书面督察、督办意见。

第九条 根据文物安全案件性质，需要由相关部门督察、督办或者联合督察、督办的，及时将案件情况通报相关部门，提出督察、督办建议，并配合或者联合相关部门做好督察、督办工作。

第十条 建立文物安全案件档案。文物安全案件档案内容包括：案发单位简介、案件基本情况、调查处理和督办情况、处理结果、媒体报道等文字和图片资料。

第十一条 对连续多次发生文物安全案件、文物安全监管工作需要加强的地区，组织实施文物安全专项督察。

第十二条 文物安全专项督察按以下程序进行：

（一）制订督察方案，明确督察时间、地域、范围、主要内容、工作日程和督察组组成人员等事项，事先通知被督察地区省级文物行政部门；

（二）采取现场检查、观摩演练、听取报告、进行座谈、查阅档案资料等形式，检查文物安全工作存在的问题；

（三）当场向被督察地区文物行政部门和被督察单位反馈督察意见；

（四）全面汇总专项督察情况，起草并提交书面督察报告；

（五）向被督察地区省级文物行政部门书面通报专项督察意见，指出文物安全工作存在的主要问题，提出意见、建议和整改要求；

（六）要求省级文物行政部门限时上报整改落实情况，并适时对被督察地区进行实地核查。

第十三条 在督办文物安全案件、实施文物安全专项督察或者在其他工作中，发现文物、博物馆单位存在严重安全隐患的，可直接向被检查单位发《文物安全隐患整改通知书》。

第十四条 对按本规定提出的督察、督办意见和文物安全隐患整改要求的落实情况进行跟踪督办。

有下列行为之一的，向案发地省级人民政府通报情况，提出督察建议：

（一）对发生的文物安全案件，不及时处置或者因处置不力造成文物损失扩大的；

（二）瞒报、迟报文物安全案件，造成不良社会影响的；

（三）不按国家文物局督察、督办意见落实安全隐患整改措施的。

第十五条 按照文物安全监管与行政执法情况公示公告制度

的要求，及时对各省、自治区、直辖市文物安全工作情况及文物安全案件进行专项通报、季度通报和年度通报。

第十六条　《国家文物局文物安全案件督察通知》、《国家文物局文物安全案件督办单》、《文物安全隐患整改通知书》加盖国家文物局行政执法督察专用章，并存档备查。

第十七条　各省、自治区、直辖市文物行政部门督察、督办文物安全案件，可参照本规定执行。

第十八条　本规定自印发之日起试行。

附件：1.《文物安全案件登记表》（略）

2.《国家文物局文物安全案件督察通知》（略）

3.《国家文物局文物安全案件督办单》（略）

4.《文物安全隐患整改通知书》（略）

古人类化石和古脊椎动物化石保护管理办法

·2006年8月7日文化部令第38号公布

·自公布之日起施行

第一条　为加强对古人类化石和古脊椎动物化石的保护和管理，根据《中华人民共和国文物保护法》制定本办法。

第二条　本办法所称古人类化石和古脊椎动物化石，指古猿化石、古人类化石及其与人类活动有关的第四纪古脊椎动物化石。

第三条　国务院文物行政部门主管全国古人类化石和古脊椎动物化石的保护和管理工作。

县级以上地方人民政府文物行政部门对本行政区域内的古人类化石和古脊椎动物化石的保护实施监督管理。

第四条　古人类化石和古脊椎动物化石分为珍贵化石和一般化石；珍贵化石分为三级。古人类化石、与人类有祖裔关系的古猿化石、代表性的与人类有旁系关系的古猿化石、代表性的与人类起源演化有关的第四纪古脊椎动物化石为一级化石；其他与人类有旁系关系的古猿化石、系统地位暂不能确定的古猿化石、其他重要的与人类起源演化有关的第四纪古脊椎动物化石为二级化石；其他有科学价值的与人类起源演化有关的第四纪古脊椎动物化石为三级化石。

一、二、三级化石和一般化石的保护和管理，按照国家有关一、二、三级文物和一般文物保护管理的规定实施。

第五条 古人类化石和古脊椎动物化石地点以及遗迹地点，纳入不可移动文物的保护和管理体系，并根据其价值，报请核定公布为各级文物保护单位。

第六条 古人类化石和古脊椎动物化石的考古调查、勘探和发掘工作，按照国家有关文物考古调查、勘探和发掘的管理规定实施管理。

地下埋藏的古人类化石和古脊椎动物化石，任何单位或者个人不得私自发掘。

古人类化石和古脊椎动物化石的考古发掘项目，其领队及主要工作人员应当具有古生物学及其它相关学科的研究背景。

第七条 建设工程涉及地下可能埋藏古人类化石和古脊椎动物化石的调查、勘探和发掘工作的程序和要求，按照国家有关建设工程涉及地下可能埋藏文物的调查、勘探和发掘工作的规定执行。

第八条 在进行建设工程或者在农业生产中，任何单位或者个人发现古人类化石和古脊椎动物化石，应当保护现场，立即报告当地文物行政部门。文物行政部门应当按照《中华人民共和国文物保护法》第三十二条第一款规定的要求和程序进行处理。

第九条 除出境展览或者因特殊需要经国务院批准出境外，古人类化石和古脊椎动物化石不得出境。

古人类化石和古脊椎动物化石出境展览，按照国家有关文物出境展览的管理规定实施管理。

古人类化石和古脊椎动物化石临时进境，按照国家有关文物临时进境的管理规定实施管理。

第十条 对保护古人类化石和古脊椎动物化石作出突出贡献的单位或个人，由国家给予精神鼓励或者物质奖励。

第十一条 违反本办法规定的，依照有关规定追究法律责任。

第十一条 违反本办法规定的，依照有关规定追究法律责任。

第十二条 本办法自公布之日起施行。

国家考古遗址公园管理办法

· 2022 年 3 月 15 日

· 文物考发〔2022〕7 号

第一条 为促进考古遗址的研究阐释和保护利用，规范国家考古遗址公园的管理，有效发挥其在经济社会发展中的作用，传承弘扬中华优秀传统文化，根据《中华人民共和国文物保护法》，制定本办法。

第二条 本办法所称国家考古遗址公园，是指以重要考古遗址及其环境为主体，具有科研、教育、游憩等功能，在考古遗址研究阐释、保护利用和文化传承方面具有全国性示范意义的特定公共文化空间。

第三条 国家文物局负责国家考古遗址公园的评定管理工作，省级文物主管部门负责本行政区域内国家考古遗址公园的监督管理工作，考古遗址所在地县级以上人民政府负责国家考古遗址公园创建和运营的组织实施。

第四条 国家文物局支持国家考古遗址公园的建设。对于在经济社会文化发展中作出突出贡献的国家考古遗址公园，予以表彰、奖励。

第五条 考古遗址所在地县级以上人民政府应开展可行性论证，评估考古遗址条件、地方经济社会条件及管理条件等，科学、审慎创建国家考古遗址公园，给予政策、经费和用地保障。

第六条 符合下列条件的考古遗址，可向国家文物局提出国家考古遗址公园立项申请：

（一）已公布为全国重点文物保护单位；

（二）文物保护规划已由省级人民政府公布实施；

（三）具备考古和研究工作计划；

（四）具备符合文物保护规划的考古遗址公园规划；

（五）具备独立法人资格的专门管理机构。

第七条 国家考古遗址公园的立项申请由考古遗址所在地县级以上人民政府提出，经省级文物主管部门初审同意后，报国家文物局。

第八条 国家考古遗址公园立项申请需提交以下材料：

（一）符合第六条所列条件的相关材料；

（二）国家考古遗址公园建设可行性研究报告。

第九条 经审查符合条件者，由国家文物局批准国家考古遗址公园立项。

第十条 国家考古遗址公园创建过程中，涉及文物保护单位保护范围和建设控制地带内的建设项目须按相关程序报批。

第十一条 国家文物局批准立项的考古遗址公园，符合以下条件，考古遗址所在地县级以上人民政府可提出国家考古遗址公园评定申请：

（一）所有自然或人为因素造成的考古遗址损害或破坏行为已得到控制或纠正；

（二）各建设项目的审批手续齐全；

（三）所有建设项目均符合考古遗址公园规划；

（四）考古和研究工作计划有序实施，出版考古报告等研究成果；

（五）已向公众开放，或已具备开放条件；

（六）无重大安全隐患。

第十二条 考古遗址所在地县级以上人民政府提交国家考古

遗址公园评定申请，经省级文物主管部门初审同意后报国家文物局，国家文物局按照《国家考古遗址公园评定细则》开展评定工作。评定合格者，由国家文物局确定为“国家考古遗址公园”，并向社会公布。

第十三条 修编国家考古遗址公园规划、变更或扩展建设项目，须按原程序上报。

第十四条 国家考古遗址公园的专门管理机构负责公园的日常管理及运营，须履行以下职责：

（一）依法履行文物保护职责；

（二）实施考古遗址公园规划；

（三）建立健全相关管理规章制度；

（四）提供良好的卫生、服务、消防、救护等公共设施，并不断改善服务质量；

（五）在规定时限内向国家文物局提交年度运营报告。

第十五条 国家考古遗址公园内考古遗址的保护和管理，依照国家有关法律法规执行。

第十六条 国家考古遗址公园的管理与运营除遵守文物保护法律法规外，还应当执行国家其他有关法律法规的规定，并接受文物主管部门的指导和社会监督。

第十七条 国家考古遗址公园实行监测评估、巡查制度。

国家文物局组织开展国家考古遗址公园年度运营监测评估，发布年度评估报告；或指定专家对国家考古遗址公园进行巡查，组织开展全国国家考古遗址公园综合评估，对发现的问题提出整改要求。

第十八条 任何单位和个人不得擅自改变国家考古遗址公园的用途和功能，不得侵占其合法用地，不得擅自改变国家考古遗址公园的用地性质，不得开展任何不利于考古遗址保护的活动。

第十九条 国家考古遗址公园立项后，三年内未开展任何考古研究、文物保护项目和配套设施建设工程的，国家文物局将书面告知所在地县级以上人民政府进行整改；一年内仍未整改的，国家文物局将书面告知考古遗址所在地县级以上人民政府取消国家考古遗址公园立项，三年之内不得再次申报。

国家考古遗址公园评定期间，经核实有弄虚作假、行贿舞弊等违法违规行为的，国家文物局取消其评定申请；已评定为国家考古遗址公园的，撤销评定结果。

对管理和运营不当，监测评估或巡查后落实整改要求不到位，发生责任事故或造成文物损毁，已不具备开放条件的国家考古遗址公园，国家文物局视情节轻重全国通报或撤销评定结果。被撤销评定结果的，三年之内不得再次申报。

第二十条 对违反本办法规定，造成国家考古遗址公园内考古遗址、环境、生态、景观等资源损毁或破坏的机构与个人，依照有关法律法规的规定处理；构成犯罪的，依法追究刑事责任。

第二十一条 本办法自公布之日起施行。

附件：国家考古遗址公园评定细则（略）

博物馆管理办法

·2005年12月22日文化部令第35号公布

·自2006年1月1日起施行

第一章 总 则

第一条 为贯彻落实科学发展观，规范博物馆管理工作，促进博物馆事业发展，根据《中华人民共和国文物保护法》、《中华人民共和国文物保护法实施条例》、《公共文化体育设施条例》、《事业单位登记管理暂行条例》和《民办非企业单位登记管理暂行条例》等相关法律法规，制定本办法。

第二条 本办法所称博物馆，是指收藏、保护、研究、展示人类活动和自然环境的见证物，经过文物行政部门审核、相关行政部门批准许可取得法人资格，向公众开放的非营利性社会服务机构。

利用或主要利用国有文物、标本、资料等资产设立的博物馆为国有博物馆。

利用或主要利用非国有文物、标本、资料等资产设立的博物馆为非国有博物馆。

第三条 国家扶持和发展博物馆事业，鼓励个人、法人和其他组织设立博物馆。

县级以上人民政府应当将博物馆事业纳入本级国民经济和社会发展规划，事业经费列入本级财政预算。

博物馆的数量、种类、规模以及布局，应当根据本地区国民经济和社会发展水平、文物等资源条件和公众精神文化需求，统筹兼顾，优化配置。鼓励优先设立填补博物馆门类空白和体现行业特性、区域特点的专题性博物馆。

第四条 国家鼓励博物馆发展相关文化产业，多渠道筹措资金，促进自身发展。

博物馆依法享受税收减免优惠，享有通过依法征集、购买、交换、接受捐赠和调拨等方式取得藏品的权利。

第五条 博物馆应当发挥社会教育功能，传播有益于社会进步的思想道德、科学技术和文化知识。

在博物馆参观或开展其他活动，应当爱护博物馆设施、展品和周边环境，遵守公共秩序。

第六条 国务院文物行政部门主管全国博物馆工作。

县级以上地方文物行政部门对本行政区域内的博物馆实施监督和管理。

第七条 县级以上文物行政部门应当促进博物馆行业组织建设，指导行业组织活动，逐步对博物馆实行分级、分类管理。

第八条 县级以上文物行政部门对发展博物馆事业做出突出贡献的机构、团体或个人，应当给予表彰或奖励。

第二章 博物馆设立、年检与终止

第九条 申请设立博物馆，应当具备下列条件：

（一）具有固定的馆址，设置专用的展厅（室）、库房和文物保护技术场所，展厅（室）面积与展览规模相适应，展览环境适宜对公众开放；

（二）具有必要的办馆资金和保障博物馆运行的经费；

（三）具有与办馆宗旨相符合、一定数量和成系统的藏品及必要的研究资料；

（四）具有与办馆宗旨相符合的专业技术和管理人员；

（五）具有符合国家规定的安全和消防设施；

（六）能够独立承担民事责任。

第十条 省级文物行政部门负责本行政区域内博物馆设立的审核工作。

博物馆名称一般不得冠以“中国”、“中华”、“国家”等字样（简称“中国”等字样）；特殊情况确需冠以“中国”等字样的，应由中央机构编制委员会办公室会同国务院文物行政部门审核同意。

非国有博物馆的名称不得冠以“中国”等字样。

第十一条 申请设立博物馆，应当由馆址所在地市（县）级文物行政部门初审后，向省级文物行政部门提交下列材料：

（一）博物馆设立申请书；

（二）馆舍所有权或使用权证明；

（三）资金来源证明或验资报告；

（四）藏品目录及合法来源说明；

（五）陈列展览大纲；

（六）拟任法定代表人的基本情况及身份证明；

（七）专业技术和管理人员的证明材料。

申请设立非国有博物馆的，应同时提交博物馆章程草案。章程草案应当包括下列主要事项：

（一）办馆宗旨及藏品收藏标准；

（二）博物馆理事会、董事会或其他形式决策机构的产生办法、人员构成、任期、议事规则等；

（三）出资人不要求取得经济回报的约定；

（四）博物馆终止时的藏品处置方式；

（五）章程修改程序。

第十二条 省级文物行政部门应当自收到博物馆设立申请材料之日起30个工作日内出具审核意见。审核同意的，应报国务院文物行政部门备案。审核不同意的，应当书面说明理由。

经审核同意设立博物馆的，申请人应持审核意见及其他申报材料，向相关行政部门申请取得博物馆法人资格。

博物馆应当自取得法人资格之日起6个月内向社会开放。

本办法实施前已批准设立的博物馆，应当在本办法实施之日起6个月内，向省级文物行政部门提交本办法第十一条第一款规定的除（一）项之外的全部材料；非国有博物馆应同时提交博物馆章程。

第十三条 博物馆的建筑设计应当符合国家和行业颁布的有关标准和规范。博物馆建筑应当划分为陈列展览区、藏品库房区、文物保护技术区、公众服务区和办公区等，相对自成系统。

第十四条 国有博物馆建设工程的设计方案，应当报请所在地省级文物行政部门组织论证。

第十五条 博物馆应当于每年3月31日前向所在地市（县）级文物行政部门报送上一年度的工作报告，接受年度检查。工作报告内容应当包括有关法律和其他规定的执行情况，藏品、展览、人员和机构的变动情况以及社会教育、安全、财务管理等情况。

市（县）级文物行政部门应当于每年4月30日前，将上一年度本行政区域内博物馆年度检查的初步意见报送省级文物行政部门。省级文物行政部门应当于每年5月31日前，将上一年度本行政区域内博物馆的年度检查情况进行审核，并汇总报国务院文物行政部门备案。

第十六条 博物馆的名称、馆址、藏品、基本陈列以及非国有博物馆的章程等重要事项发生变更前，应当报省级文物行政部门审核。

博物馆法定代表人发生变更的，应当自变更之日起 10 日内报省级文物行政部门备案。

第十七条 博物馆终止前，应当向省级文物行政部门提出终止申请及藏品处置方案，接受主管文物行政部门指导，完成博物馆资产清算工作。

省级文物行政部门应当自收到博物馆终止申请和藏品处置方案之日起 30 个工作日内出具审核意见。藏品处置方案等符合法定要求的，准予终止；藏品处置方案等不符合法定要求的，责令其改正后准予终止。相关行政部门根据省级文物行政部门的审核意见，给予办理博物馆法人资格注销登记手续。

第十八条 国有博物馆终止的，其藏品由所在地省级文物行政部门指定的国有博物馆接收。

非国有博物馆终止的，其藏品属于法律规定可以依法流通的，允许其以法律规定的方式流通；依法不能流通的藏品，应当转让给其他博物馆；接受捐赠的藏品，应当交由其他博物馆收藏，并告知捐赠人。

第三章 藏品管理

第十九条 博物馆藏品的收藏、保护、研究、展示等，应当依法建立、健全相关规章制度，并报所在地市（县）级文物行政部门备案。

博物馆应具有保障藏品安全的设备和设施。馆藏一级文物和其他易损易坏的珍贵文物，应设立专库或专柜并由专人负责保管。

第二十条 博物馆应建立藏品总帐、分类帐及每件藏品的档案，并依法办理备案手续。

博物馆通过依法征集、购买、交换、接受捐赠和调拨等方式取得的藏品，应在30日内登记入藏品总帐。

第二十一条 依法调拨、交换、借用国有博物馆藏品，取得藏品的博物馆可以对提供藏品的博物馆给予实物、技术、培训或资金方面的合理补偿。补偿数额的确定，应当考虑藏品保管、修复、研究、展示等过程中原收藏博物馆发生的实际费用。调拨、交换、借用国有博物馆藏品的申请文件，应当包括合理补偿的方案。

第二十二条 博物馆不够本馆收藏标准，或因腐蚀损毁等原因无法修复并无继续保存价值的藏品，经本馆或受委托的专家委员会评估认定后，可以向省级文物行政部门申请退出馆藏。

退出馆藏申请材料的内容，应当包括拟不再收藏的藏品名称、数量和退出馆藏的原因，并附有关藏品档案复制件。

第二十三条 国有博物馆所在地省级文物行政部门应当在收到退出馆藏申请材料的30个工作日内，组织专家委员会复审。专家委员会复审未通过的，终止该藏品的退出馆藏程序。

专家委员会复审通过的，省级文物行政部门应当将有关材料在国务院文物行政部门和有关省级文物行政部门的官方网站上公示30个工作日。期间如有其他国有文物收藏单位愿意接收有关藏品，则以调拨、交换等方式处理；期间如没有其他国有文物收藏单位愿意接收有关藏品，则由省级文物行政部门统一处置。处置方案报国务院文物行政部门批准后实施，处置所得资金应当用于博物馆事业发展。

国有博物馆应当建立退出馆藏物品专项档案，并报省级文物行政部门备案。专项档案应当保存75年以上。

第二十四条 非国有博物馆申请藏品退出馆藏，申请材料应附理事会、董事会或其他形式决策机构的书面意见。博物馆所在地省级文物行政部门应当在收到申请材料的30个工作日内作出是否允许退出馆藏的决定，并报国务院文物行政部门备案。

第二十五条 博物馆应当以本馆藏品为基础，开展有关专业学科及应用技术的研究，提高业务活动的学术含量，促进专业人才的成长。在确保藏品安全的前提下，博物馆应当为馆外人员研究本馆藏品提供便利。

第四章　展示与服务

第二十六条　博物馆举办陈列展览，应当遵循以下原则：

（一）与本馆性质和任务相适应，突出馆藏品特色、行业特性和区域特点，具有较高的学术和文化含量；

（二）合理运用现代技术、材料、工艺和表现手法，达到形式与内容的和谐统一；

（三）展品应以原件为主，复原陈列应当保持历史原貌，使用复制品、仿制品和辅助展品应予明示；

（四）展厅内具有符合标准的安全技术防范设备和防止展品遭受自然损害的展出设施；

（五）为公众提供文字说明和讲解服务；

（六）陈列展览的对外宣传活动及时、准确，形式新颖。

第二十七条　博物馆应当根据办馆宗旨，结合本馆特点开展形式多样、生动活泼的社会教育和服务活动，积极参与社区文化建设。

鼓励博物馆利用电影、电视、音像制品、出版物和互联网等途径传播藏品知识、陈列展览及研究成果。

第二十八条　博物馆对公众开放，应当遵守以下规定：

（一）公告服务项目和开放时间；变更服务项目和开放时间的，应当提前 7 日公告；

（二）开放时间应当与公众的工作、学习及休闲时间相协调；法定节假日和学校寒暑假期间，应当适当延长开放时间；

（三）无正当理由，国有博物馆全年开放时间不少于 10 个月，非国有博物馆全年开放时间不少于 8 个月。

第二十九条　博物馆应当逐步建立减免费开放制度，并向社会公告。

国有博物馆对未成年人集体参观实行免费制度，对老年人、残疾人、现役军人等特殊社会群体参观实行减免费制度。

第三十条 鼓励博物馆研发相关文化产品，传播科学文化知识，开展专业培训、科技成果转让等形式的有偿服务活动。

第五章 附 则

第三十一条 博物馆违反本办法规定，情节严重的，由所在地省级文物行政部门撤销审核同意意见，由相关行政部门撤销博物馆法人资格。

博物馆违反其他法律、法规规定的，依照有关法律、法规的规定处罚。

第三十二条 本办法自 2006 年 1 月 1 日起施行。

博物馆运行评估办法

· 2022 年 11 月 8 日
· 文物博发〔2022〕28 号

第一条 为引领博物馆进一步提高政治站位，坚持正确方向，全面贯彻落实习近平总书记关于文物博物馆工作重要论述和批示精神，规范博物馆运行评估工作，提高博物馆管理和运行水平，推动博物馆事业高质量发展，根据《中华人民共和国文物保护法》《中华人民共和国公共文化服务保障法》《博物馆条例》《关于推进博物馆改革发展的指导意见》等法律法规、政策文件，制定本办法。

第二条 本办法所称的博物馆运行评估（以下简称“评估”），是针对博物馆在三年周期内的管理运行状况而开展的专业评价活动，旨在对博物馆的运行质量进行考察和评价。

第三条 凡取得相应等级三年以上的国家一、二、三级博物馆，须依照本办法参加运行评估；无故不参加运行评估的，按自动放弃相应博物馆等级处理。

第四条 评估工作坚持公平、公正、公开原则，采取“政府指导、社会参与、独立运作”的工作机制。

第五条 国家文物局负责制定评估办法、评估标准，并指导中国博物馆协会组织开展国家一、二、三级博物馆的运行评估工作。

中国博物馆协会应根据本办法和《博物馆运行评估标准》的要求，制定评估工作方案，组织开展评估活动，拟定、发布评估结果。根据工作需要，可委托地方省级博物馆行业组织对本行政区域内二、三级博物馆进行评估、提出评定建议，报中国博物馆协会审核，按规定程序报批。

第六条 评估工作流程包括定性评估、定量评估、现场考察和综合评议。

第七条 定性评估、现场考察和综合评议环节的评估工作，由中国博物馆协会组织专家完成。

中国博物馆协会应建立评估专家库，在遵循回避原则的前提下，通过随机抽选方式，产生参与各环节评估工作的评估专家。

第八条 定量评估环节通过运用评估系统，对参评博物馆申报的量化数据进行处理，生成定量评估分值。

在评估过程中，应收集全国博物馆年报信息系统等公开发布的博物馆业务活动数据，并兼顾互联网公开的观众评价信息，作为评估依据。

第九条 评估结果分为优秀、合格、基本合格和不合格 4 个档次。

中国博物馆协会将拟定评估结果报国家文物局备案，并公示 5 个工作日。公示无异议后，向社会公布评估结果档次。

第十条 各级文物主管部门和博物馆行业组织，应逐步完善评估结果运用机制，鼓励通过经费分配、项目安排、科技扶持、人才交流等方式，加大扶优汰劣力度。

第十一条 对评估结果为“基本合格”的博物馆，限期整改，如在第二次评估中仍未达到标准，则对原一、二级博物馆降低等级、原三级博物馆取消等级；对评估结果为“不合格”的博物馆，原一、二级博物馆降低等级，原三级博物馆取消等级。针对评估结果为“基本合格”“不合格”的博物馆，可根据具体情况发出警告通知书或通报批评。

决定给予降低或取消现有等级处理的博物馆，由中国博物馆协会组织核查，并报国家文物局备案后向社会公布；

凡被降低或取消等级的博物馆，自降低或取消等级之日起三年内，不得重新申请参加定级评估。

第十二条 凡参与评估工作的单位和人员，均应严格遵守国家法律、法规及有关工作规定，履行相关职责和义务，不得以任何方式妨碍评估工作的正常开展。

经发现参评博物馆存在弄虚作假、行贿舞弊等违法违规行为的，情节严重、造成不良影响的，由中国博物馆协会核实并报国家文物局备案后，给予取消等级处理。

评估专家和工作人员如有违纪、违规行为，一经查实，由相关部门依法依规处理。

第十三条 中国博物馆协会应将评估工作情况及相关评估资料，在其网站上公布，主动接受社会监督。

第十四条 对评估过程和结果持有异议的单位，可向中国博物馆协会以书面形式提出申诉。中国博物馆协会应在接到申诉之日起 20 日内，对申诉的问题进行调查，并根据相关规定给予相应处理，处理结果应以书面形式告知申诉单位。

第十五条 本办法自发布之日起施行。《国家一级博物馆运行评估规则》（文物博函〔2013〕43 号发布）、《国家二三级博物馆运行评估规则（试行）》（文物博函〔2014〕242 号发布）同时废止。

博物馆运行评估标准

· 2022 年 11 月 8 日
· 文物博发〔2022〕28 号

1. 范围

本标准规定了对定级博物馆开展运行评估所使用的指标和评价方法。

本标准适用于博物馆行业组织针对定级博物馆开展的博物馆运行评估工作。

文物主管部门、博物馆行业组织针对未定级博物馆开展运行评估工作可参照本标准确定的指标和方法进行。

2. 规范性引用文件

下列文件中的内容通过文中的规范性引用而构成本文件必不可少的条款。其中，注日期的引用文件，仅该日期对应的版本适用于本文件；不注日期的引用文件，其最新版本（包括所有的修改单）适用于本文件。

《国家基本公共服务标准（2021 年版）》（发改社会〔2021〕443 号）

GA 27-2002《文物系统博物馆风险等级和安全防护级别的规定》

GB/T 17775-2003《旅游景区质量等级的划分与评定》

GB/T 22528-2008《文物保护单位开放服务规范》

WW/T 0020-2008《文物藏品档案规范》

GB/T 23863-2009《博物馆照明设计规范》

GB/T 23862-2009《文物运输包装规范》

GB/T 28227.2-2011《文化服务质量管理体系实施指南第 2 部分：室内博物馆》

GB/T 16571-2012《博物馆和文物保护单位安全防范系统要求》

GB/T 30234-2013《文物展品标牌》

WW/T 0017-2013《馆藏文物登录规范》

JGJ 66-2015《博物馆建筑设计规范》

GB/T 36721-2018《博物馆开放服务规范》

WW/T 0088-2018《博物馆展览内容设计规范》

WW/T 0089-2018《博物馆陈列展览形式设计与施工规范》

WW/T 0092-2018《博物馆运行评估指标》

GB/T 22239-2019《信息安全技术 网络安全等级保护基本要求》

《博物馆定级评估标准（2019 年 12 月）》（文物博发〔2020〕2 号）

3. 术语和定义

3.1 博物馆

以教育、研究和欣赏为目的，收藏、保护并向公众展示人类活动和自然环境的见证物，经登记管理机关依法登记的非营利组织。

3.2 定级博物馆

依据《博物馆定级评估办法》参加博物馆定级评估并取得“一、二、三级博物馆”质量等级的博物馆。

3.3 博物馆运行评估

由博物馆行业组织负责实施，以考察、评价、监督为主要目的，针对定级博物馆在特定期间的运行状况及运行目标实现程度的评价活动，是针对定级博物馆运行质量的监督检查和复核，旨在通过评估客观反映博物馆在评估周期内的运行状况，建立科学的博物馆激励约束机制，以评促建，引导和促进定级博物馆向规范化、专业化、社会化和现代化方向发展。

3.4 评估机构

由博物馆行业组织组建，负责实施博物馆运行评估活动的专业机构。

3.5 评估专家

由博物馆行业组织建立评估专家库并随机抽选产生，参加博物馆运行评估工作的专家。

3.6 评估对象

取得相应等级三年以上的国家一、二、三级博物馆，均应参加运行评估。未定级博物馆的运行评估工作可参照《博物馆运行评估办法》确定的原则和程序组织实施。

3.7 定性评估

博物馆运行评估的工作环节之一，由评估专家依据评估对象提供的申报材料，综合判断评估对象规范管理、服务产出、社会评价等方面的运行状况，并进行定性评分。

3.8 定量评估

博物馆运行评估的工作环节之一，由评估机构针对评估对象规范管理、服务产出、社会评价等方面可以量化的数据指标进行汇总统计和比对核查，通过计算形成定量评分。

3.9 博物馆理事会

是依照国家法律法规、政府有关政策和本单位章程开展工作的博物馆的决策和监督机构。

3.10 藏品

以收藏、研究、展示、教育、传播为目的，由博物馆永久收藏的，具有历史、艺术、科学等价值的文物、标本、资料、模型等的总称。

3.11 博物馆年度报告

博物馆按照文物主管部门或上级部门有关规范性文件或行业标准要求，每年度定期编制，发布本馆上一年度基本信息、资源信息、活动信息等，向管理机关、主要捐赠人和社会公众公开披露的报告文件。

3.12 代表性科研成果

博物馆在评估周期内开展科研活动取得的最具代表性的一项学术成果。可以是获奖科研项目（科研工作）、著作、科普读物、教材、论文、研究型展览大纲和批准专利等（不包括一般性展览大纲等日常工作或项目），必须由博物馆单位（包括博物馆下属机构）或博物馆在职职工署名。

3.13 基本陈列

基于博物馆类型和定位，以本馆藏品为主体，以相关学术理论为基础的常设性陈列。依托文物保护单位设立的博物馆，对古迹遗址的保护展示或在文物建筑中的原状陈列可作为基本陈列参与评分。

3.14 代表性临时展览

博物馆在评估周期内举办，由本馆负责策展，内容及形式自主设计并组织展示的，最能够代表本馆展览策划、设计水平的一项临时性展览，所用展品可不局限于本馆藏品。

3.15 代表性教育活动

博物馆在评估周期内举办，由本馆负责策划，结合馆藏资源或陈列展览内容，面向大中小学生、家庭亲子或社区公众等受众群体推出的一项主题性、品牌性教育活动、教育课程、研学旅行活动、流动博物馆活动等。

3.16 代表性文创产品

博物馆依托本馆藏品、展览文化元素，在评估周期内自主研发、具有独立品牌价值并投放市场，取得良好社会、经济效益的一项标志性文创产品或系列产品。

3.17 线上数字化体验产品

博物馆依托互联网以及微博、微信、网络视频平台等新媒体形式，针对网络受众推出的云展览、云讲解、云教育（云课程）、短视频、高清直播、虚拟展厅、沉浸式体验等具有知识性、教育性、互动性的网络应用程序、内容产品或线上活动。

4. 评估原则

4.1 依法评估

根据《中华人民共和国文物保护法》《中华人民共和国公共文化服务保障法》《博物馆条例》等有关法律法规规定，博物馆运行评估工作由博物馆行业组织实施，按照“以评促建、以评促改”的评估目标，在博物馆行业全面贯彻新发展理念的有关要求，引导、规范定级博物馆的发展方向。

4.2 分级指导

博物馆运行评估将根据国家一、二、三级博物馆的不同功能定位和发展方向，科学确定不同等级博物馆的评估指标权重，体现运行评估工作中的分级指导、科学管理。

4.3 动态管理

博物馆运行评估，既可对定级博物馆自身的年度运行状况进行纵向对比，也可对同一级别博物馆在评估周期内的运行状况进行横向对比。对不符合相应等级标准的，降低或取消等级，从而实现定级博物馆的动态管理，不断健全博物馆分级管理体系。

4.4 数质并重

评估指标包含定性评估和定量评估两个部分，兼顾博物馆不同领域、不同业务工作、不同指标项的数量增长与质量提升，通过定性和定量两类指标的综合评价，相互校验、补充，保障运行评估结果的科学、完整、准确。

4.5 公平公正

在评估工作中，使用统一的评价体系对不同博物馆进行评价，公平对待各级各类博物馆；在评估方法上，定性评估、定量评估和综合评议相结合，在评估过程中存在重大分歧时，可进行现场核实，切实保证评估工作的公平公正。

5. 评估指标框架

5.1 总体要求

博物馆运行评估指标分为三级，评估的主要内容包括：规范管理、服务产出和社会评价三个方面，评估的方式包括：定性评估和定量评估两类，另外设置若干附加项。每级指标下均设有定性和定量两类考察要点。评估采取百分制计分，满分为100分。

5.2 规范管理

“规范管理”指标主要对博物馆的管理情况进行评估，具体分为“组织管理”“藏品管理”“开放管理”和“安全管理”四个二级指标。“规范管理”的指标权重为25%。

5.2.1 组织管理

本指标权重为4%，在定性评估中设立“法人治理”“制度规划”和“队伍建设”三个三级指标，在定量评估中不设三级指标。

5.2.2 藏品管理

本指标权重为10%，在定性评估中设立“藏品征集”“藏品登录”“藏品保管”和“藏品保护”四个三级指标，在定量评估中不设三级指标。

5.2.3 开放管理

本指标权重为5%，在定性评估中设立“信息公开”和“参观服务”两个三级指标，在定量评估中不设三级指标。

5.2.4 安全管理

本指标权重为6%，在定性评估中设立“意识形态安全”“藏品安全”“公共安全”和“信息安全”四个三级指标，在定量评估中不设三级指标。

5.3 服务产出

“服务产出”指标对博物馆主要业务功能的效率和质量进行评估。具体分为“科学研究”“陈列展览”“教育服务”和“文化传播”四个二级指标。“服务产出”的指标权重为55%。

5.3.1 科学研究

本指标权重为15%，在定性评估中设立“科研产出”和“科研服务”两个三级指标，在定量评估中不设三级指标。

5.3.2 陈列展览

本指标权重为15%，在定性评估中设立“基本陈列”和“临时展览”两个三级指标，在定量评估中不设三级指标。

5.3.3 教育服务

本指标权重为15%，在定性评估中设立“讲解服务”“教育活动”和“公益鉴定”三个三级指标，在定量评估中不设三级指标。

5.3.4 文化传播

本指标权重为10%，在定性评估中设立“馆际协作”“国际交流”“数字传播”和“文创经营”四个三级指标，在定量评估中不设三级指标。

5.4 社会评价

“社会评价”指标通过观众、媒体和社会反馈的信息情况对博物馆的社会服务产出的效果进行评估。具体分为“观众反馈”和“社会影响”两个二级指标。“社会评价”的指标权重为20%。

5.4.1 观众反馈

本指标权重为12%，在定性评估中设立“观众结构”和“观众满意度”两个三级指标，在定量评估中不设三级指标。

5.4.2 社会影响

本指标权重为8%，在定性评估中设立“社会关注度”“奖励与荣誉”和“公众参与”三个三级指标，在定量评估中不设三级指标。

5.5 附加项

附加项共分为“特色加分项”和“警示减分项”两类。

5.5.1 特色加分项

指对特色化、个性化发展创新表现突出的博物馆给予加分，参评博物馆如在藏品保护修复、科研、陈列展览、教育、文化传播方面实施有特色化、个性化发展创新项目，在全国范围内对博物馆行业形成重大引领示范作用的，可增加附加分，并计入总得分。评估时，由评估专家根据参评博物馆申报的项目材料，结合博物馆事业改革发展的有关要求具体确定加分额度。单个特色项目加分不超过3分；参评博物馆累计加分不超过6分，累计附加分后博物馆总得分最高不超过100分。在评估实践中，对特色加分应从严掌握，给予特色加分的单位最多不超过参评单位总数的10%。

结合博物馆事业改革发展的有关要求，特色加分的重点方向主要包括：

a）博物馆、纪念馆服务国家重大战略、重大文化工程，加强资源整合与协同创新方面开展的特色化、个性化发展创新项目；

b）博物馆、纪念馆落实中央和国家有关部门关于博物馆改革发展的政策要求，创新体制机制，释放发展活力方面开展的特色化、个性化发展创新项目；

c）博物馆、纪念馆在弘扬社会主义核心价值观，传承弘扬中华优秀传统文化、继承革命文化和发展社会主义先进文化，推动文物资源创造性转化、创新性发展方面开展的特色化、个性化发展创新项目；

d）博物馆、纪念馆在开展国际合作，推进文明交流互鉴，向国际社会讲好中国故事、讲好中国共产党的故事，提升中华文化国际传播能力，扩大中华文化国际影响力方面开展的特色化、个性化发展创新项目。

5.5.2 警示减分项

指对藏品管理、安全管理方面有重大违规行为或事故的博物馆予以处罚，旨在促使博物馆重视藏品管理、安全管理相关工作。警示减分项随藏品管理、安全管理项下有关三级指标设立，一旦发生指标项确定的违规行为或事故，关联的二级指标全项不得分。警示减分项的具体考察内容包括：

a）评估周期内未有效落实意识形态工作责任制，发生负面舆情或其他意识形态问题（关联指标：安全管理—意识形态安全），发生重大舆情或其他重大意识形态问题的，涉及安全管理二级指标项（6分）不得分。

b）评估周期内违规收藏有来源不明或者来源不合法的藏品（关联指标：藏品管理—藏品征集）。

c）馆藏文物借用或交换，未依法履行备案或报批程序（关联指标：藏品管理—藏品登录）。

d）未能依法合规处置文物（关联指标：藏品管理—藏品保管）。

e）评估周期内发生藏品安全事故（关联指标：藏品管理—藏品保管、安全管理—藏品安全），发生重大安全事故的，涉及藏品管理（10分）和安全管理（6分）两个二级指标项共计16分全部扣除。

f）评估周期内发生观众安全责任事故（关联指标：安全管理—公共安全）。

g）革命纪念类博物馆及陈列展览内容未履行相关审批手续（关联指标：安全管理—意识形态安全，其他类型博物馆不作考察）。

5.6 指标权重

为落实分级指导的评估原则，评估中一、二、三级博物馆各一、二级指标的权重相同，定性评估中的三级指标和定量指标的权重不同，一、二、三级博物馆定量指标所占权重分别为20%，30%，40%。具体权重安排详见表1：博物馆运行评估指标体系框架及权重分布。

表1：博物馆运行评估指标体系框架及权重分布

<table>
<tr><th colspan="3">指标名称</th><th colspan="3">指标权重</th></tr>
<tr><th>一级指标</th><th>二级指标</th><th>三级指标</th><th>一级
博物馆</th><th>二级
博物馆</th><th>三级
博物馆</th></tr>
<tr><td rowspan="17">规范管理
25</td><td rowspan="4">组织管理
4</td><td>法人治理</td><td>1</td><td>1</td><td>0.5</td></tr>
<tr><td>制度规划</td><td>1.5</td><td>1</td><td>1</td></tr>
<tr><td>队伍建设</td><td>1</td><td>1</td><td>1</td></tr>
<tr><td>定量指标</td><td>0.5</td><td>1</td><td>1.5</td></tr>
<tr><td rowspan="5">藏品管理
10</td><td>藏品征集</td><td>2</td><td>2</td><td>2</td></tr>
<tr><td>藏品登录</td><td>2</td><td>2</td><td>2</td></tr>
<tr><td>藏品保管</td><td>2</td><td>2</td><td>2</td></tr>
<tr><td>藏品保护</td><td>3</td><td>2</td><td>1</td></tr>
<tr><td>定量指标</td><td>1</td><td>2</td><td>3</td></tr>
<tr><td rowspan="3">开放管理
5</td><td>信息公开</td><td>2</td><td>1.5</td><td>0.5</td></tr>
<tr><td>参观服务</td><td>2</td><td>1.5</td><td>1.5</td></tr>
<tr><td>定量指标</td><td>1</td><td>2</td><td>3</td></tr>
<tr><td rowspan="5">安全管理
6</td><td>意识形态安全</td><td>1</td><td>1</td><td>1</td></tr>
<tr><td>藏品安全</td><td>2</td><td>2</td><td>2</td></tr>
<tr><td>公共安全</td><td>1.5</td><td>1</td><td>1</td></tr>
<tr><td>信息安全</td><td>1</td><td>1</td><td>0.5</td></tr>
<tr><td>定量指标</td><td>0.5</td><td>1</td><td>1.5</td></tr>
</table>

续表

指标名称			指标权重		
一级指标	二级指标	三级指标	一级博物馆	二级博物馆	三级博物馆
服务产出55	科学研究15	科研产出	9	7	5
		科研服务	3	5	6
		定量指标	3	3	4
	陈列展览15	基本陈列	4	5	5
		临时展览	8	6	4
		定量指标	3	4	6
	教育服务15	讲解服务	2	3	3
		教育活动	10	6	5
		公益鉴定	1	1	1
		定量指标	2	5	6
	文化传播10	馆际协作	2	2	1
		国际交流	2	1	1
		数字传播	3	3	2
		文创经营	1	1	1
		定量指标	2	3	5

续表

指标名称			指标权重		
一级指标	二级指标	三级指标	一级博物馆	二级博物馆	三级博物馆
社会评价 20	观众反馈 12	观众结构	4	3	2
		观众满意度	4	4	4
		定量指标	4	5	6
	社会影响 8	社会关注度	3	2	2
		奖励与荣誉	1	1	1
		公众参与	1	1	1
		定量指标	3	4	4
特色加分项		根据参评博物馆申报的改革创新与特色发展项目材料给分，单个特色项目加分不超过 3 分；参评博物馆累计加分不超过 6 分，累计附加分后博物馆总得分最高不超过 100 分。			
警示减分项		一旦发生指标项确定的违规行为或事故，所关联的二级指标全项不得分。			

6. 评估流程与方法

6.1 评估流程

博物馆运行评估流程包括：定性评估、定量评估、现场考察和综合评议。

6.2 定性评估

定性评估由随机抽选产生的评估专家通过评估系统在线审阅评估对象提交的申报材料，对照本标准确定的评估指标、考察要点和附录 A 确定的各考察要点原始分值进行记名打分和排序，形成定性评估分值。定性评估按评估指标分组进行，每项考察要点需要经过不少于3位评估专家分别评分，将各评估专家的评分以二级指标为单位进行汇总并按照简单算术平均进行计算，再根据评估指标的权重值还原形成该二级指标的定性评估得分。定性评估得分的具体计算方法，详见附录B。

6.3 定量评估

定量评估通过汇总评估申报书中的有关量化数据或评估中收集采集的相关数据，运用专门的统计计算系统进行处理。计分时，首先根据本标准确定的评估指标、考察要点和附录A确定的各考察要点原始分值，按照不同级别博物馆的评估数据分别计算各考察要点分值，然后以二级指标为单位进行汇总，并根据评估指标的权重值还原形成该二级指标的定量评估得分。定量评估得分的具体计算方法，详见附录B。

6.4 现场考察

在定性评估、定量评估过程中，评估机构可以委托评估专家和评估检查员组成考察小组，对参评博物馆进行现场考察，通过检查环境、查阅档案、听取汇报、交流座谈、实地暗访的形式核实相关评估材料的真实性、完整性，撰写现场考察报告，并可对前期形成的评估得分提出修订建议。

6.5 综合评议

综合评议以专家组会议形式进行，由评估专家集中审议通过对定性评估、定量评估结果加权计算形成的初步评估成绩，听取评估机构和评估专家的工作报告，在集中讨论、评议的基础上，通过记名表决，形成最终评估成绩。

6.6 原始分值

为了方便定性评估和定量评估环节的评分和统计工作，在各二级指标下设定性评估和定量评估原始分，每个二级指标的定性评估和定量评估原始分均为100分，按照不同权重，分配至每个三级指标和考察要点，在评分计分中使用。根据一、二、三级博物馆在定性评估中的三级指标和定量指标上的权重差异，不同级别博物馆各考察要点的原始分值也有所差异，具体分值安排，详见附录 A。

6.7 评估成绩

各评估对象的最终评估成绩根据各二级指标的定性评估得分、定量评估得分，按照一定比重系数加权汇总计算形成。评估成绩实行百分制计分，满分 100 分，具体计算方法，详见附录 B。

6.8 评估结果

国家一、二、三级博物馆分别得分 80（含）分、75（含）分、70（含）分以上，评估结果为“优秀”；分别得分 80 分以下 60（含）分以上、75 分以下 55（含）分以上、70 分以下 50（含）分以上，评估结果为“合格”；60 分以下 50（含）分以上、55 分以下 45（含）分以上、50 分以下 40（含）分以上，评估结果为“基本合格”；分别得分 50 分、45 分、40 分以下，评估结果为“不合格”。

6.9 相关要求

每次博物馆运行评估的时间周期、参与范围、工作安排、申报文件格式、数据采集和评分规则等以评估机构拟定的评估方案和评估通知为准，评估数据的统计时间区间应与评估周期一致，评估指标中部分数据的统计方法，可以参见 WW/T 0092-2018 附录 D 的有关要求。

7. 定性评估指标及考察要点

7.1 规范管理

7.1.1 组织管理

a）法人治理：主要考察博物馆推进法人治理结构，健全决策、执行和监督机制情况。具体考察内容包括：

——理事会或其他形式决策机构组成人员情况；

——理事会或其他形式决策机构履行职责，以及博物馆对于理事会相关决议、建议执行采纳情况；

——监事会或其他形式监督机构组建、运行情况。

b）制度规划：主要考察博物馆建立健全组织管理制度情况。具体考察内容包括：

——博物馆章程制定执行情况；
——博物馆中长期发展规划编制、执行情况；
——博物馆内部管理制度体系建设、完善、更新情况。

c）队伍建设：主要考察博物馆人才队伍建设情况。具体考察内容包括：

——博物馆管理人才、专业技能人才、研究人才、创新型人才的配备及培养情况；
——高水平创新团队及拔尖人才培养情况；
——博物馆根据不同岗位要求，开展分级分类培训，提升队伍整体素质能力情况。

7.1.2 藏品管理

a）藏品征集：主要考察博物馆依法合规充实馆藏资源情况。具体考察内容包括：

——博物馆藏品征集规划和年度计划制订、执行情况；
——博物馆新征集藏品对于完善收藏体系，满足展示、研究等方面的价值意义；
——博物馆征藏党史、新中国史、改革开放史、社会主义发展史、中华民族发展史、经济社会发展变迁物证以及流失海外中国文物的情况。

b）藏品登录：主要考察藏品档案建设及文物登录备案情况。具体考察内容包括：

——博物馆新搜集藏品依法建立藏品账目及档案的情况；
——单独设置文物档案，并区分文物等级的情况；
注：无文物类藏品的博物馆可参照评分。
——建立藏品数据库或藏品信息管理系统，健全藏品登录机制，采集登录藏品信息的情况；
——文物信息在主管文物部门备案的情况。
注：无文物类藏品的博物馆可参照评分。

c）藏品保管：主要考察藏品库房及保管装具配置及提用、运输等管理活动情况。具体考察内容包括：

——藏品库房管理及藏品保护装具配备情况；

——温度、湿度、光照等藏品保存、展示环境指标控制情况；

——藏品入库、上架、提用、运输等操作执行及工作记录情况。

d）藏品保护：主要考察藏品预防性保护、修复及日常养护情况（包括依托文物保护建筑设立的博物馆开展的文物保护建筑修缮情况）。具体考察内容包括：

——开展藏品预防性保护，针对文物常见多发病害病理开展研究和防治情况；

——针对珍贵濒危文物、材质脆弱文物、文物保护建筑的保护修复情况；

——藏品养护工作情况。

7.1.3 开放管理

a）信息公开：主要考察博物馆年报编制、发布和日常信息公开情况。具体考察内容包括：

——近三年博物馆年报编制、发布情况；

——博物馆向文物主管部门报送年报信息情况；

——通过博物馆网站等媒体平台，面向社会公示本馆管理、运行和公共文化服务工作情况。

b）参观服务：主要考察博物馆为到馆观众提供参观全过程服务和开放服务设施管理运行情况。具体考察内容包括：

——博物馆全年向社会开放情况；

——博物馆执行免费开放政策或对特殊人群免费、优惠开放情况；

——新增或更新的观众休息设施、卫生设施、文创产品销售服务设施、餐饮服务设施以及老年人、残疾人、婴幼儿等特殊人群服务设施配备情况；

——落实国家节能减排、绿色发展相关要求，积极推动博物馆基础设施、设备节能化改造和低耗能运行，助推碳达峰、碳中和重大战略实施的情况；

——通过互联网、新媒体为公众提供各类在线服务的情况；

——采取有效措施解决老年人运用智能技术困难问题的情况；

——有效落实常态化疫情防控工作要求为开放服务提供保障的情况。

7.1.4 安全管理

a）意识形态安全：主要考察博物馆认真贯彻落实党中央关于意识形态工作的决策部署开展各项相关工作的情况。具体考察内容包括：

——坚持正确方向，党建与业务相融合情况；

——博物馆落实意识形态工作责任制，健全并落实各级主体责任，将意识形态工作纳入工作规划、计划和重要议事日程，纳入领导班子和成员目标管理的情况；

——博物馆加强意识形态阵地建设，在展陈、教育、传播、文创、信息发布等各项工作中严把政治导向，按要求履行活动报告、审批程序，加强内容审核管理的情况；

——博物馆强化意识形态风险防控，开展工作人员教育培训，健全舆情监测、研判、回应机制，制订、执行意识形态安全应急预案，及时开展舆情处置和舆论引导工作，防范化解意识形态领域安全风险的情况。

b）藏品安全：主要考察博物馆藏品安全风险防控情况。具体考察内容包括：

——按照 GA 27-2002、GB/T 16571-2012 及相关标准要求，在库房和展厅内，配备保障藏品安全的设备、设施情况；

——对藏品安全保障设备、设施的检查、维护情况；

——对珍贵文物和易损藏品的特殊保管情况。

c）公共安全：主要考察博物馆公共安全保障情况。具体考察内容包括：

——博物馆安保人员配备和日常管理工作情况；

——按照 GA 27-2002、GB/T 16571-2012 及相关标准有关要求，在开放区域内，配备保障公共安全的消防、安防设施设备情况；

——对消防安全设备设施的使用情况；

——博物馆针对突发事件的预防措施、应急预案、善后处置措施准备情况；

——定期组织开展消防、安防演练情况；

——属地公安、消防部门对博物馆安保工作的检查、验收情况。

d）信息安全：主要考察博物馆信息系统建设、信息安全保护能力有关情况。具体考察内容包括：

——博物馆信息系统架构与用户权限管理体系建设情况；

——博物馆信息安全保护、数据资源管理制度制订和执行情况；

——博物馆信息安全管理人员配备和日常工作情况；

——参照 GB/T 22239-2019 及相关标准有关要求，落实信息系统安全等级保护有关情况。

7.2 服务产出

7.2.1 科学研究

a）科研产出：主要考察博物馆在科学研究、学术研究、考古发掘等方面取得成果（包括但不限于：针对藏品价值认知、藏品保护、藏品科学管理和藏品利用有关的研究成果；与陈列展览有关的理论和方法研究成果；与社会教育有关的原理和方法研究成果；与观众心理、观众行为、观众调查方法等有关的研究成果；与博物馆管理有关的研究成果；与博物馆主题文化有关的研究成果；具有考古资质的博物馆开展考古发掘项目的成果）。具体考察内容包括：

——博物馆在科学研究、学术研究方面综合实力，以及开展科研活动和取得成果（包括但不限于：发表学术论文、出版学术专著、承担科研项目、考古发掘项目、课题、获得专利、参与制订标准）的总体水平；

——代表性研究成果的学术价值、应用价值、创新价值情况；

——代表性研究成果影响力和获奖情况。

b）科研服务：主要考察博物馆为高等学校、科研院所、社会团体和馆外研究者进行研究提供服务情况。具体考察内容包括：

——面向其他博物馆、高等学校、科研院所开放藏品和学术研究资料，为专业研究者提供研究便利的情况；

——博物馆发挥本馆藏品、学术资源优势，与高等学校、科研院所等单位合作开展学术研究、承担科研项目、考古发掘项目、举办学术活动的情况；

——与高等学校、科研院所联合建立、运营实验室、研究室、科研基地、科研工作站的情况。

7.2.2 陈列展览

a）基本陈列：主要考察博物馆基本陈列体系建设和现有基本陈列的数量、水平。依托文物保护单位设立的博物馆，对古迹遗址的保护展示或在文物建筑中的原状陈列可纳入基本陈列评分范畴。具体考察内容包括：

——博物馆基本陈列体系建设，以及现有基本陈列的总体质量情况；

——基本陈列中展品、展项更新、充实的频率与幅度（原状陈列不考察此项）；

——基本陈列文化品牌的社会认知、认可度，以及获得奖励、推介的情况。

b）临时展览：主要考察博物馆临时展览体系建设和评估周期内举办临时展览的数量和水平。具体考察内容包括：

——博物馆临时展览体系建设，以及评估周期内举办临时展览的总体质量情况；

——代表性临时展览主题定位与博物馆定位的契合程度；

——代表性临时展览的内容策划水平，以及学术性、思想性情况；

——代表性临时展览形式设计水平，以及陈列主题和思想内容情况；

——代表性临时展览运用辅助展品和现代信息技术手段提升

文化传播水平的情况；

——代表性临时展览文化品牌社会认知、认可度，以及获得奖励、推介的情况。

7.2.3 教育服务

a）讲解服务：主要考察博物馆讲解队伍建设和服务能力，面向公众开展讲解导览服务的情况。具体考察内容包括：

——讲解队伍建设和服务能力情况；

——日常公益性讲解导览服务情况；

——馆长、专家导览等特色化讲解导览服务情况；

——智慧导览服务情况。

b）教育活动：主要考察博物馆自主策划、实施各类品牌、特色教育活动（包括馆内教育活动、特色教育课程、研学旅行活动、流动博物馆活动等）的质量和水平。具体考察内容包括：

——博物馆教育活动规划编制与实施的总体情况；

——接待青少年群体利用博物馆资源，组织开展爱国主义、革命传统、中华优秀传统文化、生态文明、国家安全、“大思政课”等主题的研学实践教育活动的情况；

——博物馆与当地各类学校联系，签订馆校共建协议，开展博物馆进校园活动的情况；

——博物馆根据青少年群体认知规律和学校教育教学需求，结合传统节日、纪念日等，组织开展各类经常性教育课程、教育活动的质量水平；

——代表性教育活动的质量水平；

——代表性教育活动面向学校、社区等群体和互联网平台推广情况，以及大中小学生、社区公众、网络受众的参与情况；

——代表性教育活动品牌创建及其社会认知、认可度。

c）公益鉴定：主要考察博物馆开展公益鉴定服务的情况。具体考察内容包括：

——博物馆公益鉴定服务制度、规划的编制情况；

——博物馆公益鉴定服务实施的总体情况，如鉴定文物的类别，社会认知、认可度，服务推广情况。

7.2.4 文化传播

a）馆际协作：主要考察向国内其他博物馆输出文化资源，面向中小博物馆、非国有博物馆开展对口帮扶、馆际协作的情况。具体考察内容包括：

——向国内其他博物馆输出展览、展品的综合质量水平；

——举办国内学术研讨活动等文化交流活动的综合质量水平；

——面向中小博物馆、非国有博物馆开展对口帮扶、馆际协作情况；

——实施“博物馆+”战略，与教育、科技、旅游、商业、传媒、设计等各类社会机构开展跨界合作情况。

b）国际交流：主要考察博物馆与国（境）外博物馆、文化机构开展文化交流，组织实施国际交流展览、学术交流活动的情况。具体考察内容包括：

——独立或参与举办进出境展览的综合质量水平；

——举办国际学术研讨活动的综合质量水平；

——参加国际学术交流活动的总体情况；

——组织开展或参与文物保护、考古、科研等领域国际合作项目的情况。

c）数字传播：主要考察发挥自身文化资源优势，加强与融媒体合作，创新线上数字化体验产品和服务，发展云展览、云讲解、云教育（云课程）、短视频、高清直播、虚拟展厅、沉浸式体验等，构建线上线下融合的博物馆传播体系的情况。具体考察内容包括：

——为便于社会利用藏品资源，在本馆官方网站等渠道开放查询、展示藏品数据信息和高清影像的情况；

——与融媒体平台合作，针对网络受众推出的云展览、云讲解、云教育（云课程）、短视频、高清直播、虚拟展厅、沉浸式体验等各类线上数字化体验产品的情况；

——代表性线上数字化体验产品的质量水平。

d）文创经营：主要考察博物馆通过授权等手段开发文创产

品，建立文创品牌，推动文化传播的情况。具体考察内容包括：

——博物馆通过授权等手段开发文创产品的种类、特色以及获得经济、社会效益的情况；

——代表性文创产品质量水平；

——代表性文创产品的品牌创建及其社会认知、认可度。

7.3 社会评价

7.3.1 观众反馈

a）观众结构：主要考察博物馆接待的观众数量及构成情况。具体考察内容包括：

——博物馆年均接待观众数量规模与博物馆接待能力相适应情况；

——博物馆观众构成与博物馆文化主题相适应情况。

b）观众满意度：主要考察观众对博物馆的展览、环境、服务等方面作出的总体评价情况。具体考察内容包括：

——博物馆观众调查制度建设与调查工作开展情况；

——近期观众调查反映的观众满意度情况；

——观众对博物馆的展览、环境、服务等方面作出的总体评价。

7.3.2 社会影响

a）社会关注度：主要考察公众、媒体等对博物馆的关注程度。具体考察内容包括：

——互联网公开数据显示的博物馆公众关注程度情况；

——互联网公开数据显示的博物馆媒体关注程度情况。

b）奖励与荣誉：主要考察博物馆获得党委、政府或社会团体的表彰奖励情况。具体考察内容包括：

——评估周期内，党委、政府或社会组织授予博物馆的组织荣誉与奖励情况；

——评估周期内，党委、政府或社会组织授予博物馆员工的个人荣誉与奖励情况。

c）公众参与：主要考察博物馆与公众建立联系、获得支持的情况。具体考察内容包括：

——“博物馆之友”活动组织开展情况；
——博物馆志愿者组织建设与服务工作情况；
——博物馆接受社会捐助情况。

8. 定量评估指标及考察要点

8.1 规范管理

8.1.1 组织管理

a）召开理事会次数：评估周期内，博物馆理事会召开会议的次数，以次为单位（未成立理事会的，本项数据为0）；

b）新增制度数量：评估周期内，博物馆新增制订或重新修订发布的各类制度文件总数，以项为单位；

c）副高级职称、正高级职称人员总数：评估周期末，本馆在职人员中，具有高级专业技术资格（职称）的专业技术人员数量，以人为单位；

d）平均从业年限：本馆专业技术人员从事博物馆工作的平均年限。

e）出国（境）进修（培训）人员：评估周期内，在国（境）外进修或培训与博物馆业务相关的博物馆在职人员（含访问学者），其中“进修”持续时间须在1个月（含）以上，“培训”须在1周（含）以上，以人为单位；

f）国内进修（培训）人员：评估周期内，在国内高等学校、科研机构、社会团体、其他机构进修或培训与博物馆业务相关的博物馆在职人员（含访问学者），其中“进修”持续时间须在1个月（含）以上，“培训”须在1周（含）以上，以人为单位。

8.1.2 藏品管理

a）年度新增藏品数：评估周期内，博物馆通过购买、接受捐赠、依法交换等法律、行政法规规定的方式取得并已建档的藏品数量，以件（套）为单位。自然科学类博物馆自主研发制作并长久保存的标本、模型、辅助展品视同于藏品。

b）新增备案登录藏品数量：评估周期内，通过藏品管理信息系统，新增登录数据或建立数字化藏品档案的藏品数量，或向属地文物主管部门备案藏品档案的藏品数量，以件（套）为单位。

c）修复文物数：评估周期内，博物馆修复的本馆藏品数，包括本馆自己修复和委托其他单位修复的藏品，以件（套）为单位。遗址类博物馆对本馆范围内不可移动文物的保护修复工作可以视为藏品修复工作。

d）修复本馆文物数：评估周期内，博物馆独立自主修复的本馆藏品数，不包括委托其他单位修复的藏品，以件（套）为单位。遗址类博物馆对本馆范围内不可移动文物的保护修复工作可以视为藏品修复工作。

e）采集藏品三维影像数据量：评估周期内，采集保存文物三维影像信息，并应用于推广和传播的文物藏品数量，以件（套）为单位。

f）库房面积：评估周期末，博物馆拥有藏品库房的实际面积，有多处馆舍的，可以合并计算，以平方米为单位。

8.1.3 开放管理

a）全年开放天数：评估周期内，博物馆全年对外开放天数，以天为单位。

b）在线服务总量：评估周期内，博物馆通过互联网、新媒体为公众提供参观预约、虚拟展示、藏品赏析、资料分享、咨询答疑、文化产品营销、互动联系等在线服务的人次总量，以人次为单位。

8.1.4 安全管理

a）安保人员数：评估周期末，博物馆在职的安保人员，包括专职保卫干部和外聘的保安人员，以人为单位。

b）安全演练次数：评估周期内，博物馆组织开展有记录的安防、消防演练的次数，以次为单位。

8.2 服务产出

8.2.1 科学研究

a）科研项目数：评估周期内，博物馆承担的各类科研项目总数（含考古发掘项目），以立项年度为准，以项为单位。

b）省部级（含）以上研究项目：包含国际合作研究项目、

国家级项目以及其他省级（含）以上项目。其中，国际合作研究项目指与博物馆自身业务相关且具有协议的项目；国家级项目指博物馆承担的中央各部委、国家自然科学基金、国家社会科学基金、国家艺术基金项目；其他省级（含）以上项目指各省、自治区、直辖市政府委托项目，以项为单位。

c）出版物数：评估周期内，博物馆编辑出版的各类出版物总数，以册为单位。其中学术专著（译著、编著）、教材、研究性图录、科普读物可根据 WW/T 0092-2018 附录 D 规定的科研产出数量换算倍数关系加倍计数。

d）发表论文数：评估周期内，博物馆工作人员在各类期刊、刊物上发表的学术论文总数，以篇为单位。其中在核心期刊发表学术论文可根据 WW/T 0092-2018 附录 D 规定的科研产出数量换算倍数关系加倍计数。

e）获得专利数：评估周期内，博物馆获得专利行政部门正式批准，取得专利证书，专利权归属本馆的专利项目数量，以项为单位。

f）参与编制标准数：评估周期内，博物馆参与编制国家、行业、地方标准的数量，以项为单位。

8.2.2 陈列展览

a）基本陈列（含原状陈列）数：评估周期内，博物馆内开放的常设基本陈列数量，包括在文物建筑中举办的原状陈列，按照陈列项目统计，以个为单位。

b）馆内原创临时展览数：评估周期内，博物馆利用本馆资源，本馆负责策展，内容及形式自主设计并组织展示，在本馆内自主举办的临时展览数量，按照展览项目统计，以个为单位。

c）馆际合作展览数：评估周期内，博物馆与其他国内博物馆或相关机构联合策划举办的临时展览数量（单纯出借文物参展不在此列）。

8.2.3 教育服务

a）讲解队伍人数：评估周期末，博物馆讲解队伍中的专职讲解员和志愿者讲解员人数，以人为单位。

b）人工讲解服务人次：评估周期内，博物馆人工讲解年服务的观众数量，以人次为单位。

c）智慧导览设备终端数：评估周期末，博物馆拥有的智慧导览设备终端数，以台为单位。

d）智慧导览设备服务人次：评估周期内，博物馆智慧导览设备年服务的观众数量，以人次为单位。

e）线下教育活动数：评估周期内，博物馆线下策划举办的课程、讲座、研学活动、进校园活动等各类教育活动场次数，以场为单位。

f）青少年教育课程数：评估周期内，结合大中小学生认知规律和学校教育教学需要研发博物馆教育课程的品类数量，按照课程门类统计，同类课程多次开展，按一课统计，以课为单位。

g）共建学校数量：评估周期内，博物馆与当地各类学校联系，签订馆校共建协议或举办馆校互动活动的合作学校数量，以校为单位。

h）学校教育服务次数：评估周期内，接待各类大中小学校利用博物馆资源，组织开展爱国主义、革命传统、中华优秀传统文化、生态文明、国家安全、“大思政课”等主题的研学实践教育、教学活动的次数，以次为单位。

i）培训师资人数：评估周期内，博物馆与各类学校合作通过教师研习、双师课堂、短期培训、联合教研等方式，联合培养博物馆教育培训师资人数，以人为单位。

j）教育活动参与人数：评估周期内，博物馆接纳观众进行社会实践、教育活动的人次总数，以人次为单位。

k）鉴定场次：评估周期内，博物馆策划举办的公益鉴定服务场次数，以场为单位。

l）鉴定数量：评估周期内，博物馆开展公益鉴定服务时鉴定的文物数量，以件为单位。

8.2.4 文化传播

a）输出展览数：评估周期内，博物馆将本馆原创展览向国内输出的临时展览的次数，不包括本馆提供展品参加展览的情况，按展览场次统计，以次为单位。

b）入境展览数：评估周期内，博物馆由国外、境外博物馆或相关机构引进的展览数量，按照展览项目统计，以个为单位。

c）出境展览数：评估周期内，博物馆向国外、境外博物馆或相关机构输出的出境展览数量，按照展览项目统计，以个为单位。

d）国内学术研讨活动次数：评估周期内，博物馆主办或承办的主题与博物馆业务相关的学术论坛、研讨会、座谈会、在线对话等国内各类学术研讨活动，以次为单位。

e）国际学术研讨活动次数：评估周期内，博物馆主办或承办的主题与博物馆业务相关，有国外、境外机构或个人参加的学术论坛、研讨会、座谈会、在线对话等各类双边、多边国际学术研讨活动，以次为单位。

f）文化创意产品数：评估周期内，博物馆依托馆藏文化资源，新开发并上市销售的文化创意产品种类数量，包括由博物馆自主或委托、授权企业或与企业合作开发、销售的文化创意产品种类，以类为单位。

g）文化创意产品销售收入：评估周期内，博物馆自主或委托、授权企业销售博物馆文创产品取得的收入总额，以元为单位。

h）公开藏品信息数量：评估周期内，博物馆在网站、官方微信、官方微博等渠道公开未经陈列展览展出的藏品数量，以件（套）为单位。公开的文物藏品应当有年代、来源以及历史、艺术、科学等价值方面的介绍；其他类型藏品应有必要的介绍。

i）线上数字化体验产品数量：评估周期内由博物馆开发并上线运行的云展览、云讲解、云教育（云课程）、短视频、高清直播、虚拟展厅、沉浸式体验等线上数字化体验产品或在线活动数量，以项为单位。

j）线上数字化体验产品浏览量：评估周期内由博物馆开发并

上线运行的云展览、云讲解、云教育（云课程）、短视频、高清直播、虚拟展厅、沉浸式体验等线上数字化体验产品或在线活动总浏览量，以次为单位。

8.3 社会评价

8.3.1 观众反馈

a）年度观众总数：评估周期内，博物馆接待的观众总数，拥有多处馆舍的，观众人数可以合并计算，以人次为单位。

b）临时展览参观人数：评估周期内，博物馆临时展览参观人数，以人次为单位。

c）未成年观众人数：评估周期内，博物馆接待的 18 岁以下未成年观众数，以人次为单位。

d）国（境）外观众人数：评估周期内，博物馆接待国外以及台、港、澳观众数量，以人次为单位。

e）免费参观人数：评估周期内，博物馆观众总数中免费接待观众总人数，以人次为单位。

f）受控参观人数：评估周期内，遇重大突发公共卫生事件或自然灾害等不可抗力情况下，博物馆在有关部门限定范围内接待观众总人数，以人次为单位。

8.3.2 社会影响

a）网站综合浏览量：博物馆网站年度综合浏览量，以次为单位统计。

b）新媒体关注量：评估周期末，博物馆各新媒体帐号关注人数总和，以人为单位统计。

c）新媒体访问量：评估周期内，博物馆各新媒体帐号浏览总量，以次为单位统计。

d）主流媒体报道次数：地市级以上主流平面媒体、广播电视媒体、网络媒体专题报道博物馆及活动宣传内容的次数。

e）部（省）级集体奖励：评估周期内，博物馆获得部委（省）级以上单位颁发的奖励或荣誉称号，以项为单位。

f）部（省）级个人奖励：评估周期内，博物馆工作人员获得部委（省）级以上单位颁发的奖励或荣誉称号，以项为单位。

g）其他集体奖励：评估周期内，博物馆获得地市（厅）级以下单位颁发的各类奖励或荣誉称号，以项为单位。

h）其他个人奖励：评估周期内，博物馆工作人员获得地市（厅）级以下单位颁发的各类奖励或荣誉称号，以项为单位。

i）接受捐赠次数：评估周期内，博物馆接受各类社会捐助的次数，以次为单位。

j）接受捐赠金额：评估周期内，博物馆接受各类社会捐助的总金额，以元为单位。

k）志愿者人数：评估周期末，博物馆注册志愿者总人数，以人为单位。

附录 A（规范性） 博物馆运行评估指标权重及考察要点（略）

附录 B（规范性） 评估评分计算统计方法（略）

娱乐、演艺活动

一、法律法规

中华人民共和国电影产业促进法

·2016年11月7日第十二届全国人民代表大会常务委员会第二十四次会议通过
·2016年11月7日中华人民共和国主席令第54号公布
·自2017年3月1日起施行

第一章　总　则

第一条　为了促进电影产业健康繁荣发展，弘扬社会主义核心价值观，规范电影市场秩序，丰富人民群众精神文化生活，制定本法。

第二条　在中华人民共和国境内从事电影创作、摄制、发行、放映等活动（以下统称电影活动），适用本法。

本法所称电影，是指运用视听技术和艺术手段摄制、以胶片或者数字载体记录、由表达一定内容的有声或者无声的连续画面组成、符合国家规定的技术标准、用于电影院等固定放映场所或者流动放映设备公开放映的作品。

通过互联网、电信网、广播电视网等信息网络传播电影的，还应当遵守互联网、电信网、广播电视网等信息网络管理的法律、行政法规的规定。

第三条　从事电影活动，应当坚持为人民服务、为社会主义服务，坚持社会效益优先，实现社会效益与经济效益相统一。

第四条　国家坚持以人民为中心的创作导向，坚持百花齐放、百家争鸣的方针，尊重和保障电影创作自由，倡导电影创作贴近实际、贴近生活、贴近群众，鼓励创作思想性、艺术性、观赏性相统一的优秀电影。

第五条 国务院应当将电影产业发展纳入国民经济和社会发展规划。县级以上地方人民政府根据当地实际情况将电影产业发展纳入本级国民经济和社会发展规划。

国家制定电影及其相关产业政策，引导形成统一开放、公平竞争的电影市场，促进电影市场繁荣发展。

第六条 国家鼓励电影科技的研发、应用，制定并完善电影技术标准，构建以企业为主体、市场为导向、产学研相结合的电影技术创新体系。

第七条 与电影有关的知识产权受法律保护，任何组织和个人不得侵犯。

县级以上人民政府负责知识产权执法的部门应当采取措施，保护与电影有关的知识产权，依法查处侵犯与电影有关的知识产权的行为。

从事电影活动的公民、法人和其他组织应当增强知识产权意识，提高运用、保护和管理知识产权的能力。

国家鼓励公民、法人和其他组织依法开发电影形象产品等衍生产品。

第八条 国务院电影主管部门负责全国的电影工作；县级以上地方人民政府电影主管部门负责本行政区域内的电影工作。

县级以上人民政府其他有关部门在各自职责范围内，负责有关的电影工作。

第九条 电影行业组织依法制定行业自律规范，开展业务交流，加强职业道德教育，维护其成员的合法权益。

演员、导演等电影从业人员应当坚持德艺双馨，遵守法律法规，尊重社会公德，恪守职业道德，加强自律，树立良好社会形象。

第十条 国家支持建立电影评价体系，鼓励开展电影评论。

对优秀电影以及为促进电影产业发展作出突出贡献的组织、个人，按照国家有关规定给予表彰和奖励。

第十一条 国家鼓励开展平等、互利的电影国际合作与交流，支持参加境外电影节（展）。

第二章 电影创作、摄制

第十二条 国家鼓励电影剧本创作和题材、体裁、形式、手段等创新，鼓励电影学术研讨和业务交流。

县级以上人民政府电影主管部门根据电影创作的需要，为电影创作人员深入基层、深入群众、体验生活等提供必要的便利和帮助。

第十三条 拟摄制电影的法人、其他组织应当将电影剧本梗概向国务院电影主管部门或者省、自治区、直辖市人民政府电影主管部门备案；其中，涉及重大题材或者国家安全、外交、民族、宗教、军事等方面题材的，应当按照国家有关规定将电影剧本报送审查。

电影剧本梗概或者电影剧本符合本法第十六条规定的，由国务院电影主管部门将拟摄制电影的基本情况予以公告，并由国务院电影主管部门或者省、自治区、直辖市人民政府电影主管部门出具备案证明文件或者颁发批准文件。具体办法由国务院电影主管部门制定。

第十四条 法人、其他组织经国务院电影主管部门批准，可以与境外组织合作摄制电影；但是，不得与从事损害我国国家尊严、荣誉和利益，危害社会稳定，伤害民族感情等活动的境外组织合作，也不得聘用有上述行为的个人参加电影摄制。

合作摄制电影符合创作、出资、收益分配等方面比例要求的，该电影视同境内法人、其他组织摄制的电影。

境外组织不得在境内独立从事电影摄制活动；境外个人不得在境内从事电影摄制活动。

第十五条 县级以上人民政府电影主管部门应当协调公安、文物保护、风景名胜区管理等部门，为法人、其他组织依照本法从事电影摄制活动提供必要的便利和帮助。

从事电影摄制活动的，应当遵守有关环境保护、文物保护、风景名胜区管理和安全生产等方面的法律、法规，并在摄制过程中采取必要的保护、防护措施。

第十六条 电影不得含有下列内容：

（一）违反宪法确定的基本原则，煽动抗拒或者破坏宪法、法律、行政法规实施；

（二）危害国家统一、主权和领土完整，泄露国家秘密，危害国家安全，损害国家尊严、荣誉和利益，宣扬恐怖主义、极端主义；

（三）诋毁民族优秀文化传统，煽动民族仇恨、民族歧视，侵害民族风俗习惯，歪曲民族历史或者民族历史人物，伤害民族感情，破坏民族团结；

（四）煽动破坏国家宗教政策，宣扬邪教、迷信；

（五）危害社会公德，扰乱社会秩序，破坏社会稳定，宣扬淫秽、赌博、吸毒，渲染暴力、恐怖，教唆犯罪或者传授犯罪方法；

（六）侵害未成年人合法权益或者损害未成年人身心健康；

（七）侮辱、诽谤他人或者散布他人隐私，侵害他人合法权益；

（八）法律、行政法规禁止的其他内容。

第十七条 法人、其他组织应当将其摄制完成的电影送国务院电影主管部门或者省、自治区、直辖市人民政府电影主管部门审查。

国务院电影主管部门或者省、自治区、直辖市人民政府电影主管部门应当自受理申请之日起三十日内作出审查决定。对符合本法规定的，准予公映，颁发电影公映许可证，并予以公布；对不符合本法规定的，不准予公映，书面通知申请人并说明理由。

国务院电影主管部门应当根据本法制定完善电影审查的具体标准和程序，并向社会公布。制定完善电影审查的具体标准应当向社会公开征求意见，并组织专家进行论证。

第十八条 进行电影审查应当组织不少于五名专家进行评审，由专家提出评审意见。法人、其他组织对专家评审意见有异议的，国务院电影主管部门或者省、自治区、直辖市人民政府电影主管部门可以另行组织专家再次评审。专家的评审意见应当作为作出审查决定的重要依据。

前款规定的评审专家包括专家库中的专家和根据电影题材特别聘请的专家。专家遴选和评审的具体办法由国务院电影主管部门制定。

第十九条 取得电影公映许可证的电影需要变更内容的，应当依照本法规定重新报送审查。

第二十条 摄制电影的法人、其他组织应当将取得的电影公映许可证标识置于电影的片头处；电影放映可能引起未成年人等观众身体或者心理不适的，应当予以提示。

未取得电影公映许可证的电影，不得发行、放映，不得通过互联网、电信网、广播电视网等信息网络进行传播，不得制作为音像制品；但是，国家另有规定的，从其规定。

第二十一条 摄制完成的电影取得电影公映许可证，方可参加电影节（展）。拟参加境外电影节（展）的，送展法人、其他组织应当在该境外电影节（展）举办前，将相关材料报国务院电影主管部门或者省、自治区、直辖市人民政府电影主管部门备案。

第二十二条 公民、法人和其他组织可以承接境外电影的洗印、加工、后期制作等业务，并报省、自治区、直辖市人民政府电影主管部门备案，但是不得承接含有损害我国国家尊严、荣誉和利益，危害社会稳定，伤害民族感情等内容的境外电影的相关业务。

第二十三条 国家设立的电影档案机构依法接收、收集、整理、保管并向社会开放电影档案。

国家设立的电影档案机构应当配置必要的设备，采用先进技术，提高电影档案管理现代化水平。

摄制电影的法人、其他组织依照《中华人民共和国档案法》的规定，做好电影档案保管工作，并向国家设立的电影档案机构移交、捐赠、寄存电影档案。

第三章 电影发行、放映

第二十四条 企业具有与所从事的电影发行活动相适应的人员、资金条件的，经国务院电影主管部门或者所在地省、自治区、直辖市人民政府电影主管部门批准，可以从事电影发行活动。

企业、个体工商户具有与所从事的电影放映活动相适应的人员、场所、技术和设备等条件的，经所在地县级人民政府电影主管部门批准，可以从事电影院等固定放映场所电影放映活动。

第二十五条 依照本法规定负责电影发行、放映活动审批的电影主管部门，应当自受理申请之日起三十日内，作出批准或者不批准的决定。对符合条件的，予以批准，颁发电影发行经营许可证或者电影放映经营许可证，并予以公布；对不符合条件的，不予批准，书面通知申请人并说明理由。

第二十六条 企业、个人从事电影流动放映活动，应当将企业名称或者经营者姓名、地址、联系方式、放映设备等向经营区域所在地县级人民政府电影主管部门备案。

第二十七条 国家加大对农村电影放映的扶持力度，由政府出资建立完善农村电影公益放映服务网络，积极引导社会资金投资农村电影放映，不断改善农村地区观看电影条件，统筹保障农村地区群众观看电影需求。

县级以上人民政府应当将农村电影公益放映纳入农村公共文化服务体系建设，按照国家有关规定对农村电影公益放映活动给予补贴。

从事农村电影公益放映活动的，不得以虚报、冒领等手段骗取农村电影公益放映补贴资金。

第二十八条 国务院教育、电影主管部门可以共同推荐有利于未成年人健康成长的电影，并采取措施支持接受义务教育的学生免费观看，由所在学校组织安排。

国家鼓励电影院以及从事电影流动放映活动的企业、个人采取票价优惠、建设不同条件的放映厅、设立社区放映点等多种措施，为未成年人、老年人、残疾人、城镇低收入居民以及进城务工人员等观看电影提供便利；电影院以及从事电影流动放映活动的企业、个人所在地人民政府可以对其发放奖励性补贴。

第二十九条 电影院应当合理安排由境内法人、其他组织所摄制电影的放映场次和时段，并且放映的时长不得低于年放映电影时长总和的三分之二。

电影院以及从事电影流动放映活动的企业、个人应当保障电影放映质量。

第三十条 电影院的设施、设备以及用于流动放映的设备应当符合电影放映技术的国家标准。

电影院应当按照国家有关规定安装计算机售票系统。

第三十一条 未经权利人许可，任何人不得对正在放映的电影进行录音录像。发现进行录音录像的，电影院工作人员有权予以制止，并要求其删除；对拒不听从的，有权要求其离场。

第三十二条 国家鼓励电影院在向观众明示的电影开始放映时间之前放映公益广告。

电影院在向观众明示的电影开始放映时间之后至电影放映结束前，不得放映广告。

第三十三条 电影院应当遵守治安、消防、公共场所卫生等法律、行政法规，维护放映场所的公共秩序和环境卫生，保障观众的安全与健康。

任何人不得携带爆炸性、易燃性、放射性、毒害性、腐蚀性物品进入电影院等放映场所，不得非法携带枪支、弹药、管制器具进入电影院等放映场所；发现非法携带上述物品的，有关工作人员应当拒绝其进入，并向有关部门报告。

第三十四条 电影发行企业、电影院等应当如实统计电影销售收入，提供真实准确的统计数据，不得采取制造虚假交易、虚报瞒报销售收入等不正当手段，欺骗、误导观众，扰乱电影市场秩序。

第三十五条 在境内举办涉外电影节（展），须经国务院电影主管部门或者省、自治区、直辖市人民政府电影主管部门批准。

第四章 电影产业支持、保障

第三十六条 国家支持下列电影的创作、摄制：

（一）传播中华优秀文化、弘扬社会主义核心价值观的重大题材电影；

（二）促进未成年人健康成长的电影；

（三）展现艺术创新成果、促进艺术进步的电影；

（四）推动科学教育事业发展和科学技术普及的电影；

（五）其他符合国家支持政策的电影。

第三十七条 国家引导相关文化产业专项资金、基金加大对电影产业的投入力度，根据不同阶段和时期电影产业的发展情况，结合财力状况和经济社会发展需要，综合考虑、统筹安排财政资金对电影产业的支持，并加强对相关资金、基金使用情况的审计。

第三十八条 国家实施必要的税收优惠政策，促进电影产业发展，具体办法由国务院财税主管部门依照税收法律、行政法规的规定制定。

第三十九条 县级以上地方人民政府应当依据人民群众需求和电影市场发展需要，将电影院建设和改造纳入国民经济和社会发展规划、土地利用总体规划和城乡规划等。

县级以上地方人民政府应当按照国家有关规定，有效保障电影院用地需求，积极盘活现有电影院用地资源，支持电影院建设和改造。

第四十条 国家鼓励金融机构为从事电影活动以及改善电影基础设施提供融资服务，依法开展与电影有关的知识产权质押融资业务，并通过信贷等方式支持电影产业发展。

国家鼓励保险机构依法开发适应电影产业发展需要的保险产品。

国家鼓励融资担保机构依法向电影产业提供融资担保，通过再担保、联合担保以及担保与保险相结合等方式分散风险。

对国务院电影主管部门依照本法规定公告的电影的摄制，按照国家有关规定合理确定贷款期限和利率。

第四十一条 国家鼓励法人、其他组织通过到境外合作摄制电影等方式进行跨境投资，依法保障其对外贸易、跨境融资和投资等合理用汇需求。

第四十二条 国家实施电影人才扶持计划。

国家支持有条件的高等学校、中等职业学校和其他教育机构、培训机构等开设与电影相关的专业和课程，采取多种方式培养适应电影产业发展需要的人才。

国家鼓励从事电影活动的法人和其他组织参与学校相关人才培养。

第四十三条 国家采取措施，扶持农村地区、边疆地区、贫困地区和民族地区开展电影活动。

国家鼓励、支持少数民族题材电影创作，加强电影的少数民族语言文字译制工作，统筹保障民族地区群众观看电影需求。

第四十四条 国家对优秀电影的外语翻译制作予以支持，并综合利用外交、文化、教育等对外交流资源开展电影的境外推广活动。

国家鼓励公民、法人和其他组织从事电影的境外推广。

第四十五条 国家鼓励社会力量以捐赠、资助等方式支持电影产业发展，并依法给予优惠。

第四十六条 县级以上人民政府电影主管部门应当加强对电影活动的日常监督管理，受理对违反本法规定的行为的投诉、举报，并及时核实、处理、答复；将从事电影活动的单位和个人因违反本法规定受到行政处罚的情形记入信用档案，并向社会公布。

第五章　法律责任

第四十七条　违反本法规定擅自从事电影摄制、发行、放映活动的，由县级以上人民政府电影主管部门予以取缔，没收电影片和违法所得以及从事违法活动的专用工具、设备；违法所得五万元以上的，并处违法所得五倍以上十倍以下的罚款；没有违法所得或者违法所得不足五万元的，可以并处二十五万元以下的罚款。

第四十八条　有下列情形之一的，由原发证机关吊销有关许可证、撤销有关批准或者证明文件；县级以上人民政府电影主管部门没收违法所得；违法所得五万元以上的，并处违法所得五倍以上十倍以下的罚款；没有违法所得或者违法所得不足五万元的，可以并处二十五万元以下的罚款：

（一）伪造、变造、出租、出借、买卖本法规定的许可证、批准或者证明文件，或者以其他形式非法转让本法规定的许可证、批准或者证明文件的；

（二）以欺骗、贿赂等不正当手段取得本法规定的许可证、批准或者证明文件的。

第四十九条　有下列情形之一的，由原发证机关吊销许可证；县级以上人民政府电影主管部门没收电影片和违法所得；违法所得五万元以上的，并处违法所得十倍以上二十倍以下的罚款；没有违法所得或者违法所得不足五万元的，可以并处五十万元以下的罚款：

（一）发行、放映未取得电影公映许可证的电影的；

（二）取得电影公映许可证后变更电影内容，未依照规定重新取得电影公映许可证擅自发行、放映、送展的；

（三）提供未取得电影公映许可证的电影参加电影节（展）的。

第五十条 承接含有损害我国国家尊严、荣誉和利益，危害社会稳定，伤害民族感情等内容的境外电影的洗印、加工、后期制作等业务的，由县级以上人民政府电影主管部门责令停止违法活动，没收电影片和违法所得；违法所得五万元以上的，并处违法所得三倍以上五倍以下的罚款；没有违法所得或者违法所得不足五万元的，可以并处十五万元以下的罚款。情节严重的，由电影主管部门通报工商行政管理部门，由工商行政管理部门吊销营业执照。

第五十一条 电影发行企业、电影院等有制造虚假交易、虚报瞒报销售收入等行为，扰乱电影市场秩序的，由县级以上人民政府电影主管部门责令改正，没收违法所得，处五万元以上五十万元以下的罚款；违法所得五十万元以上的，处违法所得一倍以上五倍以下的罚款。情节严重的，责令停业整顿；情节特别严重的，由原发证机关吊销许可证。

电影院在向观众明示的电影开始放映时间之后至电影放映结束前放映广告的，由县级人民政府电影主管部门给予警告，责令改正；情节严重的，处一万元以上五万元以下的罚款。

第五十二条 法人或者其他组织未经许可擅自在境内举办涉外电影节（展）的，由国务院电影主管部门或者省、自治区、直辖市人民政府电影主管部门责令停止违法活动，没收参展的电影片和违法所得；违法所得五万元以上的，并处违法所得五倍以上十倍以下的罚款；没有违法所得或者违法所得不足五万元的，可以并处二十五万元以下的罚款；情节严重的，自受到处罚之日起五年内不得举办涉外电影节（展）。

个人擅自在境内举办涉外电影节（展），或者擅自提供未取得电影公映许可证的电影参加电影节（展）的，由国务院电影主管部门或者省、自治区、直辖市人民政府电影主管部门责令停止违法活动，没收参展的电影片和违法所得；违法所得五万元以上的，并处违法所得五倍以上十倍以下的罚款；没有违法所得或者违法所得不足五万元的，可以并处二十五万元以下的罚款；情节严重的，自受到处罚之日起五年内不得从事相关电影活动。

第五十三条 法人、其他组织或者个体工商户因违反本法规定被吊销许可证的，自吊销许可证之日起五年内不得从事该项业务活动；其法定代表人或者主要负责人自吊销许可证之日起五年内不得担任从事电影活动的法人、其他组织的法定代表人或者主要负责人。

第五十四条 有下列情形之一的，依照有关法律、行政法规及国家有关规定予以处罚：

（一）违反国家有关规定，擅自将未取得电影公映许可证的电影制作为音像制品的；

（二）违反国家有关规定，擅自通过互联网、电信网、广播电视网等信息网络传播未取得电影公映许可证的电影的；

（三）以虚报、冒领等手段骗取农村电影公益放映补贴资金的；

（四）侵犯与电影有关的知识产权的；

（五）未依法接收、收集、整理、保管、移交电影档案的。

电影院有前款第四项规定行为，情节严重的，由原发证机关吊销许可证。

第五十五条 县级以上人民政府电影主管部门或者其他有关部门的工作人员有下列情形之一，尚不构成犯罪的，依法给予处分：

（一）利用职务上的便利收受他人财物或者其他好处的；

（二）违反本法规定进行审批活动的；

（三）不履行监督职责的；

（四）发现违法行为不予查处的；

（五）贪污、挪用、截留、克扣农村电影公益放映补贴资金或者相关专项资金、基金的；

（六）其他违反本法规定滥用职权、玩忽职守、徇私舞弊的情形。

第五十六条 违反本法规定，造成人身、财产损害的，依法承担民事责任；构成犯罪的，依法追究刑事责任。

因违反本法规定二年内受到二次以上行政处罚，又有依照本法规定应当处罚的违法行为的，从重处罚。

第五十七条 县级以上人民政府电影主管部门及其工作人员应当严格依照本法规定的处罚种类和幅度，根据违法行为的性质和具体情节行使行政处罚权，具体办法由国务院电影主管部门制定。

县级以上人民政府电影主管部门对有证据证明违反本法规定的行为进行查处时，可以依法查封与违法行为有关的场所、设施或者查封、扣押用于违法行为的财物。

第五十八条 当事人对县级以上人民政府电影主管部门以及其他有关部门依照本法作出的行政行为不服的，可以依法申请行政复议或者提起行政诉讼。其中，对国务院电影主管部门作出的不准予电影公映的决定不服的，应当先依法申请行政复议，对行政复议决定不服的可以提起行政诉讼。

第六章 附 则

第五十九条 境外资本在中华人民共和国境内设立从事电影活动的企业的，按照国家有关规定执行。

第六十条 本法自 2017 年 3 月 1 日起施行。

中华人民共和国禁毒法

- 2007 年 12 月 29 日第十届全国人民代表大会常务委员会第三十一次会议通过
- 2007 年 12 月 29 日中华人民共和国主席令第 79 号公布
- 自 2008 年 6 月 1 日起施行

第一章 总 则

第一条 为了预防和惩治毒品违法犯罪行为，保护公民身心健康，维护社会秩序，制定本法。

第二条 本法所称毒品，是指鸦片、海洛因、甲基苯丙胺（冰毒）、吗啡、大麻、可卡因，以及国家规定管制的其他能够使人形成瘾癖的麻醉药品和精神药品。

根据医疗、教学、科研的需要，依法可以生产、经营、使用、储存、运输麻醉药品和精神药品。

第三条 禁毒是全社会的共同责任。国家机关、社会团体、企业事业单位以及其他组织和公民，应当依照本法和有关法律的规定，履行禁毒职责或者义务。

第四条 禁毒工作实行预防为主，综合治理，禁种、禁制、禁贩、禁吸并举的方针。

禁毒工作实行政府统一领导，有关部门各负其责，社会广泛参与的工作机制。

第五条 国务院设立国家禁毒委员会，负责组织、协调、指导全国的禁毒工作。

县级以上地方各级人民政府根据禁毒工作的需要，可以设立禁毒委员会，负责组织、协调、指导本行政区域内的禁毒工作。

第六条 县级以上各级人民政府应当将禁毒工作纳入国民经济和社会发展规划，并将禁毒经费列入本级财政预算。

第七条 国家鼓励对禁毒工作的社会捐赠，并依法给予税收优惠。

第八条 国家鼓励开展禁毒科学技术研究，推广先进的缉毒技术、装备和戒毒方法。

第九条 国家鼓励公民举报毒品违法犯罪行为。各级人民政府和有关部门应当对举报人予以保护，对举报有功人员以及在禁毒工作中有突出贡献的单位和个人，给予表彰和奖励。

第十条 国家鼓励志愿人员参与禁毒宣传教育和戒毒社会服务工作。地方各级人民政府应当对志愿人员进行指导、培训，并提供必要的工作条件。

第二章　禁毒宣传教育

第十一条　国家采取各种形式开展全民禁毒宣传教育，普及毒品预防知识，增强公民的禁毒意识，提高公民自觉抵制毒品的能力。

国家鼓励公民、组织开展公益性的禁毒宣传活动。

第十二条　各级人民政府应当经常组织开展多种形式的禁毒宣传教育。

工会、共产主义青年团、妇女联合会应当结合各自工作对象的特点，组织开展禁毒宣传教育。

第十三条　教育行政部门、学校应当将禁毒知识纳入教育、教学内容，对学生进行禁毒宣传教育。公安机关、司法行政部门和卫生行政部门应当予以协助。

第十四条　新闻、出版、文化、广播、电影、电视等有关单位，应当有针对性地面向社会进行禁毒宣传教育。

第十五条　飞机场、火车站、长途汽车站、码头以及旅店、娱乐场所等公共场所的经营者、管理者，负责本场所的禁毒宣传教育，落实禁毒防范措施，预防毒品违法犯罪行为在本场所内发生。

第十六条　国家机关、社会团体、企业事业单位以及其他组织，应当加强对本单位人员的禁毒宣传教育。

第十七条　居民委员会、村民委员会应当协助人民政府以及公安机关等部门，加强禁毒宣传教育，落实禁毒防范措施。

第十八条　未成年人的父母或者其他监护人应当对未成年人进行毒品危害的教育，防止其吸食、注射毒品或者进行其他毒品违法犯罪活动。

第三章　毒品管制

第十九条　国家对麻醉药品药用原植物种植实行管制。禁止非法种植罂粟、古柯植物、大麻植物以及国家规定管制的可以用于提炼加工毒品的其他原植物。禁止走私或者非法买卖、运输、携带、持有未经灭活的毒品原植物种子或者幼苗。

地方各级人民政府发现非法种植毒品原植物的，应当立即采取措施予以制止、铲除。村民委员会、居民委员会发现非法种植毒品原植物的，应当及时予以制止、铲除，并向当地公安机关报告。

第二十条 国家确定的麻醉药品药用原植物种植企业，必须按照国家有关规定种植麻醉药品药用原植物。

国家确定的麻醉药品药用原植物种植企业的提取加工场所，以及国家设立的麻醉药品储存仓库，列为国家重点警戒目标。

未经许可，擅自进入国家确定的麻醉药品药用原植物种植企业的提取加工场所或者国家设立的麻醉药品储存仓库等警戒区域的，由警戒人员责令其立即离开；拒不离开的，强行带离现场。

第二十一条 国家对麻醉药品和精神药品实行管制，对麻醉药品和精神药品的实验研究、生产、经营、使用、储存、运输实行许可和查验制度。

国家对易制毒化学品的生产、经营、购买、运输实行许可制度。

禁止非法生产、买卖、运输、储存、提供、持有、使用麻醉药品、精神药品和易制毒化学品。

第二十二条 国家对麻醉药品、精神药品和易制毒化学品的进口、出口实行许可制度。国务院有关部门应当按照规定的职责，对进口、出口麻醉药品、精神药品和易制毒化学品依法进行管理。禁止走私麻醉药品、精神药品和易制毒化学品。

第二十三条 发生麻醉药品、精神药品和易制毒化学品被盗、被抢、丢失或者其他流入非法渠道的情形，案发单位应当立即采取必要的控制措施，并立即向公安机关报告，同时依照规定向有关主管部门报告。

公安机关接到报告后，或者有证据证明麻醉药品、精神药品和易制毒化学品可能流入非法渠道的，应当及时开展调查，并可以对相关单位采取必要的控制措施。药品监督管理部门、卫生行政部门以及其他有关部门应当配合公安机关开展工作。

第二十四条 禁止非法传授麻醉药品、精神药品和易制毒化学品的制造方法。公安机关接到举报或者发现非法传授麻醉药品、精神药品和易制毒化学品制造方法的，应当及时依法查处。

第二十五条 麻醉药品、精神药品和易制毒化学品管理的具体办法，由国务院规定。

第二十六条 公安机关根据查缉毒品的需要，可以在边境地区、交通要道、口岸以及飞机场、火车站、长途汽车站、码头对来往人员、物品、货物以及交通工具进行毒品和易制毒化学品检查，民航、铁路、交通部门应当予以配合。

海关应当依法加强对进出口岸的人员、物品、货物和运输工具的检查，防止走私毒品和易制毒化学品。

邮政企业应当依法加强对邮件的检查，防止邮寄毒品和非法邮寄易制毒化学品。

第二十七条 娱乐场所应当建立巡查制度，发现娱乐场所内有毒品违法犯罪活动的，应当立即向公安机关报告。

第二十八条 对依法查获的毒品，吸食、注射毒品的用具，毒品违法犯罪的非法所得及其收益，以及直接用于实施毒品违法犯罪行为的本人所有的工具、设备、资金，应当收缴，依照规定处理。

第二十九条 反洗钱行政主管部门应当依法加强对可疑毒品犯罪资金的监测。反洗钱行政主管部门和其他依法负有反洗钱监督管理职责的部门、机构发现涉嫌毒品犯罪的资金流动情况，应当及时向侦查机关报告，并配合侦查机关做好侦查、调查工作。

第三十条 国家建立健全毒品监测和禁毒信息系统，开展毒品监测和禁毒信息的收集、分析、使用、交流工作。

第四章　戒毒措施

第三十一条　国家采取各种措施帮助吸毒人员戒除毒瘾，教育和挽救吸毒人员。

吸毒成瘾人员应当进行戒毒治疗。

吸毒成瘾的认定办法，由国务院卫生行政部门、药品监督管理部门、公安部门规定。

第三十二条　公安机关可以对涉嫌吸毒的人员进行必要的检测，被检测人员应当予以配合；对拒绝接受检测的，经县级以上人民政府公安机关或者其派出机构负责人批准，可以强制检测。

公安机关应当对吸毒人员进行登记。

第三十三条　对吸毒成瘾人员，公安机关可以责令其接受社区戒毒，同时通知吸毒人员户籍所在地或者现居住地的城市街道办事处、乡镇人民政府。社区戒毒的期限为三年。

戒毒人员应当在户籍所在地接受社区戒毒；在户籍所在地以外的现居住地有固定住所的，可以在现居住地接受社区戒毒。

第三十四条　城市街道办事处、乡镇人民政府负责社区戒毒工作。城市街道办事处、乡镇人民政府可以指定有关基层组织，根据戒毒人员本人和家庭情况，与戒毒人员签订社区戒毒协议，落实有针对性的社区戒毒措施。公安机关和司法行政、卫生行政、民政等部门应当对社区戒毒工作提供指导和协助。

城市街道办事处、乡镇人民政府，以及县级人民政府劳动行政部门对无职业且缺乏就业能力的戒毒人员，应当提供必要的职业技能培训、就业指导和就业援助。

第三十五条　接受社区戒毒的戒毒人员应当遵守法律、法规，自觉履行社区戒毒协议，并根据公安机关的要求，定期接受检测。

对违反社区戒毒协议的戒毒人员，参与社区戒毒的工作人员应当进行批评、教育；对严重违反社区戒毒协议或者在社区戒毒期间又吸食、注射毒品的，应当及时向公安机关报告。

第三十六条 吸毒人员可以自行到具有戒毒治疗资质的医疗机构接受戒毒治疗。

设置戒毒医疗机构或者医疗机构从事戒毒治疗业务的，应当符合国务院卫生行政部门规定的条件，报所在地的省、自治区、直辖市人民政府卫生行政部门批准，并报同级公安机关备案。戒毒治疗应当遵守国务院卫生行政部门制定的戒毒治疗规范，接受卫生行政部门的监督检查。

戒毒治疗不得以营利为目的。戒毒治疗的药品、医疗器械和治疗方法不得做广告。戒毒治疗收取费用的，应当按照省、自治区、直辖市人民政府价格主管部门会同卫生行政部门制定的收费标准执行。

第三十七条 医疗机构根据戒毒治疗的需要，可以对接受戒毒治疗的戒毒人员进行身体和所携带物品的检查；对在治疗期间有人身危险的，可以采取必要的临时保护性约束措施。

发现接受戒毒治疗的戒毒人员在治疗期间吸食、注射毒品的，医疗机构应当及时向公安机关报告。

第三十八条 吸毒成瘾人员有下列情形之一的，由县级以上人民政府公安机关作出强制隔离戒毒的决定：

（一）拒绝接受社区戒毒的；

（二）在社区戒毒期间吸食、注射毒品的；

（三）严重违反社区戒毒协议的；

（四）经社区戒毒、强制隔离戒毒后再次吸食、注射毒品的。

对于吸毒成瘾严重，通过社区戒毒难以戒除毒瘾的人员，公安机关可以直接作出强制隔离戒毒的决定。

吸毒成瘾人员自愿接受强制隔离戒毒的，经公安机关同意，可以进入强制隔离戒毒场所戒毒。

第三十九条 怀孕或者正在哺乳自己不满一周岁婴儿的妇女吸毒成瘾的，不适用强制隔离戒毒。不满十六周岁的未成年人吸毒成瘾的，可以不适用强制隔离戒毒。

对依照前款规定不适用强制隔离戒毒的吸毒成瘾人员，依照本法规定进行社区戒毒，由负责社区戒毒工作的城市街道办事处、乡镇人民政府加强帮助、教育和监督，督促落实社区戒毒措施。

第四十条 公安机关对吸毒成瘾人员决定予以强制隔离戒毒的，应当制作强制隔离戒毒决定书，在执行强制隔离戒毒前送达被决定人，并在送达后二十四小时以内通知被决定人的家属、所在单位和户籍所在地公安派出所；被决定人不讲真实姓名、住址，身份不明的，公安机关应当自查清其身份后通知。

被决定人对公安机关作出的强制隔离戒毒决定不服的，可以依法申请行政复议或者提起行政诉讼。

第四十一条 对被决定予以强制隔离戒毒的人员，由作出决定的公安机关送强制隔离戒毒场所执行。

强制隔离戒毒场所的设置、管理体制和经费保障，由国务院规定。

第四十二条 戒毒人员进入强制隔离戒毒场所戒毒时，应当接受对其身体和所携带物品的检查。

第四十三条 强制隔离戒毒场所应当根据戒毒人员吸食、注射毒品的种类及成瘾程度等，对戒毒人员进行有针对性的生理、心理治疗和身体康复训练。

根据戒毒的需要，强制隔离戒毒场所可以组织戒毒人员参加必要的生产劳动，对戒毒人员进行职业技能培训。组织戒毒人员参加生产劳动的，应当支付劳动报酬。

第四十四条 强制隔离戒毒场所应当根据戒毒人员的性别、年龄、患病等情况，对戒毒人员实行分别管理。

强制隔离戒毒场所对有严重残疾或者疾病的戒毒人员，应当给予必要的看护和治疗；对患有传染病的戒毒人员，应当依法采取必要的隔离、治疗措施；对可能发生自伤、自残等情形的戒毒人员，可以采取相应的保护性约束措施。

强制隔离戒毒场所管理人员不得体罚、虐待或者侮辱戒毒人员。

第四十五条 强制隔离戒毒场所应当根据戒毒治疗的需要配

备执业医师。强制隔离戒毒场所的执业医师具有麻醉药品和精神药品处方权的，可以按照有关技术规范对戒毒人员使用麻醉药品、精神药品。

卫生行政部门应当加强对强制隔离戒毒场所执业医师的业务指导和监督管理。

第四十六条 戒毒人员的亲属和所在单位或者就读学校的工作人员，可以按照有关规定探访戒毒人员。戒毒人员经强制隔离戒毒场所批准，可以外出探视配偶、直系亲属。

强制隔离戒毒场所管理人员应当对强制隔离戒毒场所以外的人员交给戒毒人员的物品和邮件进行检查，防止夹带毒品。在检查邮件时，应当依法保护戒毒人员的通信自由和通信秘密。

第四十七条 强制隔离戒毒的期限为二年。

执行强制隔离戒毒一年后，经诊断评估，对于戒毒情况良好的戒毒人员，强制隔离戒毒场所可以提出提前解除强制隔离戒毒的意见，报强制隔离戒毒的决定机关批准。

强制隔离戒毒期满前，经诊断评估，对于需要延长戒毒期限的戒毒人员，由强制隔离戒毒场所提出延长戒毒期限的意见，报强制隔离戒毒的决定机关批准。强制隔离戒毒的期限最长可以延长一年。

第四十八条 对于被解除强制隔离戒毒的人员，强制隔离戒毒的决定机关可以责令其接受不超过三年的社区康复。

社区康复参照本法关于社区戒毒的规定实施。

第四十九条 县级以上地方各级人民政府根据戒毒工作的需要，可以开办戒毒康复场所；对社会力量依法开办的公益性戒毒康复场所应当给予扶持，提供必要的便利和帮助。

戒毒人员可以自愿在戒毒康复场所生活、劳动。戒毒康复场所组织戒毒人员参加生产劳动的，应当参照国家劳动用工制度的规定支付劳动报酬。

第五十条 公安机关、司法行政部门对被依法拘留、逮捕、收监执行刑罚以及被依法采取强制性教育措施的吸毒人员，应当给予必要的戒毒治疗。

第五十一条 省、自治区、直辖市人民政府卫生行政部门会同公安机关、药品监督管理部门依照国家有关规定，根据巩固戒毒成果的需要和本行政区域艾滋病流行情况，可以组织开展戒毒药物维持治疗工作。

第五十二条 戒毒人员在入学、就业、享受社会保障等方面不受歧视。有关部门、组织和人员应当在入学、就业、享受社会保障等方面对戒毒人员给予必要的指导和帮助。

第五章 禁毒国际合作

第五十三条 中华人民共和国根据缔结或者参加的国际条约或者按照对等原则，开展禁毒国际合作。

第五十四条 国家禁毒委员会根据国务院授权，负责组织开展禁毒国际合作，履行国际禁毒公约义务。

第五十五条 涉及追究毒品犯罪的司法协助，由司法机关依照有关法律的规定办理。

第五十六条 国务院有关部门应当按照各自职责，加强与有关国家或者地区执法机关以及国际组织的禁毒情报信息交流，依法开展禁毒执法合作。

经国务院公安部门批准，边境地区县级以上人民政府公安机关可以与有关国家或者地区的执法机关开展执法合作。

第五十七条 通过禁毒国际合作破获毒品犯罪案件的，中华人民共和国政府可以与有关国家分享查获的非法所得、由非法所得获得的收益以及供毒品犯罪使用的财物或者财物变卖所得的款项。

第五十八条 国务院有关部门根据国务院授权，可以通过对外援助等渠道，支持有关国家实施毒品原植物替代种植、发展替代产业。

第六章　法律责任

第五十九条　有下列行为之一，构成犯罪的，依法追究刑事责任；尚不构成犯罪的，依法给予治安管理处罚：

（一）走私、贩卖、运输、制造毒品的；

（二）非法持有毒品的；

（三）非法种植毒品原植物的；

（四）非法买卖、运输、携带、持有未经灭活的毒品原植物种子或者幼苗的；

（五）非法传授麻醉药品、精神药品或者易制毒化学品制造方法的；

（六）强迫、引诱、教唆、欺骗他人吸食、注射毒品的；

（七）向他人提供毒品的。

第六十条　有下列行为之一，构成犯罪的，依法追究刑事责任；尚不构成犯罪的，依法给予治安管理处罚：

（一）包庇走私、贩卖、运输、制造毒品的犯罪分子，以及为犯罪分子窝藏、转移、隐瞒毒品或者犯罪所得财物的；

（二）在公安机关查处毒品违法犯罪活动时为违法犯罪行为人通风报信的；

（三）阻碍依法进行毒品检查的；

（四）隐藏、转移、变卖或者损毁司法机关、行政执法机关依法扣押、查封、冻结的涉及毒品违法犯罪活动的财物的。

第六十一条　容留他人吸食、注射毒品或者介绍买卖毒品，构成犯罪的，依法追究刑事责任；尚不构成犯罪的，由公安机关处十日以上十五日以下拘留，可以并处三千元以下罚款；情节较轻的，处五日以下拘留或者五百元以下罚款。

第六十二条　吸食、注射毒品的，依法给予治安管理处罚。吸毒人员主动到公安机关登记或者到有资质的医疗机构接受戒毒治疗的，不予处罚。

第六十三条　在麻醉药品、精神药品的实验研究、生产、经营、使用、储存、运输、进口、出口以及麻醉药品药用原植物种植活动中，违反国家规定，致使麻醉药品、精神药品或者麻醉药品药用原植物流入非法渠道，构成犯罪的，依法追究刑事责任；尚不构成犯罪的，依照有关法律、行政法规的规定给予处罚。

第六十四条　在易制毒化学品的生产、经营、购买、运输或者进口、出口活动中，违反国家规定，致使易制毒化学品流入非法渠道，构成犯罪的，依法追究刑事责任；尚不构成犯罪的，依照有关法律、行政法规的规定给予处罚。

第六十五条　娱乐场所及其从业人员实施毒品违法犯罪行为，或者为进入娱乐场所的人员实施毒品违法犯罪行为提供条件，构成犯罪的，依法追究刑事责任；尚不构成犯罪的，依照有关法律、行政法规的规定给予处罚。

娱乐场所经营管理人员明知场所内发生聚众吸食、注射毒品或者贩毒活动，不向公安机关报告的，依照前款的规定给予处罚。

第六十六条　未经批准，擅自从事戒毒治疗业务的，由卫生行政部门责令停止违法业务活动，没收违法所得和使用的药品、医疗器械等物品；构成犯罪的，依法追究刑事责任。

第六十七条　戒毒医疗机构发现接受戒毒治疗的戒毒人员在治疗期间吸食、注射毒品，不向公安机关报告的，由卫生行政部门责令改正；情节严重的，责令停业整顿。

第六十八条　强制隔离戒毒场所、医疗机构、医师违反规定使用麻醉药品、精神药品，构成犯罪的，依法追究刑事责任；尚不构成犯罪的，依照有关法律、行政法规的规定给予处罚。

第六十九条　公安机关、司法行政部门或者其他有关主管部门的工作人员在禁毒工作中有下列行为之一，构成犯罪的，依法追究刑事责任；尚不构成犯罪的，依法给予处分：

（一）包庇、纵容毒品违法犯罪人员的；

（二）对戒毒人员有体罚、虐待、侮辱等行为的；

（三）挪用、截留、克扣禁毒经费的；

（四）擅自处分查获的毒品和扣押、查封、冻结的涉及毒品违法犯罪活动的财物的。

第七十条 有关单位及其工作人员在入学、就业、享受社会保障等方面歧视戒毒人员的，由教育行政部门、劳动行政部门责令改正；给当事人造成损失的，依法承担赔偿责任。

第七章 附 则

第七十一条 本法自2008年6月1日起施行。《全国人民代表大会常务委员会关于禁毒的决定》同时废止。

中华人民共和国消防法

· 1998年4月29日第九届全国人民代表大会常务委员会第二次会议通过
· 2008年10月28日第十一届全国人民代表大会常务委员会第五次会议修订
· 根据2019年4月23日第十三届全国人民代表大会常务委员会第十次会议《关于修改〈中华人民共和国建筑法〉等八部法律的决定》第一次修正
· 根据2021年4月29日第十三届全国人民代表大会常务委员会第二十八次会议《关于修改〈中华人民共和国道路交通安全法〉等八部法律的决定》第二次修正

第一章 总 则

第一条 为了预防火灾和减少火灾危害，加强应急救援工作，保护人身、财产安全，维护公共安全，制定本法。

第二条 消防工作贯彻预防为主、防消结合的方针，按照政府统一领导、部门依法监管、单位全面负责、公民积极参与的原则，实行消防安全责任制，建立健全社会化的消防工作网络。

第三条 国务院领导全国的消防工作。地方各级人民政府负责本行政区域内的消防工作。

各级人民政府应当将消防工作纳入国民经济和社会发展计划，保障消防工作与经济社会发展相适应。

第四条 国务院应急管理部门对全国的消防工作实施监督管理。县级以上地方人民政府应急管理部门对本行政区域内的消防工作实施监督管理，并由本级人民政府消防救援机构负责实施。军事设施的消防工作，由其主管单位监督管理，消防救援机构协助；矿井地下部分、核电厂、海上石油天然气设施的消防工作，由其主管单位监督管理。

县级以上人民政府其他有关部门在各自的职责范围内，依照本法和其他相关法律、法规的规定做好消防工作。

法律、行政法规对森林、草原的消防工作另有规定的，从其规定。

第五条 任何单位和个人都有维护消防安全、保护消防设施、预防火灾、报告火警的义务。任何单位和成年人都有参加有组织的灭火工作的义务。

第六条 各级人民政府应当组织开展经常性的消防宣传教育，提高公民的消防安全意识。

机关、团体、企业、事业等单位，应当加强对本单位人员的消防宣传教育。

应急管理部门及消防救援机构应当加强消防法律、法规的宣传，并督促、指导、协助有关单位做好消防宣传教育工作。

教育、人力资源行政主管部门和学校、有关职业培训机构应当将消防知识纳入教育、教学、培训的内容。

新闻、广播、电视等有关单位，应当有针对性地面向社会进行消防宣传教育。

工会、共产主义青年团、妇女联合会等团体应当结合各自工作对象的特点，组织开展消防宣传教育。

村民委员会、居民委员会应当协助人民政府以及公安机关、应急管理等部门，加强消防宣传教育。

第七条 国家鼓励、支持消防科学研究和技术创新，推广使用先进的消防和应急救援技术、设备；鼓励、支持社会力量开展消防公益活动。

对在消防工作中有突出贡献的单位和个人，应当按照国家有关规定给予表彰和奖励。

第二章 火灾预防

第八条 地方各级人民政府应当将包括消防安全布局、消防站、消防供水、消防通信、消防车通道、消防装备等内容的消防规划纳入城乡规划，并负责组织实施。

城乡消防安全布局不符合消防安全要求的，应当调整、完善；公共消防设施、消防装备不足或者不适应实际需要的，应当增建、改建、配置或者进行技术改造。

第九条 建设工程的消防设计、施工必须符合国家工程建设消防技术标准。建设、设计、施工、工程监理等单位依法对建设工程的消防设计、施工质量负责。

第十条 对按照国家工程建设消防技术标准需要进行消防设计的建设工程，实行建设工程消防设计审查验收制度。

第十一条 国务院住房和城乡建设主管部门规定的特殊建设工程，建设单位应当将消防设计文件报送住房和城乡建设主管部门审查，住房和城乡建设主管部门依法对审查的结果负责。

前款规定以外的其他建设工程，建设单位申请领取施工许可证或者申请批准开工报告时应当提供满足施工需要的消防设计图纸及技术资料。

第十二条 特殊建设工程未经消防设计审查或者审查不合格的，建设单位、施工单位不得施工；其他建设工程，建设单位未提供满足施工需要的消防设计图纸及技术资料的，有关部门不得发放施工许可证或者批准开工报告。

第十三条 国务院住房和城乡建设主管部门规定应当申请消防验收的建设工程竣工，建设单位应当向住房和城乡建设主管部门申请消防验收。

前款规定以外的其他建设工程，建设单位在验收后应当报住房和城乡建设主管部门备案，住房和城乡建设主管部门应当进行抽查。

依法应当进行消防验收的建设工程，未经消防验收或者消防验收不合格的，禁止投入使用；其他建设工程经依法抽查不合格的，应当停止使用。

第十四条 建设工程消防设计审查、消防验收、备案和抽查的具体办法，由国务院住房和城乡建设主管部门规定。

第十五条 公众聚集场所投入使用、营业前消防安全检查实行告知承诺管理。公众聚集场所在投入使用、营业前，建设单位或者使用单位应当向场所所在地的县级以上地方人民政府消防救援机构申请消防安全检查，作出场所符合消防技术标准和管理规定的承诺，提交规定的材料，并对其承诺和材料的真实性负责。

消防救援机构对申请人提交的材料进行审查；申请材料齐全、符合法定形式的，应当予以许可。消防救援机构应当根据消防技术标准和管理规定，及时对作出承诺的公众聚集场所进行核查。

申请人选择不采用告知承诺方式办理的，消防救援机构应当自受理申请之日起十个工作日内，根据消防技术标准和管理规定，对该场所进行检查。经检查符合消防安全要求的，应当予以许可。

公众聚集场所未经消防救援机构许可的，不得投入使用、营业。消防安全检查的具体办法，由国务院应急管理部门制定。

第十六条 机关、团体、企业、事业等单位应当履行下列消防安全职责：

（一）落实消防安全责任制，制定本单位的消防安全制度、消防安全操作规程，制定灭火和应急疏散预案；

（二）按照国家标准、行业标准配置消防设施、器材，设置消防安全标志，并定期组织检验、维修，确保完好有效；

（三）对建筑消防设施每年至少进行一次全面检测，确保完好有效，检测记录应当完整准确，存档备查；

（四）保障疏散通道、安全出口、消防车通道畅通，保证防火防烟分区、防火间距符合消防技术标准；

（五）组织防火检查，及时消除火灾隐患；

（六）组织进行有针对性的消防演练；

（七）法律、法规规定的其他消防安全职责。

单位的主要负责人是本单位的消防安全责任人。

第十七条 县级以上地方人民政府消防救援机构应当将发生火灾可能性较大以及发生火灾可能造成重大的人身伤亡或者财产损失的单位，确定为本行政区域内的消防安全重点单位，并由应急管理部门报本级人民政府备案。

消防安全重点单位除应当履行本法第十六条规定的职责外，还应当履行下列消防安全职责：

（一）确定消防安全管理人，组织实施本单位的消防安全管理工作；

（二）建立消防档案，确定消防安全重点部位，设置防火标志，实行严格管理；

（三）实行每日防火巡查，并建立巡查记录；

（四）对职工进行岗前消防安全培训，定期组织消防安全培训和消防演练。

第十八条 同一建筑物由两个以上单位管理或者使用的，应当明确各方的消防安全责任，并确定责任人对共用的疏散通道、安全出口、建筑消防设施和消防车通道进行统一管理。

住宅区的物业服务企业应当对管理区域内的共用消防设施进行维护管理，提供消防安全防范服务。

第十九条 生产、储存、经营易燃易爆危险品的场所不得与居住场所设置在同一建筑物内，并应当与居住场所保持安全距离。

生产、储存、经营其他物品的场所与居住场所设置在同一建筑物内的，应当符合国家工程建设消防技术标准。

第二十条 举办大型群众性活动，承办人应当依法向公安机关申请安全许可，制定灭火和应急疏散预案并组织演练，明确消防安全责任分工，确定消防安全管理人员，保持消防设施和消防器材配置齐全、完好有效，保证疏散通道、安全出口、疏散指示标志、应急照明和消防车通道符合消防技术标准和管理规定。

第二十一条 禁止在具有火灾、爆炸危险的场所吸烟、使用明火。因施工等特殊情况需要使用明火作业的，应当按照规定事先办理审批手续，采取相应的消防安全措施；作业人员应当遵守消防安全规定。

进行电焊、气焊等具有火灾危险作业的人员和自动消防系统的操作人员，必须持证上岗，并遵守消防安全操作规程。

第二十二条 生产、储存、装卸易燃易爆危险品的工厂、仓库和专用车站、码头的设置，应当符合消防技术标准。易燃易爆气体和液体的充装站、供应站、调压站，应当设置在符合消防安全要求的位置，并符合防火防爆要求。

已经设置的生产、储存、装卸易燃易爆危险品的工厂、仓库和专用车站、码头，易燃易爆气体和液体的充装站、供应站、调压站，不再符合前款规定的，地方人民政府应当组织、协调有关部门、单位限期解决，消除安全隐患。

第二十三条 生产、储存、运输、销售、使用、销毁易燃易爆危险品，必须执行消防技术标准和管理规定。

进入生产、储存易燃易爆危险品的场所，必须执行消防安全规定。禁止非法携带易燃易爆危险品进入公共场所或者乘坐公共交通工具。

储存可燃物资仓库的管理，必须执行消防技术标准和管理规定。

第二十四条 消防产品必须符合国家标准；没有国家标准的，必须符合行业标准。禁止生产、销售或者使用不合格的消防产品以及国家明令淘汰的消防产品。

依法实行强制性产品认证的消防产品，由具有法定资质的认证机构按照国家标准、行业标准的强制性要求认证合格后，方可生产、销售、使用。实行强制性产品认证的消防产品目录，由国务院产品质量监督部门会同国务院应急管理部门制定并公布。

新研制的尚未制定国家标准、行业标准的消防产品，应当按照国务院产品质量监督部门会同国务院应急管理部门规定的办法，经技术鉴定符合消防安全要求的，方可生产、销售、使用。

依照本条规定经强制性产品认证合格或者技术鉴定合格的消防产品，国务院应急管理部门应当予以公布。

第二十五条 产品质量监督部门、工商行政管理部门、消防救援机构应当按照各自职责加强对消防产品质量的监督检查。

第二十六条 建筑构件、建筑材料和室内装修、装饰材料的防火性能必须符合国家标准；没有国家标准的，必须符合行业标准。

人员密集场所室内装修、装饰，应当按照消防技术标准的要求，使用不燃、难燃材料。

第二十七条 电器产品、燃气用具的产品标准，应当符合消防安全的要求。

电器产品、燃气用具的安装、使用及其线路、管路的设计、敷设、维护保养、检测，必须符合消防技术标准和管理规定。

第二十八条 任何单位、个人不得损坏、挪用或者擅自拆除、停用消防设施、器材，不得埋压、圈占、遮挡消火栓或者占用防火间距，不得占用、堵塞、封闭疏散通道、安全出口、消防车通道。人员密集场所的门窗不得设置影响逃生和灭火救援的障碍物。

第二十九条 负责公共消防设施维护管理的单位，应当保持消防供水、消防通信、消防车通道等公共消防设施的完好有效。在修建道路以及停电、停水、截断通信线路时有可能影响消防队灭火救援的，有关单位必须事先通知当地消防救援机构。

第三十条 地方各级人民政府应当加强对农村消防工作的领

导，采取措施加强公共消防设施建设，组织建立和督促落实消防安全责任制。

第三十一条 在农业收获季节、森林和草原防火期间、重大节假日期间以及火灾多发季节，地方各级人民政府应当组织开展有针对性的消防宣传教育，采取防火措施，进行消防安全检查。

第三十二条 乡镇人民政府、城市街道办事处应当指导、支持和帮助村民委员会、居民委员会开展群众性的消防工作。村民委员会、居民委员会应当确定消防安全管理人，组织制定防火安全公约，进行防火安全检查。

第三十三条 国家鼓励、引导公众聚集场所和生产、储存、运输、销售易燃易爆危险品的企业投保火灾公众责任保险；鼓励保险公司承保火灾公众责任保险。

第三十四条 消防设施维护保养检测、消防安全评估等消防技术服务机构应当符合从业条件，执业人员应当依法获得相应的资格；依照法律、行政法规、国家标准、行业标准和执业准则，接受委托提供消防技术服务，并对服务质量负责。

第三章 消防组织

第三十五条 各级人民政府应当加强消防组织建设，根据经济社会发展的需要，建立多种形式的消防组织，加强消防技术人才培养，增强火灾预防、扑救和应急救援的能力。

第三十六条 县级以上地方人民政府应当按照国家规定建立国家综合性消防救援队、专职消防队，并按照国家标准配备消防装备，承担火灾扑救工作。

乡镇人民政府应当根据当地经济发展和消防工作的需要，建立专职消防队、志愿消防队，承担火灾扑救工作。

第三十七条 国家综合性消防救援队、专职消防队按照国家规定承担重大灾害事故和其他以抢救人员生命为主的应急救援工作。

第三十八条 国家综合性消防救援队、专职消防队应当充分发挥火灾扑救和应急救援专业力量的骨干作用；按照国家规定，组织实施专业技能训练，配备并维护保养装备器材，提高火灾扑救和应急救援的能力。

第三十九条 下列单位应当建立单位专职消防队，承担本单位的火灾扑救工作：

（一）大型核设施单位、大型发电厂、民用机场、主要港口；

（二）生产、储存易燃易爆危险品的大型企业；

（三）储备可燃的重要物资的大型仓库、基地；

（四）第一项、第二项、第三项规定以外的火灾危险性较大、距离国家综合性消防救援队较远的其他大型企业；

（五）距离国家综合性消防救援队较远、被列为全国重点文物保护单位的古建筑群的管理单位。

第四十条 专职消防队的建立，应当符合国家有关规定，并报当地消防救援机构验收。

专职消防队的队员依法享受社会保险和福利待遇。

第四十一条 机关、团体、企业、事业等单位以及村民委员会、居民委员会根据需要，建立志愿消防队等多种形式的消防组织，开展群众性自防自救工作。

第四十二条 消防救援机构应当对专职消防队、志愿消防队等消防组织进行业务指导；根据扑救火灾的需要，可以调动指挥专职消防队参加火灾扑救工作。

第四章 灭火救援

第四十三条 县级以上地方人民政府应当组织有关部门针对本行政区域内的火灾特点制定应急预案，建立应急反应和处置机制，为火灾扑救和应急救援工作提供人员、装备等保障。

第四十四条 任何人发现火灾都应当立即报警。任何单位、个人都应当无偿为报警提供便利，不得阻拦报警。严禁谎报火警。

人员密集场所发生火灾，该场所的现场工作人员应当立即组织、引导在场人员疏散。

任何单位发生火灾，必须立即组织力量扑救。邻近单位应当给予支援。

消防队接到火警，必须立即赶赴火灾现场，救助遇险人员，排除险情，扑灭火灾。

第四十五条 消防救援机构统一组织和指挥火灾现场扑救，应当优先保障遇险人员的生命安全。

火灾现场总指挥根据扑救火灾的需要，有权决定下列事项：

（一）使用各种水源；

（二）截断电力、可燃气体和可燃液体的输送，限制用火用电；

（三）划定警戒区，实行局部交通管制；

（四）利用临近建筑物和有关设施；

（五）为了抢救人员和重要物资，防止火势蔓延，拆除或者破损毗邻火灾现场的建筑物、构筑物或者设施等；

（六）调动供水、供电、供气、通信、医疗救护、交通运输、环境保护等有关单位协助灭火救援。

根据扑救火灾的紧急需要，有关地方人民政府应当组织人员、调集所需物资支援灭火。

第四十六条 国家综合性消防救援队、专职消防队参加火灾以外的其他重大灾害事故的应急救援工作，由县级以上人民政府统一领导。

第四十七条 消防车、消防艇前往执行火灾扑救或者应急救援任务，在确保安全的前提下，不受行驶速度、行驶路线、行驶方向和指挥信号的限制，其他车辆、船舶以及行人应当让行，不得穿插超越；收费公路、桥梁免收车辆通行费。交通管理指挥人员应当保证消防车、消防艇迅速通行。

赶赴火灾现场或者应急救援现场的消防人员和调集的消防装备、物资，需要铁路、水路或者航空运输的，有关单位应当优先运输。

第四十八条 消防车、消防艇以及消防器材、装备和设施，不得用于与消防和应急救援工作无关的事项。

第四十九条 国家综合性消防救援队、专职消防队扑救火灾、应急救援，不得收取任何费用。

单位专职消防队、志愿消防队参加扑救外单位火灾所损耗的燃料、灭火剂和器材、装备等，由火灾发生地的人民政府给予补偿。

第五十条 对因参加扑救火灾或者应急救援受伤、致残或者死亡的人员，按照国家有关规定给予医疗、抚恤。

第五十一条 消防救援机构有权根据需要封闭火灾现场，负责调查火灾原因，统计火灾损失。

火灾扑灭后，发生火灾的单位和相关人员应当按照消防救援机构的要求保护现场，接受事故调查，如实提供与火灾有关的情况。

消防救援机构根据火灾现场勘验、调查情况和有关的检验、鉴定意见，及时制作火灾事故认定书，作为处理火灾事故的证据。

第五章 监督检查

第五十二条 地方各级人民政府应当落实消防工作责任制，对本级人民政府有关部门履行消防安全职责的情况进行监督检查。

县级以上地方人民政府有关部门应当根据本系统的特点，有针对性地开展消防安全检查，及时督促整改火灾隐患。

第五十三条 消防救援机构应当对机关、团体、企业、事业等单位遵守消防法律、法规的情况依法进行监督检查。公安派出所可以负责日常消防监督检查、开展消防宣传教育，具体办法由国务院公安部门规定。

消防救援机构、公安派出所的工作人员进行消防监督检查，应当出示证件。

第五十四条 消防救援机构在消防监督检查中发现火灾隐患的，应当通知有关单位或者个人立即采取措施消除隐患；不及时消除隐患可能严重威胁公共安全的，消防救援机构应当依照规定对危险部位或者场所采取临时查封措施。

第五十五条 消防救援机构在消防监督检查中发现城乡消防安全布局、公共消防设施不符合消防安全要求，或者发现本地区存在影响公共安全的重大火灾隐患的，应当由应急管理部门书面报告本级人民政府。

接到报告的人民政府应当及时核实情况，组织或者责成有关部门、单位采取措施，予以整改。

第五十六条 住房和城乡建设主管部门、消防救援机构及其工作人员应当按照法定的职权和程序进行消防设计审查、消防验收、备案抽查和消防安全检查，做到公正、严格、文明、高效。

住房和城乡建设主管部门、消防救援机构及其工作人员进行消防设计审查、消防验收、备案抽查和消防安全检查等，不得收取费用，不得利用职务谋取利益；不得利用职务为用户、建设单位指定或者变相指定消防产品的品牌、销售单位或者消防技术服务机构、消防设施施工单位。

第五十七条 住房和城乡建设主管部门、消防救援机构及其工作人员执行职务，应当自觉接受社会和公民的监督。

任何单位和个人都有权对住房和城乡建设主管部门、消防救援机构及其工作人员在执法中的违法行为进行检举、控告。收到检举、控告的机关，应当按照职责及时查处。

第六章　法律责任

第五十八条 违反本法规定，有下列行为之一的，由住房和城乡建设主管部门、消防救援机构按照各自职权责令停止施工、停止使用或者停产停业，并处三万元以上三十万元以下罚款：

（一）依法应当进行消防设计审查的建设工程，未经依法审查或者审查不合格，擅自施工的；

（二）依法应当进行消防验收的建设工程，未经消防验收或者消防验收不合格，擅自投入使用的；

（三）本法第十三条规定的其他建设工程验收后经依法抽查不合格，不停止使用的；

（四）公众聚集场所未经消防救援机构许可，擅自投入使用、营业的，或者经核查发现场所使用、营业情况与承诺内容不符的。

核查发现公众聚集场所使用、营业情况与承诺内容不符，经责令限期改正，逾期不整改或者整改后仍达不到要求的，依法撤销相应许可。

建设单位未依照本法规定在验收后报住房和城乡建设主管部门备案的，由住房和城乡建设主管部门责令改正，处五千元以下罚款。

第五十九条 违反本法规定，有下列行为之一的，由住房和城乡建设主管部门责令改正或者停止施工，并处一万元以上十万元以下罚款：

（一）建设单位要求建筑设计单位或者建筑施工企业降低消防技术标准设计、施工的；

（二）建筑设计单位不按照消防技术标准强制性要求进行消防设计的；

（三）建筑施工企业不按照消防设计文件和消防技术标准施工，降低消防施工质量的；

（四）工程监理单位与建设单位或者建筑施工企业串通，弄虚作假，降低消防施工质量的。

第六十条 单位违反本法规定，有下列行为之一的，责令改正，处五千元以上五万元以下罚款：

（一）消防设施、器材或者消防安全标志的配置、设置不符合国家标准、行业标准，或者未保持完好有效的；

（二）损坏、挪用或者擅自拆除、停用消防设施、器材的；

（三）占用、堵塞、封闭疏散通道、安全出口或者有其他妨碍安全疏散行为的；

（四）埋压、圈占、遮挡消火栓或者占用防火间距的；

（五）占用、堵塞、封闭消防车通道，妨碍消防车通行的；

（六）人员密集场所在门窗上设置影响逃生和灭火救援的障碍物的；

（七）对火灾隐患经消防救援机构通知后不及时采取措施消除的。

个人有前款第二项、第三项、第四项、第五项行为之一的，处警告或者五百元以下罚款。

有本条第一款第三项、第四项、第五项、第六项行为，经责令改正拒不改正的，强制执行，所需费用由违法行为人承担。

第六十一条 生产、储存、经营易燃易爆危险品的场所与居住场所设置在同一建筑物内，或者未与居住场所保持安全距离的，责令停产停业，并处五千元以上五万元以下罚款。

生产、储存、经营其他物品的场所与居住场所设置在同一建筑物内，不符合消防技术标准的，依照前款规定处罚。

第六十二条 有下列行为之一的，依照《中华人民共和国治安管理处罚法》的规定处罚：

（一）违反有关消防技术标准和管理规定生产、储存、运输、销售、使用、销毁易燃易爆危险品的；

（二）非法携带易燃易爆危险品进入公共场所或者乘坐公共交通工具的；

（三）谎报火警的；

（四）阻碍消防车、消防艇执行任务的；

（五）阻碍消防救援机构的工作人员依法执行职务的。

第六十三条 违反本法规定，有下列行为之一的，处警告或者五百元以下罚款；情节严重的，处五日以下拘留：

（一）违反消防安全规定进入生产、储存易燃易爆危险品场所的；

（二）违反规定使用明火作业或者在具有火灾、爆炸危险的场所吸烟、使用明火的。

第六十四条 违反本法规定，有下列行为之一，尚不构成犯罪的，处十日以上十五日以下拘留，可以并处五百元以下罚款；情节较轻的，处警告或者五百元以下罚款：

（一）指使或者强令他人违反消防安全规定，冒险作业的；

（二）过失引起火灾的；

（三）在火灾发生后阻拦报警，或者负有报告职责的人员不及时报警的；

（四）扰乱火灾现场秩序，或者拒不执行火灾现场指挥员指挥，影响灭火救援的；

（五）故意破坏或者伪造火灾现场的；

（六）擅自拆封或者使用被消防救援机构查封的场所、部位的。

第六十五条 违反本法规定，生产、销售不合格的消防产品或者国家明令淘汰的消防产品的，由产品质量监督部门或者工商行政管理部门依照《中华人民共和国产品质量法》的规定从重处罚。

人员密集场所使用不合格的消防产品或者国家明令淘汰的消防产品的，责令限期改正；逾期不改正的，处五千元以上五万元以下罚款，并对其直接负责的主管人员和其他直接责任人员处五百元以上二千元以下罚款；情节严重的，责令停产停业。

消防救援机构对于本条第二款规定的情形，除依法对使用者予以处罚外，应当将发现不合格的消防产品和国家明令淘汰的消防产品的情况通报产品质量监督部门、工商行政管理部门。产品质量监督部门、工商行政管理部门应当对生产者、销售者依法及时查处。

第六十六条 电器产品、燃气用具的安装、使用及其线路、管路的设计、敷设、维护保养、检测不符合消防技术标准和管理规定的，责令限期改正；逾期不改正的，责令停止使用，可以并处一千元以上五千元以下罚款。

第六十七条 机关、团体、企业、事业等单位违反本法第十六条、第十七条、第十八条、第二十一条第二款规定的，责令限期改正；逾期不改正的，对其直接负责的主管人员和其他直接责任人员依法给予处分或者给予警告处罚。

第六十八条 人员密集场所发生火灾，该场所的现场工作人员不履行组织、引导在场人员疏散的义务，情节严重，尚不构成犯罪的，处五日以上十日以下拘留。

第六十九条 消防设施维护保养检测、消防安全评估等消防技术服务机构，不具备从业条件从事消防技术服务活动或者出具虚假文件的，由消防救援机构责令改正，处五万元以上十万元以下罚款，并对直接负责的主管人员和其他直接责任人员处一万元以上五万元以下罚款；不按照国家标准、行业标准开展消防技术服务活动的，责令改正，处五万元以下罚款，并对直接负责的主管人员和其他直接责任人员处一万元以下罚款；有违法所得的，并处没收违法所得；给他人造成损失的，依法承担赔偿责任；情节严重的，依法责令停止执业或者吊销相应资格；造成重大损失的，由相关部门吊销营业执照，并对有关责任人员采取终身市场禁入措施。

前款规定的机构出具失实文件，给他人造成损失的，依法承担赔偿责任；造成重大损失的，由消防救援机构依法责令停止执业或者吊销相应资格，由相关部门吊销营业执照，并对有关责任人员采取终身市场禁入措施。

第七十条 本法规定的行政处罚，除应当由公安机关依照《中华人民共和国治安管理处罚法》的有关规定决定的外，由住房和城乡建设主管部门、消防救援机构按照各自职权决定。

被责令停止施工、停止使用、停产停业的，应当在整改后向作出决定的部门或者机构报告，经检查合格，方可恢复施工、使用、生产、经营。

当事人逾期不执行停产停业、停止使用、停止施工决定的，由作出决定的部门或者机构强制执行。

责令停产停业，对经济和社会生活影响较大的，由住房和城乡建设主管部门或者应急管理部门报请本级人民政府依法决定。

第七十一条 住房和城乡建设主管部门、消防救援机构的工作人员滥用职权、玩忽职守、徇私舞弊，有下列行为之一，尚不构成犯罪的，依法给予处分：

（一）对不符合消防安全要求的消防设计文件、建设工程、场所准予审查合格、消防验收合格、消防安全检查合格的；

（二）无故拖延消防设计审查、消防验收、消防安全检查，不在法定期限内履行职责的；

（三）发现火灾隐患不及时通知有关单位或者个人整改的；

（四）利用职务为用户、建设单位指定或者变相指定消防产品的品牌、销售单位或者消防技术服务机构、消防设施施工单位的；

（五）将消防车、消防艇以及消防器材、装备和设施用于与消防和应急救援无关的事项的；

（六）其他滥用职权、玩忽职守、徇私舞弊的行为。

产品质量监督、工商行政管理等其他有关行政主管部门的工作人员在消防工作中滥用职权、玩忽职守、徇私舞弊，尚不构成犯罪的，依法给予处分。

第七十二条 违反本法规定，构成犯罪的，依法追究刑事责任。

第七章 附 则

第七十三条 本法下列用语的含义：

（一）消防设施，是指火灾自动报警系统、自动灭火系统、消火栓系统、防烟排烟系统以及应急广播和应急照明、安全疏散设施等。

（二）消防产品，是指专门用于火灾预防、灭火救援和火灾防护、避难、逃生的产品。

（三）公众聚集场所，是指宾馆、饭店、商场、集贸市场、客运车站候车室、客运码头候船厅、民用机场航站楼、体育场馆、会堂以及公共娱乐场所等。

（四）人员密集场所，是指公众聚集场所，医院的门诊楼、病房楼，学校的教学楼、图书馆、食堂和集体宿舍，养老院，福利院，托儿所，幼儿园，公共图书馆的阅览室，公共展览馆、博

定进行实地检查，作出决定。予以批准的，颁发娱乐经营许可证，并根据国务院文化主管部门的规定核定娱乐场所容纳的消费者数量；不予批准的，应当书面通知申请人并说明理由。

有关法律、行政法规规定需要办理消防、卫生、环境保护等审批手续的，从其规定。

第十条 文化主管部门审批娱乐场所应当举行听证。有关听证的程序，依照《中华人民共和国行政许可法》的规定执行。

第十一条 娱乐场所依法取得营业执照和相关批准文件、许可证后，应当在15日内向所在地县级公安部门备案。

第十二条 娱乐场所改建、扩建营业场所或者变更场地、主要设施设备、投资人员，或者变更娱乐经营许可证载明的事项的，应当向原发证机关申请重新核发娱乐经营许可证，并向公安部门备案；需要办理变更登记的，应当依法向工商行政管理部门办理变更登记。

第三章 经 营

第十三条 国家倡导弘扬民族优秀文化，禁止娱乐场所内的娱乐活动含有下列内容：

（一）违反宪法确定的基本原则的；

（二）危害国家统一、主权或者领土完整的；

（三）危害国家安全，或者损害国家荣誉、利益的；

（四）煽动民族仇恨、民族歧视，伤害民族感情或者侵害民族风俗、习惯，破坏民族团结的；

（五）违反国家宗教政策，宣扬邪教、迷信的；

（六）宣扬淫秽、赌博、暴力以及与毒品有关的违法犯罪活动，或者教唆犯罪的；

（七）违背社会公德或者民族优秀文化传统的；

（八）侮辱、诽谤他人，侵害他人合法权益的；

（九）法律、行政法规禁止的其他内容。

第十四条 娱乐场所及其从业人员不得实施下列行为，不得为进入娱乐场所的人员实施下列行为提供条件：

（一）贩卖、提供毒品，或者组织、强迫、教唆、引诱、欺骗、容留他人吸食、注射毒品；

（二）组织、强迫、引诱、容留、介绍他人卖淫、嫖娼；

（三）制作、贩卖、传播淫秽物品；

（四）提供或者从事以营利为目的的陪侍；

（五）赌博；

（六）从事邪教、迷信活动；

（七）其他违法犯罪行为。

娱乐场所的从业人员不得吸食、注射毒品，不得卖淫、嫖娼；娱乐场所及其从业人员不得为进入娱乐场所的人员实施上述行为提供条件。

第十五条 歌舞娱乐场所应当按照国务院公安部门的规定在营业场所的出入口、主要通道安装闭路电视监控设备，并应当保证闭路电视监控设备在营业期间正常运行，不得中断。

歌舞娱乐场所应当将闭路电视监控录像资料留存 30 日备查，不得删改或者挪作他用。

第十六条 歌舞娱乐场所的包厢、包间内不得设置隔断，并应当安装展现室内整体环境的透明门窗。包厢、包间的门不得有内锁装置。

第十七条 营业期间，歌舞娱乐场所内亮度不得低于国家规定的标准。

第十八条 娱乐场所使用的音像制品或者电子游戏应当是依法出版、生产或者进口的产品。

歌舞娱乐场所播放的曲目和屏幕画面以及游艺娱乐场所的电子游戏机内的游戏项目，不得含有本条例第十三条禁止的内容；歌舞娱乐场所使用的歌曲点播系统不得与境外的曲库联接。

第十九条 游艺娱乐场所不得设置具有赌博功能的电子游戏机机型、机种、电路板等游戏设施设备，不得以现金或者有价证券作为奖品，不得回购奖品。

第二十条 娱乐场所的法定代表人或者主要负责人应当对娱乐场所的消防安全和其他安全负责。

娱乐场所应当确保其建筑、设施符合国家安全标准和消防技术规范，定期检查消防设施状况，并及时维护、更新。

娱乐场所应当制定安全工作方案和应急疏散预案。

第二十一条 营业期间，娱乐场所应当保证疏散通道和安全出口畅通，不得封堵、锁闭疏散通道和安全出口，不得在疏散通道和安全出口设置栅栏等影响疏散的障碍物。

娱乐场所应当在疏散通道和安全出口设置明显指示标志，不得遮挡、覆盖指示标志。

第二十二条 任何人不得非法携带枪支、弹药、管制器具或者携带爆炸性、易燃性、毒害性、放射性、腐蚀性等危险物品和传染病病原体进入娱乐场所。

迪斯科舞厅应当配备安全检查设备，对进入营业场所的人员进行安全检查。

第二十三条 歌舞娱乐场所不得接纳未成年人。除国家法定节假日外，游艺娱乐场所设置的电子游戏机不得向未成年人提供。

第二十四条 娱乐场所不得招用未成年人；招用外国人的，应当按照国家有关规定为其办理外国人就业许可证。

第二十五条 娱乐场所应当与从业人员签订文明服务责任书，并建立从业人员名簿；从业人员名簿应当包括从业人员的真实姓名、居民身份证复印件、外国人就业许可证复印件等内容。

娱乐场所应当建立营业日志，记载营业期间从业人员的工作职责、工作时间、工作地点；营业日志不得删改，并应当留存60日备查。

第二十六条 娱乐场所应当与保安服务企业签订保安服务合同，配备专业保安人员；不得聘用其他人员从事保安工作。

第二十七条 营业期间，娱乐场所的从业人员应当统一着工作服，佩带工作标志并携带居民身份证或者外国人就业许可证。

从业人员应当遵守职业道德和卫生规范，诚实守信，礼貌待人，不得侵害消费者的人身和财产权利。

第二十八条 每日凌晨2时至上午8时，娱乐场所不得营业。

第二十九条 娱乐场所提供娱乐服务项目和出售商品，应当明码标价，并向消费者出示价目表；不得强迫、欺骗消费者接受服务、购买商品。

第三十条 娱乐场所应当在营业场所的大厅、包厢、包间内的显著位置悬挂含有禁毒、禁赌、禁止卖淫嫖娼等内容的警示标志、未成年人禁入或者限入标志。标志应当注明公安部门、文化主管部门的举报电话。

第三十一条 娱乐场所应当建立巡查制度，发现娱乐场所内有违法犯罪活动的，应当立即向所在地县级公安部门、县级人民政府文化主管部门报告。

第四章 监督管理

第三十二条 文化主管部门、公安部门和其他有关部门的工作人员依法履行监督检查职责时，有权进入娱乐场所。娱乐场所应当予以配合，不得拒绝、阻挠。

文化主管部门、公安部门和其他有关部门的工作人员依法履行监督检查职责时，需要查阅闭路电视监控录像资料、从业人员名簿、营业日志等资料的，娱乐场所应当及时提供。

第三十三条 文化主管部门、公安部门和其他有关部门应当记录监督检查的情况和处理结果。监督检查记录由监督检查人员签字归档。公众有权查阅监督检查记录。

第三十四条 文化主管部门、公安部门和其他有关部门应当建立娱乐场所违法行为警示记录系统；对列入警示记录的娱乐场所，应当及时向社会公布，并加大监督检查力度。

第三十五条 文化主管部门应当建立娱乐场所的经营活动信用监管制度，建立健全信用约束机制，并及时公布行政处罚信息。

第三十六条 文化主管部门、公安部门和其他有关部门应当建立相互间的信息通报制度，及时通报监督检查情况和处理结果。

第三十七条 任何单位或者个人发现娱乐场所内有违反本条例行为的，有权向文化主管部门、公安部门等有关部门举报。

文化主管部门、公安部门等有关部门接到举报，应当记录，并及时依法调查、处理；对不属于本部门职责范围的，应当及时移送有关部门。

第三十八条 上级人民政府文化主管部门、公安部门在必要时，可以依照本条例的规定调查、处理由下级人民政府文化主管部门、公安部门调查、处理的案件。

下级人民政府文化主管部门、公安部门认为案件重大、复杂的，可以请求移送上级人民政府文化主管部门、公安部门调查、处理。

第三十九条 文化主管部门、公安部门和其他有关部门及其工作人员违反本条例规定的，任何单位或者个人可以向依法有权处理的本级或者上一级机关举报。接到举报的机关应当依法及时调查、处理。

第四十条 娱乐场所行业协会应当依照章程的规定，制定行业自律规范，加强对会员经营活动的指导、监督。

第五章 法律责任

第四十一条 违反本条例规定，擅自从事娱乐场所经营活动的，由文化主管部门依法予以取缔；公安部门在查处治安、刑事案件时，发现擅自从事娱乐场所经营活动的，应当依法予以取缔。

第四十二条 违反本条例规定，以欺骗等不正当手段取得娱乐经营许可证的，由原发证机关撤销娱乐经营许可证。

第四十三条 娱乐场所实施本条例第十四条禁止行为的，由县级公安部门没收违法所得和非法财物，责令停业整顿 3 个月至 6 个月；情节严重的，由原发证机关吊销娱乐经营许可证，对直接负责的主管人员和其他直接责任人员处 1 万元以上 2 万元以下的罚款。

第四十四条 娱乐场所违反本条例规定，有下列情形之一的，由县级公安部门责令改正，给予警告；情节严重的，责令停业整顿1个月至3个月：

（一）照明设施、包厢、包间的设置以及门窗的使用不符合本条例规定的；

（二）未按照本条例规定安装闭路电视监控设备或者中断使用的；

（三）未按照本条例规定留存监控录像资料或者删改监控录像资料的；

（四）未按照本条例规定配备安全检查设备或者未对进入营业场所的人员进行安全检查的；

（五）未按照本条例规定配备保安人员的。

第四十五条 娱乐场所违反本条例规定，有下列情形之一的，由县级公安部门没收违法所得和非法财物，并处违法所得2倍以上5倍以下的罚款；没有违法所得或者违法所得不足1万元的，并处2万元以上5万元以下的罚款；情节严重的，责令停业整顿1个月至3个月：

（一）设置具有赌博功能的电子游戏机机型、机种、电路板等游戏设施设备的；

（二）以现金、有价证券作为奖品，或者回购奖品的。

第四十六条 娱乐场所指使、纵容从业人员侵害消费者人身权利的，应当依法承担民事责任，并由县级公安部门责令停业整顿1个月至3个月；造成严重后果的，由原发证机关吊销娱乐经营许可证。

第四十七条 娱乐场所取得营业执照后，未按照本条例规定向公安部门备案的，由县级公安部门责令改正，给予警告。

第四十八条 违反本条例规定，有下列情形之一的，由县级人民政府文化主管部门没收违法所得和非法财物，并处违法所得1倍以上3倍以下的罚款；没有违法所得或者违法所得不足1万元的，并处1万元以上3万元以下的罚款；情节严重的，责令停业整顿1个月至6个月：

（一）歌舞娱乐场所的歌曲点播系统与境外的曲库联接的；

（二）歌舞娱乐场所播放的曲目、屏幕画面或者游艺娱乐场所电子游戏机内的游戏项目含有本条例第十三条禁止内容的；

（三）歌舞娱乐场所接纳未成年人的；

（四）游艺娱乐场所设置的电子游戏机在国家法定节假日外向未成年人提供的；

（五）娱乐场所容纳的消费者超过核定人数的。

第四十九条　娱乐场所违反本条例规定，有下列情形之一的，由县级人民政府文化主管部门责令改正，给予警告；情节严重的，责令停业整顿1个月至3个月：

（一）变更有关事项，未按照本条例规定申请重新核发娱乐经营许可证的；

（二）在本条例规定的禁止营业时间内营业的；

（三）从业人员在营业期间未统一着装并佩带工作标志的。

第五十条　娱乐场所未按照本条例规定建立从业人员名簿、营业日志，或者发现违法犯罪行为未按照本条例规定报告的，由县级人民政府文化主管部门、县级公安部门依据法定职权责令改正，给予警告；情节严重的，责令停业整顿1个月至3个月。

第五十一条　娱乐场所未按照本条例规定悬挂警示标志、未成年人禁入或者限入标志的，由县级人民政府文化主管部门、县级公安部门依据法定职权责令改正，给予警告。

第五十二条　娱乐场所招用未成年人的，由劳动保障行政部门责令改正，并按照每招用一名未成年人每月处5000元罚款的标准给予处罚。

第五十三条　因擅自从事娱乐场所经营活动被依法取缔的，其投资人员和负责人终身不得投资开办娱乐场所或者担任娱乐场所的法定代表人、负责人。

娱乐场所因违反本条例规定，被吊销或者撤销娱乐经营许可证的，自被吊销或者撤销之日起，其法定代表人、负责人5年内不得担任娱乐场所的法定代表人、负责人。

娱乐场所因违反本条例规定，2年内被处以3次警告或者罚款又有违反本条例的行为应受行政处罚的，由县级人民政府文化主管部门、县级公安部门依据法定职权责令停业整顿3个月至6个月；2年内被2次责令停业整顿又有违反本条例的行为应受行政处罚的，由原发证机关吊销娱乐经营许可证。

第五十四条 娱乐场所违反有关治安管理或者消防管理法律、行政法规规定的，由公安部门依法予以处罚；构成犯罪的，依法追究刑事责任。

娱乐场所违反有关卫生、环境保护、价格、劳动等法律、行政法规规定的，由有关部门依法予以处罚；构成犯罪的，依法追究刑事责任。

娱乐场所及其从业人员与消费者发生争议的，应当依照消费者权益保护的法律规定解决；造成消费者人身、财产损害的，由娱乐场所依法予以赔偿。

第五十五条 国家机关及其工作人员开办娱乐场所，参与或者变相参与娱乐场所经营活动的，对直接负责的主管人员和其他直接责任人员依法给予撤职或者开除的行政处分。

文化主管部门、公安部门的工作人员明知其亲属开办娱乐场所或者发现其亲属参与、变相参与娱乐场所的经营活动，不予制止或者制止不力的，依法给予行政处分；情节严重的，依法给予撤职或者开除的行政处分。

第五十六条 文化主管部门、公安部门、工商行政管理部门和其他有关部门的工作人员有下列行为之一的，对直接负责的主管人员和其他直接责任人员依法给予行政处分；构成犯罪的，依法追究刑事责任：

（一）向不符合法定设立条件的单位颁发许可证、批准文件、营业执照的；

（二）不履行监督管理职责，或者发现擅自从事娱乐场所经营活动不依法取缔，或者发现违法行为不依法查处的；

（三）接到对违法行为的举报、通报后不依法查处的；

（四）利用职务之便，索取、收受他人财物或者谋取其他利益的；

（五）利用职务之便，参与、包庇违法行为，或者向有关单位、个人通风报信的；

（六）有其他滥用职权、玩忽职守、徇私舞弊行为的。

第六章　附　则

第五十七条　本条例所称从业人员，包括娱乐场所的管理人员、服务人员、保安人员和在娱乐场所工作的其他人员。

第五十八条　本条例自 2006 年 3 月 1 日起施行。1999 年 3 月 26 日国务院发布的《娱乐场所管理条例》同时废止。

营业性演出管理条例

· 2005 年 7 月 7 日中华人民共和国国务院令第 439 号公布

· 根据 2008 年 7 月 22 日《国务院关于修改〈营业性演出管理条例〉的决定》第一次修订

· 根据 2013 年 7 月 18 日《国务院关于废止和修改部分行政法规的决定》第二次修订

· 根据 2016 年 2 月 6 日《国务院关于修改部分行政法规的决定》第三次修订

· 根据 2020 年 11 月 29 日《国务院关于修改和废止部分行政法规的决定》第四次修订

第一章　总　则

第一条　为了加强对营业性演出的管理，促进文化产业的发展，繁荣社会主义文艺事业，满足人民群众文化生活的需要，促进社会主义精神文明建设，制定本条例。

第二条 本条例所称营业性演出，是指以营利为目的为公众举办的现场文艺表演活动。

第三条 营业性演出必须坚持为人民服务、为社会主义服务的方向，把社会效益放在首位、实现社会效益和经济效益的统一，丰富人民群众的文化生活。

第四条 国家鼓励文艺表演团体、演员创作和演出思想性艺术性统一、体现民族优秀文化传统、受人民群众欢迎的优秀节目，鼓励到农村、工矿企业演出和为少年儿童提供免费或者优惠的演出。

第五条 国务院文化主管部门主管全国营业性演出的监督管理工作。国务院公安部门、工商行政管理部门在各自职责范围内，主管营业性演出的监督管理工作。

县级以上地方人民政府文化主管部门负责本行政区域内营业性演出的监督管理工作。县级以上地方人民政府公安部门、工商行政管理部门在各自职责范围内，负责本行政区域内营业性演出的监督管理工作。

第二章 营业性演出经营主体的设立

第六条 文艺表演团体申请从事营业性演出活动，应当有与其业务相适应的专职演员和器材设备，并向县级人民政府文化主管部门提出申请；演出经纪机构申请从事营业性演出经营活动，应当有 3 名以上专职演出经纪人员和与其业务相适应的资金，并向省、自治区、直辖市人民政府文化主管部门提出申请。文化主管部门应当自受理申请之日起 20 日内作出决定。批准的，颁发营业性演出许可证；不批准的，应当书面通知申请人并说明理由。

第七条 设立演出场所经营单位，应当依法到工商行政管理部门办理注册登记，领取营业执照，并依照有关消防、卫生管理等法律、行政法规的规定办理审批手续。

演出场所经营单位应当自领取营业执照之日起20日内向所在地县级人民政府文化主管部门备案。

第八条 文艺表演团体变更名称、住所、法定代表人或者主要负责人、营业性演出经营项目，应当向原发证机关申请换发营业性演出许可证，并依法到工商行政管理部门办理变更登记。

演出场所经营单位变更名称、住所、法定代表人或者主要负责人，应当依法到工商行政管理部门办理变更登记，并向原备案机关重新备案。

第九条 以从事营业性演出为职业的个体演员（以下简称个体演员）和以从事营业性演出的居间、代理活动为职业的个体演出经纪人（以下简称个体演出经纪人），应当依法到工商行政管理部门办理注册登记，领取营业执照。

个体演员、个体演出经纪人应当自领取营业执照之日起20日内向所在地县级人民政府文化主管部门备案。

第十条 外国投资者可以依法在中国境内设立演出经纪机构、演出场所经营单位；不得设立文艺表演团体。

外商投资的演出经纪机构申请从事营业性演出经营活动、外商投资的演出场所经营单位申请从事演出场所经营活动，应当向国务院文化主管部门提出申请。国务院文化主管部门应当自收到申请之日起20日内作出决定。批准的，颁发营业性演出许可证；不批准的，应当书面通知申请人并说明理由。

第十一条 香港特别行政区、澳门特别行政区的投资者可以在内地投资设立演出经纪机构、演出场所经营单位以及由内地方控股的文艺表演团体；香港特别行政区、澳门特别行政区的演出经纪机构可以在内地设立分支机构。

台湾地区的投资者可以在大陆投资设立演出经纪机构、演出场所经营单位，不得设立文艺表演团体。

依照本条规定设立的演出经纪机构、文艺表演团体申请从事营业性演出经营活动，依照本条规定设立的演出场所经营单位申请从事演出场所经营活动，应当向省、自治区、直辖市人民政府文化主管部门提出申请。省、自治区、直辖市人民政府文化主管部门应当自收到申请之日起20日内作出决定。批准的，颁发营业性演出许可证；不批准的，应当书面通知申请人并说明理由。

依照本条规定设立演出经纪机构、演出场所经营单位的，还应当遵守我国其他法律、法规的规定。

第三章　营业性演出规范

第十二条　文艺表演团体、个体演员可以自行举办营业性演出，也可以参加营业性组台演出。

营业性组台演出应当由演出经纪机构举办；但是，演出场所经营单位可以在本单位经营的场所内举办营业性组台演出。

演出经纪机构可以从事营业性演出的居间、代理、行纪活动；个体演出经纪人只能从事营业性演出的居间、代理活动。

第十三条　举办营业性演出，应当向演出所在地县级人民政府文化主管部门提出申请。县级人民政府文化主管部门应当自受理申请之日起3日内作出决定。对符合本条例第二十五条规定的，发给批准文件；对不符合本条例第二十五条规定的，不予批准，书面通知申请人并说明理由。

第十四条　除演出经纪机构外，其他任何单位或者个人不得举办外国的或者香港特别行政区、澳门特别行政区、台湾地区的文艺表演团体、个人参加的营业性演出。但是，文艺表演团体自行举办营业性演出，可以邀请外国的或者香港特别行政区、澳门特别行政区、台湾地区的文艺表演团体、个人参加。

举办外国的或者香港特别行政区、澳门特别行政区、台湾地区的文艺表演团体、个人参加的营业性演出，应当符合下列条件：

（一）有与其举办的营业性演出相适应的资金；

（二）有2年以上举办营业性演出的经历；

（三）举办营业性演出前2年内无违反本条例规定的记录。

第十五条 举办外国的文艺表演团体、个人参加的营业性演出，演出举办单位应当向演出所在地省、自治区、直辖市人民政府文化主管部门提出申请。

举办香港特别行政区、澳门特别行政区的文艺表演团体、个人参加的营业性演出，演出举办单位应当向演出所在地省、自治区、直辖市人民政府文化主管部门提出申请；举办台湾地区的文艺表演团体、个人参加的营业性演出，演出举办单位应当向国务院文化主管部门会同国务院有关部门规定的审批机关提出申请。

国务院文化主管部门或者省、自治区、直辖市人民政府文化主管部门应当自受理申请之日起20日内作出决定。对符合本条例第二十五条规定的，发给批准文件；对不符合本条例第二十五条规定的，不予批准，书面通知申请人并说明理由。

第十六条 申请举办营业性演出，提交的申请材料应当包括下列内容：

（一）演出名称、演出举办单位和参加演出的文艺表演团体、演员；

（二）演出时间、地点、场次；

（三）节目及其视听资料。

申请举办营业性组台演出，还应当提交文艺表演团体、演员同意参加演出的书面函件。

营业性演出需要变更申请材料所列事项的，应当分别依照本条例第十三条、第十五条规定重新报批。

第十七条 演出场所经营单位提供演出场地，应当核验演出举办单位取得的批准文件；不得为未经批准的营业性演出提供演出场地。

第十八条 演出场所经营单位应当确保演出场所的建筑、设施符合国家安全标准和消防安全规范，定期检查消防安全设施状况，并及时维护、更新。

演出场所经营单位应当制定安全保卫工作方案和灭火、应急疏散预案。

演出举办单位在演出场所进行营业性演出，应当核验演出场所经营单位的消防安全设施检查记录、安全保卫工作方案和灭火、应急疏散预案，并与演出场所经营单位就演出活动中突发安全事件的防范、处理等事项签订安全责任协议。

第十九条 在公共场所举办营业性演出，演出举办单位应当依照有关安全、消防的法律、行政法规和国家有关规定办理审批手续，并制定安全保卫工作方案和灭火、应急疏散预案。演出场所应当配备应急广播、照明设施，在安全出入口设置明显标识，保证安全出入口畅通；需要临时搭建舞台、看台的，演出举办单位应当按照国家有关安全标准搭建舞台、看台，确保安全。

第二十条 审批临时搭建舞台、看台的营业性演出时，文化主管部门应当核验演出举办单位的下列文件：

（一）依法验收后取得的演出场所合格证明；

（二）安全保卫工作方案和灭火、应急疏散预案；

（三）依法取得的安全、消防批准文件。

第二十一条 演出场所容纳的观众数量应当报公安部门核准；观众区域与缓冲区域应当由公安部门划定，缓冲区域应当有明显标识。

演出举办单位应当按照公安部门核准的观众数量、划定的观众区域印制和出售门票。

验票时，发现进入演出场所的观众达到核准数量仍有观众等待入场的，应当立即终止验票并同时向演出所在地县级人民政府公安部门报告；发现观众持有观众区域以外的门票或者假票的，应当拒绝其入场并同时向演出所在地县级人民政府公安部门报告。

第二十二条 任何人不得携带传染病病原体和爆炸性、易燃性、放射性、腐蚀性等危险物质或者非法携带枪支、弹药、管制器具进入营业性演出现场。

演出场所经营单位应当根据公安部门的要求，配备安全检查设施，并对进入营业性演出现场的观众进行必要的安全检查；观众不接受安全检查或者有前款禁止行为的，演出场所经营单位有权拒绝其进入。

第二十三条 演出举办单位应当组织人员落实营业性演出时的安全、消防措施，维护营业性演出现场秩序。

演出举办单位和演出场所经营单位发现营业性演出现场秩序混乱，应当立即采取措施并同时向演出所在地县级人民政府公安部门报告。

第二十四条 演出举办单位不得以政府或者政府部门的名义举办营业性演出。

营业性演出不得冠以“中国”、“中华”、“全国”、“国际”等字样。

营业性演出广告内容必须真实、合法，不得误导、欺骗公众。

第二十五条 营业性演出不得有下列情形：

（一）反对宪法确定的基本原则的；

（二）危害国家统一、主权和领土完整，危害国家安全，或者损害国家荣誉和利益的；

（三）煽动民族仇恨、民族歧视，侵害民族风俗习惯，伤害民族感情，破坏民族团结，违反宗教政策的；

（四）扰乱社会秩序，破坏社会稳定的；

（五）危害社会公德或者民族优秀文化传统的；

（六）宣扬淫秽、色情、邪教、迷信或者渲染暴力的；

（七）侮辱或者诽谤他人，侵害他人合法权益的；

（八）表演方式恐怖、残忍，摧残演员身心健康的；

（九）利用人体缺陷或者以展示人体变异等方式招徕观众的；

（十）法律、行政法规禁止的其他情形。

第二十六条 演出场所经营单位、演出举办单位发现营业性演出有本条例第二十五条禁止情形的，应当立即采取措施予以制止并同时向演出所在地县级人民政府文化主管部门、公安部门报告。

第二十七条 参加营业性演出的文艺表演团体、主要演员或者主要节目内容等发生变更的，演出举办单位应当及时告知观众并说明理由。观众有权退票。

演出过程中，除因不可抗力不能演出的外，演出举办单位不得中止或者停止演出，演员不得退出演出。

第二十八条 演员不得以假唱欺骗观众，演出举办单位不得组织演员假唱。任何单位或者个人不得为假唱提供条件。

演出举办单位应当派专人对演出进行监督，防止假唱行为的发生。

第二十九条 营业性演出经营主体应当对其营业性演出的经营收入依法纳税。

演出举办单位在支付演员、职员的演出报酬时应当依法履行税款代扣代缴义务。

第三十条 募捐义演的演出收入，除必要的成本开支外，必须全部交付受捐单位；演出举办单位、参加演出的文艺表演团体和演员、职员，不得获取经济利益。

第三十一条 任何单位或者个人不得伪造、变造、出租、出借或者买卖营业性演出许可证、批准文件或者营业执照，不得伪造、变造营业性演出门票或者倒卖伪造、变造的营业性演出门票。

第四章 监督管理

第三十二条 除文化主管部门依照国家有关规定对体现民族特色和国家水准的演出给予补助外，各级人民政府和政府部门不得资助、赞助或者变相资助、赞助营业性演出，不得用公款购买营业性演出门票用于个人消费。

第三十三条 文化主管部门应当加强对营业性演出的监督管理。

演出所在地县级人民政府文化主管部门对外国的或者香港特别行政区、澳门特别行政区、台湾地区的文艺表演团体、个人参加的营业性演出和临时搭建舞台、看台的营业性演出，应当进行实地检查；对其他营业性演出，应当进行实地抽样检查。

第三十四条　县级以上地方人民政府文化主管部门应当充分发挥文化执法机构的作用，并可以聘请社会义务监督员对营业性演出进行监督。

任何单位或者个人可以采取电话、手机短信等方式举报违反本条例规定的行为。县级以上地方人民政府文化主管部门应当向社会公布举报电话，并保证随时有人接听。

县级以上地方人民政府文化主管部门接到社会义务监督员的报告或者公众的举报，应当作出记录，立即赶赴现场进行调查、处理，并自处理完毕之日起 7 日内公布结果。

县级以上地方人民政府文化主管部门对作出突出贡献的社会义务监督员应当给予表彰；公众举报经调查核实的，应当对举报人给予奖励。

第三十五条　文化主管部门应当建立营业性演出经营主体的经营活动信用监管制度，建立健全信用约束机制，并及时公布行政处罚信息。

第三十六条　公安部门对其依照有关法律、行政法规和国家有关规定批准的营业性演出，应当在演出举办前对营业性演出现场的安全状况进行实地检查；发现安全隐患的，在消除安全隐患后方可允许进行营业性演出。

公安部门可以对进入营业性演出现场的观众进行必要的安全检查；发现观众有本条例第二十二条第一款禁止行为的，在消除安全隐患后方可允许其进入。

公安部门可以组织警力协助演出举办单位维持营业性演出现场秩序。

第三十七条　公安部门接到观众达到核准数量仍有观众等待入场或者演出秩序混乱的报告后，应当立即组织采取措施消除安全隐患。

第三十八条　承担现场管理检查任务的公安部门和文化主管部门的工作人员进入营业性演出现场，应当出示值勤证件。

第三十九条　文化主管部门依法对营业性演出进行监督检查

时，应当将监督检查的情况和处理结果予以记录，由监督检查人员签字后归档。公众有权查阅监督检查记录。

第四十条 文化主管部门、公安部门和其他有关部门及其工作人员不得向演出举办单位、演出场所经营单位索取演出门票。

第四十一条 国务院文化主管部门和省、自治区、直辖市人民政府文化主管部门，对在农村、工矿企业进行演出以及为少年儿童提供免费或者优惠演出表现突出的文艺表演团体、演员，应当给予表彰，并采取多种形式予以宣传。

国务院文化主管部门对适合在农村、工矿企业演出的节目，可以在依法取得著作权人许可后，提供给文艺表演团体、演员在农村、工矿企业演出时使用。

文化主管部门实施文艺评奖，应当适当考虑参评对象在农村、工矿企业的演出场次。

县级以上地方人民政府应当对在农村、工矿企业演出的文艺表演团体、演员给予支持。

第四十二条 演出行业协会应当依照章程的规定，制定行业自律规范，指导、监督会员的经营活动，促进公平竞争。

第五章 法律责任

第四十三条 有下列行为之一的，由县级人民政府文化主管部门予以取缔，没收演出器材和违法所得，并处违法所得8倍以上10倍以下的罚款；没有违法所得或者违法所得不足1万元的，并处5万元以上10万元以下的罚款；构成犯罪的，依法追究刑事责任：

（一）违反本条例第六条、第十条、第十一条规定，擅自从事营业性演出经营活动的；

（二）违反本条例第十二条、第十四条规定，超范围从事营业性演出经营活动的；

（三）违反本条例第八条第一款规定，变更营业性演出经营项目未向原发证机关申请换发营业性演出许可证的。

违反本条例第七条、第九条规定，擅自设立演出场所经营单位或者擅自从事营业性演出经营活动的，由工商行政管理部门依法予以取缔、处罚；构成犯罪的，依法追究刑事责任。

第四十四条 违反本条例第十三条、第十五条规定，未经批准举办营业性演出的，由县级人民政府文化主管部门责令停止演出，没收违法所得，并处违法所得8倍以上10倍以下的罚款；没有违法所得或者违法所得不足1万元的，并处5万元以上10万元以下的罚款；情节严重的，由原发证机关吊销营业性演出许可证。

违反本条例第十六条第三款规定，变更演出举办单位、参加演出的文艺表演团体、演员或者节目未重新报批的，依照前款规定处罚；变更演出的名称、时间、地点、场次未重新报批的，由县级人民政府文化主管部门责令改正，给予警告，可以并处3万元以下的罚款。

演出场所经营单位为未经批准的营业性演出提供场地的，由县级人民政府文化主管部门责令改正，没收违法所得，并处违法所得3倍以上5倍以下的罚款；没有违法所得或者违法所得不足1万元的，并处3万元以上5万元以下的罚款。

第四十五条 违反本条例第三十一条规定，伪造、变造、出租、出借、买卖营业性演出许可证、批准文件，或者以非法手段取得营业性演出许可证、批准文件的，由县级人民政府文化主管部门没收违法所得，并处违法所得8倍以上10倍以下的罚款；没有违法所得或者违法所得不足1万元的，并处5万元以上10万元以下的罚款；对原取得的营业性演出许可证、批准文件，予以吊销、撤销；构成犯罪的，依法追究刑事责任。

第四十六条 营业性演出有本条例第二十五条禁止情形的，由县级人民政府文化主管部门责令停止演出，没收违法所得，并处违法所得8倍以上10倍以下的罚款；没有违法所得或者违法所得不足1万元的，并处5万元以上10万元以下的罚款；情节严重的，由原发证机关吊销营业性演出许可证；违反治安管理规定的，由公安部门依法予以处罚；构成犯罪的，依法追究刑事责任。

演出场所经营单位、演出举办单位发现营业性演出有本条例第二十五条禁止情形未采取措施予以制止的，由县级人民政府文化主管部门、公安部门依据法定职权给予警告，并处5万元以上10万元以下的罚款；未依照本条例第二十六条规定报告的，由县级人民政府文化主管部门、公安部门依据法定职权给予警告，并处5000元以上1万元以下的罚款。

第四十七条 有下列行为之一的，对演出举办单位、文艺表演团体、演员，由国务院文化主管部门或者省、自治区、直辖市人民政府文化主管部门向社会公布；演出举办单位、文艺表演团体在2年内再次被公布的，由原发证机关吊销营业性演出许可证；个体演员在2年内再次被公布的，由工商行政管理部门吊销营业执照：

（一）非因不可抗力中止、停止或者退出演出的；

（二）文艺表演团体、主要演员或者主要节目内容等发生变更未及时告知观众的；

（三）以假唱欺骗观众的；

（四）为演员假唱提供条件的。

有前款第（一）项、第（二）项和第（三）项所列行为之一的，观众有权在退场后依照有关消费者权益保护的法律规定要求演出举办单位赔偿损失；演出举办单位可以依法向负有责任的文艺表演团体、演员追偿。

有本条第一款第（一）项、第（二）项和第（三）项所列行为之一的，由县级人民政府文化主管部门处5万元以上10万元以下的罚款；有本条第一款第（四）项所列行为的，由县级人民政府文化主管部门处5000元以上1万元以下的罚款。

第四十八条 以政府或者政府部门的名义举办营业性演出，或者营业性演出冠以"中国"、"中华"、"全国"、"国际"等字样的，由县级人民政府文化主管部门责令改正，没收违法所得，并处违法所得3倍以上5倍以下的罚款；没有违法所得或者违法所得不足1万元的，并处3万元以上5万元以下的罚款；拒不改正或者造成严重后果的，由原发证机关吊销营业性演出许可证。

营业性演出广告的内容误导、欺骗公众或者含有其他违法内容的，由工商行政管理部门责令停止发布，并依法予以处罚。

第四十九条 演出举办单位或者其法定代表人、主要负责人及其他直接责任人员在募捐义演中获取经济利益的，由县级以上人民政府文化主管部门依据各自职权责令其退回并交付受捐单位；构成犯罪的，依法追究刑事责任；尚不构成犯罪的，由县级以上人民政府文化主管部门依据各自职权处违法所得3倍以上5倍以下的罚款，并由国务院文化主管部门或者省、自治区、直辖市人民政府文化主管部门向社会公布违法行为人的名称或者姓名，直至由原发证机关吊销演出举办单位的营业性演出许可证。

文艺表演团体或者演员、职员在募捐义演中获取经济利益的，由县级以上人民政府文化主管部门依据各自职权责令其退回并交付受捐单位。

第五十条 违反本条例第八条第一款规定，变更名称、住所、法定代表人或者主要负责人未向原发证机关申请换发营业性演出许可证的，由县级人民政府文化主管部门责令改正，给予警告，并处1万元以上3万元以下的罚款。

违反本条例第七条第二款、第八条第二款、第九条第二款规定，未办理备案手续的，由县级人民政府文化主管部门责令改正，给予警告，并处5000元以上1万元以下的罚款。

第五十一条 有下列行为之一的，由公安部门或者公安消防机构依据法定职权依法予以处罚；构成犯罪的，依法追究刑事责任：

（一）违反本条例安全、消防管理规定的；

（二）伪造、变造营业性演出门票或者倒卖伪造、变造的营业性演出门票的。

演出举办单位印制、出售超过核准观众数量的或者观众区域以外的营业性演出门票的，由县级以上人民政府公安部门依据各自职权责令改正，没收违法所得，并处违法所得3倍以上5倍以下的罚款；没有违法所得或者违法所得不足1万元的，并处3万元以上5万元以下的罚款；造成严重后果的，由原发证机关吊销营业性演出许可证；构成犯罪的，依法追究刑事责任。

第五十二条 演出场所经营单位、个体演出经纪人、个体演员违反本条例规定，情节严重的，由县级以上人民政府文化主管部门依据各自职权责令其停止营业性演出经营活动，并通知工商行政管理部门，由工商行政管理部门依法吊销营业执照。其中，演出场所经营单位有其他经营业务的，由工商行政管理部门责令其办理变更登记，逾期不办理的，吊销营业执照。

第五十三条 因违反本条例规定被文化主管部门吊销营业性演出许可证，或者被工商行政管理部门吊销营业执照或者责令变更登记的，自受到行政处罚之日起，当事人为单位的，其法定代表人、主要负责人5年内不得担任文艺表演团体、演出经纪机构或者演出场所经营单位的法定代表人、主要负责人；当事人为个人的，个体演员1年内不得从事营业性演出，个体演出经纪人5年内不得从事营业性演出的居间、代理活动。

因营业性演出有本条例第二十五条禁止情形被文化主管部门吊销营业性演出许可证，或者被工商行政管理部门吊销营业执照或者责令变更登记的，不得再次从事营业性演出或者营业性演出的居间、代理、行纪活动。

因违反本条例规定2年内2次受到行政处罚又有应受本条例处罚的违法行为的，应当从重处罚。

第五十四条 各级人民政府或者政府部门非法资助、赞助，或者非法变相资助、赞助营业性演出，或者用公款购买营业性演出门票用于个人消费的，依照有关财政违法行为处罚处分的行政法规的规定责令改正。对单位给予警告或者通报批评。对直接负责的主管人员和其他直接责任人员给予记大过处分；情节较重的，给予降级或者撤职处分；情节严重的，给予开除处分。

第五十五条 文化主管部门、公安部门、工商行政管理部门的工作人员滥用职权、玩忽职守、徇私舞弊或者未依照本条例规定履行职责的，依法给予行政处分；构成犯罪的，依法追究刑事责任。

第六章 附 则

第五十六条 民间游散艺人的营业性演出，省、自治区、直辖市人民政府可以参照本条例的规定制定具体管理办法。

第五十七条 本条例自2005年9月1日起施行。1997年8月11日国务院发布的《营业性演出管理条例》同时废止。

电影管理条例

· 2001年12月12日国务院第50次常务会议通过
· 2001年12月25日中华人民共和国国务院令第342号公布
· 自2002年2月1日起施行

第一章 总 则

第一条 为了加强对电影行业的管理，发展和繁荣电影事业，满足人民群众文化生活需要，促进社会主义物质文明和精神文明建设，制定本条例。

第二条 本条例适用于中华人民共和国境内的故事片、纪录片、科教片、美术片、专题片等电影片的制片、进口、出口、发行和放映等活动。

第三条 从事电影片的制片、进口、出口、发行和放映等活动，应当遵守宪法和有关法律、法规，坚持为人民服务、为社会主义服务的方向。

第四条 国务院广播电影电视行政部门主管全国电影工作。

县级以上地方人民政府管理电影的行政部门（以下简称电影行政部门），依照本条例的规定负责本行政区域内的电影管理工作。

第五条 国家对电影摄制、进口、出口、发行、放映和电影片公映实行许可制度。未经许可，任何单位和个人不得从事电影片的摄制、进口、发行、放映活动，不得进口、出口、发行、放映未取得许可证的电影片。

依照本条例发放的许可证和批准文件，不得出租、出借、出售或者以其他任何形式转让。

第六条 全国性电影行业的社会团体按照其章程，在国务院广播电影电视行政部门指导下，实行自律管理。

第七条 国家对为电影事业发展做出显著贡献的单位和个人，给予奖励。

第二章 电影制片

第八条 设立电影制片单位，应当具备下列条件：

（一）有电影制片单位的名称、章程；

（二）有符合国务院广播电影电视行政部门认定的主办单位及其主管机关；

（三）有确定的业务范围；

（四）有适应业务范围需要的组织机构和专业人员；

（五）有适应业务范围需要的资金、场所和设备；

（六）法律、行政法规规定的其他条件。

审批设立电影制片单位，除依照前款所列条件外，还应当符合国务院广播电影电视行政部门制定的电影制片单位总量、布局和结构的规划。

第九条 申请设立电影制片单位，由所在地省、自治区、直辖市人民政府电影行政部门审核同意后，报国务院广播电影电视行政部门审批。

申请书应当载明下列内容：

（一）电影制片单位的名称、地址和经济性质；

（二）电影制片单位的主办单位的名称、地址、性质及其主管机关；

（三）电影制片单位的法定代表人的姓名、住址、资格证明文件；

（四）电影制片单位的资金来源和数额。

第十条 国务院广播电影电视行政部门应当自收到设立电影制片单位的申请书之日起 90 日内，作出批准或者不批准的决定，并通知申请人。批准的，由国务院广播电影电视行政部门发给《摄制电影许可证》，申请人持《摄制电影许可证》到国务院工商行政管理部门办理登记手续，依法领取营业执照；不批准的，应当说明理由。

第十一条 电影制片单位以其全部法人财产，依法享有民事权利，承担民事责任。

第十二条 电影制片单位变更、终止，应当报国务院广播电影电视行政部门批准，并依法到原登记的工商行政管理部门办理变更登记或者注销登记。

第十三条 电影制片单位可以从事下列活动：

（一）摄制电影片；

（二）按照国家有关规定制作本单位摄制的电影片的复制品；

（三）按照国家有关规定在全国范围发行本单位摄制并被许可公映的电影片及其复制品；

（四）按照国家有关规定出口本单位摄制并被许可公映的电影片及其复制品。

第十四条 电影制片单位应当建立、健全管理制度，保证电影片的质量。

第十五条 电影制片单位对其摄制的电影片，依法享有著作权。

第十六条 电影制片单位以外的单位独立从事电影摄制业务，

须报经国务院广播电影电视行政部门批准，并持批准文件到工商行政管理部门办理相应的登记手续。

电影制片单位以外的单位经批准后摄制电影片，应当事先到国务院广播电影电视行政部门领取一次性《摄制电影片许可证（单片）》，并参照电影制片单位享有权利、承担义务。具体办法由国务院广播电影电视行政部门制定。

第十七条 国家鼓励企业、事业单位和其他社会组织以及个人以资助、投资的形式参与摄制电影片。具体办法由国务院广播电影电视行政部门制定。

第十八条 电影制片单位经国务院广播电影电视行政部门批准，可以与境外电影制片者合作摄制电影片；其他单位和个人不得与境外电影制片者合作摄制电影片。

电影制片单位和持有《摄制电影片许可证（单片）》的单位经国务院广播电影电视行政部门批准，可以到境外从事电影片摄制活动。

境外组织或者个人不得在中华人民共和国境内独立从事电影片摄制活动。

第十九条 中外合作摄制电影片，应当由中方合作者事先向国务院广播电影电视行政部门提出立项申请。国务院广播电影电视行政部门征求有关部门的意见后，经审查符合规定的，发给申请人一次性《中外合作摄制电影片许可证》。申请人取得《中外合作摄制电影片许可证》后，应当按照国务院广播电影电视行政部门的规定签订中外合作摄制电影片合同。

第二十条 中外合作摄制电影片需要进口设备、器材、胶片、道具的，中方合作者应当持国务院广播电影电视行政部门的批准文件到海关办理进口或者临时进口手续。

第二十一条 境外电影制片者同中方合作者合作或者以其他形式在中华人民共和国境内摄制电影片，应当遵守中华人民共和国的法律、法规，尊重中华民族的风俗、习惯。

第二十二条 电影底片、样片的冲洗及后期制作，应当在中华人民共和国境内完成。有特殊技术要求确需在境外完成的，应当单项申请，报经国务院广播电影电视行政部门批准后，按照批准文件载明的要求执行。

第二十三条 电影洗印单位不得洗印加工未取得《摄制电影许可证》或者《摄制电影片许可证（单片）》的单位摄制的电影底片、样片，不得洗印加工未取得《电影片公映许可证》的电影片拷贝。

电影洗印单位接受委托洗印加工境外的电影底片、样片和电影片拷贝的，应当事先经国务院广播电影电视行政部门批准，并持批准文件依法向海关办理有关进口手续。洗印加工的电影底片、样片和电影片拷贝必须全部运输出境。

第三章 电影审查

第二十四条 国家实行电影审查制度。

未经国务院广播电影电视行政部门的电影审查机构（以下简称电影审查机构）审查通过的电影片，不得发行、放映、进口、出口。

供科学研究、教学参考的专题片进口和中国电影资料馆进口电影资料片，依照本条例第三十二条的规定办理。

第二十五条 电影片禁止载有下列内容：

（一）反对宪法确定的基本原则的；

（二）危害国家统一、主权和领土完整的；

（三）泄露国家秘密、危害国家安全或者损害国家荣誉和利益的；

（四）煽动民族仇恨、民族歧视，破坏民族团结，或者侵害民族风俗、习惯的；

（五）宣扬邪教、迷信的；

（六）扰乱社会秩序，破坏社会稳定的；

（七）宣扬淫秽、赌博、暴力或者教唆犯罪的；

（八）侮辱或者诽谤他人，侵害他人合法权益的；

（九）危害社会公德或者民族优秀文化传统的；

（十）有法律、行政法规和国家规定禁止的其他内容的。

电影技术质量应当符合国家标准。

第二十六条 电影制片单位应当依照本条例第二十五条的规定，负责电影剧本投拍和电影片出厂前的审查。

电影制片单位依照前款规定对其准备投拍的电影剧本审查后，应当报电影审查机构备案；电影审查机构可以对报备案的电影剧本进行审查，发现有本条例第二十五条禁止内容的，应当及时通知电影制片单位不得投拍。具体办法由国务院广播电影电视行政部门制定。

第二十七条 电影制片单位应当在电影片摄制完成后，报请电影审查机构审查；电影进口经营单位应当在办理电影片临时进口手续后，报请电影审查机构审查。

电影审查收费标准由国务院价格主管部门会同国务院广播电影电视行政部门规定。

第二十八条 电影审查机构应当自收到报送审查的电影片之日起 30 日内，将审查决定书面通知送审单位。审查合格的，由国务院广播电影电视行政部门发给《电影片公映许可证》。

电影制片单位或者电影进口经营单位应当将《电影片公映许可证》证号印制在该电影片拷贝第一本片头处。

审查不合格，经修改报送重审的，审查期限依照本条第一款的规定重新计算。

第二十九条 电影制片单位和电影进口经营单位对电影片审查决定不服的，可以自收到审查决定之日起 30 日内向国务院广播电影电视行政部门的电影复审机构申请复审；复审合格的，由国务院广播电影电视行政部门发给《电影片公映许可证》。

第四章 电影进口出口

第三十条 电影进口业务由国务院广播电影电视行政部门指

许可证》，申请人持《电影放映经营许可证》到所在地工商行政管理部门登记，依法领取营业执照；不批准的，应当说明理由。

第三十九条 电影发行单位、电影放映单位变更业务范围，或者兼并其他电影发行单位、电影放映单位，或者因合并、分立而设立新的电影发行单位、电影放映单位的，应当依照本条例第三十七条或者第三十八条的规定办理审批手续，并到工商行政管理部门办理相应的登记手续。

电影发行单位、电影放映单位变更名称、地址、法定代表人或者主要负责人，或者终止电影发行、放映经营活动的，应当到原登记的工商行政管理部门办理变更登记或者注销登记，并向原审批的电影行政部门备案。

第四十条 申请从事农村16毫米电影片发行、放映业务的单位或者个人，可以直接到所在地工商行政管理部门办理登记手续，并向所在地县级人民政府电影行政部门备案；备案后，可以在全国农村从事16毫米电影片发行、放映业务。

第四十一条 国家允许企业、事业单位和其他社会组织以及个人投资建设、改造电影院。

国家允许以中外合资或者中外合作的方式建设、改造电影院。具体办法由国务院广播电影电视行政部门会同国务院文化行政部门、国务院对外经济贸易主管部门按照有关规定制定。

第四十二条 电影片依法取得国务院广播电影电视行政部门发给的《电影片公映许可证》后，方可发行、放映。

已经取得《电影片公映许可证》的电影片，国务院广播电影电视行政部门在特殊情况下可以作出停止发行、放映或者经修改后方可发行、放映的决定；对决定经修改后方可发行、放映的电影片，著作权人拒绝修改的，由国务院广播电影电视行政部门决定停止发行、放映。

国务院广播电影电视行政部门作出的停止发行、放映的决定，电影发行单位、电影放映单位应当执行。

第四十三条 利用电影片制作音像制品的，应当遵守国家有关音像制品管理的规定。

任何单位和个人不得利用电影资料片从事或者变相从事经营性的发行、放映活动。

第四十四条 放映电影片，应当符合国家规定的国产电影片与进口电影片放映的时间比例。

放映单位年放映国产电影片的时间不得低于年放映电影片时间总和的2/3。

第四十五条 电影放映单位应当维护电影院的公共秩序和环境卫生，保证观众的安全与健康。

第六章 电影事业的保障

第四十六条 国家建立和完善适应社会主义市场经济体制的电影管理体制，发展电影事业。

第四十七条 国家保障电影创作自由，重视和培养电影专业人才，重视和加强电影理论研究，繁荣电影创作，提高电影质量。

第四十八条 国家建立电影事业发展专项资金，并采取其他优惠措施，支持电影事业的发展。

电影事业发展专项资金缴纳单位应当按照国家有关规定履行缴纳义务。

第四十九条 电影事业发展专项资金扶持、资助下列项目：

（一）国家倡导并确认的重点电影片的摄制和优秀电影剧本的征集；

（二）重点制片基地的技术改造；

（三）电影院的改造和放映设施的技术改造；

（四）少数民族地区、边远贫困地区和农村地区的电影事业的发展；

（五）需要资助的其他项目。

第五十条 国家鼓励、扶持科学教育片、纪录片、美术片及儿童电影片的制片、发行和放映。

第五十一条 国家对少数民族地区、边远贫困地区和农村地区发行、放映电影实行优惠政策。

国家对从事农村 16 毫米电影片发行、放映业务的单位和个人予以扶持。具体办法由国务院广播电影电视行政部门、国务院文化行政部门会同国务院财政部门规定。

第五十二条 县级以上地方人民政府制定的本行政区域建设规划，应当包括电影院和放映设施的建设规划。

改建、拆除电影院和放映设施，应当报经所在地县级以上地方人民政府电影行政部门审查批准，县级以上地方人民政府电影行政部门应当依据国家有关规定作出批准或者不批准的决定。

第五十三条 县级以上地方人民政府电影行政部门和其他有关行政部门，对干扰、阻止和破坏电影片的制片、发行、放映的行为，应当及时采取措施予以制止，并依法查处。

大众传播媒体不得宣扬非法电影。

第七章 罚 则

第五十四条 国务院广播电影电视行政部门和县级以上地方人民政府电影行政部门或者其他有关部门及其工作人员，利用职务上的便利收受他人财物或者其他好处，批准不符合法定设立条件的电影片的制片、发行和放映单位，或者不履行监督职责，或者发现违法行为不予查处，造成严重后果的，对负有责任的主管人员和其他直接责任人员依照刑法关于受贿罪、滥用职权罪、玩忽职守罪或者其他罪的规定，依法追究刑事责任；尚不够刑事处罚的，给予降级或者撤职的行政处分。

第五十五条 违反本条例规定，擅自设立电影片的制片、发行、放映单位，或者擅自从事电影制片、进口、发行、放映活动的，由工商行政管理部门予以取缔；依照刑法关于非法经营罪的规定，依法追究刑事责任；尚不够刑事处罚的，没收违法经营的电影片和违法所得以及进行违法经营活动的专用工具、设备；违法所得5万元以上的，并处违法所得5倍以上10倍以下的罚款；没有违法所得或者违法所得不足5万元的，并处20万元以上50万元以下的罚款。

第五十六条 摄制含有本条例第二十五条禁止内容的电影片，或者洗印加工、进口、发行、放映明知或者应知含有本条例第二十五条禁止内容的电影片的，依照刑法有关规定，依法追究刑事责任；尚不够刑事处罚的，由电影行政部门责令停业整顿，没收违法经营的电影片和违法所得；违法所得5万元以上的，并处违法所得5倍以上10倍以下的罚款；没有违法所得或者违法所得不足5万元的，并处20万元以上50万元以下的罚款；情节严重的，并由原发证机关吊销许可证。

第五十七条 走私电影片，依照刑法关于走私罪的规定，依法追究刑事责任；尚不够刑事处罚的，由海关依法给予行政处罚。

第五十八条 出口、发行、放映未取得《电影片公映许可证》的电影片的，由电影行政部门责令停止违法行为，没收违法经营的电影片和违法所得；违法所得5万元以上的，并处违法所得10倍以上15倍以下的罚款；没有违法所得或者违法所得不足5万元的，并处20万元以上50万元以下的罚款；情节严重的，并责令停业整顿或者由原发证机关吊销许可证。

第五十九条 有下列行为之一的，由电影行政部门责令停止违法行为，没收违法经营的电影片和违法所得；违法所得5万元以上的，并处违法所得5倍以上10倍以下的罚款；没有违法所得或者违法所得不足5万元的，并处10万元以上30万元以下的罚款；情节严重的，并责令停业整顿或者由原发证机关吊销许可证：

（一）未经批准，擅自与境外组织或者个人合作摄制电影，或者擅自到境外从事电影摄制活动的；

（二）擅自到境外进行电影底片、样片的冲洗或者后期制作，或者未按照批准文件载明的要求执行的；

（三）洗印加工未取得《摄制电影许可证》、《摄制电影片许可证（单片）》的单位摄制的电影底片、样片，或者洗印加工未取得《电影片公映许可证》的电影片拷贝的；

（四）未经批准，接受委托洗印加工境外电影底片、样片或者电影片拷贝，或者未将洗印加工的境外电影底片、样片或者电影片拷贝全部运输出境的；

（五）利用电影资料片从事或者变相从事经营性的发行、放映活动的；

（六）未按照规定的时间比例放映电影片，或者不执行国务院广播电影电视行政部门停止发行、放映决定的。

第六十条 境外组织、个人在中华人民共和国境内独立从事电影片摄制活动的，由国务院广播电影电视行政部门责令停止违法活动，没收违法摄制的电影片和进行违法活动的专用工具、设备，并处30万元以上50万元以下的罚款。

第六十一条 未经批准，擅自举办中外电影展、国际电影节，或者擅自提供电影片参加境外电影展、电影节的，由国务院广播电影电视行政部门责令停止违法活动，没收违法参展的电影片和违法所得；违法所得2万元以上的，并处违法所得5倍以上10倍以下的罚款；没有违法所得或者违法所得不足2万元的，并处2万元以上10万元以下的罚款。

第六十二条 未经批准，擅自改建、拆除电影院或者放映设施的，由县级以上地方人民政府电影行政部门责令限期恢复电影院或者放映设施的原状，给予警告，对负有责任的主管人员和其他直接责任人员依法给予纪律处分。

第六十三条 单位违反本条例，被处以吊销许可证行政处罚的，应当按照国家有关规定到工商行政管理部门办理变更登记或者注销登记；逾期未办理的，由工商行政管理部门吊销营业执照。

第六十四条 单位违反本条例，被处以吊销许可证行政处罚的，其法定代表人或者主要负责人自吊销许可证之日起5年内不得担任电影片的制片、进口、出口、发行和放映单位的法定代表人或者主要负责人。

个人违反本条例，未经批准擅自从事电影片的制片、进口、发行业务，或者擅自举办中外电影展、国际电影节或者擅自提供电影片参加境外电影展、电影节的，5 年内不得从事相关电影业务。

第六十五条 未按照国家有关规定履行电影事业发展专项资金缴纳义务的，由省级以上人民政府电影行政部门责令限期补交，并自欠缴之日起按日加收所欠缴金额万分之五的滞纳金。

第六十六条 依照本条例的规定实施罚款的行政处罚，应当依照有关法律、行政法规的规定，实行罚款决定与罚款收缴分离；收缴的罚款应当全部上缴国库。

第八章 附 则

第六十七条 国家实行《摄制电影许可证》和《电影发行经营许可证》、《电影放映经营许可证》年检制度。年检办法由国务院广播电影电视行政部门制定。

第六十八条 本条例自 2002 年 2 月 1 日起施行。1996 年 6 月 19 日国务院发布的《电影管理条例》同时废止。

二、办案规范

娱乐场所管理办法

· 2013 年 2 月 4 日文化部令第 55 号发布
· 根据 2017 年 12 月 15 日《文化部关于废止和修改部分部门规章的决定》第一次修订
· 根据 2022 年 5 月 13 日《文化和旅游部关于修改〈娱乐场所管理办法〉的决定》第二次修订

第一条 为了加强娱乐场所经营活动管理，维护娱乐场所健康发展，满足人民群众文化娱乐消费需求，根据《娱乐场所管理条例》（以下简称《条例》），制定本办法。

第二条 《条例》所称娱乐场所，是指以营利为目的，向公众开放、消费者自娱自乐的歌舞、游艺等场所。歌舞娱乐场所是指提供伴奏音乐、歌曲点播服务或者提供舞蹈音乐、跳舞场地服务的经营场所；游艺娱乐场所是指通过游戏游艺设备提供游戏游艺服务的经营场所。

其他场所兼营以上娱乐服务的，适用本办法。

第三条 国家鼓励娱乐场所传播民族优秀文化艺术，提供面向大众的、健康有益的文化娱乐内容和服务；鼓励娱乐场所实行连锁化、品牌化经营。

第四条 县级以上人民政府文化和旅游主管部门负责所在地娱乐场所经营活动的监管，负责娱乐场所提供的文化产品的内容监管，负责指导所在地娱乐场所行业协会工作。

第五条 娱乐场所行业协会应当依照国家有关法规和协会章程的规定，制定行业规范，加强行业自律，维护行业合法权益。

第六条 娱乐场所不得设立在下列地点：

（一）房屋用途中含有住宅的建筑内；

（二）博物馆、图书馆和被核定为文物保护单位的建筑物内；

（三）居民住宅区；

（四）《中华人民共和国未成年人保护法》规定的学校、幼儿园周围；

（五）依照《医疗机构管理条例》及实施细则规定取得《医疗机构执业许可证》的医院周围；

（六）各级中国共产党委员会及其所属各工作部门、各级人民代表大会机关、各级人民政府及其所属各工作部门、各级政治协商会议机关、各级人民法院、检察院机关、各级民主党派机关周围；

（七）车站、机场等人群密集的场所；

（八）建筑物地下一层以下（不含地下一层）；

（九）与危险化学品仓库毗连的区域，与危险化学品仓库的距离必须符合《危险化学品安全管理条例》的有关规定。

娱乐场所与学校、幼儿园、医院、机关距离及其测量方法由省级人民政府文化和旅游主管部门规定。

第七条 依法登记的娱乐场所申请从事娱乐场所经营活动，应当符合以下条件：

（一）有与其经营活动相适应的设施设备，提供的文化产品内容应当符合文化产品生产、出版、进口的规定；

（二）符合国家治安管理、消防安全、噪声污染防治等相关规定；

（三）法律、法规和规章规定的其他条件。

第八条 省级人民政府文化和旅游主管部门可以结合本地区实际，制定本行政区域内娱乐场所使用面积和消费者人均占有使用面积的最低标准。

第九条 依法登记的娱乐场所申请从事娱乐场所经营活动，应当向所在地县级人民政府文化和旅游主管部门提出申请；依法登记的外商投资娱乐场所申请从事娱乐场所经营活动，应当向所在地省级人民政府文化和旅游主管部门提出申请，省级人民政府文化和旅游主管部门可以委托所在地县级以上文化和旅游主管部门进行实地检查。

第十条 依法登记的娱乐场所申请从事娱乐场所经营活动前，可以向负责审批的文化和旅游主管部门提交咨询申请，文化和旅游主管部门应当提供行政指导。

第十一条 依法登记的娱乐场所申请从事娱乐场所经营活动，应当提交以下文件：

（一）申请书；

（二）营业执照；

（三）投资人、法定代表人、主要负责人的有效身份证件以及无《条例》第四条、第五条、第五十三条规定情况的书面声明；

（四）房产权属证书，租赁场地经营的，还应当提交租赁合同或者租赁意向书；

（五）经营场所地理位置图和场所内部结构平面图。

有关法律、行政法规规定需要办理消防、卫生、环境保护等审批手续的，从其规定。

第十二条 文化和旅游主管部门受理申请后，应当对设立场所的位置、周边环境、面积等进行实地检查。符合条件的，应当在设立场所、文化和旅游主管部门办公场所显著位置向社会公示10日，并依法组织听证。

第十三条 文化和旅游主管部门应当对歌舞娱乐场所使用的歌曲点播系统和游艺娱乐场所使用的游戏游艺设备进行内容核查。

第十四条 文化和旅游主管部门应当根据听证和文化产品内容核查结果作出行政许可决定。予以批准的，核发娱乐经营许可证；不予批准的，应当书面告知申请人并说明理由。

第十五条 娱乐场所改建、扩建营业场所或者变更场地的，变更投资人员以及娱乐经营许可证载明事项的，应当向原发证机关申请重新核发娱乐经营许可证。

第十六条 歌舞娱乐场所新增、变更歌曲点播系统，游艺娱乐场所新增、变更游戏游艺设备的，应当符合本办法第七条第（一）项规定。

第十七条 娱乐经营许可证有效期2年。娱乐经营许可证有效期届满30日前，娱乐场所经营者应当持许可证、营业执照副本以及营业情况报告到原发证机关申请换发许可证。原发证机关应当在有效期届满前做出是否准予延续的决定，逾期未做决定的，视为准予延续。

第十八条 娱乐经营许可证有效期届满未延续的，由原发证机关向社会公告注销娱乐经营许可证，并函告公安机关、市场监督管理部门。

第十九条 娱乐场所法定代表人或者主要负责人是维护本场所经营秩序的第一责任人，是本场所安全生产的第一责任人。

第二十条 歌舞娱乐场所经营应当符合以下规定：

（一）播放、表演的节目不得含有《条例》第十三条禁止内容；

（二）不得将场所使用的歌曲点播系统连接至境外曲库。

第二十一条 游艺娱乐场所经营应当符合以下规定：

（一）不得设置未经文化和旅游主管部门内容核查的游戏游艺设备；

（二）进行有奖经营活动的，奖品目录应当报所在地县级文化和旅游主管部门备案；

（三）除国家法定节假日外，设置的电子游戏机不得向未成年人提供。

第二十二条 娱乐场所不得为未经文化和旅游主管部门批准的营业性演出活动提供场地。

娱乐场所招用外国人从事演出活动的，应当符合《营业性演出管理条例》及《营业性演出管理条例实施细则》的规定。

第二十三条 娱乐场所应当建立文化产品内容自审和巡查制度，确定专人负责管理在场所内提供的文化产品和服务。巡查情况应当记入营业日志。

消费者利用娱乐场所从事违法违规活动的，娱乐场所应当制止，制止无效的应当及时报告文化和旅游主管部门或者公安机关。

第二十四条 娱乐场所应当在显著位置悬挂娱乐经营许可证、未成年人禁入或者限入标志，标志应当注明举报电话。

第二十五条 娱乐场所应当配合文化和旅游主管部门的日常检查和技术监管措施。

第二十六条 文化和旅游主管部门应当建立娱乐场所信用管理档案，记录被文化和旅游主管部门、公安机关、市场监督管理部门、消防救援机构、负有噪声污染防治监督管理职责的部门实施处罚的情况以及娱乐场所法定代表人、主要负责人、投资人等信息。

第二十七条 文化和旅游主管部门应当定期组织文化和旅游主管部门工作人员、娱乐场所第一责任人和内容管理专职人员进行政策法规培训。

第二十八条 违反《条例》规定，擅自从事娱乐场所经营活动的，由县级以上人民政府文化和旅游主管部门依照《条例》第四十一条采取责令关闭等方式予以取缔，有违法所得的，依照《中华人民共和国行政处罚法》第二十八条予以没收；符合严重失信主体情形的，依照有关规定予以认定并实施相应信用管理措施。

第二十九条 歌舞娱乐场所违反本办法第二十条规定的，由县级以上人民政府文化和旅游主管部门依照《条例》第四十八条予以处罚。

第三十条 游艺娱乐场所违反本办法第二十一条第（一）项、第（二）项规定的，由县级以上人民政府文化和旅游主管部门责令改正，并处5000元以上1万元以下的罚款；违反本办法第二十一条第（三）项规定的，由县级以上人民政府文化和旅游主管部门依照《条例》第四十八条予以处罚。

第三十一条 娱乐场所违反本办法第二十二条第一款规定的，由县级以上人民政府文化和旅游主管部门责令改正，并处5000元以上1万元以下罚款。

第三十二条 娱乐场所违反本办法第二十三条规定对违法违规行为未及时采取措施制止并依法报告的，由县级以上人民政府文化和旅游主管部门依照《条例》第五十条予以处罚。

第三十三条 娱乐场所违反本办法第二十四条规定的，由县级以上人民政府文化和旅游主管部门责令改正，予以警告。

第三十四条 娱乐场所违反本办法第二十五条规定的，由县级以上人民政府文化和旅游主管部门予以警告，并处5000元以上1万元以下罚款。

第三十五条 本办法自2013年3月11日起施行。

营业性演出管理条例实施细则

· 2009年8月28日文化部令第47号公布
· 根据2017年12月15日发布的《文化部关于废止和修改部分部门规章的决定》第一次修订
· 根据2022年5月13日发布的《文化和旅游部关于修改〈营业性演出管理条例实施细则〉的决定》第二次修订

第一章　总　则

第一条　根据《营业性演出管理条例》（以下简称《条例》），制定本实施细则。

第二条　《条例》所称营业性演出是指以营利为目的、通过下列方式为公众举办的现场文艺表演活动：

（一）售票或者接受赞助的；

（二）支付演出单位或者个人报酬的；

（三）以演出为媒介进行广告宣传或者产品促销的；

（四）以其他营利方式组织演出的。

第三条　国家依法维护营业性演出经营主体、演职员和观众的合法权益，禁止营业性演出中的不正当竞争行为。

第二章　营业性演出经营主体

第四条　文艺表演团体是指具备《条例》第六条规定条件，从事文艺表演活动的经营单位。

第五条　演出经纪机构是指具备《条例》第六条规定条件，从事下列活动的经营单位：

（一）演出组织、制作、营销等经营活动；

（二）演出居间、代理、行纪等经纪活动；

（三）演员签约、推广、代理等经纪活动。

第六条 演出场所经营单位是指具备《条例》第七条规定条件，为演出活动提供专业演出场地及服务的经营单位。

第七条 依法登记的文艺表演团体申请从事营业性演出活动，应当向文化和旅游主管部门提交下列文件：

（一）申请书；

（二）营业执照和从事的艺术类型；

（三）法定代表人或者主要负责人的有效身份证件；

（四）演员的艺术表演能力证明；

（五）与业务相适应的演出器材设备书面声明。

前款第四项所称演员的艺术表演能力证明，可以是下列文件之一：

（一）中专以上学校文艺表演类专业毕业证书；

（二）职称证书；

（三）其他有效证明。

第八条 依法登记的演出经纪机构申请从事营业性演出经营活动，应当向文化和旅游主管部门提交下列文件：

（一）申请书；

（二）营业执照；

（三）法定代表人或者主要负责人的有效身份证件；

（四）演出经纪人员资格证。

法人或者其他组织申请增设演出经纪机构经营业务的，应当提交前款第一项、第四项规定的文件。

第九条 依法登记的演出场所经营单位，应当自领取营业执照之日起20日内，持营业执照和有关消防、卫生批准文件，向所在地县级人民政府文化和旅游主管部门备案，县级人民政府文化和旅游主管部门应当出具备案证明。备案证明式样由国务院文化和旅游主管部门设计，省级人民政府文化和旅游主管部门印制。

个体演员可以持个人有效身份证件和本实施细则第七条第二

款规定的艺术表演能力证明，个体演出经纪人可以持个人有效身份证件和演出经纪人员资格证，向户籍所在地或者常驻地县级人民政府文化和旅游主管部门申请备案，文化和旅游主管部门应当出具备案证明。备案证明式样由国务院文化和旅游主管部门设计，省级人民政府文化和旅游主管部门印制。

第十条 香港特别行政区、澳门特别行政区投资者在内地依法登记的演出经纪机构，台湾地区投资者在大陆依法登记的演出经纪机构，外国投资者在中国境内依法登记的演出经纪机构，申请从事营业性演出经营活动，适用本实施细则第八条规定。

第十一条 香港特别行政区、澳门特别行政区投资者在内地依法登记的演出场所经营单位，台湾地区投资者在大陆依法登记的演出场所经营单位，外国投资者在中国境内依法登记的演出场所经营单位，申请从事演出场所经营活动，应当提交下列文件：

（一）申请书；

（二）营业执照；

（三）法定代表人或主要负责人有效身份证件；

（四）依照《条例》第七条应当提交的其他材料。

第十二条 香港特别行政区、澳门特别行政区的演出经纪机构经批准可以在内地设立分支机构，分支机构不具有企业法人资格。

香港特别行政区、澳门特别行政区演出经纪机构在内地的分支机构可以依法从事营业性演出的居间、代理活动，但不得从事其他演出经营活动。香港特别行政区、澳门特别行政区的演出经纪机构对其分支机构的经营活动承担民事责任。

香港特别行政区、澳门特别行政区的演出经纪机构在内地设立分支机构，必须在内地指定负责该分支机构的负责人，并向该分支机构拨付与其所从事的经营活动相适应的资金。

第十三条 香港特别行政区、澳门特别行政区投资者在内地依法投资设立的由内地方控股的文艺表演团体申请从事营业性演出活动，除提交本实施细则第七条规定的材料外，还应当提交投资信息报告回执等材料。

第三章　演出管理

第十四条　申请举办营业性演出，应当在演出日期3日前将申请材料提交负责审批的文化和旅游主管部门。

申请举办营业性涉外或者涉港澳台演出，应当在演出日期20日前将申请材料提交负责审批的文化和旅游主管部门。

第十五条　申请举办营业性演出，应当持营业性演出许可证或者备案证明，向文化和旅游主管部门提交符合《条例》第十六条规定的文件。

申请举办临时搭建舞台、看台的营业性演出，还应当提交符合《条例》第二十条第二、三项规定的文件。

对经批准的临时搭建舞台、看台的演出活动，演出举办单位还应当在演出前向演出所在地县级人民政府文化和旅游主管部门提交符合《条例》第二十条第一项规定的文件，不符合规定条件的，演出活动不得举行。

《条例》第二十条所称临时搭建舞台、看台的营业性演出是指符合《大型群众性活动安全管理条例》规定的营业性演出活动。

《条例》第二十条第一项所称演出场所合格证明，是指由演出举办单位组织有关承建单位进行竣工验收，并作出的验收合格证明材料。

申请举办需要未成年人参加的营业性演出，应当符合国家有关规定。

第十六条　申请举办营业性涉外或者涉港澳台演出，除提交本实施细则第十五条规定的文件外，还应当提交下列文件：

（一）演员有效身份证件复印件；

（二）2年以上举办营业性演出经历的证明文件；

（三）近2年内无违反《条例》规定的书面声明。

文化和旅游主管部门审核涉外或者涉港澳台营业性演出项目，

必要时可以依法组织专家进行论证。

第十七条 经省级人民政府文化和旅游主管部门批准的营业性涉外演出，在批准的时间内增加演出地的，举办单位或者与其合作的具有涉外演出资格的演出经纪机构，应当在演出日期10日前，持省级人民政府文化和旅游主管部门批准文件和本实施细则第十五条规定的文件，到增加地省级人民政府文化和旅游主管部门备案，省级人民政府文化和旅游主管部门应当出具备案证明。

第十八条 经批准到艺术院校从事教学、研究工作的外国或者港澳台艺术人员从事营业性演出的，应当委托演出经纪机构承办。

第十九条 歌舞娱乐场所、旅游景区、主题公园、游乐园、宾馆、饭店、酒吧、餐饮场所等非演出场所经营单位需要在本场所内举办营业性演出的，应当委托演出经纪机构承办。

在上述场所举办驻场涉外演出，应当报演出所在地省级人民政府文化和旅游主管部门审批。

第二十条 申请举办含有内地演员和香港特别行政区、澳门特别行政区、台湾地区演员以及外国演员共同参加的营业性演出，可以报演出所在地省级人民政府文化和旅游主管部门审批，具体办法由省级人民政府文化和旅游主管部门制定。

国家另有规定的，从其规定。

第二十一条 在演播厅外从事电视文艺节目的现场录制，符合本实施细则第二条规定条件的，应当依照《条例》和本实施细则的规定办理审批手续。

第二十二条 举办募捐义演，应当依照《条例》和本实施细则的规定办理审批手续。

参加募捐义演的演职人员不得获取演出报酬；演出举办单位或者演员应当将扣除成本后的演出收入捐赠给社会公益事业，不得从中获取利润。

演出收入是指门票收入、捐赠款物、赞助收入等与演出活动相关的全部收入。演出成本是指演职员食、宿、交通费用和舞台灯光音响、服装道具、场地、宣传等费用。

募捐义演结束后10日内，演出举办单位或者演员应当将演出收支结算报审批机关备案。

举办其他符合本实施细则第二条所述方式的公益性演出，参照本条规定执行。

第二十三条 营业性演出经营主体举办营业性演出，应当履行下列义务：

（一）办理演出申报手续；

（二）安排演出节目内容；

（三）安排演出场地并负责演出现场管理；

（四）确定演出票价并负责演出活动的收支结算；

（五）依法缴纳或者代扣代缴有关税费；

（六）接受文化和旅游主管部门的监督管理；

（七）其他依法需要承担的义务。

第二十四条 举办营业性涉外或者涉港澳台演出，举办单位应当负责统一办理外国或者港澳台文艺表演团体、个人的入出境手续，巡回演出的还要负责其全程联络和节目安排。

第二十五条 营业性演出活动经批准后方可出售门票。

第二十六条 营业性演出不得以假唱、假演奏等手段欺骗观众。

前款所称假唱、假演奏是指演员在演出过程中，使用事先录制好的歌曲、乐曲代替现场演唱、演奏的行为。

演出举办单位应当派专人对演唱、演奏行为进行监督，并作出记录备查。记录内容包括演员、乐队、曲目的名称和演唱、演奏过程的基本情况，并由演出举办单位负责人和监督人员签字确认。

第二十七条 举办营业性演出，应当根据舞台设计要求，优先选用境内演出器材。

第二十八条 举办营业性演出，举办单位或者个人可以为演出活动投保安全生产责任保险。

第二十九条 鼓励演出经营主体协作经营，建立演出院线，共享演出资源。

第三十条 各级人民政府文化和旅游主管部门应当将营业性演出的审批事项向社会公布。

第三十一条 文化和旅游主管部门对体现民族特色和国家水准的演出，应当依照有关规定给予补助和支持。

县级以上人民政府有关部门可以依照《条例》的有关规定和财务管理制度，鼓励和支持体现民族特色和国家水准的演出。

第三十二条 文化和旅游主管部门或者文化市场综合执法机构检查营业性演出现场，应当出示行政执法证，演出举办单位应当配合。

第三十三条 文化和旅游主管部门可以采用技术手段，加强对营业性演出活动的监管。

第三十四条 各级人民政府文化和旅游主管部门应当建立演出经营主体基本信息登记和公布制度、演出信息报送制度、演出市场巡查责任制度，加强对演出市场的管理和监督。

第三十五条 国家对演出经纪人员实行职业资格认定制度。国务院文化和旅游主管部门对全国演出经纪人员的资格认定、从业活动实施监督管理。各级人民政府文化和旅游主管部门对本行政区域内演出经纪人员的从业活动实施监督管理。

演出经纪机构举办营业性演出活动，应当安排专职演出经纪人员负责。

第三十六条 演出行业协会应当依据章程开展业务活动，加强行业自律，维护其成员的合法权益。

第四章 演出证管理

第三十七条 文艺表演团体和演出经纪机构的营业性演出许可证包括1份正本和2份副本，有效期为2年。

营业性演出许可证由国务院文化和旅游主管部门设计，省级人民政府文化和旅游主管部门印制，发证机关填写、盖章。

第三十八条 文化和旅游主管部门吊销文艺表演团体或者演出经纪机构的营业性演出许可证，应当通知市场监督管理部门变更其经营范围或者吊销营业执照。

文艺表演团体和演出经纪机构的营业性演出许可证，除文化和旅游主管部门可以依法暂扣或者吊销外，其他任何单位和个人不得收缴、扣押。

第三十九条 吊销、注销文艺表演团体营业性演出许可证的，应当报省级人民政府文化和旅游主管部门备案。吊销、注销演出经纪机构营业性演出许可证的，应当报国务院文化和旅游主管部门备案。

第四十条 文化和旅游主管部门对文艺表演团体和演出经纪机构实施行政处罚的，应当将处罚决定记录在营业性演出许可证副本上并加盖处罚机关公章，同时将处罚决定通知发证机关。

第五章 罚 则

第四十一条 违反本实施细则第十五条的规定，未在演出前向演出所在地县级人民政府文化和旅游主管部门提交《条例》第二十条规定的演出场所合格证明而举办临时搭建舞台、看台营业性演出的，由县级人民政府文化和旅游主管部门依照《条例》第四十四条第一款的规定给予处罚。

第四十二条 举办营业性涉外或者涉港澳台演出，隐瞒近 2 年内违反《条例》规定的记录，提交虚假书面声明的，由负责审批的文化和旅游主管部门处以 3 万元以下罚款。

第四十三条 违反本实施细则第十七条规定，经省级人民政府文化和旅游主管部门批准的涉外演出在批准的时间内增加演出地，未到演出所在地省级人民政府文化和旅游主管部门备案的，由县级人民政府文化和旅游主管部门责令改正，给予警告，可以并处 3 万元以下罚款。

第四十四条 违反本实施细则第十八条规定，经批准到艺术院校从事教学、研究工作的外国或者港澳台艺术人员擅自从事营业性演出的，由县级人民政府文化和旅游主管部门依照《条例》第四十三条规定给予处罚。

第四十五条 违反本实施细则第十九条规定，非演出场所经营单位擅自举办演出的，由县级人民政府文化和旅游主管部门依照《条例》第四十三条规定给予处罚。

第四十六条 非演出场所经营单位为未经批准的营业性演出提供场地的，由县级人民政府文化和旅游主管部门移送有关部门处理。

第四十七条 违反本实施细则第二十一条规定，在演播厅外从事符合本实施细则第二条规定条件的电视文艺节目的现场录制，未办理审批手续的，由县级人民政府文化和旅游主管部门依照《条例》第四十三条规定给予处罚。

第四十八条 违反本实施细则第二十二条规定，擅自举办募捐义演或者其他公益性演出的，由县级以上人民政府文化和旅游主管部门依照《条例》第四十三条规定给予处罚。

第四十九条 违反本实施细则第二十三条、第二十四条规定，在演出经营活动中，不履行应尽义务，倒卖、转让演出活动经营权的，由县级人民政府文化和旅游主管部门依照《条例》第四十五条规定给予处罚。

第五十条 违反本实施细则第二十五条规定，未经批准，擅自出售演出门票的，由县级人民政府文化和旅游主管部门责令停止违法活动，并处3万元以下罚款。

第五十一条 违反本实施细则第二十六条规定，演出举办单位没有现场演唱、演奏记录的，由县级人民政府文化和旅游主管部门处以3000元以下罚款。

以假演奏等手段欺骗观众的，由县级人民政府文化和旅游主管部门依照《条例》第四十七条的规定给予处罚。

第五十二条 县级以上人民政府文化和旅游主管部门或者文

化市场综合执法机构检查营业性演出现场，演出举办单位拒不接受检查的，由县级以上人民政府文化和旅游主管部门或者文化市场综合执法机构处以3万元以下罚款。

第五十三条 上级人民政府文化和旅游主管部门在必要时，可以依照《条例》和本实施细则的规定，调查、处理由下级人民政府文化和旅游主管部门调查、处理的案件。

下级人民政府文化和旅游主管部门认为案件重大、复杂的，可以请求移送上级人民政府文化和旅游主管部门调查、处理。

第六章 附 则

第五十四条 本实施细则由国务院文化和旅游主管部门负责解释。

第五十五条 本实施细则自2009年10月1日起施行，2005年8月30日发布的《营业性演出管理条例实施细则》同时废止。

娱乐场所治安管理办法

· 2008年6月3日公安部令第103号公布

· 自2008年10月1日起施行

第一章 总 则

第一条 为加强娱乐场所治安管理，维护娱乐场所经营者、消费者和从业人员的合法权益，维护社会治安秩序，保障公共安全，根据《中华人民共和国治安管理处罚法》、《娱乐场所管理条例》等法律、法规的规定，制定本办法。

第二条 娱乐场所治安管理应当遵循公安机关治安部门归口管理和辖区公安派出所属地管理相结合，属地管理为主的原则。

公安机关对娱乐场所进行治安管理，应当严格、公正、文明、规范。

第三条 娱乐场所法定代表人、主要负责人是维护本场所治安秩序的第一责任人。

第二章 娱乐场所向公安机关备案

第四条 娱乐场所领取营业执照后，应当在15日内向所在地县（市）公安局、城市公安分局治安部门备案；县（市）公安局、城市公安分局治安部门受理备案后，应当在5日内将备案资料通报娱乐场所所在辖区公安派出所。

县（市）公安局、城市公安分局治安部门对备案的娱乐场所应当统一建立管理档案。

第五条 娱乐场所备案项目包括：

（一）名称；

（二）经营地址、面积、范围；

（三）地理位置图和内部结构平面示意图；

（四）法定代表人和主要负责人姓名、身份证号码、联系方式；

（五）与保安服务企业签订的保安服务合同及保安人员配备情况；

（六）核定的消费人数；

（七）娱乐经营许可证号、营业执照号及登记日期；

（八）监控、安检设备安装部位平面图及检测验收报告。

设有电子游戏机的游艺娱乐场所备案时，除符合前款要求外，还应当提供电子游戏机机型及数量情况。

第六条 娱乐场所备案时，应当提供娱乐经营许可证、营业执照及消防、卫生、环保等部门批准文件的复印件。

第七条 娱乐场所备案项目发生变更的，应当自变更之日起15日内向原备案公安机关备案。

第三章　安全设施

第八条　歌舞娱乐场所包厢、包间内不得设置阻碍展现室内整体环境的屏风、隔扇、板壁等隔断，不得以任何名义设立任何形式的房中房（卫生间除外）。

第九条　歌舞娱乐场所的包厢、包间内的吧台、餐桌等物品不得高于1.2米。

包厢、包间的门窗，距地面1.2米以上应当部分使用透明材质。透明材质的高度不小于0.4米，宽度不小于0.2米，能够展示室内消费者娱乐区域整体环境。

营业时间内，歌舞娱乐场所包厢、包间门窗透明部分不得遮挡。

第十条　歌舞娱乐场所包厢、包间内不得安装门锁、插销等阻碍他人自由进出包厢、包间的装置。

第十一条　歌舞娱乐场所营业大厅、包厢、包间内禁止设置可调试亮度的照明灯。照明灯在营业时间内不得关闭。

第十二条　歌舞娱乐场所应当在营业场所出入口、消防安全疏散出入口、营业大厅通道、收款台前安装闭路电视监控设备。

第十三条　歌舞娱乐场所安装的闭路电视监控设备应当符合视频安防监控系统相关国家或者行业标准要求。

闭路电视监控设备的压缩格式为H.264或者MPEG-4，录像图像分辨率不低于4CIF（704×576）或者D1（720×576）；保障视频录像实时（每秒不少于25帧），支持视频移动侦测功能；图像回放效果要求清晰、稳定、逼真，能够通过LAN、WAN或者互联网与计算机相连，实现远程监视、放像、备份及升级，回放图像水平分辨力不少于300TVL。

第十四条　歌舞娱乐场所应当设置闭路电视监控设备监控室，由专人负责值守，保障设备在营业时间内正常运行，不得中断、删改或者挪作他用。

第十五条　营业面积1000平方米以下的迪斯科舞厅应当配备手持式金属探测器，营业面积超过1000平方米以上的应当配备通过式金属探测门和微剂量X射线安全检查设备等安全检查设备。

手持式金属探测器、通过式金属探测门、微剂量X射线安全检查设备应当符合国家或者行业标准要求。

第十六条　迪斯科舞厅应当配备专职安全检查人员，安全检查人员不得少于2名，其中女性安全检查人员不得少于1名。

第十七条　娱乐场所应当在营业场所大厅、包厢、包间内的显著位置悬挂含有禁毒、禁赌、禁止卖淫嫖娼等内容的警示标志。标志应当注明公安机关的举报电话。

警示标志式样、规格、尺寸由省、自治区、直辖市公安厅、局统一制定。

第十八条　娱乐场所不得设置具有赌博功能的电子游戏机机型、机种、电路板等游戏设施设备，不得从事带有赌博性质的游戏机经营活动。

第四章　经营活动规范

第十九条　娱乐场所对从业人员应当实行实名登记制度，建立从业人员名簿，统一建档管理。

第二十条　从业人员名簿应当记录以下内容：

（一）从业人员姓名、年龄、性别、出生日期及有效身份证件号码；

（二）从业人员户籍所在地和暂住地地址；

（三）从业人员具体工作岗位、职责。

外国人就业的，应当留存外国人就业许可证复印件。

第二十一条　营业期间，娱乐场所从业人员应当统一着装，统一佩带工作标志。

着装应当大方得体，不得有伤风化。

工作标志应当载有从业人员照片、姓名、职务、统一编号等基本信息。

第二十二条 娱乐场所应当建立营业日志，由各岗位负责人及时登记填写并签名，专人负责保管。

营业日志应当详细记载从业人员的工作职责、工作内容、工作时间、工作地点及遇到的治安问题。

第二十三条 娱乐场所营业日志应当留存60日备查，不得删改。对确因记录错误需要删改的，应当写出说明，由经手人签字，加盖娱乐场所印章。

第二十四条 娱乐场所应当安排保安人员负责安全巡查，营业时间内每2小时巡查一次，巡查区域应当涵盖整个娱乐场所，巡查情况应当写入营业日志。

第二十五条 娱乐场所对发生在场所内的违法犯罪活动，应当立即向公安机关报告。

第二十六条 娱乐场所应当按照国家有关信息化标准规定，配合公安机关建立娱乐场所治安管理信息系统，实时、如实将从业人员、营业日志、安全巡查等信息录入系统，传输报送公安机关。

本办法规定娱乐场所配合公安机关在治安管理方面所作的工作，能够通过娱乐场所治安管理信息系统录入传输完成的，应当通过系统完成。

第五章 保安员配备

第二十七条 娱乐场所应当与经公安机关批准设立的保安服务企业签订服务合同，配备已取得资格证书的专业保安人员，并通报娱乐场所所在辖区公安派出所。

娱乐场所不得自行招录人员从事保安工作。

第二十八条 娱乐场所保安人员应当履行下列职责：

（一）维护娱乐场所治安秩序；

（二）协助娱乐场所做好各项安全防范和巡查工作；

（三）及时排查、发现并报告娱乐场所治安、安全隐患；

（四）协助公安机关调查、处置娱乐场所内发生的违法犯罪活动。

第二十九条 娱乐场所应当加强对保安人员的教育管理，不得要求保安人员从事与其职责无关的工作。对保安人员工作情况逐月通报辖区公安派出所和保安服务企业。

第三十条 娱乐场所营业面积在200平方米以下的，配备的保安人员不得少于2名；营业面积每增加200平方米，应当相应增加保安人员1名。

迪斯科舞厅保安人员应当按照场所核定人数的5%配备。

第三十一条 在娱乐场所执勤的保安人员应当统一着制式服装，佩带徽章、标记。

保安人员执勤时，应当仪表整洁、行为规范、举止文明。

第三十二条 保安服务企业应当加强对派驻娱乐场所保安人员的教育培训，开展经常性督查，确保服务质量。

第六章 治安监督检查

第三十三条 公安机关及其工作人员对娱乐场所进行监督检查时应当出示人民警察证件，表明执法身份，不得从事与职务无关的活动。

公安机关及其工作人员对娱乐场所进行监督检查，应当记录在案，归档管理。

第三十四条 监督检查记录应当以书面形式为主，必要时可以辅以录音、录像等形式。

第三十五条 监督检查记录应当包括：

（一）执行监督检查任务的人员姓名、单位、职务；

（二）监督检查的时间、地点、场所名称、检查事项；

（三）发现的问题及处理结果。

第三十六条 监督检查记录一式两份，由监督检查人员签字，并经娱乐场所负责人签字确认。

娱乐场所负责人拒绝签字的，监督检查人员应当在记录中注明情况。

第三十七条 公众有权查阅娱乐场所监督检查记录，公安机关应当为公众查阅提供便利。

第三十八条 公安机关应当建立娱乐场所违法行为警示记录系统，并依据娱乐场所治安秩序状况进行分级管理。

娱乐场所分级管理标准，由各省、自治区、直辖市公安厅、局结合本地实际自行制定。

第三十九条 公安机关对娱乐场所进行分级管理，应当按照公开、公平、公正的原则，定期考核，动态升降。

第四十条 公安机关建立娱乐场所治安管理信息系统，对娱乐场所及其从业人员实行信息化监督管理。

第七章 罚 则

第四十一条 娱乐场所未按照本办法规定项目备案的，由受理备案的公安机关告知补齐；拒不补齐的，由受理备案的公安机关责令改正，给予警告。

违反本办法第七条规定的，由原备案公安机关责令改正，给予警告。

第四十二条 娱乐场所违反本办法第八条至第十六条、第三十条规定的，由县级公安机关依照《娱乐场所管理条例》第四十三条的规定予以处罚。

第四十三条 娱乐场所违反本办法第二十九条规定的，由县级公安机关责令改正，给予警告。

娱乐场所保安人员违反本办法第二十八条、三十一条规定的，依照有关规定予以处理。

第四十四条 娱乐场所违反本办法第二十六条规定的，由县级公安机关责令改正、给予警告；经警告不予改正的，处5000元以上1万元以下罚款。

第四十五条 公安机关工作人员违反本办法第三十三条规定或者有其他失职、渎职行为的，对直接负责的主管人员和其他直接责任人员依法予以行政处分；构成犯罪的，依法追究刑事责任。

第四十六条 娱乐场所及其从业人员违反本办法规定的其他行为，《娱乐场所管理条例》已有处罚规定的，依照规定处罚；违反治安管理的，依照《中华人民共和国治安管理处罚法》处罚；构成犯罪的，依法追究刑事责任。

第八章 附 则

第四十七条 非娱乐场所经营单位兼营歌舞、游艺项目的，依照本办法执行。

第四十八条 本办法自2008年10月1日起施行。

公共娱乐场所消防安全管理规定

· 1999年5月25日公安部令第39号发布

· 自发布之日起施行

第一条 为了预防火灾，保障公共安全，依据《中华人民共和国消防法》制定本规定。

第二条 本规定所称公共娱乐场所，是指向公众开放的下列室内场所：

（一）影剧院、录像厅、礼堂等演出、放映场所；

（二）舞厅、卡拉OK厅等歌舞娱乐场所；

（三）具有娱乐功能的夜总会、音乐茶座和餐饮场所；

（四）游艺、游乐场所；

（五）保龄球馆、旱冰场、桑拿浴室等营业性健身、休闲场所。

第三条 公共娱乐场所应当在法定代表人或者主要负责人中确定一名本单位的消防安全责任人。在消防安全责任人确定或者变更时，应当向当地公安消防机构备案。

消防安全责任人应当依照《消防法》第十四条和第十六条规定履行消防安全职责，负责检查和落实本单位防火措施、灭火预案的制定和演练以及建筑消防设施、消防通道、电源和火源管理等。

公共娱乐场所的房产所有者在与其他单位、个人发生租赁、承包等关系后，公共娱乐场所的消防安全由经营者负责。

第四条 新建、改建、扩建公共娱乐场所或者变更公共娱乐场所内部装修的，其消防设计应当符合国家有关建筑消防技术标准的规定。

第五条 新建、改建、扩建公共娱乐场所或者变更公共娱乐场所内部装修的，建设或者经营单位应当依法将消防设计图纸报送当地公安消防机构审核，经审核同意方可施工；工程竣工时，必须经公安消防机构进行消防验收；未经验收或者经验收不合格的，不得投入使用。

第六条 公众聚集的娱乐场所在使用或者开业前，必须具备消防安全条件，依法向当地公安消防机构申报检查，经消防安全检查合格后，发给《消防安全检查意见书》，方可使用或者开业。

第七条 公共娱乐场所宜设置在耐火等级不低于二级的建筑物内；已经核准设置在三级耐火等级建筑内的公共娱乐场所，应当符合特定的防火安全要求。

公共娱乐场所不得设置在文物古建筑和博物馆、图书馆建筑内，不得毗连重要仓库或者危险物品仓库；不得在居民住宅楼内改建公共娱乐场所。

公共娱乐场所与其他建筑相毗连或者附设在其他建筑物内时，应当按照独立的防火分区设置；商住楼内的公共娱乐场所与居民住宅的安全出口应当分开设置。

第八条 公共娱乐场所的内部装修设计和施工，应当符合

《建筑内部装修设计防火规范》和有关建筑内部装饰装修防火管理的规定。

第九条 公共娱乐场所的安全出口数目、疏散宽度和距离，应当符合国家有关建筑设计防火规范的规定。

安全出口处不得设置门槛、台阶，疏散门应向外开启，不得采用卷帘门、转门、吊门和侧拉门，门口不得设置门帘、屏风等影响疏散的遮挡物。

公共娱乐场所在营业时必须确保安全出口和疏散通道畅通无阻，严禁将安全出口上锁、阻塞。

第十条 安全出口、疏散通道和楼梯口应当设置符合标准的灯光疏散指示标志。指示标志应当设在门的顶部、疏散通道和转角处距地面1米以下的墙面上。设在走道上的指示标志的间距不得大于20米。

第十一条 公共娱乐场所内应当设置火灾事故应急照明灯，照明供电时间不得少于20分钟。

第十二条 公共娱乐场所必须加强电气防火安全管理，及时消除火灾隐患。不得超负荷用电，不得擅自拉接临时电线。

第十三条 在地下建筑内设置公共娱乐场所，除符合本规定其他条款的要求外，还应当符合下列规定：

（一）只允许设在地下一层；

（二）通往地面的安全出口不应少于2个，安全出口、楼梯和走道的宽度应当符合有关建筑设计防火规范的规定；

（三）应当设置机械防烟排烟设施；

（四）应当设置火灾自动报警系统和自动喷水灭火系统；

（五）严禁使用液化石油气。

第十四条 公共娱乐场所内严禁带入和存放易燃易爆物品。

第十五条 严禁在公共娱乐场所营业时进行设备检修、电气焊、油漆粉刷等施工、维修作业。

第十六条 演出、放映场所的观众厅内禁止吸烟和明火照明。

第十七条 公共娱乐场所在营业时，不得超过额定人数。

第十八条 卡拉 OK 厅及其包房内，应当设置声音或者视像警报，保证在火灾发生初期，将各卡拉 OK 房间的画面、音响消除，播送火灾警报，引导人们安全疏散。

第十九条 公共娱乐场所应当制定防火安全管理制度，制定紧急安全疏散方案。在营业时间和营业结束后，应当指定专人进行安全巡视检查。

第二十条 公共娱乐场所应当建立全员防火安全责任制度，全体员工都应当熟知必要的消防安全知识，会报火警，会使用灭火器材，会组织人员疏散。新职工上岗前必须进行消防安全培训。

第二十一条 公共娱乐场所应当按照《建筑灭火器配置设计规范》配置灭火器材，设置报警电话，保证消防设施、设备完好有效。

第二十二条 对违反本规定的行为，依照《中华人民共和国消防法》和地方性消防法规、规章予以处罚；构成犯罪的，依法追究刑事责任。

第二十三条 本规定自发布之日起施行。1995 年 1 月 26 日公安部发布的《公共娱乐场所消防安全管理规定》同时废止。

文化和旅游部关于调整娱乐场所和互联网上网服务营业场所审批有关事项的通知

· 2021 年 5 月 27 日
· 文旅市场发〔2021〕57 号

各省、自治区、直辖市文化和旅游厅（局），新疆生产建设兵团文化体育广电和旅游局：

为贯彻实施《中华人民共和国未成年人保护法》和《国务院关于修改和废止部分行政法规的决定》，按照国务院“证照分离”改革要求，现就娱乐场所、互联网上网服务营业场所审批有关事项通知如下。

一、允许外国投资者依法在中国境内设立娱乐场所。根据《国务院关于修改和废止部分行政法规的决定》（中华人民共和国国务院令第732号），允许外国投资者依法在中国境内设立娱乐场所，取消外商投资比例限制。外国投资者申请从事娱乐场所经营活动，应当向省级文化和旅游行政部门提出申请，申请材料、设立条件和程序与内资一致。香港特别行政区、澳门特别行政区投资者在内地投资设立娱乐场所、台湾地区投资者在大陆投资设立娱乐场所参照执行。

二、幼儿园周边不得设置娱乐场所、互联网上网服务营业场所。根据《中华人民共和国未成年人保护法》第五十八条规定，学校、幼儿园周边不得设置娱乐场所、互联网上网服务营业场所。根据《全国人民代表大会常务委员会法制工作委员会关于未成年人保护法第五十八条中幼儿园周边不得设置有关场所规定含义理解和适用问题的答复意见》，幼儿园与娱乐场所、互联网上网服务营业场所距离及测量方法，由省级文化和旅游行政部门结合实际作出具体规定。《中华人民共和国未成年人保护法》施行前已开设在幼儿园周边的娱乐场所、互联网上网服务营业场所，审批机关在办理经营许可证延续或变更时，应当严格依照有关法律规定执行，切实落实不得在幼儿园周边设置娱乐场所、互联网上网服务营业场所的法定要求。

三、做好与相关部门行政审批改革的协同衔接。省级文化和旅游行政部门应当与同级应急管理、生态环境、公安等部门进行沟通会商，做好行政审批事项取消调整的衔接工作，探索申请人承诺制等方式，畅通审批流程，保障申请人的合法权益。

四、落实国务院"证照分离"改革要求。各地要根据国务院关于"证照分离"改革精神，统一使用全国文化市场技术监管与服务平台办理娱乐场所、互联网上网服务营业场所审批事项，压缩审批时限，提升审批效能，优化审批服务。

特此通知。

国家版权局、文化和旅游部关于规范卡拉 OK 领域版权市场秩序的通知

·2021 年 4 月 2 日
·国版发〔2021〕1 号

各省、自治区、直辖市版权局、文化和旅游厅（局），各相关单位：

为贯彻落实党中央、国务院关于加强知识产权保护的决策部署，进一步完善著作权集体管理制度、优化工作机制，维护权利人合法权益、便于使用者合法使用，促进卡拉 OK 行业健康有序发展，根据《中华人民共和国著作权法》《著作权集体管理条例》等规定，结合我国著作权集体管理工作实际，现就规范卡拉 OK 领域版权市场秩序有关事项通知如下。

一、坚持通过著作权集体管理解决卡拉 OK 领域版权问题。卡拉 OK 领域版权问题具有权利人众多和使用者众多的特点，“点对点”的版权许可方式无法满足权利人和使用者的实际需要，著作权集体管理是合理高效解决卡拉 OK 领域版权问题的有效途径。要统筹兼顾权利人和使用者利益，坚持通过著作权集体管理解决卡拉 OK 领域版权问题，完善体制机制、创新方式、提升效能。

二、坚持卡拉 OK 领域“二合一”版权许可机制。根据《著作权集体管理条例》第二十六条规定，在自愿基础上推动卡拉 OK 领域继续实施“二合一”版权许可机制。中国音乐著作权协会（以下简称音著协）管理的音乐作品表演权和中国音像著作权集体管理协会（以下简称音集协）管理的音乐电视作品放映权，统一由音集协向卡拉 OK 经营者发放许可、收取使用费，使用费在音集协和音著协之间经协商分配。音集协和音著协应当加强合作，在许可内容、许可方式、许可效率、费用分配等方面完善工

作机制，为权利人和使用者提供更高水平服务。

三、坚持“先许可后使用”原则。卡拉 OK 经营者应当按照“先许可后使用”原则，与音集协签订许可使用合同后合法使用作品，许可使用合同以音集协官方网站公布的文本为准。未经许可，不得使用相关作品。版权使用费以国家版权局公告的使用费标准为基准，合理兼顾权利人的合法权益与卡拉 OK 经营者的实际需要。鼓励卡拉 OK 经营者通过相关行业协会或代表与音集协开展集体协商，就许可范围、许可期限、许可费用、支付方式等内容达成统一协议。

四、坚持协商合作优先机制。卡拉 OK 领域各相关方应当加强合作，通过联席会议、定期磋商等方式及时通报信息、交流经验，化解风险、解决纠纷。对于卡拉 OK 领域与版权有关的法律适用、许可机制和商业模式等普遍性或复杂性问题，优先以协商沟通方式解决，积极寻求非诉纠纷解决途径。对于无法协调一致或者其他重大事宜，应当及时向主管部门报告。

五、坚持著作权集体管理信息公开透明。音集协和音著协应当建立权利信息查询系统，供权利人和使用者查询其管理的权利种类、作品和录音录像制品的名称、权利人姓名或名称等信息；应当依法通过财务报告、工作报告和其他业务资料及时向有关主体通报作品许可使用情况和版权使用费相关情况，向社会公开年度报告、联系方式，接受权利人、使用者和社会各界监督。音集协应当在官方网站公布许可使用合同文本、许可流程和规范、从事许可的工作人员等信息。

六、坚持著作权集体管理组织非营利性原则。音集协和音著协应当进一步强化非营利性法人定位，不得委托、支持、纵容商业机构介入卡拉 OK 领域著作权集体管理事务。其他任何组织和个人不得介入卡拉 OK 领域著作权集体管理活动，破坏“二合一”版权许可机制，扰乱版权市场秩序。未经批准擅自从事著作权集体管理活动的，由主管部门依法查处；构成犯罪的，依法追究刑事责任。

七、坚持依法监管著作权集体管理组织。国家版权局依法监管音集协和音著协在卡拉 OK 领域的著作权集体管理活动，检查相关业务工作，核查相关财务资料。对音集协和音著协违反法律法规和有关政策的，依法依规采取诫勉谈话、责令限期改正、责令罢免或者解聘有关主管人员、提出暂缓年检建议和吊销许可证等措施。

八、坚持依法加强卡拉 OK 行业管理。文化和旅游行政部门加强对卡拉 OK 领域的行业监管和内容监管，支持和引导相关行业协会与音集协、音著协落实卡拉 OK 领域“二合一”版权许可机制，配合相关部门建立健全科学合理的卡拉 OK 领域版权保护机制，切实维护权利人和使用者的合法权益，促进行业规范发展。

歌舞娱乐场所卡拉 OK 音乐内容管理暂行规定

· 2021 年 7 月 26 日

· 文旅市场发〔2021〕79 号

第一章　总　则

第一条　为了加强歌舞娱乐场所卡拉 OK 音乐内容管理，弘扬社会主义核心价值观，维护国家文化安全和意识形态安全，根据《国家安全法》《娱乐场所管理条例》等法律法规，制定本规定。

第二条　本规定所称歌舞娱乐场所卡拉 OK 音乐内容是指歌舞娱乐场所歌曲点播系统播放的曲目、屏幕画面等。

第三条　鼓励歌曲点播系统内容提供商向歌舞娱乐场所提供健康向上的卡拉 OK 音乐。鼓励在歌舞娱乐场所歌曲点播系统中设立优秀歌曲专区，弘扬主旋律，传播正能量。

第四条　文化和旅游行政部门负责歌舞娱乐场所卡拉 OK 音

乐内容监督管理。全国及地方文化娱乐行业协会负责制定歌舞娱乐场所卡拉 OK 音乐内容自律规范及监督实施工作。歌曲点播系统内容提供商、歌舞娱乐场所负责歌舞娱乐场所卡拉 OK 音乐内容自审等工作。

第五条 文化和旅游部负责建立全国卡拉 OK 音乐内容审核专家小组，建立全国卡拉 OK 音乐违规曲目清单制度。

第二章 内容自审

第六条 歌舞娱乐场所播放的卡拉 OK 音乐不得含有《娱乐场所管理条例》第十三条禁止内容：

（一）违反宪法确定的基本原则的；

（二）危害国家统一、主权或者领土完整的；

（三）危害国家安全，或者损害国家荣誉、利益的；

（四）煽动民族仇恨、民族歧视，伤害民族感情或者侵害民族风俗、习惯，破坏民族团结的；

（五）违反国家宗教政策，宣扬邪教、迷信的；

（六）宣扬淫秽、赌博、暴力以及与毒品有关的违法犯罪活动，或者教唆犯罪的；

（七）违背社会公德或者民族优秀文化传统的；

（八）侮辱、诽谤他人，侵害他人合法权益的；

（九）法律、行政法规禁止的其他内容。

第七条 歌舞娱乐场所应当使用来源合法的卡拉 OK 音乐，不得使用含有法律法规禁止内容的卡拉 OK 音乐。

第八条 歌曲点播系统内容提供商不得向歌舞娱乐场所提供含有法律法规禁止内容的卡拉 OK 音乐。

支持歌曲点播系统内容提供商建立卡拉 OK 音乐内容自审机制，合理配备专业人员，对卡拉 OK 音乐的曲目、屏幕画面等内容进行自审，确保卡拉 OK 音乐来源合法、内容合法。

第九条 全国文化娱乐行业协会负责制定全国卡拉 OK 音乐

内容自审规范，为行业开展内容自审工作提供专家咨询、培训等服务。

第三章　清单管理

第十条　地方文化和旅游行政部门发现歌舞娱乐场所播放的卡拉OK音乐含有《娱乐场所管理条例》第十三条禁止内容的，应当将详细情况上报文化和旅游部。

第十一条　歌曲点播系统内容提供商在自审过程中发现卡拉OK音乐涉嫌含有法律法规禁止内容的，应当通过全国文化娱乐行业协会将详细情况上报文化和旅游部。

第十二条　地方文化和旅游行政部门及全国文化娱乐行业协会上报的卡拉OK音乐，经全国卡拉OK音乐内容审核专家小组审核确认含有法律法规禁止内容的，由文化和旅游部列入全国卡拉OK音乐违规曲目清单。

第十三条　地方文化和旅游行政部门对歌舞娱乐场所播放的卡拉OK音乐是否含有法律法规禁止内容难以确定的，可以报请文化和旅游部予以审核。

第十四条　文化和旅游部可以组织全国卡拉OK音乐内容审核专家小组对卡拉OK音乐进行认定，并支付相关劳务费用。

第十五条　歌曲点播系统内容提供商不得提供含有列入全国卡拉OK音乐违规曲目清单的音乐产品。歌舞娱乐场所不得使用列入全国卡拉OK音乐违规曲目清单的音乐产品。

第十六条　全国文化娱乐行业协会应当引导行业加强内容自律，提醒歌曲点播系统内容提供商、歌舞娱乐场所及时删除含有法律法规禁止内容的音乐产品，并协助行业主管部门依法依规处置。

第十七条　文化市场综合执法队伍参照全国卡拉OK音乐违规曲目清单，加强对歌舞娱乐场所检查抽查，发现含有法律法规禁止内容的，应当依法处置。

第十八条 文化和旅游行政部门发现歌曲点播系统内容提供商向歌舞娱乐场所提供的卡拉OK音乐含有法律法规禁止内容的，可以通过约谈等行政指导方式予以警示、制止；发现向歌舞娱乐场所提供已被列入全国卡拉OK违规曲目清单的卡拉OK音乐的，可以向社会公布该歌曲点播系统内容提供商的名称、违规曲目等信息，予以通报。

第四章 附 则

第十九条 迷你歌咏亭卡拉OK音乐内容管理参照歌舞娱乐场所内容管理。

第二十条 本规定由文化和旅游部负责解释，并自2021年10月1日起施行。

文化部办公厅关于进一步加强歌舞娱乐场所内容管理、有效维护内容安全的通知

· 2006年1月23日

· 办市发〔2006〕4号

各省、自治区、直辖市文化厅（局），新疆生产建设兵团文化局：

为加强歌舞娱乐场所内容管理，进一步促进歌舞娱乐场所的健康平稳有序发展，文化部现就有关事项通知如下：

一、进一步提高对加强歌舞娱乐场所内容管理重要性的认识。文化娱乐内容是歌舞娱乐场所存在和发展的前提，是文化行政部门管理的核心，各级文化行政部门要努力实践“三个代表”重要思想，从丰富人民群众的精神文化生活和提高全社会文明素质的高度，加强管理和引导，大力发展先进文化，积极支持健康有益文化，坚决抵制腐朽文化，使歌舞娱乐场所真正成为人民群众满

意的健康文明的场所，为构建和谐社会营造良好的文化环境。

二、进一步加强对歌舞娱乐场所播放内容的审查和监督。不得使用非法出版的激光唱盘、激光视盘等音像制品，不得利用互联网等信息网络手段使用非法出版的音像制品，不得利用互联网等信息技术手段与境外的曲库联接。近年来，国外一些卡拉 OK 播放设备以非文化贸易方式大量进入我国，此类设备以固化在电视机、DVD 机等硬件上的形式包含了未经我国文化行政部门审查的音乐、曲目、画面等文化内容，对此，各级文化行政部门应当提高责任意识，完善管理措施，加大清查力度，有效维护我国文化主权和文化安全。

三、进一步加强对歌舞娱乐场所演出活动的管理，积极倡导符合歌舞娱乐场所特点的演出内容和演出形式。不得举办含有危害社会公德或者民族优秀文化传统、宣扬淫秽、色情或者渲染暴力以及利用人体缺陷或者以展示人体变异等方式招徕观众等违法违规内容的演出活动，不得接纳无证照演出单位或者演员个人从事营业性演出活动及未经文化行政部门批准的任何形式的营业性演出活动。对违反规定者，依照《营业性演出管理条例》及其实施细则的有关规定严肃处理。

四、积极倡导健康文明的娱乐活动。随着人民群众精神文化生活的日益多样化和娱乐业自身的发展，歌舞娱乐出现了许多新的内容和形式，各级文化行政部门要加强学习、管理和引导，要积极倡导健康文明的文化娱乐活动，为人民群众提供丰富多彩的文化娱乐项目。要采取积极有效措施，为民族优秀艺术的推广创造条件。鼓励经营者积极采用信息技术等现代高新技术手段改进传统娱乐形式，开发新的娱乐品种，努力提高歌舞娱乐场所的整体水平，建设现代化的娱乐产业。要适应歌舞娱乐场所经营方式的变化和技术含量的提高，采用高科技手段加强服务和监管，努力构建新型的文化市场服务监管体系，提高服务管理的科学性和时效性。

五、积极配合公安等部门，进一步加大歌舞娱乐场所的执法力度，严厉打击利用歌舞娱乐场所从事色情、淫秽、吸毒、贩毒等违法违规活动，为歌舞娱乐场所的发展营造良好的市场环境。积极引导行业组织开展工作，努力发挥行业组织在加强行业自律、促进行业规范、提高行业水平、维护行业合法权益等方面的作用。

特此通知。

文化部涉外文化艺术表演及展览管理规定

·1997 年 6 月 27 日文化部令第 11 号发布

·2004 年 7 月 1 日文化部第 32 号修订

第一章　总　则

第一条　为加强对涉外文化艺术表演及展览活动的管理，根据国家有关规定，制定本规定。

第二条　本规定所称涉外文化艺术表演活动，是指中国与外国间开展的各类音乐、舞蹈、戏剧、戏曲、曲艺、杂技、马戏、动物表演、魔术、木偶、皮影、民间文艺表演、服饰和时装表演、武术及气功演出等交流活动。本规定所称涉外文化艺术展览活动，是指中国与外国间开展的各类美术、工艺美术、民间美术、摄影（图片）、书法碑贴、篆刻、古代和传统服饰、艺术收藏品以及专题性文化艺术展览等交流活动。

第三条　本规定适用于下列活动：

（一）我国与外国政府间文化协定和合作文件确定的文化艺术表演及展览；

（二）我国与外国通过民间渠道开展的非商业性文化艺术表演及展览；

（三）我国与外国间进行的商业和有偿文化艺术表演及展览（展销）；

（四）属于文化交流范畴的其他涉外文化艺术表演及展览。

第四条 有关文物展览对外交流活动的管理办法，另行规定。

第五条 涉外文化艺术表演及展览活动，必须服从国家外交工作的大局，服从社会主义精神文明建设的大局。

第六条 文化部负责全国涉外文化艺术表演及展览活动的归口管理和宏观调控，行使下列职权：

（一）统筹安排和组织实施国家级涉外文化艺术表演及展览活动计划；

（二）协调、平衡全国各省、自治区、直辖市、中央和国家机关部委、解放军系统和全国性人民团体的涉外文化艺术表演及展览工作；

（三）批准或不批准涉外文化艺术表演及展览活动的立项申请，本规定另有规定的除外；

（四）认定中央和国家机关部委、解放军系统和全国性人民团体及所属机构涉外非商业性文化艺术表演及展览活动组织者的资格；

（五）审核并认定全国从事涉外商业和有偿文化艺术表演及展览（展销）活动的经营机构的资格；

（六）监督和检查涉外文化艺术表演及展览机构及活动情况；

（七）查处有重大影响的涉外文化艺术表演及展览活动中的违法事件；

（八）其他应由文化部行使的职权。

第七条 省、自治区、直辖市文化厅（局）是本地区涉外文化艺术表演及展览活动的主管部门，行使下列职权：

（一）统筹安排和组织实施本省、自治区、直辖市涉外文化艺术表演及展览活动计划；

（二）协调、平衡本地区的涉外文化艺术表演及展览活动；

（三）负责本地区涉外文化艺术表演及展览项目、经营涉外商业和有偿文化艺术表演及展览（展销）活动机构资格认定的初审、报批、执行等事宜；

（四）批准或不批准已经文化部批准的本地区涉外非商业性文化艺术表演及展览项目20天以内的延期申请；

（五）批准或不批准本地区个人通过因私渠道出国进行文化艺术表演及展览活动的申请；

（六）认定本地区涉外非商业性文化艺术表演及展览活动组织者的资格；

（七）审核并认定本地区经营场所从事外国来华商业和有偿文化艺术表演及展览（展销）活动的资格；

（八）监督和检查本地区涉外文化艺术表演及展览机构及活动情况；

（九）协助上级领导机关或有关部门，查处本地区涉外文化艺术表演及展览活动中的违法事件；

（十）其他应由省、自治区、直辖市文化厅（局）行使的职权。

第八条 经批准的第七条第（四）、（五）和（七）项的项目，均须报文化部备案。

第二章 组织者的资格认定

第九条 文化部对从事涉外文化艺术表演及展览活动的组织者实行资格认定制度。

第十条 下列部门和机构有资格从事涉外非商业性文化艺术表演及展览活动：

（一）文化部、各省、自治区、直辖市人民政府及其文化厅（局）；

（二）文化部认定的有对外文化交流任务的中央和国家机关部委、解放军系统和全国性人民团体；

（三）省、自治区、直辖市文化厅（局）认定的本地区有对外文化交流任务的部门和团体；

（四）文化部认定的有从事涉外商业和有偿文化艺术表演及

展览（展销）资格的经营机构；

（五）省、自治区、直辖市文化厅（局）认定的有从事来华商业和有偿文化艺术表演及展览（展销）资格的经营场所（只限于来华项目）。

第十一条 文化部和各省、自治区、直辖市文化厅（局）按照本规定，在接受涉外非商业性文化艺术表演及展览立项申请的同时，根据申请单位的工作和任务性质、业务和组织能力对其进行资格认定。

第十二条 申请从事涉外商业和有偿文化艺术表演及展览（展销）活动资格的经营机构，须具备下列条件：

（一）有经文化部或省、自治区、直辖市文化厅（局）认定的对外文化交流业务和能力；

（二）有独立的法人资格和营业执照；

（三）有相应的从事对外文化活动必需的资金、设备及固定的办公地点；

（四）有相应的从事涉外文化艺术表演及展览活动的专业管理人员和组织能力；

（五）有健全的外汇财务管理制度和专职财会管理人员。

第十三条 申请从事外国来华商业和有偿文化艺术表演及展览（展销）活动资格的经营场所，必须具备下列条件：

（一）本规定第十二条第（二）、（三）、（四）、（五）项规定的条件；

（二）有与演出或展览相适应的固定营业场所和设备；

（三）有符合国家规定的安全、消防和卫生设施。

第十四条 涉外商业和有偿文化艺术表演及展览（展销）经营机构和经营场所的资格认定程序：

（一）具备本规定第十二条和第十三条规定条件的经营机构或经营场所，向所在省、自治区、直辖市文化厅（局）或有对外文化交流任务的中央和国家机关部委、解放军系统和全国性人民团体提出申请。

（二）经营机构的资格认定，由其所在地文化厅（局）、有隶属关系的中央或国家机关部委、解放军系统和全国性人民团体进行初审，通过后，出具有效证明，向文化部提出申请。

（三）经营场所的资格认定，由其所在省、自治区、直辖市文化厅（局）办理。

（四）经营机构申请时需提供营业执照、资信证明、资产使用证明、专业人员资历证明和财务制度文件。

（五）经营场所申请时除提供上述资料外，还须提供文化行政管理部门颁发的相应许可证和公安部门颁发的《安全合格证》。

（六）文化部及有关省、自治区、直辖市文化厅（局）在接到申请之日起60天内，根据国家有关规定予以审批，合格者发给从事涉外商业和有偿文化艺术表演及展览（展销）经营活动资格证明。

第十五条　对取得涉外商业和有偿文化艺术表演及展览（展销）活动资格的经营机构和经营场所，实行定期审验制度。

凡不再具备第十二条和第十三条规定条件的经营单位，资格认定部门有权取消或暂停其涉外商业和有偿文化艺术表演及展览（展销）活动的经营资格。

第三章　派出和引进项目的内容

第十六条　鼓励下列文化艺术表演及展览项目出国：

（一）弘扬中华民族优秀传统文化的；

（二）宣传我国现代化建设成就的；

（三）体现当今我国文化艺术水平的；

（四）维护国家统一和民族团结的；

（五）有利于促进中国同世界各国人民之间友谊的。

第十七条　禁止有下列内容的文化艺术表演及展览项目出国：

（一）损害国家利益和形象的；

（二）违背国家对外方针和政策的；

（三）不利于我国民族团结和国家统一的；
（四）宣扬封建迷信和愚昧习俗的；
（五）表演上有损国格、人格或艺术上粗俗、低劣的；
（六）违反前往国家或地区宗教信仰和风俗习惯的；
（七）有可能损害我国同其他国家关系的；
（八）法律和行政法规禁止的其他内容。

第十八条 鼓励下列文化艺术表演及展览项目来华：
（一）优秀的、具有世界水平的；
（二）内容健康、艺术上有借鉴作用的；
（三）传统文明、民族民间的；
（四）有利于提高公众艺术欣赏水平的；
（五）促进我国同其他国家间友谊的。

第十九条 禁止有下列内容的文化艺术表演及展览项目来华：
（一）反对我国国家制度和政策、诋毁我国国家形象的；
（二）影响我国社会稳定的；
（三）制造我国民族分裂，破坏国家统一的；
（四）干涉我国内政的；
（五）思想腐朽、颓废，表现形式庸俗、疯狂的；
（六）宣扬迷信、色情、暴力、恐怖、吸毒的；
（七）有损观众身心健康的；
（八）违反我国社会道德规范的；
（九）可能影响我国与其他国家友好关系的；
（十）法律和行政法规禁止的其他内容。

第二十条 文化部对国际上流行，艺术表现手法独特，但不符合我民族习俗或有较大社会争议的艺术品类的引进，进行限制。此类项目不得进行公开演出或展览，仅供国内专业人员借鉴和观摩。

第四章 项目的审批程序

第二十一条 项目报批程序：

（一）项目主办（承办）单位按照行政隶属关系，向其所在有对外文化交流任务的中央和国家机关部委、解放军系统和全国性人民团体、省、自治区、直辖市文化厅（局）等主管部门，提出立项申请，并附相关资料；

（二）上述主管部门对项目申请及相关资料进行审核，认为合格的，报文化部审批。

第二十二条 我国与外国政府间文化协定和合作文件确定的文化艺术表演及展览交流项目，由文化部下达任务通知，各地方、各单位应认真落实。

第二十三条 我国与外国通过民间渠道开展的非商业性文化艺术表演及展览交流活动由文化部确定任务，通知有关部门或省、自治区、直辖市文化厅（局）具体实施；或由有对外文化交流资格的机构，通过规定程序，报文化部批准后实施。

第二十四条 我国与外国进行的商业和有偿文化艺术表演及展览（展销）活动，必须由经文化行政部门认定的有对外经营商业和有偿文化艺术表演及展览（展销）资格的机构、场所或团体提出申请，通过其所在地文化厅（局）、有隶属关系的中央或国家机关部委、解放军系统和全国性人民团体，报文化部审批。

项目经文化部批准后，方可与外方签订正式合同，并报文化部备案。

第二十五条 涉外非商业性艺术表演及展览项目的申请报告须包括下列资料：

（一）主办（承办）单位或个人的名称及背景资料；

（二）活动团组的名称、人员组成及名单等；

（三）活动内容、时间、地点、场次、经费来源及费用支付方式；

（四）全部节目录像带、展品照片及文字说明等；

（五）如出国项目，需附包括本条（二）、（三）项内容的外方邀请信或双方草签的意向书。

第二十六条 申报涉外商业和有偿文化艺术表演及展览（展

销）项目须提供下列资料：

（一）中方在确定外方经纪机构资信情况可靠之后，与其草签的意向书。意向书的内容包括：

1、活动的组织单位或个人的国别、名称及所在地；

2、活动的内容、时间、地点及参加团组的人员组成；

3、演出或展览场次；

4、往返国际旅费、运费、保险费、当地食宿交通费、医疗费、演出及展览场地费、劳务费、宣传费和生活零用费的负担责任；

5、价格、报酬、付款方式及收入分配办法；

6、违约索赔等条款。

（二）涉外商业和有偿艺术表演及展览（展销）活动资格证明；

（三）国外合作方的有关背景资料、资信证明等；

（四）全部节目录像带、展品照片及文字说明等；

（五）文化行政部门对节目或作品内容的鉴定意见（世界名剧和名作除外）；

（六）申报艺术团或展览团出国的项目，需提供中介机构与相关艺术团、展览（博物）馆或其它部门之间的协议书。

第二十七条 我国与外国友好省、州、市之间非商业性文化艺术表演（杂技或另有规定的除外）及展览交流项目，由有关省、自治区、直辖市文化厅（局）报同级人民政府审批，并报文化部备案。

第二十八条 我国与外国友好省、州、市之间商业和有偿文化艺术表演及展览、杂技出国演出和跨出友好省、州、市之间的文化艺术表演及展览交流项目，须按本规定的程序，报文化部审批。

第二十九条 杂技团携带熊猫出国演出，须经文化部会同外和林业部，报国务院审批。

十条 携带其他珍稀动物出国或来国内展演，须按规定批，并办理有关动物检疫和进出境手续。

第三十一条 同未建交国家和地区进行文化艺术表演交流活动，须按审批程序，经文化部会同外交部，报国务院

第三十二条 组织跨部门或跨省、自治区、直辖市的涉化艺术表演及展览活动，须附所涉及部门或省、自治区、直辖市文化厅（局）的同意函，报文化部审批。

第三十三条 报文化部审批的涉外文化艺术表演及展览项目，须按审批程序，在项目实施前2个月报到文化部。

第五章 活动的管理

第三十四条 未经批准，任何机构或个人不得对外作出承诺或与外方签订有关文化艺术表演及展览（展销）活动的正式合同。

第三十五条 涉外文化艺术表演及展览项目的申报单位，必须是项目的主办或承办单位。严禁买卖或转让项目批件。

第三十六条 派出文化艺术表演及展览团组应遵守下列规定：

（一）出国艺术表演及展览团组，应以专业人员为主；

（二）在外期间必须加强内部管理，严格组织纪律；

（三）在外开展活动，须接受我驻有关国家使（领）馆的领导；

（四）禁止利用出国从事文化艺术表演及展览交流之机，进行旅游或变相旅游；经营未经批准的商业活动；从事有损国格、人格活动等行为。

第三十七条 禁止以劳务输出输入名义，或通过旅游、探亲和访友等渠道，从事文化艺术表演及展览的对外交流活动。

第三十八条 涉外文化艺术表演及展览活动的承办单位必须严格遵守国家有关规定，接受政府文化行政部门、海关、工商、财政、税务、物价、公安、卫生、检疫、审计及其它有关部门的管理、监督和检查。

第三十九条 主办单位如需变更已经文化部批准的涉外文化艺术表演及展览项目内容，或在签订正式合同时变更已经批准的意向书内容，须在活动具体实施前30天另行报批。

省、自治区、直辖市人民政府广播影视行政部门负责本行政区域内的电影艺术档案工作，并应当督促本行政区域内的电影摄制单位，按照本规定履行电影艺术档案移交义务。

第五条 国家鼓励和支持有关电影艺术档案保管、复制、修复方面的科学研究和实践活动。

第六条 电影艺术档案从业人员的专业技术职称或者职务，按照国家档案系列专业技术人员的有关规定评定与聘任。

第七条 有下列事迹之一的组织或者个人，由国务院广播影视行政部门给予奖励：

（一）为发展电影艺术档案事业作出重要贡献的；

（二）收集、整理、保管、修复电影艺术档案有显著成绩的；

（三）提供电影艺术档案获得显著效益的；

（四）将重要或者珍贵电影艺术档案捐赠给国家的。

第二章 档案构成

第八条 电影艺术档案由影片类和文字、图片类组成。

第九条 影片类档案包括：

国产影片、与我国香港特别行政区、澳门特别行政区、台湾地区及外国合作摄制的影片的全新原底标准拷贝或者数字母版，画原底、画翻正、画翻底，片头、片尾、唱词等各类字幕原底，片头、片尾、衬景原底，十格小底片，光号卡，国际乐效，混录声底、混录光学声底等。

第十条 文字、图片类档案包括：

（一）文学剧本、分镜头剧本、译制片台本；

（二）完成台本（含字幕表）；

（三）对国外发行的国产影片各语种和国内民族语言的翻译本；

（四）导演阐述；

（五）影片审查决定书；

（六）有关部门对影片的审查意见和决定；

（七）影片海报、宣传画、工作照、剧照、说明书、特刊；

（八）国产影片在国内外获奖的证件复印件及有关照片；

（九）剧本内容的有关依据和历史考证材料，以及取材或者改编前的原作；

（十）主创人员的创作设想和音乐总谱、歌词；

（十一）场景气氛图，服装、化妆、道具设计图，演员定妆照；

（十二）有关摄制决定；

（十三）分场分景表；

（十四）摄制工作日志；

（十五）摄制工作总结；

（十六）主创人员艺术创作总结；

（十七）其他在电影创作、生产、发行、放映过程中形成的具有保存价值的资料。

第十一条　本规定第九条、第十条的内容为故事影片艺术档案构成。其他片种可视工艺和工作程序不同参照执行。

第三章　归档和管理

第十二条　国家设立中国电影资料馆等电影艺术档案机构，负责依法收集、整理、保管和利用电影艺术档案等工作。

第十三条　电影艺术档案机构依法搜集电影创作、生产、发行、放映过程中形成的具有保存价值的电影艺术档案，接收有关组织或者个人通过移交、捐赠等方式提供的电影艺术档案，积极收集散失的国产影片艺术档案。

依据本规定移交电影艺术档案，电影艺术档案机构可以对有关单位予以适度补贴。

第十四条　电影艺术档案机构应当具有适宜长久保存、合理利用电影艺术档案的场所、设备、条件和专业人员，并建立科学的管理制度，逐步实现保存与管理的科学化、标准化。

用于保存电影艺术档案的库房温度、湿度等应当符合国家规定的标准，并应当加强防火、防盗、防虫、防霉、防光、防尘、防水（潮）、防有害气体等安全保卫工作。

第十五条 电影摄制单位应当设立专门部门或者指定专人负责电影艺术档案管理工作，切实履行电影艺术档案移交、保管义务。

第十六条 电影艺术档案机构和电影摄制单位应当有计划地做好电影艺术档案编目和研究工作。

第十七条 电影艺术档案机构应当逐步将电影艺术档案转换成数字化形式，加强档案的数字化修护和保护工作。

第十八条 电影艺术档案机构和电影摄制单位应当定期检查档案保存状况，对破损或者变质的电影艺术档案应当及时修补、复制或者进行其他技术处理。

第十九条 电影艺术档案机构应当确保易燃片基的安全，及时发现并消除隐患；对易燃片基进行单独的妥善保管，并有计划地转换复制成安全片基。

第四章　移交、捐赠和寄存

第二十条 电影摄制单位应当在影片取得电影公映许可证后三个月内向中国电影资料馆移交下列电影艺术档案，并永久保存，国务院广播影视行政部门另有规定的除外：

（一）影片类档案中的标准拷贝或者数字母版；

（二）本规定第十条第（一）项至第（六）项规定的文字、图片类档案。

电影摄制单位应当在影片取得电影公映许可证后一年内向中国电影资料馆移交其他影片类档案；经依法审查未取得电影公映许可证的影片，电影摄制单位如不再重新报请审查，应当在接到审查决定后一年内向中国电影资料馆移交电影艺术档案。

其他电影艺术档案，电影摄制单位可以参照本条第一款、第二款的规定向中国电影资料馆移交。

第二十一条 电影摄制单位应当依据本规定履行电影艺术档案移交义务，不得拒绝归档；电影艺术档案机构应当依据本规定履行电影艺术档案管理义务，为移交人提供服务。

第二十二条 电影摄制单位注销或者合并时，应当将其保存的电影艺术档案移交中国电影资料馆或者新组建的电影摄制单位妥善保管。

第二十三条 电影摄制组应当负责电影艺术档案的形成、积累，指定专人负责电影艺术资料的收集工作，并在影片摄制完成后将属于电影艺术档案归档范围的资料及时移交电影摄制单位档案部门归档。

第二十四条 国家鼓励任何组织、个人向电影艺术档案机构捐赠、寄存其拥有的电影艺术档案。电影艺术档案机构可以按照电影艺术档案的保存价值，作出是否接受捐赠、寄存的决定。

第二十五条 电影艺术档案机构应当依据捐赠协议、寄存协议，对捐赠、寄存的电影艺术档案，予以妥善保管，并依法维护捐赠人、寄存人的合法权益。

电影艺术档案机构可以向寄存人适当收取费用。

第二十六条 电影艺术档案机构应当与电影艺术档案的捐赠人、寄存人，就档案利用事宜在捐赠、寄存协议中进行约定。

第二十七条 向电影艺术档案机构捐赠、寄存电影艺术档案的组织、个人，对其档案有优先使用权。

第二十八条 国家鼓励通过捐赠等方式设立电影艺术档案保护社会基金，专门用于电影艺术档案保护，任何组织、个人不得侵占、挪用。

第五章 档案利用

第二十九条 国家鼓励任何组织、个人积极开展对电影艺术档案的利用。电影艺术档案机构保存的电影艺术档案，应当向社会公众开放。

电影艺术档案机构应当定期向社会公布电影艺术档案目录，简化利用手续、减少利用限制，为电影艺术档案公益性利用创造条件，提供便利。

电影艺术档案机构在档案利用工作中，应当按照分类向社会提供使用；并应当依据国家有关法律、法规的规定，维护电影艺术档案有关著作权人的合法权益。

利用电影艺术档案机构的电影艺术档案，应当按照有关规定办理手续，缴纳费用。

第三十条 对涉及国防、外交、国家安全等国家重大利益，以及可能对未成年人身心健康造成不良影响的电影艺术档案的利用，应当遵守国家有关法律、法规的规定。未经有关部门批准，任何组织、个人不得擅自利用上述电影艺术档案。

第三十一条 未经有关部门批准，下列电影艺术档案不得携带出境：

（一）构成限制出境的文物的；

（二）涉及国家秘密的；

（三）法律、法规规定限制出境的其他电影艺术档案。

第六章 法律责任

第三十二条 违反本规定，电影艺术档案机构在保管、利用属于国家所有的电影艺术档案过程中，有下列情形之一的，由省、自治区、直辖市以上人民政府广播影视行政部门责令改正，给予警告，对单位可以并处3万元以下的罚款，对个人可以并处5千元以下的罚款；情节严重的，对直接负责的主管人员和其他直接责任人员依法给予处分：

（一）电影艺术档案发生超额损伤的；

（二）损毁、丢失和擅自销毁电影艺术档案的；

（三）利用电影艺术档案谋取非法利益的；

（四）未经批准利用电影艺术档案的。

第三十三条 违反本规定，逾期未移交电影艺术档案的，由省、自治区、直辖市以上人民政府广播影视行政部门责令改正；情节严重的，对直接负责的主管人员和其他直接负责人员依法给予处分。

第七章 附 则

第三十四条 本规定自2010年8月1日起施行。1994年6月20日广播电影电视部、国家档案局发布的《电影艺术档案管理规定》同时废止。

营业性演出审批规范

·2011年9月5日
·办市发〔2011〕25号

一、营业性演出活动申报材料规范

（一）申请资料：规范填写《营业性演出申请登记表》和《演出活动承诺书》，加盖申报单位公章。

（二）文艺表演团体及演出人员资料：

1. 演员名单及有效身份证明复印件，演员名单应当列出姓名、性别、出生日期、国家或地区、有效身份证证件号码。有效身份证明指：中国内地演员为身份证、护照、军官证；外籍演员为护照；港澳地区演员为港澳居民来往内地通行证或中华人民共和国特别行政区护照；台湾地区为台胞证（不能是护照）；

2. 演出举办单位与文艺表演团体（演员）的演出协议或者文艺表演团体（演员）同意参加演出的书面函件；

3. 外国文艺表演团体名称中含有“国立”、“国家”、“皇家”等字样，应提供该国注册证明文件及中文译本；

4. 未成年人参加营业性演出，应当提供其监护人出具的书面同意材料或是监护人与文艺表演团体签署的书面同意函。

（三）演出节目内容及其视听资料：申报单位应当提交演出节目单以及与节目单内容对应的视听材料，其中歌曲类节目应当提交歌词文本，用外文演唱歌曲应提交中外文对照歌词；舞蹈杂技类节目应当提供视频资料；戏剧、曲艺等语言类节目应提交剧本；乐曲类节目应当提交音频资料。鉴于演出活动具有艺术二次创作的特点，对于临时组台演出，其所报视听资料可以是已经出版或者曾经演出过的录音录像资料，审批部门以此作为演出内容审核的参考性依据，重点加强演出现场监管。

（四）场地资料：演出举办单位与演出场所经营单位的协议或演出场所出具的场地证明；在歌舞娱乐场所、旅游景区、主题公园、游乐园、酒吧、饭店、餐饮场所等非演出场所举办的营业性演出，应提供消防部门同意开业的消防安全证明或者场所的《娱乐经营许可证》；举办临时搭建舞台、看台的营业性演出，还应提供安全、消防批准文件以及安全保卫工作方案和灭火、应急疏散预案。

（五）资金安排计划书和资金证明材料：资金安排计划书应当含有演出项目的总费用以及演出费、制作费、场租费、宣传费、往返旅费和食宿行接待费等内容；资金证明是指由申请单位开户银行出具的当月基本存款账户存款证明，或者银行等金融机构同意贷款的证明，或者其他单位同意借款、投资、担保、赞助的证明及该单位开户银行出具的当月基本存款账户存款证明。

二、营业性演出文书填写规范（一）申请人：应当与工商部门名称预先核准通知书或工商执照登记的名称一致。

（二）法定代表人：属于法人单位的填写法定代表人姓名；合法成立的非法人单位，填写该负责人姓名；个体工商户填写经营者姓名。

（三）经济类型：按照国家统计局、国家工商总局《关于划分企业登记注册类型的规定》填写，如“国有企业”、“集体企业”、“有限责任公司”、“股份有限公司”、“合伙企业”、“个人独资企业”、“合资经营企业（台资）”、“港商独资经营企业”、“中外合作经营企业”和“个体工商户”等。

（四）经营范围：文艺表演团体及个体演员按照其表演的艺术种类填写，如“音乐表演”、“戏曲表演”、“歌舞表演”、“杂技表演”、“综合文艺表演”等；演出经纪机构填写“经营演出及经纪业务”；港澳演出经纪机构内地分支机构、个体演出经纪人填写“演出居间、代理业务”。

（五）住所/营业场所：属于法人单位的称“住所”，非法人的（如其他组织和个体工商户）称营业场所。填写与工商注册登记地址一致，综合性场所要写明实际使用的楼层及门牌号码，以区别于其它场所。个体演员或个体演出经纪人填写身份证（户籍）上的住址，实际常住地与身份证（户籍）住址与一致的须在括号内注明。

（六）从业人员：文艺表演团体是指演员，包括演奏人员；演出经纪机构是指具备演出经纪人资格的人员，没有经纪人资格的从业人员不用登记。

（七）注册资本和注册号：填写注册资本应当与工商注册资本一致，非独立核算、个人独资企业和个体工商户等法律规定不需要注册资金的不用填写。注册号填写工商行政管理部门核发的营业执照上的注册号。

（八）单位类别：根据经营内容不同分别填写文艺表演团体、演出经纪机构或者演出场所。

（九）核定人数：文艺表演团体是指演员，包括演奏人员；演出经纪机构是指具备演出经纪人资格的人员，没有经纪人资格的从业人员不计；演出场所是指能够对外售票的实有坐席数或经核准可容纳的观众人数。

三、营业性演出许可证及备案证明文件印制规范

（一）填写规范：填写内容应当与文化行政部门实际许可的情况一致，不一致的应当及时纠正或责令持证人限期变更。所有项目均应当用钢笔、毛笔等不褪色书写工具填写或用计算机打印，计算机打印字体为仿宋，不需要填写的打印6个“※”。

（二）编号规范：发证或者备案机关地区简称（省-市-县/区）加阿拉伯数字编号。正本、副本用同一编号，副本应在编号后用“-”加上副本序号。

（三）发证日期：加盖发证机关公章。公章以圆弧内下端空白处居中横套“年　月　日”，日期用中文书写。在许可证有效期内变更或遗失补证的在日期的下一行写上“变更”或“补证”两字以作注解。

（四）有效日期：填写从发证之日期顺推2年的日期。

文化部办公厅关于落实演出市场监管职责规范演出市场行政行为的通知

·2005年9月12日

·办市发〔2005〕30号

各省、自治区、直辖市文化厅（局），新疆生产建设兵团文化局：

为深入贯彻《营业性演出管理条例》（国务院令第439号），进一步明确和落实演出市场监管职责，规范行政行为，做好演出市场管理工作，现就有关问题通知如下：

一、《营业性演出管理条例》减少了行政许可和执法层次，降低了监管重心，充分体现了《行政许可法》和国务院《关于全面推进依法行政实施纲要》的精神，有利于提高行政管理效能，降低管理成本，有利于加强演出市场的属地监管。

二、各级文化行政部门实施营业性演出行政许可，应当严格依照《营业性演出管理条例》及其实施细则和有关法律法规的规定，不得擅自设定许可条件。行政许可应当遵循公开、公平、公正的原则，充分尊重申请人依法取得行政许可的平等权利。

三、上级文化行政部门应当建立经常性的监督检查制度和行政行为评议制度，健全绩效评估体系，切实加强对下级文化行政部门具体行政行为的监督检查，及时纠正和制止违法或者不当的行政行为，努力建设有权必有责、用权受监督、违法受追究的演出市场监管制度。

四、文化行政部门实施行政处罚，没有法定的行政处罚依据或者擅自改变行政处罚种类、幅度，以及违反法定的行政处罚程序的，上级文化行政部门应当依法责令其改正。文化行政部门违法行政或者不依法履行监督管理职责、造成严重后果的，上级文化行政部门应当对其予以通报批评。

五、营业性演出经营主体对文化行政部门的具体行政行为不服的，有权申请行政复议。向上一级文化行政部门申请行政复议的，上一级文化行政部门应当及时依法予以受理，有效保护演出市场各方的合法权益。

六、营业性演出经营主体从事违法演出活动的，应当依法予以查处，作出处罚决定的文化行政部门应当将违法经营主体的违法事实、处理结果及时抄告向其颁发营业性演出许可证或者备案证明的文化行政部门和批准其演出项目的文化行政部门。

七、上级文化行政部门应当积极探索层级监管的有效方式，加强对下级文化行政部门工作的指导和业务培训工作，不断强化文化行政部门工作人员依法行政的观念，提高依法行政的能力和水平，形成权责明确、行政规范、监督有效、保障有力的演出市场执法行政体制。

特此通知。

文化和旅游部办公厅关于进一步规范涉外营业性演出审批工作的通知

·2019年3月7日
·办市场发〔2019〕39号

各省、自治区、直辖市文化和旅游厅（局），新疆生产建设兵团文化体育新闻出版广电局（文物局）：

涉外营业性演出审批工作事关国家文化安全和意识形态安全，政策性和专业性强，敏感度高。近期，部分省（区、市）将涉外营业性演出审批权限下放到基层文化和旅游行政部门或者调整到其他综合审批部门，出现审批把关不严、尺度不一等问题，有的地方甚至发生境外演出团体和个人违规入境演出。为进一步规范涉外营业性演出审批工作，现将有关事项通知如下：

一、各省（区、市）（包括新疆生产建设兵团，下同）文化和旅游行政部门要按照《文化部关于落实“先照后证”改进文化市场行政审批工作的通知》（文市函〔2015〕627号）要求，不得再下放涉外营业性演出等审批权限，降低审批层级。确有特殊原因需要下放的，须事先请示文化和旅游部同意。

二、已将涉外营业性演出审批权限下放的省份，要建立审批信息报备制度，受权审批部门收到涉外营业性演出许可申请后，应将初步审批意见报至省级文化和旅游行政部门，经省级文化和旅游行政部门同意后，受权审批部门方可出具批准文件。

三、各省（区、市）文化和旅游行政部门要严格落实《文化部办公厅关于印发〈外国人入境完成短期营业性演出活动的办理程序和工作指引〉的通知》（办市发〔2015〕1号）要求，统一使用审批文书格式，并做好审批文书归档，以随时备查。

四、涉外营业性演出审批工作应当在“全国文化市场技术监管与服务平台”上开展。目前仍在其他政务平台上办理的，要在2019年6月底前完成与“全国文化市场技术监管与服务平台”信息对接。文化和旅游部正在抓紧推进涉外营业性演出审批信息与外交部“来华签证邀请函管理信息系统”对接工作。届时，持营业性演出批准文书向驻外使馆、领馆或者外交部委托的其他驻外机构申请来华签证须通过“来华签证邀请函管理信息系统”进行核验，未能通过核验的，将不予签发签证。

特此通知。

文化和旅游部办公厅关于简化跨地区巡演审批程序的通知

·2021年9月29日

·办市场发〔2021〕181号

各省、自治区、直辖市文化和旅游厅（局），新疆生产建设兵团文化体育广电和旅游局：

为纵深推进“放管服”改革，进一步优化营商环境，激发市场主体活力，促进演出市场繁荣发展，现就简化跨地区巡演审批程序有关事项通知如下。

一、跨地区巡演适用范围

本通知所称跨地区巡演，是指在文化和旅游行政部门许可范围内的演出举办单位、参演文艺表演团体、演员、演出内容不变的前提下，在一年内跨县（市、区）举办两场及以上的营业性演出活动。

二、简化审批程序

（一）演出举办单位应当通过全国文化市场技术监管与服务平台提交跨地区巡演申请，由平台将相关信息同步推送给相应文化和旅游行政部门。首演地文化和旅游行政部门应当在规定审批时限内作出决定。同意的，出具批准文件，由平台将相关审批结果推送给巡演地相应文化和旅游行政部门，巡演地文化和旅游行政部门不再重复进行内容审核。演出举办单位应在巡演地举办演出活动前，向巡演地文化和旅游行政部门提供场地、安全、消防等证明材料，文化和旅游行政部门在3个工作日内完成审核。通过的，出具备案证明并及时公示。无法提供的，终止备案程序。

（二）演出活动经文化和旅游行政部门批准后，需要增加演出地的，演出举办单位应当通过全国文化市场技术监管与服务平台提交增加演出地备案申请，演出增加地文化和旅游行政部门应当自受理之日起3个工作日内完成审核，通过的，出具备案证明并及时公示。

三、压实工作责任

（一）厘清工作职责。对跨地区巡演实行首演地内容审核负责制，首演地文化和旅游行政部门要切实提高政治站位，认真履行工作职责，做好演出内容审核把关。对演出内容把握不准的，可以提请上级文化和旅游行政部门予以指导。对在巡演过程中发生突发情况的，演出举办单位应当积极配合文化和旅游行政部门做好应对处置。演出地文化市场综合执法机构要切实加强现场巡查，对擅自变更演出内容或参演文艺表演团体及演员的，依据《营业性演出管理条例》等予以处罚。

（二）加强业务沟通。各级文化和旅游行政部门要加强业务沟通，对行政审批事项已整体划出文化和旅游系统的，文化和旅游行政部门应当将相关审批政策及时通报相关部门。

（三）鼓励基层创新。支持各地文化和旅游行政部门在确保国家文化安全和意识形态安全的前提下，结合当地实际，探索营业性演出审批告知承诺、容缺受理等创新机制，进一步方便群众办事，优化营商环境。

特此通知。

附件：跨地区巡演提交材料要求

附件

跨地区巡演提交材料要求

一、对跨地区巡演项目，演出举办单位应当向首演地文化和旅游行政部门提交以下材料：

（1）营业性演出申请登记表（载明巡演时间、地点）；

（2）《营业性演出许可证》副本（或《演出场所经营单位备案证明》副本、《个体演员备案证明》）复印件；

（3）演员名单（包括：姓名、性别、国籍、出生日期、身份证件类型及号码、职务）、演员有效身份证明复印件和参演的文艺表演团体的《营业性演出许可证》副本复印件，有效身份证明是指身份证、驾驶证、护照、军官证、士兵证、警官证；

（4）演出协议或文艺表演团体、演员同意参加的书面文件（内容包括但不限于演出举办单位名称、演出名称、演出地点、演出日期等内容），个体演员自行举办演出的不用提交此项材料；

（5）如有未成年人参加营业性演出，应当提供其监护人出具的书面同意文件；

（6）场地证明：演出举办单位（个人）与首演地演出场所的协议或演出场所出具的场地证明文件（协议或场地证明文件中应包括但不限于演出举办单位名称、演出名称、演出日期等内容）；

（7）在首演地歌舞娱乐场所、酒吧、饭店等非演出场所经营单位举办的营业性演出，应提供首演地场所的《娱乐经营许可证》复印件或同意开业的消防安全证明复印件。在演出场所举办的营业性演出，可以提供演出场所的《演出场所经营单位备案证明》复印件或者《营业性演出许可证》复印件，或者同意开业的消防安全证明复印件；

（8）在首演地申请举办临时搭建舞台、看台的营业性演出，还应提供首演地安全保卫工作方案和灭火、应急疏散预案，以及依法取得的安全、消防批准文件复印件；

（9）演出节目单及与节目单对应的视听资料：歌曲类节目应当提交歌词文本，用外文演唱歌曲应提交中外文对照歌词；乐曲类节目应当提交音频资料；舞蹈、杂技类节目应当提供视频资料；戏剧、曲艺等语言类节目应当提交剧本。

演出举办单位应在巡演地演出举办前，向巡演地文化和旅游行政部门提供上述第（6）（7）（8）项涉及场地证明、安全、消防等证明材料，文化和旅游行政部门在3个工作日内完成审核。通过的，出具备案证明并及时公示。无法提供的，终止备案程序。

二、演出活动经文化和旅游行政部门批准后，需要增加演出地的，演出举办单位应向增加演出地文化和旅游行政部门提交以下材料：

（1）营业性演出申请登记表；

（2）演出协议或文艺表演团体、演员同意参加的书面文件（内容包括但不限于演出举办单位名称、演出名称、演出地点、演出日期等内容），个体演员自行举办演出的不用提交此项材料；

（3）场地证明，演出举办单位与演出场所的协议或演出场所出具的场地证明文件，应包括但不限于演出举办单位名称、演出名称、演出日期等内容；

（4）演员名单（包括：姓名、性别、国籍、出生日期、身份证件类型及号码、职务）、演员有效身份证明复印件和参演的文艺表演团体的《营业性演出许可证》副本复印件，有效身份证明是指身份证、护照、军官证、士兵证、警官证；

（5）在歌舞娱乐场所、酒吧、饭店等非演出场所举办的营业性演出，应提供场所的《娱乐经营许可证》复印件或同意开业的消防安全证明复印件。在演出场所举办的营业性演出，可以提供演出场所的《演出场所经营单位备案证明》复印件或者《营业性演出许可证》复印件，或者同意开业的消防安全证明复印件；

（6）举办临时搭建舞台、看台的营业性演出，还应提供安全保卫工作方案和灭火、应急疏散预案，以及依法取得的安全、消防批准文件复印件。

文化部关于规范营业性演出票务市场经营秩序的通知

·2017年7月6日

·文市发〔2017〕15号

各省、自治区、直辖市文化厅（局），新疆生产建设兵团文化广播电视局，西藏自治区、北京市、天津市、上海市、重庆市文化市场（综合）行政执法总队：

近年来，随着演出市场进一步繁荣，互联网技术加快普及应用，演出票务经营模式更加多样、渠道手段更加便捷，有效促进了演出市场消费和行业发展。同时也要看到，囤票捂票炒票、虚假宣传、交易不透明等违法违规演出票务经营行为仍时有发生，严重损害了消费者权益，扰乱了演出市场正常秩序。为规范营业性演出票务市场，促进行业健康有序发展，现就有关事项通知如下。

一、严格资质管理，强化演出经营单位主体责任

（一）从事营业性演出票务经营活动的单位，应当依照《营业性演出管理条例》及其实施细则关于演出经纪机构的有关规定，按照《文化部关于加强演出市场有关问题管理的通知》（文市发〔2011〕56号）有关要求，向文化行政部门申请取得营业性演出许可证。利用信息网络从事营业性演出票务经营活动的互联网平台企业属于演出票务经营单位，应当按上述规定办理营业性演出许可证。文化行政部门向演出票务经营单位颁发营业性演出许可证时，应当在经营范围中载明“演出票务”。

（二）演出举办单位除自行经营演出票务外，应当委托具有资质的演出票务经营单位经营本单位营业性演出门票。演出票务经营单位经营营业性演出门票，应当取得演出举办单位授权。取得授权的演出票务经营单位，可以委托其他具有演出票务经营资质的机构代售演出门票。未经委托或授权，演出票务经营单位不得经营营业性演出门票。举办大型演唱会的，应当按照公安部门的要求，在提交大型群众性活动申请时，向公安部门一并提交演出票务销售方案。文化行政部门应当联合公安部门督促演出举办单位按照票务销售方案进行售票。

（三）为营业性演出票务经营活动提供宣传推广、信息发布等服务的互联网平台企业，应当核验在其平台上从事营业性演出票务经营活动的票务经营单位资质及相关营业性演出的批准文件，不得为未取得营业性演出许可证的经营主体提供服务，不得为未取得营业性演出批准文件的营业性演出票务经营提供服务，不得为机构和个人倒卖门票、买卖演出工作票或者赠票提供服务。

二、规范经营活动，保障消费者合法权益

（四）演出票务经营单位预售或者销售演出门票前，应当核验演出举办单位的营业性演出批准文件，不得预售或销售未取得营业性演出批准文件的演出门票。演出举办单位、演出票务经营单位应当按规定明码标价，不得在标价之外加价销售，不得捂票囤票炒票，不得对演出内容和票务销售情况进行虚假宣传。

（五）演出举办单位、演出票务经营单位面向市场公开销售的营业性演出门票数量，不得低于公安部门核准观众数量的70%。经公安部门批准，全场可售门票数量确需调整的，应当及时明示相应区域并予以说明。

（六）演出举办单位、演出票务经营单位在销售演出门票时，应当明示演出最低时长、文艺表演团体或者主要演员信息，涉及举办演唱会的，还应当明示主要演员或团体及相应最低曲目数量；应当公布全场可售门票总张数、不同座位区域票价，实时公示已售、待售区域，保障消费者知情权和监督权，促进公平交易。演出举办单位或演出票务经营单位应当留存演出门票销售记录（包括销售时间、购买账号等信息）及相关合同6个月备查。

三、加强重点演出监管，维护市场正常经营秩序

（七）文化行政部门要将社会关注度高、票务供需紧张的营业性演出作为重点监管对象，提前进行研判，对有炒票等潜在问题的，及时采取相应措施，防止问题发生。发现在票务经营中有违规苗头或可能造成不良影响的，应当及时约谈演出举办单位和演出票务经营单位，督促整改；对拒不整改的，要及时依法处置，并视情将演出举办单位或演出票务经营单位列入文化市场警示名单或黑名单予以信用警示或惩戒。

（八）鼓励各地探索对重点营业性演出门票销售实行实名制管理。支持有条件的地区建设演出票务管理平台，与演出票务经营单位的票务系统进行对接，实施实时在线监管。支持行业协会发出行业倡议，共同抵制高票价、豪华消费等行为。加强舆论正面引导，对虚抬票价、恶意炒作的行为予以揭露。

四、加大执法处罚，严厉打击违法违规经营活动

（九）各级文化市场综合执法机构要加强对违法违规演出票务经营活动的执法力度。对擅自从事营业性演出票务代理、预售、销售业务的，依照《营业性演出管理条例》第四十三条的规定给予处罚；对预售、销售未经批准的营业性演出门票，或者未经演出举办单位授权，擅自预售、销售营业性演出门票的，依照《营业性演出管理条例实施细则》第五十五条的规定给予处罚；对不明示信息、不落实平台责任的，应当依照《营业性演出管理条例实施细则》第二十八条第（四）项、第（七）项、第五十四条的规定给予处罚。

（十）各级文化市场综合执法机构要加强与相关部门的执法协作，有条件的地方可建立由文化部门牵头，公安、物价、工商等部门参加的演出票务执法协作机制。对有捂票囤票、炒作票价、虚假宣传、倒票等违规行为的演出举办单位或演出票务经营单位，文化市场综合执法机构应当及时将有关信息抄告当地公安、工商等部门，配合有关部门依法处置。

地方文化行政部门可以根据本通知精神，结合地方实际制定营业性演出票务市场管理的具体办法。

特此通知。

文化部关于加强网络表演管理工作的通知

· 2016 年 7 月 1 日
· 文市发〔2016〕12 号

各省、自治区、直辖市文化厅（局），新疆生产建设兵团文化广播电视局，西藏自治区、北京市、天津市、上海市、重庆市文化市场行政（综合）执法总队：

网络表演是网络文化的重要组成部分。近年来，我国网络表演市场快速发展，在促进网络文化行业创新，扩大和引导文化消费等方面发挥了积极作用。但是，部分网络表演经营单位责任缺失、管理混乱，一些表演者以低俗、色情等违法违规内容吸引关注，社会影响恶劣，严重危害行业健康发展。为切实加强网络表演管理，规范网络文化市场秩序，必须对网络表演市场实行经常抽查，及时公开，坚决依法查处违法违规行为。根据《互联网文化管理暂行规定》，现就有关事项通知如下：

一、督促网络表演经营单位和表演者落实责任

网络表演经营单位要对本单位提供的网络表演承担主体责任，对所提供的产品、服务和经营行为负责，确保内容合法、经营有序、来源可查、责任可究。网络表演经营单位要健全内容管理制度，配足内容审核人员，严格监督表演者表演行为，加强对用户互动环节的管理。要严密技术监控措施，畅通投诉举报渠道，完善突发事件应急处置机制，确保能够第一时间发现并处置违法违规内容。一经发现含有违法违规内容的网络表演，要及时关闭表演频道，停止网络传播，保存有关记录，并立即向所在地省级文化行政部门或文化市场综合执法机构报告。

表演者对其开展的网络表演承担直接责任。表演者应当依法依规从事网络表演活动，不得开展含有低俗、色情、暴力等国家法律法规禁止内容的网络表演。表演者应当自觉提高职业素养，加强道德自律，自觉开展内容健康向上的网络表演。

各级文化行政部门和文化市场综合执法机构要加强对辖区内网络表演经营单位的管理和培训，依法强化网络表演经营单位直接发现、第一时间处置违法违规内容等主体责任，对逾期不予处理或处理不到位的，要严肃追责，依法查处。

二、加强内容管理，依法查处违法违规网络表演活动

内容管理是网络表演管理工作的重点。各级文化行政部门和文化市场综合执法机构要加强对辖区内网络表演经营单位的日常监管，重点查处提供禁止内容等违法违规网络表演活动，包括：提供含有《互联网文化管理暂行规定》第十六条规定的禁止内容，或利用人体缺陷或者以展示人体变异等方式招徕用户，或以恐怖、残忍、摧残表演者身心健康等方式以及以虐待动物等方式进行的网络表演活动；使用违法违规文化产品开展的网络表演活动；对网络表演活动进行格调低俗的广告宣传和市场推广行为等。

对提供上述违法违规网络表演的网络表演经营单位，文化行政部门和文化市场综合执法机构要依据《互联网文化管理暂行规定》坚决予以查处，没收违法所得，并处罚款；情节严重的，责令停业整顿直至吊销《网络文化经营许可证》；构成犯罪的，依法追究刑事责任。地方文化行政部门和文化市场综合执法机构要按照“谁处罚，谁列入”的原则，根据情形，将违法违规网络表演经营单位列入黑名单或警示名单。

对提供违法违规网络表演的表演者，地方文化行政部门和文化市场综合执法机构要责令所在网络表演经营单位关停表演者频道，并及时将违法违规表演者的信息和证据材料报送文化部。文化部根据情形，将违法违规表演者列入黑名单或警示名单。列入黑名单的表演者，禁止其在全国范围内从事网络表演及其他营业性演出活动，具体时限视违法违规情节轻重确定。

文化行政部门负责将黑名单通报同级有关部门，并建议实施联合惩戒，强化对违法违规网络表演经营单位和表演者“一处违法，处处受限”的信用监管。各级行业协会要在本行业协会范围内，对列入黑名单的网络表演经营单位和表演者予以通报并抵制。

三、对网络表演市场全面实施“双随机一公开”

各地文化行政部门和文化市场综合执法机构要立即对本行政区域内的网络表演经营单位开展一次调查摸底，全面掌握网络表演经营单位情况。在此基础上，充分利用网络文化市场执法协作机制，对网络表演市场全面实施“双随机一公开”，定期开展随机抽查，及时向社会公布查处结果，公布网络表演市场黑名单和警示名单。

各地文化行政部门和文化市场综合执法机构要抓紧制定网络表演随机抽查工作实施方案和随机抽查事项清单，以现场检查、网络巡查为主要抽查方式，以网络表演内容为抽查重点。对投诉举报较多的网络表演经营单位，要加大随机抽查频次，重点监管。要利用全国文化市场技术监管与服务平台，记录随机抽取的检查对象、执法检查人员、检查事项、检查结果等，做到全程留痕，实现过程可溯源、责任可追溯。

本通知所称的网络表演是指将现场进行的文艺表演、网络游戏等文化产品技法展示或解说等，通过信息网络实时传播或者以音视频形式上载传播，供用户在线浏览、观看、使用或者下载的产品和服务。

特此通知。

文化和旅游部关于规范网络演出剧（节）目经营活动推动行业健康有序发展的通知

· 2023 年 1 月 16 日
· 文旅市场发〔2023〕8 号

各省、自治区、直辖市文化和旅游厅（局），新疆生产建设兵团文化体育广电和旅游局：

近年来，受疫情影响，部分单位选择以直播或者录播形式通过互联网提供演唱会等演出剧（节）目，创新了演出剧（节）目形式，丰富了互联网文化业态，较好地满足了人民群众精神文化需求。为进一步规范市场秩序，引导新业态健康有序发展，现将有关事项通知如下。

一、在中华人民共和国境内从事网络演出剧（节）目经营活动，应当遵守法律法规和《互联网文化管理暂行规定》有关要求。

本通知所称网络演出剧（节）目，是指将演出剧（节）目通过互联网（含移动通讯网、移动互联网）实时传播或者以音视频形式上载传播而形成的互联网文化产品。演出剧（节）目包括但不限于音乐会、演唱会、音乐节、舞台戏剧（含戏曲、话剧、歌剧、舞剧、音乐剧等）、曲艺、杂技、脱口秀等演出活动。

二、以下列形式从事演出剧（节）目经营活动的，应当根据《互联网文化管理暂行规定》有关规定，向所在地省级文化和旅游主管部门申请取得经营范围包含“网络演出剧（节）目”的网络文化经营许可证：

（一）通过互联网直播境外举办的演出剧（节）目的；

（二）通过互联网提供录制的演出剧（节）目音视频的；

（三）提供专门为互联网传播制作的演出剧（节）目或者虚拟演出剧（节）目的；

（四）其他通过互联网形式传播演出剧（节）目的。

以营利为目的，通过互联网为公众实时提供现场演出剧（节）目的，还应当按照营业性演出管理有关规定办理报批手续。

三、网络演出剧（节）目经营单位提供进口网络演出剧（节）目的，应当报文化和旅游部进行内容审查，内容审查通过后方可向用户提供；提供国产网络演出剧（节）目的，应当在向用户提供之日起30日内，报文化和旅游部备案。

已取得营业性演出许可的演出剧（节）目通过互联网传播的，无需按照网络演出剧（节）目再进行报审或者报备。

多家网络演出剧（节）目经营单位提供同一网络演出剧（节）目的，可以由一家网络演出剧（节）目经营单位牵头进行报审或者报备，也可以由多家网络演出剧（节）目经营单位分别进行报审或者报备。

进口网络演出剧（节）目包括参演人员中有境外演员，举办地、录制地在境外，或者虚拟演员、虚拟演出剧（节）目的版权属于外资机构、境外人员的网络演出剧（节）目。港澳台演员参照境外演员管理。含有港澳台资本的机构参照外资机构管理。

四、网络演出剧（节）目不得含有《互联网文化管理暂行规定》第十六条规定的内容。

网络演出剧（节）目经营单位应当建立健全内容管理制度，配备适应内容审核工作需要的专业人员负责网络演出剧（节）目的内容管理，加强对评论、弹幕等用户产生内容的实时监控。采用直播方式提供网络演出剧（节）目的，应当采取延时直播方式播出，并安排专人对网络演出剧（节）目进行实时监管，发现内容问题应当第一时间阻断并及时处置。

五、各省级文化和旅游主管部门应当加强对网络演出剧（节）目市场的动态监测和执法检查，督促企业落实主体责任，及时查处违法违规行为。

六、鼓励和支持网络演出剧（节）目平台经营单位提供内容优质、符合社会主义核心价值观的网络演出剧（节）目。鼓励和支持文艺表演团体、演出经纪机构、演出场所经营单位利用互联网为公众提供演出剧（节）目，推动演出新业态发展。

七、相关演出行业组织应当加强网络演出剧（节）目行业研究，建立行业规范，开展行业自律，搭建行业交流平台，制定相关标准，加强人才培养，协调人才服务保障，促进网络演出剧（节）目行业繁荣发展。

特此通知。

演出经纪人员管理办法

·2021年12月13日

·文旅市场发〔2021〕129号

第一章　总　则

第一条　为加强演出经纪人员队伍建设和管理，明确演出经纪人员的权利和义务，规范演出经纪行为，促进演出市场繁荣健康有序发展，根据《营业性演出管理条例》《营业性演出管理条例实施细则》和国家职业资格有关规定，制定本办法。

第二条　本办法所称演出经纪人员，包括个体演出经纪人和演出经纪机构中的专职演出经纪人员。

第三条　本办法所称演出经纪活动，包括演出组织、制作、营销，演出居间、代理、行纪，演员签约、推广、代理等活动。

第四条　国家对演出经纪人员实行职业资格认定制度。在中华人民共和国境内从事演出经纪活动的人员，应当通过演出经纪人员资格认定考试，取得演出经纪人员资格证，持证上岗。

第五条　文化和旅游部对演出经纪人员的资格认定、执业活动实施监督管理。

县级以上地方文化和旅游行政部门对本行政区域内演出经纪人员的执业活动实施监督管理。

第六条　演出经纪机构应当加强对演出经纪人员的管理和培训，提升其综合素质和专业能力。

第七条　演出经纪人员应当严格遵守法律法规，自觉践行社会主义核心价值观，不断提高思想品德修养和职业能力水平，自觉维护演出行业形象。

第八条　演出行业组织应当依法维护演出经纪人员合法权益，制定自律规范，加强行业自律。

第二章　资格认定

第九条　演出经纪人员资格认定考试全国统一实施，每年举行一次。

文化和旅游部组织拟定考试大纲、考试科目、考试试题，组织实施考试，并确定考试合格标准。县级以上地方文化和旅游行政部门负责保障本辖区考试工作的有序实施。

第十条　符合以下条件的人员，可以报名参加演出经纪人员资格认定考试：

（一）具有中华人民共和国国籍；

（二）拥护中华人民共和国宪法，具有良好的政治素质、业务水平和道德品行；

（三）具有高级中学、中等专业学校以上学历；

（四）年满18周岁，具有完全民事行为能力的自然人。

第十一条　有下列情形之一的，不得参加演出经纪人员资格认定考试：

（一）因违反考试纪律、扰乱考试秩序等原因被取消考试资格未满2年的；

（二）因违反《营业性演出管理条例》及其实施细则等规定，被认定为文化市场严重失信主体的。

第十二条　文化和旅游部于演出经纪人员资格认定考试结束后20个工作日内公布合格分数线。

第十三条　演出经纪人员资格证由文化和旅游部核发，全国统一样式，统一编号。

第十四条　文化和旅游部建立演出经纪人员资格证管理库。通过演出经纪人员资格认定考试的人员，应当自合格分数线公布之日起30日内通过全国文化市场技术监管与服务平台领取演出经纪人员资格证。如个人信息发生变更，应当自变更后3个月内通过平台进行信息更新。

第三章　执业规范

第十五条　演出经纪人员应当根据《营业性演出管理条例》《营业性演出管理条例实施细则》以及相关法律法规的规定提供服务。

第十六条　演出经纪人员不得有下列行为：

（一）在两家以上演出经纪机构从业；

（二）出租、出借演出经纪人员资格证；

（三）为含有《营业性演出管理条例》第二十五条禁止内容的演出提供服务；

（四）隐瞒、伪造与演出经纪业务有关的重要事项；

（五）对演出活动进行虚假宣传；

（六）为演员假唱、假演奏提供条件；

（七）其他扰乱演出市场秩序的行为。

第十七条　演出经纪人员应当在演出经纪活动中依法维护演员合法权益，提醒和督促演员严守法律法规，恪守职业道德，树立良好社会形象。

第十八条　演出经纪人员应当定期完成相应的继续教育，继续教育的内容和规定由文化和旅游部另行制定。

第四章　监督管理

第十九条　演出经纪人员在从业活动中有违反本办法第十六条有关规定的，由县级以上文化和旅游行政部门责令改正；情节严重的，依法认定为文化市场失信主体，实施联合惩戒。

第二十条　文化和旅游部应当结合演出经纪活动特点，制定演出经纪人员分级、分类管理细则，促进行业规范发展。

第二十一条　县级以上文化和旅游行政部门应当加强演出经纪人员队伍建设，开展教育培训，加强信用监管。

第五章　附　则

第二十二条　香港特别行政区、澳门特别行政区永久性居民中的中国公民和台湾地区居民参加演出经纪人员资格认定考试，适用本办法。

第二十三条　本办法由文化和旅游部负责解释。

第二十四条　本办法自 2022 年 3 月 1 日起施行，《文化部关于印发〈演出经纪人员管理办法〉的通知》（文市发〔2012〕48 号）同时废止。

演出经纪人员资格证管理规定（试行）

· 2022 年 9 月 16 日

· 办市场发〔2022〕151 号

第一条　为规范演出经纪人员资格证管理，根据《中华人民共和国行政许可法》《营业性演出管理条例》《营业性演出管理条例实施细则》等要求，结合演出经纪人员管理工作实际，制定本规定。

第二条　演出经纪人员资格证的申领、变更、补发和注销等适用本规定。

演出经纪人员资格证（以下简称“资格证”）是通过全国演出经纪人员资格认定考试，具有从事演出经纪活动资格的凭证。

第三条　文化和旅游部负责制定资格证样式和证书编号规则，统一制作、颁发和管理资格证。

第四条　申请人可通过全国文化市场技术监管与服务平台，办理资格证的申领、变更、补发和注销等业务。

第五条　申请人初次申领资格证时，个人信息与报考信息不一致的，应当按照变更事项办理。

第六条 演出经纪人员身份信息、从业单位等发生变更的，应当自变更后3个月内提交信息变更申请，并提交相关证明材料。

第七条 演出经纪人员申请变更身份信息的，应当提交公安部门出具的证明材料，包括但不限于户口本变更页复印件、变更后的身份证复印件等；申请变更从业单位的，应当提交所申请变更单位的劳动合同、社保缴纳证明等材料。

第八条 申请人应当对提交材料的真实性负责。

第九条 演出经纪人员资格证遗失的，应当通过全国文化市场技术监管与服务平台提交遗失声明，遗失声明公示满30日方可申请补发资格证。遗失声明应当载明证件类型、演出经纪人员姓名、证件编号等。

第十条 申请人证件毁损影响使用的，可将原件寄回，申请更换新证件。

第十一条 有下列情形之一的，文化和旅游部应当依法办理资格证注销手续：

（一）演出经纪人员提出注销申请；

（二）演出经纪人员死亡或者丧失行为能力；

（三）演出经纪人员资格证依法被撤销、撤回；

（四）法律、法规规定的应当注销的其他情形。

第十二条 演出经纪人员申请注销资格证的，应当通过全国文化市场技术监管与服务平台提交申请。其他应当注销资格证的情形，根据情况核实后予以注销。

第十三条 对申请人的资格证申领、变更、补发和注销等申请事项，材料齐全的予以受理，材料不齐的不予受理并一次性告知申请人补正要求。文化和旅游部应当于受理后10个工作日内完成审核。符合规定的，依法办理；不符合规定的，依法不予办理，并说明理由。

第十四条 演出经纪人员应当依法使用并妥善保管资格证，不得变造、涂改、抵押、出租、出借和故意毁损。

第十五条 本规定由文化和旅游部负责解释。

第十六条 本规定自发布之日起施行。

网络表演经纪机构管理办法

· 2021 年 8 月 30 日
· 文旅市场发〔2021〕91 号

第一条 为规范网络表演经纪机构的经营行为，加强网络表演内容管理，促进网络表演行业健康有序发展，根据《营业性演出管理条例》《营业性演出管理条例实施细则》《互联网文化管理暂行规定》等有关规定，制定本办法。

第二条 本办法所称网络表演经纪机构，是指依法从事下列活动的经营单位：

（一）网络表演的组织、制作、营销等经营活动；

（二）网络表演者的签约、推广、代理等经纪活动。

第三条 网络表演经纪机构应当遵守宪法和有关法律、法规，坚持为人民服务、为社会主义服务的方向，以社会主义核心价值观为引领，不断丰富人民群众的文化生活。

第四条 网络表演经纪机构从事演出经纪活动，应当依法取得营业性演出许可证。

网络表演经纪机构申请办理营业性演出许可证，应当依照《营业性演出管理条例》第六条、第十条、第十一条，以及《营业性演出管理条例实施细则》第八条、第十条、第十三条、第十五条关于营业性演出许可证的申请条件、申请材料和外商投资等有关规定执行。

第五条 网络表演经营单位应当依法对本单位开展的网络表演经营活动承担主体责任，核验平台内网络表演经纪机构资质。

第六条 网络表演经纪机构为网络表演者提供网络表演经纪服务，应当通过面谈、视频通话等有效方式对网络表演者进行身份核实。网络表演经纪机构不得在明知网络表演者提供的身份信息与其真实身份不一致的情况下，为其提供网络表演经纪服务。

网络表演经纪机构为网络表演者提供网络表演经纪服务，应当签订协议，约定双方权利义务，维护网络表演者的合法权益。

第七条 网络表演经纪机构不得为未满十六周岁的未成年人提供网络表演经纪服务；为十六周岁以上的未成年人提供网络表演经纪服务的，应当对其身份信息进行认证，并经其监护人书面同意。在征询监护人意见时，应当向监护人解释有关网络表演者权利、义务、责任和违约条款并留存相关交流记录。

网络表演经纪机构提供网络表演经纪服务，不得损害未成年人身心健康，不得侵犯未成年人权益。

第八条 网络表演经纪机构应当加强对签约网络表演者的管理，定期开展政策法规和职业道德培训，讲解网络表演相关法律法规，明确禁止内容和行为，增强网络表演者守法意识，引导网络表演者形成良好的职业道德。

第九条 网络表演经纪机构不得组织、制作、营销含有《营业性演出管理条例》第二十五条、《网络表演经营活动管理办法》第六条禁止内容的网络表演。

第十条 网络表演经纪机构发现签约网络表演者所提供的网络表演含有违法违规内容，应当立即要求网络表演者停止网络表演活动，并及时通知相关网络表演经营单位。

第十一条 网络表演经纪机构不得以虚假消费、带头打赏等方式诱导用户在网络表演直播平台消费，不得以打赏排名、虚假宣传等方式进行炒作。

网络表演经纪机构应当加强对签约网络表演者的约束，要求其不得以语言刺激、不合理特殊对待、承诺返利、线下接触或交往，或者赠送包含违法内容的图片或视频等方式诱导用户在网络表演直播平台消费。

第十二条 网络表演经纪机构应当对签约网络表演者的违法违规处理结果、投诉举报处置情况等信息进行记录、保存，并根据不同情形，采取限制服务、停止合作、提请行业协会进行联合抵制等措施。

网络表演者借用、冒用他人身份证件签约的，网络表演经纪机构可提请行业协会进行联合抵制；情节严重的，由相关部门依法追究其法律责任。

第十三条 网络表演经纪机构应当配合文化和旅游行政部门进行监督检查，提供真实、准确、完整的网络表演经纪活动信息数据。

第十四条 网络表演经纪机构应当配备满足业务需要的网络表演经纪人员。网络表演经纪人员与所签约网络表演者人数比例原则上不低于1：100。

网络表演经纪人员从事演出经纪活动，应当依法取得相应的资格证书。

第十五条 网络表演行业组织应当加强行业自律，制定行业标准和经营规范，开展行业培训，强化诚信教育，对列入失信名单的会员可采取公开谴责、取消会员资格、进行联合抵制等措施。

第十六条 网络表演经纪机构违反本办法第四条有关规定，由文化和旅游主管部门依照《营业性演出管理条例》第四十三条予以查处。

第十七条 网络表演经纪机构从事网络表演经纪活动以外的经纪活动，依照相关规定管理。

第十八条 本办法自发布之日起施行。

演出行业演艺人员从业自律管理办法（试行）

·2021年2月5日

第一章　总　则

第一条 为不断提高演出行业演艺人员（以下简称“演艺人员”）职业素质，规范演艺人员从业行为，加强演艺人员从业自律管理，树立演艺人员良好职业形象，促进演出行业健康发展，中国演出行业协会根据《营业性演出管理条例》《营业性演出管理条例实施细则》等有关法规规定，制定本办法。

第二条 本办法所称演艺人员是指在中国境内从事音乐、戏剧、舞蹈、曲艺、杂技以及其他形式的现场文艺演出活动的表演者。

第三条 演艺人员应当自觉遵守本办法第二章所规定的从业规范相关条款（以下简称“从业规范”）。

从业规范由中国演出行业协会根据国家有关法律、法规，结合演艺人员为维护行业和个人形象应当遵从的社会公德、职业道德、家庭美德、个人品德等职业要求制定，并在行业范围内监督实施。

第四条 本办法所称从业范围包括但不限于：

（一）演出场所经营单位、文艺表演团体、演出经纪机构等中国演出行业协会会员策划、组织、参与的各类演出活动，以及与之相关的宣传、推介、营销、赞助、表彰、奖励等活动；

（二）网络表演经营单位等中国演出行业协会会员所属平台、媒体等策划、组织、开展的直播、录播活动，以及与之相关的宣传、推介、营销、赞助、表彰、奖励等活动；

（三）其他与中国演出行业协会密切相关的行业组织、社会机构组织开展的各类活动。

第五条 演艺人员违反从业规范，由中国演出行业协会根据本办法，在其从业范围内实施自律惩戒措施。

第六条 对演艺人员违反从业规范实施自律惩戒措施，应当遵循客观公正、公开透明、公平审慎的原则，坚持教育与惩戒相结合，违规情节与惩戒措施相适应，以事实为依据，依法依规开展工作。

第二章　从业规范

第七条 演艺人员应当具备从事文艺表演工作所必需的文化修养、专业知识与职业技能，并遵守以下要求：

（一）热爱祖国，拥护党的路线方针政策，自觉遵守国家法律法规，遵守文化、演出行业有关规定，自觉接受政府相关管理部门监管和社会监督；

（二）坚持文艺为人民服务、为社会主义服务的方向，自觉践行社会主义核心价值观，弘扬主旋律，壮大正能量，做有信仰、有情怀、有担当的新时代文艺工作者；

（三）热爱文艺事业，恪守艺术品格，维护中华文化立场，弘扬中华美学精神，坚守文艺审美理想，严肃认真对待创作表演，努力提升艺术质量，拒绝用是非不辩、低级庸俗、粗制滥造的作品或宣传误导观众；

（四）遵守社会公德，言语文明，礼貌待人，立正守身，以身作则，注重陶冶品德，加强道德修养，珍视和维护个人职业声誉，积极树立正面形象；

（五）坚守契约精神，依法依约履行经纪合同、代言合同、演出合同等各类合同；

（六）尊重合作团队与合作对象，尊重编剧、导演、舞美、服化道等各部门的艺术创作，尊重全体演职人员的共同劳动，积极配合合作团队合理的工作需求；

（七）遵守与著作权相关的法律法规，树立和强化著作权保护意识，维护著作权人合法权益；

（八）积极参与社会公益活动，助力公益事业发展，自觉践行社会责任；

（九）配合社会各界共同引导未成年人树立正确的价值观念，自觉抵制扰乱社会秩序、恶意攻击他人等不文明行为；

（十）依法依规应当遵守的其他要求。

第八条 演艺人员不得出现以下行为：

（一）违反宪法确定的基本原则，危害国家统一、主权和领土完整，危害国家安全，或者损害国家荣誉和利益；

（二）煽动民族仇恨、民族歧视，侵害民族风俗习惯，伤害民族感情，破坏民族团结；

（三）违反国家宗教政策，宣扬邪教、迷信；

（四）组织、参与、宣扬涉及淫秽、色情、赌博、毒品、暴力、恐怖或者黑恶势力等非法活动；

（五）因酒驾、无证驾驶、肇事逃逸、恶意滋事等扰乱公共秩序，造成恶劣社会影响；

（六）危害社会公德或者损害民族优秀文化传统；

（七）在营业性演出中以假唱、假演奏等手段欺骗观众，或者以违背伦理道德、违反公序良俗的方式进行演出吸引观众；

（八）表演方式恐怖、残忍，利用人体缺陷、或者以展示人体变异等方式招徕观众；

（九）以欺骗、隐瞒等方式恶意违反或不履行合同，非因不可抗力原因取消演出、不履行合同，或者擅自变更已经审核批准的演出内容；

（十）发表违反法律法规、违背社会公序良俗、歪曲历史事实、侮辱、诽谤英雄烈士等不当言论，或者发布不实信息，煽动他人扰乱公共秩序，影响社会稳定；

（十一）以侮辱、诽谤等方式损害他人名誉等合法权益；

（十二）违反广告代言相关法律法规，或以虚假宣传、引人误解的方式欺骗、误导消费者；

（十三）通过违反保密协议、伪造变造材料等不正当手段谋取利益，或者利用职业之便谋取不正当利益；

（十四）其他违背伦理道德或者社会公序良俗造成严重不良社会影响的情形；

（十五）法律、行政法规明文禁止的其他情形。

第九条 演出场所经营单位、文艺表演团体、演出经纪机构或者演出经纪人员应当积极引导所属演艺人员遵守从业规范，依法依规从业。

第三章　办事机构

第十条 中国演出行业协会设立道德建设委员会，具体承担演艺人员道德建设和从业自律等相关工作。

道德建设委员会为非法人分支机构，在中国演出行业协会领导下开展工作。

第十一条 道德建设委员会委员由下列人员构成：

（一）演出场所经营单位、文艺表演团体、演出经纪机构等的管理人员代表；

（二）演艺人员代表；

（三）网络表演（直播）经营单位管理人员代表；

（四）共青团中央、全国妇女联合会、中国关心下一代工作委员会等群团组织代表或者其推荐的专家代表；

（五）新闻媒体代表；

（六）从事演艺行业法律事务的律师代表；

（七）其他相关行业的代表。

根据工作需要，道德建设委员会可以聘请相关领域专家担任顾问。

第十二条 道德建设委员会委员由中国演出行业协会驻会机构提名或者相关组织推荐，征询本人意见后，形成委员候选人名单，经常务理事会表决决定，由中国演出行业协会聘任。

第十三条 道德建设委员会委员应当履行以下义务：

（一）遵守道德建设委员会章程；

（二）履行委员职责，完成分配或指定的工作；

（三）遵纪守法，公正廉洁，不得徇私舞弊、玩忽职守、索贿受贿等；

（四）严守工作纪律，不得泄露或擅自披露履行职责过程中了解的信息；

（五）遵守其他相关规定。

第十四条 道德建设委员会设立秘书处作为日常办事机构。秘书处设在中国演出行业协会驻会机构内，负责材料收集、会议组织及联络协调等相关工作。

第四章　办事程序

第十五条　对违反从业规范的演艺人员，中国演出行业协会根据道德建设委员会评议结果，监督引导会员单位在行业范围内实施以下自律惩戒措施：

（一）进行批评教育；

（二）取消参与行业各类相关评比、表彰、奖励、资助等资格；

（三）根据演艺人员违反从业规范情节轻重及危害程度，分别实施1年、3年、5年和永久等不同程度的行业联合抵制；

（四）协同其他行业组织实施跨行业联合惩戒。

以上措施可以单独实施，也可以合并实施。

第十六条　中国演出行业协会各会员单位或者个人不得邀请、组织处于联合抵制期内的演艺人员参与演出行业各类活动，也不得为其提供其他宣传、推介等便利。

第十七条　道德建设委员会发现演艺人员涉嫌违反从业规范的，应当从行政管理部门、行业组织、成员单位及其他第三方渠道收集信息，并对演艺人员及其所属单位提供的申辩材料进行评估后，提出具体处理意见，经中国演出行业协会审议通过后报送文化和旅游部，并以书面通知向相关单位及个人通报。

第十八条　受到联合抵制的演艺人员需要继续从事演出活动的，本人或者其所属单位应当在联合抵制期限届满前3个月内向道德建设委员会提出申请，经道德建设委员会综合评议后，给予是否同意复出的意见。

对符合复出条件的演艺人员，由中国演出行业协会向会员单位和个人通报，取消联合抵制措施，并监督引导其参与行业培训、职业教育、公益项目等活动，改善社会形象。

第十九条　道德建设委员会委员有下列情形之一的，应当自行回避，当事人有权用口头或者书面方式申请回避：

（一）系被调查演艺人员近亲属；

（二）与被调查演艺人员存在利害关系；

（三）其他可能影响公正履行职责的情形。

第二十条 道德建设委员会委员违反本办法第六条、第十三条、第十九条规定的，由中国演出行业协会取消其委员资格。

第五章 附 则

第二十一条 道德建设委员会依据本办法制定工作章程，并报中国演出行业协会备案。

第二十二条 本办法由中国演出行业协会负责解释，自 2021 年 3 月 1 日起试行。

文化和旅游部关于规范演出经纪行为加强演员管理促进演出市场健康有序发展的通知

· 2021 年 9 月 29 日

· 文旅市场发〔2021〕101 号

各省、自治区、直辖市文化和旅游厅（局），新疆生产建设兵团文化体育广电和旅游局：

演出经纪机构是演出市场重要主体，对优化演出资源配置、丰富演出产品供给、促进演出市场繁荣发展发挥了重要作用。但也要看到，一段时间以来文娱领域出现的艺人违法失德、“饭圈”乱象等问题，败坏行业形象，损害社会风气，对演出市场造成较大冲击，扰乱了市场秩序，人民群众反映强烈。为进一步规范演出经纪行为，切实加强演员管理，促进演出市场健康有序发展，现就有关事项通知如下。

一、严格演出资质管理

（一）从事演员签约、推广、代理等演出经纪活动的演员经纪公司、工作室，应当严格按照《营业性演出管理条例》及其实施细则关于设立演出经纪机构的规定，向文化和旅游行政部门申请取得营业性演出许可证。

（二）严格执行演出经纪人员资格认定制度，从事演员签约、推广、代理等演出经纪活动的从业人员，应当通过演出经纪人员资格认定考试，取得演出经纪人员资格证书，持证上岗。

（三）未经批准擅自从事演员签约、推广、代理等业务的经营单位，由文化和旅游行政部门依照《营业性演出管理条例》第四十三条的规定予以处罚。

（四）演出经纪人员在从业活动中为含有《营业性演出管理条例》第二十五条禁止内容的演出提供经纪服务，或者纵容所经纪演员违法失德行为并造成恶劣社会影响的，由文化和旅游行政部门撤销其资格证书并予以公告。

二、规范演员从业行为

（五）演员应当自觉践行社会主义核心价值观，主动承担起举旗帜、聚民心、育新人、兴文化、展形象的使命任务，讲品位、讲格调、讲责任，不断提高思想品德修养、职业道德素养和人文艺术涵养，争做德艺双馨的文艺工作者。

（六）演员经纪公司、工作室应当维护演员合法权益，承担演员管理责任，将政治素养、道德品行作为演员选用和培养的重要标准，定期组织教育培训，增强演员守法意识和道德修养。建立演员自律自查工作制度，查找演员从业行为存在的问题及风险点，督促演员及时改正。

（七）演员经纪从业人员应当加强对演员的教育、提醒，积极引导演员时刻敬畏法律红线，严守道德底线，提升职业操守，积极营造崇德尚艺、见贤思齐的良好风气。

（八）从事未成年人签约、推广、代理等演出经纪活动的演员经纪公司、工作室，应当按照《中华人民共和国未成年人保护法》《中华人民共和国教育法》《中华人民共和国义务教育法》《中华人民共和国劳动法》有关规定，依法保障其接受并完成规定年限的义务教育的权利。严禁以招募“演艺练习生”等名义，向未成年人灌输所谓“出名要趁早”等错误观念，误导未成年人价值观，侵害未成年人合法权益。

三、加强演出活动监管

（九）各级文化和旅游行政部门应当依照《营业性演出管理条例》等法规规定，切实加强演出活动的内容管理，坚决抵制违背社会主义核心价值观、危害社会公德或者民族优秀文化传统、违反公序良俗、畸形审美等行为，树立正确审美导向。

（十）演出经纪机构举办营业性演出活动，应当安排专职演出经纪人员承担演出活动的协调联络等工作，配合文化和旅游行政部门做好行业监管，履行依法纳税以及代扣代缴有关税费义务。举办涉外营业性演出活动，还应配合外事、公安等部门落实外籍人员日常管理工作。

（十一）演出活动不得使用造成恶劣社会影响的违法失德演员；不得使用含有《营业性演出管理条例》第二十五条禁止内容的图形、画面、音视频和文字等进行演出宣传、售票和演出场地布置等活动；不得组织演员假唱，不得为假唱提供条件。有未成年人参与的演出，应当经过未成年人父母或者其他监护人同意。

（十二）演员擅自变更演出内容或所表演内容、表演行为违反《营业性演出管理条例》第二十五条规定的，由文化和旅游行政部门依照《营业性演出管理条例》第四十四条、第四十六条规定，对演出举办单位以及该演员所签约演出经纪机构予以处罚。使用含有《营业性演出管理条例》第二十五条禁止内容的图形、画面、音视频和文字等进行演出宣传、售票和演出场地布置等活动的，由文化和旅游行政部门依照《营业性演出管理条例》第四十六条的规定，对演出举办单位予以处罚。以假唱欺骗观众或者为演员假唱提供条件的，由文化和旅游行政部门依照《营业性演出管理条例》第四十七条规定，对演出举办单位和演员予以处罚。

四、做好粉丝正面引导

（十三）演员经纪公司、工作室应当加强对粉丝应援行为的正面引导，做好对授权粉丝团、后援会网络账号的内容监督。对扰乱网络公共秩序和社会秩序的粉丝群体，应当督促演员主动发声，积极引导。

（十四）演出举办单位应当做好演出现场管理，维护演出现场秩序，不得设置场外应援、礼物应援、打榜投票等诱导粉丝消费的营销活动。不得组织未成年人参与应援集会等活动，不得组织未成年人进行正常观看演出之外的应援消费。

五、共建良好演出生态

（十五）对体现民族特色和国家水准的优质演出产品和服务，各地文化和旅游行政部门应当按照《营业性演出管理条例实施细则》有关规定，给予补助和支持，培育更多思想精深、艺术精湛、制作精良的精品剧（节）目。

（十六）各级文化和旅游行政部门应当加强信用监管，依法依规将符合条件的营业性演出市场主体及从业人员列入文化市场失信名单，实施信用惩戒。

（十七）文化市场综合执法机构应当加强对演员经纪公司、工作室的执法检查，做好营业性演出的日常巡查，对违法违规行为依法予以查处。

（十八）行业协会应当完善演出经纪机构及从业人员自律规范，建立风险监测研判机制和管控机制，对违法失德演员进行评议，对造成恶劣社会影响的演员经纪公司、工作室及演员实施自律惩戒和行业抵制。

（十九）各级文化和旅游行政部门、行业协会应当建立常态化培训机制，全面加强对从业人员思想政治、法律法规、职业道德等方面的教育培训，提高从业人员综合素质，构建积极向上、繁荣有序的演出生态。

特此通知。

文化和旅游部、公安部、住房和城乡建设部、应急管理部、市场监管总局关于加强剧本娱乐经营场所管理的通知

· 2022 年 6 月 25 日

· 文旅市场发〔2022〕70 号

各省、自治区、直辖市文化和旅游厅（局）、公安厅（局）、住房和城乡建设厅（委、局）、应急管理厅（局）、市场监管局（厅、委）、消防救援总队，新疆生产建设兵团文体广电和旅游局、公安局、住房和城乡建设局、应急管理局、市场监管局，北京市规划和自然资源委：

近年来，以“剧本杀”“密室逃脱”为代表的现场组织消费者扮演角色完成任务的剧本娱乐经营场所快速发展，在丰富文化供给、满足人民群众文化娱乐消费需求的同时，也出现了一些不良内容及安全隐患。为加强剧本娱乐经营场所管理，促进行业健康有序发展，现就有关事项通知如下：

一、依法办理登记，履行备案手续

（一）明确经营范围。剧本娱乐经营场所应当依法向所在地县级以上市场监管部门办理登记并领取营业执照，经营范围登记为“剧本娱乐活动”。

（二）实行告知性备案。剧本娱乐经营场所应当自经营之日起30 个自然日内将经营场所地址以及场所使用的剧本脚本名称、作者、简介、适龄范围等信息，通过全国文化市场技术监管与服务平台，报经营场所所在地县级文化和旅游行政部门备案。新增剧本脚本，或者剧本脚本的故事背景、剧情等主要内容发生实质性变化的，应当自使用之日起 30 个自然日内将剧本脚本的上述信息报原备案部门备案。文化和旅游部负责制定剧本娱乐活动备案指南。

二、坚守底线，规范经营

（三）严格内容管理。剧本娱乐经营场所应当坚持正确导向，使用内容健康、积极向上的剧本脚本，鼓励使用弘扬主旋律、传播正能量的剧本脚本；应当建立内容自审制度，对剧本脚本以及表演、场景、道具、服饰等进行内容自审，确保内容合法。剧本娱乐经营场所内的剧本娱乐活动不得含有《中华人民共和国未成年人保护法》《娱乐场所管理条例》《营业性演出管理条例》等法律法规禁止的内容。

（四）加强未成年人保护。剧本娱乐经营场所使用的剧本脚本应当设置适龄提示，标明适龄范围；设置的场景不适宜未成年人的，应当在显著位置予以提示，并不得允许未成年人进入。剧本娱乐经营场所应当采取措施防止未成年人沉迷。除国家法定节假日、休息日及寒暑假期外，剧本娱乐经营场所不得向未成年人提供剧本娱乐活动。

（五）强化安全生产主体责任。剧本娱乐经营场所应当履行安全生产主体责任，严格落实《中华人民共和国安全生产法》《中华人民共和国消防法》等法律法规和有关消防安全要求；应当常态化开展火灾风险自知、自查、自改，提高紧急情况下的组织疏散逃生和初起火灾扑救能力，切实履行安全提示和告知义务，引导消费者增强安全防范意识，保障安全运营。剧本娱乐经营场所不得设在居民楼内、建筑物地下一层以下（不含地下一层）等地。

（六）强化诚信守法经营。剧本娱乐经营场所应当明码标价、诚实经营，不得存在虚假宣传、价格欺诈、利用不公平格式条款侵害消费者合法权益等违法违规行为。

（七）加强行业自律。行业协会应当制定行业规范，指导会员单位加强内容自审和从业人员培训，维护行业合法权益。

三、建立协同机制，形成监管合力

（八）明确职责分工。文化和旅游行政部门负责剧本娱乐经营场所内的剧本娱乐活动内容管理和有关未成年人保护工作，指导督促剧本娱乐经营场所履行安全生产和消防安全责任；公安机关负责剧本娱乐经营场所治安管理工作，依法查处相关违法犯罪行为；住房和城乡建设部门依法负责剧本娱乐经营场所消防设计审查验收备案工作；消防救援机构和相关部门依法依规负责开展剧本娱乐经营场所消防监督检查工作；市场监管部门负责剧本娱乐行业市场主体的登记注册工作。

（九）加强协同监管。各地文化和旅游行政部门应当会同公安机关、住房和城乡建设部门、市场监管部门、消防救援机构等建立协同监管机制，建立信息通报、线索移送和联合执法等工作机制，形成齐抓共管的工作格局。

四、设置政策过渡期，引导场所合规经营

（十）开展自查自纠。本通知印发之日起至2023年6月30日为政策过渡期。过渡期内，剧本娱乐经营场所应当根据本通知有关要求开展自查自纠，依法变更经营范围，完善经营资质，向文化和旅游行政部门履行备案手续，建立内容自审制度，积极整改并消除消防等安全隐患。各部门应当利用政策过渡期加强政策宣传，用好各级门户网站、政务信息平台，发挥新闻媒体、行业组织等作用，扩大政策宣传覆盖面和知晓度。

（十一）开展排查摸底。文化和旅游行政部门应当会同相关部门开展摸底排查工作，在摸底排查中发现含有法律法规禁止内容或者未履行适龄提示等有关未成年人保护责任的，应当责令经营单位改正并停止使用有关剧本脚本。各省级文化和旅游行政部门应当于2022年8月31日前，将摸底排查情况上报文化和旅游部。

（十二）开展专项检查。过渡期后，各地应当组织开展专项检查，加强日常巡查，对在检查中发现问题的，应当依照有关法律法规、标准规范和本通知要求及时处置。

各地文化和旅游行政部门、公安机关、住房和城乡建设部门、市场监管部门、消防救援机构应当根据本通知精神，结合各部门职责，切实加强对剧本娱乐经营场所的监督指导。工作中遇到的重要情况和问题，及时向上级部门请示报告。

特此通知。

互联网和网络游戏

一、法律法规

中华人民共和国网络安全法

· 2016 年 11 月 7 日第十二届全国人民代表大会常务委员会第二十四次会议通过
· 2016 年 11 月 7 日中华人民共和国主席令第 53 号公布
· 自 2017 年 6 月 1 日起施行

第一章　总　则

第一条　为了保障网络安全，维护网络空间主权和国家安全、社会公共利益，保护公民、法人和其他组织的合法权益，促进经济社会信息化健康发展，制定本法。

第二条　在中华人民共和国境内建设、运营、维护和使用网络，以及网络安全的监督管理，适用本法。

第三条　国家坚持网络安全与信息化发展并重，遵循积极利用、科学发展、依法管理、确保安全的方针，推进网络基础设施建设和互联互通，鼓励网络技术创新和应用，支持培养网络安全人才，建立健全网络安全保障体系，提高网络安全保护能力。

第四条　国家制定并不断完善网络安全战略，明确保障网络安全的基本要求和主要目标，提出重点领域的网络安全政策、工作任务和措施。

第五条　国家采取措施，监测、防御、处置来源于中华人民共和国境内外的网络安全风险和威胁，保护关键信息基础设施免受攻击、侵入、干扰和破坏，依法惩治网络违法犯罪活动，维护网络空间安全和秩序。

第六条 国家倡导诚实守信、健康文明的网络行为，推动传播社会主义核心价值观，采取措施提高全社会的网络安全意识和水平，形成全社会共同参与促进网络安全的良好环境。

第七条 国家积极开展网络空间治理、网络技术研发和标准制定、打击网络违法犯罪等方面的国际交流与合作，推动构建和平、安全、开放、合作的网络空间，建立多边、民主、透明的网络治理体系。

第八条 国家网信部门负责统筹协调网络安全工作和相关监督管理工作。国务院电信主管部门、公安部门和其他有关机关依照本法和有关法律、行政法规的规定，在各自职责范围内负责网络安全保护和监督管理工作。

县级以上地方人民政府有关部门的网络安全保护和监督管理职责，按照国家有关规定确定。

第九条 网络运营者开展经营和服务活动，必须遵守法律、行政法规，尊重社会公德，遵守商业道德，诚实信用，履行网络安全保护义务，接受政府和社会的监督，承担社会责任。

第十条 建设、运营网络或者通过网络提供服务，应当依照法律、行政法规的规定和国家标准的强制性要求，采取技术措施和其他必要措施，保障网络安全、稳定运行，有效应对网络安全事件，防范网络违法犯罪活动，维护网络数据的完整性、保密性和可用性。

第十一条 网络相关行业组织按照章程，加强行业自律，制定网络安全行为规范，指导会员加强网络安全保护，提高网络安全保护水平，促进行业健康发展。

第十二条 国家保护公民、法人和其他组织依法使用网络的权利，促进网络接入普及，提升网络服务水平，为社会提供安全、便利的网络服务，保障网络信息依法有序自由流动。

任何个人和组织使用网络应当遵守宪法法律，遵守公共秩序，尊重社会公德，不得危害网络安全，不得利用网络从事危害国家安全、荣誉和利益，煽动颠覆国家政权、推翻社会主义制度，煽动分裂国家、破坏国家统一，宣扬恐怖主义、极端主义，宣扬民族仇恨、民族歧视，传播暴力、淫秽色情信息，编造、传播虚假信息扰乱经济秩序和社会秩序，以及侵害他人名誉、隐私、知识产权和其他合法权益等活动。

第十三条 国家支持研究开发有利于未成年人健康成长的网络产品和服务，依法惩治利用网络从事危害未成年人身心健康的活动，为未成年人提供安全、健康的网络环境。

第十四条 任何个人和组织有权对危害网络安全的行为向网信、电信、公安等部门举报。收到举报的部门应当及时依法作出处理；不属于本部门职责的，应当及时移送有权处理的部门。

有关部门应当对举报人的相关信息予以保密，保护举报人的合法权益。

第二章 网络安全支持与促进

第十五条 国家建立和完善网络安全标准体系。国务院标准化行政主管部门和国务院其他有关部门根据各自的职责，组织制定并适时修订有关网络安全管理以及网络产品、服务和运行安全的国家标准、行业标准。

国家支持企业、研究机构、高等学校、网络相关行业组织参与网络安全国家标准、行业标准的制定。

第十六条 国务院和省、自治区、直辖市人民政府应当统筹规划，加大投入，扶持重点网络安全技术产业和项目，支持网络安全技术的研究开发和应用，推广安全可信的网络产品和服务，保护网络技术知识产权，支持企业、研究机构和高等学校等参与国家网络安全技术创新项目。

第十七条 国家推进网络安全社会化服务体系建设，鼓励有关企业、机构开展网络安全认证、检测和风险评估等安全服务。

第十八条 国家鼓励开发网络数据安全保护和利用技术，促进公共数据资源开放，推动技术创新和经济社会发展。

国家支持创新网络安全管理方式，运用网络新技术，提升网络安全保护水平。

第十九条 各级人民政府及其有关部门应当组织开展经常性的网络安全宣传教育，并指导、督促有关单位做好网络安全宣传教育工作。

大众传播媒介应当有针对性地面向社会进行网络安全宣传教育。

第二十条 国家支持企业和高等学校、职业学校等教育培训机构开展网络安全相关教育与培训，采取多种方式培养网络安全人才，促进网络安全人才交流。

第三章 网络运行安全

第一节 一般规定

第二十一条 国家实行网络安全等级保护制度。网络运营者应当按照网络安全等级保护制度的要求，履行下列安全保护义务，保障网络免受干扰、破坏或者未经授权的访问，防止网络数据泄露或者被窃取、篡改：

（一）制定内部安全管理制度和操作规程，确定网络安全负责人，落实网络安全保护责任；

（二）采取防范计算机病毒和网络攻击、网络侵入等危害网络安全行为的技术措施；

（三）采取监测、记录网络运行状态、网络安全事件的技术措施，并按照规定留存相关的网络日志不少于六个月；

（四）采取数据分类、重要数据备份和加密等措施；

（五）法律、行政法规规定的其他义务。

第二十二条 网络产品、服务应当符合相关国家标准的强制性要求。网络产品、服务的提供者不得设置恶意程序；发现其网络产品、服务存在安全缺陷、漏洞等风险时，应当立即采取补救措施，按照规定及时告知用户并向有关主管部门报告。

网络产品、服务的提供者应当为其产品、服务持续提供安全维护；在规定或者当事人约定的期限内，不得终止提供安全维护。

网络产品、服务具有收集用户信息功能的，其提供者应当向用户明示并取得同意；涉及用户个人信息的，还应当遵守本法和有关法律、行政法规关于个人信息保护的规定。

第二十三条 网络关键设备和网络安全专用产品应当按照相关国家标准的强制性要求，由具备资格的机构安全认证合格或者安全检测符合要求后，方可销售或者提供。国家网信部门会同国务院有关部门制定、公布网络关键设备和网络安全专用产品目录，并推动安全认证和安全检测结果互认，避免重复认证、检测。

第二十四条 网络运营者为用户办理网络接入、域名注册服务，办理固定电话、移动电话等入网手续，或者为用户提供信息发布、即时通讯等服务，在与用户签订协议或者确认提供服务时，应当要求用户提供真实身份信息。用户不提供真实身份信息的，网络运营者不得为其提供相关服务。

国家实施网络可信身份战略，支持研究开发安全、方便的电子身份认证技术，推动不同电子身份认证之间的互认。

第二十五条 网络运营者应当制定网络安全事件应急预案，及时处置系统漏洞、计算机病毒、网络攻击、网络侵入等安全风险；在发生危害网络安全的事件时，立即启动应急预案，采取相应的补救措施，并按照规定向有关主管部门报告。

第二十六条 开展网络安全认证、检测、风险评估等活动，向社会发布系统漏洞、计算机病毒、网络攻击、网络侵入等网络安全信息，应当遵守国家有关规定。

第二十七条 任何个人和组织不得从事非法侵入他人网络、干扰他人网络正常功能、窃取网络数据等危害网络安全的活动；不得提供专门用于从事侵入网络、干扰网络正常功能及防护措施、窃取网络数据等危害网络安全活动的程序、工具；明知他人从事危害网络安全的活动的，不得为其提供技术支持、广告推广、支付结算等帮助。

第二十八条 网络运营者应当为公安机关、国家安全机关依法维护国家安全和侦查犯罪的活动提供技术支持和协助。

第二十九条 国家支持网络运营者之间在网络安全信息收集、分析、通报和应急处置等方面进行合作，提高网络运营者的安全保障能力。

有关行业组织建立健全本行业的网络安全保护规范和协作机制，加强对网络安全风险的分析评估，定期向会员进行风险警示，支持、协助会员应对网络安全风险。

第三十条 网信部门和有关部门在履行网络安全保护职责中获取的信息，只能用于维护网络安全的需要，不得用于其他用途。

第二节 关键信息基础设施的运行安全

第三十一条 国家对公共通信和信息服务、能源、交通、水利、金融、公共服务、电子政务等重要行业和领域，以及其他一旦遭到破坏、丧失功能或者数据泄露，可能严重危害国家安全、国计民生、公共利益的关键信息基础设施，在网络安全等级保护制度的基础上，实行重点保护。关键信息基础设施的具体范围和安全保护办法由国务院制定。

国家鼓励关键信息基础设施以外的网络运营者自愿参与关键信息基础设施保护体系。

第三十二条 按照国务院规定的职责分工，负责关键信息基础设施安全保护工作的部门分别编制并组织实施本行业、本领域的关键信息基础设施安全规划，指导和监督关键信息基础设施运行安全保护工作。

第三十三条 建设关键信息基础设施应当确保其具有支持业务稳定、持续运行的性能，并保证安全技术措施同步规划、同步建设、同步使用。

第三十四条 除本法第二十一条的规定外，关键信息基础设施的运营者还应当履行下列安全保护义务：

（一）设置专门安全管理机构和安全管理负责人，并对该负责人和关键岗位的人员进行安全背景审查；

（二）定期对从业人员进行网络安全教育、技术培训和技能考核；

（三）对重要系统和数据库进行容灾备份；

（四）制定网络安全事件应急预案，并定期进行演练；

（五）法律、行政法规规定的其他义务。

第三十五条 关键信息基础设施的运营者采购网络产品和服务，可能影响国家安全的，应当通过国家网信部门会同国务院有关部门组织的国家安全审查。

第三十六条 关键信息基础设施的运营者采购网络产品和服务，应当按照规定与提供者签订安全保密协议，明确安全和保密义务与责任。

第三十七条 关键信息基础设施的运营者在中华人民共和国境内运营中收集和产生的个人信息和重要数据应当在境内存储。因业务需要，确需向境外提供的，应当按照国家网信部门会同国务院有关部门制定的办法进行安全评估；法律、行政法规另有规定的，依照其规定。

第三十八条 关键信息基础设施的运营者应当自行或者委托网络安全服务机构对其网络的安全性和可能存在的风险每年至少进行一次检测评估，并将检测评估情况和改进措施报送相关负责关键信息基础设施安全保护工作的部门。

第三十九条 国家网信部门应当统筹协调有关部门对关键信息基础设施的安全保护采取下列措施：

（一）对关键信息基础设施的安全风险进行抽查检测，提出改进措施，必要时可以委托网络安全服务机构对网络存在的安全风险进行检测评估；

（二）定期组织关键信息基础设施的运营者进行网络安全应急演练，提高应对网络安全事件的水平和协同配合能力；

（三）促进有关部门、关键信息基础设施的运营者以及有关研究机构、网络安全服务机构等之间的网络安全信息共享；

（四）对网络安全事件的应急处置与网络功能的恢复等，提供技术支持和协助。

第四章　网络信息安全

第四十条　网络运营者应当对其收集的用户信息严格保密，并建立健全用户信息保护制度。

第四十一条　网络运营者收集、使用个人信息，应当遵循合法、正当、必要的原则，公开收集、使用规则，明示收集、使用信息的目的、方式和范围，并经被收集者同意。

网络运营者不得收集与其提供的服务无关的个人信息，不得违反法律、行政法规的规定和双方的约定收集、使用个人信息，并应当依照法律、行政法规的规定和与用户的约定，处理其保存的个人信息。

第四十二条　网络运营者不得泄露、篡改、毁损其收集的个人信息；未经被收集者同意，不得向他人提供个人信息。但是，经过处理无法识别特定个人且不能复原的除外。

网络运营者应当采取技术措施和其他必要措施，确保其收集的个人信息安全，防止信息泄露、毁损、丢失。在发生或者可能发生个人信息泄露、毁损、丢失的情况时，应当立即采取补救措施，按照规定及时告知用户并向有关主管部门报告。

第四十三条　个人发现网络运营者违反法律、行政法规的规定或者双方的约定收集、使用其个人信息的，有权要求网络运营者删除其个人信息；发现网络运营者收集、存储的其个人信息有错误的，有权要求网络运营者予以更正。网络运营者应当采取措施予以删除或者更正。

第四十四条　任何个人和组织不得窃取或者以其他非法方式获取个人信息，不得非法出售或者非法向他人提供个人信息。

第四十五条 依法负有网络安全监督管理职责的部门及其工作人员，必须对在履行职责中知悉的个人信息、隐私和商业秘密严格保密，不得泄露、出售或者非法向他人提供。

第四十六条 任何个人和组织应当对其使用网络的行为负责，不得设立用于实施诈骗，传授犯罪方法，制作或者销售违禁物品、管制物品等违法犯罪活动的网站、通讯群组，不得利用网络发布涉及实施诈骗，制作或者销售违禁物品、管制物品以及其他违法犯罪活动的信息。

第四十七条 网络运营者应当加强对其用户发布的信息的管理，发现法律、行政法规禁止发布或者传输的信息的，应当立即停止传输该信息，采取消除等处置措施，防止信息扩散，保存有关记录，并向有关主管部门报告。

第四十八条 任何个人和组织发送的电子信息、提供的应用软件，不得设置恶意程序，不得含有法律、行政法规禁止发布或者传输的信息。

电子信息发送服务提供者和应用软件下载服务提供者，应当履行安全管理义务，知道其用户有前款规定行为的，应当停止提供服务，采取消除等处置措施，保存有关记录，并向有关主管部门报告。

第四十九条 网络运营者应当建立网络信息安全投诉、举报制度，公布投诉、举报方式等信息，及时受理并处理有关网络信息安全的投诉和举报。

网络运营者对网信部门和有关部门依法实施的监督检查，应当予以配合。

第五十条 国家网信部门和有关部门依法履行网络信息安全监督管理职责，发现法律、行政法规禁止发布或者传输的信息的，应当要求网络运营者停止传输，采取消除等处置措施，保存有关记录；对来源于中华人民共和国境外的上述信息，应当通知有关机构采取技术措施和其他必要措施阻断传播。

第五章　监测预警与应急处置

第五十一条　国家建立网络安全监测预警和信息通报制度。国家网信部门应当统筹协调有关部门加强网络安全信息收集、分析和通报工作，按照规定统一发布网络安全监测预警信息。

第五十二条　负责关键信息基础设施安全保护工作的部门，应当建立健全本行业、本领域的网络安全监测预警和信息通报制度，并按照规定报送网络安全监测预警信息。

第五十三条　国家网信部门协调有关部门建立健全网络安全风险评估和应急工作机制，制定网络安全事件应急预案，并定期组织演练。

负责关键信息基础设施安全保护工作的部门应当制定本行业、本领域的网络安全事件应急预案，并定期组织演练。

网络安全事件应急预案应当按照事件发生后的危害程度、影响范围等因素对网络安全事件进行分级，并规定相应的应急处置措施。

第五十四条　网络安全事件发生的风险增大时，省级以上人民政府有关部门应当按照规定的权限和程序，并根据网络安全风险的特点和可能造成的危害，采取下列措施：

（一）要求有关部门、机构和人员及时收集、报告有关信息，加强对网络安全风险的监测；

（二）组织有关部门、机构和专业人员，对网络安全风险信息进行分析评估，预测事件发生的可能性、影响范围和危害程度；

（三）向社会发布网络安全风险预警，发布避免、减轻危害的措施。

第五十五条　发生网络安全事件，应当立即启动网络安全事件应急预案，对网络安全事件进行调查和评估，要求网络运营者采取技术措施和其他必要措施，消除安全隐患，防止危害扩大，并及时向社会发布与公众有关的警示信息。

第五十六条 省级以上人民政府有关部门在履行网络安全监督管理职责中，发现网络存在较大安全风险或者发生安全事件的，可以按照规定的权限和程序对该网络的运营者的法定代表人或者主要负责人进行约谈。网络运营者应当按照要求采取措施，进行整改，消除隐患。

第五十七条 因网络安全事件，发生突发事件或者生产安全事故的，应当依照《中华人民共和国突发事件应对法》、《中华人民共和国安全生产法》等有关法律、行政法规的规定处置。

第五十八条 因维护国家安全和社会公共秩序，处置重大突发社会安全事件的需要，经国务院决定或者批准，可以在特定区域对网络通信采取限制等临时措施。

第六章 法律责任

第五十九条 网络运营者不履行本法第二十一条、第二十五条规定的网络安全保护义务的，由有关主管部门责令改正，给予警告；拒不改正或者导致危害网络安全等后果的，处一万元以上十万元以下罚款，对直接负责的主管人员处五千元以上五万元以下罚款。

关键信息基础设施的运营者不履行本法第三十三条、第三十四条、第三十六条、第三十八条规定的网络安全保护义务的，由有关主管部门责令改正，给予警告；拒不改正或者导致危害网络安全等后果的，处十万元以上一百万元以下罚款，对直接负责的主管人员处一万元以上十万元以下罚款。

第六十条 违反本法第二十二条第一款、第二款和第四十八条第一款规定，有下列行为之一的，由有关主管部门责令改正，给予警告；拒不改正或者导致危害网络安全等后果的，处五万元以上五十万元以下罚款，对直接负责的主管人员处一万元以上十万元以下罚款：

（一）设置恶意程序的；

（二）对其产品、服务存在的安全缺陷、漏洞等风险未立即采取补救措施，或者未按照规定及时告知用户并向有关主管部门报告的；

（三）擅自终止为其产品、服务提供安全维护的。

第六十一条 网络运营者违反本法第二十四条第一款规定，未要求用户提供真实身份信息，或者对不提供真实身份信息的用户提供相关服务的，由有关主管部门责令改正；拒不改正或者情节严重的，处五万元以上五十万元以下罚款，并可以由有关主管部门责令暂停相关业务、停业整顿、关闭网站、吊销相关业务许可证或者吊销营业执照，对直接负责的主管人员和其他直接责任人员处一万元以上十万元以下罚款。

第六十二条 违反本法第二十六条规定，开展网络安全认证、检测、风险评估等活动，或者向社会发布系统漏洞、计算机病毒、网络攻击、网络侵入等网络安全信息的，由有关主管部门责令改正，给予警告；拒不改正或者情节严重的，处一万元以上十万元以下罚款，并可以由有关主管部门责令暂停相关业务、停业整顿、关闭网站、吊销相关业务许可证或者吊销营业执照，对直接负责的主管人员和其他直接责任人员处五千元以上五万元以下罚款。

第六十三条 违反本法第二十七条规定，从事危害网络安全的活动，或者提供专门用于从事危害网络安全活动的程序、工具，或者为他人从事危害网络安全的活动提供技术支持、广告推广、支付结算等帮助，尚不构成犯罪的，由公安机关没收违法所得，处五日以下拘留，可以并处五万元以上五十万元以下罚款；情节较重的，处五日以上十五日以下拘留，可以并处十万元以上一百万元以下罚款。

单位有前款行为的，由公安机关没收违法所得，处十万元以上一百万元以下罚款，并对直接负责的主管人员和其他直接责任人员依照前款规定处罚。

违反本法第二十七条规定，受到治安管理处罚的人员，五年内不得从事网络安全管理和网络运营关键岗位的工作；受到刑事处罚的人员，终身不得从事网络安全管理和网络运营关键岗位的工作。

第六十四条 网络运营者、网络产品或者服务的提供者违反本法第二十二条第三款、第四十一条至第四十三条规定，侵害个人信息依法得到保护的权利的，由有关主管部门责令改正，可以根据情节单处或者并处警告、没收违法所得、处违法所得一倍以上十倍以下罚款，没有违法所得的，处一百万元以下罚款，对直接负责的主管人员和其他直接责任人员处一万元以上十万元以下罚款；情节严重的，并可以责令暂停相关业务、停业整顿、关闭网站、吊销相关业务许可证或者吊销营业执照。

违反本法第四十四条规定，窃取或者以其他非法方式获取、非法出售或者非法向他人提供个人信息，尚不构成犯罪的，由公安机关没收违法所得，并处违法所得一倍以上十倍以下罚款，没有违法所得的，处一百万元以下罚款。

第六十五条 关键信息基础设施的运营者违反本法第三十五条规定，使用未经安全审查或者安全审查未通过的网络产品或者服务的，由有关主管部门责令停止使用，处采购金额一倍以上十倍以下罚款；对直接负责的主管人员和其他直接责任人员处一万元以上十万元以下罚款。

第六十六条 关键信息基础设施的运营者违反本法第三十七条规定，在境外存储网络数据，或者向境外提供网络数据的，由有关主管部门责令改正，给予警告，没收违法所得，处五万元以上五十万元以下罚款，并可以责令暂停相关业务、停业整顿、关闭网站、吊销相关业务许可证或者吊销营业执照；对直接负责的主管人员和其他直接责任人员处一万元以上十万元以下罚款。

第六十七条 违反本法第四十六条规定，设立用于实施违法犯罪活动的网站、通讯群组，或者利用网络发布涉及实施违法犯罪活动的信息，尚不构成犯罪的，由公安机关处五日以下拘留，可以并处一万元以上十万元以下罚款；情节较重的，处五日以上十五日以下拘留，可以并处五万元以上五十万元以下罚款。关闭用于实施违法犯罪活动的网站、通讯群组。

单位有前款行为的，由公安机关处十万元以上五十万元以下罚款，并对直接负责的主管人员和其他直接责任人员依照前款规定处罚。

第六十八条 网络运营者违反本法第四十七条规定，对法律、行政法规禁止发布或者传输的信息未停止传输、采取消除等处置措施、保存有关记录的，由有关主管部门责令改正，给予警告，没收违法所得；拒不改正或者情节严重的，处十万元以上五十万元以下罚款，并可以责令暂停相关业务、停业整顿、关闭网站、吊销相关业务许可证或者吊销营业执照，对直接负责的主管人员和其他直接责任人员处一万元以上十万元以下罚款。

电子信息发送服务提供者、应用软件下载服务提供者，不履行本法第四十八条第二款规定的安全管理义务的，依照前款规定处罚。

第六十九条 网络运营者违反本法规定，有下列行为之一的，由有关主管部门责令改正；拒不改正或者情节严重的，处五万元以上五十万元以下罚款，对直接负责的主管人员和其他直接责任人员，处一万元以上十万元以下罚款：

（一）不按照有关部门的要求对法律、行政法规禁止发布或者传输的信息，采取停止传输、消除等处置措施的；

（二）拒绝、阻碍有关部门依法实施的监督检查的；

（三）拒不向公安机关、国家安全机关提供技术支持和协助的。

第七十条 发布或者传输本法第十二条第二款和其他法律、行政法规禁止发布或者传输的信息的，依照有关法律、行政法规的规定处罚。

第七十一条 有本法规定的违法行为的，依照有关法律、行政法规的规定记入信用档案，并予以公示。

第七十二条 国家机关政务网络的运营者不履行本法规定的网络安全保护义务的，由其上级机关或者有关机关责令改正；对直接负责的主管人员和其他直接责任人员依法给予处分。

第七十三条 网信部门和有关部门违反本法第三十条规定，将在履行网络安全保护职责中获取的信息用于其他用途的，对直接负责的主管人员和其他直接责任人员依法给予处分。

网信部门和有关部门的工作人员玩忽职守、滥用职权、徇私舞弊，尚不构成犯罪的，依法给予处分。

第七十四条 违反本法规定，给他人造成损害的，依法承担民事责任。

违反本法规定，构成违反治安管理行为的，依法给予治安管理处罚；构成犯罪的，依法追究刑事责任。

第七十五条 境外的机构、组织、个人从事攻击、侵入、干扰、破坏等危害中华人民共和国的关键信息基础设施的活动，造成严重后果的，依法追究法律责任；国务院公安部门和有关部门并可以决定对该机构、组织、个人采取冻结财产或者其他必要的制裁措施。

第七章　附　则

第七十六条 本法下列用语的含义：

（一）网络，是指由计算机或者其他信息终端及相关设备组成的按照一定的规则和程序对信息进行收集、存储、传输、交换、处理的系统。

（二）网络安全，是指通过采取必要措施，防范对网络的攻击、侵入、干扰、破坏和非法使用以及意外事故，使网络处于稳定可靠运行的状态，以及保障网络数据的完整性、保密性、可用性的能力。

（三）网络运营者，是指网络的所有者、管理者和网络服务提供者。

（四）网络数据，是指通过网络收集、存储、传输、处理和产生的各种电子数据。

（五）个人信息，是指以电子或者其他方式记录的能够单独或者与其他信息结合识别自然人个人身份的各种信息，包括但不限于自然人的姓名、出生日期、身份证件号码、个人生物识别信息、住址、电话号码等。

第七十七条 存储、处理涉及国家秘密信息的网络的运行安全保护，除应当遵守本法外，还应当遵守保密法律、行政法规的规定。

第七十八条 军事网络的安全保护，由中央军事委员会另行规定。

第七十九条 本法自2017年6月1日起施行。

中华人民共和国民法典（节录）

·2020年5月28日第十三届全国人民代表大会第三次会议通过

·2020年5月28日中华人民共和国主席令第45号公布

·自2021年1月1日起施行

……

第四编 人格权

……

第六章 隐私权和个人信息保护

第一千零三十二条 **【隐私权及隐私】**自然人享有隐私权。任何组织或者个人不得以刺探、侵扰、泄露、公开等方式侵害他人的隐私权。

隐私是自然人的私人生活安宁和不愿为他人知晓的私密空间、私密活动、私密信息。

第一千零三十三条 **【侵害隐私权的行为】**除法律另有规定或者权利人明确同意外，任何组织或者个人不得实施下列行为：

（一）以电话、短信、即时通讯工具、电子邮件、传单等方式侵扰他人的私人生活安宁；

（二）进入、拍摄、窥视他人的住宅、宾馆房间等私密空间；
（三）拍摄、窥视、窃听、公开他人的私密活动；
（四）拍摄、窥视他人身体的私密部位；
（五）处理他人的私密信息；
（六）以其他方式侵害他人的隐私权。

第一千零三十四条　【个人信息保护】自然人的个人信息受法律保护。

个人信息是以电子或者其他方式记录的能够单独或者与其他信息结合识别特定自然人的各种信息，包括自然人的姓名、出生日期、身份证件号码、生物识别信息、住址、电话号码、电子邮箱、健康信息、行踪信息等。

个人信息中的私密信息，适用有关隐私权的规定；没有规定的，适用有关个人信息保护的规定。

第一千零三十五条　【个人信息处理的原则】处理个人信息的，应当遵循合法、正当、必要原则，不得过度处理，并符合下列条件：

（一）征得该自然人或者其监护人同意，但是法律、行政法规另有规定的除外；
（二）公开处理信息的规则；
（三）明示处理信息的目的、方式和范围；
（四）不违反法律、行政法规的规定和双方的约定。

个人信息的处理包括个人信息的收集、存储、使用、加工、传输、提供、公开等。

第一千零三十六条　【处理个人信息的免责事由】处理个人信息，有下列情形之一的，行为人不承担民事责任：

（一）在该自然人或者其监护人同意的范围内合理实施的行为；
（二）合理处理该自然人自行公开的或者其他已经合法公开的信息，但是该自然人明确拒绝或者处理该信息侵害其重大利益的除外；
（三）为维护公共利益或者该自然人合法权益，合理实施的其他行为。

第一千零三十七条　【个人信息主体的权利】自然人可以依法向信息处理者查阅或者复制其个人信息；发现信息有错误的，有权提出异议并请求及时采取更正等必要措施。

自然人发现信息处理者违反法律、行政法规的规定或者双方的约定处理其个人信息的，有权请求信息处理者及时删除。

第一千零三十八条　【个人信息安全】信息处理者不得泄露或者篡改其收集、存储的个人信息；未经自然人同意，不得向他人非法提供其个人信息，但是经过加工无法识别特定个人且不能复原的除外。

信息处理者应当采取技术措施和其他必要措施，确保其收集、存储的个人信息安全，防止信息泄露、篡改、丢失；发生或者可能发生个人信息泄露、篡改、丢失的，应当及时采取补救措施，按照规定告知自然人并向有关主管部门报告。

第一千零三十九条　【国家机关及其工作人员对个人信息的保密义务】国家机关、承担行政职能的法定机构及其工作人员对于履行职责过程中知悉的自然人的隐私和个人信息，应当予以保密，不得泄露或者向他人非法提供。

……

中华人民共和国个人信息保护法

· 2021 年 8 月 20 日第十三届全国人民代表大会常务委员会第三十次会议通过
· 2021 年 8 月 20 日中华人民共和国主席令第 91 号公布
· 自 2021 年 11 月 1 日起施行

第一章　总　则

第一条　【立法目的】为了保护个人信息权益，规范个人信息处理活动，促进个人信息合理利用，根据宪法，制定本法。

第二条　【个人信息受法律保护】自然人的个人信息受法律保护，任何组织、个人不得侵害自然人的个人信息权益。

第三条　【适用范围】在中华人民共和国境内处理自然人个人信息的活动，适用本法。

在中华人民共和国境外处理中华人民共和国境内自然人个人信息的活动，有下列情形之一的，也适用本法：

（一）以向境内自然人提供产品或者服务为目的；

（二）分析、评估境内自然人的行为；

（三）法律、行政法规规定的其他情形。

第四条　【个人信息的含义】个人信息是以电子或者其他方式记录的与已识别或者可识别的自然人有关的各种信息，不包括匿名化处理后的信息。

个人信息的处理包括个人信息的收集、存储、使用、加工、传输、提供、公开、删除等。

第五条　【合法、正当、必要和诚信原则】处理个人信息应当遵循合法、正当、必要和诚信原则，不得通过误导、欺诈、胁迫等方式处理个人信息。

第六条　【个人信息处理的原则】处理个人信息应当具有明确、合理的目的，并应当与处理目的直接相关，采取对个人权益影响最小的方式。

收集个人信息，应当限于实现处理目的的最小范围，不得过度收集个人信息。

第七条　【公开透明原则】处理个人信息应当遵循公开、透明原则，公开个人信息处理规则，明示处理的目的、方式和范围。

第八条　【个人信息质量原则】处理个人信息应当保证个人信息的质量，避免因个人信息不准确、不完整对个人权益造成不利影响。

第九条　【个人信息处理者负责原则】个人信息处理者应当对其个人信息处理活动负责，并采取必要措施保障所处理的个人信息的安全。

第十条　【个人信息处理的禁止性规定】任何组织、个人不得非法收集、使用、加工、传输他人个人信息，不得非法买卖、提供或者公开他人个人信息；不得从事危害国家安全、公共利益的个人信息处理活动。

第十一条　【国家个人信息保护制度】国家建立健全个人信息保护制度，预防和惩治侵害个人信息权益的行为，加强个人信息保护宣传教育，推动形成政府、企业、相关社会组织、公众共同参与个人信息保护的良好环境。

第十二条　【个人信息保护国际交流合作】国家积极参与个人信息保护国际规则的制定，促进个人信息保护方面的国际交流与合作，推动与其他国家、地区、国际组织之间的个人信息保护规则、标准等互认。

第二章　个人信息处理规则

第一节　一般规定

第十三条　【个人信息处理的合法性条件】符合下列情形之一的，个人信息处理者方可处理个人信息：

（一）取得个人的同意；

（二）为订立、履行个人作为一方当事人的合同所必需，或者按照依法制定的劳动规章制度和依法签订的集体合同实施人力资源管理所必需；

（三）为履行法定职责或者法定义务所必需；

（四）为应对突发公共卫生事件，或者紧急情况下为保护自然人的生命健康和财产安全所必需；

（五）为公共利益实施新闻报道、舆论监督等行为，在合理的范围内处理个人信息；

（六）依照本法规定在合理的范围内处理个人自行公开或者其他已经合法公开的个人信息；

（七）法律、行政法规规定的其他情形。

依照本法其他有关规定，处理个人信息应当取得个人同意，但是有前款第二项至第七项规定情形的，不需取得个人同意。

第十四条　【知情同意原则】基于个人同意处理个人信息的，该同意应当由个人在充分知情的前提下自愿、明确作出。法律、行政法规规定处理个人信息应当取得个人单独同意或者书面同意的，从其规定。

个人信息的处理目的、处理方式和处理的个人信息种类发生变更的，应当重新取得个人同意。

第十五条　【个人信息撤回权】基于个人同意处理个人信息的，个人有权撤回其同意。个人信息处理者应当提供便捷的撤回同意的方式。

个人撤回同意，不影响撤回前基于个人同意已进行的个人信息处理活动的效力。

第十六条　【不得拒绝提供服务原则】个人信息处理者不得以个人不同意处理其个人信息或者撤回同意为由，拒绝提供产品或者服务；处理个人信息属于提供产品或者服务所必需的除外。

第十七条　【个人信息的告知规则】个人信息处理者在处理个人信息前，应当以显著方式、清晰易懂的语言真实、准确、完整地向个人告知下列事项：

（一）个人信息处理者的名称或者姓名和联系方式；

（二）个人信息的处理目的、处理方式，处理的个人信息种类、保存期限；

（三）个人行使本法规定权利的方式和程序；

（四）法律、行政法规规定应当告知的其他事项。

前款规定事项发生变更的，应当将变更部分告知个人。

个人信息处理者通过制定个人信息处理规则的方式告知第一款规定事项的，处理规则应当公开，并且便于查阅和保存。

第十八条　【告知义务的豁免及延迟】个人信息处理者处理个人信息，有法律、行政法规规定应当保密或者不需要告知的情形的，可以不向个人告知前条第一款规定的事项。

紧急情况下为保护自然人的生命健康和财产安全无法及时向个人告知的，个人信息处理者应当在紧急情况消除后及时告知。

第十九条　【个人信息保存期限的限制】除法律、行政法规另有规定外，个人信息的保存期限应当为实现处理目的所必要的最短时间。

第二十条　【共同处理个人信息的权义约定和义务承担】两个以上的个人信息处理者共同决定个人信息的处理目的和处理方式的，应当约定各自的权利和义务。但是，该约定不影响个人向其中任何一个个人信息处理者要求行使本法规定的权利。

个人信息处理者共同处理个人信息，侵害个人信息权益造成损害的，应当依法承担连带责任。

第二十一条　【委托处理个人信息】个人信息处理者委托处理个人信息的，应当与受托人约定委托处理的目的、期限、处理方式、个人信息的种类、保护措施以及双方的权利和义务等，并对受托人的个人信息处理活动进行监督。

受托人应当按照约定处理个人信息，不得超出约定的处理目的、处理方式等处理个人信息；委托合同不生效、无效、被撤销或者终止的，受托人应当将个人信息返还个人信息处理者或者予以删除，不得保留。

未经个人信息处理者同意，受托人不得转委托他人处理个人信息。

第二十二条　【个人信息移转】个人信息处理者因合并、分立、解散、被宣告破产等原因需要转移个人信息的，应当向个人告知接收方的名称或者姓名和联系方式。接收方应当继续履行个人信息处理者的义务。接收方变更原先的处理目的、处理方式的，应当依照本法规定重新取得个人同意。

第二十三条　【个人信息分享提供】个人信息处理者向其他个人信息处理者提供其处理的个人信息的，应当向个人告知接收方的名称或者姓名、联系方式、处理目的、处理方式和个人信息的种类，并取得个人的单独同意。接收方应当在上述处理目的、处理方式和个人信息的种类等范围内处理个人信息。接收方变更原先的处理目的、处理方式的，应当依照本法规定重新取得个人同意。

第二十四条　【自动化决策】个人信息处理者利用个人信息进行自动化决策，应当保证决策的透明度和结果公平、公正，不得对个人在交易价格等交易条件上实行不合理的差别待遇。

通过自动化决策方式向个人进行信息推送、商业营销，应当同时提供不针对其个人特征的选项，或者向个人提供便捷的拒绝方式。

通过自动化决策方式作出对个人权益有重大影响的决定，个人有权要求个人信息处理者予以说明，并有权拒绝个人信息处理者仅通过自动化决策的方式作出决定。

第二十五条　【个人信息公开】个人信息处理者不得公开其处理的个人信息，取得个人单独同意的除外。

第二十六条　【公共场所图像、身份识别信息收集规则】在公共场所安装图像采集、个人身份识别设备，应当为维护公共安全所必需，遵守国家有关规定，并设置显著的提示标识。所收集的个人图像、身份识别信息只能用于维护公共安全的目的，不得用于其他目的；取得个人单独同意的除外。

第二十七条　【已公开个人信息的处理】个人信息处理者可以在合理的范围内处理个人自行公开或者其他已经合法公开的个人信息；个人明确拒绝的除外。个人信息处理者处理已公开的个人信息，对个人权益有重大影响的，应当依照本法规定取得个人同意。

第二节　敏感个人信息的处理规则

第二十八条　【敏感个人信息的处理】敏感个人信息是一旦泄露或者非法使用，容易导致自然人的人格尊严受到侵害或者人身、财产安全受到危害的个人信息，包括生物识别、宗教信仰、特定身份、医疗健康、金融账户、行踪轨迹等信息，以及不满十四周岁未成年人的个人信息。

只有在具有特定的目的和充分的必要性，并采取严格保护措施的情形下，个人信息处理者方可处理敏感个人信息。

第二十九条　【敏感个人信息特别同意规则】处理敏感个人信息应当取得个人的单独同意；法律、行政法规规定处理敏感个人信息应当取得书面同意的，从其规定。

第三十条　【敏感个人信息告知义务】个人信息处理者处理敏感个人信息的，除本法第十七条第一款规定的事项外，还应当向个人告知处理敏感个人信息的必要性以及对个人权益的影响；依照本法规定可以不向个人告知的除外。

第三十一条　【未成年人同意规则】个人信息处理者处理不满十四周岁未成年人个人信息的，应当取得未成年人的父母或者其他监护人的同意。

个人信息处理者处理不满十四周岁未成年人个人信息的，应当制定专门的个人信息处理规则。

第三十二条　【处理敏感个人信息的法定限制】法律、行政法规对处理敏感个人信息规定应当取得相关行政许可或者作出其他限制的，从其规定。

第三节　国家机关处理个人信息的特别规定

第三十三条　【国家机关保护个人信息的法定义务】国家机关处理个人信息的活动，适用本法；本节有特别规定的，适用本节规定。

第三十四条　【国家机关依法定职责处理个人信息】国家机关为履行法定职责处理个人信息，应当依照法律、行政法规规定的权限、程序进行，不得超出履行法定职责所必需的范围和限度。

第三十五条　【国家机关处理个人信息的告知义务】国家机关为履行法定职责处理个人信息，应当依照本法规定履行告知义务；有本法第十八条第一款规定的情形，或者告知将妨碍国家机关履行法定职责的除外。

第三十六条　【个人信息的境内存储和境外提供风险评估】国家机关处理的个人信息应当在中华人民共和国境内存储；确需向境外提供的，应当进行安全评估。安全评估可以要求有关部门提供支持与协助。

第三十七条　【法律、法规授权的公共职能组织的参照适用】法律、法规授权的具有管理公共事务职能的组织为履行法定职责处理个人信息，适用本法关于国家机关处理个人信息的规定。

第三章　个人信息跨境提供的规则

第三十八条　【个人信息对外提供条件】个人信息处理者因业务等需要，确需向中华人民共和国境外提供个人信息的，应当具备下列条件之一：

（一）依照本法第四十条的规定通过国家网信部门组织的安全评估；

（二）按照国家网信部门的规定经专业机构进行个人信息保护认证；

（三）按照国家网信部门制定的标准合同与境外接收方订立合同，约定双方的权利和义务；

（四）法律、行政法规或者国家网信部门规定的其他条件。

中华人民共和国缔结或者参加的国际条约、协定对向中华人民共和国境外提供个人信息的条件等有规定的，可以按照其规定执行。

个人信息处理者应当采取必要措施，保障境外接收方处理个人信息的活动达到本法规定的个人信息保护标准。

第三十九条　【出境的告知要求】个人信息处理者向中华人民共和国境外提供个人信息的，应当向个人告知境外接收方的名称或者姓名、联系方式、处理目的、处理方式、个人信息的种类以及个人向境外接收方行使本法规定权利的方式和程序等事项，并取得个人的单独同意。

第四十条　【关键信息基础设施的要求】关键信息基础设施运营者和处理个人信息达到国家网信部门规定数量的个人信息处理者，应当将在中华人民共和国境内收集和产生的个人信息存储在境内。确需向境外提供的，应当通过国家网信部门组织的安全评估；法律、行政法规和国家网信部门规定可以不进行安全评估的，从其规定。

第四十一条　【个人信息跨境提供的批准】中华人民共和国主管机关根据有关法律和中华人民共和国缔结或者参加的国际条约、协定，或者按照平等互惠原则，处理外国司法或者执法机构关于提供存储于境内个人信息的请求。非经中华人民共和国主管机关批准，个人信息处理者不得向外国司法或者执法机构提供存储于中华人民共和国境内的个人信息。

第四十二条　【境外违法个人信息处理活动的禁止性规定】境外的组织、个人从事侵害中华人民共和国公民的个人信息权益，或者危害中华人民共和国国家安全、公共利益的个人信息处理活动的，国家网信部门可以将其列入限制或者禁止个人信息提供清单，予以公告，并采取限制或者禁止向其提供个人信息等措施。

第四十三条　【对针对中国的歧视性禁止、限制措施可采取对等措施】任何国家或者地区在个人信息保护方面对中华人民共和国采取歧视性的禁止、限制或者其他类似措施的，中华人民共和国可以根据实际情况对该国家或者地区对等采取措施。

第四章　个人在个人信息处理活动中的权利

第四十四条　【知情权和决定权】个人对其个人信息的处理享有知情权、决定权，有权限制或者拒绝他人对其个人信息进行处理；法律、行政法规另有规定的除外。

第四十五条　【查阅权、复制权及个人信息的转移】个人有权向个人信息处理者查阅、复制其个人信息；有本法第十八条第一款、第三十五条规定情形的除外。

个人请求查阅、复制其个人信息的，个人信息处理者应当及时提供。

个人请求将个人信息转移至其指定的个人信息处理者，符合国家网信部门规定条件的，个人信息处理者应当提供转移的途径。

第四十六条　【更正权和补充权】个人发现其个人信息不准确或者不完整的，有权请求个人信息处理者更正、补充。

个人请求更正、补充其个人信息的，个人信息处理者应当对其个人信息予以核实，并及时更正、补充。

第四十七条　【删除权】有下列情形之一的，个人信息处理者应当主动删除个人信息；个人信息处理者未删除的，个人有权请求删除：

（一）处理目的已实现、无法实现或者为实现处理目的不再必要；

（二）个人信息处理者停止提供产品或者服务，或者保存期限已届满；

（三）个人撤回同意；

（四）个人信息处理者违反法律、行政法规或者违反约定处理个人信息；

（五）法律、行政法规规定的其他情形。

法律、行政法规规定的保存期限未届满，或者删除个人信息从技术上难以实现的，个人信息处理者应当停止除存储和采取必要的安全保护措施之外的处理。

第四十八条　【要求解释和说明权】个人有权要求个人信息处理者对其个人信息处理规则进行解释说明。

第四十九条　【死者个人信息保护】自然人死亡的，其近亲属为了自身的合法、正当利益，可以对死者的相关个人信息行使本章规定的查阅、复制、更正、删除等权利；死者生前另有安排的除外。

第五十条　【个人信息权利行使的申请受理和处理机制】个

人信息处理者应当建立便捷的个人行使权利的申请受理和处理机制。拒绝个人行使权利的请求的，应当说明理由。

个人信息处理者拒绝个人行使权利的请求的，个人可以依法向人民法院提起诉讼。

第五章　个人信息处理者的义务

第五十一条　【个人信息安全管理要求】个人信息处理者应当根据个人信息的处理目的、处理方式、个人信息的种类以及对个人权益的影响、可能存在的安全风险等，采取下列措施确保个人信息处理活动符合法律、行政法规的规定，并防止未经授权的访问以及个人信息泄露、篡改、丢失：

（一）制定内部管理制度和操作规程；

（二）对个人信息实行分类管理；

（三）采取相应的加密、去标识化等安全技术措施；

（四）合理确定个人信息处理的操作权限，并定期对从业人员进行安全教育和培训；

（五）制定并组织实施个人信息安全事件应急预案；

（六）法律、行政法规规定的其他措施。

第五十二条　【个人信息负责人制度】处理个人信息达到国家网信部门规定数量的个人信息处理者应当指定个人信息保护负责人，负责对个人信息处理活动以及采取的保护措施等进行监督。

个人信息处理者应当公开个人信息保护负责人的联系方式，并将个人信息保护负责人的姓名、联系方式等报送履行个人信息保护职责的部门。

第五十三条　【境外个人信息处理者设立境内专门机构或指定代表的义务】本法第三条第二款规定的中华人民共和国境外的个人信息处理者，应当在中华人民共和国境内设立专门机构或者指定代表，负责处理个人信息保护相关事务，并将有关机构的名称或者代表的姓名、联系方式等报送履行个人信息保护职责的部门。

第五十四条　【定期合规审计义务】个人信息处理者应当定期对其处理个人信息遵守法律、行政法规的情况进行合规审计。

第五十五条　【个人信息保护影响评估义务】有下列情形之一的，个人信息处理者应当事前进行个人信息保护影响评估，并对处理情况进行记录：

（一）处理敏感个人信息；

（二）利用个人信息进行自动化决策；

（三）委托处理个人信息、向其他个人信息处理者提供个人信息、公开个人信息；

（四）向境外提供个人信息；

（五）其他对个人权益有重大影响的个人信息处理活动。

第五十六条　【个人信息保护影响评估的内容】个人信息保护影响评估应当包括下列内容：

（一）个人信息的处理目的、处理方式等是否合法、正当、必要；

（二）对个人权益的影响及安全风险；

（三）所采取的保护措施是否合法、有效并与风险程度相适应。

个人信息保护影响评估报告和处理情况记录应当至少保存三年。

第五十七条　【个人信息泄露等事件的补救措施和通知义务】发生或者可能发生个人信息泄露、篡改、丢失的，个人信息处理者应当立即采取补救措施，并通知履行个人信息保护职责的部门和个人。通知应当包括下列事项：

（一）发生或者可能发生个人信息泄露、篡改、丢失的信息种类、原因和可能造成的危害；

（二）个人信息处理者采取的补救措施和个人可以采取的减轻危害的措施；

（三）个人信息处理者的联系方式。

个人信息处理者采取措施能够有效避免信息泄露、篡改、丢失造成危害的，个人信息处理者可以不通知个人；履行个人信息保护职责的部门认为可能造成危害的，有权要求个人信息处理者通知个人。

第五十八条　【大型互联网平台的个人信息保护义务】提供重要互联网平台服务、用户数量巨大、业务类型复杂的个人信息处理者，应当履行下列义务：

（一）按照国家规定建立健全个人信息保护合规制度体系，成立主要由外部成员组成的独立机构对个人信息保护情况进行监督；

（二）遵循公开、公平、公正的原则，制定平台规则，明确平台内产品或者服务提供者处理个人信息的规范和保护个人信息的义务；

（三）对严重违反法律、行政法规处理个人信息的平台内的产品或者服务提供者，停止提供服务；

（四）定期发布个人信息保护社会责任报告，接受社会监督。

第五十九条　【受托方的个人信息保护义务】接受委托处理个人信息的受托人，应当依照本法和有关法律、行政法规的规定，采取必要措施保障所处理的个人信息的安全，并协助个人信息处理者履行本法规定的义务。

第六章　履行个人信息保护职责的部门

第六十条　【个人信息保护监管的职能划分】国家网信部门负责统筹协调个人信息保护工作和相关监督管理工作。国务院有关部门依照本法和有关法律、行政法规的规定，在各自职责范围内负责个人信息保护和监督管理工作。

县级以上地方人民政府有关部门的个人信息保护和监督管理职责，按照国家有关规定确定。

前两款规定的部门统称为履行个人信息保护职责的部门。

第六十一条　【履行个人信息保护职责的部门的基本职责】履行个人信息保护职责的部门履行下列个人信息保护职责：

（一）开展个人信息保护宣传教育，指导、监督个人信息处理者开展个人信息保护工作；

（二）接受、处理与个人信息保护有关的投诉、举报；

（三）组织对应用程序等个人信息保护情况进行测评，并公布测评结果；

（四）调查、处理违法个人信息处理活动；

（五）法律、行政法规规定的其他职责。

第六十二条　【国家网信部门统筹协调的个人信息保护工作】国家网信部门统筹协调有关部门依据本法推进下列个人信息保护工作：

（一）制定个人信息保护具体规则、标准；

（二）针对小型个人信息处理者、处理敏感个人信息以及人脸识别、人工智能等新技术、新应用，制定专门的个人信息保护规则、标准；

（三）支持研究开发和推广应用安全、方便的电子身份认证技术，推进网络身份认证公共服务建设；

（四）推进个人信息保护社会化服务体系建设，支持有关机构开展个人信息保护评估、认证服务；

（五）完善个人信息保护投诉、举报工作机制。

第六十三条　【个人信息保护措施】履行个人信息保护职责的部门履行个人信息保护职责，可以采取下列措施：

（一）询问有关当事人，调查与个人信息处理活动有关的情况；

（二）查阅、复制当事人与个人信息处理活动有关的合同、记录、账簿以及其他有关资料；

（三）实施现场检查，对涉嫌违法的个人信息处理活动进行调查；

（四）检查与个人信息处理活动有关的设备、物品；对有证据证明是用于违法个人信息处理活动的设备、物品，向本部门主要负责人书面报告并经批准，可以查封或者扣押。

履行个人信息保护职责的部门依法履行职责，当事人应当予以协助、配合，不得拒绝、阻挠。

第六十四条　【约谈、合规审计】履行个人信息保护职责的部门在履行职责中，发现个人信息处理活动存在较大风险或者发生个人信息安全事件的，可以按照规定的权限和程序对该个人信息处理者的法定代表人或者主要负责人进行约谈，或者要求个人信息处理者委托专业机构对其个人信息处理活动进行合规审计。个人信息处理者应当按照要求采取措施，进行整改，消除隐患。

履行个人信息保护职责的部门在履行职责中，发现违法处理个人信息涉嫌犯罪的，应当及时移送公安机关依法处理。

第六十五条　【投诉举报机制】任何组织、个人有权对违法个人信息处理活动向履行个人信息保护职责的部门进行投诉、举报。收到投诉、举报的部门应当依法及时处理，并将处理结果告知投诉、举报人。

履行个人信息保护职责的部门应当公布接受投诉、举报的联系方式。

第七章　法律责任

第六十六条　【非法处理个人信息、未依法履行个人信息保护义务的行政责任】违反本法规定处理个人信息，或者处理个人信息未履行本法规定的个人信息保护义务的，由履行个人信息保护职责的部门责令改正，给予警告，没收违法所得，对违法处理个人信息的应用程序，责令暂停或者终止提供服务；拒不改正的，并处一百万元以下罚款；对直接负责的主管人员和其他直接责任人员处一万元以上十万元以下罚款。

有前款规定的违法行为，情节严重的，由省级以上履行个人信息保护职责的部门责令改正，没收违法所得，并处五千万元以下或者上一年度营业额百分之五以下罚款，并可以责令暂停相关业务或者停业整顿、通报有关主管部门吊销相关业务许可或者吊销营业执照；对直接负责的主管人员和其他直接责任人员处十万元以上一百万元以下罚款，并可以决定禁止其在一定期限内担任相关企业的董事、监事、高级管理人员和个人信息保护负责人。

第六十七条　【信用档案制度】有本法规定的违法行为的，依照有关法律、行政法规的规定记入信用档案，并予以公示。

第六十八条　【国家机关不履行个人信息保护义务、履行个人信息保护职责的部门的工作人员渎职的法律责任】国家机关不履行本法规定的个人信息保护义务的，由其上级机关或者履行个人信息保护职责的部门责令改正；对直接负责的主管人员和其他直接责任人员依法给予处分。

履行个人信息保护职责的部门的工作人员玩忽职守、滥用职权、徇私舞弊，尚不构成犯罪的，依法给予处分。

第六十九条　【侵害个人信息权益的民事责任】处理个人信息侵害个人信息权益造成损害，个人信息处理者不能证明自己没有过错的，应当承担损害赔偿等侵权责任。

前款规定的损害赔偿责任按照个人因此受到的损失或者个人信息处理者因此获得的利益确定；个人因此受到的损失和个人信息处理者因此获得的利益难以确定的，根据实际情况确定赔偿数额。

第七十条　【个人信息侵害的公益诉讼】个人信息处理者违反本法规定处理个人信息，侵害众多个人的权益的，人民检察院、法律规定的消费者组织和由国家网信部门确定的组织可以依法向人民法院提起诉讼。

第七十一条　【治安管理处罚和刑事责任】违反本法规定，构成违反治安管理行为的，依法给予治安管理处罚；构成犯罪的，依法追究刑事责任。

第八章　附　则

第七十二条　【适用除外范围】自然人因个人或者家庭事务

处理个人信息的，不适用本法。

法律对各级人民政府及其有关部门组织实施的统计、档案管理活动中的个人信息处理有规定的，适用其规定。

第七十三条　【相关用语的含义】本法下列用语的含义：

（一）个人信息处理者，是指在个人信息处理活动中自主决定处理目的、处理方式的组织、个人。

（二）自动化决策，是指通过计算机程序自动分析、评估个人的行为习惯、兴趣爱好或者经济、健康、信用状况等，并进行决策的活动。

（三）去标识化，是指个人信息经过处理，使其在不借助额外信息的情况下无法识别特定自然人的过程。

（四）匿名化，是指个人信息经过处理无法识别特定自然人且不能复原的过程。

第七十四条　【生效时间】本法自2021年11月1日起施行。

中华人民共和国数据安全法

· 2021年6月10日第十三届全国人民代表大会常务委员会第二十九次会议通过
· 2021年6月10日中华人民共和国主席令第84号公布
· 自2021年9月1日起施行

第一章　总　则

第一条　【立法目的】为了规范数据处理活动，保障数据安全，促进数据开发利用，保护个人、组织的合法权益，维护国家主权、安全和发展利益，制定本法。

第二条　【适用范围】在中华人民共和国境内开展数据处理活动及其安全监管，适用本法。

在中华人民共和国境外开展数据处理活动，损害中华人民共和国国家安全、公共利益或者公民、组织合法权益的，依法追究法律责任。

第三条 【数据及相关定义】 本法所称数据，是指任何以电子或者其他方式对信息的记录。

数据处理，包括数据的收集、存储、使用、加工、传输、提供、公开等。

数据安全，是指通过采取必要措施，确保数据处于有效保护和合法利用的状态，以及具备保障持续安全状态的能力。

第四条 【基本原则】 维护数据安全，应当坚持总体国家安全观，建立健全数据安全治理体系，提高数据安全保障能力。

第五条 【决策和协调机制】 中央国家安全领导机构负责国家数据安全工作的决策和议事协调，研究制定、指导实施国家数据安全战略和有关重大方针政策，统筹协调国家数据安全的重大事项和重要工作，建立国家数据安全工作协调机制。

第六条 【各地区、各部门维护数据安全的职责】 各地区、各部门对本地区、本部门工作中收集和产生的数据及数据安全负责。

工业、电信、交通、金融、自然资源、卫生健康、教育、科技等主管部门承担本行业、本领域数据安全监管职责。

公安机关、国家安全机关等依照本法和有关法律、行政法规的规定，在各自职责范围内承担数据安全监管职责。

国家网信部门依照本法和有关法律、行政法规的规定，负责统筹协调网络数据安全和相关监管工作。

第七条 【权益保护】 国家保护个人、组织与数据有关的权益，鼓励数据依法合理有效利用，保障数据依法有序自由流动，促进以数据为关键要素的数字经济发展。

第八条 【数据处理者的义务】 开展数据处理活动，应当遵守法律、法规，尊重社会公德和伦理，遵守商业道德和职业道德，诚实守信，履行数据安全保护义务，承担社会责任，不得危害国家安全、公共利益，不得损害个人、组织的合法权益。

第九条　【社会共治】国家支持开展数据安全知识宣传普及，提高全社会的数据安全保护意识和水平，推动有关部门、行业组织、科研机构、企业、个人等共同参与数据安全保护工作，形成全社会共同维护数据安全和促进发展的良好环境。

第十条　【行业组织的义务】相关行业组织按照章程，依法制定数据安全行为规范和团体标准，加强行业自律，指导会员加强数据安全保护，提高数据安全保护水平，促进行业健康发展。

第十一条　【跨境流动】国家积极开展数据安全治理、数据开发利用等领域的国际交流与合作，参与数据安全相关国际规则和标准的制定，促进数据跨境安全、自由流动。

第十二条　【投诉举报】任何个人、组织都有权对违反本法规定的行为向有关主管部门投诉、举报。收到投诉、举报的部门应当及时依法处理。

有关主管部门应当对投诉、举报人的相关信息予以保密，保护投诉、举报人的合法权益。

第二章　数据安全与发展

第十三条　【统筹发展】国家统筹发展和安全，坚持以数据开发利用和产业发展促进数据安全，以数据安全保障数据开发利用和产业发展。

第十四条　【大数据战略】国家实施大数据战略，推进数据基础设施建设，鼓励和支持数据在各行业、各领域的创新应用。

省级以上人民政府应当将数字经济发展纳入本级国民经济和社会发展规划，并根据需要制定数字经济发展规划。

第十五条　【数据开发与公共服务】国家支持开发利用数据提升公共服务的智能化水平。提供智能化公共服务，应当充分考虑老年人、残疾人的需求，避免对老年人、残疾人的日常生活造成障碍。

第十六条　【数据技术研究和产品、产业体系培育发展】国家支持数据开发利用和数据安全技术研究，鼓励数据开发利用和数据安全等领域的技术推广和商业创新，培育、发展数据开发利用和数据安全产品、产业体系。

第十七条　【数据安全标准体系建设】国家推进数据开发利用技术和数据安全标准体系建设。国务院标准化行政主管部门和国务院有关部门根据各自的职责，组织制定并适时修订有关数据开发利用技术、产品和数据安全相关标准。国家支持企业、社会团体和教育、科研机构等参与标准制定。

第十八条　【检测认证】国家促进数据安全检测评估、认证等服务的发展，支持数据安全检测评估、认证等专业机构依法开展服务活动。

国家支持有关部门、行业组织、企业、教育和科研机构、有关专业机构等在数据安全风险评估、防范、处置等方面开展协作。

第十九条　【交易管理】国家建立健全数据交易管理制度，规范数据交易行为，培育数据交易市场。

第二十条　【人才培养】国家支持教育、科研机构和企业等开展数据开发利用技术和数据安全相关教育和培训，采取多种方式培养数据开发利用技术和数据安全专业人才，促进人才交流。

第三章　数据安全制度

第二十一条　【分类分级保护制度】国家建立数据分类分级保护制度，根据数据在经济社会发展中的重要程度，以及一旦遭到篡改、破坏、泄露或者非法获取、非法利用，对国家安全、公共利益或者个人、组织合法权益造成的危害程度，对数据实行分类分级保护。国家数据安全工作协调机制统筹协调有关部门制定重要数据目录，加强对重要数据的保护。

关系国家安全、国民经济命脉、重要民生、重大公共利益等数据属于国家核心数据，实行更加严格的管理制度。

各地区、各部门应当按照数据分类分级保护制度，确定本地区、本部门以及相关行业、领域的重要数据具体目录，对列入目录的数据进行重点保护。

第二十二条　【风险机制】 国家建立集中统一、高效权威的数据安全风险评估、报告、信息共享、监测预警机制。国家数据安全工作协调机制统筹协调有关部门加强数据安全风险信息的获取、分析、研判、预警工作。

第二十三条　【数据安全应急处置】 国家建立数据安全应急处置机制。发生数据安全事件，有关主管部门应当依法启动应急预案，采取相应的应急处置措施，防止危害扩大，消除安全隐患，并及时向社会发布与公众有关的警示信息。

第二十四条　【安全审查】 国家建立数据安全审查制度，对影响或者可能影响国家安全的数据处理活动进行国家安全审查。

依法作出的安全审查决定为最终决定。

第二十五条　【出口管制】 国家对与维护国家安全和利益、履行国际义务相关的属于管制物项的数据依法实施出口管制。

第二十六条　【对等反歧视措施】 任何国家或者地区在与数据和数据开发利用技术等有关的投资、贸易等方面对中华人民共和国采取歧视性的禁止、限制或者其他类似措施的，中华人民共和国可以根据实际情况对该国家或者地区对等采取措施。

第四章　数据安全保护义务

第二十七条　【义务的履行方式】 开展数据处理活动应当依照法律、法规的规定，建立健全全流程数据安全管理制度，组织开展数据安全教育培训，采取相应的技术措施和其他必要措施，保障数据安全。利用互联网等信息网络开展数据处理活动，应当在网络安全等级保护制度的基础上，履行上述数据安全保护义务。

重要数据的处理者应当明确数据安全负责人和管理机构，落实数据安全保护责任。

第二十八条　【符合社会公共利益义务】开展数据处理活动以及研究开发数据新技术，应当有利于促进经济社会发展，增进人民福祉，符合社会公德和伦理。

第二十九条　【风险监测及处置义务】开展数据处理活动应当加强风险监测，发现数据安全缺陷、漏洞等风险时，应当立即采取补救措施；发生数据安全事件时，应当立即采取处置措施，按照规定及时告知用户并向有关主管部门报告。

第三十条　【风险评估义务】重要数据的处理者应当按照规定对其数据处理活动定期开展风险评估，并向有关主管部门报送风险评估报告。

风险评估报告应当包括处理的重要数据的种类、数量，开展数据处理活动的情况，面临的数据安全风险及其应对措施等。

第三十一条　【重要数据出境安全管理规则】关键信息基础设施的运营者在中华人民共和国境内运营中收集和产生的重要数据的出境安全管理，适用《中华人民共和国网络安全法》的规定；其他数据处理者在中华人民共和国境内运营中收集和产生的重要数据的出境安全管理办法，由国家网信部门会同国务院有关部门制定。

第三十二条　【合法性、正当性、必要性】任何组织、个人收集数据，应当采取合法、正当的方式，不得窃取或者以其他非法方式获取数据。

法律、行政法规对收集、使用数据的目的、范围有规定的，应当在法律、行政法规规定的目的和范围内收集、使用数据。

第三十三条　【数据中介服务机构的义务】从事数据交易中介服务的机构提供服务，应当要求数据提供方说明数据来源，审核交易双方的身份，并留存审核、交易记录。

第三十四条　【依法取得行政许可的义务】法律、行政法规规定提供数据处理相关服务应当取得行政许可的，服务提供者应当依法取得许可。

第三十五条　【国家机关依法调取数据】公安机关、国家安全机关因依法维护国家安全或者侦查犯罪的需要调取数据，应当按照国家有关规定，经过严格的批准手续，依法进行，有关组织、个人应当予以配合。

第三十六条　【对提供数据请求的处理】中华人民共和国主管机关根据有关法律和中华人民共和国缔结或者参加的国际条约、协定，或者按照平等互惠原则，处理外国司法或者执法机构关于提供数据的请求。非经中华人民共和国主管机关批准，境内的组织、个人不得向外国司法或者执法机构提供存储于中华人民共和国境内的数据。

第五章　政务数据安全与开放

第三十七条　【政务数据的科学性、准确性、时效性要求】国家大力推进电子政务建设，提高政务数据的科学性、准确性、时效性，提升运用数据服务经济社会发展的能力。

第三十八条　【国家机关收集、使用数据的条件与程序】国家机关为履行法定职责的需要收集、使用数据，应当在其履行法定职责的范围内依照法律、行政法规规定的条件和程序进行；对在履行职责中知悉的个人隐私、个人信息、商业秘密、保密商务信息等数据应当依法予以保密，不得泄露或者非法向他人提供。

第三十九条　【数据安全管理制度】国家机关应当依照法律、行政法规的规定，建立健全数据安全管理制度，落实数据安全保护责任，保障政务数据安全。

第四十条　【委托他人处理数据】国家机关委托他人建设、维护电子政务系统，存储、加工政务数据，应当经过严格的批准程序，并应当监督受托方履行相应的数据安全保护义务。受托方应当依照法律、法规的规定和合同约定履行数据安全保护义务，不得擅自留存、使用、泄露或者向他人提供政务数据。

第四十一条　【政务数据公开原则】国家机关应当遵循公正、公平、便民的原则，按照规定及时、准确地公开政务数据。

依法不予公开的除外。

第四十二条　【开放目录与平台】国家制定政务数据开放目录，构建统一规范、互联互通、安全可控的政务数据开放平台，推动政务数据开放利用。

第四十三条　【法律、法规授权的组织】法律、法规授权的具有管理公共事务职能的组织为履行法定职责开展数据处理活动，适用本章规定。

第六章　法律责任

第四十四条　【数据安全风险的监管】有关主管部门在履行数据安全监管职责中，发现数据处理活动存在较大安全风险的，可以按照规定的权限和程序对有关组织、个人进行约谈，并要求有关组织、个人采取措施进行整改，消除隐患。

第四十五条　【违反数据安全保护】开展数据处理活动的组织、个人不履行本法第二十七条、第二十九条、第三十条规定的数据安全保护义务的，由有关主管部门责令改正，给予警告，可以并处五万元以上五十万元以下罚款，对直接负责的主管人员和其他直接责任人员可以处一万元以上十万元以下罚款；拒不改正或者造成大量数据泄露等严重后果的，处五十万元以上二百万元以下罚款，并可以责令暂停相关业务、停业整顿、吊销相关业务许可证或者吊销营业执照，对直接负责的主管人员和其他直接责任人员处五万元以上二十万元以下罚款。

违反国家核心数据管理制度，危害国家主权、安全和发展利益的，由有关主管部门处二百万元以上一千万元以下罚款，并根据情况责令暂停相关业务、停业整顿、吊销相关业务许可证或者吊销营业执照；构成犯罪的，依法追究刑事责任。

第四十六条　【违反数据出境管理规定】违反本法第三十一条规定，向境外提供重要数据的，由有关主管部门责令改正，给予警告，可以并处十万元以上一百万元以下罚款，对直接负责的主管人员和其他直接责任人员可以处一万元以上十万元以下罚款；情节严重的，处一百万元以上一千万元以下罚款，并可以责令暂停相关业务、停业整顿、吊销相关业务许可证或者吊销营业执照，对直接负责的主管人员和其他直接责任人员处十万元以上一百万元以下罚款。

第四十七条　【中介服务机构未履行义务】从事数据交易中介服务的机构未履行本法第三十三条规定的义务的，由有关主管部门责令改正，没收违法所得，处违法所得一倍以上十倍以下罚款，没有违法所得或者违法所得不足十万元的，处十万元以上一百万元以下罚款，并可以责令暂停相关业务、停业整顿、吊销相关业务许可证或者吊销营业执照；对直接负责的主管人员和其他直接责任人员处一万元以上十万元以下罚款。

第四十八条　【拒不配合数据调取】违反本法第三十五条规定，拒不配合数据调取的，由有关主管部门责令改正，给予警告，并处五万元以上五十万元以下罚款，对直接负责的主管人员和其他直接责任人员处一万元以上十万元以下罚款。

违反本法第三十六条规定，未经主管机关批准向外国司法或者执法机构提供数据的，由有关主管部门给予警告，可以并处十万元以上一百万元以下罚款，对直接负责的主管人员和其他直接责任人员可以处一万元以上十万元以下罚款；造成严重后果的，处一百万元以上五百万元以下罚款，并可以责令暂停相关业务、停业整顿、吊销相关业务许可证或者吊销营业执照，对直接负责的主管人员和其他直接责任人员处五万元以上五十万元以下罚款。

第四十九条　【国家机关不履行数据安全保护义务】国家机关不履行本法规定的数据安全保护义务的，对直接负责的主管人员和其他直接责任人员依法给予处分。

第五十条　【国家工作人员失职】履行数据安全监管职责的国家工作人员玩忽职守、滥用职权、徇私舞弊的，依法给予处分。

第五十一条　【对非法数据处理活动的处罚】窃取或者以其他非法方式获取数据，开展数据处理活动排除、限制竞争，或者损害个人、组织合法权益的，依照有关法律、行政法规的规定处罚。

第五十二条　【其他法律责任】违反本法规定，给他人造成损害的，依法承担民事责任。

违反本法规定，构成违反治安管理行为的，依法给予治安管理处罚；构成犯罪的，依法追究刑事责任。

第七章　附　则

第五十三条　【涉及国家秘密，统计、档案工作个人信息的数据处理活动】开展涉及国家秘密的数据处理活动，适用《中华人民共和国保守国家秘密法》等法律、行政法规的规定。

在统计、档案工作中开展数据处理活动，开展涉及个人信息的数据处理活动，还应当遵守有关法律、行政法规的规定。

第五十四条　【军事数据安全的保护】军事数据安全保护的办法，由中央军事委员会依据本法另行制定。

第五十五条　【施行日期】本法自2021年9月1日起施行。

全国人民代表大会常务委员会关于维护互联网安全的决定

- 2000年12月28日第九届全国人民代表大会常务委员会第十九次会议通过
- 根据2009年8月27日第十一届全国人民代表大会常务委员会第十次会议《关于修改部分法律的决定》修正

我国的互联网，在国家大力倡导和积极推动下，在经济建设和各项事业中得到日益广泛的应用，使人们的生产、工作、学习和生活方式已经开始并将继续发生深刻的变化，对于加快我国国民经济、科学技术的发展和社会服务信息化进程具有重要作用。同时，如何保障互联网的运行安全和信息安全问题已经引起全社会的普遍关注。为了兴利除弊，促进我国互联网的健康发展，维护国家安全和社会公共利益，保护个人、法人和其他组织的合法权益，特作如下决定：

一、为了保障互联网的运行安全，对有下列行为之一，构成犯罪的，依照刑法有关规定追究刑事责任：

（一）侵入国家事务、国防建设、尖端科学技术领域的计算机信息系统；

（二）故意制作、传播计算机病毒等破坏性程序，攻击计算机系统及通信网络，致使计算机系统及通信网络遭受损害；

（三）违反国家规定，擅自中断计算机网络或者通信服务，造成计算机网络或者通信系统不能正常运行。

二、为了维护国家安全和社会稳定，对有下列行为之一，构成犯罪的，依照刑法有关规定追究刑事责任：

（一）利用互联网造谣、诽谤或者发表、传播其他有害信息，煽动颠覆国家政权、推翻社会主义制度，或者煽动分裂国家、破坏国家统一；

（二）通过互联网窃取、泄露国家秘密、情报或者军事秘密；

（三）利用互联网煽动民族仇恨、民族歧视，破坏民族团结；

（四）利用互联网组织邪教组织、联络邪教组织成员，破坏国家法律、行政法规实施。

三、为了维护社会主义市场经济秩序和社会管理秩序，对有下列行为之一，构成犯罪的，依照刑法有关规定追究刑事责任：

（一）利用互联网销售伪劣产品或者对商品、服务作虚假宣传；

（二）利用互联网损害他人商业信誉和商品声誉；

（三）利用互联网侵犯他人知识产权；

（四）利用互联网编造并传播影响证券、期货交易或者其他扰乱金融秩序的虚假信息；

（五）在互联网上建立淫秽网站、网页，提供淫秽站点链接服务，或者传播淫秽书刊、影片、音像、图片。

四、为了保护个人、法人和其他组织的人身、财产等合法权利，对有下列行为之一，构成犯罪的，依照刑法有关规定追究刑事责任：

（一）利用互联网侮辱他人或者捏造事实诽谤他人；

（二）非法截获、篡改、删除他人电子邮件或者其他数据资料，侵犯公民通信自由和通信秘密；

（三）利用互联网进行盗窃、诈骗、敲诈勒索。

五、利用互联网实施本决定第一条、第二条、第三条、第四条所列行为以外的其他行为，构成犯罪的，依照刑法有关规定追究刑事责任。

六、利用互联网实施违法行为，违反社会治安管理，尚不构成犯罪的，由公安机关依照《治安管理处罚法》予以处罚；违反其他法律、行政法规，尚不构成犯罪的，由有关行政管理部门依法给予行政处罚；对直接负责的主管人员和其他直接责任人员，依法给予行政处分或者纪律处分。

利用互联网侵犯他人合法权益，构成民事侵权的，依法承担民事责任。

七、各级人民政府及有关部门要采取积极措施，在促进互联网的应用和网络技术的普及过程中，重视和支持对网络安全技术的研究和开发，增强网络的安全防护能力。有关主管部门要加强对互联网的运行安全和信息安全的宣传教育，依法实施有效的监督管理，防范和制止利用互联网进行的各种违法活动，为互联网的健康发展创造良好的社会环境。从事互联网业务的单位要依法开展活动，发现互联网上出现违法犯罪行为和有害信息时，要采取措施，停止传输有害信息，并及时向有关机关报告。任何单位和个人在利用互联网时，都要遵纪守法，抵制各种违法犯罪行为和有害信息。人民法院、人民检察院、公安机关、国家安全机关要各司其职，密切配合，依法严厉打击利用互联网实施的各种犯罪活动。要动员全社会的力量，依靠全社会的共同努力，保障互联网的运行安全与信息安全，促进社会主义精神文明和物质文明建设。

关键信息基础设施安全保护条例

· 2021 年 4 月 27 日国务院第 133 次常务会议通过
· 2021 年 7 月 30 日中华人民共和国国务院令第 745 号公布
· 自 2021 年 9 月 1 日起施行

第一章　总　则

第一条　为了保障关键信息基础设施安全，维护网络安全，根据《中华人民共和国网络安全法》，制定本条例。

第二条　本条例所称关键信息基础设施，是指公共通信和信息服务、能源、交通、水利、金融、公共服务、电子政务、国防科技工业等重要行业和领域的，以及其他一旦遭到破坏、丧失功能或者数据泄露，可能严重危害国家安全、国计民生、公共利益的重要网络设施、信息系统等。

第三条　在国家网信部门统筹协调下，国务院公安部门负责指导监督关键信息基础设施安全保护工作。国务院电信主管部门和其他有关部门依照本条例和有关法律、行政法规的规定，在各自职责范围内负责关键信息基础设施安全保护和监督管理工作。

省级人民政府有关部门依据各自职责对关键信息基础设施实施安全保护和监督管理。

第四条　关键信息基础设施安全保护坚持综合协调、分工负责、依法保护，强化和落实关键信息基础设施运营者（以下简称运营者）主体责任，充分发挥政府及社会各方面的作用，共同保护关键信息基础设施安全。

第五条　国家对关键信息基础设施实行重点保护，采取措施，监测、防御、处置来源于中华人民共和国境内外的网络安全风险和威胁，保护关键信息基础设施免受攻击、侵入、干扰和破坏，依法惩治危害关键信息基础设施安全的违法犯罪活动。

任何个人和组织不得实施非法侵入、干扰、破坏关键信息基础设施的活动，不得危害关键信息基础设施安全。

第六条 运营者依照本条例和有关法律、行政法规的规定以及国家标准的强制性要求，在网络安全等级保护的基础上，采取技术保护措施和其他必要措施，应对网络安全事件，防范网络攻击和违法犯罪活动，保障关键信息基础设施安全稳定运行，维护数据的完整性、保密性和可用性。

第七条 对在关键信息基础设施安全保护工作中取得显著成绩或者作出突出贡献的单位和个人，按照国家有关规定给予表彰。

第二章 关键信息基础设施认定

第八条 本条例第二条涉及的重要行业和领域的主管部门、监督管理部门是负责关键信息基础设施安全保护工作的部门（以下简称保护工作部门）。

第九条 保护工作部门结合本行业、本领域实际，制定关键信息基础设施认定规则，并报国务院公安部门备案。

制定认定规则应当主要考虑下列因素：

（一）网络设施、信息系统等对于本行业、本领域关键核心业务的重要程度；

（二）网络设施、信息系统等一旦遭到破坏、丧失功能或者数据泄露可能带来的危害程度；

（三）对其他行业和领域的关联性影响。

第十条 保护工作部门根据认定规则负责组织认定本行业、本领域的关键信息基础设施，及时将认定结果通知运营者，并通报国务院公安部门。

第十一条 关键信息基础设施发生较大变化，可能影响其认定结果的，运营者应当及时将相关情况报告保护工作部门。保护工作部门自收到报告之日起 3 个月内完成重新认定，将认定结果通知运营者，并通报国务院公安部门。

第三章 运营者责任义务

第十二条 安全保护措施应当与关键信息基础设施同步规划、同步建设、同步使用。

第十三条 运营者应当建立健全网络安全保护制度和责任制，保障人力、财力、物力投入。运营者的主要负责人对关键信息基础设施安全保护负总责，领导关键信息基础设施安全保护和重大网络安全事件处置工作，组织研究解决重大网络安全问题。

第十四条 运营者应当设置专门安全管理机构，并对专门安全管理机构负责人和关键岗位人员进行安全背景审查。审查时，公安机关、国家安全机关应当予以协助。

第十五条 专门安全管理机构具体负责本单位的关键信息基础设施安全保护工作，履行下列职责：

（一）建立健全网络安全管理、评价考核制度，拟订关键信息基础设施安全保护计划；

（二）组织推动网络安全防护能力建设，开展网络安全监测、检测和风险评估；

（三）按照国家及行业网络安全事件应急预案，制定本单位应急预案，定期开展应急演练，处置网络安全事件；

（四）认定网络安全关键岗位，组织开展网络安全工作考核，提出奖励和惩处建议；

（五）组织网络安全教育、培训；

（六）履行个人信息和数据安全保护责任，建立健全个人信息和数据安全保护制度；

（七）对关键信息基础设施设计、建设、运行、维护等服务实施安全管理；

（八）按照规定报告网络安全事件和重要事项。

第十六条 运营者应当保障专门安全管理机构的运行经费、配备相应的人员，开展与网络安全和信息化有关的决策应当有专门安全管理机构人员参与。

第十七条 运营者应当自行或者委托网络安全服务机构对关键信息基础设施每年至少进行一次网络安全检测和风险评估，对发现的安全问题及时整改，并按照保护工作部门要求报送情况。

第十八条 关键信息基础设施发生重大网络安全事件或者发现重大网络安全威胁时，运营者应当按照有关规定向保护工作部门、公安机关报告。

发生关键信息基础设施整体中断运行或者主要功能故障、国家基础信息以及其他重要数据泄露、较大规模个人信息泄露、造成较大经济损失、违法信息较大范围传播等特别重大网络安全事件或者发现特别重大网络安全威胁时，保护工作部门应当在收到报告后，及时向国家网信部门、国务院公安部门报告。

第十九条 运营者应当优先采购安全可信的网络产品和服务；采购网络产品和服务可能影响国家安全的，应当按照国家网络安全规定通过安全审查。

第二十条 运营者采购网络产品和服务，应当按照国家有关规定与网络产品和服务提供者签订安全保密协议，明确提供者的技术支持和安全保密义务与责任，并对义务与责任履行情况进行监督。

第二十一条 运营者发生合并、分立、解散等情况，应当及时报告保护工作部门，并按照保护工作部门的要求对关键信息基础设施进行处置，确保安全。

第四章 保障和促进

第二十二条 保护工作部门应当制定本行业、本领域关键信息基础设施安全规划，明确保护目标、基本要求、工作任务、具体措施。

第二十三条 国家网信部门统筹协调有关部门建立网络安全信息共享机制，及时汇总、研判、共享、发布网络安全威胁、漏洞、事件等信息，促进有关部门、保护工作部门、运营者以及网络安全服务机构等之间的网络安全信息共享。

第二十四条 保护工作部门应当建立健全本行业、本领域的关键信息基础设施网络安全监测预警制度，及时掌握本行业、本领域关键信息基础设施运行状况、安全态势，预警通报网络安全威胁和隐患，指导做好安全防范工作。

第二十五条 保护工作部门应当按照国家网络安全事件应急预案的要求，建立健全本行业、本领域的网络安全事件应急预案，定期组织应急演练；指导运营者做好网络安全事件应对处置，并根据需要组织提供技术支持与协助。

第二十六条 保护工作部门应当定期组织开展本行业、本领域关键信息基础设施网络安全检查检测，指导监督运营者及时整改安全隐患、完善安全措施。

第二十七条 国家网信部门统筹协调国务院公安部门、保护工作部门对关键信息基础设施进行网络安全检查检测，提出改进措施。

有关部门在开展关键信息基础设施网络安全检查时，应当加强协同配合、信息沟通，避免不必要的检查和交叉重复检查。检查工作不得收取费用，不得要求被检查单位购买指定品牌或者指定生产、销售单位的产品和服务。

第二十八条 运营者对保护工作部门开展的关键信息基础设施网络安全检查检测工作，以及公安、国家安全、保密行政管理、密码管理等有关部门依法开展的关键信息基础设施网络安全检查工作应当予以配合。

第二十九条 在关键信息基础设施安全保护工作中，国家网信部门和国务院电信主管部门、国务院公安部门等应当根据保护工作部门的需要，及时提供技术支持和协助。

第三十条 网信部门、公安机关、保护工作部门等有关部门，网络安全服务机构及其工作人员对于在关键信息基础设施安全保护工作中获取的信息，只能用于维护网络安全，并严格按照有关法律、行政法规的要求确保信息安全，不得泄露、出售或者非法向他人提供。

第三十一条 未经国家网信部门、国务院公安部门批准或者保护工作部门、运营者授权，任何个人和组织不得对关键信息基础设施实施漏洞探测、渗透性测试等可能影响或者危害关键信息基础设施安全的活动。对基础电信网络实施漏洞探测、渗透性测试等活动，应当事先向国务院电信主管部门报告。

第三十二条 国家采取措施，优先保障能源、电信等关键信息基础设施安全运行。

能源、电信行业应当采取措施，为其他行业和领域的关键信息基础设施安全运行提供重点保障。

第三十三条 公安机关、国家安全机关依据各自职责依法加强关键信息基础设施安全保卫，防范打击针对和利用关键信息基础设施实施的违法犯罪活动。

第三十四条 国家制定和完善关键信息基础设施安全标准，指导、规范关键信息基础设施安全保护工作。

第三十五条 国家采取措施，鼓励网络安全专门人才从事关键信息基础设施安全保护工作；将运营者安全管理人员、安全技术人员培训纳入国家继续教育体系。

第三十六条 国家支持关键信息基础设施安全防护技术创新和产业发展，组织力量实施关键信息基础设施安全技术攻关。

第三十七条 国家加强网络安全服务机构建设和管理，制定管理要求并加强监督指导，不断提升服务机构能力水平，充分发挥其在关键信息基础设施安全保护中的作用。

第三十八条 国家加强网络安全军民融合，军地协同保护关键信息基础设施安全。

第五章 法律责任

第三十九条 运营者有下列情形之一的，由有关主管部门依据职责责令改正，给予警告；拒不改正或者导致危害网络安全等后果的，处10万元以上100万元以下罚款，对直接负责的主管人员处1万元以上10万元以下罚款：

（一）在关键信息基础设施发生较大变化，可能影响其认定结果时未及时将相关情况报告保护工作部门的；

（二）安全保护措施未与关键信息基础设施同步规划、同步建设、同步使用的；

（三）未建立健全网络安全保护制度和责任制的；

（四）未设置专门安全管理机构的；

（五）未对专门安全管理机构负责人和关键岗位人员进行安全背景审查的；

（六）开展与网络安全和信息化有关的决策没有专门安全管理机构人员参与的；

（七）专门安全管理机构未履行本条例第十五条规定的职责的；

（八）未对关键信息基础设施每年至少进行一次网络安全检测和风险评估，未对发现的安全问题及时整改，或者未按照保护工作部门要求报送情况的；

（九）采购网络产品和服务，未按照国家有关规定与网络产品和服务提供者签订安全保密协议的；

（十）发生合并、分立、解散等情况，未及时报告保护工作部门，或者未按照保护工作部门的要求对关键信息基础设施进行处置的。

第四十条 运营者在关键信息基础设施发生重大网络安全事件或者发现重大网络安全威胁时，未按照有关规定向保护工作部门、公安机关报告的，由保护工作部门、公安机关依据职责责令改正，给予警告；拒不改正或者导致危害网络安全等后果的，处10万元以上100万元以下罚款，对直接负责的主管人员处1万元以上10万元以下罚款。

第四十一条 运营者采购可能影响国家安全的网络产品和服务，未按照国家网络安全规定进行安全审查的，由国家网信部门等有关主管部门依据职责责令改正，处采购金额1倍以上10倍以下罚款，对直接负责的主管人员和其他直接责任人员处1万元以上10万元以下罚款。

第四十二条 运营者对保护工作部门开展的关键信息基础设施网络安全检查检测工作，以及公安、国家安全、保密行政管理、密码管理等有关部门依法开展的关键信息基础设施网络安全检查工作不予配合的，由有关主管部门责令改正；拒不改正的，处5万元以上50万元以下罚款，对直接负责的主管人员和其他直接责任人员处1万元以上10万元以下罚款；情节严重的，依法追究相应法律责任。

第四十三条 实施非法侵入、干扰、破坏关键信息基础设施，危害其安全的活动尚不构成犯罪的，依照《中华人民共和国网络安全法》有关规定，由公安机关没收违法所得，处5日以下拘留，可以并处5万元以上50万元以下罚款；情节较重的，处5日以上15日以下拘留，可以并处10万元以上100万元以下罚款。

单位有前款行为的，由公安机关没收违法所得，处10万元以上100万元以下罚款，并对直接负责的主管人员和其他直接责任人员依照前款规定处罚。

违反本条例第五条第二款和第三十一条规定，受到治安管理处罚的人员，5年内不得从事网络安全管理和网络运营关键岗位的工作；受到刑事处罚的人员，终身不得从事网络安全管理和网络运营关键岗位的工作。

第四十四条 网信部门、公安机关、保护工作部门和其他有关部门及其工作人员未履行关键信息基础设施安全保护和监督管理职责或者玩忽职守、滥用职权、徇私舞弊的，依法对直接负责的主管人员和其他直接责任人员给予处分。

第四十五条 公安机关、保护工作部门和其他有关部门在开展关键信息基础设施网络安全检查工作中收取费用，或者要求被检查单位购买指定品牌或者指定生产、销售单位的产品和服务的，由其上级机关责令改正，退还收取的费用；情节严重的，依法对直接负责的主管人员和其他直接责任人员给予处分。

第四十六条 网信部门、公安机关、保护工作部门等有关部门、网络安全服务机构及其工作人员将在关键信息基础设施安全保护工作中获取的信息用于其他用途，或者泄露、出售、非法向他人提供的，依法对直接负责的主管人员和其他直接责任人员给予处分。

第四十七条 关键信息基础设施发生重大和特别重大网络安全事件，经调查确定为责任事故的，除应当查明运营者责任并依法予以追究外，还应查明相关网络安全服务机构及有关部门的责任，对有失职、渎职及其他违法行为的，依法追究责任。

第四十八条 电子政务关键信息基础设施的运营者不履行本条例规定的网络安全保护义务的，依照《中华人民共和国网络安全法》有关规定予以处理。

第四十九条 违反本条例规定，给他人造成损害的，依法承担民事责任。

违反本条例规定，构成违反治安管理行为的，依法给予治安管理处罚；构成犯罪的，依法追究刑事责任。

第六章　附　则

第五十条 存储、处理涉及国家秘密信息的关键信息基础设施的安全保护，还应当遵守保密法律、行政法规的规定。

关键信息基础设施中的密码使用和管理，还应当遵守相关法律、行政法规的规定。

第五十一条 本条例自 2021 年 9 月 1 日起施行。

信息网络传播权保护条例

·2006 年 5 月 18 日中华人民共和国国务院令第 468 号公布
·根据 2013 年 1 月 30 日《国务院关于修改〈信息网络传播权保护条例〉的决定》修订

第一条 为保护著作权人、表演者、录音录像制作者（以下统称权利人）的信息网络传播权，鼓励有益于社会主义精神文明、物质文明建设的作品的创作和传播，根据《中华人民共和国著作权法》（以下简称著作权法），制定本条例。

第二条 权利人享有的信息网络传播权受著作权法和本条例保护。除法律、行政法规另有规定的外，任何组织或者个人将他人的作品、表演、录音录像制品通过信息网络向公众提供，应当取得权利人许可，并支付报酬。

第三条 依法禁止提供的作品、表演、录音录像制品，不受本条例保护。

权利人行使信息网络传播权，不得违反宪法和法律、行政法规，不得损害公共利益。

第四条 为了保护信息网络传播权，权利人可以采取技术措施。

任何组织或者个人不得故意避开或者破坏技术措施，不得故意制造、进口或者向公众提供主要用于避开或者破坏技术措施的装置或者部件，不得故意为他人避开或者破坏技术措施提供技术服务。但是，法律、行政法规规定可以避开的除外。

第五条 未经权利人许可，任何组织或者个人不得进行下列行为：

（一）故意删除或者改变通过信息网络向公众提供的作品、表演、录音录像制品的权利管理电子信息，但由于技术上的原因无法避免删除或者改变的除外；

（二）通过信息网络向公众提供明知或者应知未经权利人许可被删除或者改变权利管理电子信息的作品、表演、录音录像制品。

第六条 通过信息网络提供他人作品，属于下列情形的，可以不经著作权人许可，不向其支付报酬：

（一）为介绍、评论某一作品或者说明某一问题，在向公众提供的作品中适当引用已经发表的作品；

（二）为报道时事新闻，在向公众提供的作品中不可避免地再现或者引用已经发表的作品；

（三）为学校课堂教学或者科学研究，向少数教学、科研人员提供少量已经发表的作品；

（四）国家机关为执行公务，在合理范围内向公众提供已经发表的作品；

（五）将中国公民、法人或者其他组织已经发表的、以汉语言文字创作的作品翻译成的少数民族语言文字作品，向中国境内少数民族提供；

（六）不以营利为目的，以盲人能够感知的独特方式向盲人提供已经发表的文字作品；

（七）向公众提供在信息网络上已经发表的关于政治、经济问题的时事性文章；

（八）向公众提供在公众集会上发表的讲话。

第七条 图书馆、档案馆、纪念馆、博物馆、美术馆等可以不经著作权人许可，通过信息网络向本馆馆舍内服务对象提供本馆收藏的合法出版的数字作品和依法为陈列或者保存版本的需要以数字化形式复制的作品，不向其支付报酬，但不得直接或者间接获得经济利益。当事人另有约定的除外。

前款规定的为陈列或者保存版本需要以数字化形式复制的作品，应当是已经损毁或者濒临损毁、丢失或者失窃，或者其存储格式已经过时，并且在市场上无法购买或者只能以明显高于标定的价格购买的作品。

第八条 为通过信息网络实施九年制义务教育或者国家教育规划，可以不经著作权人许可，使用其已经发表作品的片断或者短小的文字作品、音乐作品或者单幅的美术作品、摄影作品制作课件，由制作课件或者依法取得课件的远程教育机构通过信息网络向注册学生提供，但应当向著作权人支付报酬。

第九条 为扶助贫困，通过信息网络向农村地区的公众免费提供中国公民、法人或者其他组织已经发表的种植养殖、防病治病、防灾减灾等与扶助贫困有关的作品和适应基本文化需求的作品，网络服务提供者应当在提供前公告拟提供的作品及其作者、拟支付报酬的标准。自公告之日起30日内，著作权人不同意提供的，网络服务提供者不得提供其作品；自公告之日起满30日，著作权人没有异议的，网络服务提供者可以提供其作品，并按照公告的标准向著作权人支付报酬。网络服务提供者提供著作权人的作品后，著作权人不同意提供的，网络服务提供者应当立即删除著作权人的作品，并按照公告的标准向著作权人支付提供作品期间的报酬。

依照前款规定提供作品的，不得直接或者间接获得经济利益。

第十条 依照本条例规定不经著作权人许可、通过信息网络向公众提供其作品的，还应当遵守下列规定：

（一）除本条例第六条第一项至第六项、第七条规定的情形外，不得提供作者事先声明不许提供的作品；

（二）指明作品的名称和作者的姓名（名称）；

（三）依照本条例规定支付报酬；

（四）采取技术措施，防止本条例第七条、第八条、第九条规定的服务对象以外的其他人获得著作权人的作品，并防止本条例第七条规定的服务对象的复制行为对著作权人利益造成实质性损害；

（五）不得侵犯著作权人依法享有的其他权利。

第十一条 通过信息网络提供他人表演、录音录像制品的，应当遵守本条例第六条至第十条的规定。

第十二条 属于下列情形的，可以避开技术措施，但不得向他人提供避开技术措施的技术、装置或者部件，不得侵犯权利人依法享有的其他权利：

（一）为学校课堂教学或者科学研究，通过信息网络向少数教学、科研人员提供已经发表的作品、表演、录音录像制品，而该作品、表演、录音录像制品只能通过信息网络获取；

（二）不以营利为目的，通过信息网络以盲人能够感知的独特方式向盲人提供已经发表的文字作品，而该作品只能通过信息网络获取；

（三）国家机关依照行政、司法程序执行公务；

（四）在信息网络上对计算机及其系统或者网络的安全性能进行测试。

第十三条 著作权行政管理部门为了查处侵犯信息网络传播权的行为，可以要求网络服务提供者提供涉嫌侵权的服务对象的姓名（名称）、联系方式、网络地址等资料。

第十四条 对提供信息存储空间或者提供搜索、链接服务的网络服务提供者，权利人认为其服务所涉及的作品、表演、录音录像制品，侵犯自己的信息网络传播权或者被删除、改变了自己的权利管理电子信息的，可以向该网络服务提供者提交书面通知，要求网络服务提供者删除该作品、表演、录音录像制品，或者断开与该作品、表演、录音录像制品的链接。通知书应当包含下列内容：

（一）权利人的姓名（名称）、联系方式和地址；

（二）要求删除或者断开链接的侵权作品、表演、录音录像制品的名称和网络地址；

（三）构成侵权的初步证明材料。

权利人应当对通知书的真实性负责。

第十五条 网络服务提供者接到权利人的通知书后，应当立即删除涉嫌侵权的作品、表演、录音录像制品，或者断开与涉嫌侵权的作品、表演、录音录像制品的链接，并同时将通知书转送提供作品、表演、录音录像制品的服务对象；服务对象网络地址不明、无法转送的，应当将通知书的内容同时在信息网络上公告。

第十六条 服务对象接到网络服务提供者转送的通知书后，认为其提供的作品、表演、录音录像制品未侵犯他人权利的，可以向网络服务提供者提交书面说明，要求恢复被删除的作品、表演、录音录像制品，或者恢复与被断开的作品、表演、录音录像制品的链接。书面说明应当包含下列内容：

（一）服务对象的姓名（名称）、联系方式和地址；

（二）要求恢复的作品、表演、录音录像制品的名称和网络地址；

（三）不构成侵权的初步证明材料。

服务对象应当对书面说明的真实性负责。

第十七条 网络服务提供者接到服务对象的书面说明后，应当立即恢复被删除的作品、表演、录音录像制品，或者可以恢复与被断开的作品、表演、录音录像制品的链接，同时将服务对象的书面说明转送权利人。权利人不得再通知网络服务提供者删除该作品、表演、录音录像制品，或者断开与该作品、表演、录音录像制品的链接。

第十八条 违反本条例规定，有下列侵权行为之一的，根据情况承担停止侵害、消除影响、赔礼道歉、赔偿损失等民事责任；同时损害公共利益的，可以由著作权行政管理部门责令停止侵权行为，没收违法所得，非法经营额 5 万元以上的，可处非法经营额 1 倍以上 5 倍以下的罚款；没有非法经营额或者非法经营额 5 万元以下的，根据情节轻重，可处 25 万元以下的罚款；情节严重的，著作权行政管理部门可以没收主要用于提供网络服务的计算机等设备；构成犯罪的，依法追究刑事责任：

（一）通过信息网络擅自向公众提供他人的作品、表演、录音录像制品的；

（二）故意避开或者破坏技术措施的；

（三）故意删除或者改变通过信息网络向公众提供的作品、表演、录音录像制品的权利管理电子信息，或者通过信息网络向公众提供明知或者应知未经权利人许可而被删除或者改变权利管理电子信息的作品、表演、录音录像制品的；

（四）为扶助贫困通过信息网络向农村地区提供作品、表演、录音录像制品超过规定范围，或者未按照公告的标准支付报酬，或者在权利人不同意提供其作品、表演、录音录像制品后未立即删除的；

（五）通过信息网络提供他人的作品、表演、录音录像制品，未指明作品、表演、录音录像制品的名称或者作者、表演者、录音录像制作者的姓名（名称），或者未支付报酬，或者未依照本条例规定采取技术措施防止服务对象以外的其他人获得他人的作品、表演、录音录像制品，或者未防止服务对象的复制行为对权利人利益造成实质性损害的。

第十九条 违反本条例规定，有下列行为之一的，由著作权行政管理部门予以警告，没收违法所得，没收主要用于避开、破坏技术措施的装置或者部件；情节严重的，可以没收主要用于提供网络服务的计算机等设备；非法经营额5万元以上的，可处非法经营额1倍以上5倍以下的罚款；没有非法经营额或者非法经营额5万元以下的，根据情节轻重，可处25万元以下的罚款；构成犯罪的，依法追究刑事责任：

（一）故意制造、进口或者向他人提供主要用于避开、破坏技术措施的装置或者部件，或者故意为他人避开或者破坏技术措施提供技术服务的；

（二）通过信息网络提供他人的作品、表演、录音录像制品，获得经济利益的；

（三）为扶助贫困通过信息网络向农村地区提供作品、表演、录音录像制品，未在提供前公告作品、表演、录音录像制品的名称和作者、表演者、录音录像制作者的姓名（名称）以及报酬标准的。

第二十条 网络服务提供者根据服务对象的指令提供网络自动接入服务，或者对服务对象提供的作品、表演、录音录像制品提供自动传输服务，并具备下列条件的，不承担赔偿责任：

（一）未选择并且未改变所传输的作品、表演、录音录像制品；

（二）向指定的服务对象提供该作品、表演、录音录像制品，并防止指定的服务对象以外的其他人获得。

第二十一条 网络服务提供者为提高网络传输效率，自动存储从其他网络服务提供者获得的作品、表演、录音录像制品，根据技术安排自动向服务对象提供，并具备下列条件的，不承担赔偿责任：

（一）未改变自动存储的作品、表演、录音录像制品；

（二）不影响提供作品、表演、录音录像制品的原网络服务提供者掌握服务对象获取该作品、表演、录音录像制品的情况；

（三）在原网络服务提供者修改、删除或者屏蔽该作品、表演、录音录像制品时，根据技术安排自动予以修改、删除或者屏蔽。

第二十二条 网络服务提供者为服务对象提供信息存储空间，供服务对象通过信息网络向公众提供作品、表演、录音录像制品，并具备下列条件的，不承担赔偿责任：

（一）明确标示该信息存储空间是为服务对象所提供，并公开网络服务提供者的名称、联系人、网络地址；

（二）未改变服务对象所提供的作品、表演、录音录像制品；

（三）不知道也没有合理的理由应当知道服务对象提供的作品、表演、录音录像制品侵权；

（四）未从服务对象提供作品、表演、录音录像制品中直接获得经济利益；

（五）在接到权利人的通知书后，根据本条例规定删除权利人认为侵权的作品、表演、录音录像制品。

第二十三条 网络服务提供者为服务对象提供搜索或者链接服务，在接到权利人的通知书后，根据本条例规定断开与侵权的作品、表演、录音录像制品的链接的，不承担赔偿责任；但是，明知或者应知所链接的作品、表演、录音录像制品侵权的，应当承担共同侵权责任。

第二十四条 因权利人的通知导致网络服务提供者错误删除作品、表演、录音录像制品，或者错误断开与作品、表演、录音录像制品的链接，给服务对象造成损失的，权利人应当承担赔偿责任。

第二十五条 网络服务提供者无正当理由拒绝提供或者拖延提供涉嫌侵权的服务对象的姓名（名称）、联系方式、网络地址等资料的，由著作权行政管理部门予以警告；情节严重的，没收主要用于提供网络服务的计算机等设备。

第二十六条 本条例下列用语的含义：

信息网络传播权，是指以有线或者无线方式向公众提供作品、表演或者录音录像制品，使公众可以在其个人选定的时间和地点获得作品、表演或者录音录像制品的权利。

技术措施，是指用于防止、限制未经权利人许可浏览、欣赏作品、表演、录音录像制品的或者通过信息网络向公众提供作品、表演、录音录像制品的有效技术、装置或者部件。

权利管理电子信息，是指说明作品及其作者、表演及其表演者、录音录像制品及其制作者的信息，作品、表演、录音录像制品权利人的信息和使用条件的信息，以及表示上述信息的数字或者代码。

第二十七条 本条例自 2006 年 7 月 1 日起施行。

互联网上网服务营业场所管理条例

- 2002年9月29日中华人民共和国国务院令第363号公布
- 根据2011年1月8日《国务院关于废止和修改部分行政法规的决定》第一次修订
- 根据2016年2月6日《国务院关于修改部分行政法规的决定》第二次修订
- 根据2019年3月24日《国务院关于修改部分行政法规的决定》第三次修订
- 根据2022年3月29日《国务院关于修改和废止部分行政法规的决定》第四次修订

第一章　总　则

第一条　为了加强对互联网上网服务营业场所的管理，规范经营者的经营行为，维护公众和经营者的合法权益，保障互联网上网服务经营活动健康发展，促进社会主义精神文明建设，制定本条例。

第二条　本条例所称互联网上网服务营业场所，是指通过计算机等装置向公众提供互联网上网服务的网吧、电脑休闲室等营业性场所。

学校、图书馆等单位内部附设的为特定对象获取资料、信息提供上网服务的场所，应当遵守有关法律、法规，不适用本条例。

第三条　互联网上网服务营业场所经营单位应当遵守有关法律、法规的规定，加强行业自律，自觉接受政府有关部门依法实施的监督管理，为上网消费者提供良好的服务。

互联网上网服务营业场所的上网消费者，应当遵守有关法律、法规的规定，遵守社会公德，开展文明、健康的上网活动。

第四条 县级以上人民政府文化行政部门负责互联网上网服务营业场所经营单位的设立审批，并负责对依法设立的互联网上网服务营业场所经营单位经营活动的监督管理；公安机关负责对互联网上网服务营业场所经营单位的信息网络安全、治安及消防安全的监督管理；工商行政管理部门负责对互联网上网服务营业场所经营单位登记注册和营业执照的管理，并依法查处无照经营活动；电信管理等其他有关部门在各自职责范围内，依照本条例和有关法律、行政法规的规定，对互联网上网服务营业场所经营单位分别实施有关监督管理。

第五条 文化行政部门、公安机关、工商行政管理部门和其他有关部门及其工作人员不得从事或者变相从事互联网上网服务经营活动，也不得参与或者变相参与互联网上网服务营业场所经营单位的经营活动。

第六条 国家鼓励公民、法人和其他组织对互联网上网服务营业场所经营单位的经营活动进行监督，并对有突出贡献的给予奖励。

第二章 设 立

第七条 国家对互联网上网服务营业场所经营单位的经营活动实行许可制度。未经许可，任何组织和个人不得从事互联网上网服务经营活动。

第八条 互联网上网服务营业场所经营单位从事互联网上网服务经营活动，应当具备下列条件：

（一）有企业的名称、住所、组织机构和章程；

（二）有与其经营活动相适应的资金；

（三）有与其经营活动相适应并符合国家规定的消防安全条件的营业场所；

（四）有健全、完善的信息网络安全管理制度和安全技术措施；

（五）有固定的网络地址和与其经营活动相适应的计算机等

装置及附属设备；

（六）有与其经营活动相适应并取得从业资格的安全管理人员、经营管理人员、专业技术人员；

（七）法律、行政法规和国务院有关部门规定的其他条件。

互联网上网服务营业场所的最低营业面积、计算机等装置及附属设备数量、单机面积的标准，由国务院文化行政部门规定。

审批从事互联网上网服务经营活动，除依照本条第一款、第二款规定的条件外，还应当符合国务院文化行政部门和省、自治区、直辖市人民政府文化行政部门规定的互联网上网服务营业场所经营单位的总量和布局要求。

第九条 中学、小学校园周围200米范围内和居民住宅楼（院）内不得设立互联网上网服务营业场所。

第十条 互联网上网服务营业场所经营单位申请从事互联网上网服务经营活动，应当向县级以上地方人民政府文化行政部门提出申请，并提交下列文件：

（一）企业营业执照和章程；

（二）法定代表人或者主要负责人的身份证明材料；

（三）资金信用证明；

（四）营业场所产权证明或者租赁意向书；

（五）依法需要提交的其他文件。

第十一条 文化行政部门应当自收到申请之日起20个工作日内作出决定；经审查，符合条件的，发给同意筹建的批准文件。

申请人完成筹建后，应当向同级公安机关承诺符合信息网络安全审核条件，并经公安机关确认当场签署承诺书。申请人还应当依照有关消防管理法律法规的规定办理审批手续。

申请人执信息网络安全承诺书并取得消防安全批准文件后，向文化行政部门申请最终审核。文化行政部门应当自收到申请之日起15个工作日内依据本条例第八条的规定作出决定；经实地检查并审核合格的，发给《网络文化经营许可证》。

对申请人的申请，有关部门经审查不符合条件的，或者经审核不合格的，应当分别向申请人书面说明理由。

文化行政部门发放《网络文化经营许可证》的情况或互联网上网服务营业场所经营单位拟开展经营活动的情况，应当向同级公安机关通报或报备。

第十二条 互联网上网服务营业场所经营单位不得涂改、出租、出借或者以其他方式转让《网络文化经营许可证》。

第十三条 互联网上网服务营业场所经营单位变更营业场所地址或者对营业场所进行改建、扩建，变更计算机数量或者其他重要事项的，应当经原审核机关同意。

互联网上网服务营业场所经营单位变更名称、住所、法定代表人或者主要负责人、注册资本、网络地址或者终止经营活动的，应当依法到工商行政管理部门办理变更登记或者注销登记，并到文化行政部门、公安机关办理有关手续或者备案。

第三章 经 营

第十四条 互联网上网服务营业场所经营单位和上网消费者不得利用互联网上网服务营业场所制作、下载、复制、查阅、发布、传播或者以其他方式使用含有下列内容的信息：

（一）反对宪法确定的基本原则的；

（二）危害国家统一、主权和领土完整的；

（三）泄露国家秘密，危害国家安全或者损害国家荣誉和利益的；

（四）煽动民族仇恨、民族歧视，破坏民族团结，或者侵害民族风俗、习惯的；

（五）破坏国家宗教政策，宣扬邪教、迷信的；

（六）散布谣言，扰乱社会秩序，破坏社会稳定的；

（七）宣传淫秽、赌博、暴力或者教唆犯罪的；

（八）侮辱或者诽谤他人，侵害他人合法权益的；

（九）危害社会公德或者民族优秀文化传统的；

（十）含有法律、行政法规禁止的其他内容的。

第十五条 互联网上网服务营业场所经营单位和上网消费者不得进行下列危害信息网络安全的活动：

（一）故意制作或者传播计算机病毒以及其他破坏性程序的；

（二）非法侵入计算机信息系统或者破坏计算机信息系统功能、数据和应用程序的；

（三）进行法律、行政法规禁止的其他活动的。

第十六条 互联网上网服务营业场所经营单位应当通过依法取得经营许可证的互联网接入服务提供者接入互联网，不得采取其他方式接入互联网。

互联网上网服务营业场所经营单位提供上网消费者使用的计算机必须通过局域网的方式接入互联网，不得直接接入互联网。

第十七条 互联网上网服务营业场所经营单位不得经营非网络游戏。

第十八条 互联网上网服务营业场所经营单位和上网消费者不得利用网络游戏或者其他方式进行赌博或者变相赌博活动。

第十九条 互联网上网服务营业场所经营单位应当实施经营管理技术措施，建立场内巡查制度，发现上网消费者有本条例第十四条、第十五条、第十八条所列行为或者有其他违法行为的，应当立即予以制止并向文化行政部门、公安机关举报。

第二十条 互联网上网服务营业场所经营单位应当在营业场所的显著位置悬挂《网络文化经营许可证》和营业执照。

第二十一条 互联网上网服务营业场所经营单位不得接纳未成年人进入营业场所。

互联网上网服务营业场所经营单位应当在营业场所入口处的显著位置悬挂未成年人禁入标志。

第二十二条 互联网上网服务营业场所每日营业时间限于 8 时至 24 时。

第二十三条 互联网上网服务营业场所经营单位应当对上网消费者的身份证等有效证件进行核对、登记，并记录有关上网信息。登记内容和记录备份保存时间不得少于60日，并在文化行政部门、公安机关依法查询时予以提供。登记内容和记录备份在保存期内不得修改或者删除。

第二十四条 互联网上网服务营业场所经营单位应当依法履行信息网络安全、治安和消防安全职责，并遵守下列规定：

（一）禁止明火照明和吸烟并悬挂禁止吸烟标志；

（二）禁止带入和存放易燃、易爆物品；

（三）不得安装固定的封闭门窗栅栏；

（四）营业期间禁止封堵或者锁闭门窗、安全疏散通道和安全出口；

（五）不得擅自停止实施安全技术措施。

第四章 罚 则

第二十五条 文化行政部门、公安机关、工商行政管理部门或者其他有关部门及其工作人员，利用职务上的便利收受他人财物或者其他好处，违法批准不符合法定设立条件的互联网上网服务营业场所经营单位，或者不依法履行监督职责，或者发现违法行为不予依法查处，触犯刑律的，对直接负责的主管人员和其他直接责任人员依照刑法关于受贿罪、滥用职权罪、玩忽职守罪或者其他罪的规定，依法追究刑事责任；尚不够刑事处罚的，依法给予降级、撤职或者开除的行政处分。

第二十六条 文化行政部门、公安机关、工商行政管理部门或者其他有关部门的工作人员，从事或者变相从事互联网上网服务经营活动的，参与或者变相参与互联网上网服务营业场所经营单位的经营活动的，依法给予降级、撤职或者开除的行政处分。

文化行政部门、公安机关、工商行政管理部门或者其他有关部门有前款所列行为的，对直接负责的主管人员和其他直接责任人员依照前款规定依法给予行政处分。

第二十七条 违反本条例的规定，擅自从事互联网上网服务经营活动的，由文化行政部门或者由文化行政部门会同公安机关依法予以取缔，查封其从事违法经营活动的场所，扣押从事违法经营活动的专用工具、设备；触犯刑律的，依照刑法关于非法经营罪的规定，依法追究刑事责任；尚不够刑事处罚的，由文化行政部门没收违法所得及其从事违法经营活动的专用工具、设备；违法经营额1万元以上的，并处违法经营额5倍以上10倍以下的罚款；违法经营额不足1万元的，并处1万元以上5万元以下的罚款。

第二十八条 文化行政部门应当建立互联网上网服务营业场所经营单位的经营活动信用监管制度，建立健全信用约束机制，并及时公布行政处罚信息。

第二十九条 互联网上网服务营业场所经营单位违反本条例的规定，涂改、出租、出借或者以其他方式转让《网络文化经营许可证》，触犯刑律的，依照刑法关于伪造、变造、买卖国家机关公文、证件、印章罪的规定，依法追究刑事责任；尚不够刑事处罚的，由文化行政部门吊销《网络文化经营许可证》，没收违法所得；违法经营额5000元以上的，并处违法经营额2倍以上5倍以下的罚款；违法经营额不足5000元的，并处5000元以上1万元以下的罚款。

第三十条 互联网上网服务营业场所经营单位违反本条例的规定，利用营业场所制作、下载、复制、查阅、发布、传播或者以其他方式使用含有本条例第十四条规定禁止含有的内容的信息，触犯刑律的，依法追究刑事责任；尚不够刑事处罚的，由公安机关给予警告，没收违法所得；违法经营额1万元以上的，并处违法经营额2倍以上5倍以下的罚款；违法经营额不足1万元的，并处1万元以上2万元以下的罚款；情节严重的，责令停业整顿，直至由文化行政部门吊销《网络文化经营许可证》。

上网消费者有前款违法行为，触犯刑律的，依法追究刑事责任；尚不够刑事处罚的，由公安机关依照治安管理处罚法的规定给予处罚。

第三十一条 互联网上网服务营业场所经营单位违反本条例的规定，有下列行为之一的，由文化行政部门给予警告，可以并处15000元以下的罚款；情节严重的，责令停业整顿，直至吊销《网络文化经营许可证》：

（一）在规定的营业时间以外营业的；

（二）接纳未成年人进入营业场所的；

（三）经营非网络游戏的；

（四）擅自停止实施经营管理技术措施的；

（五）未悬挂《网络文化经营许可证》或者未成年人禁入标志的。

第三十二条 公安机关应当自互联网上网服务营业场所经营单位正式开展经营活动20个工作日内，对其依法履行信息网络安全职责情况进行实地检查。检查发现互联网上网服务营业场所经营单位未履行承诺的信息网络安全责任的，由公安机关给予警告，可以并处15000元以下罚款；情节严重的，责令停业整顿，直至由文化行政部门吊销《网络文化经营许可证》。

第三十三条 互联网上网服务营业场所经营单位违反本条例的规定，有下列行为之一的，由文化行政部门、公安机关依据各自职权给予警告，可以并处15000元以下的罚款；情节严重的，责令停业整顿，直至由文化行政部门吊销《网络文化经营许可证》：

（一）向上网消费者提供的计算机未通过局域网的方式接入互联网的；

（二）未建立场内巡查制度，或者发现上网消费者的违法行为未予制止并向文化行政部门、公安机关举报的；

（三）未按规定核对、登记上网消费者的有效身份证件或者记录有关上网信息的；

（四）未按规定时间保存登记内容、记录备份，或者在保存期内修改、删除登记内容、记录备份的；

（五）变更名称、住所、法定代表人或者主要负责人、注册资本、网络地址或者终止经营活动，未向文化行政部门、公安机关办理有关手续或者备案的。

第三十四条 互联网上网服务营业场所经营单位违反本条例的规定，有下列行为之一的，由公安机关给予警告，可以并处15000元以下的罚款；情节严重的，责令停业整顿，直至由文化行政部门吊销《网络文化经营许可证》：

（一）利用明火照明或者发现吸烟不予制止，或者未悬挂禁止吸烟标志的；

（二）允许带入或者存放易燃、易爆物品的；

（三）在营业场所安装固定的封闭门窗栅栏的；

（四）营业期间封堵或者锁闭门窗、安全疏散通道或者安全出口的；

（五）擅自停止实施安全技术措施的。

第三十五条 违反国家有关信息网络安全、治安管理、消防管理、工商行政管理、电信管理等规定，触犯刑律的，依法追究刑事责任；尚不够刑事处罚的，由公安机关、工商行政管理部门、电信管理机构依法给予处罚；情节严重的，由原发证机关吊销许可证件。

第三十六条 互联网上网服务营业场所经营单位违反本条例的规定，被吊销《网络文化经营许可证》的，自被吊销《网络文化经营许可证》之日起5年内，其法定代表人或者主要负责人不得担任互联网上网服务营业场所经营单位的法定代表人或者主要负责人。

擅自设立的互联网上网服务营业场所经营单位被依法取缔的，自被取缔之日起5年内，其主要负责人不得担任互联网上网服务营业场所经营单位的法定代表人或者主要负责人。

第三十七条 依照本条例的规定实施罚款的行政处罚，应当依照有关法律、行政法规的规定，实行罚款决定与罚款收缴分离；收缴的罚款和违法所得必须全部上缴国库。

第五章　附　则

第三十八条　本条例自2002年11月15日起施行。2001年4月3日信息产业部、公安部、文化部、国家工商行政管理局发布的《互联网上网服务营业场所管理办法》同时废止。

二、相关解释

最高人民法院关于审理侵害信息网络传播权民事纠纷案件适用法律若干问题的规定

· 2012年11月26日最高人民法院审判委员会第1561次会议通过
· 根据2020年12月23日最高人民法院审判委员会第1823次会议通过的《最高人民法院关于修改〈最高人民法院关于审理侵犯专利权纠纷案件应用法律若干问题的解释（二）〉等十八件知识产权类司法解释的决定》修正
· 2020年12月29日最高人民法院公告公布
· 自2021年1月1日起施行
· 法释〔2020〕19号

为正确审理侵害信息网络传播权民事纠纷案件，依法保护信息网络传播权，促进信息网络产业健康发展，维护公共利益，根据《中华人民共和国民法典》《中华人民共和国著作权法》《中华人民共和国民事诉讼法》等有关法律规定，结合审判实际，制定本规定。

第一条　人民法院审理侵害信息网络传播权民事纠纷案件，在依法行使裁量权时，应当兼顾权利人、网络服务提供者和社会公众的利益。

第二条 本规定所称信息网络，包括以计算机、电视机、固定电话机、移动电话机等电子设备为终端的计算机互联网、广播电视网、固定通信网、移动通信网等信息网络，以及向公众开放的局域网络。

第三条 网络用户、网络服务提供者未经许可，通过信息网络提供权利人享有信息网络传播权的作品、表演、录音录像制品，除法律、行政法规另有规定外，人民法院应当认定其构成侵害信息网络传播权行为。

通过上传到网络服务器、设置共享文件或者利用文件分享软件等方式，将作品、表演、录音录像制品置于信息网络中，使公众能够在个人选定的时间和地点以下载、浏览或者其他方式获得的，人民法院应当认定其实施了前款规定的提供行为。

第四条 有证据证明网络服务提供者与他人以分工合作等方式共同提供作品、表演、录音录像制品，构成共同侵权行为的，人民法院应当判令其承担连带责任。网络服务提供者能够证明其仅提供自动接入、自动传输、信息存储空间、搜索、链接、文件分享技术等网络服务，主张其不构成共同侵权行为的，人民法院应予支持。

第五条 网络服务提供者以提供网页快照、缩略图等方式实质替代其他网络服务提供者向公众提供相关作品的，人民法院应当认定其构成提供行为。

前款规定的提供行为不影响相关作品的正常使用，且未不合理损害权利人对该作品的合法权益，网络服务提供者主张其未侵害信息网络传播权的，人民法院应予支持。

第六条 原告有初步证据证明网络服务提供者提供了相关作品、表演、录音录像制品，但网络服务提供者能够证明其仅提供网络服务，且无过错的，人民法院不应认定为构成侵权。

第七条 网络服务提供者在提供网络服务时教唆或者帮助网络用户实施侵害信息网络传播权行为的，人民法院应当判令其承担侵权责任。

网络服务提供者以言语、推介技术支持、奖励积分等方式诱导、鼓励网络用户实施侵害信息网络传播权行为的，人民法院应当认定其构成教唆侵权行为。

网络服务提供者明知或者应知网络用户利用网络服务侵害信息网络传播权，未采取删除、屏蔽、断开链接等必要措施，或者提供技术支持等帮助行为的，人民法院应当认定其构成帮助侵权行为。

第八条 人民法院应当根据网络服务提供者的过错，确定其是否承担教唆、帮助侵权责任。网络服务提供者的过错包括对于网络用户侵害信息网络传播权行为的明知或者应知。

网络服务提供者未对网络用户侵害信息网络传播权的行为主动进行审查的，人民法院不应据此认定其具有过错。

网络服务提供者能够证明已采取合理、有效的技术措施，仍难以发现网络用户侵害信息网络传播权行为的，人民法院应当认定其不具有过错。

第九条 人民法院应当根据网络用户侵害信息网络传播权的具体事实是否明显，综合考虑以下因素，认定网络服务提供者是否构成应知：

（一）基于网络服务提供者提供服务的性质、方式及其引发侵权的可能性大小，应当具备的管理信息的能力；

（二）传播的作品、表演、录音录像制品的类型、知名度及侵权信息的明显程度；

（三）网络服务提供者是否主动对作品、表演、录音录像制品进行了选择、编辑、修改、推荐等；

（四）网络服务提供者是否积极采取了预防侵权的合理措施；

（五）网络服务提供者是否设置便捷程序接收侵权通知并及时对侵权通知作出合理的反应；

（六）网络服务提供者是否针对同一网络用户的重复侵权行为采取了相应的合理措施；

（七）其他相关因素。

第十条 网络服务提供者在提供网络服务时，对热播影视作品等以设置榜单、目录、索引、描述性段落、内容简介等方式进行推荐，且公众可以在其网页上直接以下载、浏览或者其他方式获得的，人民法院可以认定其应知网络用户侵害信息网络传播权。

第十一条 网络服务提供者从网络用户提供的作品、表演、录音录像制品中直接获得经济利益的，人民法院应当认定其对该网络用户侵害信息网络传播权的行为负有较高的注意义务。

网络服务提供者针对特定作品、表演、录音录像制品投放广告获取收益，或者获取与其传播的作品、表演、录音录像制品存在其他特定联系的经济利益，应当认定为前款规定的直接获得经济利益。网络服务提供者因提供网络服务而收取一般性广告费、服务费等，不属于本款规定的情形。

第十二条 有下列情形之一的，人民法院可以根据案件具体情况，认定提供信息存储空间服务的网络服务提供者应知网络用户侵害信息网络传播权：

（一）将热播影视作品等置于首页或者其他主要页面等能够为网络服务提供者明显感知的位置的；

（二）对热播影视作品等的主题、内容主动进行选择、编辑、整理、推荐，或者为其设立专门的排行榜的；

（三）其他可以明显感知相关作品、表演、录音录像制品为未经许可提供，仍未采取合理措施的情形。

第十三条 网络服务提供者接到权利人以书信、传真、电子邮件等方式提交的通知及构成侵权的初步证据，未及时根据初步证据和服务类型采取必要措施的，人民法院应当认定其明知相关侵害信息网络传播权行为。

第十四条 人民法院认定网络服务提供者转送通知、采取必要措施是否及时，应当根据权利人提交通知的形式，通知的准确程度，采取措施的难易程度，网络服务的性质，所涉作品、表演、录音录像制品的类型、知名度、数量等因素综合判断。

第十五条 侵害信息网络传播权民事纠纷案件由侵权行为地或者被告住所地人民法院管辖。侵权行为地包括实施被诉侵权行为的网络服务器、计算机终端等设备所在地。侵权行为地和被告住所地均难以确定或者在境外的，原告发现侵权内容的计算机终端等设备所在地可以视为侵权行为地。

第十六条 本规定施行之日起，《最高人民法院关于审理涉及计算机网络著作权纠纷案件适用法律若干问题的解释》（法释〔2006〕11号）同时废止。

本规定施行之后尚未终审的侵害信息网络传播权民事纠纷案件，适用本规定。本规定施行前已经终审，当事人申请再审或者按照审判监督程序决定再审的，不适用本规定。

三、办案规范

互联网文化管理暂行规定

· 2011年2月17日文化部令第51号公布
· 根据2017年12月15日《文化部关于废止和修改部分部门规章的决定》修订

第一条 为了加强对互联网文化的管理，保障互联网文化单位的合法权益，促进我国互联网文化健康、有序地发展，根据《中华人民共和国网络安全法》、《全国人民代表大会常务委员会关于维护互联网安全的决定》和《互联网信息服务管理办法》等国家法律法规有关规定，制定本规定。

第二条 本规定所称互联网文化产品是指通过互联网生产、传播和流通的文化产品，主要包括：

（一）专门为互联网而生产的网络音乐娱乐、网络游戏、网络演出剧（节）目、网络表演、网络艺术品、网络动漫等互联网文化产品；

（二）将音乐娱乐、游戏、演出剧（节）目、表演、艺术品、动漫等文化产品以一定的技术手段制作、复制到互联网上传播的互联网文化产品。

第三条 本规定所称互联网文化活动是指提供互联网文化产品及其服务的活动，主要包括：

（一）互联网文化产品的制作、复制、进口、发行、播放等活动；

（二）将文化产品登载在互联网上，或者通过互联网、移动通信网等信息网络发送到计算机、固定电话机、移动电话机、电视机、游戏机等用户端以及网吧等互联网上网服务营业场所，供用户浏览、欣赏、使用或者下载的在线传播行为；

（三）互联网文化产品的展览、比赛等活动。

互联网文化活动分为经营性和非经营性两类。经营性互联网文化活动是指以营利为目的，通过向上网用户收费或者以电子商务、广告、赞助等方式获取利益，提供互联网文化产品及其服务的活动。非经营性互联网文化活动是指不以营利为目的向上网用户提供互联网文化产品及其服务的活动。

第四条 本规定所称互联网文化单位，是指经文化行政部门和电信管理机构批准或者备案，从事互联网文化活动的互联网信息服务提供者。

在中华人民共和国境内从事互联网文化活动，适用本规定。

第五条 从事互联网文化活动应当遵守宪法和有关法律、法规，坚持为人民服务、为社会主义服务的方向，弘扬民族优秀文化，传播有益于提高公众文化素质、推动经济发展、促进社会进步的思想道德、科学技术和文化知识，丰富人民的精神生活。

第六条 文化部负责制定互联网文化发展与管理的方针、政策和规划，监督管理全国互联网文化活动。

省、自治区、直辖市人民政府文化行政部门对申请从事经营性互联网文化活动的单位进行审批，对从事非经营性互联网文化活动的单位进行备案。

县级以上人民政府文化行政部门负责本行政区域内互联网文化活动的监督管理工作。县级以上人民政府文化行政部门或者文化市场综合执法机构对从事互联网文化活动违反国家有关法规的行为实施处罚。

第七条 申请从事经营性互联网文化活动，应当符合《互联网信息服务管理办法》的有关规定，并具备以下条件：

（一）有单位的名称、住所、组织机构和章程；

（二）有确定的互联网文化活动范围；

（三）有适应互联网文化活动需要的专业人员、设备、工作场所以及相应的经营管理技术措施；

（四）有确定的域名；

（五）符合法律、行政法规和国家有关规定的条件。

第八条 申请从事经营性互联网文化活动，应当向所在地省、自治区、直辖市人民政府文化行政部门提出申请，由省、自治区、直辖市人民政府文化行政部门审核批准。

第九条 申请从事经营性互联网文化活动，应当提交下列文件：

（一）申请表；

（二）营业执照和章程；

（三）法定代表人或者主要负责人的身份证明文件；

（四）业务范围说明；

（五）专业人员、工作场所以及相应经营管理技术措施的说明材料；

（六）域名登记证明；

（七）依法需要提交的其他文件。

对申请从事经营性互联网文化活动的，省、自治区、直辖市人民政府文化行政部门应当自受理申请之日起20日内做出批准或者不批准的决定。批准的，核发《网络文化经营许可证》，并向社会公告；不批准的，应当书面通知申请人并说明理由。

《网络文化经营许可证》有效期为3年。有效期届满，需继续从事经营的，应当于有效期届满30日前申请续办。

第十条 非经营性互联网文化单位，应当自设立之日起60日内向所在地省、自治区、直辖市人民政府文化行政部门备案，并提交下列文件：

（一）备案表；

（二）章程；

（三）法定代表人或者主要负责人的身份证明文件；

（四）域名登记证明；

（五）依法需要提交的其他文件。

第十一条 申请从事经营性互联网文化活动经批准后，应当持《网络文化经营许可证》，按照《互联网信息服务管理办法》的有关规定，到所在地电信管理机构或者国务院信息产业主管部门办理相关手续。

第十二条 互联网文化单位应当在其网站主页的显著位置标明文化行政部门颁发的《网络文化经营许可证》编号或者备案编号，标明国务院信息产业主管部门或者省、自治区、直辖市电信管理机构颁发的经营许可证编号或者备案编号。

第十三条 经营性互联网文化单位变更单位名称、域名、法定代表人或者主要负责人、注册地址、经营地址、股权结构以及许可经营范围的，应当自变更之日起 20 日内到所在地省、自治区、直辖市人民政府文化行政部门办理变更或者备案手续。

非经营性互联网文化单位变更名称、地址、域名、法定代表人或者主要负责人、业务范围的，应当自变更之日起 60 日内到所在地省、自治区、直辖市人民政府文化行政部门办理备案手续。

第十四条 经营性互联网文化单位终止互联网文化活动的，应当自终止之日起 30 日内到所在地省、自治区、直辖市人民政府文化行政部门办理注销手续。

经营性互联网文化单位自取得《网络文化经营许可证》并依法办理企业登记之日起满 180 日未开展互联网文化活动的，由原审核的省、自治区、直辖市人民政府文化行政部门注销《网络文化经营许可证》，同时通知相关省、自治区、直辖市电信管理机构。

非经营性互联网文化单位停止互联网文化活动的，由原备案的省、自治区、直辖市人民政府文化行政部门注销备案，同时通知相关省、自治区、直辖市电信管理机构。

第十五条 经营进口互联网文化产品的活动应当由取得文化行政部门核发的《网络文化经营许可证》的经营性互联网文化单位实施，进口互联网文化产品应当报文化部进行内容审查。

文化部应当自受理内容审查申请之日起20日内（不包括专家评审所需时间）做出批准或者不批准的决定。批准的，发给批准文件；不批准的，应当说明理由。

经批准的进口互联网文化产品应当在其显著位置标明文化部的批准文号，不得擅自变更产品名称或者增删产品内容。自批准之日起一年内未在国内经营的，进口单位应当报文化部备案并说明原因；决定终止进口的，文化部撤销其批准文号。

经营性互联网文化单位经营的国产互联网文化产品应当自正式经营起30日内报省级以上文化行政部门备案，并在其显著位置标明文化部备案编号，具体办法另行规定。

第十六条 互联网文化单位不得提供载有以下内容的文化产品：

（一）反对宪法确定的基本原则的；

（二）危害国家统一、主权和领土完整的；

（三）泄露国家秘密、危害国家安全或者损害国家荣誉和利益的；

（四）煽动民族仇恨、民族歧视，破坏民族团结，或者侵害民族风俗、习惯的；

（五）宣扬邪教、迷信的；

（六）散布谣言，扰乱社会秩序，破坏社会稳定的；

（七）宣扬淫秽、赌博、暴力或者教唆犯罪的；

（八）侮辱或者诽谤他人，侵害他人合法权益的；

（九）危害社会公德或者民族优秀文化传统的；

（十）有法律、行政法规和国家规定禁止的其他内容的。

第十七条 互联网文化单位提供的文化产品，使公民、法人或者其他组织的合法利益受到侵害的，互联网文化单位应当依法承担民事责任。

第十八条 互联网文化单位应当建立自审制度，明确专门部门，配备专业人员负责互联网文化产品内容和活动的自查与管理，保障互联网文化产品内容和活动的合法性。

第十九条 互联网文化单位发现所提供的互联网文化产品含有本规定第十六条所列内容之一的，应当立即停止提供，保存有关记录，向所在地省、自治区、直辖市人民政府文化行政部门报告并抄报文化部。

第二十条 互联网文化单位应当记录备份所提供的文化产品内容及其时间、互联网地址或者域名；记录备份应当保存60日，并在国家有关部门依法查询时予以提供。

第二十一条 未经批准，擅自从事经营性互联网文化活动的，由县级以上人民政府文化行政部门或者文化市场综合执法机构责令停止经营性互联网文化活动，予以警告，并处30000元以下罚款；拒不停止经营活动的，依法列入文化市场黑名单，予以信用惩戒。

第二十二条 非经营性互联网文化单位违反本规定第十条，逾期未办理备案手续的，由县级以上人民政府文化行政部门或者文化市场综合执法机构责令限期改正；拒不改正的，责令停止互联网文化活动，并处1000元以下罚款。

第二十三条 经营性互联网文化单位违反本规定第十二条的，由县级以上人民政府文化行政部门或者文化市场综合执法机构责令限期改正，并可根据情节轻重处10000元以下罚款。

非经营性互联网文化单位违反本规定第十二条的，由县级以上人民政府文化行政部门或者文化市场综合执法机构责令限期改正；拒不改正的，责令停止互联网文化活动，并处500元以下罚款。

第二十四条 经营性互联网文化单位违反本规定第十三条的，由县级以上人民政府文化行政部门或者文化市场综合执法机构责令改正，没收违法所得，并处10000元以上30000元以下罚款；情节严重的，责令停业整顿直至吊销《网络文化经营许可证》；构成犯罪的，依法追究刑事责任。

非经营性互联网文化单位违反本规定第十三条的，由县级以上人民政府文化行政部门或者文化市场综合执法机构责令限期改正；

拒不改正的，责令停止互联网文化活动，并处1000元以下罚款。

第二十五条 经营性互联网文化单位违反本规定第十五条，经营进口互联网文化产品未在其显著位置标明文化部批准文号、经营国产互联网文化产品未在其显著位置标明文化部备案编号的，由县级以上人民政府文化行政部门或者文化市场综合执法机构责令改正，并可根据情节轻重处10000元以下罚款。

第二十六条 经营性互联网文化单位违反本规定第十五条，擅自变更进口互联网文化产品的名称或者增删内容的，由县级以上人民政府文化行政部门或者文化市场综合执法机构责令停止提供，没收违法所得，并处10000元以上30000元以下罚款；情节严重的，责令停业整顿直至吊销《网络文化经营许可证》；构成犯罪的，依法追究刑事责任。

第二十七条 经营性互联网文化单位违反本规定第十五条，经营国产互联网文化产品逾期未报文化行政部门备案的，由县级以上人民政府文化行政部门或者文化市场综合执法机构责令改正，并可根据情节轻重处20000元以下罚款。

第二十八条 经营性互联网文化单位提供含有本规定第十六条禁止内容的互联网文化产品，或者提供未经文化部批准进口的互联网文化产品的，由县级以上人民政府文化行政部门或者文化市场综合执法机构责令停止提供，没收违法所得，并处10000元以上30000元以下罚款；情节严重的，责令停业整顿直至吊销《网络文化经营许可证》；构成犯罪的，依法追究刑事责任。

非经营性互联网文化单位，提供含有本规定第十六条禁止内容的互联网文化产品，或者提供未经文化部批准进口的互联网文化产品的，由县级以上人民政府文化行政部门或者文化市场综合执法机构责令停止提供，处1000元以下罚款；构成犯罪的，依法追究刑事责任。

第二十九条 经营性互联网文化单位违反本规定第十八条的，由县级以上人民政府文化行政部门或者文化市场综合执法机构责令改正，并可根据情节轻重处20000元以下罚款。

第三十条 经营性互联网文化单位违反本规定第十九条的，由县级以上人民政府文化行政部门或者文化市场综合执法机构予以警告，责令限期改正，并处10000元以下罚款。

第三十一条 违反本规定第二十条的，由省、自治区、直辖市电信管理机构责令改正；情节严重的，由省、自治区、直辖市电信管理机构责令停业整顿或者责令暂时关闭网站。

第三十二条 本规定所称文化市场综合执法机构是指依照国家有关法律、法规和规章的规定，相对集中地行使文化领域行政处罚权以及相关监督检查权、行政强制权的行政执法机构。

第三十三条 文化行政部门或者文化市场综合执法机构查处违法经营活动，依照实施违法经营行为的企业注册地或者企业实际经营地进行管辖；企业注册地和实际经营地无法确定的，由从事违法经营活动网站的信息服务许可地或者备案地进行管辖；没有许可或者备案的，由该网站服务器所在地管辖；网站服务器设置在境外的，由违法行为发生地进行管辖。

第三十四条 本规定自2011年4月1日起施行。2003年5月10日发布、2004年7月1日修订的《互联网文化管理暂行规定》同时废止。

互联网著作权行政保护办法

· 2005年4月29日国家版权局、信息产业部令2005年第5号公布
· 自2005年5月30日起施行

第一条 为了加强互联网信息服务活动中信息网络传播权的行政保护，规范行政执法行为，根据《中华人民共和国著作权法》及有关法律、行政法规，制定本办法。

第二条 本办法适用于互联网信息服务活动中根据互联网内容提供者的指令，通过互联网自动提供作品、录音录像制品等内

容的上载、存储、链接或搜索等功能，且对存储或传输的内容不进行任何编辑、修改或选择的行为。

互联网信息服务活动中直接提供互联网内容的行为，适用著作权法。

本办法所称"互联网内容提供者"是指在互联网上发布相关内容的上网用户。

第三条 各级著作权行政管理部门依照法律、行政法规和本办法对互联网信息服务活动中的信息网络传播权实施行政保护。国务院信息产业主管部门和各省、自治区、直辖市电信管理机构依法配合相关工作。

第四条 著作权行政管理部门对侵犯互联网信息服务活动中的信息网络传播权的行为实施行政处罚，适用《著作权行政处罚实施办法》。

侵犯互联网信息服务活动中的信息网络传播权的行为由侵权行为实施地的著作权行政管理部门管辖。侵权行为实施地包括提供本办法第二条所列的互联网信息服务活动的服务器等设备所在地。

第五条 著作权人发现互联网传播的内容侵犯其著作权，向互联网信息服务提供者或者其委托的其他机构（以下统称"互联网信息服务提供者"）发出通知后，互联网信息服务提供者应当立即采取措施移除相关内容，并保留著作权人的通知6个月。

第六条 互联网信息服务提供者收到著作权人的通知后，应当记录提供的信息内容及其发布的时间、互联网地址或者域名。互联网接入服务提供者应当记录互联网内容提供者的接入时间、用户账号、互联网地址或者域名、主叫电话号码等信息。

前款所称记录应当保存60日，并在著作权行政管理部门查询时予以提供。

第七条 互联网信息服务提供者根据著作权人的通知移除相关内容的，互联网内容提供者可以向互联网信息服务提供者和著作权人一并发出说明被移除内容不侵犯著作权的反通知。反通知发出后，互联网信息服务提供者即可恢复被移除的内容，且对该恢复行为不承担行政法律责任。

第八条 著作权人的通知应当包含以下内容：

（一）涉嫌侵权内容所侵犯的著作权权属证明；

（二）明确的身份证明、住址、联系方式；

（三）涉嫌侵权内容在信息网络上的位置；

（四）侵犯著作权的相关证据；

（五）通知内容的真实性声明。

第九条 互联网内容提供者的反通知应当包含以下内容：

（一）明确的身份证明、住址、联系方式；

（二）被移除内容的合法性证明；

（三）被移除内容在互联网上的位置；

（四）反通知内容的真实性声明。

第十条 著作权人的通知和互联网内容提供者的反通知应当采取书面形式。

著作权人的通知和互联网内容提供者的反通知不具备本办法第八条、第九条所规定内容的，视为未发出。

第十一条 互联网信息服务提供者明知互联网内容提供者通过互联网实施侵犯他人著作权的行为，或者虽不明知，但接到著作权人通知后未采取措施移除相关内容，同时损害社会公共利益的，著作权行政管理部门可以根据《中华人民共和国著作权法》第四十七条的规定责令停止侵权行为，并给予下列行政处罚：

（一）没收违法所得；

（二）处以非法经营额 3 倍以下的罚款；非法经营额难以计算的，可以处 10 万元以下的罚款。

第十二条 没有证据表明互联网信息服务提供者明知侵权事实存在的，或者互联网信息服务提供者接到著作权人通知后，采取措施移除相关内容的，不承担行政法律责任。

第十三条 著作权行政管理部门在查处侵犯互联网信息服务活动中的信息网络传播权案件时，可以按照《著作权行政处罚实施办法》第十二条规定要求著作权人提交必备材料，以及向互联网信息服务提供者发出的通知和该互联网信息服务提供者未采取措施移除相关内容的证明。

第十四条 互联网信息服务提供者有本办法第十一条规定的情形，且经著作权行政管理部门依法认定专门从事盗版活动，或有其他严重情节的，国务院信息产业主管部门或者省、自治区、直辖市电信管理机构依据相关法律、行政法规的规定处理；互联网接入服务提供者应当依据国务院信息产业主管部门或者省、自治区、直辖市电信管理机构的通知，配合实施相应的处理措施。

第十五条 互联网信息服务提供者未履行本办法第六条规定的义务，由国务院信息产业主管部门或者省、自治区、直辖市电信管理机构予以警告，可以并处3万元以下罚款。

第十六条 著作权行政管理部门在查处侵犯互联网信息服务活动中的信息网络传播权案件过程中，发现互联网信息服务提供者的行为涉嫌构成犯罪的，应当依照国务院《行政执法机关移送涉嫌犯罪案件的规定》将案件移送司法部门，依法追究刑事责任。

第十七条 表演者、录音录像制作者等与著作权有关的权利人通过互联网向公众传播其表演或者录音录像制品的权利的行政保护适用本办法。

第十八条 本办法由国家版权局和信息产业部负责解释。

第十九条 本办法自2005年5月30日起施行。

互联网视听节目服务管理规定

· 2007年12月20日国家广播电影电视总局、信息产业部令第56号公布

· 根据2015年8月28日《关于修订部分规章和规范性文件的决定》修订

第一条 为维护国家利益和公共利益，保护公众和互联网视

听节目服务单位的合法权益，规范互联网视听节目服务秩序，促进健康有序发展，根据国家有关规定，制定本规定。

第二条 在中华人民共和国境内向公众提供互联网（含移动互联网，以下简称互联网）视听节目服务活动，适用本规定。

本规定所称互联网视听节目服务，是指制作、编辑、集成并通过互联网向公众提供视音频节目，以及为他人提供上载传播视听节目服务的活动。

第三条 国务院广播电影电视主管部门作为互联网视听节目服务的行业主管部门，负责对互联网视听节目服务实施监督管理，统筹互联网视听节目服务的产业发展、行业管理、内容建设和安全监管。国务院信息产业主管部门作为互联网行业主管部门，依据电信行业管理职责对互联网视听节目服务实施相应的监督管理。

地方人民政府广播电影电视主管部门和地方电信管理机构依据各自职责对本行政区域内的互联网视听节目服务单位及接入服务实施相应的监督管理。

第四条 互联网视听节目服务单位及其相关网络运营单位，是重要的网络文化建设力量，承担建设中国特色网络文化和维护网络文化信息安全的责任，应自觉遵守宪法、法律和行政法规，接受互联网视听节目服务行业主管部门和互联网行业主管部门的管理。

第五条 互联网视听节目服务单位组成的全国性社会团体，负责制定行业自律规范，倡导文明上网、文明办网，营造文明健康的网络环境，传播健康有益视听节目，抵制腐朽落后思想文化传播，并在国务院广播电影电视主管部门指导下开展活动。

第六条 发展互联网视听节目服务要有益于传播社会主义先进文化，推动社会全面进步和人的全面发展、促进社会和谐。从事互联网视听节目服务，应当坚持为人民服务、为社会主义服务，坚持正确导向，把社会效益放在首位，建设社会主义核心价值体系，遵守社会主义道德规范，大力弘扬体现时代发展和社会进步的思想文化，大力弘扬民族优秀文化传统，提供更多更好的互联网视听节目服务，满足人民群众日益增长的需求，不断丰富人民群众的精神文化生活，充分发挥文化滋润心灵、陶冶情操、愉悦身心的作用，为青少年成长创造良好的网上空间，形成共建共享的精神家园。

第七条 从事互联网视听节目服务，应当依照本规定取得广播电影电视主管部门颁发的《信息网络传播视听节目许可证》（以下简称《许可证》）或履行备案手续。

未按照本规定取得广播电影电视主管部门颁发的《许可证》或履行备案手续，任何单位和个人不得从事互联网视听节目服务。

互联网视听节目服务业务指导目录由国务院广播电影电视主管部门商国务院信息产业主管部门制定。

第八条 申请从事互联网视听节目服务的，应当同时具备以下条件：

（一）具备法人资格，为国有独资或国有控股单位，且在申请之日前三年内无违法违规记录；

（二）有健全的节目安全传播管理制度和安全保护技术措施；

（三）有与其业务相适应并符合国家规定的视听节目资源；

（四）有与其业务相适应的技术能力、网络资源；

（五）有与其业务相适应的专业人员，且主要出资者和经营者在申请之日前三年内无违法违规记录；

（六）技术方案符合国家标准、行业标准和技术规范；

（七）符合国务院广播电影电视主管部门确定的互联网视听节目服务总体规划、布局和业务指导目录；

（八）符合法律、行政法规和国家有关规定的条件。

第九条 从事广播电台、电视台形态服务和时政类视听新闻服务的，除符合本规定第八条规定外，还应当持有广播电视播出机构许可证或互联网新闻信息服务许可证。其中，以自办频道方式播放视听节目的，由地（市）级以上广播电台、电视台、中央新闻单位提出申请。

从事主持、访谈、报道类视听服务的，除符合本规定第八条规定外，还应当持有广播电视节目制作经营许可证和互联网新闻信息服务许可证；从事自办网络剧（片）类服务的，还应当持有广播电视节目制作经营许可证。

未经批准，任何组织和个人不得在互联网上使用广播电视专有名称开展业务。

第十条 申请《许可证》，应当通过省、自治区、直辖市人民政府广播电影电视主管部门向国务院广播电影电视主管部门提出申请，中央直属单位可以直接向国务院广播电影电视主管部门提出申请。

省、自治区、直辖市人民政府广播电影电视主管部门应当提供便捷的服务，自收到申请之日起20日内提出初审意见，报国务院广播电影电视主管部门审批；国务院广播电影电视主管部门应当自收到申请或者初审意见之日起40日内作出许可或者不予许可的决定，其中专家评审时间为20日。予以许可的，向申请人颁发《许可证》，并向社会公告；不予许可的，应当书面通知申请人并说明理由。《许可证》应当载明互联网视听节目服务的播出标识、名称、服务类别等事项。

《许可证》有效期为3年。有效期届满，需继续从事互联网视听节目服务的，应于有效期届满前30日内，持符合本办法第八条规定条件的相关材料，向原发证机关申请办理续办手续。

地（市）级以上广播电台、电视台从事互联网视听节目转播类服务的，到省级以上广播电影电视主管部门履行备案手续。中央新闻单位从事互联网视听节目转播类服务的，到国务院广播电影电视主管部门履行备案手续。备案单位应在节目开播30日前，提交网址、网站名、拟转播的广播电视频道、栏目名称等有关备案材料，广播电影电视主管部门应将备案情况向社会公告。

第十一条 取得《许可证》的单位，应当依据《互联网信息服务管理办法》，向省（自治区、直辖市）电信管理机构或国务院信息产业主管部门（以下简称电信主管部门）申请办理电信业务经营许可或者履行相关备案手续，并依法到工商行政管理部门办理注册登记或变更登记手续。电信主管部门应根据广播电影电视主管部门许可，严格互联网视听节目服务单位的域名和 IP 地址管理。

第十二条 互联网视听节目服务单位变更股东、股权结构，有重大资产变动或有上市等重大融资行为的，以及业务项目超出《许可证》载明范围的，应按本规定办理审批手续。互联网视听节目服务单位的办公场所、法定代表人以及互联网信息服务单位的网址、网站名依法变更的，应当在变更后 15 日内向省级以上广播电影电视主管部门和电信主管部门备案，变更事项涉及工商登记的，应当依法到工商行政管理部门办理变更登记手续。

第十三条 互联网视听节目服务单位应当在取得《许可证》90 日内提供互联网视听节目服务。未按期提供服务的，其《许可证》由原发证机关予以注销。如因特殊原因，应经发证机关同意。申请终止服务的，应提前 60 日向原发证机关申报，其《许可证》由原发证机关予以注销。连续停止业务超过 60 日的，由原发证机关按终止业务处理，其《许可证》由原发证机关予以注销。

第十四条 互联网视听节目服务单位应当按照《许可证》载明或备案的事项开展互联网视听节目服务，并在播出界面显著位置标注国务院广播电影电视主管部门批准的播出标识、名称、《许可证》或备案编号。

任何单位不得向未持有《许可证》或备案的单位提供与互联网视听节目服务有关的代收费及信号传输、服务器托管等金融和技术服务。

第十五条 鼓励国有战略投资者投资互联网视听节目服务企业；鼓励互联网视听节目服务单位积极开发适应新一代互联网和移动通信特点的新业务，为移动多媒体、多媒体网站生产积极健康的视听节目，努力提高互联网视听节目的供给能力；鼓励影视生产基地、电视节目制作单位多生产适合在网上传播的影视剧（片）、娱乐节目，积极发展民族网络影视产业；鼓励互联网视听节目服务单位传播公益性视听节目。

互联网视听节目服务单位应当遵守著作权法律、行政法规的规定，采取版权保护措施，保护著作权人的合法权益。

第十六条 互联网视听节目服务单位提供的、网络运营单位接入的视听节目应当符合法律、行政法规、部门规章的规定。已播出的视听节目应至少完整保留60日。视听节目不得含有以下内容：

（一）反对宪法确定的基本原则的；

（二）危害国家统一、主权和领土完整的；

（三）泄露国家秘密、危害国家安全或者损害国家荣誉和利益的；

（四）煽动民族仇恨、民族歧视，破坏民族团结，或者侵害民族风俗、习惯的；

（五）宣扬邪教、迷信的；

（六）扰乱社会秩序，破坏社会稳定的；

（七）诱导未成年人违法犯罪和渲染暴力、色情、赌博、恐怖活动的；

（八）侮辱或者诽谤他人，侵害公民个人隐私等他人合法权益的；

（九）危害社会公德，损害民族优秀文化传统的；

（十）有关法律、行政法规和国家规定禁止的其他内容。

第十七条 用于互联网视听节目服务的电影电视剧类节目和其他节目，应当符合国家有关广播电影电视节目的管理规定。互联网视听节目服务单位播出时政类视听新闻节目，应当是地（市）级以上广播电台、电视台制作、播出的节目和中央新闻单位网站登载的时政类视听新闻节目。

未持有《许可证》的单位不得为个人提供上载传播视听节目服务。互联网视听节目服务单位不得允许个人上载时政类视听新闻节目，在提供播客、视频分享等上载传播视听节目服务时，应当提示上载者不得上载违反本规定的视听节目。任何单位和个人不得转播、链接、聚合、集成非法的广播电视频道、视听节目网站的节目。

第十八条 广播电影电视主管部门发现互联网视听节目服务单位传播违反本规定的视听节目，应当采取必要措施予以制止。互联网视听节目服务单位对含有违反本规定内容的视听节目，应当立即删除，并保存有关记录，履行报告义务，落实有关主管部门的管理要求。

互联网视听节目服务单位主要出资者和经营者应对播出和上载的视听节目内容负责。

第十九条 互联网视听节目服务单位应当选择依法取得互联网接入服务电信业务经营许可证或广播电视节目传送业务经营许可证的网络运营单位提供服务；应当依法维护用户权利，履行对用户的承诺，对用户信息保密，不得进行虚假宣传或误导用户、做出对用户不公平不合理的规定、损害用户的合法权益；提供有偿服务时，应当以显著方式公布所提供服务的视听节目种类、范围、资费标准和时限，并告知用户中止或者取消互联网视听节目服务的条件和方式。

第二十条 网络运营单位提供互联网视听节目信号传输服务时，应当保障视听节目服务单位的合法权益，保证传输安全，不得擅自插播、截留视听节目信号；在提供服务前应当查验视听节目服务单位的《许可证》或备案证明材料，按照《许可证》载明事项或备案范围提供接入服务。

第二十一条 广播电影电视和电信主管部门应建立公众监督举报制度。公众有权举报视听节目服务单位的违法违规行为，有关主管部门应当及时处理，不得推诿。广播电影电视、电信等监督管理部门发现违反本规定的行为，不属于本部门职责的，应当移交有权处理的部门处理。

电信主管部门应当依照国家有关规定向广播电影电视主管部门提供必要的技术系统接口和网站数据查询资料。

第二十二条 广播电影电视主管部门依法对互联网视听节目服务单位进行实地检查，有关单位和个人应当予以配合。广播电影电视主管部门工作人员依法进行实地检查时应当主动出示有关证件。

第二十三条 违反本规定有下列行为之一的，由县级以上广播电影电视主管部门予以警告、责令改正，可并处 3 万元以下罚款；同时，可对其主要出资者和经营者予以警告，可并处 2 万元以下罚款：

（一）擅自在互联网上使用广播电视专有名称开展业务的；

（二）变更股东、股权结构，或上市融资，或重大资产变动时，未办理审批手续的；

（三）未建立健全节目运营规范，未采取版权保护措施，或对传播有害内容未履行提示、删除、报告义务的；

（四）未在播出界面显著位置标注播出标识、名称、《许可证》和备案编号的；

（五）未履行保留节目记录、向主管部门如实提供查询义务的；

（六）向未持有《许可证》或备案的单位提供代收费及信号传输、服务器托管等与互联网视听节目服务有关的服务的；

（七）未履行查验义务，或向互联网视听节目服务单位提供其《许可证》或备案载明事项范围以外的接入服务的；

（八）进行虚假宣传或者误导用户的；

（九）未经用户同意，擅自泄露用户信息秘密的；

（十）互联网视听服务单位在同一年度内三次出现违规行为的；

（十一）拒绝、阻挠、拖延广播电影电视主管部门依法进行监督检查或者在监督检查过程中弄虚作假的；

（十二）以虚假证明、文件等手段骗取《许可证》的。

有本条第十二项行为的，发证机关应撤销其许可证。

第二十四条 擅自从事互联网视听节目服务的，由县级以上广播电影电视主管部门予以警告、责令改正，可并处3万元以下罚款；情节严重的，根据《广播电视管理条例》第四十七条的规定予以处罚。

传播的视听节目内容违反本规定的，由县级以上广播电影电视主管部门予以警告、责令改正，可并处3万元以下罚款；情节严重的，根据《广播电视管理条例》第四十九条的规定予以处罚。

未按照许可证载明或备案的事项从事互联网视听节目服务的或违规播出时政类视听新闻节目的，由县级以上广播电影电视主管部门予以警告、责令改正，可并处3万元以下罚款；情节严重的，根据《广播电视管理条例》第五十条之规定予以处罚。

转播、链接、聚合、集成非法的广播电视频道和视听节目网站内容的，擅自插播、截留视听节目信号的，由县级以上广播电影电视主管部门予以警告、责令改正，可并处3万元以下罚款；情节严重的，根据《广播电视管理条例》第五十一条之规定予以处罚。

第二十五条 对违反本规定的互联网视听节目服务单位，电信主管部门应根据广播电影电视主管部门的书面意见，按照电信管理和互联网管理的法律、行政法规的规定，关闭其网站，吊销其相应许可证或撤销备案，责令为其提供信号接入服务的网络运营单位停止接入；拒不执行停止接入服务决定，违反《电信条例》第五十七条规定的，由电信主管部门依据《电信条例》第七十八条的规定吊销其许可证。

违反治安管理规定的，由公安机关依法予以处罚；构成犯罪的，由司法机关依法追究刑事责任。

第二十六条 广播电影电视、电信等主管部门不履行规定的职责，或滥用职权的，要依法给予有关责任人处分，构成犯罪的，由司法机关依法追究刑事责任。

第二十七条 互联网视听节目服务单位出现重大违法违规行为的，除按有关规定予以处罚外，其主要出资者和经营者自互联网视听节目服务单位受到处罚之日起5年内不得投资和从事互联网视听节目服务。

第二十八条 通过互联网提供视音频即时通讯服务，由国务院信息产业主管部门按照国家有关规定进行监督管理。

利用局域网络及利用互联网架设虚拟专网向公众提供网络视听节目服务，须向行业主管部门提出申请，由国务院信息产业主管部门前置审批，国务院广播电影电视主管部门审核批准，按照国家有关规定进行监督管理。

第二十九条 本规定自2008年1月31日起施行。此前发布的规定与本规定不一致之处，依本规定执行。

网吧内网络文化内容产品经营资质申报及产品备案指南

· 2009 年 7 月 20 日

为完善网吧内网络文化内容产品经营资质申报及产品备案工作，根据《互联网文化管理暂行规定》、文化部等五部门《关于进一步净化网吧市场有关工作的通知》（文市发〔2009〕9 号）制定本指南。

一、资质申报

网吧内网络文化内容产品经营企业是指为网吧等互联网上网服务营业场所提供影视、音乐、单机游戏等文化内容产品及其下载、更新、服务等经营活动的互联网文化经营单位。

（一）未申请网络文化经营许可证的企业需向所在地省级文化部门提出申请，由省级文化部门受理后报文化部。文化部自申请材料齐全之日起 20 个工作日内做出批准或者不批准的决定。资质申报需提交下列文件：

1. 申请设立经营性互联网文化单位所需的材料；

2. 网吧内网络文化内容产品经营业务发展报告：主要内容包括开展为网吧提供网络文化内容产品经营活动的盈利模式、合作客户、经营范围等具体情况；

3. 无违规内容声明：关于本单位不制作、下载、传播含有淫秽色情、凶杀暴力、格调低俗、侵权盗版等不良内容，并对提供的产品文化内容合法性负责的声明。

4. 网吧内网络文化内容产品备案须提交的材料。

（二）已有网络文化经营许可证的企业，直接向文化部申请增加“网吧内网络文化内容产品经营”项，换发《网络文化经营许可证》。增项申报需提交下列文件：

1.《变更互联网文化单位申请表》（见附件1）；

2. 网吧内网络文化内容产品备案须提交的材料；

3. 无违规内容声明。

二、产品备案

网吧内网络文化内容产品经营单位应每半年向将企业经营的网络文化产品向信息文化部备案，备案的产品信息将成为文化执法部门行政执法的参照。

1. 备案范围：为网吧经营场所提供的影视、音乐、单机游戏等文化内容产品。

2. 备案程序：经营单位须自网络文化经营许可证发放之日起，每半年向文化部报备所经营的新增网络文化产品信息，文化部备案后核发《网络文化内容产品备案单》，并抄送经营所在地省级文化行政部门。

3. 备案材料：

（1）《互联网经营单位网络文化产品备案表》（见附件2）：提供企业及其经营的网络文化内容产品的基本信息，备案时需同时提交电子文档；

（2）备案的网络文化内容产品的合法性证明：包括版权证明，授权许可等合同、协议。

三、申报时限

已经网吧内网络文化内容产品经营的企业，应在9月30日前向文化行政部门申请相关经营业务。逾期未申报资质的经营单位及其未备案的非法网络文化产品不得在网吧内传播。

四、审批公告

所有经审批同意设立的经营性互联网文化单位均在中国文化市场网（www. ccm. gov. cn）进行公告。

五、联系方式

文化部文化市场司网络文化处　010-59882117

附件一：变更互联网文化单位申请表（略）

附件二：互联网经营单位网络文化产品备案表（略）

网络主播行为规范

· 2022 年 6 月 8 日
· 广电发〔2022〕36 号

网络主播在传播科学文化知识、丰富精神文化生活、促进经济社会发展等方面，肩负重要职责、发挥重要作用。为进一步加强网络主播职业道德建设，规范从业行为，强化社会责任，树立良好形象，共同营造积极向上、健康有序、和谐清朗的网络空间，制定本行为规范。

第一条 通过互联网提供网络表演、视听节目服务的主播人员，包括在网络平台直播、与用户进行实时交流互动、以上传音视频节目形式发声出镜的人员，应当遵照本行为规范。利用人工智能技术合成的虚拟主播及内容，参照本行为规范。

第二条 网络主播应当自觉遵守中华人民共和国宪法和法律法规规范，维护国家利益、公共利益和他人合法权益，自觉履行社会责任，自觉接受行业主管部门监管和社会监督。

第三条 网络主播应当遵守网络实名制注册账号的有关规定，配合平台提供真实有效的身份信息进行实名注册并规范使用账号名称。

第四条 网络主播应当坚持正确政治方向、舆论导向和价值取向，树立正确的世界观、人生观、价值观，积极践行社会主义核心价值观，崇尚社会公德、恪守职业道德、修养个人品德。

第五条 网络主播应当坚持以人民为中心的创作导向，传播的网络表演、视听节目内容应当反映时代新气象、讴歌人民新创造，弘扬中华优秀传统文化，传播正能量，展现真善美，满足人民群众美好生活新需要。

第六条 网络主播应当坚持健康的格调品位，自觉摈弃低俗、庸俗、媚俗等低级趣味，自觉反对流量至上、畸形审美、“饭圈”乱象、拜金主义等不良现象，自觉抵制违反法律法规、有损网络文明、有悖网络道德、有害网络和谐的行为。

第七条 网络主播应当引导用户文明互动、理性表达、合理消费，共建文明健康的网络表演、网络视听生态环境。

第八条 网络主播应当保持良好声屏形象，表演、服饰、妆容、语言、行为、肢体动作及画面展示等要文明得体，符合大众审美情趣和欣赏习惯。

第九条 网络主播应当尊重公民和法人的名誉权、荣誉权，尊重个人隐私权、肖像权，尊重和保护未成年人、老年人、残疾人的合法权益。

第十条 网络主播应当遵守知识产权相关法律法规，自觉尊重他人知识产权。

第十一条 网络主播应当如实申报收入，依法履行纳税义务。

第十二条 网络主播应当按照规范写法和标准含义使用国家通用语言文字，增强语言文化素养，自觉遏阻庸俗暴戾网络语言传播，共建健康文明的网络语言环境。

第十三条 网络主播应当自觉加强学习，掌握从事主播工作所必需的知识和技能。

对于需要较高专业水平（如医疗卫生、财经金融、法律、教育）的直播内容，主播应取得相应执业资质，并向直播平台进行执业资质报备，直播平台应对主播进行资质审核及备案。

第十四条 网络主播在提供网络表演及视听节目服务过程中不得出现下列行为：

1. 发布违反宪法所确定的基本原则及违反国家法律法规的内容；

2. 发布颠覆国家政权，危害国家统一、主权和领土完整，危害国家安全，泄露国家秘密，损害国家尊严、荣誉和利益的内容；

3. 发布削弱、歪曲、否定中国共产党的领导、社会主义制度和改革开放的内容；

4. 发布诋毁民族优秀文化传统，煽动民族仇恨、民族歧视，歪曲民族历史或者民族历史人物，伤害民族感情、破坏民族团结，或者侵害民族风俗、习惯的内容；

5. 违反国家宗教政策，在非宗教场所开展宗教活动，宣扬宗教极端主义、邪教等内容；

6. 恶搞、诋毁、歪曲或者以不当方式展现中华优秀传统文化、革命文化、社会主义先进文化；

7. 恶搞、歪曲、丑化、亵渎、否定英雄烈士和模范人物的事迹和精神；

8. 使用换脸等深度伪造技术对党和国家领导人、英雄烈士、党史、历史等进行伪造、篡改；

9. 损害人民军队、警察、法官等特定职业、群体的公众形象；

10. 宣扬基于种族、国籍、地域、性别、职业、身心缺陷等理由的歧视；

11. 宣扬淫秽、赌博、吸毒，渲染暴力、血腥、恐怖、传销、诈骗，教唆犯罪或者传授犯罪方法，暴露侦查手段，展示枪支、管制刀具；

12. 编造、故意传播虚假恐怖信息、虚假险情、疫情、灾情、警情，扰乱社会治安和公共秩序，破坏社会稳定；

13. 展现过度的惊悚恐怖、生理痛苦、精神歇斯底里，造成强烈感官、精神刺激并可致人身心不适的画面、台词、音乐及音效等；

14. 侮辱、诽谤他人或者散布他人隐私，侵害他人合法权益；

15. 未经授权使用他人拥有著作权的作品；

16. 对社会热点和敏感问题进行炒作或者蓄意制造舆论“热点”；

17. 炒作绯闻、丑闻、劣迹，传播格调低下的内容，宣扬违背社会主义核心价值观、违反公序良俗的内容；

18. 服饰妆容、语言行为、直播间布景等展现带有性暗示、性挑逗的内容；

19. 介绍或者展示自杀、自残、暴力血腥、高危动作和其他易引发未成年人模仿的危险行为，表现吸烟、酗酒等诱导未成年人不良嗜好的内容；

20. 利用未成年人或未成年人角色进行非广告类的商业宣传、表演或作为噱头获取商业或不正当利益，指引错误价值观、人生观和道德观的内容；

21. 宣扬封建迷信文化习俗和思想、违反科学常识等内容；

22. 破坏生态环境，展示虐待动物，捕杀、食用国家保护类动物等内容；

23. 铺张浪费粮食，展示假吃、催吐、暴饮暴食等，或其他易造成不良饮食消费、食物浪费示范的内容；

24. 引导用户低俗互动，组织煽动粉丝互撕谩骂、拉踩引战、造谣攻击，实施网络暴力；

25. 营销假冒伪劣、侵犯知识产权或不符合保障人身、财产安全要求的商品，虚构或者篡改交易、关注度、浏览量、点赞量等数据流量造假；

26. 夸张宣传误导消费者，通过虚假承诺诱骗消费者，使用绝对化用语，未经许可直播销售专营、专卖物品等违反广告相关法律法规的；

27. 通过"弹幕"、直播间名称、公告、语音等传播虚假、骚扰广告；

28. 通过有组织炒作、雇佣水军刷礼物、宣传"刷礼物抽奖"等手段，暗示、诱惑、鼓励用户大额"打赏"，引诱未成年用户"打赏"或以虚假身份信息"打赏"；

29. 在涉及国家安全、公共安全，影响社会正常生产、生活秩序，影响他人正常生活、侵犯他人隐私等场所和其他法律法规禁止的场所拍摄或播出；

30. 展示或炒作大量奢侈品、珠宝、纸币等资产，展示无节制奢靡生活，贬低低收入群体的炫富行为；

31. 法律法规禁止的以及其他对网络表演、网络视听生态造成不良影响的行为。

第十五条 各级文化和旅游行政部门、广播电视行政部门要坚持以习近平新时代中国特色社会主义思想为指导，加强对网络表演、网络视听平台和经纪机构以及网络主播的监督管理，切实压紧压实主管主办责任和主体责任。发现网络主播违规行为，及时责成相关网络表演、网络视听平台予以处理。网络表演、网络视听平台和经纪机构规范网络主播情况及网络主播规范从业情况，纳入文化和旅游行政部门、广播电视行政部门许可管理、日常管理、安全检查、节目上线管理考察范围。

第十六条 各级文化和旅游行政部门、广播电视行政部门、文化市场综合执法机构要进一步加强对网络表演、网络视听平台和经纪机构的执法巡查，依法查处提供违法违规内容的网络表演和网络视听平台，并督促平台和经纪机构及时处置违法违规内容及相关网络主播。

第十七条 网络表演、网络视听平台和经纪机构要严格履行法定职责义务，落实主体责任。根据本行为规范，加强对网络主播的教育培训、日常管理和规范引导。建立健全网络主播入驻、培训、日常管理、业务评分档案和“红黄牌”管理等内部制度规范。对向上向善、模范遵守行为规范的网络主播进行正向激励；对出现违规行为的网络主播，要强化警示和约束；对问题性质严重、多次出现问题且屡教不改的网络主播，应当封禁账号，将相关网络主播纳入“黑名单”或“警示名单”，不允许以更换账号或更换平台等形式再度开播。对构成犯罪的网络主播，依法追究刑事责任。对违法失德艺人不得提供公开进行文艺表演、发声出镜机会，防止转移阵地复出。网络表演、网络视听经纪机构要加强对网络主播的管理和约束，依法合规提供经纪服务，维护网络主播合法权益。

第十八条 各有关行业协会要加强引导，根据本行为规范，建立健全网络主播信用评价体系，进一步完善行业规范和自律公约，探索建立平台与主播约束关系机制，积极开展道德评议，强化培训引导服务，维护良好网络生态，促进行业规范发展。对违法违规、失德失范、造成恶劣社会影响的网络主播要定期公布，引导各平台联合抵制、严肃惩戒。

游戏游艺设备管理办法

· 2019 年 11 月 6 日

· 文旅市场发〔2019〕129 号

第一章　总　则

第一条　为加强游戏游艺设备管理，规范娱乐市场秩序，促进行业健康发展，满足人民群众日益增长的美好生活需要，根据《娱乐场所管理条例》《娱乐场所管理办法》《国务院关于推广中国（上海）自由贸易试验区可复制改革试点经验的通知》等相关规定，制定本办法。

第二条　本办法所称游戏游艺设备，是指提供游戏游艺内容或者服务的专用电子、机械操作设备。

第三条　游戏游艺设备机型机种分为电子游戏设备（机）和游艺娱乐设备。

电子游戏设备（机）是指通过音视频系统和内容集成方式，主要为娱乐场所或者其他经营场所提供游戏内容服务，且游戏内容、形式等方面不适宜未成年人独立或者长时间使用的专用设备，如格斗类游戏游艺设备等。游艺娱乐设备是指除电子游戏设备（机）以外的其他游戏游艺设备。

除国家法定节假日外，娱乐场所以及其他经营场所设置的电子游戏设备（机）不得向未成年人提供。

第四条　鼓励企业充分挖掘中华优秀传统文化价值内涵，积极弘扬社会主义核心价值观，研发生产拥有自主知识产权、体现民族精神、内容健康向上，具有运动体验、技能训练、益智教育、亲子互动等功能的游戏游艺设备。

第五条　禁止面向国内市场生产、进口、销售、经营有下列情形之一的游戏游艺设备：

（一）含有《娱乐场所管理条例》第十三条规定的禁止内容的；

（二）存在安全隐患的；

（三）法律法规规定的其他禁止情形。

第六条 游戏游艺设备不得含有下列宣扬赌博内容：

（一）具有或者变相具有押分、退分、退币、退钢珠等功能的；

（二）捕鱼机等以设置倍率形式以小博大的；

（三）老虎机、转盘机、跑马机等由系统自动决定游戏结果的；

（四）含有其他宣扬赌博内容的。

第七条 面向国内市场生产、进口、销售、经营的游戏游艺设备的外观标识、游戏内容、操作说明等应当使用国家通用语言文字。

第八条 文化和旅游部负责制定全国游戏游艺设备管理政策并监督实施。省级文化和旅游行政部门负责对本辖区内生产或者进口的游戏游艺设备进行内容审核和机型机种分类。地方县级以上文化和旅游行政部门、文化市场综合执法机构负责对本辖区游戏游艺设备的监督管理。

第九条 省级以上文化和旅游行政部门应当结合实际，组建游戏游艺设备审核专家团队，为游戏游艺设备内容审核、机型机种分类等提供咨询、鉴定等服务。组织专家团队提供咨询、鉴定等服务，可以支付报酬。

第二章 内容审核

第十条 面向国内市场生产的游戏游艺设备，生产企业应当向所在地省级文化和旅游行政部门提出内容审核申请，并提交以下材料：

（一）游戏游艺设备内容审核申请表；

（二）企业营业执照复印件；

（三）游戏游艺设备内置音视频文件（包括全部背景音乐、歌曲及其名称列表和歌词的电子文本），涉及外文的还应当提供中外文对照文本；

（四）游戏游艺设备内容简介、操作说明文本（含返奖方式等）、后台管理操作说明文本以及展现完整游戏过程的操作演示视频；

（五）能够反映游戏游艺设备整体外观的图片和说明（正面、左右侧面、控制台、投币口、后台控制界面等至少各 1 张图片并做相应说明，图片为“JPG”格式，分辨率不低于 1280×720 像素）；

（六）游戏游艺设备及其内容的有关知识产权文件（包括但不限于计算机软件著作权登记证书、专利证书复印件）或者拥有相关知识产权的声明。

第十一条 面向国内市场销售进口游戏游艺设备前，进口单位应当向其所在地省级文化和旅游行政部门提出内容审核申请，提交本办法第十条规定的申请材料和进口该游戏游艺设备的独占性授权经营协议。

第十二条 省级文化和旅游行政部门收到申请时，发现申请材料不齐全或者不符合法定形式的，应当当场或者在五个工作日内一次性告知申请人需要补正的全部内容；申请材料齐全、符合法定形式的，应当当场受理，并自受理申请之日起二十个工作日内（不含专家审核、上级部门复核、异议处理、公示等时间）作出决定。

第十三条 省级文化和旅游行政部门应当自受理申请之日起五个工作日内，提出内容审核以及机型机种分类的初步意见。难以确定的，可以要求申请人提供设备进行实物审查。确有必要时，也可以咨询专家意见或者提交文化和旅游部复核。

第十四条 省级文化和旅游行政部门应当将通过初步审核的游戏游艺设备的基本信息、异议受理方式等，在其政府门户网站上向社会公示七日。基本信息包括生产企业或者进口单位的名称、统一社会信用代码、住所，游戏游艺设备的名称、型号、操作说明、外观图片、机型机种、生产地或者进口地、知识产权文件或者声明等。

任何单位或者个人对公示的游戏游艺设备有异议的，应当在公示期内向省级文化和旅游行政部门书面提交异议申请及相关证明材料。省级文化和旅游行政部门应当予以调查核实，并自收到异议申请之日起十五个工作日内作出答复。

第十五条 公示期满无异议或者经核实异议不属实的，省级文化和旅游行政部门应当及时向申请人出具游戏游艺设备内容核准单，发放“游戏游艺设备电子标识”；审核不予通过的，应当书面通知申请人并说明理由。

取得游戏游艺设备内容核准单后，游戏游艺设备生产企业、进口单位可以面向国内市场销售该游戏游艺设备。以销售、商业宣传为目的在公共场所展览展示的游戏游艺设备，应当取得游戏游艺设备内容核准单。

“游戏游艺设备电子标识”由全国文化市场技术监管与服务平台自动生成，内容包含游戏游艺设备基本信息以及审核机关名称、批准文号、批准时间和监督电话等信息。“游戏游艺设备电子标识”的标准由文化和旅游部统一制定。

第十六条 省级文化和旅游行政部门应当自出具内容核准单之日起三个工作日内，将游戏游艺设备基本信息及批准文号等在政府门户网站上向社会公布。

第十七条 游戏游艺设备内容或者机型机种等发生实质性变更，有下列情形之一的，应当重新向原审核机关提出内容审核申请：

（一）因升级或者改版等导致内容发生明显变化的；

（二）增加游戏项目的；

（三）改变主要功能键的；

（四）外观明显改变的；

（五）发生其他实质性变更的。

第十八条 面向娱乐场所或者其他经营场所销售游戏游艺设备前，生产企业或者进口单位应当在游戏游艺设备显著位置张贴“游戏游艺设备电子标识”，并依照省级文化和旅游行政部门确定的机型机种类别，标注“游艺娱乐设备”或者“电子游戏设备（机）（除国家法定节假日外，不得向未成年人提供）”字样。

第三章　监督管理

第十九条　文化和旅游部指导中国文化娱乐行业协会制定游戏游艺设备内容自审规范。

游戏游艺设备生产企业和进口单位应当建立游戏游艺设备内容自审管理制度，配备专职内容审核人员，加强游戏游艺设备内容自审工作。

第二十条　在其他经营场所设置游戏游艺设备从事经营活动的，应当在游戏游艺设备显著位置标明经营者的真实名称、有效联系方式等信息，并在经营前向场所所在地县级文化和旅游行政部门备案。备案时应当一并提交游戏游艺设备的基本信息、数量、设置地址以及具体联系人员、联系方式等信息。备案事项发生变更的，应当重新备案。

在本办法施行前已设置游戏游艺设备的，应当自本办法施行之日起六十日内完成备案。

第二十一条　娱乐场所或者其他经营场所应当遵守有关安全生产的法律法规和国家标准或者行业标准。

利用游戏游艺设备进行有奖经营活动的，经营者应当向消费者提供来源合法、内容健康、安全无害的奖品，不得以假充真、以次充好，不得虚标价格。奖品目录等相关信息应当报所在地县级文化和旅游行政部门备案。

第二十二条　游戏游艺设备以概率性方式提供实物奖励的，经营者应当在游戏游艺设备正面显著位置明示概率范围。

第二十三条　娱乐场所以及其他经营场所应当经营依法取得“游戏游艺设备电子标识”的游戏游艺设备，不得利用含有《娱乐场所管理条例》第十三条规定的禁止内容或者未经文化和旅游行政部门内容审核、擅自实质性变更内容的游戏游艺设备从事经营活动。

第二十四条 有下列情形之一的，省级文化和旅游行政部门应当依法撤销游戏游艺设备内容核准单，并按照有关规定将相关游戏游艺设备的生产企业或者进口单位及其主要负责人员列入文化市场黑名单或者重点关注名单，实施信用联合惩戒。

（一）隐瞒游戏游艺设备真实情况的；

（二）提供虚假材料的；

（三）伪造证明文件的；

（四）法律法规规定的其他情形。

第二十五条 文化和旅游行政部门工作人员在游戏游艺设备内容审核过程中滥用职权、玩忽职守、徇私舞弊的，应当依法依规追究责任。

文化和旅游部在事中事后监管过程中发现省级文化和旅游行政部门审核通过的游戏游艺设备存在内容等问题的，应当依法责令其撤销内容核准单。

第四章 法律责任

第二十六条 违反本办法第三条第三款规定，其他经营场所设置的电子游戏设备（机）在国家法定节假日外向未成年人提供的，县级以上文化和旅游行政部门或者文化市场综合执法机构应当参照《娱乐场所管理条例》第四十八条第（四）项规定对游戏游艺设备经营者予以处罚。

第二十七条 违反本办法第二十条、第二十二条规定的，县级以上文化和旅游行政部门或者文化市场综合执法机构应当责令改正，拒不改正的，应当将其经营者纳入重点监管对象；情节严重的，可以列入重点关注名单或者文化市场黑名单。

第二十八条 违反本办法第二十一条规定，其他经营场所未将奖品目录报所在地县级文化和旅游行政部门备案的，县级以上文化和旅游行政部门应当参照《娱乐场所管理办法》第三十条规定对游戏游艺设备经营者予以处罚。

第二十九条 违反本办法第二十三条规定，其他经营场所利用含有《娱乐场所管理条例》第十三条规定的禁止内容的游戏游艺设备从事经营活动的，县级以上文化和旅游行政部门或者文化市场综合执法机构应当参照《娱乐场所管理条例》第四十八条第（二）项规定对游戏游艺设备经营者予以处罚；其他经营场所利用未经文化和旅游行政部门内容审核或者擅自实质性变更内容的游戏游艺设备从事经营活动的，县级以上文化和旅游行政部门或者文化市场综合执法机构应当参照《娱乐场所管理办法》第三十条规定对游戏游艺设备经营者予以处罚。

第五章　附　则

第三十条 大型游乐设施设备及主要为家庭使用的游戏游艺设备管理按照相关法规规定执行。

第三十一条 本办法所称其他经营场所是指在无独立围护结构的场地内设置游戏游艺设备供消费者自娱自乐的分布式经营场所。

省级文化和旅游行政部门可以结合实际，制定适应儿童游艺娱乐场所、虚拟现实游艺娱乐场所、专营“抓娃娃机”等礼品类游艺娱乐场所发展的使用面积和消费者人均占有使用面积的最低标准。

第三十二条 省级文化和旅游行政部门应当指导县级以上地方文化和旅游行政部门，对在本办法施行前或者施行过渡期内在娱乐场所或者其他经营场所设置的、尚未张贴“游戏游艺设备电子标识”的游戏游艺设备实施分类标识管理。张贴的标识应当包括游戏游艺设备名称、机型机种、监督电话等信息。

在本办法施行前或者施行过渡期内，经省级文化和旅游行政部门审核通过、未发放“游戏游艺设备电子标识”且尚未面向国内销售的，应当结合实际向生产企业或者进口单位补发“游戏游艺设备电子标识”。

第三十三条 施行过渡期后，各地应当通过全国文化市场技术监管与服务平台开展游戏游艺设备内容审核、“游戏游艺设备电子标识”发放以及其他经营场所经营游戏游艺设备备案等工作。

第三十四条 本办法自2020年1月1日起施行，《文化部关于允许内外资企业从事游戏游艺设备生产和销售的通知》（文市函〔2015〕576号）同时废止。本办法所称施行过渡期为本办法施行之日起至2020年6月30日。本办法施行后，文化和旅游部不再统一公布游戏游艺设备信息。

附表： 1. 游戏游艺设备内容审核申请表（样表）（略）

2. 游戏游艺设备内容核准单（样表）（略）

文化部、商务部关于加强网络游戏虚拟货币管理工作的通知

· 2009年6月4日

· 文市发〔2009〕20号

各省、自治区、直辖市文化厅（局）、商务厅（局），新疆生产建设兵团文化局、商务局，北京市、天津市、上海市、重庆市、宁夏回族自治区文化市场行政执法总队：

近年来，随着网络游戏的迅速发展，网络游戏虚拟货币广泛应用于网络游戏经营服务之中。网络游戏虚拟货币在促进网络游戏产业发展的同时，也带来了新的经济和社会问题。主要体现在：一是用户权益缺乏保障；二是市场行为缺乏监管；三是网络游戏虚拟货币在使用中引发的纠纷不断。

为规范网络游戏市场经营秩序，根据《互联网文化管理暂行规定》、《关于进一步加强网吧及网络游戏管理工作的通知》（文市发〔2007〕10号）和《关于规范网络游戏经营秩序查禁利用网络游戏赌博的通知》（公通字〔2007〕3号）等文件精神，经商中

国人民银行等部门同意，现就加强网络游戏虚拟货币管理工作通知如下：

一、严格市场准入，加强主体管理

（一）本通知所称的网络游戏虚拟货币，是指由网络游戏运营企业发行，游戏用户使用法定货币按一定比例直接或间接购买，存在于游戏程序之外，以电磁记录方式存储于网络游戏运营企业提供的服务器内，并以特定数字单位表现的一种虚拟兑换工具。网络游戏虚拟货币用于兑换发行企业所提供的指定范围、指定时间内的网络游戏服务，表现为网络游戏的预付充值卡、预付金额或点数等形式，但不包括游戏活动中获得的游戏道具。

（二）文化行政部门要严格市场准入，加强对网络游戏虚拟货币发行主体和网络游戏虚拟货币交易服务提供主体的管理。从事"网络游戏虚拟货币发行服务"和"网络游戏虚拟货币交易服务"业务的，依据《国务院对确需保留的行政审批项目设定行政许可的决定》（国务院第412号令）和《互联网文化管理暂行规定》管理。凡提供上述两项服务的企业，须符合设立经营性互联网文化单位的有关条件，向企业所在地省级文化行政部门提出申请，省级文化行政部门初审后报文化部审批。"网络游戏虚拟货币发行企业"是指发行并提供虚拟货币使用服务的网络游戏运营企业。"网络游戏虚拟货币交易服务企业"是指为用户间交易网络游戏虚拟货币提供平台化服务的企业。同一企业不得同时经营以上两项业务。

（三）企业申请从事"网络游戏虚拟货币发行服务"业务的，除依法提交相关材料外，须在业务发展报告中提交虚拟货币表现形式、发行范围、单位购买价格、终止服务时的退还方式、用户购买方式（含现金、银行卡、网上支付等购买方式）、用户权益保障措施、技术安全保障措施等内容。

（四）从事"网络游戏虚拟货币交易服务"业务须符合商务主管部门关于电子商务（平台）服务的有关规定。此类企业在提出申请时，除依法提交的材料外，须在业务发展报告中提交服务（平台）模式、用户购买方式（含现金、银行卡、网上支付等购买方式）、用户权益保障措施、用户账号与实名银行账户绑定情况、技术安全保障措施等内容。

（五）已经从事网络游戏虚拟货币发行或交易服务的企业，应在本通知印发之日起3个月内，向文化行政部门申请相关经营业务。逾期未申请的，由文化行政部门按照《互联网文化管理暂行规定》予以查处。文化行政部门批准文件抄送商务部和中国人民银行。

二、规范发行和交易行为，防范市场风险

（六）网络游戏运营企业应当依据自身的经营状况和产品营运情况，适量发行网络游戏虚拟货币。严禁以预付资金占用为目的的恶意发行行为。网络游戏运营企业发行虚拟货币总量等情况，须按季度报送企业所在地省级文化行政部门。

（七）除利用法定货币购买之外，网络游戏运营企业不得采用其它任何方式向用户提供网络游戏虚拟货币。在发行网络游戏虚拟货币时，网络游戏运营企业必须保存用户的充值记录。该记录保存期自用户充值之日起不少于180天。

（八）网络游戏虚拟货币的使用范围仅限于兑换发行企业自身所提供的虚拟服务，不得用以支付、购买实物产品或兑换其它企业的任何产品和服务。

（九）网络游戏运营企业应采取必要的措施和申诉处理程序措施保障用户的合法权益，并在企业向用户提供服务的网站上显著位置进行说明。

（十）用户在网络游戏虚拟货币的使用过程中出现纠纷的，应出示与所注册的身份信息相一致的个人有效身份证件。网络游戏运营企业在核实用户身份后，应提供虚拟货币充值和转移记录，按照申诉处理程序处理。用户合法权益受到侵害时，网络游戏运营企业应积极协助进行取证和协调解决。

（十一）网络游戏运营企业计划终止其产品和服务提供的，须提前60天予以公告。终止服务时，对于用户已经购买但尚未使用的虚拟货币，网络游戏运营企业必须以法定货币方式或用户接受的其它方式退还用户。网络游戏因停止服务接入、技术故障等网络游戏运营企业自身原因连续中断服务30天的，视为终止。

（十二）网络游戏运营企业不得变更网络游戏虚拟货币的单位购买价格，在新增虚拟货币发行种类时，需根据本通知第三条所列材料内容报文化行政部门备案。

（十三）网络游戏运营企业不支持网络游戏虚拟货币交易的，应采取技术措施禁止网络游戏虚拟货币在用户账户之间的转移功能。

（十四）网络游戏虚拟货币交易服务企业在提供网络游戏虚拟货币相关交易服务时，须规定出售方用户使用有效身份证件进行实名注册，并要求其绑定与实名注册信息一致的境内银行账户。网络游戏虚拟货币交易服务企业必须保留用户间的相关交易记录和账务记录，保留期自交易行为发生之日起不少于180天。

（十五）网络游戏虚拟货币交易服务企业要建立违法交易责任追究制度和技术措施，严格甄别交易信息的真伪，禁止违法交易。在明知网络游戏虚拟货币为非法获取或接到举报并核实的，应及时删除虚假交易信息和终止提供交易服务。

（十六）网络游戏虚拟货币交易服务企业不得为未成年人提供交易服务。

（十七）网络游戏虚拟货币发行企业和交易服务企业应积极采取措施保护个人信息安全，在相关部门依法调查时，必须积极配合，并提供相关记录。

（十八）网络游戏运营企业提供用户间虚拟货币转移服务的，应采取技术措施保留转移记录，相关记录保存时间不少于180天。

三、加强市场监管，严厉打击利用虚拟货币从事赌博等违法犯罪行为

（十九）各地要按照公安部、文化部等部门《关于规范网络游戏经营秩序查禁利用网络游戏赌博的通知》（公通字〔2007〕3号）的要求，配合公安机关从严整治带有赌博色彩的网络游戏，严厉打击利用网络游戏虚拟货币从事赌博的违法犯罪行为。

（二十）网络游戏运营企业不得在用户直接投入现金或虚拟货币的前提下，采取抽签、押宝、随机抽取等偶然方式分配游戏道具或虚拟货币。

（二十一）网络游戏虚拟货币发行和交易服务企业应积极配合管理部门，采取技术手段打击“盗号”、“私服”、“外挂”等。

（二十二）对经文化部认定的网络游戏“私服”、“外挂”网站上提供网上支付服务的，由文化部通报中国人民银行。

四、加大执法力度，净化市场环境

（二十三）对未经许可，擅自从事网络游戏虚拟货币发行和交易服务的企业，由省级以上文化行政部门依据《互联网文化管理暂行规定》予以查处。

（二十四）对违反本通知要求的网络游戏虚拟货币发行和交易服务企业，由文化行政部门、商务主管部门通知其限期整改。逾期未整改的，由有关部门依法予以查处。

（二十五）建立网络游戏虚拟货币管理工作协调机制，加大对“盗号”、“私服”、“外挂”、非法获利、洗钱等违法行为的打击力度。各部门应定期沟通，协调配合，及时通报有关情况，在各自职责范围内做好网络游戏虚拟货币的管理工作。

（二十六）网络游戏运营企业所发行的网络游戏虚拟货币不得与游戏内道具名称重合。网络游戏内道具的管理规定由国务院文化行政部门会同有关部门另行制订。

特此通知。

新闻出版总署关于加强对进口网络游戏审批管理的通知

· 2009年7月1日

· 新出厅字〔2009〕266号

各省、自治区、直辖市新闻出版局，新疆生产建设兵团新闻出版局，解放军总政治部宣传部新闻出版局，各游戏出版运营企业：

在党中央和国务院的正确领导下，网络游戏出版服务业经过多年的规范引导，取得了快速发展，总体情况是好的。但是，近一个时期也存在着一些不容忽视的问题：一些非法企业通过互联网大肆传播色情暴力等不良游戏作品；有的企业未经审批擅自出版运营进口网络游戏；有的境外机构打着技术输入的幌子，在相关展览、会议中大量推广、演示未经审批的境外游戏作品，造成不良社会影响；有的部门未经国务院授权，自设网络游戏前置审批和进口网络游戏审查，造成重复审批，干扰了正常的管理程序。为了进一步规范网络游戏出版服务的前置审批和对境外著作权人授权的网络游戏作品的审批和监督管理工作，规范与进口网络游戏相关的会展交易活动，现通知如下：

一、根据《国务院办公厅关于印发国家新闻出版总署（国家版权局）主要职责内设机构和人员编制规定的通知》（国办发〔2008〕90号）（以下简称“三定方案”）的规定，新闻出版总署负责“对游戏出版物的网上出版发行进行前置审批”。任何企业在中国境内从事网络游戏出版运营服务，必须经新闻出版总署进行前置审批，取得具有网络游戏出版服务范围的互联网出版服务许可证。未经审批许可，擅自从事网络游戏出版运营服务的，一经发现，立即依法取缔。

新闻出版总署关于加强对进口网络游戏审批管理的通知

· 2009年7月1日

· 新出厅字〔2009〕266号

各省、自治区、直辖市新闻出版局，新疆生产建设兵团新闻出版局，解放军总政治部宣传部新闻出版局，各游戏出版运营企业：

在党中央和国务院的正确领导下，网络游戏出版服务业经过多年的规范引导，取得了快速发展，总体情况是好的。但是，近一个时期也存在着一些不容忽视的问题：一些非法企业通过互联网大肆传播色情暴力等不良游戏作品；有的企业未经审批擅自出版运营进口网络游戏；有的境外机构打着技术输入的幌子，在相关展览、会议中大量推广、演示未经审批的境外游戏作品，造成不良社会影响；有的部门未经国务院授权，自设网络游戏前置审批和进口网络游戏审查，造成重复审批，干扰了正常的管理程序。为了进一步规范网络游戏出版服务的前置审批和对境外著作权人授权的网络游戏作品的审批和监督管理工作，规范与进口网络游戏相关的会展交易活动，现通知如下：

一、根据《国务院办公厅关于印发国家新闻出版总署（国家版权局）主要职责内设机构和人员编制规定的通知》（国办发〔2008〕90号）（以下简称“三定方案”）的规定，新闻出版总署负责“对游戏出版物的网上出版发行进行前置审批”。任何企业在中国境内从事网络游戏出版运营服务，必须经新闻出版总署进行前置审批，取得具有网络游戏出版服务范围的互联网出版服务许可证。未经审批许可，擅自从事网络游戏出版运营服务的，一经发现，立即依法取缔。

二、根据国务院“三定方案”规定，新闻出版总署“负责对出版境外著作权人授权的互联网游戏作品进行审批”。任何境外著作权人授权的进口网络游戏作品，未经新闻出版总署审查批准，一律不得在境内提供出版运营服务。违者将依法予以取缔，停止运营。

三、新闻出版总署是惟一经国务院授权负责境外著作权人授权的进口网络游戏的审批部门，如发现有其他部门越权进行前置审查审批，违法行政，有关企业可依法向国务院监督部门举报或提起行政诉讼。

四、在境内举办各种游戏的会展交易节庆活动中，凡涉及境外游戏作品的展示、演示、交易、推广等内容的，必须按进口网络游戏审批规定，事先报新闻出版总署审查批准。违者将依法予以取缔，并追究主办、承办单位和相关企业的责任。

五、有关报纸、杂志及网络媒体，不得为上述违规行为和活动进行报道和宣传，同时要发挥舆论监督作用。

六、各地新闻出版行政部门要加强管理和监督，应根据本《通知》要求，对本地区相关企业和活动进行一次集中清理。对违反国家相关法律法规的行为，要坚决查处纠正，确保网络游戏出版服务业健康有序发展。